NomosAnwalt

Jochen Buck | Helmut Krumbholz [Hrsg.]

Sachverständigenbeweis im Verkehrs- und Strafrecht

Unfallrekonstruktion | Unfallflucht | Biomechanik | Verkehrsmesstechnik | Bildidentifikation | Alkohol und Drogen

2. Auflage

Dipl.-Phys. Prof. Dr. rer. nat. Dr. med. habil. Gundolf Beier, Pullach | **Dipl.-Ing. Prof. Dr. rer. biol. hum. Jochen Buck**, München | **Alexandra Diekmann**, München | **Dipl.-Ing. Falko Friesecke**, München | **Helmut Krumbholz**, Rechtsanwalt, Vors. Richter am Landgericht a. D., München | **Dr.-Ing. Werner Möhler**, Aachen | **Dr. med. Fritz Priemer**, München | **Dipl.-Ing. (FH) Alexander Pütz**, München | **Dr. jur. Matthias Quarch**, Vors. Richter am Landgericht, Aachen | **Dipl.-Biol. Prof. Dr. rer. nat. habil. Friedrich W. Rösing**, Blaubeuren | **Dipl.-Ing. Sebastian Smykowski**, München

Die Deutsche Nationalbibliothek verzeichnet diese Publikation in
der Deutschen Nationalbibliografie; detaillierte bibliografische
Daten sind im Internet über http://dnb.d-nb.de abrufbar.

ISBN 978-3-8329-7138-0

2. Auflage 2013
© Nomos Verlagsgesellschaft, Baden-Baden 2013. Printed in Germany.
Alle Rechte, auch die des Nachdrucks von Auszügen, der fotomechanischen
Wiedergabe und der Übersetzung, vorbehalten.

Vorwort

Die Resonanz auf die erste Auflage des Handbuches war für mich Ansporn diese zweite Auflage des Handbuches, im Titel erweitert um das Strafrecht, zu erarbeiten. Als Professor für forensisches Sachverständigenwesen an der Hochschule für Wirtschaft und Umwelt Nürtingen-Geislingen (HfWU) ist es mir wichtig, die Schnittstelle zwischen forensischer Wissenschaft und den dazugehörigen juristischen Fragestellungen mit dieser zweiten Auflage weiter auszubauen und zu ergänzen.

Die aus der ersten Auflage bewährten Themengebiete der Unfallanalytik, der Biomechanik, der morphologischen Identifikation von Personen, der Verkehrsmesstechnik und der Rechtsmedizin im engeren Bereich des Fragenkomplexes von Alkohol und Drogen im Straßenverkehr wurden um den Bereich der fraglichen Unfallflucht erweitert. Die Unfallanalytik wurde um das Kapitel „Kasuistik" ergänzt. Dabei geht es um die immer relevanter werdende Rekonstruktion von Verkehrsunfällen mittels Hochgeschwindigkeitskollisionsversuchen. Die dargestellten Fälle sind aus der gerichtlichen Praxis meines Instituts, wobei ich an dieser Stelle besonders meinem Leiter der Unfallforschung Herrn Dipl.-Ing. Friesecke für die wissenschaftliche Aufarbeitung dieser Fälle danken möchte. Neben der Überarbeitung und Aktualisierung der bekannten Kapitel wurde im Bereich der Verkehrsmesstechnik der Fokus auf die derzeit aktuellen und am häufigsten verwendeten Messsysteme gelegt.

In zunehmendem Maße sehen sich in der heutigen Zeit Rechtsanwälte, aber auch Richter und Staatsanwälte mit Fragenkomplexen bei gerichtlichen Fragestellungen konfrontiert, die Disziplinen der Naturwissenschaften entstammen, etwa ingenieurmäßigen oder aber auch morphologischen, wie auch medizinischen Fragestellungen. Hinzu kommen Problemkreise, in denen verschiedene dieser Themengebiete ineinandergreifen. Gerade im Verkehrs- und Strafrecht spielt das Sachverständigengutachten eine zentrale Rolle unter den Beweismitteln.

Den Sachverständigen mit den richtigen Fragestellungen zu beauftragen und ein Gutachten zu verstehen – auch wenn es von der Gegenseite in den Prozess eingeführt wird – stellt dabei Juristen vor eine schwierige Herausforderung, der sie sich mit der Unterstützung durch die zweite Auflage dieses Handbuch umso mehr stellen können.

Neben meinem Mitherausgeber, dem langjährigen Vorsitzenden Richter der 19. Verkehrszivilkammer des Landgerichtes München I und jetzigen Rechtsanwalt Helmut Krumbholz, konnten für diese zweite Auflage sowohl die Kollegen Alexandra Diekmann, Dr. med. Fritz Priemer, Dipl.-Ing. Sebastian Smykowski und Dipl.-Ing.(FH) Alexander Pütz aus meinem Institut, als auch weitere mir über meine jahrelange gerichtliche Tätigkeit als Experten auf diesen Gebieten bekannte kompetente und geschätzte Kollegen als Autoren gewonnen werden:

Dies sind neben Dr.-Ing. Werner Möhler aus Aachen auch mein Doktorvater und langjähriger Professor für Verletzungsmechanik am Institut für Rechtsmedizin der Universität München, Prof. Dr. Dr. Gundolf Beier sowie Prof. Dr. Friedrich W.

Rösing von der Universität Ulm, denen mein besonderer Dank für die Zusammenarbeit gilt.

Im juristischen Teil zeichnet für den zivilrechtlichen Bereich mein Mitherausgeber Helmut Krumbholz, für den strafrechtlichen Bereich Dr. jur. Matthias Quarch, Vorsitzender Richter am Landgericht Aachen verantwortlich.

Bei allen Autoren möchte ich mich an dieser Stelle für die angenehme und fruchtbare Zusammenarbeit bedanken, deren Ergebnis die nunmehr zweite Auflage des Handbuchs ist. Es soll allen Juristen als Nachschlagewerk dienen, die auf dem Gebiet des Verkehrs- und Strafrechts tätig sind, wird aber auch von jenen mit Gewinn eingesetzt werden können, deren Schwerpunkt im Versicherungs- und Medizinrecht liegt. Es soll nicht als Handbuch vom forensischen Sachverständigen für den forensischen Sachverständigen, sondern vom forensischen Sachverständigen für den Juristen verstanden werden.

Persönlich möchte ich an dieser Stelle an meinen langjährigen Kollegen und wissenschaftlichen Freund Prof. Dr. jur. Dieter Weber, Dekan an der Hochschule für Wirtschaft und Umwelt Nürtingen-Geislingen und Richter am Landgericht Ulm erinnern. Dieser ist leider nach schwerer Krankheit verstorben. Er war als Ideengeber für den Start dieses Projektes mit verantwortlich.

Jochen Buck
München, im März 2013

Geleitwort

Da ist also – endlich – die zweite Auflage des „Buck/Krumbholz". Der Sachverständige macht keine Entscheidungen, er hilft dem Gericht und den anderen Beteiligten in Zivil- und Strafprozessen. Die Tätigkeit des Sachverständigen ist vom Gericht zu leiten; ihm sind für seine Tätigkeit nach Art und Umfang Weisungen zu erteilen. Zu einer Grundlage von Weisungen gehören aber auch die Grundlagen, auf denen das Gutachten dann basiert. Es kommt also auf das Zusammenspiel verschiedenster Beteiligter in einem Verfahren an. Genau hier ist aber eine gemeinsame, allgemein verständliche Sprache von grundlegender Bedeutung.

Die Beteiligten müssen die Grundlage des Gutachtens kennen und verstehen. Der Naturwissenschaftler spricht eine andere Sprache als der Jurist. Beide muss man zusammenführen. Es nützt das wissenschaftlichste Gutachten nichts, wenn es nicht auch von allen Beteiligten gleichermaßen verstanden wird.

Die vorliegende zweite Auflage richtet sich – so sagt es Buck im Vorwort – an die Juristen. Dies aber ist nur die halbe Wahrheit. Das Buch dient auch in gleicher Weise den Technikern, die im Buch sehr viel finden – sehr viel Neues finden –, das auch zu ihrer Erhellung beiträgt. Aus dem vorliegenden Werk werden also auch die Naturwissenschaftler vieles schöpfen können, was zur Aufklärung dient und dazu beiträgt, zu gemeinsamem Verständnis komplizierter Sachverhalte zu kommen.

Die zweite Auflage enthält sehr viel Neues und Aktuelles zur Verkehrsmesstechnik; vor allem sind Fragen zur behaupteten Unfallflucht eingehend behandelt. Die Unfallflucht reflektiert auch in Fragen des Versicherungsrechts, in die Frage der Verletzung von Aufklärungsobliegenheiten. Nicht nur der Verkehrs- und/oder Strafrechtler, sondern auch der Versicherungsrechtler findet wichtige Gesichtspunkte für die Bearbeitung der ihm aufgetragenen Sachen. Auch die Tücken der Verkehrsmesstechnik interessieren nicht nur die Verkehrs- und/oder Strafrechtler, sondern auch den Versicherungsrechtler, der die „Schwere der Schuld" beurteilen muss, um Leistungskürzungen abzuschätzen. Das Buch allein aus dem Blickwinkel des Juristen und für den Blick auf den forensisch tätigen Sachverständigen zu beurteilen, ist somit nicht ausreichend. Sachverständige sind auch außergerichtlich tätig. Auch für diesen Bereich finden sich besonders wertvolle Hinweise in der vorliegenden Arbeit, nicht nur für den juristischen Sachbearbeiter.

Die äußerst kompetenten Autoren hier vorzustellen, ist nicht Aufgabe eines Geleitwortes. In allen Beiträgen allerdings erkennt man die ruhig führende Hand der Herausgeber. Ihnen sei dafür gedankt, dass eine Sprache gefunden wurde, die gleichermaßen für Naturwissenschaftler und Juristen verständlich ist.

Die deutlich erweiterte zweite Auflage findet sicher den ihr zustehenden Platz. Dem Buch kann ich nur weite Verbreitung wünschen – diese hat es jedenfalls verdient.

Ottheinz Kääb, LL.M.
Rechtsanwalt
München

Inhaltsverzeichnis

Vorwort 5
Geleitwort 7
Bearbeiterverzeichnis 13
Abkürzungen 15

Teil 1
Unfallanalytik

§ 1 Technische Fragestellungen 17
    A. Einleitung 17
    B. Aufklärung von Verkehrsunfällen 18
    C. Qualitätskriterien technischer Gutachten 20
    D. Aufbau eines Gutachtens 22
    E. Technische Untersuchungen der Fahrzeuge nach einem Unfall 23
    F. Unfallspuren 25
    G. Einfache Berechnungen 37
    H. Rechnergestützte Unfallrekonstruktion 39
    I. Unfallrekonstruktion mittels Kollisionsversuchen 49
    J. Sehen – Wahrnehmen – Reagieren 113
    K. Diagrammscheiben 118

§ 2 Juristische Fragestellungen 120
    A. Einleitung 120
    B. Die Stellung des Sachverständigen 120
    C. Die Beauftragung des Sachverständigen 127
    D. Anknüpfungstatsachen 132
    E. Aufbau des Gutachtens 135
    F. Das mündliche Gutachten 139
    G. Befangenheit und Ablehnung des Sachverständigen 140
    H. Obergutachten 141

Teil 2
Das biomechanische Gutachten

§ 3 Grundlagen der forensischen Biomechanik 143
    A. Allgemeines 144
    B. Grundlagen der biomechanischen Begutachtung 144
    C. Verletzungsmechanische Fragestellungen bei
       Straßenverkehrsunfällen 182
    D. Fallbeispiele 241

	E. Die spezielle Problematik der Begutachtung von Verkehrsunfällen im Hinblick auf die Verletzungen der Halswirbelsäule (HWS) –Das HWS-Schleudertrauma	254
	F. Weiterführende Literatur (ein Auszug)	263
	G. Anhang	265
	H. Quellennachweise	267
§ 4	Biomechanik in der juristischen Praxis	270
	A. Das Berufsbild des Biomechanikers	270
	B. Die Bedeutung des sogenannten HWS-Traumas für Gerichte und Versicherungen	271
	C. Anforderungen an den Nachweis eines HWS-Traumas (Kausalität)	272
	D. Nachweisprobleme in der Praxis	278
	E. HWS-Trauma und Vorschäden	280
	F. Erst- und Zweitunfall	281
	G. Das HWS-Trauma und seine psychischen Folgen	282
	H. Bagatellschäden	284
	I. Zwischenergebnis	285

Teil 3
Morphologische Identifikation von Personen

§ 5	Grundlagen, Merkmale, Häufigkeiten	287
	A. Einleitung	287
	B. Methodik	292
	C. Rahmenbedingungen	314
	D. Gutachten	320
	E. Merkmale	323
	F. Begriffe	430
	G. Literatur	432
§ 6	Kasuistik, insbesondere in OWi-Verfahren	441
	A. Einleitung	441
	B. Beweisbeschlüsse/Beweisanträge	442
	C. Grundlagen und Anknüpfungstatsachen	443
	D. Merkmale	445
	E. Gutachten	446
	F. Vorauswahl/Vorbehalte	448
	G. Kasuistik	449
	H. Schlussfolgerung	463

§ 7	Juristische Fragestellungen	465
	A. Die grundsätzliche Verwertbarkeit von Lichtbildern zur Identifikation	465
	B. Die Identifikation des Täters anhand eines Lichtbildes	466

Teil 4
Verkehrsmesstechnik

§ 8	Technische Fragestellungen	473
	A. Einleitung	473
	B. Allgemeines	474
	C. Einseitensensoren der Firma ESO	475
	D. Radarmessung	494
	E. Lasermessungen	501
	F. Video-Brückenabstandsmessverfahren mit Piller-Charaktergenerator	517
	G. Rotlichtüberwachung	526
	H. Geschwindigkeitsmessung mit ProViDa-Messanlagen	534
	I. Geschwindigkeitsmessungen mit Drucksensoren	540
	J. Schlussfolgerung	545

§ 9	Juristische Fragestellungen	546
	A. Einleitung	546
	B. Allgemeiner Teil	547
	C. Messverfahren zur Feststellung von Geschwindigkeitsüberschreitungen	557
	D. Messverfahren zur Feststellung einer Rotlichtmissachtung	562
	E. Messverfahren zur Feststellung von Abstandsverstößen	566

Teil 5
Alkohol, andere berauschende Mittel und Fahrtüchtigkeit

§ 10	Rechtsmedizinische Fragestellung	569
	A. Einleitung	569
	B. Alkohol/Statistik	569
	C. Alkoholherstellung	570
	D. Alkoholphysiologie	574
	E. Alkoholwirkungen	580
	F. Alkoholanalytik	582
	G. BAK-Berechnungsmethoden	586
	H. Strafrechtsvorschriften im Zusammenhang mit Alkohol	594
	I. Rechtsmedizinische Beurteilung der Fahrtüchtigkeit	595
	J. Andere berauschende Mittel	596

K. Pharmakologische/-kinetische Grundeigenschaften der Drogen/
   Medikamente 598
L. Die häufigsten Drogen im Straßenverkehr 599
M. Analytik/Nachweis 609
N. Rechtsmedizinische Beurteilung der Fahrtüchtigkeit bei Einfluss
   anderer berauschender Mittel 612
O. Ausblick 627

§ 11 Juristische Fragestellungen 630

Teil 6
Unfallflucht

§ 12 Das biomechanische Gutachten zur Aufklärung des Tatbestandes beim
     unerlaubten Entfernen vom Unfallort 635

A. Einleitung 635
B. Allgemeines 636
C. Biomechanische Begutachtung 637
D. Kasuistik 660
E. Fazit 680

§ 13 Juristische Fragestellungen 682

A. Normzweck 682
B. Die allgemeinen Tatbestandsmerkmale des § 142 StGB 682
C. Die Tatbestandsalternativen des § 142 StGB 686
D. Der subjektive Tatbestand 691
E. Rechtsfolgen 693
F. Literatur 696

Stichwortverzeichnis 697

Bearbeiterverzeichnis

Dipl.-Phys. Prof. Dr. rer. nat. Dr. med. habil. *Gundolf Beier*, Pullach, Professor für Verletzungsmechanik an der Universität München a.D.
(Teil 2 Das biomechanische Gutachten, § 3 Grundlagen der forensischen Biomechanik [gemeinsam mit *Buck*])

Dipl.-Ing. Prof. Dr. rer. biol. hum. *Jochen Buck*, München, Professor für forensisches Sachverständigenwesen an der Hochschule Nürtingen-Geislingen (HfWU), Direktor des Instituts für forensisches Sachverständigenwesen (I*fo*SA), von der Reg. von Oberbayern öffentlich bestellt und beeidigt für Verletzungsmechanik, Sachverständiger für Identitätsgutachten lebender Personen nach Bildern (AGIB)
(Teil 1 Unfallanalytik, § 1 Technische Fragestellungen [gemeinsam mit *Möhler/ Friesecke*]; Teil 2 Das biomechanische Gutachten, § 3 Grundlagen der forensischen Biomechanik [gemeinsam mit *Beier*]; Teil 3 Morphologische Identifikation von Personen, § 6 Kasuistik [gemeinsam mit *Diekmann*]; Teil 4 Verkehrsmesstechnik, § 8 Technische Fragestellungen [gemeinsam mit *Pütz/Smykowski*]; Teil 6 Fahrerflucht, § 12 biomechanische Fragestellungen)

Alexandra Diekmann, München, stellv. Direktorin des Instituts für forensisches Sachverständigenwesen (I*fo*SA), Sachverständige für Identitätsgutachten lebender Personen nach Bildern (AGIB)
(Teil 3 Morphologische Identifikation von Personen, § 6 Kasuistik [gemeinsam mit *Buck*])

Dipl.-Ing. *Falko Friesecke*, München, Leiter der Unfallforschung am Institut für forensisches Sachverständigenwesen (I*fo*SA)
(Teil 1 Unfallanalytik, § 1 Technische Fragestellungen [gemeinsam mit *Buck/ Möhler*])

Helmut Krumbholz, München, Rechtsanwalt und Vors. Richter am Landgericht München I a.D.
(Teil 1 Unfallanalytik, § 2 Juristische Fragestellungen; Teil 2 Das biomechanische Gutachten, § 4 Biomechanik in der juristischen Praxis)

Dr.-Ing. *Werner Möhler*, Ing. Büro Dr. Möhler, Aachen, zertifizierter Sachverständiger für die Rekonstruktion von Verkehrsunfällen, Lehrbeauftragter für Unfallanalyse am Institut für Kraftfahrzeuge (IKA) der RWTH Aachen University
(Teil 1 Unfallanalytik, § 1 Technische Fragestellungen [gemeinsam mit *Buck/ Friesecke*])

Dr. med. *Fritz Priemer*, Rechtsmediziner, München, Institut für forensisches Sachverständigenwesen (I*fo*SA) und Med. SV-Büro Dres. Priemer, von der Reg. von Oberbayern öffentlich bestellt und beeidigt für Fahrtüchtigkeits- u. Schuldfähigkeitsbegutachtung, (Teil 5 Alkohol, andere berauschende Mittel und Fahrtüchtigkeit, § 10 Rechtsmedizinische Fragestellungen)

Bearbeiterverzeichnis

Dipl.-Ing. (FH) *Alexander Pütz*, München, Institut für forensisches Sachverständigenwesen (I*fo*SA)
Teil 4 Verkehrsmesstechnik, § 8 Technische Fragestellungen [gemeinsam mit *Buck/ Smykowski*]

Dr. jur. *Matthias Quarch*, Aachen, Vors. Richter am Landgericht Aachen
(Teil 3 Morphologische Identifikation von Personen, § 7 juristische Fragestellungen; Teil 4 Verkehrsmesstechnik, § 9 Juristische Fragestellungen; Teil 5 Alkohol, andere berauschende Mittel und Fahrtüchtigkeit, § 11 Juristische Fragestellungen; Teil 6 Fahrerflucht, § 13 juristische Fragestellungen)

Dipl.-Biol. Prof. Dr. rer. nat. habil. *Friedrich W. Rösing*, Praxis Forensische Anthropologie Blaubeuren und Anthropologe, Medizinische Fakultät der Universität Ulm, Sachverständiger für Identitätsgutachten lebender Personen nach Bildern (AGIB), http://praxisfora.de/cv_fwr.htm
(Teil 3 Morphologische Identifikation von Personen, § 5 Grundlagen, Merkmale, Häufigkeiten)

Dipl.-Ing. *Sebastian Smykowski*, München, Institut für forensisches Sachverständigenwesen (I*fo*SA)
Teil 4 Verkehrsmesstechnik, § 8 Technische Fragestellungen [gemeinsam mit *Buck/ Pütz*]

Abkürzungen

aA	anderer Ansicht		geänd.	geändert
aaO	am angegebenen Ort		gem.	gemäß
abl.	ablehnend		ggf	gegebenenfalls
Abs.	Absatz		grds.	grundsätzlich
Abschn.	Abschnitt			
abw.	abweichend		hA	herrschende Auffassung
aE	am Ende		Hdb	Handbuch
aF	alte Fassung		hL	herrschende Lehre
AG	Amtsgericht		hM	herrschende Meinung
allg.	allgemein		Hrsg.	Herausgeber
allgA	allgemeine Ansicht		hrsg.	herausgegeben
allgM	allgemeine Meinung		Hs	Halbsatz
aM	anderer Meinung			
Anh.	Anhang			
Anm.	Anmerkung		iA	im Auftrag
Aufl.	Auflage		idF	in der Fassung
ausdr.	ausdrücklich		idR	in der Regel
ausf.	ausführlich		idS	in diesem Sinne
Az	Aktenzeichen		iE	im Ergebnis
			ieS	im engeren Sinne
Bd.	Band		iHv	in Höhe von
Begr.	Begründung		inkl.	inklusive
Bek.	Bekanntmachung		insb.	insbesondere
ber.	berichtigt		insg.	insgesamt
bes.	besonders		iS	im Sinne
Beschl.	Beschluss		iÜ	im Übrigen
bespr.	besprochen		iVm	in Verbindung mit
bestr.	bestritten		iwS	im weiteren Sinne
bez.	bezüglich			
Bl.	Blatt		Kap.	Kapitel
bspw	beispielsweise		krit.	kritisch
bzgl	bezüglich			
bzw	beziehungsweise		lit.	littera
			Lit.	Literatur
ders.	derselbe		LS	Leitsatz
dh	das heißt			
dies.	dieselbe			
Dok.	Dokument		m.Anm.	mit Anmerkung
			mE	meines Erachtens
			mind.	mindestens
E.	Entwurf		Mitt.	Mitteilung(en)
e.V.	eingetragener Verein		mN	mit Nachweisen
ebd	ebenda		mwN	mit weiteren Nachweisen
Einf.	Einführung		mWv	mit Wirkung von
eingetr.	eingetragen			
Einl.	Einleitung			
einschl.	einschließlich		n.r.	nicht rechtskräftig
einschr.	einschränkend		n.v.	nicht veröffentlicht
Entsch.	Entscheidung		Nachw.	Nachweise
entspr.	entsprechend		nF	neue Fassung
Erkl.	Erklärung		Nov.	Novelle
Erl.	Erlass; Erläuterung		Nr.	Nummer
etc.	et cetera			
evtl	eventuell		oa	oben angegeben, angeführt
			oä	oder ähnliches
f, ff	folgende, fortfolgende		og	oben genannt
Fn	Fußnote			

Abkürzungen

resp.	respektive		Urt.	Urteil
Rn	Randnummer		usw	und so weiter
Rspr	Rechtsprechung		uU	unter Umständen
			uVm	und Vieles mehr
S.	Satz/Seite			
s.	siehe		v.	von
s.a.	siehe auch		vgl	vergleiche
s.o.	siehe oben		VO	Verordnung
s.u.	siehe unten		vorl.	vorläufig
Slg	Sammlung			
sog.	so genannt			
str.	streitig/strittig		wN	weitere Nachweise
u.a.	unter anderem		zB	zum Beispiel
u.a.m.	und anderes mehr		zit.	zitiert
uÄ	und Ähnliches		zT	zum Teil
uE	unseres Erachtens		zust.	zustimmend
umstr.	umstritten		zutr.	zutreffend
unstr.	unstreitig		zzgl	zuzüglich

Teil 1
Unfallanalytik

§ 1 Technische Fragestellungen

A. Einleitung	1	
B. Aufklärung von Verkehrsunfällen	4	
C. Qualitätskriterien technischer Gutachten	12	
I. Fachkompetenz		
II. Ausrüstung/Ausstattung		
III. Transparenz		
IV. Vermittlungskompetenz		
D. Aufbau eines Gutachtens	16	
I. Auftraggeber und Beweisthema/-frage		
II. Untersuchungsfragen und Methodenwahl		
III. Untersuchungsablauf		
IV. Ergebnisse		
V. Schlussfolgerungen		
VI. Präsentation	17	
E. Technische Untersuchungen der Fahrzeuge nach einem Unfall	18	
F. Unfallspuren	28	
I. Reifenspuren	30	
II. Geschwindigkeit und Strecke über die Zeit	37	
III. Fahrzeugspuren	42	
IV. Spurensicherung	49	
V. Erforderliche Präzision	52	
G. Einfache Berechnungen	54	
H. Rechnergestützte Unfallrekonstruktion	59	
I. Einleitung	59	
II. Fahrdynamik	62	
III. Kinematikmodell	64	
IV. Rückwärtsanalyse	66	
V. Kinetik-Modelle	69	
VI. Vorwärtssimulation	78	
VII. Überschlaganalyse	81	
VIII. Kollisionsanalyse	82	
IX. Fußgängermodell	85	
X. Ausblick	88	
I. Unfallrekonstruktion mittels Kollisionsversuchen	90	
I. Allgemeines	90	
II. CCV-System	96	
III. Kasuistik	107	
1. Fall 1	108	
a) Grundlagen	108	
b) Durchführung der Crashtests	115	
c) Analyse des Crashtests	126	
d) Ergebnis	140	
2. Fall 2	143	
a) Grundlagen	143	
b) Durchführung des Crashtests	148	
c) Analyse des Crashtests	154	
d) Ergebnis	167	
3. Fall 3	169	
a) Grundlagen	169	
b) Durchführung des Crashtests	182	
c) Analyse des Crashtests	193	
c) Übertragung auf den realen Unfall	198	
d) Ergebnis	218	
IV. Fazit	219	
J. Sehen – Wahrnehmen – Reagieren	222	
K. Diagrammscheiben	230	

A. Einleitung

Mit der Verbreitung des Automobils sind nicht nur fortschrittliche und positive Erscheinungen, sondern auch Gefahren und Verkehrsunfälle in einem mit zunehmender Motorisierung steigendem Maß verbunden. Schon früh gab es Spezialisten, die sich mit der Rekonstruktion von Verkehrsunfällen befassten. Das wahrscheinlich erste Buch, das dieses spezielle Thema behandelte, erschien im Verlag Zum Elsässer AG in Zürich 1941: *A. Brüderlin*, „Die Mechanik des Verkehrsunfalls". Die moderne Unfallrekonstruktion in der Bundesrepublik Deutschland basiert wesentlich auf den Arbeiten des Herrn Dipl.-Ing. *Karl Spange* in den 50er und 60er Jahren. Die fortschreitende Entwicklung der Forschung und des Erkenntnisstandes in den 70er und in den

1

80er Jahren brachte neue Verfahren und Rechenmethoden, die teilweise bis heute benutzt werden.

2   Anfang der 90er Jahre sind erste Rechenprogramme erschienen, die dann mit der zunehmenden Entwicklung der Computertechnik große Verbreitung in der zweiten Hälfte der 90er Jahre erfuhren. Dies betrifft nicht nur die Unfallrekonstruktion, sondern auch den Bereich der Schadensberechnung. Die Entwicklung der Computertechnik brachte für den Unfallrekonstrukteur Verfahren, die ihm ermöglichten, Simulationen der Unfälle vorzunehmen. Die Simulation selbst wurde davor schon von Herstellern verschiedener Produkte bei der Entwicklung eingesetzt. Sie war jedoch nur mit Großrechnern möglich. Da die Rechenleistungen in den letzten 10 Jahren stark gestiegen sind, konnte diese Möglichkeit nun auch für die Unfallanalytiker eröffnet werden.

3   Die Bezeichnung „Sachverständiger" ist in Deutschland gesetzlich nicht geschützt. Folglich kann sich in Deutschland jeder Sachverständiger nennen. Gesetzlich geschützt ist die Bezeichnung „Öffentlich bestellter und beeidigter Sachverständiger" bzw „Zertifizierter Sachverständiger". Im Grunde können die Sachverständigentätigkeiten im Bereich des Verkehrs in drei Bereiche eingeteilt werden:

- Technische Abnahme der Fahrzeuge, die nur von amtlich anerkannten Sachverständigen und Prüfingenieuren durchgeführt werden darf. Mit dieser Tätigkeit befassen sich ca. 6 000 Personen.

- Kfz-Schäden und Bewertung. In diesen Bereichen arbeiten ebenfalls etwa 6 000 Personen. Von diesem Kreis sind etwa 800 öffentlich bestellt und beeidigt und etwa 200 nach EN 45103 zertifiziert.

- Unfallrekonstruktion erweitert um das Gebiet der Biomechanik. Für die Unfallrekonstruktion bzw Straßenverkehrsunfälle sind etwa 215 Sachverständige öffentlich bestellt und vereidigt. Von diesen sind 89 auch für den Bereich Kfz-Schäden und deren Bewertung vereidigt. Zusätzlich für den Bereich der Biomechanik öffentlich bestellt und beeidigt sind derzeit 5 Sachverständige. Für die Verkehrsunfallrekonstruktion wurden bisher etwa 50 Sachverständige nach EU-Norm zertifiziert, wobei mehrere von ihnen auch öffentlich bestellt und vereidigt sind.

B. Aufklärung von Verkehrsunfällen

4   Zur juristischen Beurteilung der Ursachenzusammenhänge von Verkehrsunfällen ist es erforderlich, das Geschehen im Nachhinein soweit wie möglich zu objektivieren. Eingangsgrößen sind dabei einerseits der Bericht des Erlebten durch Beteiligte und Zeugen und andererseits technische Fakten, soweit diese gesichert wurden oder im Nachhinein noch zu erheben sind.

5   Bei Zeugenaussagen oder den Angaben Beteiligter besteht grundsätzlich das Problem der Subjektivität. Wesentliche Einflussfaktoren sind dabei die Beobachtungsfähigkeit und die teils unbewusste Verarbeitung der aufgenommenen Geschehnisse bis zur Wiedergabe. Zahlreiche Untersuchungen belegen, dass hier ein erhebliches Potential

B. Aufklärung von Verkehrsunfällen

an Verfremdung besteht. Neben dem typisch menschlichen Bestreben, beobachtete Ereignisse oder auch nur Ereignis-Fragmente in einen Erklärungszusammenhang zu bringen, beeinflussen interne Faktoren die Aussage-Qualität stark. Da üblicherweise ein Unfallgeschehen nicht insgesamt in allen Details erfassbar ist, werden Beobachtungsfragmente, die möglicherweise auch noch mit kognitiven Defiziten behaftet sind, zu einem plausiblen Geschehensablauf zusammengeführt. In diesen Prozess greifen dann oft auch noch subjektive Bewertungen ein. Insbesondere bei Beteiligten oder abhängigen Zeugen können Interessenlagen – seien sie nun bewusst oder unbewusst – die Geschehensrezeption und Beschreibung weiter verfremden.

Die bei dem Unfallgeschehen entstandenen technischen Fakten können mit technischen Verfahren erhoben, aufbereitet und ausgewertet werden. Mittels physikalischer Gesetzmäßigkeiten und mathematischer Berechnungsmethoden sowie Ergänzungsdaten aus Expertensystemen und schließlich der vergleichenden Empirie kann eine technische Analyse des Geschehens erfolgen. **6**

Alle Berechnungsverfahren benötigen eine möglichst gute und umfassende Dokumentation von Spuren und Situationen. In der Unfallrekonstruktion sind sowohl die erhobenen (oft nur fragmentarischen Fakten) als auch die subjektiven Erlebnisschilderungen und schließlich die (ggf auch erfolgsorientierten) Beschreibungen der Unfallbeteiligten einzubeziehen. Liegen hinreichend objektive Informationen vor, so können subjektive Informationen, ggf nach Prüfung ihrer Realisierbarkeit, zur Präzisierung des Rekonstruktionsgutachtens herangezogen werden, wobei alle Quellen jedenfalls zu kennzeichnen sind. Bei diesem Gutachtentyp stellt das objektive bzw objektivierbare Material die Ausgangsbasis. Alternativ besteht die Möglichkeit zur reinen Diskussion von Vorträgen, wenn eine direkte technische Rekonstruktion nicht erfolgen kann, sondern nur fragmentarische Anknüpfungstatsachen, dafür aber insbesondere bei Zivilverfahren ergebnisorientierte Vorträge der jeweiligen Parteien vorliegen. Diese können dann auf ihre jeweilige Realisierbarkeit (unter Beachtung der Beweisfragen) im Rahmen der technischen Möglichkeiten des Gesamtsystems (Regelkreis Fahrer-Fahrzeug-Straße-Umfeld) überprüft werden. **7**

Wesentliche Eingangsgrößen für die **technische Unfallanalyse** sind die an der Unfallstelle erhobenen Spuren. Auch Fahrzeugdeformationen sind zur Bestimmung der in der Kollision ausgetauschten Energieanteile von besonderer Bedeutung. Hinzu kommen Informationen zu Insassenverletzungen und zu den Straßen- und Witterungsverhältnissen zum Unfallzeitpunkt. Zu den wesentlichen an der Unfallstelle erhebbaren oder ggf auch im Nachhinein aus Fotografien noch rückbestimmbaren Informationen zählen Spuren auf der Fahrbahn (Reifenspuren, Abriebe, Schlagspuren, Splitterfelder, Fahrzeugendstellungen, Endlage von Fragmenten, Endlagen der Beteiligten). Hinzu kommen Informationen zu den Fahrzeugdeformationen der Lage und der Tiefe nach sowie Art und Umfang der Verletzung Beteiligter. Ergänzend zu diesen unmittelbaren technischen Informationen können weitere indirekte Informationen auch noch im Nachhinein erhoben werden. Dazu zählen die Bedingungen der Unfallörtlichkeit (Geometrie, Räumlichkeit, Sichtweiten etc.) sowie Beleuchtung, Witterung und Fahrbahnzustand zum Unfallzeitpunkt. Darüber hinaus besteht durch technische Untersu- **8** chung der unfallbeteiligten Fahrzeuge die Möglichkeit, zu überprüfen, ob ggf technische Mängel ursächlich oder mitursächlich für das Unfallgeschehen gewesen sind. Schließlich können weitere indirekte Informationen über Experten-Systeme, wie etwa Fahrzeug-Kenngrößen (Maße, Gewichte, fahrdynamische Eigenschaften, Motorisierung, Verformbarkeit) beigezogen werden.

9 Die Aussagequalität eines Gutachtens hängt vorrangig und unmittelbar von dem Umfang und der Präzision der Primärdaten aus der Unfallstelle ab. Selbst fragmentarische Daten können aber noch über entsprechende Expertensysteme, physikalische Gesetzmäßigkeiten und vergleichende Empirie sowie psycho-physikalogische Bedingungen zu einem technisch plausiblen Gesamtbild des Unfallgeschehens zusammengeführt werden.

10 Liegen für eine Rekonstruktion hinreichende Grunddaten vor, so können Fakten und Informationen als Basis für eine Rekonstruktion im Wortsinn, also einen Wiederaufbau des Geschehens dienen. Sind zu wenige Fakten für einen rein technischen Zugang zum Unfallgeschehen verfügbar, so besteht alternativ die Möglichkeit, die subjektiven Informationen zu einem Unfallgeschehen auf ihre Realisierbarkeit zu prüfen. In der Praxis kommt dies zB bei Zivilverfahren mit unterschiedlichen Parteivorträgen zum Einsatz. Neben den klassischen Berechnungsverfahren werden gerade dabei zunehmend die Möglichkeiten der Computer-Simulation (Nachfahren des Unfallgeschehens am Rechner) genutzt. In der Hand des Experten werden sie zu einem hocheffektiven Werkzeug, das aber Ausbildung und Erfahrung nicht ersetzen kann, sondern diese geradezu voraussetzt. Bei laienhafter oder auch parteilicher Benutzung erwecken die Computer-Simulationen hingegen nur den äußeren Anschein einer hochtechnisierten und deshalb objektiven Analyse.

11 Letztlich besteht noch die Möglichkeit der Analyse mittels **Kollisionsversuchen**. Diese meist kostenintensive Rekonstruktionsmöglichkeit steht jedoch nur größeren Instituten zur Verfügung; sie wird nachfolgend in einem gesonderten Kapitel behandelt.

C. Qualitätskriterien technischer Gutachten

12 Für Fachfremde ist es oftmals schwer, sich ein Bild von der Qualität eines Sachverständigengutachtens zu verschaffen. Im Folgenden soll daher ein Katalog zur Qualitätskontrolle von Unfallrekonstruktionsgutachten vorgestellt werden, der auf der Basis bereits erprobter Kataloge für psychologische Gutachten entwickelt wurde. Zu bewerten sind die Voraussetzungen des Sachverständigen, Aufbau und Gliederung des Gutachtens, der Untersuchungsablauf, die Befunde und Ergebnisse, die Beantwortung der Beweisfragen und nicht zuletzt die Verständlichkeit und Anschaulichkeit.

13 Zur Aufklärung von Unfallabläufen müssen Informationen unterschiedlichen Ursprungs zusammengeführt werden. Das Unfallgeschehen kann einerseits durch Berichte von Beteiligten und Zeugen, sowohl zum direkten Ablauf, als auch zu möglicherweise nicht gesicherten Spuren, beschrieben werden. Andererseits können unmittelbare Unfallspuren und Umgebungsbedingungen (diese ggf auch noch im Nachhinein) mit technischen Mitteln erhoben und gesichert werden. Als Werkzeuge stehen

neben den klassischen Möglichkeiten der Anhörung und Befragung auch die Verfahren der technischen Unfallanalyse zur Verfügung. Diese Informationen können dann in einem Unfallrekonstruktionsgutachten als juristische Entscheidungshilfe zusammengeführt werden.

Je mehr Spuren qualifiziert gesichert wurden und je präziser die Aussagen von Beteiligten und Zeugen sind, umso genauer können die Geschwindigkeiten der unfallbeteiligten Fahrzeuge, ihre Einlaufrichtungen, die Weg-/Zeitverhältnisse vor dem Unfallgeschehen, der Konfliktablauf sowie daraus schlussfolgernd die Vermeidungsbedingungen dargelegt werden. Eine besondere Bedeutung nimmt hier die möglichst genaue und hoch auflösende fotografische Dokumentation von Unfallspuren und Unfallsituationen ein, da mittels fotogrammetrischer Verfahren (messtechnische Auswertung von Fotografien) und insbesondere durch die fachgerechte Interpretation von Spurenbildern die Aussagequalität von technischen Feststellungen optimiert werden kann. Alle Fakten und Informationen durch Dritte werden dann entsprechend technisch gewichtet (unter Berücksichtigung juristischer Belange) in einer Analyse zur Unfallrekonstruktion zusammengeführt.

Bei der Beurteilung der Qualität eines Sachverständigengutachtens ist zuerst die Qualifikation des Sachverständigen bezogen auf die konkrete Aufgabenstellung zu überprüfen. Sodann sind Aufbau, Aussagekraft und Verständlichkeit des Gutachtens zu bewerten. Als Überprüfungsvorschlag wurde ein Fragenkatalog erarbeitet:

I. Fachkompetenz

- Ist der Sachverständige (alleine) zuständig?
- Ist das Beweisthema klar umrissen und erfasst?
- Ist eine ggf interdiziplinäre Kooperation erforderlich?
- Sind dann die Kompetenzbereiche klar gekennzeichnet?

II. Ausrüstung/Ausstattung

- Welche Hilfsmittel sind erforderlich?
- Wie sind diese verfügbar?

III. Transparenz

- Sind alle verwendeten Fakten offengelegt?
- Sind alle Hilfsannahmen gekennzeichnet und begründet?
- Sind alle Arbeitsschritte und Aussagen nachvollziehbar?
- Sind alle Aussagen überprüfbar?

IV. Vermittlungskompetenz

- Ist das Gutachten in einem einfachen, klaren und richtigen Deutsch verfasst?
- Sind die Formulierungen frei von Wertungen und sind sie neutral/unparteiisch?
- Werden Fachwörter und Fachinhalte für Laien verständlich erklärt?

D. Aufbau eines Gutachtens

16 Ein Gutachten sollte so durchstrukturiert sein, dass jedenfalls folgende Punkte enthalten sind:

- Auftraggeber und Beweisthema/-frage
- Untersuchungsfragen und Methodenwahl
- Untersuchungsablauf
- Ergebnisse/Schlussfolgerungen
- Zusammenfassung, Unterschrift (erkennbare Verantwortlichkeit)
- Anhang (Fotos, Messungen, Diagramme etc.)

I. Auftraggeber und Beweisthema/-frage

- Ist der Auftraggeber benannt?
- Ist die Fragestellung wörtlich und vollständig zitiert?

II. Untersuchungsfragen und Methodenwahl

- Erfolgte eine adäquate „Übersetzung" der Beweisfragen in technische Untersuchungsfragen?
- Werden Methodenwahl und Untersuchungsablauf erklärt?
- Ist bei jedem Schritt der Bezug zur Fragestellung erkennbar?

III. Untersuchungsablauf

- Sind alle Informationsquellen benannt?
- Sind alle verwendeten Anknüpfungstatsachen benannt?
- Ist Art, Ort und Ausführung von Erhebungen und Untersuchungen offengelegt?
- Bestand die Gelegenheit zur Teilnahme an Untersuchungsterminen?

IV. Ergebnisse

- Sind die Ergebnisse den Untersuchungsfragen entsprechend gegliedert?
- Sind zu jedem Einzelergebnis die verwendeten Informationen mit Quellen dargestellt?

- Sind Übereinstimmungen/Widersprüche zwischen Informationsquellen erklärt?
- Sind die Ergebnisse für Laien verständlich und für andere Sachverständige nachvollziehbar?

V. Schlussfolgerungen

- Sind die Einzelergebnisse gewichtet und logisch verknüpft?
- Sind Defizite bei der Beantwortung der Beweisfragen gekennzeichnet und erklärt?
- Werden Schlussfolgerungen nur im Rahmen der Fragestellungen und des Kompetenzbereichs gezogen?

VI. Präsentation

- Ist der Text durch Abbildungen und Fotografien hinreichend erhellt?
- Sind die Eingangsgrößen bekannt oder zur Verfügung angeboten?
- Ist die verwendete (Sonder-)Literatur angegeben?

Literatur zur Checkliste: *Westhoff, K./Kluck, M.-L.*, Psychologische Gutachten schreiben und beurteilen, 4. vollständig überarbeitete Aufl., 2003; *Zuschlag, Bernd*, Kontakt & Studium, Bd. 523, Hrsg. von Prof. Dr.-Ing. W. J. Bartz, 1996, *Möhler/Westhoff*, SVR 2006, 126

Diese Checkliste kann keinen Anspruch auf Vollständigkeit erheben, zumal je nach Informations- und Faktenlage, Fragestellung und Präzisionsanforderungen Modifikationen unumgänglich sein werden. Gleichwohl charakterisieren die oben dargelegten Kriterien die Grundanforderung an ein ordnungsgemäßes technisches Gutachten in der Unfallrekonstruktion. Sie sind prinzipiell auch auf Gutachten aus anderen Disziplinen übertragbar.

E. Technische Untersuchungen der Fahrzeuge nach einem Unfall

Die technischen Untersuchungen von Fahrzeugen nach Verkehrsunfällen werden bei Verdacht auf technische Mängel im Auftrag der Polizei bzw der Staatsanwaltschaft durchgeführt. Die Gründe für eine Untersuchung können Anhaltspunkte sein, die sich bei der Unfallaufnahme aus dem Spurenbild bzw aus dem technischen Zustand des Fahrzeuges ergeben. Eine Untersuchung wird auch dann vorgenommen, wenn durch die Unfallbeteiligten ein technischer Mangel als Ursache des Unfallgeschehens angegeben wird. Eine erste Inaugenscheinnahme des Fahrzeuges kann direkt bei der Unfallaufnahme erfolgen. Auf diese Weise lassen sich grundsätzliche Feststellungen treffen. Falls eine gründliche Untersuchung des Fahrzeuges erforderlich ist, wird diese normalerweise in einer Fachwerkstatt durchgeführt. Das Ausmaß der Untersuchung ist von dem Fahrzeug (Motorrad, Pkw, Lkw), dem Beschädigungsgrad des Fahrzeuges und dem Auftrag abhängig. So kann man zB bei fahrbereiten Pkws nach den Unfällen, statt das Fahrzeug zu zerlegen, Brems- und Fahrversuche durchführen. Die Bremsverzögerung lässt sich mit entsprechenden Geräten feststellen. Im Grunde genommen sind die Fahr- und Bremsversuche unmittelbar nach dem Unfallereignis der beste Weg für Feststellungen bezüglich des Fahrzeugzustandes.

19 Die Fahrzeuge, die nach dem Unfall nicht mehr fahrbereit sind, müssen ggf umfangreichen und oft auch sehr schweren (wegen der Deformationen) Demontagearbeiten unterzogen werden. Danach können weitere, spezielle Untersuchungen erfolgen (Teile der Bremsanlage, Lenkung, Stoßdämpfer, Reifen, Glühlampen usw). Die einzelnen Untersuchungen sind zeitlich anspruchsvoll und können dementsprechend auch einen relativ hohe Kostenaufwand nach sich ziehen. Es kann auch erforderlich werden, weitere Sachverständige zu den Untersuchungen beizuziehen. Dies betrifft insbesondere die Reifen-/Materialspezialisten. Dazu sind oft Gerätschaften erforderlich, die dem Unfallanalytiker nicht zur Verfügung stehen.

20 Die Fahrzeuguntersuchungen nach den Verkehrsunfällen sollen die Rechtssicherheit sowohl für die Polizei bzw für die Staatsanwaltschaft als auch für die Unfallbeteiligten erhöhen. Insbesondere bei Auffahrunfällen oder dem Abkommen von der Fahrbahn wird sehr oft überhöhte Geschwindigkeit als unfallursächlich angenommen. Dass in diesen Fällen defekte Stoßdämpfer, ein plötzlicher Ausfall der Servolenkung oder Mängel an den Bremsenanlage das Unfallgeschehen beeinflusst haben könnten, wird in der letzten Zeit immer weniger geprüft. Grund dafür sind möglicherweise die allgemeinen Sparzwänge.

21 Technische Untersuchungen von Fahrzeugen nach Verkehrsunfällen werden üblicherweise im Rahmen einer Unfallanalyse, um die Unfallursache zu klären (technische Mängel, Veränderungen der Bauteile) in Auftrag gegeben. Dabei wird auch der Umfang der Untersuchung von dem Auftraggeber spezifiziert. Hauptsächlich werden die Bremsen, die Lenkung, die Bereifung, das Fahrwerk, der Motor, die Gurte bzw Airbags und der Beleuchtungszustand untersucht.

22 Es ist sehr günstig für den Sachverständigen, wenn er den Zustand des Fahrzeuges unmittelbar nach dem Unfallgeschehen bei der Unfallaufnahme am noch unveränderten Fahrzeug festhalten kann. Dabei können die Deformationen (bevor diese durch Transport eventuell verändert werden) mit einem Maßstab fotografiert werden. Ebenfalls werden am besten gleich hier mögliche Lackspuren an den Fahrzeugen gesichert.

23 Bei den Bremsanlagen kann man Feststellungen im Hinblick auf die Wetterbedingungen unmittelbar nach dem Unfall besser treffen als später bei der Untersuchung des Fahrzeuges in der Werkstatt (zB eingefrorene Druckluftbremsanlage). Ebenfalls ist es von Vorteil, wenn man an der Unfallstelle Flüssigkeiten sichern kann (Bremsflüssigkeit, Hydraulikflüssigkeiten), bevor sie vollkommen aus dem System ausgetreten sind.

24 Bei Unfällen mit Fußgängern lassen sich häufig Spuren vorfinden, die auf die Art des Kontakts mit dem Fußgänger schließen lassen (Kleidung, Spuren, Haare, Gewebeteile). Regelmäßig sind bei diesen Unfällen auch Wischspuren an dem Fahrzeug zu finden, die beim Abtransportieren des Fahrzeuges verändert werden können.

Auch sind Feststellungen an der Unfallstelle bezüglich der Schalterstellung der Beleuchtung sinnvoll, da diese im Nachhinein, etwa bei der Bergung, oft verändert wird. Die Fahrzeuge werden von der Unfallstelle üblicherweise auf Sicherstellungsgelände abtransportiert. Es ist aber nicht von Vorteil, die Untersuchungen direkt hier durchzuführen. Unter Berücksichtigung der modernen Fahrzeugtechnik ist dazu zu raten, das Fahrzeug zu einer Fachwerkstatt bzw Niederlassung zu bringen. Nur dort stehen die speziellen Geräte des Herstellers zur Verfügung, die oft benötigt werden. Glühlampen in Stoßzonen sollten möglich frühzeitig und fachgerecht gesichert werden. Insbesondere sollten dabei Stoßbelastungen vermieden werden. Auch ein probeweises Einschalten zu Funktionsprüfung ist zu unterlassen. Eine Funktionsprüfung ist sinnvollerweise mittels geeigneter elektrischer Messverfahren durchzuführen, die den Zustand der Glühlampe nicht verändern. Der zunehmende Einsatz von Lichtbogenglühlampen (Xenon etc.) aber auch LED-Leuchtelementen erschwert die Untersuchung des Betriebszustands beim Unfall erheblich. Lichtbogenglühlampen können über ihren Betriebszustand dann Auskunft geben, wenn sie mechanisch zerstört wurden. Pilotuntersuchungen an LED-Leuchten ergaben selbst bei der Untersuchung mit Rasterelektronenmikroskopen bislang keine Möglichkeit deren Betriebszustand – selbst bei vollständiger Zerstörung – festzustellen.

Bei neueren Fahrzeugen ist als erstes das Auslesen von Fehlerspeichern sinnvoll, um eventuelle Störungen von vornherein zu identifizieren. Nicht alle Fehlerquellen können allerdings auf diese Weise entdeckt werden, so dass eine kritische Prüfung geboten ist. Relativ oft kommt es vor, dass einzelne Teile des Fahrzeuges ausgebaut und aufbewahrt werden, da nicht ausgeschlossen werden kann, dass weitere ausführliche Untersuchungen erforderlich werden. Dies betrifft oft Reifen bzw gebrochene Teile. Falls die Beleuchtung des Fahrzeuges zum Unfallzeitpunkt von Bedeutung ist, sind auch die Glühlampen zu asservieren.

Es ist sinnvoll und unentbehrlich, dass man bei der technischen Untersuchung des Fahrzeuges systematisch vorgeht und **die Untersuchung auch fotografisch ausreichend dokumentiert**. Die Untersuchung muss nachvollziehbar im Gutachten beschrieben werden, wobei auf die Asservate hingewiesen werden soll. Durch die Untersuchung sollte der Sachverständige in der Lage sein, technische Fehler entweder zu bestätigen oder auszuschließen. Es muss jedoch darauf hingewiesen werden, dass dies fallweise vom untersuchten Objekt abhängig ist. Es ist nicht immer möglich, ausreichend sichere Schlüsse aus den Untersuchungen zu ziehen.

F. Unfallspuren

Bei Verkehrsunfällen werden üblicherweise eine Vielzahl von Spuren gezeichnet. Ihrer Entstehung nach können sie in Vorkollisions-, Kollisions- und Auslaufspuren gegliedert werden. Es können Reifenspuren, Schlag- und Rutschmarken von Fahrwerks- und Karosseriebauteilen, Splitterfelder und Flüssigkeitsspuren entstehen. Diese Spuren können sich sowohl auf der befestigten Fahrbahn, als auch im unbefestigten Bereich abbilden.

29 Daneben kann es insbesondere bei Unfällen zwischen Fahrzeugen und Fußgängern oder Zweiradfahrern zu Blut- und Gewebsantragungen auf der Fahrbahn kommen.

Abb. 1: Reifenspuren[1]

I. Reifenspuren

30 Reifenspuren haben, wie aus der Alltagserfahrung bekannt ist, völlig unterschiedliche Erscheinungsformen. Die wohl bekannteste Spurenart sind dunkle Blockierspurzeichnungen auf der Fahrbahnoberfläche. Diese treten sowohl auf Asphalt, als auch auf Betonoberflächen auf. Sie entstehen insbesondere auf Asphaltoberflächen zum einen durch das Aufreiben oder Aufschmelzen der angewitterten, grauen Asphaltbestandteile.

31 Zum anderen wird Material von Reifen abgerieben, das dann in pulvriger, teils klebriger Form auf der Fahrbahnoberfläche anhaftet. Letztere werden oft nach relativ kurzer Zeit bei weiter fließendem Verkehr wieder verwischt.

32 Spurzeichnungen von Reifen entstehen als Folge von Reibung bei einem Geschwindigkeitsunterschied zwischen der Reifen- und der Fahrbahnoberfläche (zB Bremsen). Etwa ab einem Wert von ca. 85 % bis 90 % des übertragbaren Reibungsmaximums beginnt je nach Fahrbahnoberfläche die Spurzeichnung. Dreht sich dabei das abgebremste Rad noch, so entstehen charakteristische Bremsspurzeichnungen, bei denen die Profilierung des Reifens noch erkennbar ist.

---

1 PC-Crash-Handbuch, DSD, Dipl.-Ing. *Dr. Hermann Steffan.*

F. Unfallspuren

Blockiert das Rad (100 % Schlupf), so kommt es zu durchgehenden, verschmierten Spurzeichnungen. Art und Breite der Spurzeichnungen, insbesondere auch im Zusammenhang mit der Spurweite, weisen dabei einen guten Identifizierungsgrad zu einem Fahrzeug auf. Driftspuren entstehen, wenn zusätzliche Quer- und Rotationsbewegungen in das Fahrzeug eingesteuert werden, so dass die Laufrichtung des Reifens nicht mehr mit der Bewegungsrichtung des Fahrzeuges identisch ist. Auch hier kann wiederum zwischen einem Driften mit unblockierten Rädern, bei dem sich die Profilierung abbildet und einem Driften mit einer Vollbremsung, bei dem weitgehend durchgezogene Spuren entstehen, unterschieden werden. 33

Die im Verlauf der Spurzeichnung erreichte Verzögerung hängt im Wesentlichen von der Struktur der Fahrbahnoberfläche, von ihrem Zustand (trocken, feucht, nass, vereist) und in geringerem Umfang von ihrer Ebenheit ab. 34

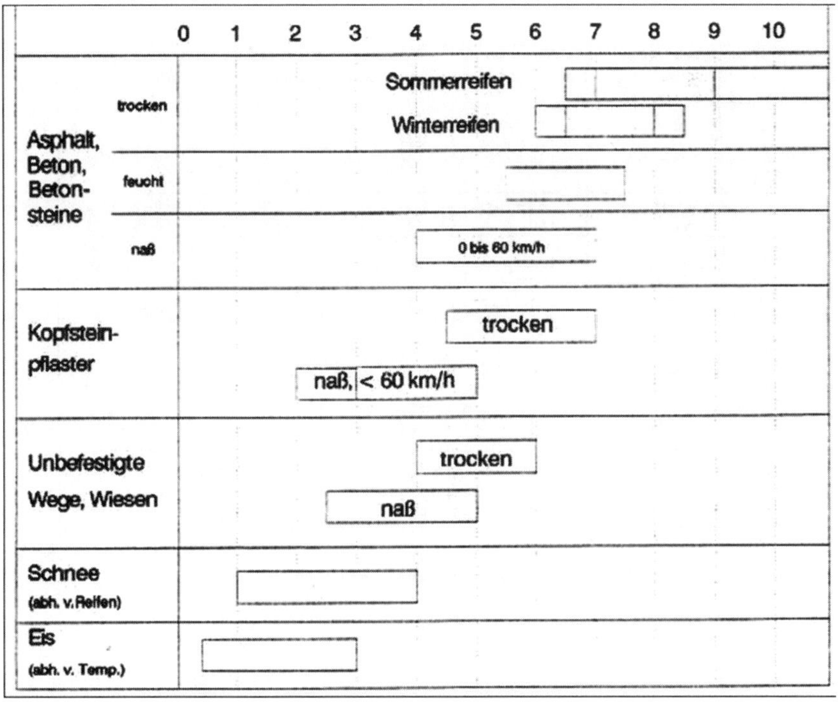

Abb. 2: *Bereich der Bremsverzögerung in m/s² bei maximaler Kraftschlussausnutzung aller Räder*

§ 1 Technische Fragestellungen

Beschreibung der Straßenoberfläche	PKW Reifen	LKW Reifen
Trockener Beton	0.85	0.65
Trockener Asphalt	0.80	0.60
Nasser Beton	0.70 – 0.80	0.50
Nasser Asphalt	0.45 – 0.80	0.30
Verdichteter Schnee	0.15	0.15
Eis	0.05	0.11 (trocken) / 0.07 (nass)
Trockener Schmutz	0.65	
Schlamm	0.40 – 0.50	
Gravel or sand	0.55	
Nasser, öliger, glatter Beton		0.25
Verdichteter Schnee mit Ketten		0.60
Trockenes Eis mit Ketten		0.25

SAE 830612: C.Y. Warner, G.C. Smith, M.B. James, G.J. Germane; Friction Applications in Accident Reconstructions (Reference: J.C. Collins; Accident reconstruction, C.C. Thomas, Springfield, Illinois, 1979)

Abb. 3: Reibungskoeffizienten bei Pkw und Lkw[2]

Beschreibung der Straßenoberfläche	Trocken unter 48 km/h	Trocken über 48 km/h	Nass unter 48 km/h	Nass über 48 km/h
PORTLANDZEMENT				
neu, scharf	0.80 – 1.20	0.70 – 1.00	0.50 – 0.80	0.40 – 0.75
befahren	0.60 – 0.80	0.60 – 0.75	0.45 – 0.70	0.45 – 0.65
abgefahren	0.55 – 0.75	0.50 – 0.65	0.45 – 0.65	0.45 – 0.60
ASPHALT, TEER				
neu, scharf	0.80 – 1.20	0.65 – 1.00	0.50 – 0.80	0.45 – 0.75
befahren	0.60 – 0.80	0.55 – 0.70	0.45 – 0.70	0.40 – 0.65
abgefahren	0.55 – 0.75	0.45 – 0.65	0.45 – 0.65	0.40 – 0.60
Teer-Überschuss	0.50 – 0.60	0.35 – 0.60	0.30 – 0.60	0.25 – 0.55
SCHOTTER				
verdichtet, geölt	0.55 – 0.85	0.50 – 0.80	0.40 – 0.80	0.40 – 0.60
in loser Schüttung	0.40 – 0.70	0.40 – 0.70	0.45 – 0.75	0.45 – 0.75
SCHLACKE				
verdichtet	0.50 – 0.70	0.50 – 0.70	0.65 – 0.75	0.65 – 0.75
STEINE				
zerbrochen	0.55 – 0.75	0.55 – 0.75	0.55 – 0.75	0.55 – 0.75
EIS				
Glatteis	0.10 – 0.25	0.07 – 0.20	0.05 – 0.10	0.05 – 0.10
SCHNEE				
verdichtet	0.30 – 0.55	0.35 – 0.55	0.30 – 0.60	0.30 – 0.60
unverdichtet	0.10 – 0.25	0.10 – 0.20	0.30 – 0.60	0.30 – 0.60

SAE 830612: C.Y. Warner, G.C. Smith, M.B. James, G.J. Germane; Friction Applications in Accident Reconstructions (Reference: J.S. Baker; Traffic Accident Investigation Manual, Northwestern University, Evanston, I.U. 1975)

Abb. 4: Reibungskoeffizienten in Abhängigkeit von der Straßenoberfläche[3]

---

2 Burg/Moser, Handbuch Verkehrsunfallrekonstruktion, 1. Auflage 2007.
3 Burg/Moser, Handbuch Verkehrsunfallrekonstruktion, 1. Auflage 2007.

F. Unfallspuren 1

Geschwindigkeits-Abschlags Werte	
Geschwindigkeit km/h (mph)	Abnahme des Reibungskoeff. [%]
64 (40)	3
80 (50)	7
97 (60)	9
113 (70)	11
129 (80)	14
145 (90)	18

SAE 830612: C.Y. Warner, G.C. Smith, M.B. James, G.J. Germane; Friction Applications in Accident Reconstructions (Reference: J.C. Collins; Accident reconstruction, C.C. Thomas, Springfield, Illinois, 1979)

Abb. 5: *Abschlag beim Reibungskoeffizient in Abhängigkeit von der Fahrgeschwindigkeit*[4]

Reifen/Untergrund Klassifikation	Beschreibung (Testtemperatur von –42 bis –4°C)	Bereiche µ Werte
Eis	Eine feste Auflage aus gefrorenem Wasser, dick genug, dass sie nicht durch Spikes oder Ketten durchbrochen wird. Erscheinungsbild wie Glas, am Schmelzpunkt mit einer Wasserschicht überzogen	0.054 – 0.19
Eis, Winterreifen mit Spikes	Eisfläche wie oben, Winterreifen mit Spikes auf den Hinterrädern, reduzierte Werte für alle Räder	0.092 – 0.16
Eis, Winterreifen mit Stahlschneeketten	Eisfläche wie oben, Winterreifen mit Stahlschneeketten	0.12 – 0.18
Eis, reduzierter Reifendruck	Eisfläche wie oben, Reifendruck von 83 to 221 kPa (0.83 bis 2.21 bar)	0.13 – 0.15
Dickes, schwarzes Eis	Eine durchgehende Eisschicht auf Asphalt oder Beton, die vom durchschnittlichen Fahrer nicht klar erkannt werden kann, die Eisschicht wird durch blockierende Räder nicht durchbrochen.	0.12 – 0.26
Dünnes, schwarzes Eis	Eine durchgehende Eisschicht auf Asphalt oder Beton, die vom durchschnittlichen Fahrer nicht klar erkannt werden kann, die Eisschicht wird durch blockierende Räder teilweise durchbrochen.	0.17 – 0.49
Schnee und Eis	Eine durchgehende Schneeschicht, der Schnee so verdichtet, dass er eine eisige Oberfläche besitzt.	0.12 – 0.39
Schnee und Eis mit einer glänzenden Oberfläche	Kompakte Schnee und Eisfläche, durch die Motorwärme und Feuchtigkeit der Fahrzeuge wurde eine glänzende Eisschicht gebildet.	0.09 – 0.22
Schnee und Eis mit Sand	Kompakte Schnee und Eisfläche mit Sandstreuung (splitt-ähnlich), Korndurchmesser 3 bis 6 mm	0.15 – 0.45
Schnee und Eis mit Sand in Furchen	Kompakte Schnee und Eisfläche mit Furchen, Sandstreuung, Korndurchmesser 3 bis 6 mm, Sand in Furchen festgefahren, Untergrund nicht freigelegt	0.20 – 0.29
Schnee und Eis mit Neuschnee	Kompakte Schnee und Eisfläche mit einer frischen 3 bis 100 mm Schicht aus Neuschnee oder gefrorenem Nebel, noch keine Spurbildung	0.18 – 0.45
Schnee und Eis mit einer älteren Schneeschicht	Kompakte Schnee und Eisfläche mit einer 100 bis 200 mm dicken Auflage aus rauem, krustigem Schnee, noch keine Spurbildung	0.43 – 0.45
Schnee und Eis mit 20% ausgefahrenen Furchen	Kompakte Schnee und Eisfläche, welche derart abgefahren ist, dass sich Furchen gebildet haben in denen zu 20% der Asphalt freigelegt ist	0.20
Verdichteter Schnee	Schnee auf der Fahrbahnoberfläche, der durch Fahrzeuge verdichtet wurde, aber nicht mehr als Schnee und Eis bezeichnet werden kann	0.24 – 0.37
Unverdichteter Schnee	Neuschnee auf der Fahrbahnoberfläche, der noch nicht durch Fahrzeuge verdichtet wurde	0.15 – 0.42
Tiefer unverdichteter Schnee	Große Schneemenge, Fahrzeug stützt sich nicht auf Räder auf	0.92 – 0.95
Starker Frost	Eis-ähnliche Bedingungen. Markante weiße Schicht, für den Fahrer leicht zu erkennen.	0.37 – 0.48
Frost	Weiße Schicht auf der ganzen Fahrbahn, für den Fahrer leicht als Frost identifizierbar.	0.48 – 0.58
Teilweise Frost	Leichte oder partielle Frostschicht, kann vom Fahrer nur zeitweise erkannt werden.	0.61 – 0.64
Trockene Asphaltfläche ohne Auflage	Trockene Asphaltfläche ohne Auflage. Auswirkung von tiefen Temperaturen auf das Reibungsverhalten Reifen – Asphalt.	0.59 – 0.72

SAE 960657: D. P. Martin, G. F. Schaefer; Tire-Road Friction in Winter Conditions for Accident Reconstruction

Abb. 6: *Reibungskoeffizienten in Abhängigkeit vom Untergrund*[5]

Blockierspuren, die eine Bremsung mit 100 % Schlupf entsprechen, entstehen erst am Ende der Schwellphase. Die Schwellphase ist die Zeit, die die Bremsanlage benötigt,

---

4 *Burg/Moser*, Handbuch Verkehrsunfallrekonstruktion, 1. Auflage 2007.
5 *Burg/Moser*, Handbuch Verkehrsunfallrekonstruktion, 1. Auflage 2007.

um beim Betätigen des Pedals ihre volle Wirkung aufzubauen. Beim modernen Pkw liegt sie technisch bei ca. 0,2 s.

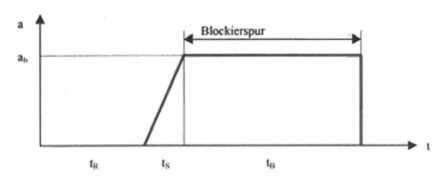

Abb. 7: Zeit-Bremsverzögerungs-Diagramm[6]

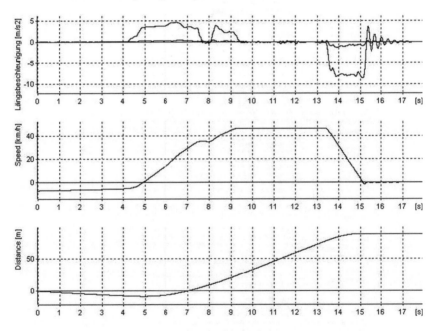

Abb. 8: Beschleunigungsmesser-Diagramme für Längs- und Querbeschleunigung

II. Geschwindigkeit und Strecke über die Zeit

37 Bei Unfalluntersuchungen sind Spurenunstetigkeiten von besonderer Bedeutung. Zu
38 einem Spurenknick kommt es, wenn während der Vollbremsphase von außen Kräfte auf ein Fahrzeug eingeleitet werden (zB Kollision mit einem anderen Fahrzeug). Hier-

---

6 Vorlesung „Unfallmechanik im Verkehrswesen", Prof. H. Steffan, TU-Graz.

bei ist zur möglichst exakten Bestimmung des Kollisionspunktes der Überhang des spurzeichnenden Fahrzeuges zu berücksichtigen, der bei durchschnittlichen Pkw an der Front in einem Bereich von ca. 0,5 m (Kleinfahrzeuge) bis 1,0 m liegt.

Auch bei Kollisionen mit Fußgängern oder Zweiradfahrern treten oftmals Veränderungen der Reifenspuren durch die mehr oder weniger einseitige Belastung des Fahrzeuges auf. Hier kann es zu Spurverdickungen oder bei einseitiger Belastung zu Teilaufhebungen der Spurzeichnung kommen.

Knicke in einer Spur weisen auf eine Kollision hin. Fahrdynamische Unstetigkeiten, selbst bei dem oft zitierten Elch-Test, führen nicht zu Spurenknicken, sondern zu allenfalls relativ engen bogenförmigen Spurenveränderungen. Spurenüberschneidungen schleudernder Fahrzeuge können jedoch von Laien als Spurenknicke fehlinterpretiert werden.

Abb. 9: Spurenknick; beachte Pfeil

Gelegentlich sind helle Spuren zu beobachten. Diese treten auf, wenn bei einer Bremsung zB Schmutzpartikel aus der feuchten oder nassen Oberfläche ausgelöst werden. Auch das Anschleifen von Zuschlagstoffen kann zu hellen Spuren führen. Auch auf nassen Fahrbahnen können Spuren bei Vollbremsungen ohne ABS gezeichnet werden. Dabei wird durch die Reibungshitze der Wasserfilm verdampft.

III. Fahrzeugspuren

Kommen Teile von Fahrzeugen mit der Fahrbahn in Berührung oder tritt Flüssigkeit aus beschädigten Fahrzeugen aus, so entstehen ebenfalls für die Rekonstruktion verwertbare Unfallspuren. Schleif- oder Kratzspuren werden oftmals von Felgen, Fahrwerksteilen oder verformten Karosserieteilen gezeichnet. Vor der Kollision können derartige Spuren auf einen möglicherweise das Unfallgeschehen einleitenden Druckverlust eines Reifens hinweisen. Damit verbunden sind dann oft Reifen-Walkspuren, mit unstetigem Zeichnungsverlauf. Nach der Kollision beschreiben sie die Auslaufbahn eines Fahrzeuges. Schlagspuren, kerbartige Vertiefungen der Fahrbahnoberfläche, entstehen ggf bei starken Kollisionen durch das plötzliche Herabpressen auf die Fahrbahn. In ihrer Nähe liegt üblicherweise die Kollisionsstelle, wobei hier kritisch die Geschwindigkeit der unfallbeteiligten Fahrzeuge zu würdigen ist, da der Geschwindigkeitsüberschuss eines Kollisionspartners zu Verlagerungen der Schlagspur aus der eigentlichen Kollisionszone heraus kommen kann.

43 Fahrzeugteile, Glas- und Lacksplitter werden oftmals bei Unfällen abgeworfen. Insbesondere Glassplitterfelder können dabei, sofern keine sichereren Anknüpfungstatsachen vorliegen, zur Bestimmung der Kollisionsgeschwindigkeit von Fahrzeugen herangezogen werden. Dies vorrangig auch bei Fußgänger- und Zweiradunfällen.

44 Dagegen müssen Splitterfelder bei Unfällen zwischen zwei Fahrzeugen, besonders wenn es kollisionsbedingt zu starken gegenseitigen Einformungen kommt, nicht zwangsläufig den Kollisionsort kennzeichnen. **Glassplitter können auch erst nach dem Trennen der Fahrzeuge in der letzten Auslaufphase herausgelöst und abgeworfen werden.** Lacksplitter sind hingegen normalerweise im näheren Umfeld einer Unfallstelle zu finden (sofern sie nicht durch nachfolgenden Verkehr verschleppt wurden), da sie bei stärkeren Karosserieverformungen spontan abplatzen und aufgrund ihrer geringen Masse bei großer Oberfläche und plattiger Struktur durch den hohen Luftwiderstand keine wesentliche Wurfweite erzielen. Flüssigkeitsspuren entstehen bei massiveren Kollisionen, bei denen flüssigkeitstragende Aggregate der Fahrzeuge spontan beschädigt werden. Oftmals werden Flüssigkeitsspuren aber auch erst bei der Bergung von Fahrzeugen gezeichnet.

45 Besondere Vorsicht ist bei der Bewertung von Kunststoffbruchstücken, zB aus Blinkern oder Rückleuchten geboten. Bevor diese brechen baut sich aufgrund der gewölbten Bauform oftmals eine hohe innere Spannung auf. Dies kann zu unkontrollierten und zufälligen Abwürfen, selbst entgegen der Bewegungsrichtung des Fahrzeuges führen. Auch können größere gewölbt Bruchstück durch nachfolgende Fahrzeuge in ähnlicher Weise unkontrolliert verschleppt oder weggeschleudert werden.

F. Unfallspuren

Abb. 10: Splitterfeld

Abb. 11: Endlage eines unfallbeteiligten Fahrrades

§ 1 Technische Fragestellungen

Abb. 12: ABS-Bremsspuren[7]

46 Materialablagerungen an der Unterseite von Fahrzeugen, Schmutz oder Schnee etc. fallen spontan bei Anstößen ab, so dass auch sie wichtige Hinweise auf die Lage einer Kollisionsstelle liefern. Auch hierbei ist allerdings die Geschwindigkeit des Quell-Fahrzeuges zu beachten.

47 Bei allen Spuren muss kritisch geprüft werden, ob sie nicht auch auf frühere Unfallereignisse zurückgeführt werden können oder ob sie nicht erst bei der Bergung von Fahrzeugen entstanden sind.

48 Bei Fahrzeugen, die mit ABS ausgestattet sind, werden zumindest bei neueren Modellen kaum noch Spuren gezeichnet. Nur auf besonders hellen, meist stark angewitterten Asphaltfahrbahnen entstehen manchmal leichte Spuren, die dann eine Intervallzeichnung aufweisen (Abb. 12). Auch bei Driftvorgängen (die durch eine ABS-System nicht unterbunden werden können) treten gelegentlich intermittierende Spurzeichnungen auf, die dann einen Hinweis auf eine ABS-unterstützte Bremsung in der Driftphase liefern. Mit Wärmebildkameras kann dagegen schon wenige Minuten nach einer Bremsung eine Spur nicht mehr sichtbar gemacht werden.

IV. Spurensicherung

49 Von besonderer Bedeutung für die Unfallrekonstruktion ist eine möglichst detaillierte Sicherung von Spuren unmittelbar nach dem Unfallgeschehen. Oftmals ist es nicht möglich, dass Sachverständige unmittelbar nach dem Unfallereignis hinzugezogen werden. Umso wichtiger ist eine möglichst detaillierte polizeiliche Dokumentation.

---

7 Nach *Danner/Halm*, Technische Analyse von Verkehrsunfällen.

F. Unfallspuren

Das klassische Verfahren dazu ist die Vermessung der Unfallstelle mit den vorgefundenen Spuren und die zeichnerische Übertragung in die Verkehrsunfallskizze. Dabei können jedoch zahlreiche Fehler auftreten, so dass eine fotografische Dokumentation des Unfallstellenbereichs jedenfalls von Vorteil ist. Auf Fotografien kann auch im Nachhinein die Spurenqualität beurteilt werden. So besteht dann auch noch später die Möglichkeit, **gezielt sachverständigenseits nach Spurendetails zu suchen** und diese bei entsprechender Dokumentation fotogrammetrisch auszuwerten. Hierzu wurden rechnergestützte Verfahren entwickelt, die einerseits von Polizeibehörden mithilfe von Spurensicherungsgruppen übergeordneter Polizeidienststellen eingesetzt werden. Diese Verfahren (u.a. RolleiMetrik) liefern zwar eine sehr hohe Auflösung und Detailtreue, sind jedoch sehr aufwendig und im Normalfall mit Hubschrauberüberfliegungen verbunden.

Neuere Verfahren, die mittels PC-Programmen (zB PC-Rect) sowohl Luftbilder als auch terrestrische Fotografien vermessen, kommen zunehmend bei Sachverständigen zum Einsatz. Dabei werden auf die Fahrbahn, in die Unfallspuren hinein, Markierungen gesetzt, deren Lage möglichst genau und redundant eingemessen wird. Mithilfe dieser Parameter können dann die an der Unfallstelle gefertigten Fotografien später entzerrt werden, so dass sich eine maßstabgerechte Aufsicht auf die Unfallstelle mit allen Spuren herstellen lässt. Selbst mit Laien-Fotografien (in letzter Zeit werden vermehrt Handyfotos von Unfallbeteiligten vorgelegt) besteht die Möglichkeit, nach der Aufnahme von Stützmaßen an der Unfallstelle, diese Fotografien so weit rechnergestützt zu verbessern, dass eine nachträgliche Vermessung der Unfallspuren ermöglicht wird. Je mehr Fotografien von einer Situation gefertigt werden, umso höher ist durch die dann mögliche Überschneidung und Informationsredundanz die Aussagequalität.

Fahrzeuge, markante Fahrbahnstrukturen oder Fahrbahnmarkierungen können auch noch im Nachhinein zur fotogrammetrischen Auswertung herangezogen werden. Dagegen liefern GPS-gestützte Messungsverfahren kaum bessere Gesamtergebnisse, als polizeiliche Skizzen. Die damit gefertigten Skizzen haben zwar durchweg eine höhere Präzision, ohne zusätzliche Fotografien entsteht hier jedoch das gleiche Defizit hinsichtlich der Spurenqualität, wie auch bei den normalen Messverfahren. Zudem ist der messtechnische Aufwand deutlich höher, als dies bei einer rechnergestützten Auswertung von Fotografien der Fall ist. Auch zeigt die Praxis, dass selbst bei erfahrenen Sachverständigen oder Polizeibeamten gelegentlich Spurendetails an der Unfallstelle übersehen werden, die im Nachhinein aus Fotografien bei sorgfältiger Entzerrung, ggf auch unter dann erweitertem Kenntnisstand, nochmals detaillierter ausgewertet werden können.

§ 1 Technische Fragestellungen

Abb. 13: Spurenfoto – links: Original, rechts: Entzerrungen

V. Erforderliche Präzision

52 Grundsätzlich sollte die Unfallaufnahme mit größtmöglicher Präzision erfolgen. Gleichwohl wird oftmals die Genauigkeit von Vermaßungen überbewertet. Dies gilt insbesondere für die Längsausdehnung von Spuren zur Rückbestimmung der Ausgangsgeschwindigkeit eines Fahrzeuges. Nimmt man zB bei einer angenommenen Bremsverzögerung von 7 m/s² einen Bremsweg von 20 m bis zum Stillstand an, so errechnet sich hieraus eine Ausgangsgeschwindigkeit einschließlich einer Schwellphase von 0,2 s. von ca. 63 km/h. Eine Verkürzung um 0,5 m bewirkt eine Ausgangsgeschwindigkeit von 62 km/h und eine Verlängerung auf 20,5 m eine Geschwindigkeit von 63,5 km/h.

53 Variiert man dagegen den Verzögerungswert, der oft nur auf einer Annahme zum Zustand der Fahrbahnoberfläche basiert, so errechnet sich bei einer Verzögerung von 7,5 m/s² gegenüber dem Ausgangswert von 7,0 m/s² eine Geschwindigkeit von 65 km/h und bei einer angenommenen Verzögerung von 6,5 m/s² eine Ausgangsgeschwindigkeit von 60 km/h. Hier ist also die Varianzbreite deutlich höher. Insofern sollte den Verzögerungsannahmen eine entsprechende Aufmerksamkeit geschenkt werden.

G. Einfache Berechnungen 1

Reaktionsdauer:	1,00	1,00	1,00 s
Schwelldauer:	0,20	0,20	0,20 s
Anfangsgeschw.:	62,76	62,00	63,51 km/h
Bremsweg:	20,00	19,50	20,50 m
Bremszeit:	2,39	2,36	2,42 s
Bremsverzögerung:	7,00	7,00	7,00 m/s²
Endgeschw.:	0,00	0,00	0,00 km/h
Gesamtweg:	40,87	40,12	41,62 m
Gesamtzeit:	3,59	3,56	3,62 s
Brems+Schw.Weg:	23,44	22,90	23,98 m
Fehlbremsstrecke:	0,00	0,00	0,00 m

Reaktionsdauer:	1,00	1,00	1,00 s
Schwelldauer:	0,20	0,20	0,20 s
Anfangsgeschw.:	62,76	65,05	60,39 km/h
Bremsweg:	20,00	20,00	20,00 m
Bremszeit:	2,39	2,31	2,48 s
Bremsverzögerung:	7,00	7,50	6,50 m/s²
Endgeschw.:	0,00	0,00	0,00 km/h
Gesamtweg:	40,87	41,63	40,09 m
Gesamtzeit:	3,59	3,51	3,68 s
Brems+Schw.Weg:	23,44	23,56	23,31 m
Fehlbremsstrecke:	0,00	0,00	0,00 m

Abb. 14: *Berechnung der Ausgangsgeschwindigkeit bei konstanter Bremsverzögerung (links) bzw konstantem Bremsweg (rechts)*

G. Einfache Berechnungen

In diesem Kapitel werden einfache Umrechnungen und Formeln erläutert bzw dargestellt. Die Verwendung von Formelzeichen setzt das Wissen voraus, was sich hinter den einzelnen Zeichen verbirgt.

Nachfolgend werden die hier verwendeten Zeichen erläutert:

- $s\ [m]$ – ist ein zurückgelegter Weg, anzugeben in Meter.
- $t\ [s]$ – ist eine Zeitdauer, die einem bestimmten Vorgang zugeordnet ist. Sie ist in Sekunden anzugeben.
- $v\ [m/s]$ – ist eine Geschwindigkeit. Sie kann konstant über eine bestimmte Strecke sein, sie kann aber auch Bedeutung eines augenblicklichen Wertes haben. Sie ist in m/s angegeben. Zur Umrechnung in die Einheit km/h ist der Wert mit dem Faktor 3,6 zu multiplizieren.
- $a\ [m/s^2]$ – ist eine Beschleunigung bzw Verzögerung. Beide Begriffe sind kennzeichnend für eine Änderung der Geschwindigkeit.

In folgender Tabelle sind die Formeln der einzelnen Werte.

§ 1 Technische Fragestellungen

s =	$\frac{1}{2} a \cdot t^2$	$\frac{v^2}{2 \cdot a}$	$\frac{v}{2} \cdot t$
v =	$a \cdot t$	$\sqrt{2 \cdot a \cdot s}$	$\frac{2 \cdot s}{t}$
t =	$\frac{v}{a}$	$\frac{2 \cdot s}{t}$	$\sqrt{\frac{2 \cdot s}{a}}$
a =	$\frac{v}{t}$	$\frac{v^2}{2 \cdot s}$	$\frac{2 \cdot s}{t^2}$

Tabelle 1: Berechnungsformeln für Weg, Geschwindigkeit, Zeit und Beschleunigung

57 Die Formeln in der Tabelle gelten, wenn die Geschwindigkeit am Ende der Bremsung oder am Beginn der Beschleunigung gleich Null ist. Falls es im Verlauf eines Bremsvorganges zur Kollision kommt, ist es erforderlich, auch die durch die Kollision abgebaute Energie bei den Berechnungen zu berücksichtigen.

58 Diesbezüglich ist darauf hinzuweisen, dass es sich um Energien handelt, so dass die beiden Geschwindigkeiten (Kollisionsgeschwindigkeit, Geschwindigkeit aus der Bremsung) jeweils im Quadrat unter einer Wurzel addiert werden müssen.

Beispiel: Liegt bei einem Bremsvorgang eine Bremsspur von 15 m vor und berücksichtigt man eine Bremsverzögerung von 7 m/s∞ errechnet sich die Geschwindigkeit wie folgt:

$$v = \sqrt{2 \cdot a \cdot s} = \sqrt{2 \cdot 7 \frac{m}{s^2} \cdot 15 m} = 14{,}5 \frac{m}{s}$$

Umrechnung in km/h

$$v = 14{,}5 \frac{m}{s} \cdot 3{,}6 = 52{,}2 \frac{km}{h}$$

Angenommen, dass am Ende der Spurzeichnung das Fahrzeug noch mit einer Geschwindigkeit von 20 km/h gegen ein anderes Fahrzeug gestoßen ist, errechnet sich die Geschwindigkeit am Spurbeginn wie folgt:

$$v = \sqrt{v_k^2 + 2 \cdot a \cdot s} = \sqrt{\left(\frac{20\frac{km}{h}}{3,6}\right)^2 + 2 \cdot 7\frac{m}{s^2} \cdot 15m} = 15,5\frac{m}{s}$$

Umrechnung in km/h

$$v = 15,5\frac{m}{s} \cdot 3,6 = 55,9\frac{km}{h}$$

H. Rechnergestützte Unfallrekonstruktion

I. Einleitung

Bei sorgfältigem und verantwortungsvollem Einsatz durch den Sachverständigen eröffnet die rechnergestützte Unfallanalyse erweiterte und präzisere, weil realitätsnähere Diskussionsräume, als dies bislang in vielen Fällen möglich war. **Dem Experten als Gutachter kommt somit eine besondere Mittleraufgabe zwischen den Unfallbeteiligten und Juristen zu.** Wesentliche Anforderung an ein Unfallrekonstruktionsgutachten ist neben der technisch korrekten und für andere Sachverständigen nachvollziehbaren Problembehandlung auch die Verständlichkeit, sowohl der angewandten Grundlagen und Verfahren, als auch – und dies besonders – der Ergebnisse für alle Beteiligte. Bei den Berechnungsgrundlagen gibt es keine prinzipiellen Unterschiede zur klassischen Unfallrekonstruktion. Die Gesetze der Newton'schen Mechanik gelten natürlich nach wie vor. 59

Durch den Einsatz von Programmen in der Kombination mit Expertensystemen (integrierten Datenbanken zu Fahrzeugdaten, Materialeigenschaften, Crashergebnissen, Fahrermodellen etc.) konnten jedoch neue bzw. erweiterte Berechnungsverfahren entwickelt werden, die über manuelle Berechnungsmöglichkeiten, auch etwa wegen der hohen Berechnungsgeschwindigkeit und damit der leichteren Variationsmöglichkeit, hinausreichen. Die mathematische Präzision der Approximationen steigt mit der verfügbaren Rechenleistung und den damit möglichen komplexeren Modellansätzen. Umfangreiche Fehlerkontrollmechanismen werden zudem nutzbar. 60

Die Ergebnisdarstellung mit Auflistung aller Eingangswerte, der Ergänzungen aus dem Expertensystem und der Rechenergebnisse einerseits und die Nutzung bildgebender Verfahren andererseits ermöglicht ein hohes Verständigungsniveau zwischen dem Gutachter und den anderen Beteiligten des Verfahrens. 61

II. Fahrdynamik

Mit den gängigen „Handrechenverfahren" war es vorwiegend und zwangsläufig üblich, fahrdynamische Untersuchungen etwa zur Weg-Zeit-Analyse allgemein oder zB zur Precrash- und Postcrashphase zweidimensional, ohne Berücksichtigung aller Frei- 62 heitsgrade der Fahrzeuge und ihrer dynamischen Bedingungen (Federung, Dämpfung, Material) durchzuführen. Auch die Form und Beschaffenheit von Straßenführung und Straßenoberflächen konnte nur begrenzt und in grober Rasterung in die Berechnungen einbezogen werden.

63 Mit den computergestützten Berechnungsverfahren wie zB den Programmen PC-CRASH, ANALYZER PRO, CARAT, um nur die am meisten verbreiteten zu nennen, können nun diese Analysen teils dreidimensional und unter Berücksichtigung aller wesentlichen Parameter durchgeführt werden. Zu den wichtigsten inneren Einflussgrößen eines Simulationsmodells zählen bei dem Fahrzeug das Fahrwerk, die Reifen, die Massenverteilung, die Beladung und der Windwiderstand (auch in der Querrichtung). Die wesentlichen äußeren Einflussgrößen sind das Fahrermodell, die Beschaffenheit der Straße (Längs-/Querneigung, Kurvigkeit, Griffigkeit nass/trocken, Ebenheit), die Windbelastung und – im Übergang zur Kollisionsanalyse – der direkte Einfluss durch den Kontakt mit anderen Objekten (Energieeinleitung, Verformung).

III. Kinematikmodell

64 Kinematische Berechnungen dienen einer vereinfachten Darstellung der Bewegung des auf seinen Massenpunkt reduzierten Fahrzeuges. Es können damit Weg-Zeitverhältnisse beispielsweise für mehrere Fahrzeuge gekoppelt, auch etwa unter Berücksichtigung von Ampelphasen, berechnet werden. Das Verfahren beschreibt mit der Grundgleichung $v = v_0 + a \times dt$ die Geschwindigkeitsänderung je Zeiteinheit dt auf einer vorgegebenen Bahnkurve – bzw wegbezogen $v = \sqrt{2 \times a \times s}$ die Änderung der Geschwindigkeit auf einem vorgegebenen Wegabschnitt. Hiermit ist zB bei bekannten Bremswegen, der Annahme von situationsabgestimmten Standardverzögerungswerten und der Abschätzung der Kollisionsgeschwindigkeit eine schnelle Bestimmung etwa der Ausgangsgeschwindigkeit eines Fahrzeuges oder des Reaktionsorts möglich. Die Berechnungen sind je nach Fragestellung und Ausgangspunkt mit positivem und negativem Zeitvorzeichen möglich.

65 Mit dem kinematischen Modellansatz können somit alle Fahrzustände von Fahrzeugen wie Stillstand, Konstantfahrt, Beschleunigung und Bremsen sowie das Reagieren des Fahrers und die Schwellphase der Bremsen berechnet und grafisch in Form von Diagrammen und Lageskizzen dargestellt werden. Für das Kinematikmodell stellt somit der rechnergestützte Ablauf lediglich eine Rechen- und Zeichenhilfe dar, die allerdings – auch wegen der einfacheren Korrektur- oder Variationsmöglichkeiten die Arbeit erleichtert.

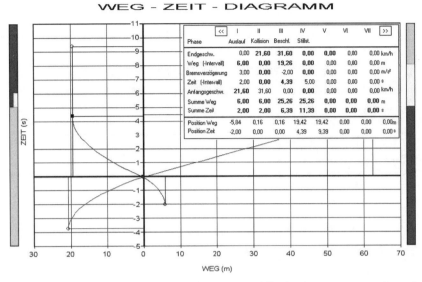

Abb. 15: *Weg-Zeit-Diagramm eines Kreuzungsunfalls, beidseits mit Zeitachsen der Lichtsignale (erstellt mit dem Programm ANALYZER PRO)*

IV. Rückwärtsanalyse

Mit der **rechnergestützten Rückwärtsanalyse** (die bei vielen Programmen interaktiv arbeitet) von Bewegungsvorgängen kann entsprechend den klassischen Verfahren, jedoch mit auch hier deutlich leichteren Variationsmöglichkeiten, der Bewegungsablauf eines Fahrzeuges rückwärts berechnet werden.

Sind also etwa der Stillstandspunkt bzw der Kollisionsort und die ggf abzuschätzende Kollisionsgeschwindigkeit eines Fahrzeuges hinreichend genau bekannt, so kann auf einfache Weise durch rückwärtige Aneinanderreihung von Sequenzen zB der Ort und Zeitpunkt des Bremsbeginns, der Schwellphase und der Reaktion errechnet und grafisch dargestellt werden. Der Überlagerung mit beliebigen, auch gekrümmten Bewegungslinien eines Fahrzeuges ist dabei möglich.

Die Phasen können sowohl zeichnerisch in der Draufsicht als auch als Rechenwerte ausgegeben werden. Sie sind somit optisch und in Zahlenform kontrollierbar. Auch stellt der Rechnereinsatz eine Erleichterung dar, da ein Berechnungsschritt auf den vorherigen aufbaut und die jeweiligen Teilergebnisse automatisch übernommen und dokumentiert werden können.

§ 1 Technische Fragestellungen

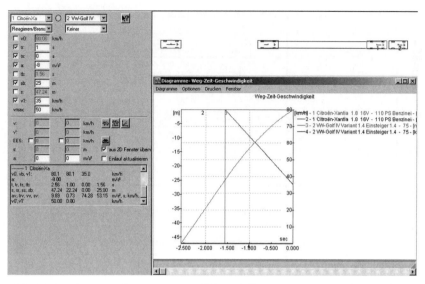

Abb. 16: Rückwärtsrechnung eines Auffahrunfalls mit autom. Berechnung der Vermeidbarkeitskriterien

V. Kinetik-Modelle

69 Für die präzisere Beschreibung eines Fahr- oder Unfallablaufes bietet sich der Einsatz kinetischer Verfahren an. Die hierzu entwickelten Modelle sind deutlich komplexer als die üblicherweise bei der Berechnung „von Hand" angewandten Verfahren. Für die Beschreibung eines fahrdynamischen Vorganges werden dazu mehrere Modellkomponenten in einen mathematisch-physikalischen bzw numerischen, oft auch interaktiven Bezug zueinander gesetzt.

70 Das kinetische Fahrzeugmodell beschreibt die Lage und Bewegung des Fahrzeuges im Raum als erstes durch die Lage und Bewegung (Ortsveränderung je Zeiteinheit) seines Schwerpunktes innerhalb eines festen Koordinatensystems (zB in Bezug zum Mittelpunkt einer Kreuzung). Im Schwerpunkt wird dann ein weiteres Koordinatensystem aufgespannt, das die Ausrichtung und Drehung der Fahrzeugachsen um die Längs-, Quer- und Hochachse beschreibt (Abb. 17).

71 Die Verknüpfung des Fahrzeugmodells zum Straßenmodell erfolgt über die Berechnung der Radaufstandspunkte, die sich für das Fahrzeug in Ruhelage (statische Gleichgewichtslage des beladenen Fahrzeuges) aus der Fahrzeuggeometrie (zB aus einer Datei) ergeben.

72 Von besonderer Bedeutung ist hier u.a. auch wegen der Berechnung von Fahrzeugüberschlägen die Berücksichtigung von Federung und Dämpfung der Räder und besonders auch die Schwerpunktshöhe des Fahrzeugs inklusive Ladung.

H. Rechnergestützte Unfallrekonstruktion 1

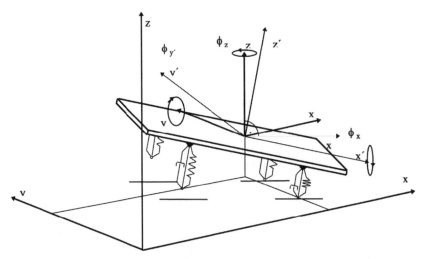

Abb. 17: Freiheitsgrade des verallgemeinerten Fahrzeugmodells mit Federungs-Dämpfungsgliedern zu den Radaufstandsflächen hin[8]

Bei der kinetischen Berechnung eines Fahrvorganges können folgende in der Praxis auftretende wesentliche äußere Kräfte berücksichtigt werden:

- Radkräfte (Radaufstands-, Radseiten- und Radumfangskräfte)
- Luftwiderstand
- Schwerkraft
- Anhängerkupplungskräfte
- Ladungskräfte (auch verschieblich).

Dynamisch variierende Lastzustände (etwa beim Überfahren einer Bodenwelle) werden dabei aus dem dreidimensional definierbaren Straßenraum, den Fahrzeugeigenschaften und der Bewegung der Fahrzeuge bestimmt.

Über die Lage des Fahrzeugschwerpunktes, die Definition der Feder- und Dämpfungskräfte sowie deren Achslage kann dann für jedes Rad einzeln die Radaufstandskraft auch im fahrdynamisch lastabhängigen Zustand (zB Kurvenfahrt) ermittelt werden.

Mit in „Expertensystemen" abgelegten Kennwerten für Fahrbahnoberflächen, Fahrbahnzustände, Fahrwerke, Karosseriesteifigkeit und Reifen erfolgt somit eine weitestgehend realistische Beschreibung des dynamischen Bewegungsablaufes eines Fahrzeuges auf den jeweiligen Untergrund.

In diesem System werden auch Bremsvorgänge (zB auch mit Antiblockiersystem) und Antriebsvorgänge realitätsnah simuliert. Weiterhin ist es zum Beispiel auch möglich,

---
8   Aus Bedienungshandbuch PC-CRASH, © *Dr. Steffan*, Datentechnik, Linz, Austria.

Schleudervorgänge praxisnah zu simulieren, etwa bei plötzlichem Luftverlust eines Rades oder einer zu schnell durchfahrenen Kurve.

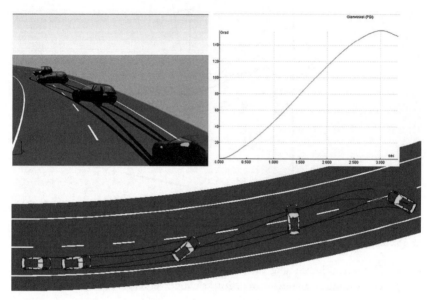

Abb. 18: *Berechnung Schleudervorgang mit Gierwinkelangabe und Spurenbild (PC-CRASH)*

VI. Vorwärtssimulation

78 Bei der Vorwärtssimulation, die mit hinreichender Dynamisierung erst seit der Verfügbarkeit leistungsfähiger Computer wirtschaftlich anwendbar ist, kann der Fahrzustand eines Fahrzeuges unter Berücksichtigung aller Freiheitsgrade des Fahrzeuges selber und auch der Fahrfläche simuliert werden. Dabei werden alle prinzipiell auch am realen Fahrzeug auftretenden Kräfte in kleinen Zeitscheiben jeweils schrittweise aus bekannten Antriebsgrößen (Richtung, Geschwindigkeit, Bewegungszustand, Massenverteilung) prognostiziert und das Fahrzeug in die neu berechnete Position „vorgerückt". Die zeitliche Auflösung liegt derzeit im Bereich von 0,1 ms bis 5 ms. Mit diesem Prediktormodell werden also jeweils die Lage des Fahrzeuges im Fahrraum am Ende des nächsten Zeitschrittes sowie dessen Energieaustausch mit der Fahrbahn und die am Fahrzeug wirkenden Kräfte berechnet. Auf dem jeweiligen Ergebnis aufbauend erfolgt dann der nächste Integrationszeitschritt. Mit dem Verfahren der Vorwärtsrechnung ist es entsprechend auch möglich, mittels Kraftkopplung zwischen Fahrzeug und Anhänger den Einfluss eines Anhängers (oder auch von Ladung, ggf sogar verschieblich) auf das Fahrverhalten eines Zugfahrzeuges zu bestimmen.

79 Zwar handelt es sich bei diesen Verfahren grundsätzlich um Punktstoßmodelle, die also nicht die räumliche Ausdehnung der Fahrzeuge von und ihre Verformungs- und Oberflächeneigenschaften berücksichtigen. Über die kritische Berücksichtigung der

Lage der Reibflächen in der Kontaktphase und das Ausmaß der Reibung besteht hier jedoch eine gute Näherungsmöglichkeit.

Wesentlich ist auch die korrekte Berücksichtigung des Stoßfaktor k. Mit ihm wird das Verhältnis zwischen plastischer (bleibender) und elastischer (sich rückbildender) Deformation berücksichtigt. Der k-Faktor ist dabei sowohl von der Materialeigenschaft des Stoßobjekts, wesentlicher aber noch von der Kontaktgeschwindigkeit abhängig. Je geringer die Kollisionsgeschwindigkeit ist, umso höher fällt typischerweise der k-Faktor, die Stoßhärte, aus. Dies ist für die korrekte Auslaufuntersuchung der Fahrzeuge, jedoch auch für die Bestimmung von Insassenbelastungen von großer Bedeutung.

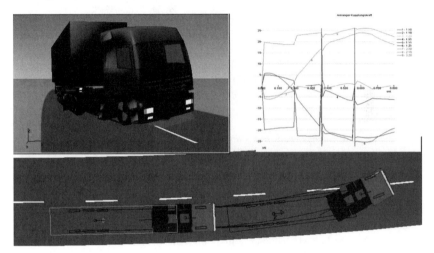

Abb. 19: *Berechnung AHK-Kräfte und Auswirkung auf die Fahrstabilität (PC-CRASH)*

VII. Überschlaganalyse

Mit der Definition der geometrischen Fahrzeugeigenschaften sowie der Beschreibung von Federung, Dämpfung, Steifigkeit, Reibbeiwert der Reifen, der Beladung und fahrdynamischer Größen, wie Bremskraft und Beschleunigungskraft, kann unter Berücksichtigung der Lage des Schwerpunktes (beeinflussbar durch Beladung) der Kfz-Kipppunkt und das Überschlagsverhalten simuliert werden. Dabei besteht über die Definition der Fahrzeugform die Möglichkeit der realitätsnahen Beschreibung.

§ 1 Technische Fragestellungen

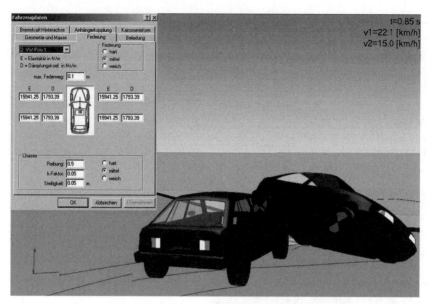

Abb. 20: Simulation eines kollisionsbedingten Fahrzeugüberschlag (PC-CRASH)

VIII. Kollisionsanalyse

82 Die bislang zur Kollisionsanalyse eingesetzten Modelle, wie das Einlauf-Impulsverfahren (zB nach Kudlich-Slibar) oder das Impuls-Drall-Verfahren liegen auch der rechnergestützten Kollisionsanalyse als Prinzipien zugrunde. Beide Verfahren basieren auf dem klassischen Modell eines Punktstoßes, der Annahme eines Stoßes, also in unendlich kleiner Zeit. Eine Bewegung bzw Verformung der Fahrzeuge während des Stoßes wird dabei nicht berücksichtigt.

83 Erweiterte Stoßmodelle auf Basis der Theorie der finiten Elemente, die derzeit nur auf Großrechenanlagen eingesetzt werden können, sollen in Zukunft integriert werden. Bereits jetzt können als gute Näherung aber Mehrfachkollisionen berechnet werden. Der Geschwindigkeitsabbau in der Kollision wird unter Berücksichtigung der Kollisionsgesetze in Abhängigkeit von Umgebungsdaten und Fahrzeugkenndaten berechnet.

H. Rechnergestützte Unfallrekonstruktion

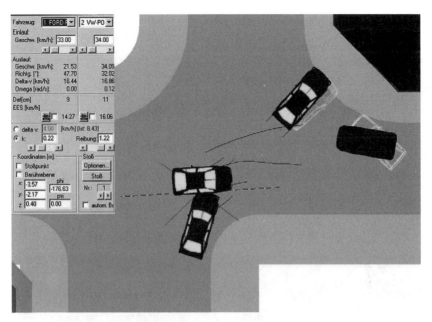

Abb. 21: Kollisions- und Auslaufanalyse (PC-CRASH)

Die Ergebnisse werden mithilfe von Kontrollrechnungen überprüft. Als Kontrollgrößen dienen dabei u.a. die EES-Werte (EES = Energy Equivalent Speed), sowie Eindringtiefen und Auslauf der Fahrzeuge. Die Referenzwerte dazu werden aus Real-Kollisionsversuchen und Konstruktionsdaten gewonnen. Sie stehen zB in Form von Bild-Datenbanken oder Verformungstabellen zur Verfügung. Besonders bei der Kollisionsanalyse macht sich der Einsatz von Rechenprogrammen positiv bemerkbar, da bei klassischen Berechnungsmethoden (mit langwierigen Verfahrensweisen) die oftmals notwendigen Variationen zur Annäherung an das Realgeschehen nur in sehr begrenzten Umfang durchgeführt werden können. Dagegen besteht bei der rechnergestützten Kollisionsanalyse sogar die Möglichkeit einer automatisierten Variation einzelner Eingangsgrößen oder ganzer Parametergruppen zur Präzisierung der Rechenergebnisse.

IX. Fußgängermodell

Während bei der Betrachtung von Fahrzeugstößen das einfache Rechenmodell eines starren Körpers eine in den meisten Fällen hinreichend genaue Simulation ermöglicht, mussten für die Simulation von Fußgängeranstößen bzw Anstößen gegen die Aufsaßen von Zweirädern erweiterte Modelle entwickelt werden.

Fußgänger werden derzeit mit Mehrkörpersystemen beschrieben, die auf einer Verknüpfung von Einzelkörpern mit spezifischen Massen, die über definierte Gelenke miteinander verbunden sind, aufgebaut sind. Den Einzelkörpern eines Gesamtkörpers

(Gliedmaße, Kopf, Rumpf etc.) können dabei Eigenschaften wie Reibung, Steifigkeit, Masse und Beweglichkeit gegenüber anderen Körperpartien, zugeordnet werden.

Abb. 22: Fußgängerunfall mit 3D–Fahrzeugkontakt (PC-CRASH)

87 Das in dem Programm PC-Crash integrierte Fußgängermodell wurde mit zahlreichen Crashversuchen validiert, die eine hohe Übereinstimmung zwischen den Rechenergebnissen und den Realunfällen bestätigten. Neuere Untersuchungen zeigten, dass die Berechnungen mit PC-Crash das Niveau der besten derzeit konfigurierbaren Crashversuche mit einem Bruchteil des Aufwands erreichten. Die Verwendung dieser Modelle ist jedoch aus biomechanischer Sicht höchst kritisch, da die Dimension der Verletzungen des Fußgängers nicht berücksichtigt wird. Fußgängerunfälle sollten deshalb immer interdisziplinär, entweder durch einen reinen Techniker und einen reinen Mediziner, oder durch den Biomechaniker rekonstruiert werden (beachte § 3).

X. Ausblick

88 Die vorgestellten Verfahren zur Unfallanalyse und zur Simulation von Unfallabläufen stellen die 1. Stufe eines Gesamtkonzepts zur rechnergestützten Begutachtung von Verkehrsunfällen dar. Die zunehmende Ausstattung von Fahrzeugen mit elektronischen Sensoren und Datenverarbeitungssystemen wird in Zukunft einen weiteren Integrationsschritt des Systems ermöglichen. Die Verknüpfung von Daten aus zB Unfalldatenspeichern oder Precrash- und Crashsensoren (wie sie bereits in vielen modernen Fahrzeugen existieren) mit den vorgestellten Berechnungsverfahren ermöglichen eine weitere Präzisierung der technisch-physikalischen Beschreibung von Unfallvorgängen und deren Entstehung. Letztendlich können jedoch auch diese Verfahren nicht ohne eine hinreichende Berücksichtigung des Faktors Mensch ein Unfallgesche-

hen aufklären. Als letzte, übergeordnete Methode besteht die Möglichkeit, mittels Kollisionsversuchen im realen Fall ein Unfallgeschehen aufzuklären. Hier kann und muss die Berücksichtigung wahrnehmungspsychologischer Erkenntnisse, wie dies bereits in einigen Programmen geschieht, eine Steigerung der Aussagequalität von Gutachten bewirken. Eine kognitionspsychologische Analyse ist in vielen Fällen zumindest genauso wesentlich wie die technische Diskussion der Entstehungsgeschichte eines Unfalls.

In der Hand speziell in der Programmanwendung ausgebildeter Sachverständiger können in vielen Fällen die rechnergestützten Verfahren gegenüber klassischen „Handrechenverfahren" zu einer Erhöhung der Gutachtenqualität und einer Veranschaulichung führen bzw in einigen Fällen erst eine Aussage ermöglichen. In der Hand von Laien oder Pseudo-Sachverständigen werden allerdings auch filmische Darstellungen möglich, die Fachfremde „blenden" können. Dies war allerdings auch bislang mit konventionellen Verfahren ähnlich möglich. Die Qualifikation des Sachverständigen und die Voraussetzungen eines Gutachtens sind also immer kritisch zu prüfen. 89

I. Unfallrekonstruktion mittels Kollisionsversuchen

I. Allgemeines

In den vorausgegangenen Kapiteln wurden die Möglichkeiten der Unfallrekonstruktion dargestellt. Es wurden mathematische Methoden auf Grundlage von physikalischen Gesetzmäßigkeiten beschrieben, um für die forensische Auswertung Ergebnisse zu erzielen, die bezüglich einer gerichtlichen Fragestellung den ein oder anderen Parteivortrag gegebenenfalls bestätigen, um letztlich zu einem Unfallablauf beweissicher Stellung nehmen können. Dies sind somit rein Berechnungs- und Rekonstruktionsmodelle, die immer davon abhängen, ob ein Sachverständiger, der im jeweiligen gerichtlichen Prozess oder auch für eine Partei tätig ist, in der Lage ist, für die Unfallanalyse korrekt zu rechnen bzw die entsprechenden Anknüpfungstatsachen korrekt zugrunde zu legen und auszuwerten. Eine Fehlinterpretation von **Unfallspuren** führt oftmals dazu, dass eine rechnergestützte Unfallrekonstruktion zu einem falschen Ergebnis führt, weil notwendigerweise falsche Eingabedaten berücksichtigt werden. Im vorausgehenden Kapitel wurde dazu explizit Stellung genommen. 90

Es kann also aus Sicht der Verfasser nicht angehen, dass man nur auf Grundlage eines Rekonstruktionsprogramms eine Analyse durchführt und dann zu dem Ergebnis eines Unfallablaufes kommt. Wenn man nämlich vorliegende Spuren an der Unfallstelle, die Endstellungen von Fahrzeugen oder deren Schäden nicht richtig auswertet, so wird man zwangsläufig in ein Rekonstruktionsprogramm fehlerhafte Grundlagen eingeben und es wird auch im Ergebnis eine fehlerhafte Rekonstruktion erfolgen. Dies führt häufig dazu, dass anlässlich eines Zivilprozesses zur Frage eines Unfallablaufs ein Parteigutachter zu einem ganz bestimmten Ergebnis kommt, der andere Parteigutachter zu einem anderen Ergebnis, und möglicherweise dann der gerichtlich bestellte Sachverständige zu einem dritten Ergebnis, oder zu einem Ergebnis, das eines 91 der beiden vorausgegangenen Ergebnisse bestätigt. All diese Ergebnisse basieren dann auf Berechnungen, die davon abhängig sind, welche Grundlagen angesetzt wurden. Diese Eingabedaten sind dann wegen der unterschiedlichen Ergebnisse diskussionswürdig, so dass häufig ein Gutachterstreit entbrennt, insbesondere wenn hohe Streitwerte zu diskutieren sind oder es beim strafgerichtlichen Prozess um relevante Strafmaßzuteilungen geht. Anzuführen sind etwa Zivilprozesse, bei denen es um die zivilprozessuale Fragestellungen einer Mithaftung beispielsweise bei einem nicht angegurteten Fahrzeuginsassen geht, oder Strafprozesse bei denen es um die Fragestellung einer fahrlässigen Tötung oder einer Körperverletzung geht.

92 In diesen Fällen sind in aller Regel ausreichende Dokumentationen des Unfalls vorhanden, etwa der Polizei, da es sich um schwere Unfälle im Hochgeschwindigkeitsbereich handelt, für die deutliche Spuren auf der Fahrbahn vorhanden sind, für die auch signifikante Schäden an den beteiligten Fahrzeugen vorhanden sind und für die Verletzungen von Insassen in gleicher Weise vorhanden und analysierbar sind.

93 Um nun einen Gutachterstreit auf der einen Seite beizulegen, wird oftmals ein „**Obergutachten**" in Auftrag gegeben. Es ist für ein derartiges Obergutachten dann allerdings wenig sinnvoll, ein weiteres analytisches Gutachten zu erstatten und sich dann der einen oder der anderen Lösung eines der vorausgegangenen Gutachtens anzuschließen, da letztlich dann auch wieder Spuren und Grundlagen entsprechend gewürdigt werden und zu einem bestimmten Ergebnis führen. Es ist für einen solchen Fall deshalb angezeigt, den Verkehrsunfall mittels eines Kollisionsversuches nachzustellen. Auch wenn dafür hohe Kosten zu erwarten sind, so führt dies doch dazu, dass ein gegebenenfalls schon jahrelang andauernder Rechtsstreit beendet werden kann, und die Ergebnisse des Kollisionsversuches auch für den technischen Laien nachvollziehbar sind. Es wird dabei zunächst eine **Rekonstruktion** des Verkehrsunfalls für den Kollisionsversuch angesetzt, nämlich eine Berechnung der Kollision durch den „Obergutachter". Im Ergebnis wird das Schadensbild an den beteiligten Fahrzeugen und auch das Spurenbild an der Unfallstelle reproduziert. Die Fahrzeuge werden auch in den entsprechenden Endstellungen nachzuvollziehen sein und es wird sich dann zeigen, dass eine Analyse eines Verkehrsunfalls sich im Kollisionsversuch bestätigt. Somit verifiziert der Kollisionsversuch die Berechungen für das Gutachten, so dass ein Ergebnis vorliegt, welches sicher dem „streitgegenständlichen Verkehrsunfall" zugrunde liegt.

94 Die bereits zitierten hohen Kosten begründen sich darin, dass solche **Kollisionsversuche** üblicherweise auf Schlittenbahnen oder mit komplizierten Zugmechanismen durchzuführen sind, die Installation solcher Gerätschaften ist sehr teuer. Am Institut der Verfasser wird dazu ein induktionsgesteuertes System verwendet, welches die Möglichkeit aufwirft, an einer beliebigen Unfallstelle, an einem beliebigen Ort, bei akzeptablen Zusatzkosten mittels Computersteuerung reale Kollisionen im Versuch nachzufahren. Die Besonderheit liegt darin, dass man mittels eines Versuches selbst an besonderen Unfallstellen vor Ort, etwa hinsichtlich einer Überschlagsproblematik oder ähnlichem, eine Kollision nachvollziehen kann, des Weiteren die Kosten im Vergleich zu Schlittenanlagen reduziert werden, da keine großen Gerätschaften zum Ein-

satz kommen müssen und zusätzlich die Möglichkeit besteht, zeitnah und relativ schnell solche Versuche durchzuführen.

Nachfolgend wird zunächst dieses System beschrieben, in einem weiteren Schritt wird im Kapitel der Kasuistik anhand von Beispielfällen die Möglichkeit der Unfallrekonstruktion mittels Kollisionsversuchen aufgezeigt.

II. CCV-System

Beim CCV-System handelt es sich um ein induktives **Spurführungssystem** für Kraftfahrzeuge aller Art. Es besteht aus einer Rechnereinheit, einer Pneumatikeinheit sowie aus mehreren Sensoren und Aktuatoren (siehe Abb. 23).

Das System ist in der Lage, sämtliche Funktionen eines Fahrzeugs zu automatisieren und damit das Fahrzeug unbemannt zu fahren. Geeignet sind normale Pkws, Lkws und Busse sowie andere mehrspurige Kraftfahrzeuge. Die Höchstgeschwindigkeit wird hierbei nur von der maximalen Fahrzeuggeschwindigkeit begrenzt.

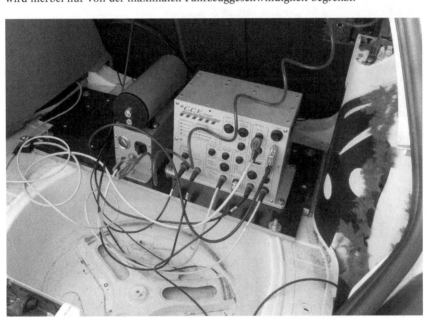

Abb. 23: CCV-System im Kofferraum eines Versuchsfahrzeugs

Am Lenkrad des Fahrzeugs wird ein Lenkmotor montiert, um das Fahrzeug auf dem Sollkurs zu führen. Je nach Anwendungsfall werden verschiedene Motoren eingesetzt, die entweder über ein Zahnrad die Lenksäule drehen (siehe Abb. 24) oder tangential das Lenkrad bewegen (siehe Abb. 25).

Der Sollkurs des Fahrzeugs wird durch ein in oder auf der Fahrbahn verlegtes **Induktionskabel** vorgegeben. Ein an der Fahrzeugfront montierter Positionssensor misst die seitliche Abweichung des Fahrzeugs vom Kabel. Die Rechnereinheit wertet dieses Signal aus und steuert den **Lenkmotor** entsprechend an, um das Fahrzeug auf dem Sollkurs zu halten. Hierbei sind gerade und auch kurvige Streckenverläufe möglich.

100 Das CCV-System regelt die seitliche Abweichung bei optimalen Verhältnissen in einem Toleranzbereich von unter 2 cm. Dadurch ist eine sehr präzise und wiederholbare Anprallkonstellation realisierbar. Unabhängig vom Leitkabel können bestimmte **Lenkmanöver** programmiert werden, wie zB ein plötzliches Einlenken oder ein Spurwechsel.

Abb. 24: Lenkmotor mit Zahnrad an der Lenksäule

Abb. 25: Linearer Lenkmotor tangential am Lenkrad

101 Die Pedale des Fahrzeugs werden über Pneumatikzylinder betätigt (siehe Abb. 26). Je nach Anwendungsfall wird das Gaspedal über einen Tempomaten angesteuert, wenn ein bestimmtes Geschwindigkeitsprofil erforderlich ist. Bei Fahrzeugen mit Schaltge-

triebe erfolgt das Anfahren wenn möglich in dem Gang, der zum Erreichen der Anprallgeschwindigkeit ausreicht. Über einen weiteren Pneumatikzylinder sind auch Gangwechsel möglich.

Abb. 26: Pedalansteuerung über Pneumatikzylinder, Tempomat am Gaspedal

Der flexible Aufbau des CCV-Systems erlaubt die Ansteuerung beliebiger Komponenten im Fahrzeug, wobei sämtliche Abläufe vorprogrammiert werden. Der menschliche Unsicherheitsfaktor wird somit umgangen. 102

Das System überwacht während der Fahrt eine Vielzahl von Fehlermöglichkeiten (zB eine zu große Abweichung vom Leitkabel, o.ä.) und leitet im Fehlerfall automatisch eine Notbremsung ein. Zusätzlich kann über Funk jederzeit die Fahrt abgebrochen werden. 103

In den meisten Fällen ist es möglich, einen Unfall mit zwei bewegten Fahrzeugen mit nur einem fahrenden und einem stehenden Fahrzeug nachzustellen. Hierbei werden die **Anprallkonstellation** und die Anprallgeschwindigkeit entsprechend angepasst. In manchen Fällen ist es aber erforderlich, zwei fahrende Fahrzeuge zu kollidieren, insbesondere dann, wenn es nicht um die Insassenkinematik sondern um die Fahrzeugdynamik geht. Hierbei können zwei oder mehr Fahrzeuge mit dem CCV-System aufgerüstet und unbemannt gefahren werden (vgl dazu Fall 3). Um den Treffpunkt der Fahrzeuge exakt vorbestimmen zu können, werden die Fahrzeuge synchron gestartet und regeln jeweils selbsttätig die Geschwindigkeit um zur vorbestimmten Zeit 104 am vorbestimmten Ort anzukommen. Diese **Weg-Zeit-Regelung** ermöglicht es, den Kollisionspunkt genau vorherzubestimmen.

105 Die wesentlichen Daten der Fahrt, wie zB Geschwindigkeit, Weg, Zeit, seitliche Abweichung, usw werden vom System während der Fahrt aufgezeichnet und können in Tabellenform oder grafisch angezeigt werden. Damit ist später eine genaue Analyse der Fahrt möglich.

106 Trotz der theoretischen Möglichkeit, annähernd jede Fahrsituation nachstellen zu können, ist es bei der Realisierung eines Crashtests erforderlich, sich auf den wesentlichen Teil eines Unfalls zu beschränken bzw zu konzentrieren, um die Fragestellung möglichst beweissicher beantworten zu können. Hierbei ist es meistens angezeigt, den gesamten Unfallhergang auf den relevanten Teil zu reduzieren oder gegebenenfalls in mehrere einzelne Abschnitte zu unterteilen. Somit ist es möglich, selbst kompliziertere Kollisionsabläufe nachzustellen.

III. Kasuistik

107 Die Verfasser zeigen nachfolgend drei Fälle aus der gerichtlichen Praxis auf. Es ging in diesen Fällen unter anderem auch um den Streit einzelner Gutachter zu einem ganz bestimmten Ergebnis. Es ging unter anderem auch darum, dass die Ergebnisse des unfallanalytischen Gutachtens dann zu einem diametralen juristischen Ergebnis geführt hätten. Die Verfasser waren jeweils mit einem weiteren Gutachten beauftragt, im Sinne eines „Obergutachtens". Die Fälle werden nachfolgend im Einzelnen aufgezeigt und illustriert.

1. Fall 1

a) Grundlagen

108 Gemäß Beweisbeschluss wurde um ein Sachverständigengutachten zur Frage gebeten, ob aufgrund der gegebenen Verletzungen des Klägers im Rahmen des streitgegenständlichen Unfalls davon auszugehen ist, dass dieser zum Unfallzeitpunkt angeschnallt war oder nicht.

109 Laut Unfallbericht fand der Unfall an einer klassischen Kreuzung statt. ON 01 fuhr mit dem Lkw in nördlicher Richtung. An der Kreuzung wollte ON 01 geradeaus fahren und fuhr bei Rotlicht zeigender LZA in die Kreuzung ein. ON 02 (der Kläger) fuhr mit seinem Pkw in östlicher Richtung und wollte geradeaus über die Kreuzung weiter fahren. Der Fahrer des Lkw Atego (ON 01) bremste beim Bemerken des Querverkehrs ab, konnte den Zusammenstoß mit dem Pkw des Klägers in der Kreuzungsmitte (siehe Abb. 27) nicht mehr verhindern.

I. Unfallrekonstruktion mittels Kollisionsversuchen 1

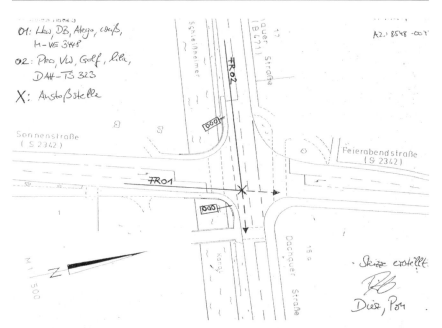

Abb. 27: Unfallskizze aus dem Polizeibericht

Durch den Anprall wurde der Pkw des Klägers im Uhrzeigersinn um die Hochachse gedreht und kam ca. 10 m weiter nördlich, teilweise auf dem Gehweg zum Stillstand. Der noch fahrbereite Lkw überquerte die Kreuzung und blieb im weiteren Straßenverlauf hinter der Unfallstelle am Straßenrand stehen. 110

Der Kläger gibt an, zum Unfallzeitpunkt ordnungsgemäß angeschnallt gewesen zu sein. Von der Beklagtenpartei wird vorgetragen, dass sich aus den Verletzungen des Klägers ergibt, dass er den **Sicherheitsgurt** zum Unfallzeitpunkt nicht angelegt hatte. 111

Laut Befundbericht erlitt der Kläger bei dem Unfall unter anderem folgende Verletzungen: 112

- multiple Schnittwunden im Gesicht (Stirn/Wange)
- Schädelprellung
- Prellung Brustkorb
- Prellung des Oberschenkels
- Prellung der Hand

Bezüglich der Narben an der Wange und an der Stirn wurden von der Klägerpartei mehrere Lichtbilder der betroffenen Verletzungsstellen als Anlage der Akte nachgereicht, wodurch gezeigt werden soll, dass dauerhaft Narben verbleiben werden (siehe zB Abb. 28). 113

§ 1 Technische Fragestellungen

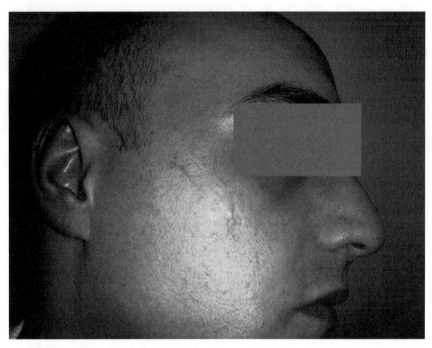

Abb. 28: Narben an der rechten Wange

114 Aus der Argumentation der Beklagtenpartei geht hervor, dass insbesondere die Kopfverletzungen auf eine Nichtbenutzung des Sicherheitsgurtes hinweisen, da der Kläger als Fahrer des Pkws VW Golf auf der dem Anprall abgewandten Seite saß und der angelegte Sicherheitsgurt einen Kopfanprall mit Fahrzeugteilen verhindert hätte.

b) Durchführung der Crashtests

115 Um die Frage nach dem **Anschnallzustand** des Klägers beweissicher beantworten zu können, war es angezeigt, den streitgegenständlichen Unfall mit einem Crashtest nachzustellen. Im Folgenden wird die Versuchsanordnung des Crashtests beschrieben.

116 Als Versuchsfahrzeug wurde ein baugleicher Pkw VW Golf III in der fünftürigen Version verwendet (siehe Abb. 29). Das Versuchsfahrzeug war ohne relevante Vorschäden. Die Vordersitze waren wie auch beim Unfallfahrzeug als sog. Sportsitze ausgeführt, dh es waren erhöhte Seitenwangen an der Sitzflächen vorhanden. Dachseits war, wie im Originalfahrzeug ein Schiebedach verbaut.

I. Unfallrekonstruktion mittels Kollisionsversuchen

Abb. 29: Versuchsfahrzeug VW Golf III

117 Um den seitlichen Anprall nachzustellen, war es nicht erforderlich, ein baugleiches Anprallfahrzeug zu verwenden. Ziel war es vielmehr, einen **Stoßimpuls** im Versuchsfahrzeug zu erzeugen, der entsprechend gleich groß ist und in der gleichen Richtung verläuft, wie beim realen Unfall. Dadurch können die Insassenbewegungen untersucht und auf den realen Unfall übertragen werden. Zudem ist die Eindringung (Intrusion) des Stoßfahrzeugs im Türbereich erforderlich, wobei eine unterschiedliche Deformation entsprechend berücksichtigt werden kann.

118 Als **Stoßfahrzeug** wurde ein Pkw Ford Fiesta verwendet (siehe Abb. 30), wobei der Fahrzeugtyp dieses Stoßfahrzeuges für die streitgegenständliche Unfallnachstellung aus oben genannten Gründen zweitrangig ist.

Abb. 30: Stoßfahrzeug Ford Fiesta

119 Zur Durchführung des Crashtests wurde das Stoßfahrzeug Ford Fiesta mit dem oben beschriebenen CCV-System aufgerüstet. Um den erforderlichen Stoßimpuls im Versuchsfahrzeug VW Golf zu erreichen, muss das unterschiedliche Masseverhältnis des Stoßfahrzeugs Ford Fiesta im Vergleich zum Stoßfahrzeug beim realen Unfall Lkw DB Atego berücksichtigt werden. Demzufolge muss das Stoßfahrzeug beim Crashtest aufgrund der geringeren Masse entsprechend deutlich schneller fahren, als der Lkw beim realen Unfall. Zusätzlich wird die beim Crashtest nicht vorhandene Geschwindigkeit des Versuchsfahrzeugs VW Golf durch einen entsprechend veränderten **Anprallwinkel** kompensiert. Dies ist erforderlich, um den Stoßimpuls im Versuchsfahrzeug VW Golf auch bezüglich der Komponente in Fahrzeuglängsrichtung zu generieren, und dabei trotzdem das Versuchsfahrzeug im Stillstand zu belassen. Durch den veränderten Anprallwinkel war es somit möglich, diese Längskomponente durch den Anprallwinkel zu erzeugen und den Crashtest mit nur einem bewegten Fahrzeug durchzuführen.

120 Durch entsprechende Computersimulation wurde ein von ca. 80° beim realen Unfall abweichender erforderlicher Anprallwinkel von 115° ermittelt. Um die geringere Masse des Stoßfahrzeugs zu kompensieren, muss das Stoßfahrzeug beim Crashtest mit einer Geschwindigkeit von ca. 70 bis 75 km/h gefahren werden.

121 Die Anprallkonstellation wurde wie auch beim realen Unfall so gewählt, dass der Anstoß im vorderen Bereich der Beifahrertür beginnt und sich bis zum hinteren Bereich der hinteren rechten Tür erstreckt (siehe Abb. 31).

I. Unfallrekonstruktion mittels Kollisionsversuchen 1

Abb. 31: Anprallkonstellation

Für die Beurteilung der Insassenkinematik beim Anprall wurde auf den Fahrersitz des Versuchsfahrzeugs VW Golf ein Dummy Hybrid II, 50% Percentil platziert und **angeschnallt** (siehe Abb. 32). 122

§ 1 Technische Fragestellungen

Abb. 32: H2 50%-Dummy auf dem Fahrersitz angeschnallt

123 Im Innenraum des Versuchsfahrzeugs VW Golf wurde ein crashfestes Onboard Hochgeschwindigkeits- Videokamerasystem mit zwei Fingerkameras montiert (siehe Abb. 33). Eine Fingerkamera wurde rechts zwischen der A- und der B-Säule im Dachbereich (siehe Abb. 34) und eine weitere hinten im Dachbereich montiert.

124 Zusätzlich wurden weitere crashfeste **Videokameras** als Redundanz eingebaut. Mit weiteren Kameras wurde der Crashtest von außen dokumentiert.

125 Für die Messung der **Kopfbeschleunigungen** des Dummys wurde ein 2-achsiger Beschleunigungssensor im Schwerpunkt des Dummykopfes montiert (siehe Abb. 35). Insgesamt war es somit möglich alle relevanten Crashdaten für die Auswertung im Gutachten zu gewinnen.

I. Unfallrekonstruktion mittels Kollisionsversuchen 1

Abb. 33: Crashfestes Onboard Videokamerasystem

Abb. 34: Crashfeste Onboard Videokamera rechts

Abb. 35: Beschleunigungssensor im Dummykopf

c) Analyse des Crashtests

126 Das Stoßfahrzeug Ford Fiesta wurde ca. 130 m vom Zielpunkt entfernt gestartet und auf die Sollgeschwindigkeit beschleunigt. Dabei folgte das Fahrzeug dem geradlinig verlegten Leitkabel bis zum Zielpunkt. Der Geschwindigkeitsverlauf wurde vom CCV-System aufgezeichnet und ist in Abb. 36 dargestellt. Die Geschwindigkeit am Anprallpunkt betrug **70,98 km/h.**

I. Unfallrekonstruktion mittels Kollisionsversuchen

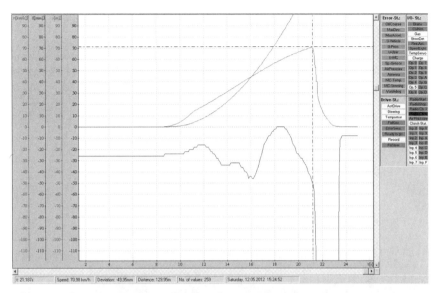

Abb. 36: Fahrtaufzeichnung CCV-System beim Crashtest

Abb. 37: Versuchsfahrzeug kurz nach der Kollision

Durch den Anprall des Stoßfahrzeugs wird das Versuchsfahrzeug VW Golf zunächst nach links und nach hinten weggedrückt. Das Stoßfahrzeug dringt im Beifahrertürbereich tief ein und verformt dabei den Bereich um die B-Säule in den Fahrzeuginnenraum. Am Ende der Stoßphase wird das Versuchsfahrzeug VW Golf in eine Rotation um die Hochachse im Uhrzeigersinn versetzt und kommt etwa entgegengesetzt der Fahrtrichtung des Stoßfahrzeugs ca. 8 m vom Anprallpunkt entfernt zum Stillstand.

Die Endstellung entspricht nahezu exakt der relativen Endstellung beim realen Unfall, wobei beim Crashtest lediglich die Entfernung zum Anprallpunkt etwas geringer war. Dies ist darauf zurückzuführen, dass das Versuchsfahrzeug für den Crashtest in gebremstem Zustand war, während beim Unfallfahrzeug keine Betätigung der Bremse nach der Kollision erfolgt ist.

129 Beim Vergleich der Fahrzeugbeschädigungen beim Crashtest und beim realen Unfall ist festzustellen, dass trotz des von der Bauform unterschiedlichen Stoßfahrzeugs ein gut vergleichbares **Beschädigungsbild** am Versuchsfahrzeug VW Golf generiert wurde (siehe Abb. 38 bis Abb. 41).

Abb. 38: Fahrzeugbeschädigungen beim Crashtest, rechts

Abb. 39: Beschädigungen beim Unfallfahrzeug, rechts

I. Unfallrekonstruktion mittels Kollisionsversuchen

Abb. 40: Fahrzeugbeschädigungen beim Crashtest, von vorne

Abb. 41: Beschädigungen beim Unfallfahrzeug, von vorne

Dabei sind folgende Unterschiede festzustellen: Die seitliche Eindrückung beim Unfallfahrzeug weist eine maximale Eindringtiefe im Bereich der B-Säule auf, während beim Versuchsfahrzeug die B-Säule zwar im Mittelbereich der Deformationen ist, jedoch nicht die tiefste Eindrückung aufweist. Die Bereiche vor und hinter der B-Säule sind hier etwas tiefer eingedrückt worden. Dies liegt in der Nachgiebigkeit des Stoßfahrzeugs beim Crashtest begründet, welches in der Mitte des Stoßbereichs, also bei der B-Säule des getroffenen Versuchsfahrzeugs weicher und somit nachgiebiger war, als der Lkw als Stoßfahrzeug beim realen Unfall.

131 Aus dem gleichen Grunde wurde der vordere, untere Türbereich so weit eingedrückt, dass eine sichtbare Öffnung im unteren Bereich der Tür entstanden ist. Beim Unfallfahrzeug ist eine derartige Öffnung nicht vorhanden. Weiterhin wurde der oberer Bereich des Versuchsfahrzeugs weniger weit eingedrückt als beim realen Unfall, was auf die Höhe der Kontaktfläche beim Lkw zurückzuführen ist, welche beim Crashtest nicht vorhanden war. Die erreichte seitliche Eindrückung des Versuchsfahrzeugs war somit im Dachbereich geringer und im Fußbereich größer als beim Unfallfahrzeug. Der mittlere Höhenbereich ist bezüglich der Eindrückung vergleichbar ausgefallen. Somit ist festzustellen, dass beim Crashtest nicht nur der Stoßimpuls im Versuchsfahrzeug, sondern auch der für einen eventuellen Kopfanprall relevante Verformungsbereich nachgestellt werden konnte.

132 Zur Beurteilung der Insassenkinematik wurden die Innenraumkameras ausgewertet. Es ist zu erkennen, dass der Oberkörper sehr weit nach rechts kippt und dabei der Kopf sogar noch rechts von der Kopfstütze des Beifahrersitzes ankommt. Wie diese weite seitliche Verlagerung trotz angelegtem Sicherheitsgurt möglich ist, ist in der Kameraperspektive von rechts gut erkennbar (siehe Abb. 42 und Abb. 43).

I. Unfallrekonstruktion mittels Kollisionsversuchen

Abb. 42: Insassenbewegung von rechts

Abb. 43: Insassenbewegung von rechts

Der Dreipunktgurt ist zwar in der Lage, den Insassen im Hüftbereich zurückzuhalten, jedoch bietet er gegen ein seitliches Kippen des Oberkörpers keine sichtbare Rückhaltewirkung. Dies hat im vorliegenden Fall zur Folge, dass der Dummy mit dem Oberkörper sogar bis in eine horizontale Lage nach rechts kippt und mit der Schulter auf dem Sitzpolster des Beifahrersitzes aufschlägt. Gleichzeitig kommt es zu einem Kopfanprall an der Innenverkleidung der Beifahrertür. Nach dem Crashtest sind im Bereich des Türgriffes bzw der Armlehne in der Türverkleidung **Anprallspuren** vom Dummykopf zu erkennen (siehe Abb. 44). Trotz angelegtem Sicherheitsgurt ist aus biomechanischer Sicht keine Schutzwirkung für diese seitliche Beaufschlagung zu konstatieren.

§ 1 Technische Fragestellungen

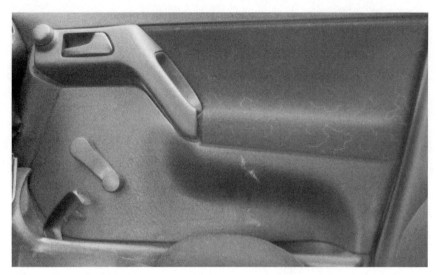

Abb. 44: Anprallspuren des Dummykopfes an der Beifahrertür

134 Bezüglich der Kopfbelastungen wurde die Messung der **Kopfbeschleunigungen** des Dummys ausgewertet. Der 2-achsige Beschleunigungssensor hat die Beschleunigungen des Dummykopfes in X- und in Y-Richtung aufgezeichnet. Abb. 45 zeigt die Aufzeichnungen, wobei die untere Kurve die Beschleunigung in X-Richtung (Kopflängsrichtung) und die obere Kurve die Beschleunigung in Y-Richtung (Kopfquerrichtung) darstellt.

I. Unfallrekonstruktion mittels Kollisionsversuchen 1

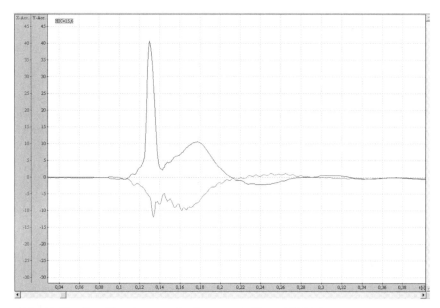

Abb. 45: Kopfbeschleunigungen des Dummys in X- und Y-Richtung

Hierbei sind Spitzenbeschleunigungen von ca. −12 g in X-Richtung und ca. 41 g in Y-Richtung festzustellen. Der spitzere Verlauf der Beschleunigungskurven bestätigt hierbei den stattgefundenen Kopfanprall an der Türverkleidung. Die danach erneut ansteigenden Beschleunigungen wurden beim Ausschwingen des Kopfes während des Schulterkontakts mit der Sitzfläche erzeugt.

Der **HIC-Wert** liegt hier lediglich bei 15,6. Mit diesem Wert lassen sich **rein beschleunigungsbedingte** Kopfverletzungen nahezu ausschließen. Dennoch bleibt eine hohe Wahrscheinlichkeit für direkte Anstoßverletzungen im Kopfbereich, die sich gerade durch die Spuren beim Versuch exemplarisch bestätigt hat und aus der sich eine dann relevante Verletzungswahrscheinlichkeit für den Kläger durch den direkten Anprall ergibt.

Dass der Beschleunigungsverlauf nach der ersten Spitze einen weiteren Anstieg aufweist, zeigt hierbei deutlich, dass der Kopf beim seitlichen Anprall an der Innenverkleidung nicht vollständig zum Stillstand verzögert wurde. **Es kam also zu einem harten Kopfanprall und einem anschließenden Abgleiten nach unten, wobei dabei eine Scherbelastung an der Wirbelsäule entsteht.** Danach wurde die verbleibende Kopfbewegung mit weiteren, jedoch weicheren Beschleunigungen auf der Sitzfläche abgefangen.

Hierbei ist der zeitliche Ablauf der Zerstörung der Seitenscheibe von weiterer Bedeutung für die Verletzungsmöglichkeiten. Im Hochgeschwindigkeitsvideo ist zu sehen, dass etwa zum Zeitpunkt, als der Kopf nach unten aus dem Bildausschnitt verschwindet, sich die ersten Glassplitter der zerstörten Seitenscheibe bereits im Bereich der Mittelkonsole befinden. Die Glassplitter eines vorgespannten Sicherheitsglases bewegen sich deutlich schneller, als die jeweilige Kollisionsgeschwindigkeit. Dadurch erreichen die Splitter die Türverkleidung noch vor dem Anprall des Kopfes, was im vorliegenden Fall die entstandenen Schnittverletzungen im Kopfbereich erklärt. Der Kopfanprall an der Türverkleidung ist dabei aus biomechanischer Sicht ideal dazu geeignet, beim stoßfernen Kläger dennoch Platzwunden und Schnittverletzungen im Kontaktbereich zu generieren. Das oben erwähnte Abgleiten des Kopfes nach dem Anprall an der Innenverkleidung weist darauf hin, dass entsprechende Anprallverletzungen nicht nur rechtsseitig am Kopf, sondern auch oben am Kopf zu erwarten sind.

139 Weitere Verletzungsmöglichkeiten bestehen im Bereich des rechten Armes und der beiden Hände. Zusätzlich sind Prellungen im rechten Oberkörperbereich durch den Aufprall auf der harten Seitenerhöhung des Beifahrersportsitzes sowie Prellungen am rechten Oberschenkel durch den seitlichen Anprall an der Seitenerhöhung des Fahrersitzes zu erwarten.

d) Ergebnis

140 Die für diese Anprallkonstellation und den vorliegenden Stoßimpuls zu erwartenden Verletzungen des Fahrerinsassen decken sich somit aus biomechanischer Sicht in der Gesamtschau mit den erlittenen Verletzungen des Klägers. Somit bestätigt sich der Klagevortrag, wonach der Kläger beim Verkehrsunfall angeschnallt gewesen ist.

141 Ein nicht angeschnallter Fahrerinsasse hätte bei dem vorliegenden Stoßimpuls eine andere Insassenkinematik gezeigt. Durch den seitlichen Anprall wäre zwar ebenfalls zunächst der Oberkörper seitlich nach rechts verlagert worden, jedoch wäre dann ohne die Rückhaltewirkung des Beckengurtes der Insasse aus dem Sitz leicht nach oben abgehoben und dann in fast unveränderter Haltung nach rechts geschleudert worden. Die Abknickung des Insassen wäre demnach ohne Sicherheitsgurt nur geringfügig erfolgt. Der gesamte Insasse wäre in annähernd unveränderter Haltung nach rechts gegen die Beifahrertür geschleudert worden, wobei lediglich der Beinbereich in dieser Bewegungsrichtung gehindert wird. Dabei wäre es mit sehr hoher Wahrscheinlichkeit zu einem Kopfkontakt mit dem intrudierenden Lkw der Beklagtenpartei durch die bereits zerstörte Seitenscheibe gekommen.

142 Die relative Kopfanprallgeschwindigkeit wäre mit der Geschwindigkeit des Lkw annähernd gleichzusetzen gewesen. Bei einem solchen Kopfanprall, der bezüglich der Geschwindigkeit einem freien Fall aus über 5 m Höhe entspricht, wären deutlich schwerere Verletzungen zu erwarten gewesen, als sie real vorlagen. Es wäre dabei zu einem Schädelhirntrauma bzw zu Frakturen im Schädelbereich, ggfs auch zu letalen Verletzungen gekommen. Die erlittenen Verletzungen des Klägers sind demnach nur mit angelegtem Sicherheitsgurt vereinbar. Der Kläger hatte demzufolge aus biomechanischer Sicht zum Unfallzeitpunkt den Sicherheitsgurt angelegt.

2. Fall 2
a) Grundlagen

Gemäß Beauftragung wird um ein verletzungsmechanisches Gutachten zur Frage gebeten, ob die Klägerin bei dem Unfallereignis in gleicher Weise aus dem Fahrzeug geschleudert und verletzt worden wäre, auch wenn sie den **Sicherheitsgurt** angelegt gehabt hätte. Die Klägerin befand sich als hintere Insassin im Pkw Audi A4 Kombi, der mit weiteren vier Personen besetzt war. Aus nicht geklärter Ursache geriet der Fahrer mit dem Fahrzeug auf der zweispurigen Autobahn nach links und näherte sich der Mittelschutzplanke. Daraufhin lenkte er das Fahrzeug stark nach rechts und geriet dabei auf den Grünstreifen neben der Autobahn. In weiterer Folge überschlug sich das Fahrzeug mehrfach und kam schließlich auf dem Dach liegend zum Stillstand (siehe Abb. 46).

143

Abb. 46: Unfallfahrzeug in Endposition

Während dieses Unfalls wurde die Klägerin als nicht angeschnallte Insassin hinten auf dem mittleren Platz der Rücksitzbank aus dem Fahrzeug geschleudert und schwer verletzt. Im Rahmen eines anderweitigen gerichtlichen Sachverständigengutachtens wurde der Unfallhergang mit dem Simulationsprogramm PC-Crash rekonstruiert und dokumentiert (siehe zB Abb. 47).

144

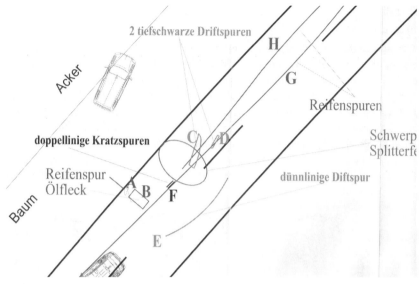

Abb. 47: Unfallrekonstruktion aus Vorgutachten

145 Die Unfallrekonstruktion berücksichtigt die korrekten Masseverhältnisse und die Geschwindigkeit des Fahrzeugs, die lang gezogene Einlaufphase in Form einer Rechtskurve bis zum Abkommen von der Fahrbahn, die Untergrundbeschaffenheit und die Geländeform am Seitenstreifen. Dabei konnte eine entsprechende Fahrzeugendlage bei einer Geschwindigkeit von ca. 125 bis 130 km/h erreicht werden.

146 Die Einzelschritte der **Simulation** können bezüglich der Eingaben im Programm PC-Crash diesseits nicht überprüft werden, die Eingabedaten sind im Gutachten nicht vorgelegt. Aus der Simulation geht hervor, dass sich das Fahrzeug nicht wie in den Zeugenaussagen beschrieben mehrfach überschlägt, sondern lediglich nach einer Rotation um die Hochachse seitlich umkippt und auf dem Dach liegen bleibt. Aus Sicht der Verfasser war das Ergebnis der Simulation jedoch nachvollziehbar und theoretisch möglich. Dennoch wäre insbesondere bei der hohen Ausgangsgeschwindigkeit ein weiteres Überschlagen des Fahrzeugs um die Querachse durchaus möglich. Ob und wie oft sich ein Fahrzeug seitlich um die Längsachse überschlägt hängt hierbei von einer Vielzahl von Faktoren ab, die mit einer derart vereinfachten Simulation nicht ausreichend wiedergegeben werden können. Die Klägerin wurde im Verlauf des Fahrzeugüberschlags aus dem Fahrzeug geschleudert. Laut einer Zeugenaussage wurde die Klägerin ca. 25 m vom Unfallfahrzeug entfernt gefunden. Diese Entfernung deckt sich in etwa mit der Entfernung zwischen dem beginnenden **Fahrzeugüberschlag** und der Endposition des Fahrzeugs, woraus zu schließen ist, dass die Klägerin unmittelbar zu Beginn des Überschlags aus dem Fahrzeug geschleudert wurde.

147 Laut Befundbericht des behandelnden Krankenhauses erlitt die Klägerin bei dem Unfall unter anderem folgende Verletzungen:

I. Unfallrekonstruktion mittels Kollisionsversuchen

- komplette Tetraplegie sub. C-VI nach HWK- VI/VII-Luxationsfraktur
- Blasen-Mastdarmlähmung
- Lungenkontusion rechts
- Isolierte hohe Fibula-Fraktur rechts
- Hämatom Unterschenkel, Kniegelenk beidseits
- Riss-/Quetschwunden rechter lateraler Unterschenkel

b) Durchführung des Crashtests

Um die Frage nach der Möglichkeit des **Herausschleuderns** eines angeschnallten Insassen auf der hinteren, mittleren Sitzposition beweissicher beantworten zu können, war es angezeigt, den streitgegenständlichen Unfall mit einem Crashtest nachzustellen. Als Versuchsfahrzeug wurde ein baugleicher Pkw Audi A4 Kombi der Baureihe B5 verwendet (siehe Abb. 48). Das Versuchsfahrzeug war ohne relevante Vorschäden. Die Rücksitzbank war mit drei getrennten Dreipunktgurten ausgestattet, wobei der Gurtstraffer des mittleren Sicherheitsgurts für den Crashtest deaktiviert wurde. Um das Fahrzeug zu einem seitlichen Überschlag zu bringen, muss folgende physikalische Bedingung erfüllt werden: die durch die Reifen übertragene Kraft auf Fahrbahnniveau muss so groß sein, dass der resultierende Kraftvektor dieser Reifenkraft zusammen mit der Gewichtskraft außerhalb der jeweils relevanten Reifenaufstandslinie weist (siehe Abb. 49).

Abb. 48: Versuchsfahrzeug Audi A4 Kombi (B5)

§ 1 Technische Fragestellungen

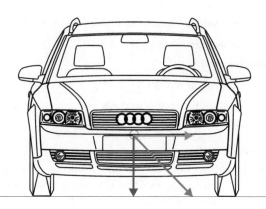

Abb. 49: Kraftvektoren am Fahrzeug

149 Der senkrecht nach unten zeigende Pfeil stellt hier den Kraftvektor der Gewichtskraft dar, der nach rechts gerichtete Pfeil den Kraftvektor der Seitenkraft. Bei optimalen Haftbedingungen auf Asphalt erreicht dieser seitliche Vektor in etwa die gleiche Länge wie der Vektor der Gewichtskraft. Der resultierende Vektor verläuft demnach in einem Winkel von 45° nach unten und liegt, wie in Abb. 49 gut erkennbar ist, noch deutlich innerhalb der Aufstandsfläche des Fahrzeugs. Unter diesen Bedingungen wird sich das Fahrzeug nicht überschlagen. Da die Kraftübertragung der Reifen nicht geschwindigkeitsabhängig ist, ist demnach auch die Überschlagsneigung des Fahrzeugs nicht von der Geschwindigkeit abhängig. Bei einer Wiese als Untergrund ist die Kraftübertragung der Reifen noch deutlich geringer, weshalb unter normalen Bedingungen in der Wiese erst recht kein Überschlagen zu erwarten ist. Um das Fahrzeug dennoch zum seitlichen Überschlagen zu bringen, muss eine der beiden physikalischen Parameter variiert werden: entweder die Seitenführungskraft wird erhöht oder die Schwerpunktshöhe des Fahrzeugs wird nach oben verlagert.

150 Beim streitgegenständlichen Unfall war das Fahrzeug mit insgesamt fünf Personen und Gepäck besetzt. Dennoch erhöht sich dadurch die Höhe des Schwerpunkts nur minimal. Die Einleitung des Überschlags wurde demnach dadurch erreicht, dass das Fahrzeug auf Fahrbahnniveau zumindest kurzfristig eine deutlich höhere Seitenkraft erfahren hat. Im vorliegenden Fall erfolgte dies durch den Erstkontakt des Fahrzeugs mit dem seitlichen Erdwall. Dieser Kontakt führte dann auch zu der Drehung des Fahrzeugs um die Hochachse, wie sie in der Simulation im Vorgutachten nachvollziehbar dargestellt ist.

151 Für die Nachstellung im Rahmen des Crashtests wurde die zweite Möglichkeit gewählt, die Überschlagsneigung des Fahrzeugs zu erhöhen, nämlich die Erhöhung des Schwerpunkts. Dazu wurden auf der rechten Dachseite zwei Stahlträger mit dem Dachblech verschraubt und zusätzlich mit Gewichten aufgefüllt (siehe Abb. 50).

I. Unfallrekonstruktion mittels Kollisionsversuchen

Abb. 50: Stahlträger auf Fahrzeugdach zur Schwerpunktserhöhung

Dieses zusätzliche Gewicht von ca. 200 kg auf einer Höhe von 140 cm erhöht den Fahrzeugschwerpunkt um ca. 10 cm. Zusätzlich verschiebt sich der Fahrzeugschwerpunkt um ca. 5 cm nach rechts, was für die geplante Überschlagsrichtung beim Crashtest ebenfalls hilfreich ist. Aufgrund der Gegebenheiten des Testgeländes konnte bei entsprechender Anlaufstrecke die Nachstellung nicht in gleicher Fahrtrichtung wie beim realen Unfall erfolgen. Der Crashtest wurde somit gespiegelt durchgeführt, also mit einem nach links abbiegenden Fahrzeug, welches sich nach rechts über die Längsachse überschlägt.

152

Im Vorgutachten wird eine Ausgangsgeschwindigkeit von 125 bis 130 km/h angegeben. Dabei ist anzumerken, dass die verbleibende Geschwindigkeit zum Beginn des Überschlags deutlich geringer anzusetzen ist, da das Fahrzeug während der Kurve mit sichtbarer **Spurenzeichnung** bereits entsprechend Geschwindigkeit abgebaut hat. **Zur Durchführung des Crashtests wird demnach eine Geschwindigkeit von ca. 110 km/h angesetzt.** Ferner wurde das fahrende Versuchsfahrzeug Audi A4 mit dem **CCV-System** aufgerüstet. Um das Fahrzeug in die zum Überschlagen nötige seitliche Rutschbewegung zu bringen, wurde das CCV-System so programmiert, dass nach einer vorgegebenen Fahrtstrecke nach Erreichen der Sollgeschwindigkeit die Lenkung um ca. eine Lenkradumdrehung nach links eingelenkt wird. Wenige Meter danach wird die Handbremse angezogen, was zum Blockieren der Hinterräder und somit zu einer übersteuernden Fahrzeugrotation um die Hochachse führt. Für die Beurteilung der Insassenkinematik wurde auf dem mittleren hinteren Sitzplatz ein **Dummy** Hybrid III, weiblich 5 % Percentil platziert und angeschnallt (siehe Abb. 51). Im Innenraum des Versuchsfahrzeugs wurden drei crashfeste Onboard Videokameras montiert (siehe zB Abb. 52). Mit weiteren Kameras wurde der Crashtest von außen dokumentiert.

153

§ 1 Technische Fragestellungen

Abb. 51: H3 5%-Dummy auf der Rückbank angeschnallt

Abb. 52: Crashfeste Onboard Videokamera von rechts

c) Analyse des Crashtests

Das Versuchsfahrzeug Audi A4 wurde ca. 350 m vom Zielpunkt entfernt gestartet und auf die Sollgeschwindigkeit von ca. 110 km/h beschleunigt. Dabei folgte das Fahrzeug dem annähernd geradlinig verlegten Leitkabel bis zum Zielpunkt. Nach 340 m wurde die Lenkung nach links eingeschlagen und bei 350 m wurde die Handbremse angezogen. Der Geschwindigkeitsverlauf wurde vom CCV-System aufgezeichnet und ist in Abb. 53 dargestellt. Die Geschwindigkeit beim Anziehen der Handbremse betrug 109,49 km/h.

Durch das Einlenken nach links kommt das Versuchsfahrzeug in einer lang gezogenen Linkskurve von der Fahrbahn ab und gerät dabei auf die Wiesenfläche. Alleine durch diese Kurvenfahrt ohne Bremseingriff wurde auf der Fahrbahn eine gut sichtbare Reifenabriebspur gezeichnet, die der Spur an der Unfallstelle sehr ähnlich ist. Kurz darauf blockieren die Hinterräder aufgrund der angezogenen Handbremse und das Fahrzeug bricht heckseitig aus und stellt sich quer zur Fahrtrichtung. In dieser seitlichen Ausrichtung rutscht das Fahrzeug noch ca. 10 m bis die Bodenhaftung durch die sich eingrabenden Räder groß genug für die nötige Überschlagsneigung ist. Sobald der die erste seitliche Kippneigung überschritten ist, beginnt der seitliche Überschlag um die Längsachse (Abb. 54). Aufgrund der noch vorhandenen Rotationsenergie um die Hochachse dreht sich das Fahrzeug auch um diese Achse weiter und kommt schließlich nach zwei kompletten Überschlägen um die Längsachse kombiniert mit einer Drehung um die Hochachse entgegen der ursprünglichen Fahrtrichtung wieder auf den Rädern zum Stillstand.

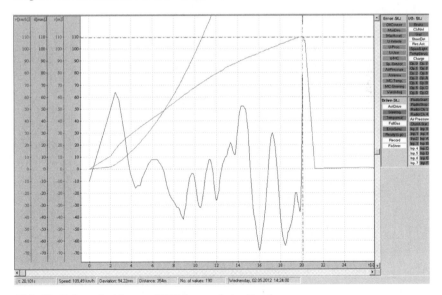

Abb. 53: Fahrtaufzeichnung CCV-System beim Crashtest

Abb. 54: Versuchsfahrzeug beim Überschlag

156 Beim Vergleich der Fahrzeugbeschädigungen (Abb. 55, Abb. 56, Abb. 57, Abb. 58) ist festzustellen, dass insbesondere heckseitig beim Crashtest ein fast identisches und sogar noch stärkeres **Beschädigungsbild** generiert wurde. Die relevanten Beschädi-

gungen befinden sich jedoch im Vergleich zum Unfallfahrzeug auf der jeweils anderen Seite, also gespiegelt. Unter der Berücksichtigung, dass der gesamte Crashtest gespiegelt durchgeführt wurde, stimmen die Beschädigungen sowohl von der Art und der Intensität mit denen am Unfallfahrzeug überein. Zur besseren Vergleichbarkeit wurden die folgenden Lichtbilder gespiegelt abgebildet.

Abb. 55: Fahrzeugbeschädigungen beim Crashtest, hinten (gespiegelt)

Abb. 56: Beschädigungen beim Unfallfahrzeug, hinten

Abb. 57: Fahrzeugbeschädigungen beim Crashtest, rechts (gespiegelt)

Abb. 58: Beschädigungen beim Unfallfahrzeug, rechts

157 Sowohl beim Versuchsfahrzeug als auch beim Unfallfahrzeug ist eine massive Deformation im oberen Heckbereich festzustellen, wobei die gesamte D-Säule und der Dachbereich nach unten eingeknickt wurde. Beim Versuchsfahrzeug geht diese Deformation noch weiter in den Fahrzeuginnenraum, wobei auch die Heckklappe aufgerissen wurde. Somit ist festzustellen, dass die Anprallenergie beim Crashtest noch größer war als beim realen Unfall. Für den realen Unfall ist nach den Erkenntnissen aus dem Crashtest ein eineinhalbfaches Überschlagen plausibel. Dass sich das Unfallfahrzeug lediglich ein halbes Mal seitlich überschlagen hat, wie im Gutachten Otte simuliert, ist zwar denkbar, für die angenommene Geschwindigkeit jedoch eher unwahrscheinlich. Ebenfalls unwahrscheinlich aber nicht auszuschließen ist ein weite-

I. Unfallrekonstruktion mittels Kollisionsversuchen 1

res, also ein zweieinhalbfaches Überschlagen des Unfallfahrzeugs. Für die Beurteilung der Insassenkinematik und der Verletzungsschwere reicht das Ergebnis des Crashtests mit einem insgesamt zweifachen Überschlag in jedem Fall aus. Ein weiterer Fahrzeugüberschlag um die Fahrzeugquerachse (Längsüberschlag) ist unter Berücksichtigung der Beschädigungen des Unfallfahrzeugs nicht plausibel. Dazu ist zu beachten, dass die Insassenbelastungen bei einem seitlichen Überschlag deutlich höher sind, als bei einem Längsüberschlag, bei dem erwartungsgemäß nur Beschleunigungen in Fahrzeuglängs- bzw Fahrzeughochrichtung auftreten. Damit lassen sich die durch den Crashtest gewonnenen Erkenntnisse bezüglich der Insassenbelastungen ideal auf den realen Unfall übertragen, da beim realen Unfall tendenziell geringere Belastungen aufgetreten sind.

Im Innenraum des Versuchsfahrzeugs befindet sich der Dummy nach dem Crashtest sitzend auf der mittleren Sitzposition, wobei der Oberkörper leicht nach rechts geneigt ist. Es befinden sich Erde und Grasreste auf der Sitzbank und über den Dummy verteilt, welche während des Überschlagvorgangs durch die zerbrochenen Scheiben in den Innenraum geschleudert wurden. Der Sicherheitsgurt liegt immer noch korrekt am Körper an und hat sich nicht gelöst (siehe Abb. 59).

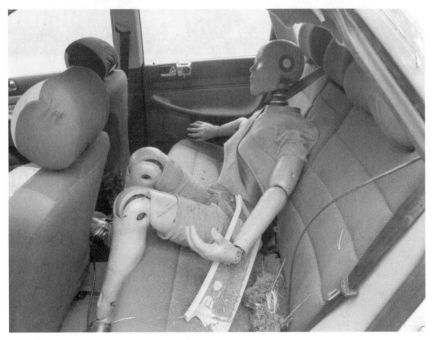

Abb. 59: Dummy nach dem Überschlag

Während des Überschlags wurden die Frontscheibe, die Heckscheibe und die hintere linke Seitenscheibe zerstört. Auch diese Beschädigungen decken sich gespiegelt mit denen des Unfallfahrzeugs. Zusätzlich wurde beim Unfallfahrzeug die Scheibe der rechten hinteren Tür zerstört, was beim Versuchsfahrzeug aufgrund der exponierten Lage des Türrahmens ebenfalls beinahe der Fall gewesen wäre. Um die Insassenbewegungen zu untersuchen, wurden die Innenkameras ausgewertet. Die folgenden Abbildungen Abb. 60 und Abb. 61 zeigen die zwei extremsten Insassenbewegungen während des gesamten Überschlagvorganges.

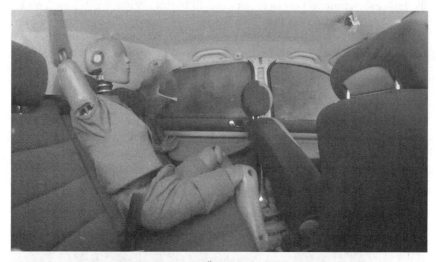

Abb. 60: Dummyposition während des Überschlags

Abb. 61: Dummyposition während des Überschlags

160 Die erste extreme Dummyauslenkung erfolgt beim ersten Aufschlag des Fahrzeughecks, bei dem auch die hauptsächliche Fahrzeugbeschädigung entstanden ist. Die zweite Auslenkung in die andere Richtung erfolgt beim letzten Umkippen des Fahr-

zeugs auf die Räder. Dabei ist sehr gut zu erkennen, dass der Dummy während des gesamten Überschlags insbesondere aufgrund des Beckengurtes in der Sitzposition gehalten wird. Der Schultergurt wäre hauptsächlich gegen eine Insassenbewegung nach vorne wirkungsvoll, bei seitlichen Bewegungen des Oberkörpers zeigt er nur eine geringe Haltewirkung.

Es ist somit festzustellen, dass der **Dreipunktgurt** für diese Unfallsituation keine wesentliche Verbesserung gegenüber einem Zweipunkt Beckengurt darstellt. Dazu ist anzumerken, dass der Gurtstraffer, der bei diesem Fahrzeug auch für die hintere mittlere Sitzposition verbaut ist, vor der Durchführung des Crashtests deaktiviert wurde. Damit konnte der ungünstigste Fall im Test nachgestellt werden. Bei einem aktivierten Gurtstraffer wäre bei Beginn des Überschlags der Gurt zusätzlich gestrafft worden und der Insasse wäre somit noch besser in der Sitzposition gehalten worden. 161

Insbesondere bei dieser Unfallsituation stellt der hintere mittlere Sitzplatz die sicherste Sitzposition im Fahrzeug dar. Dies gilt sowohl für die deutlich geringere Wahrscheinlichkeit des mittleren Insassen für die Kollision mit Fahrzeugteilen, als auch für die insgesamt auftretenden Beschleunigungen. Ein sich überschlagendes Fahrzeug dreht sich bei einer freien Rotation in der Luft stets um den eigenen Fahrzeugschwerpunkt, welcher sich in der Mitte des Fahrzeugs in etwa zwischen den beiden Vordersitzen befindet. Somit sind die Zentrifugalkräfte, die bei einer Rotation mit steigendem Abstand vom Schwerpunkt ansteigen, für den hinteren mittleren Insassen am geringsten. 162

Wenn der Sicherheitsgurt angelegt ist, sind die Möglichkeiten von Kollisionen des Insassen mit Fahrzeugteilen bis auf wenige Ausnahmen ausgeschlossen. Ein harter Kopfanprall an Fahrzeugteilen ist nicht möglich. Der Kopf kann nur mit der Sitzlehne und der Kopfstütze in Berührung kommen. Als weitere Kontaktmöglichkeiten bleiben nur die Hände, die seitlich mit der Innenseite der Tür in Berührung kommen können und die Unterschenkel und die Füße, die mit den Vordersitzen und den Sitzlehnen in Kontakt kommen. Die Gefahr, dass beim Fahrzeugüberschlag einzelne Extremitäten aus dem Seitenfenster ragen und dadurch Verletzungen entstehen, besteht nur bei den am Rand sitzenden Insassen, nicht jedoch beim hinteren mittleren Insassen. 163

Selbst das weit in den Innenraum eingedrückte Dach im Heckbereich stellt keine Anprallgefahr für die hinteren Insassen dar. Ein leichter Kopfkontakt mit dem Dachbereich ist zwar im Moment des ersten harten Fahrzeugaufschlags zu erkennen, der jedoch bei einem ausgelösten Gurtstraffer nicht mehr möglich gewesen wäre. Die erkennbare Kopfberührung mit dem Dachhimmel hätte zu keinen ernsten Verletzungen geführt. Es wären maximal Prellungen im Kopfbereich aufgetreten. 164

Hinzu kommen noch die beim Crashtest nicht vorhandenen, weiteren hinteren Insassen. Zwischen den hinteren Insassen sind selbstverständlich untereinander Anprallmöglichkeiten vorhanden. Da sich die Insassen jedoch immer in die gleiche Richtung bewegen, ist ein Kopfkontakt zwischen den angeschnallten Insassen nicht möglich. Im schlimmsten Fall kann ein Kopfkontakt mit der Schulter des daneben sitzenden 165

Insassen erfolgen. Die Insassen auf den hinteren, äußeren Sitzplätzen haben jeweils in einer Richtung keine seitliche Ausweichmöglichkeit. Im Fall einer Insassenverlagerung zur Seite kommt es bei einem am Rand sitzenden Insassen zum Anprall mit der Innenseite der Tür und je nach Körpergröße auch eventuell zu einem Kopfanprall an der Seitenscheibe. Beim mittleren Insassen besteht diese Gefahr nicht.

166 Bezüglich der Möglichkeit, trotz angelegtem Sicherheitsgurt aus dem Fahrzeug geschleudert zu werden, ist nach den Erkenntnissen aus dem Crashtest keine Tendenz zu erkennen, die ein Herausrutschen aus dem Beckengurt zulässt. Der Aufrollmechanismus blockiert bereits bei zu großer Querbeschleunigung des Fahrzeugs, also noch vor Beginn des Überschlags. Selbst wenn der Oberkörper vollständig aus dem Schultergurt rutschen würde, würde die Haltewirkung des Beckengurtes weiterhin bestehen bleiben. Dies reicht aus, um ein Herausschleudern in jedem Fall wirksam zu verhindern. Als einzig denkbare Möglichkeit, aus einem Gurt vollständig herauszurutschen ist, wenn bei einem sehr starken Heckaufprall die Sitzlehne zusammen mit dem Oberkörper komplett nach hinten klappt und der Insasse nach hinten aus dem Gurt rutscht. Einerseits ist ein derartiger Heckaufprall hier jedoch nicht erfolgt, und weiterhin haben die Lehnen der Rücksitzbank des Audi A4 Kombi keine Möglichkeit, nach hinten wegzuklappen, da sie mit einem massiven Endanschlag nach hinten abgestützt sind.

d) Ergebnis

167 Aus Sicht der Verfasser ist keine sinnvolle Möglichkeit denkbar, dass ein angeschnallter Insasse beim streitgegenständlichen Unfall aus dem Fahrzeug geschleudert hätte werden können. Dies gilt für alle im Fahrzeug vorhandenen Sitzpositionen, also auch für die hinteren äußeren Sitzplätze. Für einen nicht angeschnallten Insassen stellt sich der Unfall mit deutlich höheren Verletzungsmöglichkeiten dar. Bereits zu Beginn des Überschlags wird ein nicht angeschnallter Insasse in die Richtung der momentan wirkenden Fliehkräfte geschleudert. Dabei kommt es zwangsläufig zu einem harten Insassenkontakt mit dem Fahrzeuginnenraum. In vielen Fällen kommt es durch einen nicht angeschnallten Insassen bei einem Fahrzeugüberschlag zusätzlich zu schweren Verletzungen der weiteren, angeschnallten Insassen durch gegenseitigen Anprall. Wenn der Insassenanprall an einer Seitenscheibe erfolgt, wird diese je nach Anprallstärke zerstört und der Insasse kann ganz oder teilweise aus dem Fahrzeug geschleudert werden. Erfolgt ein sofortiges und komplettes **Herausschleudern** aus dem Fahrzeug, dann bleiben schwere und tödliche Verletzungen im besten Fall aus. In den meisten Fällen entstehen jedoch schwere Verletzungen beim Herausschleudern, wenn einzelne Körperteile beispielsweise an Fahrzeugteilen wie Fensterrahmen, A-, B- oder C-Säule hängen bleiben. Durch die Wucht des Insassenanpralls kommt es dabei häufig dazu, dass Extremitäten wie Arme abgerissen werden. Ebenfalls ist es möglich, dass der Körper nur teilweise zurückgehalten wird. Bei einem solchen teilweisen Herausschleudern besteht insbesondere beim Überschlag die Gefahr, dass der Insasse vom Fahrzeug überrollt und entsprechend schwer verletzt wird.

Die von der Klägerin erlittenen Verletzungen im Bereich der Halswirbelsäule sind typisch für einen teilweise herausgeschleuderten Insassen, der im Kopf- oder Halsbereich an einem stabilen Fahrzeugteil hängen bleibt und/oder teilweise vom Fahrzeug überrollt wird. Insgesamt sind für einen angeschnallten hinteren, mittleren Insassen deutlich geringere Verletzungen zu erwarten, als bei den übrigen Insassen. Wäre die Klägerin zum Unfallzeitpunkt angeschnallt gewesen, wären die schweren Verletzungen nicht aufgetreten. Bei angelegtem Sicherheitsgurt wären folgende Verletzungen zu erwarten gewesen:

- Prellungen im Kopfbereich
- Leichte Prellungen und Quetschungen im Gurtbereich
- Verletzungen an den Händen durch Anschlagen an der Türinnenseite
- Prellungen im Schulter und Kopfbereich durch gegenseitigen Anprall zwischen den anderen Insassen
- Verletzungen durch Glassplitter

Die schweren Verletzungen der Klägerin mit Dauerfolgen sind insofern im vorliegenden Fall auf das Nichtanlegen des Sicherheitsgurtes zurückzuführen.

3. Fall 3

a) Grundlagen

Gemäß Verfügung wird um ein unfallanalytisches **Obergutachten** zu einem Unfallhergang gebeten. Dabei ist auf die beiden sich widersprechenden Vorgutachten (im Folgenden Gutachten A und B) entsprechend einzugehen. Die Lage der Unfallstelle kann der Abb. 62 entnommen werden.

Abb. 62: Unfallstelle (aus Vorgutachten A)

Der Fahrer des Pkws Mazda 6 (01) befuhr die Staatsstraße. Zur gleichen Zeit fuhren in der Gegenrichtung der Fahrer des Pkws Renault Kangoo (02) und dahinter ein

§ 1 Technische Fragestellungen

Pkw BMW (03). Aus zunächst nicht bekannter Ursache geriet der Fahrer des Pkws Mazda (01) auf die Gegenfahrbahn und kollidierte dort mit dem entgegenkommenden Pkw Renault Kangoo (02). Durch die Kollision wurde der Pkw Renault nach rechts abgewiesen, überschlug sich im angrenzenden Acker und kam auf dem Dach zum Stillstand. Der Insasse wurde dabei tödlich verletzt. Der Pkw Mazda (01) wurde durch die Kollision auf der Fahrbahn im Gegenuhrzeigersinn herumgeschleudert und es kam zu einer weiteren Kollision des nachfolgenden Pkw BMW (03), der auf das Heck des herum geschleuderten Pkw Mazda auffuhr.

171 Einer der Vorgutachter (A) führte persönlich die **Spurensicherung** und Dokumentation als Sachverständiger am Unfallort durch. Dabei wurden Lichtbilder der Unfallstelle gefertigt, die Fahrzeuge in ihren jeweiligen Endlagen dokumentiert und vorhandene Spuren an der Unfallstelle markiert und dokumentiert. Weiterhin wurden eine spätere Zusammenstellung der drei Unfallfahrzeuge durchgeführt und entsprechende Lichtbilder gefertigt. In diesem unfallanalytischen Erstgutachten werden folgende Anprallkonstellationen für die Erst- und Zweitkollision rekonstruiert (Abb. 63 beinhaltet den Scan bzgl der Erstkollision aus dem Vorgutachten):

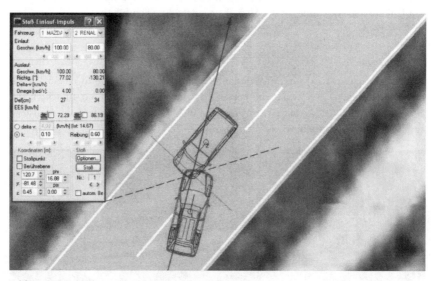

Abb. 63: Erstkollision (aus Vorgutachten A)

172 Bei der Erstkollision (siehe Abb. 63) befindet sich der Pkw Renault Kangoo (02, oben) fahrbahnparallel und leicht nach links versetzt nahe der Mittelmarkierung. Der Pkw Mazda (01, unten) kollidiert frontal, rechts um ca. 40 bis 45 % der eigenen Fahrzeugbreite versetzt in einem relativen Anprallwinkel von 207°, was einem Winkel von 27° relativ zur direkten Gegenrichtung entspricht. Bei dieser Anprallkonstellation befindet sich das Fahrzeugheck des Pkws Mazda noch mittig auf der aus eigener Sicht rechten Fahrspur. Laut Rekonstruktion im Vorgutachten A erfährt der Pkw Mazda durch den Aufprall bei annähernd gleichbleibender Position eine Drehung um

I. Unfallrekonstruktion mittels Kollisionsversuchen

die Hochachse gegen den Uhrzeigersinn und kommt ca. 0,3 s nach Beginn der Erstkollision in die Stellung für die folgende Zweitkollision (siehe Abb. 64).

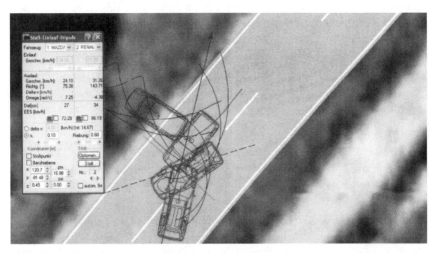

Abb. 64: Stellung des Pkws Mazda bei Zweitkollision (aus Vorgutachten A)

Der Pkw Renault wird in einer Rotation im Uhrzeigersinn um die Hochachse gedreht und aus eigener Sicht nach rechts in den angrenzenden Acker abgewiesen. Die Zweitkollision erfolgt dann laut Vorgutachten A in folgenden Anprallkonstellation wie in Abb. 65 ersichtlich:

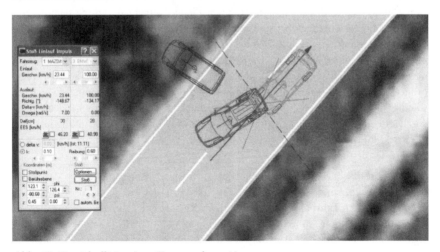

Abb. 65: Zweitkollision (aus Vorgutachten A)

Dabei befindet sich das Fahrzeug des BMW (03, rechts) vollständig auf der aus eigenen Sicht falschen Fahrbahnseite, mit den rechten Rädern nahe der Mittelmarkierung. Durch diesen **Heckaufprall** werden beide Fahrzeuge (01) und (03) in die vorgefundene Endposition geschleudert. Hierbei fand laut Vorgutachten A keine weitere nennenswerte Rotation der Fahrzeuge mehr statt. Im Erstgutachten A wird aus den rekonstruierten Anprallkonstellationen auf den folgenden Unfallhergang geschlossen, wobei zwei mögliche Versionen angeführt werden:

Version 1:

(01) geriet aus (noch) nicht bekannten Gründen auf den Fahrstreifen des Gegenverkehrs und kollidierte dort mit dem entgegenkommenden (02). (03) hat dies beobachtet und zur Gefahrenabwehr mit einem Ausweichmanöver auf den Fahrstreifen des Gegenverkehrs reagiert. Dort kollidierte er mit dem ihm heckseitig zugewandten Pkw (01).

Version 2:

(03) hat trotz des entgegenkommenden (01) ein Überholmanöver eingeleitet. (01) hat den auf seinem Fahrstreifen entgegenkommenden (03) wahrgenommen und zur Gefahrenabwehr ein Lenkmanöver nach links eingeleitet und durchgeführt. Dadurch kam es zur Kollision mit dem entgegenkommenden (02)

175 Aufgrund des mit ca. 27° sehr steilen Anprallwinkels wird im Erstgutachten A geschlussfolgert, dass es sich bei dem Fahrvorgang des Pkws Mazda (01) um einen plötzlichen Ausweichvorgang gehandelt hat und nicht um einen normalen Spurwechsel für einen Überholvorgang. In Kombination mit der Anprallposition des Pkws BMW (03) auf der Gegenfahrbahn wird festgestellt, dass die oben beschriebene Version 2 den Unfallablauf wiedergibt. Somit ergibt sich im Erstgutachten A, dass (03) das gesamte Unfallereignis verursacht hat (sinngemäß zusammengefasst).

176 Im Auftrag des Rechtsanwalts als Vertreter des (03) wurde ein weiteres Gutachten zum Unfallhergang (B) erstellt. Im Rahmen dieses Gutachtens wurde eine erneute Ortsbesichtigung durchgeführt und die Unfallspuren wurden gemäß der Lichtbilder aus dem Erstgutachten in eine Unfallskizze übertragen. Der Sachverständige B stellt in seinem Gutachten fest, dass diverse **Reifenspuren** im Erstgutachten zwar dokumentiert, jedoch nicht dem Unfallgeschehen und einem bestimmten Fahrzeug zugeordnet wurden. Unter Berücksichtigung der Spurenzuordnung kommt der Sachverständige B zu einem im Vergleich zum Erstgutachten deutlich abweichenden Ergebnis. Dies betrifft sowohl die Erst- als auch die Zweitkollision. Als Anprallwinkel bei der Erstkollision wird hier ein Anprallwinkel von 11° ± 5 ° genannt (im Vergleich zu den 27° des Erstgutachtens A).

177 Die Position des Pkws Renault Kangoo (02) wird hier nicht so nahe der Mittelmarkierung gesehen, sondern weiter rechts als die Mitte der Fahrspur, also tendenziell näher am rechten Fahrbahnrand. Der seitliche Versatz der Fahrzeuge zueinander, also die seitliche Fahrzeugüberdeckung, ist bei dem Vorgutachten annähernd identisch angenommen. Die folgende Abb. 66 zeigt die Skizze aus dem Gutachten B, in der beide Kollisionen dargestellt sind.

I. Unfallrekonstruktion mittels Kollisionsversuchen 1

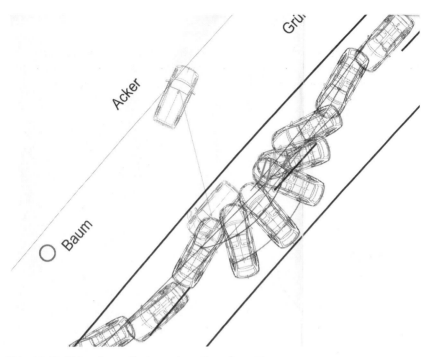

Abb. 66: Kollisionskonstellationen (aus Gutachten B)

In der Version des Gutachten B ist eine Schleuderbewegung des Pkws Mazda skizziert, die eine Rotation im Gegenuhrzeigersinn um die Hochachse beschreibt, dessen virtueller Rotationsmittelpunkt noch vor der Motorhaube des Fahrzeugs zu finden ist. Dabei erfährt der Pkw Mazda demnach nicht nur eine Rotation auf der Stelle, sondern bewegt sich zusätzlich deutlich, um ca. 12 m weiter in ursprünglicher Fahrtrichtung und kommt damit vollständig auf der Gegenfahrbahn zum Stillstand, mit dem Heck entgegen der ursprünglichen Fahrtrichtung. An dieser Position kommt es dann zur Zweitkollision, die laut Gutachten B vollständig auf der korrekten Fahrspur des Pkws BMW (03) stattfindet (siehe Abb. 66, oben rechts). Im Gutachten B wird somit die Argumentation aus dem Erstgutachten A widerlegt, dass es sich bei dem Spurwechsel des Pkws Mazda (01) um ein Ausweichmanöver zur Gefahrenabwehr gehandelt hat.

Weiterhin fand die Zweitkollision laut Gutachten B nicht wie im Erstgutachten angegeben auf der Gegenfahrbahn, sondern vollständig auf der rechten Fahrbahnseite aus Sicht des Angeklagten (03) statt. Somit gibt es in dieser Version auch keine Anhaltspunkte dahin gehend, dass sich der Pkw BMW (03) auf der Gegenfahrbahn befunden hat und somit eine Gefahr für den entgegenkommenden (01) dargestellt habe. Im Gutachten B wird als der Unfallhergang so dargestellt, wie in der oben genannten Version 1 aus dem Erstgutachten A. Demnach trägt in dieser Version der Angeklagte

(03) keine Schuld am Spurwechsel des (01) und somit auch keine Schuld am gesamten Unfall (sinngemäß).

180 Im Gutachten B werden die am Unfallort dokumentierten Spuren in die Unfallskizze übertragen und die Reifenspuren den jeweiligen Fahrzeugen zugeordnet. Dadurch ergeben sich Fahrzeugbewegungen, die mit denen aus dem Erstgutachten A nicht übereinstimmen (siehe Abb. 67).

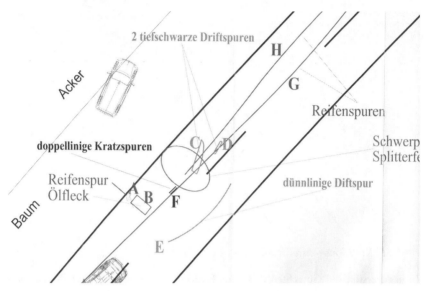

Abb. 67: Unfallspuren in der Skizze (aus Gutachten B)

181 Dem Erstgutachter A wurde das Zweitgutachten vorgelegt mit der Bitte um Stellungnahme. In dieser Stellungnahme bleibt der Erstgutachter bei seinen ursprünglich getroffenen Aussagen und stellt die Aussagen des Zweitgutachtens als nicht plausibel bzw. nicht nachvollziehbar dar.

b) Durchführung des Crashtests

182 Um eine beweissichere Kenntnis der Fahrzeugbewegungen und der Anprallkonstellation zu erhalten, war es nunmehr angezeigt, die Erstkollision in einem Crashtest nachzustellen. Nur so ist es möglich, eine beweissichere Aussage darüber zu treffen, welches der beiden Gutachten den tatsächlichen Unfallhergang korrekt wiedergibt. Aus Kostengründen wurden für die Nachstellung der Erstkollision nicht die identischen Fahrzeugtypen sondern Vergleichsfahrzeuge verwendet. Dabei wurde soweit wie möglich das relative Verhältnis der Fahrzeugmassen und die Steifigkeit der Fahrzeuge berücksichtigt.

183 Als Vergleichsfahrzeug wurde für das Fahrzeug des (01) ein Pkw BMW 318i E36 als Ersatz für den Pkw Mazda 6 Kombi verwendet (siehe Abb. 68). Als Ersatz für den

Pkw Renault Kangoo (02) wurde ein Peugeot 106 verwendet (siehe Abb. 69). Die Versuchsfahrzeuge waren ohne Vorschäden.

Abb. 68: Vergleichsfahrzeug BMW E36 als Ersatz für den Mazda 6

Abb. 69: Vergleichsfahrzeug Peugeot 106 als Ersatz für den Pkw Renault Kangoo

184 Zur Durchführung der Crashtests wurden beide Versuchsfahrzeuge mit dem **CCV-System** aufgerüstet Für die Nachstellung der streitgegenständlichen Erstkollision war es erforderlich, beide Versuchsfahrzeuge im entsprechenden Winkel und im entsprechenden seitlichen Versatz zum gewünschten Kollisionspunkt zu führen.

185 Bezüglich des seitlichen Versatzes besteht überwiegend die gleiche Meinung bei beiden Vorgutachten. Beide Vorgutachten sind sich weiterhin zumindest in dem Punkt einig, dass sich die Erstkollision vollständig auf der Fahrspur des (02) mit seinem Pkw Renault Kangoo ereignet hat und somit auf der Gegenfahrbahn aus Sicht des (01) mit seinem Pkw Mazda 6.

186 Der **Kollisionswinkel** unterscheidet sich jedoch bei beiden Gutachten erheblich voneinander. Dabei ist festzustellen, dass gerade dem Kollisionswinkel eine essenzielle Bedeutung beizumessen ist, da vorwiegend (nach Gutachten A) der steile Kollisionswinkel des Pkws Mazda (01) zu der Schlussfolgerung geführt hat, dass es sich bei dem Spurwechsel um eine schnelle Ausweichreaktion zur Gefahrenabwendung gehandelt haben muss und nicht um einen „normalen" Spurwechsel zu Beginn eines Überholvorgangs.

187 Um bei der Nachstellung des Unfalls ein möglichst aussagekräftiges Ergebnis zu erhalten wurde ein Kollisionswinkel von 6° relativ zur Gegenrichtung des entgegenkommenden Fahrzeugs gewählt, also 186° absolut.

188 Dieser Festlegung liegen folgende Überlegungen zugrunde:
- Im Gutachten B wird ein Kollisionswinkel von 11° ± 5° angesetzt. Im Erstgutachten A wird als Kollisionswinkel 27° angesetzt.
- Dem Verfasser erscheint selbst der im Gutachten B angesetzte Winkel von 11° als Mitte eines Winkelbereiches für einen „normalen" Spurwechsel noch zu hoch angesetzt. Ein „normaler" Spurwechsel zu Beginn eines Überholvorgangs dauert bei einer Geschwindigkeit von ca. 80 km/h ca. 1,5 bis 2 Sekunden. Bei angenommenen 2 Sekunden ergibt sich daraus ein Winkel von ca. 6° bis 12° zur ursprünglichen Fahrtrichtung.
- Bei einem Winkel von 11° müsste man bereits von einem relativ schnellen, aber noch üblichen Spurwechsel sprechen, ein Winkel von 16° käme nach Ansicht der Verfasser bereits in einen Bereich, der für einen „normalen" Spurwechsel zu schnell wäre.
- Um eine aussagekräftige Aussage dahin gehend zu bekommen, ob es sich um eine Ausweichreaktion oder um einen normalen Spurwechsel gehandelt hat, wird für den Crashtest ein für einen normalen Spurwechsel plausibler Winkel von 6° angesetzt.

189 Dieser Winkel von 6° liegt an der Untergrenze des Winkelbereichs aus dem Gutachten B (6° bis 16°) und weicht erheblich vom angegebenen Winkel von 27° aus dem Erstgutachten A ab. Um den Kollisionswinkel zu realisieren, wurde das **Leitkabel** zunächst aus der Fahrtrichtung des Versuchsfahrzeugs Peugeot 106 gerade bis zum Kollisionspunkt verlegt. Am Kollisionspunkt knickt der Kabelverlauf um exakt 6° nach

links ab und verläuft dann in Richtung Startpunkt des Versuchsfahrzeugs BMW E36. Als seitlicher Versatz wurde eine Überdeckung von ca. 50 % der Fahrzeugbreite des Pkws Peugeot 106 gewählt, die sich aus dem Schadensbild der Unfallfahrzeuge und aus der übereinstimmenden Meinung der beiden Vorgutachten ergibt (siehe Abb. 70 und Abb. 71).

Abb. 70: Anprallkonstellation

Abb. 71: Anprallkonstellation

Der seitliche Versatz der Fahrzeuge wurde durch eine seitliche Verschiebung der Positionssensoren an beiden Fahrzeugen erreicht. Dadurch war es möglich, beide Fahrzeuge entlang desselben Leitkabels zu führen und trotzdem den gewünschten Kollisionswinkel und den gewünschten seitlichen Versatz einzuhalten (Abb. 72).

§ 1 Technische Fragestellungen

Abb. 72: Anprallkonstellation und Verlauf des Leitkabels

191 Bezüglich der Fahrzeuggeschwindigkeiten bei der Erstkollision sind bei den beiden Vorgutachten keine widersprüchlichen Angaben festzustellen. Im Erstgutachten A werden „maximale Geschwindigkeiten" von 80 km/h für den Pkw Renault (02) und 100 km/h für den Pkw Mazda (01) angegeben und auch für die PC-Crash Simulation verwendet. Im Zweitgutachten B werden Geschwindigkeitsbereiche angegeben, nämlich 70 bis 85 km/h für den Pkw Renault (02) und 82 bis 97 km/h für den Pkw Mazda (01). Insofern lässt sich feststellen, dass bezüglich der Geschwindigkeiten bei der Erstkollision kein wesentlicher Klärungsbedarf besteht. Für den Crashtest musste über eine Anpassung der Geschwindigkeit des Vergleichsfahrzeugs BMW E36 das leicht unterschiedliche Masseverhältnisse der Fahrzeuge berücksichtigt werden. Es wurden folgende Geschwindigkeiten angesetzt:

Pkw Peugeot 106 (als Ersatz für den Renault Kangoo): 77 km/h
Pkw BMW E36 (als Ersatz für den Pkw Mazda 6): 75 km/h

192 Der Crashtest wurde mit mehreren unterschiedlichen Kameras dokumentiert. Die wichtigste Kamera stellt die Ansicht senkrecht von oben dar, da hierbei die Fahrzeugbewegungen ideal analysiert werden können. Insgesamt kamen vier Hochgeschwindigkeitskameras zum Einsatz mit unterschiedlichen Bildfrequenzen.

c) Analyse des Crashtests

193 Das Versuchsfahrzeug Peugeot wurde 254 m vor dem Kollisionspunkt gestartet und beschleunigte entlang dem leicht kurvig, im Anprallbereich geradlinig verlaufenden Leitkabel. Die gesamte Fahrt wurde im 2. Gang durchgeführt. Der Geschwindigkeitsverlauf wurde vom CCV-System aufgezeichnet und ist in Abb. 73 dargestellt (graue, fast lineare Kurve). Die Geschwindigkeit am Anprallpunkt betrug exakt 76,52 km/h. Die ungefilterte Kurve zeigt die seitliche Abweichung des Fahrzeugs vom Leitkabel in

Millimeter an. Die stufenartige Kurve ist der prognostizierte Wegfehler am Kollisionspunkt in Meter, der von der **Weg/Zeitregelung** möglichst gering gehalten wird. Im vorliegenden Fall sollten beide Fahrzeuge exakt 23 Sekunden nach dem Start am Kollisionspunkt eintreffen. Dabei hat die Geschwindigkeitsregelung eine geringere Priorität, dh für den Crashtest ist es wichtiger, den exakten Kollisionspunkt zur richtigen Zeit zu erreichen, als die gewünschte Geschwindigkeit einzuhalten, insbesondere, da am Kollisionspunkt der Verlauf des Leitkabels in einem Winkel abknickt.

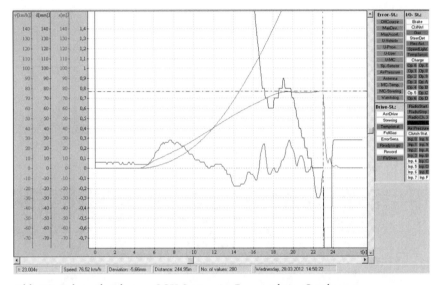

Abb. 73: Fahrtaufzeichnung CCV-System im Peugeot beim Crashtest

Eine vergleichbare Aufzeichnung erfolgte im Versuchsfahrzeug BMW E36 (siehe Abb. 74). Auch hier folgte das Fahrzeug einem zunächst leicht kurvigen Verlauf des Leitkabels, der im Anprallbereich mit einem Winkel von 6° auf die entgegenkommende Anlaufstrecke führt. Die Fahrt des BMW wurde ebenfalls im 2. Gang durchgeführt. Der zurückgelegte Weg betrug hier 204 m vom Startpunkt bis zum Kollisionspunkt, welcher bei diesem Fahrzeug ebenfalls in exakt 23 Sekunden erreicht werden musste. Die Geschwindigkeit am Anprallpunkt betrug hier 74,4 km/h. Die Abb. 75 zeigt die Fahrzeuge kurz nach der Kollision.

§ 1 Technische Fragestellungen

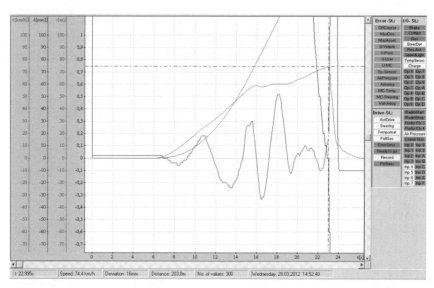

Abb. 74: *Fahrtaufzeichnung CCV-System im BMW beim Crashtest*

Abb. 75: *Fahrzeuge kurz nach der Kollision*

Abb. 76: Beschädigungen am Versuchsfahrzeug Peugeot 106

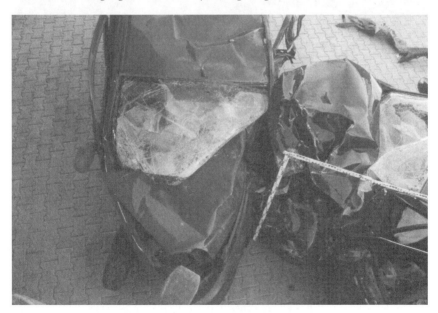

Abb. 77: Beschädigungen am Unfallfahrzeug Renault Kangoo

§ 1 Technische Fragestellungen

Abb. 78: Beschädigungen am Versuchsfahrzeug Peugeot 106

Abb. 79: Beschädigungen am Unfallfahrzeug Renault Kangoo

195 Durch den Anprall wird am Pkw Peugeot 106 der gesamte fahrerseitige Bereich des Motorraums deformiert bzw aufgerissen. Dass Fahrzeug knickt im Bereich der A-Säule ein und der gesamte Vorderbau wird nach links um ca. 70 bis 80° eingeknickt. Dadurch ergibt sich, dass die vordere Kante der Motorhaube annähernd in Fahrzeuglängsrichtung verdreht ist. Vergleicht man die Fahrzeugbeschädigungen mit denen des Unfallfahrzeugs Renault Kangoo, ist ein fast identisches **Schadensbild** festzustel-

len. Unterschiede ergeben sich hier hauptsächlich durch die baulichen Unterschiede der Fahrzeuge. Beispielsweise ist das Versuchsfahrzeug im Dachbereich aufgrund des Glasschiebedaches stärker kollabiert als das Unfallfahrzeug ohne Schiebedach. Insgesamt weist der Renault Kangoo eine stabilere Struktur der Fahrgastzelle auf, im Vergleich zum älteren Peugeot 106. Zusätzlich ist zu beachten, dass die Lichtbilder des Unfallfahrzeugs Renault Kangoo erst nach der Bergung des Fahrers durch die Feuerwehr angefertigt wurden. Dadurch ist der Bereich der Fahrerposition teilweise wieder zurückverformt und zB die A-Säule durchtrennt. Ab der A-Säule ist festzustellen, dass die seitliche Überdeckung der Fahrzeuge abnimmt und somit auch die seitliche Eindringtiefe. Die Eindringung zieht sich dennoch bis zur hinteren Kante der vollständig kollabierten Fahrertür durch, bis sich die Fahrzeuge voneinander trennen (vgl Abb. 76, Abb. 77, Abb. 78, Abb. 79). Bei den Beschädigungen am Versuchsfahrzeug BMW E36 ist ebenfalls ein vergleichbares Schadensbild entstanden (siehe Abb. 80, Abb. 81, Abb. 82, Abb. 83).

Im Vergleich ist festzustellen, dass die Deformationen am Vergleichsfahrzeug BMW etwas schwächer ausgefallen sind, als beim Unfallfahrzeug Mazda 6, während die Deformationen am Vergleichsfahrzeug Peugeot 106 etwas stärker ausgefallen sind, als beim Unfallfahrzeug Renault Kangoo. Dies ist auf die Verwendung von nicht identischen Fahrzeugen für den Crashtest zurückzuführen. Der Einfluss auf die Bewegungen der Fahrzeuge ist dabei jedoch sehr gering, da die qualitativen Beschädigungsbilder mit denen der Unfallfahrzeuge annähernd übereinstimmen.

§ 1 Technische Fragestellungen

Abb. 80: Beschädigungen am Versuchsfahrzeug BMW E36

Abb. 81: Beschädigungen am Unfallfahrzeug Mazda 6

I. Unfallrekonstruktion mittels Kollisionsversuchen

Abb. 82: Beschädigungen am Versuchsfahrzeug BMW E36

Abb. 83: Beschädigungen am Unfallfahrzeug Mazda 6

Durch den Anprall werden beide Fahrzeuge im Gegenuhrzeigersinn um die Hochachse gedreht. Das Vergleichsfahrzeug BMW dreht sich dabei um einen gedachten Punkt vor der Motorhaube, wobei das Heck einen entsprechenden Bogen beschreibt. Die Drehung endet beim Crashtest nach einem Rotationswinkel von ca. 120°. Dabei ist zu beachten, dass beim Crashtest am Punkt der Fahrzeugkollision bei beiden Fahrzeugen die Bremse betätigt wurde. Beim realen Unfall ist davon auszugehen, dass eine

Betätigung der Bremse nicht erfolgt ist, sondern lediglich die durch die Deformation blockierten Vorderräder die Fahrzeuge abgebremst haben (Abb. 84).

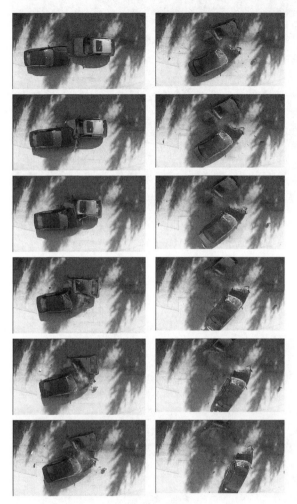

Abb. 84: Anprallsequenz von oben

c) Übertragung auf den realen Unfall

198 Die annähernd identischen Verformungsbilder der Versuchsfahrzeuge im Vergleich zu den Unfallfahrzeugen zeigt, dass der Anprallwinkel auch beim realen Unfall im vergleichbaren Bereich gewesen sein muss. Bezüglich der Fahrzeugdrehung des Versuchsfahrzeugs BMW ist festzustellen, dass der Rotationswinkel des Fahrzeugs um die Hochachse bei ca. 130° lag, während er beim Unfallfahrzeug Mazda bei ca. 160 bis 170° lag. Zudem fand die Schleuderbewegung des Unfallfahrzeugs Mazda auf ei-

nem etwas kürzeren Wegbereich statt, wie im späteren Kapitel anhand der Spuren gezeigt wird.

Diese Unterschiede liegen in den nicht identischen Masseverhältnissen und in den nicht identischen Anprallgeschwindigkeiten begründet. So ist festzustellen, dass die Geschwindigkeit des Pkws Renault Kangoo in einem höheren Bereich als von den Vorgutachtern angegeben gelegen hat, nach Auffassung der Verfasser in einem Bereich von ca. 83 bis 95 km/h. Mit einer höheren Geschwindigkeit des Versuchsfahrzeugs Peugeot 106 wäre die Rotation beider Fahrzeuge schneller und auch vom Winkelbereich her weiter erfolgt. Zudem wäre die Rotation des Versuchsfahrzeugs BMW E36 auf einem kürzeren Bereich erfolgt. Durch den Crashtest wurde gezeigt, dass sich der Anprallwinkel bei der Erstkollision in einem vergleichbaren Winkelbereich befunden haben muss, wie er mit 6° angesetzt wurde. Bei einem Anprallwinkel von ca. 27° (wie im Erstgutachten A angegeben), wären die Fahrzeugdeformation gänzlich anders ausgefallen. Die Tatsache, dass die gesamte Seitenstruktur des Unfallfahrzeugs Renault Kangoo bis zur Hinterkante der Fahrertür deformiert wurde und dass der Bereich des Motorraumes nach links verzogen ist, lässt sich nur mit einem entsprechend kleinen Winkelbereich vereinbaren. Bei einem Anprallwinkel von ca. 27° wäre beim Pkw Renault Kangoo ein deutlich kürzerer Deformationsbereich auf der linken Fahrzeugseite zu erwarten gewesen. Zusätzlich wäre eine Verschiebung des Bereiches des Motorraumes deutlich geringer ausgefallen und tendenziell eher nach rechts und nicht wie beim Unfallfahrzeug in extremem Maße nach links. Zusätzlich wäre zu erwarten gewesen, dass sich die Endlage des Pkws Mazda nach einem Anprall mit einem Winkel von 27° ebenfalls im angrenzenden Acker befunden hätte.

In jedem Fall ist festzustellen, dass der Bereich des Anprallwinkels beim Zweitgutachten B zwar noch tendenziell hoch, vom Gesamttoleranzbereich jedoch korrekt angegeben ist. Nach Einschätzung der Verfasser lag der Anprallwinkel des Unfallfahrzeugs Mazda 6 (01) bei ca. 6 bis 12° relativ zur Gegenrichtung des Pkws Renault Kangoo (02), wobei ein kleiner Teil dieses Winkels vom Pkw Renault Kangoo eingenommen wird. Mit Sicherheit kann gesagt werden, dass der Winkelbereich nicht bei den vom Erstgutachter A angegebenen 27° gelegen haben kann. Ein entsprechend großer Anprallwinkel wäre mit der vorhandenen Anprallkonstellation bei den vorhandenen Geschwindigkeiten physikalisch nicht möglich gewesen und ist mit den Fahrzeugschäden nicht vereinbar. Demgegenüber ist das Gutachten B diesbezüglich nachzuvollziehen.

Somit ist weiterhin festzustellen, dass der Anprallwinkel auf einen „normalen" Spurwechsel hinweist und nicht auf einen plötzlichen Ausweichvorgang zur Gefahrenabwehr. Über die Gründe dieses Spurwechsels ist den Verfassern nichts bekannt. Eine Ausweichreaktion aufgrund eines entgegenkommenden Fahrzeugs ist mit diesem Anprallwinkel nicht nachzuweisen.

Durch den Sachverständigen A (Erstgutachter) wurde der Unfallort unmittelbar nach dem Unfallgeschehen besichtigt und vermessen. Noch vor der Reinigung der Unfallstelle wurden markante Spuren mit roter Farbe direkt auf der Fahrbahn nachgezeichnet und vermessen. In einem Kurzgutachten wurde der Unfallhergang rekonstruiert. Die Anprallkonstellationen für Erst- und Zweitkollisionen wurden in maßstabsgerechten Skizzen eingetragen. Eine Übertragung der **Unfallspuren** in die Skizzen erfolgte bei diesem Erstgutachten A jedoch nicht (!). Im Zweitgutachten B wird dies entsprechend beanstandet. Dabei stellt der Zweitgutachter B fest, dass sich die Anprallkonstellationen, insbesondere der Zweitkollision, nicht mit den am Unfallort vorhandenen Spuren vereinbaren lassen. Als anschauliches Beispiel wird auf die folgende Abb. 85 verwiesen, in denen vom Sachverständigen B die zwei deutlich sichtbaren, schwarzen Driftspuren in die Unfallskizze des Sachverständigen A übertragen wurden, wobei offensichtlich keine Übereinstimmung mit den Fahrzeugpositionen vorhanden ist.

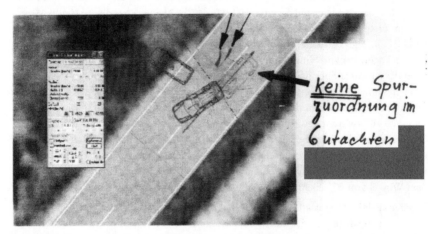

Abb. 85: Skizze aus Gutachten A mit nachträglicher Spureneinzeichnung des Sachverständigen B

203 Dadurch ergibt sich, dass durch den Erstgutachter A die Zweitkollision auf der linken Fahrspur (Gegenrichtung) aus Sicht des Angeklagten (03) (Pkw BMW) skizziert wurde, obwohl deutlich sichtbare Spuren auf der rechten Fahrspur vorhanden sind und nicht berücksichtigt wurden. Um diesbezüglich eine unparteiische Klärung zu erreichen, wurden die Spuren am Unfallort im Rahmen dieses Gutachtens erneut analysiert und anhand der Lichtbilder vom Unfallort in eine maßstabsgetreue Skizze übertragen. Dazu wurden mehrere Lichtbilder der Unfallstelle **perspektivisch entzerrt** und als Grundlage für die Spurenskizze verwendet (siehe Abb. 86).

I. Unfallrekonstruktion mittels Kollisionsversuchen

Abb. 86: Entzerrte Lichtbilder der Unfallstelle

Mit diesen entzerrten Lichtbildern konnte eine maßstabsgetreue Draufsicht der Unfallstelle erzeugt werden, die als Grundlage für die **Spurenanalyse** dient. Diese Vorgehensweise wäre nach Auffassung der Verfasser bereits im Rahmen des Erstgutachtens A erforderlich gewesen. Im nächsten Schritt wurden die erkennbaren Spuren in der Skizze eingezeichnet. Mit den maßstabsgerechten Hintergrundbildern ist es nun möglich, eine fehlerfreie Übertragung der Spuren in die Skizze vorzunehmen. Zusätzlich wurden die Endlagen der drei beteiligten Fahrzeuge in die Skizze übertragen (siehe Abb. 87).

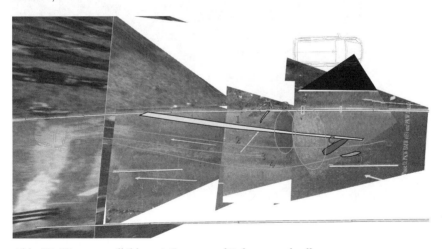

Abb. 87: Hintergrundbilder mit Spuren und Fahrzeugendstellungen

Nachdem die korrekte Übertragung der Spuren erfolgt ist, können nun die Lichtbilder der Unfallstelle ausgeblendet werden. Somit verbleibt eine maßstabsgerechte Unfallskizze mit eingezeichneten Spuren und Fahrzeugendstellungen (siehe Abb. 88).

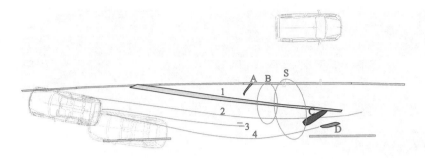

Abb. 88: Unfallskizze mit Spuren und Fahrzeugendstellungen

206 Für die Eingrenzung der Anprallkonstellation der Erstkollision wurden die Spuren des Crashtests ausgewertet. Dabei wurde eine markante Kratzspur entdeckt, die der Kratzspur A sehr ähnlich sieht (siehe Markierung in Abb. 89 und Abb. 90).

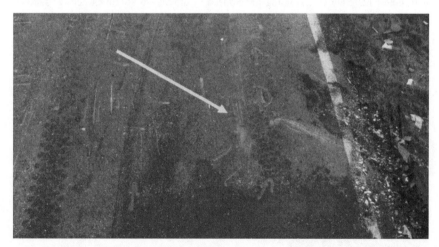

Abb. 89: Unfallstelle mit markanter Kratzspur A

I. Unfallrekonstruktion mittels Kollisionsversuchen 1

Abb. 90: Markante Kratzspur beim Crashtest

Der Sachverständige A führt in seiner Stellungnahme auf, dass entsprechende Spuren nicht zwingend direkt an der Position der Kollision erzeugt werden, sondern auch in der weiteren Bewegungsphase der Fahrzeuge. Dies ist grundsätzlich aus technischer Sicht korrekt. Sowohl beim Crashtest, als auch an der Unfallstelle weist die markante Kratzspur jedoch einen deutlich sichtbaren Richtungswechsel auf. Damit steht fest, dass die Kratzspur im Bereich der Kollisionsstelle und nicht erst im weiteren Auslaufverlauf generiert wurde, da ein solcher Richtungswechsel nur im Kollisionsbereich selbst erzeugt werden kann.

Beim Crashtest befindet sich diese Kratzspur in Längsrichtung exakt auf Höhe der Kollisionsstelle, etwa auf Position des rechten Scheinwerfers des Peugeot 106. Positioniert man das Fahrzeug Renault Kangoo an dieser Position, so ergibt sich, dass auch der Hauptbereich des Splitterfeldes und des Ölfleckes mit denen des Crashtests übereinstimmen (siehe Abb. 91). Das Unfallfahrzeug Renault Kangoo hat sich somit zum Zeitpunkt der Erstkollision mit Sicherheit nicht am linken Rand der Fahrspur befunden, da dann die vorhandenen Spuren nicht erklärbar wären.

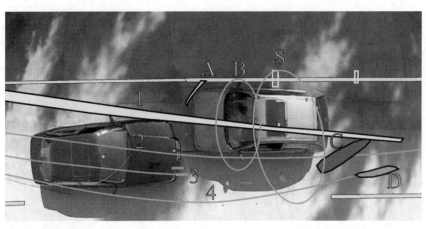

Abb. 91: Eingrenzung der Anprallstelle der 1. Kollision

209 Eine exakte Festlegung der seitlichen Position ist nicht mehr mit absoluter Sicherheit möglich. Dies wäre lediglich durch direkten Abgleich der Spuren mit den Unfallfahrzeugen vor Ort möglich gewesen. Eine seitliche Toleranz von über 30 cm ist jedoch nicht zu erwarten. Die Argumentation des Sachverständigen A dass sich der Ölfleck praktisch bis zur Mittelmarkierung erstrecken würde, ist durch die Tatsache verfälscht, dass am Unfallort die Fahrbahn nach links geneigt ist. Somit sind alle Flüssigkeitsspuren aufgrund der Fahrbahnneigung nach links erweitert. Der ursprüngliche Ort des Ölflecks befindet sich tatsächlich am rechten Fahrbahnrand.

210 Als Anprallwinkel der Erstkollision wurde 9° angesetzt (vgl Ausführungen oben), wobei der Pkw Mazda mit 6° in Richtung Gegenfahrbahn steuert und der Pkw Renault Kangoo innerhalb der eigenen Fahrbahn um 3° nach rechts gedreht fährt (vgl Abb. 92, Abb. 93).

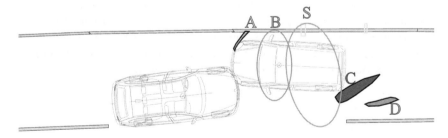

Abb. 92: Anprallkonstellation der 1. Kollision

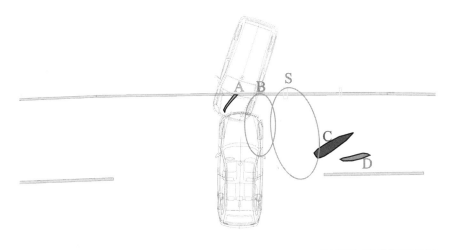

Abb. 93: Weiterer Verlauf der 1. Kollision

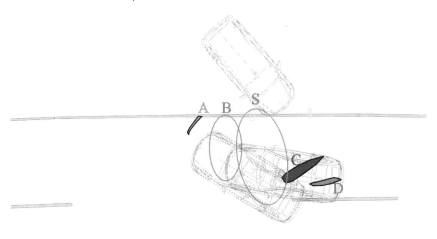

Abb. 94: Weiterer Verlauf der 1. Kollision, Erzeugung Driftspur C

Während der schnellen Rotation des Pkws Mazda im Gegenuhrzeigersinn um die 211 Hochachse befand sich das Fahrzeug mit den Hinterrädern über der Fahrbahn, weshalb auch keine Spuren der quer bewegten Hinterräder zu erkennen sind. Zwar wird im Zweitgutachten B eine bogenförmige Driftspur eingezeichnet. Diese konnte jedoch durch die Verfasser im Rahmen dieses Gutachtens auf keinem der Lichtbilder gefunden werden. Nach der Drehung des Pkws Mazda um ca. 120° im Gegenuhrzeigersinn landet das Fahrzeugheck mit dem hinteren rechten Reifen (siehe Abb. 94) und zeichnet dabei die deutlich sichtbare Driftspur C von unten nach oben. Am Ende dieser Driftspur greift der rechte Hinterreifen des Pkws Mazda wieder driftfrei und das Fahrzeug rollt noch einige Meter rückwärts in die Anprallkonstellation für die Zweitkollision, ohne dabei deutliche Spuren zu zeichnen.

212 Eine vergleichbare Driftspur wurde auch beim Crashtest durch das rechte Hinterrad des Vergleichsfahrzeugs BMW E36 erzeugt. Beim Crashtest erfolgte diese jedoch aufgrund der etwas geringeren Rotationsenergie bereits in einer früheren Phase der Rotation und war entsprechend länger (siehe Abb. 95).

Abb. 95: Erzeugung Driftspur beim Crashtest

213 Die Festlegung der Anprallkonstellation für die Zweitkollision gestaltet sich deutlich einfacher, da hierfür eindeutig zuweisbare Spuren vorhanden sind. Es handelt sich um die Spuren 1 bis 4, die sich über den gesamten Auslaufbereich hinziehen und sich dabei nicht kreuzen. Dabei ist die Spur 1 durch den rechten Vorderreifen und die Spur 2 durch den rechten Hinterreifen des Pkws Mazda gezeichnet worden, was sich aus der Endstellung der Fahrzeuge zwingend ergibt.

214 Die Spur 3 verläuft parallel zur Spur 1, was insbesondere am Spurende auffällig bestätigt wird. Die Spur 1 verläuft nämlich am Ende geradlinig bis zum rechten Fahrbahnrand, wobei auffälligerweise im Bankettbereich keine fortlaufende Spur festzustellen ist. Das bedeutet, dass die Vorderachse des Pkws Mazda an dieser Stelle nach links dem Verlauf des Fahrbahnrandes bis zur Endposition gefolgt ist. Die Spur des linken Vorderrades (3) zeigt am Ende den gleichen nach links abknickenden Verlauf. Die auffälligen zwei parallel verlaufenden Kratzspuren zu Beginn der Spur 3 wurden durch die Felge des linken Vorderrades des Pkws Mazda gezeichnet.

215 Zur Festlegung der Anprallkonstellation der 2. Kollision muss somit der rechte Vorderreifen des Pkws Mazda auf dem Beginn der Spur 1 gelegen haben. Weiterhin muss

der rechte Hinterreifen durch die Kollision auf die etwas später beginnende Spur 2 zur Deckung kommen, wodurch die Anprallkonstellation in sehr engen Grenzen feststeht (siehe Abb. 96). Die Spur 4 wurde durch den rechten Vorderreifen des Pkws BMW gezeichnet, wobei eine sichtbare Spurenzeichnung nicht am Kollisionspunkt sondern erst ca. 5 m später mit der deutlich sichtbaren schwarzen Spur D beginnt. Auch aus dieser Spur lässt sich die anfängliche Richtung des Pkws BMW des Angeklagten herleiten (siehe Abb. 97).

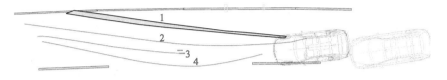

Abb. 96: Anprallkonstellation der 2. Kollision

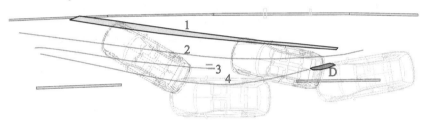

Abb. 97: Weiterer Verlauf der 2. Kollision, Spur D

Die weiteren Fahrzeugbewegungen sind durch die vorhandenen Spuren in einem relativ engen Bereich fixiert. Die leicht schräge Bewegungsrichtung des Pkws Mazda ist durch das nach links eingeschlagene Vorderrad zu erklären. Während der weiteren Auslaufbewegung der beiden Fahrzeuge bis zur Endstellung haben sie sich nicht voneinander getrennt. Es ist davon auszugehen, dass beide Fahrzeuge sich miteinander verkeilt haben und somit aneinander fixiert waren und die Bremswirkung hauptsächlich vom Pkw Mazda erfolgt ist. Der relative Winkel beider Fahrzeuge zueinander war während dieser Auslaufphase nicht konstant. Das vordere Fahrzeug Mazda war teilweise deutlich an der Front nach rechts gedreht. Damit ist auch die Spurenzeichnung des rechten Hinterreifens (2) zu erklären, der an sich nicht drehbehindert war, jedoch zwangsweise nicht in Rollrichtung geführt wurde.

Das Fahrzeug BMW des Angeklagten (03) befand sich somit während dieser Auslaufphase zeitweise komplett auf der Gegenfahrbahn, wie dies in der Stellungnahme des Sachverständigen A korrekt festgestellt wurde. Dies stellt jedoch nur einen Teil der bogenförmigen Auslaufbewegungen dar. Zum Zeitpunkt der Zweitkollision befand sich der BMW jedenfalls mit Sicherheit hauptsächlich auf der rechten Fahrspur, was sich aus dem Verlauf der Spuren eindeutig ergibt (siehe Abb. 97).

d) Ergebnis

218 Es war festzustellen, dass sich der Angeklagte (03) in seinem Pkw BMW zum Zeitpunkt kurz vor der zweiten Kollision mit Sicherheit auf der richtigen, rechten Fahrbahnseite befunden hat. Anhand der Spuren ist eindeutig zu erkennen, dass der Angeklagte (03) begonnen hat, nach links zu lenken, um dem Pkw Mazda (01) auszuweichen. Die analytische Auswertung und die Auswertung des Crashversuchs haben gezeigt, dass die für das „Obergutachten" durchgeführte Rekonstruktion den Verkehrsunfall real wiedergibt, was wiederum im Umkehrschluss bedeutet, dass von den beiden Gutachten, die sich bereits im Akteninhalt befinden, weitgehend das Gutachten B nachzuvollziehen war. Der Kollisionsversuch hat die Rekonstruktion aus diesem Gutachten verifiziert. Somit ergab der Kollisionsversuch, dass beide Gründe aus dem Erstgutachten A, die für ein „Verschulden" am Unfall durch den Angeklagten (03) sprachen, nämlich einerseits der steile Anprallwinkel der Erstkollision und andererseits der Ort der Zweitkollision auf der Gegenfahrbahn aus Sicht des Angeklagten, nicht bestätigt werden konnten. Der ohnehin sehr unwahrscheinliche Fall, dass der Fahrer des Pkws Mazda (01) dem auf seiner Fahrspur entgegenkommenden Pkw BMW des Angeklagten (03) ausgerechnet nach links ausgewichen sein soll, obwohl dort die Kollision mit dem Pkw Renault Kangoo (02) zu erwarten gewesen wäre und rechts ein freies Feld vorhanden war, war demnach nach Auswertung nicht gegeben. Das Vorgutachten B war somit zu bestätigen.

IV. Fazit

219 In der Gesamtschau ist festzustellen, dass die Unfallrekonstruktion mittels Kollisionsversuchen gerade den besonderen Vorteil aufweist, dass ein lange währender Rechtsstreit relativ schnell beendet werden kann, da über den **Kollisionsversuch** eine signifikante Nachvollziehbarkeit des Unfallablaufes generiert wird. Die immer wieder diskutierten hohen Kosten sind durch das einsetzbare **CCV-System** nicht mehr ein relevantes Hindernis einen Kollisionsversuch durchzuführen. Auch ist es möglich, über das CCV-System Kollisionen an realen Unfallstellen nachzustellen, also auch ein Geländeprofil zu übernehmen, ohne dass man auf einer Crashbahn oder ähnlichem eine Kollision durchführen muss. Die hohe Beweissicherheit und die gute Nachvollziehbarkeit selbst für Laien sind deutliche Vorteile im Vergleich zu einem normalen unfallanalytischen Gutachten ohne Kollisionsversuch.

220 Die Verfasser vertreten deshalb die Meinung, dass natürlich nicht in jedem Fall, aber im Sonderfall, insbesondere wenn auch ein Gutachterstreit vorliegt, ein derartiger Kollisionsversuch zielführend ist.

221 Nachdem eine Kinematikauswertung von Insassenbewegungen über die derzeit vorliegenden Kinematikmodelle und Simulationsmöglichkeiten bzw rechnergestützte Simulationsmodelle nicht sicher möglich ist, ist ein Kollisionsversuch, insbesondere

wenn es bsp. um die Fragestellung eines Gurtanlegens geht, unumgänglich. Gerade bei Hochgeschwindigkeitskollisionen liegen wenig Literaturstellen vor, die einem unfallanalytischen Sachverständigen als Grundlage dienen können, um einen Unfall zu rekonstruieren. Insofern sind für diese Fragestellungen deshalb Kollisionsversuche zur Rekonstruktion angezeigt und in vielen Fällen unumgänglich.

J. Sehen – Wahrnehmen – Reagieren

Zur Gefahrenabwehr im Straßenverkehr sind im Rahmen der technischen Unfallanalyse zwei Bereiche zu diskutieren, zum einen die aktive Unfallvermeidung, hier vorwiegend durch Lenken und Bremsen als Reaktion auf eine Konflikterkennung. Zum anderen ist der Bereich des antizipatorischen Verhaltens, also des an die jeweilige Situation vorausschauend angepassten Verhaltens zu diskutieren. Bei diesem Komplex steht insbesondere die juristische Verhaltensbewertung des konfliktären Verkehrsteilnehmers im Vordergrund, so dass aus technischer Sicht der aktive Vermeidungskomplex vorrangig dargestellt werden soll.

Die aktive Konfliktvermeidung in einem motorisierten Fahrzeug erfolgt typischerweise über Bremsen, Lenken oder einer Kombination beider Aktionen. Diesen Aktionen muss das Sehen eines Reizes, die Aufmerksamkeitszuwendung, die Konfliktbewertung und der Aufbau eines adäquaten Handlungskonzeptes vorausgehen. Dieser Ablauf wird in der Reaktionszeit zusammengefasst. Der Übergang zum technischen Abwehrablauf ist dann der Beginn der Bremspedal- bzw der Lenkradbewegung. Oft wird insbesondere in der juristischen Bewertung eine Reaktionszeit von 1 s als Standardwert festgeschrieben. Dies kann jedoch insbesondere in Grenzfällen zu einer falschen Bewertung des Unfallablaufs bzw der Vermeidungsmöglichkeiten eines Beteiligten führen, da der in der Reaktionszeit zurückgelegte Weg zusammen mit dem Schwell- und Bremsweg den Gesamtanhalteweg bildet.

Bereits zum 20. Deutschen Verkehrsgerichtstag 1982 wurden Empfehlungen zur Dauer der Bremsreaktion veröffentlicht. Dabei wurden auch Untersuchungen berücksichtigt, die die Blickzuwendung zu einem Konfliktreiz in die Ermittlung der Reaktionsdauer einbeziehen. Es ergaben sich hier mittlere Basisreaktionswerte von 0,86 s bei zentralem Reiz, so dass sich die bei unfallanalytischen Gutachten im Regelfall angesetzte Reaktionszeit von 0,8 s weitestgehend bestätigt hat. Für den Sonderfall von Blickzuwendungen außerhalb des direkten Sichtfeldes ist hingegen von höheren Reaktionszeiten auszugehen. Bei komplexen Verkehrssituationen ist zudem nicht auszuschließen, dass es zu einer Verlängerung der Blickzuwendungsdauer kommen kann. Auch bei Dunkelheit ist mit einer zusätzlichen Verlängerung der Reaktionsdauer zu rechnen. Dies bezieht sich im Wesentlichen auf die visuelle Konflikterkennung.

Neuere Untersuchungen liefern Hinweise darauf, dass im Extremfall Verlängerungen der Reaktionsdauer bei Dunkelheit bis zum Dreifachen der Werte unter Tageslicht auftreten können. Dies kann nicht alleine mit den sich aus der Dunkelheit ergebenden verschlechterten visuellen Bedingungen erklärt werden. Diese ergeben sich im Wesentlichen aus der verschlechterten Kontrastierung, die schon in der Dämmerung erhebliche Ausmaße annehmen und sogar die Defizite der Kontrastbildung bei Dunkelheit übersteigen kann. Schläfrigkeit ist in einem erheblichen Maß ebenfalls an der Verlängerung von Reaktionszeiten beteiligt. Maxima treten hier in den Zeiten um 2:00 Uhr und 6:00 auf. Schläfrigkeit ist eine bislang nur wenig beachtete Ursache für Verkehrsunfälle. Vorsichtige Schätzungen gehen jedoch mit einem Verursachungsanteil bei mehr als 40 % der Verkehrsunfälle aus. Besonders betroffen sind Berufskraftfahrer im Ferngüterverkehr, die besonders schlechten Übernachtungsbedingungen ausgesetzt sind. Ein hoher Anteil der oft ungebremsten Auffahrunfälle von Lkws auf Autobahnen ist sicherlich auf Effekte von Monotonie und Schläfrigkeit zurückzuführen. Daneben verlängern auch Alkohol- und Drogenkonsum die Reaktionsdauer erheblich. Dabei muss es sich nicht zwingend um illegale Drogen handeln. Medikamente können vergleichbare Wirkungen haben. So haben einige Antidepressiva am Behandlungsbeginn ein Alkoholäquivalent bis 0,8 ‰, das erst im Verlauf von etwa 2 Wochen bis auf Werte um 0,2 ‰ abfällt.

226 Der Reizverarbeitung, die schließlich zur Abwehrreaktion führt, geht eine präattentive Wahrnehmungsphase voraus. Dies ist die Zeit, innerhalb der sich das Bild eines Konfliktpartners sich vom Hintergrund zunehmend bis zur Wahrnehmungsschwelle abbildet. Negative Einflüsse können hierbei

- **meteorologische Ursachen** wie zB Nebel, Niederschläge,
- **okulare Ursachen** wie Sehschärfe, Akkomodation, Adaption, Blendung,
- **physikalische Ursachen** wie Spiegelungen, Verschmutzungen von Frontscheiben, Scheinwerfern etc. und schließlich
- **Sichtbehinderungen** in Form von lokalen Verdeckungen (Gebäude, Büsche, parkende Fahrzeuge etc. sowie mobile Sichthindernisse durch andere Verkehrsteilnehmer)

sein.

227 All diese Faktoren sind **bei einer Bewertung der Konfliktwahrnehmung eines Verkehrsteilnehmers zu berücksichtigen.** Sie sind nicht in der Standard-Reaktionsdauer repräsentiert. Hier ist ggf eine umfangreichere Analyse zu den externen Einflussgrößen auf die Konfliktwahrnehmung, in besonderen Fällen auch eine ophtalmologische, neurologische und ggf auch eine psychiatrische Beurteilung des in einem Konflikt involvierten Verkehrsteilnehmers in Erwägung zu ziehen.

228 Insbesondere bei Dunkelheitsunfällen zwischen Pkw und Fußgängern bzw Radfahrern sind die Ausleuchtungs- und Wahrnehmungsmodalitäten zu berücksichtigen. Die asymmetrische Leuchtweitenverteilung des Abblendlichts hat dabei auf dem eigenen Fahrstreifen eine deutlich größere Leuchtwirkung als auf dem Gegenfahrstreifen bzw dem linken peripheren Bereich. Untersuchungen zeigten, dass mit normalem H4-Abblendlicht schwarz gekleideten Fußgängern eine Erkennbarkeitsentfernung von ca. 25 m bis 30 m auf dem eigenen Fahrstreifen, also unmittelbar vor dem als Beispiel gewählten Pkw, auf dem Gegenfahrstreifen bzw dem linken Fahrbahnrand jedoch nur eine Erkennbarkeitsentfernung von ca. 10 m zugeordnet werden kann. Dunkelgrau

J. Sehen – Wahrnehmen – Reagieren

gekleidete Fußgänger können dagegen Erkennbarkeitsentfernungen am rechten Fahrbahnrand oder auf dem Fahrstreifen des Pkws von ca. 60 m und vom linken Fahrbahnrand von ca. 40 m erreichen. Verschmutzung von Scheinwerfern bzw. Frontscheiben wirken dabei deutlich reduzierend. Hier ergeben sich Größenordnungen bis ca. 15 m. Dies alles können nur Richtgrößen sein. Mit der individuellen Kleidung sind ggf differenziertere Untersuchungen ggf auch unter Beiziehung lichttechnischer Sachverständiger durchzuführen. Auch kann Dämmerung eine Wahrnehmungsverschlechterung nicht nur gegenüber Tageslicht, sondern auch im Vergleich mit Dunkelheit aufgrund möglicher Kontrastkompensationen bewirken.

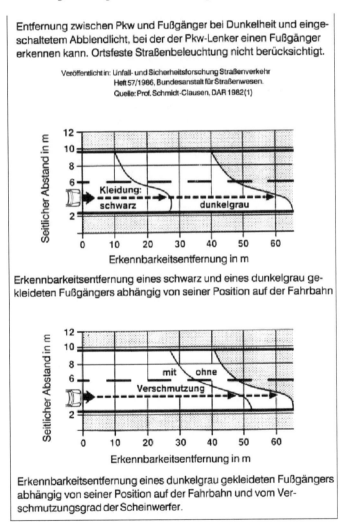

Abb. 98: Erkennbarkeitsentfernungen

229 Die Anwesenheit eines möglichen Konfliktpartners alleine in der vorausliegenden Szene hat in vielen Fällen noch keine reaktionsrelevante Signalwirkung. Allerdings wird bei schwachen Verkehrsteilnehmern, wie Kindern/alten Menschen, schon aufgrund deren Anwesenheit in möglichen Konfliktzonen seitens der Rechtsprechung eine präventive Verhaltensanpassung des motorisierten Verkehrsteilnehmers postuliert. Die Einleitung einer aktiven Vermeidungshandlung bedarf jedoch eines konfliktorientierten Reizes, wie etwa das Einschreiten eines zuvor am Fahrbahnrand stehenden Fußgängers in die Fahrbahn oder der erkennbare Beginn eines Linksabbiegens im Gegenverkehr. Hierzu sind jeweils Bewegungen erforderlich, die mit einem Zeitverbrauch einhergehen. Zwar kann auch schon das Vorbeugen eines Fußgängers zur Schrittvorbereitung erste Hinweise auf dessen Bewegungsintension liefern. In der Rekonstruktionspraxis wird jedoch üblicherweise das zeitliche Ende des ersten Schritts in die Fahrbahn hinein (Richtwert 0,5 s bis maximal 1 s) als Beginn der einforderbaren Reaktionszeit gewertet. Ähnliche Werte ergeben sich auch für das Anfahren eines Pkws aus dem Seitenbereich, wobei dies jedoch auch von dem Einlaufwinkel im Verhältnis zur Bewegungsachse des Beobachters abhängt. Zur genaueren Klärung sind hier ggf Sicht-/Bewegungsanalysen, wie sie mithilfe der rechnergestützten 3D-Simulation zB erfolgen können, notwendig. Zu beachten ist auch, dass Reaktionsreize durch komplexe Situationen maskiert werden können.

J. Sehen – Wahrnehmen – Reagieren

Abbildung J2: Empfehlungen zur Reaktionsdauer
vom 20. Deutschen Verkehrsgerichtstag 1982

	Perzentil		
	2%	50%	98%
Blickzuwendungsdauer	0,32	**0,48**	0,55
ist nur zuzubilligen, wenn die Quelle der Gefahr außerhalb des fovealen Bereichs liegt, d.h. wenn eine Blickbewe-gung größer als 0,5° erforderlich ist, um den Ort der objektiven Reaktionsaufforderung zu erfassen.			
Korrektursakkadendauer	0,09	**0,13**	0,15
ist nur zuzubilligen, wenn eine Blickbewegung größer als 5° erforderlich ist, um den Ort der objektiven Reaktions- aufforderung zu erfassen.			
Informationverarbeitungsdauer	0,22	**0,45**	0,58
ist unter allen Umständen zuzubilligen und umfaßt die physiologisch erforderliche Reaktionsdauer, so z.B. die Wahrnehmungs-, die Erkennungs- und die Entscheidungsdauer.			
Umsetzdauer	0,15	**0,19**	0,21
ist im Regelfall zuzubilligen, da der Fuß nicht auf dem Bremspedal ruht, sondern erst vom Gas- auf das Brems- pedal umgesetzt werden muß.			
Schwelldauer	0,17	**0,22**	0,24
(=Anlege- und Spurzeichnungsschwelldauer) entspricht der Zeitspanne, die vom Beginn der Betätigung des Bremspedals bis zur Spurzeichnung vergeht.			
Basisreaktionsdauer	*0,58	**0,86**	*0,99
+ Blickbewegung zwischen 0,5° und 5°	1,02	**1,34**	1,48
+ Blickbewegung größer als 5°	1,11	**1,47**	1,62

* Während sich die 50%-Perzentile (Mediane) aus der Summe der einzelnen Reaktionszeit-Mediane ergeben, ist dies bei den 2%- und 98%-Percentilen nur näherungsweise der Fall, da hier eine andere Berechnungsvorschrift gilt.

Abb. 99: Empfehlungen zur Reaktionsdauer

K. Diagrammscheiben

230 Diagrammscheiben, wie sie in Transportfahrzeugen eingesetzt werden, können unter anderem zur Geschwindigkeitsüberwachung herangezogen werden. Dabei sind die Toleranzen dieser Aufzeichnungssysteme zu berücksichtigen. Weiterhin muss sichergestellt werden, dass die Null-Linie der Aufzeichnung tatsächlich auch auf der Null-Linie der Diagrammscheibe verläuft. Ansonsten sind Korrekturen erforderlich, die entweder beim Diagrammscheiben-Hersteller oder bei entsprechend ausgestatteten Sachverständigen durchgeführt werden können. Zu beachten ist, dass die Uhr der Diagrammscheibe nicht extern, etwa über eine Funkuhr, sondern per Hand eingestellt wird. Insofern liefern Geschwindigkeitsauswertungen aus Diagrammscheiben kein verlässliches Korrelat zu anderen Geschwindigkeitsüberwachungsmaßnahmen, zumal auch bei diesen die geräteinternen Uhren nicht zentral gesteuert werden.

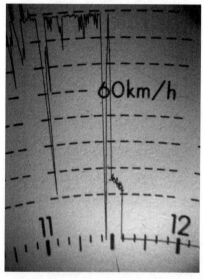

Abb. 100: Diagrammscheibenausschnitt

231 Nicht nur Überschreitungswerte können aus Diagrammscheiben ausgelesen werden, sondern auch die Geschwindigkeit eines Fahrzeuges bei der Kollision. Kommt es zu stärkeren Stößen, insbesondere im Frontbereich, so werden oftmals entsprechende Ausschläge auf dem Diagrammschreiber registriert, die dann die Kollisionsgeschwindigkeit im Normalfall repräsentieren. Zu beachten ist hierbei, dass es vorkollisionär zu keinem Blockieren der Vorderräder gekommen sein darf, da ansonsten der Geschwindigkeitswert der Kollision verfälscht wird und dann ein sicherer Rückschluss auf die Kollisionsgeschwindigkeit nicht mehr möglich ist.

K. Diagrammscheiben

Abb. 101: Mikroskopaufnahme einer Kollisionsmarke

§ 2 Juristische Fragestellungen

A.	Einleitung	1	I. Parteivortrag	51
B.	Die Stellung des Sachverständigen	2	II. Polizeiakten	54
	I. Gewerbeordnung	6	III. Fahrzeugschäden	57
	II. Handwerksordnung	7	IV. Augenschein	58
	III. ZPO und StPO	8	E. Aufbau des Gutachtens	61
	1. Der Sachverständige ist Gehilfe des Richters	9	I. Wiedergabe des Auftrags	63
	2. Der Sachverständige als Beweismittel	16	II. Dokumentation der Anknüpfungstatsachen	64
	3. Der Sachverständige im Zivilverfahren, Verwaltungsverfahren, Strafverfahren	18	III. Unfallanalyse	66
			IV. Zusammenfassung und Ergebnis	68
	4. Der Beweis des Verschuldens in den verschiedenen Verfahrensarten	21	V. Eigenverantwortliche Erstellung des Gutachtens	69
C.	Die Beauftragung des Sachverständigen	28	F. Das mündliche Gutachten	70
	I. Ermittlungs- oder Strafverfahren	30	I. Das mündlich erstellte Gutachten	70
	II. Zivilverfahren	33	II. Die mündliche Anhörung des Sachverständigen nach § 411 Abs. 3 ZPO	73
	1. Der Anscheinsbeweis	36		
	2. Die Beweiserleichterung des § 287 ZPO im Zivilprozess	38	G. Befangenheit und Ablehnung des Sachverständigen	74
	3. Die doppelte Beweiserleichterung beim Nachweis des Erwerbsschadens nach §§ 252 BGB/287 ZPO	44	H. Obergutachten	79
	4. Beweislastumkehr bei Unfallflucht	45		
D.	Anknüpfungstatsachen	49		

A. Einleitung

1 Dies ist ein Buch nicht **über** sondern im Wesentlichen **von Sachverständigen** über Wissenschaft und Technik im Verkehrs- und Strafrecht. Nachdem wissenschaftlich technische und medizinische Fragen regelmäßig von Menschen mit dem entsprechenden Sachverstand besprochen und beantwortet werden und die sachverständigen Menschen normalerweise nicht wertfrei, sondern eingebunden in irgendein wirtschaftliches und juristisches Verfahren tätig werden, erscheint es sinnvoll, über ihre Stellung, ihre Aufgaben, Verantwortung und rechtlich festgelegte Arbeitsweise vorab in aller gebotenen Kürze zu referieren. Dabei werden wir feststellen, dass Stellung und Aufgabe des Sachverständigen im Gesetz – anders als bei Ingenieuren, Architekten, Ärzten, Richtern, Anwälten oder Steuerberatern – nur sehr mager definiert und beschrieben ist, aber auch, dass seine Arbeitsweise sehr unterschiedlich sein kann, je nachdem. ob er zB im Strafverfahren oder im Zivilprozess tätig wird.

B. Die Stellung des Sachverständigen

2 „Wirtschaft, Justiz und Behörden brauchen Zuarbeiter mit besonders hoher Fachqualifikation und verlässlicher persönlicher Integrität, die als Schaden/Unfallsachverständige im Straßenverkehr

B. Die Stellung des Sachverständigen

- Fahrzeugschäden objektiv beurteilen und die Kosten ihrer Behebung korrekt kalkulieren
- Unfälle im Straßenverkehr zuverlässig und brauchbar analysieren.

Weder Hochschulabsolventen mit Ingenieurabschlüssen noch Kfz-Meister mit besiegelten Meisterbriefen verfügen sofort über diese von „Sachverständigen" geforderte und erforderliche Fach- und Sachkunde. Die Inhalte ihres vorausgegangenen Ausbildungs- und Prüfungsstoffes decken bei weitem nicht das notwendige Kenntnis- und Fähigkeitsbild eines ‚Sachverständigen' ab. Das bildet sich erst in **mehrjähriger einschlägiger Tätigkeit und ständig fortgesetzter Ausbildung** heraus, die auf dem Sockel der soliden Technik- Grundausbildung aufgebaut werden" (Dipl.-Ing. *Kurt Dorminger*, 41. Verkehrsgerichtstag, Goslar 2003).

Tatsächlich gibt es aber das fachlich geprägte Berufsbild des „Sachverständigen" nur ansatzweise und ohne eine ausreichende gesetzliche Grundlage.

Der 41. Verkehrsgerichtstag in Goslar 2003 hat daher in dem sehr stark besuchten Arbeitskreis VII nahezu einstimmig folgende Empfehlung ausgesprochen:

1. Der Arbeitskreis fordert mit Nachdruck den Gesetzgeber auf, für Sachverständige der Bereiche „ Kfz-Schäden- und Bewertung" sowie „Straßenverkehrsunfallanalyse" Berufsbilder zu erlassen, wie bereits beim 23. Verkehrsgerichtstag 1985 empfohlen.
2. Grundlage sollten die normativen Dokumente sein, welche die Organisationen und Verbände des Kfz-Sachverständigenwesens für diese Berufsbilder bereits verabschiedet haben. Die Grundvoraussetzungen sind insbesondere
   - bei „Schäden und Bewertung" mindestens eine Vorbildung als Kfz-Meister und
   - für den Bereich „Unfallanalyse" ein erfolgreich abgeschlossenes Ingenieurstudium.
3. Für die Übergangsphase empfiehlt der Arbeitskreis eine freiwillige Selbstbindung der Bestellungskörperschaften, Sachverständigen-Verbände, -Organisationen und Kfz-Versicherer an die in Ziffer 2 genannten Grundvoraussetzungen. Als Kfz-Sachverständiger ist nur anzuerkennen, wer eine öffentliche Bestellung und Vereidigung oder eine Personalzertifizierung nach den oben genannten Kriterien nachweist.
4. Zur Zertifizierung ist nur berechtigt, wer die Anforderungen der Europäischen Norm 45013 erfüllt und eine Akkreditierung im Sinne des Deutschen Akkreditierungsrates oder eine gleichwertige Akkreditierung nachweist.

Tatsächlich hat der Gesetzgeber bisher ein entsprechendes Berufsbild normativ nicht festgesetzt.

Der „Sachverständige" wird hauptsächlich und unter anderem erwähnt in den nachfolgenden Gesetzen.

1 § 2 Juristische Fragestellungen

I. Gewerbeordnung

§ 36 GewO Öffentliche Bestellung von Sachverständigen.

(1) Personen, die als Sachverständige in den Gebieten der Wirtschaft ... tätig sind oder tätig werden wollen, sind auf Antrag durch die von den Landesregierungen bestimmten oder nach Landesrecht zuständigen Stellen für bestimmte Sachgebiete öffentlich zu bestellen, sofern für diese Sachgebiete ein Bedarf an Sachverständigenleistungen besteht, sie hierfür besondere Sachkunde nachweisen und keine Bedenken gegen ihre Eignung bestehen. Sie sind darauf zu vereidigen, daß sie ihre Sachverständigenaufgaben unabhängig, weisungsfrei, persönlich, gewissenhaft und unparteiisch erfüllen und ihre Gutachten entsprechend erstatten werden. Die öffentliche Bestellung kann inhaltlich beschränkt, mit einer Befristung erteilt und mit Auflagen verbunden werden.

(2) ...

(3) Die Landesregierungen können durch Rechtsverordnung die zur Durchführung der Absätze 1 und 2 erforderlichen Vorschriften über die Voraussetzungen für die Bestellung sowie über die Befugnisse und Verpflichtungen der öffentlich bestellten und vereidigten Sachverständigen bei der Ausführung ihrer Tätigkeit erlassen, insbesondere über ....

(4) Soweit die Landesregierung weder von ihrer Ermächtigung nach Absatz 3 noch nach § 155 Absatz 3 Gebrauch gemacht hat, können Körperschaften des öffentlichen Rechts, die für die öffentliche Bestellung und Vereidigung von Sachverständigen zuständig sind, durch Satzung die in Absatz 3 genannten Vorschriften erlassen.

6 Als einziges Land hat der Freistaat Bayern von seiner Ermächtigung gem. Abs. 3 Gebrauch gemacht und das **Bayerische Sachverständigengesetz** vom 11.10.1950 erlassen, das jedoch im Wesentlichen nur auf die Gebiete der Land- und Forstwirtschaft beschränkt ist.

II. Handwerksordnung

§ 91 HandwO [Aufgaben]

(1) Aufgabe der Handwerkskammer ist insbesondere

... –

8. Sachverständige zur Erstattung von Gutachten über Waren, Leistungen und Preise von Handwerkern zu bestellen und zu vereidigen.

7 Von wesentlich größerer Bedeutung sind

- Die **Muster-Sachverständigenordnung des Deutschen Industrie und Handels-Kammertages** vom 25.9.2001

- Die **Muster-Sachverständigenordnung des Deutschen Handwerkkammertages** vom 8.12.1998

Wesentliche Voraussetzungen und Kriterien des Berufsbildes des Sachverständigen sind nach diesen Sachverständigenordnungen:

- die besondere Sachkunde,

- Die Verpflichtung zur unabhängigen, weisungsfreien, persönlichen, gewissenhaften und unparteiischen Leistungserbringung,

- der Abschluss einer Berufshaftpflichtversicherung,

- die Fortbildung,

- die Einhaltung von Mindestanforderungen bei der Erstellung eines Gutachtens,
- die Aufzeichnung von Daten über einzelne Geschäftsvorgänge sowie über die Auftraggeber.

III. ZPO und StPO

In der Zivilprozessordnung und in der Strafprozessordnung wird das Vorhandensein des Sachverständigen einfach vorausgesetzt: §§ 72 bis 85 StPO und §§ 144, 273, 402 bis 414 ZPO regeln die Aufgaben, die Pflichten, die Auswahl und die Anleitung des Sachverständigen im Straf- und im Zivilverfahren (unter Rn 28 ff näher dargestellt).

1. Der Sachverständige ist Gehilfe des Richters

Der Sachverständige vermittelt im Prozess dem Gericht das Fachwissen, über das dieses nicht verfügt. Er ist sozusagen der erweiterte Kopf des Gerichts. Zwar kann das Gericht, wenn es bei der Beurteilung von Fachfragen über eine ausreichende Kenntnis verfügt, auch ohne Hinzuziehung eines Sachverständigen entscheiden. Dann muss es aber seine Sachkunde darlegen und den Parteien mitteilen, dass es ohne Erholung eines Gutachtens entscheiden möchte, damit die Parteien Gelegenheit haben, die Ansicht des Gerichts in Frage zu stellen und die Erholung eines Fachgutachtens ausdrücklich zu beantragen.

Erholt das Gericht ein Gutachten, so ist es verpflichtet, dieses sorgfältig und kritisch zu überprüfen. Das berechtigt es jedoch nicht, die Sachverständigenäußerungen ohne ausreichende Begründung in Frage zu stellen[1]. Das Gericht muss dem Inhalt eines Gutachtens nicht folgen. Zwar braucht das Gericht einem Gutachten nicht zu folgen, wenn es Zweifel an dessen Richtigkeit hat; jedoch wird es ohne Erholung eines weiteren Gutachtens in aller Regel nicht von sich aus entscheiden können.

Zwar ist es durchaus angängig, dass ein Spezialgericht, zB eine Baukammer/ Verkehrszivilkammer allgemeine in jahrzehntelanger Berufserfahrung gewonnene Erfahrungssätze zur Abfassung seiner Entscheidungen heranzieht. Jedoch lässt der BGH dies nur in ganz engen Grenzen zu. So hatte ein OLG die Verletzung der Verkehrssicherungspflicht des Betreibers eines Freibades bejaht, weil ein 11-jähriger Junge bewusstlos unter Wasser getrieben war, ohne vom Bademeister bemerkt zu werden und schwerwiegende körperliche Schäden davongetragen hatte. Das Gericht hatte aufgrund eigener Sachkunde angenommen, dass das Kind mind. 4 min. untergetaucht gewesen sei, weil einerseits Zyanose und Lungenschädigung aufgetreten seien, andererseits eine Unterkühlung gefehlt habe und gesundheitliche Schwerstschäden ausgeblieben seien.

Der BGH hat dies nicht gebilligt. Zwar sei es grundsätzlich dem pflichtgemäßen Ermessen des Gerichts überlassen, ob es die eigene Sachkunde für ausreichend erachte. Die Würdigung eines nicht einfachen medizinischen Sachverhalts, wie ihn die Folgen eines Badeunfalls darstellten, erfordere aber regelmäßig eine spezielle Sachkunde und

---

1 BGH VersR 1989, 758 und VersR 1984, 354 f.

werde nicht schon durch die Kenntnis allgemeiner Erfahrungssätze ermöglicht, die sich das Gericht aus anderen Verfahren angeeignet haben möge[2].

13 Noch weiter ist der BGH in einer Entscheidung vom 27.3.2001[3] gegangen. Hier ging es darum, dass der medizinische Sachverständige im schriftlichen Gutachten einen groben Behandlungsfehler verneint, in der mündlichen Anhörung jedoch erklärt hatte, dass jeder behandelnde Arzt wissen müsse, dass die gewählte Behandlung auf Dauer nicht ausreichend sein könne. Das OLG hat daraufhin einen groben Behandlungsfehler bejaht. Der BGH war dagegen der Ansicht, dass sich das Berufungsgericht (OLG) nicht mit einer eigenen Interpretation über die Widersprüche in den Ausführungen des Sachverständigen hinwegsetzen dürfe. Auch wenn die Beurteilung eines Behandlungsfehlers als grob oder nicht grob eine juristische Wertung sei, müsse das Gericht durch gezielte Befragung – oder Beauftragung eines weiteren Sachverständigen – Unklarheiten und Widersprüche bei den verschiedenen Bekundungen des Sachverständigen klären.

14 Das Gericht ist in allen Fällen, die eine besondere Fachkunde erfordern, **auf die Hinzuziehung eines Sachverständigen unbedingt angewiesen**. Häufig finden sich in Urteilen der Instanzgerichte Sätze wie diese:

„Der erkennende Richter, der selbst im Jahr 3000 km mit dem Fahrrad fährt ... ."

„Das Gericht, das regelmäßig am Wochenende Motorradtouren unternimmt ... ."

„Die Mitglieder des Gerichts, die seit Jahrzehnten mit der Behandlung von Arzthaftungsprozessen befasst sind ... ."

Die daraus jeweils gewonnenen Erkenntnisse sind sicherlich nicht ohne Wert. Sie ersetzen jedoch im Regelfall nicht die besondere Fachkunde, die das Gesetz zB in § 36 GewO oder in § 91 Abs. 1 Nr. 8 HandwO für die öffentlich bestellten und vereidigten Sachverständigen definiert. Es geht hierbei nicht um die Missbilligung der Eitelkeit eines Richters sondern um die prozessuale Stellung einer Partei, die sich durch eine derartige Anmaßung zweifellos in ihrem verfassungsmäßigen Recht auf Gehör verletzt sehen darf.

15 Will das Gericht aufgrund eigener Sachkunde, ohne Hinzuziehung eines Sachverständigen entscheiden, so muss es vorher den Parteien Gelegenheit geben, ihre Einwendungen dagegen ausreichend vorzutragen (BGH NJW 2000, 1946).

2. Der Sachverständige als Beweismittel

16 Der Sachverständige steht in der Zivilprozessordnung, die so gut wie allen anderen Prozessordnungen als Vorlage dient, an dritter Stelle der Beweismittel (§§ 402 ff ZPO nach dem Augenschein (§ 371) und dem Zeugenbeweis (§ 373) und vor dem Urkundenbeweis (§§ 415 ff) und dem Beweis durch Parteivernehmung (§§ 445 ff).

---

2 BGH in NJW 2000, 1946, 1947.
3 NJW 2001, 2791 f.

B. Die Stellung des Sachverständigen

Eine Beweiserhebung ist erforderlich, um Tatumstände, Kausalität und Verschulden zu beweisen: 17

- Zunächst die äußeren Tatumstände: Lief da eine Katze? wie schnell fuhr der Beklagte oder Beschuldigte? Wo kam er her?
- Weiterhin die Kausalität der Tathandlung zu dem behaupteten Erfolg: War das zu schnelle Fahren ursächlich für den Unfall? Ist die Krankheit des Klägers unfallbedingt?
- Schließlich in vielen Fällen: War der Täter für den Erfolg verantwortlich? Hat er ihn schuldhaft = vorsätzlich, fahrlässig oder grobfahrlässig herbeigeführt?

Will ein Verfahrensbeteiligter einen **Schaden** geltend machen, gilt es auch hierzu Umstände (Art und Größe) Kausalität und manchmal auch Verschulden nachzuweisen.

3. Der Sachverständige im Zivilverfahren, Verwaltungsverfahren, Strafverfahren

Im Zivilprozess verlangt ein Bürger (Rechtssubjekt) von einem anderen ein bestimmtes Tun oder Unterlassen **auf dem Boden der Gleichordnung.** Der Staat stellt sich zur Wahrung der Rechtsordnung dem Bürger sozusagen als Schiedsstelle zur Verfügung, überlässt es aber im Übrigen diesem, vorzutragen was er will und Anträge zum Beweisantritt nach Belieben zu stellen: 18

- Was will er beweisen?
- Wie will er und womit will er es beweisen?
- Will er überhaupt einen Beweis?

Schließlich muss er jeweils nicht unbeträchtliche Kostenvorschüsse einzahlen.

Natürlich hat das Gericht eine (in jüngster Zeit gesteigerte) Hinweispflicht und braucht und darf unschlüssige, unsinnige und ungeeignete Beweise nicht erheben. Aber nach wie vor gilt im Zivilprozessrecht die Parteimaxime: Das Gericht darf Tatsachen, die nicht von einer Partei vorgetragen sind, bei der Entscheidung nicht berücksichtigen und über die Wahrheit einer Parteibehauptung nur dann entscheiden, wenn diese bestritten ist. Im **verwaltungsrechtlichen** und im **sozialrechtlichen Verfahren** gilt dagegen die Untersuchungsmaxime (gleichlautend: § 86 Abs. 1 VwGO und § 103 Abs. 1 SGG): Das Gericht erforscht den Sachverhalt von Amts wegen; die Beteiligten sind dabei zwar heranzuziehen. Jedoch ist das Gericht an das Vorbringen und die Beweisanträge der Beteiligten nicht gebunden. 19

Hier klagt im Regelfall der Bürger gegen den Staat im Über- und Unterordnungsverhältnis; andererseits ist der Staat letztlich nicht mehr und nicht weniger als die Summe seiner Bürger. Daher muss das Gericht sowieso alles, was zugunsten oder zulasten des klagenden Bürgers spricht, von Amts wegen erforschen. Wir befinden uns hier im öffentlichen Recht.

Im Strafverfahren kommt dieses öffentlich-rechtliche Über- und Unterordnungsverhältnis zwangsläufig besonders stark zum Ausdruck. Im Strafrecht verfolgt der Staat den Täter, um Unrecht zu sühnen hauptsächlich aber, damit möglichst wenig neues 20

Krumbholz

Unrecht geschieht (Grundsatz der Generalprävention: „non punitur quia peccatum est, sed ne peccetur"). Er, der Staat muss hierbei penibel darauf achten, auch alle zugunsten des Beschuldigten sprechenden Umstände zu berücksichtigen. Beweisanträge desselben darf er nur unter den strengen Voraussetzungen des § 244 Abs. 2 StPO ablehnen. Wir werden sehen, dass diese Unterschiede insbesondere im Zivil- und im Strafrecht bei der Gutachtensbearbeitung eine Rolle spielen. (siehe Rn 49 f Anknüpfungstatsachen und Rn 61 ff Gutachtensaufbau).

4. Der Beweis des Verschuldens in den verschiedenen Verfahrensarten

21   Im Strafverfahren spielt die Frage des **Verschuldens** eine übergeordnete Rolle; der Staat darf einen Bürger nur bestrafen, wenn er eine Tathandlung rechtswidrig und schuldhaft begangen hat.

22   Verschulden ist Vorsatz und Fahrlässigkeit. **Vorsatz** bedeutet: Der Täter **weiß**, dass er in vollem Umfang (dh hinsichtlich aller Tatbestandsmerkmale) den Tatbestand einer unerlaubten Handlung erfüllt und er **will** ihn verwirklichen. **Fahrlässigkeit** bedeutet im Strafrecht: Der Täter könnte bei gebotener Sorgfalt erkennen, dass er eine unerlaubte Handlung begeht, und er begeht sie pflichtwidrig trotzdem.

23   Im Zivilrecht ist Vorsatz definiert wie im Strafrecht. Fahrlässigkeit ist jedoch in § 276 BGB umschrieben mit Außerachtlassung der im Verkehr gebotenen Sorgfalt. Der Begriff der **groben Fahrlässigkeit** kommt im Strafrecht überhaupt nicht vor.

24   Im Zivilrecht, vor allem aber im Versicherungsrecht, spielt die grobe Fahrlässigkeit eine Rolle. Hier führt die grobe Fahrlässigkeit in besonders geregelten Fällen zur Erweiterung der Haftung, Einschränkung oder zum Verlust der Deckung durch den Versicherer. Grobe Fahrlässigkeit bedeutet die Außerachtlassung der gebotenen Sorgfalt in besonders schwerwiegendem Maße. Die Definition ist nicht glücklich. Die „grobe Fahrlässigkeit" wird im Wesentlichen durch die Rechtsprechung bestimmt.

25   Im Strafrecht wird auf die persönliche Betroffenheit und Einsichtsfähigkeit des Beschuldigten abgestellt, da es nicht in der Absicht des Staates liegt, jemanden zu bestrafen, der subjektiv die Rechtswidrigkeit seines Verhaltens nicht einsehen konnte. Im Strafrecht gilt daher ein **subjektiver Maßstab**. Im Zivilrecht hingegen will der Geschädigte Schadensersatz. Ihm ist es gleich, ob der Schädiger am Unfalltag in der Verfassung war, die Auswirkungen seines Handels klar zu erkennen oder nicht. Deswegen wird im Zivilrecht ein **objektiver Maßstab** angesetzt: Der Schädiger muss sich so behandeln lassen, als sei er ein Durchschnittsbürger mit objektiv vorhandener Intelligenz und Einsichtsfähigkeit. Aus diesem Grund kommt es nicht selten und zur Verwunderung des Laien im Strafrecht und im Zivilrecht zu völlig unterschiedlichen Ergebnissen: Im Strafrecht wird das Verfahren eingestellt oder der Angeklagte/Betroffene wird freigesprochen; im Zivilrecht wird er zu 100 % zum Schadensersatz verurteilt.

26   In diesem Zusammenhang soll erwähnt werden, dass im Straßenverkehrsrecht das Verschulden eines Kraftfahrers nach der Neuregelung des Haftungsrechts im Jahre 2002 nur noch eine untergeordnete Rolle spielt (zB bei den Haftungshöchstgrenzen),

da allein aus dem Haftungsgrund der „Betriebsgefahr" gem. § 7 StVG ein Anspruch auf Schmerzensgeld besteht.

Der Sachverständige wird daher, wenn er nach dem Nachweis des Verschuldens gefragt wird, einen unterschiedlichen Maßstab ansetzen müssen, je nachdem, ob er sich in einem zivilrechtlichen oder einem strafrechtlichem (bußgeldrechtlichem) Verfahren befindet. Natürlich muss er alle möglichen Alternativen der Kausalität oder des Verschuldens erörtern, aber im Strafrecht darf er die zugunsten des Beschuldigten sprechenden Möglichkeiten zugrunde legen.

C. Die Beauftragung des Sachverständigen

Der Auftrag für Gutachten bei Straßenverkehrsunfällen wird in der Regel durch Polizei, Staatsanwaltschaft oder Strafgericht auf der einen oder ein Zivilgericht auf der anderen Seite erteilt. Gelegentlich werden Gutachten auch von privater Seite (zB von Versicherungen zur Vorbereitung eines Rechtsstreits oder zur Überprüfung eines bereits vorliegenden Gutachtens) in Auftrag gegeben.

Bei der Beauftragung durch Gerichte oder Behörden ist es allgemein üblich geworden, lediglich die Erstellung eines unfallanalytischen Gutachtens „zum Unfallhergang" anzuordnen, ohne dem Sachverständigen präzise Fragen zu stellen, ihn auf die Beweislage aufmerksam zu machen oder gar ihm Beweisregeln an die Hand zu geben, die für den konkreten Fall von Bedeutung sind. Das Gericht bleibt jedoch auch bei Erhebung des Sachverständigenbeweises Herr des Verfahrens; es darf nicht wegen seiner fehlenden Sachkunde der Versuchung erliegen, die Sachentscheidung letztlich dem Sachverständigen zu überlassen. Dementsprechend ist das Gericht verpflichtet, den Sachverständigen in den Grund, Inhalt und Zweck des Gutachtensauftrags vollständig und unmissverständlich einzuweisen; ggf besteht auch Anlass zur rechtlichen Anleitung.[4] § 403 ZPO bestimmt, dass Beweis durch Bezeichnung der zu begutachtenden Punkte angetreten wird. Zwar wird ein Gericht in der Regel nicht den gesamten relevanten Vortrag der Parteien in den Beweisbeschluss aufnehmen, aber Beweisthemen wie:

- „über den Hergang des streitgegenständlichen Unfalls"

oder

- „die Unfallbedingtheit der vorgetragenen Beschwerden"

werden oft der Kompliziertheit des Prozessstoffes nicht gerecht.

I. Ermittlungs- oder Strafverfahren

Im Ermittlungs- oder Strafverfahren ist der Gutachtensauftrag noch deswegen relativ einfach, weil in der Regel nur die Vermeidbarkeit und mangelnde Voraussehbarkeit der dem Beschuldigten zur Last gelegten Tat überprüft zu werden braucht. Notfalls kann der Sachverständige über die von ihm getroffenen Feststellungen als Zeuge ver-

---

4 OLG Köln OLGR 98, 318.

nommen werden. Angaben von Betroffenen oder von Zeugen kann er weitgehend an den Rand seiner Ausführungen stellen; er sollte lediglich mitteilen, ob diese mit seinen Feststellungen übereinstimmen oder nicht. Zugrunde zu legen hat er sie nur, wenn ihm dies der Auftraggeber ausdrücklich befiehlt. Sonst können sie für ihn ohne Interesse bleiben. Der Sachverständige weiß, dass er im Strafverfahren eine **Zugunstenbetrachtung** für den Beschuldigten anzustellen hat, also wird er bei der Auswahl der zugrunde zu legenden Tatsachen und Abläufe immer die für diesen günstigeren auswählen.

31 Hier muss aber unbedingt Folgendes beachtet werden: Sobald der Sachverständige derartige Alternativen für möglich hält, muss er sie **insgesamt** aufzeigen und zwar alle mit gleicher Genauigkeit und Gewissenhaftigkeit! Denn im Laufe des Verfahrens können sich Umstände herausstellen, die nunmehr eine Überprüfung einer zweiten für den Beschuldigten ungünstigeren Alternative zwingend erforderlich machen, zB weil erst durch Zeugenbefragung oder weitere Gutachten ersichtlich wird,

- dass der Unfall zu einer anderen Tageszeit stattgefunden hat,
- der Beschuldigte in anderer Richtung gefahren ist als ursprünglich vermutet,
- die Straßenoberfläche nass war anstatt trocken usw.

32 Mag der Sachverständige im Zivilverfahren noch mit Wahrscheinlichkeiten, Anscheinsbeweisen, Beweiserleichterungen und Mutmaßungen arbeiten, ist ihm dies im Strafverfahren verboten! Aber er hat immer, dh in allen oben genannten Verfahren, sofern es nicht um offenbare Nichtigkeiten geht, **Alternativen** aufzuzeigen!

II. Zivilverfahren

33 Durch die Einführung des § 404 a ZPO im Jahre 1990 hat der Gesetzgeber zwei Umständen Rechnung getragen, der Tatsache nämlich, dass

- der Sachverständige in der Regel nicht juristisch vorgebildet ist,
- das Gericht bei der Abfassung eines Beweisbeschlusses – zumal in der Eile einer mündlichen Verhandlung – geneigt ist, diesen so knapp wie möglich zu halten.

34 Hier soll die Bestimmung in vollem Wortlaut abgedruckt werden, weil sie in geglückter Weise eine klare Regelung in guter deutscher Sprache darstellt:

§ 404 a ZPO Leitung der Tätigkeit des Sachverständigen

(1) Das Gericht hat die Tätigkeit des Sachverständigen zu leiten und kann ihm für Art und Umfang seiner Tätigkeit Anweisungen erteilen.

(2) Soweit es die Besonderheit des Falles erfordert, soll das Gericht den Sachverständigen vor Abfassung der Beweisfrage hören, ihn in seine Aufgabe einweisen und ihm auf Verlangen den Auftrag erläutern.

(3) Bei streitigem Sachverhalt bestimmt das Gericht, welche Tatsachen der Sachverständige der Begutachtung zugrunde legen soll.

(4) Soweit es erforderlich ist, bestimmt das Gericht, in welchem Umfang der Sachverständige zur Aufklärung der Beweisfrage befugt ist, inwieweit er mit den Parteien in Verbindung treten darf und wann er ihnen die Teilnahme an seinen Ermittlungen zu gestatten hat.

(5) Weisungen an den Sachverständigen sind den Parteien mitzuteilen. Findet ein Termin zur Einweisung des Sachverständigen statt, so ist den Parteien die Teilnahme zu gestatten.

Der Sachverständige kennt naturgemäß die Beweisregeln des Zivilverfahrens nicht, zB: Anscheinsbeweis, Beweiserleichterung gem. § 287 ZPO, die besonderen Beweisregeln im Falle einer Vorerkrankung,[5] die zweifache Beweiserleichterung der §§ 252 BGB/287 ZPO bei der Ermittlung des Verdienstausfallschadens. Das Gericht **muss** den Sachverständigen auf den Inhalt einer Beweisregel hinweisen, wenn es von einer solchen ausgehen will.

1. Der Anscheinsbeweis

Der Anscheinsbeweis vermittelt dem Gericht eine gesteigerte **Wahrscheinlichkeit** bei typischen Geschehensabläufen wie Überholen, Fahrspurwechsel, Auffahren, Rückwärtsfahren, Wenden, Anfahren vom Straßenrand, Türöffnen oder ähnlichen erfahrungsgemäß gefährlichen Fahrmanövern; er greift auch ein bei der Verletzung von Sicherheits- zB Unfallverhütungsvorschriften und sagt einfach und sinngemäß: „Wenn Du ein so gefährliches Fahrmanöver durchführst oder wenn Du gegen eine Sicherheitsvorschrift verstößt und es geschieht ein Unfall, dann sagt mir meine Erfahrung, dass **wahrscheinlich** dieser Verstoß oder diese Verletzung **ursächlich** für den Unfall war und auch, dass Du **schuldhaft** (vorsätzlich oder fahrlässig) den Unfall verursacht hast. Es ist jetzt **Deine Sache, zu beweisen**, dass diese typische Wahrscheinlichkeit nicht vorliegt, sondern eine andere **Möglichkeit** zu dem Unfall geführt haben kann."

Ist also der Verkehrsrichter von einem Überholen, Fahrspurwechsel, Auffahren usw eines Unfallbeteiligten **überzeugt** (§ 286 ZPO), so bürdet er diesem die **Beweislast** und den **Kostenvorschuss** für die Erholung eines Sachverständigengutachtens auf, wenn der vom Anscheinsbeweis Betroffene den sich aus diesen Verkehrsverstößen ergebenden Anscheinsbeweis nicht gegen sich gelten lassen will. Das Gericht muss aber auch dem Sachverständigen von dieser Überzeugung Mitteilung machen, damit dieser weiß, dass er nicht zur Frage des Überholens, Fahrspurwechselns usw. sachverständige Ausführungen machen soll, sondern dazu, ob Umstände vorliegen die dafür sprechen, dass der Überholer, Fahrspurwechsler trotzdem den Unfall nicht oder nicht allein verursacht oder verschuldet hat. Allerdings darf der Sachverständige durchaus darauf hinweisen, dass nach seinen Feststellungen ein Überholen oder Fahrspurwechsel gar nicht vorliegt.

2. Die Beweiserleichterung des § 287 ZPO im Zivilprozess

Zum **Grund** eines Anspruchs hat das Gesetz die Notwendigkeit eines Voll- oder Strengbeweises angesehen. Das Gericht muss von einer Tatsache **voll überzeugt sein** (§ 286 ZPO). § 286 ZPO verlangt für die Überzeugungsbildung des Richters/der Richterin einen hohen Grad an Überzeugung. Er verlangt aber keine absolute Gewissheit, nicht einmal eine „an Sicherheit grenzende Wahrscheinlichkeit".[6] Vielmehr

---

5 Siehe dazu: § 2 Biomechanik.
6 BGH VersR. 1989, 759.

darf und muss sich der Richter mit einem für das praktische Leben brauchbaren Grad von Gewissheit begnügen, der den Zweifeln Einhalt gebietet, ohne sie völlig auszuschließen.[7]

39 Zur Höhe des Anspruchs gilt jedoch die Beweiserleichterung des § 287 ZPO, dh, wenn das Gericht gem. § 286 ZPO davon überzeugt ist, dass eine Rechtsgutsverletzung eingetreten ist, kann es den Schaden und dessen Höhe nach freier Überzeugung schätzen. Wenn erst einmal feststeht, dass ein Schaden oder eine Körperverletzung eingetreten ist, wenn eine solche unstreitig, anerkannt oder nachgewiesen ist, so kann das Gericht die **Verletzungsfolgen, die Höhe des Schadens oder die Schwere der Verletzungen** schätzen. Natürlich müssen für eine derartige Schätzung Anhaltspunkte vorhanden sein. Es genügt aber – grob gesagt – eine 51 %ige Wahrscheinlichkeit. Diese rechtlichen Voraussetzungen für den Nachweis einer behaupteten Verletzungsfolge muss das Gericht dem medizinischen Gutachter mitteilen, damit dieser ein den Ansprüchen der ZPO entsprechendes Gutachten erstellen kann.

40 Die Beweiserleichterung des § 287 ZPO gilt jedoch nicht nur für die Höhe eines Schadens sondern auch für den **Kausalitätsnachweis**, dh für die Frage, „ob" überhaupt ein Schaden eingetreten ist. Allerdings muss zuerst einmal feststehen, dass ein grundsätzlicher **Schaden verursacht** worden ist.

41 Diese **Erleichterung des Kausalitätsnachweises** ist vor allem bei **Körperverletzungen** von erheblicher Bedeutung: Dass nach einer unstreitigen oder nachgewiesenen Primärverletzung aufgrund körperlicher Besonderheiten des Verletzten oder auch wegen ärztlicher Kunstfehler der behandelnden Ärzte bei der Ausheilung schwerwiegende körperliche (organische oder seelische) Folgebeschwerden beim Verletzten verursacht worden sind, darf ein Gericht gemäß § 287 ZPO **schätzen**.[8] Als ausreichende Primärverletzung reicht zB ein HWS-Trauma aus.

42 Dem Schädiger sind auch solche Auswirkungen der Verletzungshandlung zuzurechnen, die sich erst deshalb ergeben, weil Krankheitsanlage oder körperliche Vorschäden durch den Unfall **manifestiert** wurden. Die Zurechnung scheitert nicht daran, dass sie auf einer konstitutiven Schwäche des Verletzten beruhen.[9] Der Schädiger kann sich nicht darauf berufen, dass der Schaden nur deswegen eingetreten ist oder ein besonderes Ausmaß erlangt hat, weil der Verletzte infolge von körperlichen Anomalien oder Dispositionen zur nachfolgenden Krankheit besonders anfällig gewesen sei, denn der Schädiger trägt das Risiko dafür, dass das Unfallopfer nicht zu den Starken dieser Welt gehört.[10]

43 Der Schädiger und seine Haftpflichtversicherung haften also auch für eine unfallbedingte Verschlimmerung bestehender HWS-Beschwerden und deren Folgen. Es kommt dabei nicht auf eine „richtungsweisende" Verschlimmerung (so im Sozialrecht) sondern allein darauf an, ob es dem Verletzten ohne den Unfall mit der ent-

---

7 BGHZ 53, 245, 256.
8 BGH NZV 2000, 121 und NZV 2003, 167 ff.
9 BGHZ 132, 345; 137, 135.
10 Vgl BGH VersR 1969, 44: VersR 1991, 432.

sprechenden Wahrscheinlichkeit (§ 287 ZPO) besser ginge oder ob er ohne den Unfall geringere Schäden erlitten hätte. Hierzu ein **beispielhafter Beweisbeschluss** des LG Kassel:[11]

Es ist Beweis zu erheben über die Behauptung des Klägers

1. Der Bandscheibenvorfall mit nachfolgender Operation und den sich daraus ergebenden Beschwerden sei ursächlich auf den streitbefangenen Unfall zurückzuführen.
2. Ohne den Unfall wäre der Bandscheibenvorfall nicht eingetreten und wäre die Operation nicht erforderlich gewesen.
3. Infolge der unfallbedingten Verletzungen sei beim Kläger eine Minderung der E Erwerbsfähigkeit von 50 % anstatt wie bislang von 30 % eingetreten.
4. Infolge des Unfalls sei dem Kläger eine Tätigkeit als Stahlbauformer nicht mehr möglich.
5. Die Weiterentwicklung des klägerischen Gesundheitszustandes sei noch nicht abzusehen; möglicherweise müssten die Wirbel L2/3, L4/5 versteift werden und der Kläger werde nicht mehr in der Lage sei, normal zu gehen und zu arbeiten.

Der Sachverständige möge berücksichtigen, dass die Unfallursächlichkeit von Verletzungen, bzw Beschwerden, die erst nach dem Unfall eingetreten sind, nicht dadurch ausgeschlossen wird, dass der Schadenseintritt durch Vorschädigungen des Klägers erleichtert wurde.

Erforderlichenfalls möge er zwischen den einzelnen Verletzungen und Beschwerden differenzieren.

Soweit einzelne Beweisfragen nicht sicher beantwortet werden können, möge der Sachverständige ihnen zugrunde liegenden Behauptungen der Parteien einer Plausibilitätsprüfung unterziehen und den Grad der Wahrscheinlichkeit angeben.

3. Die doppelte Beweiserleichterung beim Nachweis des Erwerbsschadens nach §§ 252 BGB/287 ZPO

§ 252 BGB betrifft den entgangenen Gewinn oder den Verdienstausfallschaden. Nach S. 2 dieser Vorschrift gilt **der** Gewinn als entgangen, welcher nach dem gewöhnlichen Lauf der Dinge oder nach den besonderen Umständen, insbesondere nach den getroffenen Anstalten und Vorkehrungen, mit Wahrscheinlichkeit erwartet werden konnte. Nach allgemeiner Meinung enthält sie für den Geschädigten eine § 287 ZPO ergänzende **Beweiserleichterung,** die für den Wirtschaftssachverständigen, der den Verdienstausfallschaden des Geschädigten zu bestimmen hat, von herausragender Bedeutung ist. Der Geschädigte braucht nur die Umstände darzulegen und in den Grenzen des § 287 ZPO zu beweisen, aus denen sich nach dem gewöhnlichen Verlauf der Dinge oder den besonderen Umständen des Falles die Wahrscheinlichkeit des Gewinneintritts ergibt. Dabei dürfen keine zu strengen Anforderungen gestellt werden. Es ge-

44

---

11 LG Kassel, 5.4.2011 – 5 O 1306/10.

nügt, wenn Ausgangs- und Anknüpfungstatsachen für eine Schadensschätzung vorgetragen werden.[12] Der erfahrene Wirtschaftssachverständige wird die Vorschrift kennen; jedoch wird ein Gericht, das zum ersten Mal einen Sachverständigen mit der Ermittlung eines Verdienstausfallschadens betraut, gut daran tun, ihm diese Grundsätze mit auf den Weg zu geben.

4. Beweislastumkehr bei Unfallflucht

45 Die Strafvorschrift für unerlaubtes Entfernen von der Unfallstelle (§ 142 StGB) bezweckt primär den Schutz von Vermögensinteressen, nämlich des Interesses des bei einem Verkehrsunfall Geschädigten an der Erhaltung der Beweismöglichkeiten (Zuziehung der Polizei, Austausch der Daten der Beteiligten) zur Durchsetzung seiner Ersatzansprüche.[13]

46 Ihr Schutzzweck umfasst auch Schäden, die ein Dritter erleidet, weil er im Interesse des Geschädigten den flüchtigen Schädiger verfolgt.[14]

47 Vereitelt oder erschwert eine Partei einer anderen vor einem Rechtsstreit schuldhaft die Möglichkeit zur Beweisführung, so kann dies für die Beweiswürdigung zur Folge haben, dass der Geschädigte nicht den Unfall oder den Schaden zu beweisen hat, vielmehr der Schädiger beweisen muss, dass ein Unfall nicht stattgefunden hat, bzw ein Schaden nicht eingetreten ist (**Beweislastumkehr**).[15] Zum Nachweis des Tatbestandes einer schuldhaften Unfallflucht (taktile, visuelle, akustische Wahrnehmbarkeit) siehe § 12.

48 Kann der Schädiger nachweisen, dass er sich ohne Vorsatz, dh ohne etwas bemerkt zu haben, von der Unfallstelle entfernt hat, so findet eine Umkehr der Beweislast nicht statt.[16]

D. Anknüpfungstatsachen

49 Die Aufgabe des Sachverständigen beschränkt sich natürlicherweise auf die Klärung von Fragen, für deren Beantwortung er in besonderem Maße fachkundig ist. So soll er im Straf- aber auch im Zivilverfahren die Unfallspuren auswerten, nicht aber solche aufspüren. Wenn er aber der Auffassung ist, dass die zusätzliche Ermittlung von Tatsachen über die bereits jetzt bekannten zur Beantwortung der Beweisfrage notwendig ist, darf er nicht von sich aus aufs Geratewohl ermitteln, sondern muss dem Gericht und den Parteien mitteilen, dass zusätzliche Ermittlungen erforderlich sind. Das Gericht/der Auftraggeber entscheidet dann, ob der Sachverständige selbst – ggf unter Hinzuziehung der Parteien oder deren Bevollmächtigte – entsprechende Ermittlungen durchführen soll (was im Regelfall zu empfehlen ist; denn nur der Sachver-

---

12 BGH NJW 88, 3017; 93, 2673; 98, 1633 ff.
13 BGH VersR 1981, 161.
14 *Greger*, Haftungsrecht des Straßenverkehrs, 4. Aufl. § 11, Rn 49. Siehe hierzu auch die Ausführungen in § 13.
15 ZB LG Saarbrücken NJW-RR 88, 37.
16 Vgl zur Problematik *Kraatz*, Das unvorsätzliche Entfernen vom Unfallort, NZV 2011, 321 ff.

ständige weiß ja genau, worauf es ankommt) oder ob die notwendige Aufklärung durch das Gericht/den Auftraggeber erfolgen soll (was sich zB bei der Notwendigkeit einer Zeugenbefragung empfiehlt, weil sich wiederum der Richter in diesem Bereich besser auskennt; in diesem Fall sollte aber der Zeuge im Beisein des Sachverständigen vernommen werden und letzterer sollte die auch entsprechenden **sachverständigen Fragen** an den Zeugen stellen können).

Gerichte, Versicherer und andere Auftraggeber ermächtigen den Sachverständigen häufig, sich Akten, Verträge, Bilanzen, medizinische Behandlungsunterlagen, Vorgutachten oder ganz allgemein „erforderliche Unterlagen" bei Beteiligten oder Dritten selbst zu beschaffen. Dies entspricht einer unbürokratischen und zügigen Abwicklung des Auftrags, bürdet aber dem Sachverständigen eine zusätzliche Verantwortung auf und bringt für den Gerichtsgutachter die Gefahr eines Ablehnungsgrundes mit sich (siehe Rn 74 ff). In allen diesen Fällen ist der Gutachter verpflichtet, dem Auftraggeber/den Parteien oder Beteiligten Mitteilung zu machen, dass er solche Unterlagen beizuziehen beabsichtigt und ihnen die Möglichkeit zu geben, bei der Beiziehung Einsicht in die Unterlagen zu nehmen. 50

I. Parteivortrag

In Zivilverfahren muss der Gutachter sein Hauptaugenmerk auf den unterschiedlichen Vortrag der Parteien richten. Diese sind die Herren des Verfahrens. Der Richter fungiert in diesem Verfahren weitgehend nur wie der Schiedsrichter einer Sportveranstaltung, dh er passt auf, dass die Regeln eingehalten werden, bestimmt aber eingreifend nur den Ablauf des Verfahrens. 51

Aus diesem Grund sollte der Gutachter im Zivilprozess auch immer die unterschiedlichen Sachdarstellungen der Parteien in den Kopf seines schriftlichen Gutachtens mit aufnehmen, auch wenn in den Gerichtsformularen **fälschlicherweise** oft der Hinweis enthalten ist, dass von der Wiedergabe des Akteninhalts abgesehen werden soll. Der Streit der Parteien über Tatsachen, Folgerungen und Ursachenzusammenhang ist das Kernstück des Zivilverfahrens; ihm muss der Sachverständige sein Hauptaugenmerk zuwenden, sonst läuft er Gefahr, sich in Nebensächlichkeiten zu verlaufen und Dinge darzustellen, die für das Verfahren ohne Bedeutung sind, insbesondere sein Augenmerk Problemdarstellungen zu widmen, die unbestritten, unbehelflich oder aus sonstigen Gründen ohne Interesse sind. 52

§ 138 Abs. 3 ZPO: **Tatsachen**, die nicht ausdrücklich bestritten werden, sind als **zugestanden** anzusehen, wenn nicht die die Absicht, sie bestreiten zu wollen, aus den übrigen Erklärungen der Parteien hervorgeht. Dh, über Dinge die nicht bestritten oder gar ausdrücklich unstreitig sind, muss der Sachverständige keine Berechnungen mehr anstellen. Dies wäre nicht nur überflüssig, sondern auch im Rahmen des Zivilverfahrens völlig falsch und schädlich! Wenn also der Fahrspurwechsel eines Unfallbeteiligten unstreitig oder nicht bestritten ist, darf der Sachverständige keine Überlegungen dazu anstellen, ob ein Fahrspurwechsel stattgefunden hat, sondern nur noch dazu, ob dieser ursächlich für den Unfall war. 53

II. Polizeiakten

54 An sich ist es Sache des Gerichts/des Auftraggebers, Polizeiakten nicht nur zu benennen, sondern von sich aus bei zuziehen und dem Gutachtensauftrag ausdrücklich oder stillschweigend zugrunde zu legen. Diese Akten geben nämlich über viele Umstände Aufschluss, die sonst im Prozess völlig untergehen, wie

- Fahrtrichtung der Fahrzeuge
- Alter des Kraftfahrzeugführers
- Nationalität der Kraftfahrzeugführer und -halter
- Beschädigungen an den Fahrzeugen
- Zeugen mit Qualifizierung
  (Beifahrer, Verwandte, Bekannte, Eheleute, Landsleute)
- Unfallskizzen (sehr wichtig!) womöglich mit Vermessungseintragungen der Polizei
- Fotografien
- Aussagen von Beteiligten oder Zeugen.

55 Keine Auskunftsquelle ist so ergiebig wie die Polizeiakte. Sie enthält in der Regel mehr als 50 Rubriken, die mehr oder weniger sorgfältig ausgefüllt sind. Sie wird **unmittelbar nach dem Unfallgeschehen**, einem Zeitpunkt also, in dem die Spuren noch frisch sind **erstellt**, die Aussagen der Beteiligten/Zeugen noch spontan und unreflektiert erfolgen. Die Polizei nimmt auch Äußerungen auf, die im offiziellen Vernehmungsprotokoll nicht erscheinen, weil der Beteiligte/Zeuge auf sein Aussageverweigerungsrecht nicht verzichtet hat. Sie vermittelt – rechtlich nicht verbindlich, aber doch sehr indizienstark – wer nach Auffassung der Polizei den Unfall verschuldet hat, sei es auch nur dadurch, dass sie diesen mit 01, den weiteren mit 02 bezeichnet.

56 Sind also Polizeiakten vorhanden und hat sie der Auftraggeber (Staatsanwaltschaft, Gericht, Versicherung) nicht beigezogen, so ist es erste Pflicht des Sachverständigen, auf ihre Beiziehung hinzuwirken. Dies gilt – verstärkt – beim Vorhandensein ausländischer Polizei- oder Verwaltungsakten. Noch immer ist (trotz einer Vielzahl von EU-Verträgen) ein Tätigwerden von inländischen Behörden (Staatsanwaltschaft oder Gericht) im Ausland mit erheblichen Schwierigkeiten und einem völlig unverhältnismäßigem Zeitaufwand verbunden. So ist zB die Durchführung eines Augenscheins in Österreich in der Regel erst nach Ablauf eines Jahres, gerechnet vom Erlass des Beweisbeschlusses an möglich. Die Anforderung ausländischer Polizei- oder Verwaltungsakten in Fotokopie wird dagegen, gleich ob nach Estland, Italien, England oder Schweden gerichtet, in der Regel in weniger als vier Wochen erfüllt werden.

III. Fahrzeugschäden

57 Die Dokumentation der Kraftfahrzeugschäden – insbesondere durch den Schadensgutachter – stellt eine häufig beklagte Fehlerquelle für die Unfallanalytik dar. Die gefertigten Fotos sind unscharf, an den falschen Stellen, vom falschen Standpunkt aus aufgenommen, geben häufig den Zustand nur des unzerlegten Fahrzeugs wieder usw. Jeder Unfallanalytiker wird daher den größten Wert darauf legen, das beschädigte Fahrzeug im Originalzustand untersuchen zu können. Wird ihm dies vom Gewahrsamsinhaber versagt, wird beispielsweise erklärt, das Fahrzeug sei mittlerweile verkauft, so stellt allein dieser Umstand oft schon ein Indiz für die Beweiswürdigung des Gerichts dar (Beweisvereitelung, Umkehr der Beweislast, Indiz im Rahmen des Kataloges beim „**manipulierten Unfall**"). Der Sachverständige sollte sich mit einer derartigen Auskunft allein nicht zufrieden geben. Sollte das Fahrzeug noch regional erreichbar sein (Bei einem Streit in München zB verkauft nach Starnberg) ist es seine Aufgabe, mithilfe des Gerichts oder ggf nur nach entsprechender Unterrichtung und Beiziehung der Parteien das Fahrzeug mit den Original- oder vielleicht auch nur teilweise reparierten Schäden doch noch selbst zu untersuchen.

IV. Augenschein

Der Augenschein durch das Gericht ist in nur drei §§ der ZPO geregelt: §§ 371 bis 372 a ZPO. In § 372 ZPO ist bestimmt, dass das Gericht anordnen kann, dass bei der Einnahme des Augenscheins ein oder mehrere Sachverständige zuzuziehen seien, dh dass der Gesetzgeber schon von sich aus davon ausgeht, dass Augenschein und Sachverständiger in vielen Fällen zusammengehören. Auch wenn dies im Gutachtensauftrag nicht ausdrücklich angeordnet ist, kann und muss der Sachverständige in entsprechenden Fällen das Fahrzeug natürlich, aber auch die Unfallstelle – evtl auch das gegnerische Fahrzeug –, in Augenschein nehmen, diesen Augenschein protokollmäßig (auch wenn ein förmliches Protokoll nicht vorgeschrieben ist) und durch Lichtbilder dokumentieren und ihn unfallanalytisch verwerten. Oft erklären sich erst durch Besichtigung der Unfallstelle sonst unverständliche Reaktionen eines Unfallbeteiligten durch Fahrbahnverschwenkungen, Sichtverhältnisse, Verkehrsaufkommen oder Höhendifferenzierungen. **58**

Von dem beabsichtigten **Augenschein muss** der Sachverständige die Parteien, bzw ihre Prozessbevollmächtigten und das Gericht informieren und ihnen die Teilnahme daran ermöglichen. Dies hat so rechtzeitig zu erfolgen, dass die Beteiligten ihre Rechte wahrnehmen können. **59**

Im selbständigen Beweisverfahren nach §§ 485 ff ZPO (es kann angeordnet werden, wenn ein Prozess nicht oder noch nicht anhängig ist, aber zu besorgen ist, dass das Beweismittel verloren geht) ist das Gutachten im späteren Prozess nur verwertbar, wenn der Gegner rechtzeitig zum Augenschein geladen war (§ 493 Abs. 2 ZPO). **60**

E. Aufbau des Gutachtens

Der Gutachtensaufbau ist das Kernstück sachverständiger Tätigkeit. Das Gutachten soll schließlich den Auftraggeber (Gericht, Staatsanwaltschaft, Versicherung, Anwalt, Unfallbeteiligten) von der Schlüssigkeit und Nachvollziehbarkeit der getroffenen analytischen Überlegungen und dem Ergebnis in der Zusammenfassung „**überzeugen**". Ausgesprochen peinlich ist es, wenn schon beim Durchlesen des Gutachtens allein **61**

Zweifel an der Richtigkeit der gezogenen Schlussfolgerungen aufkommen, zB wenn Ursache und Wirkung in zeitlich verkehrter Reihenfolge dargestellt werden. Der Sachverständige darf nicht davon ausgehen, dass sein Auftraggeber aus Faulheit oder Bequemlichkeit nur das Ergebnis des Gutachtens zur Kenntnis nimmt und verwertet. Er muss vielmehr mit einem intelligenten und auch kenntnisreichen Leser seiner Ausführungen rechnen, der sich Gedanken macht und ggf auch einen weiteren Gutachter zur Prüfung heranzieht.

62 Unerlässlich ist ein **logischer Aufbau** des Gutachtens, der durchaus schematisch und immer wiederkehrend sein darf und den zu benutzen die heutige Computertechnik auch problemlos vermittelt. Der Aufbau ist an sich ganz einfach und im Regelfall auch immer in gleicher Weise zu ordnen wie folgt:

- Wiedergabe des Auftrags,
- Dokumentation der Anknüpfungstatsachen,
- Untersuchungstätigkeit, Ergebnisse und Schlussfolgerungen (Unfallanalyse),
- Zusammenfassung und Ergebnis.

I. Wiedergabe des Auftrags

63 Die Wiedergabe des Auftrags dient vornehmlich der Selbstdisziplinierung des Sachverständigen, der dadurch, dass er gezwungen wird, den Auftrag niederzuschreiben, genau erkennen kann, was von ihm gewollt wird und der, wenn er merkt, dass der Auftraggeber technisch falsche oder missverständliche Fragestellungen verfasst hat, jetzt schon zurückfragen kann, was gemeint ist oder was der Aufgtraggeber tatsächlich von ihm will. Die Wiedergabe dient des Weiteren der weiteren Prüfung des Sachverständigen, ob er das Gutachten im Zivil- oder im Strafverfahren mit den sich daraus ergebenden Beweisvorgaben erstellen soll, der Bestätigung des Auftraggebers (Gericht/Polizei), der Beteiligten und ihrer Anwälte, und vor allem auch der Versicherung des Sachverständigen selbst, dass er von dem richtigen Auftrag ausgegangen ist.

II. Dokumentation der Anknüpfungstatsachen

64 Zur Dokumentation der Anknüpfungstatsachen gehört zunächst der **Akteninhalt** (dies vornehmlich im Strafverfahren, während im Zivilverfahren nur – und das auch noch zusammengefasst – der unstreitige Sachverhalt, der widersprüchliche Vortrag der Parteien und der wesentliche Teil der mündlichen Verhandlung bis zum Beweisbeschluss wiedergegeben werden sollte). Zum Akteninhalt gehört allerdings auch die Wiedergabe des Inhalts beigezogener Polizeiakten, evtl in einem eigenen Kapitel. Weiterhin ist eine genaue **Beschreibung der beteiligten Fahrzeuge**, ggf auch von Fahrrädern unerlässlich. Dazu gehört auch die Laufleistung und – im Zweifel – die Feststellung, ob die tatsächliche Laufleistung der vom Tacho ablesbaren entspricht. Sodann ist auf vorhandene **Vorgutachten**, insbesondere Schadensgutachten mit dazu vorliegenden Fotodokumentationen einzugehen. Anschließend sind die vorgefundenen **Schäden/auch Vorschäden der beteiligten Fahrzeuge zu beschreiben**, wobei dies

(um Wiederholungen zu vermeiden) auch im Rahmen der Unfallanalyse erfolgen kann; in diesem Fall muss aber die Beschreibung so erfolgen, dass sie auch von einem technischen Laien (zB einem Richter oder Anwalt) nachvollzogen werden kann, dh dass in der Regel doch ein eigener Abschnitt hierzu erforderlich ist. Außerdem müssen **die eigene Besichtigung von der Unfallstelle** mit Fotos (diese im Text oder im Anhang) aufgeführt, die Hinzuziehung zur Unfallaufnahme durch die Polizei, die selbst angefertigten Skizzen und die eventuell beschäftigten Hilfskräfte (diese namentlich) erwähnt werde.

Gelegentlich kommt es vor, dass Spuren durch die Polizei falsch interpretiert oder gar nicht aufgenommen wurden oder dass eine Vermessung fehlerhaft erfolgt ist. Die Ausführungen dazu sollten in einem eigenen Kapitel diskutiert werden, da eine Auseinandersetzung mit derartigen Unstimmigkeiten den Rahmen der Anknüpfungspunkte sprengt. Durchaus zulässig ist jedoch eine Bemerkung wie: „... schon an dieser Stelle sei darauf hingewiesen, dass die Vermessung der Polizei zu diesem Punkt nicht richtig sein kann". Eine solche Floskel weckt den Leser, der die Anknüpfungstatsachen mehr oder weniger interessiert überliest, auf und macht ihn gespannt auf die demnächst dazu folgende Diskussion.

III. Unfallanalyse

Kernstück des Gutachtens ist die Unfallanalyse, deren Vornahme sich nach einem vom Sachverständigen selbst individuell zu bestimmenden Schema richtet. Der Sachverständige wird wohl in der Weise logisch vorgehen, dass er die Frage der Vermeidbarkeit erst untersucht, wenn er zuvor den Anstoß Ort und die Ausgangsgeschwindigkeit der beteiligten Fahrzeuge diskutiert und – soweit möglich – ermittelt hat. Dabei soll er unbedingt mitteilen, welcher datenmäßigen Hilfsmittel er sich bei dieser Ermittlung bedient hat, zB „PC-Crash" und auch begreifbar machen, wie so ein Programm funktioniert und welche Daten und Berechnungen der Sachverständige zur Durchführung dieses Programms eingeben muss. Der Richter oder Anwalt oder Schadenssachbearbeiter einer Versicherung kann zwar das Ergebnis des Programms selbst nicht nachberechnen oder auch nur nachvollziehen. Umso mehr ist er für seine Wahrheitsfindung darauf angewiesen, wenigstens zu begreifen, wie es funktioniert und ob der Sachverständige das Programm richtig (nachvollziehbar) gefüttert hat. Oft entscheidet ja ein Richterspruch über menschliche Existenzen und dann kann und darf es nicht sein, dass diese Entscheidung durch den Richter „in Weiß" getroffen wird. Vielmehr muss schon der nach der Verfassung dazu berufene Richter selbst verstehen, warum er diese oder jene Entscheidung trifft. Dies gilt für die Entscheidung im Straf- ebenso wie die im Zivilverfahren. Wenn der Sachverständige mangels ausreichender konkreter Anknüpfungspunkte nicht zu einen eindeutigen Ergebnis kommen kann, so muss er sich trauen, das deutlich zu sagen: Niemand wird ihm deswegen einen Vorwurf machen. Sollte er zu dem Ergebnis kommen, dass eine Lösung nur **alternativ** möglich ist, **so muss er die Alternativen unbedingt aufzeigen.**

67 Dies gilt auch für eine Gutachtenserstellung im Strafverfahren. Hier darf sich der Sachverständige nicht einfach zurücklehnen mit der Bemerkung: „Im Hinblick auf die hier vorzunehmende Zugunstenbetrachtung kann eine Vermeidbarkeit nicht nachgewiesen werden". Zum einen kann in dem weiterzuführenden Prozess eine neue Beweislage auftreten, die gerade eine Auseinandersetzung mit der bisher nicht diskutierten Alternative erforderlich macht. Zum anderen wurde durch das 1. JustizmodernisierungsG (2001) die Möglichkeit geschaffen, eine schriftliche Begutachtung durch die Verwertung eines in einem anderen Verfahren eingeholten Gutachtens zu ersetzen (411 a ZPO). Wird aber nun in einem Zivilverfahren ein Gutachten aus dem Bereich des Sozialversicherungsrechts oder des Strafrechts zugrunde gelegt, so muss der Richter bedenken, dass bei Gutachten, die in einem sozialgerichtlichen Verfahren erstellt werden, höhere Anforderungen an die Kausalität gestellt werden, als in zivilgerichtlichen, und Gutachten im Strafverfahren regelmäßig von dem Grundsatz : „in dubio pro reo" geprägt sind. Es wird daher nicht nur erlaubt sondern regelmäßig geboten sein, auch in strafrechtlichen Gutachten (in zivilrechtlichen sowieso) **Alternativen ausdrücklich und umfassend aufzuzeigen und zu diskutieren.**

IV. Zusammenfassung und Ergebnis

68 Die Zusammenfassung mit der nochmaligen Mitteilung des Gutachtensergebnisses ist ein Kunststück, das sprachlich und formal nicht jedem technisch spezialisierten Sachverständigen in gleicher Weise gelingt. Es soll kurz und zusammenfassend sein; das sagt schon sein Name. Umfangreiche Wiederholungen des vorher diskutierten Inhalts verwirren und lenken vom wesentlichen Ergebnis ab. Eine Zusammenfassung der Zusammenfassung ist höchst überflüssig. Zudem sollte das Ergebnis ein einer klaren und leicht verständlichen Sprache gehalten sein. Spätestens hier erfährt der Unfallbeteiligte, ob er sich richtig oder falsch im Straßenverkehr verhalten hat und ob eine Aufklärung möglich ist oder nicht. Deswegen soll er wenigstens die Zusammenfassung auch verstehen können. Er ist schließlich in der Regel der am wenigsten technisch geschulte Beteiligte im Verfahren und hat es mit dem Verständnis des Verfahrens ohnehin nicht leicht. Er ist es aber letztlich auch, der das Gutachten bezahlen muss; er hat daher auch Anspruch darauf, dass er es versteht.

Hinweis: Im Regelfall liest der Richter oder Anwalt zunächst **nur die Zusammenfassung,** erst wenn er diese nicht versteht oder sie für ihn ungünstig ist, blättert er nach vorne zu den Einzelheiten.

V. Eigenverantwortliche Erstellung des Gutachtens

69 Der vom Gericht ausgewählte und persönlich beauftragte Sachverständige hat das Gutachten selbst und eigenverantwortlich zu erstellen.[17] Eine Vertretung in der Ausarbeitung ist ausgeschlossen. Dies schließt zwar nicht aus, dass der persönlich beauftragte Sachverständige für die Ausarbeitung des Gutachtens Gehilfen heranzieht. Sol-

---

17 BVerwG NJW 84, 2645.

che Gehilfen des Sachverständigen dürfen aber, um dessen Gesamtverantwortlichkeit nicht in Frage zu stellen, ausschließlich für unterstützende Dienste herangezogen werden.[18] Bedient sich der Sachverständige unter Übernahme der Verantwortung für den Inhalt des Gutachtens eines Mitarbeiters, dann muss er dem Gericht dessen Namen und den Umfang dessen Tätigkeit bekannt geben.

F. Das mündliche Gutachten

I. Das mündlich erstellte Gutachten

Im Strafprozess kommt es häufig vor, dass ein Sachverständiger erstmals in der Hauptverhandlung zugezogen wird und dort sein Gutachten mündlich erstattet. Im Zivilprozess ist es eher die Ausnahme, dass ein Sachverständiger vernommen wird, ohne vorher ein schriftliches Gutachten erstattet zu haben. Weil er seine Analyse in der Regel erst nach Durchsicht umfangreicher Akten und Erhebung eigener Dokumentationen fertigt, wird er in der Regel nicht in der Lage sein, sozusagen aus dem Stand eine umfassende und fachlich verantwortliche Begutachtung vorzunehmen. Dessen ungeachtet gibt es immer wieder Richterinnen und Richter, die zur Verfahrensbeschleunigung mit ihrem Lieblingssachverständigen auf dem Buckel in den Gerichtssaal marschieren. In der Regel muss aber dann anschließend doch noch ein schriftliches Gutachten erstellt werden.

Erstattet der Sachverständige ein nur mündliches Gutachten, sollte er all das beachten, was auch für die Erstattung eines schriftlichen Gutachtens gilt:

- Tatsachenfeststellungen von Schlussfolgerungen trennen,
- Fachausdrücke vermeiden,
- Die Schlussfolgerungen mit Zwischenschritten entwickeln, die auch von einem Laien nachvollziehbar sind,
- Fehlerquellen nennen,
- Missverständnisse, die das gesprochene Wort mannigfach bereithält vermeiden, bzw korrigieren.

Die **Protokollierung** durch den sachkundigen Richter oder durch den Urkundsbeamten im Strafprozess kann leicht dazu führen, dass die Ausführungen des Sachverständigen im Protokoll ungenau, entstellt, missverständlich oder auch völlig unverständlich wiedergegeben werden. Andrerseits darf der Richter keinesfalls generell dem Sachverständigen allein die Protokollierung überlassen. Zu leicht läuft er Gefahr, dass er selbst später oder auch sofort nicht nachvollziehen kann, was der Sachverständige da gesagt und protokolliert hat.

---

18 BGH NJW 85, 1400.

II. Die mündliche Anhörung des Sachverständigen nach § 411 Abs. 3 ZPO

73 Das Gericht selbst muss den Sachverständigen sein Gutachten mündlich erläutern lassen, wenn das schriftliche Gutachten ungenau, fehlerhaft oder nicht verständlich ist. Dem Antrag eines Verfahrensbeteiligten auf mündliche Anhörung **muss das Gericht nachkommen**, wenn der Antrag rechtzeitig, dh innerhalb einer vom Gericht gesetzten Frist gestellt wird. Der Beteiligte muss allerdings angeben, warum und wozu er die mündliche Anhörung beantragt. Das Gericht soll den Parteien eine Frist setzen, innerhalb derer Fragen an den Sachverständigen zur mündlichen Erläuterung und Beantwortung einzureichen sind und zwar so, dass der Sachverständige sich ausreichend auf den Termin vorbereiten kann. Der Sachverständige andererseits soll den Antrag auf mündliche Erläuterung nicht als böswilligen Angriff auf seine Person ansehen und auch nicht beleidigt auf Fragen der Parteien oder deren Prozessbevollmächtigten reagieren. Der Sachverständige soll sein Gutachten erläutern und sich mit sachlichen Fragen sachlich auseinandersetzen. Aufgabe des Gerichts ist es, unsachlichen Äußerungen entsprechend zu begegnen.

G. Befangenheit und Ablehnung des Sachverständigen

74 Ein Sachverständiger kann aus denselben Gründen, die zur Ablehnung eines Richters führen, abgelehnt werden (s. §§ 41 und 42 ZPO) wegen persönlicher Beziehungen zu einer Partei oder Besorgnis der **Befangenheit**. Kein Ablehnungsgrund ist die Tatsache dass der Sachverständige in der Vorinstanz oder in einem anderen Verfahren bereits ein (auch nachteiliges) Gutachten erstattet hat oder als Zeuge vernommen wurde (§ 406 Abs. 1. S. 2 ZPO).[19]

75 **Wirtschaftliche Abhängigkeit** kann ebenfalls zur Ablehnung führen. Diese kann dann gegeben sein, wenn der Sachverständige laufend beruflich mit einer Partei zusammenarbeitet. Dieser Umstand allein reicht aber nicht aus, insbesondere wenn an der wirtschaftlichen Unabhängigkeit des Gutachters kein Zweifel besteht.[20]

76 Kein Ablehnungsgrund liegt vor, wenn der Sachverständige (ohne wirtschaftliche Abhängigkeit) bereits wiederholt für die gegnerische Versicherung tätig war.[21]

77 Die Besorgnis der Befangenheit ist gegeben, wenn der Sachverständige über den ihm erteilten Auftrag hinausgeht, ohne auf eine Ergänzung der Beweisfrage durch das Gericht hingewirkt zu haben.[22] Auch einseitiger Kontakt mit einer Partei kann beim Gegner das Misstrauen erwecken, dass der Sachverständige nicht unvoreingenommen sei (zB einseitiger mündlicher, schriftlicher, telefonischer Kontakt mit der Gegenpartei).

78 Die Ablehnung erfolgt im **Ablehnungsverfahren:** Der Sachverständige muss spätestens **zwei Wochen** nach Verkündung oder Zustellung des Beschlusses über seine Er-

---

19 Zöller/*Greger*, § 406 ZPO Rn 9.
20 Renommierter Chefarzt: OLG Köln VersR. 92, 849; anders beim „Haussachverständigen" einer Versicherung.
21 OLG Koblenz OLGR 2000, 442.
22 OLG Celle DAR 2003, 66.

nennung abgelehnt werden (§ 408 Abs. 2). Danach kann eine Ablehnung nur noch erfolgen, wenn glaubhaft gemacht wird, dass der Ablehnungsgrund nicht vorher geltend gemacht werden konnte. Wenn der Ablehnungsgrund aus dem Inhalt des Gutachtens hergeleitet wird, ist der Ablehnungsantrag **unverzüglich** (§ 121 BGB) zu stellen. Der Sachverständige ist zum Ablehnungsantrag nicht unbedingt, aber dann anzuhören, wenn sein Persönlichkeitsrecht berührt oder sein Honoraranspruch in Frage gestellt wird (die Ablehnung des Sachverständigen und die hierdurch bedingte Unverwertbarkeit des Gutachtens vernichtet den Entschädigungsanspruch bei verschuldetem Ablehnungsgrund). Gegen den Beschluss, durch den der Ablehnungsantrag für unbegründet erklärt wird, findet die sofortige Beschwerde statt (§ 406 Abs. 5 ZPO).

H. Obergutachten

Den ausdrücklichen Begriff „Obergutachten" kennt das Gesetz nicht. Gem. § 412 ZPO kann jedoch das Gericht eine neue Begutachtung durch denselben oder andere Sachverständige anordnen, wenn es das Gutachten für ungeeignet hält. Die Gerichte lieben ein solches weiteres Gutachten gar nicht. Das Gericht wird zunächst gem. § 411 Abs. 3 ZPO den Sachverständigen mündlich anhören, bzw anhören müssen. Erst wenn eine mündliche Erläuterung erfolglos bleibt, kommt unabhängig von den Anträgen der Parteien ein weiteres oder sogenanntes Obergutachten in Betracht, wenn das Gutachten mangelhaft (unvollständig, widersprüchlich, nicht überzeugend) ist oder das erste Gutachten von falschen tatsächlichen Voraussetzungen ausgeht oder/und der Sachverständige nicht über die notwendigen Sachkenntnisse verfügt oder/und der Sachverständige nicht über die neuesten Methoden der Unfallrekonstruktion verfügt.

Sollte also eine Partei mit dem Gutachten nicht einverstanden sein, aber selbst nicht über das notwendige Fachwissen verfügen, um dem Gutachten entgegenzutreten muss sie unbedingt einen Sachverständigen zu Rate ziehen, der das Gerichtsgutachten in Frage stellt, zerpflückt oder ganz oder teilweise als falsch darlegt. Entweder wird dann das Gericht die mündlichen Anhörung (von Amts wegen oder auf Antrag anordnen, § 411 Abs. 3 ZPO) oder ein neues Gutachten erholen.

Teil 2
Das biomechanische Gutachten

§ 3 Grundlagen der forensischen Biomechanik

A. Allgemeines 1
B. Grundlagen der biomechanischen Begutachtung 4
   I. Anatomische Grundlagen 4
      1. Der menschliche Kopf 5
         a) Der knöcherne Schädel 5
         b) Das Gehirn 9
      2. Die Wirbelsäule 14
         a) Allgemein 14
         b) Die Wirbelknochen 20
         c) Die Bandscheibe 25
         d) Die Halswirbelsäule 32
         e) Die Brustwirbelsäule 46
         f) Die Lendenwirbelsäule 48
         g) Kreuzbein und Steißbein .. 51
      3. Der Brustkorb 53
      4. Die Obere Extremität 57
         a) Der Oberarm 59
         b) Der Unterarm 62
         c) Die Hand und das Handgelenk 65
      5. Das Becken 67
      6. Die Untere Extremität 69
         a) Der Oberschenkel 70
         b) Das Kniegelenk 71
         c) Der Unterschenkel 77
         d) Der Fuß 79
   II. Physikalische Grundlagen 85
C. Verletzungsmechanische Fragestellungen bei Straßenverkehrsunfällen 101
   I. Unfälle von Fußgängern und Radfahrern 106
      1. Anfahren 107
      2. Anstoßgeometrie 111
      3. Überfahren – Überrollen 128
   II. Unfälle von Kradfahrern 132
   III. Fahrzeuginsassen 139
      1. Frontalkollision 143
         a) Insassenkinematik 144
         b) Verletzungen und Verletzungsmechanismen bei Frontalkollisionen 153
      2. Seitenkollision 172
         a) Insassenkinematik bei der Seitenkollision 178
         b) Verletzungen und Verletzungsmechanismen bei Seitenkollisionen 187
      3. Heckkollision 202
         a) Insassenkinematik 203
         b) Verletzungen und Verletzungsmechanismen 208
      4. Fahrzeugüberschlag 221
         a) Insassenkinematik 231
         b) Verletzungen und Verletzungsmechanismen 240
D. Fallbeispiele 248
   I. Frontalkollision 249
   II. Heckkollision 253
   III. Motivation der Fahrversuche 256
   IV. Fahrzeugkinematik 261
      1. Frontal-/Seitenkollision 261
      2. Heckkollision 266
   V. Insassenkinematik 269
      1. Frontal-/Seitenkollision 269
      2. Heckkollision 273
E. Die spezielle Problematik der Begutachtung von Verkehrsunfällen im Hinblick auf die Verletzungen der Halswirbelsäule (HWS) –Das HWS-Schleudertrauma 280
   I. Allgemeines 280
   II. Rechtsgrundlagen 284
   III. Anknüpfungstatsachen: technischmedizinisch 287
   IV. Technisch-physikalische Analyse .. 289
   V. Ärztliche Dokumentation und deren Objektivierbarkeit 294
   VI. Kollisionsarten und Toleranzgrenzen 297
      1. Heckkollision 299
      2. Frontalkollision 302
      3. Seitenkollision 305
      4. Streifkollision 308
F. Weiterführende Literatur (ein Auszug) 311
G. Anhang 312
   I. Tabelle A1 312
   II. Tabelle A2 313
   III. Tabelle A3 314
H. Quellennachweise 315

§ 3 Grundlagen der forensischen Biomechanik

A. Allgemeines

1 Die **Biomechanik** beschreibt die Wirkung von Kräften im und am menschlichen Körper. Dazu gehört u.a. auch die Forschung auf dem Gebiet der Prothetik und der Bewegungslehre in den Sportwissenschaften. Die **Verletzungsmechanik** befasst sich demgegenüber speziell mit der Biomechanik, **wenn es weh tut**, also – wie der Name sagt – mit dem Zusammenhang zwischen mechanischen Belastungen und den daraus resultierenden Verletzungen.

2 Bei der **forensischen Biomechanik im Zusammenhang mit Verkehrsunfällen** handelt es sich in erster Linie um die Klärung derartiger Zusammenhänge. Daher werden im Folgenden die Begriffe **Biomechanik** und **Verletzungsmechanik** weitgehend synonym gebraucht. Dementsprechend handelt es sich auch beim **biomechanischen Gutachten** und beim **verletzungsmechanischen Gutachten** letztlich um die gleichen Fragestellungen.

3 Da dabei zum einen eine ingenieurmäßige Analyse der mechanischen Vorgänge und Bedingungen erforderlich ist, zum anderen eine medizinische Befundung der Verletzungen, wird hier die Mitwirkung verschiedener wissenschaftlicher Disziplinen gesehen und in diesem Sinne ein sogenanntes **interdisziplinäres Gutachten** angefordert. Die Bearbeitung erfordert jedoch dann nicht die Mitwirkung mehrerer Sachverständiger, wenn beim beauftragten Sachverständigen die notwendigen Kenntnisse aus beiden Sachgebieten vorhanden sind. Um die Kapitel für den juristischen Leser nachvollziehbarer zu gestalten, wurde bei Literaturstellen, die nicht von hoher Relevanz sind, auf die Angabe in Fußnoten verzichtet. Diese Literaturstellen sind einem gesonderten, nachgestellten Verzeichnis im Anhang zu entnehmen.

B. Grundlagen der biomechanischen Begutachtung

I. Anatomische Grundlagen

4 Im Folgenden wird ein Abriss der Anatomie des menschlichen Körpers unter dem Aspekt verletzungsmechanischer Relevanz im Rahmen des Verkehrsunfallgeschehens gegeben.

1. Der menschliche Kopf

a) Der knöcherne Schädel

5 Der menschliche Schädel (Cranium) besteht aus 26 Knochen. Acht Knochen bilden den Hirnschädel, in dem das Gehirn und die Gehörknöchelchen sitzen, 14 Gesichtsknochen prägen die Gesichtsfront. Dazu kommen drei Gehörknöchelchen und das Zungenbein. Im Schädel befinden sich das Gehirn, die wesentlichen Sinnesorgane und der Beginn des Verdauungstraktes.

6 Morphologisch wird der Hirnschädel in das Schädeldach und die Schädelbasis unterteilt, welche durch die Kopfgelenke mit der Halswirbelsäule verbunden ist. Das Schädeldach (Abb. 1) besteht aus dem Stirnbein (Os frontale), den beiden Scheitelbeinen (Os parietale), beiden Schläfenbeinen (Os temporale) und dem Hinterhauptsbein (Os

occipitale). Diese Plattenknochen stoßen an den Schädelnähten zusammen und sind beim Erwachsenen fest miteinander verwachsen.

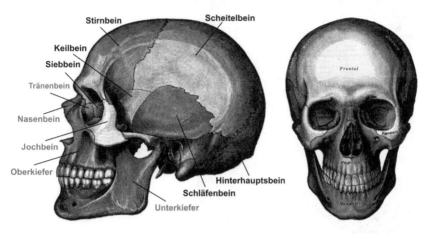

Abb. 1: Schädel: Hirnschädel, Gesichtsschädel [30]

Von innen betrachtet (Abb. 2) gliedert sich die Schädelbasis durch die sechs Schädelgruben und das große Hinterhauptsloch. Letzteres ist die Öffnung durch die das sog. verlängerte Mark, der dicke Nervenstrang, der die Verbindung zwischen dem Gehirn und dem Rückenmark bildet, die Schädelhöhle verlässt. Die Schädelgruben werden gebildet durch das Stirnbein (Os frontale), das Siebbein (Os ethmoidale), ein kleiner Knochen, der die vorderen Schädelgruben trennt, das Keilbein (Os sphenoidale) zwischen den vorderen und den mittleren Schädelgruben mit der auffälligen Struktur des sog. Türkensattels, die beiden Schläfenbeine (Os sphenoidale), und das Hinterhauptsbein (Os occipitale).

§ 3 Grundlagen der forensischen Biomechanik

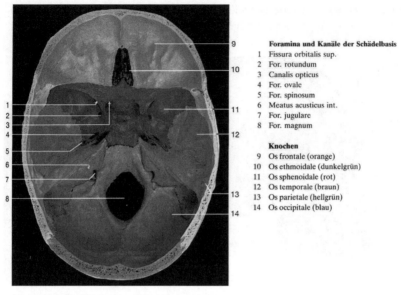

Abb. 2: Schädelbasis von oben [7]

8   Die Felsenbeine (pars petrosa) sind Teile der Schläfenbeine und trennen die mittleren Schädelgruben von den hinteren. Sie enthalten die Strukturen des Innenohres. Daher führt zB eine Schädelbasisfraktur, welche durch das Schläfenbein läuft, in der Regel zu einem Blutaustritt aus dem Ohr. Die wesentlichen Knochen, welche das Gesicht formen, sind das Stirnbein, das Nasenbein, die beiden Joch- oder Wangenbeine (Os zygomaticum), welche mit dem Oberkiefer und dem Stirnbein den Rand der Augenhöhle bilden. Erwähnt sei noch das Zungenbein, weil es bei Einwirkungen gegen den Hals von Bedeutung sein kann. Es ist ein kleiner, hufeisenförmiger Knochen, der, von Muskeln gehalten an der Grenze zwischen Hals und Mundhöhle zoniert ist.

b) Das Gehirn

9   Das Gehirn (Cerebrum) liegt geschützt in der Schädelhöhle (Abb. 3). Es wird von der Hirnhaut umhüllt. Das Gehirn hat einen hohen Sauerstoff- und Energiebedarf. Daher führt auch ein nur kurzzeitiger Ausfall der Blutversorgung schnell zu Hirnschäden. Das Gehirn verarbeitet Sinneseindrücke und koordiniert komplexe Verhaltensweisen. Es ist somit die Schaltstelle aller überlebenswichtigen Informationen, die in einem Organismus verarbeitet werden. Verletzungsmechanisch sind die Toleranzgrenzen des Gehirns gegen mechanische Belastungen nicht geringer als anderer Körperteile, Verletzungen haben aber wegen der zentralen Funktionen des Gehirns meist gravierende Folgen.

B. Grundlagen der biomechanischen Begutachtung

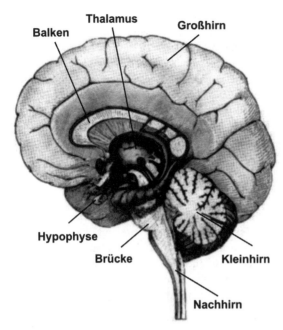

Abb. 3: Gehirn [47]

Morphologisch und funktionell wird das Gehirn in vier Hauptbereiche eingeteilt: Das Großhirn, das Kleinhirn, das Zwischenhirn und den Hirnstamm. Das Großhirn ist in der Mitte durch einen Einschnitt in zwei Hälften (Hemisphären) geteilt und von der 2–5 mm dicken Großhirnrinde (Cortex) umhüllt. Die Hauptverbindung zwischen den Hemisphären bildet ein dicker Nervenstrang, der sog. Balken. Die Großhirnrinde hat eine stark gefaltete oder auch gefurchte Gestalt und enthält etwa 14 Milliarden Nervenzellen. Dadurch erscheint sie grau und wird demzufolge auch graue Substanz genannt. Auf ihr lassen sich die sogenannten Rindenfelder lokalisieren. Man unterscheidet zwischen primären Feldern und Assoziationsfeldern. Erstere verarbeiten ausschließlich Informationen einer Qualität, wie beispielsweise Sehen, Riechen oder Berührungen. Letztere stimmen verschiedene Funktionen aufeinander ab. Ihnen kommen Aufgaben, wie Gedächtnis und höhere Denkvorgänge zu.

Im inneren des Großhirns befindet sich die weiße Substanz. In dieser verlaufen Axone, die faserartigen Fortsätze der Nervenzellen, welche die einzelnen Teile des Großhirns mit anderen Teilen des Nervensystems verbinden. Am Kleinhirn lassen sich ebenfalls zwei Hemisphären unterscheiden. Zusätzlich grenzt man noch weitere Teile ab. Es ist zum Beispiel für Gleichgewicht, Bewegungen und deren Koordination verantwortlich. Zum Zwischenhirn rechnet man vier Teile. Den Thalamus (oberer Teil), Hypothalamus, der mit der Hypophyse (Hirnanhangdrüse) verbunden ist, den Subthalamus und Epithalamus. Der Thalamus ist der Mittler von sensiblen und motorischen Signalen zum und vom Großhirn. Bei ihm laufen alle Informationen der Sinnesorgane zusammen und werden weitervermittelt. Der Hypothalamus steuert zahlreiche körperliche und psychische Lebensvorgänge und wird selbst teils nerval über das vegetative Nervensystem und teils hormonell über den Blutweg gesteuert. Hypothalamus und Hypophyse, eine wichtige Hormondrüse des Körpers, bilden das zentrale Bindeglied zwischen dem Hormonsystem und dem Nervensystem. Das Zwischenhirn ist unter anderem verantwortlich für die Schlaf-Wach-Steuerung, Schmerzempfindung und die Temperaturregulation.

12 Der Hirnstamm bildet den untersten Gehirnabschnitt und besteht aus auf- und absteigenden Nervenfasern (weiße Substanz) und aus Ansammlungen von Nervenzellen (graue Substanz). Teile des Hirnstammes sind Mittelhirn, Brücke (Pons) und Nachhirn. Letzteres ist die Medulla oblongata, das sog. verlängerte Mark, das die Verbindung zwischen dem Gehirn und dem Rückenmark bildet.

13 Der Hirnstamm verschaltet und verarbeitet eingehende Sinneseindrücke und ausgehende motorische Informationen und ist zudem für elementare und reflexartige Steuermechanismen zuständig. Im Nachhirn kreuzen sich die Nervenbahnen der beiden Körperhälften. Außerdem werden hier viele automatisch ablaufende Vorgänge wie Herzschlag, Atmung oder Stoffwechsel gesteuert. Ebenso befinden sich hier wichtige Reflexzentren, so beispielsweise für die Auslösung von Lidschluss, Schluck-, Husten- und andere Reflexe.

2. Die Wirbelsäule

a) Allgemein

14 Die Wirbelsäule bildet die bewegliche Achse des menschlichen Körpers (Abb. 4). Sie ist der zum Halten des Oberkörpers wichtigste Teil des Skeletts und gilt als grundlegendes Konstruktionselement. Sie trägt Kopf, Brustkorb und die oberen Extremitäten, sie weist ein hochelastisches Verhalten auf. Die Wirbelsäule wird in vier Abschnitte unterteilt (Abb. 4): Die Halswirbelsäule (HWS) mit 7 Wirbeln, die Brustwirbelsäule mit 12 Wirbeln, die Lendenwirbelsäule 5 Wirbeln und das verwachsene und unbewegliche Kreuz- und Steißbein.

15 Die einzelnen Wirbelkörper besitzen innen ein Loch, das Wirbelloch, so dass sich bei der Aneinanderreihung der Wirbel bei der Bildung der Wirbelsäule eine Röhre bildet, der Wirbelkanal. Im Wirbelkanal verläuft das Rückenmark, ein Strang aus Nervenfasern, die vom Gehirn kommen und das periphere Nervennetz bilden bzw versorgen. Die Wirbel der HWS haben neben dem großen Wirbelloch noch Öffnungen in den Querfortsätzen, so dass in diesem Abschnitt der Wirbelsäule Versorgungskanäle für das Gehirn gebildet werden. Dort verlaufen die Wirbelarterien und -venen, welche einen Teil der Blutversorgung des Gehirns sicherstellen.

B. Grundlagen der biomechanischen Begutachtung 2

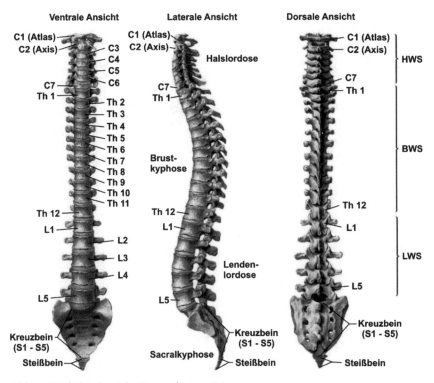

Abb. 4: Wirbelsäule, siehe Verzeichnis in [3]

Die Wirbelsäule weist trotz ihrer Funktion als Trägerstruktur eine hohe Elastizität auf, gepaart mit einer Dämpfung bei stoßartiger Belastung. Zudem muss sie Bewegungen nach vorn, hinten und zur Seite sowie Drehbewegungen erlauben. Dies gewährleisten die spezifischen Komponenten, aus denen sie aufgebaut ist in Verbindung mit den stabilen und in gleichem Maße beweglichen Verbindungsstrukturen. Die festen Wirbelsäulenbausteine bilden die Wirbelknochen. Zwischen diesen, also zwischen jeweils zwei Wirbelkörpern, sitzt eine Bandscheibe als dämpfendes Verbindungselement. Deren Aufgabe besteht darin, Erschütterungen abzudämpfen und die Flexibilität sowie Elastizität der gesamten Struktur herzustellen. Zusätzlich stehen die Wirbelknochen über kleine Wirbelgelenke, den Zwischenwirbel- oder Facettengelenken in Verbindung, welche den Grad der Beweglichkeit mitbestimmen. Entlang der Wirbelsäule laufen Bänder und Muskeln. Dieser Bandapparat hat die Aufgabe der dynamischen Stabilisierung, das heißt Bewegungen zu erlauben aber ab einem gewissen Ausmaß zu limitieren. Weitere Strukturelemente schützen die Bandstrukturen vor Überbelastung, indem sie die Bewegungsmöglichkeiten in definierten Richtungen einschränken (Abb. 5).

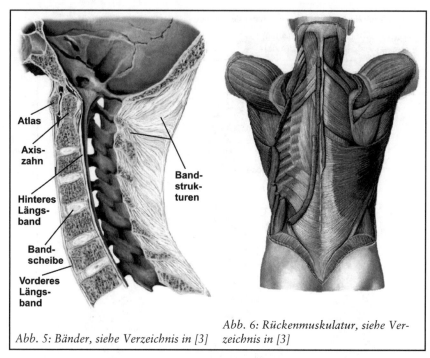

Abb. 5: Bänder, siehe Verzeichnis in [3]

Abb. 6: Rückenmuskulatur, siehe Verzeichnis in [3]

17 Die Rückenmuskulatur setzt sich insgesamt aus einer komplexen Gruppe von fünf Muskelschichten zusammen, die sich vom Becken bis zum Schädel erstrecken (Abb. 6). Diese dienen der Ausführung von Bewegungen, aber auch der Wirbelsäule Stabilität zu geben. Daraus ergibt sich die Notwendigkeit, die Rückenmuskulatur in einem kräftigen Zustand zu halten. Geschwächte Rückenmuskulatur führt zu einer Schwächung der Wirbelsäule bei üblichen Arbeiten, aber auch bei verletzungsmechanisch relevanten Belastungen.

18 Die Halswirbel (Zervikalwirbel) werden mit dem Großbuchstaben C gefolgt von der Rangnummer, also mit C1 bis C7 bezeichnet, die Brustwirbel (Thorakalwirbel) entsprechend mit Th1 bis Th12, die Lendenwirbel (Lumbalwirbel) mit L1 bis L5 und die Wirbel des Kreuz- und Steißbeins mit S 1 bis S 5. Letztere verschmelzen im Alter von 20 bis 25 Jahren vollständig miteinander. Benachbarte Wirbelpaare bezeichnet man auch als Bewegungssegment. Beispielsweise hat das Bewegungssegment zwischen dem vierten und dem fünften Halswirbel den Namen C4/5. Neben der regionalen Klassifizierung kann die Wirbelsäule auch in einen beweglichen und einen nicht beweglichen Teil gegliedert werden.

19 Von der Seite betrachtet weist die Wirbelsäule eine unterschiedliche Krümmung der einzelnen Wirbelsäulenabschnitte in der Sagittalebene auf. Die Halswirbelsäule ist nach vorne durchgebogen, was als Lordose (Halslordose) bezeichnet wird. Die Wölbung der Brustwirbelsäule nach hinten wird als Kyphose (Brustkyphose) bezeichnet. Die Lendenwirbelsäule weist analog der Halswirbelsäule eine Lordose (Lendenlordo-

se) auf, wohingegen sich aus dem Erscheinungsbild des Kreuz- und Steißbeines als Einheit wiederum eine kyphotische Krümmung ergibt. Durch die Gestaltung der Wirbelsäule insgesamt in einer doppelt-S-förmigen Krümmung wird das elastische Verhalten der Struktur erhöht und Erschütterungen, wie zum Beispiel auch beim Gehen auftreten, werden vor allem auf das empfindliche Gehirn gedämpft, wie auch jeder beliebige Stoß in vertikaler Richtung.

b) Die Wirbelknochen

Als Wirbelknochen oder Wirbel werden die knöchernen Elemente der Wirbelsäule bezeichnet. Auch wenn sich in den verschiedenen Abschnitten der Wirbelsäule die einzelnen Wirbel in ihrer Gestalt unterscheiden, ähnelt sich der grundlegende Aufbau mit Ausnahme des ersten und zweiten Halswirbels. Die Größe der Wirbel nimmt von der Halswirbelsäule zur Lendenwirbelsäule stetig zu. Der Wirbelknochen besteht aus dem ventral, also vorn gelegenen Wirbelkörper, dem nach hinten abgrenzenden Wirbelbogen, einem Dornfortsatz, zwei Quer- und vier Gelenkfortsätzen (Abb. 7, Abb. 8): Der Wirbelkörper trägt die Last, der Wirbelbogen schützt das Rückenmark und die drei Fortsätze dienen dem Angriff von Muskeln. Die Wirbel liegen eng aneinander und sind durch die Bandscheiben voneinander getrennt (Abb. 8). Eine Stabilisierung untereinander erfolgt durch das vordere und das hintere Wirbelband (Abb. 8). Weitere Bänder und Muskeln zwischen den knöchernen Fortsätzen der Wirbel sorgen für zusätzlichen Zusammenhalt.

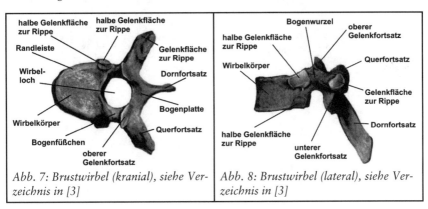

Abb. 7: Brustwirbel (kranial), siehe Verzeichnis in [3]

Abb. 8: Brustwirbel (lateral), siehe Verzeichnis in [3]

Die Aufgabe des vorn gelegenen Wirbelkörpers ist es, die Last des Körpers zu tragen. Er besteht im Kern aus spongiösem (leichtem) Knochenmaterial, das außen von kortikalem (festem) Knochen umgeben ist. Spongiöses Knochengewebe wird durch knöcherne Trabekeln, dünne Platten oder Stäbe aufgebaut, die ein schwamm- oder honigwabenartiges Gewebe ausbilden, wobei die Ausrichtung der Strukturen entlang der wichtigsten Belastungslinien des Knochens verläuft. Dies ermöglicht die Einsparung an Knochensubstanz bei hoher Stabilität, ein geringeres Gewicht, eine dynamischen Anpassung an verschiedene Belastungssituationen durch aktive Modellierung und die Unterbringung des Knochenmarks, mit dessen blutbildender Funktion. Der Kortikale Knochen ist dagegen kompakt. Er weist daher eine höhere Festigkeit auf.

22 Als Wirbelkörperdeckplatten werden die Kontaktflächen der Wirbelkörper mit der Bandscheibe bezeichnet. Über der Deckplatte liegt noch eine Knorpelplatte (Abb. 7) um den Übertritt von Bandscheibengewebe in den Wirbelkörper zu verhindern und vor allem um eine gleichmäßige Druckübertragung in Verbindung mit den Zwischenwirbelscheiben zu erreichen.

23 An der Rückseite des Wirbelkörpers bilden die Bogenfüßchen oder -wurzeln zusammen mit der Bogenplatte den Wirbelbogen. Dessen innere Fläche bildet die Rückseite des Wirbellochs. Die Aneinanderreihung der Wirbel lässt aus den Wirbellöchern den vertikal verlaufenden Wirbel- oder Rückenmarkskanal entstehen, in dem das Rückenmark eingebettet und so gegen äußere Einwirkungen geschützt ist. Die Bogenwurzeln, als Übergang des Wirbelkörpers zur Bogenplatte, sind vor den Gelenkfortsätzen an der Oberseite leicht und an der Unterseite tief eingeschnürt. Die Einschnürungen formen bei zwei übereinander liegenden Wirbeln das so genannte Zwischenwirbelloch. Dieses bildet die Austrittsöffnung für die im Rückenmark verlaufenden Nerven (Spinalnerven) (Abb. 9, Abb. 10).

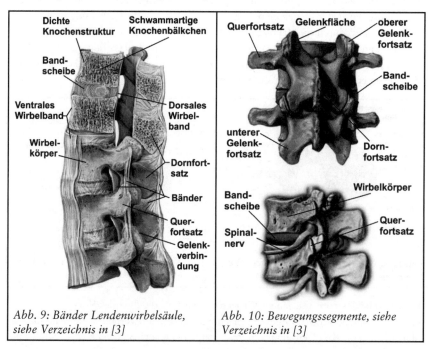

Abb. 9: Bänder Lendenwirbelsäule, siehe Verzeichnis in [3]

Abb. 10: Bewegungssegmente, siehe Verzeichnis in [3]

24 Die beiden seitlichen Querfortsätze und der mittig nach hinten ragende Dornfortsatz dienen Bändern und Muskeln als Ansatzstellen, um die Kraft der Muskulatur auf die Wirbel und Gelenkfortsätze zu übertragen. An jedem Wirbelkörper befinden sich vier Gelenkfortsätze, welche die Facettengelenke zwischen den einzelnen Wirbelkörpern bilden. Es werden zwei obere und zwei untere Gelenkfortsätze unterschieden, wobei jeweils die oberen Fortsätze mit den unteren des Nachbarwirbels in Verbindung ste-

hen und so eine gelenkige Verbindung ausbilden (Abb. 10). An den zwölf Brustwirbeln finden sich seitlich an den Wirbelkörpern und an den Querfortsätzen zusätzliche Gelenkflächen zur Lagerung der entsprechenden Rippe.

c) Die Bandscheibe

Wie bereits im einführenden Teil des Wirbelsäulenaufbaus erläutert, bildet sich die gesamte Wirbelsäule aus einer alternierenden Schichtung von Wirbeln und Bandscheiben. Mit Ausnahme der beiden Kopfgelenke und den miteinander verschmolzenen Kreuz- und Steißbeinwirbeln, befinden sich zwischen allen Wirbelpaaren dämpfende Zwischenwirbelscheiben (Abb. 11, Abb. 12, Abb. 13, Abb. 14).

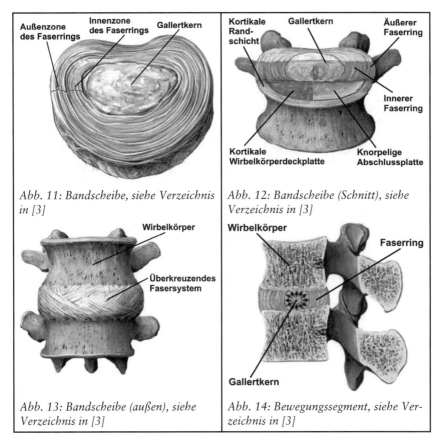

Abb. 11: Bandscheibe, siehe Verzeichnis in [3]

Abb. 12: Bandscheibe (Schnitt), siehe Verzeichnis in [3]

Abb. 13: Bandscheibe (außen), siehe Verzeichnis in [3]

Abb. 14: Bewegungssegment, siehe Verzeichnis in [3]

Die Wirbelsäule des Menschen besitzt insgesamt 23 Bandscheiben, welche in Summe etwa 1/4 der Gesamtlänge der Wirbelsäule ausmachen und deren Größe analog der der Wirbelknochen in Richtung der Lendenwirbelsäule zunimmt.

Die Bandscheiben besitzen zwei elementare Aufgaben. Zum einen fungieren sie als eine Art Stoßdämpfer, um Stöße und Erschütterungen abzudämpfen, zum anderen sorgen sie für eine stabile Verbindung der Wirbelkörper untereinander und ermöglichen ein Höchstmaß an Flexibilität. Sie müssen daher einerseits elastische Eigenschaften besitzen und andererseits stabil sein, um bei dynamischen Aktivitäten unter Umständen das Mehrfache des eigentlichen Körpergewichts abfangen zu können. Stöße, wie sie beim Laufen oder Springen auftreten, würden ohne Bandscheiben ungedämpft zum Kopf und Gehirn weitergeleitet werden und eine enorme Belastung darstellen. Anschaulich kann eine Zwischenwirbelscheibe mit einer Art Gummischeibe verglichen werden, die sich zusammendrücken lässt und bei Entlastung wieder in die Ausgangsform zurückkehrt (Abb. 15) [3].

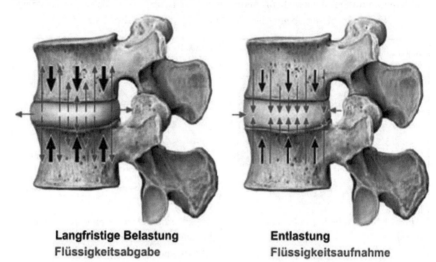

Langfristige Belastung
Flüssigkeitsabgabe

Entlastung
Flüssigkeitsaufnahme

Abb. 15: *Belastungszyklus/Entlastungszyklus, siehe Verzeichnis in [3]*

28 Die Bandscheibe an sich besteht aus einem Faserring, dem Anulus fibrosus, und dem zentral gelegenen Gallertkern, dem Nucleus pulposus. Innerhalb des Faserringes unterscheidet man eine Außen- und eine Innenzone. Die äußere Zone besteht aus konzentrischen Schichten kollagener, zugfester Bindegewebsfasern. Ihre Fasersysteme überkreuzen sich aufgrund unterschiedlicher Steigungswinkel und verbinden die knöchernen Randleisten zweier benachbarter Wirbelkörper miteinander. Bewegt man sich davon ausgehend in Richtung Gallertkern, der zu 80 bis 85 % aus Wasser besteht, welches er in seinem zellarmen, gallertartig-viskosem Gewebe reversibel binden kann, ist ohne scharfe Grenze ein Übergang des straffen Bindegewebes der Außenzone in ein knorpeliges Gewebe zu beobachten. Dessen Kollagenfasern strahlen in die knorpeligen Abschlussplatten der Bandscheibe ein. Aus technischer Sicht entspricht die Bandscheibe einem druckelastischen, hydrostatischen System, bestehend aus der zugfesten Hülle und dem wässrigen, nahezu nicht komprimierbaren Gallertkern. Vor allem bei Belastungen zusätzlich zum eigenen Körpergewicht steht der Gallertkern unter sehr hohem hydrostatischen Druck.

29 Aufgrund der eben genannten Inkompressibilität verschiebt sich beispielsweise beim Nachvornebeugen die Bandscheibe in dorsale Richtung, erzeugt eine Zugkraft im

dorsalen Anteil des Faserringes und eine Druckkraft im ventralen Bereich des Wirbelkörpers. Bei intakter Bandscheibenstruktur können die dabei auftretenden Kräfte sowohl durch die angrenzenden Wirbelkörperdeckplatten als auch den äußeren Faserring kompensiert werden. Die radial nach außen wirkenden Druckkräfte des Gallertkerns werden in der Faserstruktur des äußeren Ringes als Zugkräfte aufgenommen, so dass die Bandscheiben hauptsächlich Zug- und weniger Druckbelastungen ausgesetzt sind. Bei sehr hohen Belastungen, wie beispielsweise einem Sturz auf das Steißbein, nehmen praktisch nie die Bandscheiben Schaden, sondern es brechen eher die Wirbelkörperdeckplatten ein.

Bei Betrachtung der Belastungen darf nicht allein die Intensität berücksichtigt werden, sondern es muss auch nach der einwirkenden Zeit differenziert werden. Eine hohe aber kurzfristige Belastung lässt den Gallertkern zusammen mit dem Faserring als eine Art Stoßdämpfer, mit dem Ziel, einer gleichmäßigen Druckverteilung auf die angrenzenden Deckplatten und die Faserringstrukturen fungieren. Langfristige Belastungen hingegen führen zu einer langsamen, aber permanenten Wasserabgabe des Gallertkerns. Dieser Effekt hat zur Folge, dass Schlackenstoffe ausgepresst werden. Die Dicke der Bandscheibe nimmt ab, so dass sich die knöchernen Wirbelkörper aufeinander zubewegen. Der Flüssigkeitsgehalt und damit die Widerstandskraft der Wirbelsäule nimmt aufgrund des höheren intradiskalen Drucks in aufrechter Haltung rasch ab, so dass im Tagesverlauf eine nicht degenerierte Bandscheibe etwa 20 % ihres Wassergehaltes verliert. Die eben beschriebene Entwicklung ist vollständig reversibel, das heißt, in den Entlastungsphasen findet eine Umkehr der eben beschrieben Vorgänge statt. Es kommt zu einer entlastungsabhängigen Flüssigkeitsaufnahme, wobei die Dicke der Bandscheibe wieder zunimmt. Es ist bekannt, dass die Bandscheiben in den frühen Morgenstunden nach der nächtlichen Erholung sehr flüssigkeitsreich sind. Dies erhöht die Widerstandskraft der Wirbelsäule gegenüber Biegebelastung etwa um das Dreifache. Man spricht bei diesen beiden Prozessen auch von der Ernährung der Bandscheibe. Veranschaulichen lässt sich dieses Wechselspiel mit einem Schwamm, der beim Zusammendrücken Wasser abgibt und bei Expansion wieder aufsaugt.

Nur so kann die Bandscheibe die nötigen Nährstoffe aufnehmen, da sie nach dem zweiten Lebensjahr keine eigene Blut- und Nährstoffversorgung mehr besitzt. Durchsaftungsprozesse sind nur möglich, wenn für eine bewegungsabhängige Be- und Entlastung der Zwischenwirbelscheiben gesorgt wird. Bei Bewegungsmangel oder konsequenter Schonung wird der Belastungs-/Entlastungszyklus entkoppelt und zu wenig Flüssigkeit in die Bandscheibe eingebracht. Sie wird spröde, rissig und verliert ihre elastischen Eigenschaften. Bei Überlastung steht die Bandscheibe dauernd unter zu starkem Druck, was ein ähnlich negatives Ergebnis hervorruft. Menschen mit chronischem Bewegungsmangel ebenso, wie Personen mit dauerbelasteten Wirbelsäulen werden somit eine reduzierte Toleranz gegenüber verletzungsmechanisch relevanten Belastungen der Wirbelsäule aufweisen.

d) Die Halswirbelsäule

32 Die Halswirbelsäule (HWS) ist der bei Verkehrsunfällen am häufigsten verletzte Körperteil, zumindest nach der Statistik. Ob dies tatsächlich so ist, ist die häufigste Fragestellung der forensischen Biomechanik. Dabei ist das Problem: „wir reden über die Verletzungsmechanik und die Toleranzgrenzen von Verletzungen, die wir gar nicht kennen".[1] Uns sind nur die Symptome bekannt, wobei sich allerdings diese weitgehend einer objektiven Feststellung entziehen, und bei den subjektiven Klagen bisweilen finanzielle Interessen als Hauptmotivation vermutet werden. Trotzdem oder gerade deswegen erscheint eine ausführliche Darstellung der anatomischen Gegebenheiten angezeigt.

33 Die Halswirbelsäule muss den 4 bis 5 kg schweren Kopf tragen und ihn bei allen Bewegungen des Körpers mitnehmen. Sie muss ihm die Möglichkeit geben, sich nach drei Richtungen um insgesamt ca. 180° zu drehen und sich nach vorn, hinten und nach der Seite in weitem Umfang zu beugen. Sie muss geschützte Wege für die Meldeleitungen zwischen dem Gehirn und dem restliche Körper sowie für die Blutversorgung des Gehirns bereitstellen. Sie bildet das mechanische Gerüst für den Hals und dessen Organe für die Nahrungszufuhr und den Luftaustausch.

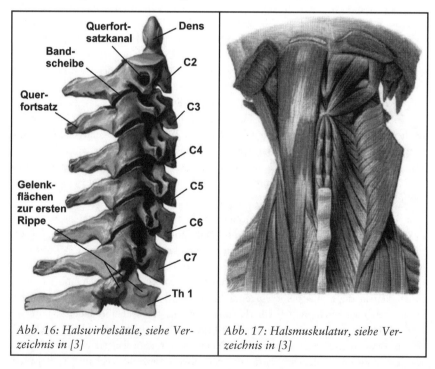

Abb. 16: Halswirbelsäule, siehe Verzeichnis in [3]

Abb. 17: Halsmuskulatur, siehe Verzeichnis in [3]

---

1 *Marray Mackay*, IRCOBI (International Research Council on the Biomechanics of Injury), Konferenz Lissabon, 2003.

B. Grundlagen der biomechanischen Begutachtung 2

Die Halswirbelsäule bezeichnet die Gesamtheit der sieben zervikalen Wirbel zwischen Kopf und Brustwirbelsäule (Abb. 16). Die Halswirbelsäule ist der beweglichste Abschnitt der gesamten Wirbelsäule. Sie wird durch Muskeln und Bandstrukturen stabilisiert (Abb. 17). Bei gesunden Menschen weist sie eine physiologische Lordose auf. Mit Ausnahme der ersten zwei Wirbel liegen, wie bei der restlichen Wirbelsäule, die Bandscheiben zwischen den Wirbelkörpern.

Die beiden ersten, dem Kopf am nächsten liegenden Wirbel besitzen eine besondere Bauform und tragen die Eigennamen **Atlas** und **Axis**. Die speziellen Bauformen erlauben ein spezielle Zusammenspiel um die vorgenannten Bewegungen des Kopfes zu ermöglichen. **Die Halswirbel 3 bis 7 zwischen Axis und einschließlich des siebten Halswirbels besitzen die übliche Wirbelform, bestehend aus Wirbelkörper, Wirbelbogen und den Zwischenwirbelgelenken (Abb. 19).** Der Wirbelkörper der Halswirbel fällt nach vorne ab und überlappt so die obere Vorderseite des darunter liegenden Wirbels. Im Gegensatz zu den übrigen Wirbeln besitzen die zervikalen Wirbel im Querfortsatz ein Loch. Durch diese Öffnungen verlaufen die Wirbelarterien und -venen, die aus der großen Körperschlagader entspringen. Sie tragen zur Blutversorgung des Gehirns wesentlich bei. Der Querfortsatz selbst hat eine rinnenförmige Einkerbung, in welcher die entsprechenden Spinalnerven austreten können.

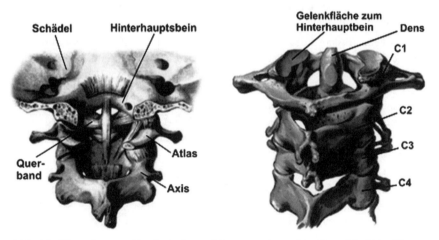

Abb. 18: Oberes/unteres Kopfgelenk von hinten gesehen, siehe Verzeichnis in [3]

Der vordere Teil des Querfortsatzes gleicht dabei dem Rudiment einer Rippe, analog den Querfortsätzen der Lendenwirbel. Trotz seines konventionellen Wirbelaufbaus zeigt sich am siebten Halswirbel als Charakteristikum ein sehr großer Dornfortsatz, der bei den meisten Menschen so lang ist, dass er als deutliche Vorwölbung am unteren Nacken gesehen oder zumindest ertastet werden kann.

Die ersten zwei Wirbel, Atlas und Axis, besitzen eine Sonderstellung. Der Atlas trägt den Kopf. Der Atlas hat die Form eines Ringes, der aus dem vorderen und dem hinteren Atlasbogen und der lateralen Verdickungen besteht. Der vordere Atlasbogen besitzt zentral an der Außenseite einen Vorsprung (Höcker) zur Anbindung des langen Halsmuskels. An dieser Stelle liegt auf der Innenseite eine glatte Fläche zur Gelenkverbindung mit dem Axiszahn (s. auch in [3]).

38 Der hintere Atlasbogen, als Ersatz des Wirbelkörpers, beschreibt etwa zwei Fünftel des Atlasrings und trägt nicht mit einem vollständigen Dornfortsatz, sondern nur ein Rudiment. Dies ermöglicht einen störungsfreien Bewegungsablauf zwischen Atlas und Kopf. Der vordere und hintere Atlasbogen wird lateral von zwei kräftigen Knochenmassen geschlossen, die den Kopf tragen. Auf diesen liegen die oberen Gelenkflächen zum Hinterhauptsbein und die unteren zum Axis. Die oberen Gelenkflächen weisen dabei eine längliche, konkave und besonders große Auflagefläche auf. Seitlich der Verdickungen liegen die kurzen Querfortsätze, welche die für alle Halswirbel typischen Löcher enthalten, welche, wie beschrieben, über alle Wirbel hinweg den linken und rechten Querfortsatzkanal bilden. Durch diese Kanäle verlaufen die Wirbelarterien, welche dann durch das große Hinterhauptsloch (Abb. 2) ins Schädelinnere treten. Weiterhin finden sich direkt hinter den beiden oberen Gelenkflächen zwei Einkerbungen. Diese dienen zum einen der Weiterführung der zwei Wirbelarterien in den Kopf und zum anderen tritt durch diese der erste Spinalnerv aus. Das Wirbelloch des Atlas wird durch das Querband in zwei ungleich große Anteile geteilt. Im kleineren Teil wird der Axiszahn durch das Querband fixiert, im größeren Teil verläuft das Rückenmark zum Gehirn.

39 Der Rückenmarkskanal des Atlas ist weitaus größer, als er auf Grund des Durchmessers des Rückenmarks eigentlich sein müsste. Dadurch soll verhindert werden, dass bei Nick- oder Drehbewegungen des Kopfes die Nervenbahnen verletzt werden. Dem Atlas schließt sich als zweiter Halswirbel der Axis an. Der Wirbelkörper ist relativ groß und massiv. Als besonderes Merkmal befindet sich der Zahn (Dens) des Axis auf dessen Oberseite. Der Zahn reicht von der Oberseite des Wirbelkörpers gerade nach oben, besitzt auf seiner Vorder- und Rückseite je eine glatte Gelenkfläche und endet mit einer abgerundeten Spitze.

40 Die vordere Gelenkfläche bildet ein Gelenk mit der Gelenkfläche des vorderen Atlasbogens, wohingegen die hintere Gelenkfläche des Axiszahnes mit dem Querband des Atlas in gelenkiger Verbindung steht. Die Knochenstruktur des Zahnes ist kortikaler Natur und wesentlich dichter, als die des eigentlichen Wirbelkörpers, was dem Dens eine besondere Festigkeit verleiht (Abb. 19).

41 Die Bogenwurzeln am Axis sind auf der Vorderseite besonders breit und stark. Dort sind sie mit dem Wirbelkörper und dem Ursprung des Zahns verwachsen. Der sich daran anschließende massige Axisbogen bildet zusammen mit dem Wirbelkörper das Wirbelloch, das eine etwas geringere Größe als das des Atlas aufweist. Auf der Ober- und Unterseite des Bogens beziehungsweise der Bogenwurzeln liegen je zwei Gelenkflächen für die gelenkige Verbindung mit dem Atlas nach oben und dem dritten Halswirbel nach unten. Die beiden Querfortsätze besitzen eine geringe Größe und umschließen eine runde Öffnung zur Bildung der Querfortsatzkanäle. Im Unterschied zum Atlas sind hier keine Einkerbungen für Spinalnerven vorhanden.

B. Grundlagen der biomechanischen Begutachtung 2

Die vielfältigen Bewegungsmöglichkeiten des Kopfes resultieren aus dem besonderen 42
Zusammenspiel des ersten und zweiten Halswirbels miteinander und mit den Gelenkflächen des Hinterhauptsbeins unten an der Schädelbasis. Das sog. obere Kopfgelenk (Atlanto-occipital-Gelenk) wird aus den konvexen Gelenkflächen am Hinterhauptsbein und den oberen des Atlas gebildet (Abb. 19).

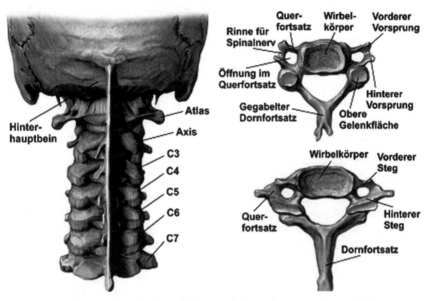

Abb. 19: *Bänder HWS und Halswirbel C4 und C7, siehe Verzeichnis in [3]*

Das Hinterhauptbein ist der am Halsübergang gelegene Teil des Hirnschädels und 43
beschreibt den hinteren Abschluss der Schädelhöhle. Im Hinterhauptbein befindet sich das Hinterhauptsloch, durch welches das Rückenmark mit dem Gehirn in Verbindung steht. Das obere Kopfgelenk stellt ein Ellipsoidgelenk dar, welches sich allgemein durch eine konkave und eine konvexe Gelenkfläche mit ovalem Querschnitt definiert. Das Gelenk besitzt zwei Freiheitsgrade, wodurch Flexions- und Extensionsbewegungen, also das Kopfnicken nach vorne und hinten und auch seitliche Nickbewegungen nach rechts oder links ausgeführt werden können. Ellipsoidgelenke lassen unter Umständen auch marginale Drehbewegungen zu. Die Drehbewegungen werden vor allem durch das untere Kopfgelenk (Atlanto-Axis-Gelenk) realisiert [48], [49], [50].

Die gelenkigen Verbindungen zwischen Atlas und Axis bestehen aus zwei Teilen. Das 44
Gelenk weist einen mittleren Teil, gebildet durch den vorderen Atlasbogen, Querband und dem Zahn des Axis auf. Hierbei liegt der Dens des Axis an den Gelenkflächen des Atlasbogens und am Querband an, so dass sich der erste Halswirbel um den Zahn drehen kann. Ein Verschieben zwischen Dens und erstem Halswirbel wird durch das Querband verhindert. Den zweiten Teil des Atlanto-Axis-Gelenks bilden

die Gelenkflächen auf der Atlasunter- und der Axisoberseite. Technisch gesehen entsteht damit ein Zapfengelenk mit einem Freiheitsgrad. Wird der Kopf gedreht, rotiert der Atlasring um die transversale Achse des Axiszahns.

45 Aus der Kombination beider Kopfgelenke ergeben sich Bewegungsmöglichkeiten des Schädels, als wäre er in einem Kugelgelenk mit drei Freiheitsgraden gelagert. Neben dem oben erwähnten Querband werden die Kopfgelenke durch diverse weitere Bandstrukturen gestützt. Dazu gehören auch die Ligamenta alaria. Hierbei handelt es sich um zwei kräftige Bänder, die seitlich am Axiszahn wie Flügel (Name!) sitzen und mit der Schädelbasis verbunden sind. Sie hemmen die Drehbewegung des Kopfes. Ob die Ligamenta alaria beim HWS-Schleudertrauma eine Rolle spielen, ist umstritten. Ebenso umstritten ist, ob sie dabei verletzt werden (können), und wenn ja, ob dies zu Beschwerden führen würde. Des Weiteren ist umstritten, ob Verletzungen der Ligamenta alaria, wenn es sie gäbe, röntgenologisch im Computertomogramm nachgewiesen werden können.

e) Die Brustwirbelsäule

46 Die Brustwirbelsäule bildet das Rückgrat für den Brustkorb und den Oberbauch. Sie besteht aus den zwölf thorakalen Wirbeln mit den zugehörigen Bandscheiben. Die Größe der einzelnen Wirbel liegt zwischen den kleinen, filigranen Wirbeln der Halswirbelsäule und den großen, massiven der Lendenwirbelsäule. Die Wirbelkörper sind herzförmig und das Wirbelloch ist kleiner und stärker gerundet als das der Halswirbel, weil der Rückenmarkstrang im Bereich des Brustwirbelkanals dünner und runder als im Halsbereich ist. Der obere Gelenkfortsatz erhebt sich über der Verbindungsstelle zwischen Bogenfuß und Bogenplatte. Die Dornfortsätze der Brustwirbel sind lang, nach unten hinten gerichtet und überlappen wie Dachziegel. Die Querfortsätze sind relativ lang und bilden die Basis für den Ansatz der einzelnen Rippen. Damit sich die Rippen bei der Atembewegung bewegen können, sind sie mit dem Brustbein und den Wirbelknochen gelenkig verbunden (Rippengelenke) (Abb. 20).

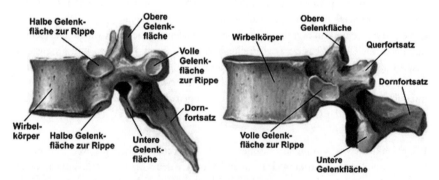

Abb. 20: *Zwölfter Brustwirbel (links), sechster Brustwirbel (rechts), siehe Verzeichnis in [3]*

Der erste Brustwirbel, die folgenden acht und die letzten drei Brustwirbel sind unterschiedlich aufgebaut. Der erste Brustwirbel besitzt auf jeder Seite des Wirbelkörpers und des Querfortsatzes eine volle Gelenkfläche zur Anbindung der ersten Rippe und an der unteren Hälfte des Körpers eine halbe Gelenkfläche für die obere Hälfte des zweiten Rippenkopfes. Die Brustwirbel zwei bis neun haben auf dem Wirbelkörper oben und unten jeweils zwei halbe Gelenkflächen und auf dem Querfortsatz eine volle, so dass die Rippen sowohl auf dem Querfortsatz als auch zwischen den einzelnen Wirbelkörpern gelagert sind. Die Wirbelknochen des neunten bis zwölften Brustwirbels weisen eine weitere Differenzierung bezüglich der vorhandenen Gelenkflächen zu den Rippen auf. Zur Veranschaulichung des unterschiedlichen Aufbaus sind in Abb. 20 der sechste und zwölfte Brustwirbel dargestellt [48], [49], [50], [51].

f) Die Lendenwirbelsäule

Die Lendenwirbelsäule bildet den untersten Abschnitt der beweglichen Wirbelsäule. **Sie besteht aus den fünf Lumbalwirbeln und den zugehörigen Zwischenwirbelscheiben (Abb. 21).** In diesem Teil sind die größten und massivsten Segmente der gesamten Wirbelsäule zu finden. Sie genügt damit den Anforderungen des aufrechten Ganges und der damit einhergehenden Belastung. In der Lendenwirbelsäule können umfangreiche Vor- und Rückwärtsbewegungen beobachtet werden. Kaum eine Bewegung des Körpers geschieht ohne Beteiligung der Lendenwirbelsäule. Das eigentliche Aussehen und die Morphologie der lumbalen Wirbelsäule unterliegen beim Menschen einer großen Variabilität. Als Ursache für dieses Phänomen wird die entwicklungstechnisch noch nicht abgeschlossene Evolution der aufrechten Körperhaltung vermutet [52].

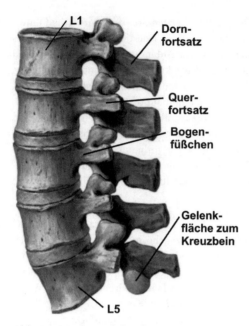

Abb. 21: *Lendenwirbelsäule [52]*

49 Der Übergang vom Wirbelkörper zum Wirbelbogen durch die Bogenfüßchen ist massiv und weist, von der Seite betrachtet eine tiefe Einschnürung auf. Das Wirbelloch ist wie dreieckförmig und größer als das der Brustwirbel, aber kleiner als das der Halswirbel. Der Dornfortsatz ist kurz und breit und endet mit einer unebenen Fläche. Am Übergang von Bogenfüßchen zur Bogenplatte entspringen die oberen und unteren, starkausgebildeten Gelenkfortsätze. Die lange und schmale Form der Querfortsätze charakterisiert alle Lumbalwirbel gleichermaßen, wohingegen der Ursprung der Fortsätze bezüglich der ersten drei und den restlichen Wirbeln variiert. Im Unterschied zur Brustwirbelsäule und analog zum vorderen Teil der Querfortsätze der Halswirbel, liegen die Querfortsätze der Lendenwirbel vor den Gelenkfortsätzen, so dass sie einer verkümmerten Rippe gleichen. Der fünfte Lumbalwirbel ist mit dem Kreuzbein verbunden. Er besitzt einen kleineren Dornfortsatz und weit gespreizte, untere Gelenkfortsätze, die zum Kreuzbein führen.

50 Im Lendenwirbelkanal endet das Rückenmark meist in Höhe des ersten oder zweiten Lendenwirbelkörpers. Allerdings ziehen sich die Nerven für Beine und Becken vom unteren Ende des Rückenmarks aus weiter durch den Wirbelkanal [48], [49], [50].

g) Kreuzbein und Steißbein

51 Der bewegliche Teil der Wirbelsäule endet mit der Lendenwirbelsäule. Dieser schließt sich das verwachsene, unbewegliche Kreuzbein (Os sacrum) an (Abb. 22). Es hat die Form eines keilförmigen Knochens, auf dem die Wirbelsäule steht. Das Kreuzbein bildet damit das Fundament für die gesamte Wirbelsäule. **Es besteht aus den ur-**

sprünglich einzelnen, aber im Verlauf des Wachstums zusammengewachsenen Kreuzbeinwirbeln. Das Kreuzbein ist sowohl Teil der Wirbelsäule als auch ein Teil des knöchernen Beckens, wo es einen Großteil der hinteren Beckenwand bildet. Das Kreuzbein ist mit den beiden großen Beckenschaufeln, den Darmbeinen, gelenkig verbunden. Dieses Kreuzbein-Darmbein-Gelenk (Iliosacralgelenk) ist fast unbeweglich. Das Kreuzbein enthält vier Kreuzbeinlöcher zum Austritt der Sakralnerven. Auf der Rückseite sind nur noch die verwachsenen Rudimente der Gelenk-, Quer- und Dornfortsätze zu finden.

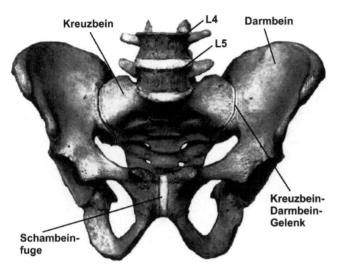

Abb. 22: *Knöchernes Becken [5]*

An das Kreuzbein schließt das Steißbein an, welches dem Schwanzskelett bei Wirbeltieren entspricht. Es dient verschiedenen Bändern und Muskeln des Beckens als Ansatzpunkt und besitzt keinerlei weitere Funktion mehr. [48], [49], [3].

3. Der Brustkorb

Der Brustkorb (Thorax) ist ein Käfig, in dem sich die Brustorgane und die Organe des Oberbauches Befinden. Er wird gebildet aus dem Brustbein, den Rippen und der Brustwirbelsäule (Abb. 23). Die Anzahl der Rippen des menschlichen Skelettes kann schwanken. Die meisten Menschen besitzen zwölf Rippenpaare. Die Rippen sind vorn mit dem Brustbein und hinten mit den Brustwirbeln gelenkig verbunden, wobei diese Gelenke im Laufe des Lebens zunehmend versteifen. Verletzungsmechanisch bedeutsam ist, dass der knöcherne Brustkorb damit eine Ringstruktur besitzt. Bei der mechanischen Belastung von Ringstrukturen komm es häufig zu Brüchen auch an Stellen, die nicht unmittelbar im Bereich der Gewalteinwirkung liegen. Es kommt zu sogenannten Entlastungsfrakturen, weil durch sie den mechanischen Spannungen der verformten Ringstruktur nachgegeben wird. Bei einer Kompression des Brustkorbes treten derartige Entlastungsbrüche auf. Sie liegen entweder seitlich in der sogenannten Achsellinie oder nahe dem Ansatzpunkt an der Wirbelsäule (paravertebral).

54 Der Brustkorb umschließt die Brusthöhle und auf Grund der Kuppelform des Zwerchfells, auch den oberen Teil der Bauchhöhle. Innerhalb des Brusthöhle liegen die Brustorgane (Abb. 23): Die Lungen, das Herz mit den großen Blutgefäßen Hauptschlagader (Aorta) und obere Hohlvene, ferner der Thymus, und natürlich Nerven, Lymphbahnen und Lymphknoten. Die Brusthöhle ist von der Bauchhöhle durch das quergespannte Zwerchfell (Diaphragma) getrennt. In der oberen Bauchhöhle liegen die Leber, die Milz, der Magen, die Bauchspeicheldrüse, der querverlaufende Teil des Dickdarmes und im Übergang zum Unterbauch die Nieren.

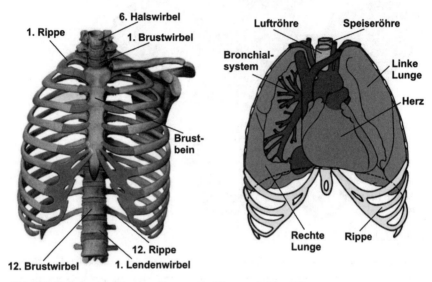

Abb. 23: *Knöcherner Thorax, Organe im Thorax, beides [5]*

55 Die Atembewegungen des Brustkorbes, die Brustatmung, werden vor allem durch die Muskeln, die zwischen den Rippen liegen, bewirkt. Sie heben und senken den Brustkorb und verändern damit das Volumen der Brusthöhle. Eine zweite Art der Atmung ist die Bauchatmung. Diese erfolgt im Wesentlichen durch das Heben und Senken des Zwerchfelles. Die Bauchatmung reicht nicht aus, um über längere Zeit die Sauerstoffversorgung in ausreichendem Maße zu gewährleisten. Eine längere Behinderung der Brustatmung durch eine Kompression des Brustkorbes führt zum Ersticken.

56 Der durch die Atembewegungen bewirkten Volumenänderung folgt die Lunge, so dass, wie bei einem Blasebalg, die Luft eingesaugt und wieder herausgepresst wird. Die Lunge besteht aus zwei Lungenflügeln, die wiederum aus mehreren Lungenlappen bestehen: Die rechte Lunge hat drei Lappen, die etwas kleinere linke Lunge zwei. Sie trägt damit dem Raumbedarf des Herzens Rechnung, welches, zentral unter dem Brustbein gelegen, sich nach links ausbreitet. Jede der beiden Lungen ist von einer

Hülle umgeben, der Pleura, die sozusagen eine Höhle bildet, in der sich der Lungen befindet. Zwischen der Pleura und der inneren Brustkorbwand findet sich ein mit einem Flüssigkeitsfilm überzogener Spalt. Der Flüssigkeitsfilm zwingt über sogenannte Adhäsionskräfte die Lunge, den Bewegungen des Brustkorbes zu folgen; der Spalt ermöglicht das Gleiten der Lunge entlang der Brustkorbwand bei den Atembewegungen. Dringt infolge einer Verletzung des Brustkorbes Luft in den Spalt ein, so entsteht ein sogenannter Pneumothorax: Der betroffene Lungenflügel kollabiert und nimmt an der Atmung nicht mehr Teil. Auch das Herz liegt in einer sogenannten seriösen Höhle, dh einem Beutel (Herzbeutel), der auf der Innenseite einen Film trägt, der die Bewegungen des Herzens gegenüber dem umhüllenden Beutel erlaubt. Analog zum speziellen verletzungsmechanischen Geschehen bei der Lunge, kann es hier bei einer Verletzung des Herzens zur Füllung des Herzbeutels, zur Herzbeuteltamponade kommen. Dadurch kann das Herz in seinen Pumpbewegungen soweit behindert werden, dass es zum Exitus kommt.

4. Die Obere Extremität

Der Arm des Menschen, in der medizinischen Fachsprache auch als **freie obere Extremität** bezeichnet, ist die Umwandlung des Vorderfußes der Tiere zum Greifwerkzeug. Er dient weiter, durch seine Pendelbewegung, der Ausbalancierung des aufrechten Gangs. Er besteht aus dem Oberarmknochen (Humerus), den beiden Unterarmknochen Elle (Ulna) und Speiche (Radius) sowie der Hand (Manus) (Abb. 24).

Weiter sind zur Ausführung von Bewegungen Muskeln, Sehnen, Bändern und Nerven nötig. Die obere Extremität des Menschen hat die größtmögliche Bewegungsfreiheit aller Körperteile, bedingt durch die Beweglichkeit des Schulter- und Ellbogengelenks, der Unterarmknochen zueinander sowie des Handgelenks. In weiterer Folge kommen noch die Handwurzel- und Fingergelenke zur Komplettierung der Funktionsfähigkeit hinzu.

a) Der Oberarm

Der Oberarm (Brachium) befindet sich zwischen Schulter und Ellenbogen. Er enthält nur eine knöcherne Struktur, den Oberarmknochen (Humerus). Dieser zählt zu den langen Röhrenknochen. Sein beinahe halbkugelförmiger Kopf sitzt oben innen auf dem Schaft auf und bewegt sich in der Gelenkpfanne des Schulterblatts.

§ 3 Grundlagen der forensischen Biomechanik

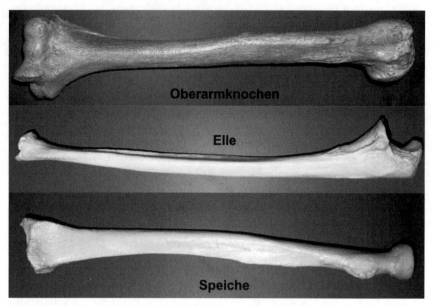

Abb. 24: *Knochen des menschlichen Arms [30]*

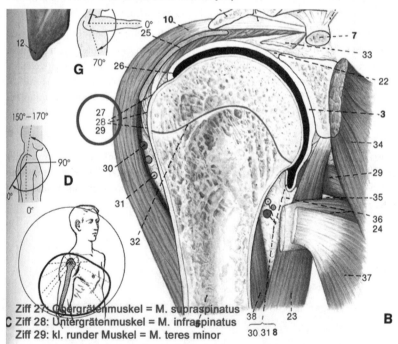

Abb. 25: *Lage/Position im Schulterbereich [eigene Skizzierungen]*

Das **Schultergelenk** ist das beweglichste Gelenk des Menschen. Es ist ein Kugelgelenk, dessen Gelenkflächen zum einen vom Kopf des Oberarmknochens und zum anderen von der Gelenkhöhle des Schulterblatts gebildet werden. Die **Rotatorenmanschette** (Muskel-Sehnen-Kappe) ist eine Gruppe von vier Muskeln, die den Kopf des Oberarmknochens in der sehr flachen Gelenkpfanne des Schulterblatts halten. Das funktionelle Resultat ist eine extreme Beweglichkeit. Auf der anderen Seite bedingt diese dynamische Fixierung eine potentielle Instabilität, weshalb Luxationen im Schultergelenk besonders häufig sind. Bewegungen, zu denen das Schultergelenk fähig ist, sind die Abduktion (Seitwärtsführen des Armes), die Adduktion (Heranführen des Armes), die Anteversion (Beugung, Führen des Arms nach vorn), die Retroversion (Streckung, Führen des Arms nach hinten), die Außenrotation und die Innenrotation. Vergleiche Abb. 25.

Das **Ellbogengelenk** setzt sich aus drei Teilgelenken zusammen, die drei Knochen verbinden: Das Oberarm-Ellen-Gelenk verbindet den Oberarmknochen und die Elle des Unterarmes. Das Oberarm-Speichen-Gelenk verbindet den Oberarmknochen und die Speiche des Unterarmes. Das obere Ellen-Speichen-Gelenk liegt zwischen Elle und Speiche und dem Speicheneinschnitt der Elle. Die Gelenke werden von drei Bändern stabilisiert. Das Ellenbogengelenk ist ein Scharniergelenk und ermöglicht deswegen nur Beugung und Streckung. Zusammen mit dem unteren Ellen-Speichen-Gelenk erlaubt es jedoch die Drehung des Unterarmes, so dass der Daumen von innen nach außen rotiert (Supination) und die Handinnenfläche nach oben zeigt, und die Pronation, die entgegengesetzte Bewegung. Die Muskeln des Oberarmes sind Beuger und Strecker des Ellbogengelenks. Weiterhin wird der Oberarm aber auch von einigen der Brust-, Rücken- und Schultermuskeln bewegt.

b) Der Unterarm

Die Knochen des Unterarmes sind Elle (Ulna) und Speiche (Radius). Die Elle ist ein langer Röhrenknochen. Sie ist von den beiden Unterarmknochen der längere und dickere Knochen. Die Elle liegt auf der Kleinfingerseite und damit zur Gänze an der Innenseite des Armes, wenn die Handfläche nach oben zeigt (Supinationsstellung). Das obere Ende der Elle ist deutlich verdickt und wird als Ellbogenhöcker bezeichnet. Daran setzten Muskelgruppen an. Eine konkave Gelenkfläche ist an der Bildung des Ellbogengelenks beteiligt. Am unteren Ende befindet sich ein knöcherner Fortsatz, der als Griffelfortsatz bezeichnet wird. Er steht an der Kleinfingerseite oberhalb des Handgelenks mehr oder weniger deutlich hervor.

Die Speiche ist der daumenseitig gelegene Unterarmknochen. Das obere Ende, der Speichenkopf, trägt eine Gelenkfläche zur gelenkigen Verbindung mit dem Oberarmknochen. Zudem umgreift den Radiuskopf eine kranzartige Gelenkfläche zur Verbindung mit dem anderen Unterarmknochen, der Elle. Am Speichenkopf erhebt sich eine deutliche Speichenbeule, an der Muskelgruppen ansetzen. Der Mittelabschnitt der Speiche wird als Speichenschaft bezeichnet. Seine innere Kante liegt direkt unter der Haut und ist tastbar. Am unteren Ende verbreitert sich die Speiche zu einer Gelenkrolle. Sie trägt eine Gelenkfläche zur Verbindung mit der Handwurzel sowie eine Gelenkfläche zur Verbindung mit dem unteren Ende der Elle.

64 Die beiden Unterarmknochen sind miteinander durch Bänder verbunden, die den Zug auf beide Knochen des Unterarms verteilen. Daher brechen oft beide Unterarmknochen, obwohl die Elle als einer der stabilsten Knochen gilt. Elle und Speiche sind am oberen und am unteren Ende über ein sogenanntes Radio-Ulnar-Gelenk verbunden. Dieses ermöglicht eine Drehbewegung (Pronation und Supination).

c) Die Hand und das Handgelenk

65 Die Hand (manus) wird aus 27 Knochen gebildet. Die Handwurzel besteht aus acht von ihnen (Kahnbein, Mondbein, Erbsenbein, Kopfbein, großes und kleines Vieleckbein, Hakenbein und Dreieckbein). Diese Knochen bilden zusammen ein kleines Gewölbe unmittelbar distal des Handgelenkes. An dieses schließen sich die fünf Mittelhandknochen an. Die Handwurzelknochen und Mittelhandknochen bilden zusammen die knöcherne Basis des Handtellers. An die Handwurzelknochen schleißen sich gelenkig die Grund-, Mittel- und Endglieder der Finger an. Der Daumen besitzt nur zwei Glieder. Er ist durch ein Sattelgelenk mit dem Handwurzelknochen verbunden, so dass er anderen Fingern gegenübersteht und die Greiffunktion der Hand bereitstellt. Weiter enthält die Hand einen komplexen Satz von Muskeln, Sehnen und Nerven, wobei die Muskeln, welche die Finger beugen und strecken im Unterarm liegen und von dort über Sehnen die Bewegungen bewirken.

66 Das **Handgelenk** wird von zwei der Handwurzelknochen (Kahnbein und Mondbein) einerseits sowie dem unteren Ende der Speiche und der Elle gebildet. Die Speiche bildet dabei mit einer breiten Gelenkfläche das daumenseitige Handgelenk. Kleinfingerseitig wird ein kleiner Teil des Handgelenkes von der Elle mit ihrem Griffelfortsatz gebildet. Das Handgelenk wird durch einen straffen Kapsel-Band-Apparat stabilisiert und in seinem Bewegungsausmaßen eingeschränkt. Handrückenseitig verlaufen die sogenannten Strecksehnen durch sechs Sehnenfächer als Leitschiene. Beugeseitig verlaufen alle Sehnen gemeinsam unter dem Karpalband durch den sogenannten Karpaltunnel. Das Handgelenk ist ein sogenanntes Ellipsoidgelenk. Es lässt eine Bewegung der Hand um etwa 90° handrückenwärts zu und eine Beugung bis ca. 70°. Kleinfingerseitig lässt sich das Handgelenk bis ca. 40° aus der Achsenlinie des Unterarmes abspreizten und daumenseitig etwa bis etwa 20°.

5. Das Becken

67 Die Knochen des Beckens bilden einen knöchernen Ring, den Beckengürtel (s.o.) und eine Schüssel (Becken!) für die Organe des unteren Bauchraumes: Den ca. 6 Meter langen Dünndarm, die aufsteigenden und absteigenden Teile des Dickdarmes mit dem Mast- und dem Enddarm, die Blase und die Geschlechtsorgane.

68 Die Knochen, die den Beckengürtel bilden, sind, von hinten nach vorn, das Kreuzbein und die paarig angelegten Darmbeine, Sitzbeine und Schambeine. Die Schambeine schließen den Beckenring vorn ab und sind über einem Knorpel zusammengewachsen. Dies ist die Schambeinfuge (Symphysis pubica). Die Beckenknochen sind die fes-

testen Knochen des menschlichen Körpers. Bei einer mechanischen Belastung, zB beim Stoß einer Motorhaube gegen das Becken eines Fußgängers, werden daher meist zuerst oder auch nur die beiden knorpeligen Verbindungen, das Kreuzbein-Darmbein-Gelenk und die Schambeinfuge gesprengt. Eine Sprengung der Schambeinfuge erfolgt also nicht durch eine Gewalteinwirkung an dieser Stelle; vielmehr ist es eine sogenannte Entlastungsruptur aufgrund der Ringstruktur des Beckens. Eine Zerstörung der Beckenknochen selbst, insbesondere der Darmbeine, erfordert große Kräfte. In typischer Weise findet man Brüche der Beckenknochen bei Personen, die überfahren wurden, dh unter ein Fahrzeug geraten waren.

6. Die Untere Extremität

Die Untere Extremität ist das menschliche Bein. Es gliedert sich grob in Oberschenkel, Unterschenkel und Fuß. Eine besondere Betrachtung erfordert das Kniegelenk als Verbindung zwischen dem Ober und dem Unterschenkel.[2]

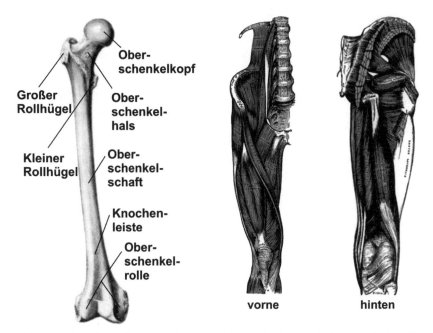

Abb. 26: Oberschenkelknochen (links) [53]. Oberschenkelmuskulatur (rechts) [30].

a) Der Oberschenkel

Der Oberschenkel (Abb. 26) ist der oberste, körpernahe (proximale) Teil des Beines. Er besitzt als knöcherne Struktur den **massiven Oberschenkelknochen** (Schenkelbein, Femur). Der Oberschenkelknochen ist der größte Knochen des menschlichen Körpers. Er ist, wie Schienbein und Wadenbein ein Röhrenknochen. Das bedeutet, er be-

---

2 Bisweilen werden auch die Knochen des Beckengürtels zur unteren Extremität gezählt.

sitzt eine Hülle aus hartem, kortikalen Knochen. Im Inneren ist er mit spongiöser Substanz ausgefüllt, feinen Knochenbälkchen, die entsprechend der mechanischen Belastungslinien ausgerichtet sind. Damit wird ein optimales Verhältnis zwischen Gewicht und Stabilität erreicht. Der Oberschenkelknochen ist am oberen Ende abgewinkelt. Der abgewinkelte Teil wird Oberschenkelhals (Collum femuris) genannt und schließt bei einem erwachsenen Menschen mit dem Oberschenkelschaft einen Winkel von etwa 127° ein. Am körpernahen (proximale) Ende des Oberschenkelhals befindet sich der kugelförmige Oberschenkelkopf. Der Oberschenkelkopf bildet zusammen mit der Hüftpfanne des Beckengürtels das Hüftgelenk. Technisch gesehen handelt es sich dabei um ein Kugelgelenk, welches jedoch in seinem Bewegungsumfang deutliche Einschränkungen hat. Seitlich am Übergang vom Oberschenkelschaft zum Oberschenkelhals erhebt sich ein großer Knochenfortsatz, der große Rollhügel (Trochanter major). Beim seitlichen Sturz kommt es häufig zu einer Krafteinleitung über den Trochanter, wobei es zu einer Stauchung des Hüftgelenkes kommen kann Auf der Innenseite gegenüber dem großen Rollhügel liegt der kleine Rollhügel. Beide bilden Ansatzstellen für die großen Muskelgruppen der Hüftbeuger und Abspreizer. Der Oberschenkelknochen endet am Kniegelenk hin mit seinen beiden Oberschenkelrollen. Diese bilden mit den entsprechenden Strukturen des Schienbeins das Kniegelenk.

b) Das Kniegelenk

71 Das Kniegelenk (Abb. 27) ist das Verbindungsgelenk zwischen Ober- und Unterschenkel. Es wird vom unteren Ende des Oberschenkelknochens und dem oberen Ende des Schienbeins gebildet. Weitere Elemente sind die Kniescheibe (Patella), den Seiten- und Kreuzbänder sowie den beiden Menisken. Das Kniegelenk des Menschen gestattet, wegen der es umgebenden Kapsel und Bänder dem Unterschenkel nur die Streckung und die Beugung bis etwa 150°. Allerdings fehlt aufgrund der fehlenden Paarschlüssigkeit der Gelenkkörper kein lokales Bewegungszentrum, vielmehr kommt es bei der Beugung zu einer Kombination von Rollen und Gleiten der Gelenkflächen gegeneinander.

B. Grundlagen der biomechanischen Begutachtung

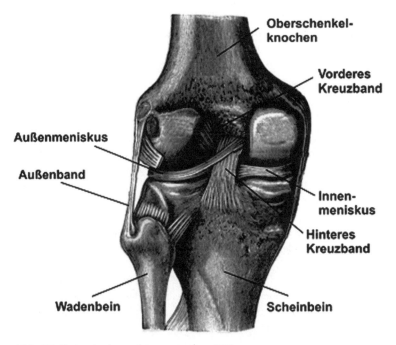

Abb. 27: Kniegelenk von hinten gesehen [30]

Der obere Gelenkkörper wird von den Gelenkknorren (Kondylen) des Oberschenkels gebildet, der untere von den Gelenkknorren des Unterschenkels. Zwischen den Gelenkflächen von Ober- und Unterschenkel liegen halbmondförmige Knorpelscheiben, die Menisci. Diese haben die Aufgabe, den Kontakt der walzenförmigen Gelenkflächen flächig zu machen. Ein wesentlicher funktioneller Bestandteil des Kniegelenkes ist die Kniescheibe. Sie ist als Sesambein[3] in die Ansatzsehne des Muskels, der den Unterschenkel streckt (Musculus quadriceps femoris) eingelagert.

Sie gleitet in einer im Bereich des Knies vorn liegenden Furche des Oberschenkelknochens. Bei gebeugtem Knie liegt die Kniescheibe fest in dieser Furche kurz oberhalb des Gelenkspaltes zwischen Oberschenkelknochen und Schienbein, bei gestrecktem Bein weiter oberhalb. Deshalb lässt sie sich zwar bei gestreckter Stellung und entspannter Muskulatur ein wenig nach rechts und links verschieben, nicht aber bei gebeugtem Knie. Die Gleitbewegung der Patella über den Oberschenkelknochen beträgt etwa 10 cm. Durch die Kniescheibe entsteht ein größerer Hebel für die Sehne, so dass eine geringere Kraft notwendig wird, um den mit der Sehne verbundenen Knochen zu bewegen. Sie dient der Führung der Sehne und verhindert, dass die Sehne bei ihrem Verlauf über das Gelenk durch Druckbelastung beschädigt wird. Die Sehne setzt sich

---

3 Unter einem Sesambein versteht man einen kleinen Knochen, der in eine Sehne eingewachsen ist und für einen zusätzlichen Abstand zum Knochen sorgt, dadurch den Hebelarm vergrößert und den Druck der Sehne auf das Gelenk reduziert. Die Patella (Kniescheibe) ist das größte Sesambein im menschlichen Körper.

beinabwärts unterhalb der Kniescheibe in das Kniescheibenband fort, das direkt unterhalb des Kniegelenks an der Schienbeinbeule ansetzt.

74 Technisch gesehen ist das Kniegelenk beim Menschen ein sogenanntes Drehscharniergelenk, das heißt es besitzt zwei Freiheitsgrade: Beugung/Streckung in der Lateralebene und Rotation. Die Rotation ist allerdings nur in gebeugtem Zustand möglich. Aus der Normalstellung ist eine Beugung um 120–150°, eine Streckung um 5–10°, sowie im gebeugten Zustand eine Innenrotation um 10° und eine Außenrotation um 30–40° möglich.

75 Die oben bereits genannten **halbmondförmigen Menisci**, ein zur Außenseite hin gelegener Außenmeniskus und ein innen gelegener Innenmeniskus, sind mit jeweils einem vorderen und einem hinteren Band am Schienbein fixiert. Zusätzlich zu diesen vier Haltebändern ist der äußere Meniskus an seiner Hinterseite mit dem Oberschenkelknochen verbunden (Abb. 27). Durch ein kräftiges, von oben nach unten laufendes Band auf jeder Seiten des Kniegelenkes wird das Kniegelenk seitlich stabilisiert. Vom Oberschenkel kommend endet das Innenband seitlich an der Schienbeininnenseite. Es ist breit, flach und mit der Gelenkkapsel und dem medialen Meniskus verwachsen. Das Außenband endet von oben kommend am Kopf des Wadenbeins und seitlich am Schienbein. Es ist mit keiner anderen Struktur verwachsen. Die Seitenbänder sind nur im gestreckten Zustand gespannt und stabilisieren dann das Knie, während sie im gebeugten Zustand entspannt liegen.

76 Die Kreuzbänder ziehen sich im Raum zwischen den Gelenkrollen vom Oberschenkelknochen zum Schienbein. Von der Seite und von vorne betrachtet überkreuzen sie sich dabei in ihrem Verlauf. Die Kreuzbänder stabilisieren das Knie, verhindern ein Abgleiten der Gelenkflächen nach vorne oder hinten und hemmen die Rotation, vor allem die Innenrotation, bei der sie sich umeinander wickeln und das vordere Kreuzband sich spannt, während sie sich bei Außenrotation auseinanderwickeln. **Die klassische Verletzung des vorderen Kreuzbandes tritt daher, beispielsweise beim Skifahren, bei gebeugtem Knie und gewaltsamer Innenrotation auf.** Auch ein weiteres Phänomen, die Schlussrotation, lässt sich durch Kenntnis der Kreuzbänder verstehen. Im letzten Teil der Streckung des Knies müssen sich die Kreuzbänder auseinanderwickeln, wodurch das Knie bei maximaler Streckung immer ein wenig nach außen rotiert werden muss.

c) Der Unterschenkel

77 Der Unterschenkel (Crus) besitzt zwei lange Röhrenknochen, das Schienbein (Tibia) und das Wadenbein (Fibula). Das Schienbein beginnt oben am Schienbeinkopf mit den Gelenkflächen, die zusammen mit den Gelenkflächen des Oberschenkels das Kniegelenk bilden. Das Schienbein ist der tragende Knochen des Unterschenkels und verläuft an dessen Vorderseite. Es mündet am unteren Ende in den Innenknöchel. Das Wadenbein, der dünne Begleiter des Schienbeines, ist am oberen Ende gelenkig mit dem Schienbein verbunden. Es liegt an der Außenseite und schließt unten mit dem Außenknöchel ab.

Die Muskeln des Unterschenkels (Abb. 28) werden nach ihrer Funktion zusammengefasst und in vier Gruppen unterteilt: Die Extensoren, das ist die seitlich vordere Gruppe der Streckmuskeln, die Wadenbeinmuskeln an der äußeren Seite des Unterschenkels im Bereich des Wadenbeines, und die Flexoren, aufgeteilt in einer oberflächlichen Schicht auf der Unterschenkelrückseite und in einer tiefen Schicht auf der Unterschenkelrückseite. Der Knöchel (Malleolus) ist ein Knochenhöcker am unteren Ende des Unterschenkels. Er bildet den oberen Teil des Sprunggelenkes, dem Verbindungsgelenk zwischen Bein und Fuß.

vordere Muskulatur   **oberflächige Muskulatur hinten**   **tieferliegende Muskulatur hinten**

Abb. 28: Muskulatur Unterschenkel [30]

d) Der Fuß

Der menschliche Fuß (Abb. 29) weist als Anpassung an den aufrechten Gang eine hohe anatomische und funktionale Komplexität auf. Es handelt sich um eine Variation der Fünf-Finger-Anatomie, die auch bei vielen Wirbeltieren angelegt ist. Das Fußskelett wird nach anatomischen Gesichtspunkten unterteilt in Rückfuß, Mittelfuß und Vorfuß. Die Knöchel gehören zwar eigentlich zum Schienbein und zum Wadenbein, da sie aber Bestandteil des Sprunggelenkes sind und Probleme mit diesem Gelenk meistens in einen Zusammenhang mit dem Fuß zu setzen sind, zählt man die Knöchel ebenfalls zum Fuß.[4]

---

4 Die Bewegungsabläufe und Belastungen, die zu den verschiedenen Verletzungen des Sprunggelenkes führen, gehören mit zu den bestuntersuchten verletzungsmechanischen Vorgängen. Sie sind umfangreich und bedürfen der eigenen Darstellung in den entsprechenden Fachbüchern der Chirurgie und der Orthopädie.

80 Das gegenüber dem Sprunggelenk nach hinten überstehende Fersenbein bildet die Ferse und stellt einen so genannten Rückfußhebel dar. Die gesamte Fußwurzel wird dementsprechend unter funktionellen Gesichtspunkten auch als Rückfuß bezeichnet. Entsprechend dazu hat der vor dem Sprunggelenk liegende Bereich die Wirkung eines Vorfußhebels. Unter funktionellen Gesichtspunkten wird dieser Bereich deshalb als Vorfuß bezeichnet. Der Vorfuß umfasst die Mittelfußknochen und die Zehen. Die Knochen des Fußskelettes sind durch zahlreiche Gelenke miteinander verbunden und werden durch Bänder zusammengehalten. Die wichtigsten und von Verletzungen am häufigsten betroffenen Bänder sind die Bänder des Sprunggelenkes. Das Sprungbein der Fußwurzel ist über das obere Sprunggelenk mit den beiden Unterschenkelknochen (Schien- und Wadenbein) verbunden. Dabei bilden die unteren Anteile des Schien- und Wadenbeins, die, durch eine feste Bandverbindung zusammengefügte Knöchelgabel, welche zangenartig die Gelenkflächen am Sprungbein umklammert. Diese Art der Knochenführung und die kräftig ausgebildeten Seitenbänder bedingen, dass im oberen Sprunggelenk nur Beuge- und Streckbewegungen um eine quer, durch den Knöchel gedachte Achse vorgenommen werden können.

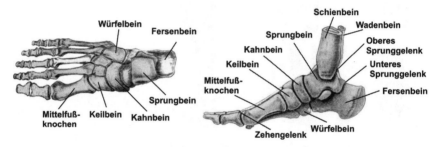

Abb. 29: Fuß [30]

81 Die anderen Knochen der Fußwurzel, das Kahnbein, die drei Keilbeine und das Würfelbein sind kleiner als das Sprung- und das Fersenbein und zwischen diesen und den Mittelfußknochen eingefügt. Sprung-, Fersen- und Kahnbein begrenzen mit ihren entsprechenden Gelenkflächen das untere Sprunggelenk, das durch ein kräftiges Zwischenknochenband in eine hintere Kammer und eine vordere Kammer geteilt wird. In diesem gemeinsamen Gelenk erfolgen die Umwendebewegungen des Fußes um eine schrägverlaufende Achse: Das Heben der inneren (Supination) und, entgegengesetzt, der äußeren Fußkante (Pronation). Die anderen Gelenke zwischen den Knochen der Fußwurzel und die Fußwurzel-Mittelfußgelenke sind als straffe Gelenke so gebaut, dass nur ein federndes Wackeln möglich ist. Dagegen können die Grund-, Mittel- und Endgelenke der Zehen, welche letztlich die Zehen darstellen, so wie sie sich dem Betrachter bieten, gebeugt und gestreckt werden. In den Grundgelenken sind auch Spreizbewegungen möglich. Die große Zehe besitzt (analog zum Daumen) nur Grund- und Endgelenk.

82 Damit der Fuß Bewegungen ausführten kann, ist ein eine ausgeprägte Fußmuskulatur nötig. Die Fußmuskulatur wird in die Gruppe der langen und der kurzen Fußmuskeln

unterteilt. Die kurzen Fußmuskeln befinden sich am Fußskelett, das heißt sie haben hier ihren Ursprung und Ansatz. Die langen Fußmuskeln dagegen setzen am Unterschenkel an. Die Unterschenkelmuskulatur wird zur Fußmuskulatur gezählt, weil sie am Fußskelett ansetzt und dieses bewegt. Darüber hinaus spannen die Fußmuskeln auch das Längs- und Quergewölbe des Fußes. Das Skelett ist sowohl in der Längs- als auch in der Querrichtung gewölbt. Das Längsgewölbe verläuft besonders über die Innenseite des Fußes, die Außenseite ist weit weniger gewölbt. Dagegen ist das Quergewölbe vor allem im Bereich der Mittelfußknochen und der angrenzenden Keilbeine ausgebildet. Die Gewölbe werden durch die Form und die Lage der Fußknochen bestimmt sowie durch die Wirkung von Bändern und Muskeln aufrechterhalten. Durch diese Gewölbe wird das Körpergewicht hauptsächlich über die drei Punkte Ferse, Großzehengrundgelenk (Großzehenballen) und Kleinzehengrundgelenk (Kleinzehenballen) getragen. Die Fußgewölbe sind für die einwandfreie Funktion des Fußes von großer Bedeutung.

An Fußsohle und Zehen ist der Tastsinn durch eine besonders hohe Dichte an Rezeptoren sehr gut ausgebildet. Die Fußsohle besitzt einen Unterbau aus einem Fettkörper, der Stöße dämpft und eine polsternde Wirkung hat. Durch diesen Fettkörper hindurch sind anatomische Gegebenheiten so gut wie nicht zu ertasten. Der Fettkörper ist so konstruiert, dass er unter den Belastungen nicht verrutschen kann. Würde die Sohle beim Gehen unter den einwirkenden Kräften verrutschen, so würde das ein Unsicherheitsgefühl beim Gehen verursachen.

Die Fußsohle lässt sich in folgende vier Bereiche unterteilen: die Ferse, der Fußaußenrand, das Längsgewölbes und der Fußballen. Dieser beinhaltet auch den Zehenballen unter den Zehengrundgelenken. Nicht die gesamte Fußsohle hat Kontakt zum Boden. Im Bereich des Längsgewölbes, beziehungsweise des Fußinnenrandes liegt sie beim gesunden Fuß nicht auf. Das Körpergewicht wird von der Fußsohle zu unterschiedlichen Anteilen getragen. Den Hauptanteil des Körpergewichtes tragen die Ferse (ca. 33 %) und der Fußballen (ca. 40 %). Den Rest übernehmen der Fußaußenrand (ca. 15 %), die Großzehe (ca. 5 %) und die übrigen Zehen (ca. 7 %).

II. Physikalische Grundlagen

Allgemein gilt: Eine Verletzung entsteht dann, wenn bei Berücksichtigung des Verletzungsmechanismus die mechanische Belastung die entsprechenden Toleranzgrenzen überschreitet. Dementsprechend ist im verletzungsmechanischen Gutachten für den konkreten Fall

- der Verletzungsmechanismus zu klären,
- die mechanische Belastung
    - qualitativ zu bestimmen,
    - quantitativ abzuschätzen
- und den mechanischen Toleranzgrenzen gegenüberzustellen.

Der **Verletzungsmechanismus** beschreibt die Art und Weise der mechanischen Belastung, den Vorgang bzw Bewegungsablauf, welcher zu der in Rede stehenden Verletzung geführt hat oder hätte führen können.

86 Unterschiedliche Verletzungsmechanismen führen in der Regel zu unterschiedlichen Verletzungen. Dann lässt sich aus der Verletzung zurück auf den Verletzungsmechanismus schließen.

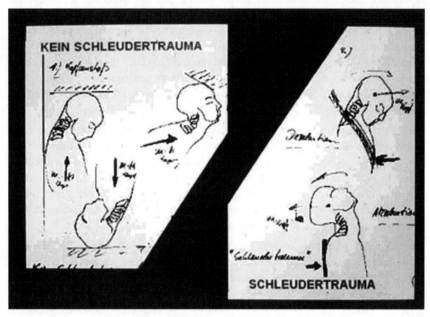

Abb. 30: *Verschiedene Verletzungsmechanismen an der Halswirbelsäule:*
Links: Vorwärts- und Rückwärtsbiegung bei Kompression der HWS
Rechts: Vorwärts- und Rückwärtsbiegung bei Streckung der HWS

87 Zur Erläuterung sind in Abb. 30 verschiedene Verletzungsmechanismen für die Halswirbelsäule skizziert: In jedem der Beispiele im linken Bild kommt es infolge eines Kopfanpralles zur Stauchung der Halswirbelsäule, einmal verbunden mit einer Biegung nach hinten, zwei Beispiele mit einer Flexion nach vorn. Im rechten Bild sind Situationen skizziert, die zu einem HWS-Schleudertrauma führen könnten: Beide Male kommt es zu einer Streckung der HWS, da bei fixiertem Rumpf der Kopf nach vorn bzw nach hinten pendelt. Dementsprechend werden im einen Falle, bei der Dezelleration infolge einer Frontalkollision, die im Nacken gelegenen Strukturen gestreckt, im anderen Falle eher die Weichteile im vorderen und seitliche Bereich des Halses. In gleicher Weise ergeben sich bei den skizzierten Situationen unterschiedliche Belastungen der Wirbelkörper und Bandscheiben.

B. Grundlagen der biomechanischen Begutachtung

Als weiteres Beispiel[5] zeigt Abb. 31 die unterschiedlichen Bruchformen, die an langen Röhrenknochen bei unterschiedlichen Belastungsarten entstehen, hier Drehbelastung (Abb. 31) und Biegung (Abb. 32). Der „Biegungskeil" (Abb. 32), der in typischer Weise beim Fußgängerunfall als Stoßstangenverletzung entsteht, erlaubt dem Sachverständigen eine Eingrenzung der Anstoßrichtung.

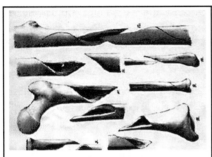

Abb. 31: Schraubenförmige Bruchflächen infolge von Drehbelastungen um die Knochenlängsachse

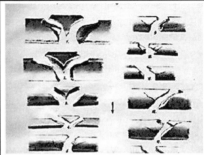

Abb. 32: Beispiele für die Ausbildung keilförmiger Knochenstücke, sog. Messerkeile, oder entsprechender Fissuren beim Biegungsbruch

Die **mechanischen Belastungen**, welche zu Verletzungen führen, sind Kräfte. Ohne Kraft keine Verletzung (Regel 1 der Verletzungsmechanik). Die Kräfte können auf verschiedene Art wirken: Biegung, Torsion, Scherung, Zug und Kompression. Wegen der engen Verknüpfung von Kräften und Beschleunigungen – ‚Kraft = Masse mal Beschleunigung' – werden dort, wo es zweckmäßig und sinnvoll ist, Beschleunigungen angegeben bzw mit diesen die notwendigen Abschätzungen durchgeführt. Dies ist zB notwendig, wenn der Wirkungsort der Kräfte nicht festgelegt werden kann, etwa bei Belastungen von Organen (Leber, Nieren, Gehirn) oder wo die Beschleunigung die eingeprägte Größe ist: Bei der Frontalkollision wird die Verzögerung des Fahrzeugs und damit auch des Insassen von der Beschaffenheit der Knautschzone bestimmt, die auf den Brustkorb wirkende Kraft jedoch individuell durch die jeweilige Körpermasse skaliert.

Andere mechanische Größen können zur Begründung einer Verletzung nur dann herangezogen werden, wenn deren Relation zu den genannten Größen bestimmt ist oder bestimmt wird: So ist die bei einem Unfall eingebrachte kinetische Energie eine notwendige jedoch nicht hinreichende Größe zur Begründung einer Verletzung (Regel 2). Sie ist bezüglich der Verletzungen irrelevant, solange nicht dargelegt wird, in welchem Umfang, auf welche Weise und über welchen Deformationsweg diese Energie in zerstörerische Arbeit umgesetzt wurde, das heißt, welche Kräfte und Beschleunigungen dabei aufgetreten sind. Dazu muss zum einen eine vollständige Energiebilanz

---

[5] Aus O. *Messerer*, Über Elasticität und Festigkeit menschlicher Knochen, Stuttgart, 1880.

erstellt, zum anderen das Kraftniveau über den Deformationsweg abgeschätzt werden.

91 Für spezielle Fragestellungen können auch andere mechanische Bezugsgrößen herangezogen werden, wenn entsprechend umfangreiche und umfassende Untersuchungen dazu vorliegen:

Bei der Begutachtung von Frontalkollisionen hinsichtlich der Frage, ob der Sicherheitsgurt (ordnungsgemäß) angelegt war, kann auf die ‚Schwere des Unfalles', dh auf das Ausmaß der Deformation des Vorderwagens Bezug genommen werden. Unter Berücksichtigung des Fahrzeugmodells stellt diese ein Maß für die Belastung des angegurteten Insassen dar und bestimmt damit – mit einer gewissen Streubreite – die zu erwartende Verletzungsschwere bzw die möglicherweise auftretenden Verletzungen. Bei der Begutachtung der Frage, ob bei einer konkreten Heckkollision der/die Betroffene ein sogenanntes HWS-Schleudertrauma erlitten haben kann, wird als Maß der mechanischen Belastung die Geschwindigkeitsänderung Δv des Fahrzeugs des/der Betroffenen herangezogen. Diese Größe wird bisweilen fälschlich als Geschwindigkeit angesehen. Sie ist jedoch bei gegebener bzw in geringem Umfang variabler Stoßzeit ein Maß für die am Fahrzeug aufgetretene Beschleunigung.

92 Abb. 33 zeigt, dass diese Fahrzeugbeschleunigung (die durch den Stoß am Fahrzeug initiiert wird) zu einem Zeitpunkt bereits weitgehend beendet ist, an dem der jeweilige Insasse (hier in x-Richtung betrachtet) noch gar nicht oder gerade erst auf den Stoß reagiert hat. Dies gilt auch bei Frontalkollisionen: Abb. 34 zeigt die Beschleunigungskurven bei einem realen Crashversuch. Wegen dieser Tatsache ist die anstoßbedingte Geschwindigkeitsänderung (Δv) ein zulässiges Kriterium für die biomechanische Beurteilung des HWS-Schleudertraumas. Die bei der Behandlung biomechanischer Fragestellungen am häufigsten verwendeten physikalischen Größen sind in Tabelle A3 im Anhang mit Definition und Dimension zusammengestellt.

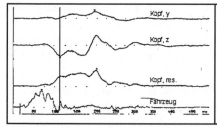

Abb. 33:
Schlittenversuch zum HWS-Schleudertrauma bei nachgefahrenem Heckanstoß (nach Deutscher):[6] *Aus dem Diagramm folgt, dass die Belastung der HWS zeitlich von der Beschleunigung des Schlittens bzw des Fahrzeugs abgesetzt ist. Daher Korrelation mit Δv.*

93 Die **mechanischen Toleranzgrenzen**[7] des menschlichen Körpers bestimmen das Versagen der Strukturen, dh das Entstehen von Verletzungen. Die unter forensischen Gesichtspunkten anzuwendenden Toleranzgrenzen unterscheiden sich von den sogenannten Schutzkriterien für den Automobilbau, wie sie von Regierungen national oder international festgelegt werden. Für die Schutzkriterien werden Durchschnitts-

---

6 *Deutscher*, Bewegungsablauf von Fahrzeuginsassen beim Heckaufprall. 1994, Eurotax, CH-8807 Freienbach.
7 Synonym für Toleranzgrenzen werden auch die Bezeichnungen ‚Belastungsgrenzen' oder ‚Erträglichkeitsgrenzen' verwendet.

werte festgelegt, die auf die Gesamtpopulation bezogen sind. Richtschnur sind dabei Verletzungen, die nach der Verletzungsskala AIS[8] mit 2 oder 3 zu bewerten sind. Das sind Verletzungen, die ernst, aber nicht lebensbedrohlich sind.

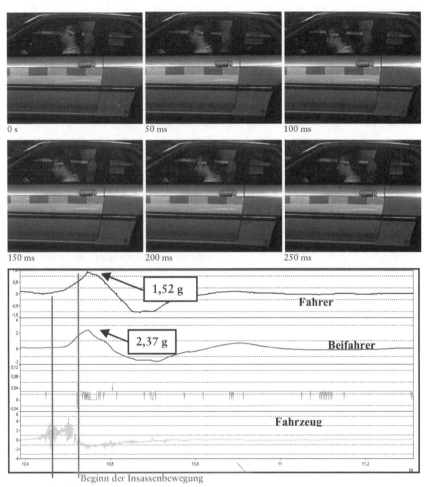

Abb. 34: Bildserie und Beschleunigungskurven beim Frontalcrash[9]

Als Grenzwert wird dabei eine Belastung gewählt, bei der für eine Verletzungsschwere von AIS ≥ 3 die Wahrscheinlichkeit 50 % beträgt. Das heißt, dass die Hälfte der

---

8 The Abbreviated Injury Scale 1990 Revision 1998, Ass. for the Advancement of Automotive Medicine, Des Plaines, Il., USA.
9 Toleranzgrenzen der humanen Halswirbelsäule bei Frontalanstößen (*Buck/Knopek*: Institut für forensisches Sachverständigenwesen an der Hochschule für Wirtschaft und Umwelt Nürtingen-Geislingen, 2005).

betroffenen Bevölkerung bei dieser Belastung leichter oder nicht verletzt wird.[10] Die so festgelegten Kriterien können daher allenfalls im Zivilverfahren herangezogen werden, wenn nach dem allgemeinen Verletzungsrisiko bei einem Unfall gefragt wird. Ansonsten und insbesondere im Strafverfahren wird es erforderlich sein, auf eine **untere Toleranzgrenze** zu beziehen, die so definiert ist, dass unterhalb dieser die betrachtete Verletzung nie beobachtet wurde. Umgekehrt ist es sinnvoll und für gewisse Fragestellungen erforderlich, eine **obere Toleranzgrenze** derart zu definieren, dass beim Überschreiten dieser die Verletzung stets aufgetreten ist.

95 Generell nehmen die biomechanischen Toleranzgrenzen mit der Dauer der Einwirkung ab. Abb. 35 sind zur Verdeutlichung schematisch die Toleranzgrenzen für ein beliebiges Unfallgeschehen über der Einwirkungsdauer aufgetragen

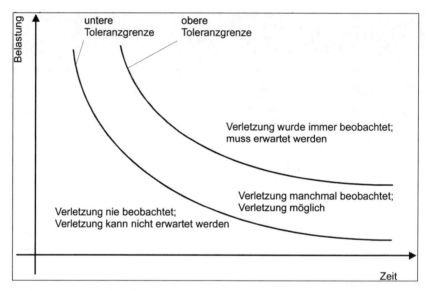

Abb. 35: Verlauf der Toleranzgrenzen bei dynamischen Vorgängen

96 Der Bereich zwischen den Toleranzgrenzen ergibt sich aus der biologischen Streuung, dh aus dem Einfluss von Lebensalter, Geschlecht, Konstitution und anderen Faktoren auf die Belastbarkeit des Individuums, die so weit möglich bei der gutachterlichen Bewertung Berücksichtigung finden müssen.

97 Die Toleranzgrenzen gelten jeweils nur für den bestimmten Verletzungsmechanismus, für den sie ermittelt wurden. Die Ermittlung von Toleranzgrenzen ist ein Hauptproblem der forensischen Biomechanik. Sie ist technisch gesehen relativ einfach bei Verletzungen, die sich morphologisch manifestieren, die man also sehen kann, direkt oder mittels bildgebender Verfahren (Röntgen, Kernspintomographie): Die Toleranz-

---

10 Nach *G. Beier/D. Kallieris*, Forensische Biomechanik in der Rechtsmedizin, eine Standortbestimmung, in *Keil/Mall/Rolf* (Hrsg.), Perspektiven der Rechtsmedizin, Aachen, 2004.

grenzen für derartige Verletzungen können durch Messungen an menschlichen anatomischen Präparaten oder Leichen durchgeführt werden.

Grenzbelastungen für funktionelle Störungen, wie etwa die Gehirnerschütterung, cognitive Ausfälle oder Lähmungserscheinungen, können damit jedoch nicht ermittelt werden. Hier wird versucht, aus Tierversuchen über homologe Reihen auf den Menschen zu schließen und diese Ergebnisse durch biomechanische Analysen realer Unfälle zu verifizieren. Zur Ermittlung von Toleranzgrenzen für Verletzungen, welche Beschwerden hervorrufen, die nur vom Patienten wahrgenommen werden können, wie Kopf- und Nackenschmerzen oder schmerzhafte Bewegungseinschränkungen nach einem HWS-Schleudertrauma, wurden und werden Versuche mit Freiwilligen angestellt, natürlich nur im tolerablen Bereich, das heißt, unterhalb der unteren Toleranzgrenze. Die so ermittelten Werte stellen also lediglich Annäherungen an den „Kann-Bereich" dar, ohne diesen zu erreichen.

Zum Teil liegen noch keine zuverlässigen Grenzwerte vor. Hier besteht weiterhin ein erheblicher Forschungsbedarf. Es wird auch nicht möglich sein, für jede und insbesondere für außergewöhnliche Situationen Toleranzgrenzen bereitzustellen. Andererseits ist es häufig möglich – und für die Beteiligten auch durchaus anschaulicher – wenn auf Belastungen des täglichen Lebens Bezug genommen wird. Eine Zusammenstellung solcher Belastungen findet sich in der Tabelle in Abb. 36.

Alltagsbelastungen	Kopf-Beschleunigung	Brust-Beschleunigung	Geschwindigkeitsänderung
dynamisches Setzen	6 g	8 g	$\approx \Delta v = 7–8$ km/h
Schubsen von hinten	3 g	2 g	$\approx \Delta v = 3–4$ km/h
Ohrfeige	3 g	5 g	$\approx \Delta v = 3–4$ km/h
Kopfball	10 g	2,5 g	$\approx \Delta v = 15$ km/h
Kinnhaken	8,5 g	3 g	$\approx \Delta v = 10–12$ km/h
Hüpfen	3–4 g	5 g	$\approx \Delta v = 4–5$ km/h
Niesen	2,9 g		$\approx \Delta v = 3–4$ km/h
Husten	3,5 g		$\approx \Delta v = 3–4$ km/h

Abb. 36: Tabelle einer Zusammenstellung mögl. Alltagsbelastungen.[11, 12, 13]

Im konkreten Falle ist es notwendig, eine detaillierte technische Analyse zu erstellen, um den infrage kommenden Verletzungsmechanismus und damit das zutreffende Toleranzkriterium zu ermitteln. Sodann erfolgt die verletzungsmechanische Korrelati-

---

11 Die aufgeführten Alltagsbelastungen wurden von *Grosser* und *Fürbeth* (Ing. Büro Großer und Fürbeth, Erlangen) im Rahmen einer biomechanischen Tagung in München vorgestellt.
12 Weitere Angaben bei *Allen/Weir-Jones/Motiuk* et al., Acceleration Perturbations of Daily Living – a comparison to Whiplash. Spine 19, pp. 1285–1290 (1994).
13 *Buck/Knopek*, Vergleichende Alltagsbelastungen bei Niedriggeschwindigkeitsstößen (2005).

onsbetrachtung der Belastungen, der Toleranzwerte und der medizinischen Befunde bzw der geklagten Beschwerden.

C. Verletzungsmechanische Fragestellungen bei Straßenverkehrsunfällen

101 Die häufigsten Fragestellungen, die zur verletzungsmechanischen Begutachtung kommen, sind nachfolgend zusammengestellt.

102 **Fußgänger:**
- In welcher Körperhaltung wurde der Fußgänger erfasst:
  - Angefahren: aufrecht gehend, stehend?
  - Überfahren: auf der Fahrbahn liegend?
- Von welcher Seite? Anstoßseite und Position (fälschlich: Gehrichtung).
- Haben ein oder mehrere Ereignisse stattgefunden?
- Zuordnung der Verletzungen bei mehreren Ereignissen, insbes. der tödlichen Verletzungen.
- Bei Fahrerflucht: Lassen sich die Verletzungen widerspruchsfrei den Beschädigungen zuordnen?

103 **Radfahrer:**
- Wie wurde der Radfahrer erfasst:
  - Auf dem Fahrrad fahrend?
  - Als Fußgänger das Rad schiebend?
  - Aufrecht gehend, stehend, oder wie?
- Von welcher Seite? Anstoßseite?
- Haben ein oder mehrere Ereignisse stattgefunden?
- Zuordnung der Verletzungen bei mehreren Ereignissen, insbes. der tödlichen Verletzungen.
- Bei Fahrerflucht: Lassen sich die Verletzungen widerspruchsfrei den Beschädigungen zuordnen?
- Wurde ein Helm getragen?

104 **Kraftradfahrer und Sozius:**
- Wurde der Helm getragen,
- war der Helm ordnungsgemäß befestigt?
- Wenn nicht, welche Verletzungen wären mit/ohne Helm eingetreten?
- Wer war zum Unfallzeitpunkt der Fahrer des Krads, wer Sozius?

105 **Fahrzeuginsassen:**
- Gurt angelegt?
- Verletzungsminderung bei Gurt?

C. Verletzungsmechanische Fragestellungen bei Straßenverkehrsunfällen 2

- Wie hätten sich die Verletzungen verändert, mit und/oder ohne Gurt?
- Sitzposition (Wer war der Fahrer)?
- Verletzungszuordnung bei Mehrfachkollision bzw komplexen Unfallabläufen?
- HWS-Schleudertrauma?

I. Unfälle von Fußgängern und Radfahrern

- Bei Verkehrsunfällen mit Fußgängern sind die häufigsten Fragestellungen mit verletzungsmechanischem Bezug:
- Von welcher Seite wurde der Fußgänger angefahren?
- In welcher Körperhaltung wurde der Fußgänger angefahren?
- Bei Überfahrungen: Hat der Fußgänger bei der Überfahrung noch gelebt?
- Bei Mehrfachereignissen: Wer hat welche, ggf insbesondere die tödlichen Verletzungen gesetzt?
- Bei Fahrerflucht: Passen die Verletzungen und die Beschädigungen eines verdächtigten Fahrzeuges zusammen?
- Geschwindigkeiten?

Die gleichen Fragen stellen sich bei Radfahrern, hinzu kommt jedoch, ob der Radfahrer tatsächlich auf dem Fahrrad saß und gefahren ist, oder ob er das Rad geschoben hat.

1. Anfahren

Anfahren bezeichnet die Situation, dass ein Fußgänger in mehr oder weniger aufrechter Haltung von dem Fahrzeug erfasst wird. Zu unterscheiden sind dabei Vollstoß, Teilstoß und Streifstoß. Beim **Vollstoß** wird der Fußgänger entsprechend der **Anstoßgeometrie** vom Fahrzeug weggestoßen, aufgeladen oder über das Fahrzeug hinweggeschleudert. Zum **Teilstoß** kommt es, wenn der Fußgänger von einer Fahrzeugecke erfasst wird, ohne dass er (wie beim Vollstoß) „aufgeladen" wird. Er kann dabei vom Fahrzeug weggeschleudert werden, etwa wenn er an einer Körperseite getroffen wird. Dabei erhält er einen Impuls nach der Seite, so dass ein weiterer Kontakt mit dem Fahrzeug unterbleibt

Wird der Fußgänger dagegen von vorn oder hinten getroffen, so wird er in eine Rotation um seine Hochachse versetzt. Dabei kann es zu Kontakten mit der Fahrzeugseite kommen, auch im hinteren Seitenbereich des Fahrzeugs, auch mit Verletzungen. Daher ist es erforderlich bei der Spurensicherung auch diesen Bereich sorgfältig nach Kontaktspuren, Wischspuren sowie Blut- oder Gewebsantragungen abzusuchen und in jedem Falle fotografisch zu dokumentieren.

Typische Verletzungen, die auf einen Teilstoß von hinten hinweisen, sind sogenannte Dehnungsrisse in der Leistenbeuge: Sie entstehen dadurch, dass sich ein Bein außerhalb der Fahrzeugfront/Kontaktzone befindet und somit zurückbleibt, während das andere Bein mit der Fahrzeugfront mitgenommen wird und der Rumpf rücklings gegen die Motorhaube fällt. Abb. 52 zeigt solche Dehnungsrisse. Allerdings sind in dieser Abbildung die Dehnungsrisse nicht bei einem Teilstoß der geschilderten Art entstanden, sondern bei einer Überrollung im Bauchraum. Hier wie dort können gleichartige Verletzungen entstehen, die Verletzungsbilder insgesamt unterscheiden sich jedoch definitiv: hier die Kontaktverletzungen am Gesäß, dort die Zerreißungen der Bauchorgane.

110 Der **Streifstoß** ist dadurch gekennzeichnet, dass ein (verletzungsmechanisch relevanter) Kontakt des Fußgängers mit der Fahrzeugfront nicht stattgefunden hat. Es kann jedoch dabei durchaus zu einem Anschlag des Kopfes am seitlichen Rahmen der Frontscheibe kommen. Auch ein Kontakt mit dem Seitenspiegel kann erhebliche Verletzungen setzen. Die verletzungsmechanischen Bedingungen sind im Übrigen beim Streifstoß fallspezifisch sehr unterschiedlich und bedürfen daher je nach Fragestellung einer individuellen sachverständigen Behandlung.

C. Verletzungsmechanische Fragestellungen bei Straßenverkehrsunfällen

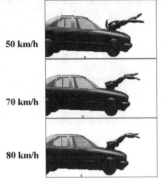

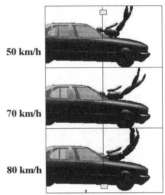

Abb. 37: Fußgängerunfall:
Maße des Fußgängers: KL 1,73 m, 84,6 kg.
Schäden am Unfallfahrzeug.
Simulation mit PC-Crash:
Höhe der Motorhaube 0,80 m,
Kopfaufprall bei den Kollisionsgeschwindigkeiten 50, 70 und 80 km/h.

Abb. 38: Fußgängerunfall wie Abb. 37:
Schäden am Unfallfahrzeug mit Bemaßung.
Simulation mit PC-Crash:
Höhe der Motorhaube hier 0,70 m,
Kopfaufprall bei den Kollisionsgeschwindigkeiten 50, 70 und 80 km/h.[14, 15]

2. Anstoßgeometrie

Die sog. Anstoßgeometrie spielt insbesondere beim Vollstoß eine entscheidende Rolle für den Bewegungsablauf und die zu erwartenden Verletzungen. Wir verstehen darunter die gegenseitige Beziehung der Frontgestaltung des Fahrzeugs und der Größe und Haltung des Fußgängers.

Dazu obiges Beispiel (Abb. 37, Abb. 38): Von dem in Abb. 37 abgebildeten Pkw wurde ein Fußgänger erfasst und mit Kopf und Schulter in die Windschutzscheibe geschleudert.[16] Bei der Simulation mit dem Rekonstruktionsprogramm **PC-Crash**[17] und

---

14 Wir danken Herrn Dipl.-Ing. F. *Schmidinger* für die Überlassung der Lichtbilder.
15 *Beier/Kallieris*, Forensische Biomechanik in der Rechtsmedizin – eine Standortbestimmung in *Keil* et al. (Hrsg.), Perspektiven der Rechtsmedizin, Aachen 2004.
16 *Auer*, Analyse von Pkw-Fußgängerunfällen zur Beurteilung der Kopfbelastung bei morphologisch nachweisbaren Schädel-Hirn-Traumen. Dissertation, München 2004.
17 DSD, Dr. Steffan, Datentechnik, Linz, Austria.

dem dort verfügbaren Datensatz für das beteiligte Fahrzeug mit einer Höhe der Motorhaube von 0,8 m erreicht der Fußgänger die Windschutzscheibe nicht, gleichgültig, welche Geschwindigkeit des Pkws im Bereich von 50 bis 80 km/h gewählt wird. Vielmehr schlägt der Kopf – wie in Abb. 37 gezeigt – auf der **Motorhaube** auf.

113 Der Anprall an der Windschutzscheibe gelingt allerdings dann, wenn die real vermessene Anstoßhöhe von 0,7 m herangezogen wird (Abb. 38). Darüber hinaus zeigt sich – und dies lässt sich kinematisch begründen – dass der Ort des Kopfaufpralles wenig geeignet ist, Auskunft über die reale Anstoßgeschwindigkeit zu geben.[18]

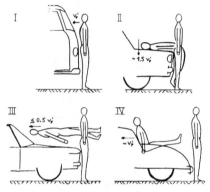

Abb. 39: Schematische Darstellung unterschiedlicher Anstoßgeometrie

Abb. 40: Häufigkeit der verletzten Körperteile bei verschiedenen Fallgruppen der Anstoßgeometrie

114 In Abb. 39 sind unterschiedliche, charakteristische Kollisionsstellungen zur Anstoßgeometrie mit den entsprechenden Bewegungen infolge des primären Anstoßes schematisch dargestellt, in Abb. 40 dazu die Häufigkeit der von Verletzungen betroffenen Körperteile. Liegt der Anstoß tief, also auf Höhe der Stoßstange (IV in Abb. 39), wird, je nachdem ob der Fußgänger seitlich, von vorn oder von hinten getroffen wird, ein unterschiedlicher Bewegungsablauf mit unterschiedlichen Verletzungsintensitäten im Bereich des Brustkorbes (s. Abb. 40) entwickelt. Beim primären Hauptanstoß im Bereich der Oberschenkel (Fallgruppe III in Abb. 39) heben sich aufgrund der Massenverteilung im menschlichen Körper Kräfte und Momente im Hüft- und Beckenbereich weitgehend auf und es entfällt ein verletzungsmechanisch relevanter Kontakt des Rumpfes mit dem Fahrzeug. Betroffen sind, wie aus Abb. 40 hervorgeht, in erster Linie die Beine und der Kopf in einer Weise, dass andere Verletzungsbilder zur Nachschau verpflichten. Ein solcher Fall ist in Abb. 41 vorgestellt.

115 Der von dem skizzierten Taxi erfasste Fußgänger erlitt außer dem erwarteten Schädel-Hirn-Trauma und den Verletzungen an Ober- und Unterschenkel an der dem Fahrzeug zugewandten linken Seite, Rippenserienbrüche, Brüche der Wirbelsäule,

---

18 *Beier* et al., Computersimulation von Bewegungsabläufen bei rechtsmedizinischen Fragestellungen. Berichte der Bundesanstalt für Straßenwesen, Mensch und Sicherheit 1999, Heft M.111, 70–77.

Quetschungen und Zerreißungen an Leber, Lunge und dem Magen, die weder in das Verletzungsschema von Abb. 40 passen, noch mit den Beschädigungen am Pkw korrespondieren. Nachprüfungen ergaben, dass der Fußgänger beim Lösen vom Fahrzeug gegen ein Verkehrszeichen geschleudert wurde, an dem sich entsprechende Antragungen von Blut und Gewebe fanden.

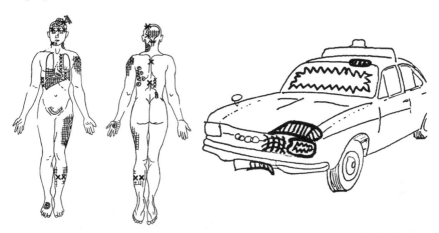

Abb. 41: *Verletzungen und Beschädigungen eines Unfalles mit Klärungsbedarf*

Erfolgt dagegen der primäre Anstoß im Bereich des Beckens und damit nahe dem Schwerpunkt[19] (II in Abb. 39), so treten erwartungsgemäß Brüche und Zerreißungen im Bereich des Beckens auf mit eindrucksvollen Zertrümmerungen der Muskulatur im Kontaktbereich (Abb. 42), des Weiteren aber auch massive Zerstörungen im Brustkorb (**Rippenserienbrüche, Brüche der Wirbelsäule, Zerreißungen der Brustorgane, aber auch der Leber und der Milz**) durch den Aufschlag auf der Motorhaube (Abb. 43). Eine Besonderheit stellt der Abriss der großen Körperschlagader (Aorta) dar, der ausschließlich in dieser Fallgruppe gefunden wird und zwar ab einer Kollisionsgeschwindigkeit von ca. 50 km/h.

Abb. 42: *Ausgedehnte Zerstörungen in den Weichteilen des Gesäßes (Blutungshöhle, Taschenbildung) bei rückseitigem schwerpunktnahem Anstoß.*

---

19 Der Schwerpunkt des Menschen liegt etwa handbreit über dem Nabel. (*Beier/Döschl*, Schwerpunktshöhe und Trägheitsmoment beim Fußgänger. Beitr. gerichtl. Med. (1974) 32, 73–77.

2 § 3 Grundlagen der forensischen Biomechanik

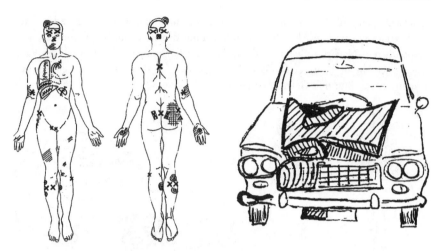

Abb. 43: *Beispiel für den schwerpunktnahen Anstoß*

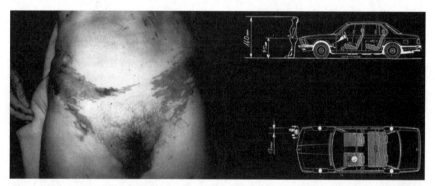

Abb. 44: *Ausgedehnte Dehnungsrisse am Unterbauch beim rückseitigen schwerpunktsnahen Anstoß mit 80–100 km/h.*
(Hier: Körperlänge 160 cm, Motorhaube 75 cm)[20]

---

20 Bearbeitung und Grafik Dr. C. *Auer.*

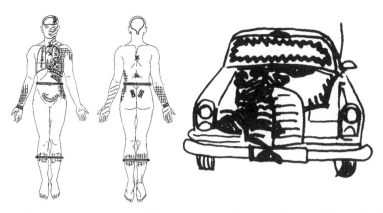

Abb. 45: Verletzungen und Fahrzeugbeschädigungen bei ca. 140 km/h: Zweifache Durchtrennung, Rumpf und Gliedmaßen

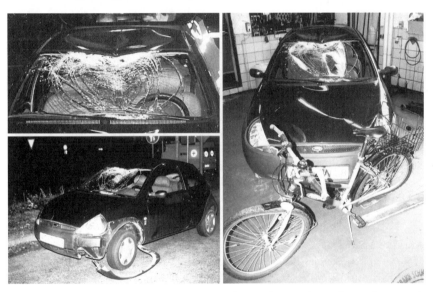

Abb. 46: Kollision mit einem Radfahrer: Rechts: Rekonstruktion der Kollisionsstellung durch den technischen Sachverständigen

Neben diesen Verletzungen finden sich Dehnungsrisse in den Leistenbeugen bis in den Unterbauch ziehend, etwa ab einer Kollisionsgeschwindigkeit von 80 km/h (Abb. 44), Abtrennung von Gliedmaßen ab etwa 120 km/h, Zerteilung des Körpers bei ca. 140 km/h (Abb. 45). Hinsichtlich der Anstoßgeometrie und deren Auswirkungen auf die Verletzungen sind beim Radfahrer zusätzlich folgende Faktoren zu beachten:

- Die relative Position des Radfahrers ist (verglichen mit dem Fußgänger) erhöht.
- Der Radfahrer kann eine für den Bewegungsablauf und damit für die möglichen Kontakte und Verletzungen relevante Eigengeschwindigkeit besitzen.
- Der Radfahrer kann Verletzungen durch das eigene Fahrzeug erleiden.

118 Als Beispiel für verletzungsmechanische Bedingungen bei einem Fahrradunfall zeigt Abb. 46 Bilder von einer Kollision zwischen einem Ford KA und einer Radfahrerin. Die Kollisionsgeschwindigkeit lag den technischen Gutachten zufolge bei 55 bis 65 km/h. Am Pkw zeigten sich als Schäden eine abgerissene Stoßfängerecke links, eher geringfügige Kratzer und Schrammen auf der Motorhaube und vor allem die auf den Lichtbildern imponierende Eindrückung der Windschutzscheibe und des vorderen Dachbereiches. Die Rekonstruktion der Anstoßposition durch den technischen Sachverständigen erfolgte aufgrund der Abdrücke von Bauteilen des Rades an der Karosserie des Pkws.

119 Die 155 cm große und 55 kg schwere Radfahrerin überlebte nach kurzer Bewusstlosigkeit den Unfall. Sie erlitt lebensgefährliche Kopfverletzungen. Mit Ausnahme von Schnitt-, Quetsch- und Risswunden im Gesicht fanden sich alle Verletzungen auf der linken Körperseite. Es waren ausschließlich der Kopf und das linke Schlüsselbein betroffen. Die Kopfverletzungen (querverlaufender Schädelbasisbruch links vom Schläfenbein ausgehend, Kontusion des Schläfenlappens links, subdurales Hämatom links) lassen sich allesamt auf eine Gewalteinwirkung gegen die linke Kopfseite zurückführen,[21] der Bruch des Schlüsselbeines in diesem Zusammenhang auf eine Gewalteinwirkung gegen die linke Schulter. Der gesamte übrige Körper, von den Schultern bis zu den Füßen, blieb unverletzt!

120 Somit war auszuschließen, dass die Radfahrerin als Fußgängerin das Fahrrad geschoben hat. Sie hat keine Verletzungen auf der rechten Körperseite erlitten, insbesondere auch keinerlei Verletzungen im Bereich der unteren Extremitäten. Das Unfallfahrzeug Ford KA ist aufgrund seiner Bauform ein Fahrzeug, welches bei einem Fußgänger primär einen tiefen Anstoß zur Folge hat (Fallgruppe IV in Abb. 39). Dabei wird der Körper eines Fußgängers zuerst einzig und allein von der Stoßstange auf etwa 50 cm Höhe getroffen, also im Bereich des Knies oder knapp oberhalb desselben. Bei einer derartigen Anstoßkonstellation, insbesondere wenn der Fußgänger seitlich getroffen wird, werden in der Regel bereits ab 15 km/h Anstoßgeschwindigkeit knöcherne Verletzungen gefunden.

121 Bei der gegenständlichen Kollision handelt es sich um ein zweiphasiges/zweizeitiges Geschehen: Stoß des Pkws gegen das Fahrrad, Aufschlag der Radfahrerin auf dem

---

21 Bei einer flächigen Gewalteinwirkung gegen die linke Kopfseite (Schläfenbein) wird – bei entsprechender Gewalt – eine Bruchlinie erwartet, die sich einerseits von der Anprallstelle im Schläfenbein nach oben Richtung Schädeldach zieht, andererseits sich nach unten in die Schädelbasis fortsetzt und diese, je nach Schwere, auch durchsetzt. Dabei ist häufig, wie hier, ein Bereich betroffen, der Felsenbein genannt wird. Ursache dafür, dass bei einer Gewalteinwirkung gegen die Seite des Kopfes eine Bruchlinie *quer* durch die Schädelbasis entsteht, ist die Verformung des knöchernen Schädels: Durch die seitliche Gewalteinwirkung wird der Schädel seitlich zusammengedrückt und in Längsrichtung (also in der Stirn-Hinterkopf-Achse) gedehnt. Dadurch reißt die Schädelbasis in Querrichtung, denn der Knochen ist auf Zug nicht sehr belastbar.

Pkw. Die Verletzungen der Radfahrerin sind durch Anprall an der Frontscheibe und dem Dach des Pkws entstanden. Die Beschädigungen des Pkws zeigen, dass der Körper auf dem Dach landete, ohne wesentlichen Kontakt mit der Motorhaube. Sowohl das eine wie das andere ist nur durch einen Überschlag des Körpers möglich: Der Körper der Radfahrerin muss zwischen dem ersten Stoßgeschehen (Pkw gegen Fahrrad) und dem Anprall an der Frontscheibe eine Drehung um seine Querachse soweit vollzogen haben, dass die Radfahrerin auf der Frontscheibe mehr oder minder kopfüber auftraf, mit dem Kopf auf der Frontscheibe, mit der linken Schulter im vorderen Dachbereich.

Ein solcher Bewegungsablauf mit Rotation des Radfahrers bis in Kopfüberlage an der Frontscheibe wird bei Pkw-Fahrrad-Unfällen wiederholt beobachtet (und lässt sich auch in Computersimulationen zeigen). Ursachen für diese Erscheinung sind die gegenüber der Fußgängerstellung erhöhte Position des Körperschwerpunktes – einmal durch die Sattelhöhe/Sitzhöhe, zum zweiten durch die Sitzhaltung (Beine teilweise angewinkelt, Körper nach vorn gebeugt) –, und das gegenüber dem gestreckten Körper (bei aufrechtem Gang) zumindest am Anfang der Bewegung geringere **Trägheitsmoment**[22] des Körpers.

Damit belegen die Verletzungen einerseits und die Beschädigungen am Pkw andererseits zusammen und jede für sich positiv, dass die Radfahrerin bei der gegenständlichen Kollision auf dem Fahrrad gesessen hat. Die eigentliche Frage, ob die Pkw-Fahrerin bei dem Unfall von ihr behauptete Verletzungen (HWS-Schleudertrauma, Brustkorbprellung u.a.) erlitten haben könnte, wurde durch entsprechende Begutachtung verneint.

Abb. 47: Radfahrerkollision 2: Rekonstruktion der Anstoßkonstellation

Abb. 48: Radfahrerkollision 2, Beschädigungen auf dem Dach des Pkws

Beim zweiten Beispiel (Abb. 47, Abb. 48) ging es darum, ob der Unfall für den (alkoholisierten) Fahrer des Pkws unvermeidbar war, weil der (ebenfalls alkoholisierte) Radfahrer in ‚Schlangenlinien' nach links schwenkend vor das Auto geraten sei. Der technische Sachverständige hat dies in einem ersten Gutachten aufgrund der Rekon-

---

22 Das Trägheitsmoment ist der Widerstand eines Körpers gegenüber der Einleitung oder Änderung einer Drehbewegung.

struktion der Anstoßposition (Abb. 48) und in Unkenntnis der Verletzungen des Radfahrers nicht ausgeschlossen. Dieser hatte bei dem Unfall jedoch einen Unterschenkelbruch rechts, Schien- und Wadenbein betreffend, erlitten, sowie Prellungen an den Füßen und ein HWS-Schleudertrauma mit Lähmung des rechten Armes. Zum Unfall behauptete er, ihm sei die Kette heruntergesprungen, er habe, links neben dem Fahrrad stehend und über dieses gebeugt, versucht, die Kette wieder zu montieren, als er von dem Pkw angefahren wurde: Der Unterschenkelbruch rechts mit Anstoß von rechts bestätigt als Kontaktverletzung mit der Stoßstange diese Darstellung. Er ist für den Radfahrer auf dem Fahrrad sitzend verletzungsmechanisch nicht zu erklären, weder von der Richtung der Gewalteinwirkung noch von der (fehlenden) Kontaktmöglichkeit mit der Fahrzeugfront.

125 Durch den tiefen Anstoß und das aufgrund der Körperhaltung reduzierte Trägheitsmoment wurde der Radfahrer hochgeschleudert und so in eine Rotation um seine Hochachse versetzt, dass er rücklings auf dem Dach des Pkws landete, mit dem Gesäß in der Aussparung des Dachschiebefenster, mit den Füßen auf das Fahrzeugdach aufschlagend (Abb. 48). Von dort fiel er herunter und landete neben dem rechten Vorderrad des Pkws, als der Pkw-Fahrer (erschreckt bezüglich des neuen Beifahrers) eine Vollbremsung machte. Die verletzungsmechanische Rekonstruktion erklärt auch die Besonderheiten der Unfallszene: Zwischen den ersten Splittern und der Endlage des Fahrrads einerseits und der Endstellung des Pkws am Ende einer 15 m langen Blockierspur andererseits lag eine Strecke von fast 90 Metern. Als **Wurfweite für den Radfahrer** würde das zu einer utopischen Kollisionsgeschwindigkeit führen. Als „Beifahrer" konnte er jedoch diese Strecke mühelos zurücklegen, zumal er den Unfall bei vollem Bewusstsein er- und überlebte.

126 Die Bestimmung der Seite, von der ein Fußgänger angefahren wurde, ist eine der häufigsten Aufgaben der forensischen Biomechanik. Zwar ist die **Gehrichtung** damit noch nicht bewiesen, es gehört jedoch zu den Seltenheiten, dass ein Fußgänger im letzten Moment eine Kehrtwendung macht. Dies gilt insbesondere, wenn der Fußgänger von der rechten Seite aus Sicht des Fahrzeuglenkers die Fahrbahn betritt. Es ist die Situation, bei dem der Unfall angesichts der Gehgeschwindigkeiten (Abb. 49) für den Fahrzeuglenker in der Regel unvermeidbar ist.

C. Verletzungsmechanische Fragestellungen bei Straßenverkehrsunfällen

		m	w	m	w	m	w	m	w	m	w	m	w
Gehen		1,5	1,5	1,7	1,6	1,2	1,4	1,5	1,3	1,4	1,4	1,0	1,1
Schnell gehen		2,0	2,0	2,2	1,9	2,2	2,2	2,0	2,0	2,0	2,0	1,4	1,3
Laufen	A	3,4	2,8	4,0	3,0	3,0	4,0	3,6	3,6	3,5	3,3	2,0	1,7
	B	3,1	2,8	3,4	3,0	3,0	3,2	3,2	3,2	3,0	3,0	2,0	1,7
Rennen	A	4,2	4,0	5,4	4,8	7,4	6,1	6,5	5,5	5,3	4,6	3,0	2,3
	B	3,6	3,4	4,2	3,9	4,9	5,0	5,0	4,7	4,0	4,1	2,5	2,1

Laufen = normaler Dauerlauf
Rennen = Schnellstmögliche Bewegungsart
A = Stehender Start, nach 10 m Wegstrecke
B = Fliegender Start

Abb. 49: Fußgängergehgeschwindigkeiten nach Burg/Moser[23]

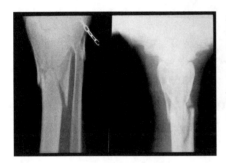

Abb. 50: Ausbrechen eines sogenannten Biegungskeiles bei Biegebelastung. Hier, links, in der Röntgenaufnahme von vorn, am Schienbein und am Wadenbein einer Fußgängerin durch Anstoß der Stoßstange eines Pkws von links seitlich bei einem überlebten Verkehrsunfall. (Sammlung G. Beier).

Die verletzungsmechanische Bestimmung der Anstoßseite (nicht der Gehrichtung!) muss sich an dem gesamten Verletzungsbild des Fußgängers in Kombination mit den Beschädigungen orientieren. Hinweise geben in erster Linie die Weichteilverletzungen und, wenn vorhanden, die Brüche an den unteren Gliedmaßen. Hier spielt der sogenannte Messererbruch, wie in Abb. 50 in einer Röntgenaufnahme gezeigt, eine besondere Rolle. Wichtig ist aber, dass das Verletzungsbild vollständig verletzungsmechanisch erklärt werden kann (vgl Abb. 43 und den dort geschilderten Fall), wobei u.a. durch Wiederbelebungsversuche gesetzte Rippenbrüche bisweilen zu Irritationen führen können.

3. Überfahren – Überrollen

Streng und wörtlich genommen reden wir vom Überfahren dann, wenn der Körper des Verletzten unter das Fahrzeug gerät. Dies kann mit oder ohne Überrollen durch ein Rad des Kraftfahrzeuges ablaufen. Schwere Zertrümmerungen des Beckens werden dann beobachtet, wenn der Körper unter dem Fahrzeug um seine Hochachse gedreht, man könnte sagen durchgewalkt wird. Bei Verhakung wird der Körper auch mitgeschleift. Selbst bei geringen Schleifstrecken entstehen bereits signifikante Schleifspuren (Abb. 51). Diese tragen einen sog. Verkohlungssaum, der durch die Reibungs-

---

23 *Burg/Moser*, Handbuch Verkehrsunfallrekonstruktion, 1. Auflage 2007.

wärme beim Mitschleifen entsteht. Gehen ein oder mehrere Räder über den Körper, also beim **Überrollen**, so entstehen weitere charakteristische Verletzungen:

129 Abb. 52 zeigt Dehnungsrisse, die, für sich betrachtet, an einen Anstoß an der Rückseite im Beckenbereich mit Überdehnung an der Bauchseite denken lassen, oder an einen Teilstoß, die linke Gesäßhälfte betreffend. Tatsächlich hat hier eine Überrollung des Bauchraumes stattgefunden. Dabei wurde durch das Einsinken des Rades die Haut so weit über den Beckenkamm gezogen, dass es zu diesen Einrissen gekommen ist.

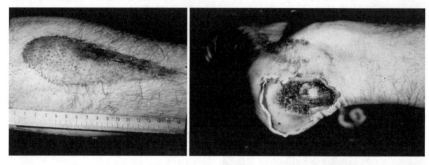

Abb. 51: *Schleifspuren, links: Wade eines Fußgängers; rechts: Ferse eines Motorradfahrers*

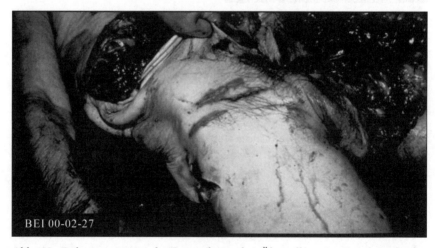

Abb. 52: *Dehnungsrisse in der Leistenbeuge bei Überrollung im Bauch-Beckenbereich*

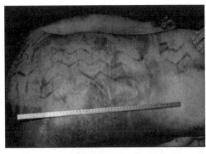 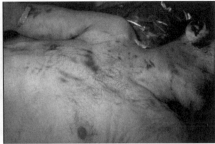

Abb. 53: Reifenprofile auf der Haut bei Überrollung. Links deutlich bei Längsüberrollung des Rückens, rechts nur angedeutet zusammen mit Abschürfungen und Schmutzantragungen

Erwartete Kennzeichen einer Überrollung sind Abdruckmarken von Reifenprofilen. Beispiele sind in Abb. 53 gezeigt. Reifenabdrücke entstehen nicht regelmäßig, sie sind oft schwierig zu erkennen, zeigen sich manchmal deutlicher erst auf den fotografischen Aufnahmen und können mitunter wie von anderen Werkzeugen hervorgerufen wirken (Abb. 54). Abgeklärt kann dies werden, wenn es gelingt, eine Kongruenz mit dem infrage kommenden Reifenprofil herzustellen (Abb. 55). Dabei muss daran gedacht werden, dass das Profil eines Reifens entlang des Umfanges in seinen Abmessungen variiert.

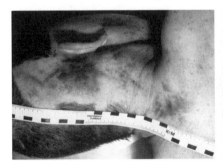 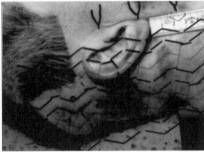

Abb. 54: Gewalteinwirkung am Hinterkopf mit fraglichem Reifenprofil

Abb. 55: Abgleich eines fraglichen Reifenabdrucks mit einem Reifenprofil

Eine Frage im Zusammenhang mit Überfahrungen ist stets, wie der Verletzte bzw Getötete auf der Fahrbahn zu liegen kam und ob er zum Zeitpunkt der Überfahrung evtl schon tot war, etwa durch einen vorangegangenen Unfall. Die Kenntnis der verletzungsmechanischen Gesetzmäßigkeiten beim Fußgängerunfall, wie vorstehend skizziert, erlaubt meist eine Zuordnung der Verletzungen zu den infrage kommenden Ereignissen. Festzustellen, welche Verletzungen als Todesursache anzusehen sind, auch, welche vital und welche ggf nach Stillstand des Kreislaufes entstanden sind, ist eine medizinische, wodurch sie zustande gekommen sind, ist eine verletzungsmechanische Aufgabe.

II. Unfälle von Kradfahrern

132 Bei Unfällen von Kradfahrern gilt im Wesentlichen dieselbe Fragestellung, wie auch bei Fußgängern oder Radfahrern. Allerdings kommen besondere Fragestellungen dazu, da prinzipiell zwei Aufsassen auf einem Krad möglich sind, und gerade bei Verkehrsunfällen oft zu klären ist, welcher der Beteiligten das Krad gefahren hat.

133 Bei Verkehrsunfällen mit Kradfahrern sind die häufigsten Fragestellungen mit verletzungsmechanischem Bezug in Ergänzung zu den Ausführungen im Kapitel oben:
- Wurde der Helm getragen, war der Helm ordnungsgemäß befestigt?
- Wenn nicht, welche Verletzungen wären mit/ohne Helm eingetreten?
- Wer war zum Unfallzeitpunkt der Fahrer des Krads, wer Sozius?

134 Dazu sei nachfolgend ein Beispielfall aus der gerichtlichen Tätigkeit der Verfasser angeführt. Dort war dem Akteninhalt zu entnehmen, dass die beiden Kradaufsassen mit ihrem Krad zum Unfallzeitpunkt auf einer Gemeindeverbindungsstraße unterwegs waren und in einer langgezogenen Linkskurve nach rechts von der Fahrbahn abkamen. Sie kamen in dem rechts neben der Fahrbahn befindlichen Graben zum Sturz (vgl Abb. 56). Die Folge des Sturzes war, dass einer der Kradaufsassen beim Kontakt mit einem Drainagerohr tödliche Verletzungen erlitten hat. Gerichtlich war im Rahmen eines Strafverfahrens zu klären, welcher der beiden Kradaufsassen zum Unfallzeitpunkt dieses gelenkt hatte. Nachdem weder durch ein rein unfallanalytisches Gutachten noch über das Sektionsprotokoll diese Frage geklärt werden konnte, wurde ein biomechanisches Gutachten in Auftrag gegeben, um beide Themengebiete miteinander zu korrelieren.

Abb. 56: *Unfallstelle während der Nachbesichtigung*[24]

---

24 Quelle: eigene Unterlagen.

Durch das Sektionsprotokoll waren die Verletzungen des Getöteten sehr gut dokumentiert, dieser zog sich die letalen Verletzungen beim Kontakt mit dem linken der Drainagerohre zu (in Fahrtrichtung des Krads betrachtet; s.o.). Der Getötete besaß aber auch Verletzungen an den beiden mittleren Dritteln der jeweiligen Schienbeine und insbesondere am linken Knöchel. Dazu ist zunächst auf den Schaden am Krad und die Drainagerohre im Detail hinzuweisen (Abb. 57). Diese Verletzungen an den Unterschenkeln mussten aus biomechanischer Sicht von dem Kontakt der Schienbeine mit den Fußrasten des Krads stammen.

Endlage des Leichtkraftrades und im Hintergrund die beiden Rohreinleitungen

Abb. 57: Dokumentation der Polizei[25]

Aus biomechanischer Sicht konnte nun aber nur der Kradsozius die o.a. Verletzungen, insbesondere an den Unterschenkeln, aber auch die letalen, beim Unfallkontakt erleiden. Nur der Kradsozius bewegte sich nach dem Kontakt und dem Verzögern zum Stillstand des Krads in dessen Endlage im Graben vor den Drainagerohren in Richtung der Drainagerohre. Der Fahrer, der sich vorne auf dem Krad befindet, bewegte sich in Richtung zur Böschung/hin zum Graben. Ferner wird nur der Kradsozius versuchen vom Krad herunterzukommen und sich dabei die Verletzungen an den Schienbeinen beim Kontakt mit den Fußrasten zuziehen, wenn er die Füße auf den

---

25 Quelle: eigene Unterlagen.

Boden bringt. Durch die Schräglage des Krads nach links kommt es dann auch noch zu einer Verletzung des linken Knöchels des Sozius.

137 Diese Verletzungen konnte der Fahrer deshalb nicht erleiden, weil das Krad beim Abkommen von der Fahrbahn, wie den Spuren an der Unfallstelle nachvollziehbar zu entnehmen war, gebremst war. Damit befand sich zum Abkommens- und Kontaktzeitpunkt des Krads mit dem Graben dessen Fahrer mit beiden Füssen auf den Fußrasten, weil er gebremst hat. Durch den Kontakt kam der Fahrer des Krads von den Fußrasten nach vorne herunter, so dass Verletzungen an den Schienbeinen, wie sie der Getötet besessen hat, für den Fahrer nicht eintreten konnten.

138 Aus biomechanischer Sicht war damit festzustellen gewesen, dass auf Grundlage der im Sektionsprotokoll ausführlich dokumentierten und beschriebenen Verletzungen des Getöteten, obwohl insgesamt geringe Anknüpfungstatsachen vorhanden waren, der Getötete zum Unfallkontaktzeitpunkt nur der Sozius auf dem Krad gewesen sein kann, wenn dessen Verletzungen nachvollzogen werden. In der Konsequenz konnte somit die für das Strafverfahren relevante Frage zum Fahrer biomechanisch beantwortet werden.

III. Fahrzeuginsassen

139 Die häufigsten verletzungsmechanischen Fragestellungen zu Unfällen mit Fahrzeuginsassen sind folgende:

- **Sitzposition**: Wer war zum Unfallzeitpunkt der Fahrer?
- **Sicherheitsgurt**: War der Gurt ordnungsgemäß angelegt? Wenn nicht, welche Verletzungen hätten durch den Gurt vermieden werden können?
- **Mehrfachkollisionen**: Welche Verletzung ist bei welchem Ereignis entstanden?
- **Fraglich**: Können die geklagten Verletzungen bei dem beschuldigten Ereignis entstanden sein? Hier speziell: das HWS-Schleudertrauma beim Heckanstoß.

140 Kollisionstypen: Bei der Beurteilung von Verletzungen von Fahrzeuginsassen, bei Fahrzeug-Fahrzeug-Kollisionen ebenso wie bei Kollisionen mit festen Hindernissen, kommt es zum einen darauf an, in welchen Bereichen des Fahrzeugs der Kontakt stattgefunden hat (vorn, hinten, an der Seite und hier: wo), zum anderen, aus welcher Richtung der Stoß auf das Fahrzeug wirkte. Dementsprechend werden folgende Kollisionstypen unterschieden und im Folgenden behandelt:

- Frontalkollisionen,
- Seitenkollisionen,
- Heckanstoß,
- Fahrzeugüberschlag.

141 Wesentliche Faktoren, welche die möglichen Verletzungen und das Verletzungsrisiko der Insassen bestimmen, sind außer dem Kollisionstyp und dem Kontaktbereich zunächst die Kollisionsgeschwindigkeit und die Geschwindigkeitsänderung Delta-v (Δv)

nach Richtung und Betrag, sowie die Auslaufbewegung des Fahrzeugs (Rotationen, Überschläge).

Die fahrzeugspezifischen (technischen) Einflussgrößen sind das Deformationsverhalten der betroffenen Fahrzeugstrukturen (Knautschzone, Steifigkeit) und damit der Verlauf der Verzögerungskurve sowohl des betrachteten Fahrzeugs wie die des Gegners, die Fahrzeuggeometrie zB bezüglich Lage und Typ der Längsträger, die Steifigkeit der Fahrgastzelle und damit ggf die Einschränkungen der Fahrgastzelle durch Intrusion, die „Vulnerabilität" der Strukturen im Innenraum (Lenkrad, Lenksäule, Pedalerie), die Funktionalität des Sicherheitsgurtes und der Airbags, Sitzstellung, Insassen-Insassen-Interaktionen, mitgeführte Gegenstände oder Ladung [11], [13]. Hinzu kommen die individuellen Eigenschaften des Insassen: Alter, Geschlecht, Körpergröße, Körpergewicht, Sitzposition und Körperhaltung.

1. Frontalkollision

Wie aus verschiedenen Studien und Quellen einhergeht, stellt die Frontalkollision diejenige Kollisionsart dar, welche am häufigsten auftritt. Im Mittel bewegt sich der Anteil der Frontalkollisionen zwischen 5 % und 6 %. Nach *Foret-Bruno* et al (1994) sind Frontalkollisionen für 7 % der schwer verletzten, angeschnallten Insassen verantwortlich und insgesamt sind 4 % der Todesfälle bei Verkehrsunfällen auf Frontalkollisionen zurückzuführen [8], [9], [10], [11]. Bei einer Frontalkollision trifft ein Fahrzeug mit der Fahrzeugfront entweder auf ein feststehendes oder auf ein sich bewegendes Hindernis.

Kollisionswinkel	–30°	0°	30°	+/–60°
Anteil	13 %	70 %	13 %	4 %

Abb. 58: Kollisionswinkel bei Frontalkollisionen [12]

a) Insassenkinematik

Unter dem Begriff Insassenkinematik versteht man die Bewegung eines Insassen während einer Kollision. Verletzungsmechanisch kommen dabei vier Fälle in Betracht:

- ohne Sicherheitsgurt, ohne (ausgelösten) Airbag,
- mit Sicherheitsgurt, ohne (ausgelösten) Airbag,
- ohne Sicherheitsgurt, mit Airbag,
- mit Sicherheitsgurt und Airbag.

Bei Frontalkollisionen beginnt die Kinematik für Insassen in angeschnalltem Zustand um Bruchteile einer Sekunde nach Beginn der Verzögerung des Fahrzeugs durch den Stoß. Abb. 59 stellt eine Frontalkollision eines Ford Probe mit einer Kollisionsgeschwindigkeit von 45 km/h dar. Aufgrund der Massenträgheit bewegt sich der Insasse entgegengesetzt des einwirkenden Stoßantriebs[26] nach vorne in Richtung Lenkrad beziehungsweise ein Beifahrer in Richtung Armaturenbrett. Diese Vorwärtsbewegung wird vom Oberkörper des Insassen so lange vollführt, bis sowohl die Gurtelastizität als auch die Gurtlose überwunden sind (Abb. 59, Teilbild 3). Der Oberkörper des Insassen ist nun durch den Sicherheitsgurt mit der Fahrgastzelle verbunden und nimmt dann an der Verzögerung des Fahrzeugs teil, er wird also durch den Sicherheitsgurt zurückgehalten und auf Fahrzeugniveau abgebremst (s. auch Abb. 3 b). Der Kopf des Insassen bewegt sich weiter nach vorne (Abb. 59, Teilbild 4), so dass es zu einer Relativbewegung zwischen Oberkörper und Kopf kommt.

146 Handelt es sich um eine leichtere Frontalkollision, so ist ein Kopfkontakt des angegurteten Insassen mit dem Lenkrad beziehungsweise dem Armaturenbrett eher unwahrscheinlich, auch wenn der Airbag, soweit überhaupt vorhanden, nicht ausgelöst hat. Der Kopf kann also innerhalb seines physiologischen Bewegungsrahmens nach vorne auspendeln. Anschießend, im Verlauf der sogenannten Reboundphase fällt der Insasse wieder in seine ursprüngliche Sitzposition zurück.

147 Bei schwereren Frontalkollisionen ist ein Kopfkontakt des Insassen mit dem Lenkrad beziehungsweise dem Armaturenbrett möglich, sofern kein Frontairbag vorhanden ist. Der Kopf wird stoßartig auf die (noch) vorhandene Fahrzeuggeschwindigkeit verzögert. Dadurch können die Belastungswerte auf den Kopf und die Halswirbelsäule stark ansteigen. Befindet sich ein ausgelöster Frontairbag im Fahrzeug, so wird der Kopf abgefangen und auf längerem Weg verzögert. In der hier gezeigten Frontalkollision kommt es bei einer Kollisionsgeschwindigkeit von 45 km/h gegen einen Betonpfeiler zum deutlich sichtbaren Kopfkontakt des Insassen mit dem Lenkrad. Dabei ist zu beachten, dass der Insasse als Testfahrer mit einem Sturzhelm und einem Vierpunktgurt gesichert war, der Airbag war abgeschaltet.

---

26 Der Stoßantrieb ist der durch den Kollisionsstoß auf das Fahrzeug übertragene Impuls und damit die stoßbedingte Änderung des Impulses des Fahrzeugs. Der Impuls eines Fahrzeugs ist die sog. Bewegungsgröße (Wucht) gegeben durch das Produkt aus Masse und Geschwindigkeit ($I = m \times v$ mit der Dimension kg × m/s). Der Stoßantrieb ist das Zeitintegral der auf das Fahrzeug während des Stoßes wirkenden Kraft ($\int F dt$). Der Stoßantrieb ist, wie der Impuls selbst, eine gerichtete Größe. Er bestimmt nicht nur die Änderung der Geschwindigkeit sondern auch die Änderung der Bewegungsrichtung des Fahrzeugs.

C. Verletzungsmechanische Fragestellungen bei Straßenverkehrsunfällen 2

Abb. 59: Insassenkinematik eines angeschnallten Insassen bei einer Frontalkollision mit 45 km/h

Die Fahrzeugintrusion wirkt sich biomechanisch noch nicht relevant aus, da die Fahrgastzelle noch weitgehend intakt bleibt. Als weiteres Beispiel zur Insassenkinematik für angeschnallte Insassen ist in Abb. 60 die Bildfolge einer Hochgeschwindigkeitsfrontalkollision wiedergegeben. Ein vergleichbares Fahrzeug vom Typ Mazda ist mit 80 km/h rechts überdeckend auf einen Baum aufgeprallt. Aufgrund der schweren Kollision war innerhalb von 20 Millisekunden die Fahrgastzelle schon so tief intrudiert, dass es zu der oben charakterisierten Bewegung des Insassen, hier einer Testpuppe, gar nicht mehr kam. Der Insasse prallt mit der ihm entgegenkommenden Fahrzeugstruktur zusammen, tödliche Verletzungen sind zu erwarten [1], [3], [10], [14], [15].

2 § 3 Grundlagen der forensischen Biomechanik

Abb. 60: Insassenkinematik eines angeschnallten Insassen bei einer Frontalkollision mit 90 km/h

149 Nichtangegurtete Insassen haben keine feste Verbindung zum Sitz bzw zum Fahrzeug. Daraus resultiert bei einsetzender Fahrzeugverzögerung zunächst massenträge eine Bewegung entgegengesetzt zum Stoßantrieb.

Abb. 61: Insassenkinematik eines nicht angeschnallten Beifahrers [10]

150 Insassen auf den vorderen Sitzen bewegen sich, wie in Abb. 61 skizziert, zunächst aus dem Sitz heraus und stoßen mit den Knien am Armaturenbrett an. Im Gegensatz zum angeschnallten Insassen vollführt also der gesamte Körper die Bewegung nach vorne. Im weiteren Verlauf hebt der Insasse mit dem Gesäß vom Sitz ab. Die Knie verbleiben wie eine Art „Haken" am Armaturenbrett während sich der Insasse mit dem Oberkörper weiter nach vorne bewegt. Der Fahrer eines Fahrzeugs erleidet auf jeden Fall nun einen Stoßkontakt des Oberkörpers mit dem Lenkrad. Der Kopf bewegt sich weiter nach vorne, dabei kommt es zum Anprall des Kopfs an die Windschutzscheibe, den Windschutzscheibenrahmen oder die A-Säule. **Ist die Schwere der Frontalkollision ausreichend hoch, kann der Insasse beim Kopfanprall die Windschutzscheibe zerstören und dann durch diese aus dem Fahrzeug geschleudert werden.** Wird die Windschutzscheibe durch den Kopfkontakt nicht zerstört, so wird der Körper auf Fahrzeugniveau verzögert und die Reboundphase setzt ein, der Insasse fällt zurück. Dabei wird die ursprüngliche Sitzposition nicht mehr erreicht. Es kommt lediglich zu einer nach hinten gerichteten Bewegung von Kopf und Rumpf.

Befindet sich ein nicht angegurteter Insasse während der Kollision im Fond des Fahrzeugs, so wird er, falls er sich auf der mittleren Sitzposition befindet, in den vorderen Bereich des Fahrzeugs geschleudert und es kommt dort zum Kopfkontakt mit dem Armaturenbrett oder mit der Windschutzscheibe. Insassen, die sich auf den beiden äußeren Sitzpositionen befinden, stellen eine Gefährdung für die vorderen Insassen dar, da sie sich infolge der Kollision nach vorne bewegen, gegen den vorderen Sitz stoßen und diesen dann, je nach Gewalt des Aufpralls, zusammendrücken können. Das kann zu Verletzungen der vorderen Insassen führen [10].

Des Weiteren ist zu beachten, dass ein Airbag allein einen nicht angeschnallten Insassen nicht zuverlässig schützt und das Verletzungsrisiko wird, wenn überhaupt, nur geringfügig gesenkt. Im Gegenteil ist es sogar möglich, dass der Insasse aufgrund der Tatsache, dass er sich in keiner korrekten Sitzposition, also in einer Out-of-Position-Haltung gegenüber dem Airbag befindet, Verletzungen durch den Airbag erleidet, da er sich im Gegensatz zum angeschnallten Insassen schneller, auch wegen seiner Relativbewegung, auf den Airbag hinzubewegt und so schon bei der Explosion des Airbags Verletzungen davontragen kann [16].

b) Verletzungen und Verletzungsmechanismen bei Frontalkollisionen

Im Folgenden werden die möglichen Verletzungen, die sich Insassen bei einer Frontalkollision zuziehen können, sowie die dazugehörenden Verletzungsmechanismen betrachtet. Hierbei wird in der Reihenfolge auf die Verletzungen eingegangen, wie sie während der Bewegung der Insassen auftreten würden und es wird zwischen Verletzungen und Verletzungsmechanismen für angeschnallte Insassen und nicht angeschnallte Insassen unterschieden.

Solange die Fahrgastzelle intakt bleibt und der Raum für die Insassen nicht wesentlich eingeschränkt wird, werden bei angegurteten Insassen keine schweren, insbesondere keine lebensgefährlichen Verletzungen erwartet. Das größte Verletzungspotential liegt dabei in der nach vorne gerichteten Bewegung von Oberkörper und Kopf. Aus der Relativbewegung zwischen dem gurt-fixierten Oberkörper und dem Kopf resultiert bei hinreichender Schwere des Unfalles eine Hyperflexion, dh eine nach vorne gerichtete Überstreckung der Halswirbelsäule (Abb. 62). Die für die Beschleunigungsverletzungen der Halswirbelsäule geltende Erträglichkeitsgrenze Δv wird mit ca. 20 km/h angesetzt, bedarf aber einer individuellen, sachverständigen Beurteilung [2], [3], [4], [17], [18].

Bei fehlendem Airbag kann es trotz Gurt zu einem Kopfkontakt des Fahrers mit dem Lenkrad kommen. Nach einer Studie von [6] erleiden ca. 50 % der angeschnallten Fahrer Verletzungen durch das Lenkrad. Dabei beobachten wir Prellungen, Schürfwunden, Blutergüsse, kleinere Fleischwunden und Nasenbeinbrüche. Mit zunehmender anstoßbedingter Geschwindigkeitsänderung Δv nehmen auch die Verletzungen von Kopf und Halswirbelsäule zu.

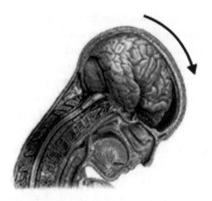

Abb. 62: Hyperflexion [3]

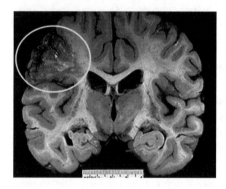

Abb. 63: Hirnblutung [44]

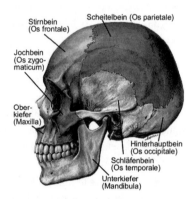

Abb. 64: Der knöcherne Schädel [43]

156 Verletzungen des Kopfes werden in verschiedene Kategorien unterteilt: Zum einen gibt es die Verletzungen des knöchernen Schädels (Abb. 64), darunter fällt sowohl der Hirnschädel als auch der Gesichtsschädel, also insgesamt gesehen Schädelfrakturen. Zum anderen gibt es die intrakraniellen Verletzungen, das heißt Verletzungen innerhalb des Schädels. Das sind zum einen Verletzungen von Gefäßen in der Schädelhöhle, zum anderen Verletzungen des Gehirns selbst sowie der in der Schädelhöhle laufende Nervenbahnen. Die lebensbedrohlichere Verletzungsart ist die intrakranielle, da sogenannte Hirnblutungen (Abb. 63) und Verletzungen des Gehirns zum Exitus führen können. Außerdem können Verletzungen am Gehirn Langzeitfolgen mit sich bringen, angefangen bei regelmäßig auftretenden chronischen Kopfschmerzen, Gedächtnisverlust bis hin zu Lähmungen oder bleibender geistiger Behinderung. Beispiele für Kopfverletzungen sind das in Abb. 76 beschriebene Schädel-Hirn-Trauma, ebenso wie die im Anhang dargestellten Verletzungen mit Schweregrad AIS 3+ [8], [9].

# C. Verletzungsmechanische Fragestellungen bei Straßenverkehrsunfällen

Ab einer anstoßbedingten Geschwindigkeitsänderung von Δv von 20 bis 30 km/h (abhängig auch von anderen Faktoren: Stoßbeschleunigung, Ruck u.a.) wird bei Frontalkollisionen der Frontairbag gezündet. Airbags verhindern schwere Kopfverletzungen und Verletzungen im Bereich des Brustkorbes, da Kopf und Brustkorb vom Airbag abgefangen und somit auf einem längeren Weg, sozusagen **weich**, verzögert werden.

Als sogenannte Airbagverletzungen werden jedoch bisweilen Verletzungen im Bereich der Unterarme beobachtet, da bei der explosionsartigen Entfaltung des Airbags leichte Verbrennungen, sowie Prellungen und Schürfwunden an den Unterarmen entstehen können. Verglichen mit einer schweren Kopfverletzung sind diese Verletzungen vom Schweregrad AIS 1 jedoch hinzunehmen

Vergleicht man die Situation mit und ohne Frontairbag, so ist nach der Tabelle in Abb. 65, die sich auf eine in [12] durchgeführte Studie zum Nutzen von Airbags mit insgesamt 6955 Insassen bezieht, festzuhalten, dass angeschnallte Insassen bei einer Frontalkollision in Fahrzeugen mit Airbags einem geringeren Risiko ausgesetzt sind mit einem Schweregrad von mindestens AIS 2+ verletzt zu werden, als Insassen, die eine Frontalkollision in einem Fahrzeug ohne Airbag erleiden [12], [19].

MAIS	kein Airbag	Airbag
	17 %	15 %
1	54 %	61 %
2	18 %	15 %
3	6 %	4 %
4	2 %	2 %
5	2 %	2 %
6	1 %	1 %

Abb. 65: Verletzungsschwere mit und ohne Airbag [12]

Betrachtet man insgesamt die Schwere der Verletzungen, die angegurtete Insassen bei einer Frontalkollision erleiden können, so ist festzuhalten, dass das Risiko eine Verletzung vom Schweregrad MAIS 2+[27] zu erleiden bei einem Δv von 30 km/h immerhin 20 % beträgt. In Abb. 66 sind nach einer Untersuchung von 178 Frontalkollisionen mit 243 Insassen die Verletzungswahrscheinlichkeiten für eine Verletzung vom Schweregrad MAIS 2+ bei gegebenem Δv angeben. Es sollte nicht außer Acht gelassen werden, dass „leichtere" Schädelbrüche, sowie nicht verschobene Gesichtsbrüche nur mit AIS 2 klassifiziert werden [19].

---

27 MAIS = Grad der schwersten Einzelverletzung nach AIS bezogen auf die jeweilige Körperregion.

Δv	MAIS 2+ Risiko
30 km/h	25 %
40 km/h	50 %
65 km/h	75 %

Abb. 66: Verletzungsrisiko angegurteter Frontpassagiere in Abhängigkeit von Δv [19].

161 Bei schweren Unfällen kann auch der Sicherheitsgurt zu Verletzungen führen. An Stellen, an denen der Gurt über den Körper verläuft können sogenannte Gurtmarken gesetzt werden. Dies sind Blutergüsse, Abruckmarken oder Schürfungen im Verlauf des Gurtes. Diese Gurtmarken stellen unter Umständen einen wichtigen Hinweis dar, wenn es um die Frage geht, ob der Gurt zum Unfallzeitpunkt ordnungsgemäß angelegt war oder nicht (Abb. 65, Abb. 66, Abb. 67).

162 Allerdings ist hier Vorsicht geboten: Nicht jede Hautveränderung im Brust- und/oder Beckenbereich darf ohne Betrachtung der Fahrzeugbewegungen als Gurtverletzung angesehen werden. Bei komplexen Abläufen (Überschlag, Herausschleudern) können Verletzungen entstehen, die sich wie Gurtmarken darstellen.

163 **Das Fehlen sogenannter Gurtmarken ist kein Beweis, dass der Gurt nicht angelegt war!** Wie wir in einer umfassenden Studie[28] feststellen konnten, finden sich bei 30 bzw 40 % der schwerverletzten und getöteten angegurteten Fahrer bzw Beifahrer keine gurttypischen Verletzungen.

---

28 *Beier/Schuller/Schwarz/Spann*, Unfälle mit schwerverletzten und getöteten Gurtträgern, in: Schutzwirkung von Sicherheitsgurten, Bd. 1, Gurtunfälle, Forschungsberichte der Bundesanstalt für Straßenwesen, Bereich Unfallforschung, Heft 34 (1980).

C. Verletzungsmechanische Fragestellungen bei Straßenverkehrsunfällen 2

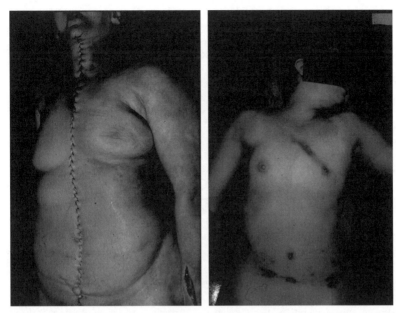

Abb. 67: *Beispiele von sogenannten Gurtmarken. Rechts eine ausgeprägte Gurtmarke bei einer sehr schweren Frontalkollision (Sammlung Beier/Rechtsmedizin München)*

Dies kann auch bei schweren Unfällen beobachtet werden, wenn zB Fahrzeugfrontstrukturen in die Fahrgastzelle eindringen. Der Intrusionsvorgang ist innerhalb von wenigen Millisekunden abgeschlossen, so dass es gar nicht zu einem Aufzehren der Gurtelastizität und der Gurtlose kommen kann und der Insasse infolge dessen mit seinem Oberkörper ungebremst mit dem Lenkrad beziehungsweise dem Armaturenbrett kollidiert (siehe Abb. 60). 164

Die allein durch den Intrusionsvorgang entstehenden Verletzungen und die Verletzungen des Aufpralls sind letal für den Insassen. Die Frage ob der Insasse angegurtet war oder nicht stellt sich hier jedoch meist nicht, da derartige Vorgänge ohnehin meist letal enden und die Gurtfrage in den Hintergrund tritt. 165

Juristisch kann dies aber von besonderer Wichtigkeit sein, da bspw zivilrechtlich die Frage des Angegurtetseins keine Rolle mehr spielt, und Verletzungen mit und ohne Gurt zu einem vergleichbaren Verletzungsmuster geführt hätten. 166

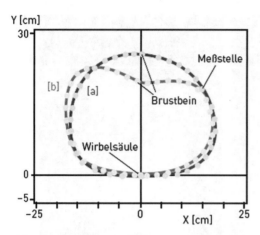

Abb. 68: *Thoraxkontur [16]*

167 Ab einer Kollisionsgeschwindigkeit von ca. 50 km/h sind – abhängig von Konstitution und Alter des Insassen – aufgrund der alleinigen Rückhaltung des Sicherheitsgurtes Rippenfrakturen und Brustbeinfrakturen entlang des Gurtverlaufs möglich. Diese Verletzungen entstehen infolge der lokalen Deformation der Thoraxvorderwand mit Überschreitung der Belastbarkeitsgrenzen der Rippen. Bei einer Kombination von Dreipunktsicherheitsgurt und Airbag werden sowohl die Belastungsspitzen als auch die Deformation des Brustkorbes erheblich reduziert und damit auch das Risiko, Rippenfrakturen und/oder Brustbeinfrakturen zu erleiden.

168 Abb. 68 zeigt die Thoraxkontur und die Deformation des Thorax in Höhe der vierten Rippe eines durch einen Dreipunktgurt mit 4kN Gurtkraftbegrenzung und zusätzlich durch einen Airbag gesicherten Fahrers bei einer Frontalkollision mit einer Kollisionsgeschwindigkeit von 48 km/h. Bei hohen Kollisionsgeschwindigkeiten können auch angegurtete Insassen innere Verletzungen erleiden. Dabei handelt es sich um Organe, die Infolge der Belastung durch den über die Brust oder den Bauch verlaufenden Gurt verletzt werden. Hier spielt oft eine falsche Handhabung des Gurtes eine Rolle: wird der Beckengurt zu hoch geführt, so dass er nicht über die Beckenknochen gespannt wird, schneidet er in den Bauch ein mit der Folge schwerer Organverletzungen [8], [10], [16].

169 Der nicht angegurtete Insasse auf den vorderen Sitzen besitzt bei Frontalanstößen gegenüber dem gurtgeschützten ein ungefähr 10-faches Risiko verletzt zu werden, ein etwa 5-faches, tödliche Verletzungen zu erleiden.[29] Bei der nach vorne gerichteten Bewegung des gesamten Körpers aus dem Sitz heraus, kommt es zuerst zum Kniekontakt mit dem Armaturenbrett, bei welchem sich der Insasse eventuell beidseitige Kontaktverletzungen am Knie zuziehen kann. Fernerhin können Frakturen des Sprungge-

---

29 *Beier/Schuller/Schwarz/Spann*, Unfälle mit schwerverletzten und getöteten Gurtträgern, in: Schutzwirkung von Sicherheitsgurten, Bd. 1, Gurtunfälle, Forschungsberichte der Bundesanstalt für Straßenwesen, Bereich Unfallforschung, Heft 34 (1980).

C. Verletzungsmechanische Fragestellungen bei Straßenverkehrsunfällen 2

lenks und der Füße entstehen, ebenso Frakturen an Schien- und Wadenbein sowie am Oberschenkel. Eingestauchte Oberschenkelknochen können wiederum Hüftgelenksverletzungen generieren. Bei der weiteren Bewegung des Oberkörpers kann es für den Fahrer beim Kontakt mit dem Lenkrad zu Verletzungen des Thorax kommen. Dazu zählt neben Brustbein- und Rippenbrüchen, die Anspießung der Lunge durch gebrochene Rippen. Infolgedessen kann es zu einem Pneumothorax kommen (siehe Abb. 83). Herz- und Lungenprellungen, ein „Zerreißen" des Herzens, Aortenein- und abrisse sowie Risse an den Organen des Oberbauchs sind weitere mögliche Verletzungen.

Im Gegensatz zum Fahrer erleidet der Beifahrer einen Anprall des Oberkörpers mit dem Armaturenbrett. Da dieser flacher als der Stoßkontakt des Fahrers mit dem Lenkrad verläuft, kommt es für den Beifahrer seltener zu den eben beschriebenen schweren Brustkorbverletzungen, allerdings kann ein stumpfes Bauchtrauma mit Leber- und Milzrissen eintreten. Nach der Beaufschlagung des Oberkörpers bewegt sich der Kopf weiter in Richtung Windschutzscheibe oder Windschutzscheibenrahmen beziehungsweise A-Säule, es kommt zum Kopfkontakt mit diesen Strukturen. Hierbei kann es, je nach Schwere der Frontalkollision, zu schwersten Kopfverletzungen, unter anderem vom Schädel-Hirn-Trauma (siehe Abb. 76), bis hin zum Genickbruch und Frakturen an der Halswirbelsäule kommen. Ist die Kollisionsgeschwindigkeit ausreichend hoch, so kann der Insasse beim Stoßkontakt mit der Windschutzscheibe diese durchbrechen und aus dem Fahrzeug herausgeschleudert werden. Dabei zieht er sich, neben den Verletzungen am Schädel und der Halswirbelsäule, Schnittverletzungen am Gesicht und am Körper zu, und weitere Verletzungen folgen beim Aufprall auf die Motorhaube, beziehungsweise einem Aufprall auf ein anderes Objekt, das sich außerhalb der Fahrgastzelle befindet. Fernerhin besteht die Gefahr von Sekundärverletzungen, die in Folge des Überfahrens von dem herausgeschleuderten Insassen durch andere Fahrzeuge auftreten können. Die beim Herausschleudern auftretenden Verletzungen und die Sekundärverletzungen reichen aus, um eine Verletzungsschwere von AIS 6 zu erreichen.

Ein eventuell vorhandener Airbag mindert das Risiko der Insassen, Verletzungen in nicht angeschnalltem Zustand zu erleiden wenn überhaupt um ca. 7 %. Im Gegenteil ist es so, dass die Insassen aufgrund ihrer Massenträgheit und der Tatsache, dass der Oberkörper nicht durch den Schultergurt abgebremst wird, sich weiterhin ungebremst nach vorne bewegen und unter Umständen auf den Airbag prallen während sich dieser explosionsartig entfaltet. Dabei können zusätzliche Verletzungen durch den Airbag generiert werden. Sollte sich der Airbag schon geöffnet haben, so ist mit Rippenfrakturen beidseits in den Axillarlinien zu rechnen. Dies geschieht durch eine Kompression des Thorax in saggitaler Richtung mit Zunahme des Querdurchmessers bis zum Überschreiten der Biegespannungen der Rippen [10], [12], [16]. Nach detaillierter Betrachtung der Verletzungsmechanismen und der daraus folgenden Verletzungen bei Frontalkollisionen mit hoher Geschwindigkeit ist zu erwarten, dass diese für nicht angeschnallte Insassen meist tödlich sind.

2. Seitenkollision

172 Vergleicht man Seitenkollisionen mit Frontalkollisionen, so ist festzustellen, dass die Insassen bei Seitenkollisionen aufgrund des kurzen seitlichen Deformationsweges und ihrer Nähe zu den seitlichen Fahrzeugstrukturen um ein Vielfaches gefährdeter sind. Einen deutlichen Eindruck vermitteln die Zahlen der Unfallforschung Hannover [9] für den Landkreis Hannover für den Zeitraum 1991 bis 1998: Während bei 2215 Frontalkollisionen 22 Personen getötet wurden, welches einer Quote von 1 % entspricht, wurden bei 623 Seitenkollisionen 19 getötet mit einer Quote von 3 %. Im Vergleich zu den Frontalkollisionen war in dem betrachteten Zeitraum und Gebiet bei Seitenkollisionen die Wahrscheinlichkeit, tödlich verletzt zu werden, dreimal so hoch (das Risiko betrug das Dreifache, Abb. 69, Abb. 70). Allerdings muss, wie unten noch erläutert, zwischen dem Risiko des stoßnah, also auf der Seite des Anstoßes sitzenden Insassen, und dem stoßfernen unterschieden werden [11].

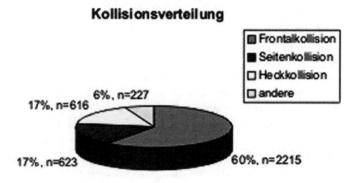

Abb. 69: *Kollisionsverteilung [11]*

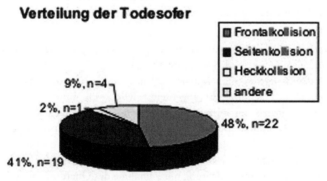

Abb. 70: *Verteilung der Todesopfer [11]*

173 Seitenkollisionen treten entweder in Folge von Fahrzeug-Fahrzeug-Kollisionen auf, das heißt dass eines der beiden Fahrzeuge seitlich beaufschlagt wird, oder wenn ein Fahrzeug seitlich mit einem festen Hindernis, wie zum Beispiel einem Baum, Brü-

C. Verletzungsmechanische Fragestellungen bei Straßenverkehrsunfällen 2

ckenpfeiler oder Masten kollidiert. Situationen, die zur Seitenkollision führen können, sind in typischer Weise Vorfahrtsverstöße an Kreuzungen, aber auch Überholvorgänge, bei denen ein Fahrzeug beim Wiedereinscheren ins Schleudern und infolgedessen auf die Gegenfahrbahn quer zur Fahrbahn gerät und dort von einem entgegenkommenden Fahrzeug getroffen wird (Abb. 71). Bei sog. Alleinunfällen ist Schleudern des Pkws bei zu schnellem Kurvenfahren die Hauptursache, insbesondere bei schwierigen Straßenverhältnissen.

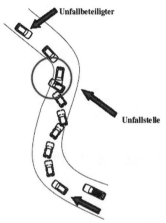

Abb. 71: *Schleudervorgang [20]*   Abb. 72: *Intrusionstiefe [11]*

Für den stoßnahen Insassen bestimmt bei Seitenkollisionen mit Anstoß im Bereich der Insassen primär das Ausmaß des Eindringens der Seitenwand (Intrusionstiefe) das Verletzungsrisiko. Die Intrusionstiefe wird in Zentimeter gemessen und bezeichnet die maximale Eindringtiefe, die das stoßende Objekt am Fahrzeug hervorgerufen hat. Dabei handelt es sich um die bleibende Verformung. Die tatsächliche dynamische Verformung zum Zeitpunkt der größten Eindringung ist stets größer, da in der Regel eine gewisse Rückverformung der Blechteile stattfindet. Die Intrusionstiefe ist abhängig von der Kollisionsgeschwindigkeit bzw der Geschwindigkeitsänderung und der Bauform der Fahrzeuge: Eine im Seitenbereich bzw in den Türen versteifte Fahrgastzelle vermindert die Intrusionstiefe und damit das Verletzungsrisiko der stoßnah sitzenden Insassen. In entgegengesetzter Weise beeinflusst auch die Steifigkeit des Kollisionspartners die Tiefe der Intrusion: Je härter dieser ist und auch je enger der Kontaktbereich, desto tiefer wird die Intrusion ausfallen. So führen vor allem Kollisionen mit Bäumen oder Betonpfeilern meist zu tiefen Intrusionen und Verformungen der Fahrgastzelle. Diese betreffen dann häufig auch den Dachbereich (Abb. 72).

Auch wenn bei gleicher Kollisionsgeschwindigkeit die Intrusionstiefe von Fahrzeug zu Fahrzeug verschieden sein kann, ist sie von der Kollisionsgeschwindigkeit bzw der Geschwindigkeitsänderung abhängig. Maßgeblich ist dabei die senkrecht zur angestoßenen Fahrzeugseitenfläche wirkende Geschwindigkeitsänderung Δv_q. Diese kann aus der anstoßbedingten Geschwindigkeitsänderung Δv unter Verwendung des Kollisionswinkels $α_k$ abgeschätzt werden (Abb. 73). Der von Δv und $Δv_q$ eingeschlossene Winkel α, lässt sich aus dem Kollisionswinkel $α_k$ bestimmen, im Anschluss erhält man $Δv_q$ durch Anwendung der trigonometrischen Formeln zu $Δv_q$ = cosα × Δv. Bei Seitenkollisionen, die unter einem Kollisionswinkel von 90° verlaufen, gilt Δv = $Δv_q$. [4], [21]

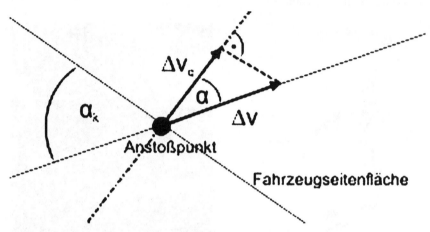

Abb. 73: *Queraxiale Geschwindigkeitsänderung $Δv_q$ [4]*

176 Seitenairbags und Kopfairbags müssen sich im Vergleich zu Frontairbags aufgrund des geringeren seitlichen Deformationsweges schneller entfalten, damit die Insassen vom Schutz des Airbags profitieren und keinen direkten Kontakt mit der Fahrgastzelle erleiden. Die Kopfairbags oder auch Windowbags sind für Seitenkollisionen entwickelte Airbags, die sich im Kollisionsfall zwischen der A-Säule und der C-Säule entfalten. Im Falle dessen, dass es sich um eine schwere Seitenkollision bei hoher Geschwindigkeit handelt, ist es dennoch möglich, dass die intrudierenden Teile der Fahrgastzelle den Insassen trotz Seitenairbag verletzen.

177 Bei Hochgeschwindigkeitsseitenkollisionen tritt unter Umständen eine tiefe Intrusion der Fahrgastzelle ein, bevor die Seitenairbags ihre schützende Wirkung für die Insassen entfalten können. In diesem Fall ist meist mit letal verlaufenden Verletzungen der Insassen zu rechnen [4], [24].

a) Insassenkinematik bei der Seitenkollision

178 Bei der Beschreibung der Insassenkinematik bei Seitenkollisionen ist grundsätzlich zwischen dem Insassen auf der stoßnahen und dem auf der stoßfernen Seite zu unterscheiden. Angeschnallte Insassen bewegen sich zwar in beiden Fällen aufgrund ihrer Massenträgheit relativ zum Fahrzeug in entgegengesetzter Richtung zum einwirkenden Stoßantrieb, doch ist das Verletzungsrisiko grundverschieden.

C. Verletzungsmechanische Fragestellungen bei Straßenverkehrsunfällen 2

Ein sich auf der **stoßnahen** Seite befindlicher Insasse bewegt sich mit Rumpf und Kopf in Richtung Seitenfenster beziehungsweise in Richtung B-Säule (Abb. 74). Dabei kommt es zu einer Relativbewegung zwischen Rumpf und Kopf, da der Rumpf durch den Dreipunktgurt und die Seitenführungskräfte der Rückenlehne oder aber auch durch die Fahrgastkabine gehalten wird, während der Kopf weiter zur Seite hin auspendeln kann. Bei harmloseren Seitenkollisionen kommt es hierbei zu keinem Kopfkontakt mit der Fahrgastzelle, das heißt der Kopf kann frei auspendeln, wohingegen bei schwereren Seitenkollisionen ein Kopfkontakt möglich ist.

Das Hauptrisiko stellt für die stoßnahen Insassen die oben beschriebene Intrusion der seitlichen Strukturen der Fahrgastzelle dar, wenn der Anstoß dort erfolgt, wo sich der Insasse befindet. Die technischen Einflussparameter dieses Vorganges sind vorstehend beschrieben. **Es gilt dabei: Je größer die Intrusion desto höher das Verletzungsrisiko, dh Art und Schwere der Verletzungen.**

Abb. 74: Insassenkinematik eines stoßnah sitzenden Insassen bei einer Seitenkollision

Besonders betroffen sind dabei Schulter, Brustkorb, Bauch und Becken. Ist das Fahrzeug mit Seitenairbags und Kopfairbags (spezielle Airbags für den Kopf bei Seitenkollisionen) ausgerüstet, so wird der Insasse bei einer Seitenkollision vor dem Kontakt mit der Fahrgastzelle durch diese abgefangen und das Verletzungsrisiko wird reduziert. Diese Tatsache gilt allerdings nur für den Fall, dass die Fahrgastzelle durch das Stoßobjekt nicht zu tief deformiert wird. Im Falle von Kollisionen mit hoher Geschwindigkeit und mit tiefen Intrusionen kann es zum Kontakt des Insassen mit der Fahrgastzelle kommen, bevor Seitenairbag und Kopfairbag ihre schützende Wirkung entfalten können.

182 Nach dem Stoßkontakt mit der Fahrgastzelle setzt die Reboundphase ein: Der Insasse bewegt sich von der Fahrzeugseite weg, zuerst mit dem Oberkörper, der Kopf folgt wiederum verzögert. Bei der Rückbewegung des Oberkörpers in die Ausgangsposition ist es möglich, dass der Insasse aus dem Schultergurt herausrutscht und sich der Oberkörper nun ungesichert in Richtung Fahrzeugmitte bewegt, möglicherweise bis der Insasse fahrzeugmittig seitlich zum Liegen kommt. Wird der Oberkörper nach wie vor durch den Schultergurt gesichert, so bewegt sich dieser bis die Rückhaltefunktion des Schultergurts vollständig einsetzt und kommt dann zum Stillstand. Wie in Abb. 74 zu erkennen, kommt es bei diesen Vorgängen zu Relativbewegungen des Kopfes gegenüber dem Brustkorb in verschiedenen Richtungen und damit zu Belastungen der Halswirbelsäule, die jedoch unterhalb der Toleranzgrenze für Verletzungen der HWS bleiben, wenn nicht besondere Bedingungen vorliegen.

183 Ein nicht angeschnallter Insasse, der sich während einer Seitenkollision auf der stoßzugewandten Seite befindet, bewegt sich im Fahrzeug und relativ zu diesem ebenfalls in Richtung auf den einwirkenden Stoßantrieb und auf die Seitenwand zu. Da er im Vergleich zum angeschnallten Insassen nicht durch einen Gurt gehalten ist, werden weder Rumpf noch Becken fixiert; der Insasse rutscht mit dem gesamten Körper zur Fahrzeugseite hin. Das bedeutet, es kann neben dem Kopfkontakt zum Rumpfkontakt und auch zu einem Kontakt der Extremitäten mit der Seitenwand kommen.

184 Bei geringen Geschwindigkeiten bzw Geschwindigkeitsänderungen ist trotz eines Kopfanstoßes am Fensterrahmen das Verletzungsrisiko praktisch Null. In Abb. 75 ist ein Test bei niedriger Geschwindigkeit ohne Verletzungsfolgen dargestellt. Bei hohen Geschwindigkeiten kann bei zerstörtem Seitenfenster der Insasse partiell oder auch vollständig komplett beziehungsweise partiell zum Seitenfenster aus dem Fahrzeug herausgeschleudert werden. Dies wird dadurch unterstützt, weil der Anstoß im Moment des Anstoßes das getroffene Fahrzeug in eine Kippbewegung zum Stoß hin versetzt.

185 Ebenso wie der stoßnah sitzende bleibt der **stoßfern** sitzende Insasse aufgrund seiner Massenträgheit gegenüber der stoßinduzierten Bewegung des Fahrzeugs zurück, bewegt sich also relativ zum Fahrzeug entgegen des einwirkenden Stoßantriebs, jedoch im Gegensatz zum stoßnah sitzenden in Richtung Fahrzeuginnenraum, dh vom Fenster weg. Dabei kommt es wiederum zu einer Relativbewegung zwischen Kopf und Rumpf, weil der Rumpf durch den Dreipunktgurt und die Seitenführung der Rückenlehne mehr oder weniger im Sitz gehalten werden kann, während der Kopf eine Bewegungsfreiheit hat, die nur durch die Beweglichkeit der Halswirbelsäule eingeschenkt wird. Der Schultergurt kann aber auch hier nur begrenzt wirken. Es ist möglich, dass der Insasse während der Seitwärtsbewegung mit dem Oberkörper aus dem Schultergurt herausrutscht und dann nur noch über den Beckengurt gesichert ist. Dann fällt der gesamte Oberkörper zur Fahrzeuginnenseite hin. Dabei kann es zu In-

teraktionen mit anderen Fahrzeuginsassen kommen, auch mit Fahrzeugteilen wie der Rückenlehne des benachbarten Sitzes, auch mit dem Armaturenbrett, wenn der Anstoß eine entsprechende Fahrzeugbewegung ausgelöst hat. Rutscht der Insasse nicht aus dem Schultergurt heraus, so bewegt er sich während der Reboundphase wieder in seine Ausgangsposition zurück. Dabei folgt der Kopf mit leichter Verzögerung. So ist es möglich, dass es bei Seitenkollisionen mit ausreichend hohen Kollisionsgeschwindigkeiten, während der Reboundphase zu einem Kopfkontakt des Insassen mit der stoßfernen Seite der Fahrgastzelle kommt.

Ein stoßferner, nicht angeschnallter Insasse bewegt sich wie oben für den angegurteten Insassen beschrieben in gleicher Weise relativ zum Fahrzeug entgegen des Stoßantriebs. In diesem Fall heißt das, zur Mitte der Fahrgastzelle hin. Da weder ein Schultergurt noch ein Beckengurt die Bewegung des Insassen einschränken, bewegt sich dieser mit seinem kompletten Körper in Richtung Fahrzeuginnenraum. Allerdings bewirkt die Reibung auf der Sitzfläche auch hier eine Kippbewegung vom Seitenfenster weg zum Innenraum. Stoßkontakte sind bei harmloseren Seitenkollisionen hier nicht möglich, es sei denn es befinden sich weitere Insassen auf gleicher Höhe mit dem nicht angeschnallten Insassen. Bei schwereren Seitenkollisionen und hohen Intrusionstiefen, nimmt die Wahrscheinlichkeit für einen Stoßkontakt des Körpers mit der beaufschlagten, also gegenüberliegenden Fahrzeugseite zu. Bei äußerst schweren Seitenkollisionen ist es auch möglich, dass der nicht angeschnallte Insasse partiell oder vollständig das Fahrzeug durch die Öffnung des zerstörten Seitenfensters auf der beaufschlagten Seite verlässt [3], [4], [23]. 186

b) Verletzungen und Verletzungsmechanismen bei Seitenkollisionen

Wie vorstehend beschrieben, kommt es bei den Seitenkollisionen darauf an, ob der Insasse auf der Seite des Anstoßes (stoßnah) oder auf der gegenüberliegenden Seite (stoßfern) gesessen hat. Das Verletzungsrisiko des stoßnahen Insassen ist wesentlich höher als des stoßfernen, daher werden im Folgenden vor allem Verletzungsmechanismen und Verletzungen der stoßzugewandten Insassen betrachtet. Bei dem stoßnah sitzenden Insassen muss des Weiteren berücksichtigt werden, ob der Anstoß unmittelbar im Sitzbereich des Insassen erfolgte oder nicht, also zB auf Höhe des Vorder- oder des Hinterrades. Im ersten Fall ist für die Schwere der Verletzungen in erster Linie die Intrusionstiefe verantwortlich. Im zweiten Fall, wo der Insasse nicht unmittelbar von dem Anstoß getroffen wird, ist die Relativgeschwindigkeit zwischen dem Insassen und der Seitenwand maßgebend, also die Relativgeschwindigkeit mit der der Insasse von der Seitenwand getroffen wird. Diese kann sich von der stoßbedingten Geschwindigkeitsänderung Δv wesentlich unterscheiden, wenn infolge des schwerpunktfernen, nichtzentralen Anstoßes eine Rotation des Fahrzeugs um dessen Hochachse eingeleitet wurde. 187

Oben ist beschrieben, wie der Bewegungsablauf ist, der die Halswirbelsäule belastet bzw wie es auch bei der Seitenkollision zu einer Verletzung der Halswirbelsäule kommen kann. Wenn beim stoßnahen Insassen durch die stoßbedingte Beschleunigung des Fahrzeugs der Körper des Insassen im Kontakt mit der Seitenwand (mit oder oh- 188 ne Intrusion beim Insassen) ebenfalls seitlich beschleunigt wird, kommt es zwischen Kopf und Rumpf zu einer Relativbewegung, die zu einer seitlichen Dehnung der Halswirbelsäule führt, bei schwereren Unfällen auch zu einer laterale Hyperextension (seitliche Überdehnung) mit Beschwerden, wie sie beim sog. HWS-Schleudertrauma bekannt sind. **Allerdings liegt die Toleranzgrenze gemessen an der Geschwindigkeitsänderung Δv des Fahrzeugs oder aber auch des Insassen erheblich höher als bei der Heckkollision.**

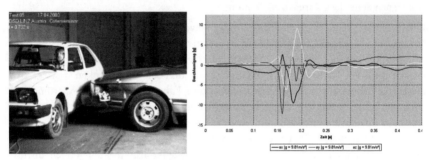

Abb. 75: Experimentelle Seitenkollision: Saab 900 mit 9,2 km/h gegen die Seite von 18,5 km/h schnellem Honda Civic. Kopfanprall am oberen Fensterrahmen/Dachholm: Kopfanprallgeschwindigkeit 4,3 km/h, Kopfanprallbeschleunigung ca. 12 g (~120 m/s²), Stoßkraft auf den Kopf ca. 500 N[30]

189 Bei den stoßnah sitzenden Insassen stößt in der Regel auch bei leichten Kollisionen am Seitenfenster, dessen Rahmen, dem Dachholm oder der B-Säule an (Abb. 75). Ein Zerbersten des Seitenfensters kann zu Schnittverletzungen an Kopf, Gesicht und Hals führen.

	Schweregrad Schädelhirntrauma (SHT)		
Akute Symptome	SHT I	SHT II	SHT III
Bewusstlosigkeit	≤ 30 min	≤ 60 min	> 60 min
Veränderung des Bewusstseinszustands: Verwirrung, Desorientierung	bis zu 1 h	bis zu 24 h	> 24 h
Neurologische Defizite	können sich meist zurückbilden	bilden sich oft zurück	häufig; meist nur teilweise reversibel
Störungen des autonomen Systems	selten	häufig	immer
Gehirn-Ödem	keins	manchmal	meistens

---

30 G. *Beier*, DSD-Osterseminar, Linz, 2001.

C. Verletzungsmechanische Fragestellungen bei Straßenverkehrsunfällen 2

Akute Symptome	Schweregrad Schädelhirntrauma (SHT)		
	SHT I	SHT II	SHT III
Subjektive Beschwerden	meist Rückbildung, bleibende Schäden können auftreten	meist Rückbildung, bleibende Schäden können auftreten	meist bleibende Schäden

Abb. 76: Schweregrad Schädelhirntrauma [25]

Bei schweren Seitenkollisionen ist durch den Kopfanprall mit einem sog. Schädel-Hirn-Trauma zu rechnen. Dies bezeichnet Verletzungen des Gehirns und dessen Versorgung und zwar mit oder ohne Brüche des knöchernen Schädels. Die Verletzungen des Schädels und des Gehirns einschließlich der Blutgefäße sowie der zu- und ableitenden Nerven sind vielfältig und können hier nicht im Einzelnen beschrieben werden. Zu den stumpfen Schädelhirntraumen gehören die Gehirnerschütterung (commotio cerebri) und die Schädelprellung (contusio cerebri). Eine Einteilung nach Dauer der Bewusstlosigkeit zeigt Abb. 76. 190

Mit Ausnahme der Belastung der Halswirbelsäule handelt es sich durchweg um Kontaktverletzungen, auch im weiteren Sinne dort, wo die inneren Organe betroffen sind. Betroffen sind dabei alle Körperteile, die mit der Fahrzeugwand in Kontakt kommen. Beim Anstoß auf der Fahrerseite für die stoßnahen Insassen also die linke Körperseite, beim Anstoß auf der Beifahrerseite für die dort sitzenden Personen die rechte Körperseite. 191

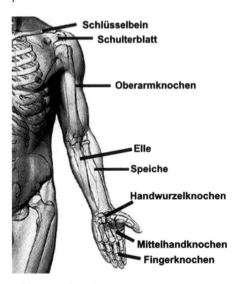

Abb. 77: Obere Extremitäten

Zunächst sind die Arme und die Beine betroffen. Art und Anzahl der Frakturen an den oberen Extremitäten sind vor allem von der Relativgeschwindigkeit, mit der der 192

Arm getroffen wird, abhängig. Bei Kollisionen mit einem Δv ≥ 30 km/h treten bei stoßzugewandten Insassen häufig Frakturen an den oberen Extremitäten auf. Die einzelnen Teile der oberen Extremität sind in Abb. 77 bezeichnet, die unterschiedlichen Verletzungsmechanismen und die daraus resultierenden Verletzungen in Abb. 78 skizziert. So kann es zu Frakturen in Folge einer Überschreitung der Biegespannung im Knochen kommen (Oberarm), zu Stauchungen und Quetschungen.

193 Verletzungen des Oberschenkels und des Hüftgelenkes sind dagegen mit denen des Beckens verbunden. Wie bei der oberen Extremität beschrieben, handelt es sich ebenfalls um Biegeverletzungen des Oberschenkelschaftes oder Stauchung des Schenkelhalses bzw des Schenkelkopfes in die Hüftgelenkspfanne mit Bruch des Schenkelhalses und oder einer Luxationsfraktur des Hüftgelenkes. Die Unterschenkel und Füße bleiben in der Regel unverletzt, solange keine massiven Intrusionen im Fußbereich eintreten.

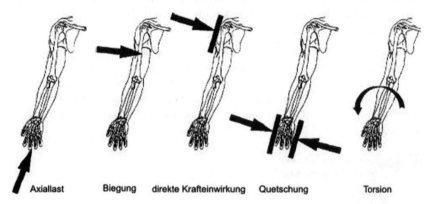

Abb. 78: *Verletzungsmechanismen der oberen Extremitäten* [22]

C. Verletzungsmechanische Fragestellungen bei Straßenverkehrsunfällen 2

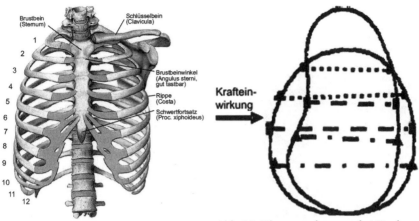

Abb. 79: Knöcherner Thorax [43]

Abb. 80: Thoraxverformung bei Krafteinwirkung von links [26]

Besonders betroffen sind der Brustkorb (Thorax) (Abb. 79), der Bauchraum und das Becken mit den jeweiligen Organen: Herz und Lunge, Leber, Milz und Magen, Dünndarm, Dickdarm und die Geschlechtsorgane. Entscheidend dabei ist die Verformung des Brustkorbes. Abb. 80 zeigt den Thoraxumriss eines auf der linken Fahrzeugseite sitzenden Insassen vor und während der maximalen Verformung durch eine intrudierende Fahrgastzelle. Diese extreme Quetschung des Thorax führt zu den entsprechenden knöchernen und organischen Verletzungen. Beim Überschreiten der Belastungsgrenzen der Rippen und des Brustbeins treten Rippen- und Brustbeinfrakturen auf, deren Anzahl den Verletzungsschweregrad nach AIS bestimmt Abb. 81 [26].

Nach einer Studie in mit 34 Postmortalen Testobjekten (PMTO)[31] besteht ein Zusammenhang zwischen der Kollisionsgeschwindigkeit und der durchschnittlichen Anzahl der erlittenen Rippenfrakturen: Bei 24 km/h sind es 6,5 Rippenfrakturen +/− 6, bei 32 km/h 19 +/− 11.

Anzahl der Rippenfrakturen		Verletzungsschweregrad
einseitig	beidseitig	
1		AIS 1
2–3		AIS 2
>3		AIS 3
	>3	AIS 4

Abb. 81: Verletzungsschweregrad in Abhängigkeit von der Anzahl der Rippenfrakturen [40].

---

[31] Bei den PMTOs handelt es sich um menschliche Leichen, die für wissenschaftliche Zwecke zur Verfügung gestellt wurden.

196 Bei den Rippenfrakturen ist es möglich, dass nach innen spießende Frakturenenden die Lunge verletzen und dabei einen traumatisch bedingten Pneumothorax verursachen[32] (Abb. 83).

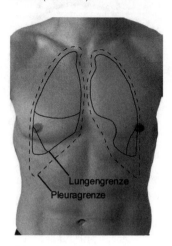

Abb. 82: Projektion von Lungen- und Pleuragrenzen auf die vordere Brustwand [43]

---

[32] Beim Pneumothorax tritt Luft in den Pleuraspalt ein. Der Pleuraspalt bezeichnet den engen Spaltraum in der Brusthöhle zwischen den beiden Blättern der Pleura (Brustfell, Abb. 82). Der im Pleuraspalt herrschende Unterdruck verhindert ein Zusammenfallen der Lunge. Tritt nun in Folge eines Thoraxtraumas, wie zum Beispiel bei einem Verkehrsunfall, ein Anspießen der Lunge durch gebrochene Rippen auf, so tritt Luft in den Pleuraspalt ein. Es erfolgt zwangsläufig ein Druckausgleich und es entsteht ein traumatisch bedingter Pneumothorax. Dieser Vorgang führt, je nach Schwere, zum teilweisen beziehungsweise kompletten Kollaps des betroffenen Lungenflügels. In Folge eines Verkehrsunfalls kann eine lebensgefährliche Komplikation des Pneumothorax, der sogenannte Spannungspneumothorax (Abb. 83, 84) auftreten. Dabei tritt durch einen Ventilmechanismus Luft in den Pleuraspalt ein, die aber nicht wieder ausströmen kann. Die Folge hiervon ist, dass es zu einem zunehmenden Überdruck mit Totalkollaps des betroffenen Lungenflügels mit Komplikationen wie zum Beispiel einer Verhinderung des Blutrückstroms in die großen thorakalen Venen kommen kann. Zusammengefasst bedeutet dies, dass sowohl Lungen- als auch Herz-Kreislauffunktion stark eingeschränkt sind und diese Situation für den verletzten Insassen lebensbedrohlich ist.

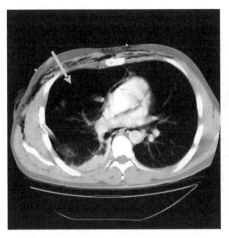 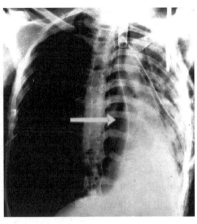

Abb. 83/Abb. 84: *Pneumothorax des rechten Lungenflügels im CT [28] und Spannungspneumothorax [27].*

Weitere Verletzungen der Lunge sind die Lungenkontusion mit und ohne Anspießung, die Lungenruptur (lat. ruptura: Durchbruch, Zerreißung) und der Hämatothorax. Beim Hämatothorax sammelt sich Blut im Brustkorb an. Er tritt häufig in der Kombination mit dem Pneumothorax auf. Bei der Lungenkontusion handelt es sich um eine Prellung der Lunge, bei der das Lungengewebe verletzt wird. Es kommt zu Zerreißungen der Alveolarwände und der Kapillaren. Bei größerer Gewalteinwirkung auf den Thorax kann es auch zur Zerreißung größerer Lungengefäße kommen.[33]

Nach den in 1994–1997 durchgeführten Untersuchungen des Verfassers besteht ein Zusammenhang zwischen dem Auftreten einer Lungenkontusion und der Intrusionstiefe. So werden bis zu einer Intrusionstiefe von 20 cm noch Insassen ohne Lungenkontusion beobachtet. Bei einer Intrusionstiefe von 15 cm bis 32 cm wird eine einseitige Lungenkontusion mit einem Lungen-AIS-Wert von 3 festgestellt und ab einer Intrusionstiefe von 32 cm regelmäßig eine beidseitige Lungenkontusion, die mit einem Lungen-AIS-Wert von 4 eingestuft wird. Verletzungen am Herzen (Herzkontusion, Herzruptur, Herzbeutelruptur) oder der großen Körperschlagader (Aorta) sind in der Regel tödlich. Nach AIS werden sie mit 6 bewertet (tödliche Verletzung, Überleben unwahrscheinlich).

Weitere mögliche innere Verletzungen, die bei Seitenkollisionen entstehen können, sind Verletzungen an Leber, Niere und Milz. Es ist zu beachten, dass meist die stoßzugewandten Organe verletzt werden, da diese von den intrudierenden Fahrzeugteilen beaufschlagt werden [4], [27], [28], [29], [31].

---

33 Ein weiteres Kennzeichen für eine Lungenkontusion ist das interstitielle oder alveoläre Ödem, dh eine Wasseransammlung im Lungengewebe. Durch die Blutungen in den Alveolen und durch das interstitielle und alveoläre Ödem wird das Sauerstoffaustauschvolumen verringert, es kommt zur respiratorischen Insuffizienz (Atemnot).

200 An der Anstoßseite sitzende Insassen, die nicht angegurtet sind, erleiden prinzipiell die gleichen Verletzungen wie angeschnallte Insassen, allerdings schon bei geringeren Kollisionsgeschwindigkeiten. Dies resultiert aus der Tatsache, dass sie bei der Relativbewegung des Körpers zur Seitenwand hin nicht durch den Sicherheitsgurt zurückgehalten werden und infolgedessen schon bei geringeren Geschwindigkeiten mit den seitlichen Fahrzeugstrukturen kollidieren. Auch hebt es sie infolge der seitlichen Kippbewegung des Fahrzeugs aus dem Sitz, so dass Anstöße des Kopfes am oberen Fensterrahmen oder dem Dachholm häufiger sind. Als weiteres Risiko kommt hinzu, dass nicht angeschnallte Insassen aus dem Fahrzeug geschleudert werden können. Dabei können sie sich weitere, durchaus auch schwere Verletzungen zuziehen, etwa beim Aufschlag auf der Straße, beim Stoß gegen ein Hindernis (Straßenschild, Baum, Leitplanke) oder bei einem Sekundärunfall (Überfahren). Diese können ihrer Vielfältigkeit halber hier nicht im Einzelnen beschrieben werden, es muss jedoch für die sachverständige Analyse und Begutachtung darauf hingewiesen werden.

201 Stoßfern sitzende Insassen erleiden bei leichteren Seitenkollisionen generell nur leichtere Verletzungen, vorausgesetzt es befinden sich weder Insassen noch Ladung mit ihnen auf gleicher Höhe. Bei schweren Seitenkollisionen können stoßferne Insassen während der Reboundphase mit dem Kopf an der stoßfernen seitlichen Fahrgastzelle/dem Seitenfenster anstoßen. Dabei können sie, wie die stoßnahem Insassen, allerdings erst bei erheblich schwereren Unfällen Schädelhirntraumen und/oder auch Verletzungen der Halswirbelsäule erleiden.

3. Heckkollision

202 Mit dem Begriff Heckkollision wird der klassische Auffahrunfall (Abb. 85) bezeichnet. Der Unfalluntersuchung Hannover zufolge war die Anzahl von Auffahrunfällen und Seitenkollisionen in etwa gleich groß. Allerdings fordern die Heckkollisionen von allen Kollisionsarten die wenigsten Todesopfer (Abb. 69, [11]).

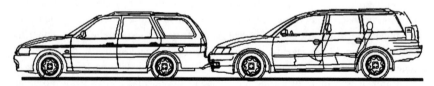

Abb. 85: Heckkollision [2]

a) Insassenkinematik

203 Abb. 86 zeigt den Kollisionsverlauf einer Heckkollision für angeschnallte Insassen, die sich vor Kollisionsbeginn in einer regulären Sitzhaltung befanden. Eine außergewöhnliche, sogenannte OOP-Haltung (Out-of-Position) kann somit ausgeschlossen werden. Bei Kollisionseintritt tritt eine Beschleunigung des Fahrzeugs nach vorne auf, bei der folglich auch der mit dem Fahrzeug fest verbundene Sitz mit nach vorne beschleunigt wird. Der Insasse wird aufgrund seiner Massenträgheit relativ zum Fahrzeug nach hinten bewegt, dh gegen die Rückenlehne gepresst. In einer Studie [32] mit

Postmortalen Testobjekten (PMTO) hat sich gezeigt, dass der Brustwirbelkörper Th1 (der erste Brustwirbelkörper) bei Bewegung des Oberkörpers um ca. 15 cm nach hinten (dh relativ zum Fahrzeug) verschoben wird. In einem Versuch mit einem männlichen 95 % PMTO, das heißt mit einem Menschen, der größer und schwerer ist als 95 % der erwachsenen männlichen Bevölkerung, wurde festgestellt, dass sich dieser Wert verdoppelt. Die Beschleunigung des Fahrzeugs ist die eingeprägte Größe (siehe physikalische Grundlagen), so dass die Belastungen und die Insassenkinematik von Gewicht und Größe der Insassen abhängig ist.

Abb. 86: *Insassenkinematik bei Heckkollision [3]*

Der Anlagerung des Oberkörpers an der Rückenlehne folgt der sogenannte Ramping-Effekt: Der Oberkörper des Insasse richtet sich im Sitz auf. Das Aufrichten tritt in Folge des Andrückens des Insassen an die Rückenlehne. Dabei drückt die Rückenlehne auf die Brustwirbelsäulenkyphose. In Folge dessen wird die Wirbelsäule gezwungen sich aufzurichten, der Insasse streckt sich. Die Brustwirbelsäulenkyphose (Abb. 87) ist die nach hinten gerichtete, konvexe Krümmung der Wirbelsäule. Aufgrund der Tatsache, dass die meisten Rückenlehnen leicht nach hinten geneigt sind, rutschen die Insassen nun nach oben (Ramping).

Der Oberkörper liegt nun eng an der Rückenlehne an und nimmt an der nach vorne gerichteten Bewegung des Sitzes teil. Daraus resultiert eine Relativbewegung zwischen Oberkörper und Kopf, bei welcher sich der Kopf zunächst weiter zurückbleibt. Für den weiteren Bewegungsablauf kommt es auf die Einstellung der Kopfstütze an: Der Kopf bewegt sich relativ zum Körper und zum Fahrzeug so lange nach hinten, bis der Kopf an der Kopfstütze anschlägt. Ist keine Kopfstütze vorhanden oder die Kopfstütze zu tief eingestellt oder die Distanz zwischen Kopfstütze und Kopf in der normalen Sitzhaltung zu groß, so wird die Bewegung des Kopfes gegenüber dem Körper erst beendet, wenn die natürlichen Bewegungsgrenzen erreicht sind. Diese stellen die bewegungseinschränkenden Facettengelenke sowie die Dornfortsätze der Wirbelknochen dar. Insgesamt ist zu konstatieren, dass die vertikale Verlagerung des Oberkörpers mit der Höhe der anstoßbedingten Geschwindigkeitsänderung Δv zunimmt.

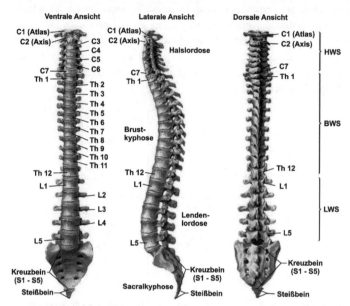

Abb. 87: *Wirbelsäule: Ansicht von vorne, Ansicht von der Seite und Ansicht von hinten [3]*

206 Anschließend an diese Bewegung setzt die Reboundphase ein: Körper und Kopf werden nach vorn geschleudert Der Oberkörper wird nach vorne bewegt bis der Sicherheitsgurt, wenn angelegt, die Bewegung abfängt. Der Kopf kann nun relativ zum Oberkörper weiter nach vorne pendeln, während der Oberkörper fällt in den Sitz zurück fällt und den Kopf in seine Ausgangsposition mitnimmt. Die Reboundphase wird auch als Sekundärbewegung bezeichnet. Diese ist um ein Vielfaches energieärmer als die nach hinten gerichtete Primärbewegung [1], [2], [3], [32], [33], [34].

207 Ohne angelegten Dreipunktsicherheitsgurt sind dem Körper bei einer Heckkollision insgesamt größere Körperbewegungen erlaubt, so ist der Ramping-Effekt gegenüber dem angeschnallten Zustand erhöht. Bei einer ausreichend hohen anstoßbedingten Geschwindigkeitsänderung Δv ist ein Kopfkontakt des Insassen mit dem Dachhimmel möglich. Die nach vorne gerichtete Sekundärbewegung wird jedoch nicht durch den Sicherheitsgurt gestoppt, so dass es zu Stoßkontakten des Kopfes oder des Oberkörpers mit dem Lenkrad bzw mit dem Armaturenbrett kommen kann [32].

b) Verletzungen und Verletzungsmechanismen

208 Die typische und häufigste Verletzung bei Heckkollisionen ist das sog. **HWS-Schleudertrauma** (= Beschleunigungsverletzung der Halswirbelsäule, Distorsion der Halswirbelsäule). Dabei gibt es eine Vielfalt von Beschwerden und Beschwerdebildern,

charakteristische und seltene Beschwerden, von denen sich viele einer objektiven Feststellung durch den Arzt entziehen.

Als Toleranzkriterium für die Entstehung von Verletzungen an der Halswirbelsäule wird die durch den Stoß hervorgerufene Geschwindigkeitsänderung Δv herangezogen (siehe dazu Rn 85 ff „Physikalische Grundlagen"). Ab einer Geschwindigkeitsänderung (Δv) von 13 km/h wird das Auftreten eines (leichten) HWS-Schleudertraumas in der Regel nicht mehr ausgeschlossen. Dieser Toleranzwert beinhaltet alle erdenkbaren Sitzpositionen des Insassen, sowie bestehende leichte degenerative Veränderungen der Halswirbelsäule. Dieser zahlenmäßige Grenzwert ist jedoch nicht unumstritten, ebenso inwieweit das Alter oder altersbedingte Veränderungen an der Wirbelsäule eine Rolle spielen. Eine verletzungsmechanische Beurteilung unter Berücksichtigung weiterer Einflussgrößen, auch technischer Art, ist daher im Streitfalle unumgänglich.

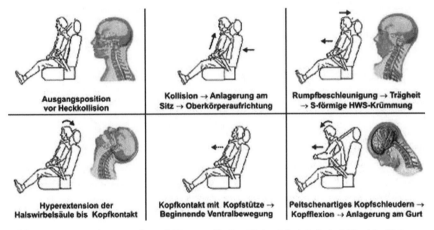

Abb. 88: *Insassenkinematik und Kinematik der Halswirbelsäule bei Heckkollisionen* [3]

Abb. 88 zeigt die Insassenkinematik beim Auffahrunfall, wie vorne beschrieben, jedoch um die Kinematik der Halswirbelsäule ergänzt. Die weitere Abbildung zeigt den Bewegungsablauf und die Kopfbeschleunigungen bei einem experimentellen Heckanprall mit Δv = 7,8 km/h.[34] Durch die Aufrichtung des Oberkörpers bei Anlagerung an die Rückenlehne wird der Kopf nach oben beschleunigt (ca. 60 ms in Abb. 89). Dadurch wirken in dieser ersten Phase Kompressionskräfte auf die Halswirbelsäule. Dies kann zu einer Lockerung der die Halswirbelsäule stabilisierenden Bänder führen, wodurch Scherbewegungen der Wirbelkörper gegeneinander begünstigt werden.

Beim Einsetzen der Relativbewegung zwischen Kopf und Rumpf dadurch, dass der an der Rückenlehne anliegende Köper mitgenommen wird, während der Kopf zurückbleibt, „zerrt" der Kopf an der Halswirbelsäule: Dies bewirkt eine Parallelver-

---

34 McConnell/Howard/Guzman et al., Analysis of human test subject kinematic responses to low velocity rear end impact. SAE SP-975, pp 21–30, SAE 930889, 1993.

schiebung und eine Kippung der Wirbelkörper gegeneinander. Es resultiert eine S-förmige Krümmung der Halswirbelsäule, die im unteren Teil nach hinten gekrümmt ist, im oberen Teil nach vorn.

212 Es ist zu beachten, dass bei dieser nach hinten gerichteten Bewegung der Abstand zwischen Kopf und Kopfstütze eine Rolle spielen kann, denn je größer dieser Abstand, desto weiter kann der Kopf nach hinten auspendeln. Die horizontale Rückwärtsbewegung des Kopfs wird durch den Anprall auf die Kopfstütze gestoppt. Der Anschlag an die Kopfstütze wird, je nach Konstruktion (Abb. 90, Abb. 92), durchaus als Schlag empfunden. Er kann Ursache für vorübergehende Kopfschmerzen sein (Abb. 92). Bei fehlender Kopfstütze kommt es zu einer Hyperextension (Überdehnung) der Halswirbelsäule, bei der die Halswirbelsäule vorn gestreckt und hinten gestaucht wird (Abb. 88). Diese Bewegung wird als wesentliche Ursache für die Distorsion der Halswirbelsäule mit den diversen Beschwerdebildern angesehen. Diese Hyperextension wird noch in gefährlicher Weise verstärkt, wenn die Kopfstütze zu niedrig eingestellt ist, wie in Abb. 89 gezeigt.

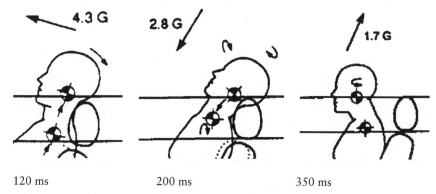

120 ms   200 ms   350 ms

Abb. 89: Kinematik und Beschleunigungen des Kopfes eines Fahrzeuginsassen beim experimentellen Heckanstoß mit $\Delta v = 7$ km/h.[35]

213 In Abb. 89 ist die Kopfstütze nach heutigen Standards zu tief eingestellt. Im der Abbildung unten sind ausgewählte Zeitpunkte dargestellt: Kopfanprall, Zurückfallen in den Sitz, Rebound. Die Richtung der Kraft, welche in den verschiedenen Phasen die Wirbelsäule belastet (außer beim Kopfstützenanprall), ist den Beschleunigungen des Kopfes entgegengesetzt, wobei sich sie Größe der Kraft aus der Beschleunigung (nach Umrechnung in m/s²) und der Masse des Kopfes ergibt. Nach Anlagerung des Kopfs an die Kopfstütze, beziehungsweise nach Erreichen der natürlichen Bewegungsgrenze der Halswirbelsäule setzt bereits die Rückbewegung (Rebound) ein: Der Köper fällt zurück in den Sitz (etwa bei 200 Millisekunden) und es beginnt die Vorwärtsbewegung. Diese wird beim Angegurteten Insassen durch den Sicherheitsgurt gestoppt.

---

35 *McConnell/Howard/Guzman* et al., Analysis of human test subject kinematic responses to low velocity rear end impact. SAE SP-975, pp 21–30, SAE 930889, 1993.

Dabei pendelt der Kopf nach vorn aus. Der dadurch bewirkten Flexion der HWS (Abb. 91) wird im Allgemeinen kein verletzungsmechanisch relevanter Beitrag zum Schleudertrauma angerechnet.

Beschleunigungsverletzungen an der Halswirbelsäule werden nach Erdmann in vier Schweregrade klassifiziert, die in Tabelle (Abb. 93) mit den zugehörigen Verletzungen und Symptomen aufgeführt sind.

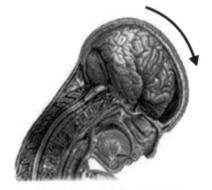

Abb. 90: Hyperextension der HWS [3]   *Abb. 91: Hyperflexion der HWS [3]*

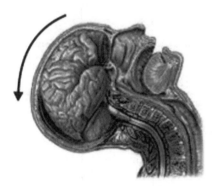

Abb. 92: Verstärkte Hyperextension der HWS aufgrund zu niedrig eingestellter Kopfstütze [3]

	Schweregrad I	Schweregrad II	Schweregrad III	Schweregrad IV (letal)
Annähernd schmerzfreies Intervall	häufig (12–16 h)	seltener (4–8 h)	–	–
Steifer Hals bzw schmerzhafte Bewegungseinschränkung für Kopf und Hals	häufig, meist erst als Sekundärsymptom, Dauer 1–2 Wochen	meist vorhanden, meist als Primärphänomen, seltener nach Intervall	immer vorhanden, Dauer mehr als 2 Monate	
Totale Haltungsinsuffizienz der Kopfhaltemuskulatur	–	fehlt als Sofortphänomen, bisweilen nachträglich	als Sofortphänomen immer vorhanden	
Positive Verletzungsmerkmale im Röntgenbild der HWS: 1. Primäre 2. Sekundäre (nach 3–6 Wochen)	1. – 2. –	1. 2. bisweilen	1. immer 2. immer	1. immer
Darstellung der Merkmale im Röntgenbild	–	kyphotischer Knick, leichte Instabilität	Fraktur, Luxation	Frakturen mit Dislokationen
Neurostatus	keine Ausfälle, evtl Bewegungseinschränkung der HWS	keine Ausfälle, schmerzhafte Bewegungseinschränkung der HWS	sensible und/oder motorische Reiz- und Ausfallerscheinungen	Schädigung vitaler Medulla oblongata Zentren möglich
Morphologie	Distorsion, Dehnung und Zerrung des HWS-Weichteilmantels	wie I, zusätzl. Gelenkkapseleinrisse & Gefäßverletzungen	wie II, zusätzl. Bandruptur, Wirbelkörperfraktur, Luxation	Markkontusion, Markdurchtrennung, Schädigung der Medulla oblongata, bzw des unteren Hirnstamms

	Schweregrad I	Schweregrad II	Schweregrad III	Schweregrad IV (letal)
Bettlägerigkeit	fehlt oft, meist nur 2–3 Tage	meist vorhanden, (ca. 10–14 Tage)	immer vorhanden (4–6 Wochen)	–
Dauer der unfallbedingten Arbeitsunfähigkeit	1–3 Wochen, fehlt gelegentlich ganz	2–4 Wochen	> 6 Wochen	–

Abb. 93: Klassifizierung der HWS-Beschwerden nach Erdmann [1], [22]

Ab Erdmann III ergeben sich immer positive Verletzungsmerkmale im Röntgenbild der Halswirbelsäule, der Patient leidet des Weiteren an einer totalen Haltungsinsuffizienz der Kopfhaltemuskulatur. Zu den positiven Verletzungsmerkmalen im Röntgenbild gehören Frakturen an den Wirbelkörpern sowie Luxationen (Verschiebungen) der Wirbelkörper, die unter anderem aufgrund von Rupturen der die Halswirbelsäule stabilisierenden Bänder entstehen können.

Bei Frakturen an der Halswirbelsäule muss nach Lokalisation und neurologischer Begleitsymptomatik differenziert werden. Frakturen an den dorsal gelegenen Dornfortsätzen treten zum Beispiel infolge der Retroflexion bei ausreichend großer Belastung ein.

Verschiebungen und Frakturen an den zwei obersten Wirbelkörpern (Atlas und Axis), da es hier zu Verletzungen der Medulla oblongata (verlängertes Mark) kommen kann, können zu Lähmungen oder auch zum Tode führen. Da manche Nervenstränge bereits in der Wirbelsäule zwischen den Wirbeln austreten, können bei deren Verschiebung Lähmungen, Kribbeln, Gefühllosigkeit, zB in den Armen und Händen auftreten. **Die Verletzungsmechanismen, welche zu verschiedenen neurologischen und sensiblen Störungen führen sind noch weitgehend unbekannt bzw spekulativ und daher nicht geeignet, hier diskutiert zu werden.**

Bei nicht angeschnallten Insassen kann es durch das beschriebene Ramping, die Aufwärtsbewegung des Körpers entlang der Rückenlehne schweren Unfällen mit hoher Geschwindigkeitsänderung zum Kopfkontakt des Insassen mit der Dachstruktur des Fahrzeugs kommen. Dabei spielt natürlich die Körpergröße des Insassen und die Höhe der Fahrgastzelle eine Rolle. Hierbei können Stauchungsverletzungen an der Wirbelsäule, uU auch Kontaktverletzungen am Kopf unterschiedlichster Schwere, auch mit Gehirnbeteiligung, entstehen. Bei nicht angegurteten Insassen können weitere Verletzungen in der Reboundphase entstehen, wenn der Insasse mit dem Gesicht oder dem Oberkörper auf das Lenkrad oder das Armaturenbrett aufschlägt [1], [2], [3], [15], [32], [33], [34], [35].

Abb. 94: Gute Sitzgeometrie, da keine Krümmung der HWS [46]

Abb. 95: Schlechte Sitzgeometrie, da Krümmung der HWS verstärkt [46]

Abb. 96: System Volvo [36]

219 Bei Heckkollisionen spielen neben dem Dreipunktsicherheitsgurt vor allem Sitz und Kopfstütze in Bezug auf die Insassenkinematik und somit auch auf die Entstehung von Verletzungen an der Halswirbelsäule eine bedeutende Rolle. Im Gegensatz zur Frontalkollision, bei welcher der Dreipunktsicherheitsgurt die Rückhaltevorrichtung für den Insassen darstellt, sind bei einer Heckkollision die Hauptrückhaltevorrichtung für den Insassen der Sitz und die Kopfstütze, wie vorstehend dargestellt. Die **International Insurance Whiplash Prevention Group** hat daher für Autositze Richtlinien entworfen, die bei der Entwicklung eines Sitzes berücksichtigt werden sollten und die bei der verletzungsmechanischen Begutachtung zunehmend zu beachten sein werden. Nach den Vorgaben der IIWPG erfolgt die Bewertung eines Sitzes nach seiner Geometrie und aufgrund dynamischer Tests mit folgenden Vorgaben: Die Sitzgeometrie muss den Schutz des Insassen fördern, dazu gehören die Kopfstützenhöhe und der Abstand zwischen Kopf und Kopfstütze. Die Oberkörperbeschleunigung und die Zeit, bis der Kopf des Insassen an die Kopfstütze anprallt, müssen möglichst gering gehalten werden. Die Bewegung der Halswirbelsäule sollte bei einem Auffahrunfall vermindert werden, so dass Zugkräfte und Scherkräfte am Hals weiter begrenzt werden können. Abb. 94 und Abb. 95 zeigen je ein Beispiel für einen Sitz inklusive Kopfstütze mit guter und schlechter Geometrie. Es ist deutlich zu erkennen, dass die

C. Verletzungsmechanische Fragestellungen bei Straßenverkehrsunfällen 2

S-förmige Krümmung der Halswirbelsäule in Abb. 94 minimal ist, wohingegen sie in Abb. 95 gefördert wird.

Verschiedene Automobilhersteller, wie Volvo, VW und Saab, bieten bereits funktionierende Lösungen zur Energieabsorption bei Heckkollisionen an. Beim System Volvo (Abb. 96) ist die Rückenlehne mit einem Mechanismus an der Sitzfläche befestigt der bewirkt, dass bei einem Auffahrunfall die Rückenlehne durch das Körpergewicht des Insassen nach hinten bewegt wird und abkippt. Damit wird die Beschleunigung des Körpers über die Rückenlehne verringert und somit auch die Relativbewegung von Kopf und Körper. VW verwendet den WipGUARD (Abb. 97), ein System bei dem der gesamte Sitz nach hinten wippt, wobei die Wippbewegung selbst mit Dämpfungselementen abgebremst wird. (Abb. 97), Das System von Saab bewegt durch das Körpergewicht des Insassen über einen Mechanismus die Kopfstütze nach vorne und wirkt so einer Hyperextension der HWS entgegen [36], [37], Abb. 97.

220

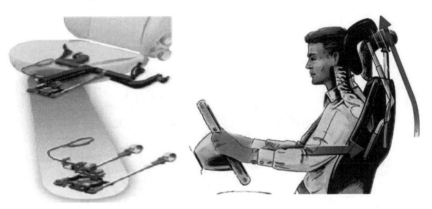

Abb. 97: *WipGUARD VW [36]*   *System Saab [36]*

4. Fahrzeugüberschlag

Die häufigsten verletzungsmechanischen Fragestellungen beim Fahrzeugüberschlag sind aufgrund der besonderen Kinematik, die in vielen Fällen zum Auswerfen der oder des Insassen führt:

221

- Wer war der Fahrer zum Unfallzeitpunkt?
- War der Insasse angegurtet?
    - Wenn nein:
        - Welche Verletzungen wären durch den Sicherheitsgurt vermieden worden?
        - Wäre das Herausschleudern vermieden worden?
- Bei Mehrfachunfällen: Zu welchem Zeitpunkt/bei welchem Ereignis sind welche Verletzungen entstanden?

Der Fahrzeugüberschlag ist, obwohl er eher selten auftritt, eine der gefährlichsten Kollisionsarten, da er häufig zu schweren und tödlichen Verletzungen führt. Daraus

222

resultiert im Vergleich zu den anderen Kollisionsarten eine relativ hohe Todesrate. Nach einer Studie der **NHTSA (National Highway Trafic Safety Administration)** starben im Jahr 2002 in den USA mehr als 10 000 Menschen bei einem Fahrzeugüberschlag. Das war ein Drittel aller tödlich verunglückten Verkehrsunfallopfer bei einem Anteil der Fahrzeugüberschläge von nur 3 %! Diese Zahlen sind nicht ohne weiteres auf die Bundesrepublik zu übertragen, da die Gurtanlegequote in den USA geringer ist als Deutschland, sie weisen aber auf das hohe Risiko hin und ebenso auf die Bedeutung des Sicherheitsgurtes [38], [39].

223 Ein Fahrzeugüberschlag kann entweder über die Fahrzeuglängsachse x_F, also wie eine Rolle (engl. rollover) erfolgen oder über die Fahrzeugquerachse y_F wie bei einem Salto. In Abb. 98 sind die drei Fahrzeugachsen eingetragen. Die zwei verschiedenen Arten des Fahrzeugüberschlags treten mit verschiedenen Häufigkeiten auf. Ein Überschlag über die Fahrzeuglängsachse (Rolle) erfolgt in 97 % aller Fälle, wohingegen ein Fahrzeugüberschlag über die Fahrzeugquerachse (Salto) nur in 3 % aller Fälle auftritt [38].

Abb. 98: *Fahrzeugachsen [3]*

224 Fahrzeugüberschläge können in ihrer Anzahl der Umdrehungen um die Fahrzeuglängsachse herum stark variieren. So ist es möglich, dass ein Fahrzeug aufgrund eines leichteren Fahrzeugüberschlags schon nach einer Viertelumdrehung zum Stillstand kommt, also nur umkippt, andererseits sind aber auch mehrere ganze Umdrehungen aufeinander folgend möglich. Grundsätzlich gilt, je weiter sich ein Fahrzeug überschlägt, desto höher werden die Belastungen, die auf den Insassen wirken.

225 Ein Merkmal bei Fahrzeugüberschlägen ist die hohe Geschwindigkeit zu Beginn des Überschlags. Sie liegt in der Regel zwischen 80 km/h und 100 km/h. Fahrzeugbewegungen, die zu einem Fahrzeugüberschlag führen, sind folgende:

226 Das Hineinfahren in einen Graben oder das Auf- oder Abfahren einer Böschung. Dabei kann das Fahrzeug in eine Schräglage geraten, die zum Kippen und weiter zum Überschlag, auch mehrfachem, führt. Hinzu kommen häufig Unebenheiten des Ge-

ländes, weicher und holperiger Untergrund und Aufstoßen zB der Stoßfänger [38], [40].

Bei Schleudervorgängen wirkt beim Querdriften an den Rädern eine senkrecht auf die Fahrzeuglängsachse einwirkende Kraft $F_{seitlich}$ [7]. Diese kann dazu führen, dass das Fahrzeug über die Fahrzeuglängsachse kippt und sich überschlägt. Dies ist insbesondere der Fall beim Anstoß gegen ein niedriges Hindernis, wie Randsteine oder Leitplanken. Die Ursachen für das Schleudern eines Fahrzeugs können beim Fahrer liegen, etwa bei nicht angepasster Kurvengeschwindigkeit oder beim Übersteuern in kritischen Fahrsituationen (Überholen, Ausweichen). Häufig sind es schwierige Fahrbahnverhältnissen, wie Laub, Nässe oder Eis, auch das Befahren des Banketts, oder technische Ursachen, wie zB geplatzte Reifen.

Auch Seitenkollisionen können bei ausreichend hoher Kollisionsgeschwindigkeit und ungünstigen Hebelverhältnissen Kippen und Überschlagen des seitlich getroffenen Fahrzeugs auslösen. Beobachtet kann das insbesondere bei Geländewagen werden: Ein seitlich von einem Pkw – also relativ tief – angestoßener Off-Roader kippt zunächst auf den stoßenden Pkw zu, um dann zurückzupendeln und durch den stoßinduzierten Querdrift bei hoch gelegenem Schwerpunkt zu kippen und im Extremfall sich zu überschlagen.

Die Höhe des Fahrzeugschwerpunktes ist ein wesentlicher Faktor. Eine hohe Lage des Schwerpunktes führt wegen des erhöhten Abstands zum Untergrund zu hohen Drehmomenten, die den Fahrzeugüberschlag auslösen. Geländewagen gehören aufgrund ihres erhöhten Schwerpunkts zu dieser Risikogruppe. Nach [41] wird in den USA von 1991 bis 2000 ein hoher Anstieg an Fahrzeugen vom Typ Geländewagen, die in einen Überschlag verwickelt waren, beobachtet. Es zeigt sich, wie die der tödlich verlaufenen Unfälle von Geländewagen im Zeitraum von 1991 bis ins Jahr 2000 in den USA zugenommen haben: Von knapp 1000 Unfällen im Jahr 1991 haben sich diese auf 2000 Unfälle im Jahr 2000 verdoppelt [41].

In diesem Zusammenhang muss auch auf einen besonderen Unfallablauf bei Frontal- und Heckkollisionen von großen mit kleinen Fahrzeugen hingewiesen werden: Bei Teilüberdeckung der Fahrzeugfronten bzw der Heckpartien kann es zu einem Hochsteigen des einen Vorderrades des großen bzw hohen Fahrzeugs auf den Kotflügel des kleineren kommen. Dadurch wird das höhere Fahrzeug umgeworfen. Überschläge, bis in Seitenlage oder komplett sind die Folge.

a) Insassenkinematik[36]

Abb. 99, Abb. 100, Abb. 101 und Abb. 102 charakterisieren den Verlauf eines Fahrzeugüberschlags entlang einer Böschung sowie die Insassenkinematik. Die Tatsache, dass es sich hierbei um einen Lkw und nicht um einen Pkw handelt, ist unerheblich, da die Bewegung der Insassen in beiden Fahrzeugtypen grundsätzlich gleich verläuft. In den Abbildungen sind zwei Personen, der angeschnallte Fahrer und der nicht angeschnallte Beifahrer, zu erkennen. In dem dargestellten und im Folgenden beschriebe-

---

36 Vgl auch § 1 Rn 156 ff.

nen Unfallablauf erfolgte der Überschlag über die Beifahrerseite. Der nichtangegurtete Insasse (hier der Beifahrer) befindet sich damit auf der Seite, über die der Überschlag erfolgte, der angegurtete (hier der Fahrer) auf der gegenüberliegenden Seite. Dies ist wesentlich für die nachfolgend beispielhaft beschriebene Kinematik der Insassen. Zur besseren Veranschaulichung werden einzelne Teildrehungen von je 90° betrachtet. Es ergeben sich also vier Phasen, in welche sich eine Überschlagbewegung einteilen lässt. Der angegurtete Insasse (hier der Fahrer) wird währen der ersten Phase (0 bis 90°) durch den Dreipunktgurt gehalten so dass er keine verletzungsmechanisch relevante Bewegung vollführt.

Abb. 99: Insassenkinematik Fahrzeugüberschlag, Phase 1. Im unteren Teil des Bildes ist die jeweilige Lage des Fahrzeugs eingeblendet [51]

232 Im Verlauf der Weiterdrehung von 90° auf 180° (Phase 2, siehe Abb. 100) erfolgt ein Abheben des Gesäßes des angegurteten Insassen (des Fahrers) aus dem Sitz heraus, da er aus dem Polster herausgefedert wird. Hierbei rutscht der Insasse mit einem Teil seines Oberkörpers aus dem Schultergurt heraus und fällt infolgedessen mit dem nun freien Oberkörper in Richtung Fahrzeugmitte. Das Herausrutschen aus dem Schultergurt muss nicht zwingend wie in Abb. 100 auftreten, es ist aber durchaus möglich, da aufgrund der nach unten wirkenden Gewichtskraft F_G des Insassen der Schultergurt während der Rollbewegung des Fahrzeugs von 90° auf 180° nicht seine volle Rückhaltewirkung entfalten kann. Vor Beendigung der 180°-Drehung bewegt sich der Insasse mit dem Oberkörper immer weiter in Richtung Fahrzeugdach. Im Prinzip „hängt" der Insasse kopfüber im Gurt. Die Bewegung in Richtung Fahrzeugdach wird vom gesamten Körper vollführt, auch die frei beweglichen oberen Extremitäten bewegen sich in Richtung Fahrzeugdach. Ein Kopfkontakt des Insassen mit dem Fahrzeugdach ist durchaus möglich: Entweder bewegt sich der Insasse weit aus dem Sitz heraus oder das Fahrzeugdach drückt infolge eines erfolgten Bodenkontakts in die Fahrgastzelle. Ob ein Kopfanprall erfolgt, hängt von verschiedenen Parametern ab, wie der Überschlagsart, Rollgeschwindigkeit, Schwere des Aufschlages und auch der Körpergröße des Insassen.

C. Verletzungsmechanische Fragestellungen bei Straßenverkehrsunfällen 2

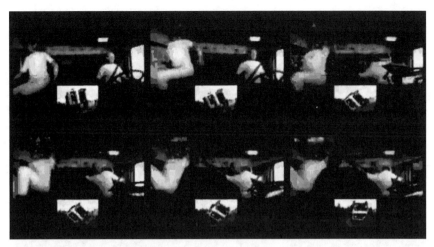

Abb. 100: Insassenkinematik Fahrzeugüberschlag Phase 2 [57]

Die Dachstruktur kann auf verschiedene Art und Weise eingedrückt werden. Je nach Deformation des Fahrzeugdachs und der Sitzposition der Insassen kann es zu verschiedenen Kontakten zwischen Insasse und Fahrzeugdach kommen [57]. 233

Bei der weiteren Drehung auf 270° (Abb. 101) um die Fahrzeuglängsachse bewegt sich der angegurtete Insasse in Richtung Tür und es kommt dort zum Anprall. Der Insasse kollidiert mit der der Fahrgastzelle zugewandten Körperhälfte und schlägt evtl mit dem Kopf entweder an der B-Säule, dem Seitenfenster oder dem Fensterrahmen an. Es ist ebenfalls zu erkennen, dass sich der Insasse mit dem Gesäß immer noch oberhalb der Sitzfläche befindet, aber sich der Oberkörper nun wieder innerhalb des Schultergurts befindet. Lässt man den herumfliegenden, nicht angeschnallten Insassen (hier der Beifahrer) außer Betracht, so würde sich bei der vierten Phase (270°–360°, siehe Abb. 102) der Insasse wieder in seine ursprüngliche Sitzposition zurückbewegen. 234

Bei der verletzungsmechanischen Rekonstruktion und Bewertung der Insassenkinematik angegurteter Fahrzeuginsassen während eines Fahrzeugüberschlags sind die verschiedenen Rückhaltesysteme zu berücksichtigen. Die Insassenbewegungen unterscheiden sich je nachdem, ob es sich lediglich um einen Beckengurt handelt, um einen Dreipunktgurt ohne oder einen solchen mit Gurtstraffer. 235

Die Kinematik eines nicht angegurteten Insassen während eines Fahrzeugüberschlags zeigt sich ferner in den Abbildungen oben an den Bewegungen des unangeschnallten Beifahrers. Der ungesicherte Insasse bewegt sich in unserem Beispiel der Rolle über die Beifahrerseite kurz vor Erreichen der 90°-Lage zu der in Richtung Untergrund gerichteten Fahrzeugseite hin. Es kommt zum Stoßkontakt des Insassen mit der seitlichen Fahrgastzelle. Dabei hat sich der Insasse, aufgrund der Tatsache dass zwischen Gesäß und Sitzfläche keine feste Verbindung befindet, schon von der Sitzfläche (Abb. 99) entfernt. Im weiteren Verlauf (Abb. 100) erfolgt bereits vor Vollendung 236

§ 3 Grundlagen der forensischen Biomechanik

der 180°-Drehung der Kopfanprall an das Fahrzeugdach. Nun fällt der Insasse zu der bei der 270°-Marke direkt über dem Untergrund befindlichen Fahrzeugseite hin: Der Beifahrer aus Abb. 101 wird also quer durch die Fahrgastzelle am Fahrzeugdach entlang geschleudert. Bei der Wiederaufrichtung des Fahrzeugs auf die Räder, bewegt sich der Insasse weiter auf diese Seite zu. Es erfolgt der Aufprall auf die Fahrgastzelle.

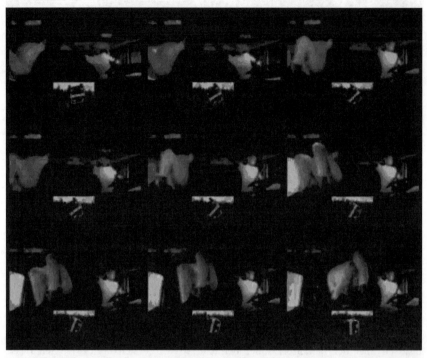

Abb. 101: Insassenkinematik Fahrzeugüberschlag Phase 3 [57]

Abb. 102: Insassenkinematik Fahrzeugüberschlag Phase 4 [57]

237 In Abb. 102 ist durch herumfliegende Glassplitter ersichtlich, dass dabei das Seitenfenster zu Bruch gegangen ist. Der „herumfliegende" Insasse kollidiert mit seinem Sitznachbarn und drückt diesen gegen die Fahrzeugtür und das Seitenfenster. Nicht angeschnallte Insassen stellen also ein hohes Verletzungsrisiko für die Mitfahrenden dar. Nicht angeschnallte Insassen sind während des Überschlags einem wiederholten

C. Verletzungsmechanische Fragestellungen bei Straßenverkehrsunfällen

Wechsel von Beschleunigung und Verzögerung durch Kontakte mit der Fahrzeugstruktur ausgesetzt.

Eine weitere große Gefahr für nicht angeschnallte Insassen stellt das Risiko dar, komplett beziehungsweise partiell aus dem Fahrzeug herausgeschleudert zu werden. Meist erfolgt dieser Vorgang durch eines der Seitenfenster. Die Gefahr aus einem sich überschlagenden Fahrzeug herausgeschleudert zu werden, ist für nicht angeschnallte Insassen besonders hoch. Beim partiellen Herausschleudern werden einzelne Körperpartien aus dem Fahrzeug geschleudert (Abb. 103). Dabei kann es sich zum Beispiel um den Arm handeln, der Insasse kann aber auch mit dem gesamten Oberkörper aus dem Fahrzeug rutschen. Diese Situation ist sehr gefährlich, da der Insasse oder auch nur einzelne Körperteile bei den folgenden Drehungen des Fahrzeugs schwer verletzt werden können. Es kann vorkommen, dass Körperteile nur in gewissen Phasen außerhalb des Fahrzeugs sind und dann wieder in das Fahrzeug zurück fallen. Daran muss stets gedacht werden, wenn die Verletzungen seitenbezogen betrachtet werden. So können gravierende Verletzungen insbesondere des Kopfes und der Extremitäten auch außerhalb des Fahrzeugs entstehen. **Achtung: Diese liegen dann uU „auf der falschen Seite" und können so zu Fehlschlüssen zB hinsichtlich der Sitzposition zum Unfallzeitpunkt führen.**

238

Abb. 103: Partielles Herausschleudern der oberen Extremitäten [45]

Die aus [41] entnommene Abb. 104 aus dem Jahr 2000 vergleicht die bei Fahrzeugüberschlägen tödlich verunglückten Fahrzeuginsassen dahingehend, ob sie zum einen angeschnallt waren oder nicht und zum anderen ob sie (komplett) aus dem Fahrzeug herausgeschleudert wurden oder im Fahrzeug verblieben. Es zeigt, dass knapp 60 % der nicht angeschnallten verstorbenen Insassen komplett aus dem Fahrzeug herausge-

239

schleudert wurden. Das Bild mag jedoch bezüglich des Risikos im Fahrzeug zu bleiben in die Irre führen. Darüber gibt Abb. 105 Auskunft: Während bei den Personen, die herausgeschleudert wurden, mehr als 70 % tödliche Verletzungen erlitten, war dies bei den im Fahrzeug verbliebenen nur bei 40 % der Fall, während 60 % überlebten. Da dies überwiegend bei angegurteten Insassen der Fall ist, zeigen die Diagramme gemeinsam eindrucksvoll die Schutzwirkung des Gurtes auch bei Fahrzeugüberschlägen. Dies ist ein wesentliches Ergebnis für die verletzungsmechanische Bewertung bei diesbezüglichen Fragestellungen.

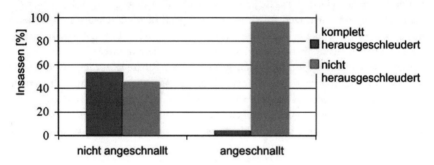

Abb. 104: *Verhältnis von komplett bzw nicht herausgeschleuderten angeschnallten und nicht angeschnallten Getöteten bei Fahrzeugüberschlägen [41]*

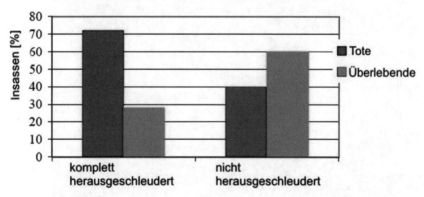

Abb. 105: *Verhältnis komplett aus dem Fahrzeug herausgeschleuderter überlebenden und getöteten Insassen bei Fahrzeugüberschlägen [41]*

b) Verletzungen und Verletzungsmechanismen

Bei der Beurteilung der Insassenbewegungen hinsichtlich der Verletzungen ist zu beachten, dass bei einem Fahrzeugüberschlag das Fahrzeug nicht einfach über den Boden rollt, sondern dass es meterhohe Sprünge vollführen kann, auf dem Boden in verschiedenen Stellungen aufschlägt und dabei harte und buchstäblich schlagartig Richtungsänderungen erfährt (Abb. 106).

C. Verletzungsmechanische Fragestellungen bei Straßenverkehrsunfällen

Abb. 106: Versuch zu einem Überschlag: Das Fahrzeug hebt nach dem Aufsetzen mit der rechten Seite wieder komplett vom Boden ab [5]

Aufgrund der oben dargestellten Kinematik der Insassen und den Ergebnissen von Unfalluntersuchungen und Fallanalysen ergibt sich bezüglich der Verletzungen bei Fahrzeugüberschlägen Folgendes: **Angegurtete Personen erleiden in der Regel keine schweren Verletzungen, solange das Fahrzeugdach nicht einbricht oder andere Intrusionen den Freiraum des Insassen wesentlich einschränken.** 241

Bricht das Dach in entsprechendem Ausmaß ein, so sind Kopfverletzungen, angefangen von Platzwunden bis zu Schädelbrüchen und schweren Gehirnverletzungen möglich. Ist die Höhe in der Fahrgastkabine so weit eingeschränkt, dass auch der angegurtete Insasse, etwa beim Aufschlag des Daches, gegen dieses stößt, so können auch Stauchungsverletzungen der Halswirbelsäule entstehen. Das kann zu Luxationen (Verstauchungen, Verschiebungen) und/oder Brüchen der Halswirbelkörper führen, auch mit Beteiligung des Rückenmarks. Rückenmarksverletzungen führen zu Lähmungen, im Grenzfall zum Tode. 242

Bei Intrusionen mit Aufschlag auf der Seite entsprechen Insassenkinematik, Verletzungsmechanismen und Verletzungen den Gegebenheiten bei der Seitenkollision, auch hinsichtlich der Sitzposition. 243

Ebenso gelten beim Aufschlagen des Fahrzeugs mit dem Heck die bei den Heckkollisionen dargestellten Bewegungen, Verletzungsmechanismen und Verletzungsfolgen. Eine Besonderheit ist dabei, dass der angegurtete aus dem Gurt **nach oben** aus dem Gurt herausrutschen und so zB durch die Öffnung der Heckscheibe aus dem Fahrzeug herausgeschleudert werden kann. Insgesamt liegt das Risiko herausgeschleudert zu werden für Angegurtete jedoch bei wenigen Prozent. 244

Demgegenüber trägt der nicht angegurtete Insassen zunächst ein Risiko von über 50 % beim Fahrzeugüberschlag das Fahrzeug zu verlassen und dabei ein Risiko von über 70 % tödliche Verletzungen zu erleiden. Im Übrigen sind im Verlaufe des Herausschleuderns und dem nachfolgenden Aufschlag außerhalb des Fahrzeugs alle erdenklichen Verletzungsmechanismen und Verletzungen möglich, die im Einzelfall sachverständig zu beurteilen und einzuordnen sind. 245

Das Gleiche gilt für die Verletzungsmechanismen und Verletzungen nicht angegurteter Insassen innerhalb des Fahrzeugs, deren Bewegungen schon im vorigen Kapitel beschrieben wurden. Dabei wurde auch auf das besondere Verletzungsrisiko hingewiesen, wenn der Körper des Insassen das Fahrzeug (vorübergehend) nur teilweise verlässt, sich also zur Öffnung des Seitenfensters „hinauslehnt" und mit diesen Kör- 246 perteilen im Abrollvorgang unter das eigene Fahrzeug gerät: Quetschungen und Abtrennungen der oberen Extremitäten werden dabei ebenso beobachtet wie Brüche der Brust- oder Lendenwirbelsäule mit Querschnittslähmungen.

247 Ein besonderes (jedoch nicht einmaliges) Beispiel zu einem Unfallgeschehen mit Fahrzeugüberschlag zeigen die Abb. 107 und Abb. 108. Ein mit sieben nicht angegurteten Personen besetzter Jeep stürzte im Gebirge einen Hang mehrere hundert Meter hinunter mit mehrfachen Überschlagungen über die Längsachse und einem Salto über die Querachse, einem Anstoß kopfüber mit dem Heck gegen einen Baum bis das Fahrzeug schließlich auf den Rädern durch einen weiteren Baum gestoppt wurde. Von den fünf Personen, die herausgeschleudert worden waren, überlebte einer schwerverletzt, vier (= 80 %) verstarben an der Unfallstelle. Von den zwei im Fahrzeug verbliebenen Personen erlitt einer (= 50 %) tödliche Kopfverletzungen. Der andere konnte sich aus eigener Kraft befreien und bei Dunkelheit und im steilen Gelände Hilfe holen. Er konnte auch noch Angaben über die Sitzverteilung vor dem Unfall machen, die durch eine Rekonstruktion der Fahrzeug- und Insassenbewegungen plausibel gemacht wurden und so der Fahrer festgestellt werden konnte.

Abb. 107: *Absturz eines Jeeps über mehrere hundert Meter. links: Absturzstelle oberer Teil, rechts: Detailausschnitt mit zwei Unfallopfern und dem heckseitig getroffenen Baum*

Abb. 108: *Endstellung des Unfallfahrzeugs*

D. Fallbeispiele

Es werden zwei reale Hochgeschwindigkeitskollisionen rekonstruiert, eine Frontalkollision und eine Heckkollision, bei beiden Kollisionen ist im Hinblick auf die Insassenkinematik und der daraus resultierenden Verletzungen die Fragestellung relevant, ob die Fahrer angeschnallt waren oder nicht [5].

I. Frontalkollision

Bei der Frontalkollision handelt es sich um einen Vorfahrtsverstoß auf einer Landstraße zwischen einem Peugeot 205 CJ (Abb. 110, Abb. 111) und einem Skoda Fabia

(Abb. 112). Der Fahrer des Skoda Fabia nimmt während eines Linksabbiegevorgangs dem Fahrer des Peugeots die Vorfahrt, es kommt zur beinahe vollständig überdeckten Frontalkollision, der Skoda Fabia prallt mit der rechten Frontseide bei einer Kollisionsgeschwindigkeit von ca. 69 km/h auf die linke Frontseite des Peugeot 205 CJ (Abb. 109). Da sich der Fahrer des Peugeots auf der stoßnahen Seite befindet ist er somit einer erhöhten Belastung ausgesetzt.

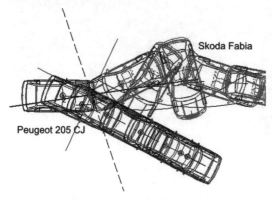

Abb. 109: Stoßkonfiguration

Abb. 110: Peugeot 205 CJ   Abb. 111: Peugeot 205 CJ

250 Er erleidet einen Kopfkontakt mit der Windschutzscheibe und zieht sich infolgedessen eine Fraktur an einem Halswirbel mit Rückenmarksbeteiligung (Abb. 113) zu. Der Sicherheitsgurt des Peugeotfahrers weist keine Benutzungsspuren auf, das Gurtschloss hängt ohne Schmelzspuren sauber an der Führung nach unten. Es deutet also alles darauf hin, dass der Fahrer des Peugeots während der Kollision nicht angeschnallt war. Die Fraktur am Halswirbelkörper stellt keine letale Verletzung dar, der Fahrer überlebt schwer verletzt und ist ab dem Hals abwärts querschnittsgelähmt mit Lähmung sämtlicher Extremitäten.

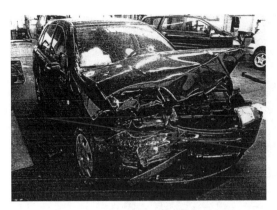

Abb. 112: Skoda Fabia

Betrachtet man die Schadensbilder am Peugeot, so erkennt man, dass das Lenkrad ebenfalls deformiert ist, was auf eine Beaufschlagung des Lenkrads durch den Oberkörper des Insassen hinweist und wiederum ein Indiz dafür ist, dass der Fahrer nicht angeschnallt gewesen sein kann, sondern sich mit dem Oberkörper über das Lenkrad hinaus mit dem Kopf auf die Windschutzscheibe hinzu bewegt hat. Beim Kopfkontakt erfährt der Schädel eine direkte Krafteinwirkung, die auf die Halswirbelsäule übertragen wird und dort die Wirbelfraktur mit Rückenmarksbeteiligung erzeugt.

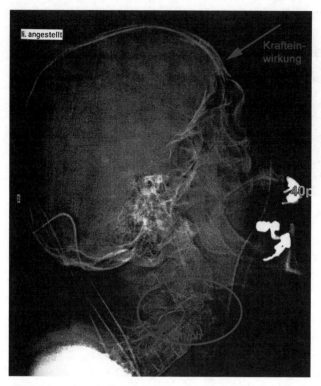

Abb. 113 Halswirbelbruch

252 Zur genauen Überprüfung des Falles wurde diese Kollision im Rahmen eines Crashversuches nachvollzogen (siehe unten).

II. Heckkollision

253 Der zu untersuchende Auffahrunfall, bei welchem ein Fahrzeug vom Typ Mitsubishi Lancer (Abb. 114) auf das Heck eines Skoda Octavias (Abb. 115) auffährt, ereignete sich auf einer Landstraße, während der Skoda Octavia aufgrund der Vorfahrtsregelung beim Linksabbiegen vorschriftsmäßig anhält und wartet, wobei ihm der Mitsubishi Lancer heckseitig mit ca. 95%iger Überdeckung und mit einer Kollisionsgeschwindigkeit von ca. 67 km/h auffährt.

D. Fallbeispiele 2

Abb. 114: Mitsubishi Lancer   Abb. 115: Skoda Octavia

In Folge des Verkehrsunfalls brach sich der Fahrer des Skoda Octavias, als der heckseitig beaufschlagte Unfallteilnehmer, unter anderem das Nasenbein, was die Fragestellung aufwarf, ob dieser angeschnallt gewesen sein kann oder nicht.

Vorgetragen wurde, dass die Nasenbeinfraktur die Folge des Nichtangeschnalltseins ist. Ohne Gurt würde der Insasse beim Rebound bis zum Lenkrad nach vorne kommen, um sich dort die Nasenbeinfraktur zuzuziehen. Mit Gurt würde dieser den Rebound abfangen. Zur genauen Überprüfung des Falles wurde auch diese Kollision im Rahmen eines Crashversuches nachvollzogen (siehe unten).

III. Motivation der Fahrversuche

Es sollen diese beiden Hochgeschwindigkeitskollision in Bezug auf die Frage, ob die jeweiligen Fahrer angeschnallt waren oder nicht, rekonstruiert und untersucht werden. Im Fall des Fahrers des Peugeots CJ 205 ist bereits im Vorab zu erwähnen, dass der Genickbruch ein „klassisches" Anzeichen von einem nicht angeschnallten Frontinsassen darstellt (siehe Abb. 113), weshalb die Kinematik von nicht angeschnallten Insassen bei Frontalkollisionen im Allgemeinen aufgezeigt werden soll.

Bei der nachgestellten Hochgeschwindigkeitskollision wird es sich um eine Frontal-/Seitenkollision handeln, mit dem Ziel die Insassenkinematik angeschnallter und nicht angeschnallter Insassen im Hinblick auf Hochgeschwindigkeitsseitenkollisionen untersuchen zu können.

Im Gegensatz zum Fall des Insassen im Peugeot 205 gibt es im Falle des Insassen im Skoda Octavia keine Anzeichen dafür, ob der Fahrer während des Auffahrunfalls angeschnallt war oder nicht. Es sind bisher auch keine Studien oder Versuche veröffentlicht, die belegen, wie sich der Verletzungsmechanismus einer Nasenbeinfraktur durch eine Heckkollision manifestiert bzw wie dieser erklärt werden kann. Aus diesem Grunde wird der Auffahrunfall zwischen dem Mitsubishi Lancer und dem Skoda Octavia real nachgestellt, um den Verletzungsmechanismus der Nasenbeinfraktur genauer untersuchen zu können.

Da es sich bei beiden Fällen um Kollisionen mit Geschwindigkeiten zwischen 67 km/h und ca. 69 km/h handelt, es sich in Folge dessen um Hochgeschwindigkeitskollisionen handelt, können diese nicht mehr mit lebenden Testpersonen aufgrund der hohen Wahrscheinlichkeit zu erwartender schwerer bis letaler Verletzungen nachgefahren werden.

260 Um Hochgeschwindigkeitskollisionen zu rekonstruieren bedarf es somit entweder äußerst teurer Crashanlagen mit Schlitten, die die Crashfahrzeuge ziehen, oder es werden automatisch gesteuerte Fahrzeuge benötigt. Da es sich bei den hier vorliegenden Kollisionen in beiden Fällen um Kollisionen handelt, bei denen sich nur das stoßende Fahrzeug bewegt und das gestoßene Fahrzeug jeweils im Stillstand befindet, bietet sich die automatische Steuerung der stoßenden Fahrzeuge an.

IV. Fahrzeugkinematik

1. Frontal-/Seitenkollision

261 Anhand der mit den Videokameras aufgezeichneten Sequenzen ist es möglich die Fahrzeugkinematik des BMW und des VW Golf zu studieren. So ergibt sich während der Kollisionsphase folgendes Szenario: Der BMW bewegt sich mit einer Geschwindigkeit von ca. 69 km/h auf den VW Golf zu, so dass er diesen rechtwinklig frontal beaufschlagt, der VW Golf wird dabei von dem BMW auf Höhe der Beifahrertüre getroffen. In der ersten Phase der Kollision taucht der BMW mit der gesamten Front in die Beifahrerseite des Golfs ein, es kommt zu einer tiefen Intrusionsbewegung des BMWs in die Fahrgastzelle des Golfs (Abb. 116). Ursache für dieses tiefe Eindringen ist, dass der Seitenschweller des Golfs nachgibt und der BMW aufgrund dessen nach oben abgelenkt wird. Während des ersten Teils der Kollisionsphase bewegt sich der Golf noch nicht, er steht nach wie vor unverändert in der Ausgangsposition.

262 Aufgrund des kollabierenden Seitenschwellers beim VW Golf und der daraus resultierenden nach oben gerichteten Intrusionsbewegung des BMWs, wird der Golf mit der rechten Fahrzeugseite auf den Boden gedrückt, wohingegen sich die linke Fahrzeugseite nach oben abhebt. Dies ist durch Beobachtung der Radhäuser ersichtlich, des Weiteren gibt es Bremsspuren, die dieses Verhalten bestätigen (Abb. 117).

263 Im zweiten Teil der Kollisionsphase schiebt der BMW den Golf, während er noch tiefer in die Fahrgastzelle intrudiert, vor sich her und erreicht die maximale Intrusionstiefe (Abb. 116, Teilbild 5). Bei Erreichen jener wird in etwa die Vollbremsung des BMWs eingeleitet, der BMW taucht mit der Front wieder aus der Fahrgastzelle des Golfs aus. Wegen der Vollbremsung wird der BMW nun mit der Frontpartie in Richtung Fahrbahnuntergrund gedrückt. Durch den Stoß und die momentane Verzögerung resultiert eine Anhebung der rechten Fahrzeugseite des Golfs. Er wird nun nicht mehr vom BMW angetrieben, sondern rutscht selbständig weiter (Abb. 118).

D. Fallbeispiele 2

Abb. 116: Fahrzeugkinematik BMW 520i rechtwinklig auf VW Golf II

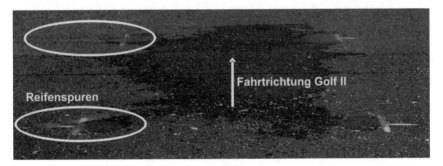

Abb. 117: Reifenspuren VW Golf II Übersicht

Abb. 118: Fahrzeugkinematik BMW 520i rechtwinklig auf VW Golf II

Aufgrund der Tatsache, dass der BMW mit der rechten Seite der Frontpartie am tiefsten in den Golf intrudiert, benötigt die Phase des Austauchens der rechten Frontpartie mehr Zeit, was dazu führt, dass der Golf auf Höhe der Beifahrertüre und der A-Säule eine längere Kontaktzeit mit dem BMW hat. Der Golf erfährt eine Rechtsdrehung um ca. 34° um seine Hochachse bevor er kurz nach dem BMW ebenfalls zum Stillstand kommt (Abb. 119).

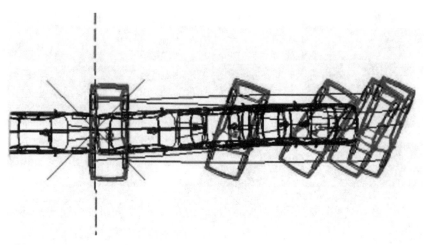

Abb. 119: Kollisionsverlauf

265 Abb. 119 zeigt den Kollisionsverlauf graphisch auf. Insgesamt ist festzuhalten, dass sich der Schwerpunkt des BMWs ($s_{Schwerpunkt\_BMW}$, blaues Fahrzeug) nach erfolgter Kollision insgesamt noch 12,5 m weiter bewegt hat. Der BMW wird auf diesem Weg auf 0 m/s verzögert. Dabei zerfällt der Verzögerungsweg in zwei Teile: $s_{Schwerpunkt\_BMW\_1}$ beträgt 5 m und $s_{Schwerpunkt\_BMW\_2}$ 7,5 m, wobei $s_{Schwerpunkt\_BMW\_1}$ rollend zurückgelegt wird (Leerlauf und keine Betätigung des Gaspedals). Der VW Golf II bewegt sich in Bezug auf seinen Schwerpunkt ($s_{Schwerpunkt\_Golf}$, rotes Fahrzeug) um 12,7 m weiter und vollführt am Ende die beschriebene Rechtsdrehung.

2. Heckkollision

266 Der Mitsubishi Lancer bewegt sich mit der angepeilten Geschwindigkeit von ca. 67 km/h in voll gebremstem Fahrzustand frontal auf das Heck des Skoda Octavias zu. Bei der Beaufschlagung „taucht" die Front des Mitsubishi Lancers mit der gesamten Stoßstangenpartie unter die Stoßstange am Heck des Skoda Octavias und hebt diesen an. Die Frontpartie des Lancers wird also in Richtung Fahrbahn gedrückt, wohingegen die Heckpartie des Lancers nach oben kommt.

267 Beim Octavia ist dieses Verhältnis genau andersherum, die Heckpartie wird bei der Kollision mit dem Mitsubishi Lancer stark angehoben, so dass die Front auf den Fahrbahnuntergrund gedrückt wird (Abb. 120). In beiden Fällen ist diese Bewegung durch die Beobachtung nachvollziehbar.

268 Beim Skoda war es so, dass beide Sitze, die mit Dummies besetzt waren, kollabiert sind, auch das Heck des Skoda wurde verformt und ist in Höhe der C-Säule nach unten weggeknickt.

D. Fallbeispiele 2

Abb. 120: *Fahrzeugkinematik Mitsubishi Lancer, Skoda Octavia*

V. Insassenkinematik

1. Frontal-/Seitenkollision

Zur Auswertung der Insassenkinematik werden OnBoard-Kameras herangezogen. Da es sich sowohl bei den Insassen im BMW als auch im Golf um je eine angeschnallte und eine nicht angeschnallte Puppe handelt, werden die Bewegungen der einzelnen Puppen voneinander getrennt betrachtet. Der nicht angeschnallte Fahrer im BMW bewegt sich zu Beginn der Beaufschlagung massenträge entgegengesetzt des einwirkenden Stoßantrieb nach vorne. Da er durch keinen Sicherheitsgurt gesichert ist, wird diese Vorwärtsbewegung aufgrund der fehlenden festen Verbindung zwischen Gesäß und Sitz vom gesamten Körper vollführt, er rutscht quasi vorwärts im Sitz. In der nächsten Phase tritt aufgrund dieser Vorwärtsbewegung ein Kniekontakt des Insassen mit dem Armaturenbrett (Abb. 121, Bild 3) auf und Knie und untere Extremitäten werden schlagartig auf Fahrzeugniveau verzögert. Der Insasse bewegt sich nun mit dem Oberkörper und dem Gesäß aus dem Sitz heraus, die Knie wirken wie eine Art Haken am Armaturenbrett.

Die Puppe bewegt sich mit dem Oberkörper weiter aus dem Sitz heraus, es erfolgt ein Stoßkontakt zwischen Oberkörper und Lenkrad, wobei der Oberkörper nun, wie zuvor die unteren Extremitäten, auf Fahrzeugniveau verzögert wird. Dadurch resultiert eine Relativbewegung zwischen Oberkörper und Kopf, der ungesicherte Kopf führt die Vorwärtsbewegung weiter aus und bewegt sich in Richtung Windschutzscheibe beziehungsweise Dachhimmel (Abb. 121, Bild 4 bis Bild 6). Es steht außer Frage, dass zum Beispiel auch ein männlicher 50%-Dummy, **in jedem Fall einen Kopfkontakt mit der Windschutzscheibe oder dem Windschutzscheibenrahmen erlitten hätte.** Nachdem die ggf auch fatalen Verletzungen gesetzt sind, folgt die Reboundphase, bei welcher sich der Insasse zuerst mit dem Kopf und dem Oberkörper nach hinten bewegt und dann vom Sitz abgefangen wird, die Knie verbleiben allerdings vorne am Armaturenbrett.

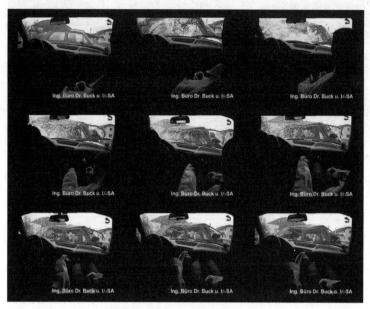

Abb. 121: Insassenkinematik BMW 520i Limousine

271 Der angeschnallte Beifahrer demgegenüber bewegt sich erst kurz nach Einsetzen der Kollision zunächst mit dem Oberkörper und dem Kopf massenträge entgegengesetzt des einwirkenden Stoßantriebs nach vorne. Nach Aufzehren der Gurtlosen und der Gurtelastizität wird der Oberkörper vom Sicherheitsgurt abgefangen und auf Fahrzeugniveau verzögert, es entsteht eine Relativbewegung zwischen dem nicht abgebremsten Kopf und dem abgebremsten Oberkörper, der Kopf pendelt weiter nach vorne. Da die Puppe nur eine Masse von ca. 15 kg besitzt und aufgrund der Tatsache, dass sie mit dem Rücken nicht vollständig an der Rückenlehne anliegt und sich somit während der Kollision in einer Out-of-Position-Haltung befindet, taucht sie unter dem Beckengurt hindurch. **Dieser Effekt wird Submarining genannt.** Dabei pendelt der Kopf vollends frei, also ohne Kopfkontakt nach vorne aus. Aufgrund des Submarinings kommen die unteren Extremitäten der Puppe aus dem Fußraum während der Reboundphase hoch. Dann pendelt Körper zurück, und wird von der Rückenlehne aufgefangen. Diese Bewegungen sind auch auf Dummies übertragbar.

272 Innerhalb von Bruchteilen einer Sekunde (ca. 78/100 s, Abb. 122, Teilbild 3) intrudiert die Fahrgastzelle so weit, dass der angeschnallte Beifahrer, bevor eine aufgrund der Massenträgheit bedingte Bewegung des Oberkörpers entgegengesetzt zum einwirkenden Stoßantrieb erfolgt, mit der Fahrgastzelle kollidiert (Abb. 122).

Abb. 122: *Insassenkinematik VW Golf II bei Intrusion auf der Beifahrerseite*

2. Heckkollision

Es werden ebenfalls OnBoard-Kameras herangezogen, die zur Aufzeichnung der Insassenkinematik in den Skoda Octavia eingebaut werden. Bei der Beaufschlagung des Skoda Octavias durch den Mitsubishi Lancer bewegen sich die Insassen wie beschrieben aufgrund ihrer Massenträgheit entgegengesetzt zum einwirkenden Stoßantrieb nach hinten. Beim Kontakt des Oberkörpers mit der Rückenlehne bricht bei beiden Insassen die Rückenlehne nach hinten in Richtung Rückbank weg. Folglich fehlt die feste Verbindung zwischen Oberkörper und Rückenlehne und die Insassen bewegen sich mit ihrem gesamten Körper, also auch dem Gesäß und den unteren Extremitäten weiter nach hinten, bis eine Anlagerung der Rückenlehne an der Rücksitzbank erfolgt. Dabei ist das Auftreten des beschriebenen Ramping-Effekts erkennbar.

Die Betrachtung der Kinematik des Fahrers ergibt, dass der Oberkörper nun fest an der Rückenlehne anliegt und somit auf Fahrzeugniveau beschleunigt ist, wohingegen der frei bewegliche Kopf aufgrund seiner Massenträgheit weiter nach hinten auspendelt, woraus eine Relativbewegung zwischen Kopf und Oberkörper resultiert. Dadurch, dass die Rückenlehne nach hinten unten wegbricht und sich diese an der Rücksitzbank anlagert, befindet sich die Kopfstütze weiter unten, als sie eingestellt war. Folglich wird der Kopf über eine weite Distanz nach hinten beschleunigt, bevor eine Anlagerung an der Kopfstütze erfolgt oder die bewegungseinschränkenden Facettengelenke sowie die Dornfortsätze der Wirbelknochen diese Bewegung stoppen.

Betrachtet man neben der Kinematik des Kopfs die Kinematik der unteren Extremitäten, so ist zu verzeichnen, dass diese ebenfalls eine nach hinten gerichtete Relativbewegung durchlaufen; die unteren Extremitäten verlassen den Fußraum und es erfolgt eine Beugung der unteren Extremitäten, **sie befinden sich jetzt vor dem Lenkrad.** Nachdem die Trägheit des Kopfs überwunden ist, setzt die Reboundphase ein, der Insasse bewegt sich nach vorne. Dabei erleidet er zunächst einen Stoßkontakt beider Schienbeine mit dem Lenkrad, die sich dort anlagern. Außerdem tritt der Submarining-Effekt auf, das bedeutet der Insasse rutscht aufgrund der fehlenden Rückenlehne unter dem Sicherheitsbeckengurt hindurch, bewegt sich aber trotzdem mit Oberkörper und Kopf weiter nach vorne, bis der Schultergurt den Oberkörper des Insassen abbremst. Nun pendelt der frei bewegliche Kopf des Insassen nach vorne aus, es resultiert wiederum eine Relativbewegung zwischen Kopf und Rumpf.

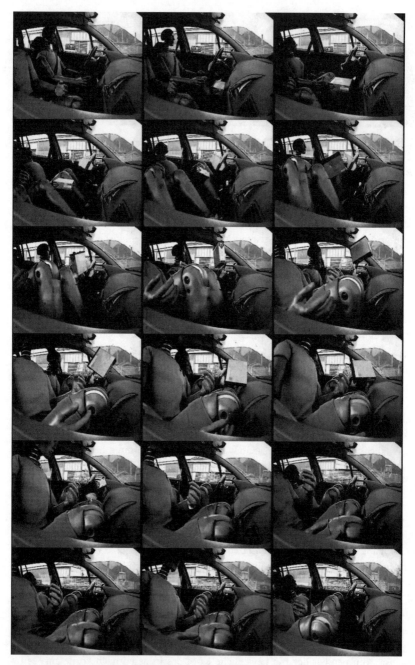

Abb. 123: Insassenkinematik Skoda Octavia

Jetzt bewegt sich der Insasse quasi „klappmesserartig" mit dem Kopf zu den Knien und umgekehrt. Jetzt entsteht beim humanen Insassen die Nasenbeinfraktur (der Dummy kann konstruktionsbedingt nicht weiter zusammenklappen), weil sich die Knie des Insassen beim Rebound mit Gurt vor dem Lenkrad befinden, ansonsten wird der Insasse keine relevanten Verletzungen erleiden. Nach Überwinden der Trägheit des Kopfs bewegt sich der Insasse wieder nach hinten, bis eine Anlagerung des Körpers an der abgebrochenen Rückenlehne erfolgt (Abb. 123).

Wird die Kinematik des Beifahrers betrachtet, so ist festzuhalten, dass eine genaue Auswertung der Kinematik von Oberkörper und Kopf nach dem Wegbrechen der Rückenlehne nicht möglich ist, da die OnBoard-Kamera aufgrund des eingestellten Aufzeichnungswinkels nicht die gesamte Kinematikphase des Beifahrers aufzeichnen konnte. Es ist jedoch zu erkennen, dass sich auch für die unteren Extremitäten, wie beim Fahrer, eine Relativbewegung aus dem Fußraum heraus nach hinten ergibt, welche die Beugung der unteren Extremitäten zur Folge hat. 276

Mit Einsetzen der Reboundphase erfolgt eine nach vorne gerichtete Bewegung des Insassen. Aufgrund dessen, dass es sich um einen nicht angeschnallten Insassen handelt, wird er aus dem demolierten Sitz herauskatapultiert und er hebt förmlich mit dem Gesäß ab und „fliegt" mit gebeugten unteren Extremitäten nach vorne bis ein Stoßkontakt der Knie mit dem Armaturenbrett erfolgt. 277

Da der Rebound von Oberkörper und Kopf senkrecht zur Sitzfläche erfolgt, bewegt sich der Insasse mit diesen Körperteilen schräg in Richtung Dachhimmel. Nach Anlagerung der Knie am Armaturenbrett bewegen sich Kopf und Oberkörper weiter in Richtung Dachhimmel und es tritt ein Stoßkontakt zwischen Kopf und Fahrzeugdach ein, bei welchem die vordere Kopfpartie des Insassen zuerst beaufschlagt wird. Der Oberkörper schiebt nach und es erfolgt eine dorsale Hyperextension der Halswirbelsäule. Der Insasse fällt mit dem Gesäß auf den Sitz zurück, Oberkörper und Kopf bewegen sich wieder nach hinten, der Insasse kippt nach hinten links ab und bleibt dort liegen (Abb. 123). 278

Der nichtangeschnallte Beifahrer würde somit aus biomechanischer Sicht nicht nur geringe Verletzungen ggf auch an der Nasenpartie erleiden, sondern bedeutende, ggf sogar bedrohliche Verletzungen am Schädel bzw an der Wirbelsäule, wenn er beim Rebound gegen das Dach und die Windschutzscheibe trifft. 279

Über den Crashversuch konnte damit dieser Sonderfall geklärt werden. **Nur dann, wenn der Fahrer des Oktavia angeschnallt war, erleidet er außer der Nasenbeinfraktur keine weiteren schwerwiegenderen Verletzungen, wie bspw ein nichtangeschnallter Insasse.**

E. Die spezielle Problematik der Begutachtung von Verkehrsunfällen im Hinblick auf die Verletzungen der Halswirbelsäule (HWS) – Das HWS-Schleudertrauma

I. Allgemeines

280 Die Bedeutung des HWS-Schleudertraumas, der HWS-Distorsion oder der sog. Beschleunigungsverletzung der Halswirbelsäule[37] bei leichten Auffahrunfällen nimmt im Rahmen biomechanischer Begutachtungen immer mehr zu, gleichwohl sie bereits seit Mitte der 90er Jahre gerade für die zivilrechtliche Bearbeitung bedeutend ist.

281 Auch im Hinblick auf geforderte Schmerzensgeldleistungen und damit verbundenem Verdienstausfall werden häufig Verletzungen der HWS geltend gemacht, die nicht selten mit weiteren Verletzungen und Folgebeschwerden einhergehen und mit denen sich die Gerichte gerade zivilrechtlich immer häufiger zu beschäftigen haben.

282 Im Folgenden werden die biomechanischen Toleranzkriterien und die Toleranzgrenzen einzelner Kollisionstypen aufgezeigt (Heckkollision, Frontalkollision, Seitenkollision, Streifkollision) und modellhaft sowohl die relevante Relativbewegung des beaufschlagten Fahrzeuginsassen als auch, soweit möglich, der relevante Verletzungsmechanismus, der der Traumatisierung der HWS zugrunde zu legen ist, erläutert. Die beispielhaften Berechnungen erfolgen auf Grundlage des Simulationsprogramms **PC-Crash**,[38] Lizenz Ing. Büro Prof. Dr. Buck, München.

283 Nachfolgendes dient nicht als Literaturzusammenfassung, sondern vielmehr als „Bedienungsanleitung" zum Verständnis der interdisziplinären biomechanischen Begutachtung auf diesem Teilgebiet. Es wird zudem ein gesondertes Literaturverzeichnis angeführt, um dem juristischen Sachbearbeiter ein schnelles Nachlesen zu ermöglichen.

II. Rechtsgrundlagen

284 Im Vorgriff auf § 4 ist aus Sicht des forensischen Sachverständigen, anzuführen, dass ein biomechanisches Gutachten meist im Rahmen von Zivilprozessen eingeholt wird, um gegebenenfalls den Nachweis der Unfallkausalität einer geltend gemachten Beschwerdesymptomatik oder einer Verletzung zu erbringen. Dabei wird gemäß § 286 ZPO von der Partei, die den Nachweis zu führen hat, der sogenannte Vollbeweis gefordert. In aller Regel wird daher die zwanglose Nachvollziehbarkeit einer Beschwerdesymptomatik so ohne weiteres dazu nicht ausreichen. Wenn jedoch von der jeweiligen Gegnerpartei bereits ein Schmerzensgeld bezahlt worden ist oder auch eine geringe Verletzung als unfallkausal anerkannt worden ist, dann gelten die Regeln der Beweiserhebung gemäß § 287 ZPO; dann muss hier nicht mehr der Vollbeweis geführt werden, dass eine Verletzung vorliegt. Dies basiert insbesondere auf den Ausführungen in der Rechtsprechung des BGH in dessen Urteil vom 28.1.2003.[39] Im Wesentli-

---

37 *Moorahrend*, Die HWS-Beschleunigungsverletzung. Stuttgart 1993.
38 DSD Linz.
39 Az VI ZR 139/02, NZV 2003, 167 ff

chen zusammengefasst ist darin beschrieben, dass dann, **wenn ein Verkehrsunfall interdisziplinär biomechanisch auszuwerten ist,** insbesondere die „individuale Bewertung" des Verletzungen geltend machenden Fahrzeuginsassen in gleicher Weise, wie das „individuale Unfallgeschehen" zu berücksichtigen sind (vgl § 4).

Das heißt nicht, dass prinzipiell ohne biomechanische Auswertung ein Verkehrsunfall allein auf der Grundlage medizinischer Anknüpfungstatsachen ohne echte Objektivierung bewertet werden kann. Vor dem Oberlandesgericht Dresden, Az 1 U 905/04, hatte die zulässige Berufung der Beklagten Erfolg: Das zugrunde liegende Verfahren wurde aufgehoben und an das Landgericht zurückverwiesen. Den Ausführungen in der Urteilsbegründung ist sinngemäß zu entnehmen, dass nicht ausgeschlossen werden könne, dass infolge eines interdisziplinäre Gutachtens auf dem biomechanischen Fachgebiet möglicherweise eine andere Entscheidung des Landgerichts hervorgegangen wäre, wenn dem Beweisantrag der Beklagten zur Einholung eines derartigen Gutachtens stattgegeben worden wäre.

Die Verfasser vertreten die Auffassung, dass unabhängig von dem Einsatz eines biomechanischen Gutachtens im Hinblick auf die Problematik von HWS-Beschwerden nach Verkehrsunfällen immer **der Einzelfall und der Individualfall** zu betrachten sind. Die nachfolgenden Ausführungen sind deshalb auf Grundlage dieser Rechtsbetrachtung nicht als pauschalierend zu sehen, sondern als Überblick über die derzeitigen möglichen Auswertungen derartiger Verkehrsunfälle im Hinblick auf die betrachtete Problematik.

III. Anknüpfungstatsachen: technisch-medizinisch

Für das Erstellen eines verletzungsmechanischen Gutachtens liegen in der Streitakte in der Regel folgende Anknüpfungstatsachen vor:

- Angaben über Unfallzeit, -ort, -beteiligte und deren Fahrzeuge,
- Schadensgutachten/Reparaturrechnung/Fotos der verunfallten Fahrzeuge,
- ärztliche Atteste über die vorgestellten Verletzungen, der eingeleiteten Therapie und ggf der Arbeitsunfähigkeit der/des Verletzten.

Der Gutachtenauftrag lautet dann etwa wie folgt:

Es ist zum Hergang des streitgegenständlichen Verkehrsunfalls sowie zur Unfallkausalität der Verletzungen der Insassen im gestoßenen Fahrzeug ein unfallanalytisches/verletzungsmechanisches Gutachten zu erstellen.

IV. Technisch-physikalische Analyse

Die technische Analyse und vor allem die stoßmechanischen Berechnungen basieren in der Regel (je nach Akteninhalt) vor allem auf der spurenkundlichen Bewertung der Schäden an den beteiligten Fahrzeugen, deren energetisch beaufschlagten Karosseriezonen und der stoßmechanischen Auswertung des Unfallkontakts.

290 Anzumerken ist, dass retrospektiv für eine zivilrechtlich beweissichere Würdigung bei einem realen Stoßgeschehen nur die auf die Fahrzeuge einwirkende anstoßbedingte Geschwindigkeitsänderung berechenbar ist. Dies ist zumindest als Obergrenze explizit auch dann möglich, wenn nur das Schadensbild eines der Fahrzeuge dokumentiert worden ist und ansonsten der Verkehrsunfall nicht im Detail (durch die Polizei oder die Parteien im Nachlauf) aufgenommen wurde. Eine Berechnung der Insassenbeschleunigung ist retrospektiv beweissicher nicht möglich. **Explizit ist die Insassenbeschleunigung beim Unfallstoß nicht mit der Fahrzeugbeschleunigung gleichzusetzen.** Um die Insassenbeschleunigung retrospektiv auswerten zu können, müssten die Insassen beim Unfallstoß quasi mit Beschleunigungsaufnehmern versehen gewesen sein. Für eine retrospektive Berechnung der Insassenbeschleunigung müsste ferner der Beschleunigungsweg des Insassen nach dem Stoß (nach hinten, nach vorne oder seitlich) bekannt sein. Auch hierzu bedarf es keiner weiteren Erläuterung, da sich die Parteien in aller Regel trefflich über die Sitz- und die Kopfpositionen der Insassen streiten. Es fällt auf, dass immer häufiger in diesem Zusammenhang Sachverständige die Betroffenen vorab zum Abstand des Kopfes von der Kopfstütze befragen und über diesen Abstand die Insassenbeschleunigung berechnen.

291 Die Verfasser sind der Auffassung, dass nach derzeitigem Kenntnisstand und den verfügbaren Werkzeugen eine Berechnung der Beschleunigungen am Fahrzeuginsassen obsolet und als Grundlage einer Begutachtung zum HWS-Schleudertrauma unzulässig ist. Da es aus vielen Untersuchungen (sowohl mit Freiwilligen als auch mit Leichen) bekannt ist, dass es etwa 100 Millisekunden dauert, bis sich der Thorax-/Kopfbereich eines Insassen an der Rückenlehne anlagert oder generell der Rumpf des Insassen wegen seiner Massenträgheit auf den Unfallstoß reagiert, ist es aus technischer Sicht ausreichend, die Geschwindigkeitsänderung auf das gestoßene Fahrzeug als relevantes Toleranzkriterium der verletzungsmechanischen Befundung zugrunde zu legen (siehe oben).

292 Die anstoßbedingte Geschwindigkeitsänderung (Δv) stellt damit das hinreichend beweissicher berechenbare Toleranzkriterium dar. Dieses Toleranzkriterium wird üblicherweise folgendermaßen berechnet: Aus dem Deformationsbild der unfallbeteiligten Fahrzeuge wird die sog. EES (energieäquivalente Vergleichsgeschwindigkeit) abgeschätzt und daraus die anstoßbedingte Geschwindigkeitsänderung berechnet.

293 Es wird also nicht aus den Beschädigungen unmittelbar auf die Verletzungen geschlossen, sondern zunächst die Geschwindigkeitsänderung berechnet und aus dieser unter Berücksichtigung etwa der Sitzposition, der Relativbewegung und anderer Faktoren auf das Verletzungsrisiko geschlossen. Der häufig vorgetragene Einwand, aus den Beschädigungen des Fahrzeuges könne nicht auf die Verletzungen der Insassen geschlossen werden, geht daher grundsätzlich ins Leere. Auf explizite Erläuterungen zur der technisch-physikalischen Stoßberechnung wird hier verzichtet, da diese in diesem Buch anderweitig abgehandelt werden.

V. Ärztliche Dokumentation und deren Objektivierbarkeit

In den Akten befinden sich in der Regel Atteste über die ärztlicherseits erhobenen Erstbefunde und uU den weiteren Verlauf der Beschwerden. In diesen Attesten ist häufig eine HWS-Distorsion oder ein HWS-Schleudertrauma mit möglicher Krankschreibung angegeben.

Die Diagnose HWS-Schleudertrauma ist streng genommen keine ärztliche Diagnose. Sie setzt nämlich die genaue Kenntnis des individualen Unfallablaufes und des daraus resultierenden Verletzungsmechanismus voraus. Die beim HWS-Schleudertrauma gemeinhin auftretenden Symptome können nämlich auch aus natürlicher Ursache oder anderen Traumata resultieren. Der verletzungsmechanisch relevante Mechanismus, der zum sog. HWS-Schleudertrauma führt,[40] ist ein komplexes Bewegungsgeschehen im Bereich der Halswirbelsäule und der Kopfgelenke. Im Wesentlichen kommt es bei einer entsprechenden Beaufschlagung (Front-, Seit-, Heckbeaufschlagung) zu einer Relativbewegung zwischen Rumpf und Kopf des Insassen, die bei entsprechender Intensität geeignet ist, HWS-Beschwerden hervorzurufen. Subjektiv werden diese Beschwerden als Bewegungseinschränkungen, Muskelverspannungen, Kopf- und Nackenschmerzen, Schwindel oder ähnliches beschrieben. An diesen Beschwerden orientieren sich die Klassifizierungen von *Erdmann*[41] und *Spitzer* et al.[42] Die entsprechenden Einteilungen sind im Anhang als Tabelle A1/A2 eingefügt. Diese Beschwerden sind jedoch nach derzeitigem Stand der Wissenschaft medizinisch nicht zu objektivieren. Es gibt derzeit zB kein allgemein anerkanntes bildgebendes Verfahren (Röntgen, Kernspin), anhand dessen es möglich ist, Verletzungen, die für diese Beschwerden verantwortlich gemacht werden könnten, nachzuweisen.

Anzumerken ist in diesem Zusammenhang, dass die in ärztlichen Attesten **häufig genannte Steilstellung der HWS nicht als objektives Indiz für die Diagnose „HWS-Schleudertrauma" angesehen werden kann**. Sie wird in einem hohen Prozentsatz (42 %)[43] auch in der nicht betroffenen Bevölkerung beobachtet.

VI. Kollisionsarten und Toleranzgrenzen

Nachfolgend werden die häufigsten Kollisionsarten und die verletzungsmechanisch relevanten Toleranzgrenzen aufgezeigt, die angesetzt werden können, wenn es sich um einen normalkonstituierten Fahrzeuginsassen handelt. Es wird die Relativbewegung des beaufschlagten Insassen beschrieben und zur einwirkenden Belastung und, soweit möglich, zu dem Verletzungsmechanismus Stellung genommen. Die Einschätzung der Toleranzgrenze obliegt aber dann immer der Einzelfalleinschätzung nach Auswertung des individualen Verkehrsunfalls.

---

40 HWS-Schleudertrauma entspricht am ehesten dem im englischen Sprachraum gebrauchten Terminus des „Whiplash-Syndrome", zu übersetzen mit Peitschenschlagsyndrom.
41 *Erdmann*, Schleuderverletzung der Halswirbelsäule. Stuttgart 1973.
42 *Spitzer/Skovron/Salmi/Cassidy/Duranceau/Suissa/Zeiss*, Scientific Monograph of the Quebec Task Force on Whiplash-Associated Disorders: Redefining „whiplash" and ist management. Spine 20 (8 Suppl.): 1995, 8S, 1S–73S.
43 *Helliwell/Evans/Wright*, The Straight Cervical Spine: Does it indicate Muscle Spasm?, British Journal of bone and joint surgery, 76, 1994, 103.

298 Die nachfolgend aufgeführten Toleranzgrenzen als Zusammenfassung des derzeitigen Standes der biomechanischen Forschung beinhalten auch Out-of-Position-Sitzhaltungen sowie Untersuchungen mit Probanden unterschiedlichen Alters, jedoch keine Untersuchungen mit bereits deutlich HWS-vorgeschädigten Personen.

1. Heckkollision

299 Die Heckkollision ist der häufigste Unfall, beim dem die Insassen über Verletzungen der HWS klagen. Die Insassen werden beim Anstoß durch ihre Massenträgheit relativ gesehen nach hinten in Richtung Rückenlehne bewegt. Während der Rumpf von der Rückenlehne gehalten wird, kommt es zum „quasi freien Auspendeln des Kopfes". Als höchste Belastung auf die HWS wirkt dabei die Retroflexion noch vor dem Kontakt mit der Kopfstütze. Beim Kontakt mit der Kopfstütze kommt es zu einem Kopfanprall. Bei zu niedriger Einstellung der Kopfstütze kann es zu einer zusätzlichen Überdehnung/Längung der HWS bei gleichzeitiger Rotation um den Bereich des 1. Halswirbels kommen. Die Überlagerung dieser Verletzungsmechanismen ist geeignet, bei den Insassen ein HWS-Schleudertrauma zu erzeugen, wenn die dafür relevanten Toleranzgrenzen überschritten werden. Abb. 124 zeigt eine mögliche Unfallkonfiguration.

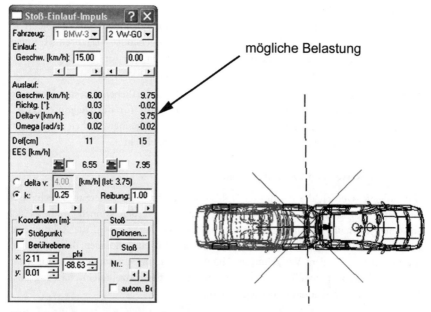

Abb. 124: Schematische Darstellung einer möglichen Auffahrsequenz

300 Die Toleranzgrenzen für ein leichtes HWS-Schleudertrauma beim Heckauffahrunfall nach derzeitigem Stand der Wissenschaft auch unter Berücksichtigung der einzelnen Gutachter/Gutachterinstitute, sind wie folgt zusammenzufassen:

$\Delta v \leq 6\text{--}10$ km/h   =>   eher nicht wahrscheinlich,
$\Delta v = 8\text{--}13$ km/h   =>   zunehmend wahrscheinlich
$\Delta v \geq 13$ km/h   =>   sehr wahrscheinlich

Diese Toleranzgrenzen beinhalten explizit weder mögliche Sitzposition der Verletzten noch mögliche degenerative Veränderungen der HWS der Insassen im Vorfeld des Unfalles, Einstellungsvarianten der Kopfstütze oder Berücksichtigung der individualen Gesamtkonstitution des Insassen zum Unfallzeitpunkt. Für den Individualfall ist es verletzungsmechanisch möglich, dass auch bei niedrigeren Belastungen Verletzungen an der HWS eintreten. Aus dieser Betrachtung kann aber keine generelle Herabsetzung der Toleranzgrenzen abgeleitet werden, da völlig gesunde, junge und nicht vorgeschädigte Insassen ggf mit älteren, vorgeschädigten Insassen verglichen werden würden.

2. Frontalkollision

Die Frontalkollision ist, wie auch die Seitenkollision, weniger häufig die Ursache von geklagten HWS-Beschwerden. Die Insassen werden beim Anstoß relativ gesehen nach vorne in Richtung Windschutzscheibe/Armaturenbrett bzw in Richtung Lenkrad bewegt (entgegengesetzt zum einwirkenden Stoßantrieb). Die Relativbewegung zwischen Kopf und Rumpf resultiert aus der Fixierung des Rumpfes durch das Gurtrückhaltesystem im Vergleich zum „quasi freien Auspendeln des Kopfes nach vorne". Als Belastung wirkt auf die HWS eine nach vorne gerichtete Überstreckung. In der Regel kommt es bei leichteren Frontalkollisionen weder zu einem Auslösen des Airbags mit Kopfkontakt noch zu einem Kopfkontakt des Insassen mit der Fahrgastzelle. Abb. 125 zeigt eine mögliche Unfallkonfiguration mit Insassenrelativbewegung nach vorne.

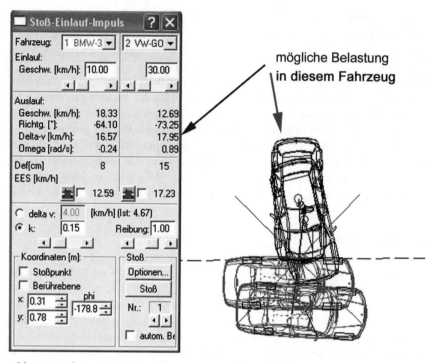

Abb. 125: Schematische Darstellung einer mögl. Auffahrsequenz

303 Die Toleranzgrenzen für ein HWS-Schleudertrauma beim Frontalunfall nach derzeitigem Stand der Wissenschaft auch unter Berücksichtigung der einzelnen Gutachter/Gutachterinstitute sind wie folgt zusammenzufassen:

$\Delta v \leq 15$ km/h	=>	eher nicht wahrscheinlich
$\Delta v = 15\text{--}20$ km/h	=>	zunehmend wahrscheinlich
$\Delta v \geq 20$ km/h	=>	sehr wahrscheinlich

304 Die Toleranzgrenzen bei Frontalkollision sind nicht im erforderlichen Umfang erforscht. Es sind derzeitig keine Untersuchungen bekannt, bei denen unter einer anstoßbedingten Geschwindigkeitsänderung von $\Delta v = 15\text{--}20$ km/h tatsächlich an der HWS verletzte Insassen beobachtet wurden. Erleidet der Insasse beim Unfallstoß einen Kopfkontakt, gelten die o.a. Toleranzgrenzen jedoch nicht. Auch hier ist es damit für den Individualfall verletzungsmechanisch möglich, dass bei niedrigeren Belastungen Beschwerden an der HWS eintreten.

3. Seitenkollision

305 Die Insassen werden beim Anstoß entgegengesetzt des einwirkenden Stoßantriebes relativ bewegt. Die Relativbewegung zwischen Kopf und Rumpf resultiert aus der Rückhaltung des Rumpfes durch das Gurtsystem, die Seitenführungskräfte der Rü-

E. Begutachtung im Hinblick auf das HWS-Schleudertrauma 2

ckenlehne und ggf dem Anliegen des Rumpfes an der seitlichen Begrenzung der Fahrgastzelle im Vergleich zum „quasi freien seitlichen Auspendeln des Kopfes". Als Belastung wirkt auf die HWS dabei eine laterale Verlagerung des Kopfes. Im Gegensatz zur Heck- und zur Frontalkollision wird bei der Seitenkollision als Toleranzkriterium die queraxiale anstoßbedingte Geschwindigkeitsänderung (Δv_q) untersucht. In der Regel kommt es bei leichteren Seitenkollisionen weder zu einem Auslösen des Seitenairbags mit Kopfkontakt noch zu einem reinen Kopfkontakt des Insassen mit der Fahrgastzelle.

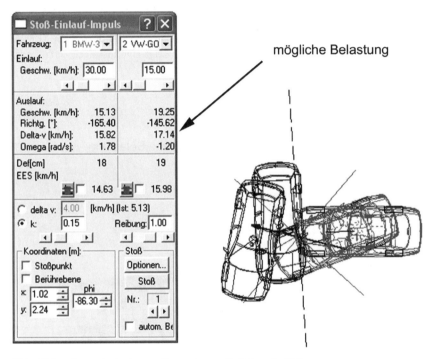

Abb. 126: schematische Darstellung einer möglichen Auffahrsequenz

Abb. 126 zeigt eine mögliche Unfallkonfiguration mit Insassenrelativbewegung. Generell sind die Belastungen auf stoßnahe und stoßferne Insassen unterschiedlich. Die Toleranzgrenzen für ein leichtes HWS-Schleudertrauma bei einer Seitenkollision nach derzeitigem Stand der Wissenschaft auch unter Berücksichtigung der einzelnen Gutachter/Gutachterinstitute sind wie folgt zusammenzufassen:

$\Delta v_q \leq 15$ km/h   =>   nicht wahrscheinlich
$\Delta v_q = 15\text{–}18$ km/h   =>   zunehmend wahrscheinlich
$\Delta v_q \geq 18$ km/h   =>   sehr wahrscheinlich

307 Da bei einem seitlichen Anstoß jedoch bereits ab $\Delta v_q \geq 5$ km/h ein Kopfkontakt des stoßnahen Insassen erwarten werden kann, müssen die o.a. Toleranzgrenzen differenziert betrachtet werden. Mit Kopfkontakt des Insassen kann uU bereits ab einer anstoßbedingten Geschwindigkeitsänderung von $\Delta v_q \geq 5$ km/h mit einem leichten HWS-Schleudertrauma gerechnet werden.

4. Streifkollision

308 Es gelten im Wesentlichen die obigen Ausführungen zur Seitenkollision. Als Belastung auf die HWS findet eine Überlagerung von frontalen Auslenkung und lateraler Verlagerung des Kopfes statt. Allerdings sind die Insassenbelastungen bei Streifkollisionen meist sehr niedrig, da durch den zeitlich relativ lang andauernden Kontakt keine hohen Belastungsspitzen auftreten. Abb. 127 zeigt eine mögliche Unfallkonfiguration mit Insassenrelativbewegung.

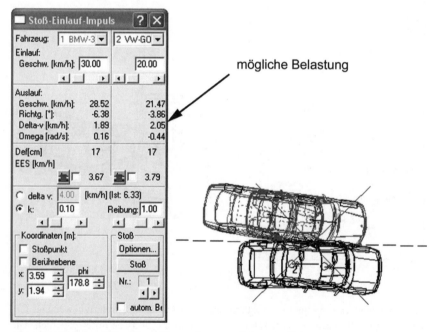

Abb. 127: Schematische Darstellung einer möglichen Auffahrsequenz

309 Die Toleranzgrenzen für ein HWS-Schleudertrauma bei einer Seitenkollision nach derzeitigem Stand der Wissenschaft auch unter Berücksichtigung der einzelnen Gutachter/Gutachterinstitute sind wie folgt zusammenzufassen:

$\Delta v \leq 15$ km/h	=>	nicht wahrscheinlich
$\Delta v = 15–18$ km/h	=>	zunehmend wahrscheinlich
$\Delta v \geq 18$ km/h	=>	sehr wahrscheinlich

Aus biomechanischer Sicht ist jedoch, wie bei der Seitenkollision, ein Kopfkontakt des stoßnahen Insassen möglich, so dass die o.a. Toleranzgrenzen differenziert zu betrachten sind.

F. Weiterführende Literatur (ein Auszug)

Allen, M.E./Weir-Jones, P./Motiuk, D.R. et al., Acceleration Perturbations of Daily Living – a comparison to Whiplash. Spine 19, pp. 1285–1290 (1994)

Anderson, R.D./Welcher, J.B./Szabo, T.J./Eubanks, J.J./Haight, W.R., Effect of Braking on Human Occupant and Vehicle Kinematics in Low Speed Rear-End Collisions, SAE Paper 980298, 1998.

Brault, J.R./Wheeler, J.B./Siegmund, G.P./Brault, E.J., Clinical Response of Human Subjects to Rear-End Automobile Collisions. Archives of Physical Medicine & Rehabilitation, 79:72-79, 1998.

Braun, T.A./Jhoun, J.H./Braun, M.J./Wong, B.M./Boster, T.A./Kobayashi, T.M./Perez, F.A./Helser, G.M., Rear-End Impact Testing with Human Test Subjects, SAE paper 2001-01-0168, 2001.

Buck, J./Abresch, L./Reinartz, A. (Inst. für forensisches Sachverständigenwesen, Hochschule Nürtingen-Geislingen), Untersuchung der akustischen Insassenbelastung bei Auffahrunfällen durch Schallmessung in der geschlossenen Fahrgastzelle und Hörtests bei Insassen vor und nach einem Unfall, 2003/2004

Castro, W.H.M./Schilgen, M./Meyer, S./Weber, M./Peuker, C./Wurtler, K., Do Whiplash Injuries Occur in Low-Speed Rear Impacts?, European Spine Journal, 6:366-375, 1997.

Danner, M./Halm, J., Technische Analyse von Verkehrsunfällen. Eurotax (International) AG, 1994.

Davidsson, J./Flogard, A./Lovsund, P./Svensson, M.Y., BioRID P3-Design and Performance Compared to Hybrid III and Volunteers in Rear Impacts at Delta V = 7 km/h, SAE paper 99SC16, 1999.

Eichberger, A./Steffan, H./Geigl, B./Svensson, M./Bostrom, O./Leinzinger, P.E./Darok, M., Evaluation of the Applicability of the Neck Injury Criterion (NIC) in Rear End Impacts on the Basis of Human Subject Tests, ICROBI Conf Proc, pp321-333, Goteborg, 1998.

Erdmann, H., Schleuderverletzung der Halswirbelsäule, Stuttgart 1973

Geigl, B.C./Steffan, H./Leinzinger, P./Roll/Mühlbauer, M./Bauer, G., The Movement of Head and Cervical Spine during Rear End Impact.1994 IRCOBI, Proc., S. 127

Geigl, B.C./Steffan, H./Dippel, Ch./Muser, M.H./Walz, F./Svensson, M.Y., Comparison of Head-Neck Kinematics During Rear End Impact Between Standard Hybrid III, RID Neck, Volunteers, and PMTO's. IRCOBI Conf Proc, pp261-270, Brunnen, Switzerland, 1995.

Großer, W./Fürbeth, V., Studie zur HWS-Verletzung. Verkehrsunfall 36 (1998) S. 90.

Kaneoka, K./Ono, K./Inami, S./Hayashi, K., Motion Analysis of Cervical Vertebrae During Whiplash Loading. Spine 24(8):763-70, 1999.

van den Kronenberg, A./Phillippens, M./Cappon, H./Wismans, J./Hell, W./Langwieder, K., Human Head-Neck Response During Low-Speed Rear End Impacts. SAE Paper 983158, 1998.

Kumar, S./Narayan, Y./Amell, T., Role of Awareness in Head-Neck Acceleration in Low Velocity Rearend Impacts, WAD 99 Traffic Safety and Auto Engineering, World Congress on WAD, Vancouver, pp 276-296, 1999.

Linder, A./Lovsund, P./Steffan, H., "Validation of the BioRID P3 Against Volunteer and PMHS Test Data and Comparison to the Hybrid III in Low-Velocity Rear-end Impacts." Association for the Advancement of Automotive Medicine, Spain, 1999.

Magnusson, M.L./Pope, M.H./Hasselquist, L./Bolte, K.M./Ross, M./Goel, V.K./Lee, J.S./Spratt, K./Clark, C.R./Wilder, D.G., Cervical Electromyographic Activity During Low-Speed Rear Impact, Eur Spine J, 8:118-25, 1999.

Marx, P., Begutachtung von Beschleunigungsverletzungen der HWS. Nervenarzt 82:1525-1532, 2011.

Matsushita, T./Sato, T.B./Hirabayashi, K./Fujimura, S./Asazuma, T./Takatori, T., X-Ray Study of the Human Neck: Motion Due to Head Inertia Loading. 38th Stapp Gar Crash Conference Proc.,1994, S. 55, (SAE Paper 942208)

McConnell, W.E./Howard, R.P./Guzman, H.M./Bomar, J.B./Raddin, J.H./Benedict, J.V./Smith, H.L./Hatseil, C.P., Analysis of Human Test Subject Kinematic Responses to Low Velocity Rear End Impacts. SAE Int. Congr. and Expo, Detroit, 1993: Vehicle and Occupant Kinematics, p. 21 (SAE Paper 930889)

McConnell, W.E./Howard, R.P./Poppel, J.V./Krause, R./Guzman, H.M./Bomar, J.B./Raddin, J.H./Benedict, J.V./Hatsell, C.P., Human Head and Neck Kinematics after Low Velocity Rear-end Impacts: Understanding Whiplash. SAE Paper 952724, 1995.

Meyer, S./Weber, M./Castro, W./Schilgen, M./Peuker, C., The Minimal Collision Velocity for Whiplash. Chapter 10, in book Gunzburg, Whiplash Injuries: Current Concepts in Prevention, Diagnosis, and Treatment of the Cervical Whiplash Syndrome. Lippincott-Raven publishers, 1998.

Miltner, E., Verkehrsunfälle und Unfallrekonstruktion. Online im Internet: http://www.advo-daehler.ch [Stand 21.09.2006].

Nielsen, G.P./Gough, J.P./Little D.M./West D.H./Baker V.T., Human Subjekt Responses to Repeated Low Speed Impacts Using Utility Vehicles, Occupant Protection and Injury Assessment in the Automotive Crash Environment, SAE Int. Congress, Detroit 1997 (SAE Paper 970394)

Ono, K./Kaneoka, K./Wittek, A./Kajzer, J., Cervical Injury Mechanism Based on the Analysis of Human Cervical Vertebral Motion and Head-Neck-Torso Kinematics During Low Speed Rear Impacts. 41th Stapp Car Crash Conf. Proc. (1997), S. 339

Rohen, Johannes W./Yokochi, Chihiro/Lütjen-Drecoll, Elke, Anatomie des Menschen, Fotografischer Atlas der systematischen und topografischen Anatomie, 6. Aufl. 2006, ISBN-10: 3-7945-2430-6.

Rosenbluth, W./Hicks, L., Evaluating Low-Speed Rear-End ImpactSeverity and Resultant Occupant Stress Parameters. J Forensic Sciences, 39(6): 1393-1424, 1994.

Schröter, F., „HWS-Schleudertrauma" nach geringfügigen Unfällen. Orthopäde 39: 276-284, 2010.

Siegmund, G.P./King, D.J./Lawrence, J.M./Wheeler, J.B./Brault, J.R./Smith, T.A., Head/Neck Kinematic Response of Human Subjects in Low-Speed Rear-End Collisions. SAE Paper 973341, 1997.

Szabo, Th.J./Welcher, J.B./Anderson, R.D./Rice, M.M./Ward, J.A./Paulo, L.R./Carpenter, N.J., Human Occupant Kinematic Response to Low Speed Rear-End Impacts. SAE Int. Congr. and Expo., Detroit, 1994: Occupant Containment and Methods of Assessing Occupant Protection in the Crash Environment, p. 23 (SAE Paper 940532)

Szabo, Th.J./Welcher, J.B., Human Subject Kinematics and Electromyographic Activity During Low Speed Rear-End Impacts. 40th Stapp Car Crash Conference Proc. 1996, (SAE Paper 962432)

Vehicle and Occupant Response in Heavy Truck to Car Low-Speed Rear Impacts. SAE Paper 970120, SP-1231, 1997.

Tencer, A.F./Mirza, S.M./Martin, D./Goodwin, V./Sackett, R./Schaefer, J., Development of a Retrofit Anti-Whiplash Seat Cushion Based on Studies of Crash Victims and Human Volunteers. In Frontiers in Whiplash Trauma, eds Yoganandan N and Pintar FA, pp 389-405, IOS Press, 2000.

Welcher, J.B./Szabo, T.J./Vos, D.P., Human Occupant Motion in Rear-End Impacts: Effects of Incremental Increases in Velocity Change. SAE Paper 2001-01-8999, 2001

G. Anhang

I. Tabelle A1

Einteilung der Beschwerden (Whiplash-Associated Disorders) nach QTF (The Quebec Task Force):[44]

- Grad 0: Keine Beschwerden im Bereich der HWS
  Keine klinischen Zeichen
- Grad 1: Beschwerden im Bereich der HWS, wie Schmerz und Steifheitsgefühl
  Keine klinischen Zeichen
- Grad 2: Beschwerden im Bereich der HWS
  Muskuloskeletale Zeichen, wie Einschränkung der Beweglichkeit, Druckschmerz oder Hartspann
- Grad 3: Beschwerden im Bereich der HWS
  Neurologische Zeichen, wie Nichtvorhandensein oder Abschwächung von Sehnenreflexen, motorische Defizite oder sensorische Defizite
- Grad 4: Beschwerden im Bereich der HWS
  Fraktur oder Dislokation

---

44 *Spitzer/Skovron/Salmi/Cassidy/Duranceau/Suissa/Zeiss*, Scientific Monograph of the Quebec Task Force on Whiplash-Associated Disorders: Redefining „whiplash" and its management. Spine 20 (8 Suppl.): 1995, 8S, 1S–73S.

II. Tabelle A2

313 Klassifizierung der HWS-Beschwerden nach *Erdmann*:[45]

Kopfhaltemuskulatur		phänomen; bisweilen nachträglich	phänomen immer vorhanden
d) «Steifer Hals» bzw. schmerzhafte Bewegungseinschränkung für Kopf und Hals, tastbar bei manueller Prüfung	häufig, meist erst als Sekundärsymptom, Dauer 1–2 Wochen	meist vorhanden, meist als Primärphänomen, seltener nach Intervall	immer vorhanden, Dauer länger als 2 Monate
e) Schmerzen paravertebral zwischen den Schulterblättern («Kralle»)	gelegentlich (bei etwa 15%)	häufiger (bei etwa 30%)	?
f) Primäre Parästhesien in den Händen, gelegentlich auch den Unterarmen	selten	häufiger, aber meist ohne motorische Lähmungen	?
g) Positive Verletzungsmerkmale im Röntgenbild der HWS			
1. primäre	fehlen	fehlen	vorhanden
2. sekundäre (nach 3–6 Wochen)	fehlen	bisweilen vorhanden	vorhanden
h) Prostration, Bettlägerigkeit	fehlt oft (meist nur 2–3 Tage)	meist vorhanden (ca. 10–14 Tage)	immer vorhanden (4–6 Wochen)
i) Dauer der unfallbedingten Arbeitsunfähigkeit	1–3 Wochen (fehlt gelegentlich ganz)	2–4 Wochen	über 6 Wochen

---

45 *Erdmann*, Schleuderverletzung der Halswirbelsäule, Stuttgart 1973.

III. Tabelle A3

Mechanische Größen und ihre Dimension, eine Auswahl. 314

übliches Symbol (physikalische Definition)	Bezeichnung	Dimension	Benennung
s	Weg, Strecke	m	Meter
t	Zeit	s	Sekunden
v ($=s/t$)	Geschwindigkeit	m/s, km/h 1 m/s = 3,6 km/h	Meter pro Sekunde Kilometer pro Stunde
a ($a = v/t$)	Beschleunigung, Verzögerung	m/s^2 $g = 9,81\ m/s^2$	meter pro Sekunde hoch 2 g (Fallbeschleunigung)
m	Masse	kg	Kilogramm
I ($I = m^*v$)	Impuls	kg*m/s	
K, F ($K = m * a$)	Kraft	$N = kg^*m/s^2$	Newton
A ($A = K * s$)	Arbeit	$J = Nm = kg^*m^2/s^2$	Joule = Newton-meter
E_{kin} ($E = m^*v^2/2$)	kinetische Energie	$J = Nm = kg^*m^2/s^2$	Joule = Newton-meter

H. Quellennachweise

[1] *Buck, J./Beier, G.*, Das Biomechanische Gutachten, Baden-Baden 2005, § 66   315

[2] *Buck, J.*, Die Problematik der Begutachtung und Analyse von Straßenverkehrsunfällen im Hinblick auf die Verletzungen der Halswirbelsäule. Vortragsskript, München 2005

[3] *Buck, J./Schramm, S.*, Grundsatzanalyse bezüglich der Belastungsintensität von Pkw-Insassen infolge von Bordsteinkontakten. Diplomarbeit, München 2006

[4] *Buck, J.*, Untersuchungen zur Biomechanik der Lungenkontusion anhand realer Pkw-Seitenkollisionen, Dissertation, München 1998

[5] *Buck, J./Peiker, E.*, Vergleichende ingenieurmäßige Betrachtung der Insassenkinematik bei Hochgeschwindigkeitskollisionen unter Verwendung von automatisch gesteuerten Pkw, Diplomarbeit, Ulm 2007

[6] *Gläser, S./Gümpel, P./Kilpert, H./Strittmatter, J.*, Schnellschaltende Aktoren für adaptive Sicherheitssysteme im Kraftfahrzeugbau. Fachhochschschule Konstanz, Januar 2005, Seite 28–56. Online im Internet: http://opus.bsz-bw.de/htwg/volltexte/2005/83/pdf/bericht_guempel_schnellschaltende_aktoren_2005.pdf [7] *Rohen, Johannes W./Yokochi, Chihiro/Lütjen-Drecoll, Elke*, Anatomie des Menschen, Fotografischer Atlas der systematischen und topografischen Anatomie, 6. Aufl. 2006

[8] *Canaple, B./Cesari, D./Drazetic, P.*, Identification of Head Injury Mechanisms Associated With Reconstruction of Traffic Accidents, IRCOBI, 1999, S. 37–51

[9] *Frampton, R.J./Mackay, G.M./Parkin, S.*, An Assessment Of Real World Stearing Intrusion Characteristics And Their Implications For Head And Face Injuries To Restrained Drivers In Frontal Impacts, IRCOBI, 1992, S. 373–383

[10] *Miltner, E.*, Verkehrsunfälle und Unfallrekonstruktion. Online im Internet: http://www.advodaehler.ch/7%20Interessantes/Dokumente/Verkehrsmedizin.pdf [Stand 21.9.2006]

[11] *Kreuzinger, T.*, Fahrzeugkompatibilität im Seitenaufprall, Dissertation, Aachen 2005

[12] *Frampton, R./Sferco, R./Welsh, R./Kirk, A./Fay, P.*, Effectivness of Airbag Restraints in Frontal Crashes – What European Field Studies tell us, IRCOBI, 2000, S. 425–438

[13] *Jakobsson, L./Norin, H./Isaksson-Hellman, I.*, Parameters Influencing The Risk of AIS 1 Neck Injuries in Frontal and Side Impacts, IRCOBI, 2000, S. 235–244

[14] Schimmelpfennig + Becke Ingenieurbüro Schal und Meyer, Frontalkollision. Online im Internet: http://www.nordreko.de/Informationen/Biomechanik/HWS-Verletzungen/Frontalkollision/Frontalkollision-Druckversion.pdf [Stand 21.9.2006]

[15] *Buck, J./Knopek, R.*, Untersuchung der Toleranzgrenzen der HWS bei Frontalstößen, Diplomarbeit, München 2005

[16] *Schueler, F./Adolph, T./Steinmann, K./Mattern, R.*, Vom Verletzungsschutz zur Unfallprävention – Eine interfakultative Aufgabe von Rechtsmedizin und Verkehrsmedizin. Online im Internet: http://www.klinikum.uni-heidelberg.de/fileadmin/inst_rechts_verkehrsmed/pdfs/CHAZ_2005-11u12-479_Unfallpraevention-I.pdf

[17] *Shaw, G./Kent, R./Sievka, E./Crandall, J.*, Spinal Kinematics of Restrained Occupants in Frontal Impacts, IRCOBI, 2001

[18] *Boström, O./Bohman, K./Haland, Y./Kullgren, A./Krafft, M.*, New AIS 1 Long-Term Neck Injury Criteria Candidates Based on Real Frontal Crash Analysis, IRCOBI, 2000, S. 249–264

[19] *Ydenius, A./Kullgren, A.*, Injury Risk Functions In Frontal Impacts Using Recorded Crash Pulses, IRCOBI, 2001, S. 1–12

[20] Bosch, Nutzen und Wirkungsweise des Elektronischen Stabilitätsprogramms ESP, S. 29. Online im Internet: http://www.bayreuth.ihk.de/upload/6516508766_1478.pdf [21] *Fildes, B.N./Gable, H.C./Fitzharris, M./Morris, A.P.*, Determining Side Imapct Priorities Using Real-World Crash Data And Harm, IRCOBI, 2000, S. 157–167

[22] *Otte, D.*, Biomechanics Of Upper Limb Injuries Of Belted Car Drivers And Assessment Of Avoidanve, IRCOBI, 1998, S. 203–216

[23] Schimmelpfennig + Becke, Seitenkollision. Online im Internet: http://www.ureko.de/forschung-und-publikationen/forschung/seitenkollision/

[24] *Sokol Jaffredo, A./Potier, P./Robin, S./Le Coz, J.-Y./Lassau, J.-P.*, Upper Extremity Interaction With Side Impact Airbag, IRCOBI, 1998, S. 485–495

[25] Pschyrembel, Klinisches Wörterbuch, 263. Aufl. 2012

[26] *Kuppa, S./Eppinger, R./Maltese, M./Naik, R./Pintar, F./Yoganandan, N./Saul, R./McFadden, J.*, Assessment Of Thoracic Injury Criteria For Side Impact, IRCOBI, 2000, S. 131–144

[27] *Knizia, K.*, Unfallchirurgie und Orthopädie. Online im Internet: www.knizia.net/skript/Unfallchirurgie2_05.pdf

[28] Wikipedia, Pneumothorax. Online im Internet: http://de.wikipedia.org/wiki/Pneumothorax

[29] Wikipedia, Pleuraspalt. Online im Internet: http://de.wikipedia.org/wiki/Pleuraspalt

[30] Wikipedia, Abbildungen Online aus dem Internet: http://de.wikipedia.org

[31] Wikipedia, Lungenkontusion. Online im Internet: www.wikipedia.de/Lungenkontusion [Stand 1.10.2006]

[32] *Philippens, M./Wismans, J./Cappon, H./Yogonandan, N./Pintar, F.*, Whole Body Kinematics Using Post Mortem Human Subjects In Experimental Rear Impact. IRCOBI, 2000, S. 363–373

[33] *Cappon, H. J./Philippens, M.M.G.M./van Ratingen, M.R./Wismans, J.S.H.M.*, Evaluation Of Dummy Behaviour During Low Severity Rear Impact. IRCOBI, 2000, S. 53–66

[34] *Bertholon, N./Robin, S./Le-Coz, J.-Y./Potier, P./Lassau, J.-P./Skalli, W.*, Human Head And Cervical Spine Behaviour During Low-Speed Rear-End Impacts: PMHs Sled Tests With A Rigid Seat. IRCOBI, 2000, S. 265–276

[35] *Szyszkowitz, R./Schleifer, P.*, Verletzungen der Wirbelsäule. 28. Jahrestagung der Österreichischen Gesellschaft für Unfallchirurgie, 1995

[36] *Fleuti, C.*, Sitzkonzept für SafeChair, Diplomarbeit, Online im Internet: http://www.automotiveday.ch/fileadmin/Dokumente/safechair/DA_FL_HTA_Be_Konzeptbericht.pdf

[37] *Becke, M.*, Sitztests zur Vermeidung des HWS-Schleudertraumas. Online im Internet: http://www.ureko.de/downloads/veroeffentlichungen/3

[38] *Digges, K.H./Malliaris, A.C./Ornrnaya, A.K./McLean, A.J.*, Characterization Of Rollover Casualties, IRCOBI, 1991, S. 309–320

[39] *Frampton, R.J./Morris, A.P./Thomas, P./Bodiwala, G.G.*, An Overview Of Upper Extremity Injuries To Car Occupants In UK Vehicle Crashes, IRCOBI, 1997, S. 37–51

[40] *Lund, A./Palmertz, C./Jakobsson, L./Andersson, G./Isakkson-Hellman, I.*, In-Depth Study Of Volvo Cars In Rollover Accidents, IRCOBI, 1999, S. 297–311

[41] NHTSA – National Highway Traffic Safety Adiministration, NCSA – National Center for Statistics and Analysis Research and Development: Characteristics of Fatal Rollover Crashes, 2002. Online im Internet: http://www.citizen.org/documents/NCSAReport.pdf#search=%22rollover%20crashes%22

[42] Federal Motor Carrier Safety Administration (FMCSA): Video zur Insassenkinematik bei Fahrzeugüberschlägen. Online im Internet: http://www.fmcsa.dot.gov/safety-security/safety-initiatives/safety-belt/index.htm

[43] *Hoffmann*, Einführung in die Anatomie und Physiologie des Menschen, Vorlesungsskript Universität Ulm, 2002

[44] *Widder, B.*, Klinik für Neurologie und Neurologische Rehabilitation. Bezirkskrankenhaus Günzburg, Vorlesungsskript, 2003

[45] ADAC, Slideshow Rollover Crash Test. Online im Internet: http://www.autokiste.de/psg/index/show.htm?id=2122&bild=1

[46] Gesamtverband der Deutschen Versicherungswirtschaft e.V.: Jahresbericht 2004/2005 über die Schadensverhütungsarbeit der Kraftfahrtversicherer, S. 38

[47] http://www.liss-kompendium.de/erkenntnis+thesen/hirnanalogien.htm

[48] *Egger, R.*, Die Wirbelsäule. Online im Internet: http://www.slrg.ch/uploads/media/Wirbelsaeule.pdf

[49] *Gumpert, N.*, Was ist die Wirbelsäule. Online im Internet: http://www.dr-gumpert.de/html/wirbelsaule.html, [Stand 28.12.2005]

[50] *Seitz, H.*, Verletzungen am Körperstamm – Wirbelsäule. Online im Internet: http://www.braumueller.at/shop/catalog/images/material/redelsteiner_probekapitel.pdf, S. 462–463, [Stand 02.01.06]

[51] Wikipedia: Thoracic vertebrae. Online im Internet: http://en.wikipedia.org/wiki/Thoracic_vertebrae

[52] *Filler, A.*, Do You Really Need Back Surgery. Online im Internet: http://www.backpainguide.com/Illustrations.html

[53] http://www.anatomia.tripod.com/femur_esquema.htm

§ 4 Biomechanik in der juristischen Praxis

A. Das Berufsbild des Biomechanikers	1	I. Nachweis durch Atteste der behandelnden Ärzte	27
B. Die Bedeutung des sogenannten HWS-Traumas für Gerichte und Versicherungen	8	II. Die unfallanalytische Begutachtung	28
I. Wirtschaftliche Bedeutung	9	III. Die biomechanische Begutachtung	29
II. Im Zivilprozess	10	IV. Tatrichterliche Kriterien für den Nachweis eines HWS-Traumas	33
C. Anforderungen an den Nachweis eines HWS-Traumas (Kausalität)	11	E. HWS-Trauma und Vorschäden	35
I. Probleme der Kausalität im Zivilrecht	12	F. Erst- und Zweitunfall	40
II. § 286 ZPO, der sog. Strengbeweis	15	G. Das HWS-Trauma und seine psychischen Folgen	41
III. Die Schadensschätzung und Beweiserleichterung nach § 287 ZPO	17	I. Psychische Primärschäden	45
IV. Der Anscheinsbeweis	22	II. Psychische Folgeschäden	48
1. Allgemeine Bedeutung	22	1. Begehrensneurosen, Rentenneurosen	49
2. Anscheinsbeweis der Kausalität	25	2. Konversionsneurosen	50
D. Nachweisprobleme in der Praxis	26	H. Bagatellschäden	52
		I. Zwischenergebnis	53

A. Das Berufsbild des Biomechanikers

1   Die Biomechanik beschäftigt sich mit Belastungen aller Körperteile und den sich daraus ergebenden Fragen der Kausalität, des Geschehensablaufes und den Folgerungen für eine wirtschaftliche oder rechtliche Aufarbeitung, zB mit der Frage, ob ein Geschädigter zum Unfallzeitpunkt einen Gurt angelegt hatte oder ob die Verletzung irgendeines Körperteiles des Geschädigten von dem behaupteten Unfall verursacht worden sein kann. In keinem Bereich treten aber die zu behandelnden Fragen der Entstehung und der Verursachung so deutlich zutage, wie beim sogenannten HWS-Trauma. Deswegen soll es hier beispielhaft zur Betrachtung der dabei rechtlich auftretenden Probleme geschildert werden.

2   Grundlage der gutachterlichen biomechanischen Überlegung zur Feststellung der Ursache einer Verletzung ist die nicht bezweifelbare Regel aus der Traumatologie, nach der zur Entstehung einer Verletzung eine von außen einwirkende Gewalt erforderlich ist, deren biomechanische Belastung größer sein muss als die individuelle Belastbarkeit des betroffenen Organs.[1] Um Wiederholungen zu vermeiden ist auf § 3 zu verweisen.

3   **Die naturwissenschaftlich und technisch fundierte Bearbeitung dieser Thematik unter Zugrundelegung der Gesetze der Mechanik ist das Arbeitsgebiet der Biomechanik.** Daher kann als Synonym und meist treffender auch der Begriff Verletzungsmechanik verwendet werden. Für ein biomechanisches/verletzungsmechanisches Gutachten ist also sowohl eine ingenieurmäßige wie eine medizinische Aufgabe zu erledigen. Zuweilen wird in diesem Zusammenhang auch ein **interdisziplinäres Gutachten** in Auftrag gegeben, ohne eine nähere Angabe über die geforderten Disziplinen.

---

1 Castro/Mazzotti, NZV 2002, 499.

B. Die Bedeutung des sogenannten HWS-Traumas für Gerichte und Versicherungen

Die Bearbeitung eines solchen Gutachtens kann in der Weise erfolgen, dass ein technischer Sachverständiger aufgrund einer Rekonstruktion des Unfallablaufes die mechanischen Belastungen der betroffenen Personen ermittelt und anschließend ein medizinischer Sachverständiger aufgrund dieser Angaben zu den Fragen der Verletzungsverursachung oder -vermeidung Stellung nimmt. Dabei können sich allerdings Probleme der Kommunikation ergeben, die uU die Ergebnisse beeinträchtigen.

Es erscheint so gesehen günstiger, wenn Ingenieur und Mediziner gemeinsam und im direkten Gespräch die Fragestellung bearbeiten und so auch Alternativen des Geschehens, die sich zB aus der medizinischen Bearbeitung der ärztlichen Befunde ergeben, unmittelbar mit einbeziehen können. Dies bieten zB einige rechtsmedizinische Institute, die zu ihren wissenschaftlichen Mitarbeitern auch Physiker oder Ingenieure des Maschinenwesens mit dem entsprechenden Fachwissen zählen.

Schließlich kann die Begutachtung auch in einer Hand liegen, wenn ein forensisch tätiger Biomechaniker zur Verfügung steht. Dieser muss aufgrund einer fundierten Ausbildung auf beiden Gebieten die notwendigen Kenntnisse und durch wissenschaftliche und gutachterliche Tätigkeit hinreichende Erfahrungen auf dem Gebiet der Biomechanik erworben haben.

Eigene Studiengänge für dieses Fach werden in Deutschland nicht angeboten. Der Erwerb der speziellen Kenntnisse kann neben dem Lernen von Bücherwissen nur in der Praxis erworben werden, etwa durch eine wissenschaftliche Tätigkeit in einem entsprechenden Institut (zB Rechtsmedizin, Orthopädie, Ergonomie) und der aktiven Teilnahme an den einschlägigen wissenschaftlichen Tagungen.[2]

B. Die Bedeutung des sogenannten HWS-Traumas für Gerichte und Versicherungen

Das HWS-Trauma hat in den letzten Jahren gerade bei Verletzungen im Straßenverkehr und den sich danach ergebenden rechtlichen Verfahren eine – an sich unverhältnismäßige – Bedeutung gewonnen.

I. Wirtschaftliche Bedeutung

Der Gesamtaufwand der deutschen Versicherer für Kraftfahrzeughaftpflichtschäden betrug 1994 ca. umgerechnet 12 Mrd. EUR. Ca. 20 % – das sind 2,5 Mrd. EUR – fielen davon auf die Regulierung von Personenschäden. 10 % aller Verkehrsunfallschäden ziehen Körperverletzungen nach sich. Das waren wiederum 1994 430 000 Fälle, davon 93 % (400 000) HWS-Schäden. Für HWS-Schäden wurden in diesem Jahr 0,5 Mrd. EUR Schmerzensgelder bezahlt – durchschnittlich 1 250 EUR pro Fall – im Vergleich dazu Mietwagenkosten: 1,5 Mrd.[3] Dabei fallen in zahlreichen Fällen

---

[2] Hier sind insbesondere zu nennen die seit mehr als fünfzig Jahren in den USA stattfindende jährliche Stapp Car Crash Conference (http://www.stapp.org) und die seit 1973 in jährlich Europa tagende IRCOBI-Konferenz on the Biomechanics of Injury (IRCOBI = International Reasearch Council on the Biomechanics of Injury, http://www.ircobi.org/).
[3] Zitiert von *S. Geier*, VGT Goslar 1996, S. 190.

die Folgeschäden zB für Haushaltsführung oder Verdienstausfall noch ungleich höher ins Gewicht.

II. Im Zivilprozess

10 Mehr als 25 % aller zu beurteilender Körperverletzungen sind HWS-Traumata. Die Beobachtung durch die Öffentlichkeit ist beträchtlich. Der Nachweis des Phänomens „HWS-Trauma" zum Grund und zu den Folgen führt oftmals zu unverhältnismäßigen und manchmal geradezu grotesken Aufwendungen im Beweisverfahren. Der Kreis der daran beteiligten Personen, Anwälte, Richter, Sachverständige technischer, biomechanischer, ärztlicher und psychologischer Fachbereiche ist bedeutend und nimmt zu.

C. Anforderungen an den Nachweis eines HWS-Traumas (Kausalität)

11 Wer behauptet, durch einen Unfall verletzt zu sein, muss hierfür den entsprechenden Beweis erbringen. Im Falle eines HWS-Traumas ist ein bildgebender Nachweis in der Regel nicht zu führen. Aus diesem Grunde werden Anspruchsteller wegen HWS-Schäden nach Verkehrsunfällen oft als Versicherungsbetrüger oder Simulanten hingestellt, von denen es jeweils mit Sicherheit einen großen Anteil gibt.[4] Tatsächlich ergibt sich aus den Statistiken, dass die Verletzungsgefahr umso höher ist, je geringer die biomechanische Einwirkung ist. Dagegen treten HWS-Traumata bei sehr schweren Körperverletzungen, die zB mit Knochenbrüchen verbunden sind, so gut wie gar nicht auf.

I. Probleme der Kausalität im Zivilrecht

12 Der Anspruchsteller muss beweisen, dass er ein HWS-Trauma erlitten hat. Er muss aber auch beweisen, dass der zugrunde liegende Unfall das Trauma verursacht hat, da ihm sonst kein Anspruch auf Schadensersatz, Schmerzensgeld und dergleichen entsteht. Das Problem der Verursachung – oder lateinisch: der Kausalität – ist eine der Grundfragen dieses Buches. Für die Geltendmachung entsprechender Schadensersatzansprüche ist natürlich auch die Frage der Haftung nach §§ 823 ff BGB (Verschulden) oder der Betriebsgefahr (§ 7 StVG) von Bedeutung. Seltsamerweise ist diese Frage aber gutachterlich in der Regel leichter zu klären als die Frage der Kausalität.

13 Kausal ist jede Ursache, die nicht hinweggedacht werden kann, ohne dass der Erfolg entfiele; conditio sine qua non.[5] Rechtlich kausal ist jedoch nur eine Ursache von gewisser Erheblichkeit, dh eine adäquat kausale Ursache.

- Adäquate Kausalität: Nach der Rechtsprechung des BGH ist eine Handlung nur dann im Rechtssinne ursächlich, wenn sie allgemein von gewisser Erheblichkeit und nicht nur unter besonders eigenartigen, ganz unwahrscheinlichen und nach dem regelmäßigen Verlauf der Dinge außer Betracht zu lassenden Umständen zur

---

4 Vgl *Weber*, Die Aufklärung des Versicherungsbetruges, 1985; *Lemcke*, NZV 96, 337.
5 BGHZ 2, 138, 1241.

Herbeiführung des Erfolges geeignet, ist.[6] Einfacher ausgedrückt: Als adäquat kausal werden solche Kausalverläufe nicht anerkannt, die dem Verantwortlichen billigerweise rechtlich nicht mehr zugerechnet werden können.

- Oder positiv: Das Ereignis muss die Möglichkeit eines Erfolges der eingetretenen Art nicht unerheblich erhöht haben.[7] So hat der BGH die Adäquanz bejaht bei einem Impfschadensfall, bei dem die Wahrscheinlichkeit geringer als 0,01 % war.[8] Bejaht wurde die Adäquanz auch beim Herztod eines Kraftfahrers nach Zerstörung der Windschutzscheibe durch einen hochgeschleuderten Stein[9] oder nach einem Beinahe- Zusammenstoß mit einem auf der Fahrbahn laufenden Kind.[10]

Als Körperschaden wird ein HWS-Trauma in der Regel im Sinne einer unmittelbaren Folge eines Verkehrsunfalles und damit als Primärschaden geltend gemacht. Hier handelt es sich um die Frage der von der Rechtsprechung sog. „haftungsbegründenden Kausalität". Für die haftungsbegründende Kausalität eines HWS-Traumas infolge eines Verkehrsunfalles muss der Geschädigte den vollen Nachweis nach dem Maßstab des § 286 ZPO erbringen. Für seine Behauptung, bei einem Verkehrsunfall verletzt worden zu sein, muss der Geschädigte (Kläger) den Vollbeweis führen. Es genügt nicht die Behauptung, dass ein Unfall stattgefunden hat, auch nicht die Tatsache eines erheblichen Sachschadens. Auch eine erhebliche Wahrscheinlichkeit reicht nicht aus. Insbesondere gibt es auch keinen Anscheinsbeweis dahin, dass das Auffahren eines Pkws auf einen anderen mit überwiegender Wahrscheinlichkeit zu einem HWS-Trauma der im Fahrzeug in sitzenden Personen führt.[11] Auch, wenn ein Sachschaden feststeht, beginnt der Kläger beim Nachweis der Körperverletzung wieder bei Null.[12]

II. § 286 ZPO, der sog. Strengbeweis

Der Strengbeweis verlangt für die Überzeugungsbildung des Gerichts einen hohen Grad an Überzeugung. Er verlangt aber keine absolute Gewissheit, nicht einmal eine „an Sicherheit grenzende Wahrscheinlichkeit".[13] Vielmehr darf und muss sich der Richter mit einem für das praktische Leben brauchbaren Grad von Gewissheit begnügen, der den Zweifeln Einhalt gebietet, ohne sie völlig verstummen zu lassen.[14] Zwar ist, wie *Lepa*[15] in einem seiner Vorträge gesagt hat, mit solchen Definitionen nicht viel gewonnen; denn es streiten Verfechter der objektiven und der subjektiven Beweismaßtheorie. Nach der objektiven Theorie ist eine objektive, materielle, allge-

---

6   BGHZ 3, 267; 7, 204.
7   RGZ 69, 59; BGHZ 3, 266; BGHZ 79, 259, 261.
8   BGHZ 18, 286.
9   BGH VersR 1974, 1030.
10 OLG Düsseldorf VersR 1992, 1233.
11 BGH NJW 1996, 1828; 1997, 528, *von Hadeln*, NZV 2001, 458.
12 *Lemcke*, NZV 1998, 415; BGH VersR 1987, 310, *von Hadeln*, NZV 2001, 457, BGH NZV 2003, 167, Urt. vom 28.1.2003.
13 BGH VersR 1989, 759.
14 BGHZ 53, 245, 246.
15 Langjähriges Mitglied des 6. Zivilsenates beim BGH.

meingültige „Wahrheit" erforderlich, nach der subjektiven Theorie darf der Richter – natürlich gebunden an Denk-, Natur- und Erfahrungsgesetze – die im Prozess gewonnenen Ergebnisse nach seiner individuellen Einschätzung bewerten.[16]

16 Letztere ist nunmehr herrschende Meinung:

Schon die Auswahl der Beweismittel, die Gestaltung der Beweisaufnahme, noch mehr aber die Würdigung der Aussagekraft der einzelnen Beweismittel sind unvermeidbar subjektiven Einflüssen unterworfen. Ebenso muss der Richter zwangsläufig zum Wahrscheinlichkeitsgrad eine persönliche Entscheidung treffen.

Beispiel: Das Gericht kann (und wird des Öfteren) zur Aufklärung eines Verkehrsunfalles die Einvernahme des klägerischen Fahrers als Zeugen anordnen und zugleich die informatorische Anhörung des mitverklagten Fahrers der Gegenseite gemäß § 141 ZPO, ohne diesen parteiverantwortlich gem. § 448 ZPO zu vernehmen. Die Erklärungen der Partei können dann zwar nicht als Beweismittel, aber im Rahmen der Beweiswürdigung nach § 286 ZPO verwertet werden,[17] dh das Gericht kann, darf und muss selbst entscheiden, ob es dem einen oder dem anderen mehr Glauben schenken will oder ob es die Sache als ungeklärt ansieht. Für den Nachweis eines HWS-Traumas genügt danach nicht die Tatsache, dass ein Unfall stattgefunden hat; vielmehr muss zumindest eine naheliegende Körperverletzung nachgewiesen, unstreitig oder anerkannt sein.

Oder: Das Gericht muss aufgrund der Beweisaufnahme von dem Vorliegen überzeugt sein (§ 286 ZPO). Diese Beweisanforderungen gelten aber nur, wie gesagt, für die Frage, ob der Kläger körperlich verletzt worden ist.

III. Die Schadensschätzung und Beweiserleichterung nach § 287 ZPO

17 Hinsichtlich des Umfangs der erlittenen Verletzungen und der Frage, ob sich aus dem Trauma körperliche oder evtl psychische Folgeschäden entwickelt haben, gilt der Grundsatz der haftungsausfüllenden Kausalität. Hier kommt dem Geschädigten die Beweiserleichterung des § 287 ZPO zugute. Auch in § 287 Abs. 1 ZPO ist von freier Überzeugung die Rede, nämlich dass das Gericht unter Würdigung aller Umstände nach freier Überzeugung entscheiden muss. Diese Sondervorschrift gewährt dem Geschädigten eine Beweiserleichterung, die darin besteht, dass der Richter an seine Überzeugungsbildung einen geringeren Maßstab anlegt, als er es nach § 286 tun müsste. Auch hier ist der Kläger im Prozess grundsätzlich darlegungs- und beweispflichtig und er bleibt wie bei § 286 ZPO beweisfällig, dh mit dem Beweis belastet, wenn er diesen nicht führen kann.[18]

18 Ziel des § 287 ZPO ist es, dem Geschädigten den Nachweis eines Schadens zu erleichtern, indem er an die Stelle der sonst erforderlichen Einzelbegründung das freie Ermessen des Gerichts, die freie Schätzung, setzt. Allerdings soll die Bestimmung

---

16 Zöller, § 286 Rn 13; Greger, Beweis und Wahrscheinlichkeit, 1978, S. 101 ff.
17 BGH VersR 1996, 597, 600.
18 G. Müller, in: FS Deutschen Anwaltvereins 2004, S. 171.

auch dem Tatrichter die Beweisaufnahme und das Beweismaß erleichtern – was oft übersehen wird.

Dabei geht es um zwei Themen: 19

1. Beweis der Schadenshöhe:

   der häufigste Anwendungsfall des § 287 Abs. 1 ZPO: Die Schadensschätzung. § 287 gestattet und verlangt nicht nur die Schätzung eines Mindestschadens; vielmehr ist es gerechtfertigt, einen mittleren Wert zu schätzen.[19] Die Schätzung soll dem wahren Schaden so nahe wie möglich kommen. Der Beweisführer muss allerdings auch im Rahmen des § 287 ZPO ausreichende Anhaltspunkte für die Höhe des Schadens vortragen und ggf auch beweisen.

2. Beweis der Schadensentstehung:

   § 287 ZPO greift auch ein, wenn im Prozess bestritten wird, ob ein Schaden entstanden sei. Dies bedeutet, dass auch der Streit um die haftungsausfüllende Kausalität im Verhältnis zur haftungsbegründenden Kausalität nach § 287 zu entscheiden ist.

Es gilt der Merksatz: Der erste Verletzungserfolg ist nach dem Strengbeweis des 20 § 286 ZPO zu beurteilen; für den Beweis der Weiterentwicklung der Schädigung gilt die Beweiserleichterung des § 287, oder, sehr einfach und ein bisschen grobschlächtig, aber zutreffend: Steht einmal eine unfallbedingte Primärverletzung fest, so können Folgebeschwerden als Unfallfolgen mit einer Wahrscheinlichkeit von 51 % **geschätzt** werden.

Hierzu beispielhaft und geradezu lehrbuchmäßig die schon mehrfach zitierte Entscheidung des BGH vom 28.1.2003. Hier hat der BGH sinngemäß erklärt, dass es 21 weitgehend Sache des Gerichts sei, wie es seine Überzeugung vom Vorliegen einer unfallbedingten Körperverletzung HWS-Trauma gewinne; es müsse eben nur überzeugt sein. Das Gericht muss zu dieser Überzeugungsbildung kein biomechanisches Gutachten erholen; ja es kann sogar ein zum Beweis des Gegenteils beantragtes biomechanisches Gutachten ablehnen. Dass jedoch aufgrund dieses festgestellten HWS-Traumas (aufgrund körperlicher Besonderheiten des Verletzten oder sogar aufgrund ärztlicher Falschbehandlung) schwerwiegende körperliche Folgebeschwerden beim Verletzten aufgetreten sind, darf das Gericht dann gemäß § 287 ZPO schätzen. Ähnlich zur Konversionsneurose: BGH NZV 2000, 121 (s.a. Rn 50). Allerdings darf es sich aufgrund eines biomechanischen Gutachtens auch leisten, gerade nicht davon überzeugt zu sein, dass ein HWS-Trauma eingetreten ist, oder eben nicht die erforderliche Überzeugung gewonnen zu haben, dass der Unfall ein solches Trauma ausgelöst hat.

---

19 BGH NJW 1970, 1972.

IV. Der Anscheinsbeweis

1. Allgemeine Bedeutung

22 Der Anscheinsbeweis, auch prima-facie-Beweis oder Beweis des ersten Anscheins genannt, spielt in Haftungsprozessen, hier insbesondere bei Verkehrsunfallsachen, eine sehr bedeutende Rolle und wird nach überwiegender Meinung mit der Erfahrungssätzen im Rahmen der Beweiswürdigung erklärt.[20] Nachdem er aber für den Tatrichter/die Tatrichterin bereits bei der Aufstellung des Fahrplans für die Beweiserhebung eine ausschlaggebende Rolle spielt, soll er hier unter der Überschrift „Beweislast" mitbehandelt werden. Ggf soll ja auch das Gericht bei der Auftragserteilung den Sachverständigen gem. § 404 a ZPO auf das Problem des Anscheinsbeweises im speziellen Fall hinweisen, was aber bedauerlicherweise meistens unterbleibt. *Greger* hat als Erster die **Rolle des Anscheinsbeweises bei der Haftung im Straßenverkehrsrecht** beschrieben, nämlich dass durch richterliche Rechtsprechung der Anscheinsbeweis zur ungeschriebenen Haftungsnorm erhoben wurde: Wer am Straßenverkehr teilnimmt, ist zum Ersatz des einem anderen Verkehrsteilnehmer entstandenen Schadens verpflichtet, wenn dieser nach dem typischen Geschehensablauf auf ein fahrlässiges Verhalten des Schädigers zurückzuführen ist, es sei denn, dass sich aus bestimmten Tatsachen die Möglichkeit eines fehlenden Verschuldens ergibt.

23 Bevor der Anscheinsbeweis Anwendung findet, müssen zwei Voraussetzungen erfüllt sein: Es muss zwischen beiden Parteien ein bestimmter unstreitiger Sachverhalt feststehen oder ein solcher muss nachgewiesen sein. Es muss des Weiteren ein typischer Geschehensablauf im Sinne der BGH-Rechtsprechung vorliegen, dh ein Sachverhalt, bei dem eine ohne weiteres naheliegende Erklärung nach der allgemeinen Lebenserfahrung zu finden ist und angesichts des typischen Charakters die konkreten Umstände des Einzelfalles für die tatsächliche Beurteilung ohne Belang sind.[21] Der Anscheinsbeweis führt nicht zu einer Umkehr der Beweislast. Seine Wirkung entfällt vielmehr schon dann, wenn der Gegner Tatsachen beweist, aus denen sich die ernsthafte Möglichkeit eines anderen als des typischen Geschehensablaufes ergeben. Diese Tatsachen bedürfen allerdings des vollen Beweises.[22]

24 Die Rechtslehre unterscheidet den Anscheinsbeweis der Kausalität und den des Verschuldens. In vorliegendem Beitrag interessiert aber nur der Anscheinsbeweis der Kausalität, weil nach dem zweiten Gesetz zur Änderung schadensersatzrechtlicher Vorschriften seit dem 1.8.2002 Schmerzensgeld auch ohne Verschulden des Schädigers geltend gemacht werden kann und das Verschuldensprinzip für die Frage der Personenschäden kaum noch relevant ist.

2. Anscheinsbeweis der Kausalität

25 Der Anscheinsbeweis der Kausalität greift ein, wenn der Ursachenzusammenhang zwischen einem Haftung begründenden Verhalten und einem Schadenserfolg wegen

---

20 *Greger*, § 16 StVG Rn 362, 378.
21 BGH NZV 1990, 387.
22 BGHZ 8, 239.

der Typizität des Geschehensablaufes nach der Lebenserfahrung anzunehmen ist. Hauptanwendungsgebiete sind Fälle, in denen der Schädiger gegen solche Schutzgesetze, Unfallverhütungsvorschriften und dgl verstoßen hat, die gerade einem Schadensereignis der eingetretenen Art entgegenwirken sollen, und der Schädiger nunmehr behauptet, der Schaden wäre auch ohne diesen Verstoß eingetreten, oder in denen es um die Beurteilung schwer oder überhaupt nicht erfassbarer Abläufe medizinischer, chemischer oder physikalischer Art geht. Zu nennen sind folgende **Einzelfälle** zum Anscheinsbeweis der Kausalität:

- **Alkoholeinfluss:** Der Ursachenzusammenhang bei Fahruntauglichkeit kann zwar grundsätzlich mittels Anscheinsbeweis festgestellt werden;[23] dies gilt jedoch nicht, wenn Umstände zum Unfall geführt haben, die auch ein Nüchterner nicht hätte meistern können (Glatteis, plötzliches Auftauchen eines Fußgängers),[24] oder auch in den Fällen, in denen der Betrunkene völlig fehlerfrei gefahren ist und der Geschädigte nachweislich den Unfall verschuldet hat. Dagegen kann bei einer BAK von 1,99 Promille und drei abgefahrenen Reifen von der Ursächlichkeit dieser Umstände für das Schleudern des Pkws auf regennasser Straße auch dann ausgegangen werden, wenn der Fahrer durch einen entgegenkommenden Bus behindert wird.[25]

- **Fehlen der Fahrerlaubnis:** Hierbei kann eine Kausalität für einen Unfall nicht mittels Anscheinsbeweis festgestellt werden.[26]

- **Auffahren infolge mangelnder Beleuchtung oder Absicherung:** Die fehlende oder mangelhafte Beleuchtung ist nach dem ersten Anschein ursächlich, wenn ein anderes Fahrzeug auffährt; der Anscheinsbeweis entfällt jedoch, wenn das Kfz aufgrund anderweitiger Beleuchtung von weitem gut sichtbar war.[27]

- **Geschwindigkeitsüberschreitung:** Steht fest, dass ein Kraftfahrer die auf dem betreffenden Straßenabschnitt zulässige Höchstgeschwindigkeit erheblich überschritten hat, so ist davon auszugehen, dass dies der Grund für sein Unvermögen war, vor einem Zusammenstoß rechtzeitig auszuweichen oder anzuhalten.[28]

- **Begegnungsunfälle:** Überfährt bei einem Begegnungszusammenstoß einer der beiden Fahrer die Fahrbahnmitte, so spricht der erste Anschein dafür, dass diese Verkehrswidrigkeit die Unfallursache war.[29] Dies gilt vor allem dann, wenn der Kraftfahrer die durchgezogene weiße Mittellinie überfahren hat.[30]

---

23 BGHZ 18, 311.
24 Vgl OLG Stuttgart VersR 1980, 243.
25 BGHZ 64, 1145.
26 BGH VersR 1962, 374.
27 BGH VersR 1961, 1015.
28 BGH VRS 4, 262.
29 BGH VersR 1964, 1066.
30 BGH VersR 1968, 698.

- **Zweitunfall:** Fährt ein Kraftfahrzeug auf ein anderes und dieses sodann auf ein weiteres auf, so spricht der Anschein dafür, dass der erstauffahrende Kfz-Führer auch das Auffahren auf das dritte Fahrzeug verursacht hat.[31]
- **Türöffnen:** Stürzt ein vorbeifahrender Radfahrer in dem Augenblick, in dem der Autofahrer die Tür öffnet, so spricht der Anscheinsbeweis für die Kausalität zwischen Öffnen und Sturz.
- **Todesursache:** Wird der Insasse eines an einen Baum gefahrenen Kraftwagens unmittelbar nach dem Unfall sterbend aus dem Wagen gezogen, so spricht der erste Anschein für die Ursächlichkeit des Unfalls für den Tod, wenn die festgestellten Verletzungen geeignet waren, den Tod herbeizuführen.

D. Nachweisprobleme in der Praxis

26 Nachdem das HWS-Schleudertrauma ersten Grades (nach *Erdmann*) in bildgebenden Verfahren nicht nachweisbar ist,[32] stößt der Anspruchsteller, wie bereits erwähnt, in der Regel auf erhebliche Beweisschwierigkeiten.

I. Nachweis durch Atteste der behandelnden Ärzte

27 Kommt der Geschädigte zum Hausarzt mit der Behauptung, er sei in einen Auffahrunfall verwickelt gewesen und habe jetzt Schmerzen oder/und Schwindelgefühle, hat dieser die Klagen entsprechend seiner Verpflichtung als Therapeut ernst zu nehmen, die erforderlichen Untersuchungen durchzuführen, ggf auch Röntgenaufnahmen anzufertigen. Ergeben die Untersuchungen objektiv keinen Befund, so kann es gleichwohl therapeutisch geboten sein, den Patienten krankzuschreiben und irgendwelche Behandlungsmaßnahmen einzuleiten. Als Diagnose wird der Arzt in diesen Fällen: „HWS-Trauma" oder „Verdacht auf HWS-Trauma" bestätigen, obwohl im Grunde nur Letzteres gerechtfertigt ist. **Falsch** wäre in jedem Fall, wenn der Arzt ein **HWS-Schleudertrauma bestätigt**, da dies bereits einen **verletzungsmechanischen Vorgang** beschreibt, über dessen Vorliegen der Arzt in der Regel keine objektiven Erkenntnisse besitzt. **Keinesfalls** kann oder wird der Arzt dabei als **Gutachter** tätig werden können. Dies übersieht ganz offensichtlich OLG Bamberg in seiner Entscheidung vom 4.11.2000,[33] indem es die Kausalität eines Unfalles für ein HWS-Trauma für nachgewiesen ansieht, wenn im ärztlichen Attest eines Durchgangs-Arztes unter dem Stichwort Diagnose „HWS-Distorsion" eingetragen wird.[34] Die Festellungen der erstbehandelnden Ärzte allein genügen idR nicht zur Beweisführung.[35]

---

31 OLG Hamburg VersR 1967, 478.
32 AA zB *Müller*, in: FS des Deutschen Anwaltvereins 2004, S. 171.
33 NZV 2001, 470.
34 Zur Kritik siehe u.a. *von Hadeln*, NZV 2001, 475.
35 OLG München NZV 2003, 475.

II. Die unfallanalytische Begutachtung

Die unfallanalytische Begutachtung bestimmt zunächst aufgrund von Brems- und Kontaktspuren, Beschädigungen der Fahrzeuge aufgrund der Originallichtbilder aus den Schadensgutachten, sowie aufgrund von Reparaturrechnungen, uA wie viel Energie in Deformationsarbeit umgewandelt wurde. Daraus lassen sich Daten, wie Kollisionsgeschwindigkeiten und Geschwindigkeitsänderungen berechnen. 28

III. Die biomechanische Begutachtung

Die biomechanische Begutachtung bestimmt die Belastung, der der Geschädigte ausgesetzt war.[36] Sie berücksichtigt über die Unfalldaten hinaus die individuellen konstitutionellen und medizinischen Besonderheiten der betroffenen Person im Einzelfall. Aus der Entscheidung des BGH, dass der medizinische Sachverständige sich auf die Feststellungen der erstbehandelnden Ärzte stützen kann[37] folgt nicht, dass biomechanische Gutachten verzichtbar sind.[38] Das biomechanische Gutachten grenzt die von außen auf den Menschen einwirkende Belastung ein und soll die Frage beantworten, ob diese größer ist als die individuelle Belastbarkeit des betroffenen menschlichen Organs. 29

Nach der Rechtsprechung des BGH unterliegt der Eintritt eines HWS-Schleudertraumas als Folge eines Verkehrsunfalles der richterlichen Überzeugung gemäß § 286 ZPO. In diesem Zusammenhang soll nochmals das Urteil des BGH vom 28.1.2003 herangezogen werden, das in der tatrichterlichen Entscheidung – leider oft falsch verstanden – regelmäßig zitiert wird. In diesem Urteil betont der BGH, dass alle Umstände des Einzelfalles zu berücksichtigen seien und dass insbesondere nicht schematisch auf die Geschwindigkeitsänderung abgestellt werden dürfe. 30

Der einprägsame Leitsatz lautet: „Allein der Umstand, dass sich ein Unfall mit einer geringen kollisionsbedingten Geschwindigkeitsänderung („Harmlosigkeitsgrenze") ereignet hat, schließt die tatrichterliche Überzeugungsbildung nach § 286 ZPO von seiner Ursächlichkeit für eine HWS-Verletzung nicht aus". 31

Im konkreten Fall war bei der Erstuntersuchung eine äußerlich unauffällige, frei bewegliche endgradig schmerzhafte HWS sowie ein leichter Stauchungsschmerz diagnostiziert worden, wobei der Geschädigte angegeben hatte, zwei Halswirbelkörper seien deutlich druckschmerzhaft. Im konkreten Fall hatte der BGH keine Bedenken gegen die durch den gesamten Inhalt der Verhandlung und das Ergebnis der Beweisaufnahme (mehrere gleichlautende Atteste behandelnder Ärzte und Anhörung des Klägers) gewonnene Würdigung des Tatrichters, dass die Angaben des Geschädigten insgesamt glaubhaft seien. Bei dieser Sachlage durfte das Berufungsgericht nach freier Überzeugung (§ 286 ZPO) zu dem Ergebnis kommen, dass der Verkehrsunfall beim Kläger eine HWS-Distorsion im Sinne einer Körperverletzung ausgelöst habe. Der 32

---

36 *Auer/Krumbholz*, „Das HWS-Trauma", NZV 2007, 274; *Becke/Castro/Hein/Schimmelpfennig*, NZV 2000, 226, 235.
37 BGH VersR 2003, 474.
38 OLG München NZV 2003, 47.

BGH hat ausführlich und mit zahlreichen Hinweisen auf Rechtsprechung und Literatur dargelegt, dass niedrige Kollisionsgeschwindigkeiten einer solchen Überzeugungsbildung nicht entgegenstehen.

IV. Tatrichterliche Kriterien für den Nachweis eines HWS-Traumas

33 Maßgeblich für die Überzeugung des Gerichts gem. § 286 kann (können) sein:

- Härte des Anstoßes,
- Geschwindigkeitsänderung (je höher, desto wahrscheinlicher),
- Sitzhaltung der/des Geschädigten,
- Alter des Geschädigten und evtl Vorschäden, insbes. im HWS-Bereich,
- Einstellung des Sitzes und der Kopfstützen.

Die vorgenannten Indizien sind nach Auffassung des Verfassers unerlässlicher Teil eines biomechanischen Gutachtens. Es kommt auch immer auf die individuelle Belastbarkeit des Betroffenen an.

34 Eine entsprechende ausdrückliche Anleitung gem. § 404 a ZPO muss ggf durch das Gericht erfolgen.[39] Eingeholt werden sollte Folgendes:

- Aussagen von Zeugen (in der Regel nahe Bekannte oder Verwandte) über die Befindlichkeit des Geschädigten vor und nach dem Unfall,
- eine informatorische Anhörung des Geschädigten, evtl auch die Parteivernehmung gem. § 448 ZPO,
- Feststellungen des Hausarztes,
- medizinische Gutachten, enger zeitlicher Zusammenhang.

Ein wichtiges Indiz für die Frage, ob körperliche Beschwerden durch den Unfall verursacht worden sind, ist sicherlich, dass sie erstmals nach dem Unfall aufgetreten und dann von längerer Dauer sind.[40]

E. HWS-Trauma und Vorschäden

35 Dem Schädiger sind auch solche Auswirkungen der Verletzungshandlung zuzurechnen, die sich erst deshalb ergeben, weil Krankheitsanlage oder körperlicher Vorschäden durch den Unfall manifestiert wurden. In rechtlicher Hinsicht gilt der allgemeine Grundsatz, dass der Schädiger den Geschädigten in dessen körperlicher Beschaffenheit hinnehmen muss. Der BGH hat diesen Grundsatz sinngemäß sehr schön so ausgedrückt: „Der Schädiger trägt das Risiko dafür, dass das Unfallopfer nicht zu den Starken dieser Welt gehört."[41]

---

39 Vgl *Lemcke*, NZV 1996, 337.
40 OLG Frankfurt a.M. NZV 2002, 120.
41 BGH VersR 1969, 44; VersR 1991, 432.

Der Schädiger und seine Haftpflichtversicherung haften also auch für eine unfallbedingte Verschlimmerung bestehender HWS-Beschwerden und deren Folgen. Es kommt dabei nicht darauf an, ob eine „richtungsweisende" Verschlimmerung vorliegt (so im Sozialrecht) sondern allein darauf, dass es dem Geschädigten ohne den Unfall mit der entsprechenden Wahrscheinlichkeit besser ginge und dass er ohne den Unfall geringere Schäden erlitten hätte.

Der Schädiger haftet demnach auch für die Auswirkungen einer beim Unfall erlittenen Gehirnerschütterung, wenn diese außergewöhnlich schwer sind, weil der Verletzte früher einmal einen Schädelbruch erlitten hatte,[42] wenn der Verletzte Bluter ist und sich die Heilungskosten dadurch um mehr als 300 000 DM erhöhen.[43]

Der Grundsatz gilt auch, wenn beim Kläger infolge des Unfalls Erwerbsunfähigkeit eintritt und diese ohne die Vorschädigung nicht eingetreten wäre. Es spielt keine Rolle, ob die Vorschädigung auf einem früheren Unfall oder auf altersbedingter Abnutzung der HWS oder deren altersbedingtem Zustand beruht, wenn die konkrete Schadensfolge jedenfalls durch den Unfall mitverursacht wurde. Der Grundsatz gilt auch für den Fall, dass der Anspruchsteller psychisch besonders labil oder vorgeschädigt ist.[44]

Er gilt aber nicht grenzenlos: Wenn feststeht, dass der Geschädigte infolge einer schon vorhandenen Anlage zu einem bestimmten oder einigermaßen bestimmbaren Zeitpunkt auch ohne den Unfall HWS-Beschwerden gleicher Intensität aufweisen wird, so entfällt eine Entschädigungspflicht ab diesem bestimmten oder bestimmbaren Zeitpunkt. Dieser Umstand wird in der Praxis oft übersehen und vom gutachterlichen Mediziner auch nicht ausdrücklich festgestellt (es fragt ihn ja auch in der Regel niemand danach).

F. Erst- und Zweitunfall

Erleidet ein Unfallgeschädigter nach einer gewissen Zeit einen zweiten Unfall, so gelten folgende Kriterien: Wird ein weiteres Ereignis mitursächlich für den endgültigen Schaden, so entfällt die Haftung des Erstschädigers nicht ohne weiteres. Maßgeblich ist, ob die Verletzungsfolgen des Erstunfalles im Zeitpunkt des zweiten Unfalles bereits ausgeheilt waren und deshalb der zweite Unfall allein zu den jetzt geklagten Beschwerden geführt hat. Dabei hat der BGH klargestellt, dass der Zweitschädiger in einem solchen Fall mangels abgrenzbarer Schadensanteile für den endgültigen Schaden auch dann haftet, wenn seine Beteiligung lediglich mitursächlich für den Dauerschaden war.[45]

---

42 BGH, VersR 1969, 802.
43 OLG Koblenz VRS 72, Nr. 145.
44 BGH NZV 1993, 224.
45 BGH VersR 2002, 200; 1964, 51.

G. Das HWS-Trauma und seine psychischen Folgen

41 Ein in der gerichtlichen häufig beobachtetes Phänomen ist die Klage über langandauernde seelische Beschwerden als Folge eines Verkehrsunfalles. Jeder der juristisch mit diesem Schadenstypus befasst ist, weiß, welche Nachweisschwierigkeiten hier oft auftreten. Auch die in der Literatur beschriebenen Versuche mit einer Nullbelastung sprechen jedenfalls dafür, dass von vorneherein selbst bei einem nur vermuteten Anstoß psychisch bedingt ein körperliches Trauma empfunden werden kann. Zum einen werden in der Regel nicht nur psychische Leiden, wie Depressionen, Unruhezustände, Schlaflosigkeit, Impotenz, Angst, soziale Beschränkungen geklagt, sondern auch Schmerzzustände und körperliche Einschränkungen der verschiedensten Art, die organisch nicht nachweisbar, aber offensichtlich vorhanden und daher als psychisch bedingt anzusehen sind. Dazu gehört wahrscheinlich auch der Tinnitus, der zunehmend nicht als organische Verletzungsfolge, sondern als psychisch bedingt beschrieben wird.

42 Zum anderen ist die Last der Beweisaufnahme in diesen Fällen oft unerträglich: Neben der Einvernahme von Zeugen, in der Regel Bekannten des/der Geschädigten und natürlich einer ausführlichen persönlichen Anhörung des-/derselben ist in der Regel die Erholung eines **biomechanischen**, eines **orthopädischen** und eines **neurologisch-/psychiatrischen Gutachtens** veranlasst, fast immer verbunden mit Gegengutachten, mündlicher Anhörung der Sachverständigen und natürlich auch immer mit den emotionalen Befindlichkeiten und Äußerungen des Unfallopfers schriftlich oder mündlich in der Verhandlung.

43 Schließlich treibt die Beweisaufnahme nicht selten auf die Notwendigkeit der Erholung eines psychiatrischen Gutachtens zu. Die Kammer des Verfassers hatte mit 10-jähriger Beweisaufnahme über ein behauptetes HWS-Trauma zu entscheiden. Es wurden erholt: zwei biomechanische, ein radiologisches, ein orthopädisches, ein HNO-Gutachten (ebenfalls wegen behauptetem Tinnitus), zwei neurologische Gutachten, jeweils mit mannigfacher Ergänzung, mündlicher Anhörung der Sachverständigen mit zum Teil durchaus widersprüchlichen Ergebnissen. Organische Verletzungen wurden ausgeschlossen, nicht aber, dass der Kläger unter den Unfall und seinen Folgen litt. Schließlich regte die Kammer dringlich noch die Erholung eines psychiatrischen Gutachtens an. Dieses lehnte der Kläger entschieden ab mit den Worten: „Ich bin doch nicht verrückt; ich bilde mir das doch nicht alles ein!"

44 Wie hätte das Gericht ohne Erholung eines fachpsychiatrischen Gutachtens dem widersprechen können? Der Rechtsstreit war nicht zu entscheiden und wurde mit einer nicht unerheblichen Vergleichszahlung schließlich erledigt. Soweit sich ein psychischer Schaden unmittelbar aus dem Erleben des Schadensereignisses ergibt, ohne durch einen unfallbedingten Körperschaden vermittelt zu werden, handelt es sich um einen sogenannten psychischen Primärschaden, der nach § 286 ZPO beurteilt werden muss; dh den Kläger trifft bei Behauptung einer solchen Verletzung die volle Beweislast. Dagegen ist ein psychischer Schaden als Folge einer körperlichen Verletzung als Folgeschaden anzusehen der unter dem Beweismaß des § 287 zu beurteilen ist.

G. Das HWS-Trauma und seine psychischen Folgen

I. Psychische Primärschäden

Beeinträchtigungen als Folge eines unfallbedingten hirnorganisch nachweisbaren Schadens (zB ständige Schmerzüberflutungen ohne organischen Befund) sind ohne Zweifel als psychische Primärschäden anzusehen.

Psychische Schäden, die sich aus dem Erleben eines Unfalles oder einer bestimmten Situation ergeben, sind nur dann entschädigungspflichtig, wenn diese einen Krankheitswert besitzen.[46] Dabei handelt es sich um Aktualneurosen, dh um solche, die unmittelbar durch das Unfallgeschehen ausgelöst werden.[47] Jedoch gilt auch für den Nachweis psychischer Folgen eines Verkehrsunfalles als Primärverletzung der Strengbeweis, sehr anschaulich geschildert in einer Entscheidung des OLG München.[48] Hier fuhr ein Bulldozer mit herabgelassener Frontladegabel auf den Pkw der Klägerin zu und beschädigte diesen am Dach beträchtlich. Die Klägerin behauptete einen schweren Schock mit Krankheitswert erlitten zu haben.

Da äußere Körperverletzungen nicht vorlagen, wurde vom Gericht ein psychiatrisches Gutachten eingeholt. Danach ergab sich aus der Sicht der Klägerin – sachverständigerseits festgestellt – eine lebensbedrohliche Situation, die durchaus geeignet war, psychische Reaktionen mit Krankheitswert hervorzurufen.

II. Psychische Folgeschäden

Ist eine Körper- oder Gesundheitsfolge als Unfallfolge nachgewiesen, so ist eine psychische Störung, die auf dieser Verletzung beruht, als weitere Schadensfolge dem Schädiger zuzurechnen.[49] Hier eröffnet sich ein weites Feld für Simulanten, aber auch für alle diejenigen, die nach einem Unfall ihre unfallfremden körperlichen und psychischen Beschwerden mit dem Unfall in Verbindung bringen. Für die haftungsrechtliche Beurteilung kommt es nicht darauf an, ob der Unfall für die psychische Störung wesentliche Ursache oder nur Gelegenheitsursache (anders als im Sozialrecht) war und auch nicht darauf, ob die psychische Störung eine organische Ursache hat. Haftungsrechtlich kommt es allein darauf an, ob die psychische Störung ohne den Unfall nicht aufgetreten wäre.[50]

1. Begehrensneurosen, Rentenneurosen

Hier ist das Schadensereignis nur eine seinem Wesen nach auswechselbare Ursache für die Entstehung der Neurose. Wenn es sich bei dem psychischen Folgeleiden um die Realisierung eines typischen Lebensrisikos handelt, weil die Auslösung des Versagenszustandes nur zufälliger und auswechselbarer Anlass war, liegt eine Begehrensneurose vor, die keine Schadensersatzpflicht auslöst.[51]

---

46 BGHZ 132, 341, 344.
47 Angst-Beklemmungsstörungen beim Autofahren, im Lift, im Autoverkehr beim Tauchen; *Dahlmann*, psychische Unfallfolgen, DAR 1992, 32.
48 NZV 2003, 474.
49 BGH NJW 1996, 2425; BGH NZV 2000, 121; OLG München NZV 2003, 474.
50 BGH NZV 1991, 23; *Lemcke*, NZV 1996, 337.
51 BGH NJW 1986, 777.

2. Konversionsneurosen

50 Dabei liegt wie bei der Begehrensneurose eine Fehlverarbeitung des Unfallgeschehens vor. Dieses wird unbewusst zum Anlass genommen, latente innere Konflikte zu kompensieren. Es fehlt aber das Merkmal der Zufälligkeit und beliebigen Austauschbarkeit. Zu beachten ist, dass für die Entwicklung einer Konversionsneurose immer ein Primärschaden von einigem Gewicht erforderlich ist. Ein einfaches HWS-Trauma ist aber als eine entsprechend gewichtige Primärverletzung anerkannt.[52] Beispielhaft und lesenswert ist hierzu das oben zitierte Urteil des BGH vom 28.1.2003,[53] dem ein HWS-Trauma zu Grunde lag, das von den behandelnden Ärzten (überwiegend wahrscheinlich) falsch behandelt wurde und letztlich zu einer erheblichen Verstümmelung des Klägers durch Verschraubung der Rückenwirbel führte.

51 Auch die Fälle sind hier beispielhaft, in denen der (dem) Geschädigten bei Vorliegen eines einfachen HWS-Schadens die Schwere der Unfallfolgen durch behandelnde Ärzte, Psychotherapeuten und andere geradezu eingeredet wird, und das Opfer dann seelische Beeinträchtigungen davonträgt, die nur auf falscher Diagnose oder Therapie beruhen.

H. Bagatellschäden

52 Für die Frage, wann eine Körperverletzung als so geringfügig anzusehen ist, dass sie nicht zur Zuerkennung eines Schmerzensgeldes führt, gelten die Grundsätze, die der BGH in einem Urteil aus dem Jahre 1992 für den sogenannten Bagatellschaden aufgestellt hat. Das ist dann der Fall, wenn es sich um eine vorübergehende Beeinträchtigung des körperlichen und seelischen Wohlbefindens handelt, wie sie im Alltagsleben typisch ist und häufig auch aus anderen Gründen als einem besonderen Schadensfall auftritt, wie etwa Kopfschmerzen oder Schleimhautentzündungen.[54] Danach können also unter dem Gesichtspunkt der Bagatelle nur ganz geringfügige Körperverletzungen ausgeschieden werden.[55] Daraus ist abzuleiten, dass eine Bagatellverletzung einerseits keine besonderen Anforderungen an den Kausalitätsnachweis stellt, andererseits aber aus ihr nur ausnahmsweise ein Schadensersatzanspruch für psychische Folgeschäden hergeleitet werden kann. In der Praxis wird häufig mit großer Hartnäckigkeit darüber gestritten, ob der Unfall wirklich nur eine Bagatellverletzung verursacht hat oder nicht. Der Nachweis eines einfachen HWS-Traumas reicht dabei aus, um eine in diesem Sinne erhebliche Körperverletzung zu begründen (siehe oben).[56] Diese Körperverletzung muss dann aber der Kläger zur vollen Überzeugung des Gerichts nachweisen (§ 286 ZPO). Die Erleichterung des § 287 ZPO kommt ihm erst für die haftungsausfüllende Kausalität, nämlich für die Weiterentwicklung der Schädigung im Sinne eines psychischen Folgeschadens zugute.

---

52 BGHZ 2000, 121.
53 NZV 2003, 167.
54 BGH VersR 1992, 504; BGH VersR 2000, 372.
55 G. *Müller*, in: FS des Deutschen Anwaltvereins 2004, S. 171, 183.
56 BGHZ 2000, 121.

I. Zwischenergebnis

Zum Nachweis eines Körperschadens als Unfallfolge müssen alle für den Einzelfall erheblichen Tatsachen herangezogen werden; insbesondere muss auch die körperliche Befindlichkeit des Anspruchstellers in Betracht gezogen werden, dh sowohl Gesundheitszustand als auch die antropometrischen Daten. Aber auch die Angaben des Anspruchstellers selbst, Mitteilungen von Zeugen, Freunden, Bekannten, Zeugnisse behandelnder Ärzte, zeitlicher Zusammenhang spielen eine Rolle. Soweit möglich, muss der biomechanische Sachverständige alle diese Umstände in sein Gutachten mit einbeziehen. Ob ein biomechanisches oder (und) ein ärztliches Gutachten zu erholen ist (sind), hat das Gericht im Rahmen seiner Überzeugungsbildung nach §§ 286 oder 287 nach pflichtgemäßem Ermessen zu entscheiden. In diesem Rahmen kann es ihm auch obliegen, entsprechend seiner Hinweispflicht gem. § 139 ZPO auf die Möglichkeit sachgerechter Anträge hinzuwirken. Nach der Rechtsprechung des BGH vom 28.1.2003 ist die technisch-physikalisch festgestellte Belastung alleine nicht ausschlaggebend für den Nachweis oder Ausschluss eines HWS-Traumas als Unfallfolge. Auch Anstöße mit Geschwindigkeitsänderungen unterhalb der bisher angenommenen Harmlosigkeitsgrenze können nach der Überzeugung des Gerichts (§ 286 ZPO) die Entstehung oder Manifestierung einer solchen Verletzung begründen. Das bedeutet aber auch, dass das Vorliegen eines unfallbedingten HWS-Traumas durch Erholung eines biomechanischen Gutachtens ausgeschlossen werden kann. Im Prozess entscheidet das Gericht in Würdigung aller vorgetragenen und nachgewiesenen Tatsachen und unter Berücksichtigung der Besonderheiten des Einzelfalles. Ab einer Geschwindigkeitsänderung von 15 km/h kann der Anscheinsbeweis für das Auftreten einer Verletzung im HWS-Bereich sprechen. Steht eine Körperverletzung oberhalb der Bagatellgrenze, zB ein HWS-Trauma als Unfallfolge fest, so kann die Ursächlichkeit eventueller Folgeschäden organischer oder psychischer Art (mögen sie auch noch so weitreichend sein) mit Hilfe der Beweiserleichterung des § 287 ZPO geschätzt werden.

Teil 3
Morphologische Identifikation von Personen

§ 5 Grundlagen, Merkmale, Häufigkeiten

A.	Einleitung	1	I. Bildmaterial	123
B.	Methodik	17	II. Personen	141
	I. Prinzip der Identifizierung	17	III. Vorauswahl	150
	II. Ausbildung, Ethik, Recht, Fehlgutachten	31	D. Gutachten	157
			I. Schriftliches Gutachten	157
	III. Methodisches Vorgehen	59	II. Mündliches Gutachten	164
	1. Sorgfalt	60	III. Rechnung	168
	2. Vergleichsbilder	61	E. Merkmale	169
	3. Merkmalsanalyse	62	I. Geschlecht	173
	4. Einschätzung der Ähnlichkeit	65	II. Alter	176
	5. Erkennbarkeit von Merkmalen	66	III. Konstitution	180
	6. Störfaktoren und Artefakte	68	IV. Tätigkeit und Krankheit	188
	a) Brennweite	69	V. Korrelationen	190
	b) Objektabstand	70	VI. Säkulare Veränderung	195
	c) Linseneigenschaften	71	VII. Erbbedingtheit	198
	d) Beleuchtung	72	VIII. Geografische Herkunft	201
	e) Pixelstufen	73	IX. Kopfmerkmale	209
	f) Bewegung	74	1. Metrik	209
	g) Alterswandel	75	2. Hirnkopf	223
	h) Ernährung und Lebensweise	76	3. Gesicht	229
			4. Haare	253
	i) Krankheiten	77	5. Stirnregion	270
	j) Mimik	78	6. Augenregion	289
	k) Vermummung	79	7. Wangenregion	355
	l) Operationen	80	8. Nasenregion	365
	7. Charakteristik	82	9. Mundregion	453
	8. Nötige Anzahl von Merkmalen	89	10. Kinnregion	553
	9. Einschätzung der Wahrscheinlichkeit	92	11. Bart	582
			12. Ohr	590
	10. Geringfügigkeit von Merkmalen	93	X. Hautmerkmale	644
			XI. Hand	655
	IV. Technik	94	XII. Gesamtgestalt	674
	V. Wahrscheinlichkeit	116	F. Begriffe	689
C.	Rahmenbedingungen	123	G. Literatur	690

A. Einleitung

Seit einigen Jahrzehnten werden zunehmend Kameras eingesetzt, um öffentliche Vorgänge zu überwachen und zu dokumentieren. Immer wieder werden dann solche Bilddokumente genutzt für Ermittlungen und Gerichtsverfahren. Wenn in diesem Rahmen Personen zu identifizieren waren, wurde dies früher rasch und ohne großen fachlichen Hintergrund gemacht. Heute zeigt sich aber zunehmend, dass dies nicht ausreicht. Wie jedes Handlungsmuster des Menschen kann auch dieser Vorgang mehr oder weniger fachmännisch, gründlich und sachgerecht durchgeführt werden; es gibt eine Fülle von sachlogischen Notwendigkeiten, Normen und Erfahrungsregeln, bei deren Missachtung das Ziel der Identifikation verfehlt werden kann, oft mit schwerwiegenden Folgen.

2 Hier ein Beispiel für durchschnittlich gute Bilder von einer Verkehrskontrollkamera (mit Erlaubnis der Betroffenen):

3 Das **Bezugsbild** links stammt von einer Traffipax-Anlage, die nur mäßig gut eingestellt ist; das Vergleichsbild rechts wurde neu angefertigt, dabei ist die Abstimmung bei der Drehrichtung des Kopfes recht gut gelungen, bei der Hebung des Kopfes allerdings weniger gut. Die beiden Bilder wurden in Größe, Ausschnitt und Drehung aufeinander abgestimmt und in Helligkeit und Kontrast optimiert. Die Identität ist gesichert, denn das Bezugsbild wurde von der bekannten Person mit einer offiziellen Anlage des Ordnungsamtes der Stadt Ulm erstellt. So sind interessante Schlussfolgerungen möglich, insbesondere bezüglich scheinbarer Unähnlichkeiten.

4 Der **Bedarf** an Identifikationen ist in Deutschland heute auf mehrere tausend Fälle pro Jahr zu beziffern. Das heißt, dass dies eine juristisch/kriminalistisch, menschlich wie gesellschaftlich gewichtige Tätigkeit ist. In jedem Fall, in dem das Bilddokument einer Person vorliegt, kann die Frage nach der Identität gestellt werden. Besonders gilt dies im Zusammenhang mit Straftaten wie unberechtigte Kontenverfügung an einem Geldausgabeautomaten und Ordnungswidrigkeiten im Straßenverkehr, dann auch bei der Fälschung von Ausweispapieren. Hier liegt regelmäßig eine Aufnahme als Bezug der Identifikation vor, die dann mit Aufnahmen einer oder mehrerer in Frage kommender Personen verglichen wird. Aber auch im Zusammenhang mit historischen Personen oder Modellen auf Gemälden kann ein Interesse bestehen, Bilddokumente auf Identität zu prüfen. Viele Firmen kontrollieren inzwischen auch Kunden und Angestellte mit Kameras – und brauchen dann mitunter eine professionelle Identifikation des Abgebildeten. Schließlich kann es auch vorkommen, dass verschwundene Kinder nach langer Zeit wieder auftauchen und identifiziert werden sollen (zB im Deutschland der Nachkriegszeit, Kinder von Verschwundenen in Argentinien, entführte Kinder in den USA); wenn dann die übliche Verwandtschaftsdiagnose mit ein-

A. Einleitung

fach vererblichen Merkmalen wie Blutgruppen, HLA oder DNS-Polymorphismen nicht möglich ist, kann auch ein Bildvergleich infrage kommen, freilich mit der zusätzlichen Aufgabe, den Alterswandel einzuschätzen. Das ist normaler Bestandteil der morphologischen Vaterschaftsgutachten, so dass hier die Kompetenz auf beiden Gebieten gefordert ist. Die größte Teilgruppe an Aufträgen sind die Verkehrsordnungswidrigkeitensachen.

Historisch gesehen ist die Identifikation nach Bildern ein junges Tätigkeitsfeld, der erste Lehrbuchbeitrag ist noch relativ frisch;[1] ein weiterer Lehrbuchbeitrag ist von *Schwarzfischer* 1992, einem der damals aktivsten auf dem Gebiet der forensischen Anthropologie. Heute gibt es einen weiteren Beitrag, der auch juristische Rahmenbedingungen behandelt (in zwei fast gleichen Fassungen veröffentlicht: Buck u.a. 2006 und Rösing 2006). Schon einige Zeit davor allerdings hat es routinemäßig erarbeitete Identifikationen gegeben, die als fachmännisch zu bezeichnen sind. Die wesentlichen methodischen Grundlagen entstammen der Anthropologie, dort den zahlreichen Grundlagenarbeiten der ersten Hälfte des 20. Jahrhunderts zur Morphologie und die Arbeiten für die anthropologisch-erbbiologische Verwandtschaftsdiagnose. 5

Die Bildidentifikation ist mehrmals zu etwa derselben Zeit entwickelt worden, in den 1970er Jahren zum einen in der Anthropologie (einem Teil der größeren Humanbiologie), zum anderen in der Kriminalistik. Die wissenschaftliche Methodik gibt es vor allem im deutschsprachigen Raum, da dort die anthropologisch-erbbiologische Vaterschaftsprüfung entwickelt worden ist und da dort die Morphologie des Lebenden lange Zeit ein großes Schwerpunktgebiet war. Von dort aus gab es Ausstrahlungen dieses Gebiets der Identifikationsmorphologie nach Osteuropa, besonders in die Tschechoslowakei und die Sowjetunion – interessanterweise aber kaum in andere Länder, auch nicht die heute so dominant auftretenden englischsprachigen. 6

Als wissenschaftliche Methode gründet die Bildidentifikation auf dieser anthropologisch-erbbiologischen **Vaterschaftsdiagnose**. Auch dort dient die Ähnlichkeit in Merkmalen der äußeren Gestalt dazu, Verbindungen zwischen Personen bzw Dokumenten herzustellen. Freilich müssen dann die Merkmale möglichst gut genetisch determiniert sein, denn es geht ja um die genetische Abstammung eines Kindes von einem möglichen Erzeuger. Um die Bedeutung der Ähnlichkeit einzuschätzen, um also eine Vaterschaftswahrscheinlichkeit einzuschätzen, werden Häufigkeiten von bestimmten Merkmalsausprägungen bestimmt. Es sind diese Grundlagenarbeiten, die heute auch für die Bildidentifikation verwendet werden. Umgekehrt ist dies eine Erklärung, warum es dies als wissenschaftliche Methode vor allem im deutschsprachigen Raum gibt. 7

In der **Kriminalistik** hat die Identifizierung von Personen an Hand von Lichtbildern seit Ende der siebziger Jahre des 20. Jh ständig an Bedeutung gewonnen, da in einigen Kriminalitätsbereichen häufig Lichtbilder die einzige Möglichkeit bieten, einen Täter bzw Tatverdächtigen zu identifizieren bzw die Täterschaft auszuschließen. Sol- 8

---

1 *Knußmann* 1988.

che Fahndung mit großen Bildarchiven ist seit vielen Jahrzehnten und in den meisten Ländern der Welt etabliert, und das stellt dort die methodische Grundlage dar. So befassen sich heute in Deutschland im Bundeskriminalamt und im Landeskriminalamt Sachsen-Anhalt Spezialisten mit der Identifizierung von Personen an Hand von Lichtbildern auf der Grundlage des Vergleichs von Gesichtsmerkmalen. Auch in anderen Staaten gibt es etablierte Identifikationsdienste, oft nebeneinander bei Polizei und Grenzdiensten. Ein Unterschied besteht aber bei der kriminalistischen Identifikation: sie ist meist weniger methodisch und verwendet meist deutlich weniger Merkmale als die wissenschaftliche.

9   Auch Ordnungsämter nehmen Identifikationen vor bei Kontrollbildern im Straßenverkehr. Dies geschieht nochmals schneller als bei der wissenschaftlichen Identifikation, denn es bedarf nur einer „minderen" Überzeugung von der Identität zur Ausstellung eines Bußgeldbescheides. Es folgt aber dem gleichen Prinzip der Aufteilung in feine einzelne Merkmale. So ist es folgerichtig, dass die Verwaltungs- und Wirtschaftsakademie Stuttgart den Ordnungsbeamten eine Schulung durch wissenschaftliche Identifikatoren anbietet.

10 Nochmals schneller müssen Identifikationen bei der Prüfung von Ausweisen ablaufen, so bei Straßenverkehrskontrollen oder bei Grenzkontrollen. Die Probleme der Geschwindigkeit sind dort bekannt und spielen eine wichtige Rolle bei der Ausbildung. Auch dort gibt es aber immer wieder Fälle, bei denen eine Identifikation ohne Zeitdruck vorgenommen werden kann. Das führt in der Grenzpolizei mancher Länder zu sehr systematischen Kenntnissen der Identifikationsmorphologie.

11 Die **Literatur** über die Morphologie des Menschen ist ausgesprochen reich. Mehrere Zentren haben sich lange und gründlich damit befasst. Als erstes ist hier Wien zu nennen, mit *Josef Weninger* und *Hella Pöch* (1924). Weitere wichtige und umfangreiche Grundlagen wurden in der Zwischenkriegszeit von *Walter Scheidt* (1931) erarbeitet, der auch auf anderen Teilgebieten der Anthropologie bemerkenswertes geleistet hat. Schließlich kann man noch die produktive Breslau-Mainzer Gruppe benennen, mit *Egon von Eickstedt* (1938), *Ilse Schwidetzky* (1967), *Hubert Walter* und *Rainer Knußmann* (1961, 1980). Große Arbeiten stammen auch aus der Tschechoslowakei (*Titlbachova* 1967) und aus Polen (*Hulanicka* 1973). Die Arbeiten dieser Zentren (und natürlich weitere Bearbeiter und Einzelarbeiten) sind die Grundlage des systematischen Teils in diesem Handbuchtext. Von Seiten der Kriminalistik gibt es auch viel spezifische Literatur (zB *Bertillon* 1895, *Vogel* 1931, *Prietz* 1960, *Prietz/Baranowski* 1970, *Drescher* 1961, *Kusche* 1970, *Lázár/Detröi* 1971, *Friedrich* 1979, *Stelzer* 1979, *Riedel* 1995, *Burrath* 2009). In der DDR wurden gezielt Diplomarbeiten über die Identifizierung angefertigt (zB *Kusche* 1970, *Milewski/Pax* 1986, *Quasdorf/Bischoff* 1990). Schließlich ist die sowjetische Anthropologie zu nennen, die über viele Jahrzehnte Morphologie für forensische und kriminalistische Zwecke betrieben hat. Dabei überwog das Skelett stärker als im Westen. Für die Rekonstruktion des Gesichts über einem Schädel sind aber ebenfalls Merkmale des Gesichts bearbeitet worden (eine jüngere Zusammenfassung: *Balueva/Lebedinskaja* 1991). Diese Arbeiten werden hier nicht verwendet, weil die Merkmalszeichnungen oft eher sche-

A. Einleitung

matisch und ideal sind, und damit weniger gut die morphologische Variation darstellen.

Diese Masse an Information muss für den heutigen Zweck der Bildidentifikation gesichtet werden. Übernommen wurden hier bevorzugt allgemein-erklärende Abbildungen zu morphologischen Regionen. Dann wurden von den spezielleren, sogenannten Schemata, die die Variabilität eines Merkmals, also dessen typische Ausprägungen darstellen, besonders diejenigen übernommen, für die es mitteleuropäische Bevölkerungshäufigkeiten gibt. Bevorzugt werden größere Merkmale, denn die ganz feinen sind auf Überwachungsbildern zu selten zu sehen. Auch praktisch nie zu sehen ist der Nasenboden, dies ist eine Standardansicht nur beim morphologischen Vaterschaftsgutachten. Eine Gruppe von Abbildungen wird in dieser zweiten Auflage des Handbuchs meist weggelassen, nämlich die Gesamtumrisse, denn sie entsprechen gar nicht dem Prinzip der Identifikationsmorphologie, feine Einzelmerkmale zu betrachten. Der Gesichtsumriss oder das Gesichtsprofil ist also in seine Komponenten aufzulösen. Wenn es konkurrierende Abbildungen zum selben Merkmal gibt, wurde die ältere, differenziertere und/oder realitätsnähere genommen. Fotos aus heutigen Fällen bzw von heute lebenden Personen wurden einbezogen, wenn die Abgebildeten dem zugestimmt haben oder wenn die Bilder bereits veröffentlicht waren.

Vollständig bei Seite gelassen wird hier die unvernünftig große Zahl von Versuchen der Erkennung bzw Identifikation von Gesichtern mit e-Kamera und Rechner. Alles Bisherige illustriert nämlich nur, dass die Präzision von Maschinen ungeeignet dafür ist, siehe die jüngste eindrucksvolle Prüfung mit dem großen BKA-Versuch im Hauptbahnhof Mainz. Je nach Beleuchtung gab es bis zu drei Vierteln Fehler. Ähnliches wird immer wieder von automatischen Passbilderkennungsprogrammen oder Zugangssystemen zu Sicherheitszonen berichtet – wohlweislich meist nach einer anfänglichen Jubelphase, in der unrealistische Ziele formuliert werden. Das gilt auch für die fleißige Person hinter http://www.face-rec.org/. Dabei ist bisher lediglich *Erkennen* angestrebt worden, nicht das weitaus anspruchsvollere *Identifizieren*. Dafür ist offensichtlich immer noch nur das menschliche Gehirn in der Lage, mit seiner Spezialisierung auf physignomische Einzelheiten und mit seiner Fähigkeit, Ähnlichkeit mehrfach zu differenzieren und komplex zu verarbeiten. Dabei spielt offenbar auch die Fähigkeit, mit Ungenauigkeit umgehen zu können, eine wichtige Rolle: Verarbeitung wie Gedächtnis ist im Großhirn in zwei getrennten Arealen lokalisiert, einem fürs Genauere und einem fürs Vage. Aber egal, wie die neuronale Komplexität erklärt wird: Nur der Mensch kann identifizieren.

Der vorliegende Text hat als **Ziel** die Zusammenfassung dessen, was als Grundlage für die routinemäßige Identifikation nützt. Er ist gedacht als Handbuch für die Ausbildung in dieser Fachrichtung, als Unterlage für den ausgebildeten Anfänger und im systematischen Merkmalsteil auch als Hilfe für den Gutachter bei der Einschätzung der Wahrscheinlichkeit von Identität. Ursprünglich ist er entstanden als Ergebnis eines Ausbildungskurses, der im Frühjahr 2001 in Ulm und Homburg/Saar abgehalten wurde, und zum Teil auch den Charakter eines Erfahrungsaustausches hatte, denn einige Teilnehmer waren bereits Praktiker auf diesem oder einem Nachbargebiet der Forensik.

15 Ursprünglich war dies Handbuch nur für den **internen Gebrauch** der zugelassenen Gutachter gedacht, weil verhindert werden sollte, dass Uninformierte und Ungeübte – ein besonderes Problem der Bildidentifikation – sich zutrauen, mit dieser Kompilation Bildidentifikations-Gutachten sozusagen aus dem Stand zu erstatten. Es hat sich herausgestellt, dass solche Hybris nicht zu verhindern ist. Es sind halt die Auftraggeber, die auf gute und fachliche Ausbildung Wert legen, die die Spreu vom Weizen trennen und dabei für die Einhaltung des Rechts sorgen müssen, das deutlich und in konkreten Einzelheiten zB von Bayerlein (2002) beschrieben wird (siehe unten B II Ausbildung usw).

16 Zur Nutzung sei eine weitere **Vorsichtsregel** benannt: hier werden viele vorhandene Erkenntnisse über die Morphologie des Menschen berichtet – im konkreten Fall einer Identifikation aber muss man sich auch immer wieder unabhängig davon machen und analysieren, was zu sehen ist, auch wenn es in den bisherigen Beschreibungen nicht enthalten ist.

B. Methodik

I. Prinzip der Identifizierung

17 Ein grundlegendes Phänomen des Biokosmos ist die **Individualität**. Diese bezeichnet nicht nur die „Unteilbarkeit" eines lebenden Wesens (das ist der Wortsinn von Individuum), sondern auch, dass keine zwei verschiedenen Individuen einander absolut gleichen. Dies trifft sowohl bei Merkmalen auf molekularer Ebene zu als auch auf Bildungen der Körperoberfläche. Zur Identitätsprüfung eines Menschen ist es meist ausreichend, eine gewisse Anzahl von Ausprägungen der visuell erfassbaren Merkmale der äußeren Gestalt zu betrachten.

18 Konsequenter Weise bedeutet dieser zweite Wortsinn von Individualität, dass es so etwas wie **Doppelgänger** prinzipiell nicht gibt. Wenn denn ein Mensch umfassend untersucht werden kann, ist er von jedem anderen unterscheidbar. Das gilt uneingeschränkt auch für eineiige Zwillinge. Die Begrenzung bei der Bildidentifikation liegt in der präzisen und umfangreichen Dokumentation äußerer Merkmale. Das ist nur sehr selten gegeben, so dass es in der Praxis doch vorkommt, dass der Vergleich zweier Menschen mit einem Bilddokument keine ausreichend klare Entscheidung ergibt.

19 Die Fähigkeit der **Erkennung** von Personen ist eine tief verankerte Grundfähigkeit des Menschen. Das Einordnen eines Gegenübers, ob dieser bereits bekannt war, ist ein entscheidendes Kriterium für die Art der anschließenden Verhaltensreaktion. Fehler in beiden Richtungen können arg unangenehm bis gefährlich sein, deshalb legt jeder Mensch auch gesteigerten Wert auf die Einübung der angeborenen Grundfähigkeit. Der Prozess der Erkennung läuft in der Regel innerhalb kürzester Zeit ab und orientiert sich dabei an Merkmalen der Gesamtgestalt (siehe das Gebiet Wahrnehmungspsychologie).

Welche Komponenten der Gesamtgestalt in die Verarbeitung im Gehirn mit eingehen, ist im einzelnen Vorgang schwer festzustellen. Im Durchschnitt gewichtet der Mensch nach Regionen des Gesichts: Die Augen sind der wichtigste Teil, gefolgt vom Mund. Andere Regionen treten eher in den Hintergrund.[2] Das Wiedererkennen ist in der Forensik und Kriminalistik von zahlreichen Problemen umstellt – mit dem Erfolg, dass die Verwertbarkeit von Aussagen dazu oft fraglich bleiben.[3]

20

Andererseits gibt es immer wieder nützliche, präzise und nachvollziehbare Aussagen zum Wiedererkennen: Im Fall einer räuberischen Erpressung hat das Opfer, eine junge Kassiererin, den Täter zunächst auf einer normalen Wahllichtbildvorlage rasch und richtig benannt. Dann wurde ihr eine zweiten Vorlage präsentiert, in der die acht Gesichter wie der Täter eine Strumpfmaske trugen. Wieder kam die Benennung rasch und richtig – auf Nachfragen gibt sie an, dass die Augen des Täters ganz besondere waren. Im Allgemeinen scheinen eher junge Frauen zu solch erstaunlichen Leistungen fähig.

21

Die systematische **Identifikation** ist das Gegenstück zum Wiedererkennen. Sie ist nicht intuitiv, sondern analytisch. „Identifizieren ist strenges und objektives Beweisen von Identität; methodisches Prinzip ist das Vergleichen von Einzelheiten unter der Voraussetzung der Vergleichbarkeit und der Bedingung der Überprüfbarkeit".[4] Die Analyse muss vor allem langsam und sorgfältig von Statten gehen, feine einzelne Merkmale definieren und für die Identität gradierte Stufen zulassen; die Elemente des normalen täglichen Erkennens, nämlich Schnelligkeit, Ganzheitlichkeit und die Prägnanztendenz zwischen identisch und nicht identisch sind zu vermeiden. Erkennen und Identifizieren sind ganz verschiedene Vorgänge.

22

Die **Aufteilung** der menschlichen Gestalt in feine einzelne Merkmale und deren Analyse ist der entscheidende Kern der Identifikationsmethode: Je weiter die Analyse ins Detail geht, weg von der Komplexität, desto einfacher und genauer werden die Beschreibungen, desto besser nachvollziehbar wird der Identitätsschluss. So verliert der Vergleich an Subjektivität und gewinnt an Beweiskraft, so wird die forensische Nutzung von Bildern von der Ebene des Zeugenbeweises auf die Ebene des Sachbeweises gehoben.

23

Die Benennung irgendeiner Struktur in einem Bild als morphologisches Merkmal ist stets zumindest bis zu einem gewissen Grad eine Interpretation. Oft gibt es alternative Interpretationen, zB Artefakt (siehe unten Rn 68). Je schlechter ein Bild, desto wahrscheinlicher wird die Alternative.

24

Die Identifikation nach Bildern ist kein exaktes Verfahren im Sinne der Naturwissenschaften wie zB die molekularbiologische Identifikation. Zwar gründet sich die Methode auf die biologische Anthropologie, die sich selbst gern als Naturwissenschaft einschätzt, jedoch gibt es beim Erkennen und Einschätzen von Merkmalen subjektive Elemente und im Bereich der systematischen Erfassung der äußeren Gestalt größere

25

---

2 *Sporer* 1992.
3 Siehe zB *Deusinger* u.a. 1977, *Bürkle* 1984, *Erdfelder* 2003.
4 *Brinker* 1985.

Lücken, die einer Objektivierung entgegenstehen. Besonders fehlen für zahlreiche Merkmale sinnvolle Ausprägungsskalen (Schemata), dann auch breit angelegte Studien zur Merkmalsvariabilität und Merkmalshäufigkeit sowie zu Unterschieden zwischen verschiedenen Bevölkerungen und Bevölkerungskomponenten (Geschlecht, Alter, Konstitution, geografische Herkunft). Somit ist die Angabe von Merkmalshäufigkeiten meist der Einschätzung des Gutachters überlassen.

26 Das schließt jedoch keineswegs aus, methodisch sauber und nachvollziehbar vorzugehen, um zu einer abgestuften Wahrscheinlichkeitsaussage über die Identität der abgebildeten Personen zu gelangen. „Deshalb muß die morphologische Beschreibung in Details gehen, dh sie erfordert eine Analyse des komplexen Merkmalsbildes in Einzelmerkmale. Eine derartige Analyse in beschreibbare Einzelmerkmale vermag nachvollziehbar aufzuzeigen, worauf die Feststellung eines Ähnlichkeitsgrades (in unserem Fall besser Identitätswahrscheinlichkeit) gründet und kann deshalb Beweisanspruch erheben."[5]

27 Hier sollte auch noch eine tiefere Grundlage der Bildidentifikation erwähnt werden, die **Erkenntnistheorie**, die ein Teil der Philosophie ist, denn mitunter versuchen Strafverteidiger hier ihr Glück. Dabei wird zB mit Konstruktivisten wie Maturana oder Virilio behauptet, dass man ja gar nicht wisse, ob das, was wir wahrnehmen, denn auch tatsächlich existiere. Für den juristischen Alltag ist das vielleicht arg abgehoben, um damit eine Identifikation entkräften zu wollen; zum anderen lässt sich dem entgegnen, dass es sich hier ja um die Natur handelt, so dass man nicht Konstruktivisten, sondern wohl eher Naturphilosophen wie Rupert Riedl konsultieren sollte, die argumentieren: Wir sind Bestandteil der Natur. Wir sind seit je an sie angepasst. Es ist auch eine Frage des Überlebens, alles zu sehen, und zwar richtig.

28 Die Frage, ob es sich bei der Bildidentifikation um eine **wissenschaftliche Methode** handelt, spielt *in foro* mitunter eine Rolle, nämlich für eine Partei, die auf diesem Wege die Fundierung eines Ergebnisses widerlegen möchte. Die Frage lässt sich mit folgenden zehn Kriterien beantworten: Eine Methode ist wissenschaftlich und etabliert, kann damit auch forensisch angewandt werden, wenn:

- sie auf einem Kernbereich eines wissenschaftlichen Faches beruht,
- sie in Lehrbüchern behandelt wird,
- sie auch in Aufsätzen und Monografien weiter entwickelt wird,
- sie eine größere Zahl forensischer Anwender hat (Sachverständige),
- viele Fälle bearbeitet werden, von denen Weiterentwicklung ausgeht,
- Arbeitsstandards entwickelt und veröffentlicht sind,
- eine laufende Qualitätssicherung stattfindet („Ringtausch" oä),
- bedarfsweise neue Sachverständige ausgebildet werden,

---

5 *Knußmann* 1988.

- ein Zulassungsverfahren für Neulinge besteht,
- das auf einem Zusammenschluss der Sachverständigen beruht.

Diese Kriterien treffen auf die Bildidentifikation zu, wenn auch nicht uneingeschränkt: die Qualitätssicherung ist in Deutschland bisher nie recht gelungen.

Scheinbar stellt sich die Frage der Wissenschaftlichkeit nicht, wenn ein Kriminalist mit einer Identifikation beauftragt ist. Das ist aber nicht so: Wenn es für eine forensische Fragestellung ein wissenschaftliches Verfahren gibt, so muss das auch der Nichtwissenschaftler anwenden. Im Übrigen stellt sich aber natürlich bei einem Kriminalisten oÄ gleichermaßen die Frage nach Erfahrung, Kenntnissen und Sorgfalt. Er kann nicht einfach nach Belieben einen Teil der entwickelten und veröffentlichten Merkmalsdifferenzierung oder gar das logische Prinzip der Vorauswahl weglassen (siehe unten Rn 161).

II. Ausbildung, Ethik, Recht, Fehlgutachten

Die allgemeinen **Anforderungen an Sachverständige** sind Fachkenntnisse, praktische Erfahrung, die Fähigkeit zur Erstattung von Gutachten, Unparteilichkeit und Unabhängigkeit und ein Leben in geordneten Verhältnissen.[6]

Bei Fachkenntnissen ist genauer zu fassen: es reicht nicht die normale Kenntnis, sondern sie muss überdurchschnittlich sein. Bei praktischer Erfahrung ist genauer zu fassen: sie muss über drei bis fünf Jahre erworben sein, wobei in dieser Zeit einen nennenswerte Zahl von Gutachten zu erarbeiten sind.

Diese Anforderungen lassen sich durch eine geeignete und differenzierte **Ausbildung** erfüllen, ein rein autodidaktischer Erwerb ist nicht ausreichend. Die Erfahrung ist zu Beginn einer Tätigkeit am besten in einem Tutorium oÄ bei einem etablierten Sachverständigen zu sammeln. Beides, Kenntnisse und Erfahrung, sollten nachgewiesen werden und der Nachweis sollte leicht zugänglich sein, zB in einer Netzseite des Sachvertändigenbüros. Auch die Mitgliedschaft in einer Fachgruppe ist nützlich, wenn die Aufnahme von einer Prüfung begleitet wird und wenn dort Qualitätssicherung betrieben wird.

Diese Anforderungen sind seit 2003 von der AGIB (Arbeitsgruppe Identifikation nach Bildern) in einem Kanon von Regeln gefasst worden:

- Der/die Auszubildende muss ein Studium bzw eine Ausbildung in Anthropologie, Kriminalistik oder Rechtsmedizin nachweisen. Evtl fehlende Grundlagen und Literaturkenntnisse in Morphologie, Auxologie, Konstitutionsanthropologie etc. sind im Rahmen eines gezielten und gründlichen, angeleiteten Selbststudiums nachzuholen. Eine vergleichbare Ausbildungsrichtung kann zugelassen werden.
- Teilnahme an einem mehrwöchigen Professionalisierungskurs. Der Kurs findet an mehr als einem Ort statt. Er schließt mit einer Prüfung ab, der Bearbeitung von

---

6 *Beyerlein* 2002, 6.

drei echten, schwierigen und verschiedenartigen Fällen. Sinn der Prüfung ist vor allem die Feststellung eines ausreichenden morphologischen Blicks.

- Anschließend Tutorium durch einen zugelassenen Gutachter. Dabei sind mindestens 12 Gutachten parallel zum Tutor zu fertigen und 12 eigene, die vom Tutor vor Abschicken gegen gelesen werden. Wichtig ist für alle diese Gutachten ein Gespräch zwischen Tutor und Auszubildendem.

  Dieser Ablauf bedeutet, dass der Auszubildende in der Zeit zwischen dem Kursabschluss und der Zulassung selbständig Gerichtsgutachten fertigt. Nach außen kann er in dieser Zeit auf seinen Status als Kandidat der AGIB verweisen; dieser Status wird nach Kurs und bestandener Prüfung von der AGIB im Umlaufverfahren beschlossen.

- Teilnahme an mindestens drei Gerichtsterminen bei mehr als einem zugelassenen Gutachter.

- Praktikum von mindestens zwei Tagen bei mindestens zwei weiteren Gutachtern.

- Dem Antrag auf Zulassung werden mindestens drei möglichst verschiedene eigene Gutachten beigelegt.

- Interessante Fälle, Problemfälle und auch gelegentlich Routinesachen werden über viele Jahre hin mit dem Tutor und auch anderen Erfahrenen ausgetauscht.

35 Solche Regelungen zur Ausbildung sind besonders bei diesem Gebiet der Identifikation nach Bildern notwendig, denn hier ist der Befall mit Außenseitern und Quereinsteigern besonders hoch. In eher technischen Gebieten gibt es sie weniger, dort sind die Massen an nötigen Details und Methodenverzweigungen offensichtlich. Bei Bildern aber ist die Versuchung offenbar groß, eine Identifikation sozusagen aus dem Stand zu machen. Da ist zB ein gestandener Fotografenmeister, der sich sagt, sein ganzes Leben lang hätte er ja schon mit Bildern von Gesichtern gearbeitet, er „wisse" ja, wie man identifiziert; oder da ist ein Fahrzeug-Ingenieur, der Unfälle rekonstruiert, und dann ist es für ihn ja nur ein weiteres technisches Steinchen in seinem Mosaik, wenn er Menschen gleich mit identifiziert; oder da ist ein Rechtsmediziner, der noch nie Morphologie gelernt oder betrieben hat, jetzt aber neue Gutachtenarten zum Überleben mit seiner Praxis braucht. Auch Anthropologen finden sich auf der Problemliste, nämlich solche, die statt Morphologie stets nur Primatenethologie oder Kinderwachstum betrieben haben.

36 Die **Prüfung** der angemessenen Sachkunde obliegt gem. § 244 (4) StPO dem Richter. Er ist verpflichtet, dabei sorgfältig vorzugehen und sich über die Fähigkeiten des Ausgewählten Klarheit zu verschaffen. Diese Pflicht wird aber nicht immer erfüllt, zu oft wird einfach eine Tradition beibehalten, oder unter Zeitdruck wird zu oft irgendeiner momentanen Empfehlung gefolgt. Wenn es Arbeitsregeln, Standards etc. für das Gebiet gibt, sollte ein Richter sie verwenden, auch wenn sie konkurrieren.

37 Die Tätigkeit als Gutachter hängt auf der Handlungsebene von der **Fähigkeit** zum komplexen Denken, von Kritik- und Lernfähigkeit ab. Gutachter müssen sich auch soweit wie menschenmöglich von außersachlichen Einflüssen frei halten. Eine Nähe

zu Parteien und Personen beeinträchtigt den Wert einer Begutachtung, kann sogar zur Ablehnung eines Gutachters bei Gericht führen, wegen Verletzung der Pflicht zur Unparteilichkeit. Daraus ergibt sich auch, dass von Gutachten für Parteien abzuraten ist. Außerdem machen Privataufträge oft Schwierigkeiten im menschlichen und im Verfahrensbereich. Da fordert ein Verteidiger mit großer Dringlichkeit eine Bildbeurteilung, und nachdem die nicht nach seiner Hoffnung ausgefallen ist, verweigert er die Bezahlung. Solch mangelnde Verlässlichkeit ist bei Verteidigern nicht die Ausnahme, sondern die Regel.

Der forensische Gutachter ist **Gehilfe** des Gerichts oder des Ermittlers. Damit kann er nicht grundsätzlich am Verfahren mitwirken, sondern er ist gebunden an Beschluss und Auftrag. Über den Auftrag hinaus sind keine Schlüsse zu treffen. Das heißt andererseits nicht Passivität. Wenn aus Sicht des Sachverständigen eine bestimmte Vorgehensweise nützlich erscheint, sollte er das sagen. Er muss es auch sagen, wenn er die Beschlussfrage nicht oder nicht gut bearbeiten kann und wenn die Bilder eine hinreichend klare Identifikation gar nicht hergeben. Außerdem sollten weitergehende Erkenntnismöglichkeiten benannt werden. 38

Der morphologische Sachverständige trägt vor Gericht in der Beweisaufnahme sein Gutachten vor. Es gilt somit als **Beweismittel**. Im Strafverfahren spielen die Beweismittel eine große Rolle. Sie tragen in der Hauptverhandlung zur Überzeugungsbildung des Gerichts bei. Das Gerichtsurteil stützt sich in allem, was mit Fragen der Schuld und der Strafe zu tun hat, auf Beweise. 39

In der Strafprozessordnung (StPO) sind die Beweismittel aufgeführt. Es werden vier Beweisarten genannt, an die das Gericht bei der Beweisaufnahme in der Hauptverhandlung gebunden ist, nämlich der Zeugen-, der Augenschein-, der Urkunden- und der Sachverständigenbeweis. 40

Der Sachverständigenbeweis ist in den §§ 72–85 StPO geregelt. Sachverständig bedeutet in diesem Sinne so viel wie: von Spezialkenntnis; von berufsbedingter Fertigkeit auf einem bestimmten Fachgebiet. Ein sachverständiger Gutachter ist folglich eine Person, die auf einem bestimmten Gebiet der Wissenschaft (oder Technik usw) überdurchschnittliche Kenntnisse und Erfahrungen besitzt und diese unparteiisch, unabhängig und objektiv zur Verfügung stellt. 41

Das **schriftliche Gutachten** wird durch den Sachverständigen im Vorverfahren gefertigt und hat sozusagen einen vorbereitenden Charakter zur Hauptverhandlung. Gemäß § 250 StPO hat der Personalbeweis Vorrang vor dem Urkundenbeweis, es besteht folglich vor Gericht ein sogenanntes Verlesungsverbot, und der Sachverständige hat seine Aussage mündlich zu erstatten.[7] Dennoch bleibt es einem Gericht unbenommen, im Einverständnis mit den Parteien das „Selbsteverfahren" zu wählen und das schriftliche Gutachten zu Grunde zu legen für die anschließende Befragung des Sachverständigen. 42

---

7 *Jessnitzer/Ulrich* 2001, 128.

43 Wird ein Sachverständiger im Verfahren **vereidigt**, schwört er damit, dass er sein Gutachten unparteiisch und nach bestem Wissen und Gewissen angefertigt hat. Er muss hierbei allerdings nicht die Richtigkeit seines Ergebnisses beschwören.[8] Die Vereidigung richtet sich nach den Vorschriften von § 79 StPO. Dies ist ein sehr selten gewähltes Verfahren. Die Folge ist eine stärkere Strafandrohung für den Fall eines grob fahrlässig falschen Gutachtens.

44 Der Sachverständige ist im Strafverfahren im Besonderen dafür zuständig, das richterliche Wissen um sein spezielles Fachwissen zu erweitern und ihm seine Wissenschaft am konkreten Fall verständlich und nachvollziehbar zu machen. So ist seine **Aufgabe** vor allem, eine Tatsachenfeststellung zu treffen, dh aufgrund von Tatsachen eine Aussage zu machen. Dies kann zB eine medizinische Feststellung im Rahmen eines ärztlichen Befundes oder eine Auswertung von Röntgenaufnahmen sein oder in unserem Gebiet die Feststellung der Identität nach Bildern. Das ist stets am besten durch ein vorheriges, schriftliches Gutachten zu erreichen. Eine andere Aufgabe besteht darin, dass er über seine beruflichen Erfahrungen und Kenntnisse berichtet. Hierzu gehören auch allgemeine, anerkannte Grundsätze der Technik und Taktik oder der derzeitige Stand der Wissenschaft.

45 Wird ein Sachverständiger als Gutachter bestellt, ergibt sich für ihn daraus die Pflicht, ein Gutachten zu verfassen. Dieser hat ggf gem. § 76 StPO die Möglichkeit, im besonderen Fall die Aufgabe abzulehnen, wenn einer der Gründe aus den §§ 52, 53 und 53a StPO (Zeugnisverweigerungsrecht, zB bei Befangenheit) vorliegt und darüber hinaus auch dann, wenn er selbst Bedenken über seine Unbefangenheit, also seine unparteiische Gutachtenerstattung hat (§ 24 StPO). Aus denselben Gründen kann auch ein Richter den Sachverständigen ablehnen. Befangenheit kann entstehen durch ethische oä Überzeugungen, vorherige Äußerungen oder durch persönliche Beziehungen zum Betroffenen, Beschuldigten oder Angeklagten.

46 Im gerichtlichen Verfahren obliegt die **Bestellung** des Sachverständigen gem. § 73 StPO dem Richter. Aus den §§ 161a Abs. 1 S. 2 StPO iVm 163 StPO ergibt sich, dass im Ermittlungsverfahren neben der Staatsanwaltschaft auch die Polizei im Zuge des ersten Angriffs ein Gutachten bei einem Sachverständigen in Auftrag geben kann.

47 Die Rechtsgrundlage für die **Anfertigung eines Vergleichsbildes** ergibt sich aus § 81b StPO. Dabei muss die Verhältnismäßigkeit der Maßnahme beachtet werden, dh es muss die Schwere der begangenen Tat in Relation zu dem Aufwand der Fertigung des Vergleichsbildes gesehen werden. Bei einer Ordnungswidrigkeit werden an die fotografische Vergleichsaufnahme nicht so hohe qualitative Anforderungen gestellt wie bei anderen, vergleichsweise schwereren Straftaten, wie zB Raubdelikten.

48 Ebenso verhält es sich mit der Anwendung von **unmittelbarem Zwang**. Grundsätzlich hat die Polizei aus § 81b StPO das Recht, auch ohne eine Androhung unmittelbaren Zwang bei einem Beschuldigten anzuwenden, wenn dieser sich gegen die Fertigung eines Vergleichsbildes sperrt. Das beinhaltet im konkreten Fall auch, dass der Be-

---

8 *Kleinknecht/Meyer-Goßner* 1999, 861.

schuldigte mit Zwang in einen geeigneten Zustand für die Aufnahme gebracht wird. Auch Veränderung an der äußeren Erscheinung können hierbei vorgenommen werden, wie zB das Aufsetzen einer Mütze oder einer Sonnenbrille. Der Beschuldigte muss dies passiv ertragen.[9]

Diesen Standpunkt findet man nicht nur in Kommentaren zur Strafprozessordnung wieder, sondern auch in einem Urteil des BGH,[10] nach dem Vergleichsaufnahmen am Tatort notfalls auch gegen den Willen eines Beschuldigten vorgenommen werden können. Hierbei muss selbstverständlich ebenfalls auf die Verhältnismäßigkeit der Maßnahme geachtet werden.

Für den Praktiker ist freilich nicht so sehr die Möglichkeit des Zwangs wichtig, sondern die mögliche Androhung des Zwangs. Es reicht meist, dem Abzubildenden zu beschreiben, was ihm bei weiterer Verweigerung bevorsteht, um die Weigerung zu überwinden. Schließlich gibt es noch die Möglichkeit, Bilder geheim anzufertigen, ohne Kenntnis des Betroffenen. Da das ein Eingriff in seine Rechte ist, empfiehlt es sich, dafür einen gerichtlichen Beschluss herbei zu führen.

Kommt der unmittelbare Zwang nicht in Frage, muss der Vergleich mit der lebenden Person oder mit bereits bestehenden Fotos erarbeitet werden. Das macht es oftmals nahezu unmöglich, den Beschuldigten in derselben Position, wie auf dem Bezugsbild zu betrachten. Falls das den Vergleich erschwert, ist es bei der Erstattung des Gutachtens offen zu legen.

Auch erkennungsdienstliche Fotos der Polizei können für die Identitätsprüfung verwendet werden. Allerdings werden sie oft dem Zweck des Vergleichs nicht gut gerecht. Sie sind standardisiert und zeigen immer nahezu dieselbe Perspektive und Haltung einer Person, aber zumeist nicht die des Täters auf dem Bezugsbild. Wird das Vergleichsbild nicht vom Gutachter selbst oder von der Polizei angefertigt, sollte eine Identitätskontrolle und eine schriftliche Bestätigung zur Identitätssicherung erstellt werden, um einen Nachweis dafür zu haben, dass der Beschuldigte eben genau diese Person auf dem Vergleichsbild ist.[11]

Die Einbeziehung früherer morphologischer Methoden mag erinnern an deren **historische Belastung** durch die menschenrechtswidrigen Rassengutachten im Dritten Reich. Deren Feststellungen war dann die Grundlage von Verfolgung und Tötung zahlreicher Menschen. Einer solchen Assoziation ist entgegen zu halten, dass die Morphologie in sich eine unschuldige Methodik ist. Erst der böse Zweck der staatlichen Verfolgung und Ausgrenzung instrumentalisiert sie für das Böse. Im heutigen Rechtsstaat dagegen ist der Zweck der Morphologie eben rechtsstaatlich. Das bedeutet zB im Strafrecht sowohl die Mithilfe bei der Erkennung von Taten, die die Gesellschaft schädigt, als auch die Erkennung von Unschuldigen. Die historische Belastung des morphologischen Gutachtens mahnt aber jeden heutigen Bearbeiter, sich seiner Verantwortung bewusst zu sein. Er kann ihr nur gerecht werden, wenn er alle Rah-

---

9 *Kleinknecht/Meyer-Goßner* 1999: 257 ff, *Kramer* 1999, 164.
10 BGH 3 StR 413/92.
11 *Schreiner* 2004.

menbedingungen und Fehlerquellen kennt und angemessen berücksichtigt. Mitunter wird auch der Einwand erhoben, dass die Methodik der Bildidentifikation für politische und militärische Zwecke missbraucht werden könne, wobei Menschenrechte verletzt würden. Das ist im Grundsatz richtig, aber in den meisten europäischen Staaten nicht relevant, weil ein Sachverständiger einen Auftrag ablehnen kann, wenn er befürchtet, befangen zu sein.

54   Die forensische Notwendigkeit für eine Bildidentifikation entsteht im Strafverfahren vor allem, wenn die Identität strittig ist, weil das Bezugsbild von schlechter Qualität ist. Die Grundlage hierfür ist in einer BGH-Entscheidung von 1985 gelegt: eine Bankraubsache wurde an das Landgericht zurück verwiesen, weil in der Beweisaufnahme ein morphologisches Gutachten fehlte. Im OWi-Verfahren gibt es eine hohe Variabilität. Eine große Zahl von Richtern verschafft sich selbst eine Überzeugung aufgrund der Bilder. Für deren Vorgehen gibt es zahlreiche oberlandesgerichtliche Urteile; danach muss ein Mensch auch hier möglichst detailliert betrachtet werden, und für die Identität braucht es viele und seltenere Merkmale. Dennoch ist festzuhalten, dass ein Richter bei der Identifikation ein Laie ist, bestenfalls ein geübter Laie.

55   Die folgenschwerste Fallgruppe einer **misslungenen Bildidentifikation** ist der Fehler in positiver Richtung im Strafprozess: Einem Angeklagten wird ein Verbrechen zur Last gelegt, und es wird geschlossen, dass er nach dem Bilddokument mit dem offensichtlichen Täter identisch sei. Eine solche Identifikation wird als Sachbeweis gewertet, der grundsätzlich ein höheres Gewicht hat als ein Zeugenbeweis oder eine nur indirekte Schlussfolgerung, ein Indiz. Ist die Identifikation dann falsch, gelingt es oft nicht, durch andere, eben weniger gewichtige Beweise ein Gegengewicht zu schaffen. Eine Fehlidentifikation bei Ordnungswidrigkeiten mag juristisch und menschlich weniger Schaden anrichten, ist aber qualitativ ebenso ein Fehler wie im Straffall.

56   Demgegenüber ist ein falscher Identitätsausschluss weniger mit persönlichen Problemen des Betroffenen/Beschuldigten/Angeschuldigten/Angeklagten behaftet, er beschädigt „nur" die Rechtsprechung. Aber auch hier: Das ist ein Fehler, und er muss vermieden werden.

57   Die Gründe für Fehler liegen einerseits in Mängeln beim einzelnen Vorgang der Begutachtung. Deren Häufigkeit dürfte unter einem Prozent liegen, vielleicht in derselben Größenordnung wie Fehlurteile – beides aber ist kaum statistisch erfassbar. Andererseits gibt es allgemeine Quellen für Fehler, vor allem die Missachtung des Prinzips der Vorauswahl (siehe unten C. III.). Im Urteil Ss81/05 des OLG Braunschweig ist die Wichtigkeit dieses Prinzips nochmals bestätigt worden.

58   Bei aller Bemühung um die bestmögliche Arbeit: Fehler sind unvermeidbar. Besonders in diesem Gebiet mit seiner „weichen" Methodik. Die Häufigkeit hängt ab von der erschlossenen Wahrscheinlichkeit; je niedriger sie angesetzt wird, desto höher sollte der empirische Fehler sein. Außerdem wirkt die absolute Zahl der erstatteten Gutachten: eine große Praxis erleidet öfter Fehler.

B. Methodik

III. Methodisches Vorgehen

Für das methodische Vorgehen beim morphologischen Bildvergleich gibt es einige differenzierte Erkenntnisse und Erfahrungen:

1. Sorgfalt

In allen Arbeitsschritten muss eine optimale Gründlichkeit angestrebt werden. Zeitdruck ist zu vermeiden. Der kann einerseits zu Auslassungen führen, andererseits, schlimmer, zu Irrtümern. Das Postulat der Sorgfalt schließt auch aus, dass sich ein Bearbeiter in eine Überzeugung hinein steigert. Die Gefahr dafür besteht besonders im mündlichen Vortragen einer Identifikation. Ganz allgemein muss man sich davor hüten, in Bilder etwas hinein zu sehen, weil man zB nach den Umständen eine bestimmte Ergebnisrichtung erwartet.

2. Vergleichsbilder

Es findet ein **Vergleich** statt zwischen dem Bezugsbild eines Vorganges bzw einer Tat und dem Vergleichsbild eines Betroffenen, Beschuldigten oder Angeklagten. Der Erfolg des Vergleichs hängt auch davon ab, dass das Vergleichsbild in ähnlicher Blickrichtung aufgenommen wird wie das Bezugsbild. Dabei wird auf die Drehung und Neigung des Kopfes geachtet, aber auch auf die Stellung des Kopfes zum Körper. Abweichungen der Kopfrichtung können Formen verändern, besonders am Ohr. Abweichungen der Kopfstellung können besonders die Weichteile des Halses verändern. Auch die technischen Variablen Brennweite, Objektabstand und Beleuchtung sollten gut angepasst werden. Die Brennweite ist wichtig bei den Weitwinkelobjektiven vieler Überwachungskameras. Bei solchen Weitwinkelaufnahmen ist die Art der Verzerrung von Gesichtern im Zentrum der Aufnahme anders als am Rand. Ein geringer Objektabstand verstärkt die Verzerrung. Daher ist es nützlich, den Benannten mit der ursprünglichen Kamera und am ursprünglichen Standort des Täters aufzunehmen. Dagegen ist es meist wenig hilfreich, die Vermummung eines Täters nachzuahmen.

3. Merkmalsanalyse

Beim Vergleich von Bilddokumenten zum Zweck der Personenidentifizierung wird das erkennbare Gesicht in Merkmale zerlegt, in kleine, abgrenzbare Teilstrukturen der Körperoberfläche. Hierbei dient logisch gesehen das Bild, auf dem eine Person identifiziert werden soll, als Basis, als Bezug. Man geht also zum Beispiel bei einem Foto aus einer Überwachungskamera von diesem aus und vergleicht dann mit den nach der Tat angefertigten Vergleichsfotografien. Dies ist aber nur eine lockere Regel, daneben lohnt es sich immer wieder, auch die andere Richtung einzuschlagen, so mit der Frage, ob eine Struktur beim Betroffenen auch beim Täter zu finden ist, und falls nein, ob dies ein Hinweis auf Ausschluss ist oder noch technisch erklärt werden kann.

Alle sichtbaren Merkmale werden in ihren Ausprägungen beschrieben, analysiert bezüglich ihres Merkmalscharakters oder ihres nur technischen Charakters und bewertet bezüglich Erkennbarkeit und Seltenheit. Dann werden Übereinstimmungen und/

oder Differenzen mit der auf dem Vergleichsbild abgebildeten Person dargelegt und diskutiert.

64 Aus der Anforderung, alle Merkmale einzubeziehen, ergibt sich, dass Teilbegutachtungen nicht zu empfehlen sind, also zB nur über die Körperhöhe.

4. Einschätzung der Ähnlichkeit

65 Ähnlichkeit und Unähnlichkeit sind nicht zwei Monolithen, sondern Pole, zwischen denen es fließende Übergänge gibt. Das muss in einer ausgearbeiteten Identifikation auch ausgedrückt werden, am besten bei jedem Merkmal oder Merkmalskomplex, bei dem nicht völlig klare Ähnlichkeit oder Unähnlichkeit vorliegt.

5. Erkennbarkeit von Merkmalen

66 Die **Erkennbarkeit** von Merkmalen ist sehr unterschiedlich, sie muss in einem Gutachten eingeschätzt werden. Geschieht dies nicht, kann der Eindruck entstehen, alle Merkmale seien ohne Einschränkung gut erkennbar gewesen. Dies ist eine Übertreibung, die sich *contra reum* auswirkt – ein ernster Fehler für forensische Gutachten. Andererseits geht es nicht, alle Merkmale weg zu lassen, die nicht perfekt erkennbar sind, denn das nutzt nicht den Beweiswert der Bilder aus.

67 Die Erkennbarkeit der Merkmale ist eng verknüpft mit der **Maßstäblichkeit**: auf schlechten (verschwommenen, verschleierten …) Aufnahmen können großräumige Merkmale wie der Wangenumriss im Profil noch ausreichend gut erkennbar sein, kleinräumige hingegen wie die Form des Nasenflügels nur noch erahnbar.

6. Störfaktoren und Artefakte

68 Ebenso wichtig ist es, die Möglichkeit von **Störfaktoren** und **Artefakten** einzurechnen. Man muss bei jeder gesehenen Struktur interpretieren, ob sie ein Merkmal sein dürfte oder eher künstlich entstanden. Merkmale müssen anatomisch möglich bzw morphologisch wahrscheinlich sein. Freilich kann ein Artefakt nicht mehr erkannt werden, wenn er eine Form vortäuscht, die durchaus möglich ist. Zu den externen Einflüssen zählen:

a) Brennweite

69 Kameras in Geldausgabeautomaten haben ein starkes Weitwinkelobjektiv („Froschauge"). Das verzerrt die Bilder radiär, auch „Wölbung" genannt, dh am Bildrand sind Geraden gekrümmt und radiär angeordnete Objekte sind gestreckt. In der Bildmitte wirken Objekte bauchig. Die meisten Bildbearbeitungsprogramme haben Korrekturfunktionen dafür. Am besten ist dafür eine automatische Kantenerkennung einzusetzen.[12] Korrekturen haben naturgemäß aber nur eine begrenzte Wirkung, denn Details wie Ohren, die wegen der Krümmung gar nicht abgebildet sind, können nicht mehr herbeikorrigiert werden.

---

12 *Canny* 1986, *Criminisi* 2001, 32.

Außerhalb der recht extremen Froschaugen hat die Brennweite meist keine große Bedeutung. Die Verzerrung durch unterschiedliche Brennweiten ist bei einem Objektabstand von mehr als 1,5 m und bei Abbildung des Objekts in der Bildmitte nicht mehr ohne weiteres wahrnehmbar.

b) Objektabstand

Wenn Vergleichsbilder mit derselben Kamera wie Bezugsbilder aufgenommen werden, ist auf den gleichen Abstand der Person zur Kamera zu achten. Kleine Unterschiede können sich stark bemerkbar machen und Unähnlichkeit vortäuschen. Ein geringer Objektabstand hat dieselbe Wirkung wie eine kurze Brennweite: das Bild ist verzerrt im Sinne einer „Wölbung". 70

c) Linseneigenschaften

Lokale **Linsenfehler** in billigen Kameras können Verzerrungen in begrenzten Zonen verursachen. Es kommt auch vor, dass Linsen speziell auf Schärfe im Randbereich hergestellt werden, was Qualitätseinbußen und Verzerrungen im Mittelbereich verursachen kann. Ein notorisches Problem dieser Art verursachen die Verkehrskontrollkameras: immer wieder erscheinen Nasen zu kurz und dafür Hautoberlippenbereiche zu niedrig, siehe das Bildpaar in der Einleitung. 71

d) Beleuchtung

Die **Beleuchtung** hat besonders viele Störwirkungen. Einige Beispiele: Starke und punktuelle Lichtquellen hinter dem abgebildeten Objekt können Eindellungen im Objektrand verursachen. Durch starkes Licht von vorn können Brauen und Bart in einem begrenzten Bereich dünner erscheinen als in einem Bild, das mit Streulicht aufgenommen ist. Ein Ohr vor dem Hintergrund schwarzer Haare scheint stärker abzustehen als bei gleichmäßiger Beleuchtung. Tageslicht bildet Furchen und Falten meist besser ab als das harte Kunstlicht eines Blitzes. 72

e) Pixelstufen

Bei der Vergrößerung von groben elektronischen Bildern, bei der Vergröberung durch Einlesen oder Veränderung im Rechner und durch Kompression können sich schräge Linien in Stufen auflösen. Das lässt sich kompensieren, indem man die Vergrößerung zurück nimmt oder das Bild aus größerem Abstand betrachtet. Dieselbe Wirkung, aber mit weniger Stufenbildung, hat die Körnung in klassischen Bildern. 73

f) Bewegung

Wenn der Abgebildete sich gerade schnell bewegt hat, gibt es Verwischungen in Bewegungsrichtung. 74

g) Alterswandel

Stets wird man auf den Zeitunterschied zwischen der Aufnahme der beiden Bilder achten. Dabei ist aber zusätzlich zu beachten, dass Alterung nicht immer kontinuierlich verläuft. 75

h) Ernährung und Lebensweise

76 Ernährung und Lebensweise. Die Weichteildicken im Gesicht werden auch kurzfristig von veränderten Verhaltensmustern beeinflusst. Hierzu ist auch Alkohol und Rauschgift zu rechnen.

i) Krankheiten

77 Eine Fülle von Krankheiten kann rasch das Aussehen verändern. Aber auch hier betrifft dies meist nur die Weichteildicken, die Ausprägung von Falten und Furchen und die Bildung typischer Gewebepolster, insbesondere im Augen-, Wangen- und Halsbereich, nicht dagegen Stirn, Brauen, Nase, Mund und Ohr.

j) Mimik

78 Ein breites Lächeln verändert viele Merkmale im Mund- und Wangenbereich. Ein leichtes Lächeln ist nicht immer gut erkennbar.

k) Vermummung

79 Die absichtliche (zB Strumpfmaske, Helm, dicke Kleidung) und die unabsichtliche Vermummung (zB Motorradhelm, Sonnenbrille) ist meist gut erkennbar – nicht immer aber das Ausstopfen von der Wangen oder das Auftragen von hautfarbenen Maskenteilen. Damit muss man auch stets rechnen, wenn ein Vergleichsbild eigens für eine Rechtssache angefertigt wurde, ohne dass Beamte oder der Gutachter dabei sind. Welche Auswirkungen solche Veränderung haben kann, ist eindrucksvoll in einer Serie von Bildern mit Veränderungen an einem einzigen jungen Mann von *Stelzer* gezeigt worden[13]

l) Operationen

80 Plastische Chirurgie kann praktisch alle Merkmale verändern und ist meist nicht erkennbar. Dabei kann auch in die knöcherne Basis des Gesichts eingegriffen werden, so zB beim Jochbein, bei der Nase oder dem Kinn. In dem Beispiel eines Transsexuellen aus Spanien war nach einer langen Serie von Eingriffen mit der morphologischen Methodik keine Ähnlichkeit mehr feststellbar, und es ergab sich aus den Bildern auch keinerlei Hinweis auf Operationen.

81 All diese Möglichkeiten von Störfaktoren und Artefakten lassen sich im konkreten Fall oft nicht erkennen und nicht voneinander unterscheiden. Dies stellt eine Unsicherheit dar, manchen Unterschied wird man auch bei einer Identifikation zulassen, wenn das Bezugsbild schlecht ist und Störungen nicht ausgeschlossen werden können.

7. Charakteristik

82 Nach der **Seltenheit** der gefundenen Merkmalsausprägungen wird der Grad der persönlichen Kennzeichnung (Charakterisierung) eingeschätzt. Dabei dienen die Häufigkeiten in morphognostischen Schemata als Maßstab. Sie sind aber selten direkt über-

---

13 *Stelzer* 1979, 355, 368, 384.

tragbar, denn bei der Bildidentifikation werden wesentlich feinere Merkmalsunterschiede beachtet. Weiterhin gibt es geografische Häufigkeitsunterschiede.[14] Außerdem sind die Schemata in idealer bzw standardisierter Blickrichtung gezeichnet, Kontrollbilder aber werden selten so aufgenommen. Und schließlich zeigt die gezielte Nachbestimmung von Häufigkeiten der Schemata von *Scheidt* (1931) durch *Blaß* (2010), dass hier keine Reproduzierbarkeit vorliegt: eine drastisch hohe Zahl von 45 Merkmalen ergibt signifikant andere Häufigkeiten, nur 27 Verteilungen sind ähnlich. Schluss für die Identifikation: die Feststellung einer bestimmten Merkmalsausprägung ist mit einem hohen Fehler behaftet, die dazu gehörigen Häufigkeiten sind ebenfalls mit einer hohen, dazu noch unbekannten Fehlerspanne zu versehen. Diese Ergebnisse stehen im Widerspruch zur zeitgenössischen Bestimmung des Zwischenbeobachterfehlers[15] und zur guten Reproduzierbarkeit bei 10 parallelen Beobachtern,[16] sie entsprechen aber eher den Erfahrungen des Praktikers.

Ganz ohne Häufigkeitseinschätzung darf aber auch nicht vorgegangen werden. So ist es ein Mittelweg, für einen Merkmalskomplex eine Einschätzung zu geben, zB mit einer Skala nicht/kaum/leicht/sehr charakteristisch. Aus allen Einschätzungen wird eine Identitätswahrscheinlichkit gebildet, siehe unten Rn 116 ff. 83

Seltene Merkmale werden im juristischen Sprachgebrauch durchgehend als charakteristisch bezeichnet. 84

Es gibt eine große Klasse von Merkmalen, die für die Identifikation besonders nützlich sind: **Asymmetrien**.[17] Arten sind Größen- und Formunterschiede zwischen den Seiten, Lageunterschiede und sogar Krümmungen der Mittelebene. Das Phänomen selbst ist sehr weit verbreitet – es dürfte praktisch kein Gesicht ohne Asymmetrie geben. Die Häufigkeiten von spezifischen Asymmetrien sind aber sehr verschieden.[18] In der jüngsten dieser Arbeiten wurden 200 detailreiche 3D-Aufnahmen verwendet, und die Asymmetrien wurden genau gemessen. Damit sind auch sehr kleine Seitenunterschiede erfasst. Auf durchschnittlich undeutlichen Überwachungsbildern sieht man aber erheblich weniger, zumal, wenn sie im Halbprofil aufgenommen sind. Daher wird hier nicht die Menge der kleinen Asymmetrien (bis 1,5mm Abweichung) gezählt, sondern nur die mittleren (1,5–2,5mm) und starken (über 2,5mm): schräge Augenebene 65%, Schrägstellung der Augen 16 %, Ohrhöhenstellung 69%, Ohrlänge 56 %, Seitenneigung der Nase 49 %, Nasenrückenkrümmung 71 %, Seitwärtsverschiebung des Mundes 71 %, Schrägstellung des Mundes 60%, Seitwärtsverschiebung des Mundes 87 %, Kinnspitzenasymmetrie 41 %. Diese Zahlen sind überraschend hoch, dennoch ist das Phänomen für die Identifikation gut geeignet, denn es wird noch nach Stärke und Richtung der Asymmetrie unterschieden. 85

Gerade bei seltenen Merkmalsausprägungen ist die Häufigkeit mitunter wichtig, man möchte sie tatsächlich wissen, nicht nur einschätzen. Da es in der Literatur nur ganz 86

---

14 *Vonderach* 2008.
15 *Scheidt* 1932.
16 *Zacher* 2001, 37.
17 Siehe zB *Liebreich* 1908.
18 *Henner* 2010.

wenige Angaben gibt, hat der erfahrene Gutachter eine ausreichend große Bildersammlung. Das betreffende Merkmal kann dann *ad hoc* ausgezählt werden.

87 Bei den weniger seltenen Merkmalen genügt meist die sachverständige Einschätzung der Häufigkeit. Überhaupt sind Häufigkeiten oft nur theoretisch bedeutsam. Dafür sei ein Rechenbeispiel gegeben: Alle Merkmalsausprägungen in einem Gutachten mögen in der allgemeinen Bevölkerung zu 40 % vorkommen. Das ist eine durchschnittliche Häufigkeit für ein eher durchschnittliches Gesicht.[19] Die Korrelationen zwischen Merkmalen bleibe unberücksichtigt, denn sie betrifft lediglich 5 % aller Merkmalsausprägungen. Dann kann die Multiplikationsregel der Wahrscheinlichkeitsrechnung angewandt werden, es muss nicht das kompliziertere Bayes'sche Theorem genommen werden. Wenn dann im Gutachten nur 8 Merkmale zu betrachten waren, multiplizieren sich die Häufigkeiten zu einer Wahrscheinlichkeit der Kombination von 0,07 % (gerechnet werden darf natürlich nur mit den Häufigkeiten, die sich zu 1 ergänzen: $0,4^8 = 0,000655$), das ist dann eine Identitätswahrscheinlichkeit von 99,94 %. Die liegt über den 99,87 % der einseitigen 3 Sigma-Grenze der Gaußschen Normalverteilung, die im gerichtlichen Bereich gern in Anlehnung an die genetische Vaterschaftsbestimmung als Sicherheitsgrenze angesehen wird. Wenn man so einfach rechnet, werden sehr schnell hohe Wahrscheinlichkeiten erreicht. Durchschnittliche Merkmalszahlen bewegen sich bei durchschnittlichen Überwachungsbildern um die 80. Das Rechenbeispiel ist insofern nicht realistisch, weil die allgegenwärtigen Einschränkungen der Erkennbarkeit der Merkmale nicht berücksichtigt sind. Die verschlechtert das Beispiel um ein mehrfaches. Hier aber ging es nur um die Bedeutung der Bevölkerungshäufigkeiten.

88 Wenige seltene Merkmale kommen bei „Schönheit" vor. Die verbreiteten Schwierigkeiten von Bild-Gutachtern mit jungen, hübschen Fahrerinnen und auch die oft veröffentlichten Versuche des übereinander Kopierens von Gesichtern zeigen, dass angenehme Gesichter durchschnittliche Gesichter sind.[20]

8. Nötige Anzahl von Merkmalen

89 Es gibt keine **Mindestzahl** von Merkmalen für eine Identifikation. Für eine Einschätzung der Identitätswahrscheinlichkeit zählen schließlich nicht nur die Merkmalszahl, sondern ebenso deren Erkennbarkeit und deren Seltenheit in der Bevölkerung. So kann auch einmal ein Motorradfahrer mit Integralhelm identifizierbar sein, wenn zB seine Brauen, Augen und Nasenwurzel charakteristisch und gut erkennbar sind.

90 Mitunter wird von Verteidigerseite ein Verhältnis gebildet und behauptet, dass man bei 80 Merkmalen aus einer theoretisch möglichen Zahl von 200 ja gar keine Aussage treffen könne, denn es sei ja noch nicht einmal die Hälfte erreicht. Solche Verhältnisse sind irrelevant, denn 80 ist absolut gesehen eine sehr hohe Zahl – und im Übrigen kommt es auch hier zusätzlich auf Erkennbarkeit und Häufigkeit an.

---

19 *Rösing* u.a. 2012.
20 *Becker* 2003.

B. Methodik

Nach unten gibt es schon eher Mindestzahlen. Wenn man eine Gesamtzahl von 200 Merkmalen am Kopf zugrunde legt, wird es erfahrungsgemäß bei 50 schwierig, eine ausreichend hohe Wahrscheinlichkeit zu erreichen. Dafür müssten dann schon etliche seltene Merkmale vorliegen. Bei 20 und weniger Merkmalen geht meist der Auftrag zurück.

9. Einschätzung der Wahrscheinlichkeit

Die Elemente Merkmalszahl, Ähnlichkeit und Erkennbarkeit bilden die Grundlage für die Einschätzung einer gradierten Wahrscheinlichkeit für oder gegen Identität. Weil der **Ausschluss** leichter zu erreichen und klarer erkennbar ist, werden im Negativbereich der Wahrscheinlichkeiten häufiger randliche Wahrscheinlichkeitsprädikate erreicht. Bei durchschnittlich schlechten Bezugsbildern darf man bei Nicht-Identität mit um die 10 Unterschieden rechnen. Ist es nur ein Unterschied, so muss man verstärkt prüfen, ob nicht externe Störfaktoren und Artefakte gewirkt haben können.

10. Geringfügigkeit von Merkmalen

Wenn auf einem Bezugsbild nur einige wenige Merkmale zu erkennen sind und die am Ende auch noch undeutlich, so kann sich der Gutachter auch für die **Rückgabe des Auftrags** entscheiden. Besonders im Strafverfahren sollte aber die Schwelle möglichst niedrig gelegt werden, denn es ist nicht Sache des Gutachters, durch die Ablehnung des Auftrages sozusagen vorab zu entscheiden, dass ein nur kleiner Hinweis auf Identität oder Nichtidentität nicht doch noch etwas nützt. Solche Beweiswürdigung ist allein Sache des Richters. Manche Kriminalämter legen die Schwelle hoch und bewerten nur mäßig schlechte Bilder bereits als ungeeignet. Damit behindern sie die Justiz und überschreiten ihre Rollenbegrenzung. Es ist auch ohne sorgfältige Analyse der Einzelmerkmale kaum voraussagbar, ob sich nicht Hinweise auf Nicht-Identität finden. Eine zu schnelle Ablehnung der Eignung eines Bildes kann dann ein kapitaler Fehler sein mit Wirkung (*contra reum*). In ihrer Schadenswirkung ist die nicht gefundene Nicht-Identität dasselbe wie die falsch positive Identifikation.

IV. Technik

Eine Basismethodik für die Bildidentifikation ist die Beschaffung oder Fertigung von Vergleichsbildern und der anschließende Vergleich mit dem Bezugsbild der Tat. Analoge Bilder werden elektronisch eingelesen. Für die Bearbeitung der Bilder im Rechner hat sich das Programm Adobe Photoshop ® ab der Version 4.0 bewährt. Höhere Versionen werden von vielen als zu speicheraufwändig und schwerfällig empfunden; so ist die Version 7.0 ein gewisser Kompromiss.

Um die Bilder miteinander vergleichen zu können, sollten die dargestellten Gesichter zunächst in der **Drehung** aufeinander abgestimmt und auf eine gleiche **Größe** skaliert werden. Als Maßstab für die Drehung ist am besten eine Gesichtsachse zu nehmen, wobei das immer auch nach Sicht kontrolliert und korrigiert wird. Als Maßstab für die Größe bietet sich eine morphologische Gesichtshöhe an: die Strecke vom Glabellare (zwischen den Brauenköpfen in der Mediansagittalen) zum Gnathion (bzw Menton, die distalste Stelle des Unterkiefers bzw Kinnes in der Mediansagittalen).[21] Das ist kein übliches anthropologisches Maß, ist aber wegen besserer Erkennbarkeit gegenüber der Gesichtshöhe vom Nasion aus vorzuziehen. Die physiognomische Gesichtshöhe vom Trichion aus (Haargrenze in der Mediansagittalen) ist ebenfalls nicht gut geeignet, da die Haargrenze nicht immer gut erkennbar, oft abgedeckt und außerdem durch Haarschwund veränderlich ist.

96 Die Größenabstimmung lässt sich mit **Hilfslinien** überprüfen, die anatomische Punkte beider Bilder verbinden. Solche Hilfslinien wurden bereits in den 1950er Jahren von der Künstlerin *Elisabeth Kaiser-Lindner* (1913–2000) entwickelt und auf die Identifikation von Anna Anderson mit Anastasia Romanova angewandt.[22] Im Fall von Identität und gelungener Größenabstimmung sollte eine Schar von Parallelen entstehen, bei abweichender Größe eine Schar von Strahlen.

97 Soweit die schöne Theorie; in der Praxis dagegen kommen oft arg unbefriedigende Ergebnisse vor. So ist dies höchstens eine gelegentliche, zusätzliche Illustration bei Identität, aber eher noch bei Nicht-Identität. Festzuhalten ist, dass der Kern der Identifikation mit unveränderten Bildern durchgeführt wird.

98 Ein besonderer Fall ist der bisher einzig veröffentlichte des Vergleichs zwischen Anna Anderson und Anastasia Romanova. Reche behauptete, die parallelen Linien würden den Schluss auf Identität stützen, aber das ist falsch. Die publizierte Abbildung zeigt vielmehr, dass die Augenlinie durch verschiedene anatomische Punkte läuft:

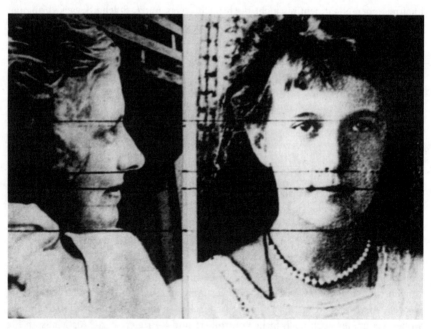

21 *Knußmann* 1988.
22 *Reche* 1965.

Da außerdem bei Anna Anderson (links) eine Korrektur der Augenlinie erkennbar ist, entsteht der Eindruck einer Manipulation. Der Schluss auf Nicht-Identität zwischen Anna Anderson und Anastasia Romanova ergibt sich im Übrigen auch aus eigentlichen morphologischen Merkmalen, insbesondere beim rechten Ohr, und aus einem molekularbiologischen Befund, auch wenn letzterer aus nicht ganz gesicherten Proben gewonnen wurde.[23]

Für die Abstimmung von Bildern aufeinander empfiehlt es sich, die Breite der Zone zwischen Kopf und Bildrand aufeinander abzustimmen. Das Vergleichsbild sollte auch bezüglich der Lage der Symmetrieachse des Gesichts an das Bezugsbild angepasst sein. Auch Veränderungen an Helligkeit, Kontrast und Tonwert sind zweckmäßig.

In einzelnen Teilen des Bildes dürfen die Informationen auf keinen Fall verändert werden. Das wäre eine **Retusche** und das macht das Bildmaterial forensisch unbrauchbar. Auch muss jede Veränderung dokumentiert und offengelegt werden. Wichtig ist auch, dass die Bezugsbilder auch an einer anderen Stelle archiviert sind als beim Gutachter; das kann die Gerichts- oder Ermittlungsakte sein, oder auch ein Polizeirechner. Sinn dieser Maßnahme ist, dass alle Veränderungen durch den Gutachter unabhängig nachvollziehbar sind.

In Deutschland gibt es derzeit noch keine gültigen Richtlinien für die forensische Verwertbarkeit von Digitalbildern. In Großbritannien gibt es seit einigen Jahren entsprechende Richtlinien (Digital Images as Evidence), in denen sehr hohe Ansprüche an die Integrität digitaler Abbildungen gestellt werden.

Als weitere Illustration einer Identifikation können in eines der Bilder (am besten das Bezugsbild von der Tat) an markanten morphologischen Stellen Punkte oder Linien eingefügt werden. Zum Vergleich kann man diese Punkte oder Linien auf das andere Bild übertragen. Hierfür ein Beispiel:[24]

---

23 *Hirthammer* u.a., in Vorbereitung.
24 Bilder und Bearbeitung von *A. Diekmann*, München.

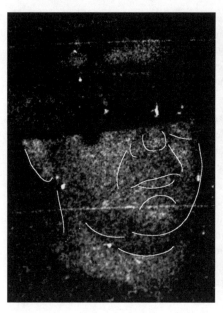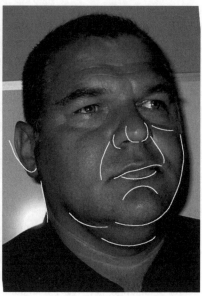

104 Jetzt ist unschwer erkennbar, dass die Abweichungen rechts erklärbar sind mit dem etwas stärker gehobenen und nach rechts gedrehten Kopf. Die Kopfhaltung auf diesen beiden Bildern ist ausgesprochen gut aufeinander abgestimmt, dh das Vergleichsbild ist gut gelungen – dennoch passen die Linien rechts nicht vollkommen.

105 Dies ist das eine Problem dieser Technik, das andere ist die Dicke und Dominanz der Punkte oder Linien, die stellenweise die morphologischen Strukturen nicht mehr leicht erkennen lassen. Wie bei den parallelen Linien nach Kaiser-Lindner gilt: Dies ist lediglich eine zusätzliche Illustrationsmöglichkeit, der eigentliche Vergleich wird mit den unveränderten Bildern vorgenommen.

106 Weniger problematisch ist das Einfügen von Pfeilen, die auf markante morphologische Strukturen hinweisen. Hier ein Beispiel vom BKA, Abteilung ZD22:

B. Methodik

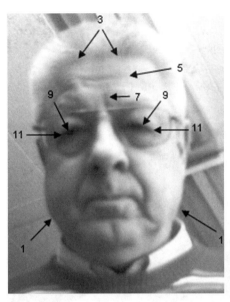
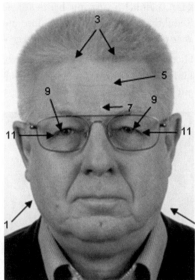

Links der Täter einer simulierten unerlaubten Kontenverfügung an einem Geldausgabeautomaten, rechts der „Beschuldigte". Gesicherte Identität.

Im dazugehörigen Text wurden insgesamt 56 Merkmalskomplexe aufgeführt. Die Bildtafeln beginnen notwendigerweise mit Abbildungen ohne Pfeile, damit man die Morphologie der Gesichter unbeeinflusst beurteilen kann.

Eine aufwendige maschinelle Möglichkeit des Bildvergleichs ist die Superprojektion. Mit zwei zweidimensionalen Bildern gelingt dies allerdings ebenso schlecht wie die oben vorgeführte Übertragung von Umrisslinien, das also ist nicht für die Routine zu empfehlen.[25]

Denkbar aber ist die Superprojektion eines dreidimensionalen Vergleichsbildes über ein zweidimensionales Bezugsbild. Dabei wird von der Vergleichsperson mit einer Spezialkamera ein 3D-Bild gefertigt.

Eine Alternative ist die Fertigung zweier oder mehr konventioneller 2D-Bilder, aus denen dann ein 3D-Bild errechnet wird. Im Rechner werden dann die beiden Bilder übereinandergelegt. Durch Größenveränderung, Drehung und Kippung des 3D-Bildes werden die Bilder solange einander angenähert, bis eine ausreichende Menge an Merkmalen dafür spricht, dass die beiden Gesichter identisch sind oder nicht.

In der Skelettidentifikation ist diese Technik Routine, in der Bildidentifikation ist immerhin schon ein Experiment veröffentlicht.[26]

Eine Schwierigkeit bei allen Arten von Superprojektion ist, dass man nur an wenigen Stellen die beiden übereinander liegenden Strukturen voneinander unterscheiden

---

25 *Bellmann* 2004.
26 *Goos* u.a. 2005.

kann, nämlich meist nur bei deutlichen Linien. Solche Linien lassen sich durch die Reduktion eines der beiden Bilder auf Umrisse („Solarisation") hervorheben. Oder aber man färbt die beiden Bilder gegensätzlich in rot und grün.

114 Hier das Beispiel der Ohren im Fall von *Andreas Kühn* (siehe auch Rn 269: Haare)[27]. Links das Ohr des Täters, rechts von *Andreas Kühn*, in der Mitte Superprojektion mit 1 cm Versatz:

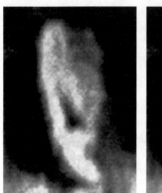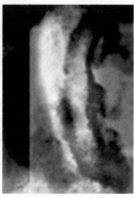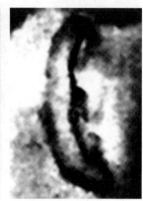

115 Die Menge an eingesetzten Techniken kann man nach der Art des Verfahrens dosieren: Großer Aufwand im Strafverfahren, dann zB Fertigung der Vergleichsbilder sowohl mit der Raumkamera, als auch unter Studiobedingungen, umfangreiche Bildbearbeitung, evtl 3D-2D-Superprojektion, vollständige Bildtafeln; reduzierter Einsatz in Ordnungswidrigkeitensachen.

V. Wahrscheinlichkeit

116 Bei Identifikationsbefunden gilt: Bereits ein einzelner Widerspruch zwischen Bezugsdokument und Vergleichsdokument ist im Prinzip ein Identitätsausschluss – es sei denn, der Widerspruch ist auch anders erklärbar, zB als Artefakt, Beobachtungsfehler oder Umwelteinfluss. Logisch gesehen ist ein Ausschluss hundertprozentig, praktisch gesehen aber gibt es oft Unsicherheiten, die die Wahrscheinlichkeit einschränken.

117 Bei Schluss auf Identität muss die Wahrscheinlichkeit gegeben werden, in Abhängigkeit der bekannten oder geschätzten Häufigkeit der Identifikationsmerkmale in der allgemeinen Bevölkerung.

118 So ist stets eine Identitätswahrscheinlichkeit zu geben, bei positivem wie negativem Ergebnis, entweder errechnet oder eingeschätzt.[28] Das Ergebnis lässt sich in Klassen ausdrücken oder wird gern verbal umschrieben:[29]

---

27 Angefertigt von *B. Hirthammer*.
28 *Knußmann* 1991.
29 *Schwarzfischer* 1992, Skala nach *Hummel* 1971, wie bei der Vaterschaftsbegutachtung.

- mit an Sicherheit grenzender Wahrscheinlichkeit identisch
- höchst wahrscheinlich identisch
- sehr wahrscheinlich identisch
- wahrscheinlich identisch
- Identität nicht entscheidbar
- wahrscheinlich *nicht* identisch
- sehr wahrscheinlich *nicht* identisch
- höchst wahrscheinlich *nicht* identisch
- mit an Sicherheit grenzender Wahrscheinlichkeit *nicht* identisch

Bei dieser Skala ist zu beachten, dass die randlichen Prädikate einen wesentlich schmaleren Prozentbereich einnehmen als die zentrale. Die Grenzen zwischen den Prädikaten liegen bei 99,87 (drei Sigma), 99, 95 und 70%, entsprechende Grenzen gelten unterhalb der Mitte. Die ursprüngliche Quelle nennt als erste Grenze 99,73,[30] aber das ist falsch, denn das ist der zweiseitige drei-Sigma-Bereich, hier aber geht es um den einseitigen, nämlich nur den in der Richtung der Identität oder Vaterschaft.[31] Starre Grenzen sind diese Zahlen aber nicht, sondern nur grobe Anhalte. Das erhellt auch daraus, dass ein Sachverständiger am Ende der Merkmalsaufnahme manches Mal zwischen zwei Prädikaten schwankt.

„Der Beweiswert der einzelnen Bewertungsstufen ist umso höher, je zurückhaltender ein Gutachter ist, und umso niedriger, je mehr er der Versuchung nachgibt, dem Richter möglichst häufig eine klare Entscheidung anzubieten. Aber selbst beim gleichen Gutachter, auf dessen Bewertungen die Wahrscheinlichkeitszahlen zurückgehen, kann nicht sichergestellt werden, daß sich seine Bewertungspraxis nicht im Laufe der Zeit – von ihm selbst unbemerkt – verändert."[32]

Die eingeschätzte Wahrscheinlichkeit für Identität wird umso höher ausfallen, je mehr Merkmale zu extrahieren sind, je mehr davon selten (charakteristisch) sind und je besser die Merkmale zu erkennen sind. Dies ist eine geschlossene Dreiheit, kein Faktor darf unberücksichtigt bleiben.

Insofern sind die recht häufigen Urteile, die bei bestimmten Abdeckungen eine Ungeeignetheit eines Bildes für die Identifikation feststellen, sachwidrig. Auch bei einer Abdeckung eines großen Teiles des Gesichts kann ein gerichtsverwertbares Ergebnis zu erreichen sein, wenn es nämlich unter den erkennbaren Merkmalen seltene gibt und alle Merkmale gut zu erkennen sind.

---

30 *Hummel* 1972.
31 Mitteilung *B. Danner*.
32 *Knußmann* 1988: 381.

C. Rahmenbedingungen

I. Bildmaterial

123 Das Bildmaterial für die Identifikation unterliegt großen **Qualitätsschwankungen**. Für einen Personenvergleich ist ein Mindestanspruch an die Qualität zu stellen. Die Erkennbarkeit von Merkmalen kann durch verschiedene Faktoren beeinträchtigt werden. Als erstes muss hier die Bildqualität an sich genannt werden, in die Faktoren wie Körnung des Filmmaterials, Qualität des Aufnahmegeräts und der technischen Weiterverarbeitung eingehen. Weiterhin spielt die Position des Aufnahmegeräts zu der abgebildeten Person eine wichtige Rolle, da Richtungsunterschiede und perspektivische Unterschiede oder Verzerrungen die Beurteilung erschweren. Auch Mimik erschwert den Vergleich.

124 Solche Einschränkungen sind praktisch durchgehende Regel, denn die morphologische Bildidentifikation wird überwiegend bei schlechten Tatbildern gebraucht. Bei guten nimmt ein Gericht usw die Identifikation selbst vor.

125 Für die Erkennbarkeit der Bildstrukturen und für die technische Weiterverarbeitung empfiehlt es sich, von den Bezugsbildern (Tatbildern) die **Originalfassungen** für die Begutachtung anzufordern. Bei Fotos aus analogen Kameras ist dies das Negativ, aus elektronischen Kameras die elektronische Datei selbst. Wenn die Qualität der Abzüge eines bestimmten Amtes erfahrungsgemäß gut ist, erübrigt sich die Anforderung des Originals.

126 Weiterhin empfiehlt es sich, **gleiche Medien** miteinander zu vergleichen, also Bild mit Bild und nicht Bild mit vorhandener Person. Allerdings darf man das nicht dogmatisch sehen; wenn es um die Ergänzung weniger Merkmale geht, die auf dem Vergleichsbild nicht auszumachen war, genügt auch einmal die Inspektion des Menschen selbst.

127 Wenn die **Blickrichtung** auf dem Vergleichsbild zu sehr abweicht vom Bezugsbild, sollte die zu begutachtende Person neu fotografiert werden. Außerdem sollten die Bilder in Helligkeit und Kontrast einander angeglichen werden. Farbe ist meist entbehrlich, insbesondere, wenn das Bezugsbild schwarzweiß ist oder wenn zwischen den Bildern starke generelle Farbwerte- oder Helligkeitsunterschiede vorherrschen.

128 An **Bildträgern** gibt es einerseits Filme bzw Abzüge vom Film auf Papier. In Verkehrsüberwachungskameras werden Kleinbildrollfilme in Schwarz-Weiß verwendet, von denen einerseits Ausdrucke auf Thermopapier und andererseits Abzüge auf Fotopapier angefertigt werden. Bei Thermopapier ist ein schnelles Verblassen einzurechnen, so dass sich die Übernahme auf andere Träger empfiehlt. Andererseits werden zunehmend e-Kameras eingesetzt, die die Bilder elektronisch speichern.

129 Bei e-Kameras bestimmt die Zahl der Bildpunkte den möglichen Grad der Vergrößerung. Beim Kleinbild gilt 12-fache Vergrößerung als gewisse Grenze. Dorthin kommt man recht schnell, wenn das zu beurteilende Gesicht auf dem Gesamtbild nur klein war. In diesem Fall müssen Bilder in einem Gutachten klein bleiben; eine zu starke Vergrößerung behindert die Erkennung, alle Strukturen wirken verschwommen.

Ein Begrenzungsfaktor ist auch die Herstellung der **Abzüge**, die spätestens dann zu fertigen sind, wenn ein Gutachten bei Gericht eingereicht wird. Videodrucker liefern eine recht gute Qualität, Drucker für den Hausgebrauch lösen dagegen oft in zu grobe Punkte auf. Selbst ein Laserdrucker der obersten Preisklasse und die Verwendung von Fotopapier lässt oft Punkte erkennen. Gute Tintendrucker liefern bessere Bilder. Sehr hohe Punktzahlen sind nur mit Vergrößerungsapparaten und Fotopapier ausnutzbar. Dafür kommen idR nur Fotogeschäfte in Frage, wobei die digitalen Bilder auch digital versandt werden können.

Bei Pass-, Melde- und Asylvergehen oder im Fall einer Ausweisfälschung dienen amtlich archivierte **Passbilder** als Grundlage für den Vergleich zur Feststellung von Identität. Dabei aber ist die Möglichkeit von Manipulationen am Bild einzurechnen. Wird in einer Ordnungswidrigkeitensache ein Vergleichsbild über die Einwohnermeldeämter angefordert, so erhält man oft eine Fotokopie des Passbildes. Wenn dessen Qualität besser ist als beim Bezugsbild, kann es direkt verwendet werden. Wenn es aber schlechter ist (im schlimmsten Fall wird die Fotokopie mit einem billigen Faxgerät übermittelt), so sollten neue Abzüge angefordert werden. Eine befriedigende Qualität ist zu erreichen, wenn das Passbild abfotografiert oder eingescannt wird. Wichtig bei der Übermittlung von Passbildern ist das Ausstellungsdatum des betreffenden Dokumentes, um eventuelle Altersunterschiede einrechnen zu können.

Weiterhin kommen als Vergleichsmaterial erkennungsdienstliche **Aufnahmen der Polizei** in Betracht. Sie sind in der Regel von guter Qualität und können als Papierabzug oder als digitale Datei vorliegen.

Nach § 81 b StPO dürfen Lichtbilder auch gegen den Willen des Beschuldigten aufgenommen werden. Darunter ist weniger eine körperliche **Zwangsmaßnahme** zu verstehen – das ist erkennbar unpraktisch, denn der Beschuldigte kann die Aufnahmen durch Grimassen und Wegdrehen hintertreiben – sondern die Aufnahme mit einer verdeckten Kamera und ohne die Kenntnis des Beschuldigten, aber auf Beschluss des Gerichts. Auch die polizeiliche Ergreifung eines Beschuldigten zum Zweck der Bildfertigung ist auf Gerichtsbeschluss möglich. Das gilt auch für Verkehrsordnungswidrigkeiten vor Gericht. Im Übrigen ist die gesetzliche Möglichkeit von Zwangsmaßnahmen weniger dazu da, dass das tatsächlich durchgeführt wird, sondern dafür, dass mit deren Androhung doch eine Kooperativität des Probanden erreicht wird.

Wenn neue Vergleichsaufnahmen angefertigt werden, sollte eine hohe **Qualität** angestrebt werden, also in der Regel Aufnahmen auf Film oder hochauflösende Digitalaufnahmen.

Für den Vergleich in einer Verhandlung werden **Sofortbilder** angefertigt, entweder mit der klassischen Polaroid-Kamera oder mit e-Kamera, Rechner und Drucker. Zwar ist von der Arbeit unter dem Zeitdruck eines laufenden Prozesses dringend abzuraten, manchmal aber wird das doch durch den Verfahrensablauf erzwungen. Dafür hat der erfahrene Sachverständige stets seine Sofortbildausrüstung dabei.

Für die neue Fertigung von **neuen Vergleichsbildern** des Betroffenen, Beschuldigte oder Angeklagten bieten sich folgende Wege an:

- Selbst aufnehmen. Das ist in Strafverfahren vorzuziehen.
- Beauftragung einer Polizeidienststelle. Im Strafverfahren kann dies der Gutachter selbst veranlassen, im Zivilverfahren (OWi) ist der Auftrag durch das Gericht vorzuziehen. Hier ist aber zu bedenken, dass auch Beamte, die im Erkennungsdienst bewandert sind, oft erstaunlich schlechte Aufnahmen machen.
- Auftrag an einen nahe gelegen Fotografen.
- Anforderung beim Betroffenen bzw seinem Rechtsanwalt – was manchmal als Einladung zur Obstruktion und Manipulation aufgefasst wird.

137 Wenn diese Bilder nach außen in Auftrag gehen, sollten detaillierte **Arbeitsanweisungen** gegeben werden:
- Vor allem müssen Aufnahmerichtung und Körperhaltung des neuen Vergleichsbildes so genau wie möglich zum Bezugsbild passen. Dabei sollte man Bezugsstrecken und -winkel miteinander vergleichen:
    - Zur Kontrolle der Drehrichtung des Kopfes betrachtet man den Abstand von der Nasenspitze zum fernen Wangenrand.
    - Zur Kontrolle der Neigung des Kopfes betrachtet man die Schräglage der Augen- oder Gesichtsachse.
    - Zur Kontrolle der Hebung des Kopfes betrachtet man die Schräglage der Linie von der Nasenspitze zum Ohrläppchen.
- Erkennbare Strukturen wie das Ohr müssen abgebildet sein, Mimik kann nach Möglichkeit und in Abhängigkeit von Kooperativität nachgestellt werden.
- Die Brennweite der Kamera sollte der Überwachungskamera entsprechen.
- Der Kameraabstand sollte groß sein, 2 m oder mehr, ebenfalls entsprechend der Ausgangssituation.
- Wünschenswert ist auch eine entsprechende Ausleuchtung.

138 Stets ist die **Identitätssicherung** bei den Vergleichsbildern zu beachten: Wenn Vergleichsbilder vom Betroffenen oder seinem Anwalt eingereicht werden, sollte man prüfen, ob dieselbe Person wie auf dem Passbild dargestellt ist und ob absichtliche Veränderungen des Aussehens zu vermuten sind wie Ausstopfen im Mundbereich oder Ankleben eines Bartes oder einer Hautfalte. Wegen dieser möglichen Täuschungsabsicht empfiehlt es sich auch, den Begleitbrief zum neuen Vergleichsbild genau zu lesen; manchmal wird darin auffällig die Aussage vermieden, das Bild sei vom Betroffenen, Beschuldigten oder Angeklagten. Insofern ist es stets wichtig, das Passbild zur Verfügung zu haben: Auch wenn es wegen anderer Perspektive oder Lächeln für die eigentliche Identifikation nicht gut geeignet ist, mag es ausreichen zum Erkennen eines Identitätsbetruges.

139 Es ist nicht nur solcher Betrug, der zur höchsten Aufmerksamkeit zwingt, sondern auch die Möglichkeit von **Datengleichheit** wie -verwechslung. Ein konkreter Fall:[33]

---

33 Mitteilung A. *Diekmann* 2002.

von einem deutschen Ordnungsamt wird ein Vergleichsbild von einem Falschen an das Gericht geschickt. Der Nachname war gleich, auch das Geburtsdatum, aber nicht der Vorname. Wegen einer sehr schlechten Kopie des Dokuments war der Vorname aber kaum zu lesen, so dass keinem etwas aufgefallen ist. Die Gutachterin aber bemerkt es dann bei der routinemäßigen Prüfung. Beides sind keine einmaligen Fälle, es gibt vielmehr etliche weitere, auch weitere Fallgruppen mit etwas anderen Elementen. Es muss stets an alle möglichen solcher Probleme gedacht werden.

Vergleichsbilder können auch als **dreidimensionale** Bilddatei aufgenommen werden (3D). Dafür gibt es eigens konstruierte Kameras, außerdem kann man handelsübliche e-Kameras verwenden. Dafür werden im Gesicht des Probanden Referenzmarken angebracht, mit denen dann im Rechner eine 3D-Datei erstellt wird. Dieses Vorgehen hat den technischen Vorteil, dass man allfällige Abweichungen in Aufnahmerichtung und Brennweite/Objektabstand korrigieren kann. Ein möglicher Einwand ist, dass man so Bilder „manipuliert"; das ist im Normalfall aber zu entkräften mit der umfassenden Demonstration des Vorgehens und dem gleichzeitigen Vergleich mit konventionellen 2D-Bildern. 140

II. Personen

Wie auch immer Vergleichsbilder beschafft werden, es sollte stets eine **Identitätsprüfung** erfolgen, bei neuen Bildern zB durch einen Ausweis, wobei die Kennnummer aufgenommen wird. Im schriftlichen Gutachten ist zu beschreiben, wie die Identitätsprüfung erfolgt ist; außerdem sollte im Fall der Anfertigung von Bildern durch einen anderen als dem Gutachter vermerkt werden, dass das Gutachten mit dem Vorbehalt erstattet wird, dass die Vergleichsbilder tatsächlich vom Betroffenen stammen. 141

Bei der Begutachtung können sich weiterhin Probleme ergeben, wenn auch ein enger **Blutsverwandter** wie ein Geschwister in Frage kommt. Bei geringer Bildqualität wird man in solchen Fällen keine hinreichend sichere Differenzierung vornehmen können. Aus diesem Grund sollte man bei der Begutachtung und Einschätzung der Wahrscheinlichkeit (siehe auch dort) immer einen Verwandtenvorbehalt formulieren. 142

In Verkehrordnungswidrigkeitensachen werden recht häufig Verwandte als Fahrer zweitbenannt. Wenn die mit geprüft werden können, ist in der weitaus überwiegenden Zahl der Fälle eine Entscheidung möglich, selbst mit den eigentlich eher schlechten Bildern von Verkehrskontrollkameras. 143

Dabei gilt manches Mal die **Logik des geschlossenen Kreises**: Das Ordnungsamt hat den Betroffenen benannt. Der sagt aus, sein Bruder sei gefahren. Damit handelt es sich um einen geschlossenen Kreis von zwei Personen. Wenn dann eine der beiden Personen von der Identität ausgeschlossen ist und die andere nicht, so ist die andere identifiziert, unabhängig von deren Wahrscheinlichkeit. Freilich kann der geschlossene Kreis aufgebrochen werden durch Benennung einer dritten, vierten usw Person. 144

Selbst bei eineiigen **Zwillingen** gelingt meist die Unterscheidung. Dafür sei ein vielfach veröffentlichter Fall berichtet, die beiden Will West im Gefängnis von Leavenworth in Kansas im Jahre 1903. Nach dem Grad der Ähnlichkeit zu schließen, dürf- 145 ten sie eineiige Zwillinge gewesen sein, die aber getrennt aufgewachsen sind und auch selbst nichts voneinander wussten.

146 Die folgenden Bilder zeigen eine hohe Ähnlichkeit, aber auch Abweichungen in praktisch allen Merkmalskomplexen. Die unterschiedliche Richtung der Asymmetrie der Mundspalte ist bereits für sich allein ausreichend, um auf Nicht-Identität zu schließen (dass die nicht an einem möglicherweise seitenverkehrten Abzug liegen sollte, kann man an der gleichsinnigen Knöpfung sehen). Hinzu kommen eine ganze Reihe kleiner Abweichungen, die in der Summe ebenfalls gewichtig gegen Identität sprechen.

147 Auch in Gutachterpraxen gibt es immer mal wieder Fälle mit eineiigen Zwillingen. In der Mehrzahl solcher Fälle gelingt es, die beiden auseinander zu halten und einen von beiden dem Bezugsbild zuzuordnen. In den bisher sieben Fällen dieser Art in der baden-württembergischen Praxis Forensische Anthropologie ließen sich fünf lösen. Merkmale waren dabei wie bei den beiden Will Wests Asymmetrien, die bei Zwillingen oft gegensätzlich gerichtet sind, dann die ebenfalls weniger genetisch determinierten Furchen oder Hautflecken, dann aber auch kleine Attribute, die von Zwillingen mitunter benutzt werden, damit man sie unterscheiden kann. So ließ sich ein Fall mit tatsächlich höchst ähnlichen eineiigen Zwillingen mit einem kleinen Ohrstecker lösen: der eine Paarling hatte ihn, der andere hatte am Ohrläppchen kein Loch und keine Narbe.[34] Weitere Attribute sind zB Scheitelanordnung, Haarfärbung oder Narben.

---

34 Mitteilung *H.D. Schmidt*.

In einem Fall[35] lief eine Narbe quer über eine Braue und war dadurch auf dem eigentlich sehr schlechten Bezugsbild deutlich zu sehen.

Es können sich mitunter Schwierigkeiten ergeben, wenn zwischen den Aufnahmen der zu vergleichenden Bilddokumente ein großer Zeitunterschied liegt. Als Erschwernis kommen hier Alterswandel sowie ernährungs- bzw krankheitsbedingte Veränderungen des Äußeren in Betracht (siehe oben Störfaktoren und unten die Ausführungen zur Altersvariabilität bei vielen der Einzelmerkmale).

Schließlich können auch absichtliche Veränderungen der äußeren Erscheinung, die zusammenfassend als Vermummung bezeichnet werden, eine Begutachtung erschweren oder in ungünstigen Fällen sogar unmöglich machen. Hier taucht das Problem auf, dass man manche Vermummung vielleicht gar nicht erkennt; deshalb ist es angebracht, einen entsprechenden Vorbehalt ins Gutachten aufzunehmen.

III. Vorauswahl

Für die Wahrscheinlichkeitseinschätzung einer Begutachtung ist es entscheidend zu wissen, wie eine Vergleichsperson ermittelt wurde. Bei der Einschätzung der Identitätswahrscheinlichkeit muss man nämlich davon ausgehen können, dass die Bevölkerungshäufigkeiten von Merkmalsausprägungen tatsächlich auf die bearbeitete Sache zutreffen. Dies ist nicht der Fall, wenn der zu Beurteilende zu einer spezifischen Untergruppe der Bevölkerung gehört, besonders, wenn er wegen seiner Ähnlichkeit zum Täter benannt wurde. Von solcher „Vorauswahl" spricht man immer dann, wenn eine Aufnahme des Täters aus einer Überwachungskamera zur Identifizierung herangezogen wurde, Zeugen oder Ermittler also die Vergleichsperson anhand der Abbildungen wiedererkannt haben wollen. In solchen Fällen ist die Vorgehensweise des Sachverständigen hinsichtlich der Wahrscheinlichkeitseinschätzung anders. Durch die Vorauswahl ändert sich die Stichprobe aus der Gesamtbevölkerung insoweit, als dann zwischen dem Täter und dem Tatverdächtigen von vorn herein eine große Ähnlichkeit zu erwarten ist. (Ausnahme: es ist mit der Benennung lediglich eine persönliche Denunziation beabsichtigt.) Die auf die Gesamtbevölkerung bezogenen Merkmalswahrscheinlichkeiten bei Übereinstimmungen sind demnach nicht gültig, sondern zumindest deutlich herabgesetzt. Jetzt kann man im Prinzip Ähnlichkeit nicht mehr berücksichtigen, denn man kann nie unterscheiden zwischen der Ähnlichkeit wegen Vorauswahl und der Ähnlichkeit wegen Identität, sondern man kann nur noch auf Unähnlichkeit achten, also einen Identitätsausschluss erreichen.

Dies ist ein spezifisches sachlogisches Prinzip der Identifikation. Es ergänzt die allgemeine Logik der Bestimmung und Verarbeitung von Wahrscheinlichkeit. Manche „Praktiker" meinen, es ignorieren zu können, womit sie aber ein wichtiges und einfaches logisches Prinzip missachten. Solche Missachtung hat auch immer wieder drastische Folgen, wenn nämlich ein Falscher verurteilt wurde, der halt dem wahren Täter

---

35 Ebenfalls bei *H.D. Schmidt*.

ähnlich sah und deshalb von Ermittlern benannt wurde. Ein solcher Fall wurde besonders bekannt: der des Justizopfers Donald Stellwag.

152 Die Vorauswahl kann auch einmal nur teilweise wirken, indem nur bestimmte, auffällige Merkmale zum Wiedererkennen geführt haben: Ein Zeuge erklärt auf gezielte Fragen des Sachverständigen, dass er den Täter nach so langer Zeit „zuverlässig" an dem auffälligen Schnurrbart erkannt habe. An andere Merkmale könne er sich nicht erinnern.[36] Damit gilt die Einschränkung der Wahrscheinlichkeitseinschätzung nur für den Schnurrbart, andere Merkmale sind nicht betroffen.

153 Eine **eingeschränkte Vorauswahl** liegt auch vor, wenn das Bezugsbild einer Kontrollkamera nur für eine grobe Vorsortierung genutzt wird, indem zB ein Ermittler den zuerst Verdächtigten wegen anderen Alters oder falschem Geschlecht ausschließt und stattdessen ein anderes Familienmitglied verdächtigt. Ebenfalls ist es eine nur eingeschränkte Vorauswahl, wenn der Fahrer eines Luxuswagens unter den drei Geschäftsführern einer Firma ermittelt wird. Im Normalfall sollte sich dies nicht auf die Häufigkeit von Merkmalen und damit auf die Einschätzung der Identitätswahrscheinlichkeit auswirken, es sollte aber Anlass zu erhöhter Vorsicht und Aufmerksamkeit sein.

154 In praxi wird aber auch bei Vorauswahl auf Identität geschlossen. Dafür aber muss Ähnlichkeit strenger gefasst werden als ohne Vorauswahl. Das Ergebnis ist dann zB ein um eine oder zwei Stufen niedrigeres Wahrscheinlichkeitsprädikat. Weiterhin wird man bei Vorauswahl besonders jene Merkmale beachten, die für das normale, rasche Wiedererkennen keine Rolle spielen, also zB die zahlreichen Merkmale der Ohren. Und schließlich haben sehr charakteristische bis „private" Merkmale auch noch bei Vorauswahl ihr Gewicht.

155 Bei Fällen mit Vorauswahl gibt es regelmäßig für das Gericht zusätzliche Indizien, die die Behinderung durch die Vorauswahl ausgleichen. Ein solches Indiz ist schon das Wiedererkennen durch den Zeugen oder den Ermittler. Somit ist die Fahndung mit dem Täterbild im Endeffekt für das Gericht oft ohne Bedeutung; der Gutachter aber muss sie in seiner Teilaufgabe der Identifikation sorgfältig und vollständig berücksichtigen.

156 Die Vorauswahl ist wichtig für die Einschätzung der Wahrscheinlichkeit *für* Identität. Bei Ausschlüssen spielt sie keine Rolle.

D. Gutachten

I. Schriftliches Gutachten

157 In den meisten Fällen werden schriftliche Gutachten zur Personenidentifizierung von Gerichten in Auftrag gegeben, oder es wird offengelassen, ob ein schriftliches Gutachten vorab erarbeitet wird. Dann ist dringend anzuraten, dass die Freiheit genutzt und ein schriftliches Gutachten gefertigt wird, auch wenn schon absehbar ist, dass

---

36 Mitteilung *H.D. Schmidt.*

wohl ein Termin anberaumt werden wird. Dies ist wichtig zur Sicherung der Sorgfalt und für die Möglichkeit einer späteren juristischen wie fachlichen Überprüfung. Im Fall eines klaren Ergebnisses führt das schriftliche Gutachten auch manches Mal zu einer Rücknahme des Einspruchs gegen einen Bußgeldbescheid.

Im Prinzip kommen auch private Auftraggeber in Frage. Hier ist aber Vorsicht geboten: zu oft werden dem Gutachter entscheidende Hintergründe verschwiegen oder die Bezahlung seiner Leistung verweigert. Gegen letzteres ist die Absicherung eine Vorabzahlung. Grundsätzlich sollte man, ganz gleich für welchen Auftraggeber das Gutachten angefertigt wird, dasselbe Maß an Sorgfalt walten lassen. 158

Wie jedes schriftliche Gutachten sollte auch das Identitätsgutachten eine sinnvolle, für den Laien nachvollziehbare Gliederung aufweisen. Die Befunde und die Beurteilung müssen in nachvollziehbarer Weise dargestellt werden. Bei der Erstattung eines schriftlichen Gutachtens handelt es sich um eine individuelle Leistung. Deshalb kann kein allgemeingültiges „Mustergutachten" erstellt werden. Jeder Gutachter entwickelt seine eigene Vorstellung, wie er das Gutachten aufbaut und formuliert. Es können aber dem weniger erfahrenen Gutachter bzw dem kritischen Leser einige Tipps zum Aufbau und zu Formulierungen an die Hand gegeben werden, die sich in der Praxis als nützlich und nachvollziehbar erwiesen haben. 159

„Das Gutachten soll wissenschaftlich hinreichend begründet sein und eine eingehende Besprechung aller diagnostisch ergiebigen Befunde enthalten. Eine nur stichworthaltige Aufzählung der aufschlußreichen Merkmale ohne Beschreibung der beobachteten Formähnlichkeiten und -unterschiede genügt nicht. Der Sachverständige muß seinen Untersuchungsbefund zumindest soweit belegen können, als wesentliche Schlußfolgerungen darauf basieren."[37] 160

Sinnvollerweise sollte man im Vorspann eines Gutachtens die Daten des Gerichtsverfahrens angeben. Hierzu sollten der Name des Tatverdächtigen bzw der Vergleichsperson sowie das Geburtsdatum gehören. Unerlässlich ist das Aktenzeichen des Gerichts bzw des Auftraggebers an dieser Stelle. Weiterhin sollte auch der Untersuchungsauftrag des Gerichts genannt werden; in OWi-Sachen reicht dabei das Datum des Auftrags, wenn der Auftrag wie üblich auf Identifikation lautet; wenn Erweiterungen wie zusätzliche Personen formuliert wurden, sollten sie wiedergegeben werden. Schließlich gehören auch die Anknüpfungstatsachen an den Anfang des Gutachtens, mindestens Ort und Zeit des Ereignisses, zu dem das Bezugsbild entstand. Wenn Bilder neu angefertigt wurden, muss deren Authentizität besprochen werden, also im Kern die Prüfung der Identität der neu aufgenommenen Person. Wenn Bilder bearbeitet wurden (siehe Rn 99), muss das vollständig beschrieben werden. Explizit muss gesagt sein, ob Vorauswahl vorliegt (siehe Rn 150 ff). Um Transparenz und Nachvollziehbarkeit zu gewährleisten, ist es wichtig, die angewandten Methoden und Arbeitsschritte aufzuführen und zu erläutern. Danach sind die an den verglichenen Bildern erhobenen Befunde darzustellen. Das zu Grunde gelegte Bildmaterial wird mitgege- 161

---

37 *Knußmann* 1988, 385.

ben, entweder im Gutachten selbst oder als Bildanhang. Am Ende des Gutachtens sollte stets eine Aussage zur Wahrscheinlichkeit gegeben werden, mit der von Identität bzw Nichtidentität auszugehen ist. Es sollte auch die benutzte Wahrscheinlichkeitsskala angegeben werden (zB nach den „Standards", siehe Rn 116 ff).

162 Die eigentliche Analyse der Merkmale muss einerseits die Beschreibung des Merkmals enthalten, andererseits unbedingt auch die Erkennbarkeit der Merkmale ansprechen. In Abhängigkeit von der Qualität des Täterbildes sind dabei manches Mal Einschränkungen der Erkennbarkeit zu formulieren – und manches Mal muss sich der Gutachter dann überlegen, ob er das betreffende Merkmal nicht lieber weglässt. Seltene Merkmalsausprägungen und sehr seltene Merkmalskomplexe sollten als solche benannt werden. Und schließlich sollte drittens die Zahl der erkannten Merkmale benannt werden. Die wiederum kann man ins Verhältnis setzen zur Gesamtzahl der Merkmale, die man routinemäßig beachtet. Am Ende werden Vorbehalte bezüglich nahen Verwandten, Identität bei neuen Bildern oder nicht erkennbaren Veränderungen formuliert.

163 Es muss auch darauf hingewiesen werden, dass sämtliche Unterlagen, die der Sachverständige bei der Gerichtsverhandlung verwendet, vom Gericht als Beweismittel zur Akte genommen werden können. Dies gilt auch für weiteres Bildmaterial, das im schriftlichen Gutachten keine Verwendung gefunden hat.

II. Mündliches Gutachten

164 Zwar ist aus Sicht des Gutachters stets ein schriftliches Gutachten zu fertigen. Im deutschen Strafrecht gilt aber das sog. Mündlichkeitsprinzip, dh dass auch zuvor schriftlich erstattete Gutachten in der Hauptverhandlung mündlich vorgetragen werden müssen. Der Sachverständige hat sein Gutachten nach bestem Wissen und Gewissen zu erstatten. Eine Vereidigung, gar auf Antrag einer der Prozessparteien, ist höchst selten. Schließlich hat der Sachverständige während der Hauptverhandlung auch das Recht, den Angeklagten und die Zeugen zu befragen (StPO).

165 Auch im Zivilverfahren und im OWi-Verfahren ist das schriftliche Gutachten vorzuziehen. Es hat den zusätzlichen Vorteil, dass dann oft das Verfahren abgeschlossen werden kann, ohne dass der Gutachter zu einem Termin anreisen muss. In Absprache mit den Parteien kann das Gericht auch das „Selbstleseverfahren" wählen, also das schriftliche Gutachten durch Verlesen in die Verhandlung einbringen. Durch die besondere Regelung von § 256 StPO ist das Verlesen bei Behördengutachten leichter möglich.

166 Wenn vom Betroffenen kein Vergleichsbild zu beschaffen war, wird das in der Verhandlung gefertigt. Dann empfiehlt es sich, zur Vorbereitung eine Liste der Merkmale zu erstellen, die auf dem Bezugsbild zu erkennen sind. Dann wird das frisch angefertigte Sofortbild mit dem Bezugsbild verglichen und die Ergebnisse in die Liste eingetragen, ein Prädikat vergeben und dann diese neue Liste ebenso wie das neue Bild ans Gericht übergeben. Für die eigenen Unterlagen empfiehlt sich eine Mehrfertigung.

Manche Bearbeiter von Identifikationen geben in OWi-Sachen ohne prozessualen Anlass nur mündliche Stellungnahmen ab. Das ist ein grob fahrlässiges Vorgehen, und es verhindert die rechtliche wie sachliche Nachprüfung der Identifikation.

III. Rechnung

Bei Gutachten im Auftrag von Gerichten, Staatsanwaltschaften, Ordnungsämtern oder anderen Behörden erfolgt die Liquidation nach dem Justizvergütungs- und -entschädigungsgesetz JVEG vom 12.5.2004. Die Abrechnung basiert auf der Zahl der aufgewandten Stunden. Für die Bildgutachten gilt seit dem Urteil Ws 244/05 des OLG Bamberg die Honorargruppe 6 mit einem Stundensatz von 75 EUR. Ein abweichender Stundensatz, etwa nach der Skala M, ist unzulässig, denn die morphologische Identifikation ist kein medizinisches Gebiet. Auch der Zeitaufwand für Reisen wird so berechnet. Für bestimmte Sachkosten gibt es eigene Regelungen, siehe auch die einschlägigen Kommentare.[38] Bei Begutachtungen im Auftrag von Privatpersonen bzw Firmen empfiehlt es sich, das Honorar vor der Gutachtenerstattung zu vereinbaren und besser noch eine Vorauszahlung zu verlangen.

E. Merkmale

Im Folgenden wird die bisherige Kenntnis der morphologischen Variation zusammengefasst. Insbesondere die morphognostischen Merkmale sind hier wichtig; unter Morphognose („Gestalt-Erkennung") versteht man die Klassifikation von dreidimensionalen Formmerkmalen in verschiedene Stufen der Ausprägung, oft gefasst in eine Serie von Abbildungen eines „Schemas".[39] Andere Merkmale sind vor allem die metrischen, also Strecken, Winkel oder Proportionen, die durch Messung festzustellen sind.[40] Zwar genießen sie allgemein ein hohes Ansehen, beim Vergleich von Bildern aber sind sie nicht gut anwendbar, denn sie setzen eine sehr weitgehende Kongruenz und präzise abgebildete Kanten und Punkte voraus.

Demgegenüber gelten die morphognostischen Merkmale als belastet durch die Subjektivität bei der Erstellung von Merkmalsklassifikationen und bei der Zuordnung einer konkreten Form zu einem der gezeichneten Schemata; die Verwendung von Schemata ist nicht zwingend, vielmehr ist es auch legitim, Merkmale verbal zu beschreiben und dann die beschriebene Form zu vergleichen. Da es sich immer um einen Vergleich zwischen zwei Bildern handelt, der vom selben Gutachter vorgenommen wird, ist bei sorgfältiger Durchführung von einer Konstanz der Merkmale und Kategorien auszugehen, wohl aber nicht von der durchgehenden Reproduzierbarkeit der einzelnen Zuordnung zu einer Ausprägung. Das heißt, dass der Binnenbeobachterfehler relativ hoch ist. Ausgleichend zu den Elementen der Subjektivität wirkt, dass die Morphognose erfahrungsgemäß besonders feine Unterschiede zwischen Gruppen fasst.

---

38 *Schneider* 2007, *Meyer/Höfer/Bach* 2011.
39 Siehe auch *Schwidetzky* und *Knußmann* 1988.
40 *Knußmann* 1988.

Und gerade um solche möglichst hohe Differenzierbarkeit geht es bei der Identifikation. Damit sind sie in der Praxis der Kern der Identifikation.

171 „... Auf der Suche nach solchen Hilfsmitteln wird man sich wieder der gemeinpsychologischen Grundlagen physiognomischer Betrachtung erinnern und unschwer zu drei Grundforderungen kommen: man muß lange und erforderlichenfalls oft betrachten können, man muß das Gesamtbild zergliedern können und man muß vergleichen können. Für die Absichten einer wissenschaftlich brauchbaren Physiognomik gesellt sich hierzu noch eine vierte Bedingung: die möglichst wirklichkeitsgetreue Darstellung dessen, was man unterschieden hat. Denn eine solche Darstellung ist natürlich notwendig zur Verständigung mit anderen Beobachtern."[41] Was *Scheidt* hier für die wissenschaftliche Morphologie sagt, gilt ebenso für deren forensische Anwendung.

172 Die Schemata haben auch die Eigenschaft, die häufigsten Merkmalsausprägungen darzustellen. Was dort nicht dargestellt ist, ist meist seltene Sonderform.

I. Geschlecht

173 Die meisten wichtigen Merkmale in der Biologie haben eine Differenzierung nach den Geschlechtern. Das bedeutet vor allem Ausprägungs- und Verteilungsunterschiede. Eigenmerkmale bei einem Geschlecht gibt es nur sehr wenige. Bei der folgenden Vorstellung von Merkmalen werden solche Differenzierungen genannt, wenn sie bekannt sind und ein gewisses Gewicht haben.

174 Bei den 63 morphologischen Merkmalen der großen polnischen Untersuchung[42] haben insgesamt 25 % der Ausprägungen bzw 52 % der Merkmale signifikant andere Häufigkeiten zwischen 200 Männern und 200 Frauen.

175 Bei der Bildidentifikation wird das Geschlecht zunächst nach dem Gesamteindruck eingeschätzt. Dann muss auch darauf geachtet werden, ob bestimmte Merkmale eher entsprechend dem Gegengeschlecht ausgeprägt sind. Die Einschätzung hat eine recht eindrucksvolle Fehlerhäufigkeit. Jeder Sachverständige kennt Fälle, in denen eine anfängliche Meinung ins Gegenteil verkehrt werden musste. Das erklärt sich daraus, dass bei Bildern Merkmale benutzt werden, die zum größten Teil nur recht kleine Geschlechtsunterschiede haben. Außerdem spielt die Größe eine ganz wesentliche Rolle, und die ist in Überwachungsbildern nur schlecht zu erkennen. Im Übrigen ist das Geschlecht nur eine minder wichtige Rahmengröße, zur eigentlichen Identifikation trägt es kaum bei.

II. Alter

176 Die individuelle Entwicklung des Menschen beinhaltet starke Veränderungen, zunächst bei Wachstum und Reifung, dann bei der Alterung (beide Phasen zusammen: Ontogenie). Die Grenze zwischen beiden Phasen liegt um die 18 bis 22 Jahre, eine Phase der Stasis gibt es nicht, denn gleich nach dem Ende der Jugend setzt die Alte-

---

41 *Scheidt* 1931.
42 *Hulanicka* 1973.

rung ein. Bereits in den zwanziger Lebensjahren ist das messbar durch ersten leichten Organfunktionsverlust gegenüber der Jugendphase.

Folglich spielt das Alter von Menschen auf Bildern eine große Rolle. Wenn denn die Qualität von Bildern wenigstens mäßig ist, kann man eine Einschätzung vornehmen. Bei Menschen im Wachstum ist dies durch die Größenzunahme und durch eine Individualisierung der Gesichtszüge zu erreichen, nach dem noch relativ undifferenziert rundlichen Kindergesicht. Beim Erwachsenen bewirkt die Alterung eine zunehmende Reliefierung des Gesichts und eine zunächst zunehmende, im hohen Alter dann abnehmende Gesichtspolsterung. Organisatorisch spielt das Alter auch eine Rolle: Stets ist zu prüfen, wann die beiden Bilder aufgenommen wurden. So sind dann mögliche Unterschiede mit unterschiedlichem Alter erklärbar. 177

Immer wieder einmal wird über Rechenprogramme zur künstlichen Alterung berichtet. Bisher ist aber noch keines aufgefallen durch realitätsnahe Ergebnisse. 178

Für die Identifikation ist die Alterung ein ausgesprochen hilfreicher Vorgang, denn sie ist eine nahtlose Fortsetzung der Individualisierung der Gesichtszüge, die in der Kindheit beginnt.[43] Die Falten und Furchen (siehe Rn 246) erhöhen die Zahl der möglichen Merkmale im Gesicht ganz beträchtlich. 179

III. Konstitution

Unter Konstitution versteht man im humanbiologischen Kontext das relativ überdauernde, ganzheitliche Gefüge der körperlichen und seelischen Grundzüge des Individuums.[44] Unter den rund 80 bisher erstellten Konstitutionstypologien finden sich fast stets zwei gegensätzliche Grundtypen: groß-schlank (leptomorph bei *Conrad* und *Knußmann*, leptosom bei *Kretschmer*) und klein-rund (pyknomorph, pyknisch). Merkmale: 180

181

	Leptomorph	pyknomorph
Habitus	sehnig-schlank	gepolstert-rundlich
Rumpf	flacher, hoher Brustkorb	tiefer, niedriger
	spitzer unterer Rippenwinkel	stumpfer
Glieder	lang, dünn	kurz, gerundet
	schmale Hände und Füße	breite
	eher röhrenförmige Finger	spitz zulaufende
Hals	lang und dünn	kurz und breit
Kopf	relativ klein	relativ groß
	schmales Gesicht	breites
	markantes Relief	weichplastisches

---

43 Siehe *Hirth* 1959, *Gonzalez-Ulloa/Flores* 1965, *Rother/Friedrich* 1971, *Hancke/Bernhard* 1979, *Ulijaszek* u.a. 1998.
44 *Knußmann* 1968, 1996.

	Leptomorph	pyknomorph
	vorspringende Profillinie	gerade
	starke Neigung des Unterkiefers	schwache
	nicht gerötetes Gesicht	gerötet
Integument	trockene, raue Haut	talgige, weiche
	derbes, dichtes Kopfhaar	zartes, lichtes (Glatze)

182 Daneben gibt es bei *Kretschmer* den Athletiker. Durch moderne Faktorenanalyse ist der aber widerlegt, das ist eine zufällige Merkmalskombination. Ein zweiter Faktor ist dagegen nachgewiesen: mikrosom – makrosom (oder hypoplastisch – hyperplastisch). Die beiden typologischen Skalen stehen fast senkrecht aufeinander. Sie erklären die Variabilität für den Gesamtkörper sehr weitgehend. Nachfolgende Faktoren betreffen dann lediglich Einzelregionen des Körpers.

183 Diese Idealtypologie lässt sich näher differenzieren:

- Geschlecht: Frauen sind eher pyknomorph.
- Pyknomorphe sind eher kindnah.
- Der Pyknomorphe wächst erst im jungen Erwachsenenalter in seinen Typ.
- Alterswandel: junge und alte Erwachsene sind eher leptomorph.
- Oberschichten sind etwas leptomopher, Grundschichten etwas pyknomorpher als der Durchschnitt der Bevölkerung. Selbst manche Berufsgruppen haben einen eigenen Gestalttyp.[45]
- Akzeleration ist Leptomorphierung (siehe Rn 195).
- Geografie: Mongolide sind eher pyknomorph, Negride eher leptomorph.
- Geografie: in kalten Klimaten eher pyknomorphe Gruppen (Allensche Regel) bzw kürzere Glieder (Bergmannsche Regel).
- Wirtschaft: heute stark unterschiedlicher Akzelerationsgrad, nämlich gering in Entwicklungsländern.
- Subsistenz: Wildbeuter sind eher leptomorph, Bauerngruppen weisen beide Typen auf.

184 Zur Differenzierung von Kindern kann man die Konstitutionstypen nicht verwenden, denn dort kommen solche typischen Polaritäten kaum vor, sie werden stark durch den Alterswandel überdeckt.

185 Konstitution ist ein Großmerkmal, als solches wesentlich stärker von Genetik als von Umwelt geprägt.

186 Mit den Körperbautypen sind Charaktertypen (Persönlichkeit) korreliert: Leptomorphe sind eher introvertiert, analytisch, schizotym; Pyknomorphe eher extravertiert, intuitiv, zyklotym.

---

45 *Vonderach* 2012.

Bei der Bildidentifikation ist die Konstitution ein Übermerkmal, das sich aus zahlreichen Einzelmerkmalen zusammensetzt. Damit entspricht es nicht der eigentlichen Methodik der Bildidentifikation. Dennoch lohnt es sich, den Konstitutionstyp einzuschätzen, insbesondere, wenn er klar ist, also den Polen der Skala nahe steht, denn dies deutet eine Fülle von Korrelationen zwischen Merkmalen an.

IV. Tätigkeit und Krankheit

Dies ist das Gegenstück zur Konstitution, nämlich die eher kurzfristigen Veränderungen der Gestalt. Sie beziehen sich praktisch nur auf die Weichteilmenge, insbesondere auf die Fettgewebe. Beide Richtungen kommen vor: Zunahme und Abnahme der Weichteile. Ein „schwammiges" Gesicht kann zB recht rasch bei Alkoholmissbrauch oder bei der Einnahme von Medikamenten entstehen, ein „ausgemergeltes" bei Ernährungsstörung oder bestimmten systemischen Erkrankungen. Weiterhin spricht man bei Rauschgiftmissbrauch manchmal von einem „ruinierten" Gesicht. Solche Abweichungen vom Normbild von Weichteilen sind meist erkennbar, wenn sie stärker sind und wenn sie dem typischen Bild entsprechen.

Die Beschränkung auf die Weichteile bedeutet, dass solche Einflüsse kaum von Bedeutung für die Identifikation sind. Eingefallene Wangen oder ein Doppelkinn sind eh keine guten Identifikationsmerkmale. Was gewichtiger ist, das sind die Merkmale der Brauen, der Nase oder der Ohren, und die sind nicht tangiert von solchen Einflüssen.

V. Korrelationen

Viele Merkmale variieren gemeinsam. So ist eine starke Rundung der Augenbrauen nach oben verknüpft mit einem hohen Oberlidraum – das ist sachlogisch ohne weiteres voraussagbar. Rechnerisch gesehen handelt es sich dabei um Korrelationen bzw Interkorrelationen, was ein bivariates Maß ist, das nicht nur die Varianz jedes einzelnen Parameters berücksichtigt, sondern auch die Kovarianz zwischen den Merkmalen. Auf einer höheren biologischen Ebene treten viele Korrelationen gemeinsam auf. Wenn dann noch die korrelierten Merkmale und die Ausprägungen variieren, dann liegen Typen vor, so im Bereich der Morphologie bei Geschlecht, Konstitution und geografischer Herkunft. Daneben gibt es aber auch Merkmalskorrelationen, die nicht zu einer Typologie gehören.

Für die Korrelationen zwischen physiognomischen Merkmalen gibt es nicht viele Forschungsergebnisse. Einzelne Hinweise: bei den Wimpern sind die Eigenschaften dunkel, lang, dicht und schwach gebogen miteinander verknüpft;[46] abstehende Ohren sind mit schwacher Faltung des Anthelixstammes korreliert.[47] Eine erste breitere Berechnung wurde von *Weidel* vorgelegt:[48] Für 26 deskriptive Merkmale der Nase gibt es 312 Merkmalspaare; nur bei 23 davon (7 %) fanden sich Korrelationen, die signi-

---
46 *Ritter* 1969: 6
47 *Geyer* 1936
48 *Weidel* 1957, zitiert in *Ritter* 1969.

fikant von Null verschieden waren. Das entspricht dem Eindruck des erfahrenen Praktikers: die meisten feinen Formmerkmale scheinen recht unabhängig voneinander zu sein.

192 Einen Gesamtüberblick über Korrelationen gibt *Zacher*.[49] Er wählte aus der Gesamtliste von R.P. *Helmer* etwa ein Drittel, nämlich 45 Merkmale aus und bestimmte sie an 1050 Personen. Von den 990 möglichen Merkmalspaarungen fanden sich bei 47 mindestens ein Zusammenhang bei einer Merkmalsausprägung; das ist nochmals weniger (5 %) als bei *Weidel*. Die meisten dieser Verknüpfungen sind sachlogisch erklärbar. Die erreichten 5 % liegen weit unter den Ziffern, die sich bei anthropologischen Messstrecken ergeben.

193 Die große polnische Untersuchung[50] fand mit 2,1 % nochmals weniger Verknüpfungen. Dort wurden nicht einzelne Merkmalsausprägungen, sondern die 63 Merkmalsverteilungen insgesamt miteinander verglichen. Auch hier sind die Korrelationen meist sachlogisch verständlich, manche sogar durch die embryonale Entstehung.

194 Der *in foro* mitunter erhobene Einwand bei einer hohen Merkmalszahl, dass die ja um die korrelierten reduziert werden müsse, ist mit solchen Zahlen um 5 % quantitativ einschätzbar: die Korrelation ist von nur mäßigem Einfluss.

VI. Säkulare Veränderung

195 Bei der Nutzung der Morphologie für die Identifikation sind einige wichtige anthropologische Erkenntnisse zu berücksichtigen. Eine noch recht allgemeine ist die säkulare Veränderung: Nicht nur einzelne Menschen unterliegen in ihrem Leben einem Wandel in der Zeit, sondern auch Bevölkerungen im Verlauf der Geschichte. Eine solche Veränderung ist die säkulare Akzeleration (saeculum – Jahrhundert, Akzeleration – Beschleunigung): Die Lebensbedingungen haben sich in den letzten zwei Jahrhunderten stetig verbessert, durch Fortschritte der Medizin und durch Verbesserung der Nahrungsmittel, durch Reduktion unphysiologischer Arbeitsbelastung und durch Verbesserung der Hygienegewohnheiten. Als Folge dieses Optimierungsprozesses und auch ein wenig der stets zunehmenden genetischen Durchmischung im Laufe der letzten Generationen hat sich die Kindheitsentwicklung beschleunigt, am besten erkennbar an der Pubertät, die heute wesentlich früher auftritt als vor ein bis eineinhalb Jahrhunderten; von einer biologischen Warte aus sollte man aber eher umgekehrt argumentieren, dass nämlich die früheren Beschränkungen und Behinderungen des Lebens der Menschen stetig reduziert wurden. Eine augenfällige Folgeveränderung der Akzeleration der ontogenetischen Entwicklung ist die zunehmende Körperhöhe; zwischen den Rekruten aus der Mitte des 19. Jh und heutigen gibt es einen durchschnittlichen Unterschied von bis zu 18 cm. Dabei werden die Menschen nicht nur einfach größer, vielmehr verändern sich auch die Proportionen, von einem früher eher kleinkurzbeinig-gedrungenen Körperbau, also dem Konstitutionstyp pyknomorph, hin zu

---

49 *Zacher* (2001).
50 *Hulanicka* 1973, 123.

einem eher groß-langbeinig-schlanken Körperbau, leptomorph. Solche „Allometrien" finden sich in der Biologie bei praktisch allen zeitlichen Veränderungen.

Die Proportionsveränderungen sind es besonders, die für die Identifikation wichtig werden können. Viele Merkmalsdefinitionen, die bisher in der Morphologie erarbeitet wurden, stammen aus lang zurück liegenden Zeiten. Die Proportionsverschiebungen bedeuten damit eine Verschiebung der Häufigkeit mancher Merkmalsausprägungen. Genaueres über das Gesicht ist nicht bekannt, es scheint noch keine Quantifizierung zu geben. Nur in einem Bereich, der aber für die Identifikation nicht so wichtig ist, gibt es aus Jena einen Befund: Im Zuge der Akzeleration wird die Figur von Frauen viriler, nämlich weniger gepolstert und die Hüften werden schmaler. Im Gegenzug werden Männer femininer, durch mehr Fettauflagerung und breitere Hüften.

Daneben deuten Fotografien einen weiteren säkularen Trend an: Die Harmonisierung der Lebensbedingungen verursacht offenbar auch eine Harmonisierung der Physiognomie. Die Variabilität nimmt ab, Extremtypen werden seltener. Auch hier scheint es bisher keine Quantifizierung zu geben.

VII. Erbbedingtheit

Für Merkmale der menschlichen Gestalt gilt allgemein, dass der Erbeinfluss größer ist als der Umwelteinfluss. Gemessen wird dies mit dem Heritabilitätskoeffizienten h^2, einem Derivat des Korrelationskoeffizienten nach *Pearson-Bravais*. Gepaart werden dabei Werte zwischen Individuen mit bekannter Verwandtschaft wie Geschwister oder eineiige Zwillinge. Je großräumiger das morphologische Merkmal, desto höher ist h^2, große wie Kopfform liegen im Bereich von 0,7 bis 0,8, kleine wie Nasenform von 0,5 bis 0,6. Außerdem zeigen Längenmaße einen höheren Heritabilitätskoeffizienten als Breitenmaße oder Umfänge.

Als weitere Großmerkmale dürfen Gesichtsumriss und Gesichtsprofil gelten, als Kleinmerkmale die Einzelheiten der physiognomischen Gesichtsabschnitte wie Augenregion, Nase, Mund-Kinn-Region, sowie die Furchen und Falten des Gesichtes. Die Form des Hirnkopfs zeigt ebenfalls nach Zwillingsuntersuchungen ein hohes Maß an Erbbedingtheit. Sie lässt sich vor allem im Horizontalumriss, in der Stirnneigung und der Art der Scheitellängs- und querwölbung sowie im Ausmaß der Hinterhauptswölbung erfassen. Dazu treten Details wie der Ausprägungsgrad der Stirn- und Seitenhöcker (Tubera frontalia und parietalia), die Dicke der Überaugenwülste, das individuelle Auftreten eines Bregmawulstes oder einer Bregmadelle, die häufig vorkommende Abflachung oder sogar Depression der Lambdagegend und die unterschiedliche Prominenz des Inion.[51] Nach *Abel* haben sich Unterschiede in der Stirnbildung als besonders stark erblich erwiesen.[52]

Solche Heritabilitätsuntersuchungen liegen in großer Zahl vor, denn dies war eine der Grundlagen der anthropologisch-erbbiologischen Vaterschaftsbegutachtung. Bei

---

51 *Knußmann* 1980, *Schwarzfischer* 1992.
52 *Abel* 1935.

den Bildgutachten ist diese Kenntnis nur von gewisser Bedeutung, wenn nahe Blutsverwandte gleichzeitig beurteilt werden. Ein sehr seltenes Merkmal kann bei beiden auftreten, und hat dann wegen der offensichtlichen familiären Häufung nicht mehr ein so hohes Gewicht. Im Normalfall der Beurteilung eines einzigen Betroffenen gilt, dass die Genetik unbedeutend ist: Wenn zB ein origineller kleiner Bogen an einem Ohr zwischen den beiden Bildern übereinstimmt, ist es nicht sonderlich wichtig, ob er durch Erbe oder durch Umweltwirkung zu Stande kam.

VIII. Geografische Herkunft

201 Die regionale Variabilität von vielen Merkmalen des Menschen ist von forensischer Bedeutung, denn die geografische Herkunft eines Menschen kann wichtig sein für kriminalistische Ermittlungen wie auch gerichtliche Verfahren. Wegen der hohen Mobilität ist die Herkunft auch ein häufig erwünschter Befund. Heute hat rund ein Viertel der Wohnbevölkerung in Deutschland eine genetische Herkunft aus dem Ausland.

202 Viele Merkmale variieren nicht unabhängig voneinander, sondern gemeinsam. Zusammen stellen sie Typen dar. Bei der geografischen Verteilung werden sie Rassen oder Varietäten (Varianten) genannt, was taxonomische Ebenen unterhalb der Art (Spezies) sind. Für die Morphologie sind Merkmale wie taxonomische Kategorien seit langem erarbeitet worden.[53]

203 Der forensische Morphologe darf sich dabei nicht beirren lassen von dem heute weit verbreiteten Standpunkt, es gäbe gar keine Rassen beim Menschen, das sei ein Konstrukt aus brauner Vergangenheit und wer es doch behaupte, sei böse oder was auch immer. Dazu sei in aller Deutlichkeit gesagt: dies ist ein Rassismus ebenso wie der alte. Der alte, faschistische Rassismus behauptete, diese oder jene Rasse sei hässlich oder dumm. Und setzte damit eine beliebige, enge, ideologische Behauptung an die Stelle von offenem Interesse, von Wissen und Wissenschaft. Der neue Rassismus geht noch radikaler vor, indem er kurzerhand die Existenz von Rassen insgesamt negiert. Auch hier steht Ideologie an Stelle von Offenheit, Behauptung an Stelle von Wissen. Der forensische Morphologe darf sich auch deswegen nicht von so was beeindrucken lassen, weil die geografische Herkunft ein wichtiges Datum ist, das man sich nicht nehmen lassen darf, am wenigsten von Rassisten.

204 Dass aber sehr wohl eine neue, moderne Sicht auf die Rassenkunde früherer Zeiten möglich ist, zeigt *Dirk Preuß*, der mit seinem Werk[54] nicht nur eine Biographie von *Egon von Eickstedt* vorgelegt hat, sondern auch gute inhaltliche Zusammenfassungen und Wertungen der damaligen Wissenschaft, so insbesondere konzeptionelle und methodische Schwächen der damaligen Rassenkunde.

205 Über die zusammenfassenden Quellen der genannten drei Handbücher hinaus gibt es auch feinere Untersuchungen über die physiognomische Differenzierung innerhalb

---

53 So besonders von *Biasutti*, 1908/1954, *von Eickstedt* 1934 und *Coon* 1965.
54 *Preuß* 2009.

Europas. So wurden vor allem seit den zwanziger Jahren vom Wiener anthropologischen Institut ost- und südosteuropäische Kriegsgefangene des 1. Weltkrieges untersucht.[55] Dann gibt es die sowjetischen anthropologischen „Expeditionen" in den fünfziger und sechziger Jahren.[56] *Keiter* hat Bilderserien aus Deutschland, Österreich, Italien, Frankreich, Albanien und Nordafrika ausgewertet.[57] Schließlich liegen auch zahlreiche Ergebnisse für südosteuropäische Bevölkerungen aus Rumänien[58] vor. Eine breite Darstellung der geografischen Differenzierung Europas hat *Andreas Vonderach* vorgelegt.[59] Nicht alles davon konnte aber in diesen Beitrag übernommen werden.

Beispielsweise lässt sich sagen, dass im Nahen Osten die hervorragenden Teile des Gesichtes und Kopfes wie Nase, Lippen und Ohren größer als im Norden und Nordosten Europas sind. Dort ist dafür die Weichteilauflagerung dicker. Die Bart- und Brauenbehaarung scheint ebenso wie die übrige Körperbehaarung im Süden stärker und im Nordosten schwächer zu sein.[60]

Man darf sich aber die quantifizierbaren Unterschiede zwischen den europäischen Regionen nicht zu stark ausgeprägt vorstellen. Es gibt überall viele europäische Durchschnittsgesichter. Über das Ausmaß der physiognomischen Ähnlichkeit im alltäglichen Sinne gibt eine interessante Untersuchung von *Friedrich Keiter* Aufschluss: Er ließ mehrere Versuchspersonen die Ähnlichkeit von Norddeutschen und Portugiesen in Paarvergleichen anhand von Schwarzweiß-Fotografien beurteilen. Während die Norddeutschen untereinander zu 35% als ähnlich und zu 49% als unähnlich bewertet wurden, sind sich Norddeutsche und Portugiesen in nur 21% ähnlich und 63% unähnlich.[61] Hier kommt ein typologischer Blick zum Tragen, der bei anthropologischer Übung und Einbeziehung der Pigmentation auch regionale Platzierungen möglich macht. Hierzu eine Geschichte vom schwedischen Anthropologen *Bertil Lundman*: seine neuen Studenten klassifizierte er stets nach deren Herkunft innerhalb von Schweden. Dabei lagen seine Treffer weit über irgendeiner Zufallszahl.

Für die Identifikation ist solch typologischer Blick nützlich. Der Befund sollte stets genannt werden, wenn auch mit der Einschränkung, dass Typen und Regionen nicht vollständig verknüpft sind, und dass eine genetische Herkunft von außerhalb Mitteleuropas nicht immer dem Betroffenen selbst bekannt sein muss.

---

55 H. Pöch 1925/26, Hesch 1933, *J. Weninger* 1934, 1951, *Rolleder* 1943, *J. + M. Weninger* 1959, *Wastl* 1967
56 *Витов* u.a. 1959, *Дьяченко* 1960, *Бунак* 1959, 1965, *Schwidetzky* 1971, 1992
57 *Keiter* 1935, 1940, 1957, 1960.
58 ZB *Schmidt* 1974, 1975, 1977.
59 *Vonderach* 2008.
60 Mitteilung *A. Vonderach* und *H. Schmidt*.
61 *Keiter* 1963.

IX. Kopfmerkmale

1. Metrik

209 Für den menschlichen Körper ist eine Vielzahl von Maßen definiert,[62] meist durch Definition von bestimmten Punkten, die sich dann oft auf knöcherne Strukturen darunter beziehen.

210 Für die Identifikation gilt generell, dass Maße einen geringeren Beweiswert haben als Formmerkmale. Das gilt für den Normalfall, dass Blickrichtung und technische Größen der beiden zu vergleichenden Bilddokumente nicht bekannt oder unterschiedlich sind. Zum Beispiel kann eine kaum auffällige Drehung des Kopfes ein schmaleres Gesicht ergeben[63] oder eine etwas geringere Brennweite bzw ein etwas geringerer Objektabstand eine breitere Nase. Teilstrecken des Körpers liegen meist unter der Kleidung und lassen sich schlecht reproduzieren, wodurch sie praktisch für die Identifikation ausfallen.[64] Ein weiteres Problem ist, dass es teilweise nötig ist, unter der Haut liegende Strukturen zu ertasten, um die Lage eines Punktes festzustellen. Diese Möglichkeit besteht auf einem Foto nicht. Dazu kommen allfällige Unterschiede von Mimik und Bewegung und unscharfe Strukturgrenzen. Bewegung ist das dominante Problem bei Körpermaßen, so bei der Körperhöhe bis hin zu Handproportionen. Und schließlich fehlen im zugrunde liegenden Bildmaterial zuverlässige absolute Größenmaßstäbe. Man ist also darauf angewiesen, relative Maße abzuleiten, also Verhältnisse von zwei Stecken zueinander. Solche Proportionen werden als Index bezeichnet, und eine Reihe davon sind definiert und etabliert.[65]

211 Indices sollten in der Bildidentifikation oft auf der Basis von anderen Punkten und Strecken als den klassischen gebildet werden. So ist zB der wichtige Messpunkt Nasion nur zu ertasten und nicht auf einem Bild zu sehen, auch Glabella und Ophryon lassen sich nicht leicht finden; als Ausweich kann man einen neuen Punkt verwenden: den Schnittpunkt zwischen einer Gerade zwischen den Zentren der beiden Brauenköpfen mit der Mediansagittalen.

212 *Weißenfels* hat einen Versuch zur Reproduzierbarkeit von Maßen an Bildern unternommen.[66] Zehn Probanden wurden normiert von vorn und rechts aufgenommen, bei unterschiedlichen natürlichen Lichtverhältnissen an sechs verschiedenen Standorten, zehn Maße wurden zehnmal genommen. In fast zwei Dritteln der Vergleiche waren die Messserien signifikant verschieden, die Reproduzierbarkeit ist also schlecht.

213 Für die klassischen Messpunkte und Maße sei das summarische und populäre Schema von *Knußmann*[67] zitiert:

---

62 Siehe besonders Knußmann 1988.
63 *Gromberg* 2008.
64 *Larsen* u.a. 2008 b.
65 *Knußmann* 1988.
66 *Weißenfels* 1994.
67 *Knußmann* 1980.

E. Merkmale

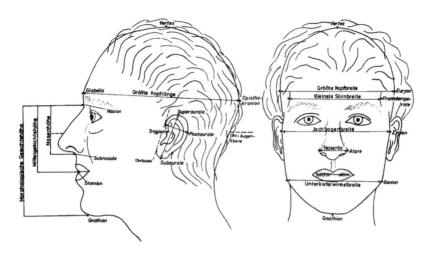

Auch Indices haben nur einen begrenzten Nutzen: selbst wenn durch Sichteinschätzung bei zwei Bildern zB recht klar unterschiedliche Nasenbreiten festgestellt wurden, ist dann meist der Unterschied der Indexwerte unbedeutend, oft nur in der Größenordnung von Messfehlern. Dasselbe gilt für den Versuch, eine offensichtliche Größenasymmetrie zahlenmäßig zu fassen.

214

Etwas anders dagegen verhält es sich mit Winkeln: Wenn die Bilder aus gut übereinstimmender Richtung aufgenommen sind, sind Winkelmaße oft doch illustrativ. Im Beispiel der doppelten Will West (Kapitel Rn 145 ff) ist der Mund des linken um 1,5° nach links unten geneigt, des rechten um 1,7° nach rechts unten.

215

Die **Körperhöhe** stellt in der Bildidentifikation eine weitere Ausnahme dar: viele Gutachter und alle Kriminalisten schätzen sie, auch weil sie Bestandteil der üblichen Personenbeschreibung ist (Signalement, kriminalistische „Biometrie"). Bei großen Unterschieden und sorgfältiger statistischer Bearbeitung kann sie auch einmal zum Ausschlussmerkmal werden.

216

Für die Rekonstruktion der Körperhöhe eines Täters auf dem Bezugsbild gibt es folgende Techniken:

217

(1) Mit der originalen Raumkamera wird an der Stelle, wo der Täter stand, eine Messlatte aufgestellt, evtl in derselben Körperneigung wie der Täter. Dann werden die beiden Bilder übereinander projiziert und die Körperhöhe des Täters abgelesen.

(2) Rastereinblendung und Superprojektion.[68]

(3) Für den Fall, dass der Raum oder die Kamera nicht mehr existiert: Bezugnahme auf andere Höhenmaße wie zB von einer anderen Person oder vom Tresen. Übertragung des Maßes mit geometrischen Strahlenlinien.

---

[68] Patent DE 197 29 380 A1 von *R.P. Helmer*.

Rösing

218 Fehlerquellen: Haltungsunterschiede, Tagesschwankungen der Körperhöhe, ungenaue Positionierung und falsche Neigung der Messlatte, ungenau platzierte und zu breite Linien, Bildverzerrung durch Weitwinkelkamera. Als weiteres Problem kommt hinzu, dass viele Täter eine ähnliche Körperhöhe haben.

219 Unter sorgfältig eingerichteten und kontrollierten Versuchsbedingungen sind die Ergebnisse der Rekonstruktion der Körperhöhe gut: der systematische Fehler beträgt 1,0 cm, der durchschnittliche Fehler 1,1 cm.[69] Wenn aber einfach nur aus einem einzelnen 2D-Bild von einer Überwachungskamera eine Strecke rekonstruiert werden soll, so ist mit einem durchschnittlichen Fehler von ± 6cm zu rechnen.[70] Eine Reproduzierbarkeit von 1,5 cm ist von *Larsen* u.a.[71] nur erreicht worden, weil die Versuchsbedingungen unrealistisch waren, indem die meisten möglichen Fehlerquellen ausgeschlossen wurden.

220 Für viele Maße gibt es **Differenzierungen**. Da ist zunächst der durchgehende Größenunterschied zwischen den Geschlechtern, der aber zwischen den verschiedenen Maßen ganz unterschiedlich stark ist. Das Referenzmaß der Größe beim Menschen, die Körperhöhe, unterscheidet sich um rund 5-6 %. Bei der geografischen Differenzierung gibt es zahlreiche und zT sehr starke Unterschiede. Auch innerhalb Europas gibt es Gebiete mit besonders kurz-breiten Köpfen oder geringerer Körperhöhe.

221 Solche Differenziale sind die Grundlage der Taxonomie des Menschen in Rassen, Varietäten und Lokalgruppen. Schließlich gibt es auch zwischen den Konstitutionstypen unterschiedliche Größenmerkmale (siehe Rn 180 ff), wenn auch die Unterschiede geringer sind als bei Geschlecht und Geografie.

222 Maße wurden für die „**Bertillonnage**" verwendet, eine Methode der Personenbeschreibung (Signalement), die lange in Europa und Nordamerika vorherrschte.[72] Das Prinzip ist eigentlich heute noch gültig: die hohe Variabilität von Streckenmaßen und die relative Unabhängigkeit der Maße voneinander sorgt für eine hohe Personenspezifität. Falsche Identifikationen wegen gleicher Maßzahlen und vor allem die als überlegen angesehenen Fingerabdrücke ließen das System dann bis in die Zwischenkriegszeit überall wieder verschwinden. Die gleichzeitig auch benutzten Schemata von morphologischen Merkmalen werden hier bei den entsprechenden Abschnitten genutzt.

2. Hirnkopf

223 Der **Umriss** des Kopfes von oben ist wegen des Integuments, vor allem aber der Behaarung oft nur schwer zu erfassen. Man kann sich daher mit der Beschreibung einer einfachen Grundform begnügen: kreisförmig – elliptisch – oval – umgekehrt oval – trapezförmig – und dabei Besonderheiten beschreiben, wie zB wo die am weitesten

---

69 100 Probanden, neu errechnet nach Daten in *Mittler* 1998, 70.
70 *Criminisi* 2001.
71 *Larsen* u.a. 2008 b.
72 *Bertillon* 1886-1909; zahlreiche Übersetzungen und Adaptionen in vielen Sprachen, zB deutsch: 1895.

ausladende Stelle liegt. Zu diesen Bezeichnungen kann man dann noch den Grad der Länge und Breite angeben, wie etwa „lang elliptisch" oder „breit oval".[73]

Die relative **Höhe** des Hirnkopfes nach *von Eickstedt*:[74]

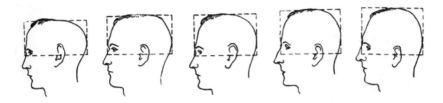

In der Seitenansicht ist die **Hinterhauptsausladung** festzustellen, für die die Stufen nach *von Eickstedt* verwendbar sind:[75]

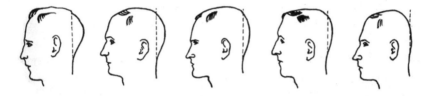

Schwidetzky unterschied zwischen starker, mittlerer und schwacher Hinterhauptswölbung. Sie untersuchte in den Jahren 1955-1958 insgesamt 16 543 Knaben und Mädchen im Schulalter aus Westfalen-Lippe bezüglich dieses Merkmals. Dabei zeigten 25,5 % eine starke, 67,3 % eine mittlere und 7,2 % eine flache Wölbung des Hinterkopfes.[76] In einer Untersuchung an deutschstämmigen Erwachsenen aus Wolfsberg und Weidenthal im Banat wiesen 34,0 % eine starke, 62,2 % eine mittlere und nur 3,8 % eine flache Wölbung auf.[77]

Gerade für die Hinterhauptswölbung gibt es eine starke geografische **Differenzierung**: so ist zB ein gerundetes Hinterhaupt häufiger in Nord- und Südeuropa, ein flaches häufiger auf dem Balkan und in Kleinasien.[78]

Aus heutiger Sicht sollte man auch davon ausgehen, dass es hier einen säkularen Trend in Richtung längerem Kopf und stärkerer Hinterhauptsausbildung gibt.

3. Gesicht

Bedeutungsvoll für die Beurteilung eines Gesichts ist das Verhältnis der einzelnen **Abschnitte** zueinander. Solche Proportionslehren gibt es seit der Antike; in Mitteleuropa

---

73 *Schade* 1954.
74 *von Eickstedt* 1938, 891.
75 *von Eickstedt* 1938, 891.
76 *Schwidetzky* 1967.
77 *Schmidt* 1974.
78 Mitteilung A. *Vonderach*.

wird oft Albrecht Dürer (1528) zitiert. Nach ihm sollen Stirn-, Nasen- und Mund-Kinnabschnitt annähernd gleich hoch sein. Anthropologisch wären die einzelnen Abschnitte begrenzt durch Trichion (Stirnhaargrenze), Glabella (Brauenköpfe) und Subnasale (Nasenboden). Es ist zu empfehlen, bei der Analyse des Gesichts die drei Abschnitte getrennt zu behandeln, bei den jeweiligen Regionen Stirn, Wange und Mund.

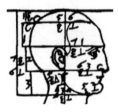

230 Für eine Aufteilung der Gesichtsabschnitte ist auch die Einteilung von *Weninger* zu verwenden. Er legt durch das Gesicht drei Ebenen, die Brauenebene durch das Ophryon, die Jochbogenebene durch die Zygion und die Unterkieferwinkelebene durch die Gonion.[79]

231 Dadurch entstehen – wie folgende Abbildung von *Claudia Stein*[80] zeigt – vier Abschnitte. Durch die inneren Augenwinkel und die Mundspalte geht je eine weitere Ebene. Durch diese Unterteilungen kann zudem auch der Gesichtsumriss in den einzelnen Abschnitten genauer definiert werden; dabei ist die Richtung der Gesichtsumrisslinie, die Form zB gerade – konkav – konvex, und die Höhe des entsprechenden Abschnittes zu beschreiben.

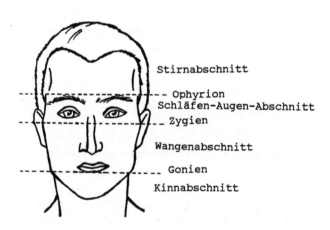

---

79 *Weninger* 1924.
80 *Stein* 1994.

Nach *Schwarzfischer* ist bei den Merkmalen des Gesichtes zu bedenken, dass in Abhängigkeit von Ernährungsbedingungen, Alter und Geschlecht deutliche individuelle Schwankungen möglich sind.

Bei Männern ist im Bereich des Hirnkopfes die Weichteilbedeckung meist größer als bei Frauen, daher tritt bei den Frauen der Jochbogen meist stärker hervor als bei den Männern. Im Bereich des Gesichtes haben umgekehrt die Frauen die größeren Weichteildicken. Längen- und Breitenmaße des Schädels und damit auch die Ausprägung des Gesichtes können sich im Verlauf des Alters deutlich ändern. Mit zunehmendem Alter findet unter den Jochbogen ein Schwund des Fettpolsters mit stärkerer Betonung der Jochbogen statt.[81]

Der **Gesichtsumriss** als Ganzes ist ein „klassisches" anthropologisches Merkmal, gefasst in zahlreiche abgestufte Merkmalsschemata und untersucht an zahlreichen Bevölkerungen.[82] Das aber beinhaltet das erste Problem: die verschiedenen Schemata konkurrieren, und bei jüngeren Schemata ist nicht ohne weiteres erkennbar, dass sie einem älteren überlegen wären.

Das zweite Problem der Gesichtsumriss-Schemata ist, dass sie nicht das Prinzip der Bildidentifikation beachten, dass nämlich die umfangreichen morphologischen Formen in feine Einzel-Merkmale aufgeteilt werden. Eigentlich stecken im Umriss mehrere einzelne Merkmale. In einer methodisch strengen Bildidentifikation wird man eben diese eigentlichen Merkmale fassen, also zB Stirnform, laterale Jochbeinbetonung, Winkel der Gesichtsseitenwände zueinander, Neigung des Unterkieferkörpers, Kinnform usw.

Ganz gleich, ob man ein Umrissschema verwendet oder nicht, ist das Gesicht als Ganzes einer der zahlreichen Merkmalsbereiche, bei dem stets genau auf Asymmetrien zu achten ist, denn sie sind besonders gewichtig für eine Identifikation.

Weitgehend unabhängig von der Form ist die **Fülle** des Gesichts, also die Menge an aufgelagerten Weichteilen. Sie weist einen Altersgradienten auf, nämlich eine zunehmende Hagerkeit und ein zunehmendes Hervortreten von Knochenstrukturen.[83]

Bei Messung bezieht sich die relative **Gesichtshöhe** auf die Jochbogenbreite (Gesichtsindex: Jochbogenbreite in % der Gesichtshöhe). Die Jochbögen werden ertastet. Das aber ist beim Bild nicht möglich, es gibt auch keinen anderen Anhaltspunkt für das weiteste Ausladen der Jochbögen.

So kommt es, dass auch dies eigentlich messbare Merkmal bei Bildern mithilfe eines 5 Stufen-Schemas eingeschätzt wird, so dem von *von Eickstedt*, mit den Bezeichnungen sehr schmal, schmal, mittel, breit, sehr breit:[84]

---

81 *Schwarzfischer* 1992.
82 Siehe zB *Scheidt* 1931, *Schwidetzky* 1967, *Stein* 1994.
83 *Zacher* 2001: 27
84 *von Eickstedt* 1938, 1116.

§ 5 Grundlagen, Merkmale, Häufigkeiten

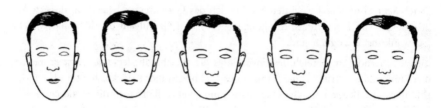

240 **Differenzierung.** Der Gesichtsindex ist in Europa ungleich verteilt: Ein Schwerpunkt breiter Gesichter liegt in Osteuropa, insbesondere Ukraine. Allmählich werden die Gesichter nach Westen schmaler, über Russland, Polen/Tschechien/Ungarn und Deutschland bis nach Frankreich und England. Auch die Saami (Lappen) in Nordskandinavien haben überwiegend breit-niedrige Gesichter. Schmal-hohe Gesichter kommen dagegen häufiger im Norden und im Süden Europas vor. Zu diesem wie auch anderen anthropologischen Grundmerkmalen gibt es gute und detaillierte Karten bei *Biasutti*[85]. Der Gesichtsindex ist außerdem eines der kennzeichnenden Merkmale der Konstitutionstypologie: der Leptomorphe (lang-schlanke) hat ein schmalhohes, der Pyknomorphe (klein-gedrungen) ein breit-niedriges Gesicht (siehe Rn 180 ff).

241 Mit **Gesichtsprofil** ist vor allem die Form im Mittelgesichtsbereich gemeint. Andere Merkmale wie Stirnneigung, Stirnwölbung, Nasenwurzeleinziehung, Nasenrückenform, Nasenprominenz, Mundprominenz und Kinnprofil sollten hier nicht beachtet werden, sie sind getrennt zu analysieren.

242 Ein Schema von *Knußmann*:[86]

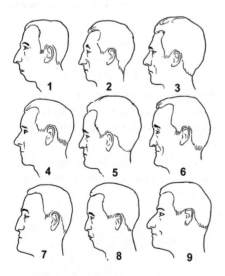

---

85 *Biasutti* 1954.
86 *Knußmann* 1961.

Die prozentualen Häufigkeiten für Männer/Frauen aus dem Rhein-Main-Gebiet: 1 = 243
extrem vorspringend (0,3/0), 2 = vorspringend (15/4), 3 = vorgewölbt (38/31), 4 = mäßig steil (27/33), 5 = sehr steil (10/21), 6 = eingezogen (0,7/0,7), 7 = schräg von unten vorn (1/1,7), 8 = schräg von unten-hinten (5/3), 9 = stufenartig (4/6).

Differenzierung. Männer haben häufiger ein vorspringendes Gesichtsprofil, Frauen 244
ein steiles. Die ontogenetische Entwicklung: Kinder haben häufiger ein steiles, Erwachsene häufiger ein vorspringendes Profil. Das Gesichtsprofil ist im Süden Europas häufiger spitz, mehr durch die prominente Nase bestimmt.[87] Der leptomorphe Konstitutionspol hat eher ein vorspringendes, der pyknomorphe ein steiles Profil.

Die **Falten** (erhaben) und **Furchen** (vertieft) des Gesichts sind durch ihre hohe Zahl 245
und hohe Variabilität wichtig für die Identifikation.[88] Solche Reliefmerkmale werden hier summarisch dargestellt, sie sollten aber bei der systematischen Analyse für eine Identifikation zu den anatomischen Regionen geordnet werden.

Früher ist für solches Relief gern die Abbildung von *J. Weninger*[89] angeführt worden, 246
im forensischen Bereich auch einmal die Ergänzungen von *Prietz* und *Baranowski*[90]. Die Nomenklatur dieses Bereiches ist bisher etwas unbefriedigend, auch der gezielte Versuch eines Nachbarfaches blieb unvollständig.[91] Heute gibt es eine deutlich bessere Abbildung, die eine neu entwickelte, umfassende und vermittelnde Nomenklatur verwendet:[92]

---

87 Mitteilung *A. Vonderach*.
88 *Luce* 1936, *Pohl-Marquardt* 1994.
89 *Weninger* 1924.
90 *Prietz/Baranowski* (1970: 51)
91 *George/Singer* 1993.
92 *Hirthammer* 2013, Zeichnung *Kathrin Hirthammer*.

§ 5 Grundlagen, Merkmale, Häufigkeiten

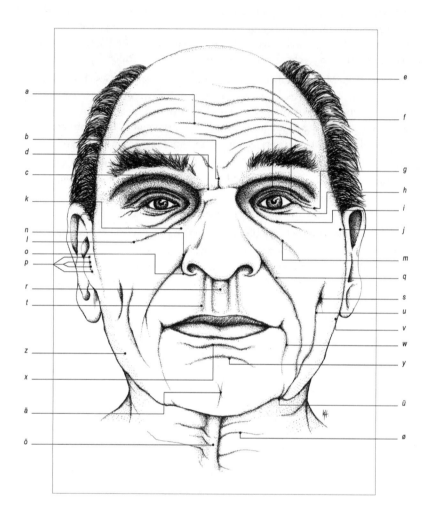

a	horizontale Stirn-Linien	k	Nasen-Wangen-Falte	u	Wangen-Kinn-Furche
b	vertikale *Glabella*-Linien	l	untere Augenhöhlen-Furche	v	Hinterohr-Linien
c	obere Augenhöhlen-Furche	m	Augen-Wangen-Furche	w	Mundwinkel-Furche
d	Nasenwurzel-Furche	n	obere Nasenflügel-Furche	x	Unterlippen-Furche
e	Deckfaltenumschlag-Furche	o	untere Nasenflügel-Furche	y	Kinn-Lippen-Furche
f	Deckfalten-Furche	p	Tragus-Linien	z	Wangen-Kinn-Falte
g	seitliche Augenwinkel-Linien	q	Nasen-Lippen-Furche	ä	Kinn-Grube
h	Unterlid-Furche	r	Nasen-Lippen-Rinne	ö	vertikale Hals-Falte
i	Augenwinkel-Furche	s	Wangen-Grube	ü	Unterkinn-Furche
j	Schläfen-Linien	t	Übermund-Linien	ø	horizontale Hals-Linien

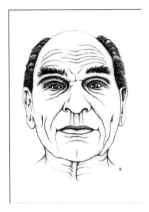  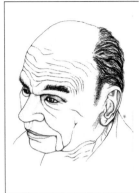

Diese Zeichnungen sind auch insofern illustrativ, als sie zahlreiche Asymmetrien zeigen. Dies ist auch nicht irgendeine fantasievolle Handzeichnung, sondern nach dem Gesicht eines Probanden gefertigt. Auf einige der Asymmetrien sei hingewiesen: oberer seitlicher Stirnumriss, Lage und Form der Glabellafurchen, Dicke und Verlauf der Brauen, Betonung der Jochbögen, Lage und Orientierung der Nase, waagrechte Achse des Nasenbodens Lage und Richtung der Mundspalte, Höhenlage des Ohres usw usw. Manche der Asymmetrien sind nur sehr leicht, dann manchmal besser erkennbar durch Hilfslinien.

Falten und Furchen werden auch durch **externe Einflüsse** wie Blickrichtung, Beleuchtung und Mimik beeinflusst. Um dies zu fassen und zu beschreiben, hat *Stein* Bilderserien derselben Personen gefertigt.[93]

Es ergab sich, dass im Verhältnis zur anthropologischen Normaufnahme mit guter Beleuchtung alle technischen Abwandlungen das vorhandene Relief verstärkt hervor treten lassen. Andererseits sind charakteristische Merkmalsausprägungen in den meisten der variierten Aufnahmen zu erkennen.

Ein Beispiel, bei dem sich trotz krassen Unterschieden der Aufnahmen noch manche Merkmale vergleichen lassen, insbesondere die Haare, Furchen und Asymmetrien:

---

[93] *Stein* 1994.

251 Was die **Differenzierungen** angeht, ist für die Bildidentifikation einerseits der mögliche Wandel von Bedeutung: mit Reife und Alterung nimmt diese Reliefierung zu. Andererseits lässt sich jede dieser Falten (erhaben) und Furchen (vertieft) nach Stärke, Verlauf und Zahl betrachten. Damit gibt es insbesondere für ältere Menschen einen großen Fundus an einzelnen Merkmalen. Das ist zum ersten Mal quantifiziert worden von *Hirthammer*[94], außerdem ist dort der Alterswandel beschrieben. Bei Männern treten Furchen häufiger auf.[95]

252 Geografisch gibt es eine leichte Differenzierung: die oft hageren Bevölkerungen der Balkanhalbinsel weisen eine höhere Reliefierung auf. Für weitere Angaben siehe die geografische Anthropologie, wie sie jüngst zusammengefasst wurde von *Vonderach*[96]. Hier ist auch einmal eine Differenzierung nach Tätigkeiten zu benennen: Berufsausübung im Freien bewirkt eine frühere und stärkere Ausbildung von Falten und Furchen.

4. Haare

253 Die **Haarfarbe** hängt von der Menge der eingelagerten Melanin-Körner ab. Bei blondem Haar treten Melanin-Körner nur in der Peripherie auf, bei ausgesprochen dunkel pigmentierten Menschen dagegen bis ins Zentrum. Da das Melanin eine rötliche Vorstufe besitzt, liegt die Annahme nahe, dass bei Rothaarigkeit eine reduzierte Melanin-Bildung vorliegt. Die Haarfarbe ist wie auch die anderen Farbmerkmale des Men-

---

94 *Hirthammer* 2007.
95 *Hancke/Bernhard* 1979.
96 *Vonderach* 2008.

schen in hohem Maß erbbedingt, mit einer Dominanz der dunkleren Farben über die helleren. Die Umweltwirkung ist gering, sie beschränkt sich auf das Ausbleichen unter Licht – allerdings ist hierher wohl auch das künstliche Färben und Entfärben zu rechnen. Für die Brauen- und Wimpernfarbe gilt grundsätzlich dasselbe wie für die Farbe des Kopfhaars. Meist sind die Farben von Kopfhaar, Brauenhaar und Wimpern weitgehend identisch, doch können auch deutliche Differenzen auftreten.[97] Die Terminalbehaarung des Körpers weicht meist stärker ab. Meist sind Haarfarbe, Augenfarbe und Hautfarbe ähnlich.

Nach Untersuchungen von *Schwidetzky* in den Jahren 1955-1958 an Schulkindern aus Westfalen-Lippe waren 21,0% von 16 543 hellblond-blond, 31,6% dunkelblond, 44,4% braun-braunschwarz und 3,0% rot-rotblond.[98]

254

Als **Differenzierung** ist zuerst das Nachdunkeln von Kindern zu nennen. Dieser Vorgang ist so regelmäßig und stark, dass er mit Tabellen voraus gesagt werden kann. In der Ontogenie gibt es allgemein eine Tendenz des Nachdunkelns mit steigendem Alter. Auch im Erwachsenenalter ist noch ein leichtes Nachdunkeln zu beobachten, bei Frauen gelegentlich als kleiner Schub in der Schwangerschaft. Bei der Alterung ist das bekannte Ergrauen und schütter Werden zu nennen.

255

In Europa gibt es eine ausgeprägte geografische Differenzierung, nämlich einen Nord-Süd-Gradienten von zunehmend dunklen Haaren, wie er von *Biasutti*[99] kartiert wurde. Selbst in Süddeutschland sind die dunklen Haare etwas häufiger als in Norddeutschland. Im Zusammenhang mit der Augenfarbe muss die „verschränkte Komplexion" erwähnt werden, die typisch osteuropäische Kombination von dunklen Haaren mit hellen Augen. Das gibt es zwar auch im übrigen Europa, aber seltener. Allgemein sind helle Augen häufiger als helle Haare.

256

Die **Haarform** ist zwar vom jeweiligen Feuchtigkeitsgrad abhängig und auch künstlich beeinflussbar, doch ansonsten in hohem Maß erbbedingt, wobei sich jede Stufe stärkerer Wellung bzw Kräuselung dominant gegenüber der geringer gewellten oder gekräuselten Stufe verhält.[100] Phänotypisch lässt sich das Kopfhaar nach seiner Formvariabilität als glatthaarig (straff/schlicht/flachwellig), lockig (weitwellig/engwellig/lockig) oder kraus (gekräuselt/locker kraus/dicht kraus/fil-fil/spiralig) klassifizieren.[101] Eine zweite Formreihe ist dick/dünn, eine dritte das Maß des Abstehens bzw Auftragens.

257

Haarmerkmale haben generell ein geringeres Gewicht für die Identifikation, denn Haare sind leicht veränderbar und werden durch Normen und Mode auch vielfältig verändert. Andererseits aber braucht bei Erwachsenen nicht von ständigen Veränderungen ausgegangen werden, häufig gibt es vielmehr einen persönlichen Stil für Haarlänge, Haarschnitt und Färbung. Logisch gesehen ist ein Unterschied zwischen Täter

258

---

97 Scheidt 1931, 72.
98 *Schwidetzky* 1967.
99 *Biasutti* 1954.
100 *Davenport* 1908.
101 *Martin* 1957, 392.

und Verdächtigem wegen der Veränderbarkeit kein Hinweis auf Nicht-Identität, eine Ähnlichkeit dagegen ist ein Hinweis auf Identität.

259 Ein weiteres Problem von Haaren ist die Beleuchtungsabhängigkeit. Beispiel: Das harte und gefärbte Licht bei Verkehrskontrollanlagen lässt die Teile der Brauen, die direkt in Blickrichtung liegen, dünner erscheinen. Bei Passbildern, die mit dem üblichen diffusen Licht aufgenommen sind, erscheint derselbe Bereich dichter oder dunkler. Dies illustriert auch die rechte Braue im Eingangsbeispiel der Einleitung; beim Täterinnenbild (links) liegt sie quer zur harten Belichtung und scheint damit dünner und kürzer. Die linke Braue hingegen, die etwas geneigt zur direkten Lichtrichtung liegt, ist ähnlich abgebildet wie beim Passbild (rechts).

260 Bezüglich der **Stirnhaargrenze** liegt die Konkordanz bei eineiigen Zwillingen sehr hoch, wohingegen bei der Nackenhaargrenze auch bei eineiigen Zwillingen Diskordanzen beschrieben wurden.[102]

261 Beim einzelnen Menschen ist erstere zeitlich unstabil (Glatze!), letztere mäßig stabil (Zunahme der Nackenhaare mit dem Alter). Die Formen des Stirnhaaransatzes nach *Scheidt*:[103]

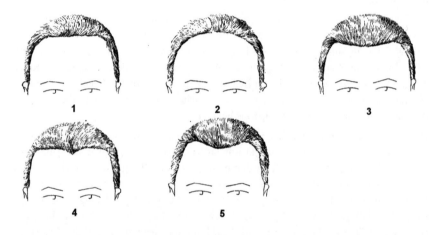

262 Die Häufigkeiten für Männer/Frauen der damaligen deutschen Landbevölkerung:
1 = ohne erkennbaren Haarschwund, gerade (46,7/23,8)
2 = ohne erkennbaren Haarschwund, bogig zurücktretend (23,9/63,1)
3 = ohne erkennbaren Haarschwund, bogig hereintretend (7,1/2,6)
4 = ohne erkennbaren Haarschwund, mit Spitze hereintretend (13,7/9,4)
5 = ohne erkennbaren Haarschwund, in den Winkeln zurücktretend (8,5/1,0)
6 = mit erkennbarem Haarschwund an der Stirnhaargrenze (44,7/4,2)
7 = mit erkennbarem Haarschwund in den Seitenwinkeln (12,9/1,4)

---

102 *Knußmann* 1980.
103 *Scheidt* 1931.

Bei den Ausprägungen 1 bis 5 beziehen sich die relativen Zahlen auf die Probanden ohne Haarschwund, bei 6 bis 7 auf alle. Die Schemazeichnungen sind recht realitätsgetreu, indem bei der Mehrheit deutliche Asymmetrien auftreten.

Stein unterscheidet 11 Stirnhaargrenztypen.[104]

Beim **Schläfenhaaransatz** gibt es eine breite Formenvariabilität vor allem bei der Ausprägung eines Knicks nach vorn, bei den Bögen darüber und darunter und beim Abstand von der Augenregion.

Bezüglich letzterem Merkmal gibt es eine geografische **Differenzierung**: der Abstand ist bei dunklen Europiden geringer, wobei das freilich mit beeinflusst wird durch die dunkleren, dichteren und lateral längeren Brauen.

Bei der **Nackenhaargrenze** gibt es vier häufige Formen: gerade, ein-, zwei- und dreispitzig, jeweils mit Übergängen. In Verbindung mit Wirbeln, widerspenstigen Strähnen uä dort gibt es auch ganz persönliche Formen.[105]

Das Beispiel eines Bankräubers:

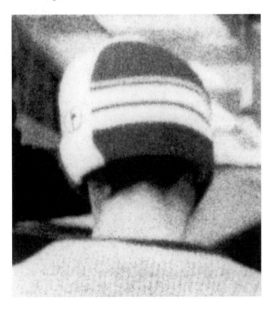

Ein Beispiel eher aus dem Normbereich,[106] bei dem Unterschiede erkennbar sind beim Haaransatz hinter dem Ohr und am Nacken (und bei etlichen anderen Merkmalen):

---

104 *Stein* 1994.
105 *Löffler* 1955.
106 Entnommen aus http://www.andreas-kuehn.info/

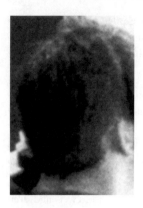 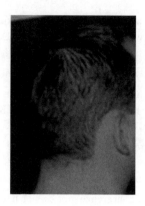

5. Stirnregion

270 Die Stirn ist in ihrer Höhe, Breite und Wölbung zu beschreiben, wenn erkennbar in Vorder- und Seitenansicht. Die Wölbung kann in beiden Flächendimensionen variieren. In der Bestimmung der Höhe darf man sich durch das Heraufrücken der Haargrenze (bzw des Messpunktes Trichion) nicht täuschen lassen.

271 Die Stirnform kann in der Ansicht von vorn nach oben konvergieren oder divergieren. Bei Kindern verläuft die Stirn steil, oft sogar nach vorn vorgeneigt, sie ist im Vergleich zu den Jochbögen stärker betont,[107] ihre Wölbung ist stärker.

272 Das Stirnbein kann in der Mitte jeder Hälfte einen mehr oder weniger deutlichen Stirnhöcker (Tuber frontale) tragen, der mit zunehmendem Alter abflacht und nach oben rückt.[108] Nach *von Eickstedt* ist der Höcker bei Kindern und Frauen deutlicher.[109]

273 Umgekehrt ist der vom Nasenteil des Stirnbeins bogenförmig nach außen ziehende Wulst, der Überaugenbogen (Arcus superciliaris), ein männliches Merkmal und bei älteren Personen deutlicher ausgebildet als bei jüngeren.[110] Er weist Unterschiede auf, indem er sehr ausgeprägt sein kann, gelegentlich auch weit zur Mitte und weit zur Seite über die Incisura supraorbitalis hinausreicht, oder an bestimmten Stellen wulstig verdickt ist.

274 Die verschiedenen Teilabschnitte des Gesichts variieren auch unabhängig voneinander, so dass man auch die **Stirnhöhe** allein einschätzen kann:[111]

---

107 *Keiter* 1933.
108 *Gegenbaur* 1888.
109 *von Eickstedt* 1937.
110 *Gegenbaur* 1888; *Keiter* 1933.
111 *Scheidt* 1931, 51.

1   **2**

Die prozentualen Häufigkeiten für Männer/Frauen der damaligen deutschen Landbevölkerung: 1 = hoch 30,5/44,2, 2 = niedrig 16,8/5,1. Nicht dargestellt ist die mittlere Stirnhöhe mit 52,7/50,7%.

Geografisch gesehen gibt es ein kleines **Differenzial**: Im Osten Europas ist die Stirn etwas niedriger.

Auch die **Stirnbreite** kann variieren, hier in einem Schema von *Florez*.[112] Gleichzeitig wird hier die Divergenz/Konvergenz der Seitenwände und die Breite der Augen, des Nasenrückens, der Nase und des Mundes dargestellt:

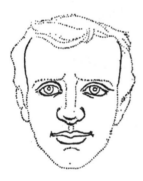  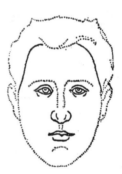

---

112 *Florez* 1906, 330.

278 Die **Stirnneigung** nach *Scheidt*[113]:

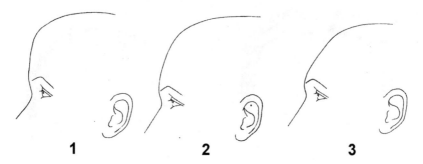

279 Die prozentualen Häufigkeiten für Männer/Frauen der damaligen deutschen Landbevölkerung: 1 = steile Stirn 13,1/47,6, 2 = mäßig geneigte Stirn 60,9/47,4, 3 = fliehende Stirn (stark geneigt) 26,0/5,0.

280 Gemäß *Knußmann* ergaben sich für 300 Ehepaare aus dem Rhein-Main-Gebiet bezüglich der Stirnneigung folgende prozentuale Häufigkeiten:[114]

	Männer	Frauen
steil und vorgewölbt	2 %	16 %
mäßig geneigt	22 %	50 %
fliehend und geneigt	76 %	34 %

281 Die **Stirnwölbung** nach *Scheidt*:[115]

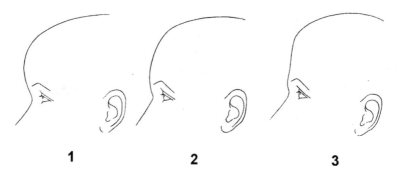

282 Prozentuale Häufigkeiten für Männer/Frauen der damaligen deutschen Landbevölkerung: 1 = stark gewölbt 8,9/22,3, 2 = mäßig gewölbt 55,0/53,3, 3 = flach 36,1/24,4.

283 *Stein*[116] verknüpft Stirnneigung und Stirnwölbung in einem 5-Stufen-Schema.

---

113 *Scheidt* 1931.
114 *Knußmann* 1961.
115 *Scheidt* 1931.
116 *Stein* 1994.

E. Merkmale 3

Der **Überaugenbogen** (bzw -wulst) ist eine kleine, waagrecht verlaufende Erhebung am Unterrand der Stirn; er reicht von der Stirnmitte bis zur Mitte über den Augen. Auch wenn er kräftig ausgeprägt ist, steht der mediane Bereich, also an der Glabella (Glätzchen, die meist unbehaarte Stelle zwischen den Brauenköpfen) weniger vor als der laterale. 284

Am Schädel ist diese Struktur gut erkennbar und eines der wichtigen Indikatormerkmale für männliches Geschlecht,[117] aber auch beim Lebenden ist die kräftigere Ausprägung erkennbar. Insbesondere die leichte Einziehung oberhalb des Bogens ist oft auf Überwachungsbildern als leichter Schatten zu sehen. 285

Durch den starken Blitz vieler Radaranlagen aber ist gerade diese Einziehung ausgeleuchtet. Deren Fehlen ist dann kein Hinweis auf Nicht-Identität. 286

Knußmann[118] spricht von nicht ersichtlichen, schwachen und mittel/starken Überaugenbögen bei seinen Untersuchungen an 300 Ehepaaren aus dem Rhein-Main-Gebiet. Die prozentualen Anteile ergeben sich aus folgender Tabelle: 287

	Männer	Frauen
keine Überaugenbögen	3 %	3 %
schwache Überaugenbögen	78 %	68 %
mittlere/starke Überaugenbögen	20 %	2 %

Eine Illustration für die Stärke der Überaugenbögen von *Titlbachova*,[119] die auch die Korrelation zur Stirnneigung andeutet: 288

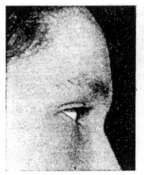

---

117 *Rösing* 2004/5, 2007.
118 *Knußmann* 1961.
119 *Titlbachova* 1967, 77.

6. Augenregion

289 In der Augenregion ist in grober **Gliederung** zwischen Brauen, Oberlidraum, Oberlid, Lidspalte und Unterlid zu unterscheiden (Abbildung unten nach H. Pöch und *von Eickstedt*[120]).

290 Unter Oberlidraum versteht man die Fläche zwischen dem Oberrand des Oberlides und dem Unterrand der Brauen. Im Bereich des Oberlidraumes bedeckt das Oberlid durch eine breite Hautfalte mit eingelagerter bindegewebiger Lidplatte den oberen Teil des Augapfels.

291 Der weichere Teil kann die Lidplatte mehr oder weniger bedecken, die den Lidplattenanteil überdeckende Falte wird als Deckfalte bezeichnet. Der freie Rand des Oberlids zieht bogenförmig zu den äußeren Lidwinkeln und geht dann in den Unterlidrand über.

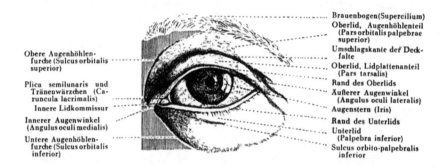

292 Die Lidspalte kann horizontal verlaufen, seitlich ansteigen oder absinken. Neben der Stellung der Lidspalte ist auch die Weite (vertikale Ausdehnung der Lidspalte) und Breite (horizontale Ausdehnung der Lidspalte) zu beachten, ferner die Form des Lidwinkels und die Einbettung der Augäpfel. Das Unterlid besteht ebenfalls aus einer bindegewebigen Lidplatte und aus weicherem Gewebe. Wie schon an der Abbildung erkennbar, sind viele der variablen Merkmale der Augenregion recht kleinräumig. Damit sind sie auf den meist doch eher undeutlichen Überwachungsbildern aus Banken oder vom Straßenverkehr nicht immer erkennbar.

293 Der Augapfel kann in unterschiedlichem Grade vorstehen (Exophthalmus). Dies Merkmal ist zeitlich unstabil, bei bestimmten Krankheiten, bei Hunger und im Alter sinken die Augen ein.[121]

294 Bei schielenden Augen sollte im Rahmen einer Gutachtertätigkeit angegeben werden, ob es sich um einwärts oder auswärts schielende Augen handelt. Manchmal ist auch auf einem Bild erkennbar, mit welchem Auge fokussiert wird.

---

120 H. Pöch 1924 und *von Eickstedt* 1937 aus *Schade* 1954, 72.
121 Wendschuh 2002

Die **Augenbrauen** sind entwicklungsgeschichtlich der betonte untere Rand der Stirnbehaarung, die bei Feten noch vollständig erhalten ist. Dieser Stirnflaum verläuft in verschiedenen Strömen mit variablem Anteil an der Bedeckung der Stirn.[122] Daraus ergeben sich verschiedene Haarstriche und auch der hohe Anteil von Asymmetrien beim Haarstrich. Nimmt man solche Haarausrichtung hinzu, sind die Brauen eine höchst merkmalsreiche Region, und sie sind auf Kontrollbildern meist gut erkennbar. Allerdings kann hartes Licht direkt von vorn die Farbe heller und die Dicke geringer wirken lassen.

Zu beachten ist auch die mögliche kosmetische Veränderung der Brauen durch Zupfen und Schminken. Das betrifft keineswegs nur Frauen; besonders junge Türken in Deutschland verschmälern gern ihre Brauen.

Bezüglich systematischer Behandlung der Teilformen hat sich seit *von Eickstedt*[123] („die Brauen sind Stiefkinder der anthropologischen Formforschung") nichts entscheidendes verbessert. Ein Schema für die allgemeine geometrische Form nach *Scheidt*:[124]

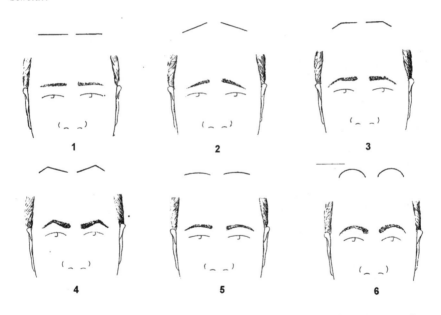

Die prozentualen Häufigkeiten für Männer/Frauen der damaligen deutschen Landbevölkerung: 1 = horizontal (12,1/8,1), 2 = lateralwärts abfallend (11,3/7,9), 3 = medial-horizontal, lateraler Teil abfallend (17,0/11,9), 4 = winklig oder spitzbogig nach oben gezogen (7,2/8,6), 5 = flachbogig (40,7/48,2), 6 = bogig gewölbt (11,6/15,3).

---

122 *Eschricht* 1837; *Breitinger* 1955
123 *von Eickstedt* 1942.
124 *Scheidt* 1931.

299 Freilich sind diese Bilder arg schematisch und zu wenig zahlreich. Es gibt einen weiteren Klassiker,[125] der 11 Typen unterscheidet, die aber bei modernen Menschen zT nur selten zu finden sind, weswegen dies Schema hier nicht zitiert wird.

300 *Knußmann*[126] hat ein größeres Schema mit höherer Variabilität erstellt, wobei einzelne Formelemente schon reichlich originell sind:

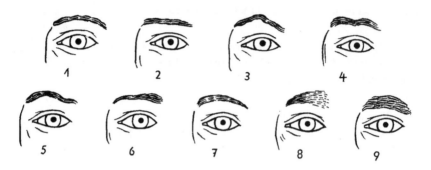

301 Die prozentualen Häufigkeiten für Männer/Frauen aus dem Rhein-Main-Gebiet angegeben: 1 = gleichmäßig gebogen (16/7), 2 = gerade (17/15), 3 = gewinkelt (27/26), 4 = doppelt gebogen (7/10), 5 = geschwungen (7/6), 6 = verbreiternd-gebogen (5/14), 7 = verschmälernd-gebogen (12/7), 8 = gelockert-flächig (6/8), 9 = geschlossen-flächig (2/8).

302 Diese beiden Schemata vereinen viele Merkmale, entsprechen also nicht der Methodik der Bildgutachten, die ja Merkmale möglichst getrennt betrachtet. Das ist besser erfüllt von einem Schema von *Schwidetzky*, das allein die Schrägstellung der inneren (medianen) Brauenschenkel darstellt:[127]

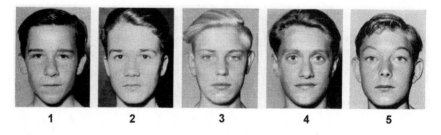

303 Für die Bildgutachten ist es ein günstiges Vorgehen, das mediale und laterale Element der Augenbrauen aufzuteilen und getrennt zu betrachten nach Dicke, Dickenverlauf, Rundung und Neigung. Zwischen den beiden Elementen kann ein Knick liegen oder

---

125 *Rozprým* 1934.
126 *Knußmann* 1961.
127 *Schwidetzky* 1967.

eine enge Rundung. Nur wenn der Verlauf der Braue ganz gleichmäßig ist, kann man diese Aufteilung nicht vornehmen.

Alle diese Merkmale können asymmetrisch ausgeprägt sein; wenn man darauf achtet, findet man sie in der Mehrheit der Bilder. Das zeigen auch die Beispiele oben: alle fünf Jungen haben mehrfach asymmetrische Brauen.

Neben der Brauenform und -stellung kann die **Farbe**, Dichte (dicht – mittel – licht), die Höhe bzw -dicke (hoch – mittel – niedrig), dh die Ausdehnung der Brauen in der Vertikalen (auch missverständlich als Brauenbreite bezeichnet) unterschieden werden.

Außerdem kann in manchen Fällen die Ausbildung eines **Räzels** (Haare auch median zwischen den Brauenköpfen, auf der Glabella) sowie die Existenz von medianen Brauenwirbeln, die als Tendenz zur Räzelbildung aufgefasst werden können, beobachtet werden. Auch variiert die Entfernung des Beginns der Brauen von der Mediansagittalen. Dafür eine Bildserie von *Titlbachova*, die mit einem Räzel beginnt:[128]

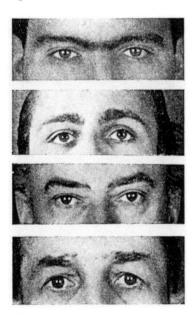

Prozentuale Anteile der verschiedenen Ausprägungen eines Räzels bei Frauen/ Männern aus dem Rhein-Main-Gebiet nach *Knußmann*:[129]

	Männer	Frauen
weder Wirbel noch Räzel	68 %	74 %
Wirbel	19 %	19 %
Räzel	13 %	9 %

128 *Titlbachova* 1967. 92.
129 *Knußmann* 1961.

308 **Differenzierung.** Im Süden Europas sind die Brauen häufiger rund gebogen und reichen seitlich weiter über die Lidspalte hinaus. Im Osten Europas sind sie bei Frauen oft sehr schmal.[130] In Südosteuropa liegt der Anteil der verschiedenen Ausprägungen eines Rätzels deutlich höher (Männer ca. 60%; Frauen ca. 46%) während die Häufigkeit von Wirbeln bei Frauen wie Männern bei 8 % liegt.[131]

309 Zwischen dem Unterrand der Brauen und dem Oberrand des Oberlides erstreckt sich der **Oberlidraum.** Er kann niedrig und hoch sein und über den ganzen Bereich von gleicher Höhe sein, kann aber auch seitlich an Höhe zu- oder abnehmen.

310 Höhe und Form sind korreliert mit der Form und Lage von Brauen und Auge, dennoch lohnt es sich, das Oberlid getrennt zu betrachten. Ein Merkmal ist dabei die Höhe, wie dies das obige Schema von *Schwidetzky* für die Schrägstellung der inneren Brauenschenkel zeigt.[132] Des Weiteren lässt sich die Form nach einem Schema von *Zmugg* einteilen:[133]

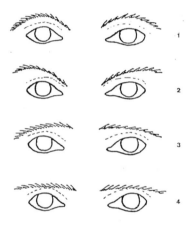

311 Die Häufigkeiten bei Männern/Frauen der Bevölkerung von Kärnten:[134]
1 = 40,3/41,4, 2 = 22,5/29,9, 3 = 2,6/0, 4 = 33,6/28,6.

312 Der Oberlidraum wird mit der **Alterung** kontinuierlich höher, die Brauen wandern nach oben, wobei auch die Furchung der Stirn zunimmt.[135] Allerdings kann es offenbar auch den Gegentrend geben, denn die Augenregion wird insgesamt im Alter hagerer und das Gewebe schlaffer, wodurch die Brauen absinken können.

313 Als **Deckfalte** wird eine Hautfalte des Oberlidraumes bezeichnet, die den Oberlidtarsus mehr oder minder bedeckt. Sie nimmt vom Unterrand der Brauenregion ihren Ausgang, hängt auf den Oberlidtarsus herab, biegt auf diesem sackartig um und en-

---

130 Mitteilung A. *Vonderach.*
131 *Drobna* 1971.
132 *Schwidetzky* 1967.
133 *Zmugg* 1989, 76.
134 Zusammenfassung der Daten von *Zmugg* selbst und der von ihm bearbeiteten von *Rudolf Trojan.*
135 *Hirthammer* 2007.

det am Grunde der Tarsalplatte. Die Variabilität der Deckfalte ist abhängig vom Reichtum an Unterhautfettgewebe und von der Turgeszenz. Mit zunehmendem Alter findet sich öfter, bedingt durch Reduktion der Fettpolster und Turgeszenzverlust, ein Absinken der Deckfalte: die Umschlagfalte lässt dann einen schmaleren Streifen des Oberlidtarsus frei. Es kann aber mit zunehmendem Alter auch die Deckfalte insgesamt reduziert werden: der sichtbare Teil des Oberlidtarsus wird dann größer. Oft ist zusätzlich noch eine Erniedrigung des Oberlidraumes feststellbar.[136] *Scheidt* diskutiert nur eine Reduktion der Deckfalte mit dem zunehmendem Alter,[137] *M. Weninger* nur ein Absinken der Deckfaltenumschlagkante.[138]

Eine Sonderform der Deckfaltenvariabilität ist das sogenannte deckfaltenlose Auge (Sieder): Ist in einer relativ niedrigen Orbita der Bulbus weiter oben und hinten in der Augenhöhle gelagert, so hängt die Deckfalte fast horizontal nach hinten durch; bei Ansicht von vorn hat der Untersucher den Eindruck einer praktisch fehlenden Deckfalte. Diese Form kann auch Folge besonders starker Altersvariation sein, findet sich aber auch dann bei größeren Oberlidraumhöhlen. Richtung und Ausmaß der Alters- wie auch Geschlechtsvariation sind im Einzelfall nicht voraussagbar.[139]

314

Die Deckfalte kann parallel zum Lidrand verlaufen, sie kann auch gewinkelt sein und seitlich herabtreten, schwach oder stark ausgebildet sein. Hier einmal gibt es eine Ziffer für die Asymmetrie: bei 23 % von 1722 Probanden hing die Deckfalte auf einer Seite tiefer herab.[140]

315

Variationen der Deckfalte nach *Scheidt*:[141]

316

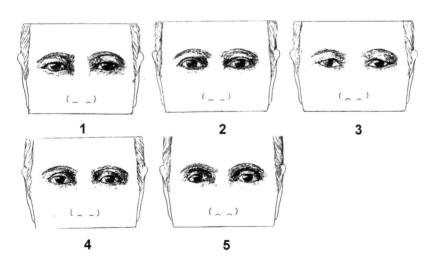

---

136 *Jarcho* 1935, *von Woellwarth* 1945, *Gerhardt* 1954.
137 *Scheidt* 1931.
138 *M. Weninger* 1960.
139 *Gerhardt* 1954.
140 *Ehrhardt* 1951.
141 *Scheidt* 1931.

317 Die prozentualen Häufigkeiten für Männer/Frauen: 1 = längs des ganzen oberen Lidrandes, den größten Teil des Lidrandes bedeckend 8,4/6,3/8,4, 2 = längs des größten Teils des oberen Lidrandes, den Lidrand freilassend 59,9/63,4, 3 = den lateralen Teil des oberen Lidrandes bedeckend 16,4/11,7, 4 = längs des lateralen Teils des oberen Lidrandes, den Lidrand freilassend 4,2/5,2, 5 = keine Deckfalte 11,1/12,6. Die Deckfalte unterliegt einer hohen Altersvariabilität, und sie weist besonders häufig Asymmetrien auf.

318 Бунак hat eine Skala entwickelt, die die Dicke der Deckfalte darstellt.[142] Dabei ist sie in der Form rechts so stark, dass das Oberlid abgedeckt wird – eine mongolide Form, die auch bereits in Mittelasien gehäuft auftritt:

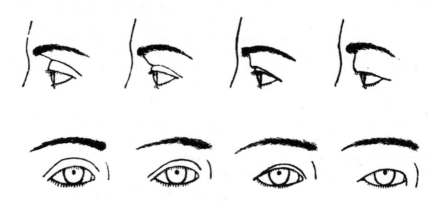

319 **Besondere Falten** an den Augen, nach *Aichel*:[143]

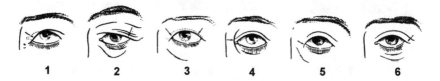

320 Bei der Mongolenfalte (1) endet die Umschlagkante der Deckfalte nicht oberhalb des inneren Lidwinkels, sondern medial oder medial-basal vom Lidwinkel, wobei der Lidwinkel unter Umständen mehr oder minder verdeckt sein kann von der straff durchgezogenen Umschlagkante.

321 Die Hottentottenfalte (2) zeichnet sich durch ein Herabstreichen der Deckfalte über den äußeren Lidwinkel aus.

322 Der Epikanthus (4) ist eine mediale Randfalte, die nicht in die Deckfaltenumschlagkante übergeht wie die Mongolenfalte, sondern bei halbgeschlossenem Auge oberhalb der Umschlagkante endet.

---

142 Бунак 1959, 18.
143 Aichel in: Martin 1962.

Bei der Indianerfalte (5) setzt sich der freie Oberlidrand nach nasal-unten weiter fort und überdeckt dabei zum Teil den inneren Lidwinkel. Wegen dieser Beziehung zum inneren Augenwinkel wird diese Falte häufig mit der Mongolenfalte verwechselt.

Die entsprechende Bildung am äußeren Lidrand nennt man laterale Negerfalte (6).[144]

Nach *Rozprym* lassen sich bei den **Wimpern** Farbe, Länge, Dichte und Biegung unterscheiden.[145] Alle vier Merkmale zeigen eine deutliche Altersvariabilität: mit fortschreitendem Alter werden die Wimpern dunkler, kürzer, weniger dicht und weniger gebogen.[146] Männer haben längere und stärker gebogene Wimpern als Frauen.[147] Freilich lassen sich diese feinen Haare auf Überwachungsbildern fast nie erkennen.

Bei der **Lage der Augen** ist zunächst zu unterscheiden zwischen eng zusammen und weit auseinander stehenden Augen. Dann ist hier wie bei vielen anderen Merkmalen die Symmetrie zu prüfen, wobei vor allem die Schrägstellung der Augenachse gegenüber der senkrechten Symmetrieebene des Gesichts gut erkennbar ist.

Die **Schrägstellung der Lidspalte** nach *Scheidt*:[148]

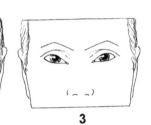

Die prozentualen Häufigkeiten für Männer/Frauen der damaligen deutschen Landbevölkerung: 1 = horizontal 69,8/66,4, 2 = lateralwärts abfallend 19,3/7,8, 3 = lateralwärts ansteigend 10,9/25,8.

---

144 *Knußmann* 1980.
145 *Rozprym* 1935.
146 *Wichmann* 1960.
147 *von Eickstedt* 1938.
148 *Scheidt* 1931.

329 Das Schema von *Schwidetzky* hat mehr Klassen:[149]

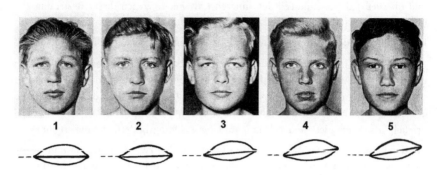

1 = keine Schrägstellung nach außen oben oder Schrägstellung nach außen unten bis 5 = sehr starke Schrägstellung. Bei 16 543 Schulkindern aus Westfalen-Lippe der Jahre 1955-58 hatten 87,1 % eine gerade Lidspaltenstellung und 12,9 % eine mehr oder weniger schräge.

330 Relative Anteile der verschiedenen Stellungen der Lidspalte bei Frauen/Männern aus dem Rhein-Main-Gebiet nach *Knußmann*:[150]

	Männer	Frauen
lateral ansteigend	15 %	26 %
waagrecht	74 %	67 %
lateral abfallend	10 %	7 %

331 Nach *Tao*[151], *Tuppa*[152] und *Gerhardt*[153] senkt sich der laterale Augenwinkel mit zunehmendem Alter; nach *Tuppa* steigt aber auch der mediale Augenwinkel an.

332 *Tao* machte unter anderem darauf aufmerksam, dass beim Vorhandensein einer Mongolenfalte die Stellung der Lidspalte immer schräg sei; sie sei deshalb schwer zu beurteilen.

333 Für den Nordosten Europas ist das Vorkommen schräger, nach außen-oben ansteigender Lidspalten charakteristisch.[154]

---

149 *Schwidetzky* 1967.
150 *Knußmann* 1961.
151 *Tao* 1935.
152 *Tuppa* 1938.
153 *Gerhardt* 1954.
154 *Routil* 1933, 1939

Die **Weite der Lidspalte** nach *Scheidt*:[155]

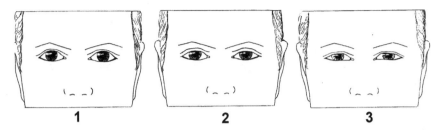

Die prozentualen Häufigkeiten für Männer/Frauen der damaligen deutschen Landbevölkerung: 1 = weit 8,4/19,4, 2 = mittel 43,1/53,8, 3 = eng 48,5/26,8.

Prozentuale Anteile der verschiedenen Weiten der Lidspalte bei Frauen und Männern aus dem Rhein-Main-Gebiet nach *Knußmann*[156] und aus dem Banat nach *Schmidt*:[157]

	Männer	Frauen
weit	13 % / 16 %	22 % / 20 %
mittel	60 % / 56 %	58 % / 66 %
eng	28 % / 28 %	20 % / 14 %

Die Lidspaltenweite ist stark mimikabhängig. Dies lässt sich berücksichtigen durch Beobachtung der Lichtverhältnisse bei der Aufnahme. Im hellen Sonnenlicht ist die Lidspalte meist enger.

Die Zahlen oben zeigen, dass die für den physiognomischen Eindruck wichtige Lidspalte bei Frauen weiter ist, so dass die Augen größer wirken. Auch geografisch finden sich Unterschiede in Europa: im Süden und Westen ist sie höher, sie wird nach Nordosten immer niedriger.[158]

---

155 *Scheidt* 1931.
156 *Knußmann* 1961.
157 *Schmidt* 1974.
158 Mitteilung *A. Vonderach*.

3 § 5 Grundlagen, Merkmale, Häufigkeiten

339 Die **Lidspaltenform** nach *Scheidt*:[159]

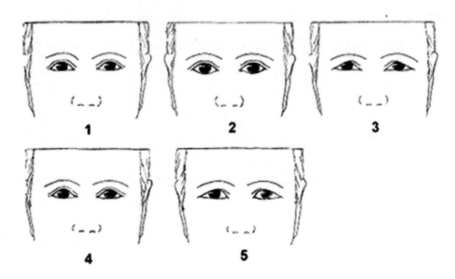

340 Die prozentualen Häufigkeiten für Männer/Frauen der damaligen deutschen Landbevölkerung: 1 = halbspindelförmig 47,2/49,3, 2 = spindelförmig 34,6/34,5, 3 = zahnförmig 14,6/10,6, 4 = schiffshutförmig 3,0/3,7, 5 = mandelförmig 0,7/1,8.

341 Vermutlich sind diese Schemazeichnungen ohne direkte Vorlagen entstanden, denn dieses Ausmaß an Symmetrie ist eher ungewöhnlich.

342 Des Weiteren ist zu beobachten, dass hier wieder mehrere Merkmale zusammen dargestellt werden: Stärke der Lidbiegung, Differenzierung in oben/unten, Lage des Zenits der Biegung.

343 Zeichnungen der Lidspaltenform nach Fotos aus *Knußmann*:[160]

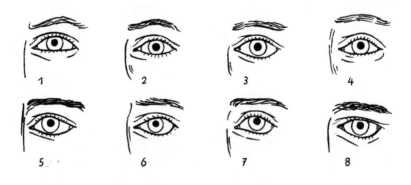

---

159 *Scheidt* 1931.
160 *Knußmann* 1961.

Die prozentualen Häufigkeiten für Männer/Frauen aus dem Rhein-Main-Gebiet: 1 = halbspindelförmig 8/12, 2 = halbspindel- bis spindelförmig 16/22, 3 = spindelförmig 31/18, 4 = schiffshutförmig 11/21, 5 = mandelförmig 3/6, 6 = seitenvertauscht mandelförmig 5/3, 7 = tropfenförmig 18/14, 8 = umgekehrt halbspindelförmig 1,4/0, bei manchen Individuen lassen sich nicht beide Augenspaltenformen in die gleiche Kategorie einreihen = asymmetrisch 5/3.

Differenzierung. Generell wird die Augenregion mit dem Alter hagerer. Infolge einer Abnahme des Hautturgors sinkt mit zunehmendem Alter auch die Deckfalte herab, so dass nur mehr ein schmaler Streifen der Lidplatte sichtbar bleibt. Es kann aber auch die Deckfalte insgesamt reduziert werden; in diesem Fall wird der sichtbare Anteil der Lidplatte größer. Oft ist auch eine Erniedrigung des Oberlidraumes gegeben. Mit zunehmendem Alter senkt sich der seitliche Lidwinkel, es kann auch zu einer Verengung der Lidspalten kommen.[161]

In Nordeuropa ist die Weichteileinbettung stärker ausgeprägt als im Süden. Im Mittelmeerraum und im Nahen Osten ist die Augenregion hagerer, der Oberlidraum höher, in manchen Fällen fehlt sogar die Deckfalte des Oberlids, die im Norden oft die Lidspalte seitlich verdeckt.[162]

Die **Tiefe des Augapfels** meint die Lage in Bezug auf den Unterrand der Stirn.

Ein Beispiel zeigt gleichzeitig die mögliche Messung in der Seitenansicht und die Messung der Nasenprominenz:[163]

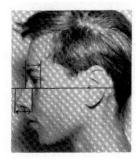

Prozentuale Anteile der unterschiedlich tiefen Einbettung des Augapfels bei Männern/Frauen aus dem Rhein-Main-Gebiet nach *Knußmann*:[164]

	Männer	Frauen
hervortretend	13 %	9 %
flach	63 %	64 %
tiefliegend	24 %	27 %

---

161 *Schwarzfischer* 1992.
162 *Tuppa* 1938; *Ehrhardt* 1951; Mitteilung A. *Vonderach*.
163 *Schwidetzky* 1967.
164 *Knußmann* 1961.

350 Die Augen liegen im nordwestlichen Europa tiefer.[165]

351 Die **Augenfarbe** ist auf Kontrollbildern selten zuverlässig einschätzbar. Prozentuale Anteile der verschiedenartigen Augenfarben bei Männern/Frauen aus dem Rhein-Main-Gebiet nach *Knußmann*:[166]

	Männer	Frauen
blau und grau	44 %	33 %
meliert	48 %	53 %
braun	8 %	14 %

352 Nach Untersuchungen von *Ilse Schwidetzky* in den Jahren 1955-1958 in Westfalen-Lippe hatten 54,1 % von 16 543 vierzehnjährigen Schulkindern eine blaue, 18,8 % eine hellmelierte, 22,1 % eine dunkelmelierte und 5,0 % eine braune Augenfarbe.[167]

353 Wenn denn die Augenfarbe erkennbar ist, gibt ihre geografische **Differenzierung** Hinweise auf die Herkunft von Menschen: Nur im Norden Europas ist die Augenfarbe mehrheitlich hell, bei allen anderen ursprünglichen Bevölkerungen der Welt ist sie mehrheitlich braun – das heißt aber auch, dass es zB um das Mittelmeer in allen Bevölkerungen Helläugige gibt, und zwar nicht nur durch Beimischung von Einwanderern aus dem Norden (Normannen, Kreuzfahrer usw).

354 Schließlich sind bei der Augenregion noch die **Tränensäcke** zu betrachten, bezüglich Vorkommen, Höhe und Form sowie Tiefe der Furche zu den Wangen.

7. Wangenregion

355 Zunächst ist zu prüfen, ob die **Mittelgesichtshöhe** in etwa ebenso groß ist wie beim Obergesicht (Stirnregion) und Untergesicht (Mundregion) oder relativ niedriger oder höher. Dies geschieht in Sichtabschätzung.

356 Gemäß *Scheidt* hat die Jochbogengegend einen starken Einfluss auf die **seitliche Umrisslinie** des Gesichts und trägt damit zur Einteilung des Gesichtsumrisses in Formen wie zB trapezförmig oder siebeneckig bei (siehe Rn 234 ff).[168] Zur Beurteilung von Altersunterschieden spielt die Senkung von Fettpolstern auf den Jochbogen und in der Gegend des Unterkieferrandes, ebenso wie die Spannung der Haut, die Bildung kleiner Hautfalten und die Stärke der Ausprägung größerer Furchen eine große Rolle. Bei den wichtigsten großen Furchen handelt es sich um die Augenhöhlenrandfurche, die Nasen-Mund-Furche und die Wangen-Kinn-Furche (siehe oben die Abbildung im Kapitel Gesamtgesicht).

357 Nach *Schwarzfischer* sind weitere Merkmale der Wangen: Betonung der Jochbeine (= seitliches Hervortreten der Jochbeine), Betonung der Unterkieferwinkel, Kiefernei-

---

165 Mitteilung A. Vonderach.
166 *Knußmann* 1961.
167 *Schwidetzky* 1967.
168 *Scheidt* 1931.

gung (siehe auch oben bei Gesichtsprominenz), Fülle der Wangen (voll, flach, hohl).[169]

Zwischen der seitlichen und der vorderen Fläche der Wangen gibt es verschieden geformte Übergänge, nämlich stark gerundet bis stark geknickt. Im letzteren Fall lässt sich Stellung und Verlauf der Linie betrachten. Obwohl es sich dabei um ein sehr großräumiges Merkmal mit offenbar nicht allzu großen Ausprägungsunterschieden handelt, ist es auch auf vielen schlechten Überwachungsbildern noch erkennbar.

Die **Form der Wangenbeinregion** meint vor allem die Mittelgesichtsflachheit, die eine starke geografische Variabilität hat, wie sie zB *von Eickstedt* in einem Schema beschrieben hat:[170]

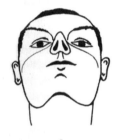  

Ein kleinräumigeres Merkmal ist die **Frontalität der Wangenbeine** nach *Schwidetzky*:[171] 1 = geringe Frontalität bis 3 = starke Frontalität:

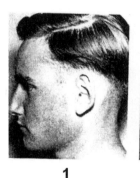 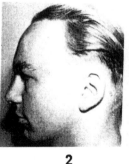 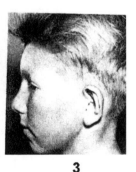

1 **2** **3**

Der untere Abschluss der Wangenregion ist der Unterrand des **Unterkiefers**. Dort sind Geradlinigkeit, Polsterung oder auch die **Neigung** zu fassen.

Bei der Polsterung ist auch das altersabhängige Hängebäckchen/Hamsterbäckchen zu nennen, was sich erst nach den Wechseljahren entwickelt.

---

169 *Schwarzfischer* 1992.
170 *von Eickstedt* 1938, 1043.
171 *Schwidetzky* 1967.

363 Die Neigung des Unterkieferkörpers zeigt *Knußmann* zusammen mit der Gesichtsprominenz, denn die beiden Merkmale sind miteinander korreliert:[172]

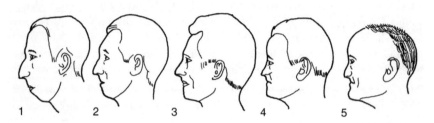

364 **Differenzierung.** Frauen und Pyknomorphe haben eine etwas stärkere Gesichtsflachheit. Bei der Wangenregion gibt es innerhalb Europas recht klare Gradienten, die auch gut sichtbar sind: Im Nordwesten (britische Inseln, Skandinavien, Deutschland) sind die Wangenknochen recht klein, schmal und anliegend. Eine leichte Frontalstellung und eine horizontale Abflachung der Wangenknochen ist für den slawisch-finnischen Nordosten kennzeichnend, wodurch das Gesicht flacher wirkt.[173]

8. Nasenregion

365 Zunächst zur **Nasenregion allgemein** ein Überblick über Merkmale und Bezeichnungen in der Seitenansicht:[174]

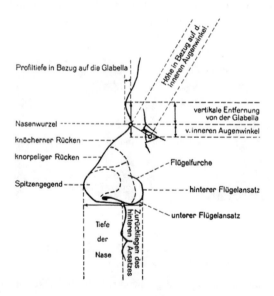

---

172 *Knußmann* 1996, 16.
173 Mitteilung *A. Vonderach*.
174 *Weninger* 1924

E. Merkmale 3

Eine schematisierende Beschreibung der Nase in der Vorderansicht ist schwieriger als die Beschreibung anderer Partien, weil zumeist verrundete Flächen ohne schärfere Begrenzung aneinander stoßen. Die zweidimensionale fotografische Aufnahme bietet manchmal nicht genug Relief zu einer sicheren Beschreibung; kleine Unterschiede der Beleuchtung vermögen das Bild schon zu verändern.

Einige Vorteile gewährt die Betrachtung der Seitenansicht neben der Vorderansicht. Insbesondere die Neigung der Nasenseitenwände gegen die Wange kann gewöhnlich nur nach einer solchen vergleichenden Betrachtung beider Ansichten richtig beurteilt werden.[175]

Für die Bildidentifikation ist die Nase trotz solcher Begrenzungen eine besonders wichtige Struktur, ähnlich wie das Ohr und im Gegensatz zu Auge und Mund, denn die meisten definierten Merkmale sind ausreichend großräumig, so dass sie auch auf verschwommenen Überwachungsbildern erkennbar sind. Außerdem macht die schiere Menge an unterscheidbaren Einzelformen die Nase zu einer wichtigen Region.

Das großräumigste Merkmal ist die **Nasenlänge** (in der Höhenrichtung, also kranial-kaudal). Bei direkter Untersuchung an einem Menschen wird sie gemessen, vom Nasion (Schnittpunkt der Nasofrontalnaht mit der Mittelebene, beim Lebenden nur unter Schwierigkeiten zu erfühlen) zum Subnasale (Winkelpunkt zwischen Nasenseptum und Hautoberlippe in der Mittelebene). Physignomisch gesehen ist dabei die absolute Länge wenig bedeutsam, sondern die relative Länge zur Gesamtgröße des Gesichts. Sie ist es auch, die bei einer Bildanalyse gesehen und eingeschätzt wird.

Als **Nasenbasis** wird die Linie von der Nasenwurzel zum Winkel zwischen Nase und Oberlippe bezeichnet. Dies Merkmal ist Teil des Gesichtsprofils. Die Basislinie kann geneigt sein, wie dies ein Schema von *Scheidt* deutlich zeigt:[176]

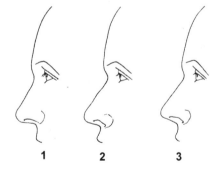

Die prozentualen Häufigkeiten für Männer/Frauen der damaligen deutschen Landbevölkerung: 1 = senkrecht oder leicht von vorn-oben nach hinten-unten 40,3/56,8, 2 = leicht von hinten-oben nach vorn-unten (leicht geneigt) 39,5/34,8, 3 = stark von hinten-oben nach vorn-unten (stark geneigt) 20,2/8,2.

---

175 *Scheidt* 1931.
176 *Scheidt* 1931.

372 Die relative **Nasenbreite** ist die Nasenbreite (geradlinige Entfernung der beiden Alaria = weitest seitliche Ausladung der Flügel voneinander) in Prozent der Nasenhöhe(geradlinige Entfernung des Nasion vom Subnasale).[177] Bei Werten des Nasenindex von bis zu 69,9 spricht man von leptorrhin (schmalnasig), zwischen 70 und 84,9 von mesorrhin und ab Werten von 85 von chamaerrhin (breitnasig).

373 Die tatsächliche Messung von Nasendimensionen ist am nicht standardisierten Bild kaum möglich, sie lässt sich nur einschätzen. Beispiele einer breiten (chamaerrhinen, 1) und einer schmalen (leptorrhinen, 2) Nase bei in etwa gleicher Prominenz:[178]

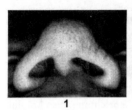 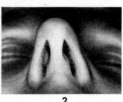

1 **2**

374 **Differenzierung.** Während bei der Nasenbreite und Nasenhöhe zahlreiche Untersuchungen Geschlechtsunterschiede im Sinne von im Durchschnitt kleineren Dimensionen bei Frauen belegen, und zwar sowohl absolut als auch relativ zur Körperhöhe,[179] besteht beim Nasenindex kein sicherer Geschlechtsunterschied.[180] Der Nasenindex nimmt im Mittel bis etwa zum 3. Lebensjahr rasch, in den folgenden Jahren nur noch wenig ab.[181] Im Erwachsenenalter erfolgt noch eine leichte Zunahme der absoluten Maße, bei der Nasenhöhe etwas mehr.

375 Geographisch ist die Ungleichverteilung des Nasenindex höchst eindrucksvoll. Das aber bezieht sich vor allem auf die Unterschiede zwischen Kontinenten. Innerhalb Europas aber gibt es auch noch Unterschiede: schmalere Nasen kommen im ganzen Mittelmeerraum bis in den Nahen Osten vor, allerdings immer wieder unterbrochen von lokal oder regional höheren Breiten, dann auch im Norden. Im mittleren Europa sind die Nasen von Zentralfrankreich bis nach Russland etwas breiter, mit zunehmender Tendenz nach Osten. Vorspringende Nasen gibt es häufiger im Nahen Osten. Bei Armeniern und Kaukasiern sind die Nasen oft eher dick und fleischig.[182] Im Gegensatz zu Nasenlänge und Prominenz unterscheiden sich die beiden Konstitutionstypen der ersten Variationsreihe leptomorph-pyknomorph in der Nasenbreite kaum voneinander.

---

177 *Knußmann* 1988.
178 *Ziegelmayer* 1969.
179 *Schultz* 1920.
180 *Martin* 1957.
181 *Abel* 1935; *Davenport* 1939.
182 Mitteilung A. *Vonderach*.

Die **Nasenprominenz** (Richtung ventral-dorsal) nach *Scheidt*:[183]

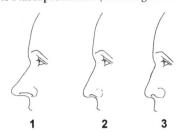

1   2   3

Die prozentualen Häufigkeiten für Männer/Frauen der damaligen deutschen Landbevölkerung: 1 = stark vorspringend 37,7/35,5, 2 = mäßig vorspringend 50,9/54,8, 3 = schwach vorspringend 11,4/9,7.

Differenzierung. Stärker als dies die obigen Zahlen nahelegen, ist die Nasenprominenz im männlichen Geschlecht größer. Nach der „Stupsnase" der Kleinkinder wird die Prominenz im Laufe der Reife des Menschen kontinuierlich und erheblich stärker. Im Erwachsenenalter sind dagegen eher nur Fluktuationen zu erwarten: die eingeschätzte Nasenprominenz wird im maturen Alter wegen stärkerer Weichteildicke der Wangen größer und im Alter wegen Abnahme der Gewebedicken wieder kleiner.

Im gesamten Mittelmeergebiet und besonders auf dem Balkan springen die Nasen stärker vor und sind auch insgesamt größer als im übrigen Europa.[184] Die Nase beim Leptomorphen ist prominenter als beim Pyknomorphen.

Die Form der **Nasenwurzel** ist bezüglich ihres knöchernen Unterbaus abhängig von der Gestalt und Winkelstellung der Nasalia und der Processus frontalis maxillae, ferner von der Länge des Nasenfortsatzes des Stirnbeins, der Ausbildung der Glabellarregion und schließlich der Breitenausdehnung und Dicke des Musculus procerus. Für die vergleichende Untersuchung der Nase auf Bildern zählt aber nur die Oberfläche mit der zusätzlichen Variabilität von Haut und Bindegewebe. Gerade letzteres hat oft einen großen Einfluss, so verfüllt sie teilweise eine sehr tief eingesattelte Nasenwurzel. Für die Beschreibung der Nasenwurzel bezieht man sich auf Glabellarregion und Nase, aber auch auf die Augen.

Die **Breite der Nasenwurzel** hat nach *Scheidt*[185] folgende prozentualen Häufigkeiten bei Männern/Frauen der damaligen deutschen Landbevölkerung: 1 = schmal 47,7/22,8, 2 = mittel 48,1/63,2, 3 = breit 4,2/14,0; illustrierende Bilder von *Hulanicka*: [186]

---

183 *Scheidt* 1931.
184 Mitteilung *A. Vonderach*.
185 *Scheidt* 1931, 32.
186 Illustrierende Bilder von *Hulanicka* 1973: 131, Merkmal 8):

3 § 5 Grundlagen, Merkmale, Häufigkeiten

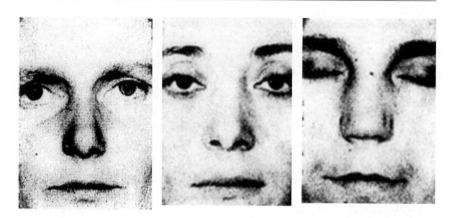

382 Prozentuale Anteile der unterschiedlichen Nasenwurzelbreiten bei Männern/Frauen aus dem Rhein-Main-Gebiet nach *Knußmann*:[187]

	Männer	Frauen
schmal	16 %	15 %
mittel	62 %	58 %
breit	23 %	27 %

383 Die **Einziehung der Nasenwurzel** nach *Scheidt*:[188]

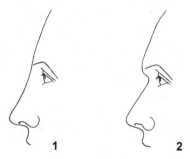

384 Die prozentualen Häufigkeiten für Männer/Frauen der damaligen deutschen Landbevölkerung: 1 = nicht eingezogen 22,1/37,0, 2 = eingezogen 14,4/5,2, (ohne Abb.): die mittlere Klasse mäßig eingezogene Nasenwurzel 63,5/57,8.

---

187 *Knußmann* 1961.
188 *Scheidt* 1931.

Hierzu Halbtonbilder von *Hulanicka*:[189] 385

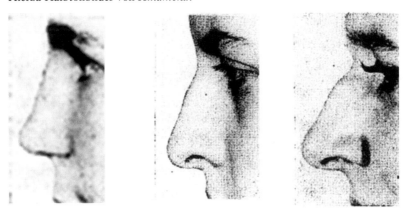

Mit der **Höhe der Nasenwurzel** ist die Ausdehnung der Einziehungskurve gemeint. 386
Eine Abbildung von *Scheidt*:[190]

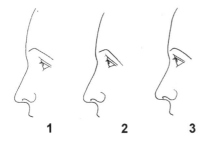

1 **2** **3**

Die prozentualen Häufigkeiten für Männer/Frauen der damaligen deutschen Landbe- 387
völkerung: 1 = hoch 26,1/22,8, 2 = mittel 42,8/47,3, 3 = niedrig 31,3/30,0.

Differenzierung. Geschlechtsunterschiede zeigen sich bereits dadurch, dass die Gla- 388
bellarregion beim weiblichen Geschlecht im Durchschnitt flacher ist als beim männlichen. Etwa vom 3. Lebensjahr an sind die absolute Breite und Höhe der Nasenwurzel beim männlichen Geschlecht im Mittel etwas größer als beim weiblichen.[191]

Deutlicher als in den absoluten Maßen zeigen sich Geschlechtsunterschiede in Ver- 389
hältniszahlen (Indices). Die relative Breite der Nasenwurzel ist nach *Keiter* beim weiblichen Geschlecht größer als beim männlichen.[192]

Altersunterschiede finden sich bei beiden Geschlechtern hinsichtlich der Nasenwur- 390
zelbreite, die im Kindesalter relativ größer ist als im Erwachsenenalter. Der Alterswandel der Nasenwurzelhöhe zeigt im Durchschnitt in beiden Geschlechtern insofern

---

189 *Hulanicka* 1973, 131, Merkmal 7.
190 *Scheidt* 1931.
191 *Davenport* 1939; *Wünsche* 1953
192 *Keiter* 1933.

einen ähnlichen Verlauf, als der steilste Anstieg in den ersten 2-3 Lebensjahren erfolgt, in den folgenden Jahren sich die Nasenspitzenhöhe nur wenig zu verändern scheint und in der Pubertät wieder einen stärkeren Wachstumsimpuls erhält, der jedoch sehr individuell, auch innerhalb der Familie sehr verschieden sein kann.

391 Eineiige Zwillinge sind in den Wachstumskurven der Nasenwurzelmaße konkordant.[193]

392 Geografisch gibt es wieder Gemeinsamkeiten zwischen Alpiniden und Osteuropiden bei der geringeren Reliefierung des Gesichts und damit einer weniger hervor gehobenen Nasenwurzel, den anderen Pol stellen Nord und Süd Europas ebenfalls gemeinsam.[194]

393 Bei der Konstitution ist eine ähnliche Differenzierung wie beim Geschlecht festzustellen: der Leptomorphe hat eine tiefere Nasenwurzel in einem ohnehin auch sonst stärker reliefierten Gesicht, der Pyknomorphe eine flachere, stärker in Weichteile eingebettet.

394 Mit der **Nasenrückenform** ist der Verlauf des Vorderrandes in der Seitenansicht gemeint. Dies Merkmal ist schon seit langem beachtet worden, auch wegen seiner starken geografischen Variabilität.

395 Hier seien die Stufen nach *von Eickstedt* zitiert,[195] die *Schwidetzky*[196] in Westfalen an Schulkindern untersucht hat:

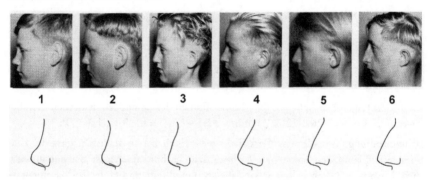

1 = stark konkav (5,5% von 16 543), 2 = schwach konkav (32,1%), 3 = gewellt (9,2%), 4 = gerade (49,3%), 5/6 = konvex (3,9%).

---

193 Davenport 1939
194 Mitteilung *A. Vonderach.*
195 *von Eickstedt* 1938, 1027.
196 *Schwidetzky* 1967.

Mehr einzelne Formen unterscheidet *Scheidt*:[197]

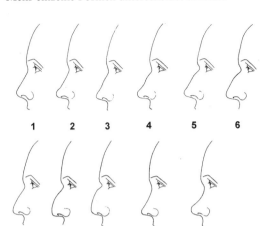

Die prozentualen Häufigkeiten für Männer/Frauen der damaligen deutschen Landbevölkerung: 1 = gerade 19,5/18,7, 2 = gerade mit rund aufgesetzter Spitze 6,7/13,7, 3 = schwach wellig 14,8/22,1, 4 = stark wellig 3,6/2,8, 5 = leicht winkelig konvex 9,9/7,9, 6 = stark winkelig konvex 3,9/1,9, 7 = schwach bogig konvex 25,2/16,2, 8 = stark bogig konvex 7,8/3,2, 9 = konvex mit abgewinkeltem Ansatz 2,6/0,4, 10 = schwach konkav (10,8/4,3), 11 = stark konkav (2,3/0,7).

Differenzierung. In den meisten Teilen Europas herrscht das gerade Nasenprofil vor, daher sind auch in den obigen Schemata diese und die Nachbarklassen am stärksten besetzt.

Nach Süden, insbesondere nach Südosten hin wird das Profil häufiger konvex (ausgebogen) und ist mit ca 10% häufiger als das gerade Profil, oft mit herabgesenkter Nasenspitze (Adlernase) kombiniert, eine Form, die die obigen mitteleuropäischen Klassifikatoren nicht vorgesehen haben.

Kleine, konkav aufgebogene Nasen, auch mit aufgerichteter Nasenspitze, sind im finnisch-slawischen Nordosten Europas häufiger.[198]

Die **Nasenrückenbreite** kann in den verschiedenen Abschnitten der Nase sehr unterschiedlich sein. Gleiches gilt für die Höhe des Nasenrückens. Beide Merkmale sind mitbestimmt durch Ausdehnung und Stellung der Frontalfortsätze des Oberkiefers, die gleichzeitig die Neigung der Nasenseitenwände bedingen, und stehen damit auch in Beziehung zur Ausdehnung der apertura piriformis und der Stellung der Cartilagines triangulares.

---

197 *Scheidt* 1931: 48.
198 Mitteilung *A Vonderach*.

402 Die **Breite im Knochenteil** nach *Scheidt*:[199]

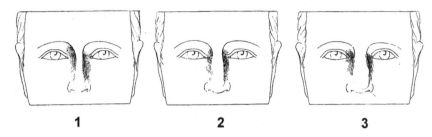

403 Die prozentualen Häufigkeiten für Männer/Frauen der damaligen deutschen Landbevölkerung: 1 = schmal 32,7/22,8, 2 = mittel 57,8/63,2, 3 = breit 9,4/14,0. Ähnliche Häufigkeiten gibt *Eppens*.[200]

404 Hier ein Beispiel für eine deutliche Auswölbung, deutlicher noch als die -Ausprägung 3, ein Fall aus dem Bereich der Skelettidentifikation:

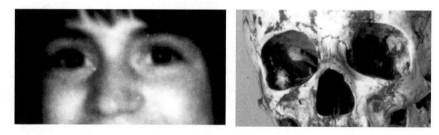

405 Die **Breite des Nasenrückens im Knorpelteil** nach *Scheidt*:[201]

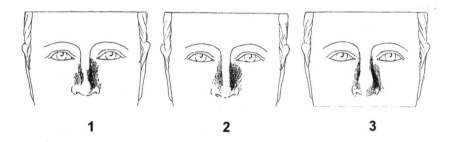

406 Die prozentualen Häufigkeiten für Männer/Frauen der damaligen deutschen Landbevölkerung: 1 = schmaler als Knochenrücken und Spitze 31,9/20,5, 2 = ebenso breit wie Knochenrücken und Spitze 47,7/56,0, 3 = zwischen Knochenrücken und Spitze ausladend 20,4/23,5.

---

199 *Scheidt* 1931.
200 *Eppens* 1994.
201 *Scheidt* 1931.

Den Breitenverlauf beider Komponenten des Nasenrückens klassifiziert ein Schema von *Zmugg* :[202]

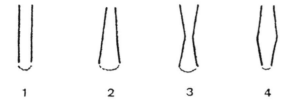

Die Häufigkeiten für Männer/Frauen in Kärnten: 1 gleichmäßig breit = 17,8/19,9, 2 breiter werdend = 62,0/62,6, 3 eingezogen = 4,5/16,0, 4 spindelförmig = 15,5/1,2.

Die **Nasenspitze** kann nach *Ziegelmayer* in den absoluten Maßen wie auch in der feineren Konfiguration und der Abgrenzung vom Nasenrücken sehr große individuelle Unterschiede aufweisen.[203]

Die Form der Nasenspitze ist im Wesentlichen bestimmt durch Größe und Stellung des vorderen Abschnitts der cartilago apicis nasi, ist aber auch mitbestimmt durch die mehr oder weniger starke Weichteilauflagerung, der eine besondere Bedeutung für den Formenwandel im höheren Alter zukommt. So kann die Nasenspitze schmal oder breit, hoch oder niedrig, stumpf oder spitz, kantig begrenzt oder kugelig sein, mit jeweils fließenden Übergängen.

Je nach Ansatz der Nasenspitzenknorpel kann Konkavität und Konvexität des Nasenrückens vorgetäuscht werden – das lässt sich aber bei ausreichender Erkennbarkeit der Region sehr wohl auseinanderhalten.

Die Nasenspitze kann auch mit einer Mittelrinne versehen sein (sulcus apicis nasi), wenn nämlich die Spitzenknorpel stärker auseinanderrücken:[204]

---

202 *Zmugg* 1989, 81.
203 *Ziegelmayer* 1969.
204 *Ziegelmayer* 1969.

413 Das **Profil der Nasenspitze** nach *Scheidt* 1931:[205]

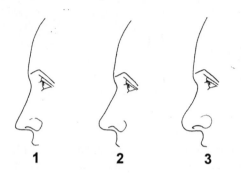

414 Die prozentualen Häufigkeiten für Männer/Frauen der damaligen deutschen Landbevölkerung: 1 = spitz 36,5/27,8, 2 = spitz-rund 52,8/58,1, 3 = rund 10,7/14,1. Ähnliche Häufigkeiten gibt *Eppens*.[206]

415 Prozentuale Anteile der unterschiedlichen Nasenspitzenprofile bei Männern und Frauen aus dem Rhein-Main-Gebiet nach *Knußmann*:[207]

	Männer	Frauen
spitz	25 %	33 %
mittel	59 %	52 %
stumpf	16 %	15 %

416 Die **Absetzung** der Nasenspitze kommt nach *Eppens* bei 386 Probanden zu 85 % vor, nicht abgesetzte Nasenspitzen zu 15 %.[208]

417 **Differenzierung.** Kleinkinder haben eine sogenannte „Spitzenkonvexität". Im Altersablauf nehmen Nasenspitzenhöhe und -breite (gemessen am Nasenboden) in beiden Geschlechtern bis zum Erwachsenenalter zu.

418 Im kindlichen Gesicht erscheint jedoch die Nasenspitze verhältnismäßig breit, die Altersentwicklung geht also im Durchschnitt in Richtung einer relativen Verschmälerung. Erwähnenswert ist auch, dass die kindliche Nasenspitze oft von vorne breit, im Profil aber spitz erscheint. Auch *Schwarzfischer* spricht von einer Veränderung der Nasenspitze in Richtung einer relativen Verschmälerung im Laufe des Lebens.[209]

419 Im Greisenalter kann eine Senkung der Nasenspitze eintreten. Altersveränderungen treten auch in der Form und im Verlauf des Nasenflügelunterrandes auf. Die waagrechte Lage nimmt zu, im höheren Alter aber die nach vorne abwärts zeigende Rich-

---

205 *Scheidt* 1931.
206 *Eppens* 1994.
207 *Knußmann* 1961.
208 *Eppens* 1994: 25.
209 *Schwarzfischer* 1992.

tung. Die hochgebogene Form des Nasenflügelunterrandes wandelt sich im höheren Lebensalter oft in eine winklige Form um.

Die **Nasenflügel** weisen einen ausgeprägten Formenreichtum auf. Sie können sich unterscheiden in der Nasenflügelhöhe und -dicke, unterem und hinterem Ansatz der Nasenflügel, Flügelfurche (Länge, Tiefe, Richtung), Verlauf des Flügelunterrandes und Wölbung der Nasenflügel in der anterior-posterioren und kranio-kaudalen Richtung. Auch auf den meist eher verschwommenen Überwachungsbildern des Straßenverkehrs lassen sich diese Merkmale meist gut erkennen.

Nasenflügelform nach *Scheidt*:[210]

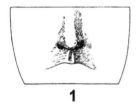

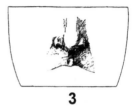

1   2   3

Die prozentualen Häufigkeiten für Männer/Frauen der damaligen deutschen Landbevölkerung: 1 = ungefähr in gleicher Fläche mit den Seitenwänden 36,5/24,4, 2 = leicht gebläht 48,8/58,3, 3 = stark gebläht 14,7/17,3.

Verschiedene **Nasenflügelansätze** nach *Ziegelmayer*:[211]

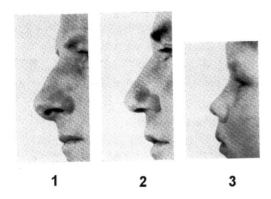

1   2   3

1 = *hoch*, 2 = *tief*, 3 = *kindlich tiefliegender Ansatz (bezogen auf den Unterrand des Septums, bzw des Subnasale). Die Häufigkeit bei 372 Erwachsenen nach Eppens: Ansatz tiefer als das Subnasale 7,7 %, gleich hoch 40,8%, höher 51,5 %.*[212]

---

210   *Scheidt* 1931.
211   *Ziegelmayer* 1969.
212   *Eppens* 1994: 38.

424 In den ersten 3-4 Lebensjahren liegt der Nasenflügelansatz tiefer als das Subnasale, rückt dann im Laufe des Wachstums der Nase relativ höher und bleibt nach Erlangung der Reife im Wesentlichen stabil. Dabei scheint schon vom 3. Lebensjahr an ein Geschlechtsunterschied zu bestehen mit Neigung zum tieferen Ansatz beim männlichen Geschlecht.[213]

425 Der Nasenflügelansatz an der Wangenhaut kann durch eine scharf gezeichnete Furche deutlich markiert sein, der Übergang in die Wangenhaut kann aber auch sehr flach gestaltet sein. Zwischen diesen Extremen kommen alle Übergänge vor.

426 Verschiedene Ausprägungen der **Nasenflügelhöhe** nach *Ziegelmayer*:[214]

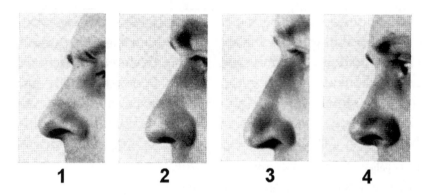

1 = *niedrig, bei schwach ausgeprägter Nasenflügelfurche, 2 = hoch, bei schwach ausgeprägter Nasenflügelfurche, 3 = niedrig, bei stark ausgeprägter Nasenflügelfurche, 4 = hoch, bei stark ausgeprägter Nasenflügelfurche.*

427 **Differenzierung.** Nach *Abel* sind Geschlechtsunterschiede gering und zeigen sich im Durchschnitt mit 1–1,5 mm größeren Werten beim männlichen Geschlecht etwa vom 13. Lebensjahr an.[215]

428 Geringe Nasenflügelhöhe kommt meistens bei spitzen Nasen vor, größere Nasenflügelhöhe findet sich öfter bei Nasen mit gröberen Nasenspitzen. Die Nasenflügelhöhe ist nach *Ehgartner* ein Merkmal, welches während des ganzen Lebens in seiner Charakteristik erhalten bleibt.[216] Dies gilt insbesondere für die geringere Nasenflügelhöhe.

---

213 *Ehgartner* 1952.
214 *Ziegelmayer* 1969.
215 *Abel* 1935.
216 *Ehgartner* 1952.

Verschiedene Formen des **Nasenflügelunterrand**es nach *Ziegelmayer*:[217]

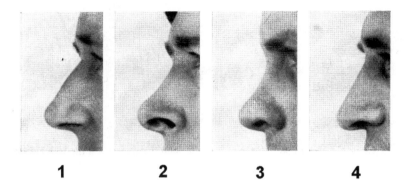

1 **2** **3** **4**

1 = gerade, 2 = stark gebogen, 3 = gewinkelt, 4 = geschweift.

Für eine etwas andere Einteilung hat *Eppens*[218] für 371 Probanden Häufigkeiten gegeben: gerade 6,2 %, leicht gewinkelt 15,4 %, stark gewinkelt 19,1 %, gebogen 45,5 %, geschweift 13,8 %. Weitere Häufigkeiten bei *Ehgartner*[219] und *Weidel*[220].

Differenzierung. Kleinkinder besitzen häufig die durchgebogene Form des Nasenflügelunterrandes, die in ihrer Häufigkeit in den ersten Lebensjahren rasch abnimmt. In der Pubertät dominiert die hochgebogene Form ebenso wie im Erwachsenenalter. Im höheren Lebensalter finden sich dagegen vorwiegend winklige Formen.

Der gerade und flachbogige Unterrand findet sich durchweg beim weiblichen Geschlecht häufiger als beim männlichen.[221]

Die Form und Stellung der **Nasenlöcher** ist vom Septum und von der Wölbung des Nasenflügels, und auch vom Breitenverhältnis des Nasenspitzenanteils zum Basalabschnitt des Nasenbodens abhängig.

Zur Medianlinie des Nasenbodens können die Achsen der Nasenlöcher steil oder schräg, in Extremformen fast senkrecht gestellt sein, die Breiten- und Längenmaße zeigen erhebliche individuelle Unterschiede.

Differenzierung. Die Altersentwicklung geht von relativ runden, schräggestellten Nasenlochformen im Kleinkindalter zu steilergestellten, längergestreckten Formen im Erwachsenenalter.[222]

Die Nasenlöcher sind im Süden Europas und im Nahen Osten größer als im Norden und Nordosten.

---

217 *Ziegelmayer* 1960.
218 *Eppens* 1994: 33.
219 *Ehgartner* 1951.
220 *Weidel* 1956.
221 *Ziegelmayer* 1969.
222 *Ziegelmayer* 1969

437 Die **Sichtbarkeit der Nasenlöcher von vorne** ist mit einem Schema nach *Scheidt* klassifizierbar:[223]

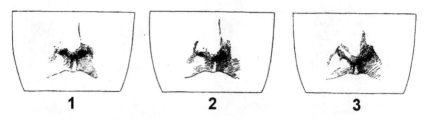

438 Die prozentualen Häufigkeiten für Männer/Frauen der damaligen deutschen Landbevölkerung: 1 = von vorne zum größten Teil sichtbar (23,5/20,8), 2 = von vorn zum Teil sichtbar (65,1/65,0), 3 = von vorn nicht sichtbar (12,4/14,2).

439 Ein feineres Schema desselben Merkmals stammt von *Zmugg*:[224]

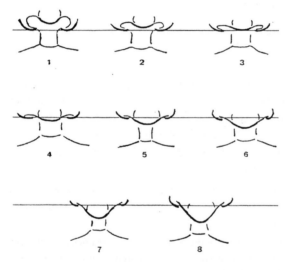

440 Die Häufigkeiten bei Männern/Frauen in Kärnten: 1 = 1,9/5,5, 2 = 8,6/6,6, 3 = 4,7/2,7, 4 = 20,8/14,9, 5 =15,2/14,5, 6 = 18,4/32,2, 7 = 15,2/14,9, 8 = 14,9/8,2.

441 Die **Nasenscheidewand** (Mittelsteg, Septum) wird in ihrer Länge durch den Septumknorpel, in ihrer Breite im vorderen Abschnitt durch die medialen Schenkel der Spitzenknorpel und im hinteren Abschnitt von der Spina nasalis anterior, bis zu einem gewissen Grad auch von den Basalknorpeln beeinflusst.

442 Liegen die medialen Schenkel der Knorpel dicht beieinander, ist das Profil der Scheidewand im Querschnitt konvex gebogen, liegen sie weiter voneinander entfernt, ist es

---

[223] *Scheidt* 1931.
[224] *Zmugg* 1989.

flacher und kann, bei relativ geringer Weichteilauflagerung, eine Rinne aufweisen, die sich nach vorne bis zur Nasenspitze und in extremen Fällen bis auf die Oberfläche der Nasenkuppe fortsetzen kann. Es ergeben sich so im Bereich der normalen Variabilität Merkmalsausprägungen, die im Erscheinungsbild fließende Übergänge zu den pathologischen Formen der sogenannten Nasenspalte zeigen. Die seitlichen Begrenzungen der Mittelrinne der Scheidewand können nun fast parallel zueinander liegen oder in mehr oder weniger stärkerem Grad nach vorne hin divergieren.

Differenzierung. Bei Südeuropäern und Orientalen ist die Nasenscheidewand häufiger von der Seite zu sehen als bei Nordeuropäern.

An der Basis kann die Scheidewand im Übergang zur Hautoberlippe einen sogenannten Sockel aufweisen, der schmal oder breit, niedrig oder hoch, asymmetrisch und stark oder weniger stark von dem schmalen Teil der Scheidewand abgegrenzt sein kann. Dieses Sockels. Eine asymmetrische Abweichung der Scheidewand kommt nach *Eppens* zu 31,1 % vor. Im Profil kann nur die Wölbung des Septums nach kaudal beurteilt werden, falls die Nasenscheidewand im Profil sichtbar ist. Dies hängt in hohem Maße vom Nasenflügelansatz ab.[225]

Die meisten dieser Merkmale sind auf dem meisten Kontrollbildern nicht erkennbar, sie seien daher hier nicht mit Abbildungen illustriert. Doch erkennbar ist dagegen oft die **Sichtbarkeit der Nasenscheidewand** im Profil, die eng korreliert ist mit der Biegung des Nasenflügelunterrandes. Hier ein Schema nach *Scheidt:*[226]

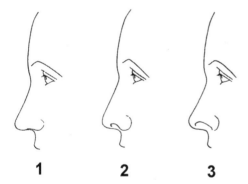

1   2   3

Die prozentualen Häufigkeiten für Männer/Frauen der damaligen deutschen Landbevölkerung: 1 = nicht sichtbar, „ebener" Nasenboden 13,3/16,2, 2 = schwach sichtbar 60,1/60,8, 3 = stark sichtbar 26,6/23,0.

Die Form des Nasenbodens ist ebenfalls vielfältig differenzierbar – und ebenfalls kaum auf Kontrollbildern erkennbar. Für die Vaterschaftsbegutachtung stellt die Aufnahme des Nasenbodens einen normalen integrierten Bestandteil dar, dabei sind dann solche Differenzierungen zu verfolgen.

---

225 *Eppens* 1994: 40.
226 *Scheidt* 1931.

448 Die **Nasenbodenrichtung** nach *Scheidt*:[227]

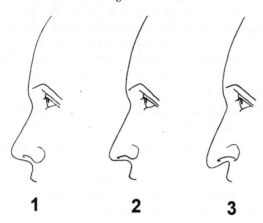

449 Die prozentualen Häufigkeiten für Männer/Frauen der damaligen deutschen Landbevölkerung: 1 = nach vorn oben gerichtet 48,3/55,6, 2 = horizontal 38,6/37,1, 3 = nach vorn-abwärts gerichtet 13,0/7,7.

450 Praktisch das gleiche Schema wird von *Zmugg* verwendet.[228] Seine Häufigkeiten für Kärnten: 1 = 11,2/17,0, 2 = 53,1/55,4, 3 = 12,2/0.

451 Die Richtung des Nasenbodens hat einen deutlichen Geschlechterunterschied: die Richtung nach oben kommt häufiger bei Frauen, nach unten bei Männern vor.

452 Die Altersentwicklung geht in europäischen Bevölkerungen von dem im Kindesalter nach vorne aufwärts gerichteten („Himmelfahrtsnase") und meist ebenen Nasenboden (das Septum steht nicht vor) zu den waagrecht liegenden oder, insbesondere in höherem Alter, abwärts zeigenden Formen (hängender Nasenboden).

9. Mundregion

453 Ähnlich wie beim Auge sind viele der Merkmale der Mundregion kleinräumig und damit auf üblichen Überwachungsbildern schlecht erkennbar.

---

227 *Scheidt* 1931.
228 *Zmugg* 1989.

Die wichtigsten Strukturen hat *Martin* gezeichnet:[229] 454

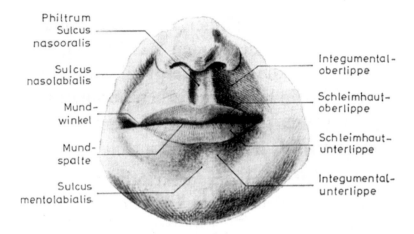

Alternative deutsche Bezeichnungen: Sulcus nasolabialis – Nasen-Mund-Furche, Sulcus mentolabialis – Mund-Kinn-Furche. 455

Manche der schematischen Zeichnungen der Literatur betreffen Merkmale, die man eigentlich auch metrisch fassen könnte (zB Höhe oder Breite der Schleimhautlippen[230] oder Lippenhöhen[231]). Die Sichteinschätzung ist aber das übliche und bessere Vorgehen, daher werden hier diese Schemata auch zitiert. 456

Die physiognomischen Weichteilmerkmale der Mund-Kinn-Region sind durch die Ausdehnung der Oberflächenkonfiguration und die Stellung der Kiefer zueinander und auch durch die Stellung der Zähne beeinflusst. 457

Selbst ein Merkmal wie die Form der Schleimhautlippen, deren Ausbildung weitgehend unabhängig von der knöchernen Unterlage ist, kann durch den Verlust der Frontzähne und die folgende Resorption des Alveolarfortsatzes so weit in Mitleidenschaft gezogen werden, dass ursprünglich markante Einzelmerkmale sich nicht mehr nachweisen lassen. 458

Aber auch der Einfluss einer Schädigung der mimischen Muskulatur auf die Weichteilmerkmale ist nicht zu vernachlässigen. Das knöcherne Gerüst beeinflusst zunächst durch die Dimensionen der Maxilla und der Mandibula und die Stellung der Kiefer zueinander die Merkmale der äußeren Mund-Kinn-Region. 459

---

229 *Martin* 1962.
230 *Martin* 1957.
231 *Scheidt* 1931.

460 Entscheidende Bedeutung für die Profilierung kommt am Ober- und Unterkiefer der Richtung des Processus alveolaris und dem Verhältnis des Alveolarabschnitts zum Basalteil des Kiefers zu.[232]

461 Das veränderte Aussehen bei Zahnlosigkeit, links ohne, rechts mit Prothese:[233]

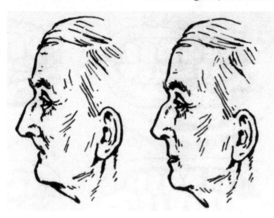

462 Als **Hautoberlippenprofil** sei hier die Neigung nach vorn oder hinten verstanden. Das Schema von *Scheidt*:[234]

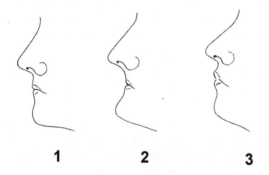

463 Die prozentualen Häufigkeiten für Männer/Frauen der damaligen deutschen Landbevölkerung: 1 = ungefähr in der Nasenwinkel-Kinn-Linie (55,7/60,2), 2 = hinter die Nasenwinkel-Kinn-Linie zurücktretend (10,2/10,9), 3 = vor die Nasenwinkel-Kinn-Linie vorspringend (34,1/28,9).

---

232 Ziegelmayer 1969.
233 Prietz/Baranowski 1970, 85.
234 Scheidt 1931.

Die **Wölbung der Hautoberlippe** im Profil nach *Scheidt*:[235]

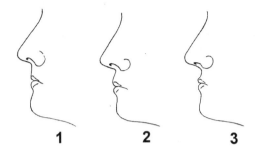

Häufigkeiten für Männer/Frauen: 1 = gerade (35,6/31,6), 2 = konvex (13,0/10,7), 3 = konkav (51,4/57,8). Häufigkeiten für Südosteuropa für Männer/Frauen (Schmidt 1970): 1 = gerade (53/50), 2 = konvex (9/8), 3 = konkav (38/42).

Dieselbe Wölbung in Bildern von *Ziegelmayer*, 1 = konvex, 2 = gewellt, 3 = gerade, 4 = konkav:[236]

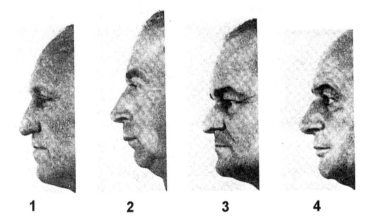

Prozentuale Anteile der unterschiedlichen Hautoberlippenprofile bei Männern/Frauen aus dem Rhein-Main-Gebiet nach *Knußmann*: konvex 9/3 %, gerade 39/26 %, konkav 51/72 %.[237]

---

235 *Scheidt* 1931.
236 *Ziegelmayer* 1969, 97.
237 *Knußmann* 1961.

468 Die unterschiedlichen Höhen („Längen") der **Hautoberlippe** nach *Scheidt*:[238]

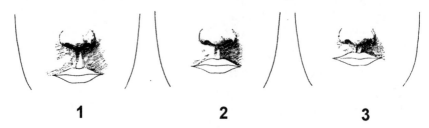

469 Die prozentualen Häufigkeiten für Männer/Frauen der damaligen deutschen Landbevölkerung: 1 = lang (35,2/27,2), 2 = mittel (51,2/45,4), 3 = kurz (13,7/27,3).

470 Ein Geschlechtsunterschied in der Höhe der Hautoberlippe macht sich meist erst in der Pubertät bemerkbar und steigt dann bis zum Erwachsenenalter auf etwa 2,5 mm an (mit höheren Werten bei den Männern). Nach dem 50. Lebensjahr scheint die Hautoberlippe bedingt durch Nachlassen des Hautturgors nochmals an Höhe zuzunehmen.[239]

471 Die Höhe der **Schleimhautoberlippe** nach *Scheidt*:[240]

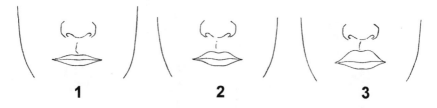

472 Die Häufigkeiten für Männer/Frauen: 1 = dünn (69,8/79,1), 2 = mittel (25,3/18,3), 3 = dick (4,9/2,6).

473 Die Höhe (Dicke) der **Schleimhautunterlippe** nach *Scheidt*:[241]

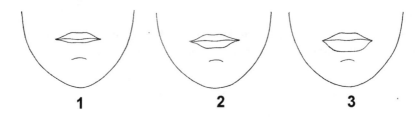

---

238 *Scheidt* 1931.
239 *Abel* 1935.
240 *Scheidt* 1931.
241 *Scheidt* 1931.

Die prozentualen Häufigkeiten für Männer/Frauen: 1 = dünn (49,4/58,0), 2 = mittel (39,4/33,6), 3 = dick (11,2/8,4).

Prozentuale Anteile unterschiedlicher Lippendicken bei Männern/Frauen aus dem Rhein-Main-Gebiet nach *Knußmann*: sehr dünn und dünn 53/39%, mäßig dünn 39/48%, mäßig dick und dick 8/12%.[242]

Differenzierung. Die Lippen der Frauen sind im Durchschnitt weniger gewulstet als bei Männern; jedoch macht sich während der Pubertätsjahre eine vorübergehende stärkere Ausprägung der Lippenwölbung bemerkbar.[243]

In höherem Alter nimmt die Wölbung der Schleimhautlippen bei beiden Geschlechtern ab.[244]

Niedrige (1) und hohe (2) **Schleimhautlippenhöhe** insgesamt nach *Ziegelmayer*:[245]

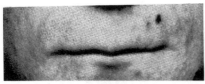 

1   **2**

Differenzierung. Die Höhe der Schleimhautlippen nimmt bis etwa zum 20. Lebensjahr zu, ab dem 35. Lebensjahr wird die Höhe dann fortschreitend geringer, wofür der im Alter abnehmende Turgor der Haut und Abbauvorgänge am Alveolarfortsatz des Kiefer ursächlich in Betracht kommen.[246]

Als Geschlechsunterschied in der Schleimhautlippenhöhe gibt *Martin* aus Untersuchungen an Männern Mittelwerte an, die 1-2 mm über denen für Frauen liegen.[247] *Pfannenstiel*[248] fand bei erwachsenen Personen von Vergleichsgruppen aus der Schweiz die größeren Schleimhautlippenhöhen bei der Landbevölkerung im männlichen Geschlecht, bei der Stadtbevölkerung jedoch im weiblichen Geschlecht und bringt dies mit der unterschiedlichen beruflichen Belastung der Frau in Zusammenhang.

Beim Vergleich der Schleimhautoberlippenhöhe mit der Schleimhautunterlippenhöhe beim selben Individuum ergibt sich meist für die Oberlippe eine etwas geringere Höhe.[249]

In Europa ist diesbezüglich auch ein geographischer Gradient erkennbar. Die Häufigkeit von höheren Schleimhautlippen nimmt in Südeuropa etwas zu.

---

242 *Knußmann* 1961.
243 *Martin* 1962.
244 *Ziegelmayer* 1969.
245 *Ziegelmayer* 1969, 87.
246 *Schwarzfischer* 1992.
247 *Martin* 1962.
248 *Pfannenstiel* 1952.
249 *Schebesta* 1938, *Pfannenstiel* 1952.

483 Hier als Beispiel die Verteilung im Rahmen der rumänischen Bevölkerung für Frauen und Männern nach *Schmidt*:[250] 1 – dünn (19/31), mittel (68/54), dick (13/15).

484 Mithilfe des **Lippenindex** wird das Verhältnis von Schleimhautlippenhöhe zu -breite (Mundspaltenbreite) wiedergegeben. Er zeigt keinen wesentlichen Geschlechtsunterschied, da den etwas höheren männlichen Lippen auch die größere Mundspaltenbreite entspricht.

485 Vom Schulkindalter bis zum Erwachsenenalter können auch keine eindeutigen Altersveränderungen in den Proportionen der Lippen nachgewiesen werden.[251] Im höheren Alter verringert sich der Lippenindex durch die Abnahme der Lippenhöhe deutlich. Die Messung des Lippenindex nach *Schwidetzky*:[252]

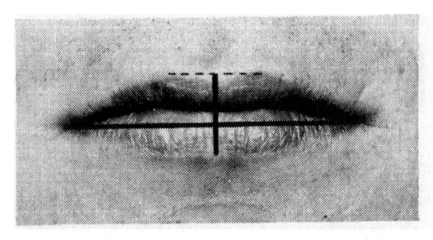

486 Fünf Beispiele für die Ausprägung des Lippenindex nach *Schwidetzky*, von links nach rechts: 15-20-28-36-40:[253]

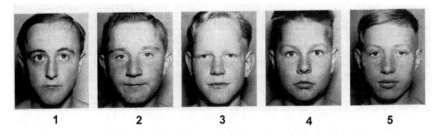

487 Das **Philtrum** erstreckt sich als mehr oder weniger deutlich ausgeprägte, flache Furche vom Nasenseptum zur Schleimhautoberlippe und gibt der Hautoberlippe ihr charakteristisches Relief. Die Form des Philtrums wird bestimmt durch seine seitliche Be-

---

250 *Schmidt* 1970.
251 *Pfannenstiel* 1952.
252 *Schwidetzky* 1967.
253 *Schwidetzky* 1967.

grenzung, die Philtrumleisten und durch die untere Begrenzung, den Philtrumeinschnitt an der Schleimhautoberlippe.

Altersveränderungen am Philtrum ergeben sich insofern, als die absoluten Maße im Wachstum mit der Hautoberlippe größer werden. Daneben findet man bei älteren Personen mit der Abnahme des Hautturgors schwächer ausgeprägte Philtrumleisten und damit flacher wirkende Nasenlippenrinnen.[254]

488

Wenn die Zähne im Frontbereich ausfallen und sich der Alveolarfortsatz abbaut, kann der Verlauf der Philtrumleisten, der im jugendlichen Alter divergierend war, beim selben Individuum parallel oder konvex sein.

489

Eindeutige Geschlechtsunterschiede sind in der feineren Konfiguration des Philtrums nicht nachzuweisen.[255]

490

Die Ausprägung des **Philtrums** nach *Scheidt*:[256]

491

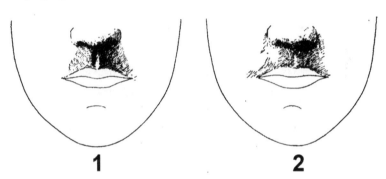

Die prozentualen Häufigkeiten für Männer/Frauen der damaligen Landbevölkerung: 1 = stark modelliert (34,6/40,9), 2 = schwach modelliert (65,4/59,1).

492

---

254 Ziegelmayer 1969.
255 Scheidt 1931.
256 Scheidt 1931.

493 Die **Form der Philtrumsleisten** zueinander klassifiziert *Zmugg* in vier Ausprägungen:[257]

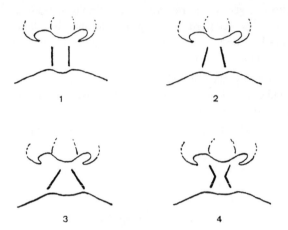

494 Die Häufigkeiten bei Männern/Frauen in Kärnten: 1 = 44,0/37,9, 2 = 23,0/45,7, 3 = 5,1/12,3, 5 = 4,7/4,). Andere Ziffern bei *Eppens*: parallel 21,1%, divergierend 78,9%.[258]

495 Der **Philtrumseinschnitt** in die Schleimhautoberlippe nach *Knußmann*:[259]

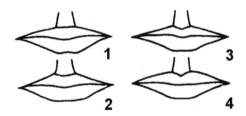

496 Die prozentualen Häufigkeiten für Männer/Frauen aus dem Rhein-Main-Gebiet: 1 = fehlend 25/30, 2 = bogig 29/22, 3 = dreieckig 23/18, 4 = spitz 23/30.

---

257 *Zmugg* 1989.
258 *Eppens* 1994, 71.
259 *Knußmann* 1961.

Die Stärke der **Philtrumsleisten** stellt *Ziegelmayer* gleichzeitig mit der Form der Leisten zueinander dar:[260]

497

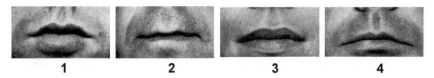

1 = breit, im oberen Abschnitt sehr stark erhaben, 2 = Leisten fast fehlend, 3 = nach unten stark divergierend, 4 = leicht konvex gebogen. Diese Ausprägung nimmt mit der **Alterung** *ab.*[261]

Das Oberlippenzäpfchen (**Tuberculum labii superioris**) ist eine nach unten reichende Verdickung der Oberlippe, interpretiert als Rest des kleinkindlichen Saugpolsters, mit den Formen 1 = schmal bei einem Kind im 3. Lebensjahr, 2 = breit bei einem Kind im 3. Lebensjahr, 3 = bei einem erwachsenem Mann:

498

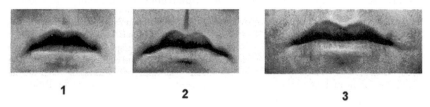

Mittenbetonung. Die Mediansagittalebene an der Schleimhautoberlippe kann durch einerseits durch eine Mittelrinne (1), andererseits durch eine Leiste betont sein, die sich vom oberen Rand der Schleimhautoberlippe aus meist nur wenig nach abwärts zieht (2).[262] Die Beispiele, beides Frauen von etwa 20 Jahren:

599

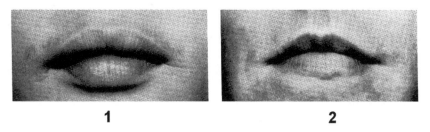

Lippenränder. In ihrer Begrenzung weisen die Schleimhautlippen eine starke Variabilität auf. Der Verlauf des Schleimhautoberlippenrandes kann im seitlichen Abschnitt gerade oder geschweift, vorwiegend konvex oder konkav gebogen sein, in Relation

500

---

260 Ziegelmayer 1969.
261 Zacher 2001, 27.
262 Ziegelmayer 1969, 95.

zur Höhe und Breite der Lippen kann er zu den Mundwinkeln hin steil oder flacher abfallen.

501 Im mittleren Bereich kann der Schleimhautoberlippenrand, als untere Begrenzung des Philtrums, mehr oder weniger stark gewinkelt oder bogenförmig verlaufen.

502 Der Übergang vom mittleren Abschnitt zum seitlichen Abschnitt kann ebenfalls gerundet oder mehr bogenförmig sein, und so entsteht eine M-Form oder die Amorbogenform.

503 Der Schleimhautunterlippenrand ist meist gleichmäßig, mehr oder weniger stark bogenförmig, er kann aber auch im mittleren Abschnitt fast gerade verlaufen, eine leichte konkave Einziehung haben und zur Seite hin mehr oder weniger stark ausladen.

504 Alle diese Varianten sind einem **Alterswandel** unterworfen. Im Kindesalter ist der mittlere Abschnitt der Lippen, gefördert durch die Saug- und Lutschtätigkeit, im Verhältnis zu den seitlichen Abschnitten relativ dicker als beim Erwachsenen. Die Schweifung des Schleimhautlippenrandes ist dadurch beim Kleinkind relativ stärker, und insbesondere die Konkavbiegung zu den Mundwinkeln wird damit mehr betont.

505 Durch die Verbreiterung der Mundspalte und Abnahme der Schleimhautlippenhöhe im Altersablauf fällt der Schleimhautlippenrand im Erwachsenenalter zu den Mundwinkeln hin flacher ab als im jugendlichen Alter, die Schweifung des Lippenrandes wird schwächer oder ist im höheren Alter unter Umständen bei geschlossenem Mund überhaupt nicht mehr zu erkennen, insbesondere dann, wenn am Kiefer die Resorption des Alveolarfortsatzes begonnen hat.

506 Verschiedene Formen beim **Rand der Oberlippe** nach *Ziegelmayer*:[263]

1 = *gerade*, 2 = *konkav*, 3 = *konvex*, 4 = *geschweift*.

---

263 Ziegelmayer 1969: 93.

Das Schema von *Zmugg*:²⁶⁴

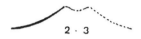

Häufigkeiten bei Männern/Frauen in Kärnten: 1 = 25,4/29,0, 2-3 = 23,5/25,7, 4-5 = 13,7/9,7.

Rand der Unterlippe nach *Scheidt*:²⁶⁵

Die Häufigkeiten für Männer/Frauen der damaligen Landbevölkerung: 1 = flach geschweift (65,3/71,1), 2 = stärker geschweift (34,7/28,9).

Lippensaum. Der Übergang der Schleimhautlippen zu den Hautlippen kann verwaschen oder scharf begrenzt sein.

Die Schleimhautlippen können gleichmäßig flachbogig in die Hautlippen übergehen, der Rand der Schleimhautunterlippe kann aber auch mehr oder weniger stark und mit geringerer oder größerer Breitenausdehnung über die Hautunterlippe überstehen.

Als Übergangszone im anatomisch-histologischen Sinn kann der sogenannte Lippensaum betrachtet werden, der als meist etwas hellerer Rand die Begrenzung der Lippen deutlich markiert oder auch erhaben sein kann und dann Lippenleiste genannt wird. Die anatomische Grundlage bildet die bindegewebige Ansatzstelle des M. rectus.²⁶⁶

---

264 *Zmugg* 1989.
265 *Scheidt* 1931.
266 *Neustätter* 1896.

514 Meist kommt – wie in folgender Abbildung dargestellt – zusammen mit hohen wulstigen Lippen auch eine Lippenleiste vor.²⁶⁷ Ein Beispiel einer ausgeprägten Lippenleiste bei einem Südafrikaner:²⁶⁸

515 Die Schleimhautlippenoberfläche weist in ihrem ausgestülpten Anteil eine **Reliefierung** auf durch feine oder stärker ausgeprägte vertikale Furchen, die sich zum Teil x-förmig überkreuzen und so eine Felderung bedingen können.²⁶⁹ Sie sind bei jugendlichen Individuen feiner und in ihrer Richtung regelmäßiger ausgebildet als bei Erwachsenen.²⁷⁰

516 Größer aber als die Altersvariabilität ist die interindividuelle, und innerhalb des Erwachsenenalters sind die Lippenfurchen recht zeitstabil. Wenn direkte Lippenspuren vorhanden sind, können die Furchenmuster zur Identifikation beitragen.²⁷¹

---

267 *Ziegelmayer* 1969.
268 *Martin* 1962.
269 *Rackowitz* 1968.
270 *Ziegelmayer* 1969.
271 *Stargardt/Strobel* 1977, *Endris/Pötsch-Schneider* 1984.

Die **Form der Mundspalte** nach *Zmugg*:[272]

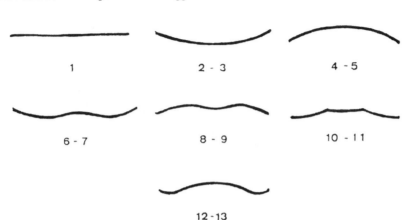

Die Häufigkeiten bei Männern/Frauen in Kärnten: 1 gerade = 31,1/26,7, 2-3 bogig nach unten = 6,1/8,8, 4-5 bogig nach oben = 6,3/7,8, 6-7 gewellt nach unten = 0/2,5, 8-9 gewellt nach oben = 14,9/8,2, 10-11 zweispitzig nach oben = 5,2/5,1, 12-13 bogig nach oben mit Mundwinkeln nach oben = 8,4/6,7.

Die **Schweifung der Mundspalte** nach *Schwidetzky* von 1 = gerade bis 5 = stark geschweift:[273]

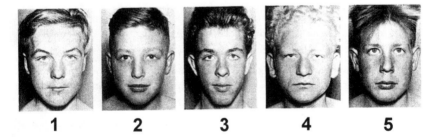

Die Häufigkeiten nach *Eppens*: 1 26,4%, 2 14,5%, 3 8,6%, 4 11,9%, 5 38,6%.[274]

Der Verlauf der Mundspalte wird durch die Wölbung der Schleimhautlippen mitbestimmt. Er erscheint je nach dem Ausprägungsgrad des mittleren Bereichs der Schleimhautoberlippe mehr oder weniger geschweift.

---

272 *Zmugg* 1989.
273 *Schwidetzky* 1967, 69.
274 *Eppens* 1994.

3 § 5 Grundlagen, Merkmale, Häufigkeiten

523 Ein besonders charakteristisches Gepräge erhält der Verlauf der Mundspalte oft durch die **Mundwinkelrichtung**,[275] dabei ist 1 = abwärts, 2= waagrecht, 3 = aufwärts:

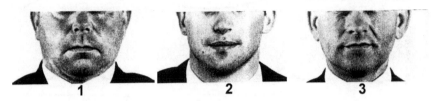

524 Die waagrechte Form kommt am häufigsten vor.[276]

525 Die **Breite der Mundspalte** variiert sowohl absolut als auch relativ. Es sind meist nur letztere Unterschiede, die beim fehlenden Größenmaßstab auf Überwachungsbildern beurteilbar sind.

526 Das Schema nach *Scheidt*:[277]

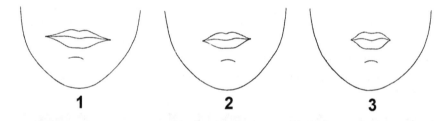

527 Die prozentualen Häufigkeiten für Frauen/Männer der damaligen Landbevölkerung: 1 = groß (7,4/7,5) 2 = mittel (62,4/62,7) 3 = klein (30,2/29,9)

528 Prozentuale Anteile unterschiedlicher Breiten der Mundspalte bei Männern/Frauen aus dem Rhein-Main-Gebiet nach *Knußmann*: schmal 21/28 %, mittel 56/57 %, breit 23/15 %.[278]

529 **Differenzierung.** Auch *von Eickstedt* spricht von einer im Mittel beim männlichen Geschlecht etwas größeren Mundspalte.[279] Dieser Geschlechtsunterschied bestünde bereits im Kindesalter und präge sich bis zum Erwachsenenalter stärker aus.[280]

530 Im höheren Alter erfährt die Mundspalte, wohl im Zusammenhang mit der Erschlaffung des Gewebes und der Atrophie der Muskulatur in beiden Geschlechtern nochmals eine deutliche Verbreiterung, wobei allerdings durch die stärkere Ausprägung

---

275 *Ziegelmayer* 1969.
276 *Schmidt* 1970.
277 *Scheidt* 1931.
278 *Knußmann* 1961.
279 *von Eickstedt* 1940.
280 *Ziegelmayer* 1969.

der Mundwinkelfurche eine größere Mundspaltenbreite vorgetäuscht werden kann.²⁸¹

Unterschiedliche Höhen („Längen") der **Hautunterlippe** nach *Scheidt*:²⁸²   531

Die prozentualen Häufigkeiten für Männer/Frauen der damaligen Landbevölkerung: 532
1 = lang (9,1/5,8), 2 = mittel (57,3/54,8), 3 = kurz (33,6/39,4).

In der Sicht von der Seite und als richtige Fotos:²⁸³   533

Für die Höhe der Hautunterlippe ergeben sich ähnliche Geschlechtsunterschiede wie 534
bei der Hautoberlippe. Befunde über Altersveränderungen haben zu wenig einheitlichen Ergebnissen geführt.

Die Höhe der Unterlippe unterliegt einer stärkeren Beeinflussung der Okklusion im 535
Vergleich zur Oberlippe.

Wie groß die individuelle Variabilität bei der Höhe der Hautlippen sein kann zeigt 536
folgende Abbildung nach *Ziegelmayer* von zwei Männern im Alter von etwa 30 Jahren aus dem Einzugsgebiet der anthropologischen Vaterschaftspraxis in München.²⁸⁴

---

281 *Ziegelmayer* 1969.
282 *Scheidt* 1931.
283 *Hulanicka* 1973: 141, Merkmal 32.
284 *Ziegelmayer* 1969: 87.

1 **2**

537 Direkt unter der Unterlippe findet sich oft eine quer verlaufende **Unterlippenfurche** (Sulcus sublabialis). *Ziegler* fand sie bei 73 % seiner 423 Probanden; zwei Beispiele:[285]

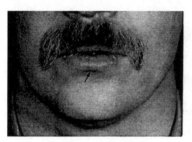 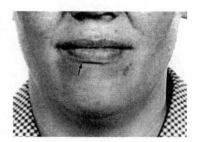

---

285 *Ziegler* 1993: 29.

Ziegelmayer hat einige Sonderformungen dieser Region als **Unterlippengrübchen** bezeichnet, wobei seine Klassifikation offenbar auch das eigene Merkmal Unterlippenfurche einschießt. Seine Beispiele:[286]

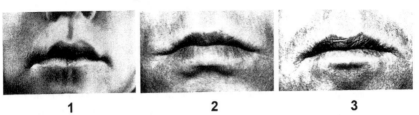

1 = geteiltes Grübchen bei einem 3jährigen Kind, 2 = Unterlippengrübchen bei einem erwachsenem Mann, 3 = schmale, horizontale Vertiefung unter dem Schleimhautunterlippenrand bei einem erwachsenem Mann.

Die Häufigkeit eines ausgeprägten Grübchens in dieser Gesichtsregion ist gering. Sie liegt nach Untersuchungen von *Schmidt* in praktisch allen Gruppen deutlich unter 10 %.

Die Grenze zwischen Hautunterlippe und Kinn bildet die **Mund-Kinn-Furche** (Sulcus mentolabialis), deren Ausprägungsgrad und Lage sehr unterschiedlich sein kann. Liegt die Kinn-Lippen-Furche hoch, dann ist die Hautunterlippe relativ niedrig und das Kinn hoch, liegt sie tief, dann erscheint das Kinn niedrig und die Hautunterlippe hoch.

Der Sulcus kann flach oder am Grunde spitz, kurz oder lang, dabei gerade verlaufend oder nach oben konvex gebogen sein.

In seltenen Fällen ist die Kinn-Lippen-Furche seitlich leicht konkav nach oben gebogen.

Im mittleren Bereich ist die Kinn-Lippen-Furche immer am deutlichsten ausgebildet, zur Seite hin läuft sie flach aus. Die individuelle Variabilität ist groß; es gibt sehr tief eingezogene und flache, kaum sichtbare Furchen.Gebissanomalien können einen erheblichen Einfluss auf den Ausprägungsgrad der Mund-Kinn-Furche haben.

Das Schema nach *Scheidt*:[287]

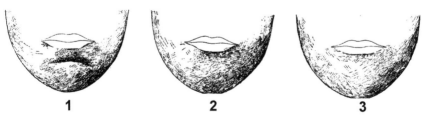

---

286 *Ziegelmayer* 1969: 101.
287 *Scheidt* 1931.

545 Die prozentualen Häufigkeiten für Männer/Frauen: 1 = scharf (25,5/20,3), 2 = weich (69,4/74,7), 3 = fehlend (5,1/5,0). *Pfannenstiel* stellte an einer Stichprobe von 63 Männern und 60 Frauen bei einem Drittel der Männer und bei der Hälfte der Frauen ein Überwiegen der schwächeren Ausprägungsgrade.[288]

546 Für die Mund-Kinn-Furche gibt *Stein* weitere Häufigkeiten:[289] sie kommt bei 27 % ihrer 994 Probanden vor, die zum größten Teil zwischen 1951 und 1977 fotografiert worden waren. Bei 0,9 der Probanden ist sie doppelt, bei 5,5 % gerade und bei 21 % geschwungen. Bei 3,8 % ist sie bezüglich der Länge asymmetrisch, bei 4,3 % bezüglich der Form. Bei den 731 Probanden mit beobachtbarer Mund-Kinn-Furche ist sie in 42 % gerade, 54% gerundet und 5 % s-förmig. Bei den Probanden mit beobachtbaren Glabellafurchen trat sie bei 29 % einfach auf, bei 56 % doppelt, bei 12 % dreifach und bei 3 % vierfach; ein vertikaler und ein schräger Verlauf tritt in etwa gleich häufig auf, ebenso wie ein gerader und ein geschwungener Verlauf.

547 Auch die **Form der Mund-Kinn-Furche** ist variabel, und sie wurde von *Ziegler* klassifiziert in gerade (30 %), konvex (30 %) und fehlend (40 %).[290] Seine Beispiele für die beiden ersten Ausprägungen:

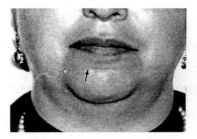 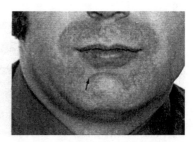

548 Die beiden Bilder zeigen außerdem einen Unterschied, der bisher wohl noch nicht in der Literatur beschrieben wurde: eine gleichmäßige, flache Vorderfläche und ein mittlerer Hügel (beides kann allerdings auch deutlicher ausgeprägt sein). Selbst auf undeutlichen Kontrollbildern ist das oft gut erkennbar.

---

288 *Pfannenstiel* 1952; *Ziegelmayer* 1969.
289 *Stein* 1994.
290 *Ziegler* 1993, 33, 77.

Das **Unterlippen-Kinn-Profil** nach *Scheidt*:[291]

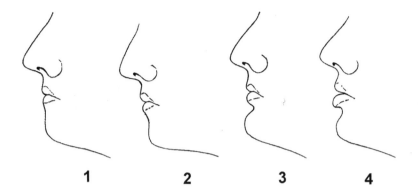

1   2   3   4

Die prozentualen Häufigkeiten für Männer/Frauen: 1 = gerade oder ganz wenig konkav (14,8/16,8), 2 = mäßig konkav (59,4/66,2), 3 = stark konkav (22,6/15,6), 4 = „hängende" Unterlippe (0,7/0,3), ohne Abb. = gewölbt (2,5/1,0).

Die **geografische Differenzierung** der Mundregion betrifft eine ganze Reihe von Merkmalen, die aber nicht immer offensichtlich sind. Die Hautoberlippe ist im Süden niedriger als im Norden Europas. Es scheint so,[292] dass im Norden oder Nordwesten das Philtrum stärker plastisch modelliert ist als in anderen Teilen Europas.

In Nordwesteuropa ist außerdem die Mundspalte gerader und die Lippen schmaler und weniger prominent, volle Lippen sind dagegen im Süden häufiger. Die Nasen-Mund-Furche kommt bei Südeuropäern deutlich häufiger vor bzw ist deutlicher ausgeprägt als bei Nordeuropäern.

10. Kinnregion

Die individuelle Variabilität der Kinnform ist groß. In der Frontalansicht kann zwischen einer kreisförmigen, querelliptischen, eckigen oder zwiebelförmigen Grundform unterschieden werden. Das Kinn kann ein- oder zweispitzig sein. Das Kinnprofil kann weit vor oder weit zurück liegen. Es kann außerdem mehr oder weniger stark gewölbt, flach und dabei fast senkrecht stehen oder nach unten zurückweichen, fliehend sein.

In ihrem Erscheinungsbild weisen sie fließende Übergänge zu Formen auf, die durch Kieferanomalien geprägt sein können.[293]

Schwarzfischer unterscheidet Form, Höhe, Profilierung und Grübchenbildung bei der Beurteilung der Kinnregion.[294]

---

291 *Scheidt* 1931.
292 Befund *A. Vonderach*.
293 *Ziegelmayer* 1969.
294 *Schwarzfischer* 1992.

556 Bei der **Kinnhöhe** und der Höhe des ganzen Unterkieferkörpers besteht ein Geschlechtsdimorphismus mit den durchschnittlich größeren Werten im männlichen Geschlecht, der sich aber besonders deutlich erst in der Pubertät ausprägt.[295]

557 Während die Einflussmöglichkeiten von Umweltfaktoren auf die Entwicklung des Kauorgans und in Abhängigkeit davon auch auf die Morphologie der äußeren Mundregion relativ groß sind, ist das Kinn mit seinem knöchernem Gerüst und der Weichteilauflagerung in Relation dazu unabhängiger.[296] Doch zeigt sich auch hier im Laufe des Erwachsenenalters hauptsächlich durch Veränderung des Unterhautfettgewebes, der Hautstruktur und des Funktionsgrades der Muskulatur ein deutlicher Wandel in der Erscheinung.

558 Unter **Kinnprofil** versteht man in erster Linie das Vorspringen gegenüber einer allgemeinen Gesichtslinie. Andere Teilformen wie Tiefe und Lage der Mund-Kinn-Furche werden als eigene Merkmale geführt. Ein Schema nach *von Eickstedt*:[297]

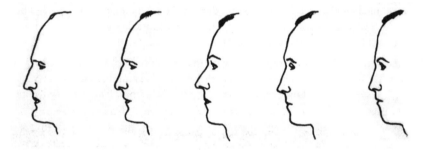

559 Extreme Kinnprofile nach *Ziegelmayer*[298]: 1 = stark vorgewölbt, 2 = gerade und fliehend:

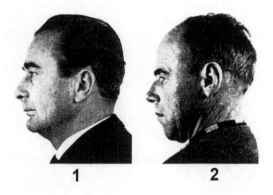

---

295 Ziegelmayer 1969.
296 Izard 1950, Korkhaus 1954.
297 *von Eickstedt* 1938, 1064.
298 Ziegelmayer 1969.

Ein Dreistufenschema gibt *Hulanicka*,[299] sie gibt außerdem Häufigkeiten: links vorstehendes Kinn (29/38,5), Mitte gerades Profil (48/43), rechts fliehendes Kinn (23/18,5):

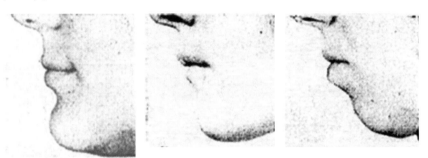

Kinnprofile nach *Scheidt*:[300]

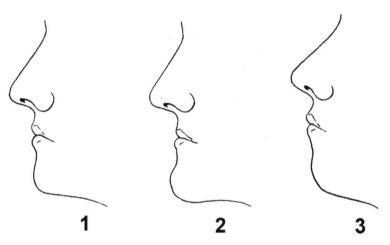

Die prozentualen Häufigkeiten für Männer/Frauen: 1 = vertikal 38,0/31,9, 2 = nach unten vorne gerichtet 10,1/9,6, 3 = nach unten hinten gerichtet 51,9/58,3.

Nach Untersuchungen von *Schwidetzky* in den Jahren 1955-1958 an Schulkindern aus Westfalen-Lippe hatten 10,5% von 16 543 ein betontes, 81,8% ein mittleres, 7,7 % ein zurückweichendes Kinnprofil.[301]

Eine weitere Klassifikation mit anderen Häufigkeiten findet sich bei *Ziegler*.[302]

---

299 *Hulanicka* 1973, 143, Merkmal 39.
300 *Scheidt* 1931.
301 *Schwidetzky* 1967.
302 *Ziegler* 1993: 54, 138.

565 Kinnform von vorn:[303]

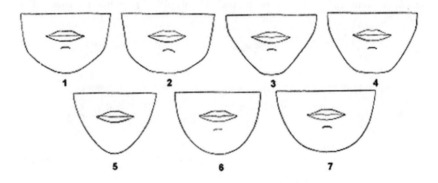

566 Die prozentualen Häufigkeiten für Männer/Frauen der damaligen Landbevölkerung: 1 = schmal-flach-eckig (6,2/19,4), 2 = breit-flach-eckig (21,1/23,6), 3 = schmal-hoch-eckig (5,8/7,9), 4 = breit-hoch-eckig (33,5/8,8), 5 = schmal-hoch-elliptisch (2,9/4,3), 6 = breit-elliptisch (20,4/21,2), 7 = rund (kreisbogenförmig) (10,0/14,9).

567 Eine etwas andere Skala hat *Zmugg* entwickelt, mit mehr Varianten:[304]

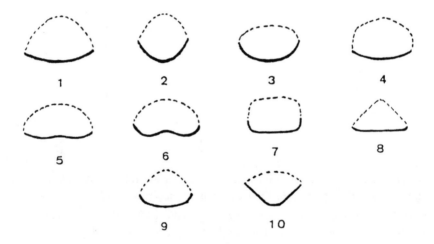

568 Die relativen Häufigkeiten von Männern/Frauen in Kärnten: 1 = 2,2/13,5, 2 = 0/6,8, 3 = 9,7/20,6, 4 = 22,8/27,5, 5 = 29,6/12,6, 6 = 1,8/0, 7 = 6,0/0, 8 = 0,8/2,7, 9 = 21,4/16,3, 10 = 0/0.

---

303 *Scheidt* 1931.
304 *Zmugg* 1989.

Schwidetzky erfasste die **Kinnrundung** bzw Eckigkeit des Untergesichts durch ein fünfstufiges Schema.³⁰⁵ 569

Dieses Merkmal deckt sich nicht mit dem Kinnwinkel, wenn die beiden Merkmale auch ähnliches ausdrücken. Maßgebend ist die Gestaltung des knöchernen Unterkieferwinkels: Je stärker er nach außen gebogen ist, desto eckiger der Untergesichtsumriss:

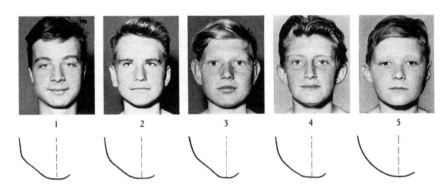

Männer weisen etwa doppelt so häufig **Kinngrübchen und -furchen** auf wie Frauen. Noch deutlicher ist der Geschlechtsunterschied bei den tief eingezogenen Furchen. 570

Die Häufigkeit der Kinngrübchen und der sogenannten y-Formen ist gering – auch hier ist die Merkmalshäufigkeit im männlichen Geschlecht größer als im weiblichen. 571

Allgemein bleiben aber die deutlich ausgeprägten Reliefeinsenkungen am Kinn im Durchschnitt länger erhalten als die flachen, die schon im 3. Lebensjahrzehnt verschwinden können. 572

Schema der Kinngrübchen und Kinnfurchen nach *Ziegelmayer*:³⁰⁶ 573

1 = Kinngrübchen *(Fovea mentalis)*, 2 = Kinnfurche *(Sulcus mentalis)*, 3 = Kinneinschnitt *(Incisura mentalis)*, 4 = Y-Furche.

Scheidt unterschied dagegen nur drei Klassen (in Klammern die prozentualen Häufigkeiten für Männer/Frauen der damaligen Landbevölkerung: 1: Kinngrübchen 574

---

305 Schwidetzky 1967, 72.
306 Ziegelmayer 1969.

(13,7/9,9), 2: Kinnfurche (4,1/2,5), 3.: kein Kinngrübchen, keine Kinnfurche (82,2/87,6).[307]

575 Zum Vergleich die Häufigkeiten für Männer/Frauen in der rumänischen Bevölkerung nach *Schmidt*: 1 = Kinngrübchen (11,1/6,0), Kinnfurche (11,1/2,0), kein Kinngrübchen, keine Kinnfurche (77,8/92,0).[308]

576 Ein recht großräumiges Merkmal ist das **Ansteigen des Unterkiefers**, genauer: des Unterrandes des Unterkieferkörpers. Das ist sowohl von vorn, als auch von der Seite sichtbar. Es ist korreliert mit der Höhenlage des Unterkieferwinkels, aber nicht eng, die Höhenlage hat auch Eigenvarianz, so dass es sich lohnt, sie bei der Identifikation auch zu beachten.

577 Einmal ist dies Merkmal quantitativ erfasst worden, als Kinnwinkel von vorn, der durch die beiden Tangenten am Unterkieferast und Unterkieferkörper gebildet wird:[309]

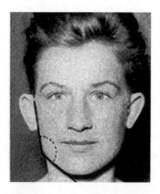

578 Fünf Beispiele mit von links nach rechts 165, 160, 155, 150 und 145 Grad:

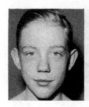 

579 Neben der knöchernen Grundlage spielt die Menge der **Weichteilauflagerung** eine Rolle beim Eindruck von Kinn und Unterkiefer. Die Variabilität reicht von hager bis fett, bis hin zu einem Doppelkinn, das auch nochmals durch Zwischenfurchen unterteilt sein kann. Es nimmt mit der Alterung zu,[310] auch früher hagere Menschen kön-

---

307 *Scheidt* 1931.
308 *Schmidt* 1970.
309 *Schwidetzky* 1967, 71.
310 *Zacher* 2001, 27.

nen nach den Wechseljahren ein Doppelkinn entwickeln. Auch die Kinnbreite nimmt mit der Alterung zu, ebenfalls durch stärkere Weichteildicken.

Die **Differenzierung** zwischen den Geschlechtern entspricht wieder der üblichen Polarität zwischen robust und grazil: Männer haben ein stärker betontes Kinn, das auch häufiger abgesetzt ist. Das aber bildet sich erst in der Ontogenie heraus.

Zur geografischen Verteilung: Der Unterkiefer ist in Nordwesteuropa häufiger kräftig mit geradem Kinn und im Osten und Süden häufiger zurückweichend. Im Osten liegen die Unterkieferwinkel öfter tief wodurch sich von vorn ein eckigerer Umriss ergibt. Im Mittelmeerraum scheint das Kinn graziler und gerundeter zu sein.[311] Bei den Konstitutionstypen folgt die Differenzierung der allgemeinen in reliefiert/gerundet: der Leptomorphe hat ein prominenteres und stärker abgesetztes Kinn, der Pyknomorphe ein weicher eingebettetes.

11. Bart

Die Gesichtsbehaarung des Menschen ist ein überaus vielgestaltiger Merkmalskomplex – aber in der Morphologie bisher praktisch nicht beschrieben. Das hat sich jüngst durch die Dissertation von *Daniel Bogdanski* geändert. Dieser definiert zahlreiche Merkmale und untersucht sie an 118 Probanden.

Im Folgenden werden die größeren benannt. Die kleinräumigen werden weggelassen, da sie auf Kontrollbildern praktisch nie zu sehen sind. Außerdem wurde bei den Häufigkeiten die Klasse unbestimmbar weggelassen.

Den **Schnurrbart** oder auch nur Bartschatten zeigt eine Überblicksabbildung mit markierten Grenzen:

Folgende größerräumige Merkmale lassen sich definieren:
- Höhe des Schnurrbartbalkens: klein 24 %, groß 29 %.
- Randform der Oberkante: konvex 32 %, konkav 21 %.
- Randform am Philtrum: oben gerader Abschluss 25 %, Einziehung nach unten 16 %, komplette Aussparung 2 %.

---

311 Mitteilung *A. Vonderach*.

- Größe des lateralen Dreiecks von Schnurrbartoberrand, Nasenflügel und Nasolabialfurche (oben einseitig eingezeichnet: groß 25 %, klein 30 %.
- Unbehaarter Streifen zur Oberlippe horizontal: breit 32 %, schmal 10 %.
- Unbehaarter Streifen zur Oberlippe vertikal: hoch 23%, niedrig 20%.
- Mundwinkelbereich: behaart 3 %, frei 43 %.

586 Der **Kinnbart** überschreitet meist die übliche anatomische Region nach unten und hinten. So wird die Behaarung des Halses hier mit behandelt. Die Merkmale:

- Form der Fliege, des dichter behaarten Bereichs unter der Mitte des Mundes: hoch wannenförmig 22 %, niedrig mandelförmig 20 %.
- Brücke zwischen Fliege und Kinnbehaarung: 16 %, keine Brücke 30 %.
- Bei Brücke sind die seitlich ausgedünnten Bereiche: rund 4 %, viereckig 4 %, nierenförmig 7 %.
- Bei fehlender Brücke ist der ausgedünnte Bereich: schüsselförmig 25 %, knochenförmig 3 %, rechteckig 2 %.
- Höhenlage der Bartgrenze am Hals: oberhalb des Kehlkopfes 16 %, auf Höhe des Kehlkopfs 32 %, unterhalb des Kehlkopfs 4 %
- Form der Bartgrenze am Hals: mittig schmal-spitz zulaufend 14 %, mittig breit gebogen 34 %, doppelt gebogen 2 %.
- Ausbreitung des Übergangs Wange/Hals: tief 37 %, hoch 22 %.
- Form des Übergangs Wange/Hals: stark abgewinkelt 36 %, schwach abgewinkelt 22 %.

587 Der **Backenbart** bzw Backenbartschatten ist differenziert beschreibbar. Hier die Überblicksdarstellung der Grenzen:

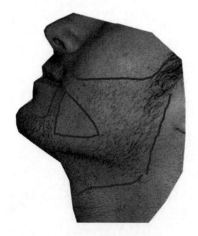

E. Merkmale

An einzelnen Merkmalen und deren Ausprägungen werden unterschieden:

- Lage der oberen Grenze vom Mundwinkel zum Ohr: oberhalb des Mundwinkels 20 %, auf Höhe des Mundwinkels 29 %, unterhalb des Mundwinkels 14 %.
- Verlauf der Obergrenze: steil 25 %, flach 7 %, harmonisch 31 %.
- Laterale, dünn behaarte Fläche im Übergang zwischen Kinnbart und Backenbart: dreieckig 3 %, viereckig 2 %.
- Laterale Fläche: groß 3 %, klein 2 %.
- Nasolabiale Einsenkung, eine dünn behaarte Fläche zwischen Schnurrbart und Backenbart: vorhanden 12 %, fehlend 51 %.
- Dünn behaarte Fläche auf dem Jochbein: vorhanden 7 %, fehlend 56 %.
- Form der haarlosen Fläche vor dem Ohr: parallele Ränder 46 %, unregelmäßig 13 %.
- Horizontaler Abstand zum Ohr: breit 37 %, schmal 22 %.

Differenzierung. Die Bartdichte nimmt im gesamten Erwachsenenalter leicht zu. Freilich wird das im Alter verdeckt durch den allfälligen Pigmentverlust der Haare. Die Barthaardichte nimmt nach Süden zu, was zT auch bedingt wird durch die dunkle Farbe, die einen Bartschatten leichter erkennbar macht. Konstitutionelle Differenzierungen des Bartes scheint es nicht zu geben.

12. Ohr

Die **Ohrmuschel** des Menschen ist eine unregelmäßige, längliche Struktur mit einer Fülle von einzelnen Formen und Varianten. Trotz schier unüberschaubarer Variabilität gibt es Gemeinsamkeiten zwischen praktisch allen Ohren. Solche typischen Strukturen sind schon früh definiert und benannt worden.

Hier ein Bild von *Schade* mit den üblichen lateinischen Bezeichnungen und zusätzlich mit den deutschen Namen, die nach den Standards der Bildidentifikation vorzuziehen sind:[312]

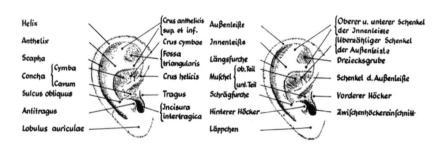

---

312 *Schade* 1954, 107.

592 Andere deutsche Begriffe benutzten *Prietz* und *Baranowski*.³¹³

593 Jedes dieser Teile kann in mancher Hinsicht variieren, und die Korrelationen zwischen den einzelnen Merkmalen sind erfreulich selten und niedrig. Nach der Geburt gibt es noch einige Monate der Reife für die Ohren, dann aber bleiben die meisten Merkmale gleich (aber siehe zB unten Länge). Diese Zeitstabilität und die sehr hohe Anzahl von Merkmalen und Strukturen macht das Ohr zur wichtigsten Region für die Bildidentifikation. Sie ist auch bisher schon mehrfach und gründlich bearbeitet worden.³¹⁴

594 Für diese Anwendung ist aber zu berücksichtigen, dass das Ohr eine höchst komplizierte, dreidimensionale Form ist; kleine Abweichungen der Drehung oder Kippung des Kopfes können bereits im zweidimensionalen Bild andere Merkmalsausprägungen vortäuschen.

595 Hier ein gutes Beispiel, bei dem wie so oft auch die Beleuchtung unterschiedlich ist:³¹⁵

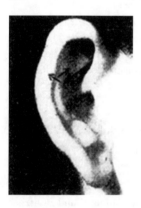
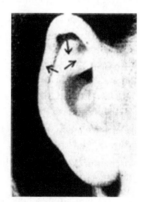

596 Es bedarf großer Erfahrung, um mögliche von unwahrscheinlichen Unterschieden trennen zu können.

597 Ebenso sind die Einzelheiten im Bereich der verschiedenen Abschnitte der Außenleiste (Helix) zu berücksichtigen, wie Vorderabschnitt, Oberabschnitt und Hinterabschnitt nach Biegung, Verlaufsart, Stärke und Einrollung und der Ausbildung eines Darwinschen Höckerchens. Im Bereich der Innenleiste (Anthelix) ist Breite, Biegung und Wölbung zu untersuchen, die Längsfurche (Scapha) nach Breite, Tiefe, Beziehung zum Ohrläppchen. Der vordere Ohrhöcker (Tragus) ist nach Größe und Form (einhöckerig, doppelhöckerig, beide Höcker von gleicher oder ungleicher Stärke), der hintere Ohrhöcker (Antitragus) hinsichtlich seiner Form, Stärke und Verkantung zu untersuchen. Der Zwischenhöckereinschnitt (Incisura intertragica, Tragusgrube), ist

---

313 Prietz 1960: 73, Prietz/Baranowski 1970: 72.
314 Hogrefe 1960, Vogt 1976, Hillesheim 1987, Iannarelli 1989, Feigen/Gräf 1990, Fischer 1992, Bitzan 1994, Reichwein 1994.
315 Hulanicka 1973, 116.

nach seiner Breite und Form zu beurteilen, die Form der Ohrmuschel (Concha) ist im oberen Teil (Cymba) und unteren Teil (Cavum) zu beschreiben, außerdem sind die Ohrläppchen nach Länge, Dicke, Form und Verwachsung zu prüfen.

Bei den folgenden Abbildungen ist zu beachten, dass es in der Anthropologie eine Abbildungsnorm gibt: bei Aufnahmen nur der Ohren wird die Insertionsachse senkrecht gestellt. Diese Achse verbindet die obere Stelle, wo das Ohr in die Kopfhaut übergeht (Otobasion superius)[316] mit der unteren Stelle (Otobasion inferius), wo also das Läppchen vorn angewachsen ist. Auf diese Weise lassen sich einzelne Strukturen von Ohren besser miteinander vergleichen, aber andererseits wird dadurch das Merkmal Schrägstellung eliminiert.

Merkmale des Ohres als Ganzes sind Größe, Höhenlage, Abstehen und Schrägstellung der Ohrachse.

Beim **Abstehen** der Ohrmuschel im Verhältnis zur Seitenwand des Kopfes besteht eine große individuelle Variation; so kann die Ohrmuschel oben oder unten, aber auch in der Mitte abstehen. Nach *Quelprud*[317] und *Geyer*[318] besteht in der Ohrstellung ein Alters- und Geschlechtsunterschied. *Quelprud* kam zu dem Ergebnis, dass beim männlichen Geschlecht die Ohren im Säuglingsalter ziemlich anliegen (ca. 20 Grad), später immer mehr abstehen (ca. 30 Grad), aber vom 40. Lebensjahr an wieder mehr anliegen (25 Grad). Beim weiblichen Geschlecht beträgt der Winkel zwischen Ohrmuschel und Kopfrand etwa 19 Grad, im Laufe des Wachstums werden die Ohrmuscheln dann immer stärker anliegend, so dass im 30. Lebensjahr ein Winkel von 12–13 Grad vorhanden ist.

In den anthropologischen Normaufnahmen ist der Grad des Abstehens leicht einzuschätzen, nicht aber immer in den üblichen Überwachungsaufnahmen, die ja aus beliebiger Richtung geschossen sein können. Eine kleine Typologie für die Normansicht von vorn geben *Prietz* und *Baranowski* (1970: 73) mit den Typen 1 = anliegend, 2 = oben abstehend, 3 = unten abstehend, 4 = ganz abstehend:[319]

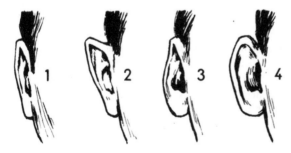

---

316 *Knußmann* 1988.
317 *Quelprud* 1934.
318 *Geyer* 1936.
319 *Prietz/Baranowski* 1970, 73.

§ 5 Grundlagen, Merkmale, Häufigkeiten

602 **Ohrlage.** Die Ohren können hoch oder tief liegen, ferner in der Profilmittellinie oder hinter der Profilmittellinie. Das hängt recht eng mit der Größe der Ohrmuschel und mit der Höhe des Hirnkopfes wie des Gesichtes zusammen.

603 Die allgemeine **Ohrform** kann eingeteilt werden in eine kraniale (1 in der folgenden Abbildung nach Schwarzfischer 1969) und eine kaudale (2). Damit ist vor allem gemeint, dass es besonders oben bzw unten große Flächenanteile gibt.

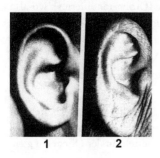

604 Die **Ohrlänge** nimmt auch nach dem Wachstum [320] mit dem Alter kontinuierlich zu, als einzige Region des menschlichen Körpers. Dabei handelt es sich nicht nur um einen aktiven Wachstumsprozess, sondern auch um eine Gewebeerschlaffung und Abflachung der Krümmung der Ohrmuschel.[321]

605 Nach Untersuchungen von *Vassal* ist in 31 % der Fälle auf beiden Seiten die gleiche Ohrlänge vorhanden, während in 46 % das linke Ohr länger ist als das rechte und in 23 % das rechte Ohr das linke an Länge übertrifft.[322] Das linke Ohr ist also meist länger als das rechte.[323]

606 Die **Ohrbreite** variiert nicht so eindrucksvoll wie andere Merkmale. Sie hat aber wohl eine Bedeutung im Zusammenhang mit der Länge: wie bei anderen Regionen (zB Gesicht als Ganzes, Stirn, Nase, Lippen) ist auf Überwachungsbildern, die ja keinen Maßstab haben, vor allem das Verhältnis der beiden Strecken zueinander (anthropologisch: der Index) zu beurteilen.

607 Die **Außenleiste** (Helix) zeigt eine ihrer Größe entsprechende große individuelle Variabilität. Sie kann gleichmäßig gebogen sein oder unter einer Winkelbildung aus dem Ursprungsschenkel (Crus helicis) hervorgehen. Der Vorderteil (vom Ursprung bis zur Spitze des Ohres) kann mehr oder minder stark gestreckt bis gerade verlaufen, er kann aber auch gleichmäßig gebogen sein. Die gerade Form kommt zu 58 % vor, die weitbogige zu 39 % und die engbogige zu 3 % (n = 360).[324]

608 Der oberste Abschnitt der Außenleiste, die Ohrspitze, kann kräftig geknickt bis gleichmäßig gerundet sein. Die geknickte Form ist mit 12 % wesentlich seltener als

---

[320] *Silomon* 1959, *Montacer-Kuhssary* 1959.
[321] *Hajniš* 1969.
[322] *Vassal* 1954.
[323] *Schwarzfischer* 1969.
[324] *Feigen* 1990, 51.

die gerundete mit 88 %.[325] Der hintere Teil kann in variablen Abschnitten variable Formen annehmen, von konvexer Rundung über gerade bis eingezogen. Konvex ist mit 74 % am häufigsten, es folgen gerade mit 16 % und konkav mit 10 %(n = 360).[326] Der Leistenkörper kann ebenfalls sehr verschiedenartig ausgeprägt sein; er kann frei, verdickt, umgebogen, eingerollt oder umgeklappt sein, auch eine unregelmäßige Zähnung ist möglich. Eine Klassifikation dieser Menge an Merkmalen ist offenbar bisher nicht versucht worden. Für die Identifikation ist die Umrisslinie am wichtigsten, denn auf vielen Bildern ist die Außenleiste selbst nicht gut zu erkennen. Beim Vergleich ist unbedingt und akribisch auf Abweichungen in Kippung und Drehung des Kopfes zu achten.

Zur großen individuellen Variabilität der Außenleiste passt es, dass in der Entstehung auch eine gewisse Abhängigkeit von der Umwelt besteht. Ebenso bestehen bei vielen Merkmalen Geschlechtsunterschiede. *Quelprud* kam anhand seiner Untersuchungen an Ohrmuscheln von Zwillingen 1932 zu dem Ergebnis, dass die Helix von den Ohrmerkmalen am meisten umweltlabil ist.[327]

Darwinsches Höckerchen. An dem oberen vorderen Rand der Helix kann eine Spitze oder ein Höckerchen vorhanden sein, das Darwin 1871 beschrieben hat und das heute als Darwinsches Höckerchen bezeichnet wird. Es soll die Spur der ehemaligen Ohrspitze sein, die durch eine Einrollung jetzt nach unten-vorn weist.

Drei verschiedene Ausprägungen nach *Schwalbe*:[328]

Nach *Hilden* sowie *Quelprud* nimmt die Größe des Höckerchens beim männlichen Geschlecht mit dem Alter zu, beim weiblichen Geschlecht tritt zuerst eine geringe Vergrößerung ein, später aber eine Abnahme.[329] Bei einem Mann, der in jüngeren Jahren einen Höcker angedeutet hat, wird also der Höcker mit der Zeit deutlicher, während bei einer Frau, die als Mädchen einen deutlichen Höcker hat, mit dem Alter ein Ausgleich erfolgen kann. In der Altersklasse bis zu 20 Jahren konnte *Quelprud* zwischen den Geschlechtern keinen Unterschied in der Häufigkeit des Tuberculum

---

325 *Hillesheim* 1987, 28.
326 *Feigen* 1990, 80.
327 *Schwarzfischer* 1969.
328 *Schwalbe* in: Martin 1957, 412.
329 *Hilden* 1929; *Quelprud* 1935.

Darwini feststellen. Das Höckerchen fand er in der genannten Altersklasse beim männlichen Geschlecht in 68,2 %, beim weiblichen Geschlecht in 68,4 %. Bei den über 21 Jahre alten Probanden stellte *Quelprud* beim männlichen Geschlecht einen Höcker in 79,1 %, beim weiblichen Geschlecht dagegen nur in 63,7 % fest. Solch hohe Häufigkeiten entsprechen allerdings nicht der Erfahrung, sie sind wohl nur damit erklärbar, dass bei der Zählung auch allerkleinste Erhebungen beachtet wurden, die vom Praktiker nicht mehr als Höcker bezeichnet würden. Niedrigere Zahlen gibt es von *Hilden* (42 %)[330] und *Hillesheim* (44 %)[331]. Die Konkordanz bei eineiigen Zwillingen hinsichtlich des bloßen Auftretens des Höckerchens lag nach *Quelprud* bei 69 %.[332]

613 Freilich ist eine solch feine Struktur für die Identifikation offensichtlich von eher begrenztem Wert. Dass oben so viel darüber zu vermerken war, hängt mit der Verknüpfung zur Verehrungsfigur Darwin und mit der evolutiven und primatologischen Ursprungsspekulation zusammen, was beides zu einer gewissen Verliebtheit der Anthropologen in dieses Mini-Merkmal geführt hat. Immerhin wird man aber sagen können, dass ein Knubbel wie in der oberen Abbildung rechts die Identifikation erleichtert – so er denn abgebildet ist.

614 Auch die **Innenleiste** (Anthelix) zeigt sowohl in ihrer Biegung als auch in ihrer Faltung eine große Variabilität. So konnte *Geyer* beträchtliche Unterschiede in der Häufigkeit der Typen feststellen, die sich jedoch, nach einem mehr indifferenten Ausgangsstadium, erst in der Zeit des progressiven Wachstums entwickeln.[333] Nach *Quelprud* ist die Anthelix aber beständiger als die Helix, und zwar sowohl im unteren Teil als auch im Verlauf der Anthelixäste.[334]

615 Für die Gesamtreliefierung Bilder von *Titlbachova*:[335]

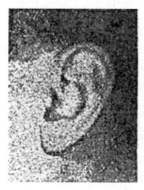  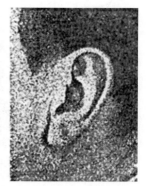

330 *Hilden* 1929.
331 *Hillesheim* 1987.
332 *Schwarzfischer* 1969.
333 *Geyer* 1936.
334 *Quelprud* 1932.
335 *Titlbachova* 1967, 100.

Geyer hat auf Geschlechtsunterschiede aufmerksam gemacht. Er hat die flache Anthelix bei Männern in einer Häufigkeit von 10 %, bei Frauen in einer Häufigkeit von 2 % festgestellt. *Quelprud* bezeichnete die Anthelix nach Auswertung seiner Zwillingsuntersuchungen als „ziemlich erbbedingt"().[336]

Der obere Ast der Anthelix (Crus anthelicis superius) teilt sich gelegentlich nochmals, so dass ein **dritter Schenkel** (Crus tertium) entsteht, das zum Helixrand verläuft. Nach *Tillner* beträgt die Häufigkeit des Crus tertium 2 %,[337] nach *Hillesheim* 3 %.[338]

Eine Abbildung von *Schwarzfischer*:[339]

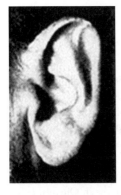

Der untere Schenkel der Innenleiste (Crus anthelicis inferius), kann sich bogenförmig in die Muschel fortsetzen. Auf diese Weise entsteht ein **Muschelbogen** (Arcus cymbalis).

Der **Muschelschenkel** (Crus cymbae) ist ein Knorpelkamm im oberen Teil der Muschel (Cymba), der etwa senkrecht zum Helixfuß verläuft.[340] Nach *Quelprud* befindet sich das Crus cymbae in der deutschen Bevölkerung in 5–6%.[341]

---

336 *Schwarzfischer* 1969.
337 *Tillner* 1963.
338 *Hillesheim* 1987.
339 *Schwarzfischer* 1969.
340 *Schwarzfischer* 1969.
341 *Quelprud* 1941.

621 Dazu die Abbildung von *Schwarzfischer*:

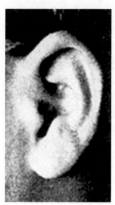

622 **Längsfurche** (Scapha). Zwischen Helix und Anthelix liegt die Fossa scaphoidea, meist Scapha genannt. Diese Furche kann in ihrer Tiefe und Breite sowie in ihrer Beziehung zu den Ohrläppchen variieren. So ist die Fortsetzung der Scapha in die Ohrläppchen möglich, aber auch eine Endigung vor den Läppchen. Die Ausbildung der Scapha ist nach Zwillingsuntersuchungen von *Quelprud* ziemlich konkordant, aber bei eineiigen Zwillingen doch etwas variabel, wobei eine Abhängigkeit vom Grad der Einrollung des Helixrandes besteht. Ein unterbrochener Scaphafortsatz in das Läppchen, bedingt durch eine Ausdehnung des Antitragus nach unten, kann nach *Quelprud* eine charakteristische Familienähnlichkeit darstellen.[342]

623 Die **Muschel** (Concha) zeigt hinsichtlich Tiefe, Breite und Form eine große Variabilität. Sie wird durch den Schenkel der Außenleiste (Crus helicis) in einen oberen (Cymba) und einen unteren Teil (Cavum) unterteilt. Die Ausbildung der Muschel zeigt Altersunterschiede. Nach *Quelprud* ist in der Breite zuerst eine Zunahme, später aber eine Abnahme festzustellen, der im hohen Alter wieder eine Zunahme folgt(.[343]

624 Der **vordere Höcker** (Tragus) kann als Einzel- oder Doppelhöcker ausgebildet sein; er kann in Größe, Form und Stellung variieren. Nach *Schade* besteht auch eine Altersabhängigkeit insofern, als bei Kindern öfter Einhöckrigkeit vorzuliegen scheint, und die Doppelhöckrigkeit sich erst später deutlich ausprägt.[344]

625 Der **hintere Höcker** (Antitragus) ist embryonal früher als der Tragus ausgebildet. Er ist in Form und Lage stark variabel. Hinsichtlich der Vererbung sind Einzelheiten nicht bekannt, *Quelprud* konnte nur feststellen, dass Form und Größe des Antitragus bei eineiigen Zwillingen nur wenig variabel sind.[345]

626 Die zwischen Tragus und Antitragus gelegene **Höckereinschnitt** (Incisura intertragica) ist in Form, Höhe, Breite und Neigung variabel. Nach *Quelprud* ist die Form der

---

342 Siehe *Schwarzfischer* 1969.
343 *Quelprud* 1932, siehe *Schwarzfischer* 1969.
344 *Schade* 1954, siehe *Schwarzfischer* 1969.
345 *Quelprud* 1932, siehe *Schwarzfischer* 1969.

Incisura intertragica in manchen Familien „charakteristisch" ähnlich, die Fortsetzung der incisura intertragica in das Ohrläppchen scheint hiernach erblich zu sein.[346]

Ein Schema von *Bertillon* zur Höhe,[347] wobei die beiden Randstufen schon recht extrem sind:

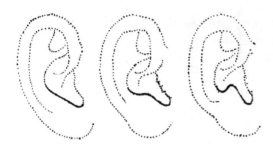

Eine Variabilität der **Ohrläppchen** besteht für Länge, Breite, Größe, Dicke, Stellung, Form und Grade der Anwachsung.

Das Schema des Klassikers *Quelprud* (der aber nie den Kernteil seiner Forschungen veröffentlicht hat, nur Vorberichte) fand über *Schade* seinen Weg zu *Zmugg*:[348]

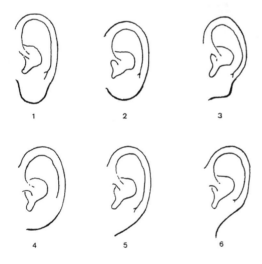

Von ihm gibt es nun auch relative Häufigkeiten, für Männer/Frauen in Kärnten: 1 = 39/38,6, 2 = 33,3/13,6, 3 = 5,5/4,8, 4 = 11,4/20,6, 5 = 11,1/22,3, 6 = 0/0.

---

346 Siehe *Schwarzfischer* 1969.
347 *Bertillon* 1895, 52.
348 *Schade* 1954; *Zmugg* 1989.

631 *Ziegelmayer* bildet wirkliche Ohrläppchen ab, wobei er auch einmal das extrem angewachsene Läppchen (Typ 6) findet:[349]

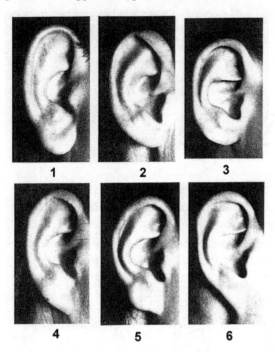

632 **Differenzierung.** In der Ausbildung der Ohrläppchen treten Alters- und Geschlechtsunterschiede auf. So sind die Ohrläppchen bis zum 15. Lebensjahr weniger verwachsen, später aber stärker angewachsen, ab dem 50. Lebensjahr jedoch wieder freier. Bei der Alterung wächst die Höhe des Läppchens stärker als der Rest des Ohres.[350]

633 Im weiblichen Geschlecht sind die Ohrläppchen im Allgemeinen länger und stärker angewachsen als im männlichen Geschlecht, bei dem eher zungenförmige und freiere Ohrläppchen vorkommen. So fand *Quelprud* ganz angewachsene Ohrläppchen bei Männern in 7 %, bei Frauen in 12 %.[351] *Saller* beobachtete auf der Insel Fehmarn beim weiblichen Geschlecht etwa doppelt so häufig angewachsene Ohrläppchen wie beim männlichen Geschlecht.[352] In der Häufigkeit angewachsener Ohrläppchen scheinen auch regionale Unterschiede vorhanden zu sein. So treten angewachsene Ohrläppchen in Westfalen in 10 %, in Franken in 20 % und in Schwaben in 26 % auf. Nach *Dutta* schwankt der Anteil der angewachsenen Ohrläppchen zwischen 9 % und 40 %.[353]

---

349 *Ziegelmayer* 1969.
350 *Richwein* 1994, 31.
351 *Quelprud* 1934.
352 *Saller* 1930.
353 Siehe *Schwarzfischer* 1992.

Neben dem üblichen Größenunterschied zwischen den Geschlechtern und dem eindrucksvollen Größenwachstum selbst im Erwachsenenalter scheint es keine konstitutionstypologischen Unterschiede zu geben.

Bei der geografischen Verteilung gibt es einige Hinweise: Im Norden gibt es öfter angewachsene Ohrläppchen.[354] In der Typologie von *Lundman*[355] ist das Ohr der Alpiniden ein „Rückbildungsohr" mit geringer Länge und fast fehlendem Läppchen, während es in Mitteleuropa, Indien und China ein „Ausgleichsohr" vorkommt. Bei den Armeniern und Basken soll es besonders lange Ohren mit langen Ohrläppchen geben, bei vielen Finnen und Saami (Lappen) runde Ohren mit kleinen, angewachsenen Ohrläppchen und bei den Basken große und fleischige Ohren.[356]

Schließlich sei noch mit einigen Beispielen auf **Sonderbildungen** am Ohr verwiesen. Die folgenden Beispiele sind einmal nicht vom bekannten Sammler von Sonderformen *Gerfried Ziegelmayer* veröffentlicht worden, sondern von *Knußmann*:[357]

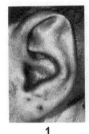 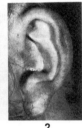 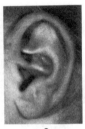

1   2   3

1 = ein dritter Ursprung der Gegenleiste (Crus anthelicis tertium) und fehlende Einrollung der Helix im oberen hinteren Ohrbereich, außerdem weitgehende Verwachsung des bogenförmigen bis dreieckigen Ohrläppchens;
2 = geteilte Außenleiste (Helix taeniata); siehe außerdem die originelle, pralle Aufwölbung im oberen Teil des Ohrläppchens und die dadurch bedingte, gequetschte Endgrube der Längsfurche (Scapha);
3 = flaches Crus cymbae, das von dem markantem Crus helicis nach oben ausstreicht. Außerdem eine bei Kindern häufig vorkommende schwache Ausprägung des oberen Astes der Gegenleiste.

Für das Ohr gilt gleichermaßen wie für alle anderen zweiseitigen Strukturen, dass **Asymmetrien** besonders gute Hinweise auf Identität liefern. Sie können bei allen oben benannten Merkmalen auftreten.[358] Bei der Menge an Merkmalen beim Ohr bedeutet dies, dass es kaum Ohren ohne irgendeine Asymmetrie gibt. Die einzelne Asym-

---

354 Mitteilung *A. Vonderach*.
355 *Lundman* 1952, mit Abbildungen.
356 *Lundman* 1967.
357 *Knußmann* 1980.
358 *Burkhardt* 1974.

metrie aber ist stets selten. Das hat *Bitzan* quantifiziert: nur zwei von 53 morphologischen Merkmalen (bei 839 Probanden) waren signifikant seitenverschieden.[359]

639 Solche offensichtlichen Sonderformen sind nochmals der Anlass zu einer wichtigen Bemerkung zum Kapitel Ohr und zur Morphologie allgemein: alle Klassifikation ist immer auch ein wenig künstlich. So gilt es, bei der Identifikation nicht nur die Schemata anzuwenden – denn sie beruhen ja auf großen Studien und langer Erfahrung – sondern auch die Augen offen zu halten für ganz originelle, persönliche, charakteristische Formungen.

640 Ein Sondergebiet der Ohrmorphologie ist der **Abdruck**, der entsteht, wenn man an einer Tür oÄ lauscht. Durch das Aufbringen von Ruß oder ähnlichem Pulver wird eine solche Spur sichtbar gemacht. Die Strukturen eines Ohres werden im Prinzip abgebildet, aber in Abhängigkeit vom Anpressdruck und von Bewegungen beim Anpressen. Beispiele mit mittlerem (links) und starkem Druck (rechts) vom selben Menschen:[360]

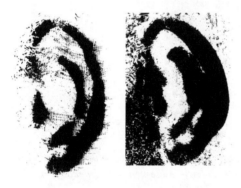

641 Ein weiteres Beispiel von sehr ähnlichen Abdrücken, die aber von zwei verschiedenen Personen stammen, diesmal dargestellt mit Nachzeichnen des Abdrucks:[361]

---

359 *Bitzan* 1994, 37.
360 *Fischer* 1992, 24–25.
361 *Fischer* 1992, 78.

Schon die wenigen Beispiele zeigen, dass die sonst gewohnte Morphologie des Ohres nur sehr selektiv dargestellt wird. Das hat zur Folge, dass die Identifikation nach Ohrabdrücken ein ganz eigenes Gebiet ist, neben der Identifikation nach Bildern. 642

Erst nach spezifischer Einarbeitung in dessen Grundlagen und neuer Gewinnung von breiter Erfahrung wird die Ebene des Sachverständigen erreicht. Da solche Fälle nicht sehr häufig vorkommen, ist das schwierig. Das Gebiet wird vertreten vom Bundeskriminalamt (Abteilung ZD22), dort gibt es bereits umfangreiche Erfahrung. Der Bedarf nimmt allmählich ab, denn das Anpressen hinterlässt auch Hautschuppen, die auf DNS-Polymorphismen profiliert werden können. 643

X. Hautmerkmale

Die Haut zeigt eine große geographische und auch eine gewisse individuelle Variabilität ihrer **Farbe**. Die Hautfarbe weist außerdem Unterschiede zwischen den einzelnen Körperregionen auf. In der Regel ist sie an Brustwarze und Warzenhof, gefolgt von den äußeren Genitalien und der Gesäßspalte, am dunkelsten und auf der Beugeseite der Extremitäten, vor allem auf der Handfläche und Fußsohle, am hellsten; besonders ausgesprochen dunkelhäutige Rassen und Lokalformen besitzen eine vergleichsweise sehr helle Palma und Planta. Zu den Farbstoffen, die die Hautfarbe beeinflussen, gehören Melanin, Hämoglobin und Karotin. Hämoglobin und Karotin sind nur für die feinen Farbnuancen innerhalb derselben Population (Hautteint) von Bedeutung, während der entscheidende Faktor für die rassische Hautfarbenvariabilität die Menge des Melanins ist. Ihre überwiegende Erbbedingtheit steht außer Zweifel, wenn auch Umweltfaktoren Einfluss nehmen. So regt vor allem ultraviolettes Licht die Melanin-Synthese an, wobei aber für den Grad der Bräunungsfähigkeit wahrscheinlich eine eigene Erbgrundlage existiert. 644

Insbesondere bei hellhäutigen Individuen kommen häufig **Sommersprossen** (Epheliden) vor. Diese kleinen, meist hellbräunlichen, im Alter (lichtunabhängige Altersepheliden) auch dunkelbräunliche Flecken resultieren aus einer vermehrten Pigmentbildung in umschriebenen Bezirken des Stratum basale durch Lipofuscin-Einlagerung. Ihr Auftreten ist bei eineiigen Zwillingen stets konkordant. In Ausprägungsgrad und Lokalisation stimmen eineiige Zwillinge nicht immer überein, doch ähneln sie sich auch hierin durchschnittlich sehr viel mehr als zweieiige Zwillinge. Bei der Identifikation lässt die genaue Lokalisation von Sommersprossen und anderen Hautflecken auch einmal eineiige Zwillinge unterscheiden. 645

Im Gegensatz zu Epitheliden, die sich in der Regel erst im Laufe der Kindheit einstellen, sind **Muttermale** (Naevi) meist von Geburt an vorhanden, doch können sie auch noch in fortgeschrittenem Lebensalter auftreten (Naevi tardi). Es handelt sich bei den Naevi um eine heterogene Gruppe von lokalen Farberscheinungen, deren Entstehung in einer Entwicklungsstörung begründet sind, nämlich in einer übermäßigen Bildung bestimmter Gewebeteile bzw unausgereiften Gewebes. Es lassen sich Pigmentmale und Blutgefäßmale unterscheiden. Zu den Pigmentmalen gehören u.a. die dunkel- bis schwarz-braunen, unterschiedlich großen – mitunter auch behaarten – Naevuszell- 646 naevi, die auf einer besonderen Sorte von Pigmentzellen im Stratum basale bzw postpuberal überwiegend in den oberen Coriumschichten beruhen. Ferner sind die milchkaffeefarbenen Leberflecke (Linsenflecke, Lentigines, Sing. Lentigo) zu nennen; sie lassen sich schwer von den Epheliden trennen, unterscheiden sich aber histologisch von ihnen durch eine Verlängerung der Reteleisten. Die Gefäßmale kommen meist durch Erweiterung der feinen Blutgefäße der Haut zustande (Teleangiektasien). Sie zeigen sich als flache, rötliche Flecken (Feuermale, naevi flammei) und im Gesicht häufig als rote spinnenartige Gefäßzeichnungen (Naevi aranei). Es zählen aber auch die Blutschwämme (kavernöse Hämangiome) zu den Gefäßnaevi; es handelt sich um blutgefüllte Geschwulste in Corium und subkutanem Gewebe, wodurch die Epidermis angehoben wird. Für die Neigung zur Ausbildung von Naevi kann eine erbliche Disposition bestehen, während Anzahl, Lokalisation und Ausprägungsgrad meist ganz überwiegend modifikatorischer Art sind. Selbst die erbliche Disposition für das Auftreten von Naevi scheint nicht sehr stark zu sein, da eineiige Zwillinge bezüglich der Existenz eines Naevus häufiger diskordant als konkordant sind. Eine Ausnahme macht nur der relativ häufige Unna-Politzersche Nackennaevus, ein blasser naevus flammeus, den fast alle eineiigen Zwillinge, aber nur etwa die Hälfte der zweieiigen Zwillinge konkordant aufweisen.

647 Einen bläulichen, in Ausdehnung und Lage individuell variierenden Pigmentnaevus, meist in Lenden-, Kreuzbein- oder Steißregion, stellt der **Mongolenfleck** (Sakralfleck) dar, der in der Regel schon im Kleinkindalter wieder verschwindet. Er kommt bei Mongoliden fast durchweg, bei Negriden sowie Europiden des Orients und Südeuropas gelegentlich und bei Mittel- und Nordeuropäern sehr selten vor. Die Hautverfärbung beruht auf Melanoblasten im unteren und mittleren Corium-Bereich, wobei der bläuliche Stich durch die tiefe Lage des Pigments zustande kommt.

648 Naevusartige Bildungen sind die relativ häufig auftretenden weißlichen **Hornknötchen** (Milien, Hautgrieß), die bevorzugt in der Haut der Augengegend, der Schläfen und der Wangen vorkommen. Möglicherweise ist an ihrem Zustandekommen ein dominantes Gen beteiligt.

649 Bei allen Rassen tritt als sehr seltene Anomalie eine angeborene und offenbar erbliche Depigmentierung auf (Albinismus). Die Pigmentierung fehlt entweder nahezu völlig (kompletter Albinismus) oder ist im Vergleich zum Bevölkerungsmittel sehr stark reduziert (inkompletter Albinismus, Albinoidismus). Die Depigmentierung kann die gesamte Komplexion (generalisierter Albinismus, Albinismus universalis) oder auch nur bestimmte Bezirke der Körperoberfläche (partieller Albinismus, Albinismus circumscriptus) betreffen.

650 Bei Bildern für die Identifikation ist meist nicht unterscheidbar zwischen dauerhaften Hautflecken und vorübergehenden **Pickeln** oÄ. Daher ist das Fehlen einer Übereinstimmung nicht unbedingt ein Ausschlussmerkmal, es kann ja ein flüchtiger Pickel sein, und ein kleiner Fleck kann auf einer schlechten Aufnahme nicht mehr erkennbar sein. Eine Übereinstimmung aber ist gewichtig.

Narben hingegen überleben meist lange. Hier das Fallbeispiel einer Narbe am Knie (Vergleichsbild), die ganz wesentlich zu einer Identifikation in einem Missbrauchsverfahren geführt hat:

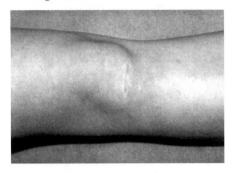

An künstlichen Veränderungen der Hautfarbe sind **Tätowierungen** zu nennen. Bei der Farbentätowierung werden mit dem Einstechen der Tätowiernadel Farbstoffe eingebracht oder auch nachträglich eingerieben. Schwarze Farbstoffe erscheinen durch das Hautgewebe bläulich. Bei der Narbentatauierung resultieren Veränderungen der Hautfarbe nur insoweit, als Narbengewebe eine verminderte Fähigkeit zur Pigmentbildung besitzt und deshalb oft heller erscheint. Solche als Schmuck gesetzte Narben können mechanisch oder durch Einbrennen gesetzt werden; außerdem wird gern die Heilung mechanisch oder chemisch verzögert, damit die Narben größer bzw erhaben werden. Tatauierungen bleiben in der Regel zeitlebens bestehen, man kennt keine befriedigende und wenig hautschädigende Methode zur künstlichen Entfernung.[362]

Daneben gibt es heute auch Hautaufkleber, die wie Tätowierungen aussehen, aber keineswegs dauerhaft sind. Für die Identifikation bedeutet das, dass das Fehlen eines tätowierungsähnlichen Hautschmucks kein Ausschlussmerkmal sein muss.

Applizierter Körperschmuck wie **Ohrringe**, Nasenstecker, Unterhautkugeln uä, auch Brillen, sind genau genommen keine Morphologie, sollten aber doch stets beachtet werden. Wenn es bei Brillen um die Beurteilung der Häufigkeit bestimmter Formmerkmale geht, sollte auf die Möglichkeit der Begutachtung durch einen forensisch spezialisierten Augenoptiker verwiesen werden.

XI. Hand

Die Hand nimmt in der biologischen und kulturellen Evolution wegen ihrer fundamentalen Rolle bei der Hominisation einen beträchtlichen Raum ein. Genetisch sind jedoch die normalen individuellen und gruppenmäßigen Variationserscheinungen der Hand noch wenig erforscht. Schmale Handformen sind zB bei ostafrikanischen Hamiten, Buschmännern und Ostasiaten, breitere Formen dagegen bei Osteuropiden, bei Ainu u.a. zu finden. Untersuchungen an Nato-Soldaten [363] unterstreichen feinere

---

362 *Knußmann* 1980.
363 *Hertzberg* 1963.

Variationserscheinungen im europiden Kreis. Schon aus diesen hier nur gestreiften anthropologischen Daten der Welt gehen nicht selten die Zusammenhänge zwischen Körperhöhe und Körperbau einerseits und Handlänge andererseits hervor. Von solchen Zusammenhängen berichten auch die in den 1920er Jahren mit dem Aufblühen der Konstitutionsforschung jeweils in Relation mit dem Habitus erfassten Handformen. So wurde jedem der Kretschmerschen Konstitutionstypen eine besondere Handform zugesprochen,[364] dem Leptosomen die schmale Hand, dem Athletiker die massige Form, dem Pykniker die weich-rundliche, kurzbreite, knochenzarte Hand.

656   Handmaße wachsen im individuellen zeitlichen Längsschnitt leicht weiter bis zur Seneszenzstufe; in der Involution tritt eine leichte Verminderung ein. Die Männerhand verlängert sich im Altersablauf stärker, verbreitert sich aber absolut wie relativ zur Länge weniger als die Frauenhand.[365] Im Verlauf der jüngsten Geschichte nimmt die Handlänge – analog der säkularen Wandlung der Körperhöhe – zu, während die Handbreite höchstens um einen geringen Betrag größer wird.[366]

657   *Knußmann* legte 1968 Daten zur Variabilität der Handbreite, -länge und des Handindex in Bezug zu Geschlecht und Alter vor. Folgende Tabelle gibt die Durchschnittswerte dieser Handmaße in cm wieder:

	Handbreite		Handlänge		Handindex	
	männlich	weiblich	männlich	weiblich	männlich	weiblich
2 jährige	52,5	50,5	101,0	98,5	52,0	51,3
3 jährige	55,0	53,5	108,0	106,5	51,0	50,2
4 jährige	57,5	55,5	115,0	113,5	49,5	49,0
5 jährige	59,0	58,2	120,0	119,0	48,9	49,0
6 jährige	61,5	60,5	127,0	128,0	48,2	47,2
Erwachsene	89,5	79,5	189,0	174,0	47,5	45,7

658   Beim **Handrücken** lassen sich über die einfachen und wenig informativen Maße hinaus eine Vielzahl von Formmerkmalen beobachten, so zB Polsterung, Furchung, Behaarung und Venen.

---

364 *Kühnel* 1932.
365 *Wünsche* 1953 u.a.
366 *Büchi* 1950.

Hier als Beispiel die Identifikation von Donald Stellwag, bei dem wegen starker Pols- 659
terung Grübchen über den Knöcheln erkennbar sind. Die Form des Grübchens beim
Kleinfinger ist beim Bankräuber (links) anders als beim Beschuldigten (rechts):

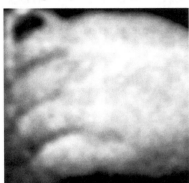

Ecker stellte folgende **Längenabfolge der Finger** bei den meisten Menschen fest: 660
3-4-2-5-1. Man spricht von Radialtypen, wenn 2 > 4 und von Ulnartypen, wenn 4 >
2, Zwischenstufe 2 = 4 bei Längengleichheit. Nach *Rösler* sind aber Altersvariationen
in der Art vorhanden, dass die Häufigkeit des radialen und mittleren Typus auf Kosten des ulnaren Typus zunimmt (Gipfel 5.–7. und 11.–16. Lebensjahr) und dass der
Geschlechtsunterschied erst nach dem 5. Lebensjahr auftritt und während der Pubertät sich vergrößert.[367]

Bei Erwachsenen ist das häufigste Längenverhältnis – wie schon in der Formel von 661
Ecker enthalten – 4 > 2, dann 2 > 4 und schließlich 2 = 4. Dazu kommen Asymmetrien des Grundtypus (63 %) und offenbar auch Einflüsse von Seiten der Umwelt
(„Handarbeiter häufiger ulnar als Kopfarbeiter"), rechts stärker als links.

Nach *Schmidt* gibt es zwischen den Altersgruppen der 20-jährigen und der 70-jähri- 662
gen eine Verschiebung in der Häufigkeit dieser Formel von bis zu 40 %. Der Grundtypus ist demnach ein relativ labiles Phänomen, das je nach Alter, Geschlecht und
funktioneller Inanspruchnahme abgewandelt wird.[368]

Rösler fand bei Familienuntersuchungen eine hohe Korrelation bei der Geschwister- 663
analyse (ulnare ältere Geschwister haben jüngere Geschwister mit Häufigkeit des ulnaren Typus von 75 %), beim Mutter-Kind-Vergleich dagegen geringere Übereinstimmung, von ihm benannte Ursache: Entwicklungsabstand und Belastung durch Handarbeit. Mancher hin und herspringende Altersunterschied könnte aber auch der Effekt der Untersuchungsart Querschnittstudie sein; Längsschnittstudien scheint es
nicht zu geben.

---

367 *Rösler* 1957, 1958.
368 *Schmidt* 1971.

664 Auch alle anderen Längenverhältnisse können charakteristisch sein, so zB die fast gleiche Länge von Mittel- und Ringfinger.[369]

665 Die **Biegungen** der Finger in der Profilansicht zeigen eine gewisse Variationsbreite, beim Daumen ist sie groß. Dort ist es zB das Endglied, das unterschiedlich gekrümmt sein kann. Deren kontinuierliche Variation wird illustriert mit einem Schema von *Schott*:[370]

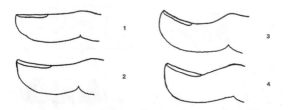

666 Häufigkeiten der Typen bei 448 Probanden (Männer und Frauen gewichtet zusammengefasst, denn die Geschlechterdifferenzen sind nicht signifikant): 1 = 10,2 %, 2 = 30,3 %, 3 = 28,1 %, 4 = 31,3 %.

667 Beim Daumen gibt es auch einen auffälligen Extremtyp, den sogenannten **Schusterdaumen**, bei dem das Endglied auch in normaler Funktion stark überstreckt ist und das Grundglied sozusagen zum Ausgleich geknickt. Entgegen der Bezeichnung ist dies keine Folge von Tätigkeit oder Beruf, sondern eine genetische Variante, die über das Leben im Wesentlichen die gleiche Form behält. Ein Beispiel, links der Bankräuber, rechts der Beschuldigte:

 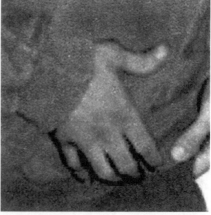

---

369 *Schott* 1991, 42.
370 *Schott* 1991, 119.

Eine große Gruppe von Merkmalen stellt die **Krümmung** von Fingern in der Aufsicht (palmar oder dorsal) dar. Ein Beispiel für den kleinen Finger (Strahl 5):

 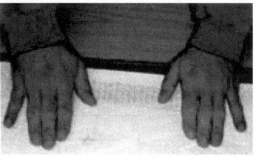

Schusterdaumen und abgeknickter Kleinfinger kamen beim selben Täter vor. Die Identität mit einem Angeklagten wurde durch diese beiden sehr charakteristischen Merkmale und eine Reihe von weiteren der Gestalt und des Gesichts erschlossen und dann bestätigt durch ein Geständnis.

Häufiger als solche Abspreizung sind Einwärtskrümmungen des kleinen Fingers. Auch das Zueinander von Krümmungen benachbarter Finger kann charakterisierend sein. Freilich gilt hier wie bei allen Handmerkmalen, dass spezifische Beobachtungen stark abhängig sind von der dokumentierten Bewegung der Hand; das Nachstellen ist stets ausgesprochen schwierig und nicht immer treffend, siehe den Vergleich der obigen Bildzeilen.

Die **Fingernägel** sind hoch variabel. Merkmale sind dabei Längenbreitenproportion, absolute Größe, Rundung in beiden Richtungen, relative Abdeckung der Fingerspitze, Verlaufsform der Ränder, Oberflächengliederung, Farbdifferenzierung und Form des Nagelfalzes. Die Form der Fingernägel, insbesondere am freien, distalen Rand, kann auch ein wenig von persönlichen Gewohnheiten wie Schneiden oder Kauen berichten.

672 Ein Klassifikationsschema:[371]

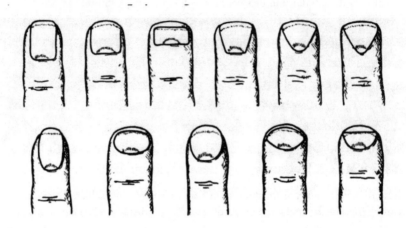

673 Trotz der umfangreichen Dissertation von *Schott*[372] gilt bei der Hand mehr noch als beim Gesicht, dass der Gutachter einer Identifikation ein offenes Auge haben muss. Es ist zwar wichtig, bisher beschriebene Merkmale und Ausprägungen zu kennen, denn überspitzt ausgedrückt gilt auch hier, dass man nur das findet, was man sucht; wichtiger aber sind die ganz eigenen, persönlichen Formen der einzelnen Person, die zu beurteilen ist.

XII. Gesamtgestalt

674 So sehr auch der postkephale Körper räumlich den Kopf dominiert, ist er doch für die Bildidentifikation von eher untergeordneter Bedeutung. Dies liegt zum einen an der tatsächlich geringeren Merkmalszahl dort, dann auch an deren wesentlich schlechterer Beschreibung bisher und schließlich an deren seltener Erkennbarkeit, u.a. wegen Abdeckung durch Kleidung.

---

371 *Koenner* 1938.
372 *Schott* 1991.

E. Merkmale 3

Häufig sind auf Kontrollbildern die Halslänge und der Abfall der Schultern zu erkennen. Problematisch ist dabei die starke Haltungsabhängigkeit, so auch durch andere Sitzposition und Armstellung. Für die allgemeine körperliche Haltung gibt es ein Schema von *Lloyd T. Brown*[373] mit vier Haupttypen:

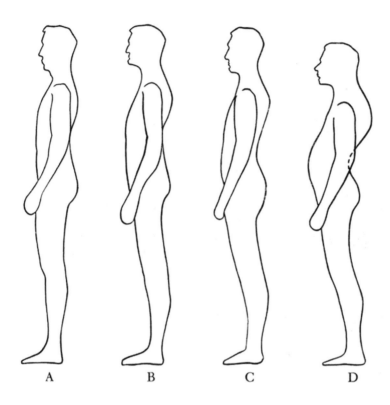

A Kopf- Rumpf- und Beinachse liegen in derselben Geraden, der Brustkorb ist hochgezogen, gut gewölbt, der Bauch eingezogen oder flach, die Rückenkurve mäßig ausgebildet.
B Die Körperhaltung ist leicht in drei Teilstücke abgeknickt, Kopf- und Beinabschnitt sind etwas nach vorn, Rumpfabschnitt nach hinten geneigt. Der Kopf wird etwas nach vorn genommen, die Brust ist nicht mehr so hoch und gut gewölbt wie bei A, die Rückenkurve tritt stärker hervor.
C Die Abweichungen von der Haltung A sind in der bei B schon angedeuteten Richtung noch stärker ausgeprägt. Die Brust ist flach, die vordere Bauchwand erschlafft und vorgewölbt, die Lendenlordose stark ausgesprochen, die Beinachse deutlicher nach vorn geneigt.

---

373 Siehe Martin 1957, 416.

D Der Kopf ist stark nach vorn geneigt, über die Brust vorstehend, das Abdomen schlaff und stark vorgewölbt. Es besteht eine starke Brustkyphose und Lendenlordose.

677 Die Beschreibung enthält fast ein Dutzend Merkmale, die Abbildungen deuten weitere an (zB Höhenlage der Brustkyphose), jedes davon hat etliche Ausprägungen. Weitere Merkmale ergeben sich bei der Ansicht von vorn oder hinten, so zB Breitenverhältnisse und Umrissformen. Auch bei der Gesamtgestalt ist auf die Korrelation zwischen Merkmalen zu achten, wie sie zB durch die Konstitutionsforschung bekannt sind (siehe Rn 180 ff).

678 Ein wichtiger, aber bisher wenig beachteter und erforschter Merkmalskomplex der Gesamtgestalt ist die **Bewegung**. Es gibt ganz persönliche Bewegungsmuster, die dann auch von Videosequenzen oder von Standbildserien in fester Zeitfolge aufgezeichnet werden können und damit für eine Identifikation wichtig werden. Vor allem ist dies der Gang; aber es gibt auch typische wie persönliche Bewegungen allein des Kopfes oder der Hände, außerdem ganz eigene Muster bei Arbeitsbewegungen oder beim Tanz.

679 Zunächst muss hier aber unterschieden werden: es gibt eine **Physiologie** der menschlichen Bewegung, die das Gesetzmäßige herausarbeitet, mit ihren anatomischen, neuronalen und physikalischen Grundlagen.[374] Des Weiteren gibt es eine breite Forschung zur **Evolution** des zweibeinigen Ganges, die Ursprünge und Übergänge herausgearbeitet hat.[375]

680 Es ist nützlich, solche Grundlagen zu kennen, für die Identifikation aber ist vor allem die **Anthropologie** des Ganges wichtig, also die Variabilität von Mustern. Dabei geht es nicht um den Gang als solchen, sondern um dessen Verschiedenartigkeit. Wie auch sonst in der Anthropologie kann solche Differenzierung einfach nur zwischen einzelnen Menschen betrachtet werden, oder aber auch zwischen Teilgruppen der menschlichen Art wie Geschlecht, Alter, Konstitution, Krankheit, soziale Gruppe oder geografische Herkunft. Wie auch sonst in der Identifikation spielt dabei sowohl das rein augenblickliche als auch das relativ typische, überdauernde eine Rolle. Ein erster Ansatz dieser Art findet sich bei *Basler*, der mit mehreren Methoden arbeitet und neben einer breiten Physiologie des Ganges auch einige Gangtypen herausarbeitet: Promenadenschritt, Zehengang, gravitätisch, schleichend, nachlässig, breitspurig.[376]

681 Vom kriminalistischen Praktiker *Prietz* gibt es einen Text, der wegen der Klassifikation und wegen der methodischen Aussagen wichtig ist:[377]

682 „Viele Menschen sind bereits auf große Entfernung, oft schon durch das Geräusch ihrer Schritte, durch Haltung und Gangart zu erkennen ... Obwohl der Gang meist für eine bestimmte Person kennzeichnend ist, erwachsen jedoch Schwierigkeiten, wenn man ihn beschreiben soll. Selbst den Gang uns nahestehender Personen können

---

374 Siehe vor allem *Braune/Fischer* 1895/1987.
375 ZB *Knußmann* 1967, *Gramsbergen* 2005, *Lovejoy* 2005, *Henke/Tattersall* 2007
376 *Basler* 1929.
377 *Prietz/Baranowski* 1970, 112.

wir eher nachahmen, als durch Worte und Begriffe verständlich machen. Man unterscheidet:

- schwerfälligen oder schleppenden Gang,
- schnellen, lebhaften, flotten Gang,
- gemächlichen, ruhigen, schleichenden, wippenden, trippelnden, graziösen Gang,
- schlenkernden, wankenden, torkelnden, taumelnden (Paralytiker), schaukelnden Gang (Seemannsgang),
- breitbeinigen, steifbeinigen, hinkenden Gang,
- beim Gehen ein- oder auswärts gerichtete Füße,

Besonders kennzeichnend kann sein, wenn ältere Personen einen noch flotten Gang oder junge Personen einen schwerfälligen Gang haben, der im Widerspruch zum Alter steht.

Auffallend große oder kleine Schritte müssen als besondere Gangart genannt werden. Ein auffallender Gang und eine sich häufig wiederholende Körperhaltung können für die Wiedererkennung einer Person von besonderer Bedeutung sein. Da sich die zahlreichen Verschiedenheiten des Ganges nur schwer beschreiben lassen, muss man sich auf die auffälligsten Merkmale beschränken."

In jüngster Zeit ist die Anthropologie des Ganges von *Peter Kastmand Larsen* in Kopenhagen untersucht worden, und zwar unter Nutzung der heutigen Techniken zur Quantifizierung und zur Prüfung der Zuverlässigkeit. Es begann mit einem Bankräuber, bei dem eine auffällige seitliche Instabilität des linken Fußes zu beobachten war.[378] Zusammen mit einigen anderen Merkmalen führte das zur Identifikation und Verurteilung eines Beschuldigten. Die folgenden Studien zeigten dann, dass es vor allem der Winkel und die Bewegungsgeschwindigkeit von Gelenken sind, die eine hohe Variabilität aufweisen und damit für die Identifikation geeignet sind.[379] Für deren Feststellung sind präzise platzierte Gelenksmarken und eine Aufnahme mit mehreren Videokameras gleichzeitig nötig, also ein eingerichtetes und eingespieltes Bewegungslabor. Damit lassen sich gerichtsverwertbare Befunde erheben, ohne das aber ist Bewegung nur subjektiv beobachtbar, also auch vom Identifikator nur wiederzuerkennen und nur schlecht mit der kategorialen Sprache zu beschreiben.

Schließlich gibt es auch eine **Psychologie** des Ganges, die die Bewegung als Ausdruck von Charakter, Stimmung und Absicht betrachtet. Eine umfangreiche und bisher nicht übertroffene Untersuchung ist die Monographie von *Gertraud Kietz*.[380] Sie bearbeitet zuerst anthropologische Grundlagen (ohne allerdings dieses Fach zu nennen), dann analytische Grundlagen des Ausdrucksgehaltes des Ganges: Haltung, Geschwindigkeit, Richtung, Kraft, Elemente der Beinbewegung usw, und schließlich gibt sie „Deutungen" wie Strafftheit/Schlaffheit der Körperhaltung, Schwere/Leichte

---

378 *Larsen* 2008 a.
379 *Larsen* 2008 c, 2010.
380 *Kietz* 1956.

des Ganges, Mitbewegung des ganzen Körpers, Elastizität, runde/geradlinige Verlaufsform, und rhythmischer/taktmäßiger Gang. Das ist verbal recht detailliert beschrieben, aber mit nur wenigen Bildern konkretisiert. Wichtig für die Identifikation sind die Erkenntnisse von *Kietz*, dass Gangmuster auch bei einem Menschen variieren können, und dass manche Form des Ganges auf innere Zustände schließen lässt.

687 Aus diesen Quellen lässt sich heute summarisch das folgendes Bild skizzieren. Bereits das Geschlecht gibt eine **Differenzierung**: der männliche Gang ist schwerer, kraftvoller, der weibliche leichter – der ist dann aber auch erheblich variabler. Als nächstes gibt es eine Altersvariabilität, vom leichteren jungen zum schwereren bis schwerfälligen alten Gang. Die Grund-Konstitutionstypen unterscheiden sich: der Pyknomorphe bewegt sich langsamer, fließender, anpassungsfähiger, der Leptomorphe schneller, steifer, autonomer. Mancher Zustand und manche Stimmung beeinflusst den Gang: Der Niedergeschlagene hat einen schlurfend-langsamen Gang und lässt Kopf und Schultern hängen, der Angriffslustige hat einen breitbeinig-spreizarmig-großspurigen, der Fröhliche hebt den Kopf, der Sportliche hat einen federnden Gang.

688 Das alles sind nur Gruppendifferenzierungen. Für die Identifikation aber ist das entscheidende das persönliche Bewegungsmuster. Das ist zwar Modifikationen unterworfen, vor allem durch Krankheit und Stimmung, dennoch bleibt ein persönliches Grundmuster, das wie die morphologischen Merkmale ganz durchschnittlich oder aber sehr charakteristisch sein kann. Danach lassen sich Menschen wiedererkennen. Ebenso wie bei den statischen Merkmalen des Gesichts oder der Gestalt muss der Gutachter einzelne, feine Elemente des Ganges herausgreifen und beschreiben, um so seine Identifikation mitteilen zu können. Und ebenso wie bei den morphologischen Merkmalen wird es für die Erkennung eines charakteristischen Ganges wie auch dessen Beschreibung unterschiedliche Begabungen geben. Das ist freilich in der Tat alles nur Wiedererkennen. Eine eigentliche Identifikation auf der Grundlage von detaillierten und vorzeigbaren Befunden ist nur mit der Quantifikation im Bewegungslabor möglich.

F. Begriffe

689 Anthropologie – die vergleichende Biologie des Menschen. Mit dem „vergleichend" ist sie unterschieden von der idealisierenden Anatomie. Sie ist allgemeiner orientiert als die ursachenorientierte Humangenetik. Wissenschaftssoziologisch ist die Anthropologie ein Fach bzw eine Disziplin.

Anthropometrie – Beschreibung des menschlichen Körpers in Form von gemessenen Strecken, Winkeln, Flächen und Proportionen.

Bezugsbild – das Dokument, von dem nach der Sachlogik ausgegangen wird, also ein Überwachungsbild oÄ. Bei der Identifikation von Personen auf Gemälden und beim Verdacht auf Passfälschung gibt es in der Regel keine solche logische Richtung. Ggs: Vergleichsbild.

F. Begriffe 3

Erbbiologie – deutsch für Humangenetik. Als anthropologisch-erbbiologisch werden die morphologischen Vaterschaftsprüfungen bezeichnet.

GAA – Geldausgabeautomat, Bankomat.

Humanbiologie – eine Fächergruppe mit den Basisteilen der Medizin und den auf den Menschen bezogenen Teilen der Biologie, also Anatomie, Physiologie, Hygiene, Anthropologie, Humangenetik usw. Manchmal wird auch die Psychologie hinzugezählt.

Identifikation – der Vergleich zwischen zwei Bildern oder Objekten mit dem Ziel der Feststellung von Gleichheit oder Ungleichheit.

Identität – der Zustand der Gleichheit zwischen zwei Bildern oder Objekten.

Index – Proportionen, errechnet als Verhältnis zwischen zwei Strecken, in der Regel wird das kleinere Maß in % des größeren ausgedrückt.

Mediansagittale – die Symmetrieebene durch den menschlichen Körper.

Merkmal – hier eine kleine Struktur der Körperoberfläche des Menschen, die sich sachlogisch und nachvollziehbar von anderen Strukturen abgrenzen lässt. Beispiel: Krümmungsgrad des Nasenflügelunterrandes.

Merkmalsausprägung – eine spezifische Form bei einem Merkmal. Beispiel: stark und gleichmäßig gekrümmter Nasenflügelunterrand.

Merkmalskomplex – Zusammenfassung von Merkmalen nach anatomischen Kriterien. Beispiel: die Nase (oder Nasenregion).

Morphologie – die Lehre von den Oberflächenformen in vielen Disziplinen, hier die Formen des Menschen. Dazu gehört die Klassifikation von Formen und die Suche nach Zusammenhängen zwischen Formen, nicht aber die Ursachen der Entstehung, was beim Menschen in der Auxologie (Ontogenie, Entwicklungsgeschichte), Phylogenie (Evolution), Bevölkerungsgeschichte und Genetik geschieht.

Morphognostik/Morphognose – die Klassifikation von feinen Formen beim Menschen in Schemata, die nebeneinander mehrere gradierte Ausprägungen darstellen, und die Diagnose eines einzelnen Menschen bezüglich dieser Ausprägung. Damit wird eine Halbquantifizierung erreicht und eine Unabhängigkeit von den stets unzulänglichen Mitteln der Sprache.

Schema – anthropologischer Fachausdruck für eine Folge von Zeichnungen mit Ausprägungen eines Merkmals. Ein Merkmal ist zB Nasenrückenform in Seitenansicht, Ausprägungen sind dann zB gerade, konvex, konkav, wellig, und evtl Übergänge und unterschiedliche Grade. Solche Schemata sollten entweder wie in diesem Beispiel sachlogisch aufgebaut sein und möglichst die Breite der Variabilität widerspiegeln.

Vergleichsbild – das Dokument, mit dem verglichen wird, also das Bild eines Betroffenen, Angeklagten, Verdächtigen oÄ. Ggs: Bezugsbild.

Vermummung – absichtliche Abdeckung von Teilen des Gesichts, wobei der Fremdgegenstand mit geführt wird. Gegensatz Verdeckung: der Fremdgegenstand wird nicht mit geführt.

G. Literatur

690 *Abel W.* (1935), Die Vererbung von Antlitz und Kopfform des Menschen. Zeitschift für Morphologie und Anthopologie 33, 261-345

Balueva T.S./Lebedinskaya G.V. (1991), Anthropological Reconstruction. Russian Academy of Sciences

Basler, Adolf (1929), Das Gehen und seine Veränderungen durch verschiedene Umstände aufgrund experimenteller Untersuchungen, , Abhandlungen der Medizinischen Fakultät der Sun Yatsen-Universität Canton, Band 1, Heft 2–4, S. 272

Bayerlein W. (Hrsg.) (2002), Praxishandbuch Sachverständigenrecht, 3. Aufl.

Becker M. (2003), Gesichtsform und Attraktivität. Diplomarbeit Psychologie Saarbrücken

Bellmann D. (2004), Differenzierung von Personen mittels computergestützter Bildanalyse. Med, Diss, Uni Saarland Homburg

Bertillon A, (1886), Les signalements anthropométriques. Méthode nouvelle de détermination de l'identité individuelle

ders. (1890), La photographie judiciaire, avec un appendice sur la classification et l'identification anthropométriques

ders. (1893), Identification anthropométrique, instructions signalétiques, Melun

ders. (1895), Das anthropometrische Signalement. Autorisierte deutsche Ausgabe hrsg von Dr. v. Sury, 2. Aufl.

ders. (1909), Anthropologie métrique. Conseils pratiques aux missionnaires scientifiques sur la manière de mesurer, de photographier et de décrire des sujets vivants et des pièces anatomiques. Anthropométrie, photographie métrique, portrait descriptif, craniométrie. Imprimerie nationale

Biasutti R. (1908/1954), Le razze e i popoli della terra. 4 vols

Битов М.В./Марк К.Ж./Чебоксаров Н.Н. (1959), Этническая антропология восточной прибалтики. Труды прибалтийской комплексной экспедиции АН СССР

Bitzan M.G. (1994), Familienuntersuchungen zur Vererbung morphologischer Merkmale am äußeren Ohr des Menschen, Dissertation, Braunschweig

Bogdanski D. (2013), Zur Morphologie des Bartes und des Bartschattens für die Identifikation auf Bildern, Dissertation, Ulm

Braune W./Fischer O. (1895ff/1987), Der Gang des Menschen. Abhandlungen der königlich-sächsischen Gesellschaft der Wissenschaft, mathematisch-physikalische Klasse 21 ff, Englische Übersetzung aller Teile: The Human Gait, 1987

Breitinger E. (1955), Zur Morphogenese und Typologie der Brauen. Homo 6/1, 5–19

Brinker H. (1985) Identifizieren und Wiedererkennen. Bemerkungen zum Unterschied und zur Beweisqualität. Archiv für Kriminologie 176, 142–145

Büchi E.C. (1950), Änderungen der Körperform beim erwachsenen Menschen. Eine Untersuchung nach der Individualmethode

Buhmann D./Helmer R.P./Jaeger U./Jürgens H.W./Knußmann R./Rösing F.W./Schmidt H.D./ Szilvassy J./Ziegelmayer G. (1999), Standards für die anthropologische Identifikation lebender Personen nach Bildern. Grundlagen, Kriterien und Verfahrensregeln für Gutachten. Anthropologischer Anzeiger 57/2: 185–191, Deutsches Autorecht 4/99: 188–189, Kriminalistik 4/99: 246–248, NStZ 1999/5: 230–232, Rechtsmedizin 9: 152–154. Jeweils neueste Fassung veröffentlicht in der Netzseite www.bildidentifikation.de

Бунак В.В. (1959), Фотопортреты, как материал для определения вариаций строения головы и лица. Советская антропология 2, 3–29

ders. (1965), Происхождение и этническая история русского народа по антропологическим данным

G. Literatur

Burkhardt L. (1974), Zur bilateralen Ähnlichkeit der menschlichen Ohrform. Ein Beitrag zum Symmetrieproblem, Anthropologischer Anzeiger 34, 102–111

Bürkle J. (1984), Richterliche Alltagstheorien im Bereich des Zivilrechts

Burrath S. (2009), Visuelle Personenidentifizierung und polizeiliche Personenbeschreibung

Busse H. (1936), Über normale Asymmetrien des Gesichts und im Körperbau des Menschen. Zeitschrift für Morphologie 35, 412–445

Canny J.F. (1986), A computational approach to edge detection. IEEE Transactions on Pattern Analysis and Machine Inteligence 8/6, 679–698

Coon, C.S. (1965), The Living Races of Man

Criminisi A. (2001), Accurate Visual Metrology from Single and Multiple Uncalibrated Images

Davenport C.B. (1908), Heredity of hair form in man, American Naturalist 42, 341–349

ders. (1939), Postnatal development of human outer nose. Proceedings of the American Philosophical Society 80, 175–316+318–355

Deusinger I.M./Haase H./Plate P. (1977), Psychologische Probleme der Personenbeschreibung. Zur Aufnahme und Beurteilung von Zeugenaussagen. BKA-Forschungsreihe 5

Drescher H. (1961), Personenbeschreibung. Schriftenreihe des BKA 55 00

Drobna M./Schmidt H.D./Valsik J.A. (1971), Die Behaarung und ihre Variabilität bei den Bewohnern von Moeciu de Sus. Annuaire Roumain d'Anthropologie 8, 53–84

Dürer A. (1528), Vier Bücher von menschlicher Proportion

Dutta P.C. (1963), A note on the ear lobe. Acta Genetica et Statistica Medica 13, 290–294

Дьяченко В.Д. (1960), Наследие работы Украинской антропологической экспедиции в 1956 году. Материалы Антропологии Украины 1, 18–46

Ecker A. (1875), Einige Bemerkungen über einen schwankenden Charakter in der Hand des Menschen. Archiv für Anthropologie 8, 67– 75

Ehgartner W. (1952), Altersveränderungen an der menschlichen Weichteilnase. Z Morph Anthop 43, 173–193

Ehrhardt S. (1951), Über die Deckfalte am menschlichen Auge. Zeitschrift für Morphologie und Anthropologie 43, 163–172

Endris R./Poetsch-Schneider L. (1984), Zum Beweiswert des menschlichen Lippen- und Nagelreliefs bei Identifizierungen. Archiv für Kriminologie 175/1–2, 13–20

Eppens E. (1994), Untersuchungen zur Morphologie und Häufigkeit einzelner Merkmale der menschlichen Nasen- und Mundregion, Dissertation, Düsseldorf

Erdfelder, E, (2003), Das Gedächtnis des Augenzeugen. Aktuelle Hypothesen und Befunde zur Genese fehlerhafter Aussagen. Report Psychologie 28, 434–445

Eickstedt E. von (1934), Rassenkunde und Rassengeschichte der Menschheit

ders. (1935–41) Die Forschung am Menschen. (Rassenkunde und Rassengeschichte der Menschheit. Zweite umgearbeitete und erweiterte Auflage in zwei Bänden.) F Enke, Stuttgart.

Eickstedt E. von/Klenke W. (1960), Anthropologisches Gutachten zur Frage der Identität Anna Anderson/Großfürstin Anastasia. Homo 11, 197–215

Erdfelder E. (2003), Das Gedächtnis des Augenzeugen. Report Psychologie 28/7–8, 434–445.

Eschricht (1837), Über die Richtung der Haare am menschlichen Körper. Müllers Archiv für Anatomie, Physiologie und wissenschaftliche Medizin, 37–62

Feigen J./Gräf W. (1990), Untersuchungen zur Häufigkeitsverteilung spezifischer Formprägungen der Helix des äußeren Ohres des Menschen in Hinblick auf ihre Beweiskraft für vergleichende anthropologische Identitätsgutachten, Lehramtsarbeit, Frankfurt

Figalova P. (1969), Asymmetry of the face. Anthropologie (Brno) 7, 31–34

Fischer S. (1992), Der Ohrabdruck als Beweis in der forensischen Anthropologie, Diplomarbeit, Frankfurt a.M.

Florez J.T. (1906), Compendio de medicina legal con aplication de las leyes patrias

Friedrich H. (1979), Die Methoden zur Wiedererkennung von Personen und Sachen. Fachbuchreihe K 2.1, Ministerium des Inneren der DDR

Gegenbaur C. (1888), Lehrbuch der Anatomie des Menschen

George R./Singer R. (1993), The lines and grooves of the face – a suggested nomenclature, Plastic Reconstructive Surgery 92, 540–542

Gerhardt K. (1954), Zum Wachstumsverhalten der menschlichen Augenbrauen, Zeitschrift für Morphologie und Anthropologie 46, 143–151

Geyer E. (1936), Studien am menschlichen Ohr, 4. Beitrag: Stellung und Faltung der Ohrmuschel, Anthropologischer Anzeiger 23, 101–111

Gonzales-Ulloa M./Flores E.S. (1965), Senility of the face – basic study to understand its causes and effects, Plastic Reconstructive Surgery 64, 239–346

Goos M.I.M./Alberink I.B./Ruifrok A.C.C. (2005), 2D/3D image (facial) comparison using camera matching, Forensic Science International 163/1–2, 10–17

Gräf W. (1990), Familienuntersuchungen über die Erblichkeit der Konturen der Helix des äußeren Ohres des Menschen in ihrer Bedeutung für die erbbiologische Begutachtung, Lehramtsarbeit, Frankfurt, gemeinsam mit *J. Feigen*

Gramsbergen A. (2005), Postural control in man: the phylogenetic perspective, Neural Plasticity 12/2–3, 77–88

Gromberg C. (2008), Digitale 2D-Fotogrammetrie, Standardmethode der ePass-Foto-Erstellung für biometrische Vergleiche, Bulletin der Schweizerischen Gesellschaft für Anthropologie 14, 82

Gurka A. (2001), Anthropologische Vergleichsgutachten als Beweismittel im Strafverfahren, Diplomarbeit, Fachhochschule für Polizei Villingen-Schwenningen

Hajniš K. (1969), Die Veränderung der Ohrmuschel beim Erwachsenen, Zeitschrift für Morphologie und Anthropologie 61, 42–56

Hancke A./Bernhard W., (1979), Zur Frage der Altersvariabiliät und Geschlechtsdifferenzierung von Weichteilmerkmalen des menschlichen Kopfes aufgrund morphometrischer Bildanalysen, Homo 30, 141–151

Hasse C. (1887), Über Gesichtsasymmetrien, Archiv für Anatomie und Physiologie, 119–125.

Henke W./Tattersall I. (2007), Handbook of Paleoanthropology. 3 vols

Hesch M. (1933), Letten, Litauer, Weißrussen. Ein Beitrag zur Anthropologie des Ostbaltikums, Rudolf Pöchs Nachlass, Serie A: physische Anthropologie, Bd. 3

Hildén K. (1929), Über das Vorkommen der Darwinischen Ohrspitze in der Bevölkerung Finnlands, Fennia 52, 1–39

Hillesheim B. (1987), Untersuchungen zur Morphologie und Häufigkeit einzelner Merkmale der menschlichen Ohrmuschel, Dissertation, Düsseldorf

Hirth L. (1959), Zur Altersschätzung beim lebenden Menschen, Deutsche Zeitschrift für die gesamte gerichtliche Medizin 48, 188–194.

Hirthammer B.J. (2007), Die physignomische Alterung des Menschen. Quantifizierung mittels 3D-Laserscanner, Diplomarbeit, Ulm

ders. (2013), Objektivierung und Überprüfung der Alterseinschätzung beim lebenden Menschen, Dissertation, Ulm, in Vorbereitung

Hogrefe E. (1960), Zur Erbbiologie der Ohrmuschel, Dissertation, Tübingen

Hulanicka B. (1973), Anthroposcopic features as a measure of similarity, Materiały i prace antropologiczne 86, 115–154.

Hummel K. (1971), Biostatistische Abstammungsbegutachtung mit Blutgruppenbefunden

Iannarelli A.V. (1989), Ear Identification

Izard G. (1950), Orthodontie

Jarcho A. (1935), Die Altersveränderungen der Rassenmerkmale bei den Erwachsenen, Anthropologischer Anzeiger 12, 173–179

Keiter F. (1933) Über die Formentwicklung des kindlichen Kopfes und Gesichts. Zeitschrift für Konstitutionslehre 17, 345–383

ders. (1935), Deutsche und Berber. Die Gesichtszüge mitteleuropäischer und nordafrikanischer europider Bevölkerungen, Zeitschrift für Morphologie und Anthropologie 33, 474–490

ders. (1940), Rasse und Gesicht in Europa, insbesondere in Südeuropa, Verhandlungen der physiologisch-medizinischen Gesellschaft Würzburg NF 64, 1–10

ders. (1956 + 1957), Gesichtszüge in Italien und Lybien, Homo 7, 122–142 + 8, 223–239

ders. (1960), Norddeutsche, Franzosen und Italiener im morphognostischen Paarvergleich, Mitteilungen der Anthropologischen Gesellschaft in Wien 90, 55–66

ders. (1963), Anthropologische Beobachtungen auf einer Portugalreise, Homo 13, 37–45

Kietz G. (3. Aufl. 1956), Der Ausdrucksgehalt des menschlichen Ganges, Zeitschrift für angewandte Psychologie und Charakterkunde, Beiheft 95

Kleinknecht T./Meyer-Goßner L. (1999), Strafprozessordnung (StPO)

Knußmann R. (1961), Zur Paarungssiebung nach Integument und nach morphognostischen Merkmalen des Kopfes, Homo 12, 193–217

ders. (1967), Humerus, Ulna und Radius der Simiae: Vergleichend-morphologische Untersuchung mit Berücksichtigung der Funktion, Bibliotheca primatologica 5

ders. (1968), Entwicklung, Konstitution, Geschlecht, in: P.E. Becker (Hrsg.): Humangenetik, Band I/1, 280–437

ders. (1983), Die vergleichende morphologische Analyse als Identitätsnachweis. Strafverteidiger 3:127–129

ders. (Hrsg.) (1988), Anthropologie. Band I/1

ders. (1980, 2. Aufl. 1996), Vergleichende Biologie des Menschen. Lehrbuch der Anthropologie und Humangenetik

ders. (1991), Zur Wahrscheinlichkeitsaussage im morphologischen Identitätsgutachten, NStZ 11/4, 175–177

Koenner D.M. (1938), Ein Beitrag zur Morphologie der Hand, Verhandlungen der deutschen Gesellschaft für Rassenforschung 9, 62–68

Korkhaus G. (1954), Genotypische und paratypische Einflüsse beim Aufbau von Gebiss und Gesichtsschädel, Annales genetica 1, 344 ff

Kretschmer E. (1. Aufl. 1921, 26. Aufl. 1977), Konstitution und Charakter

Kusche H. (1970), Die Signifikanz der Merkmale der Personenbeschreibung und ihre kriminalistische Nutzung, Diplomarbeit, Berlin

Larsen P.K./Simonsen E.B./Lynnerup N. (2008 a), Gait analysis in forensic medicine, Journal of Forensic Sciences 53/5, 1149–1153

Larsen P.K./Hansen L./Simonsen E.B./Lynnerup N. (2008 b), Variability of bodily measures of normally dressed people using PhotoModeler® Pro 5, Journal of Forensic Sciences 53/6, 1393–1399

Larsen P.K. (2008 c), Use of Photogrammetry and Biomechanical Gait Analysis to Identify Individuals, Thesis, Københavns Universitet

Larsen P.K./Lynnerup N./Henriksen M./Alkjaer T./Simonsen E.B. (2010), Gait recognition using joint moments, joint angles and segment angles, Journal of Forensic Biomechanics 1, 1–7.

Lázár B./Detröi E. (1971), Személy le írás (Personenbeschreibung). MfiA, UVR, Budapest.

Liebreich R. (1908), Die Asymmetrie des Gesichtes und ihre Entstehung

Löffler L. (1955), Familienuntersuchungen über den Hinterhaupts- und Nackenhaarstrich, Homo 6/1, 19–31

Lovejoy C.O. (2005), The natural history of human gait and posture. Part 1 + 2, Gait & Posture 21/1, 95–112 + 113–24.

Luce F. (1936), Die Furchen des menschlichen Antlitzes und ihre anatomischen Grundlagen, Gegenbaurs morphologisches Jahrbuch 77, 432–466

Lundman B, (1952), Über einige Haupttypen der menschlichen Ohrform, Homo 3, 85–87.

ders. (1967), Geographische Anthropologie

Martin R. (1957 ff). Lehrbuch der Anthropologie in systematischer Darstellung. 3. Aufl. hrsg. von *K. Saller*, 4 Bde.

Meyer P./Höver A./Bach W. (Hrsg.) (2011), JVEG. Die Vergütung und Entschädigung von Sachverständigen, Zeugen, Dritten und von ehrenamtlichen Richtern, Kommentar, 25. Aufl.

Mittler M.A. (1998), Zur Feststellung von Körpermaßen auf Bilddokumenten unter kriminalanthropologischer Fragestellung (I), Dissertation, Bonn

Montacer-Kuhssary A. (1959), Untersuchungen über das Größenwachstum der Ohrmuschel und der Nase des Menschen, Dissertation, FU Berlin

Neustätter O. (1896), Über den Lippensaum beim Menschen, seinen Bau, seine Entwicklung und seine Bedeutung, Jenaer Zeitschrift für Naturwissenschaften 29, 346–390

Pfannenstiel D. (1952), Zur Morphologie und Genetik der Mund- und Kinnregion, Archiv der Julius Klaus-Stiftung für Vererbungsforschund 27, 1–67

Pöch H. (1925 + 1926), Beiträge zur Anthropologie der ukrainischen Wolhynier, Mitteilungen der Anthropologischen Gesellschaft in Wien 55, 289–333 + 56, 16–52

Pohl-Marquardt A. (1994), Untersuchungen zur Variabiliät der Furchen und Falten des Gesichts unter dem Aspekt des Merkmalsvergleiches, Dplomarbeit, Frankfurt a.M.

Prietz G. (1960), Lehrbuch über der Personenbeschreibung

Prietz G./Baranowski K. (1970), Bezeichne – beschreibe richtig Personen

Quasdorf P../Bischoff J. (1990), Personenidentifizierung an metrischen und deskriptiven Merkmalen des Gesichts, Diplomarbeit, HU, Berlin

Quelprud T, (1932), Untersuchung der Ohrmuschel an Zwillingen, Zeitschrift für induktive Abstammungs- und Vererbungslehre 62, 160–165

ders. (1932), Über Zwillingsohren, Zeitschrift für Ethnologie 64, 130–135

ders. (1932), Zwillingsohren, Eugenik 2, 169–174

ders. (1934), Familienforschungen über Merkmale des äußeren Ohres, Zeitschrift für induktive Abstammungs- und Vererbungslehre 67, 296–299

ders. (1935), Die Ohrmuschel und ihre Bedeutung für die erbbiologische Abstammungsprüfung, Der Erbarzt 8, 121–125

ders. (1941), Variability and genetics of the human external ear, Proceedings of the 7th international Congress of Genetics Edinburgh, 243– 262

Rackowitz, M. (1968), Das Oberflächenrelief des Lippenrots, Dissertation, Dresden

Reche O. (1965), Eine neue Methode zur Erleichterung der Beweisführung in Identifizierungsprozessen, Homo 16: 113–116

Reichwein J. (1994), Morphometrische Untersuchungen an Merkmalen des äußeren Ohres beim Menschen, wiss Hausarbeit, Gießen

Riedel D. (1995), Personenbeschreibung. Kriminalistischer Leitfaden für Detektive, Zentralstelle für die Ausbildung im Detektivgewerbe (ZAD)

Ritter H. (1969), Weichteile der äußeren Augenregion. In PE Becker Hrg: Humangenetik. Band I/1, G Thieme, Stuttgart, 1–10

Rolleder A. (1943), Rassenkundliche Untersuchungen an Serben und Montenegrinern. Rudolf Pöchs Nachlass, Serie A: physische Anthropologie, Bd. 7

Rösing F.W./Graw M./Marré B./Ritz-Timme S./Rothschild M.A./Rötzscher K./Schmeling A./ Schröder I./Geserick G. (2004/05), Empfehlungen für die forensische Geschlechts- und Altersdiagnose am Skelett, Anthropologischer Anzeiger 63/2, 221–232; Rechtsmedizin 15/1, 32–38; Kriminalistik 58/11, 712–716

Rösing F.W. (2006), Identifikation von Personen auf Bildern, § 77 in G. Widmaier (Hrsg.), Münchner Anwaltshandbuch Strafverteidigung, 2534–2548

Rösing F.W./Graw M./Marré B./Ritz-Timme S./Rothschild M.A./Rötzscher K./Schmeling A./ Schröder I./Geserick G. (2007), Recommendations for the forensic diagnosis of sex and age from skeletons, Homo 58/1, 75–89

Rösing F.W./Quarch M,/Danner B. (2012) Zur Wahrscheinlichkeitsaussage im morphologichen Indentitätsgutachten. Neue Zeitschrift für Strafrecht 32/10,548–554

Rösler H.-D. (1957), Zum Alterswandel der Fingerlängenproportion, Homo 8, 81– 95

ders. (1958) Fingerlängenproportion und Klinodayktylie, Zeitschrift für Morphologie und Anthropologie 49, 61–71

Rother P./Friedrich H. (1971), Regression analysis for the descrition of morphological aging processes, Gegenbaurs morphologisches Jahrbuch, 55–60

Routil R. (1933), Von der Richtung der Augenlidspalte, Zeitschrift für Morphologie und Anthropologie 32, 469–485

ders. (1939), Von der Richtung der Augenlidspalte. Mitteilungen der Anthropologischen Gesellschaft in Wien 69, 34–38

Rozprým F. (1935), Eyebrows and eyelashes in man: their different forms, pigmentation and heredity, Journal of the Royal Anthroplogical Institute 64, 353–395

Schebesta P. (1938), Die Bambuti-Pygmäen vom Ituri. Bd. I

Scheidt W. (1931), Physiognomische Studien an niedersächsischen und oberschwäbi-schen Landbevölkerungen

ders. (1932), Untersuchungen über die Erblichkeit der Gesichtszüge, Zeitschrift für induktive Abstammungs- und Vererbungslehre 60/4, 291–394

Schmidt H.D. (1970), Morfologia gurii si barbiei la populatia satului Sirnea, Studii I Cercetari Antropologie 7/1, 71–78

ders. (1970), Hand morphological characters of the population in the Moeciu de Sus village, Annouaire Roumain d'Anthropologie 8, 85–92

ders. (1974), Studiul antropologic al unei populatii germane din Muntii Banatului, Studii i Cercetari Antropologie 11/1, 31–47

ders. (1991), Ein verschwundenes Dorf im Banat

Schott C. (1991), Untersuchung zur Variabilität diagnostisch bedeutsamer Kriterien der menschlichen Hand unter dem Aspekt des Merkmalsvergleichs, Dissertation, Frankfurt a.M.

Schneider H. (2007), JVEG: JVEG: Justizvergütungs- und -entschädigungsgesetz, Kommentar

Schreiner I. (2004), Die anthropologische Identifikation von Personen anhand von Bildern und ihre Bedeutung in kriminalistischer Hinsicht, Diplomarbeit, Fachhochschule Polizei Bremen

Schultz A.H. (1920), Rassenunterschiede in der Entwicklung der Nase und in den Nasenknorpeln, Verhandlungen der schweizer naturforschenden Gesellschaft 101, 259– 261

Schwarzfischer F. (1969), Ohrmuschel,in: P.E. Becker (Hrsg.), Humangenetik, Band I/1, 163–176

ders. (1992), Identifizierung durch Vergleich von Körpermerkmalen, insbesondere anhand von Lichtbildern, in: E. Kube/O. Störtzer/J. Timm (Hrsg.), Kriminalistik. Handbuch für Praxis und Wissenschaft. Bd. l. 735–761

Schweinberger S.R. (1991), Neuropsychologie der Gesichtserkennung, Dissertation, Konstanz

Schwidetzky I./Walter H. (1967), Untersuchungen zur anthropologischen Gliederung Westfalens. Der Raum Westfalen Band V, Mensch und Landschaft 1

Schwidetzky I. (1971), Die anthropologische Gliederung des europäischen Teils der Sowjetunion nach multivariaten Abstandsmaßen, Homo 22, 179–188

Schwidetzky I,, Knußmann R, (1988), Morphognose und Typognose, in: R. Knußmann (Hrsg.), Anthropologie, Band I/1, 359–368

Schwidetzky I. (1992), Descriptive characters of the face in population comparisons, Homo 42, 265–286

Silomon R. (1959), Untersuchungen über das Größenwachstum der menschlichen Ohrmuschel, Dissertation, Berlin

Sporer S.L. (1992), Das Wiedererkennen von Gesichtern

Stargardt A./Strobel K. (1977), Die Verwendbarkeit von Lippenfurchenmustern für die Zwecke der kriminalistischen Personenidentifikation, Kriminalistik und forensische Wissenschaften 28, 37–46

Stein C. (1994), Untersuchungen über die Gesichtsformen in Verbindung mit der Wangenbeinprofilierung im Hinblick auf ihre gutachterliche Beweiskraft, Diplomarbeit, Frankfurt a.M.

Stelzer E. (Hrsg.) (1979), Sozialistische Kriminalistik

Tao Y.-K. (1935), Chinesen-Europäerinnen-Kreuzung, Zeitschrift für Morphologie und Anthropologie 33, 349–408

Tillner I. (1963), Seltene morphologische Merkmale an der menschlichen Ohrmuschel und ihr praktischer Wert für die Vaterschaftsbegutachtung, Anthopologischer Anzeiger 26, 294–307

Titlbachova S. (1967), Somatoskopie, in: V. Fetter/M. Prokopec/J. Suchý/S. Titlbachová (ed), Antropologie, S. 73–121.

Tuppa K. (1938), Zur Morphologie der Augengegend, Mitteilungen der Anthropologischen Gesellschaft in Wien 68, 281–291.

Ulijaszek S.J./Johnston F.E./Preece M.A. (1998), The Cambridge Encyclopedia of Human Growth and Development

Vassal P.A. (1954), L'asymétrie de l'oreille externe, Coptes rendus de l'association d'anatomie 41, 1 ff

Vogel O. (1931), Die Personenbeschreibung

Vogt H.H. (1976), Untersuchungen der Form und des Reliefs von abstehenden Ohrmuscheln, Dissertation, Kiel

Vonderach A. (2008), Anthropologie Europas. Völker, Typen und Gene vom Neandertaler bis zur Gegenwart

ders. (2012), Sozialbiologie. Geschichte und Ergebnisse. Berliner Schriften zur Ideologienkunde 2. Institut für Staatspolitik

Wastl J. (1967), Korsen, Mitteilungen der Anthropologischen Gesellschaft in Wien 96/97, 89–108

Weidel G. (1956), Formmerkmale der Nase und ihre korrelativen Beziehungen, Zeitschrift für Morphologie und Anthropologie 48, 77–99

Weißenfels H. (1994), Untersuchungen zur Reproduzierbarkeit fotogrammetrischer Messungen an der menschlichen Physiognomie, Magisterarbeit, Hamburg

Wendschuh K. (2002), Untersuchung der Abhängigkeit zwischen der Topographie des humanen Bulbus oculi und der morphologischen Form der Orbita im Hinblick auf forensische Gesichtsweichteilrekonstruktionen, Diplomarbeit, Ulm

Weninger J./Pöch H. (1924), Leitlinien zur Beobachtung der somatischen Merkmale des Kopfes und Gesichtes am Menschen, Mitteilungen der Anthropologischen Gesellschaft in Wien 54, 232–261

ders. (1934), Rassenkundliche Untersuchungen an Albanern. Ein Beitrag zum Problem der dinarischen Rasse. Rudolf Pöchs Nachlass, Serie A: physische Anthropologie, Bd. 4

ders. (1951), Armenier. Ein Beitrag zur Anthropologie der Kaukasusvölker. Rudolf Pöchs Nachlass, Serie A: physische Anthropologie, Bd. 8

Weninger J./Weninger M. (1959), Anthropologische Beobachtungen an Georgiern (Transkaukasien). Rudolf Pöchs Nachlass, Serie A: physische Anthropologie, Bd. 9

Weninger M. (1960), Ein seltener Fall von Alterswandel an den Weichteilen der Augengegend, Anthropologischer Anzeiger 24, 197 ff

Wichmann D. (1960), Zur Genetik der Augenwimpern, Anthropologicher Anzeiger 24, 242–251

Woellwarth, E. von (1945), Altersveränderungen an Kopf- und Gesichtsmerkmalen, Dissertation, Tübingen

Wünsche H.W. (1953), Altersveränderungen menschlicher Merkmale in der Kindheit und beim Erwachsenen sowie ihre Beziehungen zum sozialen Milieu und zum Habitus, Zeitschrift für Morphologie und Anthropologie 45, 368– 15

Zacher C. (2001), Zur Analyse relevanter Bestimmungsfaktoren für die Personenidentifikation anhand von Gesichtsmerkmalen auf der Basis von morphologischen Schemata, Dissertation, Bonn

Ziegelmayer G. (1969), Äußere Nase, in: P.E. Becker (Hrsg.), Humangenetik I/2, 56–81

*ders.*Ziegelmayer G (1969), Mund-Kinn-Region, in: P.E. Becker (Hrsg.), Humangenetik I/2, 82–107

Ziegler K. (1993), Signifikante anatomische Merkmale der regio oro-mentale in ihrer Bedeutung für die gutachterliche Beweiskraft, Diplomarbeit, Frankfurt

Zmugg G. (1989), Anthropologische Untersuchungen in der Bergbaugemeinde Ariach, Dissertation, Wien

Danksagung

Der Grundstein für diesen Beitrag wurde 2001 in einem Kurs und Symposion der Bildidentifikation gelegt, mit den Teilnehmern *Steffi Burrath*, *Peter Gabriel*, *Sabine Mönnichs*, *Marcus Schönpflug* und *Carsten Witzel*. Dabei wurde ein Grundgerüst erarbeitet, viele erste Texte formuliert und Fundstellen für weiteres aufgelistet.

In ihrer anderthalbjährigen Zeit als Forschungsassistentin in der Gruppe Anthropologie in Ulm 2002–2003 hat *Sibylle Karin Wanner* viel weitere systematische Arbeit geleistet, insbesondere Abbildungen und Frequenzen bearbeitet und eingegeben.

Wichtige Beiträge hat auch *Andreas Vorderach* erbracht. Er ist Autor des stupenden Werkes „Anthropologie Europas. Völker, Typen und Gene vom Neandertaler bis zur Gegenwart", in dem er die Kenntnisse über die regionale Differenzierung des Menschen zusammenfasst, von den alten komplex vererbten wie Pigmentation und Körperhöhe bis zu den neuen einfachen wie DNS-Polymorphismen. Damit ist die geographische Differenzierung des Menschen gut und aktuell beschrieben.

Trotz Vorarbeiten war der Text bei Planung der 1. Auflage dieses breiteren Handbuchs noch unfertig. So war eine tiefgreifende Überarbeitung und zahlreiche Ergänzungen nötig. Auch wurde viel Literatur neu beschafft und gesichtet, zu einem großen Teil von *Bastian Hirthammer*. Der dann für fertig erklärte Text wurde gegengelesen von *Bettina Danner, Kirstin Funke, Bastian Hirthammer, Horst Schmidt* und *Andreas Vonderach*.

Diese zweite Auflage berücksichtigt die bisherigen neuen Ergebnisse und Entwicklungen. Besonders neue Dissertationen haben dazu beigetragen (siehe *Blass, Bodanski, Henner, Hirthammer, Larsen*).

§ 6 Kasuistik, insbesondere in OWi-Verfahren[1]

A. Einleitung	1	III. Fall 3: Grundfall – Ausschluss	46
B. Beweisbeschlüsse/Beweisanträge	3	IV. Fall 4: Brüder	49
C. Grundlagen und Anknüpfungstatsachen	7	V. Fall 5: „Doppelgänger"	53
D. Merkmale	14	VI. Fall 6: Brüder – Zwei Vorgänge	57
E. Gutachten	16	VII. Fall 7: Firmenwagen	67
F. Vorauswahl/Vorbehalte	26	VIII. Fall 8: Vater – Sohn	72
G. Kasuistik	34	IX. Fall 9: Krad-Fall	76
I. Fall 1: Grundfall – Sonnenbrille	35	X. Fall 10: Körperhöhenrekonstruktion	79
II. Fall 2: Grundfall – Rückspiegel	41	H. Schlussfolgerung	83

A. Einleitung

Bezugnehmend auf § 5, Grundlagen, Merkmale, Häufigkeiten der morphologischen Identifikation von Personen soll nachfolgend im Wesentlichen auf die Anwendung und Verwendung solcher Gutachten in der gerichtlichen Praxis eingegangen werden. Es geht insbesondere darum, über die Auswertung einzelner Fallbeispiele, die den Verfassern freundlicherweise von Beteiligten im gerichtlichen Verfahren zur Verfügung gestellt worden sind, einzelne, verfahrensmäßig interessante Vorgehensweisen hervorzuheben. Gerade die Besonderheit, **dass mit morphologischen Identifikationsgutachten auch der Nachweis einer Nichtidentität geführt werden kann**, stellt ein zusätzliches Hilfsmittel für den jeweiligen Verteidiger/Rechtsanwalt dar. Die Möglichkeit, die Unschuld eines Mandanten beispielsweise in einem Straf- oder Ordnungswidrigkeitenverfahren nachzuweisen, kann in gleicher Weise mit derartigen Gutachten erfolgversprechend erreicht werden, wie notwendigerweise diese Gutachten auch im gerichtlichen Verfahren von dem zuständigen Richter eingesetzt werden können, um einen weiteren Anknüpfungspunkt im Hinblick auf seine Überzeugungsfindung zu generieren. Ergänzt werden die Beispielsfälle um einen Fall einer Körperhöhenrekonstrukition.

Nachfolgend wird nicht weiterführend auf die Grundlagen u.a. hinsichtlich von Merkmalen und Häufigkeitsfragestellungen aus § 5 eingegangen, es wird vielmehr auf das gerichtliche Verfahren fokussiert. Es geht darum zu erläutern, wie bspw Beweisbeschlüsse oder auch Beweisanträge formuliert werden können und welche Besonderheiten bei einzelnen beispielhaften Verfahren für den juristischen Sachbearbeiter relevant sind und insbesondere relevant sein können.

---

[1] Die Zusammenführung des Manuskriptes mit § 5 erfolgte durch *F. W. Rösing* und *Alexandra Diekmann* nach weiterem Gegenlesen. Das Manuskript ist auch unter Bezugnahme auf *F. W. Rösing*, Identifikation von Personen auf Bildern. § 77 in G. Widmaier (Hrsg.), Münchner Anwaltshandbuch Strafverteidigung, 2006, S. 2534, *Rösing/Buck/Diekmann*, Identifikation lebender Personen nach Bildern, § 67 in: Ferner (Hrsg.), Handbuch Straßenverkehrsrecht, 2005, sowie die Standards der Arbeitsgemeinschaft Identifikation lebender Personen nach Bildern (AGIB) zu sehen.

B. Beweisbeschlüsse/Beweisanträge

3 Am Anfang eines jeden Gutachtens steht die Beauftragung des Sachverständigen. Von Gerichten werden Beweisbeschlüsse zur Erstattung derartiger Gutachten erlassen, die ggf auf einem vom Verteidiger gestellten Beweisantrag beruhen. Beispielhaft sind unten zwei Beweisbeschlüsse aus Bußgeldverfahren für die Erstattung eines Identitätsgutachtens eingefügt. Dies sind Beispiele für sog. Stufenverfahren, also mit einem vorläufigen schriftlichen Gutachten und anschließender Überprüfung in einem Haupttermin. In diesen Beweisbeschlüssen wird gerade auch berücksichtigt, dass zunächst ein schriftliches Gutachten zu erstellen ist, bevor im Rahmen einer Hauptverhandlung das Gutachten mündlich erläutert bzw ggf ergänzt wird.

4 Durch die schriftliche Vorbegutachtung ist es damit möglich, bspw im Vorfeld zu einer Hauptverhandlung bereits ein Ergebnis der Nichtidentität zu generieren, da dies bereits in aller Regel durch die Auswertung eines beigezogenen Passbildes, das sich in der Bußgeldakte befindet, möglich sein wird. Derartige Verfahren können dann auf dem Beschlusswege abgekürzt werden. Ferner ist es möglich, durch den Verteidiger selbstgefertigte Vergleichsbilder für die Begutachtung vorzulegen und auch dadurch unnötigen Verfahrensaufwand zu vermeiden, insbesondere wenn bereits der Verteidigung die Nichtidentität der Mandantschaft bekannt ist. Hier seien beispielhaft zwei Beweisbeschlüsse zur Gutachtenserstattung im Rahmen von Bußgeldverfahren wiedergegeben, mit Erlaubnis der Gerichte:

Amtsgericht Freising

Freising,
Domberg 20
85354 Freising
Tel.
Durchwahl
Fax:

Bußgeldsache gegen

wegen Verkehrsordnungswidrigkeit

B e s c h l u ß :

Die Erholung eines anthropologischen Vergleichsgutachtens des Sachverständigen Dr.Jochen Buck, Dall'Armistr.16, 80638 München, zur Identität des Betroffenen mit der auf dem polizeilichen Tatfoto abgebildeten Person wird angeordnet. Das Gutachten soll vorab informatorisch anhand Fotovergleichs und zusätzlich in der Hauptverhandlung des Amtsgerichts Freising nach Vergleich des Aussehens des Betroffenen mit dem polizeilichen Tatfoto mündlich erstattet werden.
Die Verkehrspolizeiinspektion Erding wird beauftragt, dem Sachverständigen auf dessen Anforderung zur Vorbereitung des Gutachtens mehrere Papierabzüge der Tatfotos in unterschiedlicher Kontraststufe zu übersenden.

Der Sachverständige wird beauftragt, vorab kurzgutachtliche Stellungnahme zu erstatten, falls sie die erforderlichen morphologischen Merkmale nicht erkennen lassen, damit der Aufwand einer Hauptverhandlung ggf. vermieden werden kann.

Der Betroffene hat sich in der Hauptverhandlung mit gültigem amtlichem Personalausweis oder Reisepaß auszuweisen.

Michael
Richter am Amtsgericht

Amtsgericht Zwickau

Platz der Deutschen Einheit 1
08056 Zwickau

Telefon:
Telefax:

AZ:
AZ BGB:

BESCHLUSS

des Bußgeldrichters bei dem Amtsgericht Zwickau

vom

In der Bußgeldsache gegen

Verteidiger

wegen Verkehrsordnungswidrigkeit

1. Die Einholung eines anthropologisch/morphologischen Sachverständigengutachtens zu der Frage, ob und mit welchem Grad der Wahrscheinlichkeit die dem Betroffenen hier vorgeworfene Fahrereigenschaft bestimmt werden kann, wird angeordnet.

2. Als Sachverständiger wird beauftragt

   Herr Dipl. Ing. Dr. Jochen Buck, Dall'Armistr. 16, 80638 München.

3. Das Gutachten soll vorab informatorisch anhand Fotovergleichs und zusätzlich in der Hauptverhandlung nach Vergleich des Aussehens des Betroffenen mit dem Beweisfoto mündlich erstattet werden.

4. Die ermittelnde Stelle wird aufgefordert, dem Sachverständigen auf dessen Anforderung zur Vorbereitung

des Gutachtens mehrere Papierabzüge des Beweisfotos in unterschiedlicher Kontraststufe zu übersenden.

gez.
Lindenberger
Richter am Landgericht

Damit derartige Gutachten entsprechend den o.a. beispielhaften Beschlüssen in Auftrag gegeben werden, versuchen die Verfasser einen entsprechenden Beweisantrag der Verteidigung nachfolgend modellhaft zu formulieren. Dabei handelt es sich um die wesentliche Zusammenfassung verschiedener Beweisanträge aus der täglichen gutachterlichen Praxis der Verfasser. Zu formulieren wäre hier wie folgt: **5**

Es wird die Einholung eines Identifikationsgutachtens zum Beweis dafür beantragt, dass mein Mandant als Fahrer des Fahrzeuges des streitgegenständlichen Messvorganges nicht in Frage kommt. Ferner wird zum Beweis dafür, dass das Tatfoto nicht ausreicht, eine hinreichend beweissichere Fahreridentifikation durchzuführen, ebenfalls die Einholung eines Identitätsgutachtens beantragt. Das Gutachten wird zu dem Ergebnis kommen, dass insbesondere auf dem Tatfoto die Konturen viel zu ungenau und grob kontrastiert sind, um eine hinreichende beweissichere Fahreridentität zu ermöglichen, und in der Folge wird das Gutachten zu dem Ergebnis kommen, dass mit der dafür relevanten Sicherheit meinem Mandanten die Fahreridentität nicht nachgewiesen werden kann bzw sich ergeben wird, dass Nichtidentität besteht.

Die Formulierung dieses Beweisantrages beinhaltet keinen Anspruch auf Vollständigkeit. Auch die oben eingefügte Kopie zweier beispielhafter Beweisbeschlüsse für die Beauftragung eines derartigen Identitätsgutachtens beinhaltet in gleicher Weise keinen Anspruch auf Vollständigkeit. Wenn weiterer Aufwand gespart werden soll, kann auf das Stufenvorgehen verzichtet und nur ein schriftliches Gutachten in Auftrag gegeben werden. Dann kann der Beweisbeschluss kurz gefasst werden. Auf jeden Fall aber ist generell zu empfehlen, überhaupt einen solchen Antrag oder Beschluss zu formulieren. Die häufige Praxis, einfach nur eine „Identifikation" durchzuführen, lässt den Gutachter im Ungewissen über entscheidende Elemente des Auftrags, sofern dies nicht juristisch explizit gewollt ist. **6**

C. Grundlagen und Anknüpfungstatsachen

Für die Erstellung eines morphologischen Gutachtens liegt dem Sachverständigen in aller Regel entweder eine Straf- oder Bußgeldakte eines Gerichtes, die Ermittlungsakte der Staatsanwaltschaft und in Ausnahmefällen die Handakte eines Verteidigers vor. Zu unterscheiden ist bezüglich der vorliegenden Anknüpfungstatsachen zwischen Bußgeldverfahren und Strafverfahren. In allen Fällen ist es wichtig, ein bestmögliches Ausgangsbild, also eine Tatfotosequenz oder ein einzelnes Tatfoto beizuziehen. Dies ist in aller Regel möglich, wenn entsprechende Originalanknüpfungstatsachen dem Sachverständigen übersandt werden wie zB der Originalnegativfilm bzw die Digitale Messdatei eines Geschwindigkeitsverstoßes oder das Originalvideoband bei Abstandverstößen. Andernfalls sollte ein optimaler Hochglanzabzug angefertigt werden. **7**

Es wird in der Identifikation nach Bildern von diesem Tatfoto oder auch Bezugsbild ausgegangen. Im Gerichts- wie im Ermittlungsverfahren zeigt das Tatfoto in aller Regel den Täter, der bei der Tat von einer Überwachungskamera oder beispielsweise **8** von einer Kamera anlässlich einer polizeilichen Geschwindigkeitsmessung/Verkehrsüberwachung aufgenommen wurde. Solche Tatfotos/Bezugsbilder sind vom Sachverständigen in bestmöglicher Qualität beizuziehen und auszuwerten.

9   Des Weiteren liegt je nach Akteninhalt ein Vergleichsbild vor, das den Beschuldigten oder Betroffenen darstellt. Vorliegende amtliche Vergleichsbilder, etwa Passfotos oder ähnliches, zeigen in aller Regel nicht die richtige Blickposition, wie die abzugleichende Person auf einem Tatfoto, sie dienen aber explizit einer Voreinschätzung gerade im Rahmen von Bußgeldverfahren auch im Hinblick auf einen möglichen Ausschluss. Falls das vorhandene Vergleichsbild nicht gut geeignet ist, sollte ein neues gefertigt werden; dies erfolgt oftmals in der Hauptverhandlung.

10 Nach den Erfahrungen der Verfasser sind zumindest im Bußgeldverfahren bereits beigezogene Passbilder geeignet, in einer Vielzahl von Verfahren im Vorfeld eine relativ genaue Einschätzung abzugeben, so dass der Aufwand einer Hauptverhandlung vermieden werden kann (gerade bei Nichtidentität eines Betroffenen). Neue Vergleichslichtbilder können auf Anforderung des Gerichts von einem Betroffenen vorgelegt werden, vom Sachverständigen oder einem polizeilichen Erkennungsdienst gefertigt oder im Rahmen einer Hauptverhandlung bzw vorab durch die Verteidigung angefertigt werden.

11 Für die Anfertigung von Vergleichslichtbildern ist es am wichtigsten, dass **Aufnahmerichtung und Körperhaltung dem Bezugsbild entsprechen.** Dabei sollte auch auf einen leicht geöffneten Mund, gehobenen Arm o.Ä. geachtet werden, falls dies das Bezugsbild zeigt. Es sollte auch versucht werden, eine dargestellte Mimik nachzustellen. Die Brennweite der Kamera sollte der Überwachungskamera entsprechen. Nach Versuchen von D. *Buhmann*, Angaben aus der älteren Literatur und auch Erfahrungen der Verfasser ist aber ab einem Abstand von 1,5 m zwischen Kamera und abgelichteter Person keine Beeinflussung der Brennweite mehr feststellbar, wenn das Objekt sich in der Mitte des Bildes befindet. Die Brennweite hat damit in den meisten Fällen keinen Einfluss auf die Verwendbarkeit eines Vergleichsbildes. Der Kamera-Personen-Abstand sollte den Verhältnissen am Überwachungsort entsprechen. Im Bußgeldverfahren sollte eine vergleichbare Position für die Erstellung des Vergleichsbildes in bezug zu einer Fahrervergrößerung des Tatfotos eingenommen werden. Wünschenswert ist eine Ausleuchtung wie auf dem Bezugsbild. Verwendbar sind sowohl normale, wie auch digitale Kameras, in manchen Fällen auch Sofortbildkameras. Die Verwendung von digitalen Kameras hat den Vorteil, dass ein gefertigtes Vergleichsbild sofort überprüft werden kann und dadurch gewährleistet wird, dass ein für die Begutachtung verwendbares Vergleichsbild generiert wird/worden ist. Nützlich ist im Strafverfahren der zusätzliche Einsatz der ursprünglichen Überwachungskamera. Zu beachten sind bei Überwachungskameras von Banken oder Tankstellen die verwendeten Objektive. Es sollten viele Bilder gefertigt werden, unter denen der Sachverständige dann auswählt. Wenig sinnvoll ist das Fertigen von Vergleichsfotos bsp. mit Sonnenbrille, Schirmmütze oder eines Betroffenen in einem Kfz (Bußgeldverfahren), da diese einen Ähnlichkeitseffekt nur verstärken, der für die Identifikationsbegutach-

tung nicht relevant sind. Demgegenüber kann die Ablichtung eines Angeschuldigten mit Strumpfmaske zur Bewertung des Gesichtsprofils sinnvoll sein.

Werden Vergleichsbilder von der Verteidigung gefertigt, müssen diese ebenfalls in der gleichen Aufnahmeposition erstellt werden, wie sie von der Person auf dem Tatfoto eingenommen wird. Der zuständige Sachverständige benötigt ein möglichst gutes Foto in gleicher Blickrichtung [oder Perspektive] ohne Verwendung von sonstigen Accessoires. Bei der Erstellung solcher Vergleichslichtbilder durch die Verteidigung ist weiter zu beachten, dass die Kamera auf vergleichbarer Höhe wie bei dem Tatfoto gehalten wird. Zudem wird bei Straßenverkehrsverstößen häufig ein Blitz verwendet. Auch dies sollte für die Genese des Vergleichslichtbildes berücksichtigt werden. Es sollten alle abgebildeten Merkmalspartien aus dem Tatfoto auf dem Vergleichsbild ebenfalls ausreichend erkennbar sein. Zum Beispiel sollte eine erkennbare Ohrpartie auf einem Tatfoto durch längeres Kopfhaar auf dem Vergleichsfoto nicht abgedeckt werden. Zudem muss dem Sachverständigen mitgeteilt werden, dass die Person auf dem Vergleichsbild tatsächlich den Mandaten/Betroffenen darstellt. Ggf sollte die Kopie eines amtlichen Ausweises mitgereicht werden. 12

Sind diese Anknüpfungstatsachen vorhanden und als gesichert bewertet, dann wird eine detaillierte Analyse feiner morphologischer Formen durch den Gutachter erfolgen. Die genauen Beschreibungen der Merkmale ist § 5 zu entnehmen, nachfolgend wird nur der Vollständigkeit halber darauf eingegangen/hingewiesen. 13

D. Merkmale

Insbesondere für die forensische Tätigkeit ist es angezeigt, bei der Betrachtung der Merkmale diese in einzelne Komplexe einzuteilen, etwa wenn man, wie dies am häufigsten der Fall ist, nicht die ganze Körperregion betrachtet, sondern das Gesicht. Die Einteilung kann dabei auf den Bereich der Nase, der Ohren oder beispielsweise des Mittelgesichtes bzw der Gesichtspartie erfolgen. Es ist dann möglich, in dieser Bereichseinteilung mit Merkmalskomplexen einzelne Feinmerkmale herauszuarbeiten und in einem weiteren Schritt abzugleichen. 14

Deswegen ist es für die gerichtliche Tätigkeit wenig zielführend, etwa hochkomplexe Merkmalslisten zu erstellen, sondern es ist vielmehr angezeigt, in Bezugnahme auf einzelne Merkmalskomplexe – beispielsweise der Gesichtsregion – Feinmerkmale herauszuarbeiten und diese jeweils zu erklären. Dazu muss aber gefordert werden, dass gerade im OWi-Bereich als Grundlage die originalen Tatlichtbilder etwa aus einer digitalen oder analogen Dokumentation herangezogen werden. Es sind dann über die Hauptverhandlung den Beteiligten diese Merkmalsbereiche genau zu erläutern und darzustellen, so dass auch eine Nachvollziehbarkeit für die Beteiligten entsteht. Um Wiederholungen zu vermeiden ist bezüglich der Bevölkerungshäufigkeiten beispielsweise der Merkmalsausprägungen bzw deren Einschätzung für die Identitätswahrscheinlichkeit auf § 5 Rn 169 ff zu verweisen. 15

E. Gutachten

16 In der gerichtlichen Praxis hat sich herauskristallisiert, dass die Erstellung von Gutachten wegen des Mündlichkeitsprinzips bei Strafverhandlungen theoretisch rein mündlich erfolgen könnte; die Problematik besteht allerdings darin, dass meist hochkomplexe Materialien (Tatfotos oder ganze Videosequenzen) auszuwerten sind, und derartiges den Rahmen einer Hauptverhandlung sprengen würde. Somit ist es schon aus Gründen der Verhältnismäßigkeit ratsam, die einzelnen Fälle schriftlich zu begutachten. Es ist zunächst zB in einem Ordnungswidrigkeitsprozess für ein „Blitzerfoto" angezeigt, über den Abgleich mit einem Passbild gegebenenfalls bereits eine Ausschlussbetrachtung durchzuführen; es sind sodann die möglichen Merkmale abzugleichen, und es ist darauf hinzuweisen, dass ergänzend und abschließend im Rahmen einer Hauptverhandlung die restlichen Merkmale nach Inaugenscheinnahme der betroffenen oder beschuldigten Person abzugleichen sind. Nur so ist es abschließend möglich, die morphologische Personenidentifikation durchzuführen.

17 Die gerichtliche Tätigkeit der Verfasser hat zudem gezeigt, dass ein rein schriftliches Gutachten, bei dem ein Tatlichtbild oder ein Tatfoto mit einem Vergleichslichtbild einer Person überprüft bzw ausgewertet wird, dann, wenn das Vergleichsbild, zB ein Passfoto, eine unterschiedliche Aufnahmeposition zu derjenigen des Tatfotos aufweist, nicht ausreicht, einen Fall beweissicher zu bewerten. Es ist immer notwendig, wenn eine abschließende Bewertung erfolgen soll, dass zwei Bilder miteinander verglichen werden, für die die Personen, um die es geht, in einer vergleichbaren Perspektive aufgenommen worden sind.

18 Ein Gutachten sollte folgende Teile umfassen:
- Benennung des Auftrags und der Grundlagen bzw Anknüpfungstatsachen des Gutachtens,
- bei neu gefertigten Bildern die Angabe der Maßnahmen zur Identitätssicherung,
- vollständige und detaillierte Nennung aller Veränderungen, die an einem Bild vorgenommen wurden (zB automatische Tonwertkorrektur, Drehungsangleichung der Köpfe etc.),
- evtl kurze Beschreibung der angewandten Prinzipien,
- Vorstellung der benutzten Skala der Wahrscheinlichkeitsprädikate,
- Ausgang der Prüfung auf Vorauswahl,
- Auflistung der Befunde, bei jedem Merkmal Beschreibung der Form, Einschätzung der Erkennbarkeit und der Seltenheit,
- Benennung des Verwandten-, Vermummungs- und Identitätsvorbehalts,
- Schlussfolgerung mit Wahrscheinlichkeitseinschätzung,
- Bildmappe mit Dokumentation der Befunde.

19 Nach der StPO wird ein Gutachten mündlich vorgetragen. Dies ist bei der Identifikation aus den o.a. Gründen als Ergänzung günstig, weil so zusätzlich eine persönliche

Gegenüberstellung möglich wird. Dabei können dann einzelne Merkmale überprüft werden, die auf dem bisherigen Vergleichsbild nicht gut erkennbar waren.

Aus Sicht der Forensik ist aber, wie bereits oben geschildert, eine Identifikation **nur** in der Verhandlung das schlechtere Vorgehen. Für die Sicherung der Sorgfalt und zur juristischen wie fachlichen Überprüfung des Ergebnisses eines Gutachten sollte vorher eine schriftliche Fassung des Gutachtens erstellt werden und dann im Rahmen einer Hauptverhandlung dieses überprüft, erläutert und ggf ergänzt werden.

Insbesondere im Bußgeldverfahren hat sich nach den Erfahrungen der Verfasser herauskristallisiert, dass sich häufig zunächst nach Aktenlage ein Gutachten erstellen lässt. Dabei kann es sich um einen Abgleich zwischen Tatfoto und amtlichem Vergleichslichtbild oder eine detaillierte Merkmalserfassung handeln, sollte kein amtliches Lichtbild der abzugleichenden Person beziehbar sein.

Hierzu ist es besonders hilfreich, beispielsweise ein in der Bußgeldakte befindliches Passfoto oder ein im Nachlauf nach richterlicher Weisung beizuziehendes Vergleichsbild ebenfalls vorgutacherlich abzugleichen. Dieses Passfoto/Vergleichsbild wird zwar in aller Regel nicht die gleiche Position wie die Person auf dem Tatfoto (meist ein Tatfoto aus einer Straßenverkehrsüberwachung) beinhalten. Es ist allerdings trotzdem möglich, auf Basis dieses Passfotos/Vergleichsbildes, da einige Merkmale immer abgeglichen werden können, eine Voreinschätzung zu treffen, die in häufigen Fällen dazu führt, dass eine Nichtidentität bereits im Vorfeld und damit ohne die Notwendigkeit einer Hauptverhandlung, nachgewiesen werden kann.

In der Bildidentifikation wird die Wahrscheinlichkeit der Identität entsprechend der Quantität der einzelnen Merkmale sowie deren Qualität in neun Prädikaten (**Wahrscheinlichkeitseinstufungen**) angegeben. Dabei ist es nicht nur angezeigt, die „Masse" häufiger oder durchschnittlicher Merkmale aus einem Tatfoto zu bewerten, sondern auch deren Erkennbarkeit und Häufigkeit in der Bevölkerung (siehe § 5 Rn 116 ff).

Tritt ein Merkmal dabei häufig in der Normalbevölkerung auf, ist es wenig personentypisch.[2] Bei durchschnittlich häufigem Auftreten ist es mäßig personentypisch, bei seltenem Auftreten stark. Bei einzigartigen Ausprägungen (zB Furchen- und Faltenausbildungen oder Narben) spricht man von einem Individualmerkmal bzw einem persönlichen Merkmal.

Regeln für die Mindestzahl von notwendigen Merkmalen gibt es bei der Bildidentifikation nicht, denn die Zahl der notwendigen Merkmale hängt untrennbar mit deren Häufigkeit zusammen: Übereinstimmung in wenigen seltenen Merkmalen kann aussagekräftiger sein, als Übereinstimmung in vielen häufigen Merkmalen.

---

2 Der bei Morphologen häufiger verwendete Terminus technicus „personentypisch" wird oftmals bei Juristen, gleichwohl identisch gebraucht, mit „charakteristisch" bezeichnet.

Diekmann/Buck

F. Vorauswahl/Vorbehalte

26 Das Prinzip der „Vorauswahl" mag auf den ersten Blick wie eine mathematische Spitzfindigkeit aussehen, das ist es aber keineswegs. Vielmehr ist es bei vielen forensischen Fallgruppen von geradezu entscheidender Bedeutung. Je nachdem, ob Vorauswahl vorliegt oder nicht, muss eine deutlich niedrigere oder deutlich höhere Wahrscheinlichkeitseinschätzung der Identität gegeben werden.

27 Ein Beispiel stellt der Fall eines aus der Normalbevölkerung über Zeugenaussagen ermittelten Bademeisters dar. Hier sollte eine unberechtigte Abhebung mittels Bankkarte geprüft werden (sog. Computerbetrug). Die Person zeigte neben einer weißen Schirmmütze, einem weißen Polohemd, äußerlich eine dunkle Sonnenbrille bei normaler, relativ schlanker Gestalt. Die Befragung im Umfeld der Bank, bei der die Abhebung erfolgt war, ergab, dass die Person sehr große Ähnlichkeit mit dem Bademeister des Ortes hatte. Dieser trug üblicherweise eine weiße Schirmmütze, eine schwarze Sonnenbrille und ein weißes Polohemd. Der Bademeister war auch von normaler, schlanker Gestalt. Auf Grundlage dieser Zeugenaussagen wurde er verurteilt. Im Rahmen der Berufung konnte dann aber über das Identitätsgutachten sofort über den Abgleich mit einem erkennungsdienstlichen Foto eine Nichtidentität zum Täter festgestellt werden. Der zu Unrecht verurteilte Bademeister wurde sofort wieder auf freien Fuß gesetzt.

28 Auch hier zeigt sich die klassische Problematik der Vorauswahl über „die Gesamtbevölkerung" und wiederum die Relevanz derartiger Auswertungen im Strafprozess im Hinblick auf den Nachweis einer Nichtidentität. Hier hätte ohne weiteres bereits in der Erstinstanz die Nichtidentität durch einen Gutachter nachgewiesen werden können. Um Wiederholungen zu vermeiden ist bzgl der Vorauswahl auf § 5 dieses Buches zu verweisen.

29 Als Besonderheit ist anzuführen, dass die **Vorauswahl** jedoch in aller Regel **bei einem Bußgeldverfahren nicht besteht**. Hier werden keine Personen durch Fahndung aus der Gesamtbevölkerung ermittelt, sondern Personen, die einem über eine Geschwindigkeitsüberprüfung gemessenen Fahrzeug zugeordnet werden können (bsp. Halter, Mieter oder Leasingnehmer). Die Bewertung dieser Zuordenbarkeit sollte jedoch in aller Regel über das zuständige Gericht erfolgen, bedingt jedoch wiederum eine andere Bewertung bzw Bewertungsnotwendigkeit der Wahrscheinlichkeitseinschätzung bei Identität oder Nichtidentität eines dann Betroffenen.

30 Die nachfolgenden Fälle stammen aus Bußgeldverfahren und sind insofern gemäß dieser Ausführung zu betrachten.

31 Nennenswert häufig kommt es im OWi-Verfahren vor, dass ein **Verwandter** des Fahrzeughalters als möglicher Fahrer benannt wird. Die ermittelnde Behörde hat schon die Passbilder verglichen. Dies ist dann eine eingeschränkte Vorauswahl.

32 Festzustellen ist ferner, dass Bildgutachten zur Identität unter dem Vorbehalt stehen, dass keine engen Blutsverwandten des Verdächtigen, Beschuldigten bzw Betroffenen in Frage kommen. In diesem Fall nämlich kann, wie bei der Vorauswahl, Ähnlichkeit

aus einem anderen Grund als Identität auftreten, und die verschiedenen Gründe sind methodisch sauber nicht mehr voneinander unterscheidbar. Dieser Vorbehalt ist im Gutachten zu nennen. Sollte doch ein Verwandter in Frage kommen, ist er am besten in die Beurteilung durch den Sachverständigen aufzunehmen. (vgl u.a. § 5 Rn 150 ff).

Nachfolgend sind beispielhaft Fälle aus der gerichtlichen Praxis der Verfasser aufgezeigt und, soweit sie für die Fragestellung der „Fahreridentifikation" interessant oder besonders sind, ausgewertet worden. Manche der Fälle geben auch Anlass zur Benennung bestimmter genereller Erfahrungen. Ein Fall bezieht sich auf eine Körperhöhenrekonstruktion bei einer strafrechtlichen Fragestellung.

G. Kasuistik

Die nachfolgenden Fälle stammen aus der gerichtlichen Praxis der Verfasser. Es sind Fälle aus dem Ordnungswidrigkeitenrecht. Ein Fall stammt aus dem Strafrecht; hier geht es um eine Körperhöhenrekonstruktion. Die Fälle sind so gegliedert, dass nicht nur das Ergebnis des Gutachtens relevant ist, sondern auch die Besonderheit des einzelnen Falles für die juristische Bearbeitung hervorgehoben wird. Dies bezieht sich sowohl auf die Ermittlung des jeweiligen Betroffenen durch die Behörden, als auch auf die Methodik und Überprüfung der fraglichen Fahreridentität. Letztlich wird auf mögliche Vorbehalte eingegangen, also auch auf Personen, die ebenfalls als Fahrzeugführer in Betracht kommen. Im Fall der Körperhöhenrekonstruktion handelt es sich um einen eindeutigen Ausschluss eines Täters bei einem sog. Scheckkartenbetrug.

I. Fall 1: Grundfall – Sonnenbrille

Der erste Fall beinhaltet ein Verfahren anlässlich einer Geschwindigkeitsüberschreitung vor einem Amtsgericht. Der Betroffene wurde als Halter des gemessenen Fahrzeuges durch die Polizei ermittelt, so dass der Bußgeldbescheid ergangen ist. Der Betroffene wurde wegen seiner Eigenschaft als Fahrzeughalter benannt, weiterführende Vergleiche im Hinblick auf die Gesamtbevölkerung sind durch die ermittelnden Behörden nicht erfolgt. Es ist also ein Fall ohne Vorauswahl.

In der Abbildung 1 unten ist links das Tatfoto und rechts das anlässlich der Hauptverhandlung vor dem Amtsgericht angefertigte Vergleichslichtbild der betroffenen Person dargestellt.

§ 6 Kasuistik, insbesondere in OWi-Verfahren

Abb. 1: *Gegenüberstellung des Tatfotos (links) und des im Rahmen der Hauptverhandlung gefertigten Vergleichslichtbildes des fraglichen Fahrers/Betroffenen (rechts)*

37 Die rechte Ohr- und Unterkieferwinkelpartie sowie der rechte Nasenflügel des Fahrers können aufgrund der schrägen Aufnahmeposition von links nicht erfasst werden. Zudem sind die Augenmerkmale, die Augenbrauendichte sowie die Nasenwurzel der fahrzeugführenden Person durch die abgetönte Sonnenbrille nicht beweissicher erkennbar. Auch die mittige und obere Stirn, die Stirn-Haarlinie und die Scheitelausformung sind durch die herabgeklappte Sonnenblende nicht erkennbar. Weiterhin ist die linke Ohrpartie des Fahrers durch den linken A-Holm verdeckt.

38 Hingegen war es auf der Grundlage der Auswertung der relevanten Merkmale des linken Gesichtsbereiches (Jochbogenpartie, Wangenbein- und Wangenkörperausformung, Unterkieferpartie), der unteren Stirnausprägung, der oberen Augenbrauenkontur, der Nasenpartie (Nasenrücken, Nasenkuppe, linker Nasenflügel, Nasenlochoberrandschweifung), der Hautlippen, der Lippenschleimhäute, der Mittelgesichtsausformung, der Kinnpartie, der Unterkieferausprägung sowie der Halsansatzpartie möglich, aus dem Tatfoto generell ein **höchstes Wahrscheinlichkeitsprädikat** für eine fragliche Fahreridentität abzuleiten (vgl § 5 Rn 116 ff).

39 Hervorzuheben sind die besondere Form des linken Nasenflügels, aber auch die Halsansatzpartie sowie Teile des Kinns, die neben allen anderen Merkmalsbereichen mit dem Betroffenen übereingestimmt haben. Im Rahmen der Hauptverhandlung wurde konstatiert, dass somit mit höchster Wahrscheinlichkeit der Betroffene als Fahrer in Betracht kommt, vorbehaltlich insbesondere weiterer naher Blutsverwandter, die zu dem Tatfahrzeug Zugriff hatten. Daraufhin erfolgte die Einlassung des Betroffenen über seine Verteidigung dahingehend, dass weitere drei Brüder als Fahrer in Betracht kämen, so dass das konstatierte Ergebnis hinsichtlich des Vorbehaltes insbesondere naher Blutsverwandter überprüft werden musste. Diese drei Brüder konnten nach ei-

ner weiteren Inaugenscheinnahme im Rahmen der Hauptverhandlung als mögliche Fahrer ausgeschlossen werden.

Der vorliegende Fall stellt die Besonderheit dar, dass ein insgesamt für eine Fahreridentifikation ausreichendes Tatfoto per se mit einem Vorbehalt hinsichtlich des gutachterlichen Ergebnisses bezüglich naher Blutsverwandter, die Zugriff zu dem Tatfahrzeug haben, versehen ist. Wenn dieser Vorbehalt, nachdem weitere drei Brüder als Fahrer in Betracht kommen, nicht mehr existiert, weil diese drei Brüder im Rahmen der Hauptverhandlung ausgeschlossen werden konnten, ergibt sich juristisch letztlich, gleichwohl nicht morphologisch, ein eindeutiges Ergebnis. Bei diesem Fall handelt es sich um die klassische Vorgehensweise bsp. bei einem Bußgeldverfahren, der Einspruch wurde insofern zurückgenommen.

II. Fall 2: Grundfall – Rückspiegel

In einem weiteren Fall wurde der Nutzer eines Fahrzeuges durch die Ermittlungsbehörden als Fahrer identifiziert, von ihm kam jedoch keine Stellungnahme. Es erging der Beschluss zur Begutachtung der Fahreridentität.

In der Abbildung 2 unten ist links das Tatfoto und rechts das anlässlich der Hauptverhandlung vor dem Amtsgericht angefertigte Vergleichslichtbild des Betroffenen dargestellt.

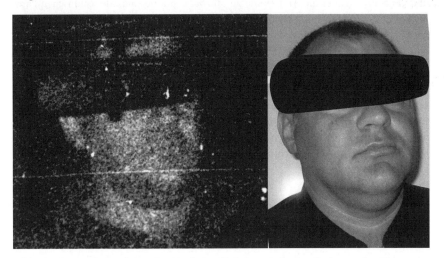

Abb. 2: Gegenüberstellung des Tatfotos (links) und des im Rahmen der Hauptverhandlung gefertigten Vergleichslichtbildes des fraglichen Fahrers/Betroffenen (rechts)

Die Auswertung des Tatfotos ergab, dass zunächst über die Bewertung und Vorabbegutachtung der Betroffene als Fahrer auf Grundlage seines amtlichen Vergleichsbildes nicht ausgeschlossen werden konnte. Die Auswertung des Tatfotos ergab die Möglichkeit eines hohen Wahrscheinlichkeitsprädikates, wobei es insgesamt für die fragliche Fahreridentität möglich war, die Bereiche der Nasenpartie (knorpeliger Nasenrücken, Nasenkuppe, rechter Nasenflügel und Nasenboden), der Mundpartie, des Mittelgesichtes, des Unterkiefers sowie des Kinnes, aber auch die Bereiche von Ohr (Ohrläppchen, rechte, mittige und untere Ohraußenleiste), Hals und Schulter abzugleichen. Im Rahmen der Hauptverhandlung war es dennoch möglich, gleichwohl die gesamte Augen- und Augenbrauenpartie, Kopfhaar und Stirnhaupt sowie die rechte, obere Ohraußenleistenrundung, insgesamt das obere Gesichtsdrittel durch den Rückspiegel verdeckt wurden, den Betroffenen als Fahrer des Tatfahrzeuges mit hoher Wahrscheinlichkeit zu identifizieren. Manche der Merkmalsausprägungen sind durch den pyknomorphen Konstitutionstyp miteinander korreliert, sie haben aber jeweils doch auch eigenes Gewicht.

44 Obwohl somit wesentliche Teile des Gesichtes auf dem Tatfoto verdeckt waren, war es insbesondere auch über die Auswertung der Bereiche der Ohrpartie rechts, der Nasenpartie, der Hautoberlippe und des umgangssprachlich als Doppelkinn zu bezeichnenden Bereich unterhalb der Kinnpartie (gepolsterte Unterkinnpartie) möglich, ein auch für die juristische Bewertung durch den zuständigen Amtsrichter ausreichendes Prädikat für die Fahreridentität zu konstatieren. Auch in diesem Fall wurde der Einspruch zurückgenommen.

45 Dieser Fall gibt Anlass zu einer technischen Anmerkung: die Übernahme einer Abdeckung wie hier durch den Spiegel ist eine gute Illustration für morphologisch Ungeübte. Nie aber gelingt die Abdeckung zu 100 %, denn nie sind alle technischen Parameter der beiden Bilder wirklich gleich. Hier passt gut die Abdeckung der Stirn und die Freilegung des linken Tränensackes, aber schlecht die Abdeckung des Ohres.

III. Fall 3: Grundfall – Ausschluss

46 Anlässlich eines amtsgerichtlichen Verfahrens wurde der Betroffene als einer der Mitarbeiter der Halterfirma des Tatfahrzeuges durch die Ermittlungsbehörden identifiziert. Eine explizite Einlassung durch den Betroffenen ergab sich im Vorfeld nicht. In der Abbildung 3 unten ist links das Tatfoto und rechts das anlässlich der Hauptverhandlung vor dem Amtsgericht angefertigte Vergleichslichtbild des Betroffenen dargestellt.

G. Kasuistik 3

Abb. 3: *Gegenüberstellung des Tatfotos (links) und des im Rahmen der Hauptverhandlung gefertigten Vergleichslichtbildes des fraglichen Fahrers/Betroffenen (rechts)*

Aus dem Tatfoto war es möglich, die relevanten Bereiche des Gesichtes außer den abgedeckten Bereichen durch die Sonnenbrille (Augen- und Augenbrauenpartie, Nasenwurzel) und den in der linken Gesichtshälfte durch die schräge Aufnahmeposition von rechts nicht abgelichteten Gesichtspartien sowie der durch den Schattenwurf der Rückspiegelverblendung verdeckten oberen, rechten Stirnhauptpartie des Fahrers auf dem Tatfoto abzugleichen. Hier wurden die Bereiche der Gesichtsform, der Stirn, des rechten, seitlichen, unteren Haaransatzes, der Nasenpartie, der Hautlippen, der Wangenbein- und Wangenkörperausprägung, der Kinnpartie, des Unterkiefers, der Ohrpartie und der Halspartie abgeglichen.

Bei dem zunächst erstellten Vorabgutachten in Vorbereitung auf den Hauptverhandlungstermin lag vom Betroffenen nur ein amtliches, veraltetes Passbild vor. Nach dem vorläufigen Abgleich konnte zunächst eine Unähnlichkeit in der beim Betroffenen schmäleren Unterkieferpartie festgestellt werden. Ein Ausschluss war jedoch aufgrund der unterschiedlichen Aufnahmeposition und Kopfhaltung noch nicht mit der erforderlichen Beweissicherheit zu konstatieren. Im Rahmen der Hauptverhandlung wurde ein neues Vergleichslichtbild des Betroffenen (vgl Abb. oben rechts) angefertigt. Es zeigen sich bei Gegenüberstellung beider Fotos deutliche Ausschlüsse: der Betroffene hat ein deutlich grazileres Untergesicht, eine weniger markante Unterkieferausprägung und eine bogiger verlaufenden Ohraußenleiste sowie eine im oberen Bereich weniger schräg gestellten Ohraußenleiste. Im Rahmen der Hauptverhandlung wurde somit konstatiert, nachdem verschiedene Ausschlussmerkmale für den Betroffenen festzustellen waren, dass dieser als Fahrer beweissicher ausgeschlossen werden kann. Der Betroffene wurde freigesprochen.

IV. Fall 4: Brüder

49 Ein wegen einer Geschwindigkeitsüberschreitung ermittelter Betroffener, Halter des Tatfahrzeuges, trägt über seine Verteidigung vor, dass nicht er, sondern sein Bruder gefahren sei. In der Abbildung 4 ist links das Tatfoto und mittig das anlässlich der Hauptverhandlung vor dem Amtsgericht angefertigte Vergleichslichtbild des Betroffenen und rechts dessen Bruder dargestellt.

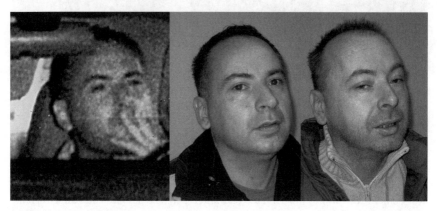

Abb. 4: Gegenüberstellung des Tatfotos (links) und des im Rahmen der Hauptverhandlung gefertigten Vergleichslichtbildes des fraglichen Fahrers/Betroffenen (mittig) bzw dessen Bruder (rechts)

50 Das Tatfoto lässt eine Auswertung aus humanbiologischer Sicht zu. Die Fahreridentität kann hier mit höchster Wahrscheinlichkeit bewertet werden. Der Betroffene hatte vorgetragen, dass nur er oder sein Bruder in Betracht kämen. Die Fragestellung war die Verifizierung zwischen zwei möglichen Fahrern.

51 Bei dem Tatfoto war es möglich, die Bereiche des seitlichen Haaransatzes, der Stirn-Haarlinie mittig, der Stirn, der Augen- bzw Augenbrauen, der Nasenpartie, der Hautoberlippe, der Wangenbein- und Wangenkörperpartie rechts, der Unterkieferausprägung und der Ohrpartie rechts in gleicher Weise, wie zusätzlich die Halspartie abzugleichen. Die Merkmale waren gut erkennbar, insbesondere zeigte sich eine gut erkennbare Ohrpartie rechtsseitig.

52 Beim Bruder, liegt eine gerader verlaufende Ohraußenleiste vor. Schon damit ist der Bruder des Betroffenen als Fahrer auszuschließen. Beim Betroffenen ergaben sich Übereinstimmungen insbesondere in diesen Merkmalsbereichen, auch die anderen Merkmalsbereiche waren übereinstimmend, so dass der Betroffene mit höchster Wahrscheinlichkeit im Hinblick auf eine Identifikation als Fahrer in Frage kam. Allerdings ergab sich diese Bewertung im Sinne einer Identifikation vorbehaltlich eines weiteren nahen Blutsverwandten. Im Hinblick auf die Verifikation zwischen Betroffenen und dessen Bruder war der Betroffene nach Ausschluss des Bruders mit an Sicherheit grenzender Wahrscheinlichkeit der Fahrer zum Tatzeitpunkt. Der Einspruch wurde zurückgenommen.

V. Fall 5: „Doppelgänger"

Die Besonderheit von Fall 5 liegt darin, dass der Betroffene auf dem Zeugenfragebogen wohl als Fahrzeugführer angegeben worden ist und in der Folge ohne weitere Ermittlungen durch die Behörden auch als Fahrer bezichtigt wurde, dass aber der Betroffene im Nachlauf mitgeteilt hat, dass nicht er, sondern der Gatte der Fahrzeughalterin als Fahrer in Betracht kommt. Bei der weiteren als Fahrer in Betracht kommenden Person handelt es sich also in diesem Fall nicht um einen Blutsverwandten.

In der Abbildung 5 ist links das Tatfoto, in der Mitte das anlässlich der Hauptverhandlung vor dem Amtsgericht angefertigte Vergleichslichtbild des Betroffenen (Bildmitte) und rechts das des weiteren möglichen Fahrers dargestellt.

Abb. 5: Gegenüberstellung des Tatfotos (links) und des im Rahmen der Hauptverhandlung gefertigten Vergleichslichtbildes des fraglichen Fahrers/Betroffenen (mittig) bzw des möglichen Fahrers (rechts)

Auf dem Tatfoto konnten bis auf die linke Ohr- und Unterkieferausformung, den linken Nasenflügel, die Kontur des rechten und linken, seitlichen Haaransatzes sowie die Augen- und Augenbrauenpartie und die Nasenwurzel die Merkmale erfasst und abgeglichen werden. Es handelt sich dabei um die Bereiche der Gesichtsform, der Stirnpartie, Nasenpartie, Mundpartie, Mittelgesicht, Unterkiefer, Kinn, Ohr, Hals. Bereits im Vorfeld über die Auswertung eines Vergleichslichtbildes des Betroffenen war es fraglich, ob es Übereinstimmungen im Bereich der insgesamt sehr wulstig ausgebildeten Lippenschleimhäute (Oberlippenrot) des Betroffenen bzw dessen Kinnpartie sowie dessen Ohrinnenleiste im Hinblick auf die Ohrebene gibt. Durch die neuen Vergleichslichtbilder zeigte sich, dass insbesondere diese Merkmale nicht in Übereinstimmung zu bringen waren, so dass der Betroffene nicht als Fahrer in Betracht kam. Die Lippen sind dicker, die untere Kinnkante ist stärker zweispitzig, weniger bogig und die Ohrinnenleiste ist im mittigen Bereich weniger gewölbt als beim Fahrer. Der als vermeintlicher Fahrer in der Hauptverhandlung mitgebrachte Zeuge konnte im Rahmen der Hauptverhandlung nicht ausgeschlossen werden.

Nachdem sich das Verfahren vor dem Amtsgericht im Rahmen der Bußgeldfragestellung nur auf den Betroffenen bezieht, war eine Bewertung, inwieweit der Zeuge als Fahrer beweissicher in Betracht kommt, obsolet. Hier konnte im Rahmen der Begutachtung festgestellt werden, dass die Fahreridentität dem Betroffenen nicht nachzuweisen bzw er auszuschließen war.

VI. Fall 6: Brüder – Zwei Vorgänge

57 Der Fall 6 ist in zwei Einzelfälle aufzuteilen. Der Betroffene wurde anlässlich eines amtsgerichtlichen Verfahrens jeweils als Fahrzeughalter einer Ordnungswidrigkeit bezichtigt. In beiden Fällen wurde er von den Behörden als Halter ermittelt. Die beiden Verstöße liegen rund drei Jahre zeitlich auseinander. Die jeweiligen Hauptverhandlungen in den einzelnen Verfahren fanden ebenfalls im Abstand von drei Jahren statt, wobei zwischen dem jeweiligen Tatzeitpunkt und der jeweiligen Hauptverhandlung etwa ein Jahr verging.

58 In beiden Fällen wird vom Betroffenen vorgetragen, dass einer seiner drei Brüder in Betracht kommt. Es war jeweils möglich, über die Vorbegutachtung ausweislich der amtlichen Lichtbilder der Brüder je zwei Brüder, nämlich beide Male dieselben Brüder auszuschließen. Ein dritter Bruder konnte im ersten Fall ebenfalls vorab ausgeschlossen werden, musste aber für den zweiten Fall im Rahmen der Hauptverhandlung in Verbindung mit der Begutachtung des Betroffenen zusätzlich abgeglichen werden.

59 In der Abbildung 6 a ist zunächst der Fall mit der Tatzeit 2003 und der Hauptverhandlung 2004 dargestellt. Die Tatfotos sind hierbei gedruckte, digitalisierte Video-Standbilder einer Videosequenz eines mit einer analogen Kamera gefilmten Abstandverstoßes (sog. PAL-System). Zudem befindet sich in Ergänzung rechts das Lichtbild des Bruders, das im Rahmen der Hauptverhandlung aus 2007 in vergleichender Position zum Tatfoto aus 2003 angefertigt worden ist, da erst nachträglich eine Genehmigung zur Freigabe der Bilder im Jahre 2007 erfolgte. Dieser Bruder wird in Ergänzung zu dem Ergebnis aus dem Vorgutachten nachfolgend zusätzlich abgeglichen, insbesondere im Hinblick auf den Vergleich zu dem Fall aus 2006.

Abb. 6 a: Gegenüberstellung des Tatfotos (links/rechts) und der im Rahmen der Hauptverhandlungen gefertigten Vergleichslichtbilder des fraglichen Fahrers/Betroffenen (mittig links) bzw dessen Bruder (mittig rechts)

Zunächst ist auf dem Tatfoto eine Person zu erkennen, für die weder die Augen- und 60
Augenbrauenpartie, die Nasenwurzel, die Wangenbeinausformung noch die relevanten Bereiche der rechten, seitlichen Gesichtsausprägung (Unterkiefer, Ohr, Nasenflügel, Kontur des rechten, seitlichen Haaransatzes), abzugleichen waren. Zudem waren aufgrund der verdreckten, oberen, seitlichen, linken Frontschutzscheibe die linke, obere Ohraußenleistenrundung, die Kontur des linken, seitlichen Haaransatzes, die Stirn-Haarlinie und der linke Stirnhauptbereich des Fahrers auf dem Tatfoto nicht beweissicher erkennbar. Allerdings war es möglich, zumindest so viele Bereiche des Gesichtes auszuwerten, dass eine Aussage mit einem hohen Wahrscheinlichkeitsprädikat im Hinblick auf eine Identifikation zunächst getroffen werden konnte.

Bezüglich des Bruders zeigt sich in Ergänzung zu dem Vorgutachten, wenn gemäß 61
Fall 5 oben zunächst auf Ausschlüsse geprüft wird, dass der Bruder auch im Hinblick auf einen möglichen Alterswandel im Hinblick auf die Gesichtsausformung, die Nasenpartie und die Unterkieferausprägung Ausschlüsse in Bezugnahme auf das Tatfoto aufweist. Die Gesichtsausformung des Bruders ist breiter, der Nasenrücken etwas kürzer ausgebildet und auch die Unterkieferausformung ist breiter ausgeprägt als bei dem Fahrer auf den Tatfotos. Nach dem Abgleich mit dem Lichtbild des Betroffenen zeigten sich demgegenüber für alle Merkmalspartien Übereinstimmungen zu dem Fahrer auf den Tatfotos.

Im Rahmen der Hauptverhandlung konnte konstatiert werden, dass im Hinblick auf 62
eine Identifikation mit hoher Wahrscheinlichkeit der Betroffene der Fahrer zum Tatzeitpunkt war. Unter Berücksichtigung, dass nur Betroffener oder dessen Brüder als Fahrer in Betracht kamen, war die Aussage für die Fahrereigenschaft des Betroffenen mit an Sicherheit grenzender Wahrscheinlichkeit zu vergeben. Die Brüder wurden bereits vorab im schriftlichen Gutachten ausgeschlossen.

In der Abbildung 6 b ist der Fall aus der Tatzeit 2006 und aus der Hauptverhandlung 63
2007 dargestellt. Hier stellte sich die gleiche Frage, wobei eine Besonderheit darin besteht, dass die Vergleichsbilder zeitliche Veränderungen (Alterswandel) beinhalten, die unkommentiert bleiben sollen. Auf solch mögliche Veränderungen, insbesondere altersbezogen, wurde in § 5 Rn 176 f bereits eingegangen.

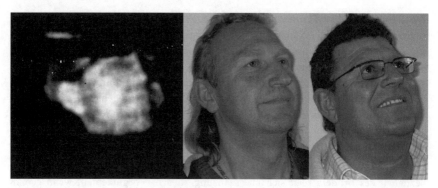

Abb. 6 b: Gegenüberstellung des Tatfotos (links) und des im Rahmen der Hauptverhandlung gefertigten Vergleichslichtbildes des fraglichen Fahrers/Betroffenen (mittig) bzw dessen Bruder (rechts)

64 Bezüglich des zweiten Tatfotos konnten das gesamte Stirnhaupt, das Kopfhaar, die Scheitelausformung und die Augenbrauen des Fahrers durch Verdeckung nicht erfasst werden. Auch die linke Lidschweifung liegt im Schattenbereich des Nasenrückens. Durch den Abgleich in der Hauptverhandlung war es möglich, den Bruder anhand des kürzeren Nasenrückens und der anderen Ohrform auszuschließen.

65 Der Betroffene, bei dem alle Merkmale des Fahrers auf dem Tatfoto übereinstimmten, war mit hoher Wahrscheinlichkeit im Hinblick auf eine Identifikation als Fahrer feststellbar. Nachdem in diesem Fall die als Fahrer in Betracht kommenden, anderweitigen zwei Brüder im Rahmen des Vorgutachtens über deren amtliche Vergleichslichtbilder ausgeschlossen werden konnten, der weitere dritte Bruder (siehe oben) im Rahmen der Hauptverhandlung ausgeschlossen werden konnte, sich des Weiteren die Frage stellte, wer von den vier Brüdern gefahren ist, konnte somit aus morphologischer Sicht konstatiert werden, dass der Betroffene im Hinblick auf eine Verifikation zwischen den Brüdern mit an Sicherheit grenzender Wahrscheinlichkeit der Fahrer des Tatfahrzeuges war, gleichwohl ein Tatfoto mit durchschnittlicher Qualität generell ohne die Bewertung der Brüder mit dem Vorbehalt behaftet gewesen wäre, dass eben diese Brüder als Fahrer in Betracht kämen.

66 Genau diese Fragestellung stellt sich immer wieder beim Abgleichen von Personen auf Tatfotos: welche weiteren Personen kommen als Fahrer in Betracht? Die klassische Fragestellung eines Strafverfahrens, wonach aus der Bevölkerung eine Vorauswahl getroffen wird, ist hier nicht evident. Es geht demgegenüber um Personen, die zu einem Tatfahrzeug Zugriff haben, gerade nicht um die Gesamtbevölkerung. Nur diese Fragestellung wird im OWi-Verfahren richterlich gewürdigt. Der Sachverständige überprüft dann auf Ausschlüsse, kommt zu einem Ergebnis und konstatiert einen Vorbehalt. Je nach Individualverfahren wird dann entschieden, ob die möglichen weiteren Fahrer in Betracht zu ziehen sind oder ob gemäß der tatrichterlichen Überzeugung derartiges nicht relevant ist.

VII. Fall 7: Firmenwagen

Die Fragestellung des Vorbehaltes hinsichtlich möglicher anderweitiger Fahrer wird juristisch umso wichtiger, je schlechter die Qualität des Tatfotos wird. Die Qualität des Tatfotos bezieht sich sowohl auf die Schärfe der abgebildeten Konturen, auf mögliche Bildstörungen, als auch auf die verdeckten Gesichtspartien.

In Fall 7 ist ein qualitativ eher schlechtes Tatfoto dargestellt. Es zeigt sich auf dem Tatfoto lediglich die rechte Gesichtshälfte, die Person dreht den Kopf nach links, weg von der Kameraposition der Geschwindigkeitsüberwachung. Durch die Blitzauslösung ist die rechte Gesichtshälfte zudem überbelichtet. Dadurch ist es möglich, nur den Bereich der rechten Gesichtshälfte, also den Bereich bis zur Nasenpartie zu erfassen.

In der Abbildung 7 ist der Täter (ganz links) mit dem Betroffenen (2. v. l.) und den beiden Zeugen (3. und 4. v. l.) dargestellt. Diese Vergleichsbilder wurden in der Hauptverhandlung gefertigt.

Abb. 7: Gegenüberstellung des Tatfotos (links) und des im Rahmen der Hauptverhandlung gefertigten Vergleichslichtbildes des fraglichen Fahrers/Betroffenen (2. v. l.) bzw der weiteren Zeugen (3./4. v. l.)

Anzuführen ist, dass ein wahrscheinliches Identifikationsprädikat im Rahmen eines Bußgeldverfahrens nach tatrichterlicher Überzeugung ausreichen kann, so lange keine Ausschlüsse beim Betroffenen zu finden sind.[3]

Für den Zeugen, der als Dritter von links abgebildet ist, zeigen sich Ausschlüsse im kurzen Abstand zwischen den Schläfenhaaren und der Augenregion, in der mehr nach abwärts ausgerichteten Nasenkuppe, in dem mehr abfallenden Nasenboden und in der im oberen Bereich schräger gestellten Ohraußenleiste. Auch nach dem Abgleich mit dem zweiten Zeugen (Vierter von links) sind Unähnlichkeiten in der im oberen Bereich schräger gestellten Ohraußenleiste erfassbar. Demgegenüber ergaben sich für den Betroffenen keine Ausschlüsse. Somit war in diesem Fall trotz qualitativ eher „minderwertigem" Tatfoto eine Bewertung der Fahreridentität möglich.

---

3 Vgl OLG Bamberg vom 26.1.2007 – Az 2 Ss OWi 1771/06.

VIII. Fall 8: Vater – Sohn

72 Nach einer polizeilichen Geschwindigkeitsüberwachung wurde der Betroffene als Fahrer ermittelt, weil ihm der Pkw überlassen worden ist. In der Abbildung 8 ist das Tatfoto links dargestellt, rechts zeigt sich das Vergleichslichtbild des Betroffenen sowie des Zweitbenannten.

Abb. 8: Gegenüberstellung des Tatfotos (links) und des im Rahmen der Hauptverhandlung gefertigten Vergleichslichtbildes des fraglichen Fahrers/Betroffenen (mittig) bzw des weiteren Zeugen (rechts)

73 Das Tatfoto lässt den Mittelgesichtsbereich, die Kinnpartie, Unterkiefer- sowie Wangenbeinpartie erkennen. Auch Bereiche des rechten Ohres (Ohrläppchen und untere Ohraußenleiste) können erfasst werden. Das Tatfoto ist grenzwertig und nur bedingt auswertbar. In diesem Fall war vom Betroffenen mitgeteilt worden, dass nur diese andere Person als Fahrer in Betracht kommt, ansonsten niemand anderes zu diesem Fahrzeug Zugriff hat.

74 Der Zeuge kommt wegen seiner mehr nach vorwärts ausgerichteten Nasenkuppe, dem weniger abfallenden Nasenboden, der längeren Hautoberlippe, der dicker ausgebildeten Lippenschleimhäute, der weniger erschlafften Unterkinnpartie und der schmäleren Unterkiefer- und Mittelgesichtsausprägung als Fahrer nicht in Betracht. Beim Betroffenen ergaben sich für die erfassbaren Merkmale des Fahrers auf dem Tatfoto Übereinstimmungen, so dass der Betroffenen „mit Wahrscheinlichkeit" als Fahrer festgestellt werden konnte.

75 Für diesen Sonderfall, der eigentlich für eine reine Identifikationsfragestellung mit Vorbehalt möglicher weiterer Personen, die als Fahrer in Betracht kommen, nicht ausreichend ist, war eine Fahreridentifikation möglich, auch weil in der Hauptverhandlung weitere tatrichterliche Erhebungen getroffen worden sind.

IX. Fall 9: Krad-Fall

76 Dieser Fall wurde wegen der Geschwindigkeitsüberschreitung eines Kradfahrers (Krad = Kraftrad) vor einem Amtsgericht verhandelt. Der Kradfahrer wurde als Halter ermittelt, eine Einlassung erfolgte nicht. Das Gesicht, die Augen und Augenbrau-

en, das Mittelgesichts und die Nasenpartie ließen sich bewerten. Hervorzuheben ist die besondere Form der Nase. In der Abbildung 9 ist links der Ausschnitt aus dem Tatfoto und rechts das in der Hauptverhandlung gefertigte Vergleichsbild.

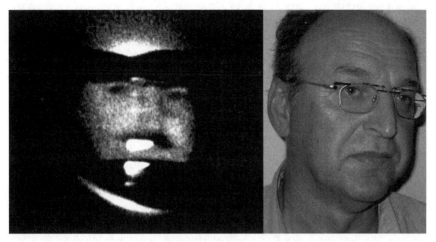

Abb. 9: Gegenüberstellung des Tatfotos (links) und des im Rahmen der Hauptverhandlung gefertigten Vergleichslichtbildes des Betroffenen (rechts)

Die charakteristische Verlaufsform der Nase, aber auch die Bereiche der Augenpartie ergaben Übereinstimmungen. Ebenso zeigten sich gleiche Ausprägungen in der Wangenbeinpartie und im Bereich des Mittelgesichts.

Bei so wenigen Übereinstimmungen war es zunächst nicht möglich, ein ausreichendes Wahrscheinlichkeitsprädikat zu vergeben, der Betroffene konnte aber auch nicht ausgeschlossen werden. Dieser Befund reichte hier aber für eine juristische Entscheidung aus, denn in der Hauptverhandlung kam der Tatrichter zu der Erkenntnis, dass keine weiteren Personen dieses Krad führen. Der Einspruch wurde zurückgenommen.

X. Fall 10: Körperhöhenrekonstruktion

Die Körperhöhenrekonstruktion wird insbesondere bei strafrechtlichen Fragestellungen sehr häufig abgefragt. Es gibt meist Videoaufnahmen oÄ von Tätern, aufgrund derer ein Beschuldigter/Angeklagter ermittelt wurde, der gegebenenfalls seine Unschuld vehement beteuert. Die Erhebungen und Beweisaufnahmen im Rahmen der Hauptverhandlung führen oft dazu, dass Zeugen oder anderweitige Anknüpfungspunkte dafür vorliegen, dass der Beschuldigte/Angeklagte als Täter allerdings sehr wohl in Betracht kommt und insofern eine „Verurteilung droht". Verteidigerseits wird dann oft eine Körperhöhenrekonstruktion beantragt, da beispielsweise, wenn deutliche Unterschiede vorliegen, obwohl die Tatfotos bzw die Tatsequenz selbst mitnichten geeignet sind, eine Person im Sinne einer forensisch-morphologischen Auswertung zu überführen, mittels dieser Methode die Unschuld des Mandanten nachgewiesen werden kann. Somit besteht für den Verteidiger das Risiko nicht, dass eine ohnehin für ihn schon „ungünstig verlaufende" Beweisaufnahme zusätzlich in ein weiteres Problem mündet, nämlich ein weiteres Indiz für eine Täterschaft besteht. Vielmehr ist es so, dass über die Körperhöhenrekonstruktion noch eine quasi „letzte Ausschlussmöglichkeit" geprüft werden kann, nämlich dann, wenn der Täter zB wesentlich größer oder kleiner als der Beschuldigte/Angeklagte ist.

80 Nachfolgend ist ein Fall aus einer gerichtlichen Beauftragung der Verfasser dargestellt, bei dem genau dieses Szenario bereits vorlag. Es erging durch das Gericht ein entsprechender Auftrag zur Körperhöhenrekonstruktion. Abbildung 10 beinhaltet die Gegenüberstellung zwischen der Tatsequenz (jeweils rechts) und dem Vergleich mit dem Beschuldigten/Angeklagten (jeweils links). Dabei muss forensisch für die Bewertung mit dem Beschuldigten/Angeklagten ein Ortstermin durchgeführt werden. Es muss dann in der gleichen Perspektive, wie zB in einer Bank, in einer Tankstelle oÄ, eine Aufnahme mit dem Beschuldigten/Angeklagten gemacht werden, die ihn in der entsprechenden Position wie den Täter auf der Tatsequenz dokumentiert.

81 Vergleicht man die oberen beiden Lichtbilder in Abbildung 10 miteinander, so kann man geradezu exemplarisch sehen, dass der Täter wenigstens einen Kopf größer ist als der Beschuldigte/Angeklagte. Man kann zwar sehr gut erkennen, dass die Tatbildsequenz sicherlich nicht geeignet ist, morphologische Feinmerkmale herauszuarbeiten, dass es aber ohne weiteres möglich ist, eine Körperhöhenrekonstruktion im Hinblick auf eine Ausschlussfragestellung durchzuführen. Die beiden Bilder unten, wobei das rechte Bild die Tatsequenz darstellt und das linke Bild das Vergleichsbild mit dem Beschuldigten/Angeklagten, zeigen ebenfalls, dass der Täter quasi den Kopf komplett um 90° nach vorne neigen muss, um einigermaßen unterhalb des weißen Balkens der Beleuchtung des Bankomats zu kommen. Der Beschuldigte/Angeklagte befindet sich demgegenüber bereits bei geringer Neigung des Kopfes um ca. 30° nach vorne mit seinem oberen Schädeldach quasi schon unterhalb dieses Beleuchtungsbalkens des Bankomaten.

82 Wenn man berücksichtigt, dass man sicherlich über Schuhwerk bestimmte Toleranzen in der Körperhöhe von ± 5 cm ansetzen muss, so wird es im vorliegenden Fall dennoch nicht möglich sein, über Schuhwerk diese extreme Diskrepanz in der Körperhöhe zwischen dem Täter und dem Beschuldigten/Angeklagten zu erklären. Es ist schlicht so, dass der Täter etwa einen Kopf größer ist, als der Beschuldigte/Angeklagte. Geradezu exemplarisch zeigt sich also, dass man einen klaren Ausschluss rein über die Körperhöhenrekonstruktion generieren konnte und insofern ein Beschuldigter/Angeklagter tatsächlich für diese ihm vorgeworfene Tat nicht verantwortlich gemacht hat werden können.

H. Schlussfolgerung

Abb. 10: *Gegenüberstellung zweier Tatfotos (rechts) zu zwei Vergleichslichtbildern des Beschuldigten/Angeklagten (links).*

H. Schlussfolgerung

Die Auswahl der Fälle spiegelt recht gut die durchschnittliche Praxis der Identifikation nach Bildern wider: wirklich gute Bilder werden dem Sachverständigen selten vorgelegt, denn dann identifiziert der Richter eher selbst. Typisch ist auch, dass das Ohr oft besonders wichtige Hinweise gibt, insbesondere, wenn mehr als eine Person zu vergleichen ist. Und schließlich ist fast immer ein zusätzlich beanspruchter Bruder oder sonstiger Zeuge abzugleichen. Freilich darf der Gutachter sich nicht selbst präjudizieren und ein Ergebnis erwarten, denn jeder Fall ist eigenständig zu bearbeiten. Gerade strafrechtliche Fragestellungen, für die keine Möglichkeit einer beweissicheren positiven Identitätsfeststellung zu erwarten steht, sollten dennoch überprüft werden, da bereits ein erster Ausschluss auch etwa über eine reine Körperhöhenrekonstruktion für einen Beschuldigten/Angeklagten zum Freispruch führen kann.

Die Fälle zeigen auch deutlich, dass keine generellen Regeln aufgestellt werden können, ob ein Tatfoto für eine Bewertung der Identität ausreicht oder nicht, gleichwohl ein Tatfoto für eine Ausschlussbewertung früher ausreichend ist, als für einen positiven Identitätsnachweis, da im Prinzip ein Merkmal, das nicht mit dem fraglichen Täter übereinstimmt, bereits für den Befund des Ausschlusses reichen kann. **Es ist insgesamt jedoch immer der Individualfall zu bewerten, insbesondere die richterliche Würdigung, inwieweit für diesen Individualfall eine Bewertung der Fahreridentität oder -nichtidentität möglich ist** (vgl § 7).

85 Vermutlich wird sich manch ein Betrachter der Beispiele in diesem Beitrag gesagt haben, dass die jeweilige Schlussfolgerung keineswegs immer so klar ist, wie das formuliert wurde. Das ist ein Einwand, der immer wieder von Nicht-Morphologen erhoben wird, und er entsteht, weil Identifikation eine hoch spezialisierte Fertigkeit ist, die zum einen auf besonderer Begabung (dem sog. „morphologische Blick") beruht, zum anderen auf einer langen, mitunter steinigen Übung.

86 **Hinweis:** Wer immer in einem Verfahren einen solchen Einwand hegt, sollte ihn gegenüber dem Identifikationsgutachter offensiv vertreten. Mit dem Bild vor aller Augen lassen sich dann praktisch immer die feinen Schattierungen zeigen, die auf ein wichtiges Merkmal schließen lassen.

§ 7 Juristische Fragestellungen

A. Die grundsätzliche Verwertbarkeit von Lichtbildern zur Identifikation 1
B. Die Identifikation des Täters anhand eines Lichtbildes 2
  I. Identifikation durch optischen Vergleich 2
  II. Geeignetheit des Lichtbilds für den optischen Vergleich 3
  III. Die Einbeziehung des Lichtbilds in die Urteilsgründe 6
IV. Keine Einbeziehungsfähigkeit von Filmaufnahmen 12
V. Identifikation bei nicht geeignetem Lichtbild 13
VI. Das nicht in die Urteilsgründe einbezogene Lichtbild 15
VII. Identifikation durch ein morphologisches Sachverständigengutachten 17

A. Die grundsätzliche Verwertbarkeit von Lichtbildern zur Identifikation

Es steht rechtlich außer Frage, dass Lichtbilder in Straf- und Bußgeldverfahren als Beweismittel zur Identifizierung des Täters herangezogen werden können.[1] Dies geschieht prozessual im Wege der **Inaugenscheinnahme** nach §§ 86 StPO, 71 OWiG.[2] Von besonderer Bedeutung ist im Verkehrsrecht natürlich **das von dem jeweiligen Messgerät gefertigte Täterfoto**. Bezüglich dessen Verwertbarkeit ist auf § 9 Rn 8 ff zu verweisen. Daneben kann jedes weitere Lichtbild, hinsichtlich dessen kein Beweisverwertungsverbot besteht, als Hilfsmittel zur Identifizierung des Täters herangezogen werden. In Betracht kommen insoweit zB von einer Überwachungskamera in allgemein zugänglichen Räumen gefertigte Fotografien.[3] Ferner können die Ermittlungsbehörden gem. §§ 161 StPO, 46 OWiG zu Identifizierungszwecken die in den Einwohnermeldeämtern dokumentierten **Passfotos** heranziehen.[4] Werden bei der entsprechenden Anforderung formale Vorschriften des Melderechts missachtet, führt dies bezüglich der beigezogenen Fotografien nicht zu einem Beweisverwertungsverbot.[5] Auch Fotografien, die auf allgemein zugänglichen Internetseiten abgebildet sind, können insoweit verwertet werden. In welchem Umfang Fotografien, welche in dem Internet-Portal *Facebook* gespeichert sind, verwertet werden können, bedarf der zukünftigen Klärung.[6] ME können Fotografien aus dem *Facebook*-Portal jedenfalls dann zu Identifizierungszwecken verwendet werden, wenn die Ermittlungsbehörden auf einem ihnen nach den Regeln des Netzwerks rechtlich und tatsächlich zugänglichen Weg in deren Besitz gelangt sind. So hat zB das OLG Köln unlängst entschieden, dass dann, wenn jemand seine Fotografie auf der Internetseite von *Facebook* einstellt, er damit zumindest konkludent seine Einwilligung in einen Zugriff durch Suchmaschinen erklärt, sofern er nicht von der ihm in den AGB eingeräumten Möglichkeit der Sperre gegenüber diesen Gebrauch macht.[7] Unter diesen Umständen dürf-

---

1 Vgl zur nachstehenden Problematik auch *Quarch/Möhler* in: Ferner, Straßenverkehrsrecht, 2. Aufl. 2006, § 39 Rn 101 ff.
2 ZB BayObLG NStZ 2002, 388; HK-GS/*Neuhaus* § 86 StPO Rn 5.
3 Vgl BayObLG NJW 2002, 2893; vgl auch § 6 b BDSG.
4 ZB BayObLG NZV 2003, 589; OLG Stuttgart NZV 2002, 574; einschränkend LG Rostock StV 2008, 627.
5 ZB BayObLG NZV 2003, 589; OLG Bamberg DAR 2006, 336.
6 Die konkrete Problematik ist in juris noch nicht verzeichnet.
7 OLG Köln CR 2010, 530.

te ein auf *Facebook* eingestelltes Lichtbild auch zu Identifizierungszwecken im Straf- und Bußgeldverfahren verwertbar sein.[8]

B. Die Identifikation des Täters anhand eines Lichtbildes

I. Identifikation durch optischen Vergleich

2 Insoweit gibt es eine **gefestigte Rechtsprechung** des BGH und der Obergerichte: Liegt ein Lichtbild vor, welches den Täter in einer solchen Weise erkennen lässt, dass seine Identifikation ohne das Zurückbleiben vernünftiger Zweifel möglich ist, dann kann und darf der Tatrichter allein durch einen **optischen Vergleich** zwischen der Fotografie und dem Betroffenen entscheiden, ob es sich bei diesem um den Täter handelt. Das vom Tatrichter auf diese Weise gefundene Ergebnis des optischen Vergleiches braucht dann, sofern die nachstehend darzulegenden weiteren Parameter eingehalten werden, nicht weiter begründet und kann vom Rechtsbeschwerde- bzw Revisionsgericht nicht mehr beanstandet werden.[9]

II. Geeignetheit des Lichtbilds für den optischen Vergleich

3 Von daher hat der Tatrichter zunächst zu entscheiden, ob das ihm vorliegende **Lichtbild für die Identifizierung des Täters durch einen bloßen optischen Vergleich geeignet** ist. Dies ist mehr oder weniger unproblematisch zu bejahen, sofern das **Gesicht des Täters vollständig und unbedeckt zu erkennen** ist. Im Übrigen gibt es eine umfangreiche **Kasuistik**, unter welchen Umständen ein Lichtbild noch als entsprechendes Identifizierungsmittel geeignet ist:[10]

4 Danach ist ein Lichtbild für einen optischen Vergleich noch ausreichend geeignet, wenn lediglich ein Teil der Stirn verdeckt ist.[11]

5 Nicht ausreichend geeignet ist das Lichtbild aber zB dann,

- wenn 2/3 des Gesichts bis zur Nasenspitze durch eine Sonnenblende verdeckt sind,[12]

- wenn weder Haartracht noch Gesichtszüge scharf zu erkennen sind,[13]

- wenn der Stirnbereich des Fahrers sowie die Haare durch eine Baseballkappe und deren Schirm weitgehend verdeckt sind und der Täter überdies seinen Unterarm über der Mund- und Kinnpartie hält,[14]

---

8 So offensichtlich auch LG Osnabrück, Urt. v. 23.3.2012 – 10 KLs 37/11, juris, welches die Verwertbarkeit von *Facebook*-Bildern zu Identifizierungszwecken unterstellt und nicht weiter problematisiert.
9 BGHSt. 41, 376 = NJW 1996, 1420 = NZV 1996, 157; OLG Köln NJW 2004, 3274; OLG Hamm SVR 2007, 304; OLG Dresden zfs 2008, 707; zuletzt OLG Bamberg SVR 2012, 29 m.Anm. von *Krumm*.
10 Vgl zu dieser Problematik *Demandt*, SVR 2009, 379.
11 BayObLG NZV 1998, 339.
12 OLG Hamm Verkehrsrecht aktuell 2004, 118.
13 OLG Hamm NZV 2003, 101.
14 OLG Hamm VRS 105, 353.

- wenn ein Motorradfahrer mit Helm fotografiert worden und sein Gesicht nur ausschnittsweise erkennbar ist,[15]
- wenn der Täter auf einem Computerausdruck nur schemenhaft zu erkennen ist,[16]
- wenn ein Lichtbild unscharf ist, die Konturen des Gesichts kaum und die Ohren und rechte Wange gar nicht erkennbar sind,[17]
- wenn das Gesicht des Täters gar nicht zu erkennen ist.[18]

III. Die Einbeziehung des Lichtbilds in die Urteilsgründe

Die Frage, ob ein Lichtbild für einen optischen Vergleich mit dem Betroffenen geeignet ist, zielt auf die Fragestellung nach einer **ordnungsgemäßen, lückenlosen Beweiswürdigung** unter Beachtung der allgemeinen Denkgesetze und Erfahrungssätze iSv §§ 261, 267 StPO, 71 OWiG,[19] welche auf die Sachrüge (§ 344 StPO, 79 OWiG) hin der Überprüfung durch die Rechtsbeschwerde- bzw Revisionsgerichte unterliegt.[20]

Deshalb muss zunächst das fragliche **Lichtbild zum Gegenstand des Urteils gemacht werden**, damit das Rechtsbeschwerde- bzw Revisionsgericht seine Geeignetheit für eine optische Identifizierung und damit die Schlüssigkeit der Beweiswürdigung des Tatrichters überprüfen kann. Dies geschieht durch eine entsprechende Bezugnahme in den Urteilsgründen nach §§ 267 Abs. 1 Satz 3 StPO, 71 OWiG. Werden diese Bestimmungen in den Urteilsgründen benannt, bestehen keine Zweifel an einer wirksamen Einbeziehung des entsprechenden Lichtbildes in diese.[21]

Probleme entstehen jedoch dann, wenn in den Urteilsgründen in irgendeiner Weise auf das Lichtbild Bezug genommen wird, aber **nicht eindeutig erkennbar** ist, ob es tatsächlich zum Urteilsinhalt gemacht werden sollte.

Auch hierzu besteht eine umfangreiche **Kasuistik**:

Eine wirksame Einbeziehung des Lichtbildes in die Urteilsgründe ist gesehen worden in den Formulierungen:

„Auf das sich in den Akten befindliche und von dem betreffenden Vorfall gefertigte Lichtbild wird verwiesen",[22]

„Auf das in Augenschein genommene Lichtbild Bl ... d.A. wird ausdrücklich Bezug genommen",[23]

---

15 OLG Dresden zfs 2008, 707.
16 OLG Hamm NStZ-RR 2009, 250.
17 OLG Brandenburg StraFo 2011, 402.
18 OLG Bamberg SVR 2012, 29.
19 ZB HK-GS/*Brehmeier-Metz*, § 267 StPO Rn 3.
20 Allgemein zB HK-GS/*Maiwald*, § 337 StPO Rn 9-12; für die hiesige Fallkonstellation zuletzt *Krumm*, SVR 2012, 30, jw. mwN.
21 OLG Hamm DAR 2004, 463; OLG Koblenz NZV 2010, 212; OLG Schleswig SchlHA 2007, 288; *Demandt*, SVR 2009, 379.
22 OLG Hamm NZV 1996, 466.
23 OLG Hamm NZV 2005, 208.

10 Nicht ausreichend sind diesbezüglich indes die folgenden Formulierungen, weil sie nicht klar zum Ausdruck bringen, dass das Lichtbild tatsächlich zum Gegenstand der Urteilsgründe gemacht werden soll:

„Den vorgelegten Lichtbildern ist zu entnehmen, dass ..."[24]

„Verwertung des Passfotos Bl. ... d.A." bzw „Verwertung des von dem Zeugen X überreichten Hochglanzfotos",[25]

„Es wird Bezug genommen auf den Vergleich des Betroffenen mit den in Augenschein genommenen Lichtbildern".[26]

11 Gleiches gilt für
- die bloße Benennung des Fundortes des Lichtbilds in der Akte;[27]
- eine Verweisung nach § 267 Abs. 1 Satz 3 StPO mit fehlerhafter Blattzahl-Angabe der angeblich einbezogenen Fotografien.[28]

IV. Keine Einbeziehungsfähigkeit von Filmaufnahmen

12 Die Verweisungsmöglichkeit der §§ 267 Abs. 1 Satz 3 StPO, 71 OWiG besteht im Übrigen nur in Bezug auf Fotografien, nicht aber auch hinsichtlich von **Filmaufnahmen**, weshalb zB nicht auf eine in der Akte enthaltene CD-ROM verwiesen werden kann.[29] Aus einem Videofilm sind daher **Standbilder** zu fertigen, welche dann wiederum nach den vorstehenden Normen zum Gegenstand des Urteils gemacht werden können.

V. Identifikation bei nicht geeignetem Lichtbild

13 Ist ein ordnungsgemäß zum Gegenstand der Urteilsgründe gemachtes Lichtbild für einen optischen Identifizierungsvergleich geeignet, bietet das Urteil, wie ausgeführt, keinen Angriffspunkt gegen die Beweiswürdigung des Tatrichters.

14 Ist indes ein ordnungsgemäß zum Gegenstand der Urteilsgründe gemachtes Lichtbild aus Sicht des Rechtsbeschwerde- bzw Revisionsgerichts **für einen optischen Identifizierungsvergleich nicht geeignet**, liegt nur dann eine materiellrechtlich korrekte Beweiswürdigung iSv §§ 261, 267 StPO, 71 OWiG vor, wenn der Tatrichter erschöpfend schildert, weshalb er bei seinem optischen Vergleich trotz der schlechten Bildqualität zu der Überzeugung gelangt ist, der Betroffene sei tatsächlich der fotografierte Täter. Dabei sind **umso höhere Anforderungen** an diese Begründung zu stellen, **je schlechter die Qualität des Fotos** ist.[30] Insoweit sind mindestens die auf dem Foto erkennbaren charakteristischen Merkmale des Täters, welche für die richterliche Über-

---

24 OLG Hamm SVR 2007, 394.
25 OLG Hamm VRR 2008, 76.
26 OLG Bamberg NZV 2008, 166, ähnlich OLG Hamm VRS 113, 432.
27 OLG Bamberg NZV 2008, 211; OLG Koblenz NZV 2010, 212.
28 OLG Thüringen NZV 2008, 165, ähnlich OLG Celle VRR 2012, 72.
29 BGH NZV 2012, 143; OLG Thüringen NZV 2012, 144; zum Thema jetzt auch *Krumm*, NZV 2012, 267.
30 ZB OLG Hamm VRS 105, 353; OLG Hamm NStZ-RR 2009, 250; OLG Koblenz NZV 2010, 212.

zeugungsbildung bestimmend waren, in den Urteilsgründen zu benennen und zu beschreiben.[31] Die zitierten und ausgewerteten Entscheidungen der Obergerichte zeigen, dass eine diesen Maßstäben gerecht werdende Beweiswürdigung praktisch nie gelingt. Der Tatrichter ist daher bei einem qualitativ zur Täteridentifizierung durch bloßen optischen Vergleich nicht geeignetem Lichtbild gut beraten, zur weiteren Aufklärung ein **morphologisches Sachverständigengutachten** einzuholen (dazu unten Rn 17 ff).[32]

VI. Das nicht in die Urteilsgründe einbezogene Lichtbild

Ist das **Lichtbild nicht zum Gegenstand der Urteilsgründe geworden**, bestehen ebenfalls hohe Anforderungen an eine materiellrechtlich korrekte Beweiswürdigung iSv §§ 261, 267 StPO, 71 OWiG.[33] Insbesondere haben die Urteilsgründe dann Ausführungen zur Bildqualität, vor allem zur Bildschärfe, zu enthalten. Außerdem müssen die abgebildete Person oder jedenfalls mehrere Identifizierungsmerkmale in ihren charakteristischen Eigenschaften so **präzise beschrieben** werden, dass dem Rechtsbeschwerde- bzw Revisionsgericht in gleicher Weise wie bei der Betrachtung des Fotos selbst die Überprüfung des Identifizierungsvorgangs ermöglicht wird.[34] Daneben ist dann auszuführen, inwieweit die beschriebenen Merkmale unterscheidungskräftig sind und mit denjenigen des Betroffenen übereinstimmen.[35] Insoweit reicht es zB nicht aus, wenn lediglich allgemein ausgeführt wird, dass eine diesbezügliche Übereinstimmung hinsichtlich von Augen-, Nasen-, Kinn- und Mundpartie, Haarfarbe bzw Alter des Täters besteht.[36] Auch die bloße Wiedergabe von Merkmalen des Oberlippenbartes, der Kinnform und des Haaransatzes des fotografierten Täters ist insoweit nicht genügend.[37] Gleiches gilt für die bloße Erwähnung, dass die abgebildete Person Brillenträger mit einer länglichen Kopfform sei.[38]

15

Für hinreichend befunden wurde indes die Beschreibung des Lichtbilds

16

„Männliche Person im Alter des Betroffenen, schmale, längliche Kopfform, markante, im mittleren Bereich nach vorne gewölbte Stirn, im Bereich des Scheitels auffällig hoher Haaransatz, im Bereich der Nasenflügel und -spitze breiter werdende Nase, unter der Nase sichtbare scharfe, zum Mundwinkel führende Hautfalte, im Bereich der Nasenwurzel deutlich erkennbare Augenhöhlen, große und längliche Ohren."[39]

---

31 ZB OLG Brandenburg StraFo 2011, 402; OLG Hamm NZV 2006, 162; OLG Rostock VRS 108, 29.
32 So auch *Krumm*, SVR 2012, 31.
33 Vgl auch dazu *Demandt*, SVR 2009, 379.
34 Zuletzt *Krumm*, SVR 2012, 30.
35 BayObLG NZV 2000, 48, OLG Frankfurt/M. NZV 2002, 137, OLG Hamm VRR 2008, 76, OLG Köln NJW 2004, 3274.
36 OLG Hamm VRR 2008, 76; ähnlich schon OLG Düsseldorf DAR 1991, 191.
37 OLG Frankfurt/M. NZV 1992, 86; ähnlich OLG Düsseldorf NZV 2007, 254.
38 OLG Hamm DAR 2004, 597.
39 OLG Hamm VRS 92, 271.

§ 7 Juristische Fragestellungen

VII. Identifikation durch ein morphologisches Sachverständigengutachten

17 Bei Lichtbildern, die für eine bloße optische Vergleichsidentifikation ungeeignet sind, kommt als weiteres Beweismittel die **Einholung eines morphologischen Sachverständigengutachtens** in Betracht. Ähnliches gilt für die häufige Konstellation, dass mehrere enge Verwandte des Betroffenen bis hin zu Zwillingsgeschwistern als potenzielle Täter bezeichnet werden. [40]

18 Bei der morphologischen Begutachtung von Lichtbild und Betroffenem handelt es sich um **kein standardisiertes Sachverständigenverfahren**. Denn es verhält sich nicht so, dass bei gleichen Parametern jeweils gleiche Ergebnisse zu erwarten sind. Vielmehr kommt der individuellen Erfahrung des Sachverständigen eine wesentliche Komponente zu, so dass unterschiedliche Sachverständige bei gleichen Parametern durchaus zu graduell divergierenden Ergebnissen gelangen können. [41]

19 Vor diesem Hintergrund kommt der konkreten Auswahl des morphologischen Sachverständigen eine wesentliche Bedeutung zu. Es ist auf Qualität zu achten, da das Qualifikationsniveau der potenziellen Gutachter nach der Erfahrung des Verfassers höchst unterschiedlich sein kann.

20 Weil es sich bei einem morphologischen Sachverständigengutachten um kein standardisiertes Sachverständigenverfahren handelt, darf sich der Tatrichter nicht mit der Wiedergabe des Ergebnisses der Begutachtung begnügen, sondern ist für eine materiellrechtlich korrekte Beweiswürdigung iSv §§ 261, 267 StPO, 71 OWiG gehalten, **seine Überzeugungsbildung und damit insbesondere den Inhalt der gutachterlichen Feststellungen in seinen wesentlichen Elementen nachvollziehbar wiederzugeben**.[42]

21 Es ist streitig, welche einzelnen Ergebnisse der sachverständigen Begutachtung in den Urteilsgründen wiedergegeben werden müssen.

22 Einigkeit besteht dahin, **dass darzulegen ist, auf welche und wie viele übereinstimmende Körpermerkmale** sich der Sachverständige in seiner Bewertung gestützt bzw auf welche Art und Weise er diese Übereinstimmungen ermittelt hat.[43]

23 Streitig ist hingegen, ob für eine materiellrechtliche korrekte Beweiswürdigung iSv §§ 261, 267 StPO, 71 OWiG auch Ausführungen zur **geografischen Differenzierung von Merkmalen** (in den zitierten obergerichtlichen Entscheidungen meist entgegen der morphologischen Fachterminologie als „Verbreitungsgrad der jeweiligen Merkmale" bezeichnet) erforderlich sind. Die überwiegende Zahl der Obergerichte bejaht diese Fragestellung.[44] Nach Ansicht des Verfassers dürfen allerdings mit der Minder-

---

40 Dazu zB OLG Bamberg SVR 2011, 344 m.Anm. *Sattler*.
41 BGH NStZ 2005, 458.
42 ZB OLG Bamberg SVR 2011, 344; OLG Celle NZV 2002, OLG Frankfurt/M. NZV 2002, 135; OLG Hamm DAR 2005, 42; OLG Koblenz NZV 2010, 212; OLG Thüringen NStZ-RR 2009, 116; *Demandt*, SVR 2009, 379.
43 ZB OLG Bamberg SVR 2011, 344; OLG Hamm NStZ-RR 2008, 287, OLG Oldenburg NZV 2009, 52; OLG Thüringen NStZ-RR 2009, 116, *Sattler*, SVR 2011, 345 f.
44 OLG Bamberg SVR 2011, 344; OLG Braunschweig NStZ-RR 2007, 180 und NStZ 2008, 652; OLG Hamm (2. Strafsenat), Beschl. v. 30.4.2008 – 2 Ss OWi 226/08, juris; OLG Hamm (3. Strafsenat) SVR 2009, 269 und StV 2010, 124; OLG Thüringen zfs 2006, 475; DAR 2006, 523; VRS 2009, 115; VRS 110, 424 und NStZ-RR 2009, 116.

B. Die Identifikation des Täters anhand eines Lichtbildes

meinung[45] unter Beachtung des Wesensgehalts einer morphologischen Begutachtung **diesbezügliche Ausführungen nicht verlangt werden.**[46] Die Zukunft wird zeigen, ob eine Korrektur der herrschenden Meinung möglich sein wird. Das OLG Thüringen als eines der Hauptprotagonisten der bislang herrschenden Meinung hat seine Auffassung jedenfalls jetzt korrigiert und verlangt Angaben zum „Verbreitungsgrad" der vom Sachverständigen benannten Merkmale nur noch dann, wenn dieser selbst in seinem Gutachten hierzu eine entsprechende Wahrscheinlichkeitsberechnung vorgenommen hat.[47]

---

45 OLG Hamm (4. Strafsenat) NStZ-RR 2008, 287; OLG Oldenburg NZV 2009, 52.
46 Dazu demnächst *Rösing/Quarch/Danner*, Zur Wahrscheinlichkeitsaussage im morphologischen Identitätsgutachten, erscheint in Kürze in der NStZ.
47 OLG Thüringen zfs 2012, 108.

Teil 4
Verkehrsmesstechnik

§ 8 Technische Fragestellungen

A. Einleitung 1	II. Handlasermessgerät Riegl
B. Allgemeines 4	FG21-P 142
C. Einseitensensoren der Firma ESO 6	1. Funktionsprinzip 143
I. Einseitensensor ES 1.0 6	2. Funktionstests 147
1. Messprinzip 8	3. Fehlerquellen 158
2. Aufstellung der Messanlage ... 20	4. Fazit 166
3. Inbetriebnahme 25	F. Video-Brückenabstandsmessverfahren
4. Eichschein und Messprotokoll 33	mit Piller-Charaktergenerator 167
5. Auswertung der Messung 34	I. Funktionsprinzip 167
6. Fehlerquellen 37	II. Auswertung 174
7. Fazit 42	III. Fehlerquellen 180
II. Einseitensensor ES 3.0 43	IV. Fazit 195
1. Messprinzip 46	G. Rotlichtüberwachung 196
2. Aufstellung der Messanlage ... 59	I. Allgemeine Grundlagen 196
3. Inbetriebnahme 62	II. Traffipax Traffiphot III 200
4. Eichschein und Messprotokoll 66	1. Grundfunktion 200
5. Auswertung der Messung 67	2. Fehlerquellen 204
6. Fehlerquellen 72	III. Multanova Multafot 212
7. Fazit 81	1. Grundfunktion 212
D. Radarmessung 82	2. Fehlerquellen 215
I. Messprinzip 84	IV. Fazit 226
II. Aufstellung der Messanlage 86	H. Geschwindigkeitsmessung mit
III. Inbetriebnahme 90	ProViDa-Messanlagen 227
IV. Eichschein und Messprotokoll 93	I. Grundlagen 227
V. Fehlerquellen 94	II. Messmethoden 231
VI. Fazit 110	III. Fehlerquellen 232
E. Lasermessungen 113	IV. Fazit 246
I. PoliScan Speed 113	I. Geschwindigkeitsmessungen mit
1. Messprinzip 118	Drucksensoren 247
2. Aufstellung der Messanlage ... 127	I. Funktionsprinzip 247
3. Auswertung der Messung 129	II. Fehlerquellen 261
4. Eichschein und Messprotokoll 133	III. Fazit 267
5. Fehlerquellen 134	J. Schlussfolgerung 269
6. Fazit 140	

A. Einleitung

Geschwindigkeitsüberschreitungen oder das Nichteinhalten der situativ angepassten Geschwindigkeit sind eine der wesentlichen Ursachen für Verkehrsunfälle. Evident ist die hohe Unfallgefahr auch bei dem Missachten von Lichtzeichen. Besonders auf Autobahnen entstehen zudem zahlreiche Unfälle durch das Unterschreiten des Mindestabstandes. Den Polizei- und Ordnungsbehörden stehen technische Möglichkeiten zur Überprüfung des Fahrverhaltens motorisierter Verkehrsteilnehmer zur Verfügung, um präventiv auf die o.a. „Verstöße" einzuwirken. Die für die juristische Diskussion relevanten technischen Grundlagen und Fehlermöglichkeiten der verschiedenen Messsysteme werden nachfolgend vorgestellt. Dazu werden dem jeweiligen Funktionsprinzip einer Messeinrichtung die möglichen praxisrelevanten Fehlerquellen und Überprüfungsmöglichkeiten zugeordnet. Es wird ein Einblick in die möglichen Fehlerquellen der Geschwindigkeitsmess- bzw Verkehrsüberwachungsverfahren geben. Beispielhaft werden besondere Auswertungen polizeilicher Verkehrsüberwachungen dargestellt. Dabei handelt es sich u.a. um eine Auswertung einer Lasermessung, einer Radarmessung mit Winkelabgleich bezüglich der Aufstellposition der Messeinrichtung und um eine Auswertung einer besonderen Rotlichtüberwachung sowie eines Abstandsverstoßes.

2 Bemüht man Wikipedia, dann kann man dort nachlesen: „Die Geschwindigkeit (Formelzeichen: v, von lat. *Velocitas*), auch Bahngeschwindigkeit, ist ein Grundbegriff der klassischen Mechanik. Sie gibt an, welche Wegstrecke ein Punkt eines Körpers innerhalb einer bestimmten Zeitspanne zurücklegt. Bei der physikalischen Größe wird auch die Richtung der Bewegung miterfasst, die Geschwindigkeit ist eine vektorielle Größe. Umgangssprachlich bezieht sich der Ausdruck Geschwindigkeit auf den Betrag der vektoriellen Größe, dieser wird zB am Tachometer eines Autos angezeigt. Die international verwendete Einheit für die Geschwindigkeit ist Meter pro Sekunde (m/s), gebräuchlich ist auch Kilometer pro Stunde (km/h)." [1]

3 In der Praxis kommen prinzipiell zwei verschiedene Verfahren zum Einsatz. Bei der ersten Gruppe erfolgt eine Geschwindigkeitsbestimmung entweder durch das Messen der verbrauchten Zeit zum Durchfahren einer bestimmten Strecke oder durch das Messen einer zurückgelegten Strecke bei festgelegter Zeit. Bei der zweiten Gruppe wird die Änderung physikalischer Größen von ausgesandten und vom Messobjekt reflektierenden Signalen ausgewertet und zur Geschwindigkeitsangabe umgerechnet. Prinzipiell ähnliche Verfahrensweisen werden auch zur Bestimmung von Fahrzeugabständen, hier allerdings auch mit fotogrammetrischen Bildauswertungen und zur Überwachung von Rotlichtmissachtungen angewendet.

B. Allgemeines

4 Das einfachste Weg-Zeit-Messverfahren ist die Funk-Stopp-Methode. Dazu wird am Beginn einer festgelegten Strecke vom ersten Messbeamten eine Stoppuhr gestartet und gleichzeitig per Funk an einen zweiten in definiertem Abstand stehenden Messbeamten der Start der Messzeit durchgesagt. Beim Passieren des Fahrzeuges am zweiten Messpunkt wird über ein entsprechendes Signal die Messzeit beendet. Aus dem Quotienten der zuvor festgelegten Strecke und der Messdauer errechnet sich dann die mittlere Streckengeschwindigkeit. Über- bzw Unterschreitungen der mittleren Geschwindigkeit innerhalb der Messphase können damit nicht erfasst werden. Ein vergleichbares Messprinzip liegt der Geschwindigkeitsauswertung von Brücken-Abstandsvideo-Aufnahmen oder der Geschwindigkeitsauswertung bei Verfolgungsfahrten zugrunde. Auch hier wird über eine jeweils längere Distanz die mittlere Streckengeschwindigkeit ermittelt. Andere, prinzipiell aber ähnliche Messverfahren nutzen er-

---

1 http://de.wikipedia.org/wiki/Geschwindigkeit#Geschichtliche_Anmerkung.

heblich kürzere Messstrecken, die entweder durch in die Fahrbahn eingelassen bzw auf dieser aufliegende Sensor-Folgen oder durch Lichtschranken-Folgen festgelegt sind. Hierzu zählen u.a. die Sensor-Verfahren von Traffipax oder die Einseitensensorverfahren zB von der Firma ESO. Eine physikalische Sonderstellung bei den Weg-/Zeitmessungen nehmen die Laser-Messverfahren ein. Bei dieser Messmethode werden gebündelte Lichtstrahlen im nichtsichtbaren Bereich (Infrarot) auf das Objekt gerichtet. Die Entfernung zwischen Messgerät und Objekt wird über die Laufzeit des vom Objekt reflektierten Lichtstrahls errechnet. Dem ersten Entfernungs-Messimpuls folgen weitere in zeitlich festen Abständen, so dass aus der Weg-Differenz zwischen zwei Entfernungsmessungen und der bekannten Intervallzeit die Geschwindigkeit des Objektes errechnet werden kann. Hier wird also nicht, wie bei den oben beschriebenen Verfahren, die für einen festgelegten Weg benötigte Zeit ermittelt, sondern der Weg, der innerhalb einer festgelegten Zeit zurückgelegt wird.

Nachfolgend wird ein Einblick in die verschiedenen, derzeit meist verwendeten polizeiliche Messverfahren und in die besondere Problematik dieser polizeilichen Geschwindigkeitsmessverfahren gegeben.

C. Einseitensensoren der Firma ESO

I. Einseitensensor ES 1.0

Bei der Messanlage vom Typ **ES 1.0** der Firma **ESO** handelt es sich um ein **passives Geschwindigkeitsüberwachungsgerät**. Dieses wurde von der PTB zugelassen und trägt das Zulassungszeichen Z 18.12/99.03. Bei diesem Messsystem handelt es sich um ein **standardisiertes Messverfahren**, da durch Richtlinien ein vereinheitlichtes technisches Verfahren vorliegt, welches unter gleichen Voraussetzungen auch gleiche Ergebnisse liefert.

Die Geschwindigkeitsüberwachungsanlage vom Typ ES 1.0 besteht aus einem **Sensorkopf**, der 4 optische **Helligkeitssensoren** zur Erfassung der zu messenden Fahrzeuge besitzt, einer Rechnereinheit, einem Touch-Screen (= berührungsempfindlicher Bildschirm) und funkgesteuerten Fotoeinrichtungen zur Dokumentation einer Messung. Des Weiteren gehört zu dieser Anlage eine **Neigungswasserwaage** sowie weiteres Zubehör. Für die Geschwindigkeitsmessanlage ES 1.0 sind die funkgesteuerten **Fotoeinrichtungen vom Typ VIII-4, FE 2.0 und FE 2.4** zugelassen. In Abb. 1 ist ein in einem Stativ aufgestellter Sensorkopf abgebildet. Auf diesem ist eine Neigungswasserwaage aufgesetzt, die der Ausrichtung des Sensorkopfes zur Fahrbahnoberfläche hin dient.

Abb. 1: Sensorkopf auf Stativ mit Neigungswasserwaage

1. Messprinzip

8 Das Messprinzip beruht auf einer Weg-Zeit-Messung, wobei die Länge der Messbasis definiert ist. Für die Zeiterfassung sind im Sensorkopf Helligkeitssensoren eingebaut. Drei der insgesamt vier Sensoren, deren Abstände jeweils 250 mm betragen, überstreichen die Fahrbahn rechtwinklig zur Fahrtrichtung. Die optische Achse des vierten Sensors ist dagegen um ca. 2 Grad gegenüber der Normalen schräggestellt.

9 Die Sensoren 1, 2 und 3 dienen der Geschwindigkeitsmessung, der Sensor 4 dient hingegen der Messung des Abstandes des gemessenen Fahrzeuges zum Sensor. Abb. 2 zeigt eine schematische Darstellung des Einseitensensors ES 1.0.

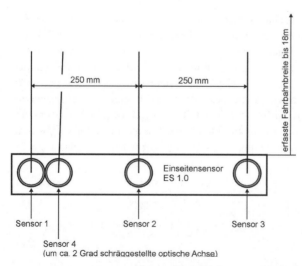

Abb. 2: Schematische Darstellung des Einseitensensors ES 1.0

C. Einseitensensoren der Firma ESO 4

Bei den Helligkeitssensoren handelt es sich um zwei nebeneinander angebrachte Fotoelemente, die von der Differenz der Helligkeit abhängige Signale liefern. Durch das den Erfassungsbereich passierende Fahrzeug werden in den vier Helligkeitssensoren zugehörige **Triggersignale** sowie ein fahrzeugindividuelles **Helligkeitsprofil** generiert. Diese werden erfasst, digitalisiert und gespeichert. Die Triggersignale dienen zur Vorbestimmung der Geschwindigkeit, zur Abstandsbestimmung und zur Optimierung der Signalauswertung. 10

Die erfassten individuellen Helligkeitsprofile des gemessenen Fahrzeuges werden mithilfe einer durch die Software bestimmten **Korrelationsrechnung** abgeglichen, um die Zeitdifferenzen zwischen den einzelnen Helligkeitsprofilen zu bestimmen. Die Geschwindigkeit ergibt sich aus den zwei ermittelten Zeitdifferenzen zwischen den Sensoren 1, 2 und 3 sowie der Messbasis von jeweils 250 mm bzw 500 mm in Summe. Hierbei werden zwei Geschwindigkeiten gemessen, die miteinander verglichen werden. Für die **Seitenabstandsmessung** zwischen Einseitensensor und erfasstem Fahrzeug dient der vierte Sensor, mit seiner um ca. 2 Grad schräggestellten optischen Achse. Bei der Seitenabstandsmessung wird berücksichtigt, dass die zeitliche Verschiebung des Signalverlaufes dieses vierten Sensors gegenüber den Signalverläufen der Sensoren 1, 2 und 3 nicht nur von der Geschwindigkeit sondern vom Abstand abhängt. Wenn der so ermittelte Abstand größer als ein eingestellter Grenzwert ist, wird die Messung annulliert. Somit kann bspw festgelegt werden, dass nur eine Richtungsfahrbahn oder ein Richtungsfahrstreifen gemessen wird, wobei die Seitenabstandsmessung nicht eichpflichtig ist und auch ungenau sein kann. Das Maximum bei der Seitenabstandsmessung liegt bei 18 m. 11

Ein Geschwindigkeitsmesswert wird nur als gültig gewertet, wenn 12

- die Reihenfolge bei der Sensortriggerung (zB bei Durchfahrt von links nach rechts: erst 1, dann 2 und zuletzt 3) eingehalten wird und
- die Parameter der Korrelationsrechnung (Abgleich u. Deckung von Kurven der verschiedenen Helligkeitsprofile) nicht überschritten werden.

Überschreitet ein gemessener Geschwindigkeitsmesswert den eingestellten Geschwindigkeitsgrenzwert, so wird nach der vorläufigen Bestimmung der Geschwindigkeit das Tatfoto generiert. Bei der vorläufigen Geschwindigkeitsbestimmung handelt es sich um eine sogenannte **Vormessung**. 13

Aufgrund der Funktionsweise dieses Messsystems erfolgt die Tatbildgenese somit erst dann, wenn das gemessene Fahrzeug eine **geschwindigkeitsabhängige Wegstrecke** nach der vorläufigen Geschwindigkeitsbestimmung zurückgelegt hat. Dies bedeutet, dass ein gemessenes Fahrzeug nicht auf Höhe des geschwindigkeitsmessenden Sensorkopfes auf dem Tatfoto abgebildet wird, sondern zu einem späteren Zeitpunkt. 14

Der Messgerätehersteller, ergo die Firma ESO, hat in diesem Zusammenhang die Bezeichnungen „**Messlinie**" und „**Fotolinie 2**" eingeführt, wie in Abb. 3 visualisiert. Auf Höhe der Messlinie ist der geschwindigkeitsmessende Sensorkopf aufgestellt. Hier erfolgt die Geschwindigkeitsmessung. Auf Höhe der Fotolinie 2 wird ein gemes- 15 senes Fahrzeug bei der maximal durch den Messstellenleiter angenommenen Geschwindigkeit (**vGrenz**) abgebildet.

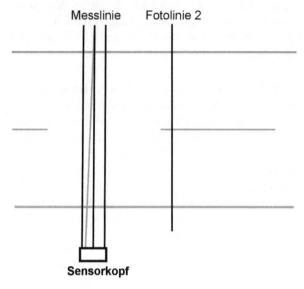

Abb. 3: Sensorkopf – Messlinie und Fotolinie 2

16 Die Einblendung der Geschwindigkeit erfolgt erst nach Abschluss der Geschwindigkeitsmessung, also zu einem Zeitpunkt nach der Tatbildgenese und nach genauer Bestimmung der Geschwindigkeit. Falls eine Geschwindigkeitsmessung annulliert werden muss, wird in das geschwindigkeitsanzeigende Datenfeld des Tatfotos das Annullationszeichen „0EE" eingeblendet.

17 Die **Annullationsanzeige „0EE"** wird dann eingeblendet,

a) wenn eine gültige Vormessung über dem Grenzwert liegt und die endgültige Auswertung (nach Fotoauslösung) ungültig ist oder

b) wenn eine gültige Vormessung über und die endgültige Auswertung unter dem Grenzwert liegt.

18 Die Fotoeinrichtung und die Rechnereinheit sind mit einem Datenfunk-Sendeempfänger ausgerüstet. Die Sendezeit für einen Datensatz beträgt ca. 30 ms, wobei die Daten per Funk seriell zweimal hintereinander speziell kodiert übertragen werden. Auf der Empfängerseite wird das übertragene Signal wieder decodiert und verglichen. Bei einem negativen Vergleich wird ein Annullationszeichen ins Datenfeld des Tatfotos eingeblendet.

19 Die Kamera der Fotoeinrichtung hat einen Hauptverschluss (Verschlusszeit 1/1000 s) zur Abbildung der Verkehrssituation und des gemessenen Fahrzeuges sowie einen Nebenverschluss (Verschlusszeit ca. 20 ms bis 250 ms einstellbar), über den verschiedene Daten (Code für den Messort, Uhrzeit und Datum, Bildzählerstand, Fahrtrich-

tungssymbol, Geschwindigkeitsmesswert und Kamera-Nr.) in das Datenfeld eingespiegelt werden. Im Zusammenhang mit der Tatbildgenese ist anzumerken, dass die Uhrzeit in der Fotoeinrichtung vom Typ VIII-4 und FE2.0 nicht mit der in der Rechnereinheit eingestellten Uhrzeit synchronisiert, sondern in diesen manuell eingestellt wird. Hierdurch kann es zu Abweichungen kommen. Eine Synchronisation erfolgt nur bei der Fotoeinrichtung vom Typ FE2.4. Auch ist es so, dass der Bildzählerstand bei zwei simultan eingesetzten Fotoeinrichtungen nicht zwingend synchron verlaufen muss. Dies ist dann der Fall, wenn bspw eine unterschiedliche Anzahl an manuellen Bildauslösungen dokumentiert wurde, wenn bei einer vorhergegangenen Messung, die auf dem gleichen Film dokumentiert wurde, nur eine der beiden Kameras eingesetzt wurde oder wenn bspw die Funkstrecke während einer Messung gestört war, weshalb nur eine der beiden Fotoeinrichtungen ein Bild generiert hat.

2. Aufstellung der Messanlage

Mit der ESO 1.0 Geschwindigkeitsmessanlage können Messungen auch in Kurven, im Bereich von Straßenbaustellen sowie innerhalb geschlossener Ortschaften durchgeführt werden, wobei Messungen ab 10 km/h ohne Einschränkung möglich sind. Dies hängt lediglich davon ab, wie der Geschwindigkeitsgrenzwert eingestellt ist. Der Geschwindigkeitsmessbereich ist von 10 km/h bis 250 km/h geeicht, wobei Geschwindigkeiten bis 399 km/h gemessen werden können.

Der geschwindigkeitsmessende Sensorkopf wird auf einem Stativ am Fahrbahnrand aufgestellt und parallel zur Fahrtrichtung ausgerichtet. Die Aufstellhöhe empfiehlt sich über den Rädern der zu messenden Fahrzeuge, etwa im Bereich von mehr als 50 bis 60 cm über Oberkante der Fahrbahn. Diese hat aber keinen Einfluss auf die Messung. Die Justage des Sensorkopfes erfolgt über die Neigungswasserwaage, die im Lieferumfang des Gerätes enthalten ist. Es muss die Fahrbahnlängsneigung auf den Sensorkopf mittels der Neigungswasserwaage übertragen werden. Die Fahrbahnquerneigung kann optional auf diesen übertragen werden.

Die Aufstellung der Fotoeinrichtung erfolgt so, dass diese nicht so weit entfernt sein darf, dass eine Fahreridentifizierung nicht mehr möglich ist. Auch sollte sich das Kennzeichen innerhalb des Fotos befinden. Ferner muss die fotografische Aufnahme, ergo das Tatfoto, die gedachte Fotolinie 2 (siehe Abb. 3) rechtwinklig über die Fahrbahn so abbilden, dass alle Fahrbahnabschnitte abgedeckt werden, auf denen Messungen entstehen können. Insbesondere ist hierbei sicherzustellen, dass keine weiteren Fahrzeuge unbemerkt in die Fotolinie 2 neben dem betroffenen Fahrzeug einfahren können.

Bei der Fotolinie 2 handelt es sich um eine Linie, an der ein gemessenes Fahrzeug bei maximal anzunehmender Geschwindigkeit (vGrenz = Grenzgeschwindigkeit) abgebildet wird. Deshalb muss bei einer amtlichen Messung entweder die Grenzgeschwindigkeit vGrenz in km/h oder der Abstand zwischen der Mess- und Fotolinie 2 in Metern dokumentiert werden.

24 Wird eine vGrenz [km/h] in einem Messprotokoll protokolliert, dann kann der Abstand von der Messlinie bis zur Fotolinie 2 über die Formel

Abstand vom Sensor [m] = 3 + 2 / 100 × vGrenz [km/h]

berechnet werden.

3. Inbetriebnahme

25 Zur Inbetriebnahme der Anlage ist zunächst die Fotoeinrichtung der Fahrtrichtung zuzuordnen. Nachdem die Zuordnung der Fahrtrichtung erfolgt ist, sind die **Testfotos** zu erstellen. Diese sogenannten **Segmenttests** sind dazu da, die einwandfreie Funktion des Datenfeldes zu garantieren.

26 Gleichzeitig wird durch diese Tests die Funktion der Datenfunkstrecken zwischen Rechnereinheit und Fotoeinrichtungen überprüft. Die Anlage darf nur nach Durchführung der Tests für amtliche Messungen in Betrieb genommen werden.

27 Die Tests müssen insgesamt zweimal je Messstelle durchgeführt werden. Einmal am Beginn und einmal am Ende einer Messung.

28 Bei der Fotoeinrichtung vom Typ VIII-4 wird im ersten Testbild die Anzeige „000" sowie beide Richtungspfeile und im zweiten Bild die Anzeige „3FF" ohne Richtungspfeile eingeblendet, wie in Abb. 4 beispielhaft dargestellt.

Abb. 4: Testfotos der Kamera VIII-4 (rechts: 1. Testfoto, links: 2. Testfoto)

Abb. 5: Testfotos der Kamera FE2.0 (rechts: 1. Testfoto, links: 2. Testfoto)

Bei der Fotoeinrichtung FE2.0 wird im ersten Testbild die Anzeige „000" und im zweiten Bild die Anzeige „3FF" eingeblendet, wobei keine Einblendung der Richtungspfeile erfolgt. Hier ist auf Abb. 5 hinzuweisen.

Bei der Fotoeinrichtung vom Typ FE2.4 sind im ersten Testbild alle Segmente aus, dh es erfolgt keine Segmenteinblendung, während im zweiten Bild alle Segmente eingeschalten sind, ergo wird in den Zahlenmatrizes eine „8" eingeblendet. In diesem Zusammenhang wird auf Abb. 6 verwiesen.

Abb. 6: Testfoto der Kamera FE2.4 (rechts: 1. Testfoto, links: 2. Testfoto)

Der Ablauf einer Geschwindigkeitsmessung kann über die Betriebsart „manuell" oder „automatisch" erfolgen.

Im Rahmen der amtlichen Geschwindigkeitsüberwachung wird jedoch hauptsächlich die Betriebsart automatisch gewählt, bei der die Geschwindigkeit aller vorbeifahrenden Fahrzeuge gemessen wird und eine Tatbildgenese nur nach festgestellter Überschreitung der eingestellten Bildauslösegrenzgeschwindigkeit erfolgt.

4. Eichschein und Messprotokoll

Generell ist zu Beginn der Messung durch den Messstellenleiter zu überprüfen, ob die **Eichmarken** am Gerät unbeschädigt sind. Für die Gültigkeit der Eichung muss ein Eichschein vorliegen. Im Messprotokoll müssen alle relevanten Daten der streitgegenständlichen Messung aufgeführt sein.

5. Auswertung der Messung

Für die Auswertung einer Messung ist die Fotodokumentation beizuziehen. Laut Zulassungsinhaber ESO dürfen Fotos ausgewertet werden, wenn nur ein Fahrzeug in Fahrtrichtung auf oder hinter der Messlinie abgebildet ist. Fotos, auf denen zwei oder mehrere Fahrzeuge in Fahrtrichtung auf oder hinter der Messlinie abgebildet sind, dürfen nicht ausgewertet werden. Auch ist auszuschließen, dass sich ein parallel fahrendes Fahrzeug von dem im Vordergrund fahrendem Fahrzeug verdeckt ist. Die Tatbildgenese erfolgt bei diesem Messverfahren, wenn die **Vorabmessung** zu dem Ergebnis kommt, dass diese vorläufige Geschwindigkeit über dem eingestellten Bildauslösegrenzwert liegt; ergo, wenn eine Gutwertbildung über die Rechnereinheit erfolgt ist.

Die vom Typ der eingesetzten Fotoeinrichtung abhängige Auslösung eines Bildes erfolgt nach geschwindigkeitsabhängiger und fester Komponente. Bei der **Bildauslöseverzögerung** handelt es sich um die Verzögerungszeit, nach der die Fotoeinrichtung durch die Rechnereinheit ausgelöst wird. Die Verzögerungszeit t in Sekunden lässt sich für die drei Fotoeinrichtungen über folgende Formeln berechnen:

Fotoeinrichtung	Kamera-Nr.	Formel
VIII-4	1	t [s] = 10,8 / v [km/h] + 0,068
	2	t [s] = 10,8 / v [km/h] + 0,073
FE 2.0 / FE 2.4	1	t [s] = 10,8 / v [km/h] + 0,063
	2	t [s] = 10,8 / v [km/h] + 0,068

35 Des Weiteren ist es möglich den geschwindigkeitsabhängigen **Fotopunkt** zu berechnen. Hierbei handelt es sich um die Aufnahmeposition, in der sich das gemessene Fahrzeug von der Messlinie weg befindet, wenn die entsprechende Fotoeinrichtung ausgelöst wird. Der Fotopunkt s in Metern lässt sich für die drei Fotoeinrichtungen über folgende Formeln berechnen:

Fotoeinrichtung	Kamera-Nr.	Formel
VIII-4	1	s [m] = 3 + 0,019 × v [km/h]
	2	s [m] = 3 + 0,022 × v [km/h]
FE 2.0 / FE 2.4	1	s [m] = 3 + 0,018 × v [km/h]
	2	s [m] = 3 + 0,019 × v [km/h]

36 Die Überprüfung der Fotoposition eines gemessenen Fahrzeuges muss zu einer plausiblen Lage auf dem Tatfoto führen.

6. Fehlerquellen

37 Die wichtigste reale Fehlerquelle liegt darin, dass auf dem Tatfoto zusätzliche Fahrzeuge im kritischen Bereich der Messung vorhanden sind und ggf deren Eigengeschwindigkeit gemessen worden sein könnte. Der relevante Bereich liegt zwischen Messlinie und Fotopunkt, der über die zuvor dargestellten Formeln zu überprüfen ist. Es besteht auch die Möglichkeit, dass auf einem Beweisfoto nicht der gesamte Fahrbahnbereich abgebildet wird, auf dem Messungen entstehen können. Eine fotogrammetrische Ermittlung des nicht dokumentierten Bereiches kann erfolgen, sowie eine **Plausibilitätsprüfung** einer Messung. Eine Problematik des Gerätes besteht darin, dass bewegte Bäume oder auch Büsche im Hintergrund Triggersignale generieren, die zu einer Fotoauslösung führen. Jedoch geht ein solcher Hintergrundeffekt nicht zusätzlich in eine gültige Messung mit ein, da hier ein völlig anders gearteter Abstand des Hintergrundes zum Sensor, sowie des erfassten Fahrzeuges zum Sensor und zudem ein anders geartetes Erfassungsprofil für die Sensoren vorliegt. Das bedeutet, dass bei einem solchen Hintergrundeinfluss immer die geräteinterne Fehlergrenze

überschritten werden wird und es entsprechend zur Annullierung kommt, der einen Anstieg der Annullationsquote auf dem Beweisfilm zu Folge hätte.

Eine technisch mögliche Fehlerquelle besteht bei der Messung mit dem Einseitensensor ES 1.0 dann, wenn der Sensorkopf nicht parallel zur Fahrbahnoberfläche ausgerichtet werden würde. Durch eine verkürzte Messbasis würde es auch zu einer nicht zutreffenden Geschwindigkeitsfeststellung kommen. In diesem Zusammenhang ist anzumerken, dass geringe Abweichungen bei der fahrbahnparallelen Ausrichtung des Sensorkopfes in der **Verkehrsfehlergrenze** des Messgerätes mit berücksichtigt sind. Allgemein führt eine verkürzte Messbasis dazu, dass der gemessene Geschwindigkeitswert größer ist, als der real vom gemessenen Fahrzeug gefahrene. Deshalb muss die Fahrbahnlängsneigung mithilfe der Neigungswasserwaage auf den Sensorkopf übertragen werden und dies am Ende der Messung wiederholt überprüft werden.

Sollte es bei einer Geschwindigkeitsmessung dazu gekommen sein, dass der geschwindigkeitsmessende Sensorkopf in der horizontalen Ebene nicht parallel zur Fahrbahnoberfläche aufgestellt wurde oder verändert sich seine fahrbahnparallele Ausrichtung während dem Messbetrieb, weil das Stativ bspw auf unbefestigtem Untergrund aufgestellt wurde, so würden die Erfassungspositionen auf den vorbeifahrenden Fahrzeugen differenzieren. Eine derartige Konstellation würde dazu führen, dass die zu messenden Fahrzeuge nicht mehr an der gleichen Fahrzeugstelle erfasst werden würden, weshalb an den Sensoren unterschiedliche Helligkeitsprofile ermittelt werden würden. Unterschiedliche Helligkeitsprofile sind nicht mehr kongruent zueinander, weshalb derartiges – funktionsbedingt – zu Annullierungen führen würde.

In diesem Zusammenhang und der Funktionsweise des Messgerätes würde es in Abhängigkeit des Neigungswinkels zu Ungenauigkeiten in der Messung kommen und zwangsläufig auch zu ihrer Annullierung, sobald die zulässigen, geräteinternen Toleranzen überschritten bzw die Kriterien für eine gültige Messung nicht eingehalten werden würden. Zu dieser Thematik wurden im Jahr 2007 entsprechende Untersuchungen bzw Versuche[2] durchgeführt. Wird der Einseitensensor ohne Zuhilfenahme einer Neigungswasserwaage aufgestellt oder verändert sich die Ausrichtung zur Fahrbahnoberfläche während der Messung, so kann aufgrund der Bauart des Messgerätes eine erhöhte Annullierungsrate auf dem Negativfilm festgestellt werden. Die Annullationsrate ist also auch ein Anhaltspunkt für einen nicht zur Fahrbahnoberfläche parallel aufgestellten bzw ausgerichteten Einseitensensor. Deshalb ist für den Ausschluss eines relevanten Justagefehlers eine Überprüfung des gesamten Messfilms notwendig.

Ein weiterer messtechnischer Effekt ist die Geschwindigkeitsauslösung durch einen vorauseilenden Lichteffekt, bspw vorauseilender Schatten. Derartiges lässt sich über die Auswertung des Messfilmes und Positionsüberprüfung eines gemessenen Fahrzeuges ermitteln. Als ein weiterer messtechnischer Effekt, der bisher jedoch in einem Fall nicht ausgeschlossen werden konnte, ist die Auslösung einer Geschwindigkeitsmes-

---

2 *Buck/Müller/Kutschker*: Untersuchungen der Annullationsrate des Einseitensensors ES1.0 bei Variation der Längsneigung [10/2007].

sung durch eine vorauseilende Lichtreflexion. Auch derartiges lässt sich nur über eine Plausibilitätsprüfung, Relativbetrachtung und Einsicht in die Messfilme feststellen bzw prüfen.

7. Fazit

42   Die Messung mit dem Einseitensensor ist aus technischer Sicht ein relativ sichereres Messverfahren. Jedoch werden bei diesem Messsystem einige Fahrzeuge nicht erfasst. Wegen der kritischen Messroutine werden allerdings auch bei korrekter Aufstellung oft 20-30% der Messungen annulliert. Erst bei einer deutlich über diesem Normalwert liegenden Annullierungsrate sind Zweifel am Messwert begründet. Aber auch bei einem nicht vollständig auf dem Beweisbild dargestellten Messbereich oder auch mehreren sichtbaren Fahrzeugen im Messbereich ist eine genauere Prüfung der Messung angezeigt, da die Messung nicht per se unkorrekt ist.

II. Einseitensensor ES 3.0

43   Bei der Messanlage vom Typ **ES 3.0** der Firma **ESO** handelt es sich, wie beim Vorgängermodell ES 1.0, um ein **passives Geschwindigkeitsüberwachungsgerät**. Das Messsystem ESO ES 3.0 wurde von der PTB zugelassen und trägt das Zulassungszeichen Z 18.11/06.04. Auch bei diesem Messsystem handelt es sich um ein standardisiertes Messverfahren, da durch Richtlinien ein vereinheitlichtes technisches Verfahren vorliegt, welches unter gleichen Voraussetzungen auch gleiche Ergebnisse liefert. Die Geschwindigkeitsüberwachungsanlage vom Typ ES 3.0 besteht aus einem **Sensorkopf**, der 5 **optische Helligkeitssensoren** zur Erfassung der zu messenden Fahrzeuge besitzt. Zudem gehören zu dieser Anlage eine Rechnereinheit, ein Touch-Screen (= berührungsempfindlicher Bildschirm) sowie kabelgebundene und funkgesteuerte Fotoeinrichtungen, des Weiteren eine **Neigungswasserwaage** sowie weiteres Zubehör.

44   Für die Geschwindigkeitsmessanlage ES 3.0 sind die kabelgebundenen Fotoeinrichtungen vom Typ FE3.0 und FE5.0 zugelassen; sie sind eichpflichtig. Darüber hinaus können zusätzlich zu einer kabelgebundenen Fotoeinrichtung nicht eichpflichtige Funk-Kameras (**W-LAN**) vom Typ FE4.1 oder FE6.0 zur Abbildung der Verkehrssituation oder des Fahrzeuglenkers eingesetzt werden. Bilder, die mit den nicht eichpflichtigen Fotoeinrichtungen gefertigt werden, enthalten keine Messdaten.

45   In Abb. 7 ist ein in einem Stativ aufgestellter Sensorkopf vom Typ ES 3.0 mit seinen fünf Helligkeitssensoren abgebildet. Auf diesem ist eine Neigungswasserwaage aufgesetzt, die der Ausrichtung des Sensorkopfes zur Fahrbahnoberfläche hin dient.

C. Einseitensensoren der Firma ESO 4

Abb. 7: Sensorkopf auf Stativ mit Neigungswasserwaage

1. Messprinzip

Das Messprinzip des ES 3.0 beruht auf einer Weg-Zeit-Messung, mit einer definierten Messbasislänge. Drei der insgesamt fünf Sensoren, deren Abstände jeweils 250 mm betragen, überqueren die Fahrbahn rechtwinklig zur Fahrtrichtung. Die optische Achse des vierten und fünften Sensors ist dagegen um ca. 0,4 Grad gegenüber der Normalen schräggestellt. Diese beiden Sensoren sind jeweils in Richtung des mittleren Sensors (Sensor 2) schräggestellt.

Die Sensoren 1, 2 und 3 dienen der Geschwindigkeitsmessung, die Sensoren 4 und 5 dienen dagegen zur Messung des Abstandes zwischen Sensorkopf und erfasstem Fahrzeug. Durch die definierte Ausrichtung der Helligkeitssensoren 4 und 5 ist eine **eichfähige Seitenabstandsmessung** möglich, durch die spurselektiv gemessen werden kann. Abb. 8 zeigt eine schematische Darstellung des Einseitensensors ES 3.0.

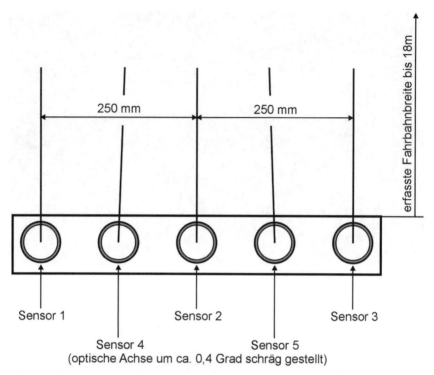

Abb. 8: *Schematische Darstellung des Einseitensensors ES 3.0*

48 Bei den Helligkeitssensoren handelt es sich um zwei nebeneinander angebrachte Fotoelemente, die von der Differenz der Helligkeit abhängige Signale liefern. Mit dem 3. Nachtrag vom 25.11.2009 zur Innerstaatlichen Bauartzulassung vom 5.12.2006 wurde ein neuer Sensorkopf zugelassen. Dieser trägt ebenfalls das Zulassungszeichen Z 18.11/06.04, ist am Zusatz „m" an der Gerätenummer des Sensorkopfes zu erkennen und unterscheidet sich zum Vorgänger dadurch, dass die fünf Helligkeitssensoren aus jeweils drei übereinander angeordneten optischen Fotoelementen bestehen und nicht wie vorher jeweils aus nur einem.

49 Durch das den Erfassungsbereich passierende Fahrzeug werden in den fünf Helligkeitssensoren zugehörige Triggersignale sowie ein fahrzeugindividuelles Helligkeitsprofil generiert. Diese werden erfasst, digitalisiert und gespeichert. Die Triggersignale dienen zur Vorbestimmung der Geschwindigkeit, zur Abstandsbestimmung und zur Optimierung der Signalauswertung.

50 Die erfassten individuellen Helligkeitsprofile des gemessenen Fahrzeuges werden mithilfe einer durch die Software bestimmten Korrelationsrechnung abgeglichen, um die Zeitdifferenzen zwischen den einzelnen Helligkeitsprofilen zu bestimmen. Die Geschwindigkeit ergibt sich aus den ermittelten Zeitdifferenzen zwischen den Sensoren 1, 2 und 3 sowie der Messbasis von jeweils 250 mm bzw. 500 mm in Summe.

Die **eichfähige Seitenabstandsmessung** wird bei diesem Messsystem durch die Schrägstellung der Sensoren 4 und 5 realisiert. Hierdurch kann der Abstand zwischen Sensorkopf und erfasstem Fahrzeug bestimmt werden. Diese Funktionalität wird auch zur Zuordnung der festgestellten Geschwindigkeit zum gemessenen Fahrzeug herangezogen.

Bei der Seitenabstandsmessung wird berücksichtigt, dass die zeitliche Verschiebung des Signalverlaufes des vierten und fünften Sensors gegenüber den Signalverläufen der Sensoren 1, 2 und 3 nicht nur von der Geschwindigkeit sondern auch vom Abstand abhängt. Wenn der so ermittelte Abstand größer als ein eingestellter Grenzwert ist, wird die Messung annulliert. Somit kann bspw festgelegt werden, dass nur eine Richtungsfahrbahn oder ein Richtungsfahrstreifen gemessen wird. Durch die eichfähige Seitenabstandsmessung, die nach Herstellerangaben[3] einer Toleranz von ± 1 m unterliegt, muss der Fahrbahnbereich, auf dem Messungen entstehen können, durch die Kamera(s) nicht mehr vollständig abgedeckt werden. Es ist ausreichend, wenn die Kameras einen zuvor definierten Fahrbahnbereich nur teilweise abbilden. Die Zuordnung der Geschwindigkeitsmessung erfolgt dann über den Seitenabstandswert. Beim ES 3.0 beträgt das Maximum, wie beim Vorgänger ES 1.0, ebenfalls 18 m. Ein Geschwindigkeitsmesswert wird nur als gültig gewertet, wenn

- die Reihenfolge bei der Sensortriggerung (zB bei Durchfahrt von links nach rechts: erst 1 und 4, dann 2 und 5 und zuletzt 3) eingehalten wird,
- die Parameter der Korrelationsrechnung (Abgleich und Deckung von Kurven der verschiedenen Helligkeitsprofile) nicht überschritten werden und
- das gemessene Fahrzeug innerhalb des Abstandsbereiches von 0 m bis 18 m fährt.

Erreicht oder überschreitet ein gemessener Geschwindigkeitsmesswert den eingestellten Geschwindigkeitsgrenzwert und befindet sich das gemessene Fahrzeug innerhalb des eingestellten Abstandsbereiches, so wird in dem Moment, im dem das Fahrzeug ca. 3 m am mittleren Helligkeitssensor (Sensor 2) vorbei gefahren ist, ein digitales Foto erstellt und zur Rechnereinheit übertragen. Die Tatbildgenese erfolgt nach der vorläufigen Bestimmung der Geschwindigkeit, die eine sogenannte Vormessung darstellt.

Aufgrund der Funktionsweise dieses Messsystems erfolgt die Tatbildgenese erst dann, wenn das gemessene Fahrzeug eine Wegstrecke von ca. 3 m zurückgelegt hat. Dies bedeutet, dass ein gemessenes Fahrzeug nicht auf Höhe des geschwindigkeitsmessenden Sensorkopfes auf dem Messbild abgebildet wird, sondern zu einem späteren Zeitpunkt. Der Messgerätehersteller, ergo die Firma ESO, hat in diesem Konnex die Bezeichnungen „**Messlinie**" und „**Fotolinie**" eingeführt, wie in Abb. 9 visualisiert. Auf Höhe der Messlinie ist der geschwindigkeitsmessende Sensorkopf aufgestellt. Hier erfolgt die Geschwindigkeitsmessung. Auf Höhe der Fotolinie wird ein gemessenes Fahrzeug, unabhängig seiner gefahrenen Geschwindigkeit abgebildet.

---

3 ESO GmbH: Handbuch und Gebrauchsanweisung – Geschwindigkeitsmessanlage Typ ES3.0 mit den Fotoeinrichtungen Typ FE3.0, FE4.1, FE5.0 und FE6.0., 5. Aufl., 2.12.2010.

§ 8 Technische Fragestellungen

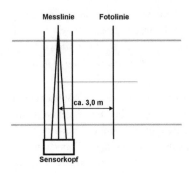

Abb. 9: Sensorkopf – Messlinie und Fotolinie

55 Das Tatfoto wird in der Rechnereinheit, erst nach der genauen Bestimmung der Geschwindigkeit, mit den bei der Messung entstandenen Daten in einer sogenannten **Messdatendatei** zusammengefasst, verschlüsselt und signiert in dieser gespeichert.

56 Bilder annullierter Messungen wurden durch das Messsystem nicht gespeichert. Wird ein Tatfoto gefertigt, so bedeutet dies, dass der mehrstufige Vorgang der Geschwindigkeitsmessung erfolgreich und innerhalb der geräteinternen Kriterien gelegen hat.

57 Bei den in ein Tatfoto eingefügten Daten handelt es sich um den Gerätetyp und die Gerätenummer, den Kameratyp und die Kameranummer, die Messstellen- und Zeugennummer, das Datum und die Uhrzeit, den Geschwindigkeitsmesswert, das Fahrtrichtungssymbol, den gemessenen Abstand zwischen Sensorkopf und erfasster Fahrzeugseite, den eingestellten Geschwindigkeitsgrenzwert und den Abstand vom Sensorkopf zum Fahrbahnrand.

58 Wird bei einer amtlichen Geschwindigkeitsmessung eine zusätzliche, nicht eichpflichtige, Funk-Kamera vom Typ FE4.1 oder FE6.0 eingesetzt, so erfolgt die Tatbildgenese gegenüber den Kameras vom Typ FE3.0 und FE5.0 um ca. 60 ms zeitverzögert. Durch die zeitversetzte Tatbildgenese hat das gemessene Fahrzeug, in Abhängigkeit seiner Geschwindigkeit, die Fotolinie um eine bestimmte Wegstrecke überquert bzw überfahren. Diese lässt sich durch die Formel

$s \,[m] = v \,[km/h] \times 1/60$

berechnen. Nach der Tatbildgenese mit einer W-LAN Kamera wird das Tatfoto bereits in der Fotoeinrichtung verschlüsselt und signiert, anschließend erst per Datenfunk an die Rechnereinheit übertragen und dort in die jeweilige und zugehörige Messdatendatei eingeführt. Durch diesen Ablauf liegt für jede Messung eine Messdatendatei im Dateiformat .eso vor.

2. Aufstellung der Messanlage

59 Mit der Geschwindigkeitsmessanlage ESO 3.0 können Messungen auch in Kurven, im Bereich von Straßenbaustellen sowie innerhalb und außerhalb geschlossener Ortschaften durchgeführt werden, wobei Messungen ab 10 km/h ohne Einschränkung möglich sind. Dies hängt lediglich davon ab, wie der Geschwindigkeitsgrenzwert ein-

gestellt ist. Der Geschwindigkeitsmessbereich ist von 10 km/h bis 250 km/h geeicht, wobei Geschwindigkeiten bis 399 km/h gemessen werden können.

Der geschwindigkeitsmessende Sensorkopf wird auf einem Stativ am Fahrbahnrand aufgestellt und parallel zur Fahrtrichtung ausgerichtet. Die Aufstellhöhe empfiehlt sich über den Rädern der zu messenden Fahrzeuge, etwa im Bereich von mehr als 50 bis 70 cm über Oberkante der Fahrbahn. Diese hat ansonsten keinen Einfluss auf die Messung. Die Justage des Sensorkopfes erfolgt über die Neigungswasserwaage, die im Lieferumfang des Gerätes mit dabei ist. Es muss die Fahrbahnlängsneigung auf den Sensorkopf mittels der Neigungswasserwaage übertragen werden. Die Fahrbahnquerneigung kann optional auf diesen übertragen werden.

Die Aufstellung der Fotoeinrichtung erfolgt so, dass diese nicht so weit entfernt sein darf, dass eine Fahreridentifizierung nicht mehr möglich ist. Auch sollte sich das Kennzeichen innerhalb des Fotos befinden. Des Weiteren muss die fotografische Aufnahme die Fotolinie abbilden, wobei beim Messsystem ES 3.0 nicht der gesamte Fahrbahnquerschnitt auf Höhe der Fotolinie abgebildet werden muss, auf dem Messungen entstehen könnten. Durch die eichfähige Seitenabstandsmessung ist es für die Zuordnung einer Geschwindigkeit ausreichend, wenn Teile eines zuvor definierten Abstandsintervalls, zwischen Sensorkopf und überwachten Fahrspuren abgebildet werden. Der durch die Messanlage ermittelte Seitenabstand zum gemessenen Fahrzeug wird in der Bilddatei beweissicher dokumentiert.

3. Inbetriebnahme

Zur Inbetriebnahme der Anlage wird die Rechnereinheit hochgefahren, wobei automatisch das Messprogramm geladen wird und anschließend selbständig Testprogramme ablaufen. Testfotos, welche die Funktionsfähigkeit der Anlage dokumentieren sollen, müssen beim ESO ES 3.0 nicht erstellt werden.

Da ein gemessenes Fahrzeug, bei festgestellter Überschreitung der eingestellten Grenzgeschwindigkeit, unabhängig seiner Geschwindigkeit mit der Fahrzeugfront im Bereich der Fotolinie abgebildet wird, muss der Fotolinienverlauf dokumentiert werden. Dieser Verlauf kann entweder durch auf der Fahrbahn aufgestellte Kegel, durch angebrachte Hilfsmarkierungen oder auch durch Fahrbahneigenschaften festgelegt werden. Bei der Fotolinie handelt es sich um eine fiktiv gedachte Linie, die normal zur Fahrbahn verläuft und sich ca. 3 m in Fahrtrichtung hinter dem mittleren Sensor des Sensorkopfes befindet. Diese Stelle ist nachvollziehbar zu kennzeichnen.

Des Weiteren muss im Rahmen einer amtlichen Geschwindigkeitsmessung die Anzahl der Fahrspuren und ihre Breiten sowie der Abstand vom Sensorkopf zum Fahrbahnrand dokumentiert werden.

Der Ablauf einer Geschwindigkeitsmessung kann über die Betriebsart „manuell" oder „automatisch" erfolgen. Im Rahmen der amtlichen Geschwindigkeitsüberwachung wird jedoch hauptsächlich die Betriebsart automatisch gewählt, bei der die Geschwindigkeit aller vorbeifahrenden Fahrzeuge gemessen wird und eine Tatbildgenese nur nach festgestellter Überschreitung der eingestellten Bildauslösegrenzgeschwindigkeit erfolgt.

4. Eichschein und Messprotokoll

66 Generell ist zu Beginn der Messung durch den Messstellenleiter zu überprüfen, ob die Eichmarken am Gerät unbeschädigt sind. Für die Gültigkeit der Eichung muss ein Eichschein vorliegen. Im Messprotokoll müssen alle relevanten Daten der streitgegenständlichen Messung aufgeführt sein.

5. Auswertung der Messung

67 Für die Auswertung einer Messung ist die entsprechende Fotodokumentation beizuziehen. Die Bilddateien im **eso-Dateiformat** sind mit einem „Public Key" versehen und können über das Visualisierungsprogramm „**esoDigitales II**" geöffnet und angezeigt werden. Hierbei wird die Signatur der Datei geprüft. Laut Zulassungsinhaber ESO muss beim Einseitensensor ES 3.0 nicht der gesamte Fahrbahnquerschnitt auf einem Messbild abgebildet werden, auf dem Messungen entstehen können, da durch die eichfähige Seitenabstandsmessung eine richtige Zuordnung der gemessenen Geschwindigkeit zum verursachendem Fahrzeug gewährleistet wird.

68 Ein gemessenes Fahrzeug wird geschwindigkeitsunabhängig mit seiner Fahrzeugfront im Bereich der Fotolinie abgebildet, wenn die Tatbildgenese durch die Kameras vom Typ FE3.0 oder FE5.0 erfolgt. Bei einer Dokumentation mit den Fotoeinrichtungen FE4.1 oder FE6.0 erfolgt die Tatbildgenese um ca. 60 ms zeitverzögert, so dass ein gemessenes Fahrzeug, in Abhängig seiner gefahrenen Geschwindigkeit, um diese Zeitspanne in Fahrtrichtung weiter nach vorne versetzt ist.

69 Sind auf einem Foto zwei Fahrzeuge der gleichen Richtung abgebildet, so darf der Messwert dem Fahrzeug zugeordnet werden, das sich mit seiner Fahrzeugfront im Bereich der Fotolinie befindet (Aufnahme durch FE3.0 bzw FE5.0) und dem der im Datenfeld eingeblendete Seitenabstand zwischen Sensorkopf und erfasster Fahrzeugseite zuzuordnen ist. Hierzu ist in Abb. 10 ein derartiges Messbild beispielhaft dargestellt.

70 Sind dagegen zwei Fahrzeuge unterschiedlicher Fahrtrichtungen auf einem Messbild abgebildet, so kann die Zuordnung der Geschwindigkeit auch über den im Datenfeld des Tatfotos eingeblendeten Richtungspfeil erfolgen.

C. Einseitensensoren der Firma ESO 4

Abb. 10: Zwei Fahrzeuge in Fotoposition – augenscheinlich

Befindet sich ein gemessenes Fahrzeug in einer plausiblen bzw zu erwartenden Fotoposition und ist diesem der im Tatfoto eingeblendete Seitenabstand zuzuordnen, so ist auch diesem Fahrzeug der Geschwindigkeitsmesswert zuzuordnen. Dies lässt sich retrospektiv überprüfen, indem der Verlauf der Fotolinie in einem Messbild rekonstruiert und die Position des abgebildeten Fahrzeuges auf der Fahrbahn durch eine fotogrammetrische Auswertung überprüft wird.

6. Fehlerquellen

Da die Geschwindigkeitszuordnung einerseits über die Fotoposition des gemessenen Fahrzeuges und andererseits über die sogenannten geometrischen Daten, also über den Seitenabstand zwischen Einseitensensor und erfasstem Fahrzeug erfolgt, ist die sorgfältige Dokumentation der Fotolinie sowie des Abstandes des Sensorkopfes zum Fahrbahnrand und die Breiten der Fahrspuren notwendig.

Wird der Abstand zwischen dem mittleren Sensor des Sensorkopfes und der Fotolinie nicht abgemessen sondern geschätzt oder abgeschritten und wird hierbei die Entfernung zwischen der Mess- und Fotolinie von ca. 3 m unter- oder überschritten, so werden die gemessenen Fahrzeuge entweder in einer verfrühten oder auch in einer verspäteten Fotoposition abgebildet. Hierbei handelt es sich um eine systematische Abweichung, die nach Auswertung der Messbilder festgestellt werden kann.

In Abb. 11 ist ein Messbild dargestellt, auf dem das gemessene Fahrzeug mit seiner Fahrzeugfront die Fotolinie noch nicht erreicht hat.

Abb. 11: Das gemessene Fahrzeug hat mit seiner Fahrzeugfront zum Zeitpunkt der Tatbildgenese die Fotolinie noch nicht erreicht

75 Auch sind im Rahmen forensischer Gutachten Abweichungen bei der Ermittlung des Abstandes vom Sensorkopf bis zum Fahrbahnrand festgestellt worden. Die damit verbundenen Abweichungen können durch Einsicht in die Messbilder sowie einer Plausibilitätsprüfung festgestellt werden. Wird bei einer amtlichen Geschwindigkeitsmessung der Fahrbahnquerschnitt auf Höhe der Fotolinie nur teilweise abgebildet, so ist eine Prüfung der Fotoposition des abgebildeten Fahrzeuges und des festgestellten Seitenabstandes zwischen Sensorkopf und erfasstem Fahrzeug auf Plausibilität durchzuführen, um eine Fehlzuordnung auszuschließen.

76 Eine Problematik des Gerätes besteht darin, dass bewegte Bäume oder auch Büsche im Hintergrund Triggersignale generieren. Jedoch geht ein solcher Hintergrundeffekt nicht zusätzlich in eine gültige Messung mit ein, da hier ein völlig anders gearteter Abstand des Hintergrundes zum Sensor, sowie des erfassten Fahrzeuges zum Sensor und zudem ein anders geartetes Erfassungsprofil für die Sensoren vorliegt. Das bedeutet, dass bei einem solchen Hintergrundeinfluss immer die geräteinterne Fehlergrenze überschritten werden wird und es entsprechend zur Annullierung kommt. Eine technisch mögliche Fehlerquelle besteht bei der Messung mit dem Einseitensensor ES 3.0 dann, wenn der Sensorkopf nicht parallel zur Fahrbahnoberfläche ausgerichtet werden würde. Durch eine verkürzte Messbasis würde es auch zu einer nicht zutreffenden Geschwindigkeitsfeststellung kommen. In diesem Zusammenhang ist anzumerken, dass geringe Abweichungen bei der fahrbahnparallelen Ausrichtung des Sensorkopfes in der Verkehrsfehlergrenze des Messgerätes mit berücksichtigt sind. Allgemein führt eine verkürzte Messbasis dazu, dass der gemessene Geschwindigkeitswert größer ist, als der real vom gemessenen Fahrzeug gefahrene. Deshalb muss

die Fahrbahnlängsneigung mithilfe der Neigungswasserwaage auf den Sensorkopf übertragen werden und dies am Ende der Messung wiederholt überprüft werden.

Sollte es bei einer Geschwindigkeitsmessung dazu gekommen sein, dass der geschwindigkeitsmessende Sensorkopf in der horizontalen Ebene nicht parallel zur Fahrbahnoberfläche aufgestellt wurde oder verändert sich seine fahrbahnparallele Ausrichtung während dem Messbetrieb, weil das Stativ bspw auf unbefestigtem Untergrund aufgestellt wurde, so würden die Erfassungspositionen auf den vorbeifahrenden Fahrzeugen differenzieren. Eine derartige Konstellation würde dazu führen, dass die zu messenden Fahrzeuge nicht mehr an der gleichen Fahrzeugstelle erfasst werden würden, weshalb an den Sensoren unterschiedliche Helligkeitsprofile ermittelt werden würden. Unterschiedliche Helligkeitsprofile sind nicht mehr kongruent zueinander, weshalb derartiges – funktionsbedingt – zu Annullierungen führen würde.

In diesem Zusammenhang und der Funktionsweise des Messgerätes würde es in Abhängigkeit des Neigungswinkels zu Ungenauigkeiten in der Messung kommen und zwangsläufig auch zu ihrer Annullierung, sobald die zulässigen, geräteinternen Toleranzen überschritten bzw die Kriterien für eine gültige Messung nicht eingehalten werden würden.

Zu dieser Thematik wurden im Jahr 2010 entsprechende Untersuchungen bzw Versuche[4] durchgeführt. Wird der Einseitensensor ohne Zuhilfenahme einer Neigungswasserwaage aufgestellt oder verändert sich die Ausrichtung zur Fahrbahnoberfläche während der Messung, so kann aufgrund der Bauart des Messgerätes eine erhöhte Annullierungsrate festgestellt werden. Die Annullationsrate ist also auch ein Anhaltspunkt für einen nicht zur Fahrbahnoberfläche parallel aufgestellten bzw ausgerichteten Einseitensensor.

Ein weiterer messtechnischer Effekt ist die Geschwindigkeitsauslösung durch einen vorauseilenden Lichteffekt, bspw vorauseilender Schatten. Derartiges lässt sich durch die Auswertung der Bilddateien einer Messung und Positionsüberprüfung eines gemessenen Fahrzeuges ermitteln.

7. Fazit

Die Messung mit dem Einseitensensor ES 3.0 ist aus technischer Sicht ein relativ sichereres Messverfahren. Aufgrund seiner Funktionsweise werden jedoch nicht alle Fahrzeuge erfasst bzw einige Messungen annulliert. Diesem hat der Messgerätehersteller entgegengewirkt und einerseits die Software optimiert sowie andererseits den Sensorkopf mit der Matrix-Funktion eingeführt. In Assoziation der optimierten Software und der Matrix-Funktion soll dies minimiert werden.

---

4 *Smykowski/Buck*, Untersuchungen der Annullationsrate des Einseitensensors ES3.0 bei Variation der Längsneigung (10/2010).

D. Radarmessung

82 **Radarmessgeräte** werden seit langer Zeit zur Geschwindigkeitsmessung eingesetzt. Von der PTB wurden unterschiedliche Typen zugelassen. Bei den häufigsten sich im Einsatz befindlichen Messgeräten handelt es sich um die Verkehrsradargeräte
- **Multanova VR 6F** (18.11/84.64) und
- **Traffipax SpeedoPhot** (Z 18.11/89.13).

83 Diese Messgeräte könnten in unterschiedlichen Einsatzarten verwendet werden, bspw im **Stativ- oder Fahrzeugbetrieb**. Neben der **Nassfilmfotografie** gibt es für Verkehrsradarmessgeräte auch eine Dokumentation mit einer **digitalen Kamera**. Verkehrsradargeräte sind für die amtliche Geschwindigkeitsmessung vorbeifahrender Fahrzeuge konzeptualisiert.

I. Messprinzip

84 Bei einer Radarmessung wird die Geschwindigkeit eines vorbeifahrenden Fahrzeuges nicht durch eine Weg-Zeit-Messung bestimmt, wie dies bspw bei den Einseitensensoren der Fall ist, sondern durch Ausnutzung des **Doppler-Effektes**. Der Doppler-Effekt beschreibt den physikalischen Zusammenhang, dass die Frequenz einer elektromagnetischen Welle bei der Reflektion an einem bewegten Objekt in ihrer Frequenz verändert wird. Elektromagnetische Wellen werden vorwiegend an metallischen Gegenständen, so bspw Fahrzeugen, reflektiert.

85 Das Radarmessgerät sendet eine elektromagnetische Welle als ein sogenanntes Primärsignal aus, welches von einem Objekt reflektiert wird. Dieses sogenannte Radarecho wird sodann als Sekundärsignal vom Radarmessgerät empfangen und die **Frequenz- oder auch Phasenverschiebung** zur Geschwindigkeitsfeststellung ausgewertet. Bewegt sich der Empfänger (zu messendes Fahrzeug) auf den Sender (Verkehrsradarmessgerät) zu, so erhöht sich die Frequenz der reflektierten Welle. Dagegen verringert sich die Frequenz, wenn sich der Empfänger vom Sender entfernt. Der Doppler-Effekt bzw die damit verbundene Frequenzverschiebung kann auch im Alltag beobachtet werden. Fährt ein hupendes Fahrzeug an einer Person vorbei, so klingt der Hupton bei der Annäherung des Fahrzeuges höher als zum Zeitpunkt des Passierens. Jenseits des Beobachter-Standpunkts erscheint der Hupton tiefer. Auch hier korreliert die Tonhöhe mit der Geschwindigkeit des Fahrzeuges. Dieser Effekt wird als akustischer Doppler-Effekt bezeichnet.

II. Aufstellung der Messanlage

86 Verkehrsradarmessgeräte werden in der Regel am Fahrbahnrand aufgestellt und das Messgerät parallel zur Fahrbahnlängsachse ausgerichtet. Die Radarantenne ist im Messgerät dergestalt eingebaut, dass der Radarkegel schräg zur Fahrbahnlängsachse, unter einem definierten Winkel, verläuft, wie in Abb. 12 dargestellt.

87 Für die Richtigkeit einer Geschwindigkeitsmessung ist der Winkel zur Fahrbahnlängsachse ausschlaggebend, da hier keine direkte Geschwindigkeitsbestimmung

stattfindet, sondern diese über einen gerätespezifischen Umrechnungsfaktor erfolgt. Dies bedeutet, dass die richtlinienkonforme Aufstellung des Messgerätes für die Richtigkeit einer Messung ausschlaggebend ist. Der **Messwinkel** beträgt beim Multanova VR 6F 22 Grad, beim Traffipax SpeedoPhot dagegen 20 Grad.

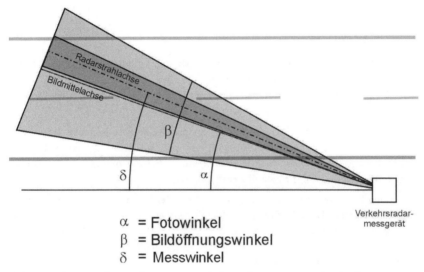

α = Fotowinkel
β = Bildöffnungswinkel
δ = Messwinkel

Abb. 12: Schematischer Aufbau eines Verkehrsradarmessgerätes bei Linksmessung

Wird der **Soll-Messwinkel** nicht eingehalten, dann werden in Abhängigkeit der Winkelabweichung, entweder zu hohe oder zu niedrige Geschwindigkeiten gemessen.

Bei der Radarmessung wird zwischen **Rechts- und Linksmessung** unterschieden. Befindet sich der Messwinkel zwischen der Strahlungsachse der Radarsonde und dem nahe gelegenem Fahrbahnrand links von der Strahlungsachse, so handelt es sich um eine Linksmessung. Reziprok bedeutet dies, dass sich bei einer Rechtsmessung der Messwinkel zwischen der Strahlungsachse der Radarsonde und dem nahe gelegenem Fahrbahnrand rechts von der Strahlungsachse befindet.

III. Inbetriebnahme

Nach Aufstellung des Messgerätes müssen gerätespezifische Funktionstests durchgeführt und Testfotos erstellt werden.

- Multanova VR 6F:

  Vor einer amtlichen Geschwindigkeitsüberwachung mit dem Multanova VR 6F muss der **Segmenttest** auf dem Bediengerät durch den Bediener kontrolliert und die Segmentanzeige auf ordnungsgemäße Funktionsfähigkeit hin überprüft werden. Des Weiteren erfolgen Quarztests. Neben diesen automatisierten Tests müssen zusätzlich **Testfotos** erstellt werden. Bei der Nassfilmfotografie dienen diese

Tests zu Beginn und am Ende einer Messung als Nachweis der korrekten Dateneinblendung.

Beim Messgerät Multanova VR 6F digital, also einem Gerät mit digitaler Fotografie, muss ein Testfoto lediglich zu Beginn der Messung erstellt werden und dient der Messstellendokumentation sowie der Dokumentation der Messgeräteausrichtung an der Messstelle.

- Traffipax SpeedoPhot:

    Auch beim Traffipax SpeedoPhot laufen nach dem Einschalten der Anlage Selbsttests ab. Zu Beginn und am Ende einer amtlichen Messung müssen beim Traffipax SpeedoPhot sogenannte Kalibrierungstestfotos ausgelöst werden, um die Funktionsfähigkeit des Gerätes nachzuweisen.

91 Für die Auswertung einer Messung ist die entsprechende Fotodokumentation beizuziehen. Die vorgeschriebenen Testfotos müssen sich auf dem Negativfilm bei einer Nassfilmfotografie befinden. Wurde eine Messung digital Dokumentiert, so müssen diese im Dateiverbund der Messreihe enthalten sein.

92 Neben den Funktionstests und Testfotos muss die **Reichweite** zu Beginn der Messung eingestellt werden. Diese ist Standortabhängig, wobei immer die minimal erforderliche Reichweite einzustellen ist.

IV. Eichschein und Messprotokoll

93 Generell ist zu Beginn der Messung durch den Messstellenleiter zu überprüfen, ob die Eichmarken und Plombierungen am Gerät unbeschädigt sind. Für die Gültigkeit der Eichung muss ein Eichschein vorliegen. Im Messprotokoll müssen alle relevanten Daten der streitgegenständlichen Messung aufgeführt sein.

V. Fehlerquellen

94 Eine Hauptfehlerquelle bei einer Geschwindigkeitsmessung mit einem Verkehrsradargerät ist die **Abweichung vom Soll-Messwinkel**. Abweichungen können entweder auf eine **ungenaue Aufstellung** des Messgerätes oder auf eine **Abweichung in der Bewegungsrichtung** des gemessenen Fahrzeuges in Bezug zur Fahrbahnlängsachse entstehen. Gleiches gilt für **Geschwindigkeitsmessungen in Kurven**. Die bisher auf dem Markt befindlichen Verkehrsradargeräte können nicht selbständig und fallweise den Winkel zwischen der Bewegungsrichtung des Fahrzeuges und der Radarstrahlachse bestimmen. Allgemein sind in der Verkehrsfehlergrenze Abweichungen bei der Messgeräteaufstellung von bis zu max. 1 Grad mit berücksichtigt.

95 Ein solcher Winkelfehler bei der Aufstellung des Messgerätes kann durch eine **fotogrammetrische Auswertung** der Beweisfotografie aufgedeckt werden. Hierzu ist die Kenntnis systemabhängiger Parameter, wie bspw Kameratyp und vor allem der **Objektivbrennweite**, erforderlich. Des Weiteren müssen die **Bildränder** des Fotos ermittelt und der **Fluchtpunkt der Fahrbahnlängsachse** bestimmt werden, wie in Abb. 13 schematisch dargestellt.

Durch die zuvor angestellten Ermittlungen kann zunächst der **Fotowinkel** zur Fahrbahnlängsachse bestimmt werden und anschließend der **Messwinkel** berechnet werden. Der Effekt einer Winkelabweichung bei der Messgeräteaufstellung kann in guter Näherung mit einem einfachen Rechengang ermittelt werden. So kann bis zu einer Abweichung von ca. 10° eine Toleranz von ca. 0,6 % je 1 Grad Abweichung angenommen werden. Nur in seltenen Fällen wurden bei der Auswertung von Radarmessungen Abweichungen um mehr als 3 Grad festgestellt. 96

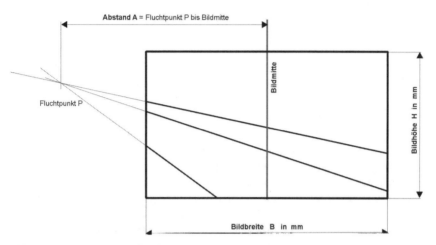

Abb. 13: Schematische Darstellung einer fotogrammetrischen Auswertung

Eine weitere mögliche Fehlerquelle besteht darin, wenn ein gemessenes Fahrzeug nicht parallel zur Fahrbahnlängsachse fährt, sondern sich zum Zeitpunkt der Messung in einer Schrägfahrt, bspw aufgrund eines Fahrstreifenwechsels, befindet. Auch hierdurch erfolgt eine Abweichung vom Soll-Messwinkel. 97

Eine Schrägfahrt eines gemessenen Fahrzeuges hat einen wesentlich höheren Einfluss auf die Winkelabweichung bei der Geschwindigkeitsmessung mit einem Verkehrsradargerät. 98

Eine Schrägfahrt führt dann zu einem zu geringen Messwert, wenn sich dadurch der Winkel zwischen der Bewegungsrichtung und dem Messgerät vergrößert und zu einem zu hohen Messwert, wenn sich durch die Schrägfahrt der Relativwinkel verkleinert. Lenkwinkel weisen eine hohe Korrelation zu den jeweiligen Geschwindigkeiten auf. Je höher eine Geschwindigkeit liegt, umso flacher verläuft normalerweise der Lenkwinkel. 99

Der Effekt einer Fahrzeugschrägstellung in Bezug zur Fahrbahnlängsachse kann in guter Näherung mit einem einfachen Rechengang ermittelt werden. Als Faustformel hat sich in der Praxis als realitätsnah erwiesen, zur Obergrenzabschätzung des normalen Lenkwinkels von einem Referenzwert von 220 km/h die tatsächliche Geschwindigkeit zu subtrahieren. Dieser Wert ist durch 10 und dann durch 2 zu teilen. 100

Das Ergebnis hat die Dimension Grad (°). Bei einer Geschwindigkeit von 120 km/h ergibt dies beispielsweise einen wahrscheinlichen Obergrenz-Lenkwinkel von ca. 5°. Multipliziert man diesen Wert mit dem Toleranzwert von 0,6 % je Winkelgrad, resultiert aus diesem Beispiel eine mögliche Abweichung von 3 %. Damit kann abgeschätzt werden, ob der Vortrag einer Fahrzeugschrägstellung überhaupt zu einer relevanten Messwertabweichung führen könnte. Die Abschätzmethode kann für einen Geschwindigkeitsbereich zwischen ca. 200 km/h und 30 km/h angewendet werden. Um derartiges beweissicher zu überprüfen muss die Fahrzeugstellung zur Fahrbahnlängsachse überprüft werden. Dieses erfolgt auch über eine fotogrammetrische Auswertung, indem die Reifenaufstandspunkte, die unteren oder oberen Felgenhörner, der rechten oder linken Vorder- und Hinterräder des gemessenen Fahrzeuges jeweils durch eine Linie miteinander verbunden und diese Geraden in Richtung des Fluchtpunktes verlängert werden. Verlaufen diese Konstruktionslinien durch den Fluchtpunkt, so fährt das gemessene Fahrzeug parallel zur Fahrbahnlängsachse. Verlaufen diese Linien nicht durch den Fluchtpunkt der Fahrbahnlängsachse, so befindet sich das gemessene Fahrzeug in einer Schrägfahrt.

101 Aus theoretischer Sicht können Winkelfehler auch durch die **Streubreite der Bündelung** der Radarstrahlung in geringem Umfange verursacht werden. Die Strahlungsintensität nimmt von der Mittelachse zu den beiden Seiten hin relativ schnell ab, so dass im Normalfall nur Messungen innerhalb eines Strahlungsbreitenbereichs von +/- 2,5° zu erwarten sind. Dem wird durch einen geräteinternen Vorlauf Rechnung getragen. Gleichwohl kann es durch Kantenbeugung bzw Streuung, wenn sich etwa metallische Objekte nahe der Strahlungsachse des Radargerätes befinden, zu Fehlern kommen. So ist es zum Beispiel bei Messungen aus einer Lücke zwischen parkenden Fahrzeugen hinaus durch die nahe der Strahlungsachse stehenden Ecke eines Fahrzeuges möglich, Kantenbeugungen und damit Frühauslösungen zu erzielen. Dies kann eine Verkleinerung des Messwinkels und damit eine Messung zu Ungunsten des Betroffenenfahrzeuges zur Folge haben. Insofern muss darauf geachtet werden, dass sich in der Nähe der Radarstrahlachse keine elektromagnetisch wirksamen Störobjekte befinden.

102 Präzise Untersuchungen hierzu sind anhand des Beweisfotos von Seiten des Sachverständigen mit entsprechenden Masken möglich. Zur ersten Abschätzung kann aus technischer Sicht vorausgesetzt werden, dass das innere Drittel eines Messbildes frei von Störobjekten (oder auch von einem zweiten Fahrzeug in gleicher Richtung) sein sollte. In diesem Zusammenhang wird auf Abb. 14 hingewiesen.

D. Radarmessung **4**

Abb. 14: Fahrzeug im Auswertebereich bei Linksmessung

Allgemein ist es so, dass bei einem nach unten abweichenden Messwinkel zu hohe Geschwindigkeiten im Tatfoto eingeblendet und bei einem nach oben abweichenden Messwinkel zu geringe Geschwindigkeiten angezeigt werden. Wie sich eine Abweichung auf die gemessene Geschwindigkeit auswirkt, ist immer individual zu überprüfen. 103

Weitere technische Fehlermöglichkeiten sind **Reflexionen**, die eine falsche Zuordnung des Messwertes zum abgebildeten Fahrzeug oder **Messwertverfälschungen** bewirken können. Derartiges tritt jedoch selten auf und kann im aufmerksamen Messbetrieb durch das Messpersonal in den meisten Fällen erkannt werden. 104

Befindet sich im aktiven Radarstrahlbereich ein geeigneter Reflektor, bspw Metall oder auch Armierungsmatten in Betonwänden, so kann der Radarstrahl nach dem Gesetz Einfallswinkel = Ausfallswinkel an diesem Objekt reflektiert werden. Hierbei kann die **Reflexion** an **stehenden oder auch bewegten Reflektoren** erfolgen. Der reflektierte Radarstrahl kann dann auf ein weiter entferntes Fahrzeug auftreffen. In Abhängigkeit des Reflektionsquerschnittes kann es in einer solchen Situation zu einer Messung kommen, indem der Radarstrahl nach dem gleichen Prinzip zum Radarmessgerät zurückreflektiert wird. 105

In Abb. 15 ist eine solche Konstellation schematisch dargestellt. Abb. 16 zeigt dagegen eine reale Geschwindigkeitsmessung an einem stationären Reflektor. 106

§ 8 Technische Fragestellungen

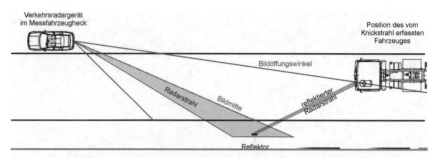

Abb.15: Knickstrahlreflexionsmessung an einem stationären Reflektor

Abb. 16: links: Knickstrahlreflexionsmessung eines Lkws an einem stationären Reflektor, rechts: reguläre Geschwindigkeitsmessung des zuvor im Knickstrahl gemessenen Lkws

107 Messstellen, die reflexionsgefährdet sind, zeichnen sich ergo dadurch aus, dass auf den Messbildern immer wieder Aufnahmen mit eingeblendetem Geschwindigkeitswert aber ohne Vorhandensein eines Fahrzeuges in der für eine korrekte Geschwindigkeitsmessung zu erwartenden Fotoposition.

108 Eine derartige Konstellation auf einem Tatfoto liefert den Hinweis, dass an der Messstelle Reflektionen auftreten, bei denen es im Extremfall zu falschen Geschwindigkeitszuordnungen kommen kann.

109 Bei nicht weitestgehend zentralen Fotopositionen von Fahrzeugen oder den zuvor dargestellten Leerbildern mit eingeblendetem Geschwindigkeitsmesswert, aber auch wenn zwei Fahrzeuge innerhalb der Bildmitte abgebildet sind, ist somit eine besonders kritische Untersuchung der Messung und des gesamten Filmes angeraten.

VI. Fazit

110 Die Radarmessung, die man als eine der ältesten Geschwindigkeitsmessungen sehen kann, die von den deutschen Behörden herangezogen wird, hat zwar verschiedene mögliche Fehler. Diese Fehler sind nach den Erfahrungen der Verfasser allerdings einigermaßen unwahrscheinlich. Der wahrscheinlichste Angriffspunkt der Radarmes-

sung, gleichwohl dies nicht dazu führt, dass die Messung insgesamt nicht verwertbar ist, ist der sogenannte **Winkelfehler**. Auch ein noch so sorgfältiger Messbeamter wird mit dem bloßen Auge, trotz den entsprechenden Justagemöglichkeiten beim Einstellen des Messgerätes, nicht in der Lage sein, das Messgerät auf 1° fahrbahnparallel aufzustellen. Bereits 1° einer nicht Fahrbahnparallelität, und zwar im Sinne einer Verringerung des Messwinkels hin zum gemessenen Fahrzeug, führt aber zu einer Zuungunstenmessung für einen Betroffenen und einer zusätzlichen Toleranz von bsp. 1 km/h, die gegebenenfalls über die Verkehrsfehlergrenze, die auch eine Aufstellfehlergrenze beinhaltet, hinausgeht.

Das bedeutet, dass bereits aus technischer Sicht 1° Aufstellung des Messgerätes entgegen der relevanten Parallelität zu einer Zuungunstenmessung für einen Betroffenen führen kann. Dies kann im Einzelfall, je nachdem, wie der Geschwindigkeitswert ausfällt, für 1 km/h zusätzlicher Toleranz dazu führen, dass beispielsweise ein Fahrverbot wegfällt oder sich „Punkte" ändern. Es ist allerdings darauf hinzuweisen, dass diese Zuungunstenmessung in gleicher Weise auch als Zugunstenmessung ausfallen kann, je nachdem ob das Messgerät mehr hin zum gemessenen Fahrzeug oder mehr weg vom gemessenen Fahrzeug, jedenfalls nicht parallel aufgestellt worden ist. 111

Die Verfasser regen insofern an, nicht die gesamten, pauschal möglichen Fehler des Radarmessgerätes, die oben aufgelistet worden und allerdings relativ selten sind, zu monieren, sondern den Winkelfehler überprüfen zu lassen, um dann im konkreten Fall durch eine Erhöhung der Toleranz ggf sogar nur um 1 km/h Änderungen am Bußgeldbescheid, etwa ein Wegfall eines Fahrverbotes oder Ähnliches, herbeizuführen. 112

E. Lasermessungen

I. PoliScan Speed

Bei der Geschwindigkeitsüberwachungsanlage der Firma **VITRONIC** vom **Typ PoliScan Speed** handelt es sich um ein aktives, auf der Lasermessung basiertes, Messgerät. Dieses wurde von der PTB zugelassen und trägt das Zulassungszeichen Z 18.11/06.01. Neben dieser Bauform ist eine zweite Version zugelassen. Bei dieser handelt es sich um das Messgerät **PoliScan Speed F1**, welches das Zulassungszeichen Z 18.11/07.01 trägt. 113

Während es sich bei der Ausführung PoliScan Speed um eine **mobile Messanlage** handelt, ist das Messgerät PoliScan Speed F1 für den **ortsgebundenen Einsatz** bestimmt. Da sich die beiden Messgeräteausführungen in der Messfunktion nicht unterscheiden, wird nachfolgend eine allgemeine Betrachtung vorgetragen. 114

Beim Messsystem PoliScan Speed handelt es sich um ein standardisiertes Messverfahren, da durch Richtlinien ein vereinheitlichtes technisches Verfahren vorliegt, welches unter gleichen Voraussetzungen auch gleiche Ergebnisse liefert. 115

Die Geschwindigkeitsüberwachungsanlage in der Standardbauart PoliScan Speed (Z 18.11/06.01) besteht aus einer Messeinheit und einer Bedieneinheit in Form eines 116

§ 8 Technische Fragestellungen

Laptops und einem oder zwei Blitzgeräten. Unter der gleichen Zulassungsnummer wird die Bauvariante „M1" aufgeführt, bei der eine zusätzliche Schnittstelle für den Anschluss einer abgesetzten Fotoeinrichtung vorhanden ist.

117 Die Messeinheit besteht aus der LIDAR-Unit, zwei Digitalkameras mit Objektiven unterschiedlicher Brennweite, einer Auswerteeinheit sowie einer LCD-Anzeige an der Rückseite der Messeinheit. In Abb. 17 ist das PoliScan Speed Messgerät in der Standardbauart abgebildet.

Abb. 17: links: Messeinheit auf Stativ aufgebaut; rechts: Rückseite der Messeinheit

1. Messprinzip

118 Das Messprinzip beruht auf einer **Laserimpuls-Laufzeitmessung**, wobei hier die sogenannte LIDAR-Technik zum Einsatz kommt. Lidar kommt aus dem Englischen und steht als Abkürzung für LIght Detection And Ranging. Im Deutschen beschreibt man dies als Erfassung und Entfernungsmessung von Körpern durch Licht.

119 Der im Messsystem generierte Laserimpuls (Infrarotlaser), dessen Wellenlänge für das menschliche Auge nicht sichtbar ist, wird auf einen rotierenden Würfel geleitet und an diesem reflektiert, wie in Abb. 18 dargestellt.

120 Durch die Würfelrotation wird der Laserstrahl nicht in eine einzige Richtung gesendet, sondern es wird der erfasste Fahrbahnbereich gescannt, wie in Abb. 19 schematisch dargestellt.

E. Lasermessungen 4

Abb. 18: Messeinheit mit abstrahlendem Laser

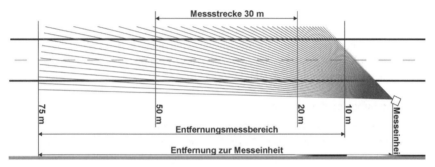

Abb. 19: Schematische Darstellung eines PoliScan Speed an einer Messstelle, für t + dt

Der überwachte Bereich erstreckt sich von 10 m bis 75 m, in einem Winkel von 45 Grad. Die Geschwindigkeitsfeststellung erfolgt jedoch ab 50 m bis 20 m vor der Messeinheit, ergo während einer 30 m langen Messstrecke. Während dieser 30 m langen Messstrecke muss das erfasste Objekt über eine zusammenhängende Spanne von 10 m Messwerte liefern.

Das Messgerät ist mehrzielfähig, dh es können Messwerte mehrerer Fahrzeuge gleichzeitig erfasst, verarbeitet und ausgewertet werden.

An einem den überwachten Bereich durchfahrendem Fahrzeug werden die vom Messgerät ausgesendeten Laserstrahlen gespiegelt und durch die Messeinheit wieder detektiert. Durch die Messung der Licht-Laufzeit und der konstanten Lichtgeschwindigkeit wird der Abstand vom Messgerät zum erfassten Objekt bestimmt. Während einer Durchfahrt eines Fahrzeuges wird eine bestimmte Anzahl an Messwerten generiert.

Durch die zeitkontinuierliche Abtastung der Fahrbahn werden aus den einzelnen Punkten, unter Anwendung der Methoden der Modellbildung und Simulation, geräteintern Fahrzeugmodelle erzeugt und ihnen unterschiedliche Bauformen, aufgrund der Fahrzeugabtastung, zugeordnet. Während der 30 m langen Messstrecke werden den Messbereich durchfahrende Fahrzeuge verfolgt. Hierbei handelt es sich um das sogenannte **Tracking**, also die Nachführung eines Objektes. Hierdurch können erfasste Objekte verfolgt, ihr Bewegungsverlauf abgebildet und eine Vorhersage für eine zukünftige Position auf der Fahrbahn getroffen werden.

125 Wird eine Geschwindigkeitsmessung geräteintern als gültig bewertet, dann wird die **mittlere Geschwindigkeit** des gemessenen Fahrzeuges berechnet. Anschließend wird aufgrund des im Messsystem abgebildeten virtuellen Fahrzeugs eine Fotoposition für das real auf der Fahrbahn fahrende und gemessene Fahrzeug bestimmt und ein Tatfoto gefertigt. Für die Zuordnung der festgestellten Geschwindigkeit zum gemessenen Fahrzeug wird eine **Auswerteschablone** bei der Auswertung, aufgrund der bestimmten und vorhergesagten Fotoposition, in das Tatfoto eingeblendet. Bei Änderung der realen Fahrzeugbewegung in Bezug zum virtuellen Objektmodell kann es zu einer unüblichen Einblendung des Auswerterahmens kommen, wenn diese ab ca. 20 m vor dem Messgerät erfolgt.

126 Ist eine Analogie zwischen der vorausberechneten Fotoposition des gemessenen Fahrzeuges und der Position des Auswerterahmens festzustellen, so ist ein korrektes Tracking erfolgt. Hierbei wird der Auswerterahmen perspektivisch auf die Front des gemessenen Fahrzeuges eingeblendet.

2. Aufstellung der Messanlage

127 Mit dem PoliScan Speed können Messungen innerhalb und außerhalb geschlossener Ortschaften, auf Geraden und in Kurven durchgeführt werden. Das PoliScan Speed Messgerät kann auch auf mehrspurigen Straßen eingesetzt werden. Der Geschwindigkeitsmessbereich ist von 10 km/h bis 250 km/h geeicht. Das Messgerät PoliScan Speed (Z 18.11/06.01) wird entweder auf einem Stativ oder aus einem Fahrzeug heraus betrieben. Das Messgerät PoliScan Speed F1 mit der Bauartzulassung 18.11/07.01 wird dagegen stationär aus einem säulenförmigen Gehäuse betrieben, wobei es sich hierbei um einen ortsgebundenen Aufbau handelt. Unabhängig der Bauvariante wird zwischen Links- und Rechtsmessung unterschieden. Ist in Fahrtrichtung der linke Fahrbahnrand der nächstgelegene zum Messgerät, so handelt es sich um eine Linksmessung. Im Umkehrschluss bedeutet dies bei einer Rechtsmessung, dass der rechte Fahrbahnrand der zum Messgerät angrenzende ist. Nach erfolgter Aufstellung des Messgerätes und Herstellung einer Spannungsversorgung, schaltet sich die Messeinheit automatisch ein und leitet die Boot-Phase ein. Nach dieser führt das Gerät autark einen **Selbsttest** durch, der aus einem Display-, Festplattenspeicher-, Lidar-, Kamera- und Systemtest besteht. Dieser ist durch die bedienende Person auf Korrektheit zu prüfen. Der Bediener hat hierbei keinen Einfluss auf den Ablauf des Selbsttests.

128 Für den Betrieb der Anlage sowie für eine optimale Mess- und Bildqualität muss der Abstand vom Messgerät zur Fahrbahn, dessen Aufstellhöhe sowie die Anzahl und Breite der Fahrspuren dem Messgerät mitgeteilt werden. Des Weiteren wird das Messgerät vor einer Messung feinjustiert um einen möglichst hohen Durchsatz während des Messbetriebs zu gewährleisten. Für die Feinjustage wird die Fahrbahnlängs- und Fahrbahnquerneigung auf die Messeinheit übertragen, ein Schwenkwinkel, der

vom Abstand der Messeinheit zum Fahrbahnrand abhängt, eingestellt und es wird an der LCD-Anzeige der Messeinheit eine sogenannte Einrichtgüte für jede Fahrspur angezeigt. Die **Einrichtgüte** gibt die Qualität der Fahrzeugerkennung und Fahrzeugverfolgung an. Je höher dieser Wert ist, desto besser sind die Messwerte. Im Anschluss hieran werden noch die Kameraeinstellungen optimiert, bspw die Objektiv-Brennweiten eingestellt. Der Ablauf einer Geschwindigkeitsmessung kann über die Betriebsart „manuell" oder „automatisch" erfolgen. Im Rahmen der amtlichen Geschwindigkeitsüberwachung wird jedoch hauptsächlich die Betriebsart automatisch gewählt, bei der die Geschwindigkeit der vorbeifahrenden Fahrzeuge gemessen wird und eine Tatbildgenese nur nach festgestellter Überschreitung der eingestellten Bildauslösegrenzgeschwindigkeit erfolgt. Die Tatbildgenese erfolgt in der Reihenfolge der Geschwindigkeitsverstöße, etwa zwei Bilder pro Sekunde. Es werden die erstellten Bilder mit den Falldaten zusammengeführt, digital signiert, mit einem Wasserzeichen versehen und im Dateiformat tuff verschlüsselt gespeichert.

3. Auswertung der Messung

Ein Tatfoto im Originaldateiformat .tuff kann nur mithilfe der Software „PoliScan **Tuff-Viewer**" geöffnet werden, wobei es bei diesem unterschiedliche Versionen gibt, die voneinander abweichen. Der in ein Tatfoto bei der Auswertung eingeblendete Auswerterahmen hat eine konstante Höhe von ca. 1 m. Dessen Breite variiert jedoch, wobei diese mindestens 0,4 m betragen muss.

Bei der Software-Version 1.5.5 des Messgerätes und der Anwendung des Tuff-Viewers mit der Version 3.38.0 wird zudem eine **Hilfslinie** in ein Tatfoto eingeblendet, deren Breite einem Maßstab von 0,5 m entspricht. Die Grafikteileigenschaften, also der rechteckige Auswerterahmen sowie die Hilfslinie, können durch eine fotogrammetrische Auswertung zum gemessenen Fahrzeug geprüft werden.

Um ein Tatfoto auswerten zu dürfen, müssen bei einer Frontmessung des ankommenden Verkehrs folgende Faktoren beachtet werden:

- ein Vorderrad und/oder das Kennzeichen des Fahrzeuges muss sich zumindest teilweise innerhalb der Auswerteschablone befinden,
- andere Verkehrsteilnehmer der gleichen Fahrtrichtung dürfen sich nicht innerhalb der Auswerteschablone befinden und
- die Unterseite des Auswerterahmens muss sich unterhalb der Räder befinden.

Stimmt die Position des gemessenen Fahrzeuges mit der Position des eingeblendeten Auswerterahmens überein, wie in Abb. 20 beispielhaft dargestellt, so wurde eine korrekte **Superposition** für das gemessene Fahrzeug ermittelt. Die im Datenfeld angezeigte Geschwindigkeit ist dann dem im Auswerterahmen positionierten Fahrzeug zuzuordnen.

Abb. 20: Der Auswerterahmen wird korrekt auf die Fahrzeugfront projiziert

4. Eichschein und Messprotokoll

133 Generell ist zu Beginn der Messung durch den Messstellenleiter zu überprüfen, ob die Eichmarken am Gerät unbeschädigt sind. Für die Gültigkeit der Eichung muss ein Eichschein vorliegen. Im Messprotokoll müssen alle relevanten Daten der streitgegenständlichen Messung aufgeführt sein.

5. Fehlerquellen

134 Die automatisierte Bestimmung der Fahrzeugart erfolgt aufgrund der Fahrzeugabtastung. Diese ist nicht eichpflichtig und kann daher auch unstimmig sein. Bspw können Wohnmobile, SUVs oder KOMs als Lkw deklariert werden, weshalb bei unterschiedlich eingestellten Geschwindigkeitswerten diese auf richtige Zuordnung zu überprüfen ist.

E. Lasermessungen 4

Auch ist die Position des gemessenen Fahrzeuges mit der Position des in das Tatfoto 135
eingeblendeten Auswerterahmen auf Plausibilität und Dimension zu prüfen. Darüber
hinaus ist zu überprüfen, ob die Auswertekriterien überhaupt eingehalten werden.

Die Abb. 21/22/23 zeigen Messungen, bei denen die Auswertekriterien nicht einge- 136
halten wurden.

Abb. 21: *Der Auswerterahmen wird korrekt auf die Fahrzeugfront projiziert, jedoch werden die Kriterien bzgl der vom Auswerterahmen zu erfassenden Fahrzeugteile nicht eingehalten (weder Kennzeichen noch Vorderrad befinden sich im Auswerterahmen)*

§ 8 Technische Fragestellungen

Abb. 22: Hier befinden sich zwei Fahrzeuge der gleichen Fahrtrichtung innerhalb der Auswerteschablone, die perspektivisch auf der Front des im Hintergrund abgebildeten Fahrzeuges projiziert wird

E. Lasermessungen 4

Abb. 23: Die Unterkante des Auswerterahmens befindet sich oberhalb der Vorderräder

Des Weiteren ist aufgrund der Funktionsweise des Messgerätes zu prüfen, ob eine Fehlzuordnung der gemessenen Geschwindigkeit zu einem auf dem Tatbild abgebildetem Fahrzeug gegeben ist. Dies wäre bspw bei einem **Fahrspurwechsel** denkbar.

Bei den alten Software-Versionen 1.5.3 und 1.5.4 konnte es in sehr seltenen Fällen bei einer Messung zu einem verspäteten Abschluss der Tatbildgenese kommen, weshalb der Auswerterahmen in einer falschen Position in Bezug zur Front des gemessenen Fahrzeuges eingeblendet wurde. Hierbei hat das gemessene Fahrzeug seine errechnete Super- bzw Fotoposition verlassen bzw überfahren.

Mit der neuen Software-Version 1.5.5 wurde dieser Effekt optimiert. Abb. 24 zeigt ein Tatfoto, bei dessen Generierung es zu einem solchen verspäteten Abschluss gekommen ist.

4 § 8 Technische Fragestellungen

Abb. 24: *Messfoto, bei dessen Generierung es zu einem verspäteten Abschluss gekommen ist*

6. Fazit

140 Für dieses Messsystem zeigt sich insbesondere durch die ständige Aktualisierung der Software, dass die anfänglichen „Kinderkrankheiten", die zu einer durchaus fraglichen Nachvollziehbarkeit eines Messwertes aus technischer Sicht geführt haben, nunmehr ausgemerzt sind. Die anfänglich ins Tatfoto eingeblendete Fahrstreifennummer wird zwischenzeitlich nicht mehr in ein Messbild eingeblendet. Es hat sich von vorneherein aus technischer Sicht die Frage gestellt, welche Fragestellung mit diesem „Tool" verfolgt werden sollte.

141 Für eine korrekte Geschwindigkeitswertgenese ist ein derartiger Parameter nicht wichtig. Umgekehrt ist es wesentlich relevanter, einen Geschwindigkeitswert aus technischer Sicht nachprüfen zu können. Dies ist nunmehr durch die verschiedenen Parameter, die jetzt im Tatfoto eingeblendet werden (beachte oben) möglich. Aus technischer Sicht erscheint das Messgerät PoliScan Speed der Firma VITRONIC

durchaus als nachvollziehbar und standardisiert, wie das auch zwischenzeitlich obergerichtlich anerkannt worden ist.

II. Handlasermessgerät Riegl FG21-P

Für die Geschwindigkeitsmessung mit **Handlasermessgeräten** werden in Deutschland vorwiegend Geräte der Hersteller **RIEGL** Laser Measurement Systems GmbH, **LavegTM** und in einigen Bereichen auch **Leivtec** Verkehrstechnik GmbH eingesetzt. Während bei den beiden am weitesten verbreiteten Geräten von Riegl und Laveg™ eine Bild-Dokumentation des Messvorganges im Normalfall nicht erfolgt, wird bei dem Leivtec-Messgerät der **Messvorgang per Videofilm** oder zwei digitale Fotografien abgebildet, so dass er im Nachhinein überprüfbar ist. Technisch wäre eine Beweisfotoaufnahme bzw -videoaufnahme auch bei den anderen genannten Gerätetypen, so auch dem im Weiteren behandelten Messgerät vom Typ FG21-P, möglich. Von diesen technischen Möglichkeiten wird jedoch bislang kein Gebrauch gemacht. Dies erschwert die nachträgliche technische Diskussion einer **Lasermessung** erheblich bzw macht sie in wesentlichen Punkten unmöglich. 142

1. Funktionsprinzip

Grundsätzlich basiert die Funktion des Messgerätes vom Typ FG21-P der Firma Riegl (Laserklasse 1 und damit für das menschliche Auge ungefährlich), wie auch die der anderen deutschlandweit eingesetzten Handlasermessgeräte, auf dem Prinzip der Messung der Übertragungszeit kurzer Infrarotlichtimpulse. Von einer Sendeoptik werden diese gebündelt als Sendesignal abgestrahlt. Nach dem Auftreffen dieser ausgesandten **Infrarotlichtimpulse** auf ein anvisiertes Ziel werden sie von dort reflektiert und gelangen auf eine Empfangsoptik und von dort auf eine Fotodiode. Von dieser werden daraufhin elektrische Empfangssignale geliefert. 143

Von einer internen Auswerteeinrichtung wird nun das Zeitintervall zwischen Sende- und Empfangsimpulsen gemessen. Dieses fungiert als Maß für die **Zielentfernung**. Da die Lichtgeschwindigkeit konstant ist, ist auch die Zeit, die der Laser benötigt, um Lichtimpulse zu einem Ziel zu senden und von dort aus wieder zu empfangen, direkt proportional zur Entfernung Lasergerät/Ziel. Beim Handlasermessgerät vom Typ FG21-P wird der erste ausgesandte und wieder empfangene Infrarotlichtimpuls als Maß für die Entfernung des anvisierten Messzieles (zB Fahrzeug) herangezogen und als **Messentfernung** (Angabe in m) gesondert angezeigt. 144

Mittels Aussenden zweier Infrarotlichtimpulse und deren zeitlich exakt definierten Abstand auf ein sich bewegendes Ziel kann im Nachhinein die **Entfernungsänderung** zwischen Lasergerät und dem bewegten Objekt berechnet werden. Die Entfernungsänderung geteilt durch das exakt definierte Zeitintervall (zwischen dem Aussenden der beiden Infrarotimpulse) ergibt die Geschwindigkeit des bewegten Objektes. Beim konkreten Messgerätetyp wird die Veränderung des Zielpunktes der beiden Impulse am bewegten Objekt über eine Zeitspanne von 0,4 bis maximal 1,0 s mit einer Serie von Infrarotlicht-Impulsen wiederholt überprüft. 145

146 Sämtliche **Impuls-Laufzeiten** werden gemessen und gespeichert. Wenn nach der Minimierung der Abweichungsquadrate vom Messgerät auf Gutwertbildung entschieden wird (es wird in Abhängigkeit vom Zeitpunkt der Impulsauslösung eine **Regressionsgerade** durch die Messwerte gelegt), wird die Fahrzeuggeschwindigkeit aus der Steigung der Geraden aus Laufzeitänderung pro Zeiteinheit und der Lichtgeschwindigkeit ermittelt und zusammen mit der Messentfernung angezeigt. Als Entscheidungskriterien für die Gültigkeit einer Messung gehen die Abweichung der Messwerte untereinander, von der Regressionsgeraden somit auch in der Konstanz der Entfernungsänderungen in die Messwertbildung ein.

2. Funktionstests

147 Aufgrund der zumeist fehlenden Fotodokumentation ist es essentiell, dass die Handhabung streng nach den herstellerseitigen Verwendungsvorschriften, die Bestandteil der PTB-Zulassung der Messgeräte sind, erfolgt.

148 Hierzu gibt es vorgeschriebene Funktionstests, die vor und nach dem Messbetrieb durchzuführen sind, um dem standardisierten Messverfahren gerecht zu werden. Am Beispiel des Handlasermessgerätes des Herstellers Riegl vom Typ FG21-P seien diese nachfolgend dargelegt.

Abb. 25: Ablauf des Selbsttests und des Displaytests

149 Bei dem **Selbsttest** handelt es sich um eine automatisierte Testreihe bei der die Softwareversion, die Betriebsspannung und die Gerätetemperatur überprüft werden. Liegt einer der Parameter außerhalb der vorgegebenen Sollwerte, so erscheint eine Fehlermeldung.

150 Der **Displaytest** schließt unmittelbar an. Hierbei werden alle Dioden am äußeren und inneren Display angesteuert. Für den zuständigen Messbeamten gilt es hier aufmerk-

sam zu prüfen, ob alle Dioden aufleuchten und anschließend wieder erlöschen. Mit der Überprüfung des Displays wird sichergestellt, dass es nicht zur Darstellung von falschen Werten kommt. Aus technischer Sicht ist es grundsätzlich anzuraten, dass die vorstehend genannten Tests zweimal durchgeführt werden, da die Einblendung sowohl am Außendisplay, als auch eingespiegelt in die Visieroptik erfolgt. Diese Testreihe wird durch Drücken der entsprechenden Taste auf der Geräteoberseite eingeleitet. Abb. 25 zeigt in Sequenz die Darstellung am Außendisplay. Werden keine Auffälligkeiten festgestellt, so wird die Messbereitschaft vom Gerät angezeigt.

Der **Test der Visiereinrichtung** (vor und nach der Messung) muss durchgeführt werden, um sicherzustellen, dass der Messstrahl in die Richtung ausgesandt wird, die durch die Zielmarke (vgl Abb. 26) visualisiert wird, sprich keine Dejustierung vorliegt. Nur wenn hier keine Abweichungen vorliegen, ist die Grundlage geschaffen, dass ein Messwert auch von dem anvisierten Fahrzeug stammt. 151

Um das Messgerät in den Modus zur Überprüfung der Visiereinrichtung zu versetzen wird die Auslösetaste während des Selbsttests gedrückt gehalten. Das Messgerät sendet nun ständig Laserimpulse aus. Gleichzeitig ertönt auch ein Signalton. Trifft der Laserstrahl nun auf gut reflektierende Ziele, führt dies zu einer rascheren Tonfolge und einem höheren Zahlenwert im inneren Display (Spanne von 0-100). Bei Auftreffen auf schlecht bzw schlechter reflektierende Ziele entstehen längere Pausen zwischen den Tönen und ein niedrigerer Zahlenwert wird im inneren Display des Okulars angezeigt. 152

Nach aktuellen **Herstellervorgaben** muss der Visiertest auf ein Objekt erfolgen, auf das vom Messort aus freie Sicht besteht, dessen **Reflexionseigenschaften** sich von der unmittelbaren Umgebung deutlich unterscheiden, und dessen Umrisse in der Visiereinrichtung klar erkennbar sind. 153

Das anvisierte Ziel muss sich in einer Entfernung von 30 m bis 1000 m befinden. Die Entfernung kann mit der Entfernungsmessfunktion des Gerätes bestimmt werden. 154

Zur korrekten **Durchführung des Visiertests** muss die **Zielmarke** zunächst in einer langsamen horizontalen Schwenkbewegung und anschließend in einer vertikalen Schwenkbewegung von jeweils beiden Seiten an die Ränder des Objektes (Abb. 26) herangeführt werden. Auch eine Neigung des Messgerätes um 90 Grad ist zulässig, so dass nur ein horizontales oder vertikales Schwenken notwendig ist. Das Messgerät muss dabei auf einem stabilen Stativ montiert werden oder auf einer stabilen Unterlage aufgelegt werden. 155

4 § 8 Technische Fragestellungen

Abb. 26: Darstellung des Blicks durch die Visiereinrichtung mit Kreisring und Zielmarke, Objekt für den Test der Visiereinrichtung und Nulltest beim Riegl FG21-P

156 Der in das Sichtfeld des Beobachters eingespiegelte Visierpunkt ist nicht eine tatsächliche Abbildung des Lasermessstrahls, sondern ein unabhängig eingestellter Zielpunkt (vgl Abb. 26). Daher ist eine **Dejustierung** (Verlagerung des Zielpunkts im Verhältnis zur Messachse des Geräts) denkbar und in der Praxis auch regelmäßig zu beobachten. Gründe hierfür sind meist starke Erschütterungen der Messgeräte, etwa bei einem Sturz.

157 Es zeigt sich also, dass bereits die vorbereitenden Maßnahmen für einen korrekten Messbetrieb hohe Anforderungen an das bedienende Personal stellen. Eine Dokumentation erfolgt zumeist nur in schriftlicher Form in einem Messprotokoll. Die Angaben im Messprotokoll sind daher bei einer retrospektiven Überprüfung einer Messung immer auf ihre Plausibilität hin zu prüfen. Insbesondere das genaue Vorgehen beim Test der Visiereinrichtung ist nicht objektivierbar. Hier ist im Einzelfall eine individuale Überprüfung angezeigt.

3. Fehlerquellen

158 Im direkten Zusammenhang mit der Messdurchführung geht auch die Problematik der Messzuordnung einher. Daher unterliegt die Durchführung einer Messung herstellerseitig eindeutigen Vorgaben. Infolge der fehlenden Foto- oder Videodokumentation ist die korrekte Messwertzuordnung eine häufige Diskussionsgrundlage. Da beim Riegl FG21-P ein **Kreisring** zur Visualisierung des maximalen **Zielerfassungsbereichs** in die Sichtoptik eingeblendet ist, konnten hier für den Messvorgang präzisere

E. Lasermessungen 4

Vorgaben getroffen werden. Bei früheren Messverfahren ohne einen solchen Kreisring gab es in Abhängigkeit von der Messentfernung wenig präzise Formulierungen wie „Einzelfahrzeug" oder „mindestens eine Fahrzeugbreite Abstand".

Bei dem Messgerät Riegl FG 21-P wird die **Zuordnungssicherheit** darüber geregelt, dass sich während des Messvorgangs nur ein Fahrzeug innerhalb des Messringes befinden darf. Eine Ausnahmeregelung wurde dahin gehend eingeführt, dass ein sehr nahes Fahrzeug anvisiert werden darf, wenn sich dahinter ein Fahrzeug in sehr großer Entfernung befindet. Anhand der Entfernungsangabe ist es dann möglich die korrekte Zuordnung des Messwertes zu überprüfen (Plausibilitätsprüfung). Da die Aufweitung des Kreisrings linear mit der Messentfernung zunimmt, erhöht sich mit zunehmender Messentfernung die Wahrscheinlichkeit des Einfahrens eines zweiten Fahrzeugs in den maximalen Zielerfassungsbereich. Wie in Abb. 27a ersichtlich, kann ein Fahrzeug in ca. 180 m Entfernung unkritisch mittig anvisiert werden, obwohl ihm ein weiteres Fahrzeug unmittelbar nachfolgt. Dagegen zeigt Abb. 27b, dass bei einer Messentfernung von ca. 550 m das anvisierte Fahrzeug den Kreisring nicht ausfüllt. Etwaiger Nachfolgeverkehr kann denkbar in diesen einfahren. **159**

Der Kreisring visualisiert nicht die **nominelle Aufweitung** des Messstrahles. Mit dieser Toleranzaufweitung sollen Zielungenauigkeiten kompensiert werden. Es zeigt sich demzufolge, dass die Beurteilung ob sich ein weiteres Fahrzeug in dem maximalen Zielerfassungsbereich befunden hat, erheblich erleichtert wurde. Bei Handlasermessgeräten ohne einen solchen Kreisring ist die Feststellung, ob sich zweifelsfrei nur ein Fahrzeug im Zielerfassungsbereich befunden hat, ungleich schwerer zu treffen. **160**

Abb. 28 zeigt beispielhaft das Anvisieren eines Stopp-Schildes in 238 m Entfernung mit dem Vorgängermodell der Firma Riegl vom Typ **LR 90-235/P**. Dem Messbeamten steht hier eine Zielmarke (als leuchtender roter Punkt in die Visieroptik eingeblendet), aber kein visuell unterstützender Hinweis auf den maximalen Zielerfassungsbereich zur Verfügung. **161**

Abb. 27a/b: Messsituation in unterschiedlichen Entfernungen

Abb. 28: Blick durch das Okular eines Messgerätes vom Typ LR 90-235/P ohne Kreisring

162 Kritisch zu prüfen bzw bei dem Messpersonal zu hinterfragen ist also immer eine mögliche Überschneidung von Fahrzeugen im Aufweitungsbereich des Lasermessstrahls.

163 Technisch begründet ist die Forderung nach nur einem Fahrzeug im **Zielerfassungsbereich** aufgrund der denkbaren Situation, bei der ein guter Reflektor (weiße Lkw-Front) sich von hinten einem dunklem Kraftrad mit schlechten Reflektionseigenschaften nähert. Trotz einer Anpeilung des Kraftrades kann bei der Messwertbildung die Geschwindigkeit des besseren Reflektors dominant werden kann. Zwar soll die Filterelektronik der auf dem Markt befindlichen Messgeräte dann eine Messung verhin-

dern, gleichwohl kann, wie sich offenbar aus der Toleranzkreisaufweitung der PTB ableiten lässt, ein derartiger Fehler nicht völlig ausgeschlossen werden.

Neben der **Zuordnungsproblematik** ist eine häufig diskutierte Fehlerquelle in einem **Vertikalschwenken** des Laserstrahls zu finden. Auch hier ist also die gewissenhafte Handhabung durch die messende Person von essentieller Bedeutung. Diese Fehlerbetrachtung, häufig auch als „Porsche-Effekt" tituliert, stützt sich auf die Möglichkeit des **Abgleitens** des Messstrahles nach vorne oder hinten am anvisierten Objekt. Denkbar kommt es dann zu einer Vergrößerung beziehungsweise Verkleinerung der gemessenen Geschwindigkeit gegenüber der tatsächlich gefahrenen Geschwindigkeit. Damit dieser **Fehler** auftreten kann, müssen an dem anvisierten Objekt reflektierende Flächen vorhanden sein, die einen **kontinuierlich schrägen Verlauf besitzen**. Gerade bei Sportwagen kann dies konstruktiv bedingt der Fall sein.

Befindet sich ein Fahrzeug in nur geringem Abstand zum Messgerät und ist der Messstrahl damit nur gering aufgeweitet, so besteht bei falscher Anvisierung die Möglichkeit, dass der Laserstrahl nur die Motorhaube erfasst und von dieser reflektiert wird. Bei einem **Schwenken des Messgerätes** nach unten würde sich dann der Abstand zwischen Messgerät und gemessenem Fahrzeug über die eigentliche Fahrzeugannäherung hinaus verkürzen. Eine zu hoch gemessene Geschwindigkeit wäre dann die Folge.

4. Fazit

In der Praxis erweisen sich alle Lasermessgeräte der neuen Generationen als weitgehend fehlerresistent. Grundvoraussetzung dazu ist eine ordnungsgemäße Bedienung. Eben da eine fotografische Dokumentation der Messung nicht erfolgt, können Zuordnungs- oder Bedienungsfehler sowie ein möglicher Messgerätedefekt, bspw in Form einer **dejustierten Visiereinrichtung**, technisch letztendlich nicht völlig ausgeschlossen werden. Im Zweifelsfall müssen die Mitteilungen der messenden Person und der Gerätezustand, soweit retrospektiv möglich, im Zuge einer auf den Einzelfall bezogenen Überprüfung verifiziert werden.

F. Video-Brückenabstandsmessverfahren mit Piller-Charaktergenerator

I. Funktionsprinzip

Insbesondere in Bayern und Baden Württemberg weit verbreitet ist das Video-Brückenabstandsmessverfahren mit Piller-Charaktergenerator, für das ein Charaktergenerator mit Zeiteinblendung für eine Videokamera verwendet wird. Der Hersteller des Charaktergenerators ist die Firma Videoservice Piller in München.

Der auf einer Richtungsfahrbahn fahrende Verkehr wird aus der Position von einer Brücke über der Fahrbahnoberfläche mit einer weitgehend ganz normalen Videokamera (Mess-Kamera) mit leichtem Teleobjektiv aufgenommen. Die Aufzeichnung erfolgt beim eingesetzten **PAL-System** mit 25 Vollbildern pro Sekunde. Bei einer derartigen Aufzeichnung liegt die Auflösung der Farbsignale bei etwas unter 1 MHz, die Auflösung des Videosignals bei etwa 4 MHz.

169 Die Einblendung der Zeit in das Videobild der Mess-Kamera erfolgt über einen geeichten **Zeichengenerator**. Dieser erhält ein Synchronisationssignal vom Steuergerät mit einer Taktfrequenz von 50 Hz. Dieses Signal wird dann mit der im Zeichengenerator ablaufenden Zeit verglichen und der Impuls auch an die Videokamera geleitet, wobei dieser Impuls maßgeblich für den Beginn der Halbbildaufnahme ist.

170 Die native Auflösung des Kamerasystems, mit der die Aufnahme erfolgt, liegt bei 720 px (Pixeln) vertikal und 576 px (Pixeln) horizontal. Die Aufzeichnung auf einer SVHS Videokassette, erfolgt mit 576 Zeilen in horizontaler Ebene und mit 400 Linien in vertikaler Ebene.

171 Ein **Vollbild** ist aus **zwei Halbbildern** zusammengesetzt. Das eine Halbbild beschreibt alle geraden und das andere Halbbild notwendig alle ungeraden Zeilen. Für die Aufnahme eines Halbbildes ist eine Zeitdauer von 1/50-Sekunden bzw 2/100-Sekunden vorgesehen, für die Aufnahme eines Vollbildes ergibt sich somit eine Zeitdauer von 4/100-Sekunden. Dies bedeutet direkt, dass in einer Sekunde 25 derartige Vollbilder aufgenommen werden. Die **Synchronisationsfunktion** (Zeichengenerator übergibt Impuls an die Videokamera) stellt sicher, dass der Beginn der Halbbilderaufnahme bei den drei Kameras und damit auch der Start der Zeitmessung gleichgesetzt werden. Mögliche Zeitverzögerungen liegen dabei im Millisekundenbereich oder darunter und sind aus technisch-physikalischer Sicht vernachlässigbar. Unregelmäßigkeiten zwischen Synchronisationssignal und ablaufender Zeit führen dazu, dass die Zeitzählung gestoppt und die Aufnahme angehalten wird. Der Charaktergenerator ist dann erst nach einer neuen Anfangskalibrierung wieder funktionsfähig.

F. Video-Brückenabstandsmessverfahren mit Piller-Charaktergenerator 4

Abb. 29: Bildaufbau beim Video-Brückenabstandsmessverfahren mit Piller-Charaktergenerator

Die **Mess-Kamera** erfasst den gesamten Messbereich und dessen Vorfeld. Der Einsatz einer zweiten Kamera, der sogenannten **Tele-Kamera** (mit Teleobjektiv) überwacht den Verkehrsfluss im Beobachtungsbereich. Die Aufnahmen der Tele-Kamera werden, unter Zuhilfenahme eines Videobildmischers, verkleinert mit einem kleinen Bildfenster in die Filmaufnahmen der ersten Kamera eingeblendet. In den Videoaufnahmen, die in dem großen Bildfenster eingeblendet sind, ist der „Zeitverlauf" erkennbar. In Abb. 29 ist der Bildaufbau beispielhaft dargestellt. 172

Bedingt durch die Entfernung und das Auflösungsvermögen ist eine Feststellung des Kfz-Kennzeichens und der das Fahrzeug führenden Person weder mit der Mess-Kamera noch mit der Tele-Kamera möglich. Daher wird eine dritte Kamera eingesetzt. Deren Aufnahmen werden synchron auf einem zweiten Videoband aufgezeichnet. Die Handhabung stellt sich dergestalt dar, dass die Messbeamten zur Feststellung der **Fahrereigenschaft** bzw des **Kennzeichens** des Tatfahrzeuges, die aus rechtlichen Gründen nur selektiv vorgenommen werden darf, im geeigneten Augenblick von der den Messbereich dokumentierenden Videokamera auf eine dritte Videokamera, die sogenannte **Ident-Kamera**, umschalten. Dieses selektive Vorgehen, also ob der **Anfangsverdacht** für einen zu geringen Abstand oder eine zu hohe Geschwindigkeit gegeben ist, obliegt dem Ermessen der Messbeamten. Die **Identifikation** des Tatfahrzeugs bzw des Fahrers erfolgt mit den Aufnahmen dieser dritten Kamera, welche temporär auf einem zweiten Videoband aufgezeichnet werden. Wird durch die Mess- 173 beamten nicht auf die Ident-Kamera umgeschaltet, so werden auf diesem zweiten Videoband ebenfalls die zusammengeführten Aufnahmen der Mess-Kamera und der Tele-Kamera aufgezeichnet.

II. Auswertung

174 Zur **Messauswertung** sind auf der Fahrbahn entsprechende **Quermarkierungen** aufgebracht. Die zur Abstandsauswertung relevanten Geschwindigkeitswerte werden mithilfe der in das Videobild eingeblendeten Zeitangaben zwischen den auf der Fahrbahn angebrachten Querlinien (weiterführend mit **0 m-Linie** und **50 m-Linie** bezeichnet) als **Durchschnittsgeschwindigkeit** ermittelt. Hierbei ist auf den schematischen Messstellenaufbau in Abb. 30 zu verweisen.

175 Die erste Zeitnahme (Ablesung der im entsprechenden Videostandbild eingeblendeten Zeitangabe) erfolgt, wenn beispielsweise das relevante Fahrzeug mit den **Radaufstandspunkten der Vorderachse** die 0 m-Linie erreicht, aber noch nicht überschritten hat. Die zweite Zeitnahme erfolgt, wenn dieses Fahrzeug die 50 m-Linie in gleicher Weise erreicht und überschritten hat.

176 Beide Zeitwerte werden im sogenannten Abstandsausweteblatt protokolliert. Aus dem Quotienten der 50 m Messstrecke und der sich ergebenden **Zeitdifferenz** berechnet sich die Durchschnittsgeschwindigkeit.

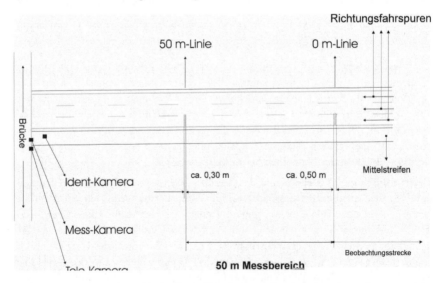

Abb. 30: Schematischer Messstellenaufbau beim Video-Brückenabstandsmessverfahren mit Piller-Charaktergenerator

177 Des Weiteren wird mithilfe der Stand- und Einzelbildschaltung das vorausfahrende Kfz eines auswerterelevanten Messpaares so an eine der Messlinien herangeführt, dass die **Radaufstandspunkte der Hinterachse** die Markierungen erreichen, aber noch

nicht überschritten haben. Die im Videostandbild abgelesene Zeit wird zur Abstandsberechnung notiert. Die Videoaufzeichnung wird dann über die Einzelbildschaltung an den Punkt gebracht, an dem die **Radaufstandspunkte der Vorderachse** des Tatfahrzeuges die gleiche Markierung erreicht und überschritten haben. Die vorliegende Zeit wird ebenfalls notiert. Die sich aus den abgelesenen Zeiten ergebende Differenz wird dem zeitlichen Abstand der Fahrzeuge in 1/100 s gleichgesetzt.

Per se erfolgt dieser Vorgang in der Regel an der 50 m-Linie. Im Hinblick auf das **Abstandsverhalten** ist es aus technischer Sicht immer sinnvoll diesen Vorgang auch an der 0 m-Linie durchzuführen. 178

Weiter bedingt diese Methode zur Ermittlung der Zeitdifferenz, dass der vordere Überhang des beanstandeten Fahrzeugs (nachfahrendes Kfz) sowie der hintere Überhang des vorausbefindlichen Fahrzeuges keine Berücksichtigung finden. Zugleich gehen auch die Messlinienbreiten nicht in die Abstandsermittlung ein. Daraus ergeben sich **Wegtoleranzen** zugunsten eines betroffenen Fahrzeuglenkers, die im Bereich von mehr als ca. 1,5 m anzusiedeln sind. 179

III. Fehlerquellen

Fehler können bei diesem Messverfahren bereits in der falschen Ablesung der Zeit bei entsprechender Passage oder Kontaktierung der Messlinie entstehen oder aber in einer nicht korrekten **Fahrzeugpositionierung** an den Messlinien begründet sein. Deshalb sollten die Zeitwerte bei einer Durchsicht des Videofilmes überprüft werden. 180

Generell ist auf die **Verkehrsfehlergrenze** des geeichten Messgerätes hinzuweisen. Die videoeingeblendeten Zeitinformationen werden bei diesem Messverfahren durch den geeichten Charaktergenerator der Firma Piller bereitgestellt. Gemäß Eichschein beträgt die Verkehrsfehlergrenze für die Messung der Zeitdifferenz zwischen zwei in jeweils einem Videohalbbild abgebildeten Verkehrssituationen 0,10 % der gemessenen Zeit vermehrt um 0,01 Sekunden. Um eine Benachteiligung des Betroffenen bei einer Geschwindigkeitsermittlung auszuschließen, ist die mit dem Charaktergenerator ermittelte Zeitdifferenz um den Wert der Verkehrsfehlergrenze zu vergrößern. Es wird jedoch auch darauf hingewiesen, dass auf diese Maßnahme verzichtet werden kann, wenn das Auswerteverfahren hinreichende **Toleranzen** zugunsten des Betroffenen beinhaltet. 181

Von der Polizei bleiben im standardisierten Verfahren der jeweilige vordere **Überhang** des Betroffenenfahrzeuges, der hintere Überhang des vorausbefindlichen Fahrzeuges und auch die Breite der jeweiligen Markierungslinie auf der Fahrbahn bei der Abstandsermittlung unberücksichtigt. Obwohl also hier bereits hinreichende Toleranzen beinhaltet sind, wie im Eichschein im Hinblick auf die Verkehrsfehlergrenze angeführt, wird von der Polizei jede Zeitdifferenz pauschal um 0,02 s vergrößert. Die im Bußgeldbescheid angegebenen Abstände fallen daher in der Regel um 1-2 m zu groß aus. Wertet dann ein technischer Sachverständiger die Messung aus, besteht deshalb die Möglichkeit eines ungünstigeren Ergebnisses für den Betroffenen. Dies muss in der juristischen Sachbearbeitung unbedingt beachtet werden. Wichtig ist 182 demgegenüber die Fragestellung, ob das Betroffenen-Kfz sowohl am Anfang der 50 m-Strecke als auch an deren Ende den gleichen Abstand einhält. Deshalb sollten die Abstände der Kfz an der 0 m-Linie und an der 50 m-Linie sowie die Durchschnittsgeschwindigkeiten von vorausfahrendem Kfz und Betroffenen-Kfz miteinander verglichen werden.

183 Sind die Abstände nicht konstant, dann kann es bei der Durchfahrt durch die Messstrecke zu einer **Geschwindigkeitsveränderung** eines der beiden Fahrzeuge gekommen sein. Bereits das bloße „vom Gas Gehen" des vorausfahrenden Kfz kann für den nachfolgenden Betroffenen unmerklich (keine Bremsleuchten leuchten auf) zu einem Auflaufen auf das vorausbefindliche Kfz führen. Der Abstand ist damit am Anfang der 50 m-Strecke größer als am Ende, gleichwohl im Bußgeldbescheid nur der Abstand am Ende der Messstrecke vorgeworfen wird. Diese Fragestellung ist über ein technisches Gutachten prüfbar und kann gerade dann, wenn nur knappe, bußgeldrelevante Abstände vorgeworfen werden, zu Änderungen im Bußgeldbescheid führen. So kann der Abstand am Anfang der Messstrecke beispielsweise nur 4/10 des halben Tachos betragen, wohingegen am Ende der Messstrecke weniger als 3/10 des halben Tachos festzustellen sind.

184 Folgendes **Praxisbeispiel** zeigt das Zustandekommen einer solchen Gesamtkonstellation, die nur dann erkannt wird, wenn eine detaillierte Messauswertung mit Ermittlung der Geschwindigkeit beider relevanten Fahrzeuge und **Abstandsauswertung** an beiden Messlinien erfolgt.

185 Abb. 31a zeigt die übliche Fahrzeugpositionierung an der 0 m-Linie, Abb. 31b an der 50 m-Linie. Die eingeblendeten Zeitangaben in Differenz liefern die Dauer für das Durchfahren der 50 m langen Referenzstrecke. Die durchschnittliche Geschwindigkeit des beanstandeten Fahrzeugs errechnet sich daraus zu 137,4 km/h.

186 Im zweiten Schritt der Auswertung werden die Radaufstandspunkte der Hinterachse des vorausfahrenden Kfz so an der 50 m-Linie platziert, dass sie deren Beginn erreicht, aber noch nicht überschritten haben (Abb. 32a). Die eingeblendete Zeit wird mit der Zeit in Differenz gesetzt, zu welcher das Betroffenen-Kfz die 50 m-Linie erreicht und bereits überschritten hat (Abb. 32b).

187 Das Produkt aus Durchschnittsgeschwindigkeit und Zeitdifferenz von 0,49 s liefert einen rechnerischen Fahrzeugabstand von 18,7 m. Bezogen auf eine Durchschnittsgeschwindigkeit ist ein Abstand von weniger als 3/10 des halben Tachowertes (20,6 m) an der 50 m-Linie festzustellen.

Abb. 31a/b: Videostandbilder zur Ermittlung der Durchschnittsgeschwindigkeit des Betroffenen-Kfz

Abb. 32a/b: Videostandbilder zur Ermittlung der relevanten Zeitdifferenz für die Abstandsberechnung an der 50 m-Linie

Nach dieser Auswertung, die mit Ausnahme des Verzichts auf die Pauschaltoleranz von 0,02 s je Zeitdifferenz der polizeilichen Auswertung entspricht, steht ein qualifizierter **Abstandsverstoß** im Raum, der zu einem 1-monatigen Fahrverbot führt.

Ermittelt man jedoch die Durchschnittsgeschwindigkeit des vorausfahrenden Kfz, so zeigt sich, dass dieses die 50 m lange Bezugsstrecke in 1,37 s bzw mit 131,4 km/h durchfahren hat (Abb. 33a/b). Die durchschnittliche Geschwindigkeit des vorausfahrenden Fahrzeugs ist geringer. Dies lässt eine **Geschwindigkeitsverringerung** des vorausfahrenden Fahrzeugs nicht ausschließen und impliziert zugleich, dass der Abstand am Anfang der Messstrecke größer gewesen sein muss.

Abb. 33a/b: Videostandbilder zur Ermittlung der Durchschnittsgeschwindigkeit des vorausfahrenden Kfz

190 Bewertet man diesbezüglich den Abstand zwischen den relevanten Fahrzeugen auch an der 0 m-Linie, so errechnet sich aufgrund der zeitlichen Differenz von 0,56 s (Abb. 34a/b) ein Abstand von 21,4 m. Wie zu erwarten ist der Abstand an der 0 m-Linie also größer gewesen und liegt hier über dem 3/10-Grenzwert. An der 0 m-Linie ist nur ein Abstand von weniger als 4/10 des halben Tachowertes festzustellen.

Abb. 34a/b: Videostandbilder zur Ermittlung der relevanten Zeitdifferenz für die Abstandsberechnung an der 0 m-Linie

191 In der Praxis fällt die Rechtsprechung so aus, dass eine Unterschreitung des Sicherheitsabstandes nur dann zu ahnden ist, wenn die **Abstandsunterschreitung** „nicht nur vorübergehend" war. Als Referenz wird hierzu eine Strecke von 250 m bis 300 m angeführt. Innerhalb dieser Strecke darf eine **Abstandsveränderung** nicht in dem **Einscheren** eines anderen Verkehrsteilnehmers oder in dem ein Abbremsen oder Beschleunigen des vorausfahrenden Fahrzeuges begründet sein.

192 In diesem Zusammenhang ist jedoch die Problematik gegeben, dass im Fernbereich, der nur über das kleine Bildfenster dokumentiert wird, Abstandsveränderungen von Fahrzeugen nur dann erkannt werden können, wenn diese einen Wert von ca. 25 % über- bzw. unterschreiten. Eine entsprechende Bewertung kann daher nur bei detaillierter technischer Auswertung und nicht durch den bloßen Augenschein erfolgen.

Dagegen sind die immer wieder in der Presse beschriebenen Probleme des Brückenabstandsmessverfahren seit geraumer Zeit über einen Beschluss des OLG Bamberg (OLG Bamberg, 3 Ss OWi 1662/07 vom 18.12.2007) verworfen worden (vgl auch § 9 unten). Dies ist auch aus technischer Sicht zu bestätigen. Diesbezüglich haben die Verfasser für den Bereich Süddeutschland bei der Messung eingesetzte Videokameras hinsichtlich der Zeichengeneratoren überprüft. Alle Kameras waren mit dem **PAL-Farbsystem** ausgerüstet. Die Kameras waren auch nicht umschaltbar auf irgendein anderes Farbsystem (zB auf das im amerikanischen Markt verwendete **NTSC-System**). Die Recherchen bei Eichämtern in Bayern haben ferner ergeben, dass das Gerät (Zeichengenerator) zur Eichung vorgeführt wird. Dort wird im Rahmen der Eichung auf die Dauer von einer Stunde die präzise Zeiterfassung geprüft. Dazu wird ein standardisierter Messaufbau verwendet. Ausweislich einer Mitteilung des Bayerischen Staatsministeriums (bezugnehmend auf eine Stellungnahme der PTB Braunschweig) können ausdrücklich beliebige **Videokameras** und Recorder verwendet werden, wenn sie an den Charaktergenerator angeschlossen werden können. Sie müssen allerdings zwingend die „**PAL-Norm**" erfüllen. Wie einem Prüfbericht des Bayrischen Landesamtes für Maß und Gewicht zu entnehmen ist, wurden Anfang September 2007 die „mobilen Abstandsmessanlagen mit dem Charaktergenerator mit Zeiteinblendung vom Typ **CG-P50E.PTB-Bauartzulassung 18.13/88.04**" der verschiedenen Polizeiinspektionen in Bayern überprüft. Auch aufgrund dieser Versuchsergebnisse des Bayrischen Landesamtes für Maß und Gewicht und den Überprüfungen der Verfasser ist zu konstatieren, dass bei Verwendung von Videokameras, die auf der Basis des PAL-Systems arbeiten, die **Eichfehlergrenze** des hier relevanten Charaktergenerators eingehalten wurde. Somit unterliegen die Ergebnisse dieses Abstands-Messverfahrens den im Eichschein für den Zeichengenerator angegebenen Verkehrsfehlergrenzen, so dass diese Anlagen auch schon zum Zeitpunkt der Ersteichung der damals geltenden Zulassung entsprochen haben.

193

Die von den Verfassern durchgeführten Versuche zeigen auch, dass der Charaktergenerator bei Verwendung einer „50 Hz PAL-Kamera" keinen **Fehler** von ca. 20 % generiert, wie dies in verschiedener Literatur beschrieben wird. Nur bei einer „59 Hz Kamera", die auf der Basis des NTSC-Systems arbeitet, könnte bei willentlicher Manipulation durch den Messbeamten – wie in einschlägigen Publikationen veröffentlicht – ein Fehler von dann 18 % bei der Zeitermittlung feststellbar sein. Dieser Fehler würde sich aber zugunsten für den jeweiligen Betroffenen auswirken, da durch das 59-Hz-System immer mehr Zeit generiert wird, als für das vorgesehene 50-Hz-PAL-System. Durchfährt ein Kfz die 50-m Messstrecke also mit „mehr" Zeit, wird die dafür benötigte Geschwindigkeit geringer (im Sinne von v = s/t). Der Abstandsverstoß bezieht sich dann auf eine geringere Durchschnittsgeschwindigkeit und ist weniger qualifiziert. Würde auf dieser Grundlage der Bußgeldbescheid erlassen, dann müsste dieser rein fiktive Fehler nicht abgezogen, sondern hinzugerechnet werden.

194

IV. Fazit

195 Zusammengefasst sollte im Hinblick auf eine juristische Sachbearbeitung der Focus nicht zwingend auf die in der Literatur beschriebenen theoretischen Fehler dieses Messprinzips, die einer technischen **Überprüfung** nicht standgehalten haben, gerichtet werden. Zu empfehlen ist vielmehr, insbesondere wenn Verstöße nahe an den jeweiligen Grenzen zur günstigeren Bußgeldstaffelung liegen und dann möglicherweise nicht zum Fahrverbot führen würden, eine ausführliche technische Überprüfung durchführen zu lassen.

G. Rotlichtüberwachung

I. Allgemeine Grundlagen

196 Die am weitesten verbreiteten Rotlichtüberwachungsanlagen werden durch Induktionsschleifen ausgelöst, welche in die Fahrbahnoberfläche eingelassen sind. Die Dokumentation erfolgt im Normalfall in Form von Front-Fotos, so dass Fahrzeugführer und Fahrzeugkennzeichen dokumentiert sind. Die Fertigung von insgesamt zwei Beweisfotos dient unter anderem zur Klärung der Frage, ob ein Fahrzeugführer lediglich verspätet bremste, sein Fahrzeug aber noch rechtzeitig zum Stillstand brachte, oder ob in den von der Lichtzeichenanlage geschützten Bereich eingefahren wurde.

197 Die Zeitnahme im **Steuergerät** einer **Überwachungsanlage** wird durch den Auslöseimpuls der ersten **Induktionsschleife** (A-Schleife) gestoppt. Diese Induktionsschleife ist zumeist erst nach der **Haltelinie** gelegen, so dass die Zeit, welche in das erste Beweisfoto eingeblendet ist, nicht dem für den Rotlichtverstoß relevanten Zeitpunkt des Überfahrens der Haltelinie entspricht. Eine Berücksichtigung der Zeitspanne für das Durchfahren dieser Wegdifferenz findet teilweise gar nicht oder nur in Form eines pauschalen **Toleranzabzugs** statt.

198 Da nur die elektrisch leitenden Bauteile eines Fahrzeugs den Induktionsimpuls auslösen, der zu einer Fotoauslösung führt, kann dies abhängig vom Fahrzeugtyp und der Empfindlichkeitseinstellung der Anlage an unterschiedlichen Fahrzeugbereichen und damit nicht stets in gleicher Position zur Induktionsschleife erfolgen. Für die Beurteilung der Zeitdauer eines **Rotlichtverstoßes** ist jedoch der Zeitpunkt maßgeblich, an dem das Fahrzeug mit seiner Front die Haltelinie überfährt. Da dieser Zeitpunkt jedoch vor der Auslösung des ersten Lichtbildes liegt, ist die tatsächliche **Rotlichtzeit** geringer als der in das erste Beweisfoto eingeblendete Zeitwert.

199 Anhand der beiden Beweisfotos können die jeweilige Fahrzeugposition zur Haltelinie und die zwischen den beiden Beweisfotos durchfahrene Wegstrecke bestimmt werden. Da in beiden Beweisfotos die Rotlichtzeit eingeblendet wird, die zum Zeitpunkt der jeweiligen Fotoauslösung vorlag, kann mit dem Quotient aus der Wegstrecke die zwischen den beiden Fotoauslösungen zurückgelegt wurde und der Differenz der Rotlichtzeiten die nachweisbare durchschnittliche Geschwindigkeit des betroffenen Fahrzeugs errechnet werden. Die geringstmögliche **Rotlichtzeit beim Überfahren der Haltelinie** ergibt sich für das betroffene Fahrzeug unter der Annahme, dass es zwi-

schen den beiden Beweisfotos und zwischen der Haltelinie und dem ersten Beweisfoto beschleunigt wurde. Je nach Fahrzeugtyp und verkehrstechnischer Gesamtsituation ist die maximal realistische Beschleunigung fallspezifisch zu bestimmen. Somit kann die Mindestgeschwindigkeit des Fahrzeugs zum Zeitpunkt der ersten Fotoauslösung, die Mindestgeschwindigkeit beim Überfahren der Haltelinie und die maximale Zeit, die von der Haltelinie bis zur ersten Fotoposition benötigt wurde, für jeden Fall individual errechnet werden. Je nachdem welcher Typ von Überwachungsanlage zum Einsatz kommt, gibt es noch spezifische Vorgehen, die sich voneinander unterscheiden.

II. Traffipax Traffiphot III

1. Grundfunktion

Die Messbasis besteht beim Traffiphot III aus zwei hintereinander gelegenen Induktionsschleifen je überwachter Fahrspur, die in den Fahrbahnbelag eingelassen sind. Das Steuergerät der Rotlichtüberwachung, welches mit der Ampelsteuerung gekoppelt ist, wird durch das Rotlichtsignal für die in zu überwachender Richtung fahrenden Fahrzeuge aktiviert. Die Länge der **Gelbphase** wird vom Steuergerät geprüft und in die gemessene Zeit in die Beweisfotos eingeblendet. Bei innerörtlichen Überwachungsstellen mit einer zulässigen Höchstgeschwindigkeit von 50 km/h muss die Gelbphase mindestens 3 s andauern, bevor das Rotlicht geschalten wird.

Nach dem Umschalten auf Rotlicht startet dann eine weitere **Zeitmessung** und die Induktionsschleifen sind ab diesem Zeitpunkt von Strom durchflossen. Dadurch produzieren sie ein Magnetfeld. Bewegt sich elektrisch leitendes Material (zB ein Pkw) durch dieses Magnetfeld, so wird in der Induktionsschleife ein Spannungsstoß induziert, welcher dem **Steuergerät** als Signal für die Auslösung einer Zeitnahme und die Betätigung des automatischen Fotoapparates dient.

Kommt es anschließend zum Überfahren der nachgelagerten Induktionsschleife (B-Schleife), wird das zweite **Beweisfoto** mit Einblendung der bis dahin anliegenden **Rotlichtzeit** gefertigt. Für den Fall, dass die B-Schleife keinen Spannungsstoß liefert, wird das zweite Beweisfoto nach einem einstellbaren Zeitversatz erstellt.

Ein zur Überwachungskamera hin ausgerichtetes Lichtzeichen (meist an der Rückseite der relevanten Ampel montiert) wird mit dem gleichen Signal wie das Rotlicht der zu überwachenden Fahrtrichtung angesteuert und leuchtet mit diesem synchron auf. Anhand dessen lässt sich bewerten, ob zum Zeitpunkt der Fotoauslösung tatsächlich **Rotlicht** für die überwachte Fahrtrichtung geschaltet war. Beim Einsatz einer digitalen Kamera kann ein in das Beweisfoto eingeblendetes Sternsymbol die **Rotlichtkontrollleuchte** ersetzen.

2. Fehlerquellen

Die Rotlichtüberwachung mit dem Traffiphot III ist technisch gesehen als sehr zuverlässig zu bezeichnen. Dennoch ist festzustellen, dass die gemessene, manchmal ohne weiteren **Toleranzabzug** zum Vorwurf gebrachte **Rotlichtzeit** bei weitem nicht der

§ 8 Technische Fragestellungen

realen Rotlichtzeit beim Überfahren der Haltelinie entspricht. Dies kann insbesondere bei Rotlichtzeiten die nur knapp über 1 s liegen zu einem Fahrverbot führen, dass nach technischer Überprüfung unter Einbezug aller **Toleranzen** nicht zu bestätigen ist. Anlässlich eines gerichtlichen Ordnungswidrigkeitenverfahrens wurde von den Verfassern ein Rotlichtverstoß überprüft, bei dem einem Betroffenen vorgeworfen wurde, er habe das Rotlicht einer Lichtzeichenanlage nach einer bereits länger als 1 s andauernden **Rotphase** missachtet. Demzufolge sollte auch ein 1-monatiges Fahrverbot gegen den betroffenen Fahrzeuglenker verhängt werden. Aus der zur Begutachtung dargereichten Akte ergab sich, dass eine Rotlichtzeit von 1,09 s festgestellt wurde. Seitens der zuständigen Behörde wurde keinerlei **Toleranzabzug** auf diese gemessene Rotlichtzeit gewährt.

205 Vor Ort durchgeführte Vermessungen ergaben, dass die erste für die Auslösung der Rotlichtüberwachungsanlage verantwortliche Induktionsschleife 1,5 m hinter dem Ende einer 0,5 m breiten Haltelinie beginnt. Die damit verbundene zeitliche Differenz zwischen Dauer der Rotlichtphase und dem Zeitpunkt des Überfahrens der Haltelinie kann aus technischen Gründen nicht vom Messgerät kompensiert werden.

206 Das erste im konkreten Fall gefertigte Beweisfoto zeigt Abb. 35. Die Einblendung „3,02" unterhalb der Einblendung „Y1" steht für die gemessene **Gelblichtphase** in Sekunden, die relevante **Rotlichtdauer** ist mit 1,09 s eingeblendet. Die Einblendung 004 A zeigt, dass die Auslösung durch den Pkw und nicht durch den vorausfahrenden Lkw im Bereich der zweiten Induktionsschleife erfolgte.

Abb. 35: *Erstes Beweisfoto, ausgelöst durch Befahren der A-Schleife*

207 Nach **Auswertung** des Lichtbildes auf Grundlage von den an der Kreuzung vorgenommenen Vermessungen ergab sich, dass der Pkw zum Zeitpunkt der ersten Fotoauslösung die Haltelinie mit seiner Front bereits um eine Wegstrecke von maximal

2,5 m überfahren hatte. Zugunsten eines betroffenen Fahrzeuglenkers sind bei dieser Fotoauswertung sämtliche **Toleranzen** zur Erzielung der größtmöglichen **Einfahrstrecke** zu werten.

Das zweite Foto mit der Bildnummer 004 B (Abb. 36) wurde nach einer Rotlichtdauer von 2,74 s, also 1,65 s nach dem ersten Foto, aufgenommen. Der Pkw hatte von der ersten Bildauslösung bis zur zweiten Fotoposition eine Wegstrecke von minimal 21,3 m zurückgelegt. Hier sind nun alle Toleranzen und mögliche Fehler zur Erzielung der minimalen Strecke zu werten.

Abb. 36: Zweites Beweisfoto, ausgelöst durch Befahren der B-Schleife

Aus der Wegstrecke von minimal 21,3 m und der Zeitdifferenz von 1,65 s zwischen den beiden Fotos errechnet sich die nachweisbare minimale durchschnittliche **Geschwindigkeit** des betroffenen Fahrzeugs in Höhe von 46,5 km/h. Da dem Betroffenen ein Lkw vorausfährt, welcher sich ebenfalls fortbewegt hat und unter Anbetracht des Geschwindigkeitsniveaus, ist eine maximale **Beschleunigung** a von 1,5 m/s^2 realistisch. Die Mindestgeschwindigkeit des Fahrzeugs zum Zeitpunkt der ersten Fotoauslösung betrug dann 42,05 km/h und zum Zeitpunkt des Überfahrens der Haltelinie 40,9 km/h. Der Pkw benötigte daher von der Haltelinie bis zur ersten Fotoposition eine maximale Zeit von 0,22 s (aufgerundet).

Die Fotoauslösung erfolgte ausweislich der Zeiteinblendung auf dem ersten Beweisfoto 1,09 s nach dem Umschalten auf Rotlicht. Abzüglich der Fahrzeit für die Wegstrecke vom Überfahren der Haltelinie bis zur ersten Fotoauslösung von 0,22 s verbleibt damit eine **nachweisbare Rotlichtzeit** beim Überfahren der Haltelinie von 0,87 s.

Damit war der im Bußgeldbescheid vorgeworfene **Rotlichtverstoß** nach mehr als 1 s Rotlichtzeit unter Einbezug aller Toleranzen zugunsten des Betroffenen aus sachverständiger Sicht nicht zu bestätigen. Die **tatsächliche Rotlichtzeit** lag bei mindestens

0,87 s. Es zeigt sich also, dass im konkreten Fall grundsätzlich ein Rotlichtverstoß begangen wurde. Technisch nachweisbar war jedoch eine Rotlichtzeit von weniger als 1 s. Somit war auf Grundlage des Gutachtens der Verfasser der Verstoß des betroffenen Fahrzeuglenkers nicht mit einem 1-monatigen Fahrverbot zu ahnden.

III. Multanova Multafot

1. Grundfunktion

212 Das Überwachungsgerät Multanova Multafot ist ebenfalls mit der Ampelsteuerung gekoppelt, so dass die Überwachungsanlage nur bei Rotlichtsignal für die in zu überwachender Richtung fahrenden Fahrzeuge aktiviert ist. Die mindestens 3-sekündige Gelbphase wird vom Steuergerät zwar geprüft, jedoch nicht angezeigt. Bei Abweichungen wird allerdings ein Fehlercode ausgegeben. Mit der Aktivierung (**Rotlichtschaltung**) beginnt die im **Steuergerät** integrierte und geeichte Uhr mit einer Zeitmessung. Die Induktionsschleife, hinter der Haltelinie gelegen, ist nach Aktivierung von Strom durchflossen und produziert das Magnetfeld, durch welches ein Spannungsstoß entsteht, wenn sich elektrisch leitendes Material darin bewegt. Dieser Spannungsstoß dient dem Steuergerät wieder als Signal für die erste Auslösung des Fotoapparates und gleichzeitig stoppt die Zeitnahme der Messuhr. Der gemessene Wert wird in das Foto eingeblendet.

213 Im Gegensatz zum Traffiphot III kommt bei diesem Überwachungsverfahren keine zweite, nachgelagerte Induktionsschleife zum Einsatz. Das zweite Beweisfoto wird nach einem **definierten Zeitversatz** erstellt. Die Länge des Zeitversatzes richtet sich zumeist nach den zu erwartenden Geschwindigkeiten und der Entfernung der Überwachungsanlage zur Haltelinie. In das zweite Beweisfoto erfolgt ebenfalls eine Zeiteinblendung. Durch die definiert zeitversetzten Fotos besteht die Möglichkeit, die von dem Betroffenenfahrzeug zwischen den beiden Messfotos gefahrene Geschwindigkeit zu bestimmen. Anhand der Position der eingeblendeten Rotlichtzeit lässt sich dabei erkennen, auf welcher Fahrspur die Auslösung der Rotlichtüberwachung erfolgte.

214 Die Nachvollziehbarkeit der Rotlichtschaltung wird über eine hin zur Kamera gerichtete **Rotlichtkontrollleuchte** gewährleistet. Diese ist mit dem Rotlichtsignal der Überwachungsrichtung gleichgeschaltet und leuchtet synchron zu diesem auf. Auf diesem Wege ist beim Messgerätetyp Multafot einfach festzustellen, ob tatsächlich eine Rotlichtschaltung vorlag. Die korrekte Funktion der **Synchronschaltung** ist im Einzelfall vor Ort nachzuprüfen.

2. Fehlerquellen

215 Die **Praxis** zeigt, dass auch bei diesem Messverfahren Rotlichtverstöße zum Vorwurf gebracht werden, die nach einer technischen Überprüfung nicht immer zu bestätigen sind. In einem Ordnungswidrigkeitenverfahren gab ein betroffener Lenker eines Lkws an, dass sich auf dem ersten Beweisfoto die Räder seiner Zugmaschine bereits über der **Haltelinie** befunden hätten. Die Auslösung dieses ersten Bildes sei deshalb durch die dritte oder vierte Achse erfolgt, nachdem er wegen eines vor ihm in der

Kreuzung anhaltenden Fahrzeugs anhalten musste. Aufgrund dieser Einlassung wurden die Verfasser gerichtlich mit der Überprüfung der Messung auf ihre Ordnungsgemäßheit beauftragt. Der relevanten Akte war der Vorwurf des Missachtens des Rotlichts zu entnehmen, ein Fahrverbot stand nicht im Raum, jedoch die Eintragung von Punkten nach dem Punktesystem.

Die örtlichen Vermessungen ergaben, dass die Induktionsschleife, welche der Auslösung der Rotlichtüberwachungsanlage dient, 1,5 m hinter dem Ende der 0,5 m breiten Haltelinie beginnt. Es galt also zu ermitteln, welche Zeitdauer der Lkw für die Fahrt von der Haltelinie bis zur Auslösung des ersten Beweisfotos benötigte, die Wegstrecke ist hier auf mindestens 2 m zu beziffern, da die Auslösung nicht zwangsläufig erfolgt, wenn die vorderste Fahrzeugfront den Kopf der Induktionsschleife erreicht.

Abb. 37 zeigt das erste Beweisfoto 0307, das im konkreten Fall gefertigt wurde. Die Einblendung 0010 gibt die gemessene Rotlichtzeit von 1,0 s an. Zwar ist festzustellen, dass der Lkw sich grundsätzlich in einer plausiblen **Auslöseposition** und alleinig über der Induktionsschleife befindet, jedoch auch, dass die Fahrzeugfront schon sehr weit hinter der im Hintergrund erkennbaren Haltelinie und damit hinter der Induktionsschleife befindet.

Abb. 37: Erstes Beweisfoto, ausgelöst durch Befahren der Induktionsschleife

Die Reproduktion der Fahrzeugposition bestätigte diese augenscheinliche Feststellung. Der Lkw hatte zum Zeitpunkt der ersten Fotoauslösung mit seiner Front den Beginn der Haltelinie bereits um maximal 9,8 m überfahren. Die Aufnahme des zweiten Beweisfotos erfolgte nach einer voreingestellten **Verzugszeit** von 1,9 s, wie es sich auch aus dem relevanten Beweisfoto mit der Bildnummer 0308 hervorgeht (Abb. 38; die Einblendung 0029 entspricht 2,9 s).

219 Bis zum Zeitpunkt dieser zweiten Bildaufnahme hatte sich der Lkw im Vergleich zur ersten Bildaufnahme um eine Wegstrecke von minimal 18,3 m fortbewegt.

Abb. 38: Zweites Beweisfoto, ausgelöst nach einer festen Verzugszeit von 1,9 s

220 Auf Grundlage der festen Verzugszeit und der dabei zurückgelegten Wegstrecke errechnet sich, dass der Lkw zwischen den beiden Fotoauslösungen eine durchschnittliche Geschwindigkeit von 34,67 km/h innehatte. Bei der zugunsten eines betroffenen Fahrzeuglenkers zu tätigenden Annahme, dass das Fahrzeug zwischen den beiden Fotoauslösungen beschleunigt wurde, liegt die Geschwindigkeit zum Zeitpunkt der ersten Fotoauslösung unter der durchschnittlichen Geschwindigkeit. Ob der betroffene Lkw tatsächlich beschleunigte, war im vorliegenden Fall trotz eines dritten erstellten Beweisfotos (Abb. 39) nicht beweissicher rekonstruierbar.

221 Da hier nur mehr die Radaufstandspunkte des mitgeführten Aufliegers ersichtlich sind und die variablen Fahrzeuggeometrien zwischen Zugmaschine und Auflieger eine genaue Rekonstruktion der Fahrzeugposition zum Zeitpunkt der dritten Fotoauslösung nicht erlauben, muss die Annahme der Beschleunigung beibehalten werden.

G. Rotlichtüberwachung 4

Abb. 39: Drittes Beweisfoto, ausgelöst nach einer weiteren Verzugszeit von 1,9 s

Im vorliegenden Fall ist bei Berücksichtigung des Fahrzeugtyps, des Geschwindigkeitsniveaus und der fahrdynamischen Situation technisch eine maximale Beschleunigung von 1,0 m/s² realistisch. Daraus errechnet sich eine Mindestgeschwindigkeit des Lkws zum Zeitpunkt der ersten Fotoauslösung von 31,25 km/h und auf Höhe der Haltelinie von 26,88 km/h. Die maximale Zeit, die der Lkw für das Durchfahren der Wegstrecke zwischen Haltelinie und erster Fotoposition benötigte, beträgt also 1,213 s Gemäß dem Urteil des OLG Braunschweig (NJW 2007, 391 ff = VersR 2007, 123 ff) ist bei der hier verwendeten Rotlichtüberwachungsanlage vom Typ Multafot zusätzlich noch eine **gerätetypische Toleranzzeit** von 0,2 s in Abzug zu bringen. Diese gerätespezifische Toleranzzeit ergibt sich aus dem Zeitverzug für das Aufleuchten der Lampen sowie die allgemeinen Reaktionszeiten des Überwachungsgerätes. 222

Das betroffene Fahrzeug überfuhr die Haltelinie bei zusätzlicher Berücksichtigung dieser Gerätetoleranz also bereits 1,413 s vor der ersten Fotoauslösung, die jedoch nur 1,0 s nach dem Umschalten auf Rotlicht erfolgt ist. Dem betroffenen Fahrzeuglenker war somit in dem für ihn günstigsten Fall technisch kein **Rotlichtverstoß** nachzuweisen. 223

Bei Ansatz einer Beschleunigung (die im konkreten Fall mit technischen Methoden nicht auszuschließen war) des Betroffenen-Lkw zwischen dem Überfahren der Haltelinie und dem zweiten Beweisfoto kann das Umschalten auf Rotlicht bis zu 0,413 s nach der Passage der Haltelinie erfolgt sein. Die Lichtzeichenanlage ist an der untersuchten Örtlichkeit rund 7 m hinter der Haltelinie aufgestellt. Das Rotlicht war damit für den Betroffenen zwar noch sichtbar, er befand sich mit seiner Fahrzeugfront jedoch beim Signalwechsel bereits rund 3,2 m hinter dem Beginn der Haltelinie und war zudem bereits in die Fußgängerfurt eingefahren. 224

225 Somit wurde im konkreten Fall ein Rotlichtverstoß zur Anzeige gebracht, der nach sachverständiger Auswertung nicht zu bestätigen ist. Besonders hervorzuheben ist in diesem Fall, dass bereits anhand einer ersten polizeilichen Inaugenscheinnahme des ersten Beweisfotos hätte auffallen müssen, dass die **Auslösung** der Rotlichtüberwachungsanlage nicht durch die **Fahrzeugfront** erfolgt ist, sondern durch eine der hinteren Achsen der Zugmaschine. Sowohl die Verhängung der Geldbuße gegen den Betroffenen wie auch die Eintragung von Punkten erfolgten auf Grundlage der sachverständigen Überprüfung zu unrecht.

IV. Fazit

226 Zusammenfassend kann festgestellt werden, dass eine Überprüfung von Rotlichtverstößen insbesondere dann angezeigt ist, wenn eine **untypische Gelblichtzeit** eingeblendet ist (sofern vorgesehen), wenn eine ungewöhnlich lange Rotlichtzeit vorliegt, wenn sich das gemessene Fahrzeug sehr langsam bewegt hat oder in **unplausibler Position** befindet, mehrere Fahrzeuge für die Auslösung in Betracht kommen und natürlich dann, wenn die festgestellte Rotlichtzeit nur sehr gering ist bzw knapp über 1 s liegt. Das Hauptaugenmerk muss im Individualfall auf die Gesamtsituation gerichtet und die erfolgte Auswertung der Behörde kritisch betrachtet werden. Aufgrund der technisch-physikalischen Zwangsbedingungen ist trotz korrekt funktionierender Messtechnik nicht zwangsläufig sichergestellt, dass die gemessene Rotlichtzeit auch der tatsächlich **nachweisbaren Rotlichtzeit** entspricht. Anhand der beiden Fallbeispiele zeigt sich exemplarisch, dass trotz korrekter Funktion der Messtechnik der vorgeworfene Verstoß einmal nicht in vollem Umfang und einmal gänzlich nicht zu bestätigen ist. Da die Details der Fragestellung zur Korrektheit der Ermittlung des Messergebnisses nicht stets pauschal zu beurteilen sind, ist im Zweifelsfall auf eine sachverständige Überprüfung zurückzugreifen. So zeigt die Erfahrung der Verfasser, dass **pauschale Toleranzen**, wenn sie denn berücksichtigt werden, nicht zwingend ausreichend bemessen werden.

H. Geschwindigkeitsmessung mit ProViDa-Messanlagen

I. Grundlagen

227 Bei diesem unter dem Namen ProViDa (**Proof Video Data System**) bekannten Verfahren werden Geschwindigkeitsmessungen im fließenden Verkehr durchgeführt. Dabei wird mit einem zivilen Polizeifahrzeug mit einer geeichten Messanlage die Geschwindigkeit eines Fahrzeugs ermittelt. Da es in der vergangen Zeit aufgrund zulassungsrechtlicher Probleme zur Stilllegung von Fahrzeugen die mit dem **ProViDa 2000-System** ausgestattet waren kam, sind mittlerweile weitestgehend alle Fahrzeuge auf den neueren Typ **ProViDa 2000 Modular** umgerüstet worden.

228 Die fest im Messfahrzeug verbaute ProViDa-Modular-Anlage besteht aus zwei **Videokameras** (front- und heckseitig), einem **Hauptmodul**, einer **Menütastatur**, einer **Fernbedienung**, einem **Videorecorder** und einem **Monitor**. Die notwendigen Wegimpulse werden über einen Wegimpulsgeber oder über den fahrzeugeigenen **CAN-Bus**

bereitgestellt. Wenn der Abgriff der Wegimpulse vom CAN-Bus erfolgt, ist zusätzlich ein **Wegstreckensignalkonverter** verbaut. Dieser Wegstreckensignalkonverter hat in früheren Jahren immer wieder für Diskussionsbedarf gesorgt. Zwischenzeitlich liegt eine **Bauartzulassung** vor.

Das Hauptmodul der Überwachungsanlage beinhaltet die Stromversorgung, eine Vorrichtung zur Angleichung der Anlage an die **Wegdrehzahl** des Messfahrzeuges, einen Datums- und Zeitgenerator sowie einen Video-Daten-Generator. Als Basis einer geeichten Wegstrecken- und Zeitmessung verfügt die ProViDa-Anlage zusätzlich über einen **Gesamtwegstreckenzähler** und einen **Videobildzähler**. Das Steuergerät im Hauptmodul wird über die Fernbedienung im Fahrzeuginnenraum bedient. Die vordere Videokamera ist meist neben dem Rückspiegel im Innenraum verbaut. Die hintere Videokamera ist im Heckbereich angebracht.

Auf dem Monitor wird neben der von der Videokamera aufgenommenen Verkehrssituation auch das Datum und die laufende Uhrzeit (jeweils am oberen Bildrand) angezeigt. Am unteren Bildrand des Monitors werden die berechnete Durchschnittsgeschwindigkeit und die **Momentangeschwindigkeit** des digitalen Tachometers eingeblendet. Darunter werden die zur Berechnung der **Durchschnittsgeschwindigkeit** zurückgelegte Wegstrecke und die dafür benötigte Zeit angegeben. Der Videorekorder zeichnet sämtliche Daten auf. Die Anzeige des Gesamtwegstreckenzählers befindet sich im Videobild oben links unter der eingeblendeten Datumsanzeige. Die Anzeige der Anzahl der Videobilder erscheint in den Videobildern oben rechts unterhalb der Anzeige der Uhrzeit. Die Videoaufzeichnung basiert auf dem europäischen PAL-Standard. Dabei werden pro Sekunde 25 Vollbilder aufgenommen. Ein Bild entspricht demnach einem Zeitabschnitt von 1/25 = 0,04 s.

II. Messmethoden

Es gibt verschiedene Betriebsarten in denen die ProViDa 2000 Modular Verkehrsüberwachungsanlage betrieben werden kann. Die Handhabung unterscheidet sich dabei zum Teil wesentlich.

- Betriebsart „AUTO 1":

  Die Betriebsart AUTO 1 wird bei stehendem Fahrzeug eingesetzt, wenn eine Strecke bekannter Länge überwacht wird. Die Länge dieser bekannten Wegstrecke wird zuvor am Gerät eingestellt. Zur Geschwindigkeitsermittlung wird dann die Zeit, welche ein zu messendes Fahrzeug für diese Wegstrecke benötigt, manuell gestoppt. Das Gerät errechnet die gefahrene Geschwindigkeit dann automatisch.

- Betriebsart „AUTO 2":

  Die Betriebsart AUTO 2 ermöglicht die Geschwindigkeitsmessung während der Fahrt über eine voreingestellte Wegstrecke in Verbindung mit einer Zeitmessung. Auch hier wird die Wegstrecke vorher am Gerät eingestellt. Nun kann bei einer Nachfahrt oder Vorausfahrt die Zeitmessung begonnen werden. Das Messgerät beendet die Messung automatisch wenn die voreingestellte Wegstrecke erreicht wurde. Eine Beendigung der Messung vor Erreichen der voreingestellten Wegstrecke ist durch Betätigen der sogenannten Synchron-Taste jederzeit möglich. Ein Betrieb über eine beliebige, nicht voreingestellte Wegstrecke ist ebenfalls möglich, die Messung muss dann manuell beendet werden.

In jedem Fall darf für eine gültige Übertragbarkeit des Messwertes auf das gemessene Fahrzeug keine **Abstandsverringerung** (bei Nachfahren) bzw **Abstandsvergrößerung** (bei Vorausfahren) vorliegen.

- Betriebart „MAN":

Bei der Betriebsart MAN werden Weg- und Zeitmessung jeweils getrennt voneinander gestartet und gestoppt. Die Wegstreckenmessung erfolgt durch das Abfahren mit dem Messfahrzeug, die Zeitmessung erfasst die Zeit, welche ein zu messendes Fahrzeug zum Durchfahren dieser Wegstrecke benötigt.

Konkret wird bei einer Nachfahrt die Zeitmessung gestartet, wenn das zu messende Fahrzeug einen definierten Punkt erreicht. Die Wegmessung wird gestartet, wenn das Messfahrzeug eben diesen Punkt erreicht. Wird durch das zu messende Fahrzeug ein weiterer definierter Punkt erreicht, so wird die Zeitmessung beendet. Erreicht auch das Messfahrzeug diesen zweiten Punkt, so wird die Wegmessung gestoppt. Diese Betriebsart ist auch bei einer Vorausfahrt einsetzbar, jedoch erfolgen dann jeweils zuerst der Beginn und das Ende der Wegmessung. Hauptvorteil dieser relativ komplexen Betriebsart liegt darin, dass Abstandsveränderungen zwischen dem Messfahrzeug und dem zu messenden Fahrzeug keinen Einfluss auf das erzielte Messergebnis nehmen.

Über das Betätigen der Synchron-Taste wird auch bei der Betriebsart MAN die Weg- und Zeitmessung synchron gestartet. Jedoch muss dann wiederum beachten werden, dass keine *Abstandsverringerung* (Nachfahrt) bzw **Abstandsvergrößerung** (Vorausfahrt) zustande kommt.

- Betriebsart „SPLIT":

Die Betriebsart SPLIT entspricht vom Prinzip her der zuvor erläuterten Betriebsart MAN. Der Unterschied besteht darin, dass es bei Einsatz der Betriebsart SPLIT möglich ist, während einer Messfahrt jederzeit Teilmessungen durchzuführen bzw die bis dahin gewonnenen Zwischenergebnisse anzuzeigen und abzuspeichern, während sich die Messung im Hintergrund fortsetzt. Wird die Weg- und Zeitmessung getrennt gestartet und beendet, ist auch in dieser Betriebsart eine Abstandsveränderung zwischen Messfahrzeug und zu messendem Fahrzeug ohne Einfluss auf das Messergebnis möglich. Bei gleichzeitigem Start von Weg- und Zeitmessung mit der Synchron-Taste muss hingegen wiederum eine **Abstandsverringerung** (Nachfahrt) bzw **Abstandsvergrößerung** (Vorausfahrt) vermieden werden.

III. Fehlerquellen

Systembedingt ist es bei ProViDa-Messungen so, dass potenzielle Fehlerquellen sowohl in der Handhabung, als auch in der Technik begründet sind. Hinsichtlich der gemessenen Durchschnittsgeschwindigkeit werden **Eichfehlergrenzen** im Bereich bis 150 km/h mit ± 1,0 km/h und über 150 km/h mit ± 2,0 km/h berücksichtigt. 232

Praxisrelevant ist die Verkehrsfehlergrenze des Gerätes, die im Bereich bis 100 km/h ± 5 km/h und im Bereich größer als 100 km/h ± 5 % vom Messwert beträgt. Die **Verkehrsfehlergrenze** soll auch die beim Betrieb des Gerätes möglicherweise auftretenden Ungenauigkeiten des Messverfahrens berücksichtigen. Diese Verkehrsfehlergrenzen gelten konkret für **automatisierte Messungen** mit einer direkt vom Gerät ermittelten Durchschnittsgeschwindigkeit. 233

Die Eichung umfasst auch eine Prüfung der **Genauigkeit** des Videobildzählers bzw. der darauf basierenden Uhr und des Wegstreckenzählers. Konkret betragen die **Eichfehlergrenzen** für die **Wegmessung** bei dem Gerät ± 2,0 % vom Messwert bzw. mindestens 2 m und für die **Zeitmessung** 0,05 % zuzüglich 0,02 s. Auch diese Prüfung wird bei der Eichung nur erfolgreich abgeschlossen, wenn der Messwert innerhalb dieser Eichfehlergrenzen liegt. Die **Verkehrsfehlergrenzen** im Betrieb betragen bei dem Gerät für die Wegmessung ± 4,0 % vom Messwert bzw. mindestens 4 m und für die Zeitmessung 0,1 % zuzüglich 0,02 s. 234

Ob die Verkehrsfehlergrenzen für den Einzelfall ausreichend sind, ist nicht pauschal zu beantworten. Neben einer individualen **Fehlerbewertung** ist es im Zweifelsfall notwendig die gefertigte Videoaufzeichnung im Detail auszuwerten. 235

Die **Hauptfehlerquelle** des Messsystems liegt darin, dass die vom Gerät zugrunde gelegte Weginformation durch eine Abtastung der Radumdrehungen des Messfahrzeuges gewonnen wird. Der wirksame Umfang des abgetasteten Rades geht also direkt in die Messung ein. Dieser wirksame **Abrollumfang** ist weitestgehend von folgenden Einflussgrößen abhängig: 236

- **Profilzustand** der Bereifung,
- eingestellter **Luftdruck**,
- **Radlast**,
- und **Schlupf**.

Da sich der Reifengummi mit zunehmender Laufleistung abfährt, nimmt der Umfang des Reifens mit zunehmendem **Verschleiß** ab und damit auch direkt die Umdrehungszahl bei gleicher Fahrtstrecke zu. Je nach verbauter Reifendimension können Fehler von mehr als 2 % allein im **Profilzustand** begründet sein, wenn man unterstellt, dass die Eichung mit neuwertigen Reifen und eine Messung mit bis auf 2 mm Restprofiltiefe abgefahrenen Reifen durchgeführt worden ist. Der konkrete Fehler muss stets für den Einzelfall bestimmt werden. Hinzuweisen ist darauf, dass es keine Fabrikatsbindung gibt. Ist die Eichung mit **Sommerreifen** erfolgt, darf auf einen **Winterreifen** gleicher Dimension gewechselt werden. Dagegen ist bei einem mit Winterreifen ge- 237 eichten Messfahrzeug der Wechsel auf Sommerreifen nicht ohne erneute Eichung statthaft.

238 Wegen zu geringem **Reifendruck** ist eine Verringerung des Abrollumfanges ebenfalls möglich. Die realistische Obergrenze ist hier als Fehler im Bereich von 0,5 % anzusetzen. Da eine retrospektive Überprüfung des zum jeweiligen Tatzeitpunkt eingestellten Luftdrucks nicht möglich ist, ist der technisch maximal realistische Fehler durch zu geringen Luftdruck zu berücksichtigen, sofern keine anderweitigen Anknüpfungspunkte vorliegen.

239 Die **Radlast**, die auf den Reifen einwirkt, kann ebenfalls eine geringfügige Rolle spielen. Gegenüber dem Zustand bei der Eichung steht eine Änderung der Radlast zu erwarten, wenn das Messfahrzeug stark verzögert wird oder wenn bei einer **Kurvenfahrt** hohe **Querbeschleunigungen** auftreten. Eine Pauschalaussage ist hier nicht zu treffen, so dass stets eine fallspezifische Bewertung angezeigt ist. Tritt erhöhter **Schlupf** zwischen dem Reifen und der Fahrbahn auf, so kann die Radrotation nicht mehr im korrekten Verhältnis zur translatorischen Bewegung des Fahrzeugs stehen. Durchdrehende oder blockierende Räder wären hierzu ein Beispiel. Es kommt hier also entscheidend auf den Verlauf einer Messfahrt und die Witterungs- sowie Straßenverhältnisse an.

240 Es ist darauf hinzuweisen, dass die Praxis zeigt, dass die oben genannten **Fehlerquellen** im Regelfall durch die Verkehrsfehlergrenze ausreichend berücksichtigt sind. Sie fließen dann nicht noch zusätzlich mit ein. Da zumeist jedoch die **Eigengeschwindigkeit** des Messfahrzeugs ermittelt wird und diese auf das gemessene Fahrzeug übertragen wird, können die weiteren Fehlermöglichkeiten des Messverfahrens nur anhand der Auswertungen des Beweisfilmes untersucht werden.

241 Insbesondere ist der Beweisfilm hinsichtlich einer möglichen **Verringerung** (bei einer Nachfahrt) oder **Vergrößerung** (bei einer Vorausfahrt) des Abstandes der Fahrzeuge zwischen dem Beginn und dem Ende der Messsequenz zu untersuchen. Die in den Messfahrzeugen verbauten Kameras besitzen meist eine **Festbrennweite**. Eine Verkleinerung eines abgebildeten Objektes auf dem Videobild lässt dann direkt auf eine Vergrößerung des Abstandes zum Objekt schließen und umgekehrt. Es besteht also die Möglichkeit die entsprechenden Videostandbilder digital zu vermessen.

242 In einer Vielzahl ausgewerteter Messungen konnten die Verfasser feststellen, dass immer wieder Verstöße zur Anzeige gekommen sind, bei denen eine **Abstandsveränderung** festzustellen war, die sich zuungunsten des betroffenen Fahrzeuglenkers ausgewirkt hat. In Abb. 40a/b ist ein Fallbeispiel dargestellt, bei dem der etwas kleinere **Abstandskennwert** zu Messbeginn offen legt, dass eine Annäherung des Messfahrzeugs an das gemessene Fahrzeug nicht beweissicher auszuschließen ist.

H. Geschwindigkeitsmessung mit ProViDa-Messanlagen 4

Abb. 40a/b: Messauswertung mit Abstandsveränderung zuungunsten des betroffenen Fahrzeuglenkers

Unter diesen Voraussetzungen kann die gemessene **Eigengeschwindigkeit** des Messfahrzeugs nicht auf das vorausfahrende Fahrzeug übertragen werden. Im Zweifelsfall wäre die Messung zu verwerfen.

Alternativ kann eine individuale Auswertung erfolgen, wobei dann eine geringere nachweisbare Geschwindigkeit zu erwarten steht. Nur wenn sich der Abstand bei einer Nachfahrt vergrößert hat oder gleich groß bleibt, kann die Eigengeschwindigkeit des Messfahrzeug auf das gemessene Fahrzeug als **Mindestgeschwindigkeit** übertragen werden. Beginn und Ende einer solchen Messauswertung sind in Abb. 41a/b dargestellt.

Abb. 41a/b: Messauswertung mit Abstandsveränderung zugunsten des betroffenen Fahrzeuglenkers

Grundsätzlich ist darauf hinzuweisen, dass eine **Abstandsvergrößerung** bei einer Nachfahrt und eine **Abstandsverringerung** bei einer Vorausfahrt stets zugunsten des Betroffenen Fahrzeuglenkers wirken, da dann eine größere Wegstrecke innerhalb der Messzeit durchfahren wurde. **Abstandsschwankungen** während der Messfahrt nehmen keinen Einfluss auf das Messergebnis, da die durchschnittliche Geschwindigkeit bestimmt wird. Weiter besteht grundsätzlich die Möglichkeit, dass sich die beiden Fahrzeuge während der Messung auf unterschiedlichen **Fahrlinien** bewegen. Auch in diesem Fall kann die vom Messfahrzeug durchfahrene Wegstrecke von der vom gemessenen Pkw durchfahrenen Wegstrecke abweichen. Bei mehrfachen Spurwechseln oder dem Befahren von unterschiedlichen **Kurvenradien** ist dies denkbar und nachweisbar.

IV. Fazit

246 Die Verkehrsüberwachung mittels der ProViDa 2000 Modular Anlage ist ein relativ komplexes Themengebiet. Wie oben dargelegt, gibt es bei diesem Messverfahren eine Vielzahl von Individualfaktoren, die **Einfluss** auf das **Messergebnis** nehmen können. Bestehen begründete Zweifel daran, dass ein Einfluss auf das Ergebnis der Messung vorliegt, der möglicherweise nicht von der vorgegebenen **Verkehrsfehlergrenze** abgedeckt wird, so ist auf die technische Überprüfung zurückzugreifen. Insbesondere dann, wenn die vorgeworfene Geschwindigkeit nur knapp an der Grenze zu einer für den betroffenen Fahrzeuglenker günstigeren Konstellation liegt.

I. Geschwindigkeitsmessungen mit Drucksensoren

I. Funktionsprinzip

247 Die Messwertbildung erfolgt bei dem Einsatz von Drucksensoren über die **Weg-Zeit-Beziehung**. Hierzu sind im Bereich der sogenannten Messbasis entsprechende piezoelektrische Sensoren quer zur Fahrbahnlängsachse eingelegt und mit dem zugehörigen Piezo-Vorverstärker verbunden. Die Piezo-Technik basiert technisch-physikalisch auf dem Umstand, dass Quarzkristalle bei mechanisch einwirkender Spannung, also beispielsweise durch den Druck eines darüber abrollenden Reifens, mit einer elektrischen Spannung reagieren und demzufolge auch ihren Spannungszustand ändern (elektrisch und mechanisch). Beim Einsatz der weit verbreiteten Messgeräte vom Typ **Traffipax Traffiphot S** und **Traffistar S330** des Herstellers **ROBOT Visual Systems GmbH** erfolgt die Wegzeitmessung dadurch, dass es drei Sensoren in einem Abstand von je 1 m zueinander gibt (siehe Abb. 42).

248 Die Geschwindigkeit ergibt sich aus dem Quotienten der Messstrecke und der benötigten Zeit des gemessenen Fahrzeugs für das Zurücklegen dieser **Messstrecke**. Beim Durchfahren der **Messstrecke** werden drei Einzelmessungen mittels dreier unabhängiger **Quarzzeitgeber** durchgeführt. Die erste Messung erfolgt zwischen dem **Sensor 1** und 2, die zweite Messung zwischen dem **Sensor** 2 und 3 und die dritte Messung zwischen dem **Sensor** 1 und 3. Die Messungen werden geräteintern miteinander verglichen. Weichen sie mehr als ± 1 km/h voneinander ab, wird die Messung geräteintern verworfen, stimmen sie um ± 1 km/h überein, wird der geringste der Messwerte in das Datenfeld im Tatfoto eingeblendet. Die Geschwindigkeitsmessung ist redundant gehalten, was die **Zuverlässigkeit** der Messung ungleich erhöht.

I. Geschwindigkeitsmessungen mit Drucksensoren 4

Abb. 42: Messbasis mit piezoelektrischen Sensoren quer zur Fahrbahnlängsachse

Das Lichtbild (Tatfoto) wird mit einem **zeitlichen Versatz** (der sogenannten **Verzugszeit**) nach Überfahren des dritten Sensors durch die die Räder der Vorderachse eines Kfz oder, bei einspurigen Fahrzeugen, durch das Vorderrad ausgelöst. Die Verzugszeit wird jedoch nicht präzise ausgewiesen. Eine exakte Positionsbestimmung und Positionsprüfung im **fotogrammetrischen Verfahren** ist daher nicht hinreichend präzise möglich.

Aus technischer Sicht kann die **Fotoposition** eines gemessenen Fahrzeuges dahingehend als Anhaltspunkt herangezogen werden, um einen korrekten Messvorgang zu bewerten, dass nur wenn die Räder der Vorderachse bei der Genese des Tatfotos den dritten Sensor überfahren haben, der oben beschriebene Messvorgang vollständig und somit korrekt erfolgt sein kann.

Die **Verzugszeit** wird nicht konkret ausgewiesen, kann jedoch für jede Messstelle als konstant angesehen werden. Somit steht zu erwarten, dass Fahrzeuge gleicher Geschwindigkeit sich in gleicher Fotoposition befinden. Auch ist es dann zwangsläufig so, dass Fahrzeuge höherer Geschwindigkeit sich bei der Fotoauslösung weiter hinter dem dritten Sensorkabel und Fahrzeuge niedrigerer Geschwindigkeit weniger weit hinter dem dritten Sensorkabel befinden als das Referenzfahrzeug.

Abb. 43 zeigt ein Kfz, dass mit einer Geschwindigkeit von 78 km/h gemessen worden ist. Die Radaufstandspunkte haben den dritten Sensor bereits passiert.

4 § 8 Technische Fragestellungen

Abb. 43: Referenzfahrzeug, mit 78 km/h gemessen

253 Zur Veranschaulichung der Bedeutung der **Verzugszeit** ist in Abb. 44 ein Fahrzeug abgebildet, welches an derselben Messstelle ebenfalls mit 78 km/h gemessen wurde.

254 Nach Auswertung ist festzustellen dass sich die Radaufstandpunkte der Vorderachse des Vergleichsfahrzeuges in gleicher Position hinter dem letzten Sensor befinden, wie die des Referenzfahrzeuges.

255 Wird ein Fahrzeug nun mit einer deutlich höheren Geschwindigkeit gemessen, so steht eine spätere Fotoposition zu erwarten. Gleichzeitig muss wegen der Linearität, die zwischen der gemessenen Geschwindigkeit und Änderung der **Fotoposition** besteht, das Verhältnis zwischen Differenzgeschwindigkeit und Differenz der Fotoposition gleich sein. Hier kann also eine **fotogrammetrische Auswertung** erfolgen.

I. Geschwindigkeitsmessungen mit Drucksensoren

Abb. 44: Vergleichsfahrzeug gleicher Geschwindigkeit

Abb. 45 a zeigt ein weiteres **Vergleichsfahrzeug**. Dieses wurde mit 116 km/h gemessen.

Die Geschwindigkeit des schnelleren gemessenen Vergleichsfahrzeuges liegt rund 48 % über der des Referenzfahrzeuges. Die digitale Vermessung der Abstände zwischen dem dritten Sensor, der Radaufstandspunkte des Referenzfahrzeuges und der Radaufstandspunkte des mit einer höheren Geschwindigkeit gemessenen Vergleichsfahrzeuges kommt zu dem Ergebnis, dass sich das Vergleichsfahrzeug bis zur Fotoauslösung auch um eine ca. 48 % größere Wegstrecke vom dritten Sensor fortbewegt hat.

Abb. 45a/b: Vergleichsfahrzeuge höherer und niedrigerer Geschwindigkeit

Gleiches Vorgehen ist auch mit einem **Vergleichsfahrzeug** möglich, dass mit einer geringeren Geschwindigkeit gemessen wurde. Abb. 45 b zeigt ein Vergleichsfahrzeug, das rund 24 % langsamer fuhr (59 km/h).

259 Die **digitale Vermessung** des Abstands zum dritten Sensor kommt zu dem Ergebnis, dass der Sensor von dem langsameren Fahrzeug um eine etwa 24 % geringere Wegstrecke überfahren wurde als von dem Referenzfahrzeug.

260 Nur wenn diese Relativbetrachtungen zu einem stimmigen Ergebnisse kommen, kann aus technischer Sicht von einem korrekten Messvorgang ausgegangen werden.

II. Fehlerquellen

261 Die Messverfahren mit piezoelektrischen Sensoren sind grundsätzlich als sehr wenig fehleranfällig zu bezeichnen. Es gibt geräteintern verschiedene **Annullierungsbezeichnungen**, die zustande kommen, sollte eine Messung nicht korrekt erfolgt sein.

262 Bei den Messanlagen vom Typ **Traffipax Traffiphot S** und **Traffistar S330** gibt es sogenannte ILL-Messungen, die in vier verschiedenen Gruppen denkbar sind:

- Die *ILL-Messung*, bei der nur das erste Sensorkabel in Verkehrsrichtung ausgelöst hat, das zweite oder dritte nicht.

- Die *=ILL-Messung*, bei der mindestens zwei Sensorkabel annähernd gleich ausgelöst haben, das dritte jedoch nicht.

- Die **ILL-Messung*, bei der der geräteinterne Vergleich untereinander zu große Abweichungen (im Bereich der Verkehrsfehlergrenzen) ergeben hat.

- Die *#ILL-Messung*, für die die Sensoren nicht in der richtigen Reihenfolge ausgelöst haben.

263 Aus technischer Sicht ist eine **Annullierung** nicht direkt mit einer Fehlfunktion der Messanlage gleichzusetzen. Annullierungen mit normaler Häufigkeit zeigen vielmehr, dass die gerätinternen Kontrollmechanismen wirksam sind. Erst wenn es zu einer ungewöhnlichen Häufung kommt, können Annullierungen als Indiz für eine **fehlerhafte Gerätefunktion** herangezogen werden.

264 Bei digitalen Kameras werden die Messbilder und die Messdaten in einem herstellerspezifischen **Ursprungsformat** (bei der Firma Robot Visual Systems GmbH mit der Dateiendung .sbf) gespeichert. Es wird ein **digitaler Schlüssel** für das Öffnen der Dateien benötigt. Beim Öffnen der Dateien mit dem zugehörigen Programm wird überprüft, ob die **digitale Signatur** unbeschädigt und gültig ist. Zum Nachweis dafür wird in die Messbilder am linken Bildrand ein Sicherungssymbol eingeblendet. Nur bei erfolgreicher Prüfung sind die Herkunft der Datei, deren **Originalität** und **Unversehrtheit** sowie die **Korrektheit** der Dateneinblendungen einwandfrei sichergestellt.

265 Die erforderlichen **Kalibrierungsfotos** sind am Anfang und am Ende der Messreihe zu erstellen. Der **Kalibrierungswert** muss mit 100 km/h eingeblendet werden.

266 Denkbar, jedoch eher von theoretischer Natur, können durch **elektrische Störungen** oder **Fahrbahnrisse Fehlimpulse** auftreten. Unter besonderen Bedingungen könnten dann auch bei den redundanten Einzelmessungen übereinstimmende Fehlmessungen zustande kommen. Es ist jedoch darauf hinzuweisen, dass die **Messbasis** mit dem zugehörigen Piezo-Vorverstärker im halbjährlichen Turnus **gewartet** und jährlich eichamtlich **überprüft** werden muss. Bei dieser Prüfung wird insbesondere der **Zustand der Fahrbahn** im Messstellenbereich und der **Sensoren**, der Abstand der Sensoren und deren Geradlinigkeit sowie die **Annullationsrate** und Qualität der **elektrischen Signale** überprüft.

III. Fazit

Es zeigt sich, dass mögliche Fehler bei diesen Messverfahren nur erkannt werden können, wenn die gesamte **Messreihe** ausgewertet wird. Dazu sind die oben dargestellten Relativbetrachtungen von großer Bedeutung. Die Wahrscheinlichkeit, dass bei weiteren gemessenen Fahrzeugen mit jeweils unterschiedlichen Geschwindigkeiten der gleiche äußere Fehlereinfluss zum Tragen kam, ohne dass sich dies in **unplausibel** abweichenden **Fotopositionen** äußern würde, ist vernachlässigbar gering. 267

Die Prüfung des einzelnen Tatfotos ist also nicht ausreichend. Es kann keine präzisere Überprüfung erfolgen, da aus der Fotoposition des Fahrzeuges jenseits des letzten Sensors eine unmittelbare Rückbestimmung der von dem gemessenen Fahrzeug gefahrenen Geschwindigkeit nicht möglich ist. Dies wäre nur der Fall, wenn die Verzugszeit präzise ausgewiesen würde. 268

J. Schlussfolgerung

Aus technischer Sicht ist festzustellen, dass grundsätzlich Fehlmessungen bei polizeilichen Messverfahren möglich sind und auch – wie die Praxis zeigt – nicht ausgeschlossen werden können. Es scheint insbesondere bei Radar- oder Lasermessungen angezeigt, eine Überprüfung der Messung dann vornehmen zu lassen, wenn bspw 1 km/h „entscheidend für ein Fahrverbot ist oder nicht". Größere Geschwindigkeitsfehler von einigen km/h sind allerdings eher unwahrscheinlich. Ein generelles Anzweifeln speziell von Lichtschrankenmessungen oder Einseitensensormessungen ist hingegen wenig erfolgversprechend. Bei diesen Verfahren handelt es sich um technisch sehr gute Weg-Zeitmessungen mit geringer Fehleranfälligkeit. 269

Es wird nach wie vor ein Problem bleiben, dass die meisten Lasermessungen nicht durch Bilder oder Videos dokumentiert sind. Der Nachweis, welches Fahrzeug tatsächlich gemessen worden ist, stützt sich deshalb bei diesem Verfahren einzig auf die Aussage des Messbeamten und ist technisch weder zu verifizieren, noch zu widerlegen. Demgegenüber erweist sich das Lasermessgerät PoliScan Speed als durchaus zuverlässig, auch wenn zunächst diverse Änderungen relevant waren. 270

Bei Rotlichtverstößen ist eine Überprüfung insbesondere dann angezeigt, wenn sich das gemessene Fahrzeug sehr langsam bewegt hat oder das Fahrzeug auf den Beweisfotos in einer ungewöhnlichen Position abgebildet ist. 271

Es scheint den Verfassern gerade das pauschale Bestreiten von „Messungen" als nicht zielführend. Es ist vielmehr angezeigt, individuell eine Verkehrsmessung zu beanstanden und dann ggf Änderungen an Bußgeldbescheiden zu erwirken. 272

§ 9 Juristische Fragestellungen

A. Einleitung 1
B. Allgemeiner Teil 5
   I. Das standardisierte Messverfahren 5
   II. Die generelle Verwertbarkeit von Messfotografien und -ergebnissen 9
   III. Die Eichung des Messgerätes und ihr mögliches Erlöschen 18
     1. Die Eichpflicht und die Eichdauer 18
     2. Das vorzeitige Erlöschen der Eichung 22
     3. Messungen mit nicht geeichten Geräten 24
     4. Die formell ordnungsgemäße, aber materiell fehlerhafte bzw. die formell fehlerhafte, aber materiell ordnungsgemäße Eichung 25
   III. Weitere allgemein-rechtliche Gesichtspunkte 27
     1. Richtlinienverstöße 27
     2. Messungen durch Private 28
     3. Messungen nur bestimmter Kfz 29
C. Messverfahren zur Feststellung von Geschwindigkeitsüberschreitungen 30
   I. Radarmessungen 30
     1. Stationäre Messungen 30
     2. Mobile Messungen 31
   II. Die Koaxialkabelmessung („Starenkasten") 32
   III. Der Einseitensensor 34
   V. Das Lasermessverfahren 36
   VI. Das Police-Pilot-Verfahren 41
   VII. Das Poliscan Speed-Verfahren 43
D. Messverfahren zur Feststellung einer Rotlichtmissachtung 45
   I. Die Berechnung der überschrittenen Rotlichtzeit 45
   II. Das Koaxialkabelverfahren („Starenkasten") 46
   III. Manuelle Messungen durch Polizeibeamte 54
   IV. Messungen durch Zählen und Schätzen 55
   V. Feststellungen anhand von Zeugenaussagen 57
E. Messverfahren zur Feststellung von Abstandsverstößen 58
   I. Das VAMA-Verfahren (standardisiertes Messverfahren) 58
   II. Das VKS-Verfahren 59
   III. Das Brückenabstandsmessverfahren (standardisiertes Messverfahren) 60

A. Einleitung

1 In der alltäglichen Rechtspraxis findet eine Gruppe technischer Messverfahren besonders weite Verbreitung, nämlich diejenigen Systeme, mit welchen der Staat in Wahrnehmung seiner entsprechenden Verpflichtung[1] Geschwindigkeitsüberschreitungen, Rotlichtmissachtungen und Abstandsverstöße überwacht und aufklärt. Derartige Ordnungswidrigkeiten geschehen, wie jeder Verkehrsteilnehmer bestätigen wird, täglich massenhaft im deutschen Straßenverkehr. Zwar bleibt die größte Zahl der diesbezüglichen Verkehrsverstöße ungeahndet. Dennoch haben zB die entsprechenden Messgeräte in der Stadt Aachen, in welcher der Verfasser lebt, im Jahr 2011 immerhin 20.759 Geschwindigkeitsüberschreitungen und 14.876 Rotlichtverstöße dokumentiert.[2] Solche rechtskräftig festgestellten Geschwindigkeitsüberschreitungen können für die Betroffenen mit erheblichen Konsequenzen verbunden sein: Überschreitet ein Pkw-Führer die innerorts zugelassene Höchstgeschwindigkeit um 31 km/h oder mehr, droht ihm für den Regelfall gemäß Ziffer 11.3.6 bis 11.3.10 der Tabelle 1, Abschnitt c zu Ziffer 11 des Bußgeldkataloges (BKat) zur Bußgeldkatalogverordnung (BKatV) vom 13.11.2001 (BGBl. I S. 3033) nicht nur eine Geldbuße von mindestens

---

[1] Vgl *Müller*, SVR 2007, 1, 4.
[2] Aachener Zeitung vom 29.3.2012, S. 17.

160 EUR, sondern auch ein Fahrverbot (§ 25 StVG) von einem bis zu drei Monaten. Bei Vorfällen außerorts beginnt die „Fahrverbotszone" gemäß Ziffer 11.3.7 bis 11.3.10 derselben Tabelle bei einer Geschwindigkeitsüberschreitung von mindestens 41 km/h.

Auch bei Missachtung des Rotlichts einer Lichtzeichenanlage (§§ 37, 49 Abs. 2 Nr. 3 StVO) droht gemäß Ziffer 132.3 BKat für den Regelfall die Verhängung einer Geldbuße von 200 EUR sowie eines Fahrverbots von einem Monat, sofern die Rotphase bereits über eine Sekunde angedauert hat.

Schließlich ordnet die Tabelle 2 zur Ziffer 12 BKat, dort Ziffern 12.5.3 bis 12.6.5., für einen Abstand (§§ 4, 49 Abs. 1 Nr. 4 StVO) zum vorausfahrenden Kfz von weniger als 3/10 des halben Tachowerts bei einer Fahrgeschwindigkeit von mehr als 100 km/h die Verhängung einer Geldbuße von mindestens 160 EUR sowie eines Fahrverbotes von einem Monat an. Beträgt der Abstand nur 2/10 des halben Tachowerts, steigt die Regelgeldbuße auf 240 EUR und das Regelfahrverbot auf zwei Monate; wird lediglich ein Abstand von 1/10 des halben Tachowerts eingehalten, sind im Regelfall 320 EUR Geldbuße und drei Monate Fahrverbot zu erwarten. Bei einer Geschwindigkeit von über 130 km/h erhöhen sich die vorgenannten Regelgeldbußen sogar auf 240 EUR, 320 EUR und 400 EUR bei gleichbleibendem Regelfahrverbot.

Wegen der **erheblichen Konsequenzen der vorgenannten Ordnungswidrigkeiten** kommt der Feststellung des jeweiligen konkreten Überschreitungswertes eine zentrale Bedeutung zu. Das Fahrverbot steht oder fällt gegebenenfalls mit der Beantwortung der Frage, ob die gemessene Fahrgeschwindigkeit 40 oder 41 km/h betrug, ob die missachtete Rotlichtphase erst 1,0 s oder schon 1,1 s andauerte bzw ob der Abstand zum vorausfahrenden Pkw schon 3/10 des halben Tachowerts unterschritten hatte. An dieser Stelle schlägt **die Stunde der technischen Messverfahren**, welche nach den im Anschluss darzustellenden rechtlichen Vorgaben präzise Ergebnisse zu Art und Ausmaß der jeweiligen Verkehrsordnungswidrigkeit erbringen können.[3]

B. Allgemeiner Teil

I. Das standardisierte Messverfahren

Der BGH hat insbesondere in seinem wegbereitenden Beschluss vom 19.8.1993 – 4 StR 627/92 = BGHSt. 39, 291 ff = NJW 1993, 3081 ff für das Recht der Verkehrsordnungswidrigkeiten die Figur des **standardisierten Messverfahrens** entwickelt. Hierbei handelt es sich nach einer späteren Definition des BGH um ein „durch Normen vereinheitlichtes technisches Verfahren, bei dem die Bedingungen seiner Anwendbarkeit und sein Ablauf so festgelegt sind, dass unter gleichen Voraussetzungen gleiche Ergebnisse zu erwarten sind."[4] Dies bedeutet Folgendes: Wird ein solches

---

[3] Die „Stunde der Messverfahren" schlägt allerdings dann nicht mehr, wenn der Betroffene ein Geständnis ablegt und den Tatvorwurf auch im Detail einräumt; vgl hierzu zB OLG Bamberg DAR 2012, 154; OLG Hamm SVR 2008, 29; OLG Saarbrücken SVR 2007, 305; Quarch/Möhler in: Ferner, Straßenverkehrsrecht, 2. Aufl. 2006, § 39 Rn 11 ff.
[4] BGH NJW 1998, 321, 322 unter Verweis auf OLG Saarbrücken NZV 1996, 207.

4 § 9 Juristische Fragestellungen

standardisiertes Messverfahren zur Verkehrsüberwachung eingesetzt, so ist **bei Einhaltung der herstellerseits oder durch Richtlinien vorgegebenen Messparameter davon auszugehen, dass das gewonnene Messergebnis richtig ist.** Im Bußgeldurteil ist daher unter diesen Umständen zur Feststellung einer bestimmten Geschwindigkeit, Rotlichtlaufzeit oder eines bestimmten Abstandes **lediglich (1) die Bezeichnung des Messverfahrens sowie (2) die vom Messergebnis zum Ausschluss etwaiger Fehlerquellen in Abzug gebrachte Messtoleranz** mitzuteilen.[5] Fehlt es an der Wiedergabe einer dieser Mindestanforderungen, unterliegt das Bußgeldurteil aufgrund materiellrechtlicher Unvollständigkeit (§§ 267 StPO, 71 OWiG) der Aufhebung.[6] Darüber hinaus aber muss sich der Bußgeldrichter nur dann von der Zuverlässigkeit der durchgeführten Messungen überzeugen, wenn **konkrete Anhaltspunkte für Messfehler**[7] zu erkennen sind,[8] während abstrakt-theoretischen Möglichkeiten eines Messfehlers nicht mehr nachgegangen werden muss.[9] *Wolfgang Ferner* resümiert daher aus Verteidigersicht zutreffend, dass für den Betroffenen bei Verwendung eines standardisierten Messverfahrens eine erfolgreiche Verteidigung gegen den Bußgeldvorwurf erheblich erschwert sei.[10]

6 Werden hingegen bei einer Messung mit einem als standardisiert anerkannten Verfahren die vorgegebenen technischen **Messparameter nicht eingehalten** oder erfolgt die Messung mittels eines **nicht-standardisierten Verfahrens**, sind die insoweit gewonnenen Ergebnisse **nicht unverwertbar**. Die Auswertung der Messung hat aber unter diesen Umständen durch einen auf dem Gebiet der jeweiligen Messtechnik besonders qualifizierten Sachverständigen zu erfolgen,[11] und im Bußgeldurteil bedarf es jeweils einer umfassenden Wiedergabe der vorgenommenen Beweiswürdigung.[12]

---

5 Zum Teil verlangt die neuere Rechtsprechung als drittes „Pflichtmerkmal" für jeden Fall einer Messung die Mitteilung des Umstandes der Eichung des Messgerätes zur Tatzeit, so zB OLG Celle SVR 2012, 190; OLG Thüringen SVR 2012, 68, jw. mit instruktiver Anm. von *Krenberger;* ähnlich OLG Hamm NZV 2010, 215; anders indes OLG Bamberg DAR 2012, 154. Es ist insoweit noch nicht ersichtlich, ob sich insoweit eine gefestigte Rspr herausbilden wird. Dennoch sollte sowohl aus Richter- als auch aus Verteidigersicht zumindest mit der Möglichkeit gerechnet werden, dass das zuständige Obergericht die Mitteilung der ordnungsgemäßen Eichung als drittes Mindestkriterium bei einem standardisierten Messverfahren verlangen wird.
6 ZB OLG Bamberg NStZ-RR 2007, 321; OLG Brandenburg JMBl. BB 2004, 43; OLG Hamm DAR 2004, 463; SVR 2006, 190 (*Krumm*); SVR 2008, 26; OLG Thüringen NZV 2008, 45; OLG Koblenz NZV 2007, 255; OLG Oldenburg MDR 1996, 1174; OLG Saarbrücken VRS 110, 433.
7 Bsp für solche bei *Linke*, SVR 2011, 21.
8 BGH NJW 1993, 3081; BGH NJW 1998, 321; KG NZV 2005, 654; BayObLG NZV 2003, 203; OLG Celle NZV 2009, 575; OLG Düsseldorf DAR 2001, 516; OLG Hamm NJW 2001, 1876; OLG Koblenz NStZ 2004, 396, 397; OLG Köln VRS 101, 140.
9 ZB OLG Koblenz v. 16.10.2009 – 1 Ss Rs 71/09, juris; LG Zweibrücken NZV 2001, 48; AG Landstuhl Verkehrsrecht aktuell 2011, 161.
10 *Ferner*, Der neue Bußgeldkatalog, 10. Aufl. Neuwied 2003, S. 23.
11 OLG Celle NZV 1996, 419; OLG Düsseldorf Verkehrsrecht aktuell 2012, 10; OLG Karlsruhe NZV 2006, 536; OLG Koblenz DAR 2006, 101.
12 Vgl allgemein OLG Celle NZV 2002, 472; OLG Frankfurt/M. NZV 2002, 135; OLG Hamm DAR 2005, 42; *Quarch/Möhler* in: Ferner, Straßenverkehrsrecht, 2. Aufl. 2006, § 39 Rn 108.

Der Verteidigung steht insoweit in den Räumen der Verwaltungsbehörde ein **Einsichtsrecht in die Bedienungsanleitung** des Messgerätes zu; ob auch ein Anspruch auf Anfertigung von Kopien bzw Übersendung der Akten besteht, ist streitig.[13] 7

Die Fragestellung, ob bei der jeweiligen Messung die entsprechenden technischen Messparameter eingehalten worden sind, darf das Bußgeldgericht im Regelfall nicht aufgrund eigener Sachkunde (§§ 71 OWiG, 244 Abs. 4 S. 1 StPO) beantworten, sondern es hat auch an dieser Stelle das **Gutachten eines qualifizierten Sachverständigen** einzuholen.[14] 8

II. Die generelle Verwertbarkeit von Messfotografien und -ergebnissen

Seit dem 11.8.2009 ist in Rechtsprechung und Lehre intensiv diskutiert worden, ob Geschwindigkeits-, Rotlicht- und Abstandsmessungen **überhaupt noch rechtlich zulässig** sind. Denn an diesem Tag veröffentlichte das BVerfG eine grundsätzliche Entscheidung zur Verwertbarkeit von Bildaufnahmen zwecks Ermittlung von Verkehrsverstößen.[15] Die wichtigsten Inhalte dieser Entscheidung lauten wie folgt: 9

- Jede Videoaufzeichnung eines Kraftfahrers, auf welcher dieser als Person und das Kennzeichen seines Kfz in identifizierbarer Art und Weise erkennbar ist, bedeutet einen Eingriff in sein **Grundrecht auf informationelle Selbstbestimmung** = dh in das Recht, selbst über die Preisgabe und Verwendung persönlicher Lebenssachverhalte zu entscheiden, also hier: wer wann, wo und in welche Richtung eine Straße passiert.[16]

- Ein solcher **Grundrechtseingriff darf nur aufgrund eines formellen Gesetzes** vorgenommen werden. Ein ministerieller Erlass (im Ausgangsfall ein Erlass des Wirtschaftsministeriums von Mecklenburg-Vorpommern) stellt daher insoweit keine taugliche Ermächtigungsgrundlage dar.

- Es ist „zumindest möglich", dass aus dem nicht gerechtfertigten Grundrechtseingriff ein **Beweisverwertungsverbot** folgt.

In der Folgezeit setzte eine lebhafte Debatte darüber ein, welche Schlussfolgerungen aus dieser Entscheidung zu ziehen sind.[17] Diese konzentrierte sich bald auf die vom BVerfG aufgeworfene Fragestellung, ob es eine **gesetzliche Ermächtigungsgrundlage** für die Anfertigung von Messfotografien bzw -videos in der Verkehrsüberwachung gibt. Zunächst stellten verschiedene Amtsgerichte insoweit auf §§ 46 OWiG, 163b 10

---

13 Dafür zB: AG Ellwangen NZV 2011, 362; AG Lüdinghausen DAR 2012, 156; AG St. Wendel v. 1.2.2012 – 1 OWi 65 Js 1290/11 (167/11), juris; dagegen zB: AG Hamm Verkehrsrecht aktuell 2011, 160; AG Herford DAR 2010, 715; AG Verden Verkehrsrecht aktuell 2010, 190; AG Wuppertal v. 17.10.2011 – 12 OWi 135/11, juris (mE zutr.); grundsätzlich gegen ein Einsichtsrecht jetzt LG Aachen Verkehrsrecht aktuell 2012, 68; AG Detmold v. 4.2.2012 – 4 OWi 989/11, juris – mit zu Recht krit. Anm. *Höhne* in: jurisPR-ITR 15/2012 Anm. 4.
14 OLG Hamm NZV 2007, 155; OLG Thüringen DAR 2005, 464; ähnlich schon OLG Karlsruhe zfs 1993, 105.
15 BVerfG SVR 2009, 427; Volltext u.a. in NJW 2009, 3293.
16 Vgl *Arzt*, SVR 2009, 428.
17 Dazu zB *Quarch*, SVR 2010, 374; *Stephan Schröder*, SVR 2010, 252.

§ 9 Juristische Fragestellungen

StPO ab.[18] Danach setzte sich aber diejenige Ansicht durch, welche das OLG Bamberg in einer Entscheidung vom 16.11.2009 entwickelt hat: [19]

11 Besteht bereits ein **Anfangsverdacht** einer Geschwindigkeitsüberschreitung etc. gegen den noch nicht identifizierten Fahrzeugführer, dann gestatten §§ 46 OWiG, 100 h Abs. 1 Satz 1 Nr. 1 StPO als gesetzliche Ermächtigungsgrundlage eine *anschließend* einsetzende Fotografiertätigkeit/Videoaufzeichnung zum Zwecke der Identifizierung des Betroffenen. Nach diesen Normen dürfen bei einem entsprechenden Anfangsverdacht auch ohne Wissen des Betroffenen außerhalb von Wohnungen Bildaufnahmen hergestellt werden, wenn die Erforschung des Sachverhaltes auf andere Weise weniger erfolgversprechend oder erschwert wäre.

12 Dieser – mE zutreffenden[20] – Rechtsansicht haben sich anschließend diverse Oberlandesgerichte angeschlossen.[21] Allein das OLG Düsseldorf hatte zunächst eine Gegenmeinung vertreten, nämlich dass §§ 46 OWiG, 100 h Abs. 1 Satz 1 Nr. 1 StPO insoweit keine taugliche Ermächtigungsgrundlage darstellten, [22] diese Ansicht aber in späteren Entscheidungen nicht mehr aufrechterhalten.[23] Schließlich hat auch das BVerfG in einem Nichtannahmebeschluss vom 5.7.2010 die Anwendung der §§ 46 OWiG, 100 h Abs. 1 Satz 1 Nr. 1 StPO als **Ermächtigungsgrundlage für die Anfertigung von Messfotos** in der Verkehrsüberwachung als **verfassungsrechtlich unbedenklich** qualifiziert.[24] In einem zweiten Nichtannahmebeschluss vom 12.8.2010 hat das BVerfG dann hinzugefügt, dass diese **Erwägungen entsprechend auch für die Anfertigung von Überwachungsvideofilmen gelten.**[25] Seitdem kann die Streitfrage als in dem hier dargestellten Sinn geklärt bezeichnet werden.[26]

13 Liegen die Voraussetzungen der §§ 46 OWiG, 100 h Abs. 1 Satz 1 Nr. 1 StPO nicht vor; dh insbesondere: fehlt es bezüglich einer Ordnungswidrigkeit *vor* der Anfertigung von Bildaufnahmen des Fahrzeugführers bzw des Kennzeichens an einem entsprechenden **Anfangsverdacht**, stellt sich die Frage, ob aus der dann rechtswidrigen Beweiserhebung auch ein **Beweisverwertungsverbot** folgt. Das BVerfG hatte – s.o. – diese Frage ausdrücklich offengelassen.[27]

14 Hierzu sind in der Rechtsprechung verschiedene Ansichten vertreten worden:
- OLG Oldenburg DAR 2010, 32: **Beweisverwertungsverbot: ja**, da es sich um einen **schwerwiegenden** Verfahrensverstoß handele, welcher einen systematischen Eingriff in die Grundrechte einer Vielzahl von Personen darstelle.[28]

---

18 AG Freiburg (Br) VRR 2009, 470; AG Saarbrücken v. 2.10.2009 – 22 Owi 757/09, juris.
19 OLG Bamberg SVR 2010, 64; Volltext u.a. in NJW 2010, 100.
20 Näher *Quarch*, SVR 2010, 374, 375 f.
21 OLG Brandenburg NZV 2010, 318; OLG Celle SVR 2010, 273; OLG Dresden DAR 2010, 210; OLG Hamm NJW-Spezial 2010, 107; OLG Karlsruhe NZV 2011, 213; OLG Koblenz SVR 2010, 434; OLG Rostock VRS 118, 359; OLG Stuttgart DAR 2010, 422; OLG Thüringen NJW 2010, 1093.
22 OLG Düsseldorf SVR 2010, 149; ebenso AG Eilenburg DAR 2009, 657; AG Grimma SVR 2010, 145.
23 OLG Düsseldorf DAR 2010, 393, Verkehrsrecht aktuell 2011, 100.
24 BVerfG SVR 2010, 433; Volltext u.a. in NJW 2010, 2717.
25 BVerfG DAR 2010, 574.
26 AA noch AG Herford zfs 2011, 528.
27 BVerfG SVR 2009, 42.
28 So auch AG Prenzlau VRS 119, 219; AG Arnstadt zfs 2011, 50.

- AG Saarbrücken v. 8.9.2009 – 22 Owi 568/09 und vom 15.9.2009 – 22 Owi 629/09, jw. juris: **Kein Beweisverwertungsverbot**, da die Beweismittel auch auf legalem Weg zu erlangen gewesen wären (formelles Gesetz) und im Übrigen die Normen der StVO bezüglich Geschwindigkeitsüberschreitungen etc. dem Schutz hochrangiger Rechtsgüter (Leib und Leben im Straßenverkehr) dienen.
- AG Eilenburg DAR 2009, 657: **Beweisverwertungverbot fallabhängig:** Es bedürfe jeweils einer umfassenden Aufklärung des Einzelfalls. Aus Verhältnismäßigkeitsgründen erfolge daher im Regelfall eine Verfahrenseinstellung nach § 47 OWiG.
- OLG Hamm SVR 2010, 115; OLG Frankfurt/M. v. 29.7.2010 – 2 Ss-OWi 527/10, n.v.: **Kein Beweisverwertungsverbot in „Altfällen"**; dh bei Messungen vor dem 11.8.2009, da insoweit nicht von einem willkürlichen Handeln der Messbeamten ausgegangen werden könne. Diese Ansicht ist vom BVerfG in einem Nichtannahmebeschluss als **verfassungsrechtlich unbedenklich** eingestuft worden.[29]

Da die „Altfälle" mittlerweile sämtlich abgearbeitet sein dürften, wird die letztgenannte Fallkonstellation in der Praxis keine Rolle mehr spielen. Von den drei erstgenannten Auffassungen trifft mE diejenige des OLG Oldenburg zu.[30]

Zusammenfassend ist daher festzuhalten: Nach gefestigter obergerichtlicher Rechtsansicht ist die Anfertigung von Fotografien, Videofilmen etc. zur Überführung des Täters einer Verkehrsordnungswidrigkeit **nur dann, aber dann** nach den einschlägigen Normen der §§ 46 OWiG, 100h Abs. 1 Satz 1 Nr. 1 StPO **gerechtfertigt, wenn** bereits ein – auch durch Messungen technischer Geräte begründeter[31] – **Anfangsverdacht** einer entsprechenden Ordnungswidrigkeit besteht. Liegen diese Voraussetzungen nicht vor und wird trotzdem eine Fotografie etc. angefertigt, ist diese im Bußgeldverfahren **sehr wahrscheinlich nicht verwertbar**.

15

Für die einzelnen Messverfahren bedeutet dies:

16

Folgende Messverfahren sind weiterhin uneingeschränkt zulässig, weil insoweit gar keine Fotografien, Videos etc. des Fahrzeugführers angefertigt werden:

- Lasermessung,
- Police-Pilot-Messung,[32]
- Messung der Rotlichtzeit durch Stoppuhr, Zählen oder Zeitschätzung.

Folgende Messverfahren greifen zwar in das Grundrecht auf informationelle Selbstbestimmung ein, sind aber nach §§ 46 OWiG, 100h Abs. 1 S. 1 Nr. 1 StPO gerechtfertigt, da zuvor regelmäßig der Anfangsverdacht einer Ordnungswidrigkeit entstanden ist:

---

29 BVerfG NJW 2011, 2783.
30 Vgl näher *Quarch*, SVR 2010, 376.
31 AA OLG Düsseldorf SVR 2010, 149.
32 OLG Köln v. 17.12.2009 – 83 Ss-Owi 99/09, n.v.; iE ebenso OLG Schleswig v. 26.1.2010 – 2 Ss Owi 131/09, n.v.

- Radarmessung,[33]
- Drucksensorenmessung („Starenkasten"),
- ESO-Lichtschrankenmessung,[34]
- Vitronic Poliscan,[35]
- VAMA-Abstandsmessverfahren,[36]
- ViBrAM-BAMAS-Abstandsmessverfahren.[37]

17 Nur das VKS–VIDIT-Abstandsmessverfahren *kann* wegen eines **rechtswidrigen Eingriffs in das Grundrecht auf informationelle Selbstbestimmung** im Einzelfall zu nicht mehr verwertbaren Beweisergebnissen führen.[38] Dies setzt allerdings voraus, dass das System tatsächlich verdachtsunabhängig mehr oder weniger jeden Verkehrsteilnehmer fotografiert, was dann aber nicht der Fall ist, wenn das System eine Selektionskamera enthält, welche zwar keine Fotografien anfertigt, aber der eigentlichen Kamera signalisiert, dass ein Verkehrsverstoß erfolgt ist,[39] vorausgesetzt die Selektionskamera reagiert tatsächlich auf das konkrete Täterfahrzeug und auf kein anderes.[40] Wegen dieses möglichen unterschiedlichen Aufbaus einer VKS-Messanlage müssen die konkreten Einzelheiten der VKS-VIDIT-Messung im Bußgeldurteil jeweils genauestens dargelegt werden.[41] Im Übrigen wird das System wegen der geschilderten Problematik in der Praxis kaum noch angewandt.

III. Die Eichung des Messgerätes und ihr mögliches Erlöschen

1. Die Eichpflicht und die Eichdauer

18 Bei Verwendung eines nicht geeichten Messgerätes liegt **kein standardisiertes Messverfahren** mehr vor, da nur bei einem **geeichten Gerät** davon ausgegangen werden kann, dass es innerhalb der zulässigen Fehlertoleranz richtig misst.[42] Die Eichpflichten für Messgeräte sind im Eichgesetz (EichG) vom 23.3.1992 (BGBl. I S. 711) und den hierzu ergangenen weiteren Vorschriften geregelt: § 2 Abs. 1 EichG schreibt vor, dass Messgeräte, welche im Verkehrswesen verwendet werden, zur Gewährleistung der Messsicherheit der Zulassungs- und Eichpflicht unterliegen. Die Eichpflicht für Geschwindigkeitsüberwachungsgeräte wird dann in der Anlage 18, Abschnitt 11 zu § 33 der Eichordnung (EichO) vom 12.8.1988 (BGBl. I S. 1657) konkretisiert. Die erfolgreich durchgeführte Eichung wird gemäß § 34 EichO durch ein entsprechendes Stempelzeichen dokumentiert. Der Gerätebetreiber kann zusätzlich, was bei den ver-

---

33 OLG Bamberg DAR 2010, 279.
34 OLG Bamberg DAR 2010, 279; OLG Brandenburg NZV 2010, 318.
35 AG Mannheim NZV 2010, 364.
36 OLG Bamberg SVR 2010, 64.
37 OLG Stuttgart DAR 2010, 14, aA OLG Düsseldorf SVR 2010, 149.
38 BVerfG SVR 2009, 427; OLG Oldenburg DAR 2010, 32; OLG Hamm SVR 2010, 115.
39 OLG Thüringen DAR 2011, 475; ähnlich OLG Bremen DAR 2011, 35.
40 Dazu AG Arnstadt zfs 2011, 50.
41 OLG Dresden DAR 2010, 210 und Beschluss v. 5.3.2010 – Bs 142/10, juris.
42 ZB BayObLG NStZ 1987, 272; OLG Düsseldorf NZV 1994, 41; OLG Koblenz NZV 2003, 495, OLG Köln DAR 2001, 421.

kehrstechnischen Messgeräten regelmäßig geschieht,[43] gemäß § 13 Eichkostenverordnung vom 21.4.1982 (BGBl. I S. 428)[44] die Ausstellung eines **Eichscheins** beantragen, welcher dann die näheren Einzelheiten der erfolgten Eichung wiedergibt.

Sofern sich im Verfahren **Hinweise auf eine nicht vorhandene oder entfallene Eichung** des Messgeräts ergeben, wird sich das Bußgeldurteil in jedem Fall damit auseinanderzusetzen haben.[45] Daher ist es sowohl aus Richter- wie aus Verteidigersicht unumgänglich, den **Eichschein** des fraglichen Messgerätes, sofern er sich noch nicht in der Akte befindet, beizuziehen bzw beiziehen zu lassen. Dieser ist dann im Weg des Urkundenbeweises durch **Verlesen** in die Hauptverhandlung einzuführen.[46] 19

Anhand des Eichscheins sollte zunächst geprüft werden, ob die **Eichung zum Zeitpunkt der Messung noch nicht abgelaufen** war. Gemäß § 12 Abs. 1 EichO ist die Gültigkeitsdauer einer Eichung in der Regel auf zwei Jahre befristet und beginnt entsprechend § 12 Abs. 3 S. 1 EichO mit dem Ablauf des Kalenderjahres, in welchem die Eichung erfolgt ist. Erfolgt die erforderliche Nacheichung erst nach Ablauf der Eichdauer, aber noch in den ersten drei Monaten des nachfolgenden Kalenderjahres, wird der Beginn der neuen Gültigkeitsdauer auf den Anfang dieses Jahres zurückdatiert. 20

Das OLG Bamberg lässt für die Feststellung einer wirksamen Eichung allerdings das **Zeugnis des Messbeamten**, dass das eingesetzte Gerät im Zeitpunkt der Messung noch geeicht war, ausreichen und erachtete daher die Zurückweisung eines von der Verteidigung gestellten Beweisantrages auf zusätzliche Vorlage des – sich im konkreten Fall offenbar nicht in den Akten befindlichen – entsprechenden Eichscheins für rechtens.[47] Gleiches kann nach einer älteren Entscheidung des OLG Düsseldorf auch im Land Nordrhein-Westfalen angenommen werden.[48] Ob diese Rechtsprechung in ihrer Allgemeinheit zutreffend ist, mag allerdings bezweifelt werden.[49] Nach Ansicht des AG Ahrensburg kann eine wirksame Eichung des Messgerätes nicht angenommen werden, wenn der Eichschein nicht erkennen lässt, welche Prüfungen das zuständige Eichamt im Einzelnen vorgenommen hat.[50] 21

2. Das vorzeitige Erlöschen der Eichung

Die Eichung eines Messgerätes kann allerdings nicht nur durch Zeitablauf, sondern gemäß § 13 EichO auch durch **Veränderungen am bzw Eingriffe in das Gerät** entfallen. Das OLG Köln hatte sich in diesem Zusammenhang mit der Frage zu beschäftigen, ob die **Eichung** eines im Rahmen eines standardisierten Verfahrens eingesetzten, ursprünglich geeichten Messgerätes **vorzeitig erlischt**, wenn der Sicherungsstempel (§ 34 EichO) des Gerätes zum Schutz vor Beschädigungen mit einem undurchsichti- 22

---

43 ZB OLG Thüringen VRS 110, 49; AG Lüdinghausen NZV 2006, 492.
44 § 13 zuletzt aktualisiert durch Änderungsgesetz vom 11.7.2001 (BGBl. I S. 1698).
45 OLG Frankfurt/M. NZV 2002, 135; OLG Köln, Beschluss v. 16.4.2003 – Ss 147/03 Z, n.v.
46 OLG Saarbrücken NStZ-RR 2011, 319.
47 OLG Bamberg DAR 2012, 154 unter Bezugnahme auf ältere Rspr des BayObLG, zB BayObLG DAR 2004, 533.
48 OLG Düsseldorf NZV 1994, 41.
49 AA offenbar auch OLG Hamm Verkehrsrecht aktuell 2006, 85.
50 AG Ahrensburg v. 23.6.2006 – 52 OWi 473/05 = ACE-Verkehrsjurist 3/2006, 23 (Leitsatz).

gen, aber abziehbaren Klebeband versehen worden ist. Der Senat entschied, dass hierin keine nach § 13 Abs. 1 Nr. 4 EichO zum Erlöschen der Eichung führende Unkenntlichkeit des Sicherungsstempels liegt, so dass die fragliche Messung weiterhin im standardisierten Verfahren durchgeführt werden konnte.[51] In einem weiteren Verfahren präzisierte der Senat diese Rechtsprechung dahin, dass es insoweit nicht darauf ankomme, ob das Abziehen der Folie bzw des Klebebandes von dem Messgerät einen besonderen Kraftaufwand erfordere, sondern nur darauf, ob grundsätzlich durch ein Abziehen der Schutzfolie noch die „Authentizität und Unversehrtheit" des Sicherungsstempels überprüft werden könne.[52] Die Beschädigung der Sicherungsstempel im Rahmen von Wartungsarbeiten an dem Messgerät führt allerdings gemäß § 13 Abs. 1 Nr. 4 EichO zum Erlöschen der Eichung.[53] Von dieser gesetzlichen Regelung macht jedoch § 13 Abs. 2 EichO eine Ausnahme: Wenn das Messgerät wieder instand gesetzt und als solches gekennzeichnet wird, weiterhin die sich den Anlagen zu § 33 EichO ergebenden, zulässigen Verkehrsfehlergrenzen einhält und unverzüglich die Neueichung beantragt wird, gilt es weiterhin als ordnungsgemäß geeicht.[54]

23 Wegen dieser Problematik kann es sowohl aus Richter- wie aus Verteidigersicht zweckmäßig sein, von der Verwaltungsbehörde die sogenannte „**Lebensakte**" des Messgerätes anzufordern, um auf diese Weise nach Hinweisen auf etwaige zum Erlöschen der Eichung – und damit des Vorliegens eines standardisierten Messverfahrens – führende Eingriffe zu suchen.[55]

In der jüngeren Rspr ist es allerdings streitig, ob ein **Akteneinsichtsrecht des Verteidigers** in die „Lebensakte" bzw die Bedienungsanleitung des Messgerätes besteht.[56]

3. Messungen mit nicht geeichten Geräten

24 Die Verwendung eines **nicht oder nicht mehr geeichten Messgerätes** führt allerdings nicht zwingend zur Unverwertbarkeit der fraglichen Messung. Dies folgt insbesondere nicht aus §§ 25 Abs. 1 Nr. 3, Abs. 2 EichG, nach welchen die Messung mit einem nicht-geeichten Gerät verboten ist.[57] Da aber in diesem Fall **kein standardisiertes Messverfahren mehr** vorliegt, hat das Bußgeldgericht zur Feststellung der tatsächlichen Geschwindigkeit bzw der Dauer eines Rotlichtverstoßes und insbesondere des erforderlichen Toleranzabzuges im Regelfall ein Sachverständigengutachten einzuholen, um das tatsächliche Ausmaß des Verkehrsverstoßes rechtsbeschwerdesicher fest-

---

51 OLG Köln VRS 101, 140.
52 OLG Köln zfs 2002, 453 = NZV 2002, 471.
53 OLG Celle NZV 1992, 202; AG Wolfsburg NZV 1993, 84.
54 Hierzu OLG Celle NZV 1992, 202.
55 Vgl zB den in OLG Köln VRS 105, 224 mitgeteilten – dort allerdings abgelehnten – Beweisantrag zur Beschädigung der Vergussmasse des Messgerätes; vgl auch OLG Celle NZV 1992, 202 zur gemäß § 13 Abs. 2 EichO ausnahmsweise unschädlichen Entfernung von Sicherungsstempeln.
56 Dafür zB: AG Erfurt DAR 2010, 713; AG Heidelberg zfs 2012, 172 (mE zutr.); dagegen zB: AG Rotenburg/Wümme Verkehrsrecht aktuell 2011, 194; AG Verden Verkehrsrecht aktuell 2010, 190; vgl auch oben Rn 6.
57 KG NZV 2004, 652; OLG Hamm NJW 2004, 172; Verkehrsrecht aktuell 2006, 85, OLG Stuttgart VerkMitt 2012, 54; OLG Thüringen VRS 115, 431.

stellen zu können.⁵⁸ Dem Schutzzweck der vorgenannten Normen, eine besonders qualifizierte Messung zu gewährleisten, ist dann durch entsprechende, von dem Sachverständigen vorgeschlagene Sicherheitsabschläge Rechnung zu tragen.⁵⁹ Ähnlich verhält es sich, wenn der Abstand zwischen zwei Pkws von einer nicht geeichten Videokamera gemessen worden ist. Auch hieraus ergibt sich kein Beweisverwertungsverbot, sofern der tatsächliche Abstand zB mittels der gefertigten Bilder sowie geeichter Striche auf der Fahrbahn nachberechnet werden kann.⁶⁰

4. Die formell ordnungsgemäße, aber materiell fehlerhafte bzw. die formell fehlerhafte, aber materiell ordnungsgemäße Eichung

Vor einigen Jahren musste sich die Rechtsprechung wiederholt mit der Problematik befassen, dass die fragliche Geschwindigkeitsmessung zwar mit einem **formell ordnungsgemäß geeichten Gerät** erfolgte, sich allerdings vor der Hauptverhandlung herausstellte, dass **die Eichung aus in der Gerätebeschaffenheit liegenden, tatsächlichen Gründen gar nicht hätte erfolgen dürfen**.⁶¹ In dieser Fallkonstellation liegt keine Messung im standardisierten Messverfahren mehr vor, und die tatsächliche Fahrgeschwindigkeit des Betroffenen kann deshalb nur durch ein Sachverständigengutachten ermittelt werden.⁶² In einem Fall mit einer nur geringen Geschwindigkeitsüberschreitung stellte das AG Lüdinghausen das Verfahren letztlich nach § 47 OWiG ein.⁶³ Die damalige Problematik hat sich allerdings durch die technische Weiterentwicklung und neue Zulassungsverfahren der PTB überlebt und ist heute nur noch von bedingter Aktualität.⁶⁴

25

Die umgekehrte Konstellation hat jetzt das OLG Stuttgart beschäftigt.⁶⁵ In diesem Fall erfolgte die Eichung des Messgerätes zu einem Zeitpunkt, zu welchem für den fraglichen Gerätetyp noch keine allgemeine Bauartzulassung (§ 14a Abs. 1 EichO) durch die Physikalisch-Technische Bundesanstalt (PTB) vorlag und deshalb formal **noch keine Eichfähigkeit** bestand (§ 16 Abs. 1 EichO). Allerdings lag insoweit lediglich eine verzögerte Sachbehandlung durch die PTB vor. Zum Zeitpunkt der Eichung des Messgerätes waren dort nämlich alle für die Erteilung der allgemeinen Bauartzulassung erforderlichen Maßnahmen abgeschlossen und die Zulassungsfähigkeit des Gerätetyps hausintern festgestellt worden. In dieser Konstellation erkennt das OLG Stuttgart zutreffend eine Messung im standardisierten Messverfahren, deren Ergebnis im Bußgeldverfahren uneingeschränkt verwertet werden kann.

26

---

58 OLG Celle NZV 1996, 419; OLG Hamm Verkehrsrecht aktuell 2006, 85; andererseits für einen Ausnahmefall AG Bad Liebenwerda NStZ-RR 2007, 323.
59 OLG Thüringen VRS 115, 431.
60 AG Cochem Verkehrsrecht aktuell 2004, 157.
61 OLG Bamberg DAR 2008, 98; AG Lüdinghausen NZV 2007, 432; *Krumm*, SVR 2008, 38.
62 OLG Bamberg DAR 2008, 98; AG Freising v. 10.9.2007 – 1 OWi 18Js 7504/07, juris; AG Lüdinghausen NZV 2007, 432.
63 AG Lüdinghausen NZV 2007, 432.
64 OLG Bamberg SVR 2010, 64.
65 OLG Stuttgart VerkMitt 2012, 54.

III. Weitere allgemein-rechtliche Gesichtspunkte

1. Richtlinienverstöße

27 Ohne Einfluss auf die Verwertbarkeit der Messung bleibt ein etwaiger Verstoß gegen die behördeninternen **Richtlinien der Bundesländer zum Ort der Durchführung der Messung**. Nach diesen soll zB der jeweilige Messpunkt in einem Mindestabstand von 150–200 m vom Ende der Geschwindigkeitsbeschränkung liegen. Eine Messstelle, welche innerorts nur 50 m von dem das Ende der örtlichen Höchstgeschwindigkeit von 50 km/h (§ 3 Abs. 3 Nr. 1 StVO) bedeutenden Ortsausgangsschild (Verkehrszeichen Nr. 311 zu § 42 StVO) entfernt liegt, verstößt damit zwar gegen die verwaltungsinternen Messrichtlinien; die entsprechende Messung ist zur Feststellung der Geschwindigkeitsüberschreitung aber uneingeschränkt verwertbar. Der Richtlinienverstoß ist vielmehr auf der Rechtsfolgenseite zu berücksichtigen.[66]

2. Messungen durch Private

28 Das Feststellen von Ordnungswidrigkeiten und damit die Durchführung von Geschwindigkeits-, Rotlicht- und Abstandmessungen darf als **hoheitliche Aufgabe** ausschließlich von Bediensteten, und zwar von Beamten und von Angestellten,[67] der zuständigen Polizei- und Verwaltungsbehörden vorgenommen werden. Eine im Auftrag der Behörde von einem **privaten Unternehmen** ausgeführte Messung ist damit grundsätzlich unzulässig und unterliegt im Bußgeldverfahren einem Verwertungsverbot.[68] Das BayObLG machte von diesem Grundsatz eine Ausnahme für den Fall, dass die Messung durch speziell geschulte, in den Betrieb der jeweiligen Gemeinde eingegliederte **Leiharbeitnehmer** durchgeführt wird.[69] Auch das AG Karlsruhe erachtet eine Messung durch Private ausnahmsweise dann für verwertbar, wenn sie unter der **unmittelbaren Aufsicht** eines mit dem jeweiligen Messverfahren vertrauten Gemeindebediensteten erfolgt ist.[70]

3. Messungen nur bestimmter Kfz

29 Der Verwertung einer Geschwindigkeitsmessung steht es allerdings nicht entgegen, wenn die Messbeamten an einer Messstelle **nur Ordnungswidrigkeiten bestimmter Kraftfahrzeugarten**, zB nur Motorräder oder nur Lkw, aufgreifen und verfolgen. Der allgemeine Gleichheitssatz des Art. 3 GG verlangt insoweit keine andere Vorgehensweise.[71]

---

66 BayObLG NZV 2002, 576; OLG Bamberg DAR 2006, 464; OLG Oldenburg NZV 1996, 375; *Krumm*, SVR 2006, 376 und 398; vgl auch OLG Dresden NStZ 2005, 710.
67 OLG Oldenburg NZV 2010, 163.
68 OLG Frankfurt/M. NStZ-RR 2003, 342.
69 BayObLG DAR 2005, 633.
70 AG Karlsruhe DAR 2011, 221.
71 OLG Thüringen DAR 2004, 465; vgl auch *Krumm*, SVR 2004, 250, 251.

C. Messverfahren zur Feststellung von Geschwindigkeitsüberschreitungen[72]

I. Radarmessungen

1. Stationäre Messungen

Bei der **stationären Radarmessung** (zB mittels des Multanova-Verfahrens, siehe § 8 Rn 82 ff) handelt es sich um eines der „klassischen" standardisierten Messverfahren iS der oben aufgezeigten BGH-Rechtsprechung.[73] Der insoweit in Abzug zu bringende **Toleranzwert** ist nach den sogenannten „Verkehrsfehlergrenzen" zu berechnen, wie sie für Geschwindigkeitsmessgeräte in § 33 Abs. 4 Satz 2, Anlage 18, Ziffer 4.2/4.1.2 EichO normiert sind.[74] Danach ist der Sicherheitsabschlag bei gemessenen Geschwindigkeiten bis 100 km/h mit 3 km/h und bei höheren Geschwindigkeiten mit 3 % des Messbetrages zu beziffern, wobei dieser angenommene Fehlerbetrag wiederum auf den nächsten ganzzahligen Wert aufzurunden ist: Bei einer gemessenen Geschwindigkeit von zB 115 km/h sind daher 3 % = 3,45 km/h = aufgerundet 4 km/h in Abzug zu bringen, weshalb sich die vorzuwerfende Geschwindigkeit auf 111 km/h reduziert. Diesen Rechenformeln liegt der Grundsatz „in dubio pro reo" zugrunde, indem sie innerhalb des zulässigen Fehlerspiels des geeichten Messgerätes von der für den Betroffenen ungünstigsten Messung ausgehen.[75] Weitere rechnerische Abzüge, zB durch Ansatz eines im Einzelfall im Verhältnis zur eigentlichen Messung niedrigeren Messwertes des im Gerät integrierten Kontrollrechners, sind hingegen zur Umsetzung des in-dubio-Satzes nicht geboten. Vielmehr „deckt" der vorstehend wiedergegebene Toleranzabzug nach zutr. Ansicht der obergerichtlichen Rechtsprechung alle denkbaren Messungenauigkeiten ab.[76]

30

2. Mobile Messungen

Bei dem Einsatz eines **mobilen Radarmessgerätes**, zB des „Traffipax Speedophot", handelt es sich nach heutigem Stand ebenfalls um ein standardisiertes Messverfahren iS der Rechtsprechung des BGH.[77] Die gegenteilige Ansicht des OLG Düsseldorf aus dem Jahr 1995[78] dürfte als „überholt" zu bezeichnen sein. Allerdings sind Messungen mit einem mobilen Radarmessgerät in einer Außenkurve wegen des damit verbundenen Messfehlerrisikos grundsätzlich unzulässig.[79] Wenn auf dem mit dem vorgenannten Gerät gefertigten Messfoto in unmittelbarer Nähe des betroffenen Kfz

31

---

72 Die nachfolgende Darstellung befasst sich mit den in § 8 erörterten, gängigsten Messverfahren, ist aber nicht abschließend. Es sind regional noch weitere technische Messverfahren im Einsatz, die hier nicht dargestellt werden sollen. Zu verweisen ist auf das LEIVTEC-Verfahren, dazu *Krumm*, NZV 2012, 318; oder das VIDISTA-Verfahren, dazu zB OLG Brandenburg DAR 2005,635. Ebenfalls nicht erläutert werden die nicht-technischen Messverfahren wie zB die Schaublatt-Auswertung, dazu zB *Krumm*, SVR 2004, 250; oder das Nachfahren mit einem Polizei-Pkw, dazu aus jüngerer Zeit zB OLG Köln DAR 2008, 654.
73 BGHSt. 39, 291, 302 = BGH NJW 1993, 3081; OLG Hamm NStZ-RR 2006, 322; OLG Köln VRS 101, 140; OLG Oldenburg Verkehrsrecht aktuell 2011, 161.
74 Eingehend dazu OLG Koblenz NZV 2003, 495.
75 Umfassend erläutert bei OLG Koblenz wie vorstehend.
76 BayObLG NZV 2003, 203; OLG Koblenz wie vorstehend; OLG Oldenburg DAR 2008, 37.
77 ZB OLG Hamm DAR 2004, 464; Verkehrsrecht aktuell 2004, 174.
78 OLG Düsseldorf NZV 1995, 290.
79 AG Rostock DAR 2005, 650.

Quarch

großflächige Betonwände erkennbar sind, besteht ebenfalls die Gefahr eines Messfehlers, weshalb die Überprüfung des Messergebnisses durch einen Sachverständigen in einer solchen Konstellation regelmäßig angezeigt ist.[80]

II. Die Koaxialkabelmessung ("Starenkasten")

32 Auch die in ihrer verkehrspädagogischen Wirkung höchst erfolgreiche[81] **Koaxialkabelmessung** ("Starenkasten") als eines Typus der **Drucksensorenmessung** (siehe § 8 Rn 247 ff) ist zu den "klassischen" standardisierten Messverfahren iS der BGH-Rechtsprechung zu zählen.[82] Im Bußgeldurteil reicht allerdings die bloße Bezeichnung der Messanlage als "Starenkasten" nicht aus.[83] Bezüglich des Toleranzabzuges gelten dieselben Anforderungen wie oben hinsichtlich der Radarverfahren dargestellt.[84]

33 Bei diesem Messverfahren ist die wirksame Eichung der Messgeräte zu überprüfen: Der **Eichpflicht unterliegen nämlich nicht nur der "Starenkasten" selbst, sondern auch die in die Fahrbahndecke eingelassenen Sensorenkabel.** Letztere sind im Anschluss an die erfolgte Eichung im halbjährlichen Abstand durch eine Fachfirma, welche eine entsprechende Bescheinigung auszustellen hat, auf ihre Messgenauigkeit zu überprüfen. Liegt diese Bescheinigung dem Bußgeldgericht nicht vor, handelt es sich bei der fraglichen Messung um keine im standardisierten Messverfahren durchgeführte mehr. Vielmehr ist die tatsächliche Fahrgeschwindigkeit des Betroffenen, insbesondere die Höhe eines möglichen Sicherheitsabschlags vom Messergebnis, durch Einholung eines Sachverständigengutachtens aufzuklären.[85]

III. Der Einseitensensor

34 Eine Geschwindigkeitsmessung mit einem der beiden von der Firma ESO GmbH hergestellten Einseitensensorgeräte **ES 1.0 und ES 3.0** (siehe § 8 Rn 6 ff) wird ebenfalls von der überwiegenden Rechtsprechung als **standardisiertes Messverfahren** akzeptiert, wobei insoweit ein Toleranzabzug nach Maßgabe der eichrechtlichen Verkehrsfehlergrenzen verlangt wird.[86] Die Einordnung der Messung als standardisiertes Verfahren steht auch dann nicht in Frage, wenn dem gerichtlich bestellten Sachverständigen nicht sämtliche Herstellerunterlagen vorliegen.[87]

---

80 OLG Hamm Verkehrsrecht aktuell 2004, 174.
81 Vgl *Gasser/Bauer*, SVR 2007, 6, 7 mwN.
82 BGHSt. 39, 291, 302 = BGH NJW 1993, 3081; aus neuerer Zeit OLG Köln VRS 105, 224; OLG Thüringen VRS 114, 464.
83 OLG Celle SVR 2012, 190 m.Anm. *Krenberger*.
84 *Quarch/Möhler* in: Ferner, Straßenverkehrsrecht, 2. Aufl. 2006, § 39 Rn 30.
85 OLG Hamm Verkehrsrecht aktuell 2006, 85.
86 Zu ES 1.0: OLG Brandenburg, Beschluss v. 15.12.2003 – 1 Ss (OWi) 234 B/03, juris; AG Rendsburg zfs 2006, 415; *Löhle*, zfs 2006, 137; zu ES 3.0: OLG Koblenz v. 16.10.2009 – 1 Ss Rs 71/09, juris; AG Landstuhl v. 10.2.2011 – 4286 Js 12300/10, juris; AG Lüdinghausen NZV 2009, 205; *Schmuck/Steinebach*, SVR 2010, 46 mwN; zusammenfassend *Krumm*, SVR 2011, 91 mwN; aA: keine Verwertbarkeit der Messung ohne vollständige Vorlage der Messdaten durch das Herstellerunternehmen jetzt allerdings AG Landstuhl zfs 2012, 408 unter Bezugnahme auf AG Kaiserslautern v. 14.3. – 6270 Js 9747/11, n.v.
87 AG Saarbrücken Verkehrsrecht aktuell 2012, 29.

C. Messverfahren zur Feststellung von Geschwindigkeitsüberschreitungen 4

Wenn bei dem Gerät ES 3.0 die Fotolinie nicht vollständig auf dem Messfoto zu erkennen ist, kommt eine Zuordnung des Lichtbildes zu einem bestimmten Kfz allerdings nicht mehr ohne weiteres in Betracht.[88] Problematisch kann auch die Aufstellung des Messgeräts auf erdigem Grund sein.[89] Dagegen vermag ein über die Fahrbahn laufender Hase das Messergebnis nicht zu beeinflussen, solange das Tier nicht von dem fraglichen Pkw erfasst wird oder auf dem Messfoto zu erkennen ist.[90] 35

V. Das Lasermessverfahren

Auch das **Lasermessverfahren mit Handgeräten** (siehe § 8 Rn 142 ff) ist spätestens seit einer entsprechenden Grundsatzentscheidung des BGH vom 30.10.1997 als standardisiertes Messverfahren anerkannt.[91] Wenn ein geschulter Messbeamter diese Methode ordnungsgemäß anwendet, ist daher im Bußgeldurteil außer der Benennung des Verfahrens als solchem lediglich die Mitteilung des vom Messbetrag abzuziehenden **Toleranzabschlages** erforderlich, welcher entsprechend den oben dargestellten eichrechtlichen Verkehrsfehlergrenzen mit 3 %[92] bzw bei einer Geschwindigkeit von unter 100 km/h mit 3 km/h zu beziffern ist.[93] Der Umstand, dass bei dem Lasermessverfahren keine fotografische Dokumentation des Verkehrsverstoßes erfolgt, ändert nach Auffassung des BGH[94] an der Einordnung dieser Methode als standardisiertes Messverfahren nichts.[95] Sofern bei hoher Verkehrsdichte oder schlechten Sichtverhältnissen angesichts der nicht erfolgten Dokumentation **Zweifel an der Zuordnung eines bestimmten Messergebnisses** zu einem bestimmten Kfz entstehen, muss der Bußgeldrichter diesen jedoch durch entsprechende Beweiserhebungen nachgehen.[96] Gleiches gilt, wenn von Seiten des Betroffenen **konkrete Anhaltpunkte für eine Fehlmessung** substantiiert vorgetragen werden, zB eine Weiterleitung des Laserstrahls durch parallel zur Fahrbahn ausgerichtete Bauteile[97] oder eine übergroße Messentfernung.[98] Die allgemeine, nicht-fallbezogene Darlegung möglicher Messfehler durch den Betroffenen verpflichtet das Bußgeldgericht hingegen noch nicht zur Einholung eines Sachverständigengutachtens.[99] 36

---

88 OLG Naumburg Verkehrsrecht aktuell 2011, 35; AG Lübben zfs 2010, 470; AG Mayen SVR 2010, 231.
89 AG Waiblingen DAR 2007, 222: zusätzlicher Sicherheitsabschlag von 1 km/h.
90 AG Lüdinghausen VRR 2009, 311.
91 BGHSt. 43, 277 = NJW 1998, 321; dem folgend zB KG NZV 2004, 153 (LAVEG); OLG Brandenburg OLG-NL 2005, 71 (Riegl LR 190-235/P); OLG Hamm NZV 2007, 155 (Riegl LR 190-235/P); OLG Karlsruhe Justiz 1999, 33; OLG Koblenz DAR 2006, 101 (Riegl FG21-P); OLG Köln, Beschluss v. 16.4.2003 – Ss 147/03 Z, n.v. (Riegl LR 190-235/P); OLG Naumburg JMBl. ST 1998, 166; zusammenfassend *Krumm*, SVR 2007, 253 und SVR 2008, 64.
92 OLG Brandenburg OLG-NL 2005, 71; OLG Oldenburg zfs 1994, 466.
93 KG NZV 2004, 153 (LAVEG); OLG Brandenburg OLG-NL 2005, 71; *Krumm*, SVR 2007, 253, 255; aA OLG Naumburg VRS 100, 201: 5 % Abzug bei Geschwindigkeiten über 100 km/h.
94 BGH NJW 1998, 321.
95 Ebenso zB OLG Koblenz Verkehrsrecht aktuell 2010, 99; AG Sigmaringen zfs 2010, 530; aA AG Herford ACE-Verkehrsjurist 2009, 33 (mE nicht überzeugend), dazu zu Recht ablehnend *Huppertz*, DAR 2009, 97.
96 BGH wie vorstehend; BayObLG NZV 1997, 322; OLG Düsseldorf NZV 2011, 99; OLG Hamm SVR 2007, 314 (*Krumm*) = ACE-Verkehrsjurist 2/2007, 14.
97 OLG Hamm NZV 2007, 155; dazu *Krumm*, SVR 2007, 253, 254.
98 AG Sigmaringen zfs 2010, 530.
99 OLG Hamm SVR 2007, 314 (*Krumm*) = ACE-Verkehrsjurist 2/2007, 14.

§ 9 Juristische Fragestellungen

37 Technisch ist die **fotografische Dokumentation** des Messvorgangs allerdings längst möglich. Es stellt sich daher im Interesse der Transparenz und damit auch der Akzeptanz des Messvorgangs die berechtigte Frage, ob nicht jeder entsprechenden Bußgeldakte eine entsprechende fotografische Dokumentation beigefügt werden sollte.[100]

38 Weitere Mängel des Messverfahrens können entstehen, wenn die „Laserpistole" vor Beginn der jeweiligen Messung nicht auf ihre Funktionstauglichkeit untersucht worden ist: Zur ordnungsgemäßen Anwendung des Verfahrens gehört nämlich die erfolgreiche Durchführung von vier herstellerseits vorgegebenen **Testverfahren** unmittelbar vor Beginn der Messung; eines Selbsttests, eines Displaytests, eines Tests der Visiereinrichtung und eines Nulltests.[101] Dabei sind nach einer Stellungnahme der PTB Braunschweig aus dem Jahr 2005 die jeweiligen Richtlinien für die Funktionstests mit einer Toleranz von 10 % der geforderten Werte versehen.[102]

39 Werden diese Vorgaben nicht eingehalten, stellt die jeweilige Lasermessung kein standardisiertes Messverfahren mehr dar.[103] Dennoch ist die vorgenommene Messung damit nicht unverwertbar geworden.[104] Der Bußgeldrichter hat dann allerdings für die Ermittlung der vorwerfbaren Geschwindigkeit ein **Gutachten eines speziell für das Gebiet der Messtechnik – und nicht lediglich allgemein für den Straßenverkehr – qualifizierten Sachverständigen** einzuholen.[105]

40 Der Verwertbarkeit der Messung mit der „Laserpistole" steht es außerdem nicht entgegen, wenn sie durch die Windschutzscheibe des Polizeifahrzeugs durchgeführt wird.[106]

VI. Das Police-Pilot-Verfahren

41 Auch das **Police-Pilot-Verfahren** (siehe § 8 Rn 227 ff) stellt, soweit es zur Geschwindigkeitsmessung eingesetzt wird, nach allgemeiner Rechtsansicht ein **standardisiertes Messverfahren** im Sinne der BGH-Rechtsprechung dar. Im Bußgeldurteil sind daher lediglich die grundsätzliche Anwendung des Systems, das Messergebnis, der in Abzug gebrachte Toleranzwert sowie die Art und Weise der konkreten Messdurchführung (Messung aus stehendem Polizeifahrzeug, Messung aus fahrendem Polizeifahrzeug durch Nachfahren oder Vorwegfahren mit gleichbleibendem Abstand oder Weg-Zeit-

---

100 Vgl *Quarch/Möhler*, Das Laser-Messverfahren, Vortrag auf dem 5. Aachener Verkehrssymposium am 25.11.2005, n.v.; in diesem Sinn auch die ARGE Verkehrsrecht im Deutschen Anwaltsverein, zitiert in NZV 1/07, S. VI; *Himbert*, zfs 2006, 195.
101 ZB OLG Düsseldorf Verkehrsrecht aktuell 2012, 10; AG Celle DAR 1998, 245.
102 Siehe 1. Aufl. § 8 Rn 35.
103 KG VRS 116, 446; OLG Koblenz DAR 2006, 101; OLG Hamm NZV 2009, 248; OLG Köln v. 23.12.2009 – 83 Ss OWi 118/09, n.v.; zitiert bei *Quarch*, SVR 2010, 376.
104 AA AG Rathenow NZV 2009, 249 (mE nicht überzeugend).
105 KG VRS 116, 446; OLG Düsseldorf Verkehrsrecht aktuell 2012, 10, OLG Hamm NZV 2009, 248; OLG Koblenz DAR 2006, 101; OLG Köln v. 23.12.2009 – 83 Ss OWi 118/09, n.v.; zitiert bei *Quarch*, SVR 2010, 376; *Krumm*, SVR 2007, 253, 255.
106 BayObLG DAR 1999, 563, AG Celle DAR 1998, 245; aA OLG Hamm MDR 1998, 836.

Messung) darzustellen.[107] Letztere Angaben sind deshalb erforderlich, weil das Police-Pilot-Verfahren auch zur Abstandsmessung eingesetzt wird, insoweit aber nicht als standardisiertes Messverfahren etabliert ist.[108] Daher gehört zu den notwendigen Angaben über die Art und Weise der konkreten Messdurchführung auch die – zumindest konkludente – Mitteilung, in welcher der vier entsprechenden Gerätestellungen AUTO1, AUTO2, MAN oder SPLIT diese erfolgt ist.[109] In Literatur und Rechtsprechung war lange streitig, in welcher Höhe ein **Sicherheitsabschlag** erforderlich ist, um etwaigen Messungenauigkeiten, zB durch gerätetypische Betriebsfehlerquellen oder Abweichungen hinsichtlich des in den Messrichtlinien vorgeschriebenen Reifendrucks bzw -verschleißes des Messfahrzeuges, vorzubeugen. Mittlerweile geht die obergerichtliche Rechtsprechung einheitlich dahin, dass insoweit ein **Toleranzabzug von 5 %** vom Messergebnis ausreicht, um denkbaren Fehlerquellen genügend Rechnung zu tragen.[110] Sofern der Bußgeldrichter hiervon *zulasten oder zugunsten des Betroffenen abweicht*, bedarf es im Urteil eingehender Darlegungen, weshalb im konkreten Fall ausnahmsweise ein geringerer Toleranzabzug als 5 % als ausreichend oder ein darüber hinaus gehender Abzug als notwendig erscheint.[111]

Das AG Hamburg hat vor einigen Jahren in einem konkreten Fall bestätigt gefunden, dass der 5-%-Abschlag tatsächlich als sachgerecht bezeichnet werden kann. Zwar hatte es auf einen entsprechenden Beweisantrag durch ein Sachverständigengutachten festgestellt, dass die von dem Betroffenen zurückgelegte Messstrecke in Wahrheit 11 m kürzer war als der von dem Messgerät (ProViDa) ermittelte Wert. Dennoch lag die dann dem Betroffenen tatsächlich vorzuwerfende Geschwindigkeit noch deutlich innerhalb des Toleranzbereiches von 5 %.[112]

VII. Das Poliscan Speed-Verfahren

Auch bei der Messung mit dem mobilen Lasergerät **Vitronic Poliscan Speed** (siehe § 8 Rn 113 ff) handelt es sich nach mittlerweile gefestigter Rechtsprechung um ein **standardisiertes Messverfahren**.[113] Obergerichtliche Entscheidungen, die diese Fragestellung noch offengelassen hatten,[114] dürften daher als überholt zu bezeichnen sein.

---

107 BGHSt. 39, 291, 302 = NJW 1993, 3081; BGH NJW 1998, 321; BayObLG NZV 1998, 421; KG VRS 121, 107; OLG Brandenburg DAR 2000, 178; OLG Braunschweig NZV 1995, 367; OLG Celle NStZ-RR 2011, 218; OLG Düsseldorf VRS 99, 133; OLG Hamm SVR 2009, 102; OLG Köln VRR 2010, 76; OLG Thüringen SVR 2012, 68.
108 OLG Hamm NJW-Spezial 2010, 42; OLG Thüringen NJW 2006, 1075.
109 OLG Bamberg DAR 2012, 154; OLG Celle NStZ-RR 2011, 218 mwN auf unveröffentlichte Rspr; in diese Richtung auch KG DAR 2009, 39.
110 BayObLG NZV 2004, 49; KG VRS 121, 107; OLG Bamberg DAR 2012, 154; OLG Braunschweig NZV 1995, 367; OLG Celle NStZ-RR 2011, 218; OLG Düsseldorf VRS 99, 133 und 297; OLG Thüringen VRS 111, 211; OLG Köln VRR 2010, 76; OLG Zweibrücken NZV 2001, 48; *Krumm*, SVR 2007, 33; die Entscheidung OLG Frankfurt/M. NJW 1990, 1308 – 8 % Toleranzabzug – ist ersichtlich überholt.
111 OLG Celle NStZ-RR 2011, 218 und dazu *Krenberger*, jurisPR-VerkR 2/2011 Anm. 6; KG VRS 121, 107 (geringerer Abzug als 5 %); KG DAR 2009, 39 (höherer Abzug als 5 %).
112 AG Hamburg zfs 2004, 187.
113 KG SVR 2010, 274; OLG Düsseldorf VRR 2010, 116; OLG Frankfurt/M. Verkehrsrecht aktuell 2010, 138; OLG Stuttgart VerkMitt 2012, 54
114 ZB OLG Frankfurt/M. DAR 2010, 216; OLG Karlsruhe NZV 2010, 364.

Sind die angezeigten Messparameter allerdings in sich widersprüchlich, kann (auch) auf diese Methode keine Verurteilung gestützt werden.[115]

44 Sofern in der Literatur immer wieder – vor allem technische – Zweifel an der Zuverlässigkeit dieses Messverfahrens geäußert werden,[116] ist deshalb zu konstatieren, dass diesen Ansichten mittlerweile eine **gefestigte obergerichtliche Rechtsprechung** entgegensteht.[117]

D. Messverfahren zur Feststellung einer Rotlichtmissachtung

I. Die Berechnung der überschrittenen Rotlichtzeit

45 Bei Missachtung einer Lichtzeichenanlage (§ 37 StVO) droht, sofern die **Rotphase bereits über einer Sekunde** angedauert hat, gemäß Ziffer 132.2 BKat im Regelfall neben einer Geldbuße von 200 EUR auch ein **Fahrverbot von einem Monat**. Nach heutiger allgemeiner Ansicht setzt die **Berechnung** der dem jeweiligen Fahrzeugführer vorzuwerfenden Dauer einer Rotlichtmissachtung an demjenigen Moment an, zu welchem das fragliche Kfz die für die jeweilige Verkehrsampel maßgebliche **Haltelinie** (Zeichen 294 zu § 41 StVO) überquert.[118] Daher sind im Bußgeldurteil stets Ausführungen dazu zu machen, ob an der fraglichen Verkehrsampel überhaupt eine Haltelinie vorhanden ist.[119] Ist dies ausnahmsweise einmal nicht der Fall, berechnet sich die vorwerfbare Rotlichtmissachtung ab dem Zeitpunkt der Einfahrt in den von der Anlage geschützten Kreuzungsbereich.[120] Die bloße Formulierung im Bußgeldurteil, „Die Lichtzeichenanlage zeigte dabei schon länger als eine Sekunde rotes Licht", reicht daher angesichts dieser Anforderungen für eine rechtswirksame Verhängung eines Fahrverbotes nicht aus.[121] Um die tatsächliche Dauer der jeweiligen Rotlichtmissachtung feststellen zu können, stehen in der Praxis verschiedene Verfahren zur Verfügung.

II. Das Koaxialkabelverfahren („Starenkasten")

46 An erster Stelle ist insoweit die **Rotlichtüberwachung mittels des Koaxialkabelverfahrens („Starenkasten")** als einer Form der **Drucksensorenmessung** zu benennen (siehe § 8 Rn 196 ff). Hierbei handelt es sich nach Maßgabe der oben mehrfach zitierten Grundsatzentscheidung BGHSt. 39, 291 ff = BGH NJW 1993, 3081 ff um ein **standardisiertes Messverfahren**, weshalb bei dessen Verwendung im Urteil grundsätzlich nur das angewandte Verfahren und der vorgenommene Toleranzabzug mitzuteilen

---

115 AG Karlsruhe DAR 2011, 650.
116 Zuletzt *Schmedding/Neidel/Reuß*, SVR 2012, 121.
117 Zur Zuverlässigkeit des Systems vgl auch instruktiv AG Mannheim NZV 2010, 364.
118 BayObLG NZV 1994, 200; OLG Dresden NZV 1998, 335; OLG Düsseldorf NZV 1998, 78; OLG Frankfurt/M. NZV 1995, 36; OLG Hamburg v. 1.6.2011 – 3–26/11 (RB), juris; OLG Hamm DAR 1999, 226; OLG Köln NZV 1998, 297; NZV 2004, 651; OLG Stuttgart NZV 1997, 450.
119 OLG Düsseldorf VRS 95, 133; OLG Hamm NJW 2004, 172; *Ferner*, SVR 2005, 412.
120 *Ferner*, SVR 2005, 412.
121 OLG Hamburg v. 1.6.2011 – 3–26/11 (RB), juris.

D. Messverfahren zur Feststellung einer Rotlichtmissachtung 4

sind.[122] Nun liegen die ersten Drucksensoren dieses Gerätes in der Praxis zumeist nicht auf der für die Berechnung der Rotlichtzeit maßgeblichen Haltelinie. Deshalb ist im Bußgeldurteil stets darzustellen, wo sich diese erste **Kontaktschleife** des Messgerätes befindet. Liegt sie – wie häufig – aus Sicht des Betroffenen **hinter der Haltelinie**, sind – im Regelfall nach Einholung eines entsprechenden Sachverständigengutachtens[123] – in den Urteilsgründen der Abstand zwischen Haltelinie, erster und zweiter Kontaktschleife sowie die Rotlichtzeiten beim Überfahren beider Schleifen mitzuteilen.[124] Anschließend ist die Zeit zu errechnen, welche das fragliche Fahrzeug zwischen der Haltelinie und der ersten Kontaktschleife zurückgelegt hat. Hierzu sind der zurückgelegte Fahrweg sowie die entsprechende Fahrgeschwindigkeit darzulegen. Letztere ermittelt sich, wenn keine gegenteiligen Anhaltspunkte vorliegen, anhand der Differenz zwischen den Messwerten der ersten und zweiten Kontaktschleife, wobei ein etwa noch erforderlicher Sicherheitsabschlag zugunsten des Betroffenen dem Messbetrag der zweiten Schleife hinzurechnen ist. Danach hat der Bußgeldrichter die nach den vorstehend dargelegten Maßstäben ermittelte Zeit von der durch das Messgerät festgestellten, um den Toleranzabzug gekürzten Rotlichtlaufzeit abzuziehen.[125]

Das OLG Karlsruhe verlangt daher insoweit zu Recht, dass im Urteil neben dem Verfahren und dem Toleranzabzug bei der Messung der hiesigen Art stets die Abstände zwischen den Messpunkten und die gemessene Einzelwerte mitzuteilen sind, damit die Berechnung des Tatrichters nachvollziehbar bleibt.[126] 47

Es verbleiben gerade in **Grenzfällen zur Rotlichtzeit von einer Sekunde** insoweit diverse problematische Konstellationen, die gegebenenfalls einer Vertiefung im Urteil bedürfen.[127] 48

Bei den älteren Messgeräten Traffipax TraffiPhot II, Truvelo und Multafot ist insoweit ein **Sicherheitsabschlag**[128] von 0,2 s geboten,[129] wobei das OLG Celle sogar 0,1 s genügen lässt.[130] Dies gilt allerdings dann nicht, wenn die Rotlichtüberschreitung auch bei Abzug von 0,4 s schon über 1 s angedauert hat, da unter diesen Umständen jegliche Benachteiligung des Fahrzeugführers auszuschließen ist.[131] 49

Ein **Rechenbeispiel** aus einem tatsächlichen Rechtsfall[132] soll diese theoretische Darstellung illustrieren: Die erste Kontaktschleife befindet sich 4 m hinter der Haltelinie; der Abstand zwischen der ersten und zweiten Schleife beträgt 15,4 m. An der ersten 50

---

122 OLG Düsseldorf DAR 2003, 85; OLG Frankfurt/M. NZV 2008, 588; OLG Hamm SVR 2007, 270; OLG Karlsruhe NZV 2009, 201; OLG Köln NZV 1994, 78.
123 OLG Braunschweig NJW 2007, 391 = SVR 2007, 71.
124 OLG Dresden DAR 2002, 82; OLG Hamm SVR 2007, 270.
125 OLG Braunschweig NJW 2007, 391 = SVR 2007, 71; OLG Köln, Beschl. v. 22.5.2003 – Ss 198/03 B, n.v.
126 OLG Karlsruhe NZV 2009, 201; „großzügiger" OLG Frankfurt/M. NZV 2008, 588.
127 Dazu zuletzt *Buck/Pütz/Müller*, DAR 2011, 748.
128 Vgl hierzu zusammenfassend *Krumm*, SVR 2007, 286.
129 BayObLG NZV 1994, 200; KG NZV 1992, 251; OLG Braunschweig NJW 2007, 391 = SVR 2007, 71[; OLG Düsseldorf JMBl. NRW 1995, 92; OLG Frankfurt/M. NZV 1995, 36.
130 OLG Celle VRS 92, 39.
131 OLG Braunschweig NJW 2007, 391 = SVR 2007, 71 (*Krumm*); OLG Bremen DAR 2002, 225; OLG Schleswig SchlHA 2005, 335.
132 AG Aachen, Urteil v. 11.11.1997 – 49 OWi 412/97, n.v.

Schleife misst das Gerät eine Rotlichtlaufzeit von 2,00 s und an der zweiten eine solche von 3,03 s. Auf letzteren Betrag ist die Messtoleranz von 0,2 s aufzuschlagen = 3,23 s. Der Betroffene hatte damit 15,4 m in 1,23 s zurückgelegt. Dies entspricht einer Fahrgeschwindigkeit von 45,07 km/h. Rechnet man diesen Wert auf die 4 m zwischen Haltelinie und erster Kontaktschleife um, ergibt sich eine Fahrzeit von 0,319 s, aufgerundet 0,32 s. Diese sind dann von dem Messergebnis der ersten Schleife = 2,00 s abzüglich 0,2 s Toleranz = 1,80 s. abzuziehen, woraus sich im konkreten Fall eine vorwerfbare Rotlichtmissachtung von 1,80 – 0,32 = 1,48 s ergab. Eine derartige Rückrechnung wäre nur dann nicht erforderlich gewesen, wenn eine beim Überqueren der Haltelinie bereits über eine Sekunde andauernde Rotlichtmesszeit auf anderem Weg nachgewiesen worden sein sollte.[133]

51 Bei Verwendung der Rotlichtüberwachungsanlagen RK 3.0/3.1, RLC 36msf, 9052 VKÜ Rotlicht, 2000 VKÜ RG-Control und Traffipax Traffiphot III ist hingegen vom Messergebnis nur und ohne weitere **Toleranz** diejenige Zeitspanne zu subtrahieren, welche das gemessene Fahrzeug vom Überfahren der Haltelinie bis zu der Position benötigte, die auf dem ersten Messfoto zu erkennen ist.[134] Stimmen Haltelinie und erste Kontaktschleife des Messgerätes ausnahmsweise überein, bedarf es bei den vorbenannten Geräten daher gar keines Sicherheitsabschlags mehr.[135]

52 Bei den seit dem Januar 2004 von der Physikalisch-Technischen Bundesanstalt zugelassenen Rotlichtüberwachungsanlagen Multanova MultaStar RLÜ, Multanova MultaStar-Kombi; Multanova MultaStar C und TC RG-1 ist aufgrund deren technischer Beschaffenheit sogar überhaupt **kein Abzug vom Messergebnis** mehr erforderlich.[136]

53 Ist die Messung mit einem **nicht geeichten Messgerät** durchgeführt worden, sind wegen der damit verbundenen Fehlermöglichkeiten im Bußgeldurteil eingehende und umfassende Festellungen zum Zeitablauf sowie zur Entfernung des Kfz zum Einmündungsbereich, zur Lichtzeichenanlage und zu einer gegebenenfalls vorhandenen Haltelinie vorzunehmen.[137]

III. Manuelle Messungen durch Polizeibeamte

54 Wenn ein Polizeibeamter die Dauer der Rotlichtüberschreitung mit einer **geeichten Stoppuhr** misst, ist diese Messung prinzipiell verwertbar. Wegen etwaiger Gangungenauigkeiten der Uhr bzw Reaktionsverzögerungen des Beamten ist allerdings in jedem Fall ein **Toleranzabzug** von 0,3 s *plus* zweimal die Summe zwischen den kleinsten Skaleneinheiten der Uhr *plus* 0,5 Promille der gemessenen Zeit vorzunehmen.[138] Die Zeitmessung mittels der privaten, mit einem sekundenweise weiterspringenden Sekundenzeiger ausgestatteten **Armbanduhr** des Beamten ist jedoch wegen des hohen

---

133 OLG Köln NZV 1998, 472.
134 OLG Braunschweig NJW 2007, 391 = SVR 2007, 71.
135 OLG Braunschweig NJW 2007, 391 = SVR 2007, 71.
136 OLG Braunschweig NJW 2007, 391 = SVR 2007, 71.
137 OLG Hamm NZV 2002, 577; NJW 2004, 172.
138 KG NZV 2008, 587.

Fehlerrisikos grundsätzlich nicht dazu geeignet, einen qualifizierten Rotlichtverstoß rechtsbeschwerdefest zu belegen.¹³⁹

IV. Messungen durch Zählen und Schätzen

Die Verwertbarkeit von **Zählungen/Schätzungen** zur Feststellung einer Rotlichtüberschreitung von mehr als einer Sekunde Dauer haben Rechtsprechung und Literatur immer wieder beschäftigt. Einigkeit besteht dahin, dass freie, gefühlsmäßige Schätzungen des Messbeamten wegen des damit verbundenen Fehlerrisikos nicht geeignet sind, ein Zeitintervall im Sekundenbereich sicher festzustellen.¹⁴⁰ Will das Bußgeldgericht seine Feststellungen zum Tathergang dennoch auf die Zeitschätzung eines Polizeibeamten stützen, hat es daher zusätzliche Anhaltspunkte mitzuteilen, welche dem Rechtsbeschwerdegericht eine Überprüfung der Schätzung auf ihre Zuverlässigkeit ermöglichen können.¹⁴¹ 55

So wird die Zeitschätzung eines Polizeibeamten im Rahmen einer gezielten Rotlichtüberwachung für die Feststellung eines qualifizierten Rotlichtverstoßes dann für verwertbar erachtet, wenn der Beamte beim – auch stillen – **Zählen** der Zahlen „21, 22 ff" zumindest die Zahl „22" vollständig genannt hat.¹⁴² Die nicht weiter verifizierbaren Angaben eines Polizeibeamten, die Rotlichtlaufzeit beim Überqueren der Haltelinie habe schon „etwa zwei", „ca. drei" Sekunden oder „schon ziemlich lange" angedauert, reichen hingegen zur Feststellung eines qualifizierten Rotlichtverstoßes nicht aus.¹⁴³ Auch das BayObLG gestattete es dem Bußgeldrichter, sich durch die Schilderung einer im Wege des Zählens, Schätzens o.ä. vorgenommenen Ermittlung der Dauer der Rotlichtüberschreitung von der Richtigkeit eines auf diese Weise gewonnenen Messergebnisses zu überzeugen. Unter diesen Umständen könne, was zweifelhaft erscheint, das aktenkundige Messergebnis sogar dann verwendet werden, wenn der als Zeuge befragte Polizeibeamte keine konkrete Erinnerung an den einzelnen Vorfall mehr habe und lediglich auf den Akteninhalt bzw seine übliche Vorgehensweise Bezug nehme. Allerdings bedürfe es dann einer sorgfältigen Darstellung der entsprechenden Überzeugungsbildung in den Urteilsgründen.¹⁴⁴ In dieselbe Richtung geht die Rechtsprechung des Kammergerichts.¹⁴⁵ Jedenfalls bedarf es, wenn man zur generellen Verwertbarkeit des Zählens gelangt, eines angemessenen **Sicherheitsabschlags,** welcher dann auch in den Urteilsgründen mitzuteilen ist. Dabei ist danach zu differenzieren, ob es sich um eine gezielte Überwachung oder eine mehr oder weniger zufällige Wahrnehmung des Rotlichtverstoßes handelte.¹⁴⁶ 56

---

139 KG NZV 2004, 652.
140 BayObLG NZV 2002, 518; OLG Düsseldorf NZV 2000, 134; DAR 2003, 85; OLG Thüringen NZV 1999, 304; OLG Köln DAR 2005, 50; zuletzt OLG Hamm DAR 2008, 35.
141 OLG Hamburg NZV 2005, 209; OLG Köln DAR 2005, 50.
142 OLG Düsseldorf NZV 1997, 450; OLG Hamm NZV 2010, 44; OLG Köln NZV 2004, 651; aA AG Suhl DAR 2005, 169 mit zust. Anm. *Drößler.*
143 OLG Düsseldorf NZV 1998, 78 (2 Entscheidungen!).
144 BayObLG NZV 2002, 518.
145 KG NZV 2002, 49.
146 OLG Düsseldorf NZV 1998, 47; DAR 2003, 234.

V. Feststellungen anhand von Zeugenaussagen

57 Soll die tatsächliche Rotlicht-Überschreitungszeit aus einer **Zeugenaussage** abgeleitet werden, bedarf es einer **umfassenden und sorgfältigen Beweiswürdigung** im Bußgeldurteil.[147] Sinnvollerweise ist im Interesse der Nachvollziehbarkeit der gerichtlichen Feststellungen der Inhalt des entsprechenden Ampelphasenplans im Bußgeldurteil darzustellen.[148] Aus den bloßen Angaben einer Zeugin, sie habe an einer Kreuzung die für sie maßgebliche Ampel bei „Grün" überquert, kann jedenfalls nicht auf die *Dauer* einer Rotlichtüberschreitung des Querverkehrs geschlossen werden.[149] Die Zeugenaussage eines gezielt eine Ampel beobachtenden Polizeibeamten in Verbindung mit den von diesem festgestellten Phasenzeiten ist hingegen geeignet, eine qualifizierten Rotlichtverstoß zu begründen.[150] Die von einem Polizeibeamten vorgenommene Schätzung der Entfernung des Betroffenen zur Haltelinie im Zeitpunkt des Umspringens der jeweiligen Ampel auf „Rot" ist indes mit erheblichen Unsicherheiten verbunden. Deshalb bedarf es im Bußgeldurteil einer wertenden Auseinandersetzung mit den Grundlagen der vorgetragenen Schätzung. Gleiches gilt für die Bekundung eines Polizeibeamten, er habe „großzügig geschätzt". Dieser Begriff ist in den Urteilsgründen zu erläutern und kritisch zu hinterfragen.[151] An eine zufällige Beobachtung durch einen Polizeibeamten sind noch höhere Anforderungen zu stellen.[152] Die von Polizeibeamten vorgenommene, **parallele Schätzung** sowohl der von einem Pkw gefahrenen Geschwindigkeit als auch dessen Abstandes zur Haltelinie im Zeitpunkt des Umspringens der Verkehrsampel von „Gelb" auf „Rot" ist wegen der mit einer solchen „Doppelschätzung" verbundenen erheblichen Unsicherheiten ebenfalls nicht dazu geeignet, einen qualifizierten Rotlichtverstoß zu begründen.[153]

E. Messverfahren zur Feststellung von Abstandsverstößen

I. Das VAMA-Verfahren (standardisiertes Messverfahren)

58 Zur Feststellung eines Abstandsverstoßes (§ 4 Abs. 1 StVO) haben die Obergerichte bislang **drei standardisierte Messverfahren** anerkannt (siehe § 8 Rn 167 ff):[154] An erster Stelle ist das seit Jahren etablierte Abstandsmessverfahren mittels einer stationären **Video-Abstands-Messanlage (VAMA)** zu nennen.[155] Insoweit verlangt die Rspr die Einrechnung einer Toleranz von 0,02 s sowohl bei der Geschwindigkeits- als auch

---

147 OLG Hamburg v. 1.6.2011 – 3–26/11 (RB), juris.
148 OLG Hamm DAR 1999, 417.
149 OLG Thüringen DAR 2006, 164.
150 OLG Hamm VRS 113, 315.
151 OLG Köln vom 20.3.2012 – III-1 RBs 65/12 (AG Köln) = BeckRS 2012, 06812 = FD-StrVR 2012, 330715.
152 AG Landstuhl zfs 2011, 474.
153 OLG Hamm NZV 1998, 169; vgl zur wahlweisen Verurteilung wegen Rotlichtverstoßes oder Geschwindigkeitsüberschreitung auch OLG Rostock VRS 109, 27.
154 OLG Bamberg DAR 2012, 268..
155 OLG Bamberg SVR 2010, 64; DAR 2011, 595; OLG Hamm NZV 1994, 120; VRS 106, 466; OLG Saarbrücken VRS 110, 433; AG Landstuhl Verkehrsrecht aktuell 2011, 161; AG Lüdinghausen NZV 2008, 109; vgl auch *Krumm*, zfs 2012, 129.

E. Messverfahren zur Feststellung von Abstandsverstößen

bei der Abstandsermittlung.[156] Frühere Angriffe gegen die Verwertbarkeit der entsprechenden Messungen wegen eines nicht zulassungskonformen Geräteaufbaus[157] sind durch die technische Weiterentwicklung überholt worden.[158]

II. Das VKS-Verfahren

Als zweites standardisiertes Abstandsmessverfahren hatte das OLG Dresden am 8.7.2005 die mittels des von der Firma VIDIT entwickelten VKS 3.01-Abstandsmessgeräts durchgeführte Messung anerkannt.[159] Dieses Verfahren ist aber aus den oben unter Rn 17 dargestellten Gründen in der Praxis kaum mehr im Einsatz und soll daher hier nicht mehr vertieft dargestellt werden.

III. Das Brückenabstandsmessverfahren (standardisiertes Messverfahren)

Das von der Firma Deininger entwickelte **Video-Brückenabstandsmessverfahren Vi-BrAM-BAMAS** stellt seit einer Grundsatzentscheidung des OLG Stuttgart vom 14.8.2007 das dritte standardisierte Messverfahren zur Feststellung von Fahrzeugabständen dar.[160] Insoweit sind keine Toleranzabzüge vorzunehmen, da diese bereits von dem Rechenprogramm der Messeinrichtung (BAMAS) erbracht werden.[161] Nähere Ausführungen zur Feststellung des Abstandes der betroffenen Fahrzeuge sind im Bußgeldurteil nur noch dann geboten, wenn das Messgerät einen solchen von unter 1 m ermittelt hatte. Die Verlesung des von dem Gerät ermittelten Messergebnisses in der Hauptverhandlung ist generell zulässig gemäß §§ 71 OWiG, 256 StPO.[162]

---

156 OLG Bamberg DAR 2011, 595.
157 ZB *Wietschorke*, NZV 2007, 346.
158 Dazu OLG Bamberg DAR 2008, 98 und § 8 Rn 193ff.
159 OLG Dresden NZV 2006, 440; dazu *Krumm*, SVR 2005, 460, 461.
160 OLG Stuttgart NZV 2008, 40 = SVR 2008, 270; NZV 2010, 317; AG Freiburg/Br. VRR 2009, 470; inzidenter auch schon OLG Koblenz VRR 2007, 322; vgl auch OLG Karlsruhe NZV 2011, 213.
161 OLG Stuttgart NZV 2008, 40.
162 OLG Stuttgart NZV 2008, 40.

Teil 5
Alkohol, andere berauschende Mittel und Fahrtüchtigkeit

§ 10 Rechtsmedizinische Fragestellung

A. Einleitung 1
B. Alkohol/Statistik 2
C. Alkoholherstellung 6
D. Alkoholphysiologie 27
   I. Alkoholaufnahme 28
   II. Alkoholresorption 37
   III. Resorptionsdauer/Resorptionsgeschwindigkeit 42
   IV. Sogenanntes Resorptionsdefizit ... 46
   V. Alkoholverteilung 47
   VI. Alkoholabbau 48
E. Alkoholwirkungen 58
   I. Akute Wirkungen 58
   II. Langzeitwirkungen 72
F. Alkoholanalytik 75
   I. Atemalkoholbestimmung 75
   II. Blutalkoholbestimmung 88
   III. Begleitstoffanalytik 92
G. BAK-Berechnungsmethoden 101
   I. BAK-Rückrechnung 101
   II. Abschätzung der BAK aus der Trinkmenge 109
   III. BAK-Berechnung bei festgestelltem BAK-Mittelwert und Nachtrunkseinlassung 118
H. Strafrechtsvorschriften im Zusammenhang mit Alkohol 122
I. Rechtsmedizinische Beurteilung der Fahrtüchtigkeit 134
J. Andere berauschende Mittel 141
K. Pharmakologische/-kinetische Grundeigenschaften der Drogen/Medikamente 154
L. Die häufigsten Drogen im Straßenverkehr 160
   I. Cannabis 160
   II. Kokain 180
   III. Heroin 186
   IV. Amfetamin/Metamfetamin (Speed/Crystal) 196
   V. Designer-Amfetamine 201
   VI. Benzodiazepine (Medikamentengruppe) 211
M. Analytik/Nachweis 216
   Anlage zu § 24a StVG: Liste der berauschenden Mittel und Substanzen 232
N. Rechtsmedizinische Beurteilung der Fahrtüchtigkeit bei Einfluss anderer berauschender Mittel 236
   I. Verfahrensablauf im positiven Fall 237
   II. Rechtsmedizinisches Gutachten ... 238
   III. Aktuelle Kasuistiken zur Begutachtung bei Cannabis-Nachweis .. 258
O. Ausblick 268
   I. Developing Limits for Driving under Cannabis 268
   II. DRUID-Projekt (www.druid-project.eu) 269

A. Einleitung

Im rechtsmedizinischen Teil sollen v.a. praxisnah die Grundlagen aufzeigt werden, die bei der rechtsmedizinischen Begutachtung von Alkohol und/oder anderen berauschenden Mitteln im Straßenverkehr Verwendung finden.

B. Alkohol/Statistik

Erfreulich ist, dass der Alkohol-pro-Kopf-Verbrauch in Deutschland seit Jahren sinkt. Erfreulich ist auch, dass Deutschland seine Spitzenposition im internationalen Vergleich aufgegeben hat. So lagen 2002 noch vor Deutschland (10,4 l) Ungarn mit 11,1 l und Irland mit 10,8 l. Im Vergleich zu Schweden (4,9 l) und Norwegen (4,4 l) und auch insgesamt im Hinblick auf die erfassten Länder bewegen wir uns aber nach wie vor in der Spitzengruppe. Den Veröffentlichungen der Deutschen Hauptstelle für Suchtfragen (www.dhs.de) ist zu entnehmen, dass der pro-Kopf-Verbrauch an reinem

Alkohol im Jahr 2009 bei 9,7 l gelegen war, sich also der **Alkoholkonsum** etwas reduziert hat. Dennoch bedeutet dies nach den Berechnungen der DHS, dass im Jahr 2009 bezogen auf jeden Einwohner 109,6 l Bier, 20,1 l Wein, 3,9 l Schaumwein und 5,4 l Spirituosen getrunken worden sind.

3   Dabei gehen die Schätzungen dahin, dass nur 10 % der Bevölkerung 50 % des verbrauchten Alkohols trinken. Dann werden die Zahlen durchaus dramatisch, denn der Alkohol-pro-Kopf-Verbrauch dieser Gruppe lag 2006 bei 521 oder zB 400 l Bier (rd. 40 Kästen **Bier** oder **jeden** Tag alleine mehr als 1 l Bier) + 166 l **Wein** (jeden Tag etwa 2 Schoppen) + 37,5 l **Schnaps** (mehr als 50 Fl. Schnaps oder **jeden** Tag mehr als 5 Stamperl Schnaps).

4   Interessant ist auch ein Blick auf den von der DHS dargestellten Ländervergleich betreffend den pro-Kopf-Verbrauch an reinem Alkohol der Bevölkerung im Alter von 15 Jahren oder mehr. Erstens kann man erkennen, dass Deutschland nicht mehr den Spitzenrang einnimmt, sondern mit 11,8 l reinem Alkohol sich beispielsweise deutlich hinter Frankreich, Österreich, Irland oder auch Estland platziert. Die Zahl von 11,8 l zeigt im Vergleich zu der Zahl des pro-Kopf-Verbrauchs bezogen auf die Gesamtbevölkerung von 10 l im Jahr 2005 auf, dass auch bereits Kinder unter 15 Jahren offensichtlich nicht unerhebliche Mengen an Alkohol konsumiert haben. Im Jahr 2005 war Tschechien der Spitzenreiter mit einem Pro-Kopf-Verbrauch von 15 l reinem Alkohol, bezogen auf die Bevölkerung im Alter von 15 Jahren oder mehr (http://www.dhs.de/datenfakten/alkohol.html).

5   Der sog. Gesellschaftstrinker trinkt weit weniger. Die Grenze für die Annahme eines missbräuchlichen Alkoholgebrauchs liegt nach WHO bei 40 g für den Mann, und 20 g für die Frau. Diese Größen schwanken zwar permanent, die Größenordnung ist aber richtig. Steuereinnahmen ergeben sich jährlich durch den Verkauf alkoholischer Getränke in Höhe von rd. 3 Mrd. Demgegenüber steht aber der volkswirtschaftliche Schaden: Kosten für das Gesundheitswesen, für Transferleistungen, für Prävention, Forschung und Weiterbildung, durch Kriminalität und durch Unfälle: rd. 20 Mrd. Das statistische Bundesamt hat ermittelt, dass pro Jahr rd. 16.000 Menschen in direktem Zusammenhang mit Alkohol sterben, wobei sich diese Zahl nur auf die Fälle bezieht, in denen Alkohol die Hauptursache darstellt.

C. Alkoholherstellung

6   Das Wort Alkohol stammt ursprünglich aus dem arabischen (al-)kuhl, womit *„das feine von etwas"* bezeichnet ist (10. bis 11. Jahrhundert). Dabei bezog es sich nicht auf die in alkoholischen Getränken enthaltene, berauschende Substanz, sondern nach verschiedenen Überlieferungen auf Substanzen, die zum Schminken verwendet wurden. Paracelsus (16. Jahrhundert) verwendete diesen Begriff für die Substanz, die er bei der Destillation von Wein erhielt und sprach von alcool vini (vorher spiritus vini).

7   Alkoholische Getränke wurden allerdings bereits viel früher hergestellt. Vermutlich im 7. Jahrtausend vor Christi Geburt dürfte die Kunst des Bierbrauens in Mesopotamien entdeckt worden sein. Die Zunft der Bierbrauer war auch damals offenbar sehr

C. Alkoholherstellung

hoch angesehen, nachdem dieser Berufsstand bei den Sumerern unter anderem vom Wehrdienst ausgeschlossen war.

Dabei hat es sich sicherlich nicht um das uns bekannte Bier gehandelt. Entscheidend war aber die Herstellung eines Suds aus Getreidebestandteilen (zB Brotfladen) und Gewürzen, der dann vergoren wurde.

Dies ist das wesentliche Prinzip der „natürlichen" Alkoholherstellung, nämlich die Vergärung von Zucker zu Alkohol. Die Gär-Katalysatoren sind dabei ubiquitär vorkommende Hefepilze, die den vorhandenen Zucker zu Alkoholen, im wesentlichen Ethanol (dies ist der Trinkalkohol) umwandeln.

Glucose (Traubenzucker) — *Hefeenzyme* → Ethanol + Kohlenstoffdioxid

$C_6H_{12}O_6$ — *Hefeenzyme* → $2\ C_2H_5OH + 2\ CO_2$ $\Delta H = -105 kJ/mol$

Am ursprünglichsten geblieben ist in dieser Hinsicht die Weinherstellung, weil die **alkoholische Gärung** praktisch durch die Hefepilze vermittelt wird, die sich auf den Schalen der Weintrauben festgesetzt haben.

Die Techniken wurden aber auch mehr und mehr verfeinert, so dass man auch je nach gewünschtem Erfolg spezielle Hefekulturen einsetzte und auch heute einsetzt.

Die Zutaten bei der Bierherstellung sind entsprechend dem Reinheitsgebot Hopfen, Malz, Hefe und Wasser, bei der Weinherstellung die Weintrauben.

Der Gär-Prozess ist dabei selbstlimitierend bei etwa 18 Vol-%, weil sich die Gär-Katalysatoren durch die eigene Alkoholproduktion zunehmend vergiften.

Anmerkung: Bereits beim Thema Gärung ist auf eine Besonderheit hinzuweisen:

Da die alkoholische Gärung durch ubiquitär vorkommende Hefen vermittelt wird, könnte sich prinzipiell in jeder zuckerhaltigen Flüssigkeit Alkohol bilden.

Das Entscheidende bei der Gärung ist allerdings, dass sie unter Luftabschluss (anaerob) erfolgt, weil sonst durch oxidative Vorgänge und aerobe bakteriell-enzymatische Abläufe Säuren entstehen und dieser Ansatz dann rasch ungenießbar wird.

In diesem Zusammenhang ist kurz auf die Herstellung bzw Verwendung von **Kefir** einzugehen: In den neunziger Jahren gelang es einem Verteidiger, den sichergestellten Führerschein seines Mandanten trotz einer gemessenen Blutalkoholkonzentration von über 1,10 ‰ wieder herauszubekommen (siehe Abb. 1).

Er begründete die Alkoholisierung bei seinem Mandanten durch die „gesundheitsbewusste" Aufnahme von Kefir und legte zur Begründung eine Publikation aus dem „Blutalkohol" (Fachzeitschrift) vor, nachdem in Kefiransätzen Alkoholgehalte vergleichbar zu denen im Bier erreicht würden.

In eigenen Versuchen wurde dann in verschiedenen Ansätzen Kefir hergestellt. Dabei war zu unterscheiden in Wasserkefir und Milchkefir. In beiden Fällen kommen zwar Kefirpilze zum Einsatz. Nach Austestung entstehen bei der Herstellung von Milchkefir aber keine relevanten Mengen Ethanol, wohl aber bei der Herstellung von Wasserkefir.

Priemer

Trotz Alkohol Führerschein zurück: Kefir war schuld

Zumindest beeindruckt war auch die Staatsanwaltschaft München I: Noch vor einer richterlichen Entscheidung gab sie dem Kefir-Trinker seinen Führerschein zurück.

Abb. 1: *Schlagzeile in einer Münchner Zeitung vom 1./2.6.1994.*

18 Dies liegt daran, dass dem Wasserkefir-Ansatz erhebliche Mengen an Zucker sowie zwei getrocknete Feigen zugefügt werden und dann die auf den getrockneten Feigen enthaltenen Hefepilze den zugesetzten Zucker zu Alkohol umwandeln.

19 Wenn der Ansatz dann auch noch unter Luftabschluss vergären kann, dann steigt die Alkoholkonzentration durchaus auf Werte um 5 Vol-% oder noch höher an.

Anmerkung des Verfassers: Eine versehentliche Alkoholentstehung kann wohl dann nicht mehr angenommen werden.

20 Grundsätzlich ist zu selbst hergestellten Getränkeansätzen (zB Kefir, zB Kombucha) festzuhalten, dass nach einer Ansatzzeit von wenigen Tagen keine relevanten Mengen Alkohol entstehen.

21 Theoretisch sind relevante Alkoholkonzentrationen auch bei Vergärung ohne Luftabschluss denkbar, wenn der Ansatz über mehrere Tage stehengelassen wird. Allerdings bilden sich dann auch andere Produkte in diesem Ansatz, die diesen dann ungenießbar machen. Bei einer Vergärung eines solchen Ansatzes unter Luftabschluss wären allerdings erhebliche Alkoholkonzentrationen durch den Gär-Prozess zu erreichen.

Anmerkung des Verfassers: Generell stellt sich dann allerdings die Frage nach der Bemerkbarkeit, abgesehen davon, dass eine Alkoholwirkung grundsätzlich bemerkbar ist, unabhängig von der Herkunft des Alkohols.

22 Wie ausgeführt ist die **Alkoholkonzentration** in vergorenen Getränken auf etwa 14–18 Vol-% limitiert wegen der dann zum Erliegen kommenden enzymatischen Vergärung des Zuckers durch die **Hefepilze**.

C. Alkoholherstellung **5**

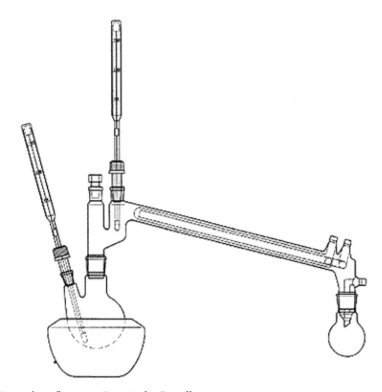

Abb. 2: Versuchsaufbau zum Prinzip der Destillation.

Das Verfahren der **Destillation** wurde im europäischen Weltteil erst relativ spät bekannt (10. bis 11. Jahrhundert), während in Asien (China) bereits seit mehreren 1000 Jahren Destillate hergestellt wurden (zB aus Reisbier oder Palmsaft).

Das Prinzip baut darauf auf, dass Alkohol einen deutlich niedrigeren Siedepunkt als Wasser hat und insofern schneller bzw früher verdampft. Fängt man diesen Dampf wieder auf und kühlt ihn, so geht er wieder in den flüssigen Zustand über und es handelt sich dann um ein Konzentrat der Ausgangsflüssigkeit mit entsprechend höherer Alkoholkonzentration (siehe Abb. 2).

Je nach Konzentration und Aufreinigung des Destillats sind einer oder mehrere Brenn-Vorgänge erforderlich. So wird aus Wein der Weinbrand, aus der Obstmaische der Obstbrand, der Getreidemaische der Whisky oder zB auch der Wodka.

Die Industrialisierung der Alkoholproduktion führte dann dazu, dass neben den im kleinen, eher hochwertigen Rahmen hergestellten alkoholischen Getränken auch Getränke mit Alkoholzusatz hergestellt wurden, die dann vergleichsweise billig waren und so die Alkoholproblematik erheblich verschärft wurde.

D. Alkoholphysiologie

27 Die typischen Vertreter der alkoholischen Getränke teilen sich in drei Kategorien auf, die niedrigvolumenprozentigen (zB Bier, i.Allg. ca. 5 Vol-%), die mittelvolumenprozentigen (zB Wein, 10 – 15 Vol-%) und die hochvolumen-prozentigen (zB Wodka, 40 Vol-%). Für die Berechnung ist erst die Umrechnung der Vol-% in Gewichtsprozent erforderlich, die unter Einbeziehung des spezifischen Gewichts von Ethanol (0,8 g/ml) erfolgt:

Vol-% * spezifisches Gewicht = Gew %

zB für Wodka mit 40 Vol-%:

40 Vol-% * 0,8 g /ml = 32 g % (bzw auf 1 kg bezogen : 320 g/kg)

Grundlage bei der Alkoholbegutachtung ist nun die Kenntnis der Vorgänge, die nach Aufnahme solcher alkoholischen Getränke stattfinden.

I. Alkoholaufnahme

28 Alkohol wird normalerweise in flüssiger Form getrunken (dabei ist die Aufnahme über den Mund gemeint).

29 Prinzipiell ist der Übertritt von Alkohol in den Körper bzw die Blutbahn überall dort möglich, wo er übertreten kann.

30 So ist es durchaus möglich, nach einer ausgiebigen **Händedesinfektion** mit alkoholhaltigen Lösungen die entsprechenden Substanzen in messbaren Konzentrationen im Blut nachzuweisen.

31 So haben beispielsweise *Peschel* et al. nachgewiesen, dass eine chirurgische Händedesinfektion zwar nicht zu einer relevanten Verfälschung der Blutalkoholkonzentration führen kann, aber hinsichtlich der Begleitstoffe 1-Propanol und iso-Propanol erhebliche Veränderungen und Verfälschungen erzeugen und so Ursache einer fehlerhaften Beurteilung von Begleitstoffanalysen (siehe Rn 92 ff) sein kann.[1]

32 Die gelegentlich verwendete Einlassung, man habe aufgrund einer Erkältung alkoholhaltige **Umschläge** verwendet oder habe ein **Champagner-Bad** genommen[2], kann als Erklärung für eine erhebliche Alkoholisierung mit strafrechtlicher Relevanz aber nicht dienen, weil absolut gesehen die möglicherweise übertragenen Mengen viel zu gering dafür wären.

33 Dies dürfte aber in erster Linie mit dem Verhältnis von Körperoberfläche zu Körpervolumen zusammenhängen. In diesem Zusammenhang wird auf eine Literaturstelle hingewiesen, die auf eine tödlich verlaufene Alkoholintoxikation bei einem Säugling aufgrund alkoholhaltiger Umschläge aufmerksam machte.[3] Insgesamt sind Säuglinge

---

1 *Peschel* et al., Veränderung von Begleitstoffen durch percutane Resorption propanolhaltiger Antiseptica, Blutalkohol 1992, 172.
2 *Schrot* et al., Berauscht vom Champagnerbad? – Fehlanzeige: Keine Alkoholresorption durch die intakte Haut, Blutalkohol 2010, 275.
3 *Niggemeyer* et al., Tod durch Alkoholumschläge bei einem Säugling, MMW 1964, 37.

D. Alkoholphysiologie

und Kleinkinder wegen ihres niedrigen Gewichts und Verteilungsraums sehr gefährdet für accidentelle Alkoholintoxikationen, was beispielsweise durch die schwere Alkoholintoxikation eines Neugeborenen durch 70 ml Wein (umgerechnet ca. 7 g reiner Ethanol) verdeutlicht wird.[4]

Natürlich kann Alkohol auch **intravenös**, also über eine Infusion zugeführt werden. Diese Form der Zuführung dürfte in praxi allerdings eine Rarität darstellen ebenso wie eine rektale Instillation, die zwar in der einen oder anderen Kasuistik auftauchte und einen weiteren, prinzipiellen Aufnahmeweg beschreibt.[5] Dieser dürfte aber doch überwiegend für die gezielte Aufnahme von Medikamenten (in Form von Zäpfchen) gewählt werden als für die Aufnahme von alkoholischen Getränken. Auch die Ethanolzufuhr über schnapsgetränkte Tampons bei Frauen taucht in letzter Zeit v.a. im Internet auf, und die Ethanolaufnahme über die Vaginalschleimhaut ist ohne weiteres denkbar. Ob über diesen Weg eine Alkoholintoxikation verursacht werden kann, ist fraglich. Das Fassungsvolumen eines Tampons dürfte sich im Bereich von schätzungsweise 30-50 ml liegen, was umgerechnet etwa 20 g reinem Alkohol entspricht (Schnaps mit 48 Vol-% unterstellt). Dies entspräche der Menge, die in einer Halben Bier oder drei einfachen Schnäpsen mit 40 Vol-% enthalten ist. Wesentlich an den drei genannten Zugangswegen ist, dass die Leber als „Abfangschirm" umgangen wird, weil sowohl die intravenöse Gabe als auch die rektale oder vaginale Ethanolaufnahme unter Umgehung der Pfortader stattfindet. 34

Eine medizinische Indikation für die intravenöse Verabreichung von Alkohol stellt zB eine akute Methanolintoxikation dar,[6] weil dadurch der Methanolabbau mit der Entstehung der toxischen Abbauprodukte Formaldehyd und Ameisensäure verhindert werden kann. 35

Eine nicht allzu seltene Einlassung stellt die **Inhalation** alkoholhaltiger Dämpfe dar. Grundsätzlich ist hierzu auszuführen, dass eine Aufnahme von Alkohol über die Lunge ebenso möglich ist wie die Tatsache, dass die Messung der Alkoholkonzentration im Blut über die Messung der Alkoholkonzentration in der Lunge erfolgen kann.[7] Allerdings besteht bei dieser Möglichkeit wiederum das Problem der Konzentration bzw der absoluten Alkoholmenge. Um relevante Alkoholisierungen allein durch die Inhalation alkoholhaltiger Dämpfe zu erzeugen, wären hohe Alkoholkonzentrationen in der Umgebungsluft erforderlich. Diese würden binnen kürzester Zeit zu erheblichen Reizungen der Schleimhäute (Augen, Nase) führen. Bei normaler Verwendung von zB alkohollöslichen Farben oder der Einhaltung der MAK-Werte (1000 ppm oder 1900 mg/m³) ist eine relevante Erzeugung einer BAK (= Blutalkoholkonzentration) oder Verfälschung einer bestehenden BAK nicht nachvollziehbar. 36

---

4 *Palano* et al., Accidental ethyl alcohol intoxication in a 30-day-old infant, Minerva Pediatr. 2007, 275.
5 *Nadjem* et al., Tödliche Alkoholvergiftung nach rektaler Instillation, Beitr Gerichtl Med. Bd. 48 1990, 543.
6 *Barceloux* DG et al., American Academy of Clinical Toxicology practice guidelines on the treatment of methanol poisoning, J Toxicol Clin Toxicol. 2002, 415.
7 Vgl zB *Schrot* et al., Berauscht vom Champagnerbad? – Fehlanzeige: Keine Alkoholresorption durch die intakte Haut, Blutalkohol 2010, 275.

Priemer

Anmerkung: In der gutachterlichen Praxis des Verfassers wurde vor einer Trunkenheitsfahrt praktisch ausnahmslos der Alkohol auf „normalem" Weg getrunken.

II. Alkoholresorption

37 Wie bereits im Rahmen der Hautdesinfektion ausgeführt tritt Alkohol überall da in den Körper bzw das Blut über, wo er übertreten kann.

38 Dazu müssen zwei Bedingungen erfüllt sein:
- es muss sich um eine für Alkohol durchlässige Membran handeln, und
- es muss ein Konzentrationsunterschied zwischen der einen und der anderen Seite der Membran bestehen.

Denn beim Menschen gibt es keinen aktiven Transportmechanismus für die Alkoholmoleküle, sondern der Alkoholübertritt entspricht einer **passiven Diffusion** entlang eines Konzentrationsgefälles. Insofern müsste man der Richtigkeit halber von einer Alkoholabsorption sprechen.

39 In die Rechtsprechung fand allerdings nur der Begriff „Resorption" Eingang, der im engeren Sinne einen aktiven Transportmechanismus beschreibt, also einen Transportmechanismus, der über ein entsprechendes Transportsystem unter Verbrauch von Energie den Stoff von der einen auf die andere Seite transportiert.

40 Im Weiteren wird also nur noch von der Alkoholresorption gesprochen, obwohl eigentlich die passive Alkoholabsorption gemeint ist. Eine gewisse Alkoholresorption dürfte bereits im Mund stattfinden, wobei sicher nur in einem absolut nachrangigen Umfang und wohl auch nur dann, wenn das alkoholische Getränk über längere Zeit in Mund behalten wird. Die Mengen sind dabei sicher nur gering. Bestes Beispiel hierfür sind die Weinverkoster, die bei Weindegustationen typischerweise den Wein wieder in ein Auffanggefäß ausspucken, um nicht betrunken zu werden.

41 Die größte Barriere für den Alkohol stellt die Magenschleimhaut dar, die sich aufgrund des sehr aggressiven Milieus (im Magen befinden sich neben Salzsäure auch andere, aggressive Verdauungsenzyme) durch Aufbau einer offensichtlich weitgehend alkoholundurchlässigen Schutzschleimhaut vor der Selbstverdauung entsprechend schützt. Im Gegensatz dazu stellt die Schleimhaut des Zwölffingerdarms, der sich direkt an den Magen anschließt, praktisch keine solche Barriere mehr dar. An dieser Stelle und noch in den Anfängen des Dünndarms findet dann die Alkoholresorption statt.

III. Resorptionsdauer/Resorptionsgeschwindigkeit

42 Diese beiden Parameter sind einerseits abhängig von der Alkoholkonzentration des aufgenommenen alkoholhaltigen Getränks. Dies ergibt sich zwanglos aus der Kenntnis, dass es sich um eine passive Diffusion entlang eines Konzentrationsgefälles handelt (dh je höher die Konzentration auf der einen Seite der Membran, umso begieriger wird die Substanz auf die andere Seite übertreten wollen).

D. Alkoholphysiologie

Zum anderen spielt auch die Verweildauer des alkoholischen Getränks im Magen eine Rolle. Diese ist wiederum abhängig vom Funktionszustand des Magens bzw der Magenmotilität: Voluminöse, fette Speisen hemmen die Magenmotilität, während leicht verdauliche, kohlenhydratreiche Nahrung schneller verdaut wird. Ist der Magen ganz leer, so ist die Verweildauer im Magen noch kürzer. Allerdings ist die Verweildauer nicht nur abhängig vom Füllungszustand des Magens, sondern auch von der Zusammensetzung/Beschaffenheit des Getränks. Kalte Getränke hemmen die Magenmotilität, während warme Getränke diese fördern. Weitere Merkmale wie der CO_2-Gehalt oder Schärfe, Würzung sind ausschlaggebend. Allerdings kann es auch bei schneller Aufnahme von Hochprozentigem zu erheblichen Resorptionsverzögerungen kommen. Dies beruht auf einer Schutzfunktion des Magenpförtners (Schließmuskel am Magenausgang), der bei hohen Alkoholkonzentrationen verkrampfen kann und damit die Resorptionsdauer zunimmt. Ein typisches angewandtes Beispiel einer gewollten Resorptionsverzögerung ist die Aufnahme von Ölsardinen vor burschenschaftlichen Kneipen. Der Effekt ist der, dass der aufgenommene Alkohol durch die Hemmung der Magenmotilität wesentlich später resorbiert wird und man deshalb den Alkohol „anscheinend besser verträgt". Tatsächlich wird das Maximum der Alkoholisierung einfach „später" erreicht.

43

In die Rechtsprechung Eingang gefunden hat die **Resorptionsdauer** in der Art, dass sie ohne Hinzuziehung eines Sachverständigen grundsätzlich mit 120 min nach Trinkende zu veranschlagen ist. Dies bedeutet, dass die ersten 2 h nach Trinkende rückrechnungsfrei sind. Wird ein Sachverständiger hinzugezogen, dann kann sich die Resorptionsdauer durchaus auch verkürzen. Dies muss dann allerdings sorgfältig und nachprüfbar begründet sein. Als Anhaltspunkt ist auf die Stoffsammlung von Peter Hentschel „Trunkenheit, Fahrerlaubnisentziehung, Fahrverbot" hinzuweisen:

44

Bei einer stündlichen Alkoholbelastung von > 0,5–0,8 g pro Kilogramm Körpergewicht ist von einer Resorptionsdauer von 120 min auszugehen.[8]

45

IV. Sogenanntes Resorptionsdefizit

Widmark war der erste, der eine Formel für die Berechnung der Alkoholkonzentration aufgestellt hat, nachdem er dazu Versuche durchgeführt hatte (er war als erster in der Lage, die Blutalkoholkonzentration zu bestimmen). Im Rahmen dieser Untersuchungen stellte er u.a. fest, dass sich nicht der gesamte aufgenommene Alkohol in der Blutalkoholkonzentration wiederspiegelte, sondern immer ein **Defizit** blieb, das sich nicht durch den mit dem ersten Schluck beginnenden Alkoholabbau erklären ließ.[9] Die in der Rechtsprechung benannten Resorptionsdefizite werden im Berechnungsteil erläutert.

46

---

8 *Hentschel/Krumm*, Fahrerlaubnis und Alkohol, 5. Aufl. Rn 56.
9 *Widmark*, Die theoretischen Grundlagen und die praktische Verwendbarkeit der gerichtlich-medizinischen Alkoholbestimmung, 1932.

V. Alkoholverteilung

47 Alkohol ist wasserlöslich und verteilt sich auch im Wesentlichen auf das Gesamtkörperwasser, das normalerweise beim Mann etwa 70 % und bei der Frau etwa 60 % ausmacht. Diesen prozentualen Anteil erarbeitete *Widmark*, der die sogenannten Widmark-Faktoren in seine Berechnungsformel implementierte. Der Alkohol wird aus dem oberen Gastrointestinaltrakt nach der Magenpassage aufgenommen. Der Abfluss erfolgt über die Pfortader, die das abströmende Blut über die Leber ableitet. Sodann fließt das Blut über die untere Hohlvene in den Lungenkreislauf und dann nach der Lungen-Passage, bei der Alkohol in die Lungenluft abgedampft wird, über die Lungenvenen in den großen Kreislauf und wird dann in alle Organsysteme und Körpergewebe verteilt. Erst danach gelangt das Blut in die peripheren Venen. Aus diesen wird dann das Blut für die BAK-Bestimmung gewonnen.

VI. Alkoholabbau

48 Wie ausgeführt wird als erstes Organ die Leber mit dem aufgenommenen Alkohol konfrontiert. Insofern wird praktisch mit dem ersten Schluck der Alkoholaufnahme von der Leber begonnen, Alkohol abzubauen. Solange mehr Alkohol aus dem oberen Dünndarm in das Blut abströmt, als aus dem Organismus entfernt wird (durch Abbau in der Leber, durch Verlust über den Urin, durch Verlust über die Schweißdrüsen, durch Verlust über die Atmung), steigt die Blutalkoholkonzentration an, erreicht irgendwann einen Gipfelpunkt bzw ein Plateau und sinkt dann, wenn kein Alkohol mehr nachströmt und nur noch Alkohol ausgeschieden wird, wieder ab.

49 Alkohol wird im Wesentlichen enzymatisch oxidativ in der Leber verstoffwechselt. Hauptabbauenzym ist die **Alkoholdeydrogenase**, die Ethanol zu Acetaldehyd oxidiert (weiterer Abbauschritt ist dann die Umwandlung zu Acetat durch die Aldehyddehydrogenase). Daneben trägt auch noch MEOS (mikrosomales, ethanoloxidierendes System) zum enzymatischen Alkoholabbau bei, allerdings erst bei höheren Alkoholisierungen. Die sonstige Alkoholausscheidung geschieht über die Atemluft, den Urin und die Schweißdrüsen. Ein sehr geringer Teil wird auch als Ethylglucuronid ausgeschieden, das sich als Marker für kurzfristigen exzessiven oder chronischen Alkoholmissbrauch eignet (Nachweis auch über die forensische Haaranalytik möglich!). Insgesamt ist der gesamte, nicht-oxidativ ausgeschiedene Alkoholanteil < 10 %.

50 Dabei ist wesentlich, dass Alkohol (umgangsprachlicher Begriff für **Ethanol** im juristischen Sprachgebrauch) in einer **unphysiologisch hohen Konzentration** vorliegt und insofern der enzymatische Abbau in der Leber vollkommen substratgesättigt ist. Auf diese Konstellation ist wohl auch die Tatsache zurückzuführen, dass es sich beim Alkoholabbau um einen enzymatischen Vorgang im menschlichen Körper handelt, der praktisch geradlinig (= linear) verläuft.

Anmerkung: Unterhalb einer BAK von 0,15 ‰ kann idR keine BAK-Rückrechnung mehr erfolgen, weil nicht mehr mit der erforderlichen Sicherheit ein Mindestabbauwert von 0,10 ‰ anzunehmen ist.

D. Alkoholphysiologie

Wegen dieses geradlinigen Abbaus ist es auch möglich, eine Rückrechnung auf eine Konzentration zu einem früheren Zeitpunkt anzustellen, die bei anderen Substanzen wie zB den Drogen nicht möglich ist. 51

Diese Konstellation der Substratsättigung ist auch dafür verantwortlich, dass eine Beschleunigung des Alkoholabbaus praktisch nicht möglich ist. Es ist durchaus möglich, die subjektiv empfundenen Wirkungen einer Alkoholisierung durch forciertes Schwitzen oder sportliche Betätigung zu modulieren, weshalb sie dann vielleicht nicht mehr ganz so stark empfunden werden. Starkes Schwitzen, ausgiebiges Saunen, forciertes Wasserlassen oder eine Beschleunigung der Atmung sind aber sicher nicht geeignet, den Alkoholabbau relevant zu beschleunigen 52

Anmerkung: Der Anteil des unverändert ausgeschiedenen Ethanols über Atmung, Speichel, Schweiß, Urin und Darmdrüsen macht insgesamt weniger als 10 % des insgesamt eliminierten Ethanols aus.

Auch alle bisher ausgetesteten Abbaubeschleuniger wie zB Promille-Ex, Alsaver oder auch Red Bull konnten keine Steigerung der Alkohol-Abbauraten bewirken. 53

Der entscheidende Geschwindigkeitsschritt beim Alkoholabbau liegt in der Oxidation des NAD. Eine gewisse Beschleunigung kann durch die Aufnahme unphysiologisch hoher Mengen von Fruchtzucker erreicht werden. Dabei liegt die Betonung auf „unphysiologisch". 54

Die stündliche **Alkoholabbaurate** wird β60 (beta 60) genannt. Die stündlichen Abbauraten, die in die Rechtsprechung Eingang gefunden haben und dort fest verankert sind, sind der Mindestabbauwert von 0,10 ‰/h, der wahrscheinliche stündliche Abbauwert von 0,15 ‰/h und der maximale Abbauwert von 0,20 ‰/h.[10] 55

Im Strafrecht wichtig sind der Mindestabbauwert und auch die maximale Alkoholabbaurate. Dies kommt immer darauf an, ob ausgehend von einer festgestellten BAK zurückgerechnet wird oder eine BAK-Abschätzung aus der Trinkmenge erfolgt. 56

Anmerkung: Der stündliche Mindestabbauwert von 0,10 ‰ wird praktisch nie unterschritten, selbst nicht bei einer bereits fortschreitenden Leberzirrhose.

Sonderfall: Nachdem die Alkohol-Ausscheidung wie ausgeführt im Wesentlichen enzymatisch in der Leber geschieht, führt logischerweise eine Fehlfunktion der Leber, allerdings erst in ganz erheblichem Ausmaß zu einem Absinken der Alkoholausscheidung unter den Mindestabbauwert von 0,10 ‰/h. Dies ist dann der Fall, wenn es zu einem kritischen Absinken der Leberdurchblutung kommt, so dass nicht mal mehr die Basisfunktionalität der Leberzellen gewährleistet ist. Dies ist zB dann möglicherweise anzunehmen, wenn aufgrund eines kreislaufrelevanten Schocks die Leberdurchblutung auf ein kritisches Maß absinkt.[11] Dabei ist aber nicht der umgangssprachlich oftmals gebrauchte Schock im Sinne eines erheblichen Schrecks aufgrund einer zB 57

---

[10] *Hentschel/Krumm*, Fahrerlaubnis und Alkohol, 5. Aufl. Rn 54 f, 107.
[11] *Kleemann* et al., Arterielle und venöse Alkoholelimination bei 10 Polytrauma-Patienten, Blutalkohol 1995, 162.

Unfallsituation gemeint, sondern die sog. Zentralisation aufgrund von akutem Volumenmangel (etwa aufgrund eines akuten starken Blutverlustes).

E. Alkoholwirkungen

I. Akute Wirkungen

58 Im Gegensatz zu vielen anderen zentral-nervös wirksamen Substanzen wird die Alkoholwirkung nicht über einen/den Ethanol-Rezeptor vermittelt, sondern entfaltet sich vielmehr global und ist im Wesentlichen auf die Modulation der Gehirnfunktionen beschränkt.

59 Zu unterscheiden sind die subjektiven Alkoholwirkungen von den objektiven Alkoholwirkungen. Die subjektiven Alkoholwirkungen setzen dabei etwas früher ein als die objektiven Alkoholwirkungen. Unter subjektiven Alkoholwirkungen ist dabei das subjektive Empfinden der Alkoholwirkung gemeint, das in der frühen Alkoholisierungsphase stärker ausgeprägt ist als die objektiven Ausfälle, wohingegen nach einer gewissen (zeitlichen) Adaption an die Alkoholisierung die objektiven Ausfälle deutlich stärker ausgeprägt sind, als sie dann subjektiv erlebt werden.

60 Die Ausprägung der subjektiven Ausfallserscheinungen ist dabei einerseits abhängig von der Höhe der Alkoholisierung an sich, insbesondere aber auch von der Steilheit der Alkoholanflutungskurve. Je steiler die Alkoholanflutungskurve ist, umso stärker sind die Konzentrationsverschiebungen an der Bluthirnschranke, und umso größer sind die subjektiv empfundenen Ausfallserscheinungen.

61 In der Gesamtheit spricht man von der **psychophysischen Leistungsfähigkeit**, die mit zunehmender Alkoholisierung auch zunehmend beeinträchtigt wird. Dabei ist es je nach Alkoholverträglichkeit unterschiedlich, in welchen Konzentrationsbereichen diese Beeinträchtigung dann so ausgeprägt ist, dass sie sich auf die Fahrtüchtigkeit, dh die Fähigkeit, aktiv am Straßenverkehr teilzunehmen, auswirkt.

62 Zentrales Merkmal der akuten Alkoholwirkungen ist die **generelle Enthemmung**. Ob nun damit die gesteigerte Risikobereitschaft, das verminderte Kritikvermögen, die Selbstüberschätzung, die Euphorie oder das gesteigerte Geltungsbedürfnis gemeint ist, immer sind die typischen Merkmale einer Alkoholisierung zu subsummieren unter dem Begriff der generellen Enthemmung.

63 Typische Ausprägungen sind dann überhöhte Geschwindigkeit, risikoreiche Fahrweise und sonstige auffällige Fahrweisen usw.

64 Zum Allgemeinwissen sind zweifellos Auffälligkeiten zu zählen, die sich im motorischen System repräsentieren wie zB eine Beeinträchtigung der Sprechmotorik (verwaschene, lallende Sprache), die Gang- und Standsicherheit, generell die Bewegungsabläufe, wobei auch die Beeinträchtigung der Gleichgewichtssysteme gerade bei der Gang- und Standsicherheit einen wesentlichen Anteil haben dürfte.

65 Besser darstellbar ist die Alkoholwirkung bei der Untersuchung einzelner Funktionen oder eng begrenzter Funktionssysteme.

Ein klinischer Test, der das Zusammenspiel zwischen dem optischen System und dem Gleichgewichtssystem überprüft, ist der **Drehnachnystagmus-Test**, umgangssprachlich als Drehnystagmus-Test bezeichnet. Dabei muss sich der Proband fünfmal um die eigene Achse drehen und dann den vorgehaltenen Zeigefinger des Untersuchers fixieren (s.a. Abb. 9). Im nüchternen Zustand gelingt dies in aller Regel problemlos, sofern keine krankhaften Veränderungen im Gehirn vorliegen. Unter Alkoholeinfluss kommt es zum Auftreten eines Nystagmus, der in der Mehrheit der Fälle durchaus eine positive Korrelation zur BAK aufweist.

Anmerkung: Unter einem **Nystagmus** versteht man eine wiederkehrende Augenbewegung mit einer schnellen und langsamen Komponente. Ein horizontaler Nystagmus nach links bedeutet, dass erst eine langsame Augenbewegung nach links und dann eine ruckartige Rückstellbewegung nach rechts erfolgen.

Mit etwas aufwendigeren Methoden (Infrarotreflexionsverfahren) kann man zum Beispiel das Blickverhalten untersuchen, dass sich aufteilt in schnelle, fast ruckartige Blick-Ziel-Bewegungen (Sakkaden) und langsame Folgebewegungen (wie ausgeführt tritt bei einem gesunden Nüchternen kein Nystagmus auf).

Bei den Sakkaden kann man dann untersuchen, wie viel Zeit (= Latenzzeit) zwischen der Aufforderung, ein neues Blickziel zu fixieren und dem Beginn der Einstellbewegung (= sakkadische Augenbewegung) vergeht.

Im Rahmen dieser Untersuchungen war dann zB festzustellen, dass die Latenzzeit bereits bei Alkoholisierungen um 0,5 ‰ regelmäßig erhöht und die Geschwindigkeit dieser Augenbewegungen regelmäßig erniedrigt war.

Auch war festzustellen, dass die Präzision dieser Einstellungsbewegungen schlechter wurde, also häufiger korrigiert werden musste und auch die Häufigkeit der Blick-Ziel-Bewegungen (als Ausdruck der visuellen Orientierung) zB während einer Videoverkehrsszene abnahm.

Andere Erkenntnisse wie zB der durch Alkohol verursachte sog. **Tunnelblick**, der durch die zunehmende Einschränkung des peripheren Gesichtsfeldes verursacht wird, oder die besondere Beeinträchtigung der Sehleistung in der Dämmerung durch Alkohol wurden ebenfalls im Experiment nachgewiesen.

II. Langzeitwirkungen

Wie bereits im statistischen Teil angesprochen betreibt eine erhebliche Anzahl von Menschen, rund 10 % der Gesamtbevölkerung, einen mehr oder weniger ausgeprägten Alkoholmissbrauch. Nachdem es sich bei Alkohol bzw vor allem seinen Abbauprodukten um Zellgifte handelt, resultieren aus einem Alkoholmissbrauch über Jahre Organschäden.

In erster Linie betroffen davon ist Gehirn und Leber. Die Leberschädigung führt zunächst zur Ausbildung einer Fettleber, die monströse Ausmaße annehmen kann (bis zu 7 kg oder mehr, Normalgewicht 1,5 -2,0 kg/l vollständig reversibel). Endstadium ist dann die **Leberzirrhose** (deutsch: Schrumpfleber), bei der die Leber durch bindegewebigen Umbau in eine Schrumpfung übergeht (nicht mehr reversibel).

74 Auch im Bereich des Gehirns führt langjähriger übermäßiger Alkoholkonsum zum Hirnabbau (Hirnatrophie), wobei dann die dadurch größer werdenden Hohlräume durch Hirnwasser ausgefüllt werden. Auch hat chronischer Alkoholkonsum im Übermaß auch Auswirkungen auf andere Organsysteme und Gewebe, die aber hier nicht konkret aufgeführt werden.

F. Alkoholanalytik

I. Atemalkoholbestimmung

75 In früheren Tagen wurden als **Vortestgeräte** die sog. „Röhrchen" verwendet. Dabei musste durch einen mit Kaliumdichromat und Schwefelsäure gefüllten Glaskolben hindurch ein Plastiktütchen aufgeblasen werden. Das Ausmaß der Farbänderung ließ dann einen Rückschluss auf die Höhe der Alkoholisierung zu.

76 Diese teure und relativ ungenaue Methode wurde dann abgelöst durch die Vortestgeräte, die einen digitalen Wert ausgeben und in ihrer Erkennungsgenauigkeit/Messpräzision sehr gut sind.

77 Bundesweit werden als Vortestgeräte überwiegend Handgeräte von Dräger oder Envitec eingesetzt. Das aktuelle Gerät von Dräger ist der Dräger Alcotest 6810. Alle diese Vortestgeräte verwenden ein Messsystem, dessen „Herz" ein elektrochemischer Sensor (EC-Sensor) ist.

78 Dabei kann man sich die Messmethode so vorstellen, dass aus einem aus Atemluftstrom eine Probe mit einem definierten Volumen gezogen wird, die dann definiert über den **elektrochemischen Sensor** gegeben wird, der quasi wie ein Katalysator wirkt und zu einer Reaktion der Ethanolmoleküle führt, sofern sie sich in dieser Probe befunden haben. Dadurch entsteht ein Strom bzw ein Elektronenfluss, der gemessen wird.

79 Diese Methode wird auch als **absolute Messmethode** bezeichnet, weil sie absolut die durch die Umsetzung der Ethanolmoleküle freiwerdenden Elektronen misst und auf das Volumen der gezogenen Atemprobe bezieht.

80 Mit diesem Gerät kann wie ausgeführt die Alkoholkonzentration in der aus Atemluft (AAK) relativ genau ermittelt werden, wie sich in Trinkversuchen mit simultanen AAK- und BAK-Messungen immer wieder nachweisen lässt.

81 Beweissichere Messergebnisse (v.a. im strafrechtlichen Sinne) produzieren diese Geräte aber nicht, weshalb sie auch nicht zugelassen sind (Zulassungsstelle für solche Messgeräte: Physikalisch Technische Bundesanstalt **PTB** in Braunschweig). Dies liegt unter anderem daran, dass keine Mundrestalkoholerkennung vorgenommen und die Temperatur der Ausatemluft nicht gemessen wird. Außerdem wird nur ein Einzelwert gemessen und nicht ein Mittelwert aus verschiedenen Einzelwerten berechnet. Demgegenüber ist seit dem Jahre 1999 ein Gerät der gleichen Firma, nämlich der **Alcotest**

F. Alkoholanalytik 5

7110 MKIII Evidential im Einsatz, der als einziges Gerät in Deutschland für die beweissichere Ermittlung der AAK zugelassen ist, bisher beschränkt auf den Bußgeldtatbestand nach § 24 a StVG.

Dieses Gerät erfüllt als einziges alle Anforderungen gemäß der DIN-Norm **VDE 0405** und wurde deshalb von der Physikalisch Technischen Bundesanstalt PTB zugelassen. Wichtige Spezifikationen dieses Geräts: 82

- Dieses Gerät ist **eichfähig**.
- Es verfügt über eine **Mundrestalkoholerkennung** (slope-control).
- Die **Atemtemperatur** wird gemessen und das Messergebnis auf eine Atemtemperatur von 34° C umgerechnet (Standardisierung).
- Das ausgegebene Messergebnis ist der auf zwei Stellen nach dem Komma abgerundete Mittelwert aus zwei Einzelwerten, wobei je ein Einzelwert nach einem unterschiedlichen Verfahren (EC-Sensor, infrarotoptisches Verfahren) gewonnen wird.
- Vor der Messung wird die Umgebungsluft auf das Vorliegen von Alkohol geprüft.

Abgesehen davon, dass es aus medizinischer Sicht nicht möglich ist, eine stabile Korrelation zwischen der AAK und der BAK herzustellen und insofern eine Messung der Alkoholkonzentration in der Ausatemluft nur einen unscharfen Rückschluss auf die BAK zulässt, so ist dennoch zu konstatieren, dass dieses Gerät durch die verschiedenen internen Sicherungssysteme **praktisch** nicht zu manipulieren ist. 83

Durch die verfahrenstechnischen Vorgaben wie die Wartezeit zwischen Trinkende (effektiv ab der Kontrolle) und Messung von mindestens 20 min, die zu unterlassende Nahrungs- und/oder Flüssigkeitsaufnahme innerhalb der letzten 10 min vor dem Test und die Bedienung des Geräts und Beobachtung der Messvorgänge durch den Polizeibeamten (= erfolgreich beschulter Messbeamter mit Zertifikat) sind auch externe Kontrollen in den Verfahrensablauf implementiert, so dass Manipulationsmöglichkeiten praktisch nicht mehr gegeben sind. 84

Anmerkung: Auf dem Messprotokoll muss vom Beamten bestätigt werden, dass die Vorgaben eingehalten wurden. Häufigster Grund für Beanstandungen eines AAK-Messergebnisses ist die Unterschreitung des geforderten 20 min-Intervalls zwischen Anhaltung und Messung. Dieses Intervall beruht darauf, dass in Versuchen mit forciertem Trinkverhalten in der frühen Phase der Alkoholisierung Überhöhungen der AAK gegenüber der BAK festzustellen waren und daraus eine Ungleichbehandlung abzuleiten war. Auch wenn dieses Intervall aus sachverständiger Sicht willkürlich festgelegt wurde und je nach Einzelfall ein größeres oder kleineres Intervall angebracht ist, so hat das Bayerische Oberste Landesgericht zumindest festgestellt, dass bei Unterschreitung dieses Intervalls das Messergebnis nicht verwertbar ist (BayObLG, Beschl. v. 2.11.2004 – 2ObOWi 471/04).

In neueren Untersuchungen des Verfassers hat sich allerdings gezeigt, dass es Sonderkonstellationen geben kann, die zu falsch zu hohen Messergebnissen führen können. 85

86 *Rabl* et al. publizierten einen Beitrag über falsch zu hohe AAK-Werte am **Siemens-Alkomat**, verursacht durch die **ethanolhaltige Haftcreme** fittydent® noch 1 h nach Anwendung,[12] und *Jachau/Krause* stellten eine Überhöhung der AAK-Werte, gemessen mit dem Dräger Alcotest 7110 Evidential um bis zu 0,307 mg/l fest, als bereits systemisch alkoholisierte Versuchspersonen vor der Testung am Messgerät zusätzlich **alkoholhaltige Sprays** benutzten.[13]

87 In der eigenen Arbeit wurden deshalb alkoholisierte Versuchspersonen mit Faschingsgebissen „bestückt", die wiederum mit ethanolhaltiger Haftcreme (fittydent®, 18 Vol-% Alc.) präpariert waren. In simultanen Messungen von Blutalkoholkonzentration und Alkoholkonzentration in der Atemluft war dann wie auch bei *Rabl* et al. festzustellen, dass offensichtlich Ethanolmoleküle, freigesetzt aus der Haftcreme, mit in die Messung der Alkoholkonzentration in der aus Atemluft einbezogen wurden und insofern zu einer Verfälschung der Alkoholkonzentration in der aus Atemluft im Sinne falsch zu hoher Werte geführt hat bzw das am Dräger Alcotest 7110 Evidential generierte Messergebnis im Vergleich zu der im Blut befindlichen Alkoholkonzentration zu hoch war.[14]

II. Blutalkoholbestimmung

88 Das erste Verfahren, das zur Bestimmung des Alkohols im Blut angewendet wurde, war ein **chemisches Verfahren**, entwickelt von *Widmark*.[15] Dieses Verfahren machte sich die reduzierenden Eigenschaften von Alkohol zu Nutze, indem Dichromatschwefelsäure zugesetzt wurde und man dann die nicht reduzierte Restmenge anhand einer Verfärbung fotometrisch quantifizierte. Bei diesem Verfahren handelt es sich um ein unspezifisches Verfahren, weil praktisch jede reduzierende Substanz zu einer Verfälschung des Messergebnisses führen konnte. Bei lebenden Personen war dennoch eine Verfälschung durch andere reduzierende Substanzen rein theoretisch.

89 Das zweite Verfahren ist das sog. **ADH-Verfahren**, das praktisch die physiologischen Stoffwechselvorgänge imitiert. Das Enzym Alkoholdehydrogenase (ADH) wandelt dabei den in der Probe enthaltenen Alkohol zu Acetaldehyd um. Im Rahmen der Umwandlung wird das zugesetzte Co-Enzym NAD zu NADH reduziert, wobei es dadurch seine optischen Eigenschaften ändert und man insofern über die fotometrische Auswertung auf die in der Probe ursprünglich vorhandene Alkoholkonzentration rückschließen kann. Dieses Verfahren wird neben der forensischen Blutalkoholbestimmung auch vorwiegend bei der automatisierten Alkoholbestimmung in Kliniken verwendet. Dieses Verfahren ist zwar alkoholspezifisch, aber nicht ethanolspezifisch,

---

12 *Rabl* et al., Verfälschung von „Alkomat"-Ergebnissen durch Zahnprothesenhaftmittel, Rechtsmedizin 1995, 21.
13 *Jachau/Krause*, Zum Einfluss ethanolhaltiger Medikamente auf die Alkoholkonzentration, gemessen mit dem Alcotest 7110 Evidential MK III, Blutalkohol 2006, 169.
14 Publikation durch den Verfasser in Vorbereitung.
15 *Widmark*, Eine Micromethode zur Bestimmung von Aethylalkohol im Blut, Biochemische Zeitschrift Bd. 131 (1922), 473.

weil die Alkoholdehydrogenase auch andere Alkohole abbaut (wobei dieser Effekt im Einsatzbereich dieser Methode irrelevant ist).

Mit der sog. **Gaschromatographie-Methode** war dann aber ein **ethanolspezifisches Verfahren** entwickelt worden. Dabei kommt bei der Alkoholbestimmung das spezielle Head-Space-Verfahren zum Einsatz. Das Prinzip dieser Methode basiert darauf, dass die in der Gasphase enthaltenen Stoffe in einer „Säule" (Ionentauscher) aufgetrennt werden, um dann wieder aus der Säule ausgewaschen zu werden. Je nach Stoffeigenschaft wird die Substanz schnell oder weniger schnell ausgewaschen, wobei dies mit einem Detektor gemessen werden kann. Durch Zugabe entsprechender Standards (bekannte Substanz, bekannte Konzentration) kann dann eine zweifelsfreie Aussage hinsichtlich der Substanzeigenschaft und der Substanz-Konzentration in der Probe getroffen werden.

Die Anforderungen an einen beweissicheren BAK-Mittelwert wurden im zweiten Gutachten zur Blutalkoholbestimmung des Bundesgesundheitsamtes im Jahr 1966 formuliert. Demnach ist der BAK-Mittelwert zu bilden aus insgesamt 4 bzw 5 Einzelwerten, wovon je 2 bzw 3 mit einem unterschiedlichen bzw unabhängigen Verfahren erzeugt wurden. Übliche Praxis heute ist die Berechnung des BAK-Mittelwertes aus 2 Werten, erzeugt per ADH-Methode, und 2 Werten, erzeugt mit der GC-Methode. Mittlerweile auch empfohlen ist die Erzeugung von jeweils zwei Einzelwerten mit zwei voneinander unabhängigen GC-Methoden.[16]

III. Begleitstoffanalytik

Alkoholische Getränke enthalten nicht nur Ethanol, sondern eine Vielzahl an Begleitsubstanzen, die in jeweils charakteristischen Zusammensetzungen in den jeweiligen Getränkeklassen vorkommen und beispielsweise für Geschmack und Geruch wesentlich sind.

Biere haben beispielsweise insgesamt geringe Begleitstoffkonzentrationen. Positiv nachweisbar sind am ehesten noch Weißbiere, da sie typischerweise deutliche iso-Butanol-Anteile aufweisen. Dies gilt auch für Weine. Bei Rotwein zusätzlich zu beachten ist ein mitunter bereits erheblicher Methanolanteil. Besonders hohe Methanolanteile haben aus Steinobst hergestellte Obstbranntweine, die sich aber auch auszeichnen durch deutliche Konzentrationen der anderen Begleitstoffe.

Mit einer verfeinerten Gaschromatografie-Methode war es dann möglich, diese anderen alkoholischen Inhaltsstoffe, die sogenannten **alkoholischen Begleitstoffe** (zB Methanol, 1-Propanol, iso-Butanol, 2-Butanol, 1-Butanol, 2-/3-Methylbutanol-1 u. weitere) zu analysieren.

Seit ca. den achtziger Jahren ist es daher möglich, über eine solche Methode Rückschlüsse auf die aufgenommenen Getränkesorten zu ziehen.

---

16 http://www.gtfch.org/cms/index.php/mitteilungen/203-empfehlungen-des-47-deutschen-verkehrsgerichtstages-2009-in-goslar

96 In der rechtsmedizinischen Praxis wird die **Begleitstoffanalyse** dann angefordert, wenn es um die Überprüfung von Nachtrunkbehauptungen geht, also zB überprüft werden soll, ob die Angabe nachvollziehbar ist, dass und in welchem Umfang alkoholische Getränke erst nach der Fahrt und nicht schon vor der Fahrt aufgenommen wurden.[17]

97 Die Erstellung eines solchen Gutachtens läuft so ab, dass die Begleitstoffkonzentrationen in der Blutprobe gemessen werden und nach Möglichkeit auch in dem/den jeweiligen Getränk(en), die nachgetrunken worden sein sollen. Unter Berücksichtigung der zeitlichen Verhältnisse und der in den Getränken vorhandenen Begleitstoffen werden dann die von *Bonte*[18] beschriebenen Abschätzungsformeln verwendet.

98 Liegen Getränkeproben nicht vor, aber Angaben zum Getränk, kann eine Vergleichsprobe beschafft und analysiert werden oder, die Spektren finden sich in entsprechenden Tabellarien oder Datenbanken.

99 Je weniger Angaben vorhanden sind, desto unpräziser kann sachverständig Stellung genommen werden.

Ausblick: Im nicht-forensischen Bereich wird die Begleitstoffanalyse zB eingesetzt für die Qualitätskontrolle bei der Herstellung alkoholischer Getränke.

100 Eine Sonderrolle spielt dabei die Methanolkonzentration. Methanol ist ein alkoholischer Begleitstoff, der einerseits durch die Aufnahme entsprechend methanolhaltiger Getränke zugeführt wird, aber auch im Rahmen körpereigener Stoffwechselvorgänge entsteht. Die Besonderheit liegt nun darin, dass Methanol im Organismus normalerweise sofort weiter verstoffwechselt wird. Diese sofortige Verstoffwechslung findet bei gleichzeitig bestehender Alkoholisierung durch Ethanol (= Trinkalkohol) nicht statt, weil dann die alkoholabbauenden Enzyme für den Abbau von Methanol blockiert sind. In der Folge häuft sich das endogen gebildete (im Körper gebildete) Methanol an. Diese höhere Affinität der Alkoholdehydrogenase zum Ethanolmolekül im Vergleich zum Methanolmolekül begründet beispielsweise auch die wirksame Therapie bei einer Methanolvergiftung, indem Ethanol zugeführt wird und dadurch die enzymatische Umsetzung von Methanol in seine toxischen Abbauprodukte Formaldehyd und Ameisensäure unterbrochen wird (vgl auch Rn 28 ff).

G. BAK-Berechnungsmethoden

I. BAK-Rückrechnung

101 In den meisten (Verkehrs-)Strafverfahren kommt im Zuge des Sachverständigen-Beweises die Rückrechnung ausgehend von einer ermittelten Blutalkoholkonzentration zur Anwendung. Dabei ist aus sachverständiger Sicht zu prüfen, wann der **Trinkanfang** und insbesondere das **Trinkende** bezogen auf den **Vorfallszeitpunkt** anzusetzen ist und welches Trinkverhalten zu unterstellen ist. Dies ist ausschlaggebend dafür,

---

17 Siehe das Standardwerk von *Bonte*, Begleitstoffe alkoholischer Getränke, 1987.
18 *Bonte*, Begleitstoffe alkoholischer Getränke, 1987.

welche rückrechnungsfreie Zeit nach dem Trinkende anzusetzen ist, ob 90 min oder 120 min, in Einzelfällen möglicherweise auch weniger als 90 min.

Liegt dann das Resorptionsende vor dem Vorfallszeitpunkt, ist über die gesamte Zeitdauer zwischen Vorfallszeitpunkt und Blutentnahmezeitpunkt zurückzurechnen (siehe Abb. 3). Liegt das Resorptionsende nach dem Vorfallszeitpunkt, so ist für die Rückrechnung die Zeitdauer zwischen den Zeitpunkt des Resorptionsendes und dem Blutentnahmezeitpunkt ausschlaggebend (siehe Abb. 4). 102

Unter Berücksichtigung des Grundsatzes in dubio pro reo wird dann unter Zugunstenbetrachtung der niedrige stündliche Abbauwert von 0,10 ‰ herangezogen und das Ergebnis auf die zweite Stelle nach dem Komma abgerundet.[19] 103

Wie sich in zahlreichen Trinkversuchen gezeigt hat, ist die Resorption des genossenen Alkohols bei einem üblichen Trinkverhalten (Alkoholaufnahme über mehrere Stunden, kein „Kampftrinken") praktisch mit dem Trinkende abgeschlossen. Insofern wird bei der wahrscheinlichen Rückrechnung die Zeitspanne zwischen Vorfallszeitpunkt und Blutentnahmezeitpunkt berücksichtigt. Als wahrscheinlicher stündlicher Abbauwert wird 0,15 ‰ herangezogen, und das Ergebnis auf die zweite Stelle nach dem Komma arithmetisch gerundet (bis x,xx4 Abrundung, ab x,xx5 Aufrundung). 104

Für die Berechnung der maximalen BAK zum Vorfallszeitpunkt wird wiederum die gesamte Zeitspanne berücksichtigt, ferner ein hoher stündlicher Abbauwert von 0,20 ‰. Nachdem sich in Untersuchungen gezeigt hat, dass es hin und wieder auch höhere Abbauwerte als 0,20 ‰/h geben kann (bei langjährigen und schwersten Alkoholikern wurden schon Abbauwerte von 0,34 ‰/h gemessen), wurde ein Sicherheitszuschlag von 0,20 ‰ eingeführt, um dem Rechnung zu tragen. Dieser wird also bei der Berechnung der maximalen BAK grundsätzlich einmalig hinzugefügt. 105

Die Alkoholberechnungsmethoden für forensische Zwecke, insbesondere im strafrechtlichen Bereich sind durch viele obergerichtliche Entscheidungen festgezurrt worden. Eine sehr gute Übersicht dazu hat *Hentschel* aufgestellt.[20] Dieses Werk wurde durch *Hentschel/Krumm* fortgeführt.[21] 106

---

19 *Hentschel/Krumm*, Fahrerlaubnis und Alkohol, 5. Aufl. 2010, Rn 99.
20 *Hentschel*, Trunkenheit, Fahrerlaubnisentziehung, Fahrverbots im Straf- und Ordnungswidrigkeitenrecht, 10. Aufl. 2006.
21 *Hentschel/Krumm*, Fahrerlaubnis und Alkohol, 5. Aufl. 2010.

107 Rechenbeispiel 1:

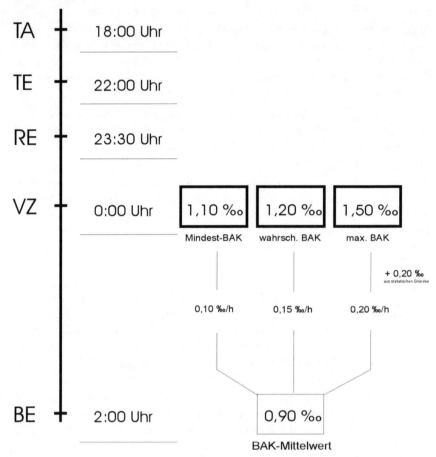

Abb. 3: Rückrechnung der Tatzeit-BAK, Resorptionsende vor dem Vorfallszeitpunkt.

Rechenbeispiel 2:

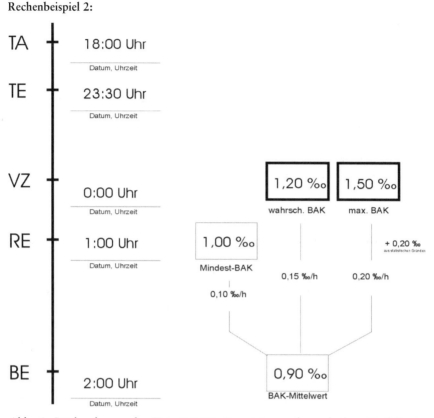

Abb. 4: *Rückrechnung der Tatzeit-BAK, Resorptionsende nach dem Vorfallszeitpunkt: Die Mindest-BAK liegt als gültiger „Anflutungswert" vor.*

II. Abschätzung der BAK aus der Trinkmenge

Noch heute wird in Strafverfahren für die Abschätzung der BAK aus der Trinkmenge die sog. **Widmark-Formel** herangezogen.

Widmark fand wie bereits beschrieben heraus, dass sich der aufgenommene Alkohol nicht auf das gesamte Körpergewicht verteilt, sondern nur auf einen Teil, der in Form der von ihm beschriebenen Widmark-Faktoren berücksichtigt wird.

Den Widmark-Faktor für Männer (♂) ermittelte er mit r = 0,7, den für Frauen (♀) mit r = 0,6. Dabei muss die Körpergrößen-/Körpergewichtsrelation einigermaßen ausgeglichen sein. Besteht ein erheblich erhöhter Fettanteil (> 25 Prozent Übergewicht), so ist der Faktor um 0,1 abzusenken. Besteht ein erhebliches Untergewicht (> 25 %), so kommt eine entsprechende Erhöhung um 0,1 in Betracht. Die Widmark-Formel lautet:

Alkoholmenge (A) = Alkoholkonzentration (c) * Körpergewicht (m) * Widmarkfaktor (r)

(A = c * m * r)

oder für die Berechnung der BAK umformuliert:

c = A/(m * r)

112 In dieser Formel ist allerdings der stündliche Alkoholabbau noch nicht berücksichtigt, auch noch nicht das sog. Resorptionsdefizit (siehe oben).

- Berücksichtigung des sog. **Resorptionsdefizits:**

   Wie ausgeführt fand *Widmark* bereits heraus, dass nach Gabe einer definierten Menge Alkohol der gesamte Alkohol nicht systemisch auftauchte. Dieser „Fehlbetrag" wird als sog. Resorptionsdefizit bezeichnet, weil die Ursachen dafür offensichtlich multifaktoriell sind und noch nicht exakt benannt werden können (u.a. wurde in der Magenwand eine Unterart des Abbauenzyms ADH nachgewiesen). Die in der Rechtsprechung verankerten Werte sind wie ausgeführt 10 %, 20 % und 30 %.

113 Geht es um die Frage der BAK bei einem Fahrzeugführer, wird unter Zugunsten-Betrachtung grundsätzlich das hohe sog. Resorptionsdefizit von 30 % berücksichtigt, unabhängig davon, welche Getränkeklasse er zu sich genommen hat.

114 Geht es um die Frage der BAK im Hinblick auf die Frage der Schuldfähigkeit, wird unter Zugunsten-Betrachtung grundsätzlich das niedrigste sog. Resorptionsdefizit von 10 % verwendet.

- Berücksichtigung des **Alkoholabbaus:**

   Wie ausgeführt haben folgende Alkoholabbauwerte Eingang in die Rechtsprechung gefunden:

   niedriger stündlicher Abbauwert: 0,10 ‰

   wahrscheinlicher stündlicher Abbauwert: 0,15 ‰

   hoher stündlicher Abbauwert: 0,20 ‰

115 Geht es um die Berechnung der BAK eines Fahrzeugführers, wird unter Zugunsten-Betrachtung grundsätzlich der hohe stündlichen Abbauwert von 0,20 ‰ berücksichtigt. Ein zusätzlicher Abzug eines Sicherheitszuschlages wird nicht vorgenommen (wie ausgeführt bezieht sich der statistische Sicherheitszuschlag von 0,20 ‰ auf die in Einzelfällen höheren Alkoholabbauraten als 0,20 ‰/h).

116 Geht es um die Berechnung der BAK im Hinblick auf die Schuldfähigkeit, wird grundsätzlich der niedrige stündliche Abbauwert von 0,10 ‰ berücksichtigt (siehe Abb. 5).

G. BAK-Berechnungsmethoden 5

Rechenbeispiel:

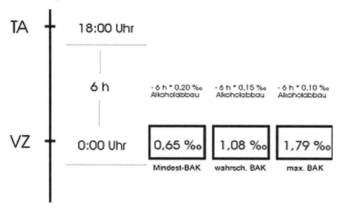

Trinkmengen:

18:00 - 23:30 Uhr
5 Halbe Bier (5 Vol%)   : gesamt 130 g Ethanol
5 kleine Schnaps (37,5 Vol%)

Körpergewicht/-größe : 70 kg/170 cm

Reduktionsfaktor : 0,7 f. Männer

Red. Körpergew. : 49 kg

Rechnung (BAK= Alkoholmenge/Körpergewicht * r)
Rechnung (2,65 ‰ = 130 g/ 70 kg * 0,7) theoretischer Wert

Abzüglich des sog. Resorptionsdefizits

BAKmax. (10% sog. Res-def.)   2,39 ‰

BAKwahrsch. (sog. Res-def. je nach   1,98 ‰
Getränkeklasse, 30 % f. Bier, 10% f.
Schnaps)

BAKmind. (sog. Res-def. 30%)   1,85 ‰

Abb. 5: Abschätzung der Tatzeit-BAK aus der Trinkmenge.
Bei dieser Berechnung hat das Trinkende keine Bedeutung.

III. BAK-Berechnung bei festgestelltem BAK-Mittelwert und Nachtrunkseinlassung

118 Die Kombination aus beiden Berechnungsmethoden kommt dann zur Anwendung, wenn es sich zB um eine Trunkenheitsfahrt gehandelt hat, nach der der Beschuldigte nicht sofort aufgegriffen wurde, sondern erst eine gewisse Zeit später, und er dann angegeben hat, Alkohol „nachgetrunken" zu haben.

119 Dann ist so vorzugehen, dass zunächst eine modellhafte Berechnung ohne Berücksichtigung des angegebenen Nachtrunks (NT) erfolgt, sodann die max. mögliche BAK berechnet wird, die der Beschuldigte durch den angegebenen NT erreichen kann, um diesen Wert dann von der Mindest-BAK ohne NT in Abzug zu bringen (Rechenbeispiel siehe Abb. 6).

Anmerkung: In einigen Studien wurde ein genauerer Zusammenhang zwischen dem **Verteilungsvolumen,** dem Körpergewicht und der Körpergröße hergestellt und entsprechende mathematische Beziehungen für den modifizierten Reduktionsfaktor r' (dieses r' ersetzt dann den Widmark-Faktor r) formuliert.

So gilt für Männer folgende Beziehung:[22]

$$r'_{MI} = 0{,}31608 - 0{,}004821 \times \text{Gewicht [kg]} + 0{,}004632 \times \text{Größe [cm]}$$

Für Frauen gilt:

$$r'_{FI} = 0{,}31223 - 0{,}006446 \times \text{Gewicht [kg]} + 0{,}004466 \times \text{Größe [cm]}$$

Das sog. Resorptionsdefizit ist dann nicht mehr in Abzug zu bringen.

120 In der Gerichtspraxis kommen diese neueren Erkenntnisse kaum zur Anwendung, weil im Strafverfahren der Grundsatz „in dubio pro reo" immer nach der günstigsten Möglichkeit fragt. Wenn zB aus der Trinkmenge die BAK zu berechnen ist, dann ist eben die zugunsten ausgelegte Widmark-Formel mit einem sog. Resorptionsdefizit von 30 % die günstigste Variante.

---

[22] Nach *Seidl/Jensen/Alt*, The calculation of blood ethanol concentrations in males and females, Int. J Legal medicine 2000, 71.

Rechenbeispiel:

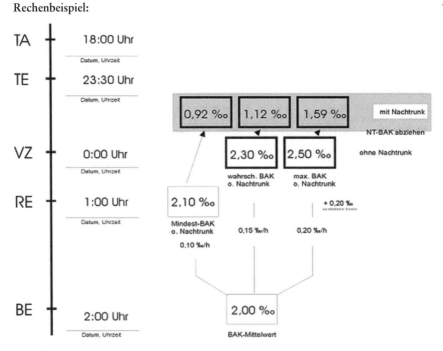

Nachtrunk (0,2 l Wodka): 64 g Ethanol

Körpergewicht/-größe : 70 kg/170 cm

Reduktionsfaktor : 0,7 f. Männer

Red. Körpergew. : 49 kg

Rechnung (BAK= Alkoholmenge/Körpergewicht * r)
Rechnung (1,31 ‰= 64 g/ 70 kg * 0,7) theoretischer Wert

Abzüglich des sog. Resorptionsdefizits
NT-BAKmax. (10% sog. Res-def.)   1,18 ‰
NT-BAKwahrsch. (sog. Res-def. je nach Getränkeklasse)   1,18 ‰
NT-BAKmind. (sog. Res-def. 30%)   0,91 ‰

Abb. 6: Rückrechnung der Tatzeit-BAK; Berücksichtigung eines Nachtrunks von 0,2 l Wodka

H. Strafrechtsvorschriften im Zusammenhang mit Alkohol

§§ 20, 21, 316, 315 c, 323 a StGB, § 24 a Abs. 1 StVG.

122 Vor den originär verkehrsrelevanten Tatbeständen wird kurz auf die §§ 20, 21 StGB eingegangen:

§ 20 StGB
Ohne Schuld handelt, wer bei Begehung der Tat wegen einer krankhaften seelischen Störung, wegen einer tiefgreifenden Bewußtseinsstörung oder wegen Schwachsinns oder einer schweren anderen seelischen Abartigkeit unfähig ist, das Unrecht der Tat einzusehen oder nach dieser Einsicht zu handeln.

§ 21 StGB
Ist die Fähigkeit des Täters, das Unrecht der Tat einzusehen oder nach dieser Einsicht zu handeln, aus einem der in § 20 bezeichneten Gründe bei Begehung der Tat erheblich vermindert, so kann die Strafe nach § 49 Abs. 1 gemildert werden.

123 Die Frage an den Sachverständigen richtet sich also dahin gehend, wie ausgeprägt eine Alkoholisierung war und ob und wenn ja, in welchem Umfang eine dieser Vorschriften erfüllt wurde.

124 Eine entsprechend starke Alkoholisierung fällt unter das Eingangsmerkmal/biologisches Kriterium der krankhaften seelischen Störung, wobei diese dann vorübergehender Natur ist.

Anmerkung: Ein Fahrzeugführer, der aufgrund einer starken Alkoholisierung schuldunfähig iS des § 20 StGB war, wird dennoch verurteilt, nämlich wegen einem fahrlässigen Vollrausch (§ 323 a StGB: Wer sich vorsätzlich oder fahrlässig durch alkoholische Getränke oder andere berauschende Mittel in einen Rausch versetzt, wird mit Freiheitsstrafe bis zu fünf Jahren oder mit Geldstrafe bestraft, wenn er in diesem Zustand eine rechtswidrige Tat begeht und ihretwegen nicht bestraft werden kann, weil er infolge des Rausches schuldunfähig war oder weil dies nicht auszuschließen ist.)

125 Der Ordnungswidrigkeitenbereich (§ 24 a StVG) beginnt bei einer BAK von 0,5 ‰ bzw einer AAK von 0,25 mg/l (und endet bei einer BAK von 1,09 ‰ bzw einer AAK von 0,54 mg/l).

126 Es ist unschwer zu erkennen, dass der Gesetzgeber damit einen Umrechnungsfaktor von 2:1 (eigentlich 2000:1; beachte den Dimensionsunterschied zwischen ‰ und mg/l) zugrunde legte. Dies ist zwar nicht streng an den tatsächlichen physiologischen Gegebenheiten orientiert, allein weil ein solches starres Umrechnungsschema ohnehin physiologisch nicht haltbar ist. Unter Berücksichtigung eines relativ stabilen Verhältnisses zwischen BAK und AAK in der **Eliminationsphase** von 2100 (bis 2400):1 ist bereits quasi ein Sicherheitszuschlag „eingebaut". Um sicherzugehen, dass ein Proband auch tatsächlich in der Eliminationsphase gemessen wird, muss zwischen Tatzeitpunkt und Messzeitpunkt eine Zeit von 20 min verstrichen sein (dies muss der Polizeibeamte auch auf dem Messprotokoll bestätigen, vgl auch Rn 253 f).

Die Rechtsvorschrift nach § 316 StGB hebt auf die Fahrzeugführer ab, die infolge des Genusses alkoholischer Getränke oder anderer berauschender Mittel nicht mehr in der Lage waren, das Fahrzeug sicher zu führen.

Dabei ist zu beachten, dass in der Rechtsvorschrift kein Grenzwert genannt ist. Dieser Grenzwert von derzeit 1,10 ‰ wurde im Jahre 1990 vom BGH festgelegt und setzt sich zusammen aus dem Grenzwert zur absoluten Fahruntüchtigkeit von 1,00 ‰ plus einem Sicherheitszuschlag von 0,10 ‰ (aufgrund der Streuungen der analytischen Verfahren).

Der Grenzwert von 1,10 ‰ gilt dabei für alle motorisierten Fahrzeugführer. Aber auch für Radfahrer gibt es einen Grenzwert, der allerdings bei 1,60 ‰ angesetzt ist.

Insgesamt ist es dabei von entscheidender Bedeutung, ob sich zum Zeitpunkt der Fahrt **im Körper eine Alkoholmenge befunden** hat, die zum Erreichen dieses Grenzwertes geführt hat und nicht, ob sie zum Zeitpunkt der Fahrt bereits **resorbiert** war.

In früherer Zeit waren Argumentationen durchaus von Erfolg gekrönt, die darauf hinausliefen, dass zwar Alkohol aufgenommen wurde, die Fahrt aber zu einem Zeitpunkt stattfand, zu der der Alkohol noch nicht in entsprechendem Umfang aus dem Gastrointestinaltrakt resorbiert war, die Fahrt also quasi vor Einsetzen der Alkoholwirkung bereits wieder beendet war. Diese Argumentation ist durch die oben genannte Regelung im Hinblick auf die rechtliche Konsequenz hinfällig geworden.

Während im § 316 StGB ausschließlich auf die Beeinträchtigung durch berauschende Mittel (auch Alkohol ist ein berauschendes Mittel) abgehoben wird, berücksichtigt die Rechtsvorschrift nach § 315c StGB auch den körperlichen Mangel (zB Einschlafen, krankhafte Ursachen für eine Fahruntüchtigkeit).

Im Hinblick auf eine Alkoholwirkung haben beide Rechtsvorschriften gemein, dass sie darauf abgestellt sind, ob die Voraussetzungen zum sicheren Führen eines Kraftfahrzeuges (noch) vorlagen oder eben nicht.

I. Rechtsmedizinische Beurteilung der Fahrtüchtigkeit

Aus rechtsmedizinischer Sicht ist es dabei unerheblich, ob ein Grenzwert erreicht wurde oder nicht. Entscheidend ist aus rechtsmedizinischer Sicht immer die Frage, ob die Voraussetzungen zum sicheren Führen eines Kraftfahrzeuges noch gegeben waren oder nicht.

Die Grenzwertziehung durch den BGH verhindert dabei, dass bei Alkoholisierungen ab 1,10 ‰ oder mehr noch über diese Frage diskutiert wird weil eben ab 1,10 ‰ vom Vorliegen der absoluten Fahruntüchtigkeit ausgegangen wird. Unterhalb dieser Grenzwerte kann allerdings auch bereits die Fähigkeit verlustig gegangen sein, ein Fahrzeug sicher zu führen. In diesem Falle spricht die Rechtsprechung von der sog. „relativen" Fahruntüchtigkeit, die neben der nachgewiesenen Alkoholisierung noch weitere Beweisanzeichen für die Erfüllung des Tatbestandes benötigt.

136 Die weiteren Beweisanzeichen müssen dabei dann für eine erhebliche/schwer-wiegende Beeinträchtigung der Gesamtleistungsfähigkeit sprechen, die eben mit dem sicheren Führen eines Kraftfahrzeuges nicht mehr zu vereinbaren sind.

137 Die rechtsmedizinische Begutachtung im Hinblick auf diese Fragestellungen besteht einerseits also in der Benennung eines BAK-Wertes, sei es durch Rückrechnung, sei es durch die Berechnung der BAK aus der Trinkmenge, und andererseits eben aus der Beurteilung der psychophysischen Gesamtleistungsfähigkeit des Beschuldigten im Hinblick auf seine Fähigkeiten, den Anforderungen zur aktiven Teilnahme am Straßenverkehr gerecht zu werden. Wenn allein durch die BAK-Berechnung ein Wert von 1,10 ‰ oder mehr zu berechnen ist, erübrigt sich jede weitere Begutachtung, weil dann vom Gericht der Zustand der **absoluten Fahruntüchtigkeit** angenommen wird. Besteht aber eine Alkoholisierung, ohne dass der Grenzwert von 1,10 ‰ erreicht oder überschritten wird, so muss sich die Beurteilung an Hinweisen orientieren, die möglicherweise Aufschluss über den Grad der Alkoholisierung geben.

138 Solche Hinweise sind zum Beispiel Angaben von Zeugen (= Zeugenbeweis), die bestimmte Auffälligkeiten wahrgenommen haben und diese auch nachvollziehbar darlegen können (zB schwankender Gang, lallende Sprache, Alkoholgeruch, auffälliges Fahrverhalten usw).

139 Solche Hinweise können sich aber auch daraus ergeben, dass es zu einem Unfallgeschehen gekommen ist und der Rechtsmediziner nach der unfallanalytischen Rekonstruktion durch einen technischen Sachverständigen eine Aussage dahin gehend treffen kann, in welchem Umfang eine Verlängerung der Reaktionszeit oder eine besonders risikoreiche Fahrweise in einen kausalen Zusammenhang mit der vorliegenden BAK zu bringen ist, oder eben nicht.

140 Auch kann allein eine gut dokumentierte Unfallkonstellation ausreichend sein, um aus sachverständiger Sicht den kausalen Zusammenhang zwischen dem Fahrverhalten und der Alkoholisierung herzustellen.

J. Andere berauschende Mittel

141 Bis Mitte der 90er Jahre waren unter Drogeneinfluss stehende Kraftfahrer ein eher untergeordnetes Problem. Dies lag nicht unbedingt daran, dass Drogenkonsumenten nicht Auto fuhren.

142 Es lag sicher auch daran, dass die Polizei im Hinblick auf dieses Problem nicht sensibilisiert war und auch keine vernünftige Möglichkeit bestand, im Rahmen einer Kurzuntersuchung sozusagen am Straßenrand ein Verdachtsmoment durch einen Test zu erhärten oder nicht.

143 Im Zuge der Verfeinerung der toxikologischen Analytik und auch aufgrund von umfangreichen Nachuntersuchungen von asservierten Blutproben wurde man aber zunehmend aufmerksam auf einen erheblichen Anteil drogenbeeinflusster Kraftfahrer.

144 Wenn man im Zusammenhang mit Verkehrsstraftaten über **Drogen** redet, dann meint man damit die Substanzen, die gezielt von Konsumenten aufgenommen wer-

J. Andere berauschende Mittel 5

den, um eine Bewusstseinsveränderung zu erfahren. Infrage kommen zum Beispiel **Cannabis-Produkte, Ecstasy, Kokain, Heroin, Amfetamine** usw.

Der Begriff Droge beschreibt ursprünglich viel mehr, nämlich alle getrockneten 145 pflanzlichen oder tierischen Stoffe, vor allem Blüten, Samen, Früchte oder Gewürze. In der Pharmazie wird der Begriff Drogen für alle biologisch aktiven Substanzen verwendet, die zur Vorbeugung, Erkennung, Behandlung und der Nachsorge von Krankheiten dienen.

Ebenso verhält es sich mit dem Begriff „Drogenkonsum", der den Konsum von Sub- 146 stanzen beschreibt, die dem Betäubungsmittelgesetz (BtMG) unterstellt sind und mit deren Aufnahme der Konsument eine ganz bestimmte Bewusstseinsveränderung bewirken will.

Es geht dabei nicht nur um die illegalen Substanzen, sondern auch um die legalen, 147 nämlich die Medikamente die entweder zum Zwecke einer Modulation der Gehirnfunktionen aufgenommen werden oder deren Aufnahme zwar nicht eine Veränderung der Gehirnfunktionen zum Ziel hat, deren Nebenwirkungen aber sich auf die Gehirnfunktion beeinträchtigend auswirken kann.

Entscheidend im Sinne des Gesetzes ist nun die Frage ob es sich um ein berauschen- 148 des Mittel handelt oder nicht.

Im Hinblick auf berauschende Mittel ergibt sich für den Verfasser als Mediziner eine 149 andere Klassifizierung als für die Rechtsprechung.

Falldarstellung: Ein junger Mann nimmt einige Stunden vor der Fahrt ein Dragée 150 Vomex A gegen seinen flauen Magen auf, nachdem er die vorangegangene Nacht um die Häuser gezogen ist. Er gerät dann in eine **Polizeikontrolle** und fällt durch eine außerordentliche Nervosität auf. Die toxikologische Analyse weist die Aufnahme von Vomex A nach und stellt einen möglichen Zusammenhang zwischen dieser außerordentlichen Nervosität und der Wirkung dieser Substanz her. Daraufhin wird ihm der Führerschein nach § 111 a StPO vorläufig entzogen und durch die Beschwerdekammer nach Einholung eines weiteren Gutachtens bestätigt.

Bei der Gutachtenserstellung ging es zunächst um die Frage, ob der Wirkstoff von 151 Vomex A – ein übrigens **nur apothekenpflichtiges**, nicht verschreibungspflichtiges Medikament gegen Reisekrankheit – eine Wirkung auf das Zentralnervensystem hat.

Der Wirkstoff von Vomex A ist Diphenhydramin (aus Dimenhydrinat), das als Hist- 152 amin-Rezeptorenblocker auch Histamin-Rezeptoren im Gehirn blockiert und eine mehr oder weniger ausgeprägte **Sedierung** (= **Dämpfung**) bewirken kann, in höherer Dosierung auch paradoxe Effekte wie Unruhe, Erregung, Angstzustände, Zittern usw. Dies ergibt sich auch aus dem **Beipackzettel**, der für jeden Benutzer von Medikamenten Pflichtlektüre ist und man auch nicht von dieser Pflicht befreit wird, wenn man durch den Apotheker oder Arzt entsprechend beraten worden ist.

Aus der Sicht des Verfassers handelt es sich in dieser konkreten Situation nicht um 153 ein berauschendes Mittel, weil es nicht zum Zwecke der Berauschung, dh gezielten Bewusstseinsveränderung aufgenommen wurde. Aus der Sicht der Rechtsprechung handelt es sich vom Prinzip her aber schon um ein anderes berauschendes Mittel, weil es zu Nebenwirkungen führen kann, die vergleichbar denen einer wirksamen Alkoholisierung sind (siehe Abb. 7). In der konkreten Situation war aber sicherlich auch zu beachten, dass die festgestellte Konzentration in einem niedrigen, offensichtlich untertherapeutischen Bereich lag. Letztlich führte dann die erneute Begutachtung dazu, dass das Verfahren nach § 153 a StPO vorläufig eingestellt wurde.

> **4. Andere berauschende Mittel**
>
> Unter anderen Rauschmitteln sind Stoffe (auch Gase) zu verstehen, die auf das zentrale Nervensystem wirken und geeignet sind, bei einem Menschen einen dem **Alkoholrausch vergleichbaren** Zustand zu bewirken (OLG Köln NZV 1991, 158 = VRS 80, 451; OLG Düsseldorf NZV 1994, 326; zu den Auswirkungen von Rauschmitteln ausführlich *Maatz/Mille* DRiZ, 1993, 18, 21; für Amphetaminderivate: *Harbort* NZV 1998, 17 ff.). Namentlich sind dies die im wesentlichen in den Anlagen I-III zu § 1 I BtMG aufgeführten Stoffe (Übersicht siehe *Maatz/Mille* a.a.O.; s. auch OLG Düsseldorf StV 1999, 22 = NZV 1999, 174). Pharmakologische Mittel werden nur erfasst, wenn sie bei entsprechender Handhabung (Dosierung) wie Rauschmittel wirken (med. zweifelhaft vgl. *Schewe* BA 1981, 265; *Ulbricht* „Rauschmittel im Straßenverkehr" 1990, 44; BayObLG NJW 1990 2334 m.w.N.; vgl. auch LK-*König*, R. 139 ff.). „Genuss" meint ebenso wie beim Alkohol lediglich eine „Einnahme", deren jeweilige Motive unbeachtlich sind (BayObLG NZV 1990, 317; *Janiszewski* BA 1987, 243). Auch muss der Rauschmittelgenuss wie bei Alkohol „unmittelbar" mitursächlich für die Fu sein. Die Wirkung als berauschendes Mittel ist unter Hinzuziehung eines Sachverständigen im Urteil darzulegen (OLG Frankfurt NZV 1992, 289). Da im Gegensatz zum Alkoholkonsum die Wissenschaft nicht in der Lage ist, gesicherte Grenzwerte absoluter Fu nach Drogenkonsum zu präsentieren (*Bieniek* StV 1995, 438; BGHSt 44, 219, 222 mit Bespr. *Schreiber* NJW 1999, 1770 ff.; OLG Düsseldorf a.a.O.; OLG Zweibrücken StV 2003, 625 f.), ist die Erfüllung des Tatbestandes des § 316 von dem Vorliegen der **relativen** Fu, die für jeden Einzelfall anhand bestimmter Beweisanzeichen festgestellt sein muss, abhängig zu machen (OLG Frankfurt a.M. NStZ-RR 2002, 17 (18); OLG Düsseldorf DAR 1994, 331; BayObLG NZV 1994, 236; heroin-

Abb. 7: Andere berauschende Mittel, Verweise auf die Rechtsprechung

K. Pharmakologische/-kinetische Grundeigenschaften der Drogen/Medikamente

154 Im Gegensatz zu Alkohol liegen die anderen berauschenden Mittel meist in fester Form vor, aber auch in flüssiger Form. Auch die Aufnahmewege sind mannigfaltig, sie reichen von der Aufnahme über den Mund (= **per os**, p.o., oral), über die Nasenschleimhaut (**intranasal**, i.n.), die Aufnahme über die Lungen (**per inhalationem**, p.i.) bis hin zur intravenösen Aufnahme (i.v., **parenteral**). Aus der Pharmakologie und auch aus der eigenen Kenntnis des Lesers heraus sind andere Zugangswege möglich, nämlich über den Enddarm in Form von Zäpfchen (Suppositorien), über die Haut (percutan, p.c.), unter die Haut (subcutan, s.c.) und durch Eingabe in den Muskel (intramuskulär, i.m.). Diese zuletzt genannten Zugangswege finden allerdings im Rahmen des „Drogenkonsums" – zumindest bisher – kaum Verwendung.

155 Die Verteilung der jeweiligen Substanz im Körper hängt von den jeweiligen Substanzeigenschaften ab. Eine Rolle spielen dabei das Verteilungsvolumen, die Bioverfügbarkeit und die Plasmaproteinbindung und dann hinsichtlich der Ausscheidung die Clearance (Klärungsrate der Nieren) und die extrarenale Elimination (also Klärung außerhalb der Nieren), wie im Übrigen auch bei der Substanz Ethanol.

156 Im Unterschied zu Ethanol kommen alle anderen berauschenden Mittel in ganz anderen Konzentrationsbereichen vor, weil sie über spezifische Bindungsstellen ihre Wir-

kungen entfalten und deshalb weitaus geringere Substanz-Konzentrationen erforderlich sind, um Wirkungen hervorzurufen. Insofern gut nachvollziehbar ist die Tatsache, dass die Befreiung des Körpers von diesen Substanzen, das ist die umgangssprachliche Umschreibung für Elimination, nicht mehr linear verläuft, sondern interindividuell unterschiedlich und je nach Konzentrationsbereich in einer unterschiedlichen Geschwindigkeit. Deshalb ist eine Rückrechnung basierend auf einem einzigen Messwert nicht möglich.

Die Wirkung der Substanzen wird über die Bindung an entsprechende Rezeptoren oder zB Transportmoleküle vermittelt, die dann entweder zu einer direkten Erregung/Blockade oder zu einer Veränderung im Neurotransmittersystem führt. 157

Wie bei Alkohol auch spielt die Gewöhnung eine erhebliche Rolle (und auch die **momentane Verfassung = setting**), wobei gerade in Bezug auf Benzodiazepine oder Opiate, deren entsprechende Rezeptoren auch identifiziert worden sind und die suchterzeugende Wirkung bekanntermaßen weit größer bzw schneller als vergleichsweise beim Alkohol ist. 158

Eine grobe Einteilung der Drogen kann vorgenommen werden in einerseits **aktivierende Substanzen** wie zB Kokain, Amfetamine oder Designer-Amfetamine, teilweise Psychopharmaka und andererseits **sedierende Substanzen** wie zB Heroin, Cannabis-Zubereitungen oder aber auch aus dem Bereich der Medikamente die Benzodiazepine, Barbiturate oder das Morphin/Methadon/Codein. 159

L. Die häufigsten Drogen im Straßenverkehr

I. Cannabis

Cannabis-Zubereitungen werden aus der Cannabis Pflanze, dem indischen Hanf (cannabis sativa) hergestellt. 160

Die wirksamste Substanz ist hierbei das $\Delta 9$-Tetra-hydro-Cannabinol (THC), das aus den weiblichen Blütenständen gewonnen wird. Es handelt sich dabei um eine harzige, klebrige Substanz. Typische Cannabis-Zubereitungen sind entweder das Marihuana (oder Gras), das dem getrockneten und geschnittenen Ausgangsmaterial entspricht oder das Haschisch (Peace), das dem puren, gepressten Harz entspricht. Zu erwähnen ist der Vollständigkeit halber auch das Haschisch-Öl, das aber eher eine untergeordnete Rolle spielt. Cannabis Präparate werden hier zu Lande meist per Inhalation aufgenommen, indem diese Zubereitungen entweder in Form eines Joints oder mit einer Wasserpfeife geraucht werden. Es besteht aber auch die Möglichkeit, Backwaren herzustellen und diese mit der Droge zu versetzen. Auch in Form von Tee-Zubereitungen ist Haschischkonsum möglich. Die orale Aufnahme dürfte aber insgesamt von nachrangiger Bedeutung sein. 161

Die Wirkung setzt rasch ein, es kommt in der Anfangsphase zu einer mehr oder weniger ausgeprägten Euphorie und zu einer Entspannung. Teilweise kann THC auch halluzinogen wirken, insgesamt aber zentral-dämpfend (= sedierend). Ferner kann THC auch atropinartige Wirkungen vermitteln wie zB eine Pupillenerweiterung (= Mydria- 162 sis), Mundtrockenheit, Blutdruckabfall, Pulsanstieg, Lichtscheu, Lachlust und Verwirrung. Aber auch sog. bad trips/horror trips sind unter akuter THC-Wirkung zu beobachten.

163 Beim Rauchen (= kiffen) setzt der Rausch rasch ein, praktisch noch während des Konsums und erreicht auch relativ rasch seine maximale Ausprägung. Insgesamt kann ein solcher Rausch über mehrere Stunden subjektiv bemerkbar sein, nach 5 h ist er in der Regel aber abgeklungen. Bei oraler Aufnahme setzt der Rausch etwas verzögert ein, dauert aber auch entsprechend länger an.

164 Anzeichen mit rein qualitativem Hinweischarakter sind Auffälligkeiten im Bereich der Augen (gerötet, glasig, gelblich, tränend) oder auch Auffälligkeiten im Bereich der Finger-Proben, wenn diese etwas zittrig oder unsicher absolviert werden. Ein Beweiswert kommt diesen Merkmalen sicher nicht zu, es sei denn die Ausführung der Finger-Proben wäre katastrophal oder gänzlich an der Aufgabenstellung vorbei.

165 Aus der Sicht des Verfassers wesentlich sind allerdings Stimmungsauffälligkeiten (träge, apathisch, gleichgültig, unmotivierte Heiterkeit, unmotiviertes Lachen), die nachvollziehbar sein und einen entsprechenden Grad der Ausprägung haben müssen. Es kommt dabei insbesondere darauf an, ob es sich um eine situationsadäquate oder eben situations*in*adäquate Stimmungslage gehandelt hat. Auch wechselnde Stimmungslagen können ein deutliches Kennzeichen für einen erheblichen THC-Einfluss sein, insbesondere wenn diese Stimmungslagen situationsunabhängig hin und her wechseln. Auch können Gleichgewichtsstörungen bei entsprechender Ausprägung einen erheblichen Hinweischarakter haben.

166 Ein möglicher THC-Einfluss auf den Probanden kann mittels des Einbeinstands getestet werden. Wesentlich ist die Voraussetzung, dass dieser Test mit geöffneten Augen durchgeführt wird in der Weise, dass der Proband auch ein Ziel als Anhaltspunkt fixieren kann. In diesem Zusammenhang sehr interessant sind wissenschaftliche Ergebnisse dahin gehend, dass es im Bereich des Kleinhirns, das für die unwillkürliche Motorik und damit auch die korrigierende Feinmotorik verantwortlich ist, **Cannabis-Rezeptoren** gibt, die unter THC-Einfluss gereizt werden, zu einer Aktivierung des Kleinhirns führen und insofern diese Störung darüber erklärbar wäre.

167 Weitere wesentliche Kennzeichen für einen starken THC-Einfluss wären Auffälligkeiten, wie sie unter Rn 169 aufgeführt sind: schläfrig, tief schlafend oder nicht erweckbar wären Zeichen für eine starke Sedierung, und auch Hinweise für eine Mundtrockenheit können deutliche Anzeichen für eine THC-Wirkung sein.

168 Wissenschaftliche Untersuchungsergebnisse zum **Zeitempfinden** bei Bekifften sind dem Verfasser nicht bekannt. In eigenen Untersuchungsreihen mit Nüchternen waren zum Teil ganz erhebliche Abweichungen von den 30 s festzustellen, so dass von einer wirklichen Auffälligkeit erst dann gesprochen werden kann, wenn entweder dieser Test bereits nach 15 s oder weniger oder nach 45 s oder länger abgebrochen wird, wobei wichtig ist, dass solche Untersuchungsergebnisse reproduziert werden müssen, dh mindestens ein oder zwei weitere Tests angeschlossen werden müssen, um diese Auffälligkeit zu verifizieren.

Nachdem sich eine **Sedierung** insbesondere durch die **Verlangsamung** der kognitiven Funktionen zeigt, sind Auffälligkeiten im Bereich der Konzentration, des Gedankenablaufs, der Merkfähigkeit und der Orientierung genau zu prüfen, ebenso wie die Frage der situationsadäquaten kognitiven Teilnahme an der Maßnahme. 169

Je weiter fortgeschritten eine zentrale Dämpfung ist, umso eher werden auch die motorischen Funktionen beeinflusst, die sich dann in Gleichgewichtsstörungen, unsicherem Aussteigen, langsamer Bewegungsweise usw zeigen. 170

Insofern kann auch eine verwaschene Sprache oder Lallen auftreten, wobei dieser Effekt wohl hauptsächlich auf die Erschöpfung zurückzuführen ist. 171

Anmerkung: Dem Verfasser war es jüngst möglich, einem Experiment beizuwohnen, bei dem Versuchspersonen THC intravenös verabreicht bekommen haben (es handelte sich um einen Versuch, der von der zuständigen Ethik-Kommission genehmigt war). Insofern konnte der Ablauf einer THC-Intoxikation von Anfang bis Ende beobachtet werden. Eines der wesentlichen Kennzeichen war auch eine schwere körperliche Erschöpfung, nachdem die akuten Rauschsymptome nicht mehr unmittelbar bemerkbar waren. Dabei war es unabhängig, ob der Rausch positiv oder negativ abgelaufen ist (die entsprechende Publikation ist in Vorbereitung).

Die **Pupillenfunktion** wird durch THC nicht einheitlich beeinflusst. Eine Feststellung der Fahruntüchtigkeit allein aufgrund einer weiten, verzögert und gering reagierenden Pupille bei sonst keinen weiteren wesentlichen Hinweisen für eine erhebliche THC-Wirkung war nach Ansicht des Verfassers daher verfehlt und ist mittlerweile auch obergerichtlich entschieden.[23] 172

Insbesondere die immer wieder gern angeführte erhöhte **Blendempfindlichkeit** entbehrt jeglicher wissenschaftlicher Grundlage. 173

Anmerkung: Im Rahmen des o.g. Experiments wurden auch pupillometrische Tests durchgeführt. Als ersten Eindruck kann man festhalten, dass die Pupillenfunktion in der Phase, in der eine schwere Rauschsymptomatik vorgelegen hat, erheblich verlangsamt wurde bzw die Antwort der Pupille auf einen definierten Lichtblitz deutlich schwächer/geringer ausfiel. Eine Pupillenerweiterung stellte sich nicht ein (Publikation in Vorbereitung)

Eine weite Pupille ebenso wie eine enge Pupille können beim Nachweis von THC im Blut festgestellt werden. Dies ergibt sich aus der gutachterlichen Praxis einerseits und eigenen Untersuchungsergebnissen andererseits im wissenschaftlichen Experiment, wobei sich auch kein einheitlicher Trend der Beeinflussung des Pupillenlichtreflexes (PLR) ergab.[24] 174

Hinsichtlich der unterschiedlichen Gesichtspunkte des Cannabis-Konsums gibt es mittlerweile eine relativ gesicherte Datenlage, die in entsprechenden Publikationen veröffentlicht wurde. 175

---

23 Siehe *Hentschel/Krumm*, Fahrerlaubnis und Alkohol, 5. Aufl. 2010, Rn 54 f, 149.
24 Siehe *Priemer* et al., Pupillenverhalten unter THC-Einfluss, Blutalkohol 1999, S. 84.

176 Einerseits wesentlich ist aus der Sicht des Verfassers die Publikation von *Huestis* et al.[25], weil sie eine durchaus brauchbare Vorlage gibt, um die zeitlichen Verhältnisse zwischen letztmaliger Aufnahme der Cannabiszubereitung und dem Zeitpunkt der Blutentnahme zu bestimmen (siehe auch Kasuistiken).

177 Weiterhin wesentlich ist die 2006 erschienene Publikation von *Möller* et al.[26], die bei 20 Versuchspersonen das Verhalten nach Aufnahme eines Joints mit neuropsychologischen Testmethoden untersucht und festgestellt haben, dass innerhalb der ersten 2-3 h nach Cannabiskonsum signifikante Beeinträchtigungen bei allen Leistungstests festzustellen waren, und bis zu 5 h nach Rauchende eine signifikante Beeinträchtigung der Feinmotorik, entsprechend einer THC Konzentration von 2-5 µg/l im Serum.

178 Ferner wesentlich und informativ ist aus der Sicht des Verfassers eine weitere Publikation von *Ramaekers* et al. aus dem Jahre 2009[27], die mit den gleichen Methoden, wie sie in der Arbeit von *Möller* et al. verwendet wurden, bei heavy usern unterhalb einer THC-Konzentration von 10 µg/l keine signifikanten Leistungsbeeinträchtigungen festgestellt haben.

179 Ein weiterer wesentlicher Punkt ist die Tabelle über die gemessenen Cannabis-Konzentrationen, wobei explizit darauf hinzuweisen ist, dass auch ein Testlauf durchgeführt wurde mit Verabreichung eines Placebos an heavy user, die über die gesamte Versuchsdauer von 8 h einen nur relativ geringen Abfall der THC Konzentration zeigten (siehe Abb. 8).

Table 3 Mean (SD) serum concentrations (ng/mL) of THC, THC-COOH and OH-THC as a function of time after smoking in heavy users and occasional users

	Baseline	0.1	0.25	0.5	0.75	1	1.5	2	3	4	5	6	7	8
Heavy cannabis users after smoking THC														
THC	3.4 (3.5)	120.9 (78.1)	47.4 (28.2)	30.3 (18.6)	22.6 (12.2)	19.0 (10.5)	13.9 (7.4)	10.4 (5.8)	6.1 (3.5)	5.2 (3.5)	5.5 (6.9)	4.2 (4.1)	3.5 (3.0)	3.5 (2.9)
THC-COOH	71.0 (79.0)	107.3 (95.8)	114.8 (96.2)	114.9 (92.3)	113.9 (92.6)	102.5 (85.4)	94.3 (82.0)	88.3 (79.5)	80.8 (81.1)	68.8 (73.6)	63.2 (77.7)	64.3 (75.5)	61.8 (75.3)	62.4 (75.7)
OH-THC	1.6 (1.7)	12.0 (10.7)	10.5 (8.5)	9.5 (7.8)	8.5 (6.7)	7.5 (5.7)	6.2 (4.3)	5.0 (3.3)	3.4 (2.2)	2.7 (1.8)	2.5 (2.6)	2.1 (1.8)	1.8 (1.5)	1.7 (1.4)
Occasional cannabis users after smoking THC														
THC	0.0 (0.0)	49.1 (24.9)	20.7 (9.3)	13.3 (5.3)	10.9 (4.4)	8.5 (3.3)	6.7 (2.2)	5.1 (2.1)	2.9 (1.9)	2.1 (1.5)	1.3 (0.8)	0.9 (0.6)	0.7 (0.4)	0.6 (0.3)
THC-COOH	1.6 (0.5)	12.0 (11.8)	10.5 (12.0)	9.5 (11.1)	8.5 (10.3)	7.5 (9.1)	6.2 (7.6)	5.0 (6.7)	3.4 (5.5)	2.7 (4.3)	2.5 (3.8)	2.1 (4.3)	1.8 (4.1)	1.7 (3.9)
OH-THC	0.0 (0.0)	6.6 (5.1)	5.7 (3.7)	4.7 (2.9)	4.0 (2.4)	3.3 (1.8)	2.9 (1.3)	2.4 (1.1)	1.6 (0.7)	1.2 (0.4)	0.8 (0.3)	0.7 (0.3)	0.5 (0.3)	0.5 (0.3)
Heavy users after smoking placebo														
THC	2.9 (3.2)	3.0 (3.8)	3.0 (3.8)	2.9 (4.0)	2.9 (3.7)	3.0 (4.2)	2.7 (2.9)	2.7 (3.1)	2.6 (3.1)	2.8 (3.4)	2.5 (2.9)	2.6 (3.1)	2.3 (2.5)	2.4 (3.0)
THC-COOH	96.3 (177.5)	82.9 (135)	81.7 (156.5)	84.1 (136.9)	83.2 (139.1)	86.4 (142.8)	87.1 (140.7)	73.5 (117.2)	76.7 (126.7)	66.5 (111.7)	66.8 (118.2)	71.2 (127.3)	72.1 (135.5)	65.9 (113.6)
OH-THC	1.9 (3.1)	1.9 (3.3)	1.7 (2.8)	1.9 (3.1)	1.8 (2.8)	1.7 (2.9)	1.6 (2.3)	1.4 (2.1)	1.3 (2.0)	1.3 (1.9)	1.2 (1.7)	1.0 (1.6)	0.9 (1.4)	0.9 (1.3)

Abb. 8: gemessene Cannabis-Konzentrationen in den drei Gruppen „heavy user" nach Aufnahme eines Joints, Gelegenheitskonsumenten nach Aufnahme eines Joints, und „heavy user" nach Aufnahme eines Placebos (dh einer Medikation ohne Wirkstoff).[28]

---

25 *Huestis* et al., Estimate the Time of Last Cannabis Use from Plasma Δ⁹-Tetrahydrocannabiol and 11-nor-9-Carboxy-Δ⁹-Tetrahydrocannabiol Concentrations, Clin Chem 2005, 2289.
26 *Möller* et al., Leistungsverhalten und Toxikokinetik der Cannabinoide nach inhalativer Marihuanaaufnahme, Blutalkohol 2006, 361.
27 *Ramaekers* et al., Neurocognitive performace during acute THC intoxication in heavy and occasional cannabis users, J Psychopharmacology 2009, 266.
28 Veröffentlicht von *Ramaekers* et al., J Psychopharmacology 2009, 266

II. Kokain

Kokain wird aus der Verarbeitung der Blätter des Coca-Strauches hergestellt. Die fertige Droge besteht in einem Pulver, dass entweder geschnupft (i.n.), geraucht (p.i.), geschluckt (p.o.) oder in die Vene gespritzt wird. Eine phasenweise favorisierte Mischung zur intravenösen Gabe war Heroin plus Kokain zusammen (Speedball). 180

Kokain ist das Paradebeispiel für eine **zentral aktivierende Substanz**, die im frühen Rauschstadium zu einer Euphorie führt und insgesamt die Wachheit und die Konzentrationsfähigkeit fördert. Der Kokain-Berauschte hat ein Gefühl der unerschöpflichen Leistungsfähigkeit, so dass nachteilige Veränderungen der Kritikfähigkeit und die Neigung zur Selbstüberschätzung zwanglos nachvollziehbare Auswirkungen sind. Begleitet wird ein Kokain-Rausch typischerweise von einer Pupillenerweiterung mit abgeschwächter Pupillenlichtreaktion, einem Blutdruckanstieg, Pulsanstieg und auch einer vermehrten Neigung zum Schwitzen. Symptome wie erhöhte Erregbarkeit, Abnahme der Konzentrationsfähigkeit, Schlaflosigkeit und depressive Stimmungslagen treten einerseits bei chronischem Kokain-Konsum auf, sind andererseits aber auch Symptome, die sich *nach* der erwünschten Kokain-Wirkung zeigen. 181

Anmerkung: Zum Verständnis wird die Kokain-Wirkung auf der zellulären Ebene skizziert:

Kokain führt zu einer erhöhten Konzentration der Neurotransmitter Noradrenalin und Dopamin an den Nervenschaltstellen (neuronalen Synapsen), indem es die normalerweise stattfindende Wiederaufnahme dieser Transmitter nach erfolgter Signalübertragung hemmt.

Die Folge ist eine künstliche Erhöhung dieser Neurotransmitter an der Schaltstelle, wodurch es zu einer übermäßigen Erregung kommt. Im weiteren Verlauf werden dann die Freigesetzten Neurotransmitter enzymatisch abgebaut, so dass sie dann absolut gesehen weniger vorhanden sind, so dass es im Gefolge einer zentralen Aktivierung dann zum Gegenteil, nämlich zu einer zentralen Deaktivierung kommt.

Insofern dürfte es auch verständlich werden, dass ein chronischer Kokain-User zunehmend höhere Dosen an Kokain benötigt, um vergleichbare Effekte erzielen zu können, weil er durch diesen chronischen Konsum einen absoluten Mangel an verfügbaren, dh gespeicherten Neurotransmittern hat. 182

Zum Rauschverlauf ist auszuführen, dass insbesondere nach Schnupfen, Rauchen oder intravenöser Gabe der Rausch sehr rasch einsetzt und die euphorische Phase nach längstens einer Stunde wieder abgeklungen ist. Wie ausgeführt ist allerdings damit die Wirkung noch nicht vorüber, sondern es kommt dann zu der unerwünschten Wirkung, nämlich zu der eher depressiven Phase, bei zwar noch fortbestehender zentraler Aktivierung, insgesamt aber erheblich eingeschränkten Leistungsfähigkeit. 183

Wenig aussagekräftige Anzeichen sind Auffälligkeiten im Bereich der Augen, im Bereich der Koordinationstests und hinsichtlich abgedämpfter Körperreaktionen, sofern von einem Kokainrausch in der frühen Rauschphase ausgegangen wird. 184

185 Aus der Sicht des Verfassers aber wesentlich sind Auffälligkeiten im Bereich der Stimmungslage und auch im Bereich des Zeitempfindens, einer motorischen Hyperaktivität, wie beschrieben im Bereich der Pupille (Pupillenerweiterung, abgeschwächter PLR) und auch im Hinblick auf den Gedankenablauf, der wie beschrieben in der akuten Rauschphase beschleunigt ist und sich typischerweise repräsentiert in einem unaufhörlichen, entsprechend auch situationsinadäquaten Redefluss.

III. Heroin

186 Die Geschichte von Heroin beginnt 1874, als es von einem Briten erstmals synthetisiert wird. Ab 1898 wird Heroin von der Firma Bayer unter anderem als Schmerz- und Hustenmittel in Deutschland vermarktet. Ursprünglich wurde es gegen die Entzugssymptome des Morphins eingesetzt.

187 Heroin, chemisch ausgedrückt **Di-Acetyl-Morphin** ist ein halbsynthetisches Opioid, das aus der Milch des Schlafmohns (Papaver somniferum) synthetisiert wird.

188 Heute wird Heroin im Wesentlichen als kristallines Pulver verkauft, das in unterschiedlichen Reinheitsgraden (Nr. 1-4) vorliegen kann.

189 Die Aufnahmeform heutzutage ist entweder intravenös, durch Folienrauchen (aus der Not wegen der Infektionsgefahr geboren) oder Schnupfen. Die orale Aufnahme hat eher Seltenheitswert, weil es bei dieser Form der Aufnahme zu einem erheblichen Wirkungsverlust durch den first-pass-Metabolismus kommt.

190 Nach Aufnahme zerfallen sowohl das Di-Acetyl-Morphin (= Heroin) als auch das Mono-Acetyl-Morphin sehr rasch (innerhalb von Minuten) in Morphin (HWZ 2-3 h) und wird deshalb in den meisten Fällen auch im Blut nicht mehr aufgefunden.

191 Die **Wirkungen** sind eine starke Euphorie, anfangs mit einem starken Kick, eine völlige Schmerzunempfindlichkeit und im weiteren Verlauf dann eine starke Sedierung und auch schlafanstoßende (hypnotische) Wirkung. Die potenziell tödliche Wirkung von Heroin bei **Überdosis** ist die Atemdepression mit vollständigem Atemstillstand.

192 Die vegetativen Begleiterscheinungen sind eine absolute Pupillenengstellung, die interessanterweise keiner Toleranzentwicklung unterliegt. Es kann zu einem Blutdruckabfall und Pulsabfall kommen. Auch hat Morphin Auswirkungen auf die glatte Muskulatur mit einer Tonuserhöhung und damit Störungen im Magen-Darmtrakt einschl. des Gallenflusses.

193 Bekannt ist das hohe Suchtpotenzial von Heroin mit psychischer und körperlicher Abhängigkeit. Die Entzugserscheinungen sind äußerst unangenehm, weil sie unter anderem mit extremen Krämpfen, Erbrechen, Durchfall, Kopf- und Muskelschmerzen und starkem Schwitzen ablaufen und sich eine starke Morphingier entwickelt. Oft ist die Angst vor diesem unangenehmen Entzug der Grund für die Beschaffungskriminalität, in die Heroin-Abhängige oft geraten.

194 Der Rausch setzt rasch ein, ist am stärksten bei intravenöser Gabe und wird beschrieben als überwältigende Rauschüberflutung mit völliger Schmerzfreiheit und den anderen bereits beschriebenen Wirkungen.

Die relevanten Anzeichen im Rahmen der **Kontrolle** sind im Hinblick auf den akuten Rausch weniger die Augen oder unsichere Koordinationstests als vielmehr Zeichen der erheblichen Dämpfung mit Schläfrigkeit, Gleichgewichtsstörungen, möglicherweise erheblich gestörtem Zeitempfinden, Sprach-/Sprechauffälligkeiten und dann wie beschrieben einer sehr eng gestellten Pupille und erheblichen Störungen in Bezug auf die kognitiven Funktionen.

IV. Amfetamin/Metamfetamin (Speed/Crystal)

Amfetamin (alte Schreibweise: Amphetamin) wurde erstmals 1887 synthetisiert, das 5-mal stärkere Metamfetamin erstmals 1919. Unter anderem wurden diese Substanzen gezielt im Zweiten Weltkrieg eingesetzt, sei es in der deutschen Wehrmacht, bei den Alliierten oder auch den japanischen Kamikaze-Fliegern.

Amfetamin/Metamfetamin liegt entweder als Pulver) oder in Tablettenform vor. Die Aufnahme erfolgt entweder oral, intranasal oder auch intravenös.

Die **Wirkungen** sind sehr ähnlich denen des Kokains, weil auch der Wirkmechanismus bezüglich der Neurotransmitter Noradrenalin und Dopamin sehr ähnlich ist. Diese Substanzen, auch als sog. **Weckamine** bezeichnet führen zu einer künstlichen Erhöhung der zentralen Leistungsfähigkeit, wobei es typischerweise im Gefolge dann auch zu einem Zustand der reduzierten Leistungsfähigkeit kommt.

Auch bei diesen Substanzen tritt bei chronischem Gebrauch eine Toleranzentwicklung auf mit Schlafstörungen, Depressionen, Panikattacken usw.

Die relevanten Anzeichen für eine nachhaltige Beeinflussung durch Amfetamine sind wiederum sehr ähnlich zu denen des Kokains, wobei auch an die zweite, depressive Rauschphase zu denken ist. Stimmungsauffälligkeiten sind aus der Sicht des Verfassers von wesentlicher Bedeutung ebenso wie das Zeitempfinden, im Hinblick auf die Koordination die Hyperaktivität und dann insbesondere aber Auffälligkeiten im Bereich der Pupille (Mydriasis, abgeschwächter PLR) und des Gedankenablaufs, wobei hierbei insbesondere auf eine Beschleunigung zu achten ist.

V. Designer-Amfetamine

Eine Sonderstellung innerhalb der Amfetamine nehmen die Designer-Amfetamine ein. Der Hauptvertreter ist das **MDMA**, auch als **Ecstasy** bekannt. Daneben sind weitere Designer-Amfetamine wie zB das **MDEA**, **MDA**, das **DOM** oder das **PMA** zu nennen. Die Synthese von Ecstasy gelang Anfang des 20. Jahrhunderts und wurde im Jahre 1912 für die Firma Merck patentiert.

Heutzutage wird es wieder meist in Tablettenform verbreitet, entsprechend aufbereitet in Form bunter Pillen, die dann Namen wie Kleeblatt, Taube, Dollar, Hase, Kamel, Delphin, Road Runner, Smilie, Pilz, Olympics, Krone usw haben. Typisches Kennzeichen sind auch entsprechende eingearbeitete Motive.

§ 10 Rechtsmedizinische Fragestellung

203 Nachdem es praktisch keinen Unterschied zwischen der parenteralen (also intravenösen oder inhalativen) und oralen Aufnahme gibt, werden Designer-Amfetamine eben typischerweise oral aufgenommen.

204 Das **Wirkungsspektrum** ist zu dem der anderen Amfetamine etwas unterschiedlich mit einer etwas ausgeprägteren halluzinogenen Wirkung, weil Designer-Amfetamine sehr stark in den Serotonin-Haushalt eingreifen.

205 Serotonin ist der Glücks-Botenstoff im Gehirn, so dass zwar auch eine zentrale Aktivierung auftritt, aber eine stärkere Euphorie/Glücksempfinden.

206 Im Vordergrund steht eine starke **entaktogene Wirkung**. „Entaktogen" bedeutet übersetzt „im Inneren berührt" und ist in etwa so zu umschreiben, dass sich der Ecstasy-Berauschte in seinem Inneren berührt fühlt und von daher besonders großes Glück in einer Gruppe erfährt.

207 Eines der Schlagwörter für den Ecstasy-Rausch ist das „ozeanische Wir-Gefühl", das die Grenzen zwischen den einzelnen Individuen verwischt und als überwältigender Energie-Fluss empfunden wird.

208 Die vegetativen Begleiterscheinungen sind einerseits wieder eine Pupillenerweiterung (Mydriasis) mit Abschwächung des PLR, Reduktion des Appetits, Anstieg von Puls und Blutdruck, Schlaflosigkeit usw. Die Wirkung setzt nach Aufnahme im Bereich von etwa 40 Minuten ein und äußert sich oft in einem nicht zu stoppenden Bewegungsdrang, der unter anderem auch mit einer Empfindungsstörung im Bereich der Muskeln einhergeht, die durch Bewegung besser zu ertragen ist.

L. Die häufigsten Drogen im Straßenverkehr 5

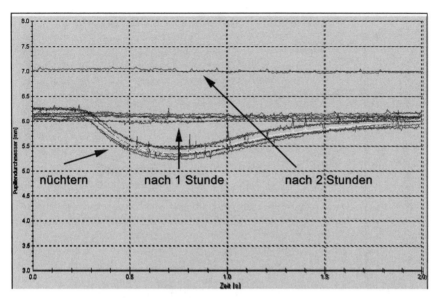

Abb. 9: Pupillenfunktion (bei Dunkelheit) nach Aufnahme von 70 mg S-MDE: „nüchtern" normaler PLR, nach 1 Stunde keine Lichtreaktion, nach 2 Stunden zusätzlich Mydriasis[29]

Im Rahmen einer Studie war es dem Verfasser möglich, die Pupillenfunktion bei Einfluss von **MDE** (**Methylendioxyethylamfetamin** = der etwas schwächere Bruder von MDMA) zu untersuchen.

Durch die stark sympathikotone, zentral aktivierende Wirkung dieser Substanz trat der Effekt der Pupillenerweiterung bei gleichzeitiger Abnahme der Reaktion der Pupille auf Lichteinfall erwartungsgemäß auf (Abb. 9, 10).

---

29 Siehe auch *Priemer* et al., Pupillenfunktion unter acuter MDE-Wirkung, BASt M152, 2003, 143-146.

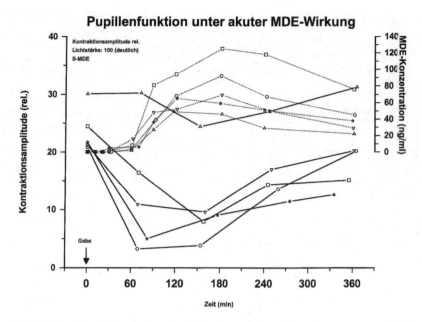

Abb. 10: *Pupillenfunktion (bei Dunkelheit) nach Aufnahme von 70 mg S-MDE: Wirkstoffspiegel (······) und relative Amplitude (——). Es zeigt sich die deutliche Abnahme derselben unter MDE-Wirkung*[30]

VI. Benzodiazepine (Medikamentengruppe)

211 Hinsichtlich der Medikamente sind die Benzodiazepine etwas eingehender zu besprechen. Benzodiazepine finden Verwendung als Angstlöser (**Tranquilizer**), als Schlafmittel (**Hypnotika**), als krampflösende Medikamente bei Epilepsien und auch als Muskelrelaxantien (zur Muskelentspannung).

212 Unterschieden wird in kurzwirksame (bis 6 h), mittellangwirksame (6–24 h) und langwirksame (> 24 h) Benzodiazepine. Das bekannteste ist Valium, ein lang wirksames Benzodiazepin mit einer Halbwertszeit (HWZ) von 20–40 h, im Gegensatz dazu das mittellangwirksame Flunitrazepam (Handelsname zB Rohypnol, Halbwertszeit 10–20 h), das besonders gern als Drogenersatzstoff zur Anwendung kam und andererseits auch als Schlafmittel zur Anwendung kommt. Zu den kurz wirksamen Benzodiazepinen wird Midazolam gerechnet mit einer Halbwertszeit von 1,5–2,5 h.

213 Diese Medikamente können in verschiedenen Formen zur Anwendung kommen (zB p.o., i.v., rektal) die häufigste ist sicher die in Form von Tabletten. Gerade weil zB Rohypnol von Drogenkonsumenten gerne als Ersatzstoff aufgenommen wurde, wurde dieses Medikament blau eingefärbt, damit zB auch eine versehentliche Einnahme in Getränken nicht mehr so einfach möglich war.

---

30 Siehe auch *Priemer* et al., Pupillenfunktion unter akuter MDE-Wirkung, BASt M152, 2003, 143.

M. Analytik/Nachweis

Auch ist die Vertreibung von **Benzodiazepinen** mittlerweile an Höchstmengen gekoppelt. Bei Überschreitung dieser Höchstmengen sind sie als Betäubungsmittel zu behandeln. Damit sollte der großzügigen Verschreibung dieser Drogenersatzstoffe an Drogenabhängige vorgebeugt werden. Die Aufnahme außerhalb stationärer oder notärztlicher Interventionen ist meist oral. Die **Wirkung** von Benzodiazepinen ist im Wesentlichen zentral-dämpfend, mehr oder weniger stark ausgeprägt, angst- und spannungslösend sowie schlaffördernd. Nach Aufnahme setzt die Wirkung im Bereich von 20 bis 40 Minuten ein und zeigt sich im Wesentlichen in Form einer starken zentralen Dämpfung, je nach Substanzcharakteristik mit vorwiegend schlafanstoßender oder vorwiegend angstlösender Wirkung. 214

Bei den relevanten Wirkungen von Benzodiazepinen sind deshalb Auffälligkeiten zu erwarten im Bereich der Koordinationstests, speziell im Hinblick auf die Gleichgewichtsfunktion (einschließlich der unwillkürlichen Motorik), aber auch im Bereich Zeitempfinden, Stimmungslage und auch Körperreaktionen. Besonderes Augenmerk liegt vor allem auf der Sprechweise, etwas eingeschränkt auf der Pupillenfunktion und natürlich vor allem auf der Beeinträchtigung der kognitiven Funktionen (die Wirkungen der Benzodiazepine sind denen des Alkohols sehr ähnlich). Alle bekannten zentral-nervös wirksamen Drogen und Medikamente zu behandeln, würde den Rahmen dieses Skripts sprengen. Die am häufigsten angetroffenen Substanzen wurden detailliert besprochen. 215

M. Analytik/Nachweis

Zunächst ist festzuhalten, dass die Methoden zur Bestimmung am Lebenden entwickelt sind für die Medien Blut, Urin, Haare, Schweiß und Speichel. 216

Als Nachweismethoden stehen zur Verfügung immunologische Testverfahren, die eine qualitative oder höchstens halbquantitative Aussage zulassen, aber vorwiegend das Problem besteht, dass es sich um Gruppentests handelt, also nicht nach einer Substanz, sondern einer ganzen Substanzgruppe gesucht wird. 217

Durch die hohe Sensitivität dieser Testverfahren (bei erhöhter Empfindlichkeit erhöhte Gefahr von falsch positiven Befunden) muss unter forensischen Aspekten daher jedes positive Ergebnis (in diesem Zusammenhang ist besonders die Überwachungsarbeit der Kreisverwaltungsbehörden angesprochen) durch eine spezifische Methode bestätigt werden. 218

Diese Methoden, die auch eine quantitative Bestimmung und vor allen Dingen auch Identifikation der einzelnen Wirksubstanz zulassen, sind die **GC-Methode** und die **LC-Methode**, eingeschränkt auch die **HPLC-Methode**. 219

Insbesondere für die Ermittlungsarbeit der **Polizei** und des Zolls wichtig sind Verfahren, die eine unmittelbare und schnelle Aussage darüber zu lassen, ob eine Substanz (-Gruppe) auffindbar ist oder nicht. Diese Testverfahren werden **Roadside-Tests** genannt, weil sie auch tatsächlich am Straßenrand durchgeführt werden können. Hierzu gibt es verschiedene Verfahren, die allesamt auf einer immunologischen Reaktion 220

§ 10 Rechtsmedizinische Fragestellung

zwischen der gesuchten Substanzgruppe und einem zB gold-markierten Antikörper beruhen.

221 Das heutzutage am häufigsten angewendete Verfahren im Rahmen von **Straßenverkehrskontrollen** ist der immunchemische Urin-Schnelltest, der innerhalb weniger Minuten eine Aussage darüber zulässt, ob eine bestimmte Substanzgruppe im Urin vorliegt oder nicht. Mittlerweile gibt es auf diesem Gebiet viele Hersteller, und je nach Entscheidung der Beschaffungsabteilung des jeweiligen Polizeipräsidiums wird eben bspw ein Urin-Schnelltest der Firma Protzek oder Mahsan o.a. verwendet.

222 Das Wischtestverfahren „Drugwipe" stellt eine erhebliche Konkurrenz zum Urintest dar. Mit dem Drugwipe werden Oberflächen abgestrichen, wobei zentral wirksame Substanzen auch über den Schweiß ausgeschieden werden und man insofern von einem Schweiß-Testverfahren sprechen kann (nach Herstellerangaben auch als Speicheltest verwendbar).

223 In den letzten Jahren wurde zwar intensiv versucht, das Vortestverfahren akzeptabler zu machen. Allerdings ist Speichel als Matrix offensichtlich ungeeignet. Die Fehlerrate ist bei dieser Testform immer noch zu hoch, wobei dazu übergegangen wurde, per elektronischer Auswertung mittels eines Lesegeräts die Aussagekraft zu erhöhen. Dennoch wird in nächster Zeit wohl weiterhin zur Verdachtsgewinnung überwiegend der Urinschnelltest erfolgen.

224 Die Probleme aller dieser Roadside-Testverfahren liegen in erster Linie im großen Zeitfenster, das im Bereich von Tagen liegen kann.

225 Speziell im Hinblick auf Cannabinoide ist auch die Information wichtig, dass die verwendeten Antikörper primär nicht THC als psychoaktiv wirksame Substanz erfassen (das ist auf dem Mahsan-Testgerät zwar aufgedruckt), sondern den inaktiven Metaboliten **THC-Carbonsäure**, der bekanntermaßen auch noch nach zwei bis vier Wochen nach letzter Cannabis-Aufnahme im Urin uU nachgewiesen werden kann.

226 Der Drugwipe-Test funktioniert dennoch als Oberflächenwischtest zum Nachweis von THC, weil der Antikörper eine Kreuzreaktivität aufweist.

227 Im Hinblick auf den Wischtest ist auch festzustellen, dass dieser zunächst nur die Aussage zulässt, dass sich an dieser abgewischten Oberfläche diese Substanz befunden hat, ohne eine Aussage darüber treffen zu können, ob auch eine Körperpassage (sprich der Konsum) stattgefunden hat.

228 Im Resümee muss man daher feststellen, dass diese Vortestverfahren allenfalls zur Gewinnung eines Verdachtsmomentes geeignet sind, keiner dieser Methoden aber eine Aussage über eine mögliche Wirkung zulässt.

229 Wie bereits ausgeführt ist auch für die Anwendung der Rechtsvorschriften § 24a Abs. 2 StVG oder § 316, § 315c StGB der spezifische und quantitative *Nachweis im Blut* erforderlich, der entweder mit der **GC-MS-Methode** (gaschromatigrafisches Verfahren gekoppelt mit Massenspektrometrie) oder der **LC-MS-MS-Methode** (Flüssigkeitschromatografisches Verfahren gekoppelt mit Massenspektrometrie) bewerkstelligt wird. State of the art ist die LC-MS-MS-Methodik, weil sie den erfassbaren Kon-

zentrationsbereich erheblich abgesenkt hat und andererseits auch effizienter, schneller und schonender arbeitet als die GC-MS-Methode.

Dabei kann es zu einer Verurteilung nach der Rechtsvorschrift § 24 a StVG nur kommen, wenn eine der in der Anlage 2 (s. Abb. 11) aufgeführten Substanzen auch tatsächlich nachgewiesen wird. Interessant in diesem Zusammenhang ist die Tatsache, dass Metamfetamin nicht in dieser Anlage aufgeführt ist, obwohl es um ein vielfaches wirksamer als Amfetamin ist. Interessant im juristischen Sinne ist sicher auch, dass Benzoylecgonin aufgeführt ist, das als Metabolit (Abbauprodukt von Kokain) von Kokain zwar auf eine vorangegangene Aufnahme hinweist, selbst aber keine Wirkung hat, und andererseits der § 24 a Abs. 2 StVG lautet:

Ordnungswidrig handelt, *wer unter der Wirkung* eines in der Anlage dieser Vorschrift genannten berauschenden Mittels im Straßenverkehr ein Kraftfahrzeug führt. Eine solche Wirkung liegt vor, wenn eine in dieser Anlage genannte Substanz im Blut nachgewiesen wird. ...

Anlage zu § 24 a StVG: Liste der berauschenden Mittel und Substanzen

Berauschende Mittel	Substanzen
Cannabis	Tetrahydrocannabiol (THC)
Heroin	Morphin
Morphin	Morphin
Cocain	Cocain
Cocain	Benzoylecgonin
Amfetamin	Amfetamin
Designer-Amfetamin	Methylendioxyamfetamin (MDA)
Designer-Amfetamin	Methylendioxyethylamfetamin (MDE)
Designer-Amfetamin	Methylendioxymetamfetamin (MDMA)
Metamfetamin	Metamfetamin

Abb. 11: Anlage zum § 24 a StVG

Auch wurde die quantitative Bestimmung nunmehr relevant auch im Bereich des § 24 a Abs. 2 StVG, nachdem das BVerfG bei Vorliegen von THC als untere Grenze für die Anwendung dieser Rechtsvorschrift 1,0 ng/ml (= 1 µg/l) festgelegt hat.[31]

Auch für die anderen in der Anlage aufgeführten Substanzen hat die von der Bundesregierung eingesetzte sog. Grenzwertkommission Grenzwerte vorgeschlagen:[32]

Morphin – 10 ng/ml

Benzoylecgonin 75 ng/ml

Amphetamin – 25 ng/ml und

MDE, MDA und MDMA jeweils 25 ng/ml

Methamfetamin 25 ng/ml

---

31 BVerfG Beschl. v. 21.12.2004 – 1 BVR 2652/03.
32 Veröffentlicht in Toxichem + Krimtech 2002, 127.

234 Unabhängig von irgendwelchen Listen verhält es sich bei der Anwendung der Rechtsvorschriften nach § 316 und § 315 c StGB, weil der Nachweis einer Substanz für die Anwendung allein nicht ausreicht. Aus der Sicht des Verfassers werden auch wissenschaftlich abgesicherte Grenzwerte, wie es ausschließlich in Bezug auf die Alkoholisierung möglich war, auf Dauer nicht zu erarbeiten sein.

235 Darauf hat die Rechtsprechung reagiert und formuliert, dass die Anwendung einer dieser Rechtsvorschriften einerseits an den Substanznachweis und andererseits an den Nachweis einer schwerwiegenden Beeinträchtigung der Gesamtleistungsfähigkeit bzw der Unfähigkeit, ein Fahrzeug mit erforderlichen Sicherheit im Straßenverkehr zu führen, gekoppelt ist.

N. Rechtsmedizinische Beurteilung der Fahrtüchtigkeit bei Einfluss anderer berauschender Mittel

236 Im Stadtgebiet München werden **Verkehrskontrollen** teilweise von uniformierten Streifen, teilweise von zivilen Streifen vorgenommen. Insbesondere für das Aufspüren von drogenbeeinflussten Kraftfahrern wurde in München der sog. **Drogentrupp** gebildet. In diesem Drogentrupp arbeiten speziell geschulte Polizeibeamten/-innen. Diese spezielle Schulung erfolgt nach dem oder zumindest in enger Anlehnung an das **Drogen-Schulungsprogramm** der BASt für Polizeibeamte.

I. Verfahrensablauf im positiven Fall

237 1. Verkehrskontrolle
2. „freiwilliger" Test durch die Polizei
3. immunologischer Vortest durch die Polizei
4. ist dieser positiv und/oder bestehen für die Kontrollbeamten Verdachtsmomente im Hinblick auf eine Beeinträchtigung durch psychoaktive Substanzen, kommt es zur Blutentnahme, im Rahmen der ein ärztlicher Untersuchungsbericht angefertigt wird
5. chemisch-toxikologische Untersuchung mit Nachweis einer zentral wirksamen Substanz.
6. Anzeige nach § 24 a StVG oder nach § 316 StGB, die dann einen Bußgeldbescheid oder einen Strafbefehl/Anklageschrift nach sich zieht.
7. Klärung der Sachlage v.a. bei Vergehen nach § 316 StGB nur in der Hauptverhandlung sinnvoll möglich.

II. Rechtsmedizinisches Gutachten

238 Die rechtliche Vorgabe ist eindeutig: Eine Verurteilung nach § 316 bzw § 315 c StGB kann nur erfolgen, wenn das Gericht die schwerwiegende Beeinträchtigung der Gesamtleistungsfähigkeit festgestellt hat (siehe Abb. 12, 13).

N. Beurteilung der Fahrtüchtigkeit bei Einfluss anderer berauschender Mittel 5

Hierzu ein Auszug aus einer Entscheidung des BayObLG: 239

> 2.1 Die Annahme der Fahruntüchtigkeit aufgrund des Genusses "anderer berauschender Mittel" i.S. des § 316 StGB, wozu u.a. der Genuß von Cannabisprodukten zählt, setzt voraus, daß die Gesamtleistungsfähigkeit des Fahrzeugführers, namentlich infolge Enthemmung sowie geistig-seelischer und körperlicher Ausfälle, so weit herabgesetzt ist, daß er nicht mehr fähig ist, sein Fahrzeug im Straßenverkehr eine längere Strecke, und zwar auch bei plötzlich eintretenden schwierigen Verkehrslagen, sicher zu steuern (BGHSt 13, 83, 90; 44, 219, 221). Der Nachweis hierfür kann nur geführt werden, wenn außer der Blut-Wirkstoff-Konzentration weitere aussagekräftige Beweisanzeichen vorliegen (BGHSt 44, 219, 225 m.w.N.). Letztere liegen nicht nur dann vor, wenn dem Angeklagten ein Fahrfehler nachgewiesen ist. Auch aus dem Zustand und dem Verhalten des Fahrzeugführers bei einer Kontrolle können sich in gleicher Weise Beweisanzeichen ergeben, die den Schluß auf eine schwerwiegende Beeinträchtigung der Wahrnehmungs- und Reaktionsfähigkeit zulassen (BGHSt 44, 219, 226; BayObLGSt 1996, 164, 166/167; Tröndle/Fischer StGB 50.Aufl. § 316 Rn.4 a).

Abb. 12: BayObLG – 4 St RR 61/2001

Die in der Akte vorhandenen Dokumentationen wie der „Polizeiliche Bericht – Drogen im Straßenverkehr" (Abb. 14/15), der ärztliche Untersuchungsbericht (Abb. 16) und das Ergebnis der **toxikologischen Untersuchung** bilden für die Beurteilung zunächst die vorläufigen Grundlagen. 240

Das OLG Frankfurt a.M. hat in einem ähnlichen Fall wie folgt entschieden: 241

> **18. Rauschmittelbedingte Fahruntüchtigkeit**
> StGB § 316; StVG § 24 a; StrEG § 5 II
>
> Für die Annahme von Fahruntüchtigkeit bedarf es neben dem Nachweis von Drogenwirkstoffen im Blut der Feststellung weiterer aussagekräftiger Beweisanzeichen. Solche können in erster Linie sich aus dem beobachteten Fahrverhalten des Täters, insbesondere Fahrfehlern ergeben, jedoch auch aus Auffälligkeiten in der Anhaltesituation. Letztere müssen aber konkrete Hinweise auf eine schwerwiegende, durch die Rauschmitteleinnahme verursachte Beeinträchtigung der Wahrnehmungs- und Reaktionsfähigkeit geben, wobei die Gesamtleistungsfähigkeit tangiert und nicht lediglich eine Störung fahrrelevanter Einzelleistungen vorliegen muss. Eine durch Pupillenveränderung verursachte Sehbehinderung als solche ist danach nicht ausreichend, hingegen können eine starke Benommenheit, lallende verwaschene Sprache und unsicherer Gang Fahruntüchtigkeit indizieren, wenn sie auf den erheblichen Rauschmittelkonsum zurückzuführen sind.
>
> OLG Frankfurt a. M., Beschl. v. 22. 10. 2001 – 3 Ss 287/01

Abb. 13: OLG Frankfurt – 3 Ss 287/01

§ 10 Rechtsmedizinische Fragestellung

242 Der in München verwendete „Polizeiliche Bericht-Drogen im Straßenverkehr" ist aus sachverständiger Sicht prinzipiell übersichtlich aufgebaut, hat aber durchaus auch seine Schwächen.

243 ZB wird im Rahmen solcher Tests die Zeitempfindung getestet, indem der Proband bei geschlossenen Augen einen Zeitraum von 30 s möglichst genau abschätzen soll.

Kommentar: Die Problematik liegt vor allem darin, dass es nahezu keine statistisch überprüften Normalwerte gibt, an denen man sich orientieren könnte und Abweichungen bei diesem Test von 20–30 % oder mehr noch nicht unbedingt auffällig sein müssen (eigene Untersuchungen).

244 In vielen sachverständig betreuten Verfahren zur Thematik Drogen im Straßenverkehr hat sich auch gezeigt, dass die Tests auch nach und nach verändert worden sind. Wer nun genau diese Tests verändert hat, lässt sich nicht präzise sagen.

245 Besonders eklatant war die Abänderung der Prüfung des Einbeinstands dahin gehend, dass die Probanden angewiesen wurden, die Augen zu schließen, den Kopf in den Nacken zu legen und erst dann ein Bein vom Boden abzuheben.

246 Dass nahezu jeder untersuchte Proband diesen Test mit erheblichen Unsicherheiten absolvierte oder nicht mehr in der Lage war, auf einem Bein zu stehen, ergibt sich allein aus dieser Testanordnung.

247 Die Problematik an sich bleibt natürlich bestehen, weil die Befunde nach wie vor von medizinischen Laien erhoben werden und deshalb grundsätzlich sachverständig nachgeprüft werden sollten.

248 So ist aus der Sicht des Unterzeichners schon die Vorgabe an die Kontrollbeamten problematisch gewesen, das bereits zwei Merkmale auf Seite 1 des Bogens (Abb. 14) eine Trunkenheitsfahrt implizierten, während auf Seite 2 des Bogens (Abb. 15) nur sog. weiche Auffälligkeiten vermerkt seien.

249 Gerade die auf Seite 2 aufgeführte Rubrik „Stimmung" kann je nach Beeinflussung ein wesentliches Bewertungskriterium darstellen.

250 Dies ist je nach verwendeter Droge unterschiedlich zu bewerten und beeinflusst die Fokussierung der Kontrollbeamten bereits systematisch.

Anmerkung: Ein Polizeibeamter antwortete auf die Frage, wie viel Prozent der nüchternen Verkehrsteilnehmer unter diesen Bedingungen wohl auf einem Bein stehen können würden: „schätzungsweise 50 %". Dem ist aus sachverständiger Sicht zu folgen und belegt die Unverwertbarkeit der Ergebnisse mit diesem Testaufbau.

251 Durch die Wegnahme der optischen Orientierungsmöglichkeit durch den Augenschluss und der gleichzeitigen Reizung des Gleichgewichtsorgans durch die einzunehmende Sonderhaltung wurde der Test derart erschwert, so dass ihn sicher mehr als 50 % auch im nüchternen Zustand nicht erfolgreich bestehen können (auch in eigenen Untersuchungen war dieser Effekt festzustellen).

252 Mittlerweilen hat auch bei eingesessenen Institutionen ein Umdenkungsprozess eingesetzt und auch die Polizei in Bayern hat den Fragenkatalog überarbeitet, in dem die

N. Beurteilung der Fahrtüchtigkeit bei Einfluss anderer berauschender Mittel

Durchführung des Einbeinstandes explizit mit offenen Augen und der Möglichkeit des Probanden, einen festen Punkt zu fixieren, gefordert wird.

Polizeilicher Bericht – Seite 1:

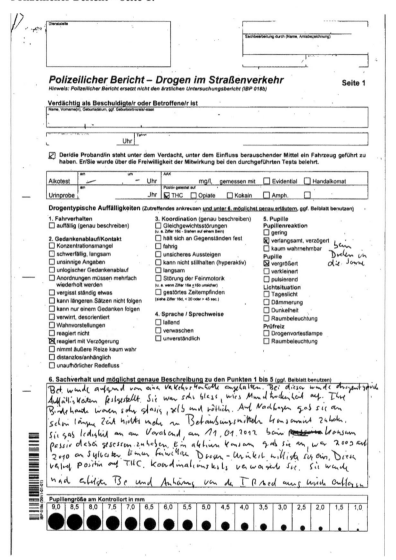

Abb. 14 in Bayern verwendeter, überarbeiteter Fragenkatalog für die Kontrollbeamten, Teil 1

§ 10 Rechtsmedizinische Fragestellung

Polizeilicher Bericht – Seite 2:

Polizeilicher Bericht - Drogen im Straßenverkehr - Seite 2

Drogentypische Auffälligkeiten (Zutreffendes ankreuzen und unter 15. möglichst genau erläutern, ggf. Beiblatt benutzen)

7. Augen
- ☒ gerötet
- ☒ glasig
- ☒ gelblich
- ☐ tränend

8. Körperreaktionen/Zustand
- ☒ zitternd
- ☐ schwitzend
- ☐ Gänsehaut
- ☐ Übelkeit
- ☐ Erbrechen
- ☒ schläfrig
- ☐ tief schlafend
- ☐ nicht erweckbar

9. Wetter/Temperatur
- ☐ Sonnen.x.trüb
- ☐ ....
- ☒ Temperatur ca. 3 °C

10. Mimik/Gestik
- ☐ Gesichtsjucken
- ☒ leckt sich häufig über die Lippen
- ☒ Mundtrockenheit
- ☐ Kauzwang

11. Betäubungsmittel
- ☐ Haschischgeruch im Fahrzeug
- ☐ Haschischgeruch am Betroffenen
- ☐ BtM-Utensilien aufgefunden
- ☐ BtM aufgefunden

12. Reaktion bei der Amtshandlung
- ☐ unverändert
- ☒ wirkt zunehmend auffälliger
- ☐ wirkt zunehmend unauffälliger

13. Stimmung
- ☐ überängstlich, panisch
- ☒ träge, apathisch
- ☒ gleichgültig
- ☐ euphorisch
- ☐ enthemmt
- ☐ wechselnde Stimmungslagen
- ☐ nervös
- ☐ unmotivierte Heiterkeit
- ☐ unmotiviertes Lachen
- ☐ unwirsch/abweisend
- ☐ unruhig

14. Grund der Anhaltung
- ☒ allgemeine Verkehrskontrolle
- ☐ Standkontrolle
- ☐ ....

15. Weitere Erkenntnisse und möglichst genaue Beschreibung der Punkte 7 – 14 (ggf. Beiblatt benutzen!)

Oberbekleidung:
Turnschuhe, Arbeitshose, Kapuzenjacke und Winterjacke

Letzter BtM-Konsum laut eigenen Angaben:
Sylvester 2009 auf 2010

Medikamenteneinnahme, wenn ja welche und Dosierung (ggf. Beipackzettel bzw. Medikamentenpackung ablichten):
AntiPille

Zuletzt geschlafen von/bis, Dauer in Std:
12.01.72 ca. 00.00 Uhr bis ca. 05.30 Uhr bis 10.00 Uhr 9,5 bis 10 h

Sonstige körperliche Gebrechen laut eigenen Angaben:
/

Nur bei Bedarf ausfüllen! Beachte verbandsinterne Bestimmungen!

16. Durchgeführte Koordinationstests

16a) Finger-Finger-Test
- ☐ sicher ☐ unsicher
- Ergebnis ggf. bei Ziffer 3 (Störung Feinmotorik) vermerken!
- ☐ zittrig
- ☐ suchend
- ☐ wellig
- ☐ abgehackt
- ☐ zwanghaftes Zusammenführen
- ☐ Abstand ca. ..... cm

16b) Finger-Nase-Test
- ☐ sicher ☐ Unsicher
- ☐ zittrig
- ☐ suchend
- ☐ abgehackt
- ☐ trifft den Nasenrücken
- ☐ trifft die Oberlippe
- ☐ Abstand Nasenspitze ca. ..... cm

V.H. weigert

16c) Stehen auf einem Bein
- beide Augen geöffnet
- Kopf und Blick geradeaus
- Fuß ca. 10 cm vom Boden anheben lassen
- abwechselnd rechts und links
- ☐ sicher ☐ unsicher
- ☐ schwankend (genau beschreiben)
- ☐ Fallneigung, Absetzen nach .... Sek.
- ☐ Ausgleichsbewegungen mit Armen

16d) Zeitempfindungstest
- gerade, bequeme Stellung
- Augen geschlossen
- Kopf geradeaus
- Ergebnis ggf. bei Ziffer 3 (Störung Feinmotorik) vermerken!
- ☐ ...... Sek. empfunden als 30 Sek.
- ☐ schwankend (genau beschreiben)
- ☐ deutliches Lidflattern

Ende der Amtshandlung (Datum, Uhrzeit)

Name, Amtsbezeichnung,
Pupillengröße im IRmed/bei der ärztlichen Untersuchung in mm

| 9,0 | 8,5 | 8,0 | 7,5 | 7,0 | 6,5 | 6,0 | 5,5 | 5,0 | 4,5 | 4,0 | 3,5 | 3,0 | 2,5 | 2,0 | 1,5 | 1,0 |

Abb. 15: in Bayern verwendeter, überarbeiteter Fragenkatalog für die Kontrollbeamten, Teil 2

N. Beurteilung der Fahrtüchtigkeit bei Einfluss anderer berauschender Mittel

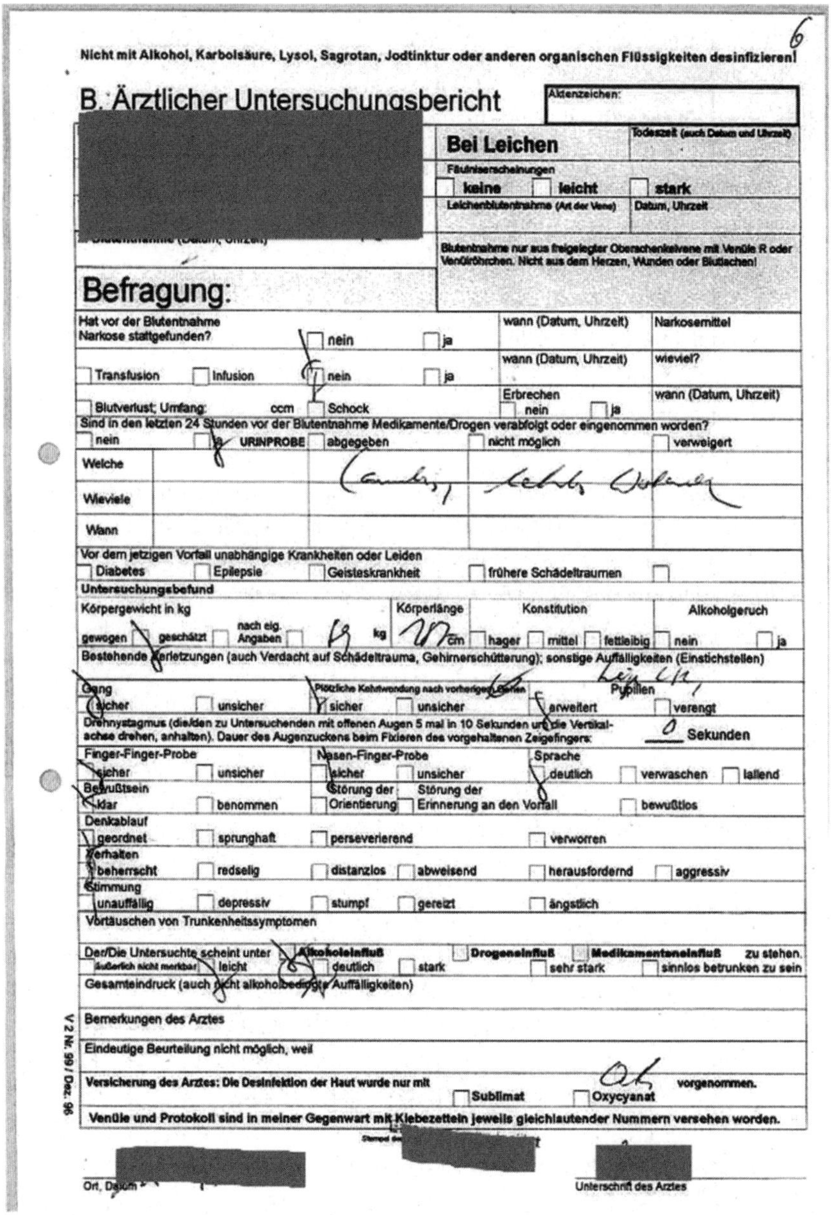

Ärztlicher Untersuchungsbericht:

Abb. 16: Typischer ärztlicher Untersuchungsbericht

256 Der **sachverständige Nachweis** einer drogenbedingten Fahruntüchtigkeit muss nun analog zu der der relativen, alkoholbedingten Fahruntüchtigkeit erfolgen. Im Einzelnen sind folgende Fragen zu klären:

- Wurde eine zentral-wirksame Substanz nachgewiesen?
- Ist eine Wirkung dieser Substanz möglich bzw die gemessene Konzentration geeignet, eine Wirkung hervorzurufen?
- Kausalitätsprüfung
    - Sind Hinweise für Substanzwirkungen vorhanden (spezifisch/unspezifisch)
        - anhand der Angaben der Polizeibeamten, Zeugen?
        - anhand der Dokumentation des Arztes?
    - Sind untypische Effekte/Auffälligkeiten beschrieben
- Ist eine schwerwiegende Beeinträchtigung der psychophysischen Gesamtleitungsfähigkeit abzuleiten?

Anmerkung: Gerade bei der Kausalitätsprüfung ist höchste Zurückhaltung erforderlich, weil die zur Verfügung stehenden Befunde (Auffälligkeiten) subjektiv gefärbte Eindrücke von bestenfalls verkehrsmedizinisch vorgebildeten Laien, wenn auch zT mit großer Erfahrung darstellen.

Ergibt sich dennoch bei sachverständiger Würdigung ein überzeugendes Gesamtbild, dann kann auch eine positive Stellungnahme erfolgen

257 Zur Prüfung der Subjektivität der Angaben ist festzustellen, dass in den meisten Fällen zwar scheitert, eine detaillierte Erinnerung beim Polizeibeamten in einem Monate zurückliegenden Fall abzurufen. Allerdings können wesentliche Anknüpfungstatsachen wie Ausbildungsstand, Erfahrung u.a. abgefragt sowie unklare Untersuchungsergebnisse noch einmal detailliert auf ihre Bedeutung hin nachgefragt und auch persönliche Entscheidungswege des/der Prüfbeamten(in) nachvollzogen werden. So ist es schon von wesentlicher Bedeutung, wie zB ein Pupillenbefund zustande gekommen ist oder in welchem Kontext die „wechselnden" Stimmungslagen zu verstehen sind. Die Erfahrung hat jedenfalls gezeigt, dass es in den allermeisten Fällen (v.a. in Fällen des § 316 StGB) erst nach der Beweisaufnahme in einer Hauptverhandlung für den Sachverständigen möglich ist, eine Stellungnahme abzugeben, die den Anforderungen „nach bestem Wissen und Gewissen" genügt.

III. Aktuelle Kasuistiken zur Begutachtung bei Cannabis-Nachweis

258 **Beispiel für eine negative Begutachtung:** Sachverhalt:

Vorfallszeitpunkt an einem Sonntagvormittag um 11.08 Uhr, der vor Test auf Alkohol in der aus Atemluft verläuft negativ, der Vortest auf andere berauschende Mittel verläuft positiv auf THC.

N. Beurteilung der Fahrtüchtigkeit bei Einfluss anderer berauschender Mittel

Auf dem Polizeibericht werden drogentypische Auffälligkeiten dokumentiert, insbesondere ist auch der Zeitempfindungstest mit 47 s empfunden als 30 s durchaus grenzwertig (siehe Abb. 17, 18).

Auch der Arzt dokumentiert einen deutlich bemerkbaren Drogeneinfluss (siehe. Abb. 19).

Dennoch wird vom Polizeibeamten eine Anzeige gemäß § 24 a StVG erstellt.

Das beauftragte forensisch-toxikologische Labor stellte in der Blutprobe des Betroffenen, entnommen 70 min nach Anhaltung, eine THC-Konzentration von 1,6 µg/l fest bei einer Konzentration von THC-OH von ca. 0,93 µg/l und einer Konzentration von THC-Carbonsäure von 21 µg/l und kam gutachterlich zu dem Ergebnis, dass nach den dem Gutachter zur Zeit vorliegenden Unterlagen Voraussetzungen für eine Fahruntüchtigkeit gegeben seien.

Abb. 17: Polizeibericht 1. Seite

§ 10 Rechtsmedizinische Fragestellung

Polizeilicher Bericht - Drogen im Straßenverkehr - Seite 2

Drogentypische Auffälligkeiten (Zutreffendes ankreuzen und unter 15. möglichst genau erläutern, ggf. auf Rückseite)

7. Augen
- ☐ gerötet
- ☐ glasig
- ☐ gelblich
- ☒ tränend

8. Körperreaktionen/Zustand
- ☐ zitternd
- ☐ schwitzend
- ☐ Gänsehaut
- ☐ Übelkeit
- ☐ Erbrechen
- ☐ schläfrig
- ☒ tief schlafend
- ☒ nicht erweckbar

9. Wetter/Temperatur
- ☐ ....
- ☐ ....
- ☐ Temperatur ca. 20 °C

10. Mimik/Gestik
- ☐ Gesichtsjucken
- ☐ leckt sich häufig über die Lippen
- ☐ Mundtrockenheit
- ☐ Kauzwang

11. Betäubungsmittel
- ☐ Haschischgeruch im Fahrzeug
- ☐ Haschischgeruch am Betroffenen
- ☐ BtM-Utensilien aufgefunden
- ☐ BtM aufgefunden

12. Reaktion bei der Amtshandlung
- ☐ unverändert
- ☐ wirkt zunehmend auffälliger
- ☐ wirkt zunehmend unauffälliger

13. Stimmung
- ☐ überängstlich, panisch
- ☐ träge, apathisch
- ☐ gleichgültig
- ☐ euphorisch
- ☐ enthemmt
- ☐ wechselnde Stimmungslagen
- ☒ nervös
- ☐ unmotivierte Heiterkeit
- ☐ unmotiviertes Lachen
- ☐ unwirsch/abweisend
- ☐ unruhig

14. Grund der Anhaltung
- ☒ allgemeine Verkehrskontrolle
- ☐ Standkontrolle
- ☐ ....

15. Weitere Erkenntnisse und möglichst genaue Beschreibung der Punkte 7 – 14 (ggf. Beiblatt benutzen!)

Oberbekleidung: grauer Mantel

Letzter BtM-Konsum laut eigenen Angaben: 04.12.10; 20:00 Uhr, 1 Joint

Medikamenteneinnahme, wenn ja welche und Dosierung (ggf. Beipackzettel bzw. Medikamentenpackung abheften): Hämöpathische Mittel

Zuletzt geschlafen von/bis, Dauer in Std: letzte Nacht 23:00 Uhr bis 10:00 Uhr

Sonstige körperliche Gebrechen laut eigenen Angaben: keine

16. Durchgeführte Koordinationstests

16a) Finger-Finger-Test
- ☒ sicher ☐ unsicher
- ☐ zittrig
- ☐ suchend
- ☐ wellig
- ☐ abgehakt
- ☐ zwanghaftes Zusammenführen
- ☐ Abstand ca. ...... cm

16b) Finger-Nase-Test
- ☒ sicher ☐ unsicher
- ☐ zittrig
- ☐ suchend
- ☐ abgehakt
- ☐ trifft den Nasenrücken
- ☐ trifft die Oberlippe
- ☐ Abstand Nasenspitze ca. ...... cm

16c) Stehen auf einem Bein
- beide Augen geöffnet
- Kopf und Blick geradeaus
- Fuß ca. 10 cm vom Boden anheben lassen
- abwechselnd rechts und links
- ☒ sicher ☐ unsicher
- ☐ schwankend (genau beschreiben)
- ☐ Fallneigung, Absetzen nach ... Sek.
- ☐ Ausgleichsbewegungen mit Armen

16d) Zeitempfindungstest
- gerade, bequeme Stellung
- Augen geschlossen
- Kopf geradeaus
- ☒ ...... Sek. empfunden als 30 Sek.
- ☐ schwankend (genau beschreiben)
- ☐ deutliches Lidflattern

Ende der Amtshandlung (Datum, Uhrzeit): 05.12.10, 1.55 Uhr

Name, Amtsbezeichnung, Unterschrift

Pupillengröße im IRmed/bei der ärztlichen Untersuchung in mm

| 9,0 | 8,5 | 8,0 | 7,5 | 7,0 | 6,5 | 6,0 | 5,5 | 5,0 | 4,5 | 4,0 | 3,5 | 3,0 | 2,5 | 2,0 | 1,5 | 1,0 |

Abb. 18: Polizeibericht 2. Seite

N. Beurteilung der Fahrtüchtigkeit bei Einfluss anderer berauschender Mittel

Ärztlicher Bericht

Nicht mit Alkohol, Ether, Phenol, Lysol, Sagrotan, Jodtinktur oder anderen organischen Flüssigkeiten desinfizieren.

Personalien (Name, Vorname(n), Geburtsjahr)   **Lfd. Nr.**   Geschlecht: ☐ M ☐ W ☐ U

Blutprobe (Datum, Uhrzeit)

1. BE   Uhr   12 : 18   Kontrollnummer   Blutröhrchen EtOH ☐ Drogen ☐
2. BE   Uhr   ☐ ☐

☐ Urinprobe(n) (Datum, Uhrzeit)
☐ Haarprobe(n) (Datum, Uhrzeit, Entnahmestelle)

Bei Leichen
Todeszeit (Datum, Uhrzeit)   Uhr
Fäulniserscheinung
☐ keine   ☐ leicht   ☐ stark
Blutentnahme (ca. 8 ccm) mit Vanüle R oder Venüröhrchen aus der freigelegten Oberschenkelvene (nicht aus dem Herzen, aus Wunden oder Blutlachen)
Datum, Uhrzeit der Leichenblutentnahme, Art der Vene

Befragung (a bis e bezogen auf die letzten 24 Stunden) (Datum, Uhrzeit)

		Menge (ccm)		
☐ a Blutverlust		Uhr	☐ Schock	☐ Erbrechen
☐ b Blutentnahme nach Narkose		Uhr (Narkosemittel)		
☒ c Transfusion	gestern	Uhr (Menge)	Montkurve	
☐ d Infusion		Uhr (Art und Menge)		
☐ e Medikamente oder Drogen		Uhr (Art und Menge)		

f Von dem jetzigen Vorfall unabhängige Krankheiten/Leiden ☐
☐ Diabetes   ☐ Epilepsie   ☐ Geisteskrankheit   ☐ frühere Schädel-/Hirntraumen

Untersuchungsbefund (Sollten Tests nicht durchführbar sein, so kann dies unter „Gesamteindruck" vermerkt werden)

Körpergewicht in kg	Körperlänge in cm		
76 ☒ gewogen ☐ geschätzt	182 ☒ gemessen ☐ geschätzt		
Konstitution	☒ hager	☐ mittel	☐ fettleibig
Bestehende Verletzungen (auch Verdacht auf Schädelhirntrauma)	☐ ja		
Gang (geradeaus)	☒ sicher	☐ schwankend	☐ torkelnd ☐ schleppend
Plötzliche Kehrtwendung (nach vorherigem Gehen)			☒ sicher ☐ unsicher
Drehnystagmus	☐ feinschlägig	☐ grobschlägig	☐ Auslenkung schnell ☐ Auslenkung langsam
	Dauer in Sekunden		
Finger-Finger-Prüfung	☐ sicher	☒ unsicher	grobschl. behindert
Finger-Nasen-Prüfung	☐ sicher	☒ unsicher	
Zeitempfindungstest	...... Sekunden empfunden als 30 Sekunden		
Sprache	☒ deutlich	☐ verwaschen	☐ lallend
Pupillen	☐ unauffällig	☐ stark erweitert	☒ stark verengt
Pupillenlichtreaktion	☐ prompt	☒ verzögert	☐ fehlend
Bewusstsein	☒ klar	☐ benommen	☐ bewusstlos ☐ verwirrt
Störung der Orientierung	☐ ja	Art	
der Erinnerung an Vorfall	☐ ja		
Denkablauf	☒ geordnet	☐ sprunghaft	☐ perseverierend
	☐ verworren		
Verhalten	☒ beherrscht	☐ redselig	☐ distanzlos ☐ abweisend
	☐ aggressiv	☐ verlangsamt	☐ lethargisch
Stimmung	☐ unauffällig	☐ depressiv	☐ euphorisch ☐ stumpf
	☐ gereizt		unnum
Äußerlicher Anschein des Einflusses	☐ Alkohol	☒ Drogen	☐ Medikamente ☐ nicht
von ... bemerkbar	☐ leicht	☒ deutlich	☐ stark ☐ sehr stark

Gesamteindruck (z. B. Vortäuschung/Übertreibung/sonstige Auffälligkeiten):
gerötet, oberje Auge, Tremor am ganzen Körper

Versicherung der Ärztin/des Arztes
Desinfektion der Haut erfolgte mit ☒ Octenisept-Lösung ☐
Röhrchen und Protokoll sind in meiner Gegenwart mit gleichlautend nummerierten Klebezetteln versehen worden.

Abb. 19: Ärztlicher Bericht

Damit konfrontiert gab der damals sachbearbeitenden Polizeibeamte eine erneute Sachverhaltsschilderung ab dahin gehend, dass der Betroffene anfangs nervös gewesen sei und auf gestellte Fragen mit leichter Verzögerung reagiert habe, diese Nervosität aber im

Rahmen der Kontrolle abgebaut habe und aus der Sicht des Polizeibeamten keine andauernde erhebliche Beeinträchtigung vorgelegen habe.

Dennoch wurde ein Verfahren gemäß § 316 StGB eingeleitet.

In der dann durchgeführten Hauptverhandlung vor dem Amtsgericht wurde vom Polizeibeamten nochmals wiederholt, dass er beim nunmehr Angeklagten keinerlei Ausfallserscheinungen/Beeinträchtigungen festgestellt habe und deshalb eine Anzeige gemäß § 24 a StVG erstellt habe.

Aus Sachverständiger Sicht war folgende Bewertung abzugeben:

die festgestellten Konzentrationen lagen insgesamt in einem niedrigen Bereich.

259 Die US-Amerikanerin *Huestis* erarbeitete eine mathematische Beziehung, um die zeitlichen Verhältnisse zwischen THC-Aufnahme und Blutentnahme abschätzen zu können (s. Abb. 20).[33]

$$\text{Model II: log } t = (0.576 \log [\text{THCCOOH}]/[\text{THC}]) - 0.176$$

$$\log CI_2 = \log t \pm 1.975 \times \sqrt{0.045 \left\{ 1.006 + \frac{(\log[\text{THCCOOH}]/[\text{THC}] - 0.283)^2}{123.420} \right\}}$$

Abb. 20: Model II der Berechnungsalgorithmen nach Huestis, das auch die THC-COOH Konzentration mit einbezieht und nach zahllosen Anwendungen des Untersuchers zuverlässiger als Model I ist. Quelle: Clin. Chem. 2005.

260 Der Streubereich innerhalb des sogenannten 95 %-Vertrauensbereich ist dabei, wie sich aus Abbild 21 ergibt, sehr hoch. So ist beispielsweise bei einer vorhergesagten Zeitspanne zwischen letztmaliger THC Aufnahme und Blutentnahme von 4 h gerade mal ein zeitlicher Bereich von 1,5 bis einschließlich 10,5 h höchstwahrscheinlich.

Table 1. 95% CIs for models I and II at predicted times of cannabis use.[a]

Predicted elapsed time, h	95% CI, h	
	Model I	Model II
0.5	0.2–1.1	0.2–1.3
1	0.5–2.2	0.4–2.6
2	0.9–4.4	0.8–5.3
4	1.8–8.8	1.5–10.5
6	2.7–13.2	2.3–15.8
8	3.6–17.6	3.0–21.0

[a] Reproduced from Huestis et al. [*J Anal Toxicol* 1992;16:283–90 (19)] by permission of Preston Publications, A Division of Preston Industries, Inc.

Abb. 21: Tabellarische Übersicht zum 95 %-Vertrauensbereich je nach vorhergesagte Zeit zwischen letztmaliger THC-Aufnahme und Blutentnahme.

---

[33] *Huestis* et al., Estimate the Time of Last Cannabis Use from Plasma Δ^9-Tetrahydrocannabiol and 11-nor-9-Carboxy-Δ^9-Tetrahydrocannabiol Concentrations, Clin Chem 2005, 2289.

Für eine strafrechtlich haltbare Eingrenzung müsste man statt dem sogenannten 1s- 261
Bereich noch zwei weitere Standardabweichungen hinzunehmen, um zu dem Prädikat
„mit an Sicherheit grenzender Wahrscheinlichkeit" zu gelangen.

Insofern ist dieses Modell nicht geeignet, eine strafrechtlich haltbare Aussage zu täti- 262
gen, sofern sich die vorhergesagte Zeit in einem Bereich von 2 h oder mehr bewegt.
Dennoch eignet sich dieses Modell hervorragend, um eine Abschätzung zu treffen.

Im konkreten Fall ergibt sich bei Berücksichtigung der gemessenen Konzentrationen 263
eine mittlere vorhergesagte Zeit zwischen Aufnahme und Blutentnahme von 2,9 h,
mit einem berechneten 95 %-Vertrauensbereich zwischen 1,1 und 7,7 h. Innerhalb
dieses Zeitraums wurde höchstwahrscheinlich THC aufgenommen.

Die Angaben des Angeklagten zu seinem Drogenkonsum sind zwar höchstwahr- 264
scheinlich nicht richtig, allerdings ist es so, dass diese Feststellung nicht mit der im
Strafrecht erforderlichen Sicherheit getroffen werden kann und andererseits auch unter Berücksichtigung der Abschätzung nach *Huestis* et al. mehrere Stunden zwischen
Konsum und Vorfallszeitpunkt gelegen haben können.

Insofern ist im konkreten Fall aus der Sicht des Verfassers eine Zeitspanne zwischen 265
letztmaliger Aufnahme und Blutentnahme von 7,7 h nicht nur theoretisch denkbar,
sondern mit einer nicht unerheblichen Wahrscheinlichkeit versehen.

Wenn man sich in einem weiteren Schritt vor Augen hält, dass die Arbeitsgruppe um 266
Möller[34] 5 h nach Aufnahme eines Joints mit neuropsychologischen Testmethoden
praktisch keine Ausfallserscheinungen mehr feststellen konnte, und mit einbezieht,
dass der Polizeibeamte im Rahmen der verfahrensgegenständlichen Kontrollmaßnah-
men beim Angeklagten keine klaren Hinweise für eine THC-Beeinträchtigung festgestellt hat, so ist unschwer zu erkennen, dass sich die unterschiedlichen Ansatzpunkte
zu einem Gesamtbild dahin gehend zusammensetzen, dass ein Nachweis einer
schwerwiegenden Beeinträchtigung der psychophysischen Gesamtleistungsfähigkeit
(oder alternativ formuliert: schwerwiegende Beeinträchtigung der Wahrnehmungs-
und Reaktionsfähigkeit) nicht mit der im Strafrecht erforderlichen Sicherheit möglich
ist.

Beispiel für eine positive Begutachtung: Sachverhalt: 267

Vorfallszeitpunkt etwa um Mitternacht, der Angeklagte wird einer allgemeinen Verkehrskontrolle unterzogen und fällt durch einen sehr langsamen und trägen Bewegungsablauf
auf, einer verzögerten Pupillen-Lichtreaktion bei leicht erweiterten Pupillen, Schwanken,
einer sehr langsamen Sprechweise, einer Erschöpfung, die ihn zum Hinsetzen zwingt und
der Angabe der Aufnahme eines Joints ca. ein bis 2 h zuvor. Der Polizeibeamte formuliert
wörtlich: aufgrund der genannten Ausfallserscheinungen bestand ab diesem Zeitpunkt
kein Zweifel, dass der Angeklagte nicht mehr in der Lage war, ein Kraftfahrzeug sicher im
öffentlichen Straßenverkehr zu führen.

---

34 *Möller* et al., Leistungsverhalten und Toxikokinetik der Cannabinoide nach inhalativer Marihuanaaufnahme, Blutalkohol 2006, 361.

§ 10 Rechtsmedizinische Fragestellung

Die Dokumentationen im Polizeibericht sind in Abb. 22 und 23 dargestellt. Im Rahmen der Blutentnahme etwa eine dreiviertel Stunde später wirkte der Angeklagte auf den blutentnehmenden Arzt nur noch leicht unter Drogeneinfluss stehend, wobei die Tests verweigert wurden und insgesamt der Eindruck eines gering verlangsamten Bewegungsablaufs sowie auch eine gering verlangsamten Vigilanz und einem redseligen Verhaltens dokumentiert wurde (siehe Abb. 24).

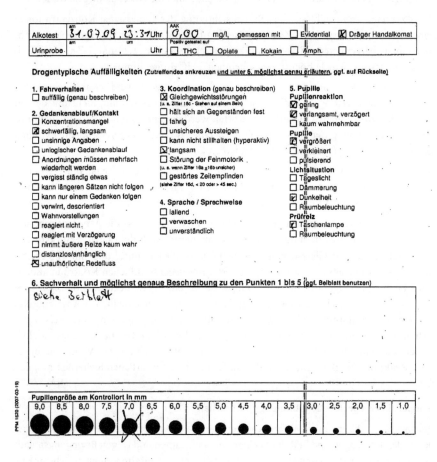

Abb. 22: Polizeibericht Blatt 1

Im Rahmen der Hauptverhandlung wurde dann wieder so vorgegangen, dass zunächst die Cannabis-Konzentrationen bewertet worden ist.

In der Blutprobe wurde eine THC-Konzentration von 3,4 µg/l festgestellt, eine geringe THC-OH Konzentration sowie eine THC-Carbonsäure-Konzentration von 28 µg/l.

N. Beurteilung der Fahrtüchtigkeit bei Einfluss anderer berauschender Mittel

Polizeilicher Bericht - Drogen im Straßenverkehr - Seite 2

Aktenzeichen

Drogentypische Auffälligkeiten (Zutreffendes ankreuzen und unter 15. möglichst genau erläutern, ggf. auf Rückseite)

7. Augen
- ☒ gerötet
- ☒ glasig
- ☐ gelblich
- ☒ tränend

8. Körperreaktionen/Zustand
- ☐ zitternd
- ☐ schwitzend
- ☐ Gänsehaut
- ☐ Übelkeit
- ☐ Erbrechen
- ☒ schläfrig
- ☐ tief schlafend
- ☐ nicht erweckbar

9. Wetter/Temperatur
- ☐ ....
- ☐ ....
- ☐ Temperatur ca. 22 °C

10. Mimik/Gestik
- ☐ Gesichtsjucken
- ☒ leckt sich häufig über die Lippen
- ☒ Mundtrockenheit
- ☒ Kauzwang

11. Betäubungsmittel
- ☐ Haschischgeruch im Fahrzeug
- ☐ Haschischgeruch am Betroffenen
- ☐ BtM-Utensilien aufgefunden
- ☐ BtM aufgefunden

12. Reaktion bei der Amtshandlung
- ☒ unverändert
- ☐ wirkt zunehmend auffälliger
- ☐ wirkt zunehmend unauffälliger

13. Stimmung
- ☐ überängstlich, panisch
- ☒ träge, apathisch
- ☒ gleichgültig
- ☐ euphorisch
- ☐ enthemmt
- ☒ wechselnde Stimmungslagen
- ☒ nervös
- ☐ unmotivierte Heiterkeit
- ☐ unmotiviertes Lachen
- ☐ unwirsch/abweisend
- ☒ unruhig

14. Grund der Anhaltung
- ☐ allgemeine Verkehrskontrolle
- ☐ Standkontrolle
- ☐ ....

15. Weitere Erkenntnisse und möglichst genaue Beschreibung der Punkte 7. – 14 (ggf. Beiblatt benutzen!)

Oberbekleidung: Schwarzes T-Shirt

Letzter BtM-Konsum laut eigenen Angaben: 31.07.05, ca. 22:00 Uhr, 1 Joint

Medikamenteneinnahme, wenn ja welche und Dosierung (ggf. Beipackzettel bzw. Medikamentenpackung ablichten): —

Zuletzt geschlafen von/bis, Dauer in Std: keine Angabe

Sonstige körperliche Gebrechen laut eigenen Angaben: leichter grippaler Infekt

16. Durchgeführte Koordinationstests

16a) Finger-Finger-Test
- ☐ sicher ☐ unsicher
- Ergebnis ggf. bei Ziffer 3 (Störung Feinmotorik) vermerken!
- ☐ zittrig
- ☐ suchend
- ☐ wellig
- ☐ abgehakt
- ☐ zwanghaftes Zusammenführen
- ☐ Abstand ca. .... cm

verweigert

16b) Finger-Nase-Test
- ☐ sicher ☐ unsicher
- ☐ zittrig
- ☐ suchend
- ☐ abgehakt
- ☐ trifft den Nasenrücken
- ☐ trifft die Oberlippe
- ☐ Abstand Nasenspitze ca. ...... cm

16c) Stehen auf einem Bein
- beide Augen geöffnet
- Kopf und Blick geradeaus
- Fuß ca. 10 cm vom Boden anheben lassen
- abwechselnd rechts und links
- ☐ sicher ☐ unsicher
- ☐ schwankend (genau beschreiben)
- ☐ Fallneigung, Absetzen nach ... Sek.
- ☐ Ausgleichsbewegungen mit Armen

16d) Zeitempfindungstest
- gerade, bequeme Stellung
- Augen geschlossen
- Kopf geradeaus
- Ergebnis ggf. bei Ziffer 3 (Störung Feinmotorik) vermerken!
- ☐ ...... Sek. empfunden als 30 Sek.
- ☐ schwankend (genau beschreiben)
- ☐ deutliches Lidflattern

Name, Amtsbezeichnung, Unterschrift

Ende der Amtshandlung (Datum, Uhrzeit) .... Uhr

Pupillengröße im IRmed/bei der ärztlichen Untersuchung in mm

| 9,0 | 8,5 | 8,0 | 7,5 | 7,0 | 6,5 | 6,0 | 5,5 | 5,0 | 4,5 | 4,0 | 3,5 | 3,0 | 2,5 | 2,0 | 1,5 | 1,0 |

Abb. 23: Polizeibericht 2

§ 10 Rechtsmedizinische Fragestellung

Abb. 24: Ärztlicher Bericht

Unter Heranziehung der Abschätzungsformel nach *Huestis*, Modell II ergab sich daraus eine mittlere vorhergesagte Zeit zwischen der Aufnahme und der Blutentnahme von 2,1 h mit einem 95 % Vertrauensbereich zwischen 0,9 und 5,9 h.

Abgesehen davon war die festgestellte THC-Konzentration durchaus in einem bereits relevanten Bereich.

Ferner bestand für den Verfasser die Möglichkeit, den Polizeibeamten im Rahmen der Hauptverhandlung genauestens zu befragen. An zusätzlicher Information ergab sich die Wahrnehmung einer Konzentrationsschwäche beim Angeklagten im Rahmen der polizeilichen Maßnahmen, die den Polizeibeamten den Eindruck vermittelte, dass der Angeklagte sich nur unzureichend auf die Maßnahmen konzentrieren **konnte**. Aufgrund der zeitlichen Verhältnisse war es zudem so, dass die Erschöpfungssymptome, die vom Polizeibeamten beschrieben wurden, zwanglos zu einem akuten THC-Rausch passen und auch das Leitsymptom einer THC-Berauschung, nämlich einer Störung der gerichteten Konzentration wahrgenommen wurde, war in diesem Fall aus Sachverständiger Sicht festzustellen, dass eine schwerwiegende Beeinträchtigung der psychophysischen Gesamtleistungsfähigkeit vorgelegen hat.

O. Ausblick

I. Developing Limits for Driving under Cannabis

Die Publikation „Developing Limits for Driving under Cannabis" der aus der Sicht des Verfassers absolut ernst zu nehmenden Autoren *Franjo Grotenhermen, Gero Leson, Günter Berghaus, Olaf H. Drummer, Hans-Peter Krüger, Marie Longo, Herbert Moskowitz, Bud Perrine, Jan Ramaekers, Alison Smiley, Rob Tunbridge*[35] fasst die bisherigen wissenschaftlichen Erkenntnisse zu Auswirkungen von Cannabinoiden auf die psychophysische Leistungsfähigkeit zusammen und unternimmt den Versuch, eine zum Thema Alkohol analoge Betrachtung bzw Abschätzung der Beeinträchtigung der Fahrsicherheit vorzunehmen.

Kommentar: Die Ausführungen decken sich hinsichtlich der Auswirkungen des akuten THC-Rausches und insbesondere auch hinsichtlich des zeitlichen Verlaufs mit den Beobachtungen des Autors, insbesondere auch hinsichtlich der Zeitdauer der schwerwiegenden Beeinträchtigung von Wahrnehmungs- und Reaktionsfähigkeit.

Insofern kann nachvollzogen werden, dass die Autoren der oben zitierten Arbeit formulierten, dass 3 h nach akuter Cannabis-Aufnahme Beeinträchtigungen vorliegen, wie sie einer BAK von höchstens 0,3 ‰ entsprechen würden. Die Autoren kamen zudem zu dem Ergebnis, dass ein Grenzwert von 7–10 µg/l THC im Vollblut in etwa einer BAK um 1,1 ‰ entsprechen würde. Die Umrechnung auf Serum geschieht durch Multiplikation mit 2. Dies würde einem Serumgrenzwert von 14–20 mg/l entsprechen, der aus der Sicht des Verfassers zu hoch angesetzt wäre.

Dies deshalb, weil bei einer THC-Serumkonzentration von ≥ 10 µg/l der zeitliche Abstand zwischen Aufnahme und Blutentnahme bei rd. 3 h liegt. Diese zeitliche Nähe zum Konsum ist unter Berücksichtigung auch der Tatsache, dass die Blutentnahme einige Zeit nach dem Vorfall erfolgt. Diese zeitliche Nähe des Konsums und der aktiven Teilnahme am Straßenverkehr ist allerdings unter Berücksichtigung der akuten THC-Wirkung nicht mehr tolerabel, sondern schlicht gefährlich.

Für diesen Denkansatz wesentlich waren auch die bereits zitierten Ergebnisse von *Ramaekers* et al.[36], die selbst bei „heavy users" nach Aufnahme eines Joints nur bis ca. 3 h danach THC-Serumkonzentrationen von mehr als 10 µg/l gemessen hat.

II. DRUID-Projekt (www.druid-project.eu)

Von 2006–2011 wurde in 18 europäischen und zwei nicht-europäischen Staaten das sogenannte DRUID (Driving under the influence of drugs) durchgeführt mit dem Ziel, einen Überblick über die Prävalenz, das Unfallrisiko, den Nachweismethoden

---

35 Addiction 2007, 1910.
36 *Ramaekers* et al., Neurocognitive performace during acute THC intoxication in heavy and occasional cannabis users, J Psychopharmacology 2009, 266.

usw zu erarbeiten. Im September 2011 wurden abschließend die wesentlichen Ergebnisse vorgetragen und online gestellt.[37]

270 Die wesentlichen Erkenntnisse hinsichtlich des Fahrens unter Alkoholeinfluss wurden auch im Rahmen dieses Projekts bestätigt. Alkohol am Steuer ist mit einer EU-weiten Prävalenz von durchschnittlich 3,48 % die am häufigsten anzutreffende zentral wirksame Substanz.

271 Das relative Risiko, alkoholisiert ursächlich an einem Verkehrsunfall beteiligt zu sein, wurde mit dem Faktor 5-10 angegeben, wobei dieses relative Risiko noch aufgeschlüsselt wurde für die Intervalle von 0,1-0,5 ‰ mit dem Faktor 1-3, für den Bereich 0,5-0,8 ‰ mit dem Faktor 2-10, für den Bereich 0,8-1,2 ‰ mit dem Faktor 5-30 und für den Bereich über 1,2 ‰ mit dem Faktor 20-200.

272 THC ist die am häufigsten festzustellende illegale zentral wirksame Substanz mit einer mittleren Prävalenz von 1,32 % gewesen, gefolgt von Kokain mit einer mittleren Prävalenz von 0,42 %.

273 Insgesamt wurde der Gebrauch illegaler Drogen hauptsächlich innerhalb der Gruppe junger männlicher Fahrer zu jeder Tageszeit, aber hauptsächlich am Wochenende festgestellt.

274 Bemerkenswert ist auch das Ergebnis der Auswertung der vergleichenden Untersuchungen. Danach erhöht sich das relative Risiko, bei einem Verkehrunfall schwere oder tödliche Verletzungen davonzutragen, bei Fahrern, die unter dem Einfluss illegaler Drogen stehen, um das ca. 1-30-Fache. Aufgeschlüsselt in die einzelnen Substanzgruppen bedeutet dies, dass sich die Wahrscheinlichkeit bei THC um das 1-3-Fache, bei Benzoylecgonin und Kokain um das 2-10-Fache und bei Amfetaminen um das 5-30-Fache erhöht.

275 Mindestens ebenso interessant sind die Ergebnisse aus den experimentellen Studien zur Frage der Auswirkung illegaler Drogen auf die Fahrsicherheit. Die Konzentration der jeweiligen Substanz, die hinsichtlich der Beeinträchtigung der Fahrsicherheit vergleichbar mit einer Blutalkoholkonzentration von 0,5 ‰ ist, entspricht bei THC einer Konzentration von 3,8 ng/mL (Aufnahme von Cannabisinhaltsstoffen per Inhalation). Für alle anderen Substanzen wurden keine Konzentrationsbereiche angegeben.

Kommentar: Auch in dieser Studie wurde eine vergleichende Betrachtung hinsichtlich der Beeinträchtigung durch THC und der Beeinträchtigung durch Alkohol durchgeführt. Hinsichtlich der anderen illegalen Substanzen erfolgte eine Eingrenzung des Konzentrationsbereichs aber nicht; die Gründe hierfür dürften in einer viel zu geringen Zahl an Fallbeispielen liegen. Für THC aber wurde die Konzentration von 3,8 ng/mL benannt, bei der eine Beeinträchtigung der Fahrsicherheit vorliegen soll, die vergleichbar ist mit der Beeinträchtigung, die durch eine Alkoholisierung von 0,5 ‰ verursacht wird. Auch wenn in dieser Zusammenfassung nicht dahin gehend differenziert wird, ob es sich um die THC-Konzentration im Vollblut oder im Serum

---

[37] Sie sind abzurufen unter http://www.druid-project.eu/cln_031/nn_107632/Druid/EN/Dissemination/dissemination.html?__nnn=true

handelt, so ist dies dennoch ein Wert, der weit oberhalb der Konzentration liegt, die in § 24 a StVG Abs. 2 als Eingangsgrenzwert (derzeit 1 ng/mL) für eine entsprechende Ahndung empfohlen wird.

Eine THC-Konzentration von 3,8 ng/mL ist nunmehr eine ganz wesentliche Kenngröße, um abschätzen zu können, wie stark die jeweilige psychophysische Leistungsfähigkeit durch THC und seine anderen psychoaktiven Metaboliten beeinträchtigt war. Jedenfalls sind dann aus sachverständiger Sicht – wiederum im Sinne einer Analog-Betrachtung der Anforderungen an den Nachweis einer relativen Fahrunsicherheit unter Alkoholeinfluss – für den Bereich einer THC-Konzentration ≤ 5 ng/mL sehr hohe und in sich schlüssige Anforderungen an die Auffälligkeiten zu stellen, die eine Fahrunsicherheit im Sinne des § 316/315 c StGB mit der im Strafrecht erforderlichen Sicherheit begründen „können" sollen. 276

§ 11 Juristische Fragestellungen

Strafrechtliche Folgen des Alkohol- und Drogenkonsums

1 Die strafrechtlichen Konsequenzen übermäßigen Alkohol- bzw Drogenkonsums sind in den §§ 315 ff StGB geregelt. Grundnorm ist der § 316 StGB. Nach dieser Bestimmung begeht eine Straftat der Trunkenheit im Verkehr, wer ein Fahrzeug in alkohol- oder drogenbedingt **fahruntauglichem** Zustand führt. Dabei ist vorsätzliches wie fahrlässiges Verhalten gleichermaßen unter Strafe gestellt (§ 316 Abs. 2 StGB). Mit „Drogen" sind insoweit diejenigen Substanzen gemeint, deren Konsum durch das BtMG untersagt ist.[1]

2 Bei **Alkoholfahrten** hat die Rechtsprechung im Lauf der Jahrzehnte feste Regeln aufgestellt:

- So ist ein **Pkw-Führer** ab einer Tatzeit-Blutalkoholkonzentration (BAK) von mindestens 1,1 ‰ als absolut fahruntauglich anzusehen.[2] Gleiches gilt für Motorrad-, Motorroller- und Mofaführer[3] sowie für motorisierte Krankenfahrstühle.[4]

- Bei **Radfahrern** hat sich für die absolute Fahruntauglichkeit ein entsprechender **Grenzwert von 1,6 ‰** durchgesetzt;[5] ebenso bei **Elektrorollstühlen**.[6]

- Bei einer **Alkoholisierung** des Fahrzeugführers im Bahn- und Schiffsverkehr ist nach hM die Grenze zur **absoluten Fahruntauglichkeit** wie im Straßenverkehr bei einer Tatzeit-BAK von mindestens 1,1 ‰ zu ziehen.[7] Hinsichtlich des **Luftverkehrs** fehlt einschlägige Rspr; in der Lit. werden Grenzwerte v. 0,2 ‰ bzw v. 0,5 ‰ vorgeschlagen.[8]

3 Bei **Drogenfahrten** lässt der Stand der rechtsmedizinischen Forschung bislang **keine Festlegung von Grenzwerten** zur absoluten Fahruntauglichkeit zu.[9] Lediglich das AG Berlin-Tiergarten vertritt eine andere Ansicht,[10] ist mit dieser Meinung aber allein geblieben.

4 Unterhalb der vorstehenden Alkohol-Grenzwerte sowie bei dem Nachweis von Drogen im Blut ist die Frage nach der Fahrtauglichkeit jeweils für den Einzelfall in einer **Gesamtschau aller relevanten Indizien** zu prüfen („relative Fahruntauglichkeit"). Es ist die Frage zu prüfen ist, ob sich der konkrete Fahrzeugführer – und nicht etwa ein

---

1 ZB LG Trier DAR 2008, 222.
2 Grundlegend BGHSt 37, 89, seitdem st. Rspr.
3 Hk-GS-*Quarch* § 316 StGB Rn 1.
4 BayObLG NStZ-RR 2001, 26; OLG Nürnberg NZV 2011, 358.
5 ZB OLG Karlsruhe NZV 1997, 486.
6 AG Löbau NJW 2008, 530.
7 Für den Bahnverkehr: BayObLG NZV 1993, 239 (obiter dictum), aA AG Regensburg NStZ-RR 2005, 266: 1,36 ‰ bedeuten noch keine absolute Fahruntauglichkeit; kritisch zur absoluten Fahruntauglichkeit von Lokführern jetzt *Meyer*, NZV 2011, 374; für den Schiffsverkehr OLG Brandenburg-SchiffObG VRS 115, 302; LG Hamburg VRS 110, 415.
8 Hk-GS-*Quarch* § 315 a StGB Rn 2 mwN.
9 BGH StV 2012, 285; LG Berlin NZV 2012, 397; Hk-GS-*Quarch* § 316 StGB Rn 6.
10 AG Berlin-Tiergarten SVR 2010, 227; NStZ-RR 2012, 59.

„Durchschnittsfahrer" – in der jeweiligen Situation ohne Einfluss von Alkohol/ Drogen anders verhalten hätte.[11]

Bei **Alkoholfahrten** ist als Beweisanzeichen einerseits die Tatzeit-BAK zu würdigen. Beläuft sich diese auf unter 0,3 ‰, ist eine relative Fahruntauglichkeit idR ausgeschlossen;[12] liegt sie jedoch relativ knapp unter den o.a. Grenzwerten, deutet dies bereits auf Fahruntauglichkeit hin.[13] Hinzu tritt das individuelle Verhalten des Täters, welches auf **Ausfallerscheinungen** in seiner Fahrweise und/oder in seiner Person, zB während der polizeilichen Kontrolle, zu untersuchen ist.[14] Im Einzelnen existiert eine umfangreiche Kasuistik.[15]

Bei dem Vorhandensein von Drogen im Blut des Täters ist stets einzelfallbezogen nach der **relativen Fahruntauglichkeit** zu fragen.[16] Auch hier ist nach **drogenbedingten Ausfallerscheinungen** im Fahr- und Nachtatverhalten des Täters zu suchen. Die Anforderungen an Art und Ausmaß von Ausfallerscheinungen sind allerdings auch hier umso niedriger, je höher die festgestellte Drogenkonzentration ist.[17] Es ist jedoch **kein Konzentrationsgrenzwert vorhanden,** bei dessen Unterschreitung eine Strafbarkeit nach § 316 generell ausscheidet.[18] Auch insoweit ist eine umfangreiche Kasuistik vorhanden.[19]

Die – vorsätzliche oder fahrlässige – Trunkenheitsfahrt wird idR mit einer **Geldstrafe** sanktioniert. Im OLG-Bezirk Köln ist bei Ersttätern die Verhängung einer solchen von 30 Tagessätzen üblich.[20]

Hinzutritt gemäß § 69 Abs. 1, Abs. 2 Nr. 2 StGB im Regelfall als Maßregel der Besserung und Sicherung die **Entziehung der Fahrerlaubnis.** Hiervon kann nur ausnahmsweise abgesehen werden. Eine solche Ausnahme kann in der erfolgreichen Absolvierung einer Verkehrstherapie liegen.[21] Wird in einer solchen Konstellation von der Entziehung einer Fahrerlaubnis abgesehen, ist nach § 44 StGB regelmäßig ein Fahrverbot von bis zu drei Monaten zu verhängen. Ist die Fahrerlaubnis hingegen zu entziehen, wird bei einem Ersttäter **die Sperrfrist für deren Neuerteilung** (§ 69 a StGB) im OLG-Bezirk Köln regelmäßig mit neun Monaten bemessen.[22]

Kommt es bei einer Trunkenheitsfahrt mit einem Kfz zur **konkreten Gefährdung einer Person oder einer Sache von bedeutendem Wert** – die Grenze wird insoweit bei 750 EUR gezogen[23] –, ist der Täter einer Straßenverkehrsgefährdung nach § 315 c

---

11 ZB OLG Köln VRS 100, 123.
12 OLG Saarbrücken NStZ-RR 2000, 12.
13 BGHSt 31, 42.
14 BGHSt 31, 42.
15 ZB Hk-GS-*Quarch* § 316 StGB Rn 4 mwN.
16 BGH NStZ 2009, 280.
17 OLG Zweibrücken NStZ-RR 2004, 247.
18 LG München I Blutalkohol 2006, 43.
19 Zuletzt sehr instruktiv *Haase/Sachs,* NZV 2011, 584.
20 *Blum,* SVR 2011, 173, 177.
21 Zuletzt LG Aachen Blutalkohol 2012, 109 mit zahlreichen wN.
22 *Blum,* SVR 2011, 173, 177.
23 BGH NZV 2008, 639.

Abs. 1 Nr. 1 StGB strafbar.[24] Bei dieser schwereren Straftat werden regelmäßig höhere Strafen und längere Sperrfristen als bei § 316 StGB verhängt.[25] Für die Führer von Luft-, Schienen- und Wasserfahrzeugen gibt es eine entsprechende Bestimmung in § 315a Abs. 1 StGB.[26]

10 Sofern bei einem Kraftfahrer, dessen Blutprobe Alkohol **aufweist**, weder eine absolute noch eine relative Fahruntauglichkeit festgestellt werden kann, ist eine **Ordnungswidrigkeit nach § 24a Abs. 1 StVG** zu prüfen. Voraussetzung ist das Vorliegen einer **BAK von mindestens 0,5 ‰ oder alternativ 0,25 mg/l Atemalkohol**. Insoweit sind bezüglich der notwendigen Umstände der Messung im Detail viele Einzelheiten streitig.[27]

11 Wenn im Blut eines Kraftfahrers diejenigen **Drogen**, welche in der gesetzlichen Anlage zu § 24a StVG aufgelistet sind, nachgewiesen werden, kommt bei fehlender Fahruntauglichkeit die Begehung einer Ordnungswidrigkeit nach § 24a Abs. 2 StVG in Betracht. Diese Bestimmung steht zwar im Einklang mit dem GG, ist aber nach der Rspr des BVerfG[28] **verfassungskonform** dahin auszulegen, dass insoweit nicht jeder noch so geringe Drogennachweis im Blut ausreicht. Es ist vielmehr eine solche Konzentration zu verlangen, welche es als möglich erscheinen lässt, dass der Fahrzeugführer im Zustand eingeschränkter Fahrtüchtigkeit am Straßenverkehr teilgenommen hat. Auch hierzu ist im Einzelnen vieles streitig.[29]

12 Als **Sanktion** für eine Ordnungswidrigkeit nach § 24a StVG ist nach dessen Abs. 4 eine **Geldbuße** von bis zu 3.000 EUR zu verhängen. Zusätzlich ordnet § 25 Abs. 1 Satz 2 StVG an, dass bei einem Verstoß gegen § 24a StVG idR auch ein **Fahrverbot** festzusetzen ist. Zur Konkretisierung bestimmen Ziff. 241/242 des Bußgeldkataloges für den Grundfall einer Tat nach § 24a StVG eine **Regelgeldbuße** von 500 EUR sowie ein **Regelfahrverbot** von einem Monat.

13 § 111a StPO gestattet bei dem dringenden Verdacht einer späteren Entziehung der Fahrerlaubnis (§ 69 StGB) bereits deren **vorläufigen Entzug**.[30] Stellt sich später heraus, dass keine Straftat nach § 316 StGB etc. vorliegt, beträgt aber die BAK des Täters **mindestens 0,5 ‰,** kommt eine Entschädigung für die Zeit der vorläufigen Entziehung der Fahrerlaubnis gemäß § 5 StrEG nicht in Betracht.[31]

14 Eine weitere vieldiskutierte Streitfrage liegt in der **Verwertbarkeit von Blutproben**. Denn § 81a Abs. 2 StPO verlangt, dass diese von dem zuständigen Richter und nur bei Gefahr im Verzug von der Staatsanwaltschaft und ihren Ermittlungspersonen angeordnet werden können. Wird dieser **Richtervorbehalt** nicht beachtet, folgt daraus nach hM noch **kein Beweisverwertungsverbot**. Ein solches ist vielmehr erst dann an-

---

24 Einzelheiten bei Hk-GS-*Quarch* § 315c StGB Rn 1 ff.
25 *Blum,* SVR 2011, 173, 177.
26 Einzelheiten bei Hk-GS-*Quarch* § 315a StGB Rn 1ff.
27 Hk-GS-*Quarch* § 316 StGB Rn 12 mwN.
28 BVerfG NJW 2005, 349.
29 ZB Hk-GS-*Quarch* § 316 StGB Rn 13 mwN; *Haase/Sachs,* NZV 2011, 584.
30 Hk-GS-*Hartmann* § 111a StPO Rn 4.
31 LG Aachen Blutalkohol 2012, 112 = SVR 2012, 272 m.Anm. *Sandherr.*

zunehmen, wenn von Seiten der Polizei insoweit willkürlich gehandelt wird oder die gesetzlichen Zuständigkeitsvorschriften des § 81 a Abs. 2 StPO bewusst umgangen werden sollen.[32]

---

[32] BVerfG NJW 2008, 3053 = SVR 2009, 37; vgl aus jüngster Zeit OLG Bamberg DAR 2011, 268; OLG München DAR 2012, 89.

Teil 6
Unfallflucht

§ 12 Das biomechanische Gutachten zur Aufklärung des Tatbestandes beim unerlaubten Entfernen vom Unfallort[1]

A. Einleitung 1	5. Vestibularapparat 68
B. Allgemeines 4	IV. Wahrnehmbarkeit leichter Fahrzeugkollisionen 74
C. Biomechanische Begutachtung 7	1. Mechanische Auswirkungen .. 75
I. Technische und wahrnehmungsspezifische Zusammenhänge 7	2. Akustische Auswirkungen 79
1. Kollisionsmerkmale 8	3. Visuelle Wahrnehmbarkeit 84
2. Kollisionsfremde Einflüsse 10	4. Möglichkeiten der objektiven Beurteilung 85
II. Die Sinne des Menschen 12	D. Kasuistik 87
1. Das Wahrnehmen 13	I. Fall 1 89
2. Tastsinn 14	II. Fall 2 99
a) Taktile Wahrnehmung 17	1. Fahrzeugschäden und Schadenskorrespondenz 100
b) Kinästhetische Wahrnehmung 21	2. Bemerkbarkeit des Fahrzeugkontakts 103
c) Kennwerte und Charakteristiken 22	a) Visuelle Bemerkbarkeit 104
III. Der Gehörsinn 23	b) Nachstellung mittels Crashtest 106
1. Schall und Schwingungen 24	
2. Schalldruck 31	c) Geräuschaufzeichnung/ akustische Wahrnehmbarkeit 120
3. Schallintensität 32	
4. Das Gehör des Menschen 36	d) Beschleunigungen/taktile Wahrnehmbarkeit 133
a) Aufbau 37	
b) Der Hörvorgang 38	3. Fahruntüchtigkeit des Angeklagten 136
aa) Audiogramm 41	
bb) Frequenzbereich 43	4. Zusammenfassung Fall 2 137
cc) Schallpegel 44	E. Fazit 141
c) Zeitlicher Bezug im Hörsystem 54	
d) Räumliches Hören 62	

A. Einleitung

Einpark- oder **Rangiervorgänge** auf Parkplätzen führen regelmäßig zu leichten Kollisionen mit anderen Fahrzeugen oder Hindernissen. Dies ist oftmals mit einem erheblichen **Fremdschaden** verbunden, gleichwohl am eigenen Fahrzeug kein oder nur ein unbedeutender Schaden entstanden ist. Entfernt sich ein Fahrer des schädigenden Fahrzeugs vom Unfallort, ohne seine Personalien feststellen zu lassen, begeht er regelmäßig **Unfallflucht.** Kann er als Schädiger ermittelt werden, so wird ein Ermittlungsverfahren wegen § 142 StGB eingeleitet (in § 13 werden diese juristischen Fragestellungen noch ausführlich behandelt). In dem folgenden gerichtlichen Verfahren stellt sich dann die Frage, ob eine schädigende Person die Kollision bemerkt hat oder nicht. Zur Aufklärung dieses Sachverhaltes werden in aller Regel „nur" unfallanalytische

1

---

[1] Das Manuskript basiert auf einer gemeinsamen, jahrelangen Forschung am IfoSA in Zusammenarbeit mit Dr. med. *Ludwig Abresch* (Facharzt für HNO) und Dipl.-Ing. *Wolfgang Kaifler.*

Gutachten eingeholt, die dazu Stellung nehmen, ob die Kollision **optisch, taktil** und **akustisch** wahrnehmbar war, ggf ob nur ein Teilbereich davon wahrnehmbar war. Auf Grundlage dieser Gutachten erfolgt die juristische Bewertung.

2 Solange die forensische Auswertung „nur vom Techniker" erfolgt, wird dabei zwingend, weil diesem dafür die Qualifikation fehlt, außer Acht gelassen, die **Wahrnehmbarkeit** der Kollision im Hinblick auf die individuale **Konstitution** des Schädigers zu überprüfen. So ist es noch einigermaßen möglich, die optische Wahrnehmbarkeit eines Verkehrsunfalls im Sinne einer Durchschnittsbetrachtung der Bevölkerung zu überprüfen. Bereits das taktile und akustische Wahrnehmen hängen aber von den Individualparametern des jeweiligen Schädigers ab, also vom **Einzelfall**.

3 Der Verfasser stellt in seiner täglichen gerichtlichen Praxis fest, dass gerade diese individuale, dann medizinisch relevante Bewertung des Schädigers oftmals unberücksichtigt bleibt. Beispielsweise werden in die Begutachtungen nur selten **Kollisionsversuche** einbezogen, also das reale Nachstellen der streitgegenständlich zu überprüfenden Kollision. Ebenso wird häufig die individuale **Hörfähigkeit** des Schädigers im Sinne einer **HNO-ärztlichen Untersuchung** nicht gewürdigt. Nach der Überzeugung des Verfassers ist aber diese **Individualüberprüfung** im Sinne eines interdisziplinären biomechanischen Gutachtens für eine juristisch beweissichere Bewertung einer fraglichen Unfallflucht unverzichtbar.

B. Allgemeines

4 Der Verfasser wird in zunehmendem Maße als weiterer gerichtlicher Gutachter mit Fragestellungen konfrontiert, bei denen bereits aus unfallanalytischer Sicht ohne Berücksichtigung der Individualparameter des Schädigers ein Ergebnis zur **Wahrnehmbarkeit** einer Kollision vorliegt. Es stellt dann sich die Frage, ob bei einer vorliegenden, gegebenenfalls grenzwertig noch bemerkbaren Kollisionssituation meist im Bereich der akustischen bzw taktilen Wahrnehmbarkeit **individual** auf die Person des Schädigers bezogen eine Wahrnehmbarkeit vorliegt oder nicht. Dabei ist es meist so, dass in den fraglichen Fällen eine optische Wahrnehmbarkeit nicht zwingend oder sicher besteht. Die **taktile** Wahrnehmbarkeit ist sehr häufig fraglich, die **akustische** Wahrnehmbarkeit ist in diesen Fällen *unfallanalytisch* gegeben, allerdings ohne Berücksichtigung des individualen **Hörvermögens** des Schädigers, gleichwohl bspw äußere Einflüsse mit berücksichtigt worden sind.

5 In diesen Fällen musste der Verfasser feststellen, dass bei reiner unfallanalytischer Betrachtung ohne Bezugnahme auf den Schädiger, also ohne **interdisziplinäre biomechanische Bewertung**, die Kollision bemerkbar war, nach individualer Auswertung dies aber nicht mehr beweissicher feststand. Die individuale Auswertung erfolgte durch den Verfasser über einen realitätsgetreuen **Kollisionsversuch**. Zudem wurde das Hörvermögen des jeweiligen Schädigers überprüft. Das erstattete forensisch-biomechanische Gutachten berücksichtigte dabei neben der unfallanalytischen Fragestellung der streitigen Kollision, die Individualparameter des Schädigers. Das biomechanische Gesamtergebnis kann dabei konträr zum rein unfallanalytischen Ergebnis sein.

C. Biomechanische Begutachtung

Nachfolgend wird zu den Grundlagen der Wahrnehmbarkeit von **Niedriggeschwindigkeitskollisionen** Stellung genommen und aufgezeigt, welche, auch medizinisch relevanten Grundlagen bei einer interdisziplinären forensisch biomechanischen Begutachtung zu berücksichtigen sind. Diese Ergebnisse werden juristisch gewürdigt und zusammengefasst. Beispielhaft werden im Kapitel „Kasuistik" zwei vom Ergebnis beeindruckende gerichtliche Fälle erläutert.

C. Biomechanische Begutachtung

I. Technische und wahrnehmungsspezifische Zusammenhänge

Der Hergang einer Kollision ist ein komplexes Gebilde verschiedenster Einflüsse. *Welther*[2] hat in Abb. 1 bereits die Übersicht zusammengestellt. Die **Zusammenhänge** können grob in folgende Bereiche gegliedert werden:

- welche **Kollisionsmerkmale** und **kollisionsfremde Einflüsse** treten in einer Kollisionssituation auf,

- wie erfolgt die **Sinneswahrnehmung** durch die Beteiligten und die Verarbeitung hin zu einer Aussage, und

- welche **technischen und medizinischen Maßnahmen** können zu einer objektiven Aussage ergriffen werden.

1. Kollisionsmerkmale

Jede Kollision beinhaltet unterschiedliche optische, akustische und mechanische Merkmale, die je nach Unfall verschieden ausfallen. Optisch ist für den Fahrer selbst die Kollision meistens nicht zu sehen. Allenfalls geringe Abstände bzw leichte Bewegungen der beteiligten Fahrzeuge geben einen Hinweis auf eine kritische **Verkehrssituation** und können ein Indiz für eine mögliche Kollision darstellen.

Treffen Fahrzeuge aufeinander, so werden durch den Aufprall erzeugte **Schwingungen** auf die gesamten beteiligten Fahrzeugen übertragen und ins Innere der Fahrzeuge und deren Umgebung abgestrahlt. Diese sogenannten **Stoßgeräusche** sind je nach **Kollisionsart** und deren **Impulsstärke** verschieden. Sie werden (nahezu) zeitgleich mit einem Aufprall emittiert. Als **Folgegeräusche** hingegen bezeichnet man Geräusche, welche durch eine Kollision bedingt, jedoch zeitlich verzögert entstehen. Dies kann zB das Herunterfallen einer Stoßstange, Ausbeulen verformter Karosserieteile oÄ sein. Beide Informationen erreichen über die Luft das menschliche Ohr. Mechanisch gesehen erfahren der Fahrer sowie die Insassen der Kraftfahrzeuge bei einer Kollision **Geschwindigkeitsänderungen**. Als messbare Schwingungen werden diese Beschleunigungen bzw Verzögerungen auf die Fahrzeuge und deren Insassen übertragen. Auch sie sind je nach Aufprallgeschwindigkeit, sowie Art und Dauer der Kollision unterschiedlich.

---

2 *Welther*, Ingenieurwissenschaftliche Untersuchung zur Frage der Wahrnehmbarkeit leichter Fahrzeugkollisionen, 1982.

§ 12 Das biomechanische Gutachten bei Unfallflucht

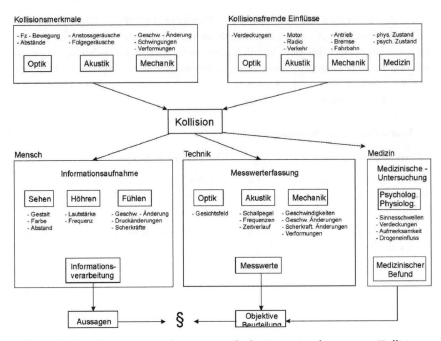

Abb. 1: *Technische und wahrnehmungsspezifische Zusammenhänge einer Kollision.*

2. Kollisionsfremde Einflüsse

10 Als kollisionsfremde Einflüsse werden Ereignisse bezeichnet, welchen der Fahrer zum Kollisionszeitpunkt ausgesetzt ist. **Visuell** kann die Wahrnehmbarkeit durch Verdeckungen beeinträchtigt sein, beispielsweise durch eine besondere, nicht in Fahrtrichtung liegende Verkehrssituation, die die **Aufmerksamkeit** und **Blickrichtung** des Fahrers erfordert. Bei einem aufmerksam fahrenden Autofahrer kann im Allgemeinen jedoch davon ausgegangen werden, dass sich der Fahrer vor, während und nach einer Kollision sehr nahe an einem Fahrzeug befand. Im Allgemeinen liegen während einer Fahrt (und damit auch während der Kollision) verschiedene **Geräusche** vor, welche akustische Unfallmerkmale verdecken können. Diese Fremdgeräusche entstehen vor allem durch Motor, Gebläse, Radio, Verkehr, aber auch durch Reifen, Fahrbahnunebenheiten, Fahrwerk, oder Unterhaltung der Fahrgäste. Die nichtbetriebsbedingten Geräuscharten können in mehrfacher Hinsicht Zweifeln unterliegen. Einerseits folgen sie keiner zeitlichen Regelmäßigkeit und zum anderen sind sie regellosen Frequenz- und Lautstärkeschwankungen unterworfen. Eine klare Aussage darüber kann daher nur innerhalb des Streubereiches nach dem Grundsatz „in dubio pro reo" getroffen werden.

11 Auch **mechanischen Einflüssen** ist ein Fahrzeug ständig unterworfen. Durch die während der Fahrt erzeugten Erschütterungen werden **Karosserie** und **Fahrwerk** durch Schwingungen erregt. Sie sind stark von der Beschaffenheit der Fahrbahn abhängig. Weiterhin sind sie durch Fahrbahnunebenheiten geschwindigkeits- und dadurch fre-

quenzabhängig. Auch die **Kraftübertragung** im Fahrzeug selbst wie sie im Antrieb (bspw Kupplungsdruck) und beim Bremsen gegeben ist, kann ebenso zeitgleich mit einer Kollision zusammenfallen, wie ein Bordsteinkontakt oder das Überfahren eines Kanaldeckels. Weiterhin bestimmt in hohem Maße der **psychische und physische Zustand** die Wahrnehmung des Menschen. **Hörschäden** (angeboren, altersbedingt oder auch vorübergehend zB durch Discobesuch), **Ermüdungserscheinungen** durch besondere körperliche oder geistige Belastungen werden immer wieder als wahrnehmungsmindernd aufgeführt. Aber auch Tageszeit, Unwohlsein, Schlaf-Wach-Rhythmus und Alter können zu einer Minderung der Leistungsfähigkeit führen. Beispielsweise erreicht die physiologische Leistungsbereitschaft um 15 Uhr ein relatives sowie um 3 Uhr nachts ein absolutes Minimum. Diese Umstände sollten bei einer umfassenden Beschreibung nicht unerwähnt bleiben und gegebenenfalls durch einen medizinischen Experten beurteilt werden.

II. Die Sinne des Menschen

Über die Wahrnehmung erhält der Mensch Informationen über seine Umwelt. Hierfür besitzt er spezielle Organe, die auf physikalische oder chemische Eigenschaften reagieren. Bereits *Aristoteles* versuchte vor über zweitausend Jahren die menschlichen Sinne zu benennen.[3] Nach seiner Auffassung verfügt der Mensch über fünf Sinne: **Sehsinn, Hörsinn, Tastsinn, Geruchssinn** und **Geschmackssinn**. Diese Sinne sind heute noch gültig. Genauere Kenntnissen über die menschlichen Sinne wurden erst gut 2000 Jahre später gewonnen. Die Sinnessysteme von Haut, Gelenken, Skelettmuskeln und Eingeweiden werden heute unter dem Begriff der „**Somatoviszerale Sensibilität**" zusammengefasst.

1. Das Wahrnehmen

Das Wahrnehmen beinhaltet alle Prozesse, die ablaufen wenn die Reize der Sinne im **Gehirn** bzw im **Zentralen Nervensystem** verarbeitet werden. Dies ist ein aktiver Prozess, welcher sich im Laufe der Entwicklung verfeinert. Je mehr Stimuli, also Reize, das Gehirn im Laufe seiner Entwicklung erhält, desto besser entwickeln sich **Informations- bzw Wahrnehmungssysteme**. Auch so komplexe Vorgänge wie Denkprozesse (Schlussfolgerungen ziehen, antizipatorisches Denken, abstraktes Denken, Merkfähigkeit etc.) sind wahrnehmungs- und somit „trainings"-abhängig. Höhere kognitive Leistungen (zB komplexe Denkvorgänge) sind im Gegensatz zu einfachen Wahrnehmungsbereichen (zB eine Form ertasten) von Informationsaufnahme und -austausch der verschiedenen Sinnesorgane abhängig. Generell gibt es drei Möglichkeiten, einen Verkehrsunfall bzw einen -kontakt wahrzunehmen: Visuell, akustisch und über den Tastsinn. Im Folgenden werden nun die einzelnen Sinnesorgane sowie deren Funktion kurz erläutert.

---

3 Wikipedia: Sinn (Wahrnehmung). http://de.wikipedia.org/wiki/Sinn_%28Wahrnehmung%29, Abruf: 30.3.2013.

2. Tastsinn

14 Der Tastsinn begleitet uns jeden Augenblick. Selbst wenn wir ruhig im Bett liegen spüren wir unsere Umgebung mithilfe von **Nervenendungen** (**Rezeptoren**) in unserer Haut. Der Tastsinn kann nicht – wie zB das Auge – einfach geschlossen und abgeschaltet werden. Unter Tastsinn (haptische Wahrnehmung) versteht man allgemein das Wahrnehmen von mechanischen Reizen (griech.: haptikos = greifbar, deutsch Tastsinn). Dieser Sinn ermöglicht es dem Menschen Reize wie Berührungen, Druck, Vibrationen etc. zu erleben.

15 Die haptische Wahrnehmung gliedert sich in:

- **Taktile Wahrnehmung (Oberflächensensibilität)**
  Die entsprechenden Sinneszellen befinden sich oberflächennah an der Haut. Sie reagieren auf Temperatur, Vibration und Auslenkung der Haut.

- **Kinästhetische Wahrnehmung (Tiefensensibilität)**
  Die kinästhetischen Zellen befinden sich „tiefer" in der Haut, in Sehnen, Gelenken und Muskeln. Über die kinästhetische Wahrnehmung werden Kräfte für die Beschleunigung oder Fixierung der Muskeln wahrgenommen.

16 Die haptischen Sinnesorgane befinden sich – im Gegensatz zu den anderen Sinnesorganen wie Augen, Ohren oder Zunge – am **gesamten Körper** verteilt. Dies macht es schwierig eine einfache Messung und hierüber eine Aussage über den Zustand und die Wahrnehmung der menschlichen Reize zu geben. Erschwerend kommt hinzu, dass das haptische Wahrnehmungssystem kein unidirektionales System ist, wie zB Auge oder Ohr. Beim Auge bzw Ohr ist es möglich das Wahrnehmungssystem durch eine einfache Stimulation zu erreichen, zB durch einen Lautsprecher oder einen Bildschirm. Dies ist beim haptischen Wahrnehmungssystem nicht möglich. „Man kann nichts ertasten ohne es zu berühren".[4] „Wahrnehmung" ist hier also gleich einer „Veränderung der Umwelt".

a) Taktile Wahrnehmung

17 Aufgrund der technisch und elektrotechnisch eingeschränkten Versuchsapparaturen fanden die eigentlichen Untersuchungen des Tastsinnes erst in der zweiten Hälfte des zwanzigsten Jahrhunderts statt. So konnte der Tastsinn erst relativ spät erklärt werden.

18 Mitte der sechziger Jahre zeichnete *Gibson* ein Bild des ersten **Mechanorezeptors** (Abb. 2).

---

[4] *Doerrer*, Entwurf eines elektromechanischen Systems für flexibel konfigurierbare Eingabefelder mit haptischer Rückmeldung, 2003.

C. Biomechanische Begutachtung 6

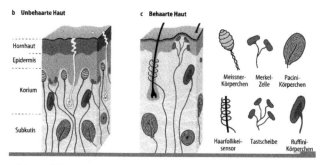

Abb. 2: Übersicht der Mechanorezeptoren.[5]

Dreißig Jahre später waren bereits vier Mechanorezeptoren bekannt (SA-I, SA-II, RA-I und RA-II). SA und RA stehen für Slowly und Rapidly Adapting, also unterschiedlich schnelle Gewöhnung an einen unverändert anliegenden Reiz.

In der Tabelle in Abb. 3 sind die Eigenschaften der verschiedenen Mechanorezeptoren zusammengefasst.

Rezeptor-Typ	Antwort-Verhalten	Stimulations-Frequenz	Rezeptives Feld	Funktion	Zur Wahrnehmung von
Merkelscheiben	SA-I	0-10 Hz	Klein, klar abgegrenzt (11 mm^2)	Intensitäts-Sensor	Druck
Ruffini-Körperchen	SA-II	0-10 Hz	Groß, keine klaren Grenzen (60 mm^2)	Intensitäts-Sensor	Statische Kraft, Scherdehnung
Meissner-Körperchen	RA-I	20-50 Hz	Klein, klar abgegrenzt (12 mm^2)	Geschwindigkeits-Sensor	Geschwindigkeit
Pacini-Körperchen	RA-III (oder PC)	100-300 Hz	Groß, keine klaren Grenzen (100 mm^2)	Beschleunigungs-Sensor	Beschleunigung, Vibration

Abb. 3: Tabelle Überblick und Eigenschaften der verschiedenen Mechanorezeptoren.

b) Kinästhetische Wahrnehmung

Als kinästhetische Wahrnehmung bezeichnet man das meist unbewusste über den Sehsinn vermittelte **Lage- und Bewegungsempfinden**. Sie setzt sich aus Empfindungen von Bewegungen des Körpers bzw einzelner Körperteile gegeneinander und der damit verbundenen bzw auftretenden **Kraftleistung** zusammen. Sie vermittelt Kenntnis über den Bewegungszustand, die Muskelspannung und die Koordination und hängt laut

---

5 Birnbaumer/Schmidt, Biologische Psychologie, 6. Aufl. 2006.

Willner[6] stark von Geschlecht, Alter und Geschicklichkeit ab. Über die kinästhetische Wahrnehmung zB kann zwischen Kraft- und Feingriff unterschieden werden. Die **Rezeptoren** sind in sogenannten **Muskelspindeln** um Muskulatur, Sehnen und Gelenke angeordnet (Tiefensensibilität). Die Muskelspindeln bestehen aus kurzen Muskelfasern, umgeben von einer lockeren Bindegewebehülle. Im Inneren der **intrafusalen Muskelfasern** (welche parallel zu den motorischen Muskelfasern verlaufen) befinden sich die Enden der Nerven. Diese leiten die Längenänderung (Anspannung) des Muskels mit einer Geschwindigkeit von 100 bis 120 Meter pro Sekunde an das ZNS (Gehirn und Rückenmark) weiter. Weiterhin befinden sich in der Nähe der muskulären Ursprungsstelle die **Golgi-Sehnenorgane**. Sie sind in Serie zu den Muskelspindeln in Sehnennähe angeordnet und geben über die Dehnung der Sehnen Auskunft.

c) Kennwerte und Charakteristiken

22 Trotz umfangreicher Literaturrecherchen ließen sich keine eindeutigen Kennwerte für die haptische Wahrnehmung ermitteln. Es existieren zwar zahlreiche Angaben, diese sind jedoch meistens auf spezielle Experimente abgestimmte phänomenologische Beschreibungen. In dem Werk von *Doerrer*[7] findet sich eine umfangreiche Liste einiger Experimente verschiedener Autoren. Hauptaugenmerk dieser Ergebnisse liegt dabei auf der haptischen Wahrnehmung der Hand. *Baumann, Bellmann, Mellert* und *Weber* untersuchten die Wahrnehmung von **Ganzkörpervibrationen** auf einem realen Fahrzeugsitz.[8] Bei ihnen lag die Grenze der Wahrnehmung zwischen 0,01 m/s² und 0,075 m/s². Diese Grenzen wurden jedoch unter weitgehendem Ausschluss der übrigen Sinne für periodische Schwingungen ermittelt. *Welther*[9] untersuchte bei **Schlittenversuchen** die Wahrnehmung von Beschleunigungen bei leichten Kollisionen. Bei ihm waren Kollisionen im Bereich bis 0,75 m/s² ohne Berücksichtigung der Signalform nicht wahrnehmbar.

III. Der Gehörsinn

23 Das Hören teilt sich in eine Reihe komplexer Vorgänge auf, die bis heute noch nicht vollständig erforscht sind. Das **Ohr** ist das einzige **Sinnesorgan**, welches zwei komplett verschiedene Aufgaben erfüllt: Es nimmt **Geräusche** auf und ist gleichzeitig für das **Gleichgewicht** zuständig. Ohne das Gehör ist der Mensch in jedem Fall beeinträchtigt. Es ermöglicht dem Menschen die Kommunikation mit seiner Umwelt, insbesondere die Kommunikation mit anderen Menschen. Es macht das Individuum zu einem sozialen Wesen. Das Gehör ist der Eingang für jegliche Art von **Akustik**. Es nimmt die äußeren Reize auf und leitet sie weiter an das Gehirn, wo die **Schallwellen** umgesetzt und verarbeitet werden. Das Gehör besteht aus einem empfindlichen Me-

---

6 *Willner*, Kinästhetik, 1999.
7 *Doerrer*, Entwurf eines elektromechanischen Systems für flexibel konfigurierbare Eingabefelder mit haptischer Rückmeldung, 2003.
8 *Baumann/Bellmann/Mellert/Weber*, Wahrnehmungs- und Unterschiedsschwellen von Vibrationen auf einem Kraftfahrzeugsitz. Version: 2001. http://www.akustik.uni-oldenburg.de/literatur/Baumann/348_Baumann_etal.pdf, Abruf: 1.10.2012.
9 *Welther*, Ingenieurwissenschaftliche Untersuchung zur Frage der Wahrnehmbarkeit leichter Fahrzeugkollisionen, 1982.

chanismus, welcher sich unter anderem aus **Ohrmuschel, Trommelfell** und weiteren kleinen **Knöchelchen** zusammensetzt. Diese kleinen Knochen heißen Hammer, Amboss und Steigbügel. Untersuchungen ergeben, dass das Gehör bereits im fünften Monat nach der Zeugung weitgehend ausgeprägt und funktionsfähig ist. Es kann in diesem frühen Stadium Töne wahrnehmen und Stimmen unterscheiden. Durch seinen permanenten Einsatz kommt dem Ohr eine Schlüsselfunktion zu. Während zB Augen geschlossen werden, bleiben die Ohren stets offen und für akustische Phänomene empfangsbereit. Das Wahrnehmungsorgan für Schall ist im Laufe der Evolution aus einer Seitenlinie der Fische entstanden. Es hat sich im Laufe der Zeit über Reptilien und Vögel zu seiner ausgereiften Form bei den Säugetieren entwickelt.

1. Schall und Schwingungen

Wenn eine mechanische Störung das sie umgebende Medium (zB Gase) zum Mitschwingen anregt, so entstehen sich um die Störung ausbreitende **Schallwellen** welche zu dem sogenannten **Schalldruck** bzw **Schallwechseldruck** p führen. Ohne Medium (im Vakuum) kann kein Schallfeld erzeugt werden. Die Geschwindigkeit, mit der die Gasteilchen hin und her schwingen, nennt man Schallschnelle v. Diese beiden Größen – Schallschnelle und Schalldruck – sind von Zeit und Ort abhängig. Vollständig beschrieben ist das Schallfeld, wenn man zu jeder Zeit den Wechseldruck und die Schnelle für alle Raumrichtungen kennt.

In Flüssigkeiten oder Gasen kann sich der Schall immer nur in Form von Längs- oder Longitudinalschwingungen (örtliche Verdichtungen oder Verdünnungen) ausbreiten. Werden sie vom menschlichen Ohr aufgenommen und verarbeitet, handelt es sich um **Hörschall**.

Da Schallwellen im Allgemeinen nicht sichtbar und in Grafiken schwierig zu visualisieren sind, werden sie häufig als **Transversalwellen** (Schwingung senkrecht zur Ausbreitungsrichtung) dargestellt. Reine Transversalwellen treten nur in Festkörpern zB einer Saite auf. Mit der Frequenz f wird die Anzahl der Schwingungen pro Sekunde bezeichnet. Eine Welle ist eine sich in einem Medium fortpflanzende **Schwingung**. Da sich eine Welle im Medium mit konstanter Geschwindigkeit ausbreitet, kann man ihr eine **Wellenlänge** λ zuordnen.

§ 12 Das biomechanische Gutachten bei Unfallflucht

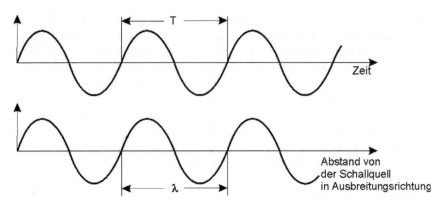

Abb. 4: Periodendauer und Wellenlänge einer Schwingung.

27 Mathematisch lässt sich dieser Zusammenhang beschreiben durch die Gleichungen:

$f = \frac{1}{T}$ und $c = \lambda \cdot f$

28 Erreichen physikalische Vorgänge innerhalb von bestimmten periodischen Zeitabschnitten immer wieder den gleichen Zustand, werden sie als Schwingungen bezeichnet. Als **reiner Ton** wird eine **sinusförmige Schwingung** einer bestimmten **Frequenz** im Hörbereich definiert.

29 Die Zeitintervalle können entweder einander gleich oder voneinander verschieden sein. Im ersten Falle nennt man die Schwingung periodisch, im letzteren nicht periodisch. Schwingungen sind stationäre periodische Bewegungen, im Gegensatz zu einer Welle, welche einen nicht stationären Zustand darstellt.

30 **Harmonisch** nennt man Schwingungen wenn ihr Verlauf **sinusförmig** ist. Auch wenn harmonische Schwingungen in der realen Akustik nur selten vorkommen, haben sie doch eine große Bedeutung. Sie sind mathematisch einfach zu handhaben und es können beliebige Schwingungsformen durch Überlagerung harmonischer Schwingungen erzeugt werden (sogenannte **Fouriersynthese**). Umgekehrt können auch komplexe Klänge mathematisch wieder in einzelne Schwingungen aufgeteilt werden (**Fourieranalyse**). Man erhält dadurch das Spektrum eines Klanges.

2. Schalldruck

31 Mit Schall werden **Druckänderungen** in Gasen und Flüssigkeiten definiert, die dem statischen Druck überlagert sind. Diese Druckänderungen werden auch als Schalldruck bezeichnet. Der **Schalldruck** $p = F / A$ wird in **Pascal** (Pa; $1 Pa = 1 N/m^2$) angegeben. Kann das menschliche Ohr diese **Druckänderungen (Frequenz)** wahrnehmen, handelt es sich um **Hörschall**. Aufgrund des sehr großen Bereiches des hörbaren Schalldrucks (ca. 10^{-5} Pa bis 10^2 Pa) fügt man den sog. Schalldruckpegel L_p (kurz

Schallpegel) ein.[10] Die Dämpfung des Schalldrucks folgt wegen $p \propto 1/r$ dem „1/r-Gesetz". Beispielsweise nimmt der Schalldruck p auf den halben Wert ab, wenn die Entfernung verdoppelt wird.

3. Schallintensität

Die Schallintensität I ist eine **Schallenergiegröße**. Die zugehörige **logarithmische** Größe ist der **Schallintensitätspegel** L_I:

$$L_I = 10 \cdot \log\left(\frac{I}{I_0}\right) \mathrm{dB}$$

Hierin ist I die Schallintensität und I_0 die Bezugsintensität mit der definierten Größe $1\, pW/m^2 = 10^{-12}\, W/m^2$. Mit der Schallintensität kann der „**Energiefluss**" in Schallfeldern beschrieben werden. Strahlt eine punktförmige Schallquelle gleichförmig in alle Richtungen ab, so vergrößert sich die Oberfläche wie eine Kugelschale. Die Schallintensität $J = P_{ak}/A$ in W/m^2 nimmt mit zunehmender Entfernung r von der Schallquelle umgekehrt proportional zur Oberfläche der Kugel ab. Für einen beliebig von der Schallquelle entfernten Punkt ist die Schallintensität gegeben durch:

$J = P_{ak}/A$ ~ $1/r^2$ mit der Kugeloberfläche von $A = 4\pi r^2$

Die Dämpfung der Schallintensität (**Ausbreitungsdämpfung**) folgt dabei dem „$1/r^2$-Gesetz". Die Intensität nimmt beispielsweise auf ein Viertel ab, wenn sich die Entfernung verdoppelt. Durch die doppelte Entfernung $2\,r$ ändert sich der Schallintensitätspegel gegenüber r:

$$\Delta L_J = 10 \cdot \log\left(\frac{1}{2^2}\right) = 10 \cdot \log\left(\frac{1}{4}\right) = 10 \cdot \log(0,25) = -6\,\mathrm{dB}$$

Bei der Entfernungsänderung sind die dB-Werte für den Schalldruck und die Intensität gleich. Die Schalldruck- und Intensitäts-Verhältnisse sind wegen des quadratischen Zusammenhanges ungleich.

4. Das Gehör des Menschen

Das menschliche Gehör ist in faszinierender Weise auf den Empfang akustischer Signale – insbesondere der Sprache – unserer Umwelt angepasst. Da sich akustische Signale zeitlich stark ändern benötigt das Gehör die Fähigkeit, jederzeit die Intensität wahrzunehmen, mit der jede Frequenz vorliegt. Wesentliche Wahrnehmungsgrundgrößen sind dabei:

---

[10] $L_p = 10\log\left(\frac{p_1^2}{p_0^2}\right)\mathrm{dB} = 20\log\left(\frac{p_1}{p_0}\right)\mathrm{dB}$, p_0 ist ein international festgelegter Bezugsschalldruck und mit $p_0 = 20\,\mu\mathrm{Pa} = 2 \cdot 10^{-5}\,\mathrm{Pa}$ bestimmt. Er wurde Anfang des 20. Jahrhunderts als Hörschwelle bei einer Frequenz von 1 kHz festgelegt. Später stellte sich heraus, dass der Wert für 1 kHz etwas zu niedrig ist, für 2 kHz jedoch ungefähr zutrifft. Schalldruckwellen sind wie sich ausdehnende Kugeln, deren Schalldruck sich bei doppelter Entfernung halbiert.

- Umsetzung mechanischer **Schalldruckgrößen** in subjektive **Lautheitsempfindungen**
- Umsetzung verschiedener **Frequenzen** in subjektiv empfundene **Tonhöhen**
- Umsetzung verschiedener Zeitdauern und Rhythmen in empfundene Zeitmuster
- Umsetzung akustischer Signale in subjektiv empfundene Klänge, sowie
- das Trennen verschiedener Klänge (vgl Partyeffekt)

a) Aufbau

37 Das Hörorgan des Menschen ist in folgende Segmente gegliedert:

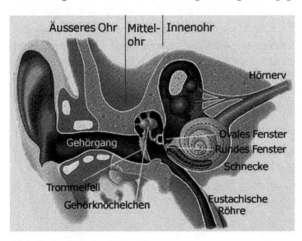

Abb. 5: Aufbau des Hörorgans.

- **Außenohr**: Ohrmuschel und Gehörgang

  Die Ohrmuschel ist der einzige sichtbare Teil des Sinnesorgans. Sie ist durch Knorpel gestützt und durch Falten versteift. Die Ohrmuschel ist mit dem 2,5 cm bis 3,5 cm langen Gehörgang verbunden. Sein Durchmesser beträgt ca. 6-8 mm. Er besitzt eine leichte S-Form, welche durch die sog. Orgelpfeifenresonanz eine Verstärkung im Frequenzbereich von 2 Hz–6 kHz um den Faktor 2 erreicht. Außenohr, Ohrmuschel und Ohrläppchen werden als Außenohr bezeichnet.

- **Mittelohr**

  Das Mittelohr besteht aus dem Trommelfell, der luftgefüllten Paukenhöhle und den Gehörknöchelchen (Hammer, Amboss und Steigbügel).

- **Innenohr**

  Das **Innenohr** besteht aus dem Vestibularapparat (dem Gleichgewichtsorgan) sowie dem eigentlichen schneckenförmigen Hörorgan (Cochlea).

b) Der Hörvorgang

Einfallende Schwingungen werden vom **Trommelfell** über die **Gehörknöchelchen** auf die **Vorhoftreppe** übertragen. Die dort entstehenden Druckunterschiede breiten sich bis zur Spitze der **Schnecke** hin aus. Nun hat jede Stelle der Schnecke ihre eigene charakteristische Frequenz. Das heißt, über die Beschaffenheit der **Basilarmembran** werden die Frequenzen im Spektrum getrennt und je eine Frequenz einem genauen Ort (Amplitudenmaximum) in der Schnecke zugeordnet (Frequenz-Orts-Transformation). Dies funktioniert physikalisch zum einen aufgrund der immer enger werdenden Schnecke, und zum anderen auf die in gleicher Weise zunehmende Masse und Festigkeit der Schnecke (Abb. 6).[11] Hohe Frequenzen werden also am Anfang-, tiefe Frequenzen am Ende der Schecke wahrgenommen.

Innerhalb der Schnecke befinden sich genau wie im Gleichgewichtsorgan **sensorische Haarzellen**. Die Druckunterschiede, welche die am Ohreingang einfallende Frequenz darstellt, verbiegen die Haarzellen und lösen somit elektrische Impulse aus, die über das **Nervensystem** weitergeleitet werden.

In der Schnecke gibt es ungefähr 15.500 Haarzellen. Ihre maximale Zahl ist nach der zehnten Schwangerschaftswoche erreicht. Ab diesem Stadium können Haarzellen nur noch verloren werden.

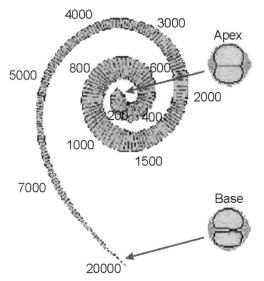

Abb. 6: Frequenzverteilung auf der Schnecke.

---

11 *Liebrich*, Das menschliche Ohr (Teil 1), TU Karlsruhe 2003, S. 8.

aa) Audiogramm

41 In Abb. 7 wird das Audiogramm oder die Hörkurve eines gesunden menschlichen Gehöres dargestellt. Es zeigt das subjektive Hörempfinden, begrenzt durch die **Hörschwelle** nach unten bzw die **Schmerzgrenze** nach oben.

42 Wie man sieht, sind diese Grenzen sehr frequenzabhängig. Die Kurven berücksichtigen also das **Lautstärkeempfinden** des Menschen in verschiedenen Frequenzbereichen. Das Feld „Sprache und Musik" stellt den Hörbereich dar. Für tiefe sowie für hohe Frequenzen sind für die Wahrnehmung sehr große Intensitäten nötig.

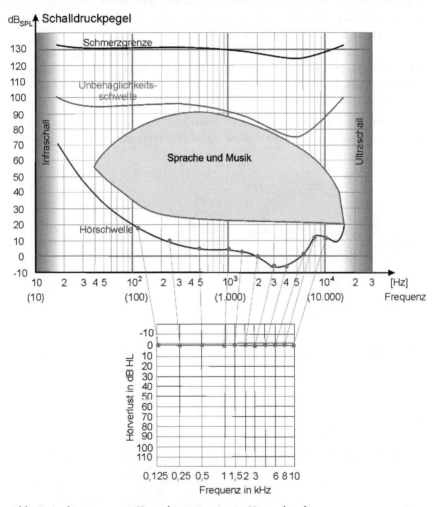

Abb. 7: Audiogramm mit Transformation in ein Hörverlustdiagramm.

bb) Frequenzbereich

Ein junges gut ausgeprägtes menschliches Gehör nimmt einen Frequenzbereich zwischen 16 und 16.000 Hz auf. Frequenzen unterhalb von 16 Hz werden nicht wahrgenommen – sie werden Infraschall genannt. Das Gleiche gilt für Frequenzen über 16.000 Hz, welche Ultraschall genannt werden.

cc) Schallpegel

Beim Schallpegel – genauer Schalldruckpegel – wird der Wahrnehmungsbereich des Menschen als Hörfeld bezeichnet. Das **Hörfeld** ist nach unten hin durch die sogenannte „Hörschwelle" begrenzt.

Die Hörschwelle bezeichnet den Pegel, bei dem ein Ton in ruhiger Umgebung (dh ohne vorliegender störender Signale) gerade noch wahrgenommen werden kann. Bei niedrigen und bei hohen Frequenzen muss ein wesentlich höherer Schalldruckpegel aufgewendet werden, damit der Ton von einem normal hörenden Menschen gerade noch wahrgenommen werden kann (Abb. 8).

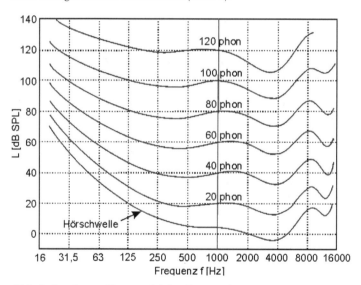

Abb. 8: Isophonen-Kurven gleicher Lautstärke.

Wird ein Sinuston im Pegel kontinuierlich erhöht, nimmt die Versuchsperson den Ton immer lauter war. Der Grad, in dem diese **Lautheitswahrnehmung** mit zunehmendem Tonpegel ansteigt, ist frequenzabhängig. Ausgehend von einem Sinus-Ton von 1000 Herz (das Ohr ist hier am empfindlichsten) kann man zu jeder Frequenz denjenigen Pegel bestimmen, der zu einem gleichen subjektiven **Lautheitseindruck** führt. Diese Kurven gleicher Lautstärke (Abb. 8) werden Isophone genannt. Per Definition entspricht diese Lautstärke in Phon der Schalldruckstärke in dB_{SPL}dB. Die 10 dB Isophone liegt hierbei genau 10 dB über der Ruhehörschwelle. Mit zunehmender Lautstärke flachen die Isophonen bei niedrigen und hohen Frequenzen ab, so dass bei der **Schmerzgrenze** von ca. 120 dB die Kurve nahezu gerade über alle Frequenzen verläuft. Diese Kurve bezeichnet einen Pegel, bei dem kein Hör-, sondern nur noch ein Schmerzgefühl auftritt.

47 Knapp unterhalb dieser Schmerzgrenze ist noch eine **Unbehaglichkeitsschwelle** definiert (siehe Abb. 7).

48 Um eine technische Messung des Schalls an das physiologische Hörvermögen des menschlichen Ohres anzupassen wurden verschiedene **Filter** entwickelt. Diese Filter korrigieren die Messwerte in einem gewissen Frequenzbereich, um damit der Empfindlichkeit des menschlichen Ohres gerecht zu werden.

49 Das **A-Filter** schwächt beispielsweise Bässe und Höhen ab (Abb. 9). Dadurch sieht das A-bewertete Messergebnis ähnlich aus wie eine Phonkurve. Weitere Filter wurden mit B, C, und D bezeichnet. Alle diese Filter wurden für einen gewissen Bereich der Dezibelskala optimiert, das A-Filter für kleine Schallpegel, das D-Filter für sehr große Pegel.

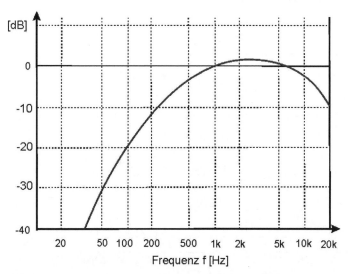

Abb. 9: Frequenzkurve des A-Bewertungsfilters.

50 Durch den Einsatz eines solchen Filters stimmt der angegebene Messwert eher mit unseren Empfindungen überein und kann relativ einfach gemessen werden. Um die Handhabung und Vergleichbarkeit zu erhöhen, wird heute fast ausschließlich das A-Filter verwendet. Die A-Bewertung des Schallpegels wird in dB(A) angegeben, kann ansonsten aber wie dB-Werte gehandhabt und addiert werden. Heute wird bei Messungen fast ausschließlich das A-Filter verwendet, egal ob es sich um laute oder leise Schallvorgänge handelt.

51 In der Tabelle in Abb. 17 unten sind einige über längeren Zeitraum ermittelte dB(A) Werte in einer **Lärmskala** zusammengefasst.

Die tatsächliche Wahrnehmung der **Lautheit** ist u.a. auch von der **Dauer des Signals** abhängig. Nach Kremer[12] ist das **Lautheitsempfinden** unter 200 ms geringer als bei längeren Tönen gleicher Amplitude und Frequenz (siehe Rn 32 ff).

Bei **Prüfung** des Gehörs wird meistens mit der **Schwellenaudiometrie** die **Hörschwelle** ermittelt (Abb. 8). Ausgehend von einem durchschnittlichen gesunden Gehör werden die ermittelten Werte in ein **Hörverlust-Diagramm** transformiert. Dieses zeigt graphisch den **Hörverlust** (gemessen in dB_{HL}) über die Frequenz. Bezugspunkt in diesem Diagramm stellt die Hörschwelle dar: $0\text{-}dB_{HearingLevel}$. Ein gesundes Gehör sollte demnach eine gerade Linie zwischen der 0 und 25 dB Marke ergeben (Abb. 10).

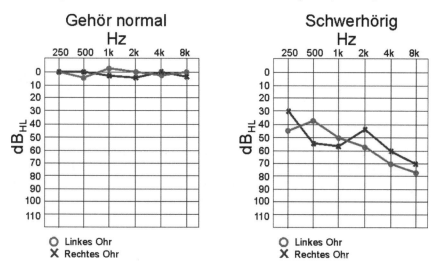

Abb. 10: *Tonschwellenaudiogramme bei Gesunden (links) und Hörstörungen (rechts).*

c) Zeitlicher Bezug im Hörsystem

Neben der spektralen (Frequenz-)Auflösung im Hörsystem spielt auch die zeitliche Integration eine bedeutende Rolle. Unter zeitlicher Integration wird dabei die Eigenschaft verstanden, dass ein lang andauernder konstanter Ton gleichen Pegels lauter wahrgenommen wird, als ein kurzer Ton.

Demonstriert werden kann dies, indem die **Mithörschwelle** bei einem gerade noch hörbaren Ton unter einem **Rauschteppich** (Maskierungssignal) bestimmt wird. Diese Mithörschwelle nimmt zunächst mit zunehmender Dauer ab, bis sie ab etwa 200 ms einen konstanten Wert erreicht. Diese Eigenschaft des Gehörs wird nur durch die zentrale Verarbeitung der Impulse ausgelöst, die **Basilarmembranauslenkung** zeigt keinen Unterschied zwischen Reizen unter 200 ms und solchen längerer Dauer. Das

---

12 *Kremer.* Schalldauer und Lautheitsempfindung, Version: 2001. http://www.dasp.uni-wuppertal.de/ars_auditus/psychoak/psychoak17.htm, Bergische Universität Wuppertal Elektrotechnik, Informationstechnik, Medientechnik.

56 Wahrnehmen von Signalen des Hörorgans wird durch die Verlängerung der Dauer des Signals verbessert (Abb. 11).

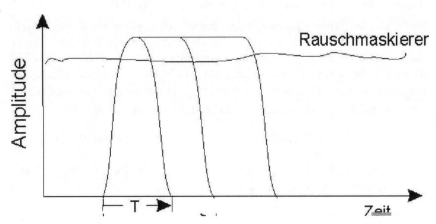

Abb. 11: Zeitliche Integration des Gehörs.

57 Technisch versucht man auch den zeitlichen Zusammenhang zwischen zeitlicher Struktur des Schallsignals und der dynamischen Eigenschaft des Gehörs zu berücksichtigen: Die „Trägheit" der Basilarmembran des Ohres wird bei der Messung durch den Einsatz einer Zeitbewertung simuliert. Dazu wurden verschiedene Zeitkonstanten eingeführt, welche den **Schalldruckpegel** aufsummieren:

- S (Slow): Zeitkonstante 1 s
  Für Schallvorgänge mit langsam veränderlichen Pegeln (zB gleichmäßiges Singen eines Tones)
- F (fast): Zeitkonstante 125 ms
  Für Schallvorgänge, die länger als 200 ms dauern und nicht impulshaltig sind (zB sprechen, Schießlärm)
- I (Impuls): Zeitkonstante Pegelanstieg 35 ms, Zeitkonstante Pegelabfall 1,5 s
  Für kurzdauernde und impulshaltige Geräusche (Dauer zwischen 1 ms und 200 ms; zB Händeklatschen)

58 Bei **Innenohrschwerhörenden** ist diese Summation gestört, so dass diese Schwelle bei zunehmender Dauer T nicht mehr weiter abnimmt (Abb. 12).

59 Die zeitliche Verschmierung akustischer Signale lässt sich durch **Nachverdeckung** und **Vorverdeckung** beschreiben. Bei der Nachverdeckung wird der Testton zu einem bestimmten Zeitpunkt nach dem Abschalten des Rauschteppichs aufgeschaltet und im Pegel so lange variiert, bis er gerade noch hörbar ist.

60 Diese **Mithörschwelle** nimmt mit zunehmendem zeitlichem Abstand vom Rauschteppich zunächst ab und erreicht ab etwa 200 ms die **Ruhehörschwelle**.

C. Biomechanische Begutachtung 6

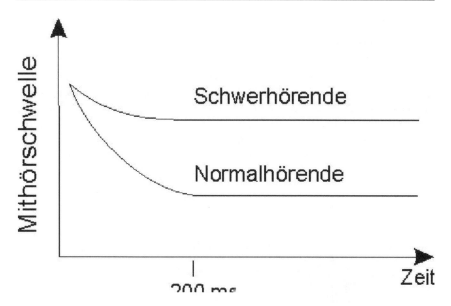

Abb. 12: *Mithörschwelle von Normalhörenden und Schwerhörenden.*

Bei der Vorverdeckung wird der Testton zeitlich vor dem Rauschteppich aufgeschaltet, wobei sich eine Funktion ergibt, allerdings wesentlich kürzer (10 ms).

d) Räumliches Hören

Die **Position** und **Richtung** einer Schallquelle relativ zum Kopf kann aufgrund der **Laufzeit- und Pegelunterschiede** des Schalls zwischen beiden Ohren (biaudiales Hören) präzise ermittelt werden.

Über den Abstand der beiden Ohren zueinander (Kopfmaße) kann mithilfe geometrischer Berechnungen der Laufzeitunterschied in Bezug auf die Schallquelle berechnet werden. In Abb. 13 wird dies aufgezeigt.

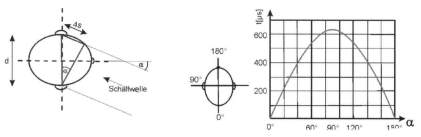

Abb. 13: *Richtungshören durch Laufzeitunterschied.*

Bei durchschnittlichen Kopfmaßen beträgt der maximale Laufzeitunterschied

$$\Delta t = \frac{d \sin \alpha}{c} = \frac{0{,}21 m}{335 m/s} \sin \alpha \approx 630 \mu s \sin \alpha.$$

§ 12 Das biomechanische Gutachten bei Unfallflucht

65 Es gibt jedoch noch einen zweiten Effekt, eine Schallquelle zu orten: Der Kopf ist ein **Schallhindernis** und die geometrische Lage der Ohren zur Quelle führen dazu, dass die Signale unterschiedlich sind.

66 Diese **Intensitätsdifferenz** ist u.a. auch von der Frequenz abhängig. Bei niedrigen Frequenzen sind aufgrund der großen Wellenlänge die Druckunterschiede klein. In folgender Abb. sind die Intensitätsdifferenzen für das nahe Ohr (obere Linie) und das entfernte Ohr (mittlere Linie) bei höheren Frequenzen eingezeichnet. Aus der Differenz der beiden Pegel wird es dem Gehirn ermöglicht, eine Richtung der Schallquelle anzugeben.

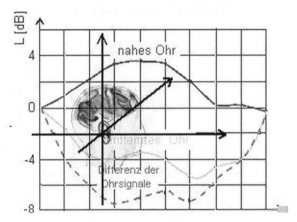

Abb. 14: Interaurale Intensitätsdifferenzen

67 Unter *Liebrich*[13] sind einige Daten zur räumlichen Auflösung aufgelistet. Hier werden abhängig von Versuchsaufbau und Quellsignal Richtungsauflösungen zwischen 0,75° und 4° angegeben.

5. Vestibularapparat

68 Wie bereits aufgeführt besteht das Innenohr aus dem schneckenförmigen Hörorgan sowie dem Vestibularapparat. Er erfasst den **Winkel zum Schwerkraftvektor** sowie die **Beschleunigung** in allen drei Richtungen. Den Aufbau zeigt Abb. 15.

---

13 *Liebrich*, Unterlagen zum Tutorium im Grundstudium. http://www.ton.hdk-berlin.de/tutorium/html/node49.html, Abruf: 30.6.2007, nachlesbar in *Wolfgang Kaifler*, Beschaffung und Inbetriebnahme einer akustischen und taktilen Messapparatur für Niedergeschwindigkeitskollisionen, Diplomarbeit, Universität Ulm, 2007.

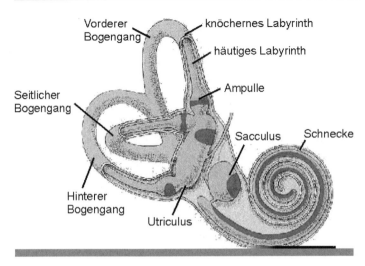

Abb. 15: Der Vestibulationsapparat.

Das **Vestibularorgan** besteht aus den schlauchförmigen Utriculus und Sacculus (Vorhofsäckchen), den drei Bogengängen (Ductus semiciculares) sowie die daran angeschlossene Schnecke.

Ausgehend vom Utriculus spannen die drei **Bogengänge** drei senkrecht aufeinander stehende Ebenen auf. In den Bogengängen finden sich Verdickungen (Ampullen) in denen sich Sensoren befinden. Die Ampulle besteht aus einer gallertartigen Substanz (**Cupula**), in der die Sinneshaare liegen.

Es wird unterschieden zwischen:

- **Drehbeschleunigung** (Winkel- und Rotationsbeschleunigung)
  Drehen, Nicken oder seitlicher Kopfneigung („Kopfwiegen") und der
- **Linearbeschleunigung** (Translationsbeschleunigung)
  zB beim Anfahren oder Bremsen eines Autos.

Bei **Drehbewegungen** wird infolge der Trägheit der Endolymphe die Cupula aus den Bogengängen ausgelenkt. Dadurch werden die hineinragenden Sinneshaare (Cristae ampulares) gebogen und entsprechend gereizt. Die Empfindlichkeit dieses Systems beträgt 0,1°/s was einer Auslenkung der Cupula von 10 nm entspricht.[14]

Für die **Linearbeschleunigung** sind die Otolithenorgane zuständig. Sie bestehen aus dem rechtwinklig zueinander angeordnetem Sacculus und Utrikulus. Bei normaler Kopfhaltung ist der Utriculus horizontal, während der Sacculus vertikal ausgerichtet ist. Durch diese Anordnung können beide Organe Linearbeschleunigungen in allen Raumrichtungen melden, wenn bei Beschleunigung die Sinneshaare der Rezeptorzellen verbogen und entsprechend gereizt werden.

---

14 Liebrich, Das menschliche Ohr (Teil 1). TU Karlsruhe 2003, S. 6.

IV. Wahrnehmbarkeit leichter Fahrzeugkollisionen

74 In diesem Kapitel wird die Wahrnehmbarkeit von externen Reizen explizit an Fahrzeugkollisionen diskutiert. Es wird dabei herausgestellt wie der Unfall wahrgenommen wird, welche Einschränkungen auftreten und was es für Sachverständige dabei zu beachten gibt.

1. Mechanische Auswirkungen

75 Unter haptischer Wahrnehmbarkeit in Bezug auf einen Verkehrsunfall wird allgemein die Wahrnehmbarkeit mechanischer Auswirkungen verstanden. Hier stehen also die **Geschwindigkeitsänderung**, welche die Pkws zum **Kollisionszeitpunkt** erfahren, sowie die daraus resultierenden Kollisionskräfte im Vordergrund. Sie machen sich auf zwei Arten bemerkbar: Zum einen handelt es sich um die durch den Aufprall verursachten Schwingungen in der Karosserie, zum anderen um die durch die Kollision hervorgerufene Nick- und Wankbewegung des Fahrzeuges selbst. Die beiden Bewegungsarten unterscheiden sich in ihrer Frequenz. Die Nick- und Wankbewegungen des Fahrzeugs „**Wackelbewegungen**" sind niederfrequent. Die Frequenz dieser Auf- und Abbewegung liegt also im Bereich um ein Herz. Die Schwingungen des Fahrzeuges selbst sind dem gegenüber hochfrequent. Diese Frequenz liegt bei einigen hundert Hertz. Die menschliche **Wahrnehmung** dieser unterschiedlichen Bewegungen erfolgt durch unterschiedliche Sinne. Die Schwingung des Fahrzeuges wird über die Mechanorezeptoren in der Haut des Menschen wahrgenommen. Gerät die Karosserie des Fahrzeuges in Schwingung, machen sich Scherkräfte und Druckänderungen bis hin zu Relativbewegungen zwischen Haut und Karosserie bemerkbar. Die **Mechanorezeptoren** erfassen die durch diese Relativbewegungen verursachten Druckänderungen an der Oberfläche der Haut. Niederfrequente Bewegungen des Fahrzeuges registriert der Mensch mithilfe seines Vestibularapparats (**Gleichgewichtsorgan**). Sie machen sich durch eine Beschleunigung des Kopfes und dadurch bedingtes Nicken oder Wanken bemerkbar. Es ist dem Menschen möglich, allein durch sein Gleichgewichtsorgan, **Richtungsänderungen** in allen drei Dimensionen relativ zur aktuellen Kopfposition zu erfassen. Aus der Literatur sind Untersuchungen zur physiologischen Wahrnehmbarkeit von linearen Beschleunigungen bekannt. Sie weisen deutliche Streuungen auf, was darauf zurückzuführen ist, dass nicht nur verschiedene Ansätze zu **Wahrnehmungsmessungen** angewandt wurden, sondern sich die Versuchssignale auch stark in Amplitude und Frequenz unterscheiden. Allgemein werden Frequenzen unter 1 Hz hauptsächlich vom Vestibularapparat aufgenommen. Für periodische Schwingungen wurden dabei absolute Wahrnehmungsschwellen zwischen 3 und 20 cm/s^2 ermittelt. Beschleunigungen bei höheren Frequenzen werden hauptsächlich durch die Mechanorezeptoren wahrgenommen.

76 Wichtig für die eindeutige Wahrnehmung und Zuordnung der kollisionsbedingten Erschütterungen ist das deutliche Herausragen der Erschütterungen aus dem **Grundrauschen** des Fahrzeuges. Das Grundrauschen des Fahrzeuges (zB durch die Auf- und Abbewegung der Kolben im Motor, Fahrbahnunebenheiten, abgenutzte Reifen, Randsteine) ist physikalisch bedingt und lässt sich nur schwer beheben.

C. Biomechanische Begutachtung 6

Um den Stoß eindeutig zu identifizieren muss die hervorgerufene Beschleunigung also wesentlich größer als die ohnehin vorhandenen Beschleunigungen sein oder sich anhand anderer Größen deutlich abheben. Beispielsweise kann bei gleicher maximaler Beschleunigung gefühlsmäßig zwischen harten und weichen Stößen unterschieden werden. Bei einem harten Stoß erreicht die Beschleunigung sehr schnell ihren maximalen Wert, während bei weichen Stößen das Maximum erst allmählich erreicht wird. Allgemein ist solch ein weicher Stoß schwieriger zu erfassen.

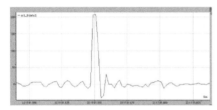 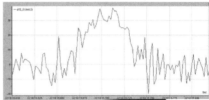

Abb. 16: schematischer Unterschied: Harter Stoß und weicher Stoß.

Weiterhin sind für die Bemerkbarkeit Parameter, wie **Kollisionsgeschwindigkeit**, Härte der **Kontaktzonen** und der **Anstoßwinkel** von Bedeutung. Wird beispielsweise beim Ausparken gegen ein senkrecht dazu stehendes Fahrzeug gestoßen, wird die Kollision im Allgemeinen schon bei geringsten Geschwindigkeiten bemerkbar sein und umgekehrt. Der Einfluss von Alter und Geschlecht spielt demgegenüber bei der Wahrnehmung von Beschleunigungen bei *Wolff*[15] eine untergeordnete Rolle. Relevant sind vielmehr persönliche Faktoren, eine Tatsache, die auch in anderen medizinischen Untersuchungen bestätigt wird. Für die Begutachtung derartiger Fälle bedeutet dies, dass die Feststellung, wonach eine bestimmte Person eine Fahrzeugverzögerung auf Basis einer Feldstudien gerade noch wahrnimmt, nur sehr bedingt auf eine andere übertragen werden kann.

2. Akustische Auswirkungen

Das Gehör nimmt Reize aus allen Richtungen wahr, ohne dass die Aufmerksamkeit bewusst in eine bestimmte Richtung gelenkt werden muss. Teilweise wird die Meinung vertreten, dass der Beweis über die akustische Wahrnehmung somit einfach zu führen sei. Dem ist jedoch nach den Erfahrungen des Verfassers nicht so. Beweiskräftig ist diese Methode nur, wenn das Kollisionsgeräusch aus der üblichen **Geräuschkulisse** (Motor, Radio, Fahrbahnvibrationen, Straßenlärm usw) heraussticht. Der Grad des Heraustechens ist indes von zwei Parametern abhängig: der Intensität (Lautheit) und der Frequenz. Die Lautheit ist allgemein einsichtig. Dadurch wird jedoch lediglich gesagt, dass ein Geräusch wahrgenommen werden kann, solange es nur laut genug ist. In der Tabelle in Abb. 17 sind vergleichende **Geräuschquellen** dargestellt.

Für die Bewertung einer Fahrzeugkollision ist zu beachten, dass die **Kollisionsgeräusche** im Fahrzeuginneren aufgrund von guten **Dämpfungen** im Karosserieaufbau oft-

---

15 Wolff, Möglichkeiten und Grenzen der Wahrnehmbarkeit leichter PKW-Kollisionen, 1992.

Buck 657

mals um ein Vielfaches leiser wahrgenommen werden als zB von in der Nähe stehenden Passanten. Schwieriger zu beurteilen ist hingegen die Frequenz, genauer das Frequenzspektrum.

81 Wie oben behandelt, besteht ein Geräusch aus vielen dicht beieinander liegenden Frequenzen unterschiedlicher Intensitäten. Ein im Leerlauf betriebener Motor wird dumpf wahrgenommen. Sein Frequenzbereich ist eher bei tiefen Frequenzen angesiedelt, während zwei schrill aufeinander schabende Stücke Metall sich im oberen Frequenzbereich befinden.

0	Hörschwelle
10	Blätterrauschen, normales Atmen
20	Flüstern, ruhiges Zimmer, Rundfunkstudio
25	Grenzwert für gewerblichen Arbeitslärm in der Nacht
30	Kühlschrankbrummen
35	Obere zulässige Grenze der Nachtgeräuschen in Wohngebieten
40	Leise Unterhaltung, Zimmerlautstärke
50	Normale Unterhaltung, Geschirrspüler
60	Laute Unterhaltung, Walkman
70	Bürolärm, Haushaltslärm
75	Fahrradglocke (genormte Mindestlautstärke)
80	Straßenlärm, Staubsauger, Schreien, Kinderlärm
90	Autohupen, Lkw-Fahrgeräusch, Schnarchgeräusch
100	Motorrad, Kreissäge, Presslufthammer, Diskomusik
110	Schnellzug, Walkman, Rockkonzert
120	Flugzeuglärm in geringer Entfernung, Schreirekord, Techno-Disco
130	Schmerzschwelle – Gehörschädigung möglich
140	Gewehrschuss, Raketenstart, EU-Grenzwert zum Schutz vor Gehörschäden
150	Die Akustische Waffe LRAD, Taubheit bei längerer Einwirkung
160	Geschützknall – Trommelfell kann platzen
170	Bundeswehrgewehr G3 in Ohrnähe
180	Knall einer Kinderspielzeugpistole in Ohrnähe
190	Innere Verletzungen, Hautverbrennungen, Tod wahrscheinlich

Abb. 17: Tabelle möglicher alltäglicher Geräuschquellen [in dB(a)].

82 Obwohl beide Geräusche messtechnisch möglicherweise die gleiche „Lautheit" aufweisen, wird aufeinander schabendes Metall intensiver wahrgenommen. Ob und wie die akustischen Informationen vom Menschen tatsächlich aufgenommen werden, ist von physiologischen und psychoakustischen Eigenschaften des Gehörs abhängig. Weiterhin ist zu untersuchen, ob sich der Knall im Bereich der Mithörschwelle be-

wegt. Dazu kommt die Problematik des Ortens einer Schallquelle im Fahrzeug. Prinzipiell ermöglichen dem Mensch seine zwei Ohren eine Raumorientierung. Die Erkenntnisse basieren aber auf punktförmigen Schallquellen im direkten Schallfeld. Eine akustische Richtungsidentifikation von Stoßpunkten weicht im diffusen Schallfeld eines Pkws erheblich ab. *Feldmann* et al.[16] untersuchten die Grenzen der Lokalisation. Sie gelangten zu dem Ergebnis, dass bei der beliebten Konstellation (linkes Fenster offen, Motor und Radio an) praktisch nur noch von links kommender Schall richtig geortet werden konnte. Die übrigen Richtungen wurden weitgehend geraten. Sie erklärten dies aufgrund unterschiedlicher Schalllaufzeiten. Die durch Luftschall in Schwingung versetzte Karosserie verteilt den aufgenommenen Schall auf das Fahrzeug, welches seinerseits den Schall in alle Richtungen des Fahrzeuginneren wieder abstrahlt.

Zur Beurteilung der akustischen Wahrnehmbarkeit ist daher die Kenntnis der aufeinander stoßenden bzw streifenden Materialien, der Aufbau des Fahrzeuges sowie das resultierende Frequenzspektrum von hoher Bedeutung. Biomechanisch ist zudem das individuale Hörvermögen des Schädigers relevant.

3. Visuelle Wahrnehmbarkeit

Die Frage der visuellen Wahrnehmbarkeit leichter Kollisionen kann nur selten beweiskräftig bejaht werden. Im Gegensatz zu den vorangegangenen Wahrnehmungsmöglichkeiten ist das **Blickfeld** meistens auf einen kleinen Bereich begrenzt. Nach Leat-Test[17] liegt das normale Gesichtsfeld horizontal 120° und vertikal 60° nach oben, sowie 70° nach unten. Durch eine ungünstige Kopfhaltung kann eine optische Information dennoch verborgen bleiben. Um eine eindeutige Identifikation eines Kollisionsablaufes festzustellen muss der Fahrer also ganz explizit sein Gesichtsfeld auf die Unfallstelle richten. Da der Fahrer meist in Fahrtrichtung blickt, mag solch eine **Blickrichtung** zum Kollisionszeitpunkt für ihn noch gegeben sein, für Insassen ist dies jedoch nur in Ausnahmefällen der Fall. Meistens kommt hinzu, dass die Unfallstelle durch den geringen, visuell erfassbaren Ausschnitt verdeckt und für den Fahrer zum Kollisionszeitpunkt gar nicht sichtbar ist. Allenfalls können geringe Distanzen zu den benachbarten Fahrzeugen erfasst werden.

4. Möglichkeiten der objektiven Beurteilung

Aus oben genannten unterschiedlichen Grenzen der Wahrnehmbarkeit zeigt sich eine Komplexität der **Sinneswahrnehmung** und nicht nachvollziehbarer Abläufe die bis heute noch nicht vollständig geklärt sind. Dies schließt jedoch eine objektive Beurteilung der Wahrnehmung leichter Kollisionen aufgrund messtechnischer Erfassung der mechanischen und akustischen Informationen unter vergleichbaren oder reproduzierbaren Abläufen nicht aus. Aus diesem Grund sind aufgenommene Messwerte bei nachgefahrenen Unfällen auf **Kollisionsmerkmale** genauso wie auf **Fremdeinflüsse** hin

---

16 Feldmann/Hönerloh/Stindl, Untersuchungen über die Beeinflussung des Richtungsgehörs in Kraftfahrzeugen, Archiv für klinische und experimentelle Ohren-, Nasen und Kehlkopfheilkunde 1972, 569.
17 Lea-Test Ltd.: Gesichtsfeld. http://www.lea-test.fi/de/einschat/teil1/gesichts.html.

zu untersuchen. Aus einem Vergleich mit Probandenversuchen kann eine wissenschaftliche Beurteilung nach § 142 StGB ergeben, ob- und in welchem Maße eine Kollision tatsächlich bemerkbar gewesen ist.

86 Dennoch kann – trotz aller messtechnischen Untersuchungen – die Wahrnehmung eines Beschuldigten/Angeklagten aufgrund psychischer oder physikalischer Schwächen beeinträchtigt sein. Es darf daher eine medizinische Untersuchung des Einzelfalls nicht unterbleiben.

D. Kasuistik

87 Die oben angeführten Grundlagen zur **Wahrnehmbarkeit von Niedriggeschwindigkeitskollisionen** müssen dem Verfasser von **Gutachten** zur fraglichen Unfallflucht bekannt sein, für die Begutachtung ist es relevant, individual den **Einzelfall** zu überprüfen. Dies sollte mit einem **Kollisionsversuch** erfolgen, wobei über einer konstanten Zeitachse sowohl die Belastung auf den Insassen, als auch das Geräusch bei dem in aller Regel vorliegenden **Ausparkvorgang** gemessen wird. Dies ist wichtig, um eine zeitliche Verkoppelung von beidem sicherzustellen.

88 Die Bewertung der optischen/visuellen Wahrnehmbarkeit für den nachfolgenden beispielhaften Versuch 1, wird vernachlässigt. Oben wurde angeführt, dass meist dann, wenn nicht mehr zielgerichtet auf ein Objekt geachtet wird, für eine strafrechtliche Fragestellung ein beweissicherer Nachweis einer optischen Erkennbarkeit nicht mehr geführt werden kann. Der Vollständigkeit halber wird diese Fragestellung dann in dem Fall 2 mit bearbeitet.

I. Fall 1

89 Der Verfasser hat anlässlich eines gerichtlichen Verfahrens einen Ausparkvorgang überprüft, bei dem am Ende der Ausparkstrecke die beiden Fahrzeuge miteinander kollidiert sind.

90 Der Ausparkende ist mit seiner Kunststoffstoßfängerverkleidung links seitlich beim **Rückwärtsausparken** unter einem entsprechenden Kurvenbogen mit dem in der Parklücke links daneben befindlichen Fahrzeug verunfallt, wobei der Kontakt am Geschädigtenfahrzeug im Bereich des rechten hinteren Radlaufes und des Hinterrades stattgefunden hat (vgl Abb. 18a-c). Es wurde am Kotflügel des schädigenden Fahrzeuges die **Beschleunigung**, angegeben in einem Vielfachen der Erdbeschleunigung, gemessen. Ferner wurden am Fahrersitz die Beschleunigungen in y- und in x-Richtung aufgenommen.

91 Zeitlich gekoppelt wurde das Geräusch der Kollision innen und außen gemessen (vgl Abb. 19).

D. Kasuistik 6

Abb. 18a-c: Kollisionsversuch

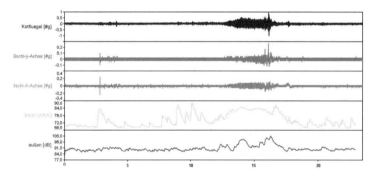

Abb. 19: Ergebnisdiagramm

max. Beschleunigung am Kotflügel	0,95 g
max. Beschleunigung x-Achse/y-Achse	0,16 g
max. Beschleunigung y-Achse	0,27 g
max. Pegel außen/innen	105,3 dB(A)/85,7 dB(A)

Abb. 20: Ergebnistabelle

Vergleicht man bezüglich der Beschleunigung des Fahrzeuges die Ergebnisse von *Wolff*, so zeigt sich gerade **kein ruckartiger Stoß**. Vielmehr bauen sich die Kräfte erst im Lauf der Zeit auf. Dies deutet auf ein langsames Auseinanderrutschen der Fahrzeuge hin. 92

Betrachtet man dazu die Ergebnisse von *Wolff*, so zeigt sich, dass etwa ab 1,3 m/s² dieser Stoß bemerkbar sein müsste. Aus der Tabelle in Abb. 20 ist zu entnehmen, dass am Fahrzeug tatsächlich ein Wert im Bereich von gerundet 1,5 m/s² in x-Richtung und 2,7 m/s² in y-Richtung vorliegt. Dies zeigt für die generelle analytische Auswertung, dass dieser Stoß taktil grenzwertig wahrnehmbar ist, so dass ganz grundsätzlich dem vermeintlichen Schädiger eine sichere taktile Wahrnehmbarkeit nicht vorgeworfen werden kann, zumal bei derartigen Ausparkvorgängen nicht ohne wei- 93 teres gewisse Spurrillen oder Oberflächenbeschaffenheiten ausgeschlossen werden, die zusätzlich zu Veränderungen des Fahrzeugzustandes führen könnten und einer entsprechenden Überlagerung zugeordnet werden können.

94 Für diesen Versuch ist es also grenzwertig so, dass eine taktile Wahrnehmbarkeit vorliegt. Infolge des Versuchs, kann man nun definieren, welche Art von Stoß vorliegt, ob ein streifender oder ruckartiger Stoß. Ferner zeigen sich äußerlich deutliche Schäden im Bereich der linken Stoßfängerecke, aber auch am Radlauf und am Hinterrad des geschädigten Fahrzeuges (dabei darf man nicht von dem Schadensbild auf Beschleunigungswerte hinsichtlich der fraglichen taktilen Wahrnehmbarkeit schließen). Überträgt man den Versuch auf den realen Fall, so ist eine taktile Wahrnehmbarkeit für den Fahrer noch ohne Bewertung dessen individualer Parameter aus biomechanischer Sicht nicht mehr sicher. Zudem wäre noch zu berücksichtigen, ob der Fahrzeuginsasse bereits älter ist oder sonstige Beeinträchtigungen hat.

95 Gemäß der Tabelle in Abb. 20 ergibt sich ein Maximalpegel der **Geräuschbelastung** außen von 105,3 dB (A) und innen von 85,7 dB (A). Grundsätzlich muss also davon ausgegangen werden, dass eine derartige Geräuschentwicklung die Insassen akustisch wahrnehmen müssten. Allerdings zeigt sich auch, dass die immer wieder bei derartigen Fragestellungen am Fahrbahnrand befindlichen Zeugen eine Geräuschentwicklung von mehr als 100 dB (A) wahrnehmen, beispielsweise vergleichbar ist mit einem Schnellzug oder einem vorbeifahrenden Motorrad. Im Fahrzeuginneren kommt allerdings ein Geräusch noch von rund 85 dB (A) an, welches wesentlich weniger laut ist und etwa mit Straßenlärm zu vergleichen ist, wobei noch zu berücksichtigen ist, dass das Fahrzeuginnengeräusch schon im Bereich zwischen 72-78 dB (A) liegt.

96 Die in gerichtlichen Verfahren immer wieder zitierten Zeugen, die Geräuschentwicklungen außen an einem Fahrzeug wahrnehmen, dürfen somit rein sinnesphysiologisch nicht herangezogen werden, um zu bewerten, ob der Fahrzeuginsasse ein Geräusch wahrnimmt. Hinzu kommt beispielsweise für den Fahrzeuginsassen eine individuale Beeinträchtigung des Hörens, durch Umgebungsgeräusche, wie etwa Radio oder eine Unterhaltung im Fahrzeug.

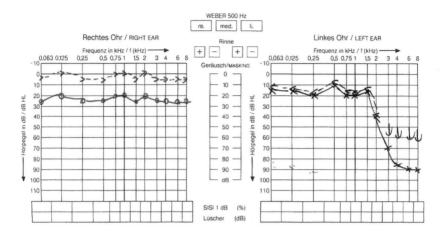

Abb. 21: *beispielhaftes Audiogramm zur Schwerhörigkeit.*

In dem Audiogramm in Abb. 21 ist links (rechtes Ohr!) eine **Schalleitungshörminderung** durch Ohrschmalz und rechts (linkes Ohr!) eine hochtonbetonte **Innenohrschwerhörigkeit** dargestellt. Die Person mit einer Schalleitungshörminderung hat über alle Frequenzen eine **Hörminderung** um ca. 20 dB (A), dh sie nimmt also alle Geräusche um 20 dB (A) gemindert war. Diese Person konnte bei einem durch **Ohrschmalzpfropf** gemindertem Hörvermögen die oben im Versuch beschriebene Kollision fast nicht wahrnehmen. Das im Fahrzeuginnern ankommende Kollisionsgeräusch von 85 dB (A) wird somit um 20 dB (A) gemindert. Schon allein wenn die Person mit normaler **Sprachlautstärke** von 65 dB (A) sprach, die ungehindert über die Tube ins Innenohr geleitet wird, war das Geräusch des Unfalles übertönt. Für die Person, die eine beidseitige hochtonbetonte Innenohrhörminderung, wie in der rechten Hälfte des Audiogramms dargestellt, ist die Beurteilung eindeutig.

Das **Kollisionsgeräusch** ist vornehmlich im **Hochtonbereich** ab 3 kHz. Da die Person ab 2 kHz eine Innenohrschwerhörigkeit bis zu 90 dB (A) bei 6 kHz hat, kann sie ein Kollisionsgeräusch im Hochtonbereich nicht wahrnehmen. So lange also eine derartige Begutachtung ohne Berücksichtigung der individualen akustischen Wahrnehmbarkeitsmöglichkeit eines Schädigers ausgewertet wird, muss immer gefordert werden, dass eine weitere, insbesondere HNO-ärztliche Untersuchung erfolgt und diese in die vorzugsweise über einen Kollisionsversuch nachvollzogene **Geräuschentwicklung** übertragen wird. Gerade auch jüngere Personen besitzen bspw durch **Discothekenbesuch** oft eine ausgeprägte Innenohrschwerhörigkeit im Hochtonbereich. Auch simples verschließendes **Ohrschmalz** kann bereits zu deutlichen Einschränkungen führen. Beide Beispiele führen individual bei einer Unfallfluchtfragestellung dazu, dass zwar für einen normal konstituierten Fahrzeuginsassen die Kollision wahrnehmbar gewesen wäre, nicht aber ggfs. individual. Für den o.a. Versuch reicht bereits ein Ohrschmalzpfropf aus, um – strafrechtlich relevant – eine akustische Wahrnehmbarkeit zu verneinen.

6 § 12 Das biomechanische Gutachten bei Unfallflucht

II. Fall 2

99 Im zweiten Fall geht es um einen **Spiegelkontakt** im Passageverkehr. Laut Polizeibericht war es zum Unfallzeitpunkt dunkel und die Fahrbahn war schneebedeckt. Es kam zu einem Anprall des rechten Außenspiegels des Pkws des Angeklagten mit dem linken Außenspiegel des dort am rechten Fahrbahnrand geparkten Pkws. Dadurch wurden die betroffenen Außenspiegel beider Fahrerzeuge beschädigt. Der Vorfall wurde von einem Zeugen beobachtet, der zum Zeitpunkt des Unfalls mit seinem Pkw hinter dem Pkw des Angeklagten fuhr. Der Angeklagte setzte nach dem Unfall seine Fahrt fort, er gibt an, den Kontakt nicht bemerkt zu haben. Die Fahrbahn ist an der Unfallstelle ca. 7 m breit. Mit parkenden Fahrzeugen am Fahrbahnrand ist die Straße unter normalen Bedingungen im Gegenverkehr befahrbar. Bei den vorherrschenden winterlichen Straßenverhältnissen mit einer geschlossenen Schneedecke und Schneehäufen am Fahrbahnrand ist dies jedoch nur noch bedingt möglich. Laut Aussage des Zeugen musste der Angeklagte verkehrsbedingt hinter einem parkenden Fahrzeug warten, bis der Gegenverkehr vorbeigefahren war. Beim anschließenden Vorbeifahren an den geparkten Fahrzeugen kam es dann zum streitgegenständlichen Spiegelkontakt der beteiligten Fahrzeuge.

1. Fahrzeugschäden und Schadenskorrespondenz

100 Durch den Spiegelkontakt wurde der rechte Außenspiegel des Pkws VW Passat des Angeklagten nach hinten gedrückt. Baulich bedingt lässt sich der Außenspiegel des VW Passat jedoch nur einen relativ geringen Winkel nach hinten klappen, bis die Klappmechanik blockiert. Ein Kontakt des Spiegels mit der Seitenscheibe ist dabei nicht möglich. Ab der **Blockierung des Klappmechanismus** ist der Außenspiegel als starr anzusehen.

101 Bei erhöhter Krafteinwirkung kommt es zum Bruch des Spiegelgehäuses oder des gegnerischen Anprallobjekts. Am Pkw des Geschädigten Audi A6 wurde durch den Anprall der linke Außenspiegel nach vorne geklappt. Auch hier kann der Spiegel nur einen kleinen Winkelbereich nach vorne geklappt werden, bis er mechanisch blockiert. Aufgrund der gegrenzten Klappbereiche beider Außenspiegel war ein gegenseitiges Ausweichen der Spiegel durch Einklappen nicht möglich. Somit kam es zu einem harten Anprall der Spiegel am jeweiligen Ende der Klappbereiche. Ein gegenseitiges Abgleiten war somit erst nach der Beschädigung beider Spiegel möglich. Am Pkw des Geschädigten Audi A6 wurde das Spiegelgehäuse und das Spiegelglas zerbrochen (siehe Abb. 22). Am Pkw des Angeklagten wurde das Blinkerglas am Spiegelgehäuse zerbrochen, welches direkt im Kontaktbereich lag und das Spiegelgehäuse verkratzt (siehe Abb. 23).

102 Insgesamt ist festzustellen, dass die Beschädigungen am Spiegel des Angeklagten deutlich schwächer ausgefallen sind, als die Beschädigungen am Spiegel des Geschädigten.

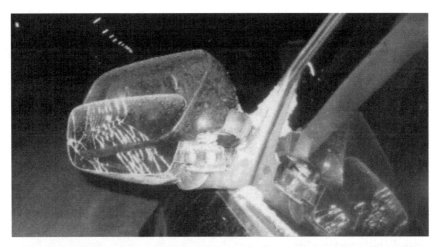

Abb. 22: Spiegelbeschädigung am Pkw des Geschädigten.

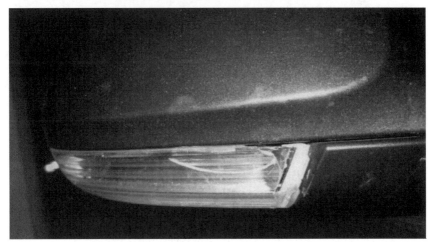

Abb. 23: Spiegelbeschädigung am Pkw des Angeklagten.

2. Bemerkbarkeit des Fahrzeugkontakts

Bezüglich der Bemerkbarkeit eines Fahrzeugkontaktes werden drei Möglichkeiten der Wahrnehmung untersucht, nämlich die visuelle, die taktile und die akustische Wahrnehmung.

a) Visuelle Bemerkbarkeit

Zur **visuellen** Bemerkbarkeit des Fahrzeugkontakts für den Angeklagten muss zunächst geprüft werden, ob der **Anstoßbereich** überhaupt von der Fahrerposition aus **sichtbar** gewesen wäre. Im vorliegenden Fall liegt zwar der Kontaktbereich selbst nicht im Sichtbereich des Angeklagten, jedoch wäre der nach hinten geklappte rechte

Außenspiegel bei entsprechender Blickrichtung sichtbar gewesen. Auf den Lichtbildern der Polizei befindet sich der beschädigte Spiegel jedoch in der normalen Stellung, also nicht nach hinten geklappt. Ob der Spiegel vor dem Anfertigen der Lichtbilder händisch in die Ausgangsstellung geklappt wurde oder ob er sich bereits nach dem Anprall in dieser Stellung befand, lässt sich anhand der vorhandenen Anknüpfungstatsachen nicht mehr feststellen. Denkbar wäre auch, dass der Spiegel kurz durch den Anprall nach hinten geklappt wurde und anschließend sofort wieder in die Ausgangsstellung zurückgefedert ist. In diesem Fall wäre eine optische Bemerkbarkeit nur möglich gewesen, wenn genau zu diesem Zeitpunkt eine entsprechende Blickrichtung gegeben war.´

105 Dabei ist berücksichtigen, dass während der normalen Fahrt ein Blick in den rechten Außenspiegel nicht sehr wahrscheinlich ist. Aufgrund der Dunkelheit wäre ein sehr kurzes Wegklappen auch nur bei einem konzentrierten und direkten Blick in den Spiegel bemerkbar gewesen. Aus diesen Gründen ist eine **visuelle Bemerkbarkeit des Anpralls nicht nachweisbar.**

b) Nachstellung mittels Crashtest

106 Es stellt sich nun die Frage der taktilen und akustischen Bemerkbarkeit. Dazu wurde der Verkehrsunfall mittels Crashtest nachgestellt, um eine genaue und beweissichere Kenntnis der akustischen und der taktilen Bemerkbarkeit des Fahrzeugkontakts für den Angeklagten zu bekommen. Für die Nachstellung des Anpralls wurden Vergleichsfahrzeuge verwendet (vgl bspw Abb. 24), wobei Spiegel jeweils installiert wurden, die den Originalen entsprachen. Um den Spiegelanprall getrennt von sonstigen Fahrgeräuschen und Fahrzeugbewegungen untersuchen zu können, wurde für die Nachstellung einer der Pkw im Stillstand **mit ausgeschaltetem Motor platziert.** Die relative Anprallgeschwindigkeit musste somit vom gegnerischen, fahrenden Fahrzeug alleine aufgebracht werden.

107 Ziel dieses Crashtests war es, den **Spiegelanprall** mit zwei baugleichen Spiegeln nachzustellen und dabei die taktile und akustische Bemerkbarkeit eines vergleichbaren Anpralls aus Sicht des Angeklagten zu untersuchen. Die Anprallkonstellation wurde identisch mit der des realen Unfalls nachgestellt (siehe Abb. 25/26).

Abb. 24: Versuchsfahrzeug.

Abb. 25: montierter Außenspiegel auf einer Trägerplatte.

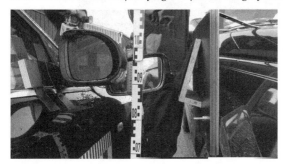

Abb. 26: Versuchsfahrzeuge in der Anstoßkonstellation.

Das eigenhändige Lenken des Versuchsfahrzeugs war für diese Fahraufgabe zu riskant. Ein zu großer Abstand beim Vorbeifahren hätte kein gewünschtes Anprallergebnis erzielt, jedoch trotzdem die beiden Spiegel beschädigt. Ein zu geringer Abstand hätte einen großen Schaden an beiden Fahrzeugen verursachen können und hätte dabei ebenfalls kein brauchbares Versuchsergebnis gebracht.

109 Um das Versuchsfahrzeug sicher und exakt in der gewünschten Spur zu lenken, wurde es mit dem **CCV-System** (Computer Controlled Vehicle System) aufgerüstet (siehe Abb. 27 bis Abb. 29).

110 Bei diesem induktiven **Spurführungssystem** wird das unbemannte Fahrzeug aus eigener Motorkraft beschleunigt, die gewünschte Geschwindigkeit wird über einen **Geschwindigkeitsregler** (Tempomat) erzielt und das **Bremspedal** wird über einen **Pneumatikzylinder** betätigt.

111 Mit einem auf der Fahrbahn verlegten **Induktions-Leitkabel** wird vom System der **Sollkurs** ermittelt und das Fahrzeug wird durch einen Stellmotor am Lenkrad auf dem gewünschten Sollkurs gehalten. Damit war es möglich, **im exakt definierten Abstand am stehenden Fahrzeug vorbeizufahren.**

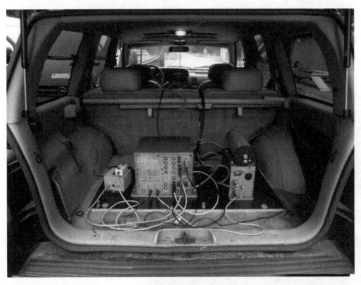

Abb. 27: CCV-System im Versuchsfahrzeug.

Abb. 28: Lenkungsansteuerung im Versuchsfahrzeug.

Abb. 29: Pedalansteuerung im Versuchsfahrzeug.

Zur Beurteilung der **taktilen Bemerkbarkeit** wurden im **Innenraum** des stehenden Versuchsfahrzeugs in Höhe Fahrersitz zwei **Beschleunigungssensoren** eingebaut, einer für die Fahrzeugbeschleunigungen in X-Richtung, also in Fahrzeuglängsrichtung (vgl Abb. 30) und ein weiter in Y-Richtung, also in Fahrzeugquerrichtung (vgl. Abb. 30).

113 Während des Anpralls wurden diese Beschleunigungen von einem **Messdatenerfassungssystem** ausgewertet und aufgezeichnet (Abb. 31).

Abb. 30: Beschleunigungssensoren.

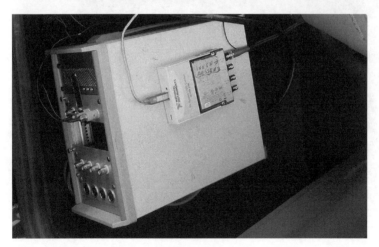

Abb. 31: Messdatenerfassungssystem.

114 Der **Geräuschpegel** wurde mit einem an der Kopfstütze des Fahrersitzes montierten **Messmikrofon** (siehe Abb. 32) erfasst und ebenfalls während des Anpralls aufgezeichnet.

Zur visuellen Dokumentation wurde der Anprall mit mehreren **Kameras** gefilmt. Eine Kamera wurde an der Kopfstütze montiert und zeigt somit die mögliche Sicht des Angeklagten.

Eine Kamera wurde direkt oberhalb des Spiegels auf der Frontscheibe montiert, um den Spiegelkontakt aus der Nähe zu filmen. Weitere Kameras wurden zur Dokumentation von außen aufgestellt.

Abb. 32: Messmikrofon an der Kopfstütze.

Als **Anprallgeschwindigkeit** wurde 40 km/h gewählt. Hierbei handelt es sich um die maximal erlaubte **Höchstgeschwindigkeit** an der Unfallstelle. Durch verkehrsbedingte Behinderungen wäre auch eine geringere Geschwindigkeit denkbar, was in der späteren Auswertung berücksichtigt wird.

Das Versuchsfahrzeug wurde in einer Entfernung von ca. 50 m vom Anprallpunkt gestartet auf 40 km/h beschleunigt. Die erreichte Geschwindigkeit wurde konstant gehalten. Das Fahrzeug folgte dem Leitkabel bis zum Anprallpunkt und wurde anschließend abgebremst.

Durch den Anprall wurden beide Spiegel mit großer Wucht in die jeweilige Richtung angeklappt. Die Beschädigungen waren eher schwerwiegender als im realen Fall (Abb. 33 u. 34).

Abb. 33: *Crashtest: Beschädigungen am Spiegel des Vergleichsfahrzeug des Geschädigten.*

Abb. 34: *Crashtest: Beschädigungen am Spiegel des Vergleichsfahrzeug des Angeklagten.*

c) Geräuschaufzeichnung/akustische Wahrnehmbarkeit

120 Die folgende Abb. 35 zeigt die **Geräuschaufzeichnung** im Vergleichsfahrzeug während des Crashtests. Der Fahrzeugkontakt erfolgte bei ca. 20 s (Markierung in Abb. 35).

121 Der Pegel steigt in diesem Zeitabschnitt auf einen Spitzenwert von über **98 dB(A)**. Das Grundgeräusch vor und nach dem Fahrzeugkontakt liegt bei unter 40 dB(A) und wurde mit ausgeschaltetem Motor gemessen. Die beiden weiteren deutlich sichtbaren Pegelspitzen bei 3 s und 29 s wurden durch das Schließen der Beifahrertür vor dem Anprall und durch das erneute Öffnen nach dem Anprall erzeugt. Dabei ist bereits

festzustellen, dass das Anprallgeräusch sogar noch lauter war, als das Schließen der Beifahrertür.

Die Vorgänge des Schließens und Öffnens der Beifahrertür ist auch in der **Videoaufzeichnung** von innen zu sehen, wobei die Zeitachsen hier nicht identisch sind. Zur Beurteilung der akustischen Wahrnehmbarkeit muss nun der gemessene **Geräuschpegel** mit den beim realen Unfall aufgetretenen Fahrgeräuschen verglichen werden. Dazu wurden mit dem Testfahrzeug die Innengeräusche während der beschleunigten Fahrt mit ca. 30 bis 40 km/h gemessen.

Dieser Messung liegt die Annahme zugrunde, dass die **Innengeräusche** mit denen im Pkw des Angeklagten vergleichbar sind. Die Abb. 36 zeigt die Geräuschaufzeichnung bei beschleunigter Fahrt im 2. Gang.

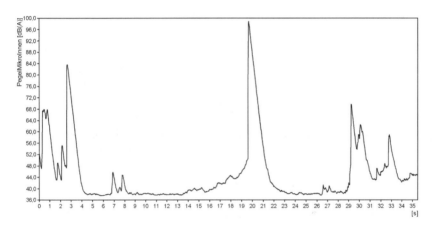

Abb. 35: *Geräuschpegel im Opel Vivaro beim Crashtest.*

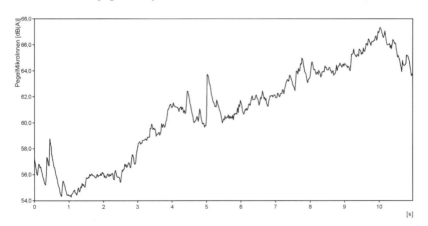

Abb. 36: *Geräuschpegel im Versuchsfahrzeug bei Konstantfahrt.*

124 Aus den Messungen geht hervor, dass die normalen Fahrgeräusche bei einer entsprechenden Fahrt einen Geräuschpegel von ca. 67 dB(A) erzeugen. Vergleicht man die **Geräuschpegel** während der Fahrt mit denen des Anpralls lässt sich feststellen, dass das Anprallgeräusch selbst während der nur kurzfristig möglichen Beschleunigung im 2. Gang noch deutlich lauter war, als die **Innengeräusche** während der Fahrt. Um eine **akustische Maskierung** des **Anprallgeräusches** für einen normal hörenden Menschen zu erreichen, müsste dieses Geräusch je nach Art und Frequenzbereich wenigstens leiser sein als das Umgebungsgeräusch, was hier nicht gegeben ist. Das Anprallgeräusch des Spiegels wäre somit ohne das Vorhandensein weiterer verdeckender Störgeräusche für einen normal hörenden Menschen akustisch deutlich wahrnehmbar gewesen.

125 Im vorliegenden Fall liegt beim Angeklagten jedoch einen **Altersschwerhörigkeit** vor. Um diese zu berücksichtigen wurde über den Rechtsanwalt des Angeklagten ein Tonaudiogramm des Angeklagten angefordert, welches uns am 30.1.2012 zugesendet wurde (siehe Abb. 37).

Anmerkung der Verfasser: Genau hier endet nun in aller Regel die Begutachtung eines unfallanalytischen Sachverständigen, er kann die medizinische Komponente der hier relevanten Fragestellung nicht beurteilen, gleichwohl diese von höchster Relevanz ist.

126 Für den vorliegenden Fall sind die beiden oberen Diagramme ausschlaggebend. Dabei beschreiben die Kreise und die Kreuze die Kurve der frequenzabhängigen Wahrnehmbarkeitsschwelle bei Luftleitung relativ zu einem normal hörenden Menschen. Beim rechten Ohr ist bei 1 und bei 2 kHz bereits eine Abschwächung von 20 dB festzustellen, die bei höheren Frequenzen im Bereich um 4 bis 8 kHz bis auf 55 bis 90 dB ansteigt. Beim linken Ohr (rechtes Diagramm) ist die Schwerhörigkeit noch deutlicher ausgeprägt. Über alle Frequenzen ist eine minimale Abschwächung von 40 dB vorhanden, die bereits ab 1 kHz noch weiter ansteigt und zwischen 2 und 4 kHz Abschwächungswerte von 80 bis 100 dB aufweist.

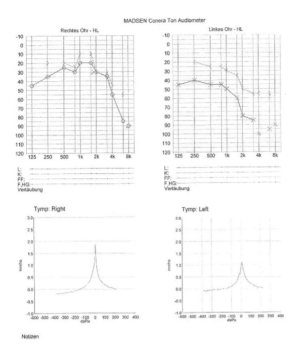

Abb. 37: *Tonaudiogramm des Angeklagten.*

Um die **Hörschwäche** des Angeklagten zu berücksichtigen, müssen die vorliegenden Geräuschsignale bezüglich ihrer **Frequenzverteilung** analysiert werden. Damit ist es möglich, für die einzelnen Frequenzbereiche zu untersuchen, ob sie für den Angeklagten wahrnehmbar waren, oder ob eine **Verdeckung** durch die **Umgebungsgeräusche** vorlag.

Der **psychoakustische** Effekt der Verdeckung tritt bei Geräuschen, die in mehreren Frequenzen vorliegen, nicht für jeden Frequenzbereich gesondert auf, sondern ist in seiner gesamten Wirkung zu untersuchen. Beispielsweise ist ein lauteres Geräusch aus einem bestimmten Frequenzbereich in der Lage, ein schwächeres Geräusch aus einem anderen Frequenzbereich zu überdecken.

Um die **Frequenzverteilung** eines vorliegenden Geräusches zu berechnen, wird für dieses Geräusch im relevanten Bereich mittels einer **Fourier Transformation** (im vorliegenden Fall einer sogenannten FFT = schnelle Fourier Transformation) das Frequenzspektrum berechnet. Daraus wird die Frequenzverteilung des Geräusches grafisch dargestellt. In Abb. 38 und Abb. 39 sind die Frequenzverteilungen des Anprallgeräusches und des Fahrgeräusches dargestellt.

Die **Amplitude** ist in dB dargestellt und stellt keinen absoluten, sondern nur einen relativen Wert dar. Das Anprallgeräusch ist relativ gleichmäßig über den gesamten Frequenzbereich verteilt. Erst ab einem Bereich von ca. 12 kHz ist eine Intensitätsabnahme festzustellen. Eine weitere leichte Abschwächung liegt bei < 800 Hz vor. Das Frequenzspektrum des Fahrgeräusches zeigt eine deutliche Gewichtung in tiefen Frequenzen, die bei ansteigender Frequenz kontinuierlich abnimmt. Für den Angeklagten ist hierbei zusätzlich die jeweilige **Hörkurve** zu überlagern. Dabei ist festzustellen, dass die tiefen Frequenzen des Fahrgeräusches durch die Hörschwäche des Angeklagten deutlich weniger abgeschwächt werden, als die hohen Frequenzen. Für das Fahrgeräusch bedeutet dies, dass der Angeklagte nicht nur das Gesamtgeräusch insgesamt schwächer wahrnehmen konnte, sondern auch entsprechend im Frequenzband verändert, also hier noch deutlich dumpfer. Beim Anprallgeräusch gilt sinngemäß die gleiche frequenzabhängige Abschwächung, jedoch ist hier ein über das Frequenzspektrum gleichmäßig verteiltes Geräusch vorhanden.

131 In der Gesamtschau ist festzustellen, dass die vorhandene Hörschwäche des Angeklagten dazu führt, dass die tiefen Frequenzen des Fahrgeräusches bei Berücksichtigung der frequenzabhängigen Hörminderung insgesamt lauter wahrnehmbar sind, als das Anprallgeräusch, wodurch im vorliegenden Fall eine **akustische Verdeckung** des Anprallgeräusches vorliegt.

132 Durch den Anwalt wurde weiterhin mitgeteilt, dass der Angeklagte witterungsbedingt das Gebläse eingeschaltet hatte und das Autoradio in normaler Lautstärke laufen hatte. Beides führt zu einer Anhebung des Umgebungsgeräusches und trägt zu einer Vergünstigung des Verdeckungseffektes bei. Im vorliegenden Fall wäre jedoch bereits das normale Fahrgeräusch für eine Verdeckung ausreichend gewesen (ob dies jedoch tatsächlich so war, war gerichtlich zu würdigen).

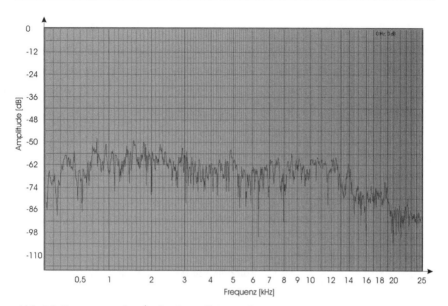

Abb. 38: Frequenzspektrum des Anprallgeräusches.

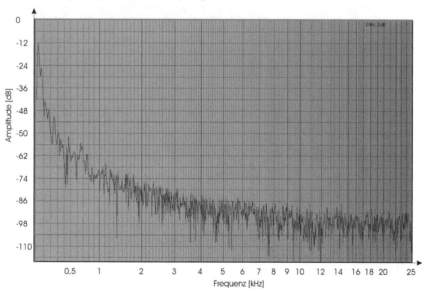

Abb. 39: Frequenzspektrum des Fahrgeräusches.

d) Beschleunigungen/taktile Wahrnehmbarkeit

Das Diagramm in Abb. 40 zeigt die aufgezeichneten Beschleunigungen im Versuchsfahrzeug während des Spiegelanpralls. Dabei ist die dunkle Kurve die Beschleunigung in **Fahrzeuglängsrichtung** (X-Richtung) und die hellere Kurve die Beschleunigung in

Fahrzeugquerrichtung (Y-Richtung) gemessen im Bereich des Fahrers an der **Sitzschiene**. Der Fahrzeugkontakt erfolgte bei ca. 19,7 s. Die maximalen Beschleunigungen sind in X-Richtung erwartungsgemäß mit ca. ± 0,1 m/s² sehr gering. In Y-Richtung sind deutlich stärkerer Beschleunigungen mit maximal ± 0,45 m/s² festzustellen. Die eigentliche Erschütterung durch den Anprall dauert ca. 0,1 s. Im weiteren Verlauf ab 19,8 s ist eine schwache Schwingung mit maximalen Beschleunigungen von ca. ±0,05 m/s² festzustellen.

134 Bei der Beurteilung der **taktilen Bemerkbarkeit** eines Fahrzeugkontaktes sind aus biomechanischer Sicht zwei Faktoren von überragender Bedeutung. Der erste Faktor ist das Niveau der durch die Kollision am Fahrzeug auftretenden Beschleunigungen. Der zweite Faktor ist die Geschwindigkeit des **Beschleunigungsanstiegs**. Bei einem sehr schnellen Beschleunigungsanstieg gilt ein Beschleunigungsniveau von 1,5 m/s² als zwangsläufig taktil wahrnehmbar. Steigt die Beschleunigungen hingegen langsam an, so sind erst Beschleunigungen ab etwa 2,7 m/s² zwangsläufig taktil bemerkbar.

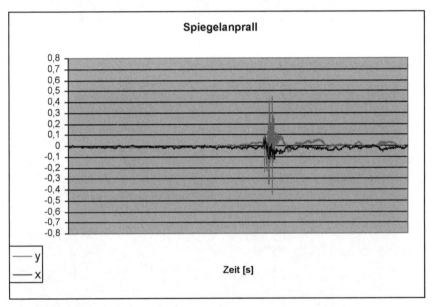

Abb. 40: Beschleunigungen im Versuchsfahrzeug beim Anprall.

135 Die beim Crashtest gemessenen Beschleunigungen liegen mit maximal 0,45 m/s² deutlich unter der zwangsläufigen **Wahrnehmungsgrenze**. Hinsichtlich der Beschleunigungen wirkte der Spiegelanprall wie ein kurzer, harter aber schwacher Schlag an der Fahrzeugkarosserie aus. Im Vergleich zu den Vibrationen, die beim normalen Fahrbetrieb auftreten sind die gemessenen Beschleunigungswerte zu gering, um relativ dazu als eigenständiges Ereignis wahrgenommen zu werden. Der Verkehrsunfall war somit auch taktil nicht wahrnehmbar im Sinne einer strafrechtlichen Fragestellung.

3. Fahruntüchtigkeit des Angeklagten

In der Gesamtschau ist festzustellen, dass die vorhandene **Hörschwäche** des Angeklagten dazu führt, dass die tiefen Frequenzen des Fahrgeräusches bei Berücksichtigung der frequenzabhängigen **Hörminderung** insgesamt lauter wahrnehmbar sind, als das Anprallgeräusch, wodurch im vorliegenden Fall eine akustische Verdeckung des Anprallgeräusches vorliegt (vgl bereits oben). Daraus leitet sich aber **keine generelle Fahruntüchtigkeit** ab, zumal mittels **Hörgerät** dieses Defizit ausgeglichen werden kann. Über ein eventuell getragenes Hörgerät wurde nichts bekannt. Durch ein getragenes Hörgerät hätte der Angeklagte je nach Bauart wieder annähernd das Hörverhalten einer normal hörenden Person erreichen können, was die Verdeckung des Anprallgeräusches ausschließen würde, aber auch zeigt, dass eine Fahruntüchtigkeit in diesem Zusammenhang auch nicht gegeben ist.

4. Zusammenfassung Fall 2

Ein Nachweis der visuellen Bemerkbarkeit ist für diesen Fall nicht möglich. Es ist vielmehr so, dass die Kontaktstelle selbst nicht direkt oder indirekt durch die Spiegel einsehbar war. Visuell wäre bei entsprechender Blickrichtung lediglich eine Abschätzung des geringen Abstandes der Fahrzeuge oder ein eingeklappter Spiegel möglich gewesen. Die erforderliche Blickrichtung ist in der vorliegenden Fahrsituation nicht wahrscheinlich. In dem durchgeführten Crashtest wurde mit einem vergleichbaren Pkw der Anprall des Außenspiegels mit ausgeschaltetem Motor und im Stillstand durchgeführt, wobei der erzeugte Schaden beim Crashtest stärker ausgefallen war als beim realen Unfall. Demzufolge ist bzgl der Messungen von stärkeren Beschleunigungen und einem lauteren Anprallgeräusch auszugehen, als im realen Fall. Der Geräuschpegel des Spiegelanpralls lag mit ca. 98 dB(A) deutlich über den normalen Fahrgeräuschen der entsprechenden Fahrsituation. Ohne das Vorhandensein weitere Störgeräusche im Fahrzeug wäre der Spiegelkontakt **für eine normal hörende Person** deutlich akustisch wahrnehmbar gewesen.

Bei Berücksichtigung des eingeholten Tonaudiogramms ergibt sich, dass eine **akustische Verdeckung** des Anprallgeräusches aufgrund der vorwiegend tiefen Frequenzen des Fahrgeräusches vorliegt. Legt man die in dem vorliegenden Tonaudiogramm festgestellte Hörschwäche zugrunde, war der Spiegelanprall für den Angeklagten akustisch nicht wahrnehmbar. Dies gilt auch ohne das Vorhandensein von zusätzlichen Geräuschquellen wie Gebläse oder Radio.

Die beim Spiegelanprall gemessenen Beschleunigungen lagen deutlich unter der Grenze einer zwangsläufigen taktilen Wahrnehmbarkeit. Der Spiegelkontakt war demnach für den Angeklagten in der vorliegenden Fahrsituation taktil nicht als eigenständiges Ereignis wahrnehmbar.

Zur Frage einer möglichen Fahruntüchtigkeit, die sich bezüglich des Angeklagten ggf auf Grundlage des Hörtests ergeben kann, ist forensisch zu konstatieren, da grundsätzlich auch **Hörgeschädigte** (Taube) den Führerschein erwerben können/dürfen, dass derartiges nicht abgeleitet werden kann. Die **Schwerhörigkeit** des Angeklagten könnte zudem mittels Hörhilfe kompensiert/deutlich verbessert werden.

E. Fazit

141 Der Verfasser möchte den Leser dahin gehend sensibilisieren, dass im Einzelfall eine biomechanische Begutachtung angezeigt ist, insbesondere wenn im Rahmen der juristischen Sachbearbeitung bei dem Schädiger Anknüpfungspunkte dafür bestehen. Man sollte im Hinblick auf die fragliche Hörschädigung, die zu einer deutlichen Herabsetzung einer akustischen Wahrnehmbarkeit für einen Betroffenen individuell führt, nicht nur deshalb von einer Aufklärung absehen, weil ggf fahrerlaubnisrechtliche Konsequenzen im Raume stehen, beispielsweise infolge einer Schwerhörigkeit. In Kombination mit einer Stellungnahme eines HNO-Facharztes in Bezugnahme auf die deutliche Verminderung des Hörvermögens und einer bereits durchgeführten Anpassung eines Hörgerätes, wird nicht unbedingt eine Problematik in diese Richtung zu erwarten sein. Es ist gleichwohl so, dass dadurch vielmehr ein Betroffener für die juristische Sachbearbeitung hinsichtlich einer fraglichen **Unfallflucht** entlastet werden kann, wohingegen durch die Anpassung beispielsweise eines Hörgerätes die Problematik einer derartigen Niedriggeschwindigkeitskollision ohne Verbleib des Schädigers an der Unfallstelle nicht mehr zu erwarten ist. Ferner sollte überprüft werden, wie und ob sich die individuale taktile Wahrnehmbarkeit von Verkehrsunfällen, beispielsweise mit zunehmendem Alter verändert. Es müssten auch Versuche dazu getätigt werden, wie beispielsweise Überlagerungen von Schallkurven bei Verkehrsunfällen in Bezugnahme auf durchgeführte Hörtests standardmäßig ausgewertet werden können.

142 **Juristisch** sollte darüber nachgedacht werden, ob nicht **grundsätzlich** bei **Unfallfluchtfragestellungen** eine **interdisziplinäre biomechanische** und somit insgesamt eine **unfallanalytische und medizinische Begutachtung** durchzuführen wäre.

143 In Vorbereitung auf § 13 bezüglich der Juristischen Fragestellung ist auf die Liste[18] zu verweisen. Darin beinhaltet sind Verfahren, in denen zunächst ein allgemeines unfallanalytisches Gutachten durch einen Techniker erstattet wurde, der jeweilige Angeklagte hätte demnach den jeweiligen Verkehrsunfall bemerken müssen. Nach einer forensisch-biomechanischen Begutachtung durch den Verfasser, war es in allen Fällen so, dass für den individuellen Fall der Verkehrsunfall – im Sinne einer strafrechtlichen Fragestellung – sodann nicht bemerkbar war.

---

18 Amtsgericht Fürstenfeldbruck – Geschäftsnummer 3 Cs 53 Js 433/11; Amtsgericht München – Geschäftsnummer 953 Cs 486 Js 117715/11; Amtsgericht Bad Kissingen – Geschäftsnummer 2 Ds 6 Js 13555/10; Amtsgericht Rosenheim – Geschäftsnummer 1 Cs 410 Js 35096/09; Landgericht München I – Geschäftsnummer 26 Ns 498 Js 126187/10; Amtsgericht Ebersberg – Geschäftsnummer 1 Cs 53 Js 23119/09; Amtsgericht Memmingen – Geschäftsnummer 2 Cs 227 Js 1560/11; Amtsgericht Bad Aibling – Geschäftsnummer 20 Cs 450 Js 36643/10; Amtsgericht Heidenheim – Geschäftsnummer 5 Cs 33 Js 6412/2010; Amtsgericht Wasserburg – Geschäftsnummer 1 Cs 460 Js 23772/10; Amtsgericht Rosenheim – Geschäftsnummer 5 Ds 410 Js 23477/09; Amtsgericht Aichach – Geschäftsnummer 2 Cs 401 JS 110547/09, Amtsgericht Rosenheim – Geschäftsnummer 22 Cs 460 Js 3488/10; STA Traunstein – Geschäftsnummer 460 Js 31753/09; Amtsgericht Kaufbeuren – Geschäftsnummer 4 Cs 134 Js 5436/09; Amtsgericht Rosenheim – Geschäftsnummer 7 Cs 460 Js 27663/06; Landgericht Augsburg – Geschäftsnummer 6 Ns 606 Js 135218/06.

E. Fazit

144 Der Verfasser weist aber darauf hin, dass nicht generell eine fragliche Unfallflucht zu einer Unbemerkbarkeit eines Verkehrsunfalls führt, wenn man diesen biomechanisch auswertet. Vielmehr muss immer der Einzelfall ausgewertet werden.

§ 13 Juristische Fragestellungen

A.	Normzweck	1	III. Tätige Reue (§ 142 Abs. 4 StGB)..	35
B.	Die allgemeinen Tatbestandsmerkmale des § 142 StGB	3	IV. Legaldefinition „Unfallbeteiligter" in § 142 Abs. 5 StGB	40
C.	Die Tatbestandsalternativen des § 142 StGB	17	D. Der subjektive Tatbestand	42
	I. § 142 Abs. 1	17	E. Rechtsfolgen	49
	II. § 142 Abs. 2 und 3 StGB	29	F. Literatur	59

A. Normzweck

1 Der Straftatbestand des unerlaubten Entfernens vom Unfallort ist in § 142 StGB geregelt. Die Norm enthält in den Abs. 1, 2 und 3 verschiedene Tatvarianten, in Abs. 4 eine Regelung der tätigen Reue und in Abs. 5 eine Legaldefinition des Unfallbeteiligten.

2 Obwohl § 142 StGB zwar aus historischen Gründen zum 7. Abschnitt des StGB „Straftaten gegen die öffentliche Ordnung" gehört,[1] handelt es sich doch um eine solche Norm, welche **ausschließlich private Interessen** schützt, nämlich das Interesse aller an dem fraglichen Unfall beteiligten Personen an der Durchsetzung ihrer berechtigten zivilrechtlichen Schadensersatzansprüche bzw an der Abwehr gegen sie erhobener unberechtigter Ansprüche.[2] Geschützt wird also **nicht das öffentliche Interesse** an der Strafverfolgung oder das Interesse der Allgemeinheit an einer Verbesserung der Verkehrssicherheit.[3] Andererseits sollen mit der aus dem Tatbestand folgenden Pflicht, am Unfallort zu bleiben und die notwendigen Feststellungen treffen zu lassen, auch gefährliche Selbsthilfemaßnahmen des Geschädigten zur Beweissicherung, zB riskante Verfolgungsfahrten, abgewendet werden.[4] Mit der Norm trägt der Gesetzgeber damit der besonderen Situation Rechnung, dass gerade **der Straßenverkehr aufgrund seiner Schnelllebigkeit, Massenhaftigkeit und Anonymität besonders günstige Voraussetzungen für den Unfallverursacher bietet, sich seiner Verantwortlichkeit zu entziehen.**[5]

B. Die allgemeinen Tatbestandsmerkmale des § 142 StGB

3 Unter einem **Unfall** im Sinne von § 142 StGB versteht man ein plötzliches Ereignis, welches im Zusammenhang mit den typischen Gefahren des Straßenverkehrs steht und einen nicht ganz unerheblichen Schaden verursacht.[6]

4 Mit dem Begriff des plötzlichen Ereignisses wird ein von beiden Seiten nur zum Schein und mit der Absicht des Betruges zulasten der entsprechenden Versicherer ma-

---

1 Dazu *Herzog*, Unfallflucht, S. 3 f mwN.
2 ZB Hk-GS/*Pflieger*, § 142 StGB Rn 1; *Herzog*, Unfallflucht, S. 3 mwN.
3 ZB S-S/*Sternberg-Lieben*, § 142 Rn 1 a mwN.
4 *Brüning*, ZJS 2007, 317, 322.
5 *Herzog*, Unfallflucht, S. 4 f unter Bezugnahme auf BT-Drucks. 7/2434, S. 5.
6 AllgM, zB S-S/*Sternberg-Lieben*, § 142 Rn 6; Hk-GS/*Pflieger* § 142 StGB Rn 4.

nipulierter Zusammenstoß aus dem Unfallbegriff des § 142 StGB ausgeschieden.[7] Ebenfalls liegt selbstverständlich dann keine Unfallflucht vor, wenn ein Beteiligter wider besseres Wissen vorbringt, das an zwei Fahrzeugen jeweils vorhandene Schadensbild sei auf eine – tatsächlich nicht stattgefundene – Kollision zurückzuführen.[8]

Einen weiteren Filter stellt das **Kriterium des nicht ganz unerheblichen Schadens** dar. Damit wird zunächst klargestellt, dass eine Unfallflucht dann schon begrifflich ausscheidet, wenn bei einer Berührung zweier Fahrzeuge gar kein Schaden entstanden ist. Daher ist gerade bei kleineren Schäden gegebenenfalls durch Sachverständigengutachten zu prüfen, ob das aktenkundige Schadensbild tatsächlich auf die Berührung der beiden beteiligten Fahrzeuge zurückzuführen ist.[9]

Außerdem wird mit dem Kriterium des nicht ganz unerheblichen Schadens unterstellt, dass **ein – objektiv – belangloser Schaden** den Geschädigten im Regelfall nicht zur Durchsetzung von Schadensersatzansprüchen veranlassen wird, weshalb der entsprechende Schutzzweck der Unfallflucht hier nicht greift.[10]

Völlig belanglose Personenschäden in diesem Sinne können beispielsweise geringfügige Hautabschürfungen, blaue Flecken oder Hautrötungen durch die Einwirkung eines Sicherheitsgurts sein.[11]

Im Bereich der **Sachschäden** wird man nach heutiger Rechtsprechung ab einer Schadenshöhe von ca. 25 EUR bis maximal 30 EUR von einer Überschreitung der **Bagatellgrenze** ausgehen müssen, wobei hiervon nur der durch den Unfall unmittelbar verursachte Schaden erfasst wird.[12] Vereinzelt wird aber auch von Obergerichten vertreten, dass angesichts der allgemeinen Preissteigerung und der Verteuerung von Fahrzeugreparaturen der entsprechende Grenzwert auf 50 EUR anzuheben sei.[13]

Bei dem Unfallschaden muss es sich um einen **Fremdschaden** handeln. Beschädigt der Täter ausschließlich ein in seinem Eigentum stehendes Kfz, scheidet Unfallflucht daher aus. Gleiches gilt, wenn das Kfz dem Täter, der nicht Eigentümer ist, bei einer **wirtschaftlichen Betrachtungsweise** gehört, zB bei einem Fahrzeugkauf unter Eigentumsvorbehalt (§ 448 BGB) oder als Leasingnehmer, welcher nach dem Leasingvertrag für jeden bei seiner Fahrzeugnutzung entstandenen Schaden haftet.[14] Ein Wildunfall, der keinen Schadensersatzanspruch des Jagdberechtigten auslöst, ist daher mangels Fremdschadens ebenso wenig ein Unfall iSv § 142 StGB wie das Überfahren

---

7   ZB BGHSt. 12, 253, 254.
8   AG Düsseldorf, Urt. v. 3.2.2012 – 140 Cs 542/11, n.v.; zu diesem Verfahren *Arnon/Quarch*, Polizei und Justiz als unfreiwillige Helfer der „Unfallfluchtbetrüger"?, Vortrag auf dem 11. Aachener Interdisziplinären Verkehrssymposium am 2.12.2011, n.v.
9   Hierzu *Quarch*, Editorial in SVR 12/2011, S. I unter Bezugnahme auf LG Aachen, Urt. v. 11.5.2011 – 94 Ns 37/10.
10 *Fischer*, StGB, § 142 Rn 11.
11 *König* in: Hentschel/König/Dauer, Straßenverkehrsrecht, 41. Aufl. 2011, § 142 StGB Rn 28.
12 ZB OLG Thüringen VRS 110, 15; Hk-GS/*Pflieger* § 142 Rn 7; S-S/*Sternberg-Lieben*, § 142 Rn 10 und 12.
13 OLG Nürnberg SVR 2008, 75; vgl auch *Elsner/Schneider*, jurisPR-VerkR 11/2009 Anm. 4.
14 Hk-GS/*Pflieger* § 142 Rn 8; MüKo-StGB/*Zopfs*, § 142 Rn 29.

von Kleintieren.¹⁵ Ob das Überfahren einer Leiche als Fremdschaden zu werten ist, erscheint zweifelhaft.¹⁶

10 Zweites allgemeines Tatbestandsmerkmal des § 142 StGB ist es, dass sich der Unfall **im öffentlichen Straßenverkehr** ereignet haben muss. Damit wird einerseits der **potenzielle Tatort** beschrieben. Bei diesem kann es sich um öffentliche Straßen, Plätze, Rad- oder Fußwege handeln.¹⁷ Aber auch jeder andere, sachenrechtlich zwar private Verkehrsgrund,¹⁸ dessen Benutzung durch einen nicht bestimmbaren oder zahlenmäßig nicht eng begrenzten Personenkreis vom Berechtigten zugelassen worden ist, zählt zum öffentlichen Straßenverkehr.¹⁹ Klassische **Beispiele** sind insoweit das allgemein öffentliche Parkhaus,²⁰ der Parkplatz eines Supermarktes während dessen Öffnungszeiten²¹ oder die Einfahrt einer Tankstelle²² bzw einer Autowaschanlage.²³ Auch der Gaststättenparkplatz ist in der Regel als öffentliche Verkehrsfläche zu werten, und zwar selbst dann, wenn durch ein Schild ausdrücklich darauf hingewiesen wird, dass die Benutzung „nur für Gäste" gestattet ist. Denn eine Begrenzung auf einen bestimmbaren Personenkreis erfolgt hier schon deshalb nicht, weil der Begriff „Gast" zu unbestimmt ist. Letztlich kommt jedermann als Gast der Gaststätte in Betracht, so dass sich bei einem Unfall das typische Anonymitätsrisiko des Straßenverkehrs realisieren kann.²⁴

11 Wird hingegen zB aufgrund von Zugangskontrollen oder Einfriedungen von vornherein **nur einem bestimmten, begrenzten Personenkreis die Benutzung der Parkfläche gestattet**, spricht dies dafür, dass der privatrechtliche Verfügungsberechtigte die Allgemeinheit von der Benutzung des Geländes ausschließen möchte. So verhält es sich zB, wenn in einem Hotel Übernachtungsgästen ein gesonderter Parkraum zur Verfügung gestellt wird, denn in dortigen Fällen ist der Benutzerkreis begrenzt und individuell bestimmbar.²⁵

12 Wird auf einem Privatgelände ausschließlich den Anwohnern Parkraum zur Verfügung gestellt und dies vom Vermieter durch das Aufstellen eines Schildes „Parken nur für Anwohner" deutlich gemacht, dann liegt kein öffentlicher Verkehrsraum vor, da die Parkfläche gerade nicht von jedermann genutzt werden kann. Wird daher von einem berechtigten oder nichtberechtigten Kraftfahrer auf dem fraglichen Parkplatz ein Unfall verursacht, kann mangels des Tatbestandsmerkmals „öffentlicher Straßenverkehr" keine Unfallflucht erfolgen.²⁶ Anders verhält es sich indes bei einem Schild

---

15 *Herzog*, Unfallflucht, S. 28.
16 So AG Rosenheim NStZ 2003, 318; dazu *Ferner*, SVR 2004, 178, 179; zweifelnd *Herzog*, Unfallflucht, S. 28.
17 *Herzog*, Unfallflucht, S. 16.
18 Vgl dazu LG Krefeld VRS 70, 12.
19 MüKo-StGB/*Zopfs*, § 142 Rn 32.
20 ZB OLG Frankfurt/M. DAR 1994, 369; inzidenter zuletzt OLG Köln NZV 2011, 510.
21 ZB OLG Hamburg NJW 1967, 990; OLG Stuttgart NJW-RR 1990, 670; vgl auch AG Ulm v. 23.11.1978 – 5 Cs 5266/78, juris.
22 OLG Düsseldorf NZV 1988, 231.
23 BayObLG NJW 1980, 715.
24 BGHSt. 16, 7.
25 BGHSt. 16, 7.
26 OLG Rostock SVR 2004, 234.

„Parken nur den Hausbewohner und deren Gästen vorbehalten". Denn durch die Möglichkeit der Nutzung der fraglichen Parkflächen auch für „Gäste" ermöglicht der Verfügungsberechtigte einem unbestimmten Personenkreis, den fraglichen Parkplatz zu nutzen. Daher ergibt sich auch hier die für den Schutzzweck des § 142 StGB relevante Konstellation der typischerweise anonymen Nutzung der Parkfläche.[27]

Außerdem werden mit dem Tatbestandsmerkmal „Straßenverkehr" solche Unfälle ausgeschieden, welche sich **im Schiffs-, Bahn-, Luft- oder winterlichen Skipistenverkehr** ereignen.[28] Andererseits umfasst dieser Begriff aber den **gesamten fließenden wie ruhenden Verkehr einschließlich des Be- und Entladens** abgeparkter Fahrzeuge.[29] Deshalb handelt es sich auch bei der Kollision eines Einkaufswagens mit einem parkenden Pkw auf einem öffentlich zugänglichen Parkplatz[30] oder bei dem Schieben von Mülltonnen auf Rollen zur Beladung des entsprechenden Fahrzeugs der Müllabfuhr[31] jeweils um einen „Unfall im Straßenverkehr". 13

Schließlich nehmen die Rspr und die hM eine **teleologische Reduktion** des § 142 StGB vor, um in die Norm nur solche Konstellationen einzubeziehen, die einen **straßenverkehrsspezifischen Gefahrenzusammenhang** aufweisen. Bei dem jeweils fraglichen Verkehrsunfall muss sich daher gerade die typische Gefahr des Straßenverkehrs verwirklicht haben.[32] Es stellt sich somit jeweils die Frage, ob der eingetretene Schaden sich als **typisches Risiko** der Nutzung des jeweiligen Fahrzeugs als Fortbewegungsmittel realisiert hat. Dies ist dann noch zu bejahen, wenn ein Mofafahrer beim Aufsteigen auf sein Fahrzeug ins Stolpern gerät und das Mofa dabei auf einen abgeparkten Pkw fällt;[33] wenn beim Beladen eines am Fahrbahnrand abgestellten Lkws ein Stück des Ladeguts abrutscht und einen daneben abgeparkten Pkw trifft,[34] wenn ein Fahrzeug beim Reifenwechsel vom Wagenheber rutscht und dabei ein anderes Fahrzeug beschädigt[35] oder wenn auf einem Supermarktparkplatz ein Fußgänger mit seinem Einkaufswagen gegen ein abgeparktes Kfz stößt.[36] 14

Allerdings liegt der erforderliche verkehrstypische Gefahrenzusammenhang dann nicht mehr vor, wenn der Täter das Fahrzeug *nur* als **Werkzeug zur Verwirklichung eines außerhalb des Straßenverkehrs liegenden Erfolgs** gebraucht, um zB aus dem Fahrzeug heraus stehende Mülltonnen zu beschädigen[37] oder andere Kfz mit Fla- 15

---

27 BGHSt. 16, 7; *Herzog*, Unfallflucht, S. 18 f.
28 *Herzog*, Unfallflucht, S. 16 f.
29 OLG Köln NZV 2011, 619; OLG Stuttgart NJW 1969, 1726; S-S/*Sternberg-Lieben* § 142 Rn 4.
30 OLG Düsseldorf NZV 2012, 350; OLG Nürnberg Verkehrsrecht aktuell 2011, 49; auch schon OLG Stuttgart DAR 1974, 194; KG v. 3. 8.1998 – 1 Ss 114/98 (73/98), juris.
31 LG Berlin NZV 2007, 322.
32 BGH NJW 2002, 626; BayObLG NZV 1992, 326.; OLG Köln NZV 2011, 619; *Herzog*, Unfallflucht, S. 21.
33 LG Aachen v. 17.1.2011 – 71 Ns 88/10, n.v.; die vom Angeklagten eingelegte Revision wurde vom OLG Köln mit Beschl. v. 31.5.2011 – III-1 RVs 116/11, n.v. – gem. § 349 Abs. 2 StPO als unbegründet verworfen.
34 OLG Köln NZV 2011, 619; aA die Vorinstanzen AG Jülich v. 21.10.2009 – 3 Cs 606/08 und LG Aachen v. 7.2.2011 – 73 Ns 205/09; aA auch *Hecker*, JuS 2011, 1038.
35 OLG Köln VRS 65, 431.
36 OLG Düsseldorf NZV 2012, 350; aA noch die Vorinstanz LG Düsseldorf NZV 2012, 194; wie OLG Düsseldorf: OLG Nürnberg Verkehrsrecht aktuell 2011, 49.
37 BGH NJW 2002, 626.

schen zu bewerfen.³⁸ Andererseits ist dieses Kriterium dann wieder zu bejahen, wenn der Täter das Fahrzeug *zusätzlich* auch als Mittel zur Fortbewegung nutzt, zB um damit vor der Polizei zu fliehen. ³⁹

16 Stößt das Waschportal einer Autowaschanlage in der automatischen Bewegung gegen ein darin stehendes Kfz, ist der verkehrstypische Gefahrenzusammenhang zu verneinen.⁴⁰ Genauso verhält es sich, wenn ein Kraftfahrer die defekte Schranke an der Ausfahrt eines Parkhaus manuell hochdrückt und mit Holzklötzen befestigt, dann aus dem Parkhaus herausfährt und anschließend die Schranke beim Entfernen der Klötze herunterfällt und ein anderes Kfz beschädigt.⁴¹

C. Die Tatbestandsalternativen des § 142 StGB

I. § 142 Abs. 1

17 Gemeinsames Tatbestandsmerkmal des § 142 Abs. 1 StGB ist das **Entfernen vom Unfallort.**

18 Der **Unfallort** wird als der Sichtbereich um die Unfallstelle mit einem Radius von ca. 100 m bzw auf Bundesautobahnen von ca. 250 m definiert.⁴² Wer diesen Bereich verlässt, **entfernt sich** vom Unfallort.⁴³ Die Tat des unerlaubten Entfernens vom Unfallort ist in diesem Moment **vollendet.**⁴⁴ Solange sich der Unfallbeteiligte allerdings, wenn auch versteckt, im Bereich des Unfallortes aufhält, macht er sich allein damit noch nicht strafbar.⁴⁵ Dagegen lässt eine **spätere Rückkehr** des Unfallflüchtigen zum Unfallort die Vollendung des Tatbestandes nicht nachträglich entfallen.⁴⁶

19 Die **Tatbestandsalternativen in Abs. 1** des § 142 StGB unterscheiden sich dadurch, dass bei § 142 Abs. 1 Nr. 1 StGB eine feststellungsbereite Person anwesend ist und den Unfallbeteiligen damit die sogenannte **Vorstellungs- und Anwesenheitspflicht** trifft. Bei § 142 Abs. 1 Nr. 2 StGB dagegen ist eine feststellungsberechtigte Person gerade nicht anwesend, weshalb den Täter insoweit nur eine **Wartepflicht** („Wartefrist") trifft.

20 Voraussetzung einer Unfallflucht nach § 142 Abs. 1 **Nr. 1** StGB ist also das **Vorhandensein einer feststellungsberechtigten Person** am Unfallort. Zu dieser Gruppe gehören einmal die Geschädigten, die weiteren Unfallbeteiligten und die Polizeibeamten, für welche sich ihr entsprechendes Recht aus ihren Amtspflichten ergibt.⁴⁷ Hinzutreten können feststellungsbereite Dritte am Unfallort. Insoweit kommen neben den

---

38 OLG Hamm NJW 1982, 2465.
39 BGHSt 24, 382; zur im Detail schwierigen Abgrenzung *Herzog*, Unfallflucht, S. 22 f mwN.
40 Dazu eingehend *Herzog*, Unfallflucht, S. 23-26 unter Darstellung des Verfahrens AG Rosenheim 8 Cs 450 Js 4742/10.
41 BayObLG NZV 1992, 326.
42 Hk-GS/*Pflieger* § 142 StGB Rn 14; vgl auch OLG Hamburg NZV 2009, 301; dazu *Blum*, SVR 2011, 286, 287 f.
43 Hk-GS/*Pflieger* § 142 StGB Rn 15.
44 OLG Hamburg NZV 2009, 301; *Blum*, SVR 2011, 286, 288.
45 LG Gera NZV 2006, 105; *Herzog*, Unfallflucht, S. 40.
46 AG Lübeck NStZ-RR 2012, 124.
47 *Bär*, DAR 1983, 215; *Herzog*, Unfallflucht, S. 33.

Rettungskräften – Feuerwehr, Notarzt, Sanitäter – auch unbeteiligte Personen wie Zuschauer, Passanten oder Nachbarn in Frage.[48] Um den Kreis von potenziellen Ansprechpartnern am Unfallort nicht zu weit auszudehnen, ist jedoch zusätzlich zu verlangen, dass diese Dritte für die Unfallbeteiligten erkennbar den Willen und die Möglichkeit haben, in zuverlässiger Weise Feststellungen zugunsten der Berechtigten zu treffen und an sie auch zu übermitteln.[49] Noch enger verlangt *Herzog*, dass der Dritte in einer persönlichen Beziehung oder im Rahmen eines Auftragsverhältnisses zum Geschädigten stehen muss.[50]

Sind im Sinne der vorstehenden Ausführungen feststellungsberechtigte Personen am Unfallort vorhanden, obliegt den Unfallbeteiligten nach § 142 Abs. 1 Nr. 1 StGB zum einen eine **Anwesenheitspflicht**, dh, sie haben am Unfallort zu verbleiben und dadurch die Feststellungen ihrer Person, ihres Fahrzeuges sowie der Art ihrer Unfallbeteiligung zu *ermöglichen* (passive Feststellungsduldungspflicht).[51]   21

Hinzu tritt im Rahmen des § 142 Abs. 1 Nr. 1 StGB eine aktive **Vorstellungspflicht** der Unfallbeteiligten. Zumindest muss insoweit den feststellungsbereiten Personen mitgeteilt werden, dass man am Unfall beteiligt war.[52] Gegen diese Verpflichtung verstößt auch, wer gegenüber den Feststellungsbereiten zwar Angaben macht, aber insoweit unzutreffenderweise behauptet, gar nicht an dem Unfall beteiligt gewesen zu sein.[53] Eine Verpflichtung, seinen Namen oder seine Anschrift mitzuteilen, trifft ihn nach § 142 StGB hingegen nicht.[54] Eine diesbezügliche Pflicht wird allerdings durch die **Ordnungswidrigkeitennorm des § 34 StVO** konstatiert. Nach deren Abs. 1 Nr. 5 b hat jeder Unfallbeteiligte den anderen am Unfallort anwesenden Beteiligten und Geschädigten auf Verlangen seinen Namen und Anschrift anzugeben, Führerschein und Fahrzeugpapiere vorzulegen sowie seine Kfz-Haftpflichtversicherung mitzuteilen.[55] Verstößt ein Unfallbeteiligter gegen diese Verpflichtung, ist gegen ihn nach § 49 Abs. 1 Nr. 29 StVO ein entsprechendes Bußgeld zu verhängen, ohne dass dieser Umstand Einfluss auf die Strafbarkeit nach § 142 Abs. 1 Nr. 1 StGB hätte. Da private Feststellungsberechtigte keine Möglichkeiten haben, diese Angaben im Rahmen des Unfalls *zwangsweise* zu erheben, muss der Unfallbeteiligte, sofern die Geschädigten dies verlangen, gegebenenfalls so lange am Unfallort bleiben, bis die herbeigerufene Polizei eintrifft.[56]   22

Kein Verstoß gegen die Feststellungspflicht liegt indes vor, wenn der Täter, zB durch polizeilichen Zwang, gegen seinen Willen vom Unfallort „entfernt" wird.[57]   23

---

48 *Herzog*, Unfallflucht, S. 34.
49 ZB S-S/*Sternberg-Lieben* § 142 Rn 27.
50 *Herzog*, Unfallflucht, S. 35 unter Verweis auf *Bär*, DAR 1983, 215, 217.
51 ZB Hk-GS/*Pflieger* § 142 StGB Rn 20.
52 ZB Hk-GS/*Pflieger* § 142 StGB Rn 22.
53 MüKo-StGB/*Zopfs* § 142 Rn 62; *Herzog*, Unfallflucht, S. 35-37.
54 ZB Hk-GS/*Pflieger* § 142 StGB Rn 22/23.
55 Dazu Hk-GS/*Pflieger* § 142 StGB Rn 65.
56 ZB Hk-GS/*Pflieger* § 142 StGB Rn 23.
57 OLG Düsseldorf VRS 65, 364; *Herzog*, Unfallflucht, S. 37 ff; *Klinkenberg/Lippold/Blumenthal*, NJW 1982, 2359, aA BayObLG NJW 1982, 1059.

24 Im Fall des § 142 Abs. 1 **Nr. 2** StGB sind in Abgrenzung zur Alt. Nr. 1 keine feststellungsberechtigten bzw -bereiten Personen am Unfallort anwesend. Den Unfallbeteiligten trifft dann eine **Wartepflicht**. Er wird nach dieser Variante bestraft, wenn er nicht „eine nach den Umständen angemessene Zeit" gewartet hat, ohne dass ein Feststellungsbereiter am Unfallort erschienen ist.

25 Auf welche Zeitspanne sich diese Wartezeit beläuft, ist **einzelfallabhängig**. Zu prüfen sind insoweit die Kriterien Erforderlichkeit und Zumutbarkeit. [58] Konkret zu fragen ist nach der Lage des Unfallortes, den Witterungsverhältnissen, der Schwere des Unfalls, der Dichte des Verkehrs, der Tages- oder Nachtzeit sowie nach der erkennbaren Schadenshöhe.[59]

26 Es ist zur Illustration auf konkrete **Praxisfälle** zurückzugreifen:[60] Eine Wartezeit von 30 Minuten wurde bei einem nächtlichen Schaden von 550 EUR als ausreichend angesehen. Auch kann bei geringfügigen Schäden eine Wartezeit von 10 Minuten als angemessen betrachtet werden.

27 Als nicht mehr ausreichende Wartezeit wurde es hingegen angesehen, wenn der Unfallbeteiligte lediglich 15 Minuten nach einem Unfall zur Nachtzeit wartet, bei dem ein Schaden von ca. 750 EUR entstanden ist. Als ebenfalls nicht mehr ausreichend wurde es gewertet, dass der Täter bei einem leichten Unfall auf einer stark befahrenen Straße gegen 19 Uhr lediglich 10 Minuten wartete. [61]

28 Die Wartepflicht kann entgegen landläufiger Vorstellungen nicht durch das **Anbringen eines Zettels an der Windschutzscheibe** bei anschließendem vorzeitigem Wegfahren vom Unfallort ersetzt werden. Ein solches Handeln wird lediglich im Rahmen der Strafzumessung zugunsten des Angeklagten zu berücksichtigen sein.[62]

II. § 142 Abs. 2 und 3 StGB

29 Die Tathandlungsalternativen des § 142 Abs. 2 StGB regeln diejenigen Konstellationen, in welchen der Täter sich nach Ablauf der Wartezeit (§ 142 Abs. 2 Nr. 1 StGB) *oder* berechtigt bzw entschuldigt (§ 142 Abs. 2 Nr. 2 StGB) vom Unfallort entfernt *und* die nach § 142 Abs. 3 StGB gebotenen Feststellungen nicht unverzüglich nachträglich ermöglicht.

30 Der Begriff der **Unverzüglichkeit** ist iSv § 121 BGB als Handeln ohne schuldhaftes Zögern zu verstehen. Bezüglich der Konkretisierung verbieten sich auch hier pauschale Bewertungen; es ist auf den jeweiligen **Einzelfall** abzustellen.[63] Wesentliche Kriterien sind insoweit die Schwere des Unfalls, die Höhe des verursachten Fremdschadens und vor allem die Unfall-Tages- bzw Nachtzeit.[64] So muss der Täter bei ei-

---

[58] ZB S-S/*Sternberg-Lieben* § 142 Rn 33.
[59] Hk-GS/*Pflieger* § 142 StGB Rn 31.
[60] Zitiert bei *Herzog*, Unfallflucht, S. 41 nach *Fischer* § 142 Rn 36.
[61] Vgl auch die Bsp bei Hk-GS/*Pflieger* § 142 StGB Rn 32; S-S/*Sternberg-Lieben* § 142 Rn 38 f.
[62] *Küper*, JZ 1981, 209, *Herzog*, Unfallflucht, S. 41ff; Hk-GS/*Pflieger* § 142 StGB Rn 33; zu einem Ausnahmefall BayObLG NJW 1970, 717.
[63] Hk-GS/*Pflieger* § 142 StGB Rn 42.
[64] *Herzog*, Unfallflucht, S. 44.

nem Unfall um 18.45 Uhr den Geschädigten noch am selben Abend benachrichtigen.[65] Dagegen genügt es bei einem nächtlichen Unfall mit einer klaren Haftungslage auch bei einem größerem Sachschaden, dass die Benachrichtigung erst am nächsten Morgen zum dann frühest möglichen Zeitpunkt stattfindet.[66]

Ist der Geschädigte für den Täter nicht erreichbar, besteht für ihn nach § 142 Abs. 3 StGB die **Verpflichtung, sich bei einer nahegelegenen Polizeidienststelle zu melden.** Dies muss nicht die räumlich nächste Wache sein. Jedoch ergibt sich aber bereits aus einem möglichen Verlust der Beweissicherung die Pflicht, zumindest eine in der Nähe gelegene Dienststelle aufzusuchen.[67] 31

Der Unfallverursacher genügt dieser Verpflichtung jedenfalls nicht, wenn er sich tagsüber nach einem Unfall mit der Absicht schlafen legt, erst nach dem Aufwachen die Polizei zu verständigen.[68] 32

Die 2. Variante des § 142 Abs. 2 StGB verlangt das Vorliegen eines **echten Rechtfertigungs- bzw Entschuldigungsgrundes** iSv §§ 32 ff StGB.[69] Das unvorsätzliche Entfernen vom Unfallort steht im Gegensatz zur früheren Rechtsauffassung[70] dem entschuldigten Entfernen nicht mehr gleich. Insoweit hat das BVerfG im Jahr 2007 unter Bezugnahme auf Art. 103 Abs. 2 GG für Rechtklarheit gesorgt.[71] 33

Verlässt der Unfallfahrer vorzeitig den Unfallort, um sich ein nicht lebensnotwendiges Medikament zu kaufen oder geringfügige Verletzungen ärztlich behandeln zu lassen, handelt er regelmäßig **nicht gerechtfertigt oder entschuldigt** iSv §§ 32 ff StGB.[72] 34

III. Tätige Reue (§ 142 Abs. 4 StGB)

In diesem Absatz hat der Gesetzgeber für den Täter einer vollendeten Unfallflucht einen **persönlichen Strafaufhebungs- bzw milderungsgrund** geschaffen. Dessen Anwendbarkeit setzt voraus, dass der Täter innerhalb von 24 Stunden freiwillig die Feststellungen nachträglich ermöglicht, sofern es sich um einen nicht bedeutenden Schaden handelt, der außerhalb des fließenden Verkehrs entstanden ist. 35

Die – objektive – **Wertgrenze für einen nicht bedeutenden Schaden** wird insoweit gegenwärtig entsprechend § 69 Abs. 2 Nr. 3 StGB (unten Rn 52) bei 1.300 EUR gezogen.[73] 36

---

65 OLG Köln VRS 82, 335.
66 Hk-GS/*Pflieger* § 142 StGB Rn 42.
67 Hk-GS/*Pflieger* § 142 StGB Rn 42.
68 LG Aachen v. 17.1.2011 – 71 Ns 88/10, n.v.; die von dem Angeklagten eingelegte Revision wurde vom OLG Köln mit Beschl. v. 31.5.2011 – III-1 RVs 116/11, n.v. – gem. § 349 Abs. 2 StPO als unbegründet verworfen.
69 Hk-GS/*Pflieger* § 142 StGB Rn 38 f.
70 ZB BGHSt. 28, 129.
71 BVerfG NJW 2007, 1666 = SVR 2007, 389; jetzt auch BGH NStZ 2011, 209.
72 Zum Medikament: LG Aachen v. 17.1.2011 – 71 Ns 88/10, n.v.; die von dem Angeklagten eingelegte Revision wurde vom OLG Köln mit Beschl. v. 31.5.2011 – III-1 RVs 116/11, n.v. – gem. § 349 Abs. 2 StPO als unbegründet verworfen; zur ärztlichen Behandlung: AG Lübeck NStZ-RR 2012, 124.
73 ZB S-S/*Sternberg-Lieben* § 142 Rn 88 a; Hk-GS/*Pflieger* § 142 StGB Rn 58.

37 Für die Bejahung der **Freiwilligkeit** ist es entscheidend, ob der Täter sich gegenüber den Feststellungsberechtigten oder der Polizei noch als Unfallbeteiligter vorstellen kann. Dies wird dann nicht mehr der Fall sein, wenn er bereits als potenzieller Unfallbeteiligter bekannt ist und daher bei seiner Meldung auf der Polizei schon mit dem entsprechenden Tatverdacht konfrontiert wird.[74]

38 Zur Illustration ein **Beispielsfall aus der Praxis**:[75]

Die Geschädigte stellte ihren Pkw am Tag A um 8 Uhr ab. Als sie um 12 Uhr dorthin zurückkehrte, war an ihrem Pkw ein Sachschaden von ca. 750 EUR entstanden. Ferner befand sich ein Zettel mit einer Telefonnummer unter dem Scheibenwischer der Windschutzscheibe. Um 16 h rief die Geschädigte diese Nummer an. Es meldete sich ein Unternehmen, mehr verstand die Geschädigte nicht. Am nächsten Morgen = Tag B um 9.24 Uhr erschien der Angeklagte auf einer Polizeiwache und gab sich als Unfallverursacher zu erkennen. Er gab weiter an, am Tag A am Unfallort vergeblich 45 min gewartet zu haben.

39 Die Voraussetzungen der tätigen Reue könnten vorliegen: Es handelt sich um einen Unfall im ruhenden Verkehr mit einem nicht bedeutenden Sachschaden (unter 1.300 EUR). Der Angeklagte hat eine Unfallflucht nach § 142 Abs. 2 Nr. 1 begangen. Er hat zwar mit 45 min eine angemessene Frist am Unfallort gewartet, weshalb kein Verstoß gegen § 142 Abs. 1 Nr. 2 StGB vorliegt. Allerdings hat er nicht unverzüglich die Geschädigte bzw die nächstgelegene Polizeidienststelle verständigt (§ 143 Abs. 3 StGB). Der Zettel an der Windschutzscheibe reicht insoweit nicht aus. Der Angeklagte ist auch noch nicht als Unfallverursacher bekannt, da die Geschädigte aus dem Anruf am Tag A um 16 Uhr keine brauchbaren Informationen über seine Identität entnehmen konnte. Daher kommt es jetzt für die Anwendbarkeit des § 142 Abs. 4 StGB ausschließlich darauf an, ob die 24-Stunden-Frist gewahrt ist, also ob sich der Unfall am Tag A *nach* 9.24 Uhr ereignet hat. Hierzu konnte der Angeklagte im konkreten Fall indes nicht befragt werden, da seine Berufung gegen die erstinstanzliche Verurteilung – dort wurde die tätige Reue nicht problematisiert – nach § 329 Abs. 1 StPO verworfen werden musste.[76]

IV. Legaldefinition „Unfallbeteiligter" in § 142 Abs. 5 StGB

40 Täter des unerlaubten Entfernens vom Unfallort kann nur ein „Unfallbeteiligter" sein. Nach § 142 Abs. 5 StGB handelt es sich hierbei um „jeden, dessen Verhalten nach den Umständen zur Verursachung des Unfalls beigetragen haben kann." Diesem weitgefassten Begriff liegt eine **ex-ante Betrachtung** zugrunde.[77] Für die Unfallbeteiligten-Eigenschaft reicht eine für einen *objektiven Dritten* am Unfallort zur Unfallzeit eröffnete Verdachtslage im Hinblick auf eine Mitursächlichkeit am Unfallgeschehen

---

74 MüKo-StGB/*Zopfs* § 142 Rn 32; *Herzog*, Unfallflucht, S. 10.
75 Nach LG Aachen 71 Ns 63/11.
76 LG Aachen, Urteil v. 24.11.2011 – 71 Ns 63/11, n.v.; die von dem Angeklagten hiergegen eingelegte Revision wurde vom OLG Köln mit Beschl. v. 21.8.2012 – III-1 RVs 124/12, n.v. – gem. § 349 Abs. 2 StPO als unbegründet verworfen.
77 BayObLG NStZ-RR 2000, 140.

aus.⁷⁸ Daher kommt selbst dann eine Bestrafung wegen Unfallflucht in Betracht, wenn sich erst im Nachhinein herausstellt, dass die fragliche Person gar kein Unfallbeteiligter war.⁷⁹

Beifahrer sind in der Regel keine Unfallbeteiligten, wenn sie nicht durch ein eigenes Verhalten am Unfall mitgewirkt haben können, zB durch einen Griff ins Lenkrad.⁸⁰ Der am Unfallort anwesende **Fahrzeughalter**, welcher selbst nicht Fahrzeugführer war, wird nur dann zum Unfallbeteiligten iSv § 142 Abs. 5 StGB, wenn sich sein Verhalten gefahrerhöhend ausgewirkt hat.⁸¹ Auch **Fußgänger** können selbstverständlich Unfallbeteiligte sein.⁸² 41

D. Der subjektive Tatbestand

Eine Strafbarkeit nach den Tatalternativen des § 142 Abs. 1 oder Abs. 2 StGB setzt jeweils **zumindest einen bedingten Tätervorsatz** voraus.⁸³ Mangels gesetzlicher Regelung ist die **fahrlässige Unfallflucht straflos** (§ 15 StGB).⁸⁴ Der Unfallbeteiligte muss also, neben den weiteren Tatbestandsvoraussetzungen, wissen oder es für möglich halten, dass sich ein Unfall im öffentlichen Straßenverkehr ereignet hat. Handelt der Unfallbeteiligte ohne diese Kenntnis, dh, weiß er zB gar nicht, dass ein Unfall stattgefunden hat bzw dass ein über der Bagatellgrenze liegender Unfallschaden entstanden ist, liegt **ein vorsatzausschließender Tatbestandsirrtum** nach § 16 Abs. 1 StGB vor.⁸⁵ Der Unfallfahrer ist dann nach § 16 Abs. 1 StGB straflos. Daran ändert sich auch dann nichts, wenn er nach objektiver Vollendung des Unfallfluchttatbestands, also nach einem Sich-Entfernen von der Unfallstelle, von der vorangegangenen Kollision erfährt. Entschließt sich der Unfallfahrer dann, weder zum Unfallort zurückzukehren noch sich bei der Polizei als Unfallbeteiligter zu melden, handelt es sich bei diesem Entschluss um einen unbeachtlichen *dolus subsequens*, welcher auf die bereits entfallene Strafbarkeit keinen Einfluss mehr auszuüben vermag.⁸⁶ 42

Die Einlassung eines Unfallbeteiligten, **er habe die Kollision oder die Unfallschäden nicht wahrgenommen**, kann als weit verbreitet bezeichnet werden.⁸⁷ Dennoch muss sie nicht falsch sein. Vielmehr ergibt sich aus den obigen Ausführungen in § 12, dass aufgrund einzelner Umstände, wie beispielsweise der Schadenshöhe oder Angaben von Zeugen zu einem lauten Aufprallgeräusch, nicht ohne weiteres auf die Kenntnis des Angeklagten vom Unfallereignis geschlossen und damit die entsprechende Einlassung als bloße Schutzbehauptung vorschnell abgetan werden kann, zumal sich hier 43

---

78 *Herzog*, Unfallflucht, S. 30.
79 MüKo-StGB/*Zopfs* § 142 Rn 32.
80 *Herzog*, Unfallflucht, S. 29.
81 OLG Frankfurt/M. NStZ-RR 1996, 86; dazu *Ferner*, SVR 2004, 178, 180.
82 OLG Düsseldorf NZV 2012, 350.
83 ZB OLG Köln NZV 2011, 510.
84 ZB OLG Thüringen NZV 2008, 366.
85 Hk-GS/*Pflieger* § 142 StGB Rn 48.
86 BGH NStZ 2011, 209; OLG Hamburg NZV 2009, 301; *Blum*, SVR 2011, 286, 288; aA OLG Düsseldorf NZV 2008, 107; zur Problematik auch schon *Blum*, SVR 2010, 210.
87 Vgl *Himmelreich/Bücken/Krumm*, Verkehrsunfallflucht, 5. Aufl. 2009, Rn 95.

ein jeglicher verallgemeinernder Maßstab verbietet.[88] Bei einem bestreitenden oder schweigenden Angeklagten verbleiben daher oftmals begründete Zweifel an seiner subjektiven Kenntnis vom Unfall oder von den Unfallfolgen. Dann ist aber nach Maßgabe von § 244 Abs. 2 StPO eine **weitere Sachverhaltsaufklärung** unumgänglich. Naheliegend ist die **Einholung eines oder mehrerer Sachverständigengutachten** (§§ 72 ff StPO). In deren Rahmen ist dabei in tatsächlicher Hinsicht sowohl auf äußere Anknüpfungstatsachen als auch auf subjektive, den Angeklagten und seine individuellen Fähigkeiten und Merkmale betreffende Anknüpfungstatsachen zu achten. Bei der Einholung eines Sachverständigengutachtens müssen insofern **unfallanalytische, medizinische und biomechanische Umstände und Zusammenhänge** berücksichtigt werden. Die isolierte Betrachtung einzelner Teilaspekte vermag im Regelfall keine hinreichende Aufklärung zu erbringen. Aufgabe des Sachverständigen ist es, die technischen Gegebenheiten zu den objektiv aufgetretenen Anstoßmerkmalen im Hinblick auf eine tatsächliche Bemerkbarkeit für den Angeklagten unter Berücksichtigung aller relevanter Besonderheiten zu betrachten. In das Gutachten eingehen müssen insbesondere die individuelle körperliche und geistige Konstitution des Angeklagten zum Unfallzeitpunkt, seine Fähigkeit zur Sinneswahrnehmung sowie dazu, diese bewusst einem Anstoßereignis zuordnen zu können. Es werden hierzu möglicherweise umfangreiche Erhebungen und Untersuchungen notwendig sein, bis hin zum Nachstellen des Unfalls in einem Crash-Test.

44 Für weitere Einzelheiten ist auf die in § 12 eingehend dargelegten Möglichkeiten der verkehrstechnischen, biomechanischen sowie medizinischen Begutachtung der Wahrnehmbarkeit des konkreten Unfallereignisses zu verweisen. Nach der **Erfahrung des Verfassers** kann durch eine entsprechende umfassende Begutachtung die Frage nach der subjektiven Kenntnis des Angeklagten **zumeist eindeutig aufgeklärt werden**. Die Erkenntnisse aus § 12 zeigen aber auch, dass eine rein technische Auswertung eines derartigen Falles regelmäßig nicht ausreichend sein wird.[89]

45 Möchte das Tatgericht dennoch aus dem bloßen Schadensbild den Schluss ziehen, dass die Kollision vom Täter entgegen dessen Einlassung doch wahrgenommen worden ist, bedarf es im Urteil, insbesondere bei kleineren Schäden, dessen **genauer Beschreibung**. Ansonsten unterliegt die Verurteilung der Aufhebung.[90]

46 Als schwierig stellt sich insoweit gelegentlich die **Abgrenzung zwischen einem Tatbestands- (§ 16 StGB) und einem Verbotsirrtum (§ 17 StGB)** dar. Hierbei handelt es sich um keinen rein akademischen Streit, da der Angeklagte bei einem Tatbestandsirrtum straflos ist, während bei einem vermeidbaren Verbotsirrtum lediglich eine Strafrahmenverschiebung nach § 49 StGB erfolgt. In einem unlängst von dem LG Aachen zu entscheidenden Berufungsstrafverfahren hatte sich der Angeklagte unwiderlegbar dahin eingelassen, ihm sei als Berufskraftfahrer der Unfallfluchttatbestand selbstverständlich bekannt, er habe aber nicht gewusst, dass es begrifflich noch einen

---

88 KG DAR 2012, 393.
89 Hierzu jetzt auch *Himmelreich/Mettlach*, DAR 2012, 427.
90 OLG Köln NZV 2011, 510.

Unfall im Straßenverkehr dargestellt habe, als ihm bei dem Beladen seines abgeparkten Lkws ein Stück Ladegut abrutschte und auf diese Weise einen benachbarten Pkw beschädigte. Er sei anschließend allein deshalb davongefahren, weil er nicht *zivilrechtlich* habe haften wollen.[91]

Die Kammer wertete diese Einlassung als Tatbestandsirrtum iSv § 16 StGB. Der Angeklagte habe sich über den Inhalt des Tatbestandsmerkmals des § 142 StGB „im Straßenverkehr" geirrt. Hingegen sei ihm der Verbotsgehalt der Norm bekannt gewesen. Die Konsequenz hiervon war ein – mittlerweile rechtskräftiger – Freispruch des Angeklagten nach § 16 Abs. 1 StGB.[92]

Der **Versuch der Unfallflucht** ist mangels gesetzlicher Regelung straflos (§§ 22, 23, 12 StGB).[93]

E. Rechtsfolgen

Der Tatbestand des § 142 StGB sieht als **Sanktion** eine Freiheitsstrafe von bis zu drei Jahren oder eine Geldstrafe vor. In der Praxis werden regelmäßig Geldstrafen verhängt.[94] Ein wesentlicher **Strafzumessungsaspekt** ist die **Schwere der Unfallfolgen**. Erleidet das Unfallopfer schwerste Verletzungen, an welchen es später verstirbt, kann deshalb eine Freiheitsstrafe von über zwei Jahren verhängt werden.[95] Bei einem weder straf- noch verkehrsrechtlich vorbelasteten Angeklagten kann allerdings nach Durchführung eines **Täter-Opfer-Ausgleichs** gemäß § 46a StGB ganz von einer Bestrafung abgesehen werden.[96]

Zudem kommt als **Nebenstrafe** der Ausspruch eines **Fahrverbots** von bis zu drei Monaten iSv § 44 StGB in Betracht.[97] Voraussetzung hierfür ist es, dass es zur Einwirkung auf den Angeklagten neben der ohnehin zu verhängenden – zumeist – Geldstrafe noch als weiteren „Denkzettel" eines Fahrverbotes bedarf. Dies ist bei einem bislang im Straßenverkehr unauffälligen Angeklagten 21 Monate nach dem fraglichen Unfall regelmäßig nicht mehr der Fall.[98] Erst recht gilt dies bei einem zeitlichen Abstand von 2 ½ Jahren zum Unfallereignis.[99] Die Gefahr eines Arbeitsplatzverlustes ist bei der Entscheidung über die Verhängung eines Fahrverbotes nach einer Unfallflucht ebenfalls zu beachten.[100] Sofern die Notwendigkeit eines Fahrverbotes auf den persönlichen Eindruck von dem Angeklagten gestützt werden soll, bedarf es in den Urteilsgründen insoweit nachvollziehbarer Darstellungen.[101]

---

91 Es handelt sich um die prozessuale „Fortsetzung" zu OLG Köln NZV 2011, 619.
92 LG Aachen v. 9.12.2011 – 71 Ns 146/11, n.v.
93 Hk-GS/*Pflieger* § 142 StGB Rn 53.
94 *Ferner*, SVR 2004, 178, 181.
95 OLG Frankfurt/M. SVR 2012, 146.
96 AG Regensburg StraFo 2009. 341.
97 Vgl hierzu auch *Herzog*, Unfallflucht, S. 14 f.
98 OLG Nürnberg Verkehrsrecht aktuell 2011, 49.
99 OLG Thüringen NZV 2008, 366.
100 LG Amberg zfs 2006, 289.
101 OLG Köln NZV 2011, 510.

51 Anstelle eines Fahrverbotes kann als **Maßregel der Besserung und Sicherung** die **Entziehung der Fahrerlaubnis** ausgesprochen werden (§ 69 StGB).[102] Wenn der Täter weiß oder es wissen kann, dass bei dem Unfall ein Mensch getötet oder nicht unerheblich verletzt worden *oder* an fremden Sachen ein bedeutender Schaden entstanden ist, ist die Entziehung der Fahrerlaubnis nach § 69 Abs. 2 Nr. 3 StGB sogar der gesetzliche **Regelfall**. Hiervon kann allerdings bei geringem Verschulden[103] oder bei jeder Form von tätiger Reue iS des Rechtsgedankens des § 142 Abs. 4 StGB ausnahmsweise abgesehen werden.[104] Andererseits lässt § 69 Abs. 1 StGB auch unabhängig von der Regelvermutung des § 69 Abs. 2 Nr. 3 StGB und damit auch bei niedrigeren Unfallschäden im Fall einer **charakterlichen Ungeeignetheit** des Unfallfahrers zum Führen eines Kraftfahrzeuges den Entzug der Fahrerlaubnis zu.[105] Voraussetzung hierfür ist allerdings nach dem Wortlaut der Norm, dass sich der Unfall **bei dem oder im Zusammenhang mit dem Führen eines Kfz** ereignet hat. Dies ist zB bei einem Unfall, welcher sich bei dem Schieben eines Mofas ereignet, nicht der Fall.[106] Insoweit ist allenfalls zu prüfen, ob sich der Unfall nach einer weiteren Variante des § 69 Abs. 1 StGB als **Verstoß gegen die Pflichten eines Kraftfahrzeugführers** darzustellen vermag. Diesbezüglich fehlt es allerdings an einschlägiger Rechtsprechung. Nach den Feststellungen des bekannten Verkehrsstrafrechtlers *Carsten Krumm* spielt diese Variante des § 69 Abs. 1 StGB in der Praxis überhaupt keine Rolle.[107] Im konkreten Fall konnte das LG Aachen diese Problematik offenlassen, da bei dem Angeklagten keine charakterliche Ungeeignetheit zum Führen eines Kfz zu konstatieren war.[108]

52 Der „**bedeutende Sachschaden**" iSv § 69 Abs. 2 Nr. 3 StGB wird nach hM gegenwärtig mit mindestens 1.300 EUR bemessen,[109] wobei hiermit allein der entstandene **Fremdschaden** gemeint ist.[110] Schäden an mehreren fremden Fahrzeugen sind insoweit zusammenzurechnen.[111] Entscheidend ist, wie sich der Schadensbetrag iSv § 69 Abs. 2 Nr. 3 StGB zusammensetzt. In die Berechnung können ausschließlich solche Positionen eingestellt werden, welche auch **zivilrechtlich erstattungsfähig** sind.[112] Dies bedeutet, dass insoweit auch das zivilrechtliche Wirtschaftlichkeitsgebot zu beachten ist, dh, dass die Kalkulation des bedeutenden Sachschadens immer nur auf der Basis der nach §§ 249ff. BGB erstattungsfähigen, wirtschaftlich vernünftigsten Opti-

---

102 Allgemeine aktuelle Rspr hierzu bei *Krumm*, SVR 2012, 132.
103 Aktueller Beispielsfall: LG Aurich NJW-Spezial 2012, 491.
104 LG Gera NZV 2006, 105, 106; LG Köln Verkehrsrecht aktuell 2010, 65.
105 Beispielsfall: LG Berlin NZV 2010, 476.
106 LG Aachen v. 17.1.2011 – 71 Ns 88/10, n.v. unter Bezugnahme auf S-S/*Stree*/*Kinzig*, § 69 Rn 12; die von dem Angeklagten eingelegte Revision wurde vom OLG Köln mit Beschl. v. 31.5.2011 – III-1 RVs 116/11, n.v. – gem. § 349 Abs. 2 StPO als unbegründet verworfen.
107 *Krumm*, SVR 2009, 137, Fn 15.
108 LG Aachen v. 17.1.2011 – 71 Ns 88/10, n.v. unter Bezugnahme auf S-S/*Stree*/*Kinzig*, § 69 Rn 12; die von dem Angeklagten eingelegte Revision wurde vom OLG Köln mit Beschluss v. 31.5.2011 – III-1 RVs 116/11, n.v. – gem. § 349 Abs. 2 StPO als unbegründet verworfen.
109 Grundlegend OLG Dresden NJW 2005, 2633 = SVR 2005, 439; ebenso zB OLG Hamm NZV 2011, 356; Hk-GS/*Pflieger* § 69 StGB Rn 8; S-S/*Stree*/*Kinzig*, § 69 Rn 37; *Himmelreich*/*Halm*, NZV 2011, 440, 442 (auch zu Gegenmeinungen); *Krumm*, NJW 2012, 829; *ders.*, SVR 2012, 132, 133.
110 *Krumm*, NJW 2012, 829 mwN; vgl auch *Hembach*, zfs 2006, 165.
111 LG Berlin NZV 2006, 106.
112 OLG Hamm NZV 2011, 356;. *Krumm*, NJW 2012, 829.

E. Rechtsfolgen 6

on erfolgen kann.¹¹³ Bezüglich der zivilrechtlichen Detailfragen ist insoweit auf die einschlägige Fachliteratur Bezug zu nehmen.¹¹⁴

Hinzutritt die Notwendigkeit, dass der Anfall der jeweiligen Schadensposition für den Unfallfahrer am Unfallort bei objektiver Betrachtung **zumindest erkennbar** war.¹¹⁵ Damit wird ein Fahrlässigkeitselement in den Tatbestand des § 69 Abs. 2 Nr. 3 StGB integriert.¹¹⁶ *Krumm* formuliert hierzu als „**Faustregel**": „Nur Schäden, die für den Beschuldigten am Tatort *kalkulierbar* waren, können Gegenstand des bedeutenden Sachschadens sein."¹¹⁷ Hierzu werden regelmäßig nur die von außen erkennbaren Schäden gehören.¹¹⁸ Wichtig für die Aufklärung sind insoweit die polizeilichen Feststellungen zum erkennbaren Schadensbild. Was den Polizeibeamten nicht auffällt, dürfte regelmäßig auch nicht dem Angeklagten als „hätte wissen können" anzulasten sein. 53

Aus den vorstehend erläuterten Gesichtspunkten ist nur der nach dem Wirtschaftlichkeitsgebot zivilrechtlich nach § 249 BGB erstattungsfähige **eigentliche Sachschaden**, gegebenenfalls mit einem Abzug „Neu für Alt";¹¹⁹ in die Schadensberechnung nach § 69 Abs. 2 Nr. 3 StGB einzustellen. Alle anderen Schadenspositionen bleiben außer Betracht, da ihr Anfall für den Unfallfahrer am Unfallort nicht kalkulierbar ist.¹²⁰ 54

Nicht einzuberechnen sind daher nach allgemeiner Meinung: Gutachterkosten,¹²¹ Rechtsanwaltskosten,¹²² Mietwagenkosten, Nutzungsausfall, Verbringungskosten sowie Verdienstausfall.¹²³ 55

Da der Unfallfahrer nicht wissen kann, ob das beschädigte Kfz tatsächlich repariert wird, kann er unter Berücksichtigung von § 249 Abs. 2 S. 2 BGB nicht mit dem Anfall von erstattungsfähiger **Umsatzsteuer** rechnen. Diese bleibt also in der Schadensberechnung nach § 69 Abs. 2 Nr. 3 StGB ebenfalls außer Betracht.¹²⁴ 56

Streitig ist, ob die Positionen „Abschleppkosten"¹²⁵ und „merkantiler Minderwert"¹²⁶ in die Berechnung des bedeutenden Schadens iSv § 69 Abs. 2 Nr. 3 StGB einzustellen sind. *Krumm* sieht diese Posten – mE zutreffend – als im Regelfall nicht 57

---

113 *Krumm*, NJW 2012, 829.
114 ZB *Balke/Reisert/Quarch*, Regulierung von Verkehrsunfällen, 2012.
115 Vgl OLG Naumburg NJW 1996, 204.
116 S-S/*Stree/Kinzig*, § 69 Rn 38.
117 *Krumm*, NJW 2012, 829 unter Bezugnahme auf S-S/*Stree/Kinzig*, § 69 Rn 37.
118 *Krumm*, NJW 2012, 829, 830.
119 *Reisert* in: Balke/Reisert/Quarch, Regulierung von Verkehrsunfällen, S. 312.
120 *Krumm*, NJW 2012, 829, 830.
121 LG Hamburg NZV 1993, 326.
122 LG Hamburg NStZ 1995, 91.
123 Insgesamt hierzu *Himmelreich/Krumm/Staub*, DAR 2012, 49, 53 mwN.
124 LG Gera NZV 2006, 105, 106.
125 Dazu *Reisert* in: Balke/Reisert/Quarch, Regulierung von Verkehrsunfällen, S. 132.
126 Dazu *Reisert* in: Balke/Reisert/Quarch, Regulierung von Verkehrsunfällen, S. 310 f.

berücksichtigungsfähig an.¹²⁷ In Rspr und Lit. werden indes verbreitet Gegenansichten vertreten.¹²⁸

58 Bei entsprechendem dringendem Tatverdacht einer Unfallflucht mit einer Schadensfolge iSv § 69 Abs. 2 Nr. 3 StGB gestattet § 111a StPO bereits die **vorläufige Entziehung der Fahrerlaubnis** des Beschuldigten.¹²⁹

F. Literatur

59 *Fischer*, StGB, 59. Aufl. 2012

Marc Herzog, Strafrechtliche Überlegungen zur „Unfallflucht" aus Verteidigersicht, Masterthesis im Studiengang Verkehrs-, Straf- und Versicherungsrecht (LL.M.) an der Hochschule für Wirtschaft und Umwelt Nürtingen-Geislingen (HfWU), Oktober 2010 (zit. *Herzog*, Unfallflucht)

Dölling/Duttge/Rössner, Gesamtes Strafrecht, 2. Aufl. 2011 (zit. Hk-GS/*Bearbeiter*)

Münchener Kommentar zum StGB, Band 2/2, 2005 (zit. MüKo-StGB/*Bearbeiter*)

Schönke/Schröder, StGB, 28. Aufl. 2010 (zit. S-S/*Bearbeiter*)

---

127 *Krumm*, NJW 2012, 829, 830.
128 ZB – für beide Positionen – LG Frankfurt/M. StV 2009, 649; für den merkantilen Minderwert OLG Naumburg NZV 1996, 204; Nachweise zum Streitstand iü bei *Himmelreich/Krumm/Staub*, DAR 2012, 49.
129 Aktueller Beispielsfall: AG Lübeck NStZ-RR 2012, 124.

Stichwortverzeichnis

Fette Ziffern verweisen auf Paragraphen, magere auf Randnummern.

Abdruckmarke 3 161
ABS-Bremsspur 1 48
Abschlussplatte 3 28
Abstammung
- genetische 5 7
Abstandsüberwachung 8 167 ff
- Abstandsunterschreitung 8 192
- Abstandsveränderung 8 192
- Einzelbildschaltung 8 177
- Fehlerquellen 8 180 ff
- Radaufstandspunkt 8 100, 175 ff
- Sicherheitsabstand 8 192
- Streckengeschwindigkeit 8 83
- Toleranz 8 179, 181
- Videoverfolgung 8 193
Abstandsverstoß 6 7, 8 1
Abweichungsquadrate 8 30
Abzüge
- Erstellung 5 130
Adaption 1 226
ADH-Verfahren 10 89
Ähnlichkeit 5 65
Airbag 1 21, 3 152
- Verletzungsrisiko 3 152
Airbagverletzungen 3 158
Akkommodation 1 226
Akzeleration 5 195
Alcotest
- 6510 10 77
- 6810 10 77
- 7110 10 81
Alkohol
- Siedepunkt 10 24
Alkoholabbau 10 48 ff
- Abbaurate 10 55
- Alkoholdehydrogenase 10 49
- Aufnahme von Fruchtzucker 10 54
- Blutalkoholkonzentration 10 48
- Ethanol 10 50
- Ethylglucuronid 10 49
- MEOS 10 49
- Mindestabbauwert 10 50
Alkoholabbaurate 10 55
Alkoholabsorption 10 38
Alkoholanalytik 10 75 ff
Alkoholanflutungskurve 10 60
Alkoholaufnahme 10 28 ff
- alkoholhaltige Umschläge 10 32
- Händedesinfektion 10 31

- Infusion 10 34
- Inhalation 10 36
- rektale Instillation 10 34
Alkoholdehydrogenase 10 49
Alkoholeinfluss 4 25
Alkoholfahrt
- Fahruntauglichkeit 11 5
- Grenzwerte 11 2
- Ordnungswidrigkeit 11 10
- Trunkenheitsfahrt s.a. dort
Alkoholherstellung 10 9
Alkoholkonsum 10 2
Alkoholkonzentration
- Wasserkefir 10 19
Alkoholmessgerät 10 77, 81
Alkoholphysiologie 10 27
Alkohol-Pro-Kopf-Verbrauch 10 2
Alkoholresorption 10 37 ff
- Alkoholmoleküle 10 39
Alkoholverteilung 10 47
Alkoholwirkung 10 58 ff
- Alkoholanflutungskurve 10 60
- Auffälligkeiten 10 138
- Ausfallerscheinungen 10 60
- Beeinträchtigung der Leistungsfähigkeit 10 61
- Blick-Ziel-Bewegungen 10 70
- Bluthirnschranke 10 60
- Enthemmung 10 62
- Leberzirrhose 10 73
- Nystagmus 10 66
- Risikobereitschaft 10 62
- Sakkaden 10 67
- Tunnelblick 10 71
- Wasserkefir 10 20
Alter 5 176 ff
Alterswandel 5 4 f, 148
- Berücksichtigung bei Bildern 5 75
Alveolarwände 3 197
Amfetamin/Metamfetamin 10 144, 196 ff
- Designeramfetamine 10 201 ff
- PLR 10 200
- Weckamine 10 198
Anastasia Romanova/Anna Anderson 5 95
Anfahren 3 107 ff
- Anstoßgeometrie 3 107
- Anstoßposition 3 124
- Anstoßseite 3 127
- Dehnungsriss 3 109

697

Stichwortverzeichnis

- Frontscheibe 3 110
- Fußgänger 3 108
- Gehgeschwindigkeit 3 126
- Gewalteinwirkung 3 124
- Kehrtwendung 3 126
- Kontaktmöglichkeit 3 124
- Körperhaltung 3 125
- Messerbruch 3 127
- Motorhaube 3 109
- Radfahrer 3 119 ff
- Streifstoß 3 110
- Teilstoß 3 107
- Trägheitsmoment 3 125
- Überrollung 3 109
- Vollbremsung 3 125
- Vollstoß 3 107
- Weichteilverletzung 3 127
- Wiederbelebungsversuche 3 127

Anhängerkupplungskräfte 1 73
Anhörung, mündliche 2 73 ff
Anknüpfungstatsachen 2 48 ff, 3 287
- Dokumentation 2 64 ff

Anscheinsbeweis 2 36 f, 4 22 ff
- der Kausalität 4 25 ff
- Gutachten 2 36 f
- typischer Geschehensablauf 2 36 f

Anstoßgeometrie 3 107, 111 ff
- Vollstoß 3 111

Anstoßposition 3 124
Anstoßseite 3 200
Anthropologie 5 598
- sowjetische 5 11

Anwesenheitspflicht
- Unfall 13 19 ff

Aorta 3 54
Arbeitsunfähigkeit 3 287
Artefakt 5 24, 68
Ärztliche Dokumentation, Objektivierbarkeit 3 294
- HWS-Distorsion 3 294
- HWS-Schleudertrauma 3 294

Asymmetrien 5 85
Atemalkoholbestimmung 10 75 ff
- Alcotest 6810 10 77
- Alcotest 7110 10 81
- Röhrchen 10 75 f

Atlas 3 35
Atlasbogen 3 40
Attest 3 287, 4 27
Auffahren 4 25
Augapfel 5 345 f/ff
Augen
- Lage 5 326
- Symmetrie 5 326

Augenregion 5 289 ff
- Augapfel 5 345
- Lidspalte 5 327
- Wimpern 5 325

Augenschein 2 58 ff
Augenwinkel
- lateraler 5 331
- medialer 5 331

Ausbildung
- Außenseiter 5 35
- Quereinsteiger 5 35

Ausfallerscheinungen
- Alkohol 10 60

Ausgangsbild 6 7
Ausgangsgeschwindigkeit 1 52, 64
Auslaufanalyse 1 82 f
Aussageverweigerungsrecht 2 55
Ausschlussmöglichkeit 6 79 ff
Außenleiste 5 597
Axis 3 35
Axiszahn 3 38

Bagatellschäden 4 52 ff
BAK-Berechnungsmethoden 10 101 ff
BAK-Bestimmung
- Abschätzung 10 109 ff
- Rückrechnung 10 101 ff

BAK-Rückrechnung 10 101 ff
Bänder 3 16
Bandscheibe 3 25 ff
- Abschlussplatte 3 28
- Gallertkern 3 28

Barr 5 582 ff
Basismethodik 5 94 ff
Bauchhöhe 3 54
Becken 3 52, 67 f
Beckengurt 3 271
Beckengürtel 3 70
Befangenheit 5 45
Begegnungsunfälle 4 25
Begehrungsneurose 4 49
Begleitstoffanalytik 10 92 ff
Begutachtung
- biomechanische 4 29 ff
- Fehler 5 57
- Mängel 5 57
- unfallanalytische 4 28

Belastung, mechanische 3 89
Beleuchtung
- Störwirkung 5 72

Beleuchtungszustand 1 21
Benzodiazepine 10 211 ff
Berechnungsverfahren 1 7

698

Stichwortverzeichnis

Bereifung 1 21
Bertillonnage 5 222
Beschleunigung 3 89
- Wahrnehmbarkeit 12 133 f
Beschleunigungskurve 3 93
Beschleunigungsverletzung 3 214
Beschreibung
- morphologische 5 26
Betrug
- Identität 5 138 f
Bevölkerung
- Alter 5 25
- Geschlecht 5 25
- Konstitution 5 25
Bevölkerungshäufigkeiten 5 12, 6 15
Bewegung
- Bildstörung 5 74
Bewegung, stoßinduzierte 3 185
Bewegungsfreiheit 3 185
Bewegungsmuster 5 678
Bewegungssegment 3 18
Bewegungszustand 1 78
Beweisantrag 3 285 f
Beweiserleichterung 2 38 f, 4 17 ff
- doppelte 2 44 ff
- Kausalitätsnachweis 2 40 f
Beweislast 2 37
Beweislastumkehr
- Unfallflucht 2 45 ff
Beweismittel
- Beweisaufnahme 5 39
- Strafverfahren 5 39
Beweiswert
- Bewertungsstufen 5 120
Bezugsbild 5 2, 6 8
Bierherstellung 10 12
Bildauslöseverzögerung 8 34
Bilddatei
- dreidimensionale 5 139
Bildidentifikation 5 1 ff, 6
- falsche Identifikation 5 55
- Geschlecht 5 175
- Konstitution 5 187
Bildidentifikationstechnik 5 94 ff
- Gesichtshöhe 5 95
- Haargrenze 5 95
- Hilfslinien 5 96
- Retusche 5
- Superprojektion 5 109
- Symmetrieachse 5 100
Bildmaterial
- Qualitätsschwankungen 5 123
Bildqualität 5 123 ff

Bildträger 5 128 ff
Bildverfälschung 5 68 ff
Bildvergleich
- methodisches Vorgehen 5 59 ff
Biomechanik 1 3, 3 1 ff
- forensische 3 2
Biomechaniker, Berufsbild 4 1 ff
Blendung 1 226
Blickrichtung 6 12
Blick-Ziel-Bewegungen 10 70
Blickzuwendungsdauer 1 229
Blockierspuren 1 36
Blutalkoholbestimmung 10 88 ff
- ADH-Verfahren 10 89
- Gaschromatographie-Methode 10 90
- Messgerät 10 77, 81
- Widmark-Verfahren 10 88
Bluthirnschranke
- Konzentrationsverschiebung 10 60
Blutprobe
- Verwertbarkeit 11 14
Blutsverwandter 5 142
Bogenwurzel 3 41
Bremsanlage 1 23
Bremsen 1 21
Bremsverzögerung 1 52
Bremsweg 1 52
Bremswegberechnungsformeln 1 57
Brennweite 5 69
Brückenabstandsmessverfahren 8 167 ff, 9 60
Brückenabstandsüberwachung 8 167 ff
Brustbein 3 53
Brusthöhle 3 54
Brustkorb 3 46, 53, 116
Brustkorbprellung 3 123
Brustkyphose 3 19
Brustorgane 3 53
Brustwirbel 3 18
Brustwirbelsäule 3 14, 46 ff, 53
Bußgeldverfahren 6 10, 21
Cannabis-Produkte 10 144, 160 ff
- Fahruntüchtigkeit 10 172
Cannabis-Rezeptoren 10 166
CCV-System
- Unfallrekonstruktion 1 96 ff
Charaktergenerator (siehe Piller-Charaktergenerator) 8 166 ff
Charakterisierung 5 82 ff
Crashanlage 3 260
Crashfahrzeug 3 260

Crashtest 12 106 ff
- Analyse 1 126 ff, 193 ff
- Unfallrekonstruktion 1 115 ff, 148 ff, 154 ff, 182 ff
Crystal s. Amfetamin/Metamfetamin
Dachhimmel 3 278
Datengleichheit 5 139
Deckfalte
- Dicke 5 318
Deformationen 1 19 ff
Deformationsweg 3 176
Dehnungsriss 3 109, 129
Designeramfetamine 10 201
Destillat 10 25
- Alkoholphysiologie 10 27 ff
- Gewichtsprozent 10 27
- Obstbrand 10 25
- Volumenprozent 10 27
- Weinbrand 10 25
- Whisky 10 25
- Wodka 10 25
Destillation 10 23
Diagrammscheiben 1 230 ff
- Kollisionsmarke 1 231
Diaphragma 3 54
Differenzierung
- geografische 5 551
- physiognomische 5 205
Doppelgänger 5 18
Doppler-Effekt 8 84 f
Drehbewegung 3 39
Drehnystagmus-Test 10 66
Dreipunktsicherheitsgurt 3 219
Drogen 10 141 ff, 144
- Aktivierung 10 159
- pharmakologische Grundeigenschaften 10 154 ff
- Sedierung 10 159, 169
- Unfallbilanz 10 268 ff
Drogenersatzstoffe 10 213 ff
Drogenfahrt
- Fahruntauglichkeit 11 6
- Grenzwerte 11 3
- Ordnungswidrigkeit 11 11
Drogen-Schulungsprogramm 10 236 ff
Druckschmerz 4 32
Drucksensoren 8 247 ff
Drucksensorenmessung 8 247 ff
- Fehlerquellen 8 261 ff
- Piezo-Technik 8 247
- Traffipax 8 247
- Verzugszeit 8 250 ff
- Weg-Zeit-Beziehung 8 247

DRUID-Projekt 10 269 ff
Ecstasy 10 144
Eichpflicht 9 18 ff
Eichschein 8 33
Eichung, Messgerät 9 18 ff
- Akteneinsicht 9 23
- Eichdauer 9 18 ff, 20
- Eichpflicht 9 18 ff
- Eichschein 9 19
- Erlöschen 9 22 ff
- formell-fehlerhafte Eichung 9 25
- Lebensakte 9 23
- materiell-fehlerhafte Eichung 9 25
- Messbeamter 9 21
- Messung mit nichtgeeichten Geräten 9 24 f
Einseitensensormessung 8 6 ff
- Auswertung 8 34 ff, 67 ff
- ES 1.0 8 6 ff
- ES 3.0 8 43 ff
- Fehlerquellen 8 37 ff, 72 ff
- Weg-Zeit-Messung 8 8 ff, 46 ff
Einwirkungsdauer 3 95
Ellbogengelenk 3 61
Ellipsoidgelenk 3 43
Energy-Equivalent-Speed (EES) 1 84
Entlastungsphase 3 30
Entschädigungspflicht 4 39
Erbbedingtheit 5 198 ff
Ergebnisse 1 15
Erkennbarkeit 5 66
Erkennbarkeitsentfernung 1 228 f
Erkenntnistheorie 5 27
Erkennung 5 13
Erkennungsdienstliche Aufnahmen
- Vergleichsmaterial 5 132
Ermittlungsverfahren 2 30 f
Ernährung
- Veränderung der Physiognomie 5 76
Erscheinung
- äußere 5 149
ESO 8 6 ff
Ethanol
- Alkohol 10 50
Extensionsbewegung 3 43
Extensor 3 78
Extremität, obere 3 57 ff
Extremität, untere 3 69 ff
Facettengelenk 3 16
Fahrbahnuntergrund 3 263
Fahrdynamik 1 62 f
Fahreridentifikation 6 5, 33

Stichwortverzeichnis

Fahreridentität 6 5
Fahrerlaubnis
- Entziehung 13 51
- fehlende 4 25
- vorläufige Entziehung 11 13
Fahrgastzelle 3 263
Fahrlässigkeit 2 22 f
- grobe 2 23
Fahrtüchtigkeit
- rechtsmedizinische Beurteilung 10 236 ff
Fahruntauglichkeit 11 4 ff
- Alkoholfahrt 11 5
- Drogenfahrt 11 6
Fahruntüchtigkeit
- Cannabis 10 172
Fahruntüchtigkeit, absolute 10 137 ff
- Reaktionszeit 10 139
- risikoreiche Fahrweise 10 139
- Unfallkonstellation 10 140
Fahruntüchtigkeit, relative 10 135 ff
- Reaktionszeit 10 139
- risikoreiche Fahrweise 10 139
- Unfallkonstellation 10 140
Fahrwerk 1 21
Fahrzeug
- als Werkzeug 13 15
Fahrzeugachsen 3 224
Fahrzeugbeschleunigung 3 92
Fahrzeuginsassen 3 105, 139 ff
- Kollisionstyp 3 140 ff
- Mehrfachkollision 3 139
- Sicherheitsgurt 3 139
- Sitzposition 3 139
Fahrzeugintorsion 3 148
Fahrzeugkinematik 3 261 ff
- Fahrbahnuntergrund 3 263
- Fahrgastzelle 3 263
- Fahrzustand 3 266
- Kollisionsphase 3 263
- Kollisionsverlauf 3 265
- Seitenschweller 3 262
Fahrzeugkollision
- akustische Wahrnehmung 12 79 ff, 116, 120 ff
- Rückwärtsausparken 12 89 ff
- Spiegelkontakt 12 99 ff
- taktile Wahrnehmung 12 113, 133 ff
- visuelle Wahrnehmung 12 84 ff, 104 ff
- Wahrnehmbarkeit leichter 12 74 ff
Fahrzeugschäden 2 50 f
Fahrzeugschwerpunkt, Höhe 3 229
Fahrzeugspuren 1 42 ff
Fahrzeugüberschlag 3 140 ff, 221 ff
- Bodenkontakt 3 232

- Fahrzeuglängsachse 3 227
- Fahrzeugschwerpunkt, Höhe 3 229
- Fallanalyse 3 241 ff
- Gurt, Schutzwirkung 3 239
- Insassenkinematik 3 231 ff
- Körperpartie 3 238
- Querdrift 3 228
- Querschnittslähmung 3 246
- Richtungsänderung 3 240
- Rollbewegung 3 232
- Rückenmarksverletzung 3 242
- Rückhaltewirkung 3 232
- Schleudervorgang 3 227
- Schräglage 3 226
- Sitznachbar 3 237
- Tippen 3 226
- Unfalluntersuchung 3 241 ff
Faserringstruktur 3 30
Faserstruktur 3 29
Fasersysteme 3 28
Fehlerspeicher 1 26
Filmaufnahmen
- Lichtbildidentifikation 7 12
Finger
- Biegung 5 665 ff
- Längenabfolge 5 660
Fingernägel 5 671
Flexionsbewegung 3 43
Folgeschäden, psychische 4 48 ff
Forensische Tätigkeit
- Merkmalsanalyse 6 14
Fotolinie 8 54
Fotoposition 8 67 ff
Fourieranalyse 12 30
Frontairbag 3 157
Frontalkollision 3 140 ff, 249, 302 ff
Frontscheibe 3 110
Fruchtzucker 10 54
Fuß 3 79 ff
- Großzehengrundgelenk 3 82
- Kleinzehengrundgelenk 3 82
- Längsgewölbe 3 82
- Quergewölbe 3 82
Fußgänger 3 102, 108
Fußgängergehgeschwindigkeit 3 126
Fußgängermodell 1 85 f
Fußkante 3 81
Fußwurzel 3 80
Fußwurzel-Mittelfußgelenk 3 81
Gallertkern 3 28
Gärung, alkoholische 10 10
Gaschromatographie-Methode 10 90
GC-MS-Methode 10 229

Stichwortverzeichnis

Gebrauch
- interner 5 14

Gegenüberstellung 6 19

Gehgeschwindigkeit 3 126

Gehirn 3 9 ff
- Großhirn 3 10
- Hirnstand 3 10
- Kleinhirn 3 10
- Thalamus 3 11
- Zwischenhirn 3 10

Gehirnerschütterung (commotio cerebri) 3 98, 190, 4 37

Gehör 12 23 ff, 36 ff

Gehörsinn 12 23 ff

Gelbphase 8 200

Geldausgabeautomat 5 4

Gelenkfläche 3 24, 38, 71

Gelenkkörper 3 71

Gelenkrollen 3 76

Genickbewegung 3 39

Geografische Herkunft 5 201 ff

Gesamtgestalt 5 674 ff
- Bewegungsmuster 5 678
- Körperhaltung 5 675

Geschehensablauf 1 5

Geschlecht
- Differenzierung 5 173

Geschwindigkeit 1 38 f

Geschwindigkeitsänderung 3 91
- queraxiale 3 175

Geschwindigkeitsbestimmung 8 3 f

Geschwindigkeitsmessung 8 8 ff
- Ortsausgang 9 27

Geschwindigkeitsüberschreitung 4 25, 8 1

Geschwindigkeitsüberwachungsgerät
- passives 8 6, 43

Gesicht 5 229 ff
- Merkmale 5 232

Gesichtshöhe 5 238

Gesichtsprofil 5 12

Gesichtsumrisse 5 12

Gesichtsumriss-Schemata 5 234 ff

Gewalteinwirkung 3 124

Gewerbeordnung
- Sachverständiger 2 6

Gierwinkelangabe 1 77

Grenzbelastung 3 98

Grenzwerte
- Alkoholfahrt 11 2
- Drogenfahrt 11 3

Grobe Fahrlässigkeit 2 23

Größenabstimmung
- Hilfslinien 5 95

Großhirn 3 10

Großzehengrundgelenk 3 82

Gründlichkeit 5 60

Gurte 1 21

Gurtmarke 3 161, 163 ff

Gutachten 1 12 ff
- Anscheinsbeweis 2 36 f
- Aufbau 1 16, 2 61 ff
- Auftraggeber 1 16
- Beweismittel 5 39
- Beweisthema 1 16
- eigenverantwortliche Erstellung 2 69
- Ergebnis 1 16, 2 68
- fachpsychiatrisches 4 44
- interdisziplinäres 3 3, 4 3
- Kontrolle 1 12 ff
- Kostenvorschuss 2 37
- Methodenwahl 1 16
- morphologisches 6 7 ff
- mündliches 2 70 ff, 5 164 ff
- Protokollierung 2 72
- Qualität 1 12 ff
- Rechnung 5 168
- Schlussfolgerungen und Präsentation 1 16
- schriftliches 5 157 ff
- Strafverfahren 2 30 f
- Transparenz 1 15
- Unfallanalyse 2 66 ff
- Untersuchungsablauf 1 16
- Untersuchungsfragen 1 16
- Verfahrensarten 2 21 ff
- Wiedergabe des Auftrags 2 63
- Zivilverfahren 2 33 ff
- Zusammenfassung 2 68

Gutachter 1 15 ff
- Ausrüstung 1 15
- Fachkompetenz 1 15
- Fähigkeit 5 37
- forensischer 5 38
- Gehilfe des Gerichts/Ermittlers 5 38
- Vermittlungskompetenz 1 15

Haare 5 253 ff
- Haargrenze 5 260

Haargrenze 5 260

Halslordose 3 19

Halsübergang 3 43

Halswirbel 3 18

Halswirbelsäule (HWS) 3 32 ff
- Atlas 3 35
- Axis 3 35
- Dezeleration 3 87
- Kopfanprall 3 87
- Querfortsatz 3 35

Stichwortverzeichnis

- Schleudertrauma   3 45 ff
- Stauchung   3 87
- Verletzungsmechanismen   3 86 ff

Haltungsinsuffizienz   3 215

Hand   3 57, 65, 5 655 ff
- Finger, Biegung   5 665 ff
- Finger, Längenabfolge   5 660
- Fingernägel   5 671

Händedesinfektion
- Alkoholaufnahme   10 31

Handgelenk   3 65 f

Handlasermessung   8 142 ff
- Fehlerquellen   8 158 ff
- Infrarotlichtimpulse   8 143
- Visiertest   8 151 ff
- Zuordnungssicherheit   8 159 ff

Handmaße   5 656 f

Handwerksordnung
- Sachverständiger   2 7

Hauptschlagader   3 54

Hautmerkmale   5 644 ff

Heckanstoß   3 140 ff

Heckkollision   3 202 ff, 253 ff, 299 ff
- Begleitsymptomatik   3 216
- Beschleunigungsverletzung   3 214
- Dreipunktsicherheitsgurt   3 219
- Haltungsinsuffizienz   3 215
- Hyperextension   3 212
- Insassenkinematik   3 203 ff
- Kompressionskräfte   3 210
- Kopfschmerzen   3 212
- Kopfstütze   3 212
- Kopfstützenhöhe   3 219
- Nasenbeinfraktur   3 255 ff
- Oberkörperbeschleunigung   3 219
- OOP-Haltung (Out-Off-Position)   3 203
- Rebound-Phase   3 206
- Retroflexion   3 216
- Rumping-Effekt   3 204
- Scherbewegung   3 210
- Schleudertrauma   3 208
- Sekundärbewegung   3 206
- Toleranzkriterium   3 209
- Wippbewegung   3 220
- Wirbelsäule   3 204 ff

Hefekultur   10 11

Helligkeitsprofil   8 49 f
- fahrzeugindividuelles   8 49

Helligkeitssensoren   8 10, 43

Helm   3 133

Heritabilitätskoeffizient   5 198

Heroin   10 144, 186 ff

Herzbeutel   3 56

Herzbeuteltamponade   3 56

Hilfslinien
- Bildidentifikationstechnik   5 96

Hinterhauptsbein   3 43

Hinterhauptsloch   3 38

Hinterkopf, Gewalteinwirkung   3 130

Hirnkopf   5 223 ff

Hirnschädel   3 6, 43

Hirnschaden   3 9 ff

Hirnstand   3 10

HNO-Gutachten   4 43

Hochgeschwindigkeitskollision   3 248

Hörfähigkeit
- Untersuchung   12 3

Hörminderung   12 53 ff, 97

Hörorgan
- Aufbau   12 37 ff
- Vestibulationsapparat   12 68 ff

Hörsinn   12 23 ff

Hörverlust   12 53 ff

Hörvorgang   12 38 ff
- Frequenzen   12 43 ff
- räumliches Hören   12 62 ff

Hüftgelenk   3 70

Hüftpfanne   3 70

HWS (siehe Halswirbelsäule)   3 32 ff

HWS-Distorsion   4 32

HWS-Schleudertrauma   3 280 ff
- Rechtsgrundlagen   3 284 ff
- Schmerzensgeld   3 284

HWS-Trauma, psychische Folgen   4 41 ff

HWS-Trauma, tatrichterliche Kriterien   4 33 f

HWS-Trauma, Vorschäden   4 35 ff

Hyperextension   3 212
- laterale   3 188

Hyperflexion   3 154 ff

Idealtypologie   5 183

Identifikation   5 22
- Illustration   5 103
- Passbilder   5 131
- Proportionsveränderungen   5 196
- routinemäße   5 14

Identifikationsausschluss
- Widerspruch   5 116 ff

Identifikationsgutachten   6 5

Identifikationsmerkmale   5 117
- Korrelationen   5 190 f

Identifizierung, Prinzip   5 17 ff
- Doppelgänger   5 18
- Erkenntnistheorie   5 27
- Erkennung   5 18
- Identifikation   5 22

Stichwortverzeichnis

- Individualität 5 17
- Merkmalshäufigkeit 5 25
- Sachbeweis 5 23
- Zeugenbeweis 5 23
- Zwilling 5 18

Identität
- Wahrscheinlichkeit 5 117

Identitätsausschluss
- falscher 5 56

Identitätsbetrug 5 138 f

Identitätsermittlung
- Ähnlichkeit 5 92
- Erkennbarkeit 5 92
- Feststellung der Nicht-Identität 5 93
- Merkmalszahl 5 92

Identitätsprüfung 5 141
- erkennungsdienstliche Fotos 5 52

Identitätssicherung
- Vergleichsbilder 5 138

Identitätswahrscheinlichkeit 5 117
- Vorauswahl 5 150 ff

Iliosacralgelenk 3 51

Induktionsschleife 8 197 ff
- Rotlichtzeit 8 198
- Schleifendistanz 8 197, 200
- Streckengeschwindigkeit 8 199
- Toleranzabzug 8 197

Informationsverarbeitungsdauer 1 229

Insassenkinematik 3 144 ff
- Abdruckmarke 3 161
- Airbag 3 152
- Airbagverletzungen 3 158
- Beckengurt 3 271
- Blutergüsse 3 161
- Dachhimmel 3 278
- Fahrzeugniveau 3 269
- Frontairbag 3 157
- Gurtmarke 3 161, 163 ff
- Intrusionsvorgang 3 165
- Kniekontakt 3 169
- Nasenbeinfraktur 3 275
- Organverletzung 3 168
- Out-off-Position-Haltung 3 271
- Pneumothorax 3 169
- Rebound-Phase 3 277
- Relativbewegung 3 274
- Rumping-Effekt 3 271
- Schädel-Hirn-Trauma 3 156
- Schürfung 3 161
- Sicherheitsgurt 3 269
- Submarining 3 271
- Thoraxkontur 3 166 f
- Verletzungsmuster 3 166
- Windschutzscheibe 3 150

Interaktion 3 185

Interkorrelation
- Identifikationsmerkmale 5 190 ff

Intrakranielle Verletzungsart 3 156

Intrusionstiefe 3 174

Kapillare 3 197

Karosserieverformung 1 43

Kausalität 4 11

Kausalitätsnachweis
- Beweiserleichterung 2 40 f

Kausalitätsproblem 4 12 ff

Kefir 10 15

Kehrtwendung 3 126

Kinder
- verschwundene 5 4

Kinematikmodell 1 64

Kinetik-Modelle 1 69 ff

Kinetische Energie 3 90

Kinn
- Kinngrübchen 5 570
- Unterkiefer 5 576

Kinngrübchen 5 570

Kinnregion 5 553 ff

Kinnrundung 5 569

Kleinhirn 3 10

Kleinzehengrundgelenk 3 82

Kniegelenk 3 71 ff
- Gelenkrollen 3 76
- Kreuzband 3 76
- Menisci 3 72, 75
- Sesambein 3 72

Knöchel 3 78

Knochenhöcker 3 78

Knochenmasse 3 38

Knochenstruktur 3 40

Kokain 10 144, 180 ff

Kollagenfasern 3 28

Kollision
- Wahrnehmbarkeit 12 1 ff s.a. Fahrzeugkollision

Kollisionsanalyse 1 82 f

Kollisionsarten 3 297 ff

Kollisionsgeschwindigkeit 1 64

Kollisionsmarke 1 231

Kollisionsmerkmale
- Kraftübertragung 12 11
- Stoßgeräusche 12 8

Kollisionsort 1 43

Kollisionsstelle 1 46

Kollisionstyp 3 140 ff
- Fahrzeugüberschlag 3 140 ff
- Frontalkollision 3 140 ff
- Heckanstoß 3 140 ff
- Seitenkollision 3 140 ff

Stichwortverzeichnis

Kollisionsverlauf 3 265
Kollisionsversuch 12 5 ff
- Unfallrekonstruktion 1 90 ff
Kombucha 10 20
Kompressionskräfte 3 210
Konstitution 5 180 ff
Kontaktmöglichkeit 3 124
Kontrollbilder 5 8
Konversionsneurose 4 49
Kopf
- Bewegungsmöglichkeit 3 42
- Metrik 5 209 ff
Kopfairbag 3 181
Kopfgelenk 3 35
Kopfkontakt 3 183
Kopfnicken 3 43
Kopfstütze 3 212
Kopfstützenhöhe 3 219
Körperhaltung 5 675
Körperhöhe 5 216 ff
Körperhöhenrekonstruktion 6 34 ff, 79
Körperschlagader 3 116
Körperverletzung 4 9, 52
Korrektursakkadendauer 1 229
Korrelation
- Identifikationsmerkmale 5 190
Kostenvorschuss
- Gutachten 2 37
Kradaufsassen 3 134
Kradfahrer 3 132 ff
- Helm 3 133
- Kradaufsassen 3 134
- Sektionsprotokoll 3 135
Krankheit
- Veränderung der Physiognomie 5 77 f, 188
Kreuzband 3 76
Kreuzbein 3 14, 51
Kreuzbein-Darmbein-Gelenk 3 68
Kreuzbeinloch 3 51
Kriminalistik 5 8 f
Kyphose 3 19

Ladungskräfte 1 73
Lähmungserscheinung 3 98
Längsgewölbe 3 82
Längsüberrollung 3 129
Lasermessung 8 113 ff
- Handlasermessung 8 142 ff
- Laserimpuls-Laufzeitmessung 8 113 ff
- PoliScan Speed 8 113 ff
Lastzustände 1 74

LC-MS-MS Methode 10 229
Lebensweise
- Veränderung der Physiognomie 5 76
Leberdurchblutung 10 57
Leberzirrhose 10 73
Lendenwirbel 3 18
Lendenwirbelsäule 3 14, 48 ff
- Bogenfüßchen 3 49
- Bogenplatte 3 49
- Kreuzbein 3 49
- Lendenwirbelkanal 3 50
Lenkung 1 21
Lepzomorph 5 180 ff
Lichtbild
- Einbeziehung in Urteilsgründe 7 6 ff
- Geeignetheit zum Vergleich 7 ff
- nicht geeignetes 7 13 ff
- Ungeeignetheit zum Vergleich 7 5
Lichtbildidentifikation
- Beweiswürdigung 7 14 ff, 20 ff
- Filmaufnahmen 7 12
- Grundsätze 7 1 ff
- Gutachterwahl 7 19
- morphologisches Sachverständigengutachten 7 17 ff
- nicht geeignetes Lichtbild 7 13 ff
- optischer Vergleich 7 2 ff
- Urteilsgründe 7 6 ff, 14 ff
Lidspalte 5 292, 327
- Form 5 339
- weite 5 334
Ligamenta alaria 3 45
Linseneigenschaften 5 71
Linsenfehler
- Verzerrungen 5 71
Lippen 5 534 ff
Lippenindex 5 484
- Ausprägung 5 486
Lordose 3 19
Luftwiderstand 1 73
Lumbalwirbel 3 18
Lunge 3 56
Lungenkontusion 3 197 ff
Lungenlappen 3 56
Lungenruptur 3 197

Magenmotilität 10 43
MAK-Wert 10 36
Massenverteilung 1 78, 3 114
Masseträgheit 3 185
Maßstäblichkeit 5 67
Mechanorezeptor
- Reizwahrnehmung 12 17 ff
Medienvergleich 5 126

Stichwortverzeichnis

Medikamente
- Benzodiazepine 10 211 ff
- pharmakologische Grundeigenschaften 10 154 ff

Mehrfachkollision 3 139

Menisci 3 72, 75

MEOS 10 49

Merkmale
- nötige Anzahl 5 89 ff

Merkmalsanalyse 5 61 ff
- Brennweite 5 69
- forensische Tätigkeit 6 14 ff
- Objektabstand 5 70

Merkmalsausprägung 6 15
- Häufigkeit 5 86
- Seltenheit 5 82 ff

Merkmalshäufigkeit
- geografische Herkunft 5 25
- Korrelation 5 87
- Wahrscheinlichkeit 5 87

Merkmalspaarungen 5 192

Merkmalsvariabilität 5 25

Messanlage
- Aufstellung 8 20 ff
- Inbetriebnahme 8 25 ff

Messerbruch 3 127

Messergebnis, Verwertbarkeit 9 9 ff
- Einzelfälle 9 16 f
- Ermächtigungsgrundlage 9 10 f
- Verwertungsverbote 9 13
- VKS-VIDIT-Verfahren 9 17 f

Messgerät 8 6 ff
- Eichung s. dort
- Einseitensensor ES 1.0 8 7 ff
- Einseitensensor ES 3.0 8 24 ff
- Multanova 8 82 ff
- ProViDA 8 227 ff
- Riegl FG 21-P 8 142 ff
- Traffipax 8 38
- Verkehrsfehlergrenze 8 82 ff

Messlinie 8 14, 54

Messprotokoll 8 33

Messpunkte
- klassische 5 213

Messsysteme
- Fehlermöglichkeiten 8 1

Messung, Auswertung 8 67 ff
- Fotodokumentation 8 67
- Gutwertbildung 8 34

Messverfahren 9 30 ff
- Dokumentation 9 37
- Einseitensensor 9 34
- Koaxialkabelmessung 9 32
- Lasermessung 9 36 ff
- Messung bestimmter Kfz 9 29
- Messung durch Private 9 28
- mobile Radarmessung 9 31
- Nichteinhaltung der Messvorschriften 9 39
- Police-Pilot-Verfahren 9 41 ff
- Poliscan Speed 9 43
- Radarmessung 9 30 ff
- Sicherheitsabschlag 9 42
- standardisiertes 8 6
- standardisiertes s. dort
- Testerfordernisse 9 38
- Vista-Verfahren 9 32 ff
- Weg-Zeit-Messung 8 8 ff, 46 ff

Messverfahren, Abstandsverstöße
- Brückenabstandsmessverfahren 9 60
- Police-Pilot-Verfahren 9 78
- VAMA-Verfahren 9 58
- VKS-Verfahren 9 59

Messwertverfälschung 8 94 ff
- Reflektion 8 104
- Winkelfehler 8 96 ff

Messwinkel 8 86 f
- Abweichung 8 94 ff

Methode
- wissenschaftliche 5 28

Methodenwahl 1 15

Milchkefir 10 16

Mimik
- Veränderung der Physiognomie 5 78 f

Mindestabbauwert 10 50

Mittelgesichtshöhe 5 355 ff

Morphognostik 5 169 ff
- Alter 5 176 ff
- Augenregion 5 289
- Bart 5 582 ff
- erbbedingte Merkmale 5 198 ff
- Gesamtgestalt 5 674
- Geschlecht 5 173 ff
- Gesicht 5 229 ff
- Haare 5 253 ff
- Hand 5 655 ff
- Hautmerkmale 5 644 ff
- Hirnkopf 5 223 ff
- Kinnregion 5 553 ff
- Konstitution 5 180 ff
- Kopf 5 209 ff
- Korrelationen 5 190 ff
- kurzfristige Veränderung 5 188
- Mundregion 5 453 ff
- Nasenregion 5 365 ff
- Ohrregion 5 590 ff
- sekuläre Veränderung 5 195 ff
- Stirn 5 270
- Wangenregion 5 355

Morphologie 5 11, 190

Morphologische Beschreibung 5 26

Stichwortverzeichnis

Morphologisches Sachverständigengutachten
- Gutachterwahl 7 19
- Interpretation 5 24
- Lichtbildidentifikation 7 17 ff

Motor 1 21

Motorhaube 3 109, 112

Multanova 8 82 ff

Mündliches Gutachten 5 164 ff

Mundregion 5 453 ff
- Lippen 5 534 ff
- Mund-Kinn-Furche 5 537 ff
- Mundspalte 5 517 ff
- Philtrum 5 487 ff

Mundrestalkoholerkennung 10 81

Mundwinkelrichtung 5 522

Nachtrunkbehauptung 10 96
- BAK-Berechnung 10 118 ff

Narbe 5 651 f

Nasenbeinfraktur 3 255 ff, 275

Nasenregion 5 365 ff
- Nasenboden 5 447
- Nasenflügel 5 420 ff
- Nasenlöcher 5 433 ff
- Nasenrückenform 5 394 ff
- Nasenscheidewand 5 441 ff
- Nasenspitze 5 409 ff
- Nasenwurzel 5 380 ff

Nasenspitze
- Absetzung 5 416
- Profil 5 413

Nebenstrafe
- Unfallflucht 13 50

Neigungswasserwaage 8 6, 21, 38, 40, 43, 60, 76 ff

Niedriggeschwindigkeitskollision 12 5 ff

Nystagmus 10 66

Oberarm 3 59 ff

Oberarmknochen 3 57

Oberbauch 3 46

Obergutachten 2 79 f

Oberkörperbeschleunigung 3 219

Oberlippe
- Rand 5 506

Oberschenkel 3 70

Oberschenkelknochen 3 69

Oberschenkelkopf 3 70

Objektabstand 5 70

Öffentlicher Straßenverkehr 13 10

Öffentliche Verkehrsfläche 13 10

Ohr
- Asymmetrien 5 638
- Außenleiste 5 607 ff
- Darwinsches Höckerchen 5 610 ff
- Höcker 5 624 ff
- Innenleiste 5 614 ff
- Morphologie 5 642
- Ohrabdruck 5 640 ff
- Ohrbreite 5 606
- Ohrform 5 603
- Ohrlage 5 602
- Ohrlänge 5 604
- Ohrläppchen 5 628 ff
- Ohrmuschel 5 590 ff
- Sonderbildungen 5 636

Ohrmuschel
- Abstehen 5 600

Optischer Vergleich
- Lichtbildidentifikation 7 2 ff

Ortsausgang
- Geschwindigkeitsmessung 9 27

Out-of-Position-Haltung 3 203, 271, 298

OWi-Verfahren 5 165
- Gutachten 5 165

Parteivortrag 2 51 ff

Passbilder
- Identifikation 5 131

Passbildererkennungsprogramm 5 13

Passfoto 6 22

Peitschenschlagsyndrom 3 295

Personenidentifikation, morphologische 6 1 ff, 16, 17
- Anknüpfungstatsachen 6 7 ff
- Ausschlussmerkmale 6 17, 48
- Bevölkerungshäufigkeiten 6 15
- Beweisantrag 6 3 ff, 5
- Beweisbeschluss 6 3 ff
- Beweissicherung 6 5
- Bußgeldakte 6 4, 22
- Bußgeldverfahren 6 21
- Fahreridentifikation 6 5, 33
- Fahreridentität 6 5
- Fahrzeughalter 6 31
- Gegenüberstellung 6 19
- Identifikationsgutachten 6 5
- Identitätsprüfung 6 32
- Kasuistik 6 34 ff
- Kradfahrer 6 76
- Merkmale 6 14
- Merkmalsausprägungen 6 15
- Nichtidentität 6 4, 5
- Ordnungswidrigkeitenverfahren 6 1
- Passfoto 6 22
- Strafverfahren 6 1
- Straßenverkehrsverstoß 6 12
- Vorauswahl 6 26 ff
- Zeugenfragebogen 6 53

Stichwortverzeichnis

Personenvergleich
- Qualitätsanspruch   5 123

Philtrum   5 487 ff
- Ausprägung   5 491
- Philtrumseinschnitt   5 495

Philtrumleisten
- Form   5 493
- Stärke   5 497

physiognomische Merkmale
- Korrelationen   5 191

Piezosensor   8 247
Piller-Charaktergenerator   8 167 ff
Pixelstufen   5 73
Pneumothorax   3 56
Poliscan Speed   8 113 ff, 9 43
Polizeiakten   2 54 ff
Primärschäden, psychische   4 45 ff
Privatgelände   13 12

Proportionsveränderungen
- Identifikation   5 196

Protokollierung
- Gutachten   2 72

ProViDa   8 227 ff
Pyknomorph   5 180 ff

Qualität
- Bildmaterial   5 123

Querband   3 38
Querdrift   3 228
Querschnittslähmung   3 246

Radarmessgerät   8 82 ff
- Aufstellung   8 86 ff
- Fehlerquellen   8 94 ff
- Inbetriebnahme   8 90 ff

Radarmessung   8 1, 82 ff
- Doppler-Effekt   8 84
- Fehlerquellen   8 94 ff
- Messwertverfälschung   8 94 ff
- Messwinkel   8 86
- Reflexion   8 104
- Strahlungsbreitenbereich   8 101
- Strahlungsintensität   8 101
- Winkelabweichung   8 88 f
- Winkelfehler   8 96 ff

Radfahrer   3 103, 104, 119 ff
Radkräfte   1 73

Rassengutachten
- Drittes Reich   5 53

Rassenkunde   5 204 ff
Rassismus   5 203 f

Rauschmittel   10 141 ff Speed s. Amfetamin/Metamfetamin
- Amfetamin/Metamfetamin   10 144, 196 ff
- Analytik/Nachweis   10 216 ff
- Cannabis-Produkte   10 144, 160 ff
- Crystal (siehe Amfetamin/Metamfetamin)   10 196
- Ecstasy   10 144
- Grenzwerte   10 233
- Heroin   10 144, 186 ff
- Kokain   10 144, 179 ff
- pharmakologische Grundeigenschaften   10 154 ff

Reaktionsdauer   1 229
Rebound-Phase   3 185, 206, 277
Reflexion   8 104
Regressionsgerade   8 146
Reifenkoeffizient   1 30
Reifenprofil   3 129
Reifenspuren   1 30 ff
Relativbewegung   3 154
Relativgeschwindigkeit   3 187
Rentenneurose   4 49
Reparaturrechnung   3 287
Resorptionsdauer   10 42 ff
Resorptionsdefizit   10 46
Resorptionsende   10 102
Resorptionsgeschwindigkeit   10 42 ff
- Konzentrationsgefälle   10 42

Retroflexion   3 216
Retusche   5

Rezeptor
- Reizwahrnehmung   12 17 ff

Riegl FG 21-P   8 142 ff
Rippen   3 53
Rippengelenk   3 46
Roadside-Test   10 220
Röhrenknochen   3 77
Rollover   3 221 ff
Rotlichtüberwachung   8 1, 196 ff
- Fehlerquellen   8 204 ff
- Gelblichtphase   8 200, 206
- Induktion   8 196 ff
- Toleranz   8 1

Rotlichtverstoß, Messverfahren   9 45 ff
- Koaxialkabelverfahren   9 54
- manuelle Messung   9 46 ff
- Rotlichtzeit   9 45
- Schätzung   9 55
- Zählung   9 55 f
- Zeugenaussagen   9 57

Rotlichtzeit   8 204
Rückenmark   3 23, 38
Rückenmarkskanal   3 23, 39
Rückenmarksverletzung   3 242
Rückenmuskulatur   3 16 f

Rückfußhebel 3 80
Rückgrat 3 46
Rückwärtsanalyse 1 66 ff
Rumpfkontakt 3 183
Rumping-Effekt 3 204, 271
Sachbeweis 5 23
Sachkunde
– Prüfung 5 36
Sachschäden
– Bagatellgrenze 13 8
– bedeutender 13 52 ff
Sachverhaltsaufklärung
– Unfallflucht 13 43
Sachverständigengutachten
– morphologisches s. dort
– Umstände und Zusammenhänge, medizinische 13 43
– Unfallflucht 13 43
Sachverständiger 1 1 ff
– Ablehnungsverfahren 2 78
– Ausbildung 5 33 ff
– Beauftragung 2 28 ff
– Befangenheit und Ablehnung 2 74 ff
– Berufsbild 2 2
– Bestellung 5 46
– Beweismittel 2 16
– Gehilfe des Richters 2 9 ff
– Gutachten 5 31
– mündliche Anhörung 2 73 ff
– öffentliche Bestellung 2 4
– Unabhängigkeit 5 31
– Unparteilichkeit 5 31
Sakkaden 10 67
Säkulare Akzelertion 5 195
Säkulare Veränderung 5 195 ff
Schädel 3 5
– Hirnschädel 3 6
– Schädelbasis 3 6
– Schädeldach 3 6
Schädelbasis 3 6 f, 7
Schädelbasisfraktur 3 8
Schädelfraktur 3 156
– intrakranielle Verletzungsart 3 156
Schädel-Hirn-Trauma 3 156, 190
– Schweregrad 3 190 ff
Schädelprellung (contusio cerebri) 3 190
Schadensentstehung, Beweis 4 19
Schadensersatzansprüche
– Unfallflucht 13 2
Schadensgutachten 3 287
Schadenshöhe, Beweis 4 19
Schadensschätzung 4 17 ff
Schalldruck 12 31 ff

Schallintensität 12 32 ff
Schallwellen 12 24 ff
Schambeinfuge 3 68
Scheckkartenbetrug 6 34 ff
Schema
– morphologisches Merkmal 5 82, 169 ff
Scherbewegung 3 210
Schienbein 3 70, 80
Schlagspuren 1 42
Schleudertrauma 3 91, 123, 208
Schleudervorgang 1 77
Schmerzensgeld 3 284
Schmuck 5 654
Schönheit
– fehlende Merkmale 5 88
Schriftliches Gutachten
– Personenidentifizierung 5 157 ff
Schultergelenk 3 60
Schwelldauer 1 229
Schwerhörigkeit 12 53 ff, 97 ff
Schwerkraft 1 73
Sehen-Wahrnehmen-Reagieren 1 222 ff
– Adaption 1 226
– Akkommodation 1 226
– Blendung 1 226
– Blickzuwendungsdauer 1 229
– Erkennbarkeitsentfernung 1 228 f
– Informationsverarbeitungsdauer 1 229
– Korrektursakkadendauer 1 229
– Reaktionsdauer 1 229
– Schwelldauer 1 229
– Sehschärfe 1 226
– Umsetzdauer 1 229
Sehschärfe 1 226
Seitenabstandsmessung 8 11, 46 ff
Seitenairbag 3 181
Seitenfenster
– Zerbersten 3 189
Seitenkollision 3 140 ff, 172 ff, 305 ff
– Anstoßseite 3 200
– Bewegung, stoßinduzierte 3 185
– Bewegungsfreiheit 3 185
– Deformationsweg 3 176
– Gehirnerschütterung (commotio cerebri) 3 190
– Geschwindigkeitsänderung, queraxiale 3 175
– Hyperextension, laterale 3 188
– Interaktion 3 185
– Intrusionstiefe 3 174
– Kopfairbag 3 181
– Kopfkontakt 3 183
– Masseträgheit 3 185
– Rebound-Phase 3 185

709

Stichwortverzeichnis

- Relativgeschwindigkeit 3 187
- Rumpfkontakt 3 183
- Schädel-Hirn-Trauma 3 190
- Schädelprellung (contusio cerebri) 3 190
- Seitenairbag 3 181, 305
- Seitenfenster, Zerbersten 3 189
- Stoßferne 3 187
- Stoßnähe 3 172, 179, 187
- Verformung, bleibende 3 174
- Verformung, dynamische 3 174

Sektionsprotokoll 3 135
Sekundärbewegung 3 206
Selbstleseverfahren 5 165
- Behördengutachten 5 165

Sensortriggerung 8 12
Sesambein 3 72
Sicherheitsgurt 3 91, 139
Siedepunkt
- Alkohol 10 24

Sinneswahrnehmung s. Wahrnehmung
Sitzposition 3 139
Skelett 5 11
Sofortbild
- Bezugsbild 5 166

Somatoviszerale Sensibilität 12 12
Sorgfalt 5 60
Sozius 3 104
Speed s. Amfetamin/Metamfetamin
Speiche 3 57
Spiegelanprall 12 99 ff
Spinalnerv 3 35
Splitterfeld 1 43
Spreizbewegung 3 81
Sprunggelenk 3 80
Spurenbild 1 18 ff
Spurensicherung 1 49 ff
- Fotodokumentation 1 49
- Handyfoto 1 50
- Präzisionserfordernisse 1 52 ff

Standardisiertes Messverfahren
- Akteneinsichtsrecht 9 6 ff
- Brückenabstandsmessverfahren 9 60
- Einhaltung der Messparameter 9 8 ff
- Grundsätze 9 5 ff
- Verwertbarkeit bei Abweichung 9 6 ff

Starenkasten 9 32 f
- Berechnung der Rotlichtzeit 9 50
- nicht geeichtes Messgerät 9 53
- Sicherheitsabschlag 9 46 ff

Stauchungsschmerz 4 32
Steißbein 3 14, 51
Stirnhaargrenze 5 260

Stirnregion 5 270 ff
Störfaktoren 5 68 ff
Stoßnähe 3 172, 179
Strafrecht
- Mündlichkeitsprinzip 5 164

Strafverfahren
- Gutachten 2 30 f

Streifkollision 3 308 ff
Streifstoß 3 110
Strengbeweis 4 15 ff
Streubreite
- Radarstrahlung 8 101

Submarining 3 271
Superprojektion 5 109 ff
Tastsinn 12 14 ff
Tatbestand, subjektiver 13 41
Tatbestandsalternativen 13 19
Täter-Opfer-Ausgleich
- Unfallflucht 13 49

Tatfoto 6 7
Tatfotosequenz 6 7
Tätige Reue
- Unfallflucht 13 34 ff

Tätigkeit
- Veränderung durch 5 188

Tätowierung 5 652
Technische Abnahme 1 3
Technische Mängel 1 21
Technische Untersuchung 1 18 ff
Teilstoß 3 107
Testobjekt, postmortales 3 195
Thalamus 3 11
Thorax 3 53
Tinnitus 4 41, 43
Todesursache 4 25
Torakalwirbel 3 18
Traffipax 8 82 ff, 200 ff, 247, 262
Trägheitsmoment 3 125
Triggersignale 8 10 ff, 49
Trunkenheitsfahrt 10 36
- Alkoholfahrt s. dort
- Ordnungswidrigkeit 11 10 ff
- Rechtsfolgen 11 7 f, 12
- Straßenverkehrsgefährdung 11 9
- Verwertbarkeit der Blutprobe 11 14
- vorläufige Entziehung der Fahrerlaubnis 11 13

Tunnelblick 10 71
Türöffnen 4 25

Überfahren/Überrollen 3 109, 128 ff
- Dehnungsrisse 3 129

Stichwortverzeichnis

- Längsüberrollung 3 129
- Mitschleifen 3 129
- Reifenabdruck 3 129
- Reifenprofil 3 129

Überschlaganalyse 1 81
Überwachungsort 6 11
Überzeugungsbildung, richterliche 4 53
Umsetzdauer
- Reaktion 1 229

Unerlaubtes Entfernen vom Unfallort s. Unfallflucht

Unfall 13 10
- Anonymitätsristiko 13 10
- entschuldigtes Entfernen 13 33 f
- Straßenverkehr, öffentlicher 13 10
- Tatort, potentieller 13 10
- Zeitpunkt der Meldung 13 30

Unfallabläufe, Simulation 1 88 f
Unfallanalyse 1 21
- Gutachten 2 66 ff

Unfallaufnahme 1 18 ff
Unfallbeteiligter
- Anwesenheitspflicht 13 21
- Beifahrer 13 41
- Fahrzeughalter 13 41
- Feststellungsberechtigte 13 22
- Feststellungsduldungspflicht 13 21
- Unfallflucht 13 40 ff
- Vorstellungspflicht 13 22
- Wartepflicht 13 24

Unfallbilanz
- Drogeneinfluss 10 268 ff

Unfallfahrer
- charakterliche Ungeeignetheit 13 51

Unfallfahrzeug, Endlage 1 43
Unfallflucht
- Anwesenheitspflicht 13 19, 21
- Bagatellgrenze 13 8
- bedeutender Sachschaden 13 52 ff
- Beweislastumkehr 2 45 ff
- biomechanisches Gutachten 12 1 ff
- Entfernen vom Unfallort 13 17 ff
- Entziehung der Fahrerlaubnis 13 51 ff
- fahrlässige 13 42
- Fahrverbot 13 50 ff
- feststellungsberechtigte Person 13 20
- Fremdschaden 13 9
- Gesetzeszweck 13 2
- manipulierter Unfall 13 4
- nachträgliches Ermöglichen der Feststellung 13 30 ff
- Nebenstrafe 13 50
- nicht ganz unerheblicher Schaden 13 5 ff
- öffentlicher Straßenverkehr 13 10 ff
- Sachverhaltsaufklärung 13 43
- Sachverständigengutachten 13 43
- Sanktion 13 49 ff
- Schaden 13 5 ff
- Schadensberechnung 13 54
- Schadensersatzansprüche 13 2
- Sinneswahrnehmung 13 43
- Strafmaß 13 49
- Strafzumessung 13 49 ff
- straßenverkehrsspezifischer Gefahrenzusammenhang 13 14 ff
- subjektiver Tatbestand 13 42 ff
- Tatbestand 12 1
- Tatbestandsirrtum 13 46
- Tatbestandsmerkmale 13 3 ff
- Täter-Opfer-Ausgleich 13 49
- tätige Reue 13 35 ff
- teleologische Reduktion 13 14
- Unfallbegriff 13 3, 4, 5 ff
- Unfallbeteiligter 13 40 ff
- Verbotsirrtum 13 46
- Versuch 13 48
- Versuch nicht strafbar 13 48
- Vorläufige Entziehung der Fahrerlaubnis 13 58
- Vorstellungspflicht 13 19, 22
- Wartepflicht 13 19, 24 ff

Unfallkonfiguration 3 302
Unfallort
- Entfernen vom 13 17 ff

Unfallrekonstruktion 1 3, 59 ff
- Anhängerkupplungskräfte 1 73
- Ausgangsgeschwindigkeit 1 64
- Auslaufanalyse 1 82 f
- Bewegungszustand 1 78
- CCV-System 1 96 ff
- Crashtest 1 115 ff, 148 ff, 182 ff
- Energy-Equivalent-Speed (EES) 1 84
- Fahrdynamik 1 62 f
- Fußgängermodell 1 85 f
- Gierwinkelangabe 1 77
- Kinematikmodell 1 64
- Kinetik-Modelle 1 69 ff
- Kollisionsanalyse 1 82 f
- Kollisionsgeschwindigkeit 1 64
- Kollisionsversuch 1 90 ff
- Ladungskräfte 1 73
- Lastzustände 1 74
- Luftwiderstand 1 73
- Massenverteilung 1 78
- Radkräfte 1 73
- Rückwärtsanalyse 1 66 ff
- Schleudervorgang 1 77
- Schwerkraft 1 73
- Überschlaganalyse 1 81
- Vorwärtssimulation 1 78

Unfallschaden
- Fremdschaden 13 9
- Wildunfall 13 9
- wirtschaftliche Betrachtungsweise 13 9

Unfallspuren 1 28 ff
Unfallursache 1 21
Unfallverursacher
– Verantwortlichkeit 13 2
Unterarm 3 62
Unterarmknochen 3 57
Unterkiefer 5 576
Unterlippe
– Rand 5 507
Unterlippen-Kinn-Profil 5 549
Unterschenkel 3 77 ff, 78
Untersuchungsablauf 1 15
Untersuchungsfragen 1 15

VAMA-Verfahren 9 58
Vaterschaftsbegutachtung
– anthropologisch-erbbiologische 5 200
Vaterschaftsdiagnose 5 7
Vaterschaftsgutachten 5 4 f
Verformung
– bleibende 3 174
– dynamische 3 174
Vergleich
– Bezugsbild 5 61
Vergleichsbild 5 47 ff, 104, 123 ff, 6 11
– abweichende Blickrichtung 5 127
– Identitätskontrolle 5 52
– Identitätssicherung 5 138
Verkehrsmesstechnik 8 1 ff
– Abstandsüberwachung 8 167 ff
– Drucksensoren 8 247 ff
– Einseitensensoren 8 6 ff
– Lasermessung 8 113 ff
– Radarmessung 8 81 ff
– Rotlichtüberwachung 8 196 ff
Verkehrsüberwachung 8 2
Verletzungsbild 3 114
Verletzungsmechanik 3 1 ff, 4 3
– Fahrzeuginsassen 3 105
– Fußgänger 3 102
– Radfahrer 3 103, 104
– Sozius 3 104
Verletzungsmechanismus 3 100
Verletzungsschwere 3 91
Verletzungsskala AIS 3 93
Vermummung 5 79
Verschulden 2 21 ff
Verwandtenvorbehalt 5 142
Verzerrung 5 69
Vestibulationsapparat 12 68 ff
Video-Brückenabstandsmessverfahren
  8 167 ff

Video-Messverfahren 8 227 ff
– Abstandsvergrößerung 8 231, 245
– Abstandsverringerung 8 231, 245
– Fehlerquellen 8 232 ff
– Geschwindigkeitsermittlung 8 231
– Nachfahrt 8 231
– Vorausfahrt 8 231
Video-Verfolgungsfahrt
– Abstandsvergrößerung 8 231, 245
– Abstandsverringerung 8 231, 245
Visiertest 8 150 ff
VKS-Verfahren 9 59
VKS-VIDIT-Verfahren
Vollbremsung 3 125
Vollstoß 3 107
Vorauswahl
– eingeschränkte 5 152 f
– Wahrscheinlichkeitseinschätzung 5 28, 150 ff
Vorfußhebel 3 80
Vorsatz 2 22
Vorsichtsregel 5 14
Vorwärtssimulation 1 78

Wadenbein 3 70, 77, 80
Wahrnehmung
– akustische 12 1 ff, 23 ff, 38 ff
– kinästhetische 12 14 ff, 21 ff
– olfaktorische 12 12
– optische 12 1 ff
– taktile 12 1 ff, 14 ff
– Unfallflucht 13 43
Wahrnehmungspsychologie 1 88
Wahrscheinlichkeit
– Identität 5 116 ff
– Prädikate 5 118
Wahrscheinlichkeitsaussage 5 26
Wahrscheinlichkeitseinschätzung
– Vorauswahl 5 150 ff
Wangenregion 5 355 ff
Wartepflicht
– Unfall 13 19 ff
– Zettel an der Windschutzscheibe 13 28
Wasserkefir 10 16
– Alkoholwirkung 10 16
Weckamine 10 198
Weichteilverletzung 3 127
Weinherstellung 10 12
Wertgrenze
– nicht bedeutender Schaden 13 36
Wetterbedingungen 1 23
Whiplash-Syndrom 3 295
Widmark-Faktor 10 110
Widmark-Formel 10 109

Widmark-Verfahren 10 88
Wiedererkennen
- Forensik 5 20
- Kriminalistik 5 20
Wimpern 5 325
Windschutzscheibe 3 113
Winkelabgleich 8 1
Winkelfehler 8 94 ff, 110
Wippbewegung 3 220
Wirbel
- Querfortsatz 3 15, 24, 36
- Wirbelarterie 3 15
- Wirbelbogen 3 20 ff
- Wirbelknochen 3 16, 20 ff
- Wirbelkörper 3 15, 41
- Wirbelkörperdeckplatte 3 22, 29
- Wirbelloch 3 15, 41
- Wirbelvene 3 15
Wirbelsäule 3 14 f, 204 ff
- Aufbau 3 25
- Bänder 3 16
- Bewegungssegment 3 18
- Brustwirbel 3 18
- Brustwirbelsäule 3 14
- Facettengelenk 3 16
- Halswirbel 3 18
- Kreuzbein 3 14
- Lendenwirbel 3 18
- Lendenwirbelsäule 3 14
- Lumbalwirbel 3 18
- Rückenmuskulatur 3 16 f
- Steißbein 3 14
- Torakalwirbel 3 18
- Wirbelsäulenbaustein 3 16
- Zervikalwirbel 3 18
- Zwischenwirbelgelenk 3 16
- Zwischenwirbelscheiben 3 22

Zehen 3 81
Zeit-Bremsverzögerungs-Diagramm 1 36
Zeitdruck
- Auslassungen 5 60
- Irrtümer 5 60
Zerreisungen 3 115
Zervikalwirbel 3 18
Zeugenaussage, Subjektivität 1 5
Zeugenbeweis 5 23
Zeugenfragebogen 6 53
Zivilverfahren 2 33
Zungenbein 3 8
Zwang 5 48
Zweitunfall 4 25
Zwerchfell 3 54
Zwilling 5 18, 143 ff
Zwischenhirn 3 10